Werner Pfennig
Geteilte Nationen

Werner Pfennig

Geteilte Nationen

Deutschland, China, Taiwan, Korea und Zypern im Vergleich

DE GRUYTER
OLDENBOURG

ISBN 978-3-11-143149-9
e-ISBN (PDF) 978-3-11-143204-5
e-ISBN (EPUB) 978-3-11-143228-1

Library of Congress Control Number: 2024933105

Bibliografische Information der Deutschen Nationalbibliothek
Die Deutsche Nationalbibliothek verzeichnet diese Publikation in der Deutschen Nationalbibliografie;
detaillierte bibliografische Daten sind im Internet über http://dnb.dnb.de abrufbar.

© 2024 Walter de Gruyter GmbH, Berlin/Boston
Einbandabbildung: oben: Willy Brandt vor dem Brandenburger Tor am 10. November 1989,
Foto: William Palmer Mikkelsen; unten: Entmilitarisierte Zone, Korea, Foto: Park Jongwoo
Satz: bsix information exchange GmbH, Braunschweig

www.degruyter.com

Meinen Enkelkindern mit Dankbarkeit und Bewunderung gewidmet

Schon allein von seiner Natur her ist Deutschland eher eine destabilisierende als eine stabilisierende Kraft in Europa.

— Margaret Thatcher im Jahr 1992

Geteilt sind die Deutschen hüben und drüben gewissermaßen gut aufgehoben, vereint sind sie gefährlich.

— Altiero Spinelli

Erich, ich sage Dir offen, vergesse nicht, vergesse das nie: die DDR kann ohne uns, ohne die Sowjetunion, ihre Macht und Stärke – nicht existieren. Ohne uns gibt es keine DDR.

— Leonid Breschnew am 28. Juli 1970 zu Erich Honecker

Es ist nicht möglich, dem deutschen Volk eines Tages die Verwirklichung seiner Wiedervereinigung zu verwehren.

— Zhou Enlai im September 1972

Jetzt sind wir in einer Situation, in der wieder zusammenwächst, was zusammengehört.

— Willy Brandt am 10. November 1989

Liebe Leute, es handelt sich um einen Beitritt der DDR zur Bundesrepublik, nicht um die umgekehrte Veranstaltung. Wir tun alles für euch. Aber hier findet nicht eine Vereinigung zweier gleicher Staaten statt.

— Wolfgang Schäuble im Jahr 1990

Taiwan ist ein kleines Problem, die Welt ist das große Problem.

— Mao Zedong im Februar 1972 zu Richard Nixon

Peking sollte die Realität akzeptieren, dass es zwei Gleichgestellte auf der jeweiligen Seite der Taiwan-Straße gibt.

— Lee Teng-hui im Jahr 1998

Nach der Wiedervereinigung wird eine umfassende koreanische Invasion Japans unvermeidlich sein. Es ist im wohlverstandenen Interesse Japans, Nordkorea wirtschaftlich zu unterstützen, damit die koreanische Halbinsel geteilt bleibt, so wie sie jetzt ist.

— Takemura Kenichi

Die Menschen Koreas haben lange unter der Teilung gelitten, jetzt sitzen sie zusammen an einem Tisch. Die USA wollen das torpedieren, so wie man kaltes Wasser auf einen Hochzeitstisch kippt.

— Ri Man-seok

Nur wenn das Überleben des Nordens garantiert ist, kann der Frieden zwischen den beiden Koreas gefestigt werden und können beide Koreas leichter nach Vereinigung streben.

— Kim Dae-jung im November 2003

Pjöngjang wird niemals die grausame Lektion der deutschen Wiedervereinigung vergessen.

– Kim Choong Nam im Jahr 2000

Eine Wiedervereinigung ist nicht mehr möglich, weil der Süden unser unveränderlicher Hauptfeind ist. Es ist falsch, ihn als Partner für Versöhnung und Wiedervereinigung zu betrachten. Sollte ein Krieg ausbrechen, dann werden wir den Süden völlig besetzen, unterwerfen und als Teil unseres Territoriums annektieren.

– Kim Jong-un im Januar 2024

Zypern ist eine Insel, die die Mitte der Türkei wie ein Dolch durchbohrt.

– Turgut Özal im Jahr 1983

Zypern ist ein Friedhof der Diplomatie.

– Hubert Faustmann im Jahr 2009

Inhaltsverzeichnis

Prolog —— XI

Vorwort —— XV

1 Einleitung —— 1

2 Erkenntnisinteresse, Forschungsstand, Vorgehensweise —— 4

3 Geteilte Nationen —— 27

4 Alleinvertretungsanspruch, Abgrenzung, Kompromissfindung —— 157

5 Annäherung, Normalisierung, Kooperation —— 182

6 Initiativen, Pläne, Strategien —— 228

7 Volk, Nation, Zusammengehörigkeitsgefühl —— 422

8 Selbstbestimmung, Bündnisfrage, Neutralität —— 452

9 Vertriebene, Flüchtlinge, Umsiedler —— 483

10 Überlegungen, Probleme, Fragen —— 505

11 Fazit —— 556

12 Epilog —— 567

13 Anhang —— 571

Abkürzungen —— 573

Verzeichnis der Graphiken und Tabellen —— 575

Literatur —— 576

Personen- und Sachregister —— 639

Prolog

„Und wenn ich gefragt werde, wer denn der größte Held der deutschen Wiedervereinigung sei: Bush, Kohl, Gorbatschow oder sonst jemand, dann sage ich, in Anerkennung unserer gewissen Verdienste, dass die größten Helden das deutsche und das russische Volk waren."
So Michail S. Gorbatschow in seiner Rede vor dem Deutschen Bundestag am 9. November 1999, dem zehnten Jahrestag des Mauerfalls.[1]

Es geht also um Menschen in großer Zahl, um Völker, und der Mensch, so die Definition von Carl-Friedrich von Weizsäcker, ist dasjenige Lebewesen, dessen Natur es ist, Geschichte zu haben. (Weizsäcker 1974: 29) Zur Geschichte kann das frühere Zusammenleben in einem Staat gehören, der dann geteilt wurde. Wer sich mit geteilten Nationen beschäftigt, muss historische Bestimmungsfaktoren beachten. Teilungen sind beides, nationale Tragödie und internationales Problem. Wird eine Teilung von der Mehrheit der Betroffenen als negativ empfunden und verbindet sie weiterhin der Wunsch nach Vereinigung, dann kann die Teilung unter günstigen Rahmenbedingungen überwunden werden. Kim Dae-jung nannte dafür Voraussetzungen: Das Volk muss die Wiedervereinigung mit ganzem Herzen wollen, das Ausland muss ihr zustimmen und es muss einen konkreten sowie realistischen Plan geben. (Kim Dj 1997: 294) Der Wille des Volkes steht an erster Stelle.

Wichtig ist das Fortbestehen eines Zusammengehörigkeitsgefühls trotz Teilung, deshalb die Betonung auf Volk und Nation. Es gibt viele Gründe, warum die deutsche Einigung 1990 möglich war, aber ohne die friedliche, die „volkseigene", Revolution in der DDR wäre es kaum zu einer Wiedervereinigung gekommen. Willy Brandt schrieb, „[...] das Tempo freilich, in dem sich der Zusammenschluß vollzog, wurde durch die Landsleute im Osten bestimmt." (Brandt 1992: 1) Der Dynamik im Osten stand eine eher abwartende Haltung im Westen Deutschlands gegenüber und bei einigen dort auch Ablehnung.

Es gibt Momente in der Geschichte, wo Herrscher und Beherrschte, wo Führung und Bevölkerung sich gegenseitig in einer glücklichen Weise beeinflussen sowie unterstützen und dadurch positive Entwicklungen möglich werden. Ob beide dann die Gunst der Stunde nutzen, oder wie Bismarck es nannte, den Saum des vorüberwehenden Mantels der Geschichte ergriffen, Deutschlands Geschichte hat nur wenige dieser Momente aufzuweisen.

---

[1] bundestag.de/parlament/geschichte/gastredner/gorbatschow/rede/247408. Eingesehen am 6.02.2017.

https://doi.org/10.1515/9783111432045-202

Johann Wolfgang von Goethe beschrieb einen von ihnen:

> Die Deutschen sind recht gute Leut':
> Sind sie einzeln, sie bringen's weit;
> Nun sind ihnen auch die größten Thaten
> Zum ersten Mal im Ganzen geraten.
> Ein Jeder spreche Amen darein,
> daß es nicht möge das letzte Mal sein!
> (Goethe 1988: 742)

Diese „Zahme Xenie" Goethes von 1814 ist auch für Entwicklungen seit 1989 relevant. Eine erfolgreiche friedliche Revolution erwarteten Ausländer von den Deutschen wohl kaum und auch nur wenige Deutsche hatten sich und ihrem Land ein solches Ereignis zugetraut. Goethe mag es vorausgeahnt haben. Er nimmt Bezug auf die Befreiungskriege und den Sieg über Napoleon. Das „Amensprechen" scheint 175 Jahre später gewirkt zu haben, denn 1989 gelang den „guten Leut'" in der DDR eine friedliche Revolution, eine Selbstbefreiung ohne Gewalt. Wobei die Oppositionsbewegung fast völlig ohne Gewalt vorging und sich an das eigene Motto hielt, „Wir sind das Volk, keine Gewalt!" Die SED-DDR hingegen praktizierte Gewalt.

Ebenfalls in einer „Zahmen Xenie" äußerte sich Goethe aber auch sehr ungehalten über die Deutschen:

> Verfluchtes Volk!
> Kaum bist du frei,
> so brichst du dich in dir selbst entzwei.
> War nicht die Not, des Glücks genug?
> Deutsch oder Teutsch, du wirst nicht klug.
> (Goethe 1988: 741 f.)

Goethe meinte hier eine kulturelle Trennung, aber beide Xenien können herangezogen werden, um die Entwicklung Deutschlands von 1945 bis 1990 zu charakterisieren. Zusammen mit der Erleichterung der Befreiung vom Nationalsozialismus kam die Teilung durch die Alliierten. Aber auch Deutschland brach in sich selbst entzwei, um dann 1990 mit der „Deutschen Einigung" im Ganzen zu geraten.

Weise Staatskunst, ausgehandelte Kompromisse und das Nutzen von Zufällen können gewiss helfen, Wiedervereinigungen herbeizuführen, sie reichen dazu aber nicht aus, wenn das Zusammengehörigkeitsgefühl der in den Teilstaaten lebenden Menschen fehlt. In Deutschland war es noch vorhanden. Taiwan und die Volksrepublik China haben sich trotz vielfältiger Kontakte auseinandergelebt. In Zypern sind die Kontakte wenigstens nicht abgebrochen, in Korea gibt es sie kaum. Wenn ein Zusammengehörigkeitsgefühl für die staatliche Vereinigung und deren äußere Absicherung notwendig ist, so kann später aber die innere Einigung nur gelingen, falls die Bereitschaft zur Zusammenarbeit vorhanden ist, denn, wie Lothar de Maizière oft sagte, Teilung sei nur durch teilen zu überwinden. (Maizière 1990)

> Die französische Revolution, die das 19. Jahrhundert gleichsam einführte, wirkte kräftig zu den Deutschen hinüber und förderte, zuerst freilich nur sehr langsam, größere politische Reife des Volkes, als sie bis dahin ihm zu eigen gewesen war. Der Deutsche besann sich auf sein Menschenrecht und lernte, sich zu regen und zu fühlen. So kam schließlich in der letzten Hälfte der Jahrhunderts Deutschlands Einheit zu Stande, die von früheren Generationen seit langem schmerzlich entbehrt und heiß ersehnt worden war. Manches ist freilich noch übrig geblieben, was im jungen Reich zu wünschen bleibt, aber guter Anfang ist gemacht. Und entwickelt sich des Volkes politisches Verständniß gesund weiter, dann wird den Nachfahren beschieden sein, das sich zu erwerben, was das lebende Geschlecht zu erringen versäumt hat: wahre freiheitliche Gestaltung der innerpolitischen Zustände. (Stockhausen 1901: o. S.)

Die vorstehenden Zeilen schrieb George Stockhausen im Dezember 1900 in seiner Einführung zu dem von ihm herausgegebenen zweibändigen Werk „Das Deutsche Jahrhundert." Mit „Deutscher Einheit" meinte er die von 1870/71, aber seine Worte sind nicht zeitgebunden, sondern haben bei aller Unterschiedlichkeit der einzelnen Fälle von geteilten Nationen durchaus allgemeine Bedeutung, und dies in zwei Bereichen. Die Möglichkeit einer Einheit bzw. Wiedervereinigung steht im Zusammenhang mit internationalen Veränderungen, es geht um internationale Akzeptanz. Der zweite Aspekt ist von gleichrangiger Signifikanz, denn nach Erlangung der staatlich-politischen Einheit gilt es, die innere Einheit in der nun zusammengeführten Nation zu erreichen, d. h. den Innenausbau zu gestalten, was besonders wichtig ist, wenn es sich um die Zusammenführung von zwei vormals antagonistischen Systemen handelte und nicht alle Blütenträume schnell reiften. In Deutschland dauert dieser Prozess länger als erwartet, zwischen der Volksrepublik China (VR) und Taiwan ist er schwer zu prognostizieren, zumal, wenn es zu einer gewaltsamen Vereinigung kommen sollte, in Korea dürfte er mit Gewissheit sehr schwer werden und auf Zypern gilt es, die Gespräche zwischen den Volksgruppen zu intensivieren.

Probleme von geteilten Nationen sind unterschiedlich und doch ähnlich, sie alle haben eine belastende Vorgeschichte und könnten friedlich gelöst werden, sollte der dafür notwendige Wille der betroffenen Menschen sowie der Schutzmächte und Nachbarn vorhanden sein.

Es war ein langer Weg vom Verfassungsgebot in der Präambel des Grundgesetzes der Bundesrepublik und zwei Artikeln (23, 146) zur praktischen Umsetzung; eine Entwicklung vom Teilstaat mit Westintegration zur Ostpolitik und zur Vergrößerung durch den Beitritt der ehemaligen DDR. Innere und äußere Entwicklungen stimulierten einander und das Ende des Ost-West-Konflikts hatte die über Jahrzehnte tiefgefrorene Option der deutschen Einheit zu einem realpolitischen und in kurzer Zeit erreichbaren politischen Ziel werden lassen. (Bredow 2010: 107) Rückblickend scheint es so, als kam Deutschland – eher unbewusst – durch die Ostpolitik und andere europäische Entwicklungen bezüglich der Wiedervereinigung in einen „Wartesaal" der Geschichte. (Noelle-Neumann 1991) Oder war es ein oft fremdbestimmtes, langes Verharren in einem Vorbereitungsraum? Je nach Einstellung und eigenem Erleben wird diese Frage unterschiedlich beantwortet werden. Aber Ende 1989 begann sich die Tür des Wartesaals zu einer Zielgeraden Richtung Wiedervereinigung zu öffnen, eine Hindernisstrecke zwar, aber sie führte am 3. Oktober 1990 zur staatlichen deutschen Einheit und das Volk, zumal im Osten Deutschlands, spielte eine Hauptrolle.

Andere leben noch getrennt voneinander, wie in Korea und auf Zypern. Taiwan fühlt sich von einer Wiedervereinigung bedroht, d. h. von einer Einverleibung in die VR China. Es ist gewiss nicht so, dass sie alle am deutschen Einigungswesen genesen sollen. Der lange Prozess zur Erlangung der deutschen Einheit ist zwar kein übertragbares Modell, jedoch ein lohnendes Studienobjekt.

Vorwort

In der Stadt New York hat eine Organisation mit Namen „Vereinte Nationen" ihr Hauptquartier. Ihre Mitglieder sind nicht vereint, sondern meist uneins. Das vorliegende Buch handelt von geteilten Nationen, von denen eine, Deutschland, im Oktober 1990 die formale Vereinigung feiern konnte. Zu diesem Thema gibt es einen persönlichen Bezug. Ich bin ein noch in Schlesien geborener Berliner. Die Schule besuchte ich in beiden Teilen der Stadt. Prägend waren für mich Erfahrungen in einer „eingemauerten" Halbstadt. Die Teilung war fast immer ein Thema und oft auch ein ganz praktisch-persönliches Problem. Als Universitätsdozent beschäftigte ich mich später dann eher mit Teilungen in Ostasien (China, Taiwan, Korea), weil ich mir ziemlich sicher war, eine deutsche Vereinigung nicht mehr zu erleben. Was blieb war die Hoffnung, dass der Normalisierungsprozess zu mehr „menschlichen Erleichterungen" führen würde, so die damals oft benutzte Formulierung, und sich zwischen den beiden Staaten in Deutschland vielleicht einmal ein Verhältnis wie zwischen Deutschland und Österreich entwickeln könnte.

Über Jahrzehnte hinweg habe ich mich mit geteilten Nationen beschäftigt, besonders mit der Problematik einer Normalisierung, wenn klar wurde, dass eine schnelle Wiedervereinigung nicht zu erreichen ist. Neben der Arbeit in Bibliotheken und Archiven sowie der Teilnahme an Konferenzen hatte ich die Möglichkeit zu zahlreichen Gesprächen mit aktiven und ehemaligen Politikern, Diplomaten sowie Wissenschaftlern und dies in Deutschland, den USA, der Volksrepublik China, auf Taiwan, in Korea und in europäischen Ländern. An der Freien Universität Berlin erhielt ich viele Anregungen von Studierenden und Kolleginnen sowie Kollegen. Besonders aufschlussreich war die Mitwirkung an einem von Professorin Dr. Lee Eun-jeung am Institut für Koreastudien geleiteten mehrjährigen Forschungsprojekt, das im Auftrag des Ministeriums für Wiedervereinigung der Republik Korea durchgeführt wurde. Hier ging es um Dokumentierung und Kommentierung des deutschen Einigungsprozesses, wobei die wohl umfangreichste Dokumentensammlung zu diesem Thema entstanden ist.

Wie immer haben mir meine Kinder und meine Frau sehr geholfen. Die Übersetzung englischer Texte stammt von mir, bei chinesischen und koreanischen halfen mir viele. Bei Dokumenten aus dem Bundesarchiv in Koblenz nutzte ich mehrfach dort gefertigte Kopien. Wegen leichterer Verfügbarkeit wurde in den Literaturangaben meist aber auf bekannte Dokumentenbände verwiesen.[1] Wichtig waren auch Texte aus dem Archiv der Bundesstiftung Aufarbeitung. Nordkorea hat ein besonders informationsunwilliges Regime. Hilfreich waren Berichte der Botschaft der DDR in Pjöngjang, in denen nordkoreanische Funktionäre ihre ausländischen Kollegen informierten; sie sind im Politischen Archiv des Auswärtigen Amts in Berlin zugänglich.[2]

---

1 Z. B. Deutsche Einheit 1998, Die Einheit 2015, Karner et al. 2015, Galkin/Tschernjajew 2011 und Lehmann 2010: 391–997.
2 Diesen informativen „Umweg" wählte auch Schaefer 2010.

Bei chinesichen Namen und Begriffen wurde, von Ausnahmen abgesehen, die Pinyin-Umschrift verwendet, aber in bekannten Fällen die herkömmliche Schreibweise beibehalten, d. h. Hongkong wurde nicht Xianggang, Chiang Kai-shek nicht Jiang Jieh-shi und Pjöngjang nicht P'yŏngyang. Bei koreanischen Namen gibt es verschiedene Romanisierungen. In der Demokratischen Volksrepublik Korea (DVRK) wird in fremdsprachigen Publikationen Kim Il-sung als Kim Ir Sen geschrieben, was der Aussprache seines Namens im Russischen angeglichen ist. Ich benutze beide Schreibweisen, um bei Zitaten „im Original zu bleiben." Koreanische Familiennamen wie Kim, Lee und Park sind sehr häufig, deshalb steht bei Literaturhinweisen im Text in diesen Fällen ein Buchstabenkürzel des Vornamens, z. B. Kim Dj für Kim Dae-jung. Es blieb auch bei der in Ostasien noch immer mehrheitlich praktizierten Reihenfolge, erst der Familienname, dann der Vorname.

Ich bitte, das generische Maskulinum generell als geschlechtsneutral zu betrachten, es schließt alle Geschlechter ein, d. h. mit Koreaner sind auch Koreaner:innen gemeint. Ich war bemüht, nach Möglichkeit differenziert zu formulieren.

Mit fortschreitendem Alter steigt die Neigung zu Rückblicken, so zu meinen Eltern, die mir vieles ermöglichten. Mein bester Freund war Reinhard Furrer, Professor der Physik und Wissenschafts-Astronaut. Noch als Oberschüler lernte ich Rainer Hildebrandt kennen, der seinem Museum „Haus am Checkpoint Charlie" das richtungsweisende Motto gab: Berlin, von der Frontstadt zur Brücke Europas. Oft und dankbar erinnere ich mich an das norwegische Ehepaar Margaret und Dr. Øyvind Skard. Sie hatten damals, lang ist es her, viel Verständnis für einen unsicheren jungen Mann aus Berlin und auch ihnen verdanke ich, dass mir Norwegen zur „Herzensheimat" wurde. Von 1987 bis zu seinem Tod, rund 22 Jahre, verband mich eine äußerst anregende Freundschaft mit Kim Dae-jung.

Johan Galtung sagte einmal über unterschiedliche Herangehenweisen bei wissenschaftlich-künstlerischer Tätigkeit, in Deutschland werde gefragt, wie ist das hergeleitet, in Frankreich, welche Form hat es und in Japan, wer ist dein Meister? Ich hatte mehrere Meister, einen möchte ich besonders nennen. Karl W. Deutsch, der große Meister, war ein in Prag geborener US-amerikanischer Geisteswissenschaftler und ein Weltbürger. Sein außerordentlich beeindruckendes Wissen, seine intellektuelle Neugierde, die präzise, ideenreiche Herangehensweise, die klugen historischen und literarischen Bezüge, aber auch die verständnisvolle Art mir gegenüber werden immer in dankbarer Erinnerung bleiben. Ich habe nun auch kleine Meister, meine Enkelkinder, von denen ich ebenfalls viel lerne.

Berlin, im Mai 2024

1 Einleitung

Der Mensch ist das einzige Lebewesen, das eine ihm bewusste Geschichte hat; viel hängt davon ab, wie diese empfunden und überliefert wird. Was ist der Inhalt der „Lieferung" und wie wird er aufgenommen, bewahrt und weitergegeben? Wichtig ist, was stattgefunden hat, warum es so stattfand und welche Lehren daraus zu ziehen sind: also die Auswahl von Fakten und deren politisch beeinflusste Interpretation.

Menschen sind abhängig, Staaten sind abhängig, auch wenn sie sich als unabhängige Staaten bezeichnen, aber der Grad der jeweiligen Abhängigkeit ist sehr unterschiedlich. Geteilte Nationen sind noch abhängiger als andere. Fast jede historische Entwicklung hat eine Vorgeschichte, deshalb ist es wichtig, die von Teilungen zu kennen. Eberhard Kuhrt begründete deren Bedeutung: „Man muß die Geschichte der Teilung kennen, wenn man die Folgen der Teilung beseitigen will." (Kuhrt 1991: 10) Teilung wird oft als Provisorium konzipiert, dauert dann aber länger und an sie können sich die Geteilten und Nachbarn gewöhnen. Teilung ist teuer, sie kann friedlich durch eine längere Phase der Normalisierung überwunden werden.

In der neueren Geschichte ist Deutschland wohl das einzige Beispiel für eine ausgehandelte, friedliche, erfolgreiche und dauerhafte Wiedervereinigung zweier früher antagonistischer Systeme.[1] Jemen erzielte seine formale Wiedervereinigung bereits vor Deutschland, am 22. Mai 1990. Ihr war aber kein Erfolg beschieden. (Kostiner 1990, 1996) In Deutschland begann bzw. intensivierte sich der Prozess der Normalisierung mit dem Regierungsantritt der sozial-liberalen Koalition im Herbst 1969, mit der Ostpolitik. Er beschleunigte sich glückhaft 1989/90 und endete mit der Einigung im Oktober 1990. Seitdem gilt es, die innere Einheit zu verbessern.

Die VR China steht Wiedervereinigungen grundsätzlich positiv gegenüber, wenn auch im deutschen Fall das Ende eines „sozialistischen Bruderstaates" erfolgte. Peking fragt sich, wie kann eine Vereinigung durchgesetzt werden? Die Republik China (Taiwan) ist interessiert an dem Konzept von zwei Staaten, die zueinander nicht Ausland sind und der Beibehaltung des Status quo. Taipei fragt sich, wie wäre eine Wiedervereinigung als gleichberechtigter Verhandlungspartner zu erreichen, oder, wie könnte durch freie Selbstbestimmung die Zukunft der Insel gesichert werden? Nordkorea interessiert, wie eine Einigung nach deutschem Modell verhindert werden kann und Südkorea möchte herausfinden, wie sie langsamer sowie nicht so teuer zu verwirklichen und wie große Flüchtlingsströme zu vermeiden wären. (Rhee 1993. Shin 1993.) Die Republik Zypern interessiert eine Wiedervereinigung ähnlich dem deutschen Muster. Die Türkische Republik Nordzypern (TRNZ) hat an dem Normalisierungsprozess in Deutschland großes Interesse, zum Beispiel an der Aufweichung des Alleinvertretungsanspruchs. Sie möchte international anerkannt werden und fragt sich, wie durch gleichberechtigte Verhandlungen eine lockere Konföderation erreicht werden könnte?

---

[1] Eine aufschlussreiche Untersuchung mit wirtschaftshistorischem Schwerpunkt von Vereinigungen durch Systemübernahme, mit dem Sonderfall Hongkong, ist Roesler 2000.

Bei jedem Fallbeispiel sind historische Bestimmungsfaktoren zu beachten, wobei wichtig ist, von wem die Geschichtsschreibung stammt und wer das Interpretationsmonopol für zurückliegende Ereignisse hat. Aktiv Mitwirkende und im Nachhinein Beschreibende haben verschiedene Zugänge. Es gibt die launige Formulierung: Der Zeitzeuge sagt, ich bin dabei gewesen, die Historikerin hält dem entgegen, sie sei im Archiv gewesen. Beide werden oft zu unterschiedlichen Meinungen darüber gelangen, wie es tatsächlich gewesen sei und warum es so war. Nietzsche stellte fest: „Geschichte schreibt der Erfahrene und Überlegene." (Nietzsche 1999, Erster Teil: 147) In seiner Novelle *The Sense of an Ending* formuliert der englische Schriftsteller Julian Barnes eine zutreffend-drastische Definition von Geschichte: Es seien die Lügen der Sieger und auch die Selbsttäuschungen der Besiegten. Geschichte sei die Gewissheit, die an dem Punkt entsteht, wo die Fehlerhaftigkeit der Erinnerung mit den Unzulänglichkeiten des dokumentarischen Nachweises zusammentrifft. (Barnes 2012: 16 f.) Beide gilt es zu erkennen, so auch verklärende und verharmlosende Geschichtsrevisionen. Durch solche Bemühungen konstruierte kollektive Erinnerungen können mythische Proportionen in dem Sinne erlangen, dass der gemeinsame Glaube in vielerlei Hinsicht wichtiger ist als das, was faktisch in der Vergangenheit geschah. Mit Bezug auf China hat Jin Guantao diese historische Fallenstellung beschrieben:

> China hat sich noch nicht aus der Kontrolle seiner Geschichte befreit. Die einzige Art und Weise, wie es existieren kann ist, die Vergangenheit noch einmal zu durchleben. Es gibt für die Chinesen keinen akzeptierten kulturellen Mechanismus, die Gegenwart zu konfrontieren, ohne auf die Inspiration und die Kraft der Tradition zurückzugreifen. (Jin 1988: 133)

Rückbesinnung und Zukunftsorientierung gehören zusammen. In Deutschland bewirkte dies oft eine Scheu, offen und ungehemmt über eine Wiedervereinigung zu diskutieren, denn es gab die Haltung, wegen dem Nationalsozialismus und dem Vernichtungskrieg stünde Deutschland die Einheit nicht zu und sei den Nachbarn nicht zuzumuten. In der VR China gilt unvergessene Vergangenheit als Anleitung für die Zukunft und die wird zunehmend robust-selbstsicher gesehen. Ihr Aufstieg und die Rückführung Taiwans in die „Umarmung des Landes der Vorfahren" werden als unbedingt notwendige Korrektur eines demütigenden Geschichtsverlaufs verstanden, als eine dem Land zustehende Wiederherstellung früherer Größe, von der auch andere profitieren werden. Taiwan steckt noch immer in einer Phase der Selbstfindung. (Eskildsen 2005) Die VR China und Taiwan sind eigentlich keine geteilte Nation, aber auch hier geht es um Vereinigung und Selbstbestimmung, außerdem gibt es wie in Korea die Gefahr einer gefährlichen Eskalation. Für Korea ist die Beendigung der durch fremde Mächte erfolgten Teilung eine wichtige nationale Aufgabe. Auf Zypern werden von einer Wiedervereinigung oder zumindest einer Konföderation die Beendigung militärischer Besetzung und die Ausübung von Gleichberechtigung erwartet.

Bei den hier behandelten Fällen steht nicht fest, wie „die Sache" ausgehen wird. Mutige Prognosen und selbst vorsichtig präsentierte Vermutungen können sich schnell als banal, sogar als peinliche Fehleinschätzungen erweisen. Oder, mit den

Worten von John King Fairbank: „Lean insights of years ago may have swollen into enormous platitudes today. History moves with the times, issues fade, and other concerns arise." (Fairbank 1983: xiv) Das gilt es zu bedenken, schreckt aber nicht ab, dennoch den Versuch zu unternehmen.

In den USA und der Sowjetunion wurden die Schwierigkeiten der DDR und die nicht mehr auszuschließende Möglichkeit einer Vereinigung früher erkannt als in Deutschland. Lageanalysen im Ausland bei zeitgleichem Bemühen der Bundesrepublik, den Status quo vorerst zu erhalten, eine friedliche Revolution in der DDR und das Ausbleiben von massiven gesamtdeutschen Solidaritätsdemonstrationen waren förderlich für eine Entwicklung, die zur nüchternen Beurteilung der Nützlichkeit der Teilung führte. Die deutsche Einigung im Oktober 1990 wurde denkbar, planbar und möglich, weil sich nach Einschätzung relevanter Akteure der Charakter der Teilung Deutschlands verändert hatte, denn sie war nicht mehr nützlich für Sicherheit sowie Zusammenarbeit in Europa und weil es den ausdrücklichen Verzicht auf einen „deutschen Sonderweg" gab, auf Neutralität. Die „deutsche Frage" erhielt eine europäische Antwort, denn Sicherheit für Deutschland war nur durch Sicherheit vor Deutschland möglich. (Conze 2011: 107) Schon 1944 schrieb Willy Brandt: „Die einzige Lösung besteht darin, das deutsche Problem in einen europäischen Zusammenhang einzuordnen." (Brandt 2023: 202)

Die Fallbeispiele China, Taiwan und besonders Korea kennzeichnen Muster des Kalten Krieges. Es gab keine erfolgreiche Normalisierung und deshalb bisher keinen grundlegenden Wandel des Nutzens der Teilung; die ist, solange es keine unkontrollierte Eskalation gibt, noch nützlich, besonders auch für andere Staaten. Zumindest in der Kalkulation der türkischen Führung ist die Teilung Zyperns nützlich für die Türkei. Die TRNZ wäre allenfalls zu einer lockeren Konföderation bereit.

Ausführungen zum Erkenntnisinteresse, zu verwendeten Begriffen und zum Forschungsstand folgen Darstellung und Analyse von Fallbeispielen, z. B. Vor- und Nachteile von Alleinvertretungsansprüchen und die Bedeutung von Normalisierungsprozessen. Es werden dann unterschiedliche Initiativen und Pläne zur Herbeiführung einer Wiedervereinigung kommentiert. Der „Erfolgsfall" Deutschland macht auch deutlich, welche Rolle das Gemeinschaftsgefühl und das Selbstbestimmungsrecht spielen, das im Zwei-plus-Vier-Vertrag (2+4-Vertrag) erwähnt ist. Die unterschiedliche Interpretation dieses Rechts, die damit verbundene Bündnisfrage und Überlegungen bezüglich Neutralität werden behandelt.

Ein beschleunigender Faktor waren im Jahr 1989 die sich in der ČSSR, in Polen und Ungarn in großer Zahl aufhaltenden DDR-Bürger:innen, die in die Bundesrepublik ausreisen wollten, deshalb ist Flüchtlingen und ihrer politischen Bedeutung ein Kapitel gewidmet. Vor dem Fazit und Schlussbemerkungen sowie dem Epilog steht eine Art Zusammenfassung, die Fragen, Probleme sowie Unterschiede und Ähnlichkeiten enthält.

2 Erkenntnisinteresse, Forschungsstand, Vorgehensweise

Wer ein Buch über geteilte Nationen vorlegt, sollte deutlich machen, warum er dies tut. Es geht um die Überlegung, ob der deutsche Einigungsprozess unter Beachtung der Unterschiede etwas hergibt für geteilte Nationen. Das Erkenntnisinteresse lässt sich in einer dreigliedrigen Frage ausdrücken: Warum verlor die Teilung ihren Nutzen, warum sind andere Nationen noch geteilt und welche Relevanz haben deutsche Erfahrungen? Eine Teilantwort lautet: Wegen unterschiedlicher Ausgangslagen und Nützlichkeitserwägungen sind Teilungen anderswo noch existent. Dieser Befund ist ebenso schlicht wie unbefriedigend. Deshalb wird der Versuch unternommen, herauszufinden, was eine Veränderung des Nutzens der Teilung bewirkte, welche Auswirkungen Normalisierung hatte, welche wechselseitig sich beeinflussenden Prozesse zwischen inneren und äußeren Entwicklungen eine Wiedervereinigung förderten bzw. für ihre Erlangung notwendig waren. Eine solche Untersuchung kann zeigen, ob der Prozess der deutschen Einigung, unter sorgfältiger Beachtung der Unterschiede, Relevanz für andere Fälle hat. Relevanz bedeutet hier, dass anderswo angestellte Überlegungen, praktizierte Strategien und gemachte Erfahrungen für Dritte von Belang sind, in dem Sinne, dass sie überprüft werden, ob es möglich ist, sie zu übernehmen oder ob es ratsam ist, sie zu verhindern.

Wichtig an Veränderungen ist, dass entscheidende Akteure sie erkennen und in der Lage sind, die „richtigen" Schlüsse daraus zu ziehen und die sich bietenden neuen Gelegenheiten zu nutzen. Viele der Veränderungen, die letztlich die deutsche Einigung ermöglichten, waren Überraschungen. Nach Karl W. Deutsch ist eine Überraschung die Einsicht, dass eine Verhaltensänderung notwendig geworden ist. (Deutsch 1973: 91) Vielleicht sollte ergänzt werden, dass sie notwendig und möglich geworden ist. Ende 1989, Anfang 1990 führten auch Überraschungen zu der Erkenntnis, dass bislang scheinbar unlösbare Probleme durch Veränderungen ihrer inneren und äußeren Bestimmungsfaktoren lösbar wurden und nach einer Lösung drängten.

2.1 Erkenntnisleitende Fragestellungen

Für die hier behandelten Fälle werden einige allgemeine Fragen gestellt, so zum Beispiel:

Was und wer verursachte die Teilung? Welcher Art ist sie, wie lange dauert sie bereits an, wie schwerwiegend und tiefgreifend ist sie? Wer ist hauptsächlich verantwortlich für ihren Fortbestand? Wer profitiert von ihr? Was sind mögliche Bereiche für den Beginn eines Normalisierungsprozesses? Was bewirkt die Fähigkeit, die Kontraproduktivität bisher praktizierter Politiken einzusehen, um neue Möglichkeiten zu erkennen und neue Strategien zu verfolgen? Wer kann einen Normalisierungsprozess beginnen und wie kann er begonnen werden? Was ist zu tun und von wem, um einen solchen Prozess fortzuführen und zu intensivieren? Wie kann ein solcher Prozess Zusammenarbeit vertiefen, um gegenseitigen Nutzen, d. h. positive Interdependenz zu bewirken? Der Begriff „Interdependenz" hat noch immer den Wortbestandteil „Dependenz", d. h. Abhängigkeit. Der anzustrebende Prozess sollte möglichst bald zu gegenseitigem Nutzen sowie Verlässlichkeit führen. (Copeland 2000) Welche Anforderungen werden bei fortschreitender Normalisierung an das Interdependenzmanagement gestellt? Wie stark ist bereits die Gewöhnung an die Teilung und wie groß ist noch die Bereitschaft bei jüngeren Generationen, Anstrengungen zu ihrer Überwindung zu unternehmen? Was ist erforderlich, um das Zusammengehörigkeitsgefühl aufrecht zu erhalten? Wenn die Veränderung der Nützlichkeit der Teilung für die Chance einer Wiedervereinigung von Bedeutung ist, was muss getan werden, um hier im gewünschten Sinne voranzukommen? Welche Kosten-Nutzen-Kalkulationen und Zukunftserwartungen bewirkten 1989/90, die Nützlichkeit der Teilung Deutschlands anders zu bewerten? Welche Bedeutung hatten Zufälle und politische Überraschungen? Wie wurden „strategische Fenster" genutzt? Welche Erwartungen und Befürchtungen stecken bei geteilten Nationen hinter deren Interesse am deutschen Einigungsprozess? Welche Rolle wird unter welchen machtpolitischen Konstellationen dem Selbstbestimmungsrecht eingeräumt? Ist nach erfolgreicher Normalisierung eine Vereinigung noch erstrebenswert und notwendig, oder sind andere Formen des Miteinanders angemessen sowie realisierbar?

Untersuchungsgegenstand sind Entwicklungen, die noch nicht sehr lange zurückliegen und aktuelle Vorgänge. Dennoch ist es hilfreich, sich an zwei Handlungsanleitungen aus dem alten Rom zu erinnern, an „wem zum Nutzen?" (*cui bono?*) sowie an „teile und herrsche" (*divide et impera*).

„Wem zum Nutzen" geht auf Marcus Tullius Cicero (106 v. Chr.–43 v. Chr.) zurück, war ursprünglich für den juristischen Bereich gedacht und sollte helfen, Straftäter zu überführen. Diese Maxime hilft, auch bei „Teilungsfällen" Motivforschung zu betreiben: Wem nützt ein geteilter Staat? Sicher den von der Teilung Profitierenden. Expansion, Teilung und Abgrenzung sind seit jeher Instrumente für Machterwerb und Machterhalt. Teilen, um effektiver herrschen zu können, ist ein zeitloser Grundsatz. „Divide et impera" sagten die alten Lateiner und das Römische Reich befolgte diese Maxime so gut und so lange es konnte. Zwischen oppositionellen Gruppen wurde Unfrieden gestiftet, eroberte Gebiete wurden aufgeteilt und die dort lebenden Menschen oft gegeneinander aufgebracht, damit es zu keiner vereinten Frontstellung kommen konnte. Als sich dieses Reich dann selbst in Ost- und Westrom teilte, war das der Anfang von seinem Ende.

Auch spätere Kolonialmächte praktizierten *divide et impera*. Das Britische Empire hatte die Methode perfektioniert und der Nachwelt damit viele Probleme hinterlassen. Diese Vorgehensweise ermöglichte von der Fläche und Bevölkerung her kleinen Ländern, zum Beispiel den Niederlanden, Belgien und Portugal, große sowie weit entfernte Territorien über lange Zeit zu beherrschen und auszubeuten.[1] Kolonialmächte machten oft jeweils kleinere Bevölkerungsgruppen zu Erfüllungsgehilfen, bevorzugt solche, die sich ethnisch und religiös von der Mehrheitsbevölkerung unterschieden. Zur Belohnung gab es meist unterschiedlich dosierte wirtschaftliche Bevorzugung, was politische Frontstellungen verhärtete und Abhängigkeit intensivierte. Die Teilungen bezogen sich in diesen Fällen auf die Situation im Innern, auf das gegeneinander Ausspielen von Bevölkerungsgruppen zur Aufrechterhaltung einer externen, kolonialen Herrschaft. Während des Unabhängigkeitskampfes auf Zypern hat Großbritannien z. B. gern Polizisten, die zur türkischen Bevölkerungsgruppe gehörten, gegen griechische Zyprer eingesetzt.

In der neueren Geschichte war und ist die Teilung von Nationen ein probates Mittel, wenn wegen konkurrierender Ansprüche Kompromisse geschlossen werden mussten, Beispiele sind u. a. Deutschland, Korea, Irland, Samoa, Vietnam und Zypern. Kim Dae-jung hat die Interessenlage externer Mächte und die daraus resultierende Abhängigkeit von geteilten Nationen am Beispiel seines Landes beschrieben:

> Es gibt gravierende politische Kosten wegen unserer nationalen Teilung, das sind Kontrolle und Manipulation Koreas durch die Nachbarstaaten, die „ein Teile-und-Herrsche" über die beiden Koreas praktizieren. Wir müssen sicherstellen, dass sie diese Karte nicht länger spielen können und uns wegen der fortgesetzten Teilung zwingen, unsere Ressourcen zu vergeuden. (Kim Dj 1997: 8)

Das Prinzip schafft auch Möglichkeiten, durch Intervention von außen eine Konfliktpartei zu unterstützen, um die eigene Position zu verbessern. Die militärische Intervention der Türkei in Zypern ab Juli 1974 ist hierfür ein Beispiel.

Unter der Zwischenüberschrift „Divide et impera" schrieb Immanuel Kant in seinem philosophischen Entwurf „Zum ewigen Frieden":

> Oder sind es äußere Staaten, so ist die Erregung der Mißhelligkeit unter ihnen ein ziemlich sicheres Mittel, unter dem Schein des Beistandes des Schwächeren, einen nach dem andern dir zu unterwerfen.
> Durch diese politische Maximen wird nun zwar niemand hintergangen; denn sie sind insgesamt schon allgemein bekannt; auch ist es mit ihnen nicht der Fall sich zu schämen, als ob die Ungerechtigkeit gar zu offenbar in die Augen leuchtete. Denn, weil sich große Mächte nie vor dem Urteil des gemeinen Haufens, sondern nur eine vor der andern schämen, was aber jene Grundsätze betrifft, nicht das Offenbarwerden, sondern nur das Mißlingen derselben sie beschämt machen kann (denn in Ansehung der Moralität der Maximen kommen sie alle unter einander überein), so bleibt ihnen immer die politische Ehre übrig, auf die sie sicher rechnen können, nämlich die der Vergrößerung ihrer Macht, auf welchem Wege sie auch erworben sein mag. (Kant 1795: 78 f.)

Dieses Zitat von Kant ist auch deshalb interessant, weil es Fragen von Größenordnungen, Gleichrangigkeit, Stärke und Schwäche, Gesichtsverlust (politische Ehre) und die Motive für Teilungen bzw. territoriale Einverleibungen anspricht.

---

[1] Das Verhältnis der Landfläche der Niederlande zu der Indonesiens ist 1 zu 45,8.

2.2 Begriffsklärung und Definitionen

Ob bei alltäglicher Kommunikation oder wissenschaftlichem Gedankenaustausch, Begriffe und Definitionen sind unverzichtbar. Immanuel Kant stellte fest: „Gedanken ohne Inhalte sind leer, Anschauungen ohne Begriffe sind blind." (Kant 1781: 51) Definitionen sind erläuterte Begriffe, eine besonders leistungsfähige Art, Verständnis zu fördern und Erkenntnis zu erweitern. (Pfennig 2012: 12 ff.) So erfreulich es ist, wenn Definitionen Zustimmung finden, wichtiger ist, dass verstanden wird, was jemand mit bestimmten Begriffen meint. Das gilt besonders für sich sozialistisch nennende Staaten, wie z. B. die DVRK, der außerhalb von Nordkorea wohl nur wenige bescheinigen werden, eine Demokratie zu sein. Wolfgang Leonhard hat für seine damalige Tätigkeit als Dozent an der SED-Parteihochschule auf die Unterscheidung hingewiesen. „Da für uns alle politischen Begriffe, wie Volk, Demokratie, Freiheit, Nation, Sozialismus, eine genau festgelegte Bedeutung hatten, erschien uns jeder Gebrauch, der sich nicht an unsere Definition hielt, als ‚unwissenschaftlich' und von Menschen geschrieben, die, wie wir es damals ausdrückten, ‚nicht die geringste politische Grundbildung besitzen.'" (Leonhard 1963: 409)

Beim Thema „geteilte Nationen" finden oft Worte wie Vereinigung, Wiedervereinigung, Nation, friedliche Koexistenz und Vertrauensbildung Anwendung, bedeutsame Begriffe, bei denen wichtig ist zu wissen, wie sie definiert sind, von wem und zu welchem Zweck sie zur Anwendung kommen. Konfuzius (vmtl. 551–479 v. Chr.) hat im Lun Yü (論語, Gespräche, XIII, 3) mit Nachdruck auf die Notwendigkeit korrekter Wortwahl hingewiesen und warnend auf die negativen Folgen, die fast zwangsläufig aus falschem Sprachgebrauch entstehen. „Wenn die Begriffe nicht richtig sind, so stimmen die Worte nicht, stimmen die Worte nicht, so kommen die Werke nicht zustande; kommen die Werke nicht zustande, so gedeihen Moral und Kunst nicht; gedeihen Moral und Kunst nicht, so treffen die Strafen nicht; treffen die Strafen nicht, so weiß das Volk nicht, wohin Hand und Fuß setzen." (Wilhelm 1923: 135)

Werden Definitionen für die Ewigkeit konzipiert, sind Probleme unvermeidbar. Ausgehend von Schlüsselworten des konfuzianischen Verhaltenskanons stellte John King Fairbank verallgemeinernd fest, die Tyrannei der Termini sei im Chinesischen größer, als in einer alphabetischen Sprache. (Fairbank 1983: 77 f.) Schriftzeichen sind einprägsam und assoziationsreich. Peking hat dekretiert: Es gibt nur ein China, das ist die Volksrepublik, Taiwan gehört zu China bzw. muss ihm wieder zugehörig gemacht werden. Das lässt kaum Spielraum für definitorische Weiterentwicklung, für eine gewaltfrei-lösungsorientierte Politik, was auch für Alleinvertretungsansprüche gilt, auch sie sind durch Machtausübung ermöglichte apodiktische Gleichsetzungen.

In der vorliegenden Studie werden unterschiedliche Fälle behandelt. Der Einigungsprozess in Deutschland ist, was die staatliche Verfasstheit anbelangt, „abgeschlossene Vergangenheit", wenn auch die innere Einheit noch der stetigen Verbesserung bedarf. Bei den anderen Fällen steht die – hoffentlich friedliche – Lösung noch aus. Verändert sich der jeweilige Entwicklungsstand, gehören auch die ihn beschreibenden Definitionen auf den Prüfstand. Prozesse nehmen ihren Verlauf und so auch Erkenntnisse über sie. Es werden keine Stillstände untersucht; der Status quo verändert sich. Die Furcht, möglicherweise „daneben zu tippen", die besonders bei der DVRK Berechtigung hat, darf nicht verhindern, klare Aussagen zu treffen und die eigene Meinung zu äußern.

Zu den in diesem Buch benutzten Bezeichnungen und Definitionen gehören in erster Linie die folgend alphabetisch Angeführten.

Alliierte, Vier Siegermächte

Im deutschen Einigungsprozess spielten die UdSSR, die USA, Großbritannien sowie Frankreich eine wichtige Rolle. Sie waren die Hauptsiegermächte des Zweiten Weltkrieges und werden oft die „Vier Alliierten" genannt, was während und unmittelbar nach dem Krieg noch eine gewisse Berechtigung hatte. Im vorliegenden Text steht meist „Vier Siegermächte" oder „Hauptsiegermächte", denn spätestens seit Ausbruch des „Kalten Krieges" wäre es falsch, noch von „Alliierten", d. h. von Verbündeten zu sprechen, zumindest, was die Sowjetunion anbelangt. Bis zu ihrer Auflösung 1990 blieben allerdings in Deutschland die Namen Alliierter Kontrollrat und Alliierte Kommandantur für zwei Institutionen erhalten.

Deutscher Einigungsprozess

Damit sind Entwicklungen ab Ende der 1960er Jahre gemeint, die u. a. mit Stichworten wie Ostpolitik, Entspannung, Détente und Normalisierung beschrieben werden. Ein Prozess, der letztlich im Okober 1990 zur deutschen Einigung führte. Er war bei seinem Beginn nicht erkennbar und auch so nicht geplant, von wenigen vielleicht still gehofft.

Friedliche Koexistenz

Bei friedlicher Koexistenz kommt es ebenfalls sehr auf die definitorische Füllung des Begriffs an. Wird sie als Etappe auf dem Weg zum Sieg des einen Systems verstanden (Klaus/Buhr 1975: 436)[2], die „[...] nach marxistisch-leninistischer Auffassung letztlich

---

2 „Ungeachtet dessen, daß die Politik der friedlichen Koexistenz eine spezifische Form des Klassenkampfes des Proletariats ist, erschöpft sich ihr Inhalt nicht im Klasseninteresse der Arbeiterklasse. Da die Politik der friedlichen Koexistenz den Kampf um den Frieden zum Inhalt hat, bildet sie eine politische Plattform von solcher Breite, daß sich alle am Frieden interessierten Kräfte ungeachtet ihrer Klassenzugehörigkeit auf ihr formieren können." (Klaus/Buhr. 1975: 436).

nur ein Moratorium darstellte, bis der Kapitalismus sich selbst zerstört haben würde [...]" (Heydemann 2013: 180) oder als längerfristiger Zeitraum einer gedeihlichen Nachbarschaft mit offenem Ausgang? Ursprünglich war es ein pragmatisches Konzept, das Lenin vorschlug, später von Chruschtschow propagiert und von der VR China weiterentwickelt wurde und ihr ab 1954 als Richtlinie für die eigenen Außenbeziehungen diente. Sie legte dann großen Wert darauf, eine andere Art der Politik der friedlichen Koexistenz als die SU zu betreiben. (Polemik 1970) Ein entscheidender Punkt ist, dass Beziehungen zu Taiwan nicht als international gelten. Deshalb hat Peking auch die Entwicklung zwischen beiden Staaten in Deutschland anders beurteilt, denn hier sei es angemessen gewesen, friedliche Koexistenz zu praktizieren. (Garver 1994)

Für die VR China war sie lange Zeit eine Strategie, Beziehungen zwischen Staaten mit unterschiedlichen Systemen zu regeln, was sie aber nicht hinderte, „gerechte Kämpfe" zu unterstützen. Dieser Aspekt hat kaum noch Relevanz für das Außenverhalten, aber für Taiwan gilt er noch immer, denn die Insel wird als abtrünnige Provinz angesehen, die es zu befreien gilt und dies mit der Behauptung, die dortige Bevölkerung wolle diese Befreiung und die Rückkehr zum Mutterland. Andererseits bedeutet für die überwiegende Mehrheit auf Taiwan friedliche Koexistenz ein Neben- bzw. Miteinander, die Beibehaltung des Status quo, die es ermöglichen soll, normale Beziehungen zu pflegen. Viel hat sich in der Volksrepublik und auf Taiwan geändert, nicht aber die prinzipielle Einstellung Pekings, dass friedliche Koexistenz zwischen Staaten praktiziert, aber Taiwan nicht als ein solcher anerkannt wird. Benutzen beide Seiten den Terminus, dann kann das gut mit dem chinesischen Spruch charakterisiert werden, „im selben Bett, aber mit unterschiedlichen Träumen." (同床異夢)

Glück, Erfolg, Zufall

Glück und Erfolg sind Faktoren, die den deutschen Einigungsprozess 1989/90 entscheidend voranbrachten. Beide sind keine präzis zu fassenden Kategorien, aber dennoch wichtig. In der Nikomachischen Ethik nennt Aristoteles Glück etwas Vollendetes, für sich allein Genügendes; es sei das Endziel des uns möglichen Handelns.[3] Im Zusammenhang mit geteilten Nationen ist Glück nicht etwas, was nur freudig genossen, sondern, ein wenig im Sinne von Machiavellis „Fortuna", erkannt und entschlossen genutzt wird. Für die untersuchten Beispiele wird Glück definiert als erfreuliche – oft unerwartete, zufällige – positive Ereignisse und Entwicklungen, die in einigen Fällen ohne das Dazutun vieler später Begünstigter zustande kamen. Ein unerwartetes Moment, das politisch genutzt wurde.

Es war für Deutschland zum Beispiel ein Glück, dass in den Jahren 1989/90 Michail S. Gorbatschow, George Bush Sen., Helmut Kohl und andere entscheidende Akteure waren, dass es am 9. Oktober 1989 in Leipzig friedlich blieb, dass Günter Schabowski

---

3 Nikomachische Ethik I, 5, 1097b

am 9. November eine Vermutung stammelte, dass Harald Jäger danach den Schlagbaum öffnen ließ und dass bei der Zusammenführung von Nationaler Volksarmee und Bundeswehr kein Politoffizier seine DDR mit der Waffe verteidigte.

Im privaten Leben und in der Politik gibt es Glück in Abstufungen, denn des Einen Glück kann des Anderen Unglück sein. In einem Interview mit der Zeitung „Ming Pao" nahm der Gesandte der VR China in den USA, Li Kexin, Stellung zu den Beziehungen zwischen Washington und Taipei und interpretierte den Bericht seines Parteivorsitzenden Xi Jinping zum 19. Parteitag der KP Chinas am 18. Oktober 2017. Taiwan solle sich weniger auf die USA verlassen, sagte der Diplomat, und sich mehr China zuwenden. Der richtige Weg zur Wiedervereinigung führe über das Ein-China-Prinzip und den Konsens von 1992, deren Befolgung würde das kleine Glücksgefühl (小确幸) der Landsleute auf Taiwan in ein großes Glücksgefühl (大确幸) verwandeln.[4]

Erfolg

Erfolg ist in dem hier behandelten Zusammenhang die Verwirklichung von Plänen, die durch das entschlossene und aktive Handeln von Akteuren erreicht wurde; also eine planende, beeinflussende Mitwirkung. Eine Kombination ist das „Glück des Tüchtigen", so könnte z. B. das Agieren von Helmut Kohl im Jahr 1990 beschrieben werden.

inter-koreanisch

Der Zusammenhalt der Nation, das Gesamtdeutsche, wurde, zumindest bis zum Bau der „Berliner Mauer" im August 1961, von beiden Staaten in Deutschland betont. Danach verfolgte die SED-DDR bewusst politisch und verfassungsrechtlich eine Politik der klaren Abgrenzung. Dennoch machte es Sinn, wegen vielfältiger Kontakte und Abkommen, das Wort „innerdeutsch" weiterhin zu benutzen. In Korea wird die Nennung der offiziellen Staatsnamen vermieden. Handelt es sich um die Beziehungen zwischen beiden, sagt Seoul „Süd-Nord" und umgekehrt Pjöngjang „Nord-Süd." Wegen dieser Wortwahl und der im Vergleich zur damaligen Situation in Deutschland Unbeständigkeit der minimalen Kontakte wird in diesem Buch der Begriff „inter-koreanisch" benutzt, auch in Anlehnung an offizielle englische Texte aus Korea (*inter-Korean*).

---

4 Chinas Botschafter in den USA: Die Wiedervereinigung durch Gewalt wird stattfinden, wenn die US-Marine in Kaohsiung ankommt. – Die Wiedervereinigung wird ein großes Glück für die Menschen Taiwans sein. *Ming Pao* vom 09.12.2017. (Kaohsiung ist eine Hafenstadt im Südwesten Taiwans und Li nahm Bezug auf Diskussionen darüber, ob Schiffe der US-Navy Häfen in Taiwan anlaufen sollten.)

Kalter Krieg

„Der Kalte Krieg war eine weitgehend entgrenzte politisch-ideologische, ökonomische, technologisch-wissenschaftliche und kulturell-soziale Auseinandersetzung, die ihre Auswirkungen bis in den Alltag zeitigte." (Stöver 2017: 21) Bei dem oft benutzten Ausdruck „Kalter Krieg"[5] ist zu beachten, dass er in Europa zwar weitgehend kalt, aber in anderen Teilen der Welt, vor allem in Asien, sehr heiß, d. h. blutig war. Um eine zu enge Sichtweise zu vermeiden, steht deshalb der Begriff in Anführungszeichen.

Nation

Für die Beschäftigung mit geteilten Nationen ist die Definition von Karl W. Deutsch nützlich: Nation ist ein Volk, das einen Staat besitzt, ein Volk, das über einen Staat herrscht. (Deutsch 1979: 14, 301) Es ist auch noch immer erkenntnisfördernd, sich an die Definition von Carl Joachim Friedrich zu erinnern, der fünf Charakteristika nannte, die vorhanden sein müssten, um ein großes Gemeinwesen eine Nation zu nennen: unabhängig, kohäsiv, politisch organisiert, autonom und international legitimiert. (Friedrich 1963: 31) Auf Taiwan (Republik China) treffen diese Kriterien zu, wenn auch die internationale Legitimierung nicht üppig ausfällt. Die Zahl diplomatischer Anerkennungen ist wichtig, spielt aber für die Definition keine Rolle. Taiwan wird von einigen als Staat angesehen, ist aber nur von wenigen Staaten diplomatisch anerkannt. Die Sahrawi Arabisch Demokratische Republik gilt vielen nicht als Staat, kann aber mehr als 40 diplomatische Anerkennungen vorweisen.[6]

Gemäß den genannten Definitionen sind z. B. Basken, Kurden, Tibeter und andere keine Nation, sondern ein Volk, in dem viele einen Staat anstreben, aber noch keinen haben.

Die Entscheidung für „geteilte Nationen" und nicht „geteilte Staaten" wurde in der vorliegenden Studie mit Bedacht gewählt. Die Meinung der betroffenen Menschen ist wichtig. Solange eine Mehrheit das Gefühl hat, von anderen Teilen der Nation ungerechtfertigt getrennt zu sein, existiert das Problem einer geteilten Nation und besteht der Wunsch nach Vereinigung.

Normalisierung

Koh Yu-Hwan definierte Normalisierung zwischen geteilten Nationen als einen Prozess, der von antagonistischer Abhängigkeit, die in einem Netz selbstgerechter Hal-

---

5 Zu Entwicklungsgeschichte und Auswirkungen des Begriffs siehe Stöver 2017, S. 11–27. Zum „Kalten Krieg" generell Gaddis 2008.
6 Zu „staatenlosen Nationen" siehe Minahan 2002.

tung verfangen ist, zu einer wechselseitig vorteilhaften Abhängigkeit führt. Sie ist ein langer und schwieriger Prozess, der zahlreiche Etappen durchläuft und Rückschläge zu verkraften hat. In seinem Verlauf kommt es zu einer progressiven Entwicklung von Kontakten und Zusammenarbeit auf immer mehr privaten, inoffiziellen sowie offiziellen Ebenen, was zu beiderseits vorteilhafter Interdependenz führen kann. (Pfennig 2012: 146 f. Pfennig 2009)

Peking (und andere Hauptstädte)

Werden Namen von Hauptstädten genannt, geht es fast immer um die zum jeweiligen Zeitraum sich an der Macht befindenden Regierungen und die sie tragenden Kräfte.

Relevanz

Dieser Ausdruck ist inhaltlich den Worten „wichtig", „bedeutsam" und „anwendbar" ähnlich. Im Lateinischen bedeutet *relevare*, etwas erneut aufnehmen, emporheben. Es gibt einen bestimmten Bezug zu etwas, das sachdienlich und anwendbar ist. In positivem Sinne ist Relevanz anwendungsorientiertes Interesse, was noch nicht die Entscheidung zur konkreten Umsetzung in andere soziopolitische Rahmen bedeutet.

Positiv: Etwas hat entweder in Teilen oder insgesamt einen Aufmerksamkeitswert und es wird erwogen, sich daran zu orientieren, was dann in der Praxis bedeuten kann, das Modell wird übernommen, oder Teile von ihm.

Negativ: Etwas ist nicht akzeptabel, wird als gefährlich erachtet, als abschreckendes Beispiel und deshalb muss verhindert werden, dass sich Grundlagen und Gruppierungen für eine ähnliche Entwicklung im eigenen Land bilden.

Es geht dann nicht darum, etwas aufzunehmen und anzupassen, sondern im Gegenteil, es abzulehnen und zu verhindern. Laut einem Bericht der DDR-Botschaft in Pjöngjang vom Dezember 1989 bewertete die dortige Führung tiefgreifende Veränderungen in der DDR „[...] als Ergebnis der ideologischen Diversion des Imperialismus und als Ausdruck der völligen Vernachlässigung der politisch-ideologischen Führungstätigkeit der SED." (PA AA 32)[7] Kim Il-sung soll nach dem Ableben der SED-DDR gesagt haben, so lange er lebe, werde es in Korea so etwas nicht geben. Auch seine Nachfolger, Sohn und Enkel, konnten es bisher verhindern. „Niemals wird Pjöngjang die grausame Lektion der deutschen Wiedervereinigung vergessen." (Kim CN 2000: 17)

---

7 Im November 1989 beschloss Pjöngjang alle 1565 nordkoreanischen Studierenden, Forscher:innen und Arbeitskräfte aus der DDR abzuziehen, um sie angeblich in der Heimat einer vierwöchigen Schulung zu unterziehen. Sie kehrten nie zurück. Der Abzug von rund 1300 Arbeitskräften (Leicht- und Konsumgüterindustrie) führte zu Produktionsausfällen in der DDR.

Der Ministerpräsident der Republik Korea nannte 1990 die deutsche Einigung ein „leuchtendes Beispiel", betonte aber zugleich die großen Unterschiede zu Korea. (PA AA 36) Ewald König hat zwei wichtige Aspekte auf den Punkt gebracht: „Auf der koreanischen Halbinsel löst die deutsche Wiedervereinigung Neugierde und Hektik aus. Die Südkoreaner versuchen zu verstehen, was sie daraus für ihre Zwecke lernen können. Und die Nordkoreaner versuchen zu analysieren, was die DDR falsch gemacht hat und sie selbst vermeiden sollen." (König 2019: 302)

SED-DDR

Von 1949 bis Ende 1989 wurde die DDR von der Sozialistischen Einheitspartei Deutschlands, der SED, dominiert. Beide bildeten eine Symbiose, die oft als SED-Staat bezeichnet wird. Es war kaum möglich, eine klare Trennung zwischen Staat und Partei zu erkennen. Bis zur Änderung am 1. Dezember 1989 lautete Artikel 1 Absatz 1 der Verfassung: „Die Deutsche Demokratische Republik ist ein sozialistischer Staat der Arbeiter und Bauern. Sie ist die politische Organisation der Werktätigen in Stadt und Land unter Führung der Arbeiterklasse und ihrer marxistisch-leninistischen Partei."[8] Bezeichnenderweise galt das Ministerium für Staatssicherheit offiziell als Schwert und Schild der Partei. Dieser Staat wird in der vorliegenden Studie für die Jahre von 1949 bis Ende 1989 mit der Abkürzung SED-DDR benannt. Zum Unterschied zu der Übergangs- und Demokratisierungsphase 1990, besonders ab der Wahl vom 18. März 1990, denn nun war die Bezeichnung „demokratische Republik" mehr und mehr gerechtfertigt, deshalb für diesen Zeitraum die Benennung als DDR.

Überraschung

Überraschung wird hier verstanden als die Einsicht, dass eine Verhaltensänderung nicht nur notwendig, sondern oft auch machbar und sinnvoll ist. (Deutsch 1973: 91)

Ein unerwartetes Ereignis macht eine Reaktion möglich, einen Plan, der in einigen Fällen vielleicht bereits bestand, aber nicht zur Ausführung kommen konnte, dessen Implementierung nun aber wegen der Überraschung vollzogen werden kann, denn diese ermöglicht Handlungsoptionen. Es kann aber auch sein, dass ein geplantes Ereignis, das für die andere Seite eine Überraschung sein sollte, nicht die erwarteten Fol-

---

[8] Auf Beschluss der Volkskammer vom 1.12.1989 wurde „unter Führung der Arbeiterklasse und ihrer marxistisch-leninistischen Partei" gestrichen. *Gesetzblatt der DDR*, 22.12.1989, Teil I Nr. 25, S. 265. Die Partei wurde gestrichen, der Sozialismus blieb, aber nicht mehr lange.

gen hat und deshalb mit dazu beiträgt, dass eine Veränderung der Taktik erfolgen muss.⁹

Wiedervereinigung

Das Wort bedeutet im hier behandelten Sinn die Aufhebung einer Trennung von Gebieten, die früher eine geografisch-politische Einheit bildeten.

Vereinigung und Wiedervereinigung werden oft austauschbar benutzt. Die SED-DDR und die Bundesrepublik, die Republik Korea (RK) und die DVRK, sie gehörten nie zusammen. Taiwan war nie eine Provinz der VR China. (Copper 2020) Es ist deshalb oft sinnvoller, von „Neuvereinigung" zu sprechen, wie es Willy Brandt mit Bezug auf Deutschland vorschlug. (Sturm 2008: 233) Damit sollten auch Assoziationen an das frühere Deutschland, an „Deutschland in seinen Grenzen von 1937" vermieden werden.

Brandt wandte sich gegen eine Wiederbelebung von Deutschland à la Bismarck und hat diese Meinung mehrfach geäußert.¹⁰ Eine Neuvereinigung hingegen schloss er nicht aus. „Ich werde die Neuvereinigung nicht mehr erleben, Sie vielleicht. Ich spüre, dass irgendeinmal zu Beginn des neuen Jahrhunderts die Teile Europas wieder zusammenwachsen." (Sturm 2008: 233 f.) Brigitte Seebacher-Brandt hat im Juli 2017 in einem Gespräch mit dem Nachrichtenmagazin „Der Spiegel" nochmals betont, dass die Ablehnung sich auf das Wort „wieder" bezog, bei dem ja „erneut" und „noch einmal wie früher" mitschwingen könnten. „Im Übrigen bezog sich das Wort auf das ‚Wieder'. Er mochte es nicht, denn nichts würde ‚wieder'-kommen. Ein Drittel des Landes war verloren, Deutschland war demokratisch und eingebunden in die europäischen und globalen Institutionen. Das waren seine drei Gründe gegen das ‚Wieder'. Er sagte lieber Neuvereinigung oder schlicht: Einheit."¹¹ Diese Überlegungen bestimmten auch US-Außenminister Baker, als er am 16. Oktober 1989 in einer Rede vor der Foreign Policy Association in New York das Wort Wiedervereinigung nicht benutzte, sondern von Versöhnung durch Selbstbestimmung sprach, um restaurative Interpretationen zu vermeiden.

Im Koreanischen bedeutet t'ongil (통일) beides, Vereinigung und Wiedervereinigung. Der chinesische Ausdruck tongyi (統一) kommt ohne „wieder" aus. Die Schriftzeichen bedeuten „vereinen" bzw. „Vereinigung", sie sind auch Bestandteil von „Einheitsfront." Wer auf Taiwan ein Zusammengehen mit der Volksrepublik möchte, wird „Wiedervereinigung" sagen. Diejenigen, die eher für die Beibehaltung des Status quo

---

9 Auf Überraschungen und deren Folgen, z. B. Flugzeugentführungen, wird später näher eingegangen Siehe unten ab S. 151.
10 Siehe hierzu Ausführungen zu der Frage „Welche Einheit" in seinen Erinnerungen, Brandt, Willy, 1992: 153 ff. Vgl. auch Schmidt, Wolfgang, 2014: 248.
11 *Der Spiegel*, 2017/17 vom 01.07.2017, S. 39.

und eine Unabhängigkeit sind, werden den Ausdruck vermeiden, denn weil Taiwan nie Teil der Volksrepublik war, könne es auch keine „Wieder"vereinigung geben.

Bezogen auf Korea ist der Begriff eher symbolisch und historisch zu verstehen, denn vor der administrativen Trennung 1945 und der staatlichen ab 1948 war die Halbinsel eine Kolonie Japans. Am ehesten wäre er noch für Zypern zutreffend, weil es vor der Teilung im Jahre 1974 die eine Republik Zypern gab.

Im offiziellen Sprachgebrauch ist oft von „deutscher Einigung" die Rede, um den Charakter der Aushandlung des Beitritts zu betonen. Das sie detailliert regelnde Dokument vom 31. August 1990 ist der „Vertrag zwischen der Bundesrepublik Deutschland und der Deutschen Demokratischen Republik über die Herstellung der Einheit Deutschlands", kurz „Einigungsvertrag" genannt. Im allgemeinen Sprachgebrauch, oder, um das schöne Wort zu benutzen, „im Volksmund", werden die Worte „Wende" bzw. „nach der Wende" oder „Wiedervereinigung" verwendet.

Wichtig war, beim deutschen Einigungsprozess, die Vokabel „Anschluss" zu vermeiden, um keine Assoziation von „Heim ins Reich" aufkommen zu lassen. In Korea wird oft von Wiedervereinigung durch Absorption (흡수통일) gesprochen, wenn Deutschland das Thema ist, eine problematische Bezeichnung, die vielleicht die subjektiven Gefühle vieler in Deutschland trifft, die Ereignisse von 1989/90 aber nicht angemessen beschreibt. Es gibt gute Gründe, mit dem Wort „Wiedervereinigung" sorgsam umzugehen, dennoch wird in diesem Buch wegen dem allgemeinen Sprachgebrauch der Begriff benutzt.

Auf Zypern gab es 1950, noch während der britischen Kolonialherrschaft, ein inoffizielles Referendum über eine Vereinigung, über die Bildung einer Union mit Griechenland. Der hier verwandte Begriff „Enosis" hat Anklänge an das, was im Deutschen mit „Anschluss" gemeint ist und ist deshalb problematisch, weil er dem türkischen Bevölkerungsteil kaum eine Mitwirkung einräumt.

Vertrauen, Vertrauensbildung

Vertrauen besteht bzw. bildet sich hauptsächlich aus Selbstvertrauen, Kommunikation und positiven Erfahrungen mit anderen. Innerhalb einer Gesellschaft, so Francis Fukuyama, ist es die dort entstehende Erwartung eines ehrlichen und den Regeln entsprechenden Verhaltens.

Die Kombination der Worte Vertrauen und Bildung weist auf einen Prozess hin; etwas muss sich herausbilden, das zu einer Situation führt, die Vertrauensbildung sowohl notwendig als auch möglich macht. Vertrauensbildung entsteht durch „[...] Kommunikation von glaubhaften Beweisen der Abwesenheit von befürchteten Bedrohungen, um durch Reduzierung von Unsicherheiten und Eindämmung von Möglichkeiten Druck durch militärische Aktionen auszuüben, Beruhigung und wiederholte Versicherung zu erreichen." (Holst/Melander 1977: 147. Holst 1983) Ob zwischen Individuen oder Staaten, Vertrauen hat immer etwas mit Erfahrungen, Zielen, Haltungen sowie Werten zu tun und mit der Einschätzung der anderen Seite.

Um jemandem vertrauen zu können, ist Selbstvertrauen notwendig. In diesem Zusammenhang war die Ostpolitik wichtig, denn wenn auch der Grundlagenvertrag nicht alle Wünsche der SED-DDR erfüllte, so trug er zu ihrer Stabilisierung bei, erweiterte ihre internationale Anerkennung, d. h. er förderte auch das Selbstvertrauen dieses Staates. (Grundlagenvertrag 1972) Am Selbstvertrauen der VR China kann kein Zweifel bestehen, ihre Haltung gegenüber vertrauensbildenden Maßnahmen hat sich seit der Entspannungspolitik und dem Ende des „Kalten Krieges" gewandelt. (Krepon 1997) Ihr Verhalten gegenüber Taiwan ist aber nicht vertrauensbildend; dort ist das Selbstvertrauen geringer und schwer einzuschätzen. Zwischen beiden Staaten in Korea, zwischen der DVRK und den USA gibt es kein Vertrauen, so auch auf Zypern und nicht zwischen dessen beiden Schutzmächten, Griechenland und der Türkei.

Zusammenarbeit und Interdependenz

Zusammenarbeit benötigt ein Mindestmaß an gegenseitiger Kenntnis und Koordinierung. Wird sie über einen längeren Zeitraum praktiziert und umfasst sie eine große Bandbereite von Aktivitäten, kann Interdependenz entstehen, wechselseitig positive Zusammenarbeit. Die Betonung liegt dann auf „inter" und weniger auf „Dependenz."

Ohne solche Art von Kooperation gibt es keine Normalisierung auf der koreanischen Halbinsel. Ein längerer Zeitraum scheint notwendig, denn niemand hat Erfahrungen mit einem normalen Zusammenleben zwischen Norden und Süden.

Schon oft wurde Asien eine signifikante Entwicklung vorhergesagt. Der US-amerikanische Politiker, Diplomat und Schriftsteller John Milton Hay (1838–1905) stellte fest, das Mittelmeer sei das Meer der Vergangenheit, der Atlantik das der Gegenwart und der Pazifik werde der Ozean der Zukunft sein. Eine der dynamischsten Regionen im asiatisch-pazifischen Raum ist Nordostasien. China, Taiwan, Korea und Japan sind Länder mit großer Kultur und Geschichte; verglichen mit seinen Nachbarn ist Korea klein und braucht Zusammenarbeit. Kim Dae-jung sagte im Jahre 2005: „Experten überall auf der Welt prophezeien, das 21. Jahrhundert werde das Jahrhundert Ostasiens sein. Das kann aber nur Realität werden, wenn die Länder in Ostasien, besonders in Nordostasien untereinander starke Beziehungen des Vertrauens und der Zusammenarbeit entwickeln." (Kim Dj 2007:45 f.)

Neben Definitionen ist auch die Wortwahl vieler Menschen aufschlussreich, um fast spontan Ereignisse zu bezeichnen, sie „beim Namen zu nennen," was oft bereits eine Bewertung ist. In Ostdeutschland und in den die dortigen Entwicklungen hauptsächlich des Jahres 1989 analysierenden Publikationen gibt es u. a. eine Debatte darüber, was denn eigentlich passierte und wie es zu nennen sei? Die am häufigsten benutzten Worte sind Revolution, deutsche Einheit und Wende. Diese Bezeichnung gilt aber im „Westen" vielen als politisch suspekt, weil sie zum Vokabular von Egon Krenz gehörte. Andere sprechen von Implosion (Lindner 1994), denn die DDR sei schlicht in sich zusammengesackt, eine Wortwahl vielleicht auch deshalb, um den Qualitätsbegriff „Revolution" zu vermeiden. Hier gilt es auch zu bedenken, dass mit „Implosion" primär Außendruck assoziiert werden könnte, was eine gewisse Schuldzuweisung implizieren und den inneren Veränderungsdruck zu wenig würdigen würde. Hartmut Zwahr hat überzeugend dargelegt, warum die Bezeichnung mit Revolution zutreffend ist. (Zwahr 1993) Andere sprechen von Zusammenbruch und Revolution, von friedlicher, protestantischer oder „volkseigener Revolution" (Opp/Voß 1992), und führen für die Bezeichnungen jeweils gute Gründe an.

Eine Durchsicht des Verfassers von rund 890 Publikationen mit dem Schwerpunkt auf der Zeit vom Herbst 1989 bis zum Sommer 1990 ergab bei den Titeln folgende Rangfolge der Wortwahl: Revolution mit deutlichem Vorsprung vor deutsche Einheit/Vereinigung, Wende, Zusammenbruch/Untergang, Umbruch/Aufbruch und Transformation. Egal, welches Etikett Ereignisse der Jahre 1989/90 erhielten, die friedliche Revolution war eine entscheidende Beschleunigung während der Schlussetappe auf dem Weg zur deutschen Einheit. Frank Wolff stellte fest: „Die Beerdigung der DDR fand aber keineswegs nur symbolisch oder auf politischer Ebene statt, sondern zuvörderst auf der Straße." (Wolff 2019: 912)

2.3 Vorgehensweisen

Bei den behandelten Fällen liegen Gründe für die Teilung Jahrzehnte zurück und es gibt wirkungsstarke historische und psychologische Bestimmungsfaktoren. Deshalb wird auch ältere Literatur und werden ältere Dokumente herangezogen, die keineswegs veraltet sind. Sie zu kennen ist notwendig, um frühere bzw. fortbestehende Probleme sowie Denkweisen darzustellen, sie zu analysieren und die damals handelnden Akteure selbst zu Wort kommen zu lassen.

Gelingt es, während der Teilung das Zusammengehörigkeitsgefühl nicht nur wachzuhalten, sondern zu stärken, dann bestehen später Chancen für eine Wiedervereinigung. Es geht um Bewahrung sowie Weiterentwicklung von Identität[12] und hier bietet der Konstruktivismus beachtenswerte Hinweise. Joseph Nye hob hervor, dass das Verständnis von realistischen und liberalen Sichtweisen auf die Weltpolitik wichtig sei, ebenso verdienten aber auch soziale und kulturelle Veränderungen Aufmerksamkeit, die der Konstruktivismus betone. (Nye 2000: 222) Weil das selbstverständlich ist, finden Fragestellungen, Begriffe und Methoden verschiedener Theorieschulen Berücksichtigung, ohne dass eine besonders favorisiert wird. Es geht vorrangig um den Erwerb, die Ausübung und den Erhalt von Macht sowie um Interdependenzen. Für deren Untersuchung bieten sich Ansätze des Realismus und Neorealismus an.

---

[12] Diese Aspekte werden im Kapitel 7 angesprochen (Volk, Nation, Zusammengehörigkeitsgefühl).

Die Bedeutung von Verknüpfungen (Junktims) gehört zu den Charakteristika der Ostpolitik, so z. B. der Zusammenhang zwischen einer Regelung für Berlin (Viermächteabkommen), dem Moskauer Vertrag[13] und dem Brief zur deutschen Einheit von 1970 (Einheitsbrief 1970) sowie die Ratifizierung des Vertrages durch den Bundestag. (Glaab 1999a: 245.) Der Zusammenhang zwischen nationalen und internationalen Ebenen ist selbstverständlich zu beachten, hier sind theoretische Überlegungen wie sie verstärkt seit den Veröffentlichungen von z. B. James Rosenau (Rosenau 1969) und Robert Putnam (Putnam 1988) angestellt werden hilfreich. Die Anwendung des *Two-Level-Games* (Zwei-Ebenen-Spiel) von Putnam auf die Beziehungen zwischen der VR China und Taiwan ist allerdings wegen dem unterschiedlichen Status der beiden Konfliktparteien nicht sehr aussagekräftig. Lin Jih-wen (Lin 2000) und Wu Yu-Shan (Wu 2011) bedienten sich dieser Ansätze und schrieben Artikel in der Erwartung, dass sich durch Veränderungen auf Taiwan, insbesondere mit dem Amtsantritt von Präsident Ma Ying-jeou im Jahre 2008, die Verhältnisse entspannen, die Kontakte vermehren und die Chance für eine Annäherung mit dem Ziel der Wiedervereinigung verbessern würden. Das ist bisher nicht eingetreten, im Gegenteil. Es gab zwar mehr Kontakte, die Position der VR China wurde stärker, aber die Einstellung der Bevölkerung auf Taiwan betont immer mehr die eigene Identität und die Bewahrung des Status quo.

Die Einigung auf kleinste gemeinsame Nenner kann zu größerer Interessenübereinstimmung (*win sets*) verhelfen. In seiner „Berliner Erklärung" vom März 2000, die ein wichtiger Schritt zum ersten koreanischen Gipfeltreffen war, machte Präsident Kim Dae-jung der DVRK Avancen: „Es geht bei diesem Vorschlag um eine umfangreiche Annäherungspolitik, die auf Gegenseitigkeit, also Geben und Nehmen, basiert. Unter enger Zusammenarbeit und Konsultation mit den USA und Japan haben wir Nordkorea diesen Vorschlag unterbreitet. Dieser Vorschlag nutzt sowohl Nordkorea als auch Südkorea, ist also eine Win-Win-Politik." (Kim Dj 2000: 20)[14] Wichtig war auch, dass eine Zusammenfassung der „Berliner Erklärung" Pjöngjang vorher über den Kommunikationskanal in dem Verhandlungsort Panmunjom in der Entmilitarisierten Zone zwischen Norden und Süden zugeleitet wurde. (Kim Dj 2019: 611) Es war das erste Mal, dass eine solche direkte Kommunikation erfolgte.

Wegen der Machtkonzentration an der Spitze durch autoritäre Personen, wie Mao Zedong und Nachfolger in der VR China, Chiang Kai-shek auf Taiwan, Kim Il-sung und Nachfolger in der DVRK sowie den Diktatoren Park Chung-hee und Chun Doo-hwan in der Republik Korea mag eine akteurszentrierte Untersuchungsweise sinnvoll sein. (Bao 1991) Sie könnte aber dazu führen, u. a. den Einfluß sozio-ökonomischer Entwicklungen und die Abhängigkeit von Schutzmächten zu unterschätzen.

Es gibt eine kaum zu überblickende Fülle von Dokumenten und Publikationen zum deutschen Einigungsprozess und seiner Vorgeschichte. Ein Teil von ihnen ist Me-

---

13 Bundesgesetzblatt, Teil II, 1972, Nr. 27, 24.05.1972, S. 353–355.
14 Der Hinweis auf die enge Zusammenarbeit mit den USA und Japan kam in Pjöngjang nicht gut an, denn er bestätigte die dortigen Zweifel an der Eigenständigkeit der Republik Korea.

moiren-Literatur, eine Fundgrube für Informationen, aber auch für Rechtfertigungen sowie phantasievolle und oft lückenhafte Erinnerungen. Deshalb wurden eine kritisch-prüfende, vergleichende Lektüre und ein Abgleich mit Dokumenten durchgeführt.

Junktim, Verknüpfungen, Metapher des Reißverschlusses

Der lange Prozess, der letztlich zur Einigung führte, ist u. a. durch Verknüpfungen (Junktims), bei neuen Initiativen durch ein Offenhalten für zukünftige Entwicklungen, (z. B. Briefe zur deutschen Einheit) sowie durch das Nutzen von Überraschungen gekennzeichnet, (so z. B. das Gespräch zwischen Portugalow und Teltschik am 21. November 1998). Die wichtige „Schlussetappe" auf dem Weg zur Wiedervereinigung kennzeichneten u. a. drei Phasen:
- Wahrnehmung der Möglichkeit einer Wiedervereinigung Deutschlands.
- Herausbildung von grundsätzlicher Akzeptanz einer friedlichen, selbstbestimmten Vereinigung.
- Nationale und internationale Mitwirkung an deren Implementierung.

Das Aktion-Reaktion-Verhalten ist eines der häufigsten Muster in Natur und Gesellschaft. Neue Ausgangslagen bzw. veränderte Bewertungen der Realität bewirken neue Lageeinschätzungen, Konzepte und Handlungsspielräume.

Die sich beschleunigende Entwicklung hin zur Wiedervereinigung war eine Mischung, oft auch ein Zusammenspiel von Zufällen sowie ein Reagieren auf innere und äußere Ereignisse. Rebecca Plassa hat diese Wechselwirkungen zusammengefasst.

> Dass sich die deutsche Wiedervereinigung in einem sehr kurzen Zeitraum von wenigen Monaten vollziehen konnte, hatte einerseits mit den internationalen Rahmenbedingungen zu tun, andererseits mit Entwicklungen innerhalb der DDR, die durch äußere Rahmenbedingungen ausgelöst und begünstigt wurden. Beide – äußere und innere – Faktoren standen in einem engen Wechselverhältnis und erzeugten ein „Momentum" der Geschichte, ein Gelegenheitsfenster („window of opportunity"), das die deutsch-deutsche Vereinigung ermöglichte. (Plassa 2010: 1)

Bei der Zuordnung einzelner Komponenten von Wechselwirkungen muss unterschieden werden, ob es sich tatsächlich um den Teil eines Aktion-Reaktion-Vorgangs handelt, oder ob es lediglich eine zeitliche Koinzidenz ist. Um diese Wechselwirkungen besser aufzeigen zu können, wurde eine besondere Darstellungsart angewandt.

In Gesprächen mit dem Verfasser hat Manfred Wilke für den Prozess, der letztlich hin zur deutschen Einigung führte, die Metapher eines Reißverschlusses gewählt, wo innere und äußere Häkchen ineinandergriffen; eine Maßnahme erforderte bzw. ermöglichte eine andere. Manchmal entstanden vorübergehend Lücken und es ging rückwärts, aber das Ziehen in nur eine Richtung, d. h. das Schließen des Reißverschlusses, beschleunigte sich dann ab Spätherbst 1989 und besonders ab April 1990.

Das Nachrichtenmagazin „Der Spiegel" hat das Jahr 1989 als ein „Jahr der Wunder" bezeichnet.[15]

Manfred Wilke meinte keine historische Zwangsläufigkeit, es geht nur darum, ein anschauliches Bild zu beschreiben, bei dem zu fragen ist: Wie entstanden Zugzwänge sowie Zugmöglichkeiten, was waren die Auswirkungen von bremsenden sowie beschleunigenden Wechselwirkungen?

Egon Bahr hat eine mögliche Entwicklung 1966 so beschrieben:

> Da es sich um einen Prozeß handeln muß, also um stufenweise Enwicklungen, ist es entscheidend, daß die einzelnen Schritte so miteinander verzahnt werden, daß der eine den anderen bedingt, daß das Interesse am zweiten mit dem ersten geschaffen wird, und daß der fünfte Schritt festgelegt ist und automatisch aus den vorhergehenden folgt. Dies erfordert, den letzten Schritt zu kennen, bevor man den ersten tut. (Bahr 2019: 137)

Die Kenntnis des letzten Schrittes bestand zum Beginn der Ostpolitik zunächst in der vagen Hoffnung auf eine spätere Vereinigung, ermöglicht u. a. durch einen Prozess, der zu menschlichen Erleichterungen sowie Fortschritten bei Normalisierung und Entspannung führen sollte. Das Fernziel einer Vereinigung wurde in den Briefen zur deutschen Einheit ausgedrückt.

Die Metapher des Reißverschlusses wird nicht überbetont, dennoch kann sie auf den Zeitraum von 1970 bis 1990 angewandt werden. Besonders wichtig war die Veränderung der Beziehungen zwischen der Bundesrepublik und der Sowjetunion. „Es gab keine Wahl, der Schlüssel zur Normalisierung lag in Moskau." (Brandt 1992: 211. Flatten 2021: 415). Die Westbindung der Bundesrepublik, ihre Verträge über Gewaltverzicht mit der Sowjetunion, Polen[16] und der ČSSR[17], das Berlin-Abkommen, der KSZE-Prozess und andere Entwicklungen schufen wesentliche Bestandteile für einen Reißverschluss, aber im oberen Teil fehlten noch viele Häkchen. Im Jahre 1990 gab es dann einen engen Zusammenhang zwischen dem Abschluss des Einigungsvertrages und dem Beginn offizieller Planung der Zusammenführung von Bundeswehr sowie Nationaler Volksarmee und Fortschritt bei den 2+4-Verhandlungen.

Zwei Beispiele können vereinfacht-schematisch darstellen, wie diese Aktion-Reaktion-Bewegungen abliefen. Das erste zeigt die Frühphase bzw. Beschleunigung des Einigungsprozesses, als Nikolai Portugalow, absichtlich oder unbeabsichtigt, eine Bewegung auslöste, die Alexander von Plato ein „produktives Missverständnis" nannte. (Plato 2003: 113) Produktiv auch deshalb, weil es zum „Zehn-Punkte-Programm" von Helmut Kohl motivierte. (Mertes 2001)

Das zweite Beispiel zeigt positive Wechselwirkungen zwischen nationalen, d. h. deutschen und internationalen Entwicklungen, die zur Unterzeichnung des 2+4-Ver-

---

[15] Der Spiegel, 2009/44 vom 26.10.2009, S. 118–135.
[16] Bundesgesetzblatt, Teil II, Nr. 27, 24.05.1972, S. 361–368.
[17] Bundesgesetzblatt, Teil II, Nr. 40, 16.07.1974, S. 990–997.

trages, zum Austritt der DDR aus dem Warschauer Pakt und dem Rat für gegenseitige Wirtschaftshilfe (RGW) führten.

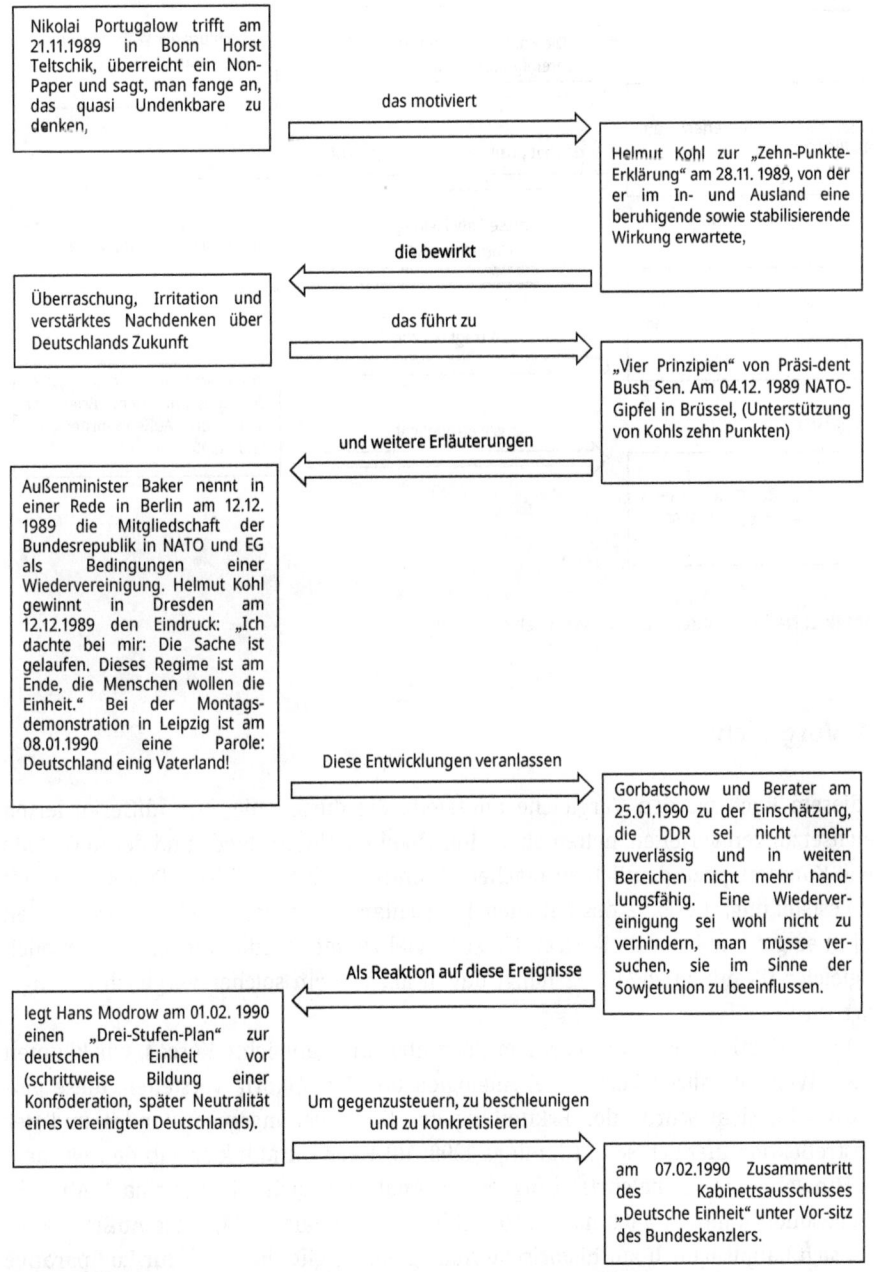

Graphik 1: Beschleunigung des Einigungsprozesses

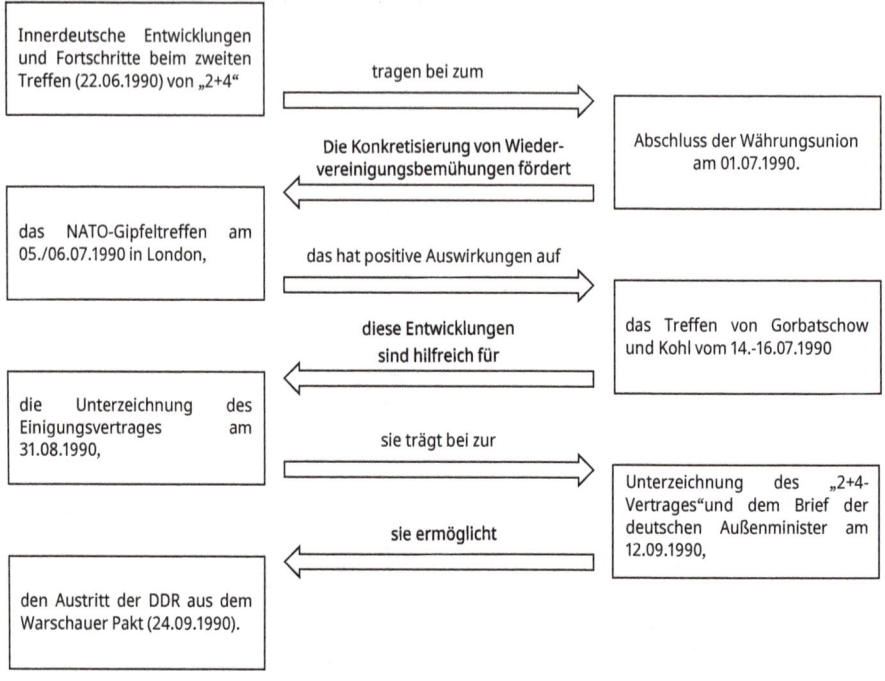

Graphik 2: Nationale-internationale Wechselwirkungen

2.4 Vergleiche

In diesem Buch werden Vergleiche angestellt. Sie dürfen nie zu undifferenzierten Gleichsetzungen verleiten, helfen aber Ähnlichkeiten, Unterschiede und deren Gründe sowie Konsequenzen deutlich zu machen. Grundsätzlich hat Rüdiger Frank recht mit der Feststellung, die Fälle des geteilten Deutschlands und des geteilten Koreas seien „[…] in so gut wie jeder denkbaren Hinsicht viel zu verschieden für einen sinnvollen Vergleich." (Frank 2017: 347) Es hängt davon ab, wie ein solcher Vergleich durchgeführt wird.

Bruce Cumings schreibt in seinem Buch über die Geschichte Koreas, wir könnten unsere Welt nur durch Vergleiche, Analogien und Metaphorik verstehen, diese perspektivische Sicht würde der Erkundung des Untersuchungsgegenstandes und der Selbstreflektion dienlich sein. (Cumings 1998: 16) Herfried Münkler gab den warnenden Hinweis: „Ein […] belehrter Umgang mit Analogien sucht nicht nur nach Ähnlichkeiten, sondern immer auch nach Unterschieden." (Münkler 2014) Diese Äußerung bezieht sich hauptsächlich auf historische Analogien, sie gilt aber auch für komparative Herangehensweisen generell.

Kim Dae-jung hielt es für sinnvoll, Korea mit Deutschland zu vergleichen, auch um die Unterschiede zu verdeutlichen:

> Zwar sind sich beide ähnlich, weil sie gegen ihren Willen von ausländischen Mächten geteilt wurden, aber sie sind aus drei Gründen auch deutlich unterschiedlich. [...] Erstens waren viele Nationen in Europa, unter ihnen die alte Sowjetunion, durchweg gegen die Idee eines vereinten Deutschlands. Im Vergleich dazu gibt es in Asien keinen offenkundigen Widerstand gegen eine Vereinigung Koreas. Zweitens war Deutschland vor seiner Teilung ein besiegter Aggressor, wohingegen Korea während des Krieges ein unschuldiger Zuschauer und eine frühere Kolonie des imperialistischen Japans war. Drittens ist das Territorium Koreas seit mehr als 500 Jahren genau darstellbar und Korea ist seit mehr als einem Jahrtausend eine Nation. Im Vergleich dazu waren Deutschlands historische Grenzen aber in fast ständiger Bewegung. (Kim Dj 1994: 111)

Die Worte, „in Asien keinen offenkundigen Widerstand", sind recht diplomatisch gewählt, denn Kim Dae-jung war sich sehr wohl bewusst, dass es Ängste, Bedenken und Widerstände gegen ein vereinigtes Korea gibt, so zum Beispiel in Japan.

Erfahrungen sind nicht oft anderswo anwendbar. Für Zypern hat Deutschland keinen direkten Modellcharakter; der wäre vielleicht gegeben, hätte sich die deutsche Vereinigung nach Artikel 146 des Grundgesetzes vollzogen, d. h. langsam durch die Erarbeitung einer gemeinsamen Verfassung für eine Konföderation. Die Außenministerin der TRNZ hoffte dennoch, dass Berlin „[...] auf der Grundlage seiner eigenen Erfahrungen der Wiedervereinigung von Ost und West eine große Stütze bei der Überwindung der politischen Pattsituation [...]" in Zypern sein könnte. Konkret erwähnte sie Fragen der Rückgabe von Vermögenswerten und Entschädigungszahlungen. (Colak 2016)

Pjöngjang ist vehement gegen eine Wiedervereinigung wie in Deutschland, für Seoul hingegen ist sie im Prinzip wünschenswert. Die meisten Studien zu diesem Thema sind Vergleiche zwischen Deutschland und Korea mit unterschiedlicher Schwerpunktsetzung; sie betonen alle, dass es entschieden mehr Kontraste als Ähnlichkeiten gebe.[18] Eine solche Einschätzung kann nicht überraschen, ist sie doch fast zwangsläufig, da tatsachenkonform. Neuere Studien bieten hier nicht unbedingt neue Erkenntnisse. (Yu 2022) Dennoch bleiben die Entwicklungen hin zur deutschen Einigung ein interessantes Studienobjekt, auf das auch in Korea immer wieder Bezug genommen wird.

2.5 Forschungsbereiche

Bei der Darstellung eines Forschungsstandes sind ungerechtfertigte Wertungen zu vermeiden, denn sonst kann leicht eine Haltung entstehen, wie sie Goethe den Famulus Wagner in Faust I äußern lässt: „[...] es ist ein groß Ergötzen, Sich in den Geist der

---

[18] Beispielhaft sind hier Frank 2017, 2014, 2013. Giessmann 1999. Yang 2016.

Zeiten zu versetzen, Zu schauen, wie vor uns ein weiser Mann gedacht, Und wie wir's dann zuletzt so herrlich weit gebracht."

Von anderen darf nicht erwartet werden, dass sie damals bereits hätten wissen müssen, was uns jetzt bekannt ist. Deshalb ist Fairneß angesagt bei der Beurteilung von Äußerungen, z. B. aus der SPD, die noch 1989 eine schnelle Vereinigung für eine Illusion hielten und vor ihr warnten, denn Vorrang müsse die Sicherheit Europas und die Unantastbarkeit seiner Grenzen haben, d. h. die Beibehaltung des Status quo.

Zum deutschen Einigungsprozess gibt es wenig Kontroversen, die die Forschung brennend beschäftigen und es ist kaum zu erwarten, dass bald Dokumente auftauchen, die ein Umschreiben seiner Geschichte erforderlich machen. Strittige Fragen werden weiterhin für Diskussionsstoff sorgen, so z. B. die Tätigkeit der Treuhandanstalt, das Prinzip Rückgabe vor Entschädigung, die Bündniszugehörigkeit, die NATO-Osterweiterung, psychologische Faktoren, Aufarbeitung der Geschichte der DDR. Hierzu gibt es Äußerungen von Zeitzeugen, Betroffenen sowie Dokumentensammlungen und Bibliographien.[19] Trotz der Fülle von Arbeiten zur deutschen Einigung besteht weiterhin Bedarf an zusammenfassender Analyse der Lageeinschätzungen, der Wechselwirkungen, die letztlich zur Einigung entscheidend beitrugen sowie zur Relevanz dieser Entwicklungen für noch geteilte Nationen.

Die Veröffentlichungen zur deutschen Vereinigung, über die Beziehungen auf der koreanischen Halbinsel sowie zwischen der VR China und Taiwan sind nicht mehr zu überblicken. (Chang 1992) Meist handelt es sich um Zweiländerstudien, es gibt nicht viele Publikationen, die mehrere Fälle vergleichend analysieren und sie sind bereits vor einiger Zeit erschienen; so z. B. die von Cieslik (2001), der Vietnam, Jemen, Deutschland, China und Korea behandelt und die Studie von Zhao/Sutter (1991); einem Vergleich zwischen Korea und Taiwan widmen sich Swanström/Ledberg/Forss (2010).

Themen sind z. B. prinzipielle Positionen, wie der Alleinvertretungsanspruch, Fragen nach der Erreichung eines Modus Vivendi und Diskussionen von Plänen, Strategien, eine Wiedervereinigung herbeizuführen. Der im deutschen Fall schließlich erfolgreiche Normalisierungsprozess und die wichtige Übergangsphase 1989/90 werden oft nur unzureichend analysiert.

Als Teilungen unüberwindbar schienen, wurden Modelle von Multi-System-Nationen und die Zwei-Nationen-Lehre diskutiert. (Grabowsky 1987. Johnston 1982. Wei 1997) Es ging dabei eher um kantonale Strukturen, Formen von Konföderationen und Hoffnungen auf Konvergenz. (Chiu/Downen 1981) Die VR China propagiert „ein Land, zwei Systeme" für die Zukunft Taiwans. Dort wird es von einer Minderheit als Überlebensmöglichkeit interpretiert, da es sonst gegenüber der Volksrepublik keine Chance gebe und deshalb versucht werden sollte, einen Kompromiß zu erzielen, solange ein solcher noch möglich sei; allerdings nimmt die Ablehnung dieses Vorschlages zu. (Weng 2002. McMillen/DeGolyer 1993) Über 80 Prozent geben bei Meinungsumfragen an, dieses Modell wäre ein drastischer Rückschritt, würde Taiwans Abhängigkeit ver-

---

[19] So zum Beispiel Eckert 2011 und Pfennig 2015.

größern und es zu einer Kolonie der VR China degradieren. (Chen 2017) In Hongkong wird das Modell praktiziert, dortige Ereignisse, besonders seit dem Sommer 2020 und das von Peking verfügte Sicherheitsgesetz, bestärken diese Einschätzung.

Früh wurde die Notwendigkeit einer „deutschen Lösung" für Korea diskutiert. (White 1978) Auswirkungen von Alleinvertretungsansprüchen behandelten neben anderen Chiu (1981), Yang (1997) und Pfennig (2010: 382 ff.) Vergleiche mit Deutschland waren schon immer Themen für die Forschung und die deutsche Einigung bewirkte dann in den 1990er Jahren eine Hochkonjunktur. (Z. B. Ahn 2005. Domes 1992. Schmidt 1993. Flassbeck/Horn 1996) Meist handelt es sich um Zweiländerstudien und deren Fortschreibung, (z. B. Kracht 1991. Stüwe/Hermannseder 2011), oft mit selektiver Hervorhebung von Unterschieden und ebensolcher Wahrnehmung von Schwierigkeiten, vielfach zur Unterstützung bereits vorhandener Meinungen. Bemerkenswert ist hier eine südkoreanische Herangehensweise. Es wird intensiv untersucht, was nach dem 3. Oktober 1990 in Deutschland geschah, wie es zur Vereinigung kommen konnte, findet hingegen weniger Beachtung. Zwei Beispiele für die Behandlung der „Vorgeschichte" sind: Seo Byung-Chul (1998), der die Eigeninitiative Deutschlands als wichtige Erfahrung für Korea benennt und Kim Young-Soo (1974), der die Existenz von Demokratie in beiden Teilen Koreas als unerlässliche Vorbedingung für eine Wiedervereinigung betonte. Das ist bezogen auf den Norden noch immer ein berechtigter Wunsch und war 1974 bezogen auf den Süden ein Ausdruck von Mut.

Seit dem Jahr 1990 erschienen in der Republik Korea (RK) über 5.000 wissenschaftliche Arbeiten zur deutschen Einigung. Es fällt auf, dass die damalige Bürgerbewegung in Ostdeutschland nur wenig Beachtung findet. Das ist aus verschiedenen Gründen bedauerlich, auch weil hier Entwicklungen vernachlässigt bzw. übersehen werden, die für Überlegungen zur Zukunft der DVRK zumindest zur Kenntnis genommen werden sollten.

In den ersten Jahren überwog die Sorge wegen zu hoher Kosten, es wurde aber auch die Notwendigkeit einer Versöhnung mit dem Norden ähnlich der deutschen Ostpolitik thematisiert. Später diente die deutsche Einigung als Beispiel für einen Sieg durch ökonomische Stärke, als ein Glücksfall, da der Nutzen entschieden größer sei, als die Kosten. Lee Eun-Jeung hat diesen Perzeptionswandel dargestellt. (Lee EJ 2015) Ihr Kollege Han Un-suk untersuchte über 460 koreanische Publikationen und stellte ebenfalls diese Schwerpunkte fest und wie stark sich die Bewertung von Entwicklungen in Deutschland an politischen Orientierungen, Vorgaben in der Republik Korea orientierte. (Han 2015, 2000)

In der VR China wird die Heimführung Taiwans als Selbstverständlichkeit betrachtet. Es geht u. a. um die Durchsetzung des „Ein-China-Prinzips" und um die Reduzierung des Handlungsspielraums für Taiwan. Es gibt Institute, die sich speziell mit Taiwan beschäftigen, wo Forscher:innen über ausgezeichnete Kenntnisse verfügen und differenziert arbeiten. Allerdings wird seit Xi Jinping verstärkt der Vorrang der Parteilinie für die Wissenschaft betont. Auf Taiwan wird umgekehrt diskutiert: Ablehnung von „Ein-China" und dem „Hongkong-Modell", Bemühungen um Erhalt und Ausbau des Status quo. Deshalb sind dort Entspannungs- und Ostpolitik nach wie vor interessant. Seit 2016 gibt es auch konkrete Zusammenarbeit mit deutschen Institutionen zur Problematik von Vergangenheitsaufarbeitung (*transitional justice*).[20] Auf Zypern beschäftigen sich neben „einheimischen" Institutionen auch Büros ausländischer politischer Stiftungen und das Büro des Peace Research Institute Oslo (PRIO)[21] mit Vereinigung und Normalisierung.

---

20 Siehe hierzu u. a. Deutsche Welle 2018 und Focus Taiwan 2019.
21 Z. B. Ker-Lindsay. 2019.

3 Geteilte Nationen

Die Geschichte von Nationen ist unterschiedlich, zum Beispiel ihre rechtliche Stellung (Kim CK 1976) sowie das Geschichtsverständnis und die Wirkung von Geschichtsmythen. Geschichte wird unterschiedlich erinnert (Connerton 1989), unterschiedlich interpretiert und für unterschiedliche Legitimationszwecke benutzt bzw. missbraucht.

Jede Geschichte hat ihre Vorgeschichte und besonders bei geteilten Nationen sind historische Bestimmungsfaktoren langlebig sowie wirkungsmächtig. Kim Dae-jung verdeutlichte dies am Beispiel seiner Heimat Korea. Für US-Amerikaner sei die Entwicklungsgeschichte linear und sie würden der Gegenwart und der Zukunft eine starke kulturelle Bedeutung beimessen. „Im Gegensatz dazu ist für Koreaner kulturell nichts wichtiger als die Vergangenheit. Es ist unbedingt erforderlich, zuerst zurück zu schauen, bevor man die Zukunft Koreas sehen kann. Geschichte treibt Korea und Koreaner voran." (Kim Dj 1994: 109) Fraglich ist, in welchem Maße das noch auf die jüngere Generation in Südkorea zutrifft.

Bei geteilten Nationen waren im 20. Jahrhundert Veränderungen besonders turbulent: Sturz von Monarchien, Entkolonialisierung, Kriege, schwache Übergangsregierungen, Diktaturen, ausländische Interventionen. Es gab Gründe, die zu Teilungen führten und Anstrengungen, diese zu überwinden. Die Teilung Koreas ist ein Geburtsfehler, den ausländische Hebammen zu verantworten haben, denn, „[...] die absurde Idee, dem befreiten Korea eine alliierte Treuhandschaft aufzuzwingen hinderte Koreaner eine provisorische vereinte Regierung zu bilden, wie das zum Beispiel in Österreich der Fall war, trotz der Vier-Mächte-Besetzung dieses Landes." (Kindermann 2007: 119) Es sollte aber nicht übersehen werden, wie unterschiedlich die Situation 1945 in Korea und in Österreich war.

Im Gegensatz zu China und Korea blieb Deutschland von einem Bürgerkrieg verschont. In China gewannen die Kommunistische Partei und ihre Verbündeten 1949 den Bürgerkrieg, konnten aber Taiwan nicht erobern, ein Krieg, an dem Taiwan kaum direkt beteiligt war. Korea durchlitt einen Bürgerkrieg mit ausländischer Intervention, der die Teilung zementierte und in Zypern war es der versuchte Zusammenschluss mit Griechenland, der zur Trennung führte. Im Jahre 1974 wurde ein Putsch auf der Insel von der damaligen Militärjunta Griechenlands unterstützt. Er bewirkte eine militärische Intervention der Türkei, mit dem Ergebnis einer bis heute andauernden Teilung. Unter dem Präsidenten Erdoğan wird keine Verringerung oder Überwindung der Teilung angestrebt, sondern die Fortsetzung der Zweistaatlichkeit. Bei seinem Besuch der TRNZ am 15. November 2020 sagte er, es gebe in Zypern zwei getrennte Völker, zwei getrennte demokratische Ordnungen und zwei getrennte Staaten, deshalb müsse auf der Grundlage souveräner Gleichheit eine Zweistaatenlösung ausgehandelt werden. Gegen den Besuch, der von der Republik Zypern und anderen Staaten als Provokation empfunden wurde, demonstrierten auch türkische Zyprer, die diese Einmischung als wenig hilfreich empfanden. (Kwai 2020) Regierung und Mehrheit der Bevölkerung der TRNZ stimmten ihrem Gast aber voll zu.

3.1 Arten von Teilungen

Es gibt Unterschiede zwischen Teilung (*division*), Aufteilung (*partition*) und Abtrennung, Loslösung (*separation*). Deutschland war geteilt, aber nicht völlig getrennt,[1] Korea ist beides, existiert aber noch. Polen wurde aufgeteilt und existierte über hundert Jahre nicht. Diese Unterschiede sind relevant für Erfolgsaussichten eines Prozesses, der zu Normalisierung und möglicherweise später zur Vereinigung führen kann.

Durch einen historischen Rückblick ist mehr über die politische Psyche der betroffenen Menschen, über ihre fortdauernde bzw. sich verändernde Identität zu erfahren. Hier wird eine Definition von Karl W. Deutsch genutzt: Identität ist die Anwendbarkeit von Erinnerungen. Sie ist hilfreich, denn es kommt auf die betroffenen Menschen an, auf ihre zustimmende Gewöhnung an die Teilung, wie auf Taiwan, oder auf das fortwährende Gefühl der unnatürlichen Trennung, wie in Korea. Gregory Henderson und andere empfahlen, zwischen geteilten und aufgeteilten Ländern zu unterscheiden. (Henderson/Lebow/Stoessinger 1974. Fochler-Hauke 1967) Für sie waren geteilte Nationen „Länder, die über ethnische Homogenität verfügten, eine gemeinsame geschichtliche Tradition sowie die Erfahrung einer erfolgreichen Staatsform hatten, dann aber in zwei Staaten voneinander geteilt wurden." (Henderson 1974: 434) Ihre Definition von aufgeteilten Nationen hebt hervor, dass diese Art von Teilung hauptsächlich innere Ursachen hat, wie ethnische, sprachliche und religiöse Konflikte innerhalb oder zwischen Gruppen, die früher in einer politischen Einheit miteinander lebten. Diese Art von Aufteilungen „[...] werden sehr oft mit dem Auseinanderbrechen von Kolonialreichen in Verbindung gebracht." (Ebd. S. 434) Als Beispiele führen die Autoren Irland, Pakistan und Bangladesch an.

Norwegen war über 500 Jahre (1380–1905) Teil von Dänemark und/oder Schweden. In dieser Zeit entwickelte sich dann ein besonderes Gefühl, norwegisch zu sein. Sprache, Kultur und später ökonomische Gründe halfen, die Unabhängigkeit zu erlangen. (Lindgren 2015: 29 ff., 112 ff.) Bei der Abstimmung am 13. August 1905 waren 368.208 für und 184 gegen die Trennung von Schweden. (Imhof 1970:161)

Loslösung durch Entkolonialisierung ist keine Teilung, sondern Trennung. Polen hingegen ist ein besonders tragischer Fall für Aufteilung. Das Königreich wurde in drei Teile zerrissen, die sich jeweils Russland, Preußen und Österreich-Ungarn einverleibten. Für 123 Jahre (1794–1918) war Polen als unabhängiger Staat nicht existent und das Bewusstsein, aufgeteilt zu sein, blieb immer präsent. Sprache, Kultur, Nationalismus und die Katholische Kirche halfen, dieses Gefühl wach zu halten sowie zu verstärken und in dieser Zeit entstand ein Lied „Noch ist Polen nicht verloren", das 1927 die Nationalhymne wurde. Das polnische Volk empfand seine Aufteilung als schmerzhaft, wünschte die Vereinigung, die es 1918 dann erlangte; es wurde zur Nation. (Davies 2006) Bei seinem Besuch 1957 verstand Carlo Schmid, „[...] welche Rolle die Identifika-

---

[1] „*Divided but not disconnected*", so der Titel eines Sammelbandes von Hochscherf/Laucht/Plowman 2013.

tion des einzelnen mit der Geschichte der Nation für das Selbstbewusstsein eines jeden Polen spielt. Aus der Kraft des Glaubens an sich und seine Bestimmung hat dieses Volk die Seelenkräfte geschöpft, die es vier Teilungen des Landes und die Auslöschung seiner Staatlichkeit überstehen ließen." (Schmid 1979: 630)

Deutschland war, Korea ist geteilt; es gab bzw. gibt einen Fortbestand als Staaten, aber nach der Teilung waren es dann zwei. Entscheidend für die weitere Entwicklung ist, ob noch ein Gefühl der Zusammengehörigkeit als Nation besteht, auch der Zeitfaktor spielt eine Rolle. Deutschland war 40 Jahre staatlich geteilt und viele vermuten, hätte diese Teilung noch eine Generation länger angedauert, dass dann Wunsch und Wille für eine Vereinigung wohl nicht mehr stark genug sein könnten, um die Teilung zu überwinden. Korea ist seit 1945 geteilt und es gibt dort nur noch wenige, die ein geeintes Korea, damals allerdings Kolonie Japans, in Erinnerung haben.

Bei geteilten Nationen ist auch zu beachten, warum, von wem und wie sie geteilt wurden. Die VR China trennt von der Republik China seit 1949 die 130 bis 180 Kilometer breite Taiwan-Straße. In Korea sind der Norden und der Süden durch eine vier Kilometer breite und etwas über 240 Kilometer lange „entmilitarisierte Zone" getrennt. Für die Halbinsel war auf der Konferenz von Kairo im November 1943 zwar die Befreiung von der japanischen Kolonialherrschaft vorgesehen, aber keine sofortige Unabhängigkeit.[2] Diese vor allem von Präsident Franklin D. Roosevelt vertretene Position basierte auf dem Irrtum, Korea wäre wegen langer Versklavung erst nach einer angemessenen Zeit in der Lage, unabhängig zu sein. Der Präsident dachte an eine Treuhandschaft von etwa 30 bis 40 Jahren. Wäre es dazu gekommen, wäre Korea damit wegen der erlittenen japanischen Kolonialherschaft quasi bestraft worden. Roosevelt wusste vielleicht nicht, dass Korea bereits rund 850 Jahre vor der amerikanischen Unabhängigkeitserklärung ein geeinter Zentralstaat war.

Die durch den Abwurf zweier Atombomben beschleunigte Kapitulationsbereitschaft Japans bewirkte eine übereilte Planung der amerikanischen und sowjetischen Besatzungszonen auf der koreanischen Halbinsel. Dean Rusk, später Außenminister der Kennedy-Administration und ein US-General erhielten in der Nacht vom 10. zum 11. August 1945 den Befehl, „[...] innerhalb von 30 Minuten einen Plan der Teilung Koreas in Besatzungszonen auszuarbeiten und einem Entscheidungsgremium vorzulegen. Der so entstandene Vorschlag bezeichnete den nördlich der Hauptstadt Seoul verlaufenden 38. Breitengrad, der Korea in zwei etwa gleiche Hälften teilt, als Trennlinie, so daß Seoul, das jahrhundertelang bereits Koreas Hauptstadt gewesen war, in der

---

[2] In der am 1. Dezember 1943 veröffentlichten Kairo-Erklärung steht: *"Japan will also be expelled from all other territories which she has taken by violence and greed. The aforesaid three great powers, mindful of the enslavement of the people of Korea, are determined that in due course Korea shall become free and independent."* https://www.ndl.go.jp/constitution/e/shiryo/01/002_46/002_46tx.html. Eingesehen am 22.03.2024. Ähnliche Vorstellungen bezüglich einer langjährigen Treuhandschaft hatte Roosevelt auch für die Philippinen.

amerikanischen Besatzungszone lag." (Kindermann 2001: 338)[3] Der Bürgerkrieg hat dann später am Verlauf der Trennlinie wenig geändert, nach fast fünf Millionen Toten und unvorstellbarer Zerstörung verläuft die Grenze meist etwas nördlich vom 38. Breitengrad.

Besonders demütigend empfinden viele in Korea die Vorgeschichte dieser Grenze. Japan hatte mit einem Krieg gegen China 1895 dessen Vorherrschaft über Korea beendet und danach Russland vorgeschlagen, eine militärische Demarkationslinie entlang des 38. Breitengrades zu etablieren. Das Zarenreich lehnte in Überschätzung der eigenen Kräfte ab und Japan verstärkte seinen Einfluß in Korea. Acht Jahre später, 1903, machte Moskau einen Kompromißvorschlag für eine neutrale Trennungszone am 39. Breitengrad, der etwas südlich von Pjöngjang verläuft. Tokio war nicht länger interessiert, besiegte Russland 1905 und begann schrittweise, ganz Korea als Kolonie zu übernehmen. (Lee, James 2001: 83 f.) Rund 50 Jahre nach dem ursprünglichen Vorschlag wurde Korea dann von den USA und der Sowjetunion dort geteilt, wo Japan dem Zarenreich eine Trennlinie einst vorgeschlagen hatte. Diese Vorgeschichte war 1945 Entscheidungsträgern in den USA unbekannt. (Acheson 1969: 536) Die 1945 erfolgte Trennung wird als Rückgriff auf frühere Teilungspläne betrachtet und sie bestätigte die Meinung vieler in Korea, ausländische Mächte hätten schon oft die Teilung der Halbinsel beabsichtigt.

Die Teilung Deutschlands war auch deshalb besonders, weil sie aus vier Besatzungsgebieten und vier Sektoren in Berlin bestand, die dann zur Ost-West-Teilung wurden.

Nach Meinung der damaligen Alliierten konnte nur eine Aufteilung Deutschlands dessen erneute Rolle als destabilisierender Faktor in Europa verhindern oder zumindest stark reduzieren. Über die Abtrennung von Gebieten im Osten und die Auflösung von Preußen herrschte grundsätzlich Einvernehmen, für die praktische Umsetzung und spätere Grenzziehungen gab es mehrere Vorstellungen. (Loth 2005)

Winston Churchill war ein entschiedener Befürworter von Teilungsplänen, aber schon wenige Jahre nach Kriegsende, nach Beginn des „Kalten Krieges", hielt er die dann praktizierte Art der Teilung Deutschlands für falsch. Sie sei eine scheußliche Spaltung. „Angesichts dieser Tragödie kann man nur sagen: ‚*Sie kann nicht dauern.*'" (Churchill 1985: 862, Hervorhebung im Original) Sie dauerte 45 Jahre. Er favorisierte eine Nord-Süd-Teilung, z. B. entlang der Mainlinie. Der südliche Teil sollte auch Österreich sowie Ungarn einschließen und mit Triest Zugang zum Mittelmeer erhalten. (Kettenmacher 1989: 234) Dieses Konzept lag nicht im Interesse Stalins, der für Europa andere geopolitische Machtvorstellungen hatte. Es ist denkbar, dass eine Nord-Süd-Teilung, ohne ein geteiltes Berlin, in Deutschland letztlich Zustimmung gefunden und auch über 1990 hinaus hätte Bestand haben können.

Oft gab und gibt es oft willkürliche Grenzziehungen und die Teilung von Nationen. Suh Dae-Sook erwähnte 1968 Besonderheiten aus der neuesten Geschichte:

---

3 Zur Politik der USA gegenüber Korea siehe auch die Dissertation von Tag, Myoung-sik 1995.

Der entscheidende Unterschied zwischen früheren Grenzstreitigkeiten und den heutigen Teilungen liegt darin, daß man jetzt einen bisher einheitlichen, kulturell homogenen, politischen Nationalstaat in zwei Gebiete teilt, die wie im Falle Koreas und Vietnam, etwa gleich groß sind oder wie im Falle Deutschlands von verschiedener Größe, wobei man die einzelnen Teile gegeneinander ausspielt. Bedeutsamer ist es noch, daß man den geteilten Gebieten so unvereinbare politische Ideologien, wie Kommunismus und Demokratie, auferlegt. Die Teilung ist umso tragischer, wenn die aufgezwungenen politischen Ideologien der einheimischen politischen Kultur fremd sind und, wie im Falle Koreas, dazu führen, daß sich die gesamte Bevölkerung in zwei einander bekampfenden Lagern gegenübersteht, von denen jede Seite eine nichtkoreanische Ideologie verficht. Ein anderes Merkmal dieser Teilung ist die fortgesetzte Unterstützung, die die einander feindlichen Weltmächte ihren Anhängern in ihren Sektoren gewähren, wodurch sie dazu beitragen, die Kluft zu vertiefen. Es ist inzwischen wirklich soweit gekommen, daß man die nun schon zwei Jahrzehnte währende Teilung und die Konsolidierung der jeweiligen Gruppen in ihren Sektoren als friedlichen Status quo anerkennt und jeden Versuch, die Teilung rückgängig zu machen und das Land wieder zu vereinigen, als „Bedrohung" eines dauerhaften Friedens bezeichnet. (Suh 1968: 121 f.)

Diese als friedensbewahrend eingeschätzte Wirkung des Status quo spielte bis 1990 eine Rolle in Deutschland, für Korea und China/Taiwan noch immer, auf Zypern kaum.

Suh schrieb von aufgezwungenen Ideologien, die der einheimischen Kultur fremd seien. Das trifft auf Deutschland nur begrenzt zu, wo sozialistisches und kommunistisches Gedankengut durchaus bereits vorhanden waren. Er erwähnte damit aber eine Strategie, wie sie Stalin deutlich formulierte: „Stalin legte dar, wie er über die besondere Art des Krieges dachte, den wir zur Zeit führten: ‚Dieser Krieg ist nicht wie in der Vergangenheit; wer immer ein Gebiet besetzt, erlegt ihm auch sein eigenes gesellschaftliches System auf. Jeder führt sein eigenes System ein, soweit seine Armee vordringen kann. Es kann gar nicht anders sein.'" (Djilas, 1960: 146) In seinem 1944 erschienenen Buch meinte Willy Brandt, es sei klar, „[...] dass diejenige Macht, die in einem bestimmten Land Truppen stationiert hat, notwendigerweise einen gewissen Einfluss auf die politischen Verhältnisse dieses Landes ausüben wird." (Brandt 2023: 72)

Ursprünglich als vorübergehend gedachte Teilungen können zum Dauerzustand werden. Nach dem Zweiten Weltkrieg wurden Deutschland und Korea in Besatzungszonen aufgeteilt, auch um die Errichtung neuer Staaten, neuer Systeme, zu ermöglichen. Die Nationalpartei (KMT) unter Chiang Kai-shek betrachtete den erzwungenen Rückzug auf Taiwan als vorübergehend und verstand die Insel primär als Sprungbrett für die Rückeroberung des Festlandes (光復大陸; 反攻大陸). Illusion wurde hier zur Politiklegitimierung und Herrschaftssicherung. Viele auf Taiwan und Zypern können sich im 21. Jahrhundert den jetzigen Status quo ihrer Insel als langfristig, als Dauerzustand vorstellen.

Geteilte Nationen spielen eine spezifische Rolle im Internationalen System. (Kim/Kim 1973) Die Frage der Nützlichkeit von Teilungen ist unterschiedlich beantwortet worden. In den 1950er und 1960er Jahren wurden Teilungen wegen der Blockkonfrontation als gefährlich für den Frieden angesehen. Im Jahre 1968, mit Blick auf die damalige Lage in Vietnam, Korea und Deutschland, schilderte Jerzy Hauptmann eine aus seiner Sicht fehlgeschlagene Erwartung. Teilungen

> [...] sollten, solange man noch auf der Suche nach einer Dauerlösung war, zum mindesten vorübergehend die Erhaltung des Friedens sichern. Diese Erwartung hat sich nicht erfüllt. Weder haben die Teilungen den Frieden gebracht, noch haben sie dazu beigetragen, den Weg zu einem dauerhaften Frieden zu erleichtern und zu beschleunigen. Statt den Frieden zu bringen, haben sich die Teilungen als Hindernisse auf dem Weg dorthin erwiesen, ja als friedensbedrohende Pulverfässer. (Hauptmann 1968: 107)

Ab den 1970er Jahren, als sich Erfolge von Entspannung, Ostpolitik und Normalisierung zeigten, galt die Teilung Deutschlands, obwohl sie ein Unruhefaktor blieb, als förderlich für den Status quo und somit für Stabilität in Europa. Von der Teilung Zyperns geht keine akute Kriegsgefahr aus. Die Spannungen zwischen der VR China und Taiwan und zwischen den beiden Koreas sind allerdings nicht förderlich für Stabilität in Nordost-Asien, sie könnten sich schnell in explodierende Pulverfässer verwandeln.

Geteilte Nationen haben Konfliktkomponenten unterschiedlicher Art, sie kennzeichnet auch ökonomisches Gefälle. In Irland ist der Teilungskonflikt historisch und religiös geprägt, auf Zypern spielen zusätzlich unterschiedliche Sprachen und Traditionen eine Rolle. Seit den Wirtschaftsreformen der VR China und dem großen Engagement von Firmen aus Taiwan dort, sind die Differenzen hauptsächlich politischer Art und beziehen sich auf unterschiedliche Geschichtsauslegung sowie Zukunftsvorstellungen. In Korea, werden gravierende ökonomische Unterschiede kurz ausgeblendet, erscheint der Konflikt vordergründig nur „politisch." Dort existiert zudem, besonders im Norden, eine der ethnisch homogensten Regionen der Welt, dennoch ist das Fallbeispiel Korea sehr kompliziert und die Teilung nach wie vor ein Gefahrenherd.

Bei den hier behandelten Fällen hatte Deutschland zwei Besonderheiten, die geopolitische Lage von Berlin und die eingeschränkte Souveränität. Auch andere Hauptstädte, z. B. Jerusalem und Nikosia sind geteilt, der Westteil Berlins lag aber inmitten der SED-DDR.[4] Die Stadt spielte eine vielseitige Rolle: Störpotenzial, Treffpunkt, Klammerfunktion und Experimentierfeld für Entspannung. Die durchgängige Betonung der Sonderrechte der Siegermächte erinnerte gerade in Berlin an deren Verpflichtung für Deutschland als Ganzes und daran, dass beide Staaten in Deutschland nicht völlig souverän waren.

Neben Normalisierungs- und Einigungsprozessen bei noch geteilten Nationen gibt es auch Bemühungen, eine Loslösung zu erreichen. Christopher Roth hat Sezessionsbestrebungen und Territorien zusammengestellt, die sich um internationale Anerkennung bemühen. Sein Buch trägt den Titel: „Trennen wir uns". (Roth 2015)

---

[4] Zur Besonderheit von Berlin siehe ab S. 47.

Somaliland führte im Mai 2001 ein Referendum durch; der Verfassung und der Unabhängigkeit wurde mit 97 % der Stimmen zugestimmt.[5] Interessant sind hier auch die Beziehungen zu Taiwan. Beide haben Vertretungsbüros in anderen Staaten, aber Somaliland ist von keinem völkerrechtlich anerkannt. Diese gemeinsame mißliche Lage war u. a. ein Grund, warum im Juli 2020 Verbindungsbüros eröffnet wurden, so das *„Taiwan Representative Office"* in der Hauptstadt Somalilands. (Economist 2020) Der Name lautet Taiwan, nicht Taipei-Büro und „Republik China" findet keine Erwähnung. In Texten und Reden verwendet Somaliland nur den Namen Taiwan, es ist eine angedeutete wechselseitige diplomatische Anerkennung. Die Republik China brauchte ihre Verfassung, ihren Namen, nicht zu ändern, sie gilt Somaliland als Taiwan. Es ist nicht auszuschließen, dass dies ein Präzedensfall werden könnte: Andere nennen die Republik China Taiwan, ohne dass diese es *expressis verbis* selbst tun muß. Im Fall von Somaliland hat die VR China protestiert, aber nicht massiv interveniert. Sie bot an, ein eigenes Büro zu eröffnen, sollte Somaliland auf ein solches in Taiwan verzichten. Im Fall von Litauen hat sie mit massiven Sanktionen reagiert. Dort wurde im November 2021 nicht ein Taipei- sondern ein „Vertretungsbüro Taiwans" eröffnet, was für Taiwan ein großer Erfolg war.

3.2 Deutschland

Im Gegensatz zu China und Korea war die Kulturnation Deutschland als Staatsnation ein Nachzügler. Es gab einen großdeutschen Sprach- und Kulturraum, aber kleindeutsche Staatlichkeit. Für Friedrich Meinecke fußt eine Kulturnation auf Vorstellungen, die vorzugsweise auf einem gemeinsam erlebten Kulturbesitz beruhen und Staatsnationen definierte er als solche, „[...] die vorzugsweise auf der vereinigenden Kraft einer gemeinsamen politischen Geschichte und Verfassung beruhen." (Meinecke 1969: 28)

Die späte Staatsnation Deutschland hat ihr Territorium oft verändert. Korea ist seit rund 1100 Jahren beides, Kultur- und Staatsnation, deren Territorium sich in dieser Zeit kaum veränderte. Im Verlauf der wechselvollen deutschen Geschichte waren Teilungen fast der Normalfall, für Korea ist Teilung die historische Ausnahme. Spätestens seit es im Jahr 936 der Koryŏ (Goryeo) Dynastie gelang, einen zentralen Einheitsstaat zu errichten, hatte dieser trotz Dynastiewechsel, Invasionen und Kolonialzeit bis 1948 Bestand. Durch die Qin Dynastie (221–206 v. Chr.) erfolgte die erste „Reichseinigung" Chinas. Die Herrschaft war kurz, aber ihr gelang ein Staatsaufbau, ein Verwaltungssystem, eine Vereinheitlichung der Schrift und der Maßeinheiten, dem die anderen Dynastien dann rund 2000 Jahre folgten. Der deutsche Nationalstaat währte gerade einmal 75 Jahre und es war keine durchgängig glückliche Zeit, weder für die Mehrheit der Deutschen und gewiss nicht für andere Staaten. Genau genommen be-

---

5 Siehe Tab. 14, S. 461.

stand ein zentraler Einheitsstaat nur von 1918 bis 1945, d. h. 27 Jahre, denn im Kaiserreich gab es noch Königreiche, von denen einige mit Sonderrechten ausgestattet waren.

Die Entwicklung Deutschlands als geteilter Nation nach 1945 wird hier nicht nachgezeichnet, sie ist vielfach anderswo ausführlich dargestellt und analysiert worden. Es geht in diesem Kapitel um wichtige Etappen, die dann letztlich im Jahr 1990 zur deutschen Einigung führten: Aufteilung in Besatzungszonen gemäß den Verabredungen der Potsdamer Konferenz (Juli/August 1945), „Kalter Krieg", die Blockade von West-Berlin, ergebnislose Konferenzen, wie die 1955 in Genf,[6] Scheitern von Aufständen, wie 1953 in der SED-DDR, Respektierung der jeweiligen Herrschaftsbereiche und Absicherung dieses Status quo, Entspannungspolitik, Veränderungen in der Sowjetunion, Polen und Ungarn, friedliche Revolution und Mauerfall in Ostdeutschland. Der letzten Etappe gilt vermehrte Aufmerksamkeit.

In der Spätphase des Zweiten Weltkrieges und in den Jahren unmittelbar danach erfolgte ein sowjetisches Vordringen. Es gab dann kaum noch, mit Ausnahme der Kubakrise, die einen nachhaltigen Lerneffekt bewirkte, riskante Änderungsversuche. Die Niederschlagung des Aufstandes vom 17. Juni 1953 und die Nicht-Intervention der Westmächte – wie später 1956 in Ungarn und 1968 in der ČSSR – machten deutlich, dass die Großmächte gegenseitig eine „Besitzstandwahrung" akzeptierten. Der Bau der Mauer zeigte im August 1961 die Grenzen des Möglichen, aber auch die Interessen der Westmächte. Der US-Diplomat Gerald Livingstone sagte, man konnte natürlich nicht öffentlich verkünden, dass man den Bau der Mauer begrüßte. „Auf der anderen Seite: es erleichterte manches. [...] Die Amerikaner haben gewußt, daß die Mauer gebaut wird, und sie haben vielleicht sogar diesem Bau zugestimmt. [...] daß es der amerikanischen Außenpolitik dienlich war, das ist auch sicherlich wahr." (FES 1999: 88)

Der Mauerbau bewirkte eine Art Wiedergeburt der SED-DDR, die dann eine abgesichertere Politik betreiben konnte. Die Westalliierten respektierten den Besitzstand der anderen Seite, die ihrerseits nicht die „Essentials" des Westens reduzierte. Der Status quo galt als eine Voraussetzung für Stabilität. Als das ab 1989 nicht mehr funktionierte, gab es die Chance, dann die Notwendigkeit, zur Veränderung, was u. a. die Einigung Deutschlands ermöglichte.

Ein Rückblick kann zeigen, dass der Keim für viel später eintretende Ereignisse früh gelegt wurde. Markus Wolf zitiert aus einem Gespräch mit Valentin Falin, das beide nach dem Ende der DDR führten.

> Nach den Ereignissen in Ungarn, im Nahen Osten und in Polen gewann das Thema Stabilität für Chruschtschow an Aktualität. Der zentrale Punkt war die innere Stabilität der DDR. Ich denke, daß die Krise der DDR, die mit der Katastrophe von 1989 endete, bereits 1953 begonnen hat. Die Zahl derer, die das Regime in der DDR unterstützten, war nie höher als dreißig Prozent, in der Regel niedriger. Folglich stellte sich irgendwann die Frage, die DDR entweder aufzugeben oder

---

[6] Auswärtiges Amt. Hg. 1955.

an der Grenze zur Bundesrepublik eine Ordnung einzuführen, die es ermöglicht, die Menschen daran zu hindern, das Land zu verlassen. (Wolf 1997: 132 f.)

Im Jahr 1989 funktionierte dann diese „Ordnung" nicht mehr. Deshalb war es notwendig, Veränderungen durchzuführen, d. h. eine Bewahrung der Stabilität in Europa mit anderen Mitteln, denn sowohl auf nationalen Ebenen, als auch international gab es neue Sachzwänge. Über Jahrzehnte hinweg war die Führung der SED-DDR stets darauf bedacht, herauszufinden, was die „Linie" Moskaus sei, um ihr folgen zu können, denn, so ein lange propagierter Spruch: Von der Sowjetunion lernen, heißt siegen lernen. Deren Reformkurs ab Mitte der 1980er Jahre wurde dann aber nicht mehr gefolgt.

> Der erste Anstoß zur Veränderung dieses Status quo kam aus Moskau. Seit seinem Amtsantritt 1985 verfolgte Gorbatschow zwei strategische Ziele: erstens die Beendigung des Wettrüstens mit dem Westen und zweitens die Modernisierung und Demokratisierung der sowjetischen Gesellschaft. Dies bedeutete auch eine Übertragung des sowjetischen Reformmodells der Perestrojka auf die Bruderländer. Die KP-Regime hatten die Wahl, diesem Reformkurs zu folgen oder ihn zu verweigern. Die DDR gehörte, im Gegensatz zu Polen und Ungarn, zum Block der Verweigerer. Das schaffte die Voraussetzung für Flucht und Protest aus und in der DDR, die im Sommer 1989 die SED in Agonie stürzte und zur friedlichen Revolution in der DDR führte. (Karner 2015: 20)[7]

Dem durch sie ausgelösten enormen Erwartungsdruck konnte die Partei nicht entsprechen, trotz ernsthafter Versuche der Modrow-Regierung. Ab November 1989 gab es eine brisante Kombination von Verspätung, zu großen Problemen und zu geringen Reformen, denn die Veränderungen sollten weitgehend innerhalb des alten Systemrahmens durchgeführt werden. Polen hatte schon 10 Monate vorher ein repräsentatives Diskussionsforum, den „Runden Tisch", er tagte vom 6. Februar bis zum 5. April 1989. Das Machtmonopol der ungarischen KP (Ungarische Sozialistische Arbeiterpartei) wurde im Januar 1989 gebrochen. Erst am 1. Dezember 1989 strich die Volkskammer den entsprechenden Passus aus der Verfassung. „Die polnische Solidarność, Michail Gorbatschows Glasnost und Perestroika und die massive Fluchtbewegung von DDR-Bürgern werden in Ostberlin so lange ignoriert, bis es zu spät ist." (König 2019: 10; siehe auch Staadt 2019)

Nutzenwandel der Teilung Deutschlands

Der lange Weg zur Vereinigung ist durch Wechselwirkungen gekennzeichnet, die letztlich zu einer veränderten Bewertung der Teilung Deutschlands führten: Ohne Westbindung der Bundesrepublik keine Ostpolitik, ohne Entspannung und Ostpolitik keine intensivierte Zusammenarbeit in Europa sowie zwischen den USA und der Sowjetunion, ohne diese keine Normalisierung und Öffnung, ohne Normalisierung und größere

---

7 Zitat hier ohne die im Original angegebenen Nummern für Fußnoten.

Öffnung keine Veränderung bei der Einschätzung des Nutzens der Teilung Deutschlands, ohne diese keine friedliche Vereinigung. Eckart Conze hat die Bedeutung von Verknüpfungen bzw. Weiterentwicklungen benannt: „Adenauers Westintegration und Brandts Ostpolitik, vielleicht noch ergänzt durch die Politik des NATO-Doppelbeschlusses, schufen zusammen die Voraussetzungen, die 1989/90 die deutsche Einheit möglich werden ließen." (Conze 2011: 99. Creuzberger 2009)

Der lange und oft leidvolle Weg von der Teilung (1945) bis zur Vereinigung Deutschlands (1990) kann grob in drei Etappen unterteilt werden, deren Zeitspannen immer kürzer wurden. Bei der ersten galt Sicherheit durch Abschreckung und Abgrenzung, danach folgte in der zweiten die Erkenntnis, dass Entspannung, Kooperation und Sicherheit keine Gegensätze sein müssen. Eine realistische Analyse der in den beiden ersten Etappen gemachten Erfahrungen, ein enormer Problemstau in der SU und andere Faktoren führten dann zur dritten. In ihr setzte sich ab Ende 1989, Anfang 1990 die Erkenntnis durch, dass ein vereintes, sich in Europa stärker integrierendes Deutschland besser geeignet sei für Stabilität und Sicherheit. Der Nutzen der Teilung reduzierte sich, denn deren politische und ökonomische Kosten stiegen, ohne einen Zugewinn an Sicherheit zu erbringen, im Gegenteil. Vom Besuch Ost-Berlins zum 40. Jahrestag der SED-DDR wird oft eine Feststellung Gorbatschows zitiert: Wer zu spät komme, den bestrafe das Leben. Lothar de Maizière hat das kommentierend spezifiziert: „Wörtlich sagte er allerdings: ‚Wer nicht auf das Leben reagiert, wird bestraft.' Was jedoch am Sinngehalt dessen, was er tatsächlich ausdrücken wollte, nichts änderte." (Maizière 2010: 37) Als am 1. November 1989 Egon Krenz Gorbatschow im Kreml seine Aufwartung machte, meinte dieser mit einem wohl ironischen Eigenlob, „damit habe er eigentlich über sich selbst gesprochen." (Stephan 1994: 200)

Das Wort „Verspätung" war im Oktober bezogen auf die SED-DDR zutreffend, in den folgenden Monaten wurde aber Ostdeutschland von einem Nachzügler zu einem Tempobeschleuniger. (Weinzierl/Wiegrefe 2015)

Einschätzungen des Auslandes, besonders in der Sowjetunion

Im Ausland waren die gravierenden Probleme der SED-DDR früher erkannt worden als in Deutschland und die Möglichkeit einer Wiedervereinigung wurde nicht mehr ausgeschlossen. In der SU gab es stets die Befürchtung, die beiden deutschen Staaten könnten sich zu einem gemeinsamen Vorgehen Richtung Vereinigung entschließen. Deshalb enthalten Äußerungen Moskaus fast immer Hinweise auf die Absprachen von Jalta und Potsdam, die Vorrechte der Siegermächte und den europäischen Zusammenhang.

Während in Ostdeutschland 1989 lebhafte Diskussionen, auch an „Runden Tischen", und große Demonstrationen stattfanden, überwog in der Bevölkerung Westdeutschlands abwartende Neugierde. Die friedliche Revolution in der DDR wandelte sich ab Dezember 1989 mit ihren Forderungen zu einer nationalen Revolution und im

März 1990 ging aus den ersten freien Wahlen zur Volkskammer eine Regierungskoalition hervor, die neben einer fundamentalen Demokratisierung der DDR einen verhandelten Beitritt zur Bundesrepublik durchführte. In der Bundesrepublik gab es keine großen Solidaritätsdemonstrationen, was sich positiv auf die Perzeption des Auslandes bezüglich einer möglichen deutschen Einigung auswirkte, weil nicht der Eindruck entstehen konnte, die Deutschen drängten auf eine Vereinigung. Die friedliche Maueröffnung und die freudige Atmosphäre danach in Deutschland trugen viel zu einer positiven Einschätzung im Ausland bei, dass kaum Gefahr durch ein „Viertes Reich" drohe. (Noh 2013)

Viele Anzeichen wurden im Ausland so gedeutet, dass es zu einer Vereinigung kommen könnte. (Richter 2011: 40) Auf die Frage von Genscher, wann er erkannt habe, dass die deutsche Vereinigung unvermeidlich sei, antwortete Schewardnadse: „Schon 1986. Bereits zu jener Zeit äußerte ich im Gespräch mit einem sowjetischen Deutschland-Experten die Vermutung, daß dieses Problem demnächst aufkommen werde. Ich sagte damals, in der allernächsten Zukunft würde die deutsche Frage zum wichtigsten, für Europa ausschlaggebenden Problem aufrücken." (Schewardnadse 1991a: 155) Valentin Falin warnte spätestens ab 1986 vor großen Problemen in der DDR.

Wjatscheslaw Daschitschew hielt eine Beendigung der Ost-West-Konfrontation ohne Lösung der deutschen Frage für nicht möglich. Er hatte 1987 in Moskau für interne Besprechungen einen Text zur sowjetischen Deutschlandpolitik vorgelegt, ein Beispiel für frühe konzeptionelle Überlegungen darüber, was langfristig im Interesse der Sowjetunion sei. (Daschitschew 1994)

Die US-Regierung sei ab Frühjahr 1989 der Meinung gewesen, die deutsche Einheit stehe kurz bevor, so jedenfalls Botschafter Vernon Walters. (Walters 1994: 36)[8] Der Botschafter der UdSSR, Kwizinskij, erklärte Ende April 1989 gegenüber Schewardnadse, der Zusammenbruch der DDR sei nur noch eine Frage von Tagen. (Schewardnadse 1991a: 160) Bei dieser Einschätzung stützte er sich auf Berichte sowjetischer Generalkonsulate in Leipzig, Karl-Marx-Stadt und Rostock. (Kotschemassow 1994: 147)

Der sowjetische Generalstabschef Michail Moissejew erklärte am 4. Mai 1989 gegenüber dem Generalinspekteur der Bundeswehr, Admiral Wellershoff, die Geschichte, die Deutschland geteilt habe, müsse korrigiert werden und der Kommandeur der Landstreitkräfte Warennikow sagte am 29. Juni der BBC, die Wiedervereinigung sei Sache der Deutschen, der sich sein Land nicht widersetzen werde. (Spittmann 1989: 723)

Vielen in der Sowjetunion war bewusst, dass sehr folgenreiche Veränderungen anstanden. Während der *„Open Skies"* Konferenz in Ottowa im Februar 1990 vertraute ein enger Mitarbeiter von Schewardnadse seinem Tagebuch an: „Die Frage einer deutschen Einheit ist keine Frage von Schäfchenwolken auf dem Himmel der Welt. Für

---

8 Walters war Offizier, hochrangiger Geheimdienstmitarbeiter (CIA), Diplomat und von 1989 bis 1991 Botschafter in der Bundesrepublik Deutschland.

manche ist das eine Gewitterwolke, für uns überhaupt dichter Nebel am Horizont." (Karner 2015: 171)

Die Veränderungen registrierte auch der Bundeskanzler. Er unterbrach im November 1989 seinen Besuch in Polen durch einen Kurzaufenthalt in West-Berlin, denn die Mauer war geöffnet worden. Dieser Aufenthalt hinterliess bei Kohl wegen massiver Störungen durch Demonstrierende einen sehr negativen Eindruck; er meinte, es „tobte ein linker Pöbel." (Kohl 2005: 968) Im deutlichen Kontrast dazu steht der 19. Dezember 1989 in Dresden.

> Später bezeichnete Kohl Dresden als sein Schlüsselerlebnis auf dem Weg zur deutschen Einheit. Der Jubel der Massen habe ihm gezeigt, dass die Menschen in der DDR die Wiedervereinigung wirklich wollten, und zwar bald. Bis zum 19. Dezember 1989 sei er überzeugt gewesen, dass die deutsche Einheit erst in drei oder vier Jahren möglich wäre. Dresden habe ihm jedoch schlagartig bewusst gemacht, wie günstig die Lage für eine Wiedervereinigung war. (König 2014: 145. Siehe auch Wirsching 2006: 665 f.)

Bereits bei seiner Ankunft hatte er den Eindruck: „Die Sache ist gelaufen" (Kohl 2005: 1020) und nach seiner Rede vor der Ruine der Frauenkirche war er überzeugt, die Einheit sei zu schaffen. „Das läuft. Ich glaube, das ist nicht mehr aufzuhalten, die Menschen wollen das. Das Regime ist definitiv am Ende." (Ebd. S. 1028)

Auch in Polen wurde relativ früh mit der Möglichkeit einer Einheit Deutschlands gerechnet. Bei aller Sympathie sagten die polnischen Dissidenten ihren Freunden in der DDR, solange die „deutsche Frage", vor allem die Grenzregelung, nicht geklärt sei, könne Polen den Warschauer Pakt und den RGW nicht verlassen. Aber es gab Verständnis für den deutschen Wunsch auf Vereinigung. Ewald König hat in diesem Zusammenhang auf frühe Publikationen der unabhängigen Gewerkschaft Solidarność hingewiesen und Marek Prawda zitiert: „Ich glaube, Polen war das erste Land, das recht offen über das Recht der Deutschen auf Vereinigung gesprochen hat. Es gibt viele Solidarność-Papiere aus der Zeit vor 1989, in denen es heißt: Es gibt kein freies Polen ohne vereinigtes Deutschland. Damals war das richtig ketzerisch." (König 2014a: 67) Immer wurde der größere Zusammenhang gesehen: mehr Spielraum gegenüber der Sowjetunion und Möglichkeiten für Europa. Der außenpolitische Berater des Auswärtigen Ausschusses des Senats von Polen, Dziewanowski, schrieb im Herbst 1989 in einem Artikel, die Vereinigung Deutschlands müsse nicht unbedingt nur einen Machtzuwachs bedeuten und die Angst vor ihr sollte in schöpferische Kraft umgewandelt werden. Dadurch könnte ein gesamteuropäisches System entstehen, das größere Sicherheit für alle bieten würde. (PA AA 1.) Diese Einschätzung war damals Mehrheitsmeinung in der Solidarność.

Die Rolle Polens sowie die des „polnischen" Papstes wird noch immer zu wenig gewürdigt. Die gesamte Dimension der Grenzfrage ist in Deutschland erst spät erkannt worden. Polen wurde 1945 nach Westen verschoben, lebte seitdem mit einer unsicheren Westgrenze und war stark von der SU abhängig. Ein wiedervereinigtes sowie kooperatives Deutschland, das die Grenze völkerrechtlich anerkennt, würde fast automatisch den Handlungsspielraum Polens erweitern. Nachdem sich Polen einige Jahre an die deutsche Einheit gewöhnt hatte, entstand der launige Spruch: Werden Polen gefragt, wer sind eure größten Feinde, antworten sie, erstens die Russen, zweitens die Deutschen und auf die Frage, wer sind eure größten Freunde, erstens die Amerikaner, zweitens die Deutschen.

Von großer Bedeutung waren Veränderungen in der SU. Am 7. Juni 1989 äußerte sich Gorbatschow auf dem Gipfeltreffen der Warschauer Pakt Staaten in Moskau grundsätzlich zu Selbstbestimmungsrecht sowie Nichteinmischung und dann speziell zur deutschen Frage.

> Es gibt eine Frage, die bereits jetzt, wie mir scheint, im Rahmen der Erörterung, der Analyse der Veränderungen in Europa, besondere Aufmerksamkeit verdient. Ich meine die Frage der Vereinigung Deutschlands. Ich sage Ihnen sicher nichts Neues, wenn ich wiederhole: Wir sind vollkommen dafür, dass die Deutschen die Frage ihrer Zukunft selbst entscheiden. Dieses große Volk, das einen gewaltigen Beitrag zur Entwicklung der Zivilisation geleistet hat, besitzt wie auch jedes andere Volk, das heilige Recht, sein Schicksal eigenständig zu entscheiden. (Karner 2015: 273.)

Einige Tage später trafen sich Gorbatschow und Kohl in Bonn. Im Nachrichtenmagazin „Der Spiegel" stand aus diesem Anlaß:

> Dass der Osten Deutschlands auf Dauer nicht zu halten ist, war dem Kreml seit längerem klar. Glaubt man Schewardnadse, habe die sowjetische Führung die DDR bereits 1986 abgeschrieben. 1987 erklärt Valentin Falin, Moskaus Ex-Botschafter in Bonn: „Die Verfallserscheinungen in der DDR sind intensiver und tiefer als bisher angenommen." Und im Frühjahr 1989 liegt dem Politbüro ein Memorandum vor, in dem bereits von einer Konföderation zweier gleichberechtigter deutscher Staaten die Rede ist. (Spiegel 2009/44: 134)

Das Nachrichtenmagazin „Der Spiegel", das oft meint, es ganz genau zu wissen, schrieb: „Als Gorbatschow im Juni 1989 die Bundesrepublik besucht, halten beide Seiten eine mögliche Wiederherstellung der staatlichen Einheit zwar für ‚Unsinn'. Ansonsten aber bekommt Kanzler Kohl vom Kreml-Chef freie Hand: ‚Machen Sie mit der DDR, was Sie zustande bringen.'" (Ebd.)[9]

Die deutschen und russischen Protokolle der Gespräche dieses Besuches betonen unterschiedliche Schwerpunkte. (Plato 2003: 40 f.) Die sowjetische Seite hebt vor allem Stabilität und Verringerung der militärischen Konfrontation, d. h. der Hochrüstung und Wirtschaftsfragen hervor. Gorbatschow hatte vielleicht ein besseres Gespür bzw. eine Vorahnung, was Entwicklungen in Europa auch im negativen Sinne bewirken könnten, deshalb die Betonung von Stabilität. In seinem Gespräch mit dem Bundeskanzler am 12. Juni 1989 nannte er die Reformbemühungen in der sozialistischen Welt große Veränderungen, die tiefgreifend seien. Es handele sich um sehr sensible Prozesse. Sollte von außen jemand mit einem Stock in diesem aufgewühlten Ameisenhaufen herumstochern, hätte das verheerende Konsequenzen. „Wenn jemand versuchen wür-

---

[9] In den Memoiren beider, Gorbatschows und Kohls, steht nichts darüber.

de, von außen Einfluß zu nehmen, müsse dies zu Destabilisierung und Vertrauensverlust führen und gefährde die Verständigung zwischen Ost und West." (DE 1998: 283) Auch deshalb wurde das Selbstbestimmungsrecht im unmittelbaren Zusammenhang mit Nichteinmischung gesehen: Selbstbestimmung im Grundsatz ja, aber nicht von außen inspiriert und manipuliert. Konkret ging es darum, dass die Bundesrepublik die SED-DDR nicht destabilisieren solle. Ab Herbst 1989 tat dies die alte SED-Führung dann selbst. Der Anstieg der Flüchtlingszahlen, die mit Moskau nicht abgesprochene Öffnung der Mauer, d. h. einer Grenze des sowjetischen Sektors von Berlin und andere Entwicklungen wurden eine Gefahr für die Stabilität nicht nur Ostdeutschlands.

In einer gemeinsamen Erklärung von Gorbatschow und Kohl vom 13. Juni 1989 steht: „Die Bundesrepublik Deutschland und die Sowjetunion erklären, daß man eigene Sicherheit nicht auf Kosten der Sicherheit anderer gewährleisten darf."[10] Das ist hier deutlich aufeinander bezogen und bedeutet, sollte eine Vereinigung die Sicherheit der SU tangieren, dann käme sie nicht in Frage. Schewardnadse schrieb dann später im Rückblick: „Es kann nicht angehen, es ist unmöglich, die eigene Sicherheit auf der Spaltung eines anderen Volkes aufzubauen." (Schewardnadse 1991: 250) Das ist deutlicher und mit der Akzentverschiebung auf Teilung. Ob nun durch historischen Rückblick gewonnene nüchterne Einsicht oder späte staatsmännische Klugheit, die Erkenntnis Schewardnadses veranlasst zu dem Kommentar, dass eine Teilung sehr wohl diese Funktion haben kann, nämlich teile und gewinne Sicherheit, und dies auch über einen längeren Zeitraum. Es kommt darauf an, ob, wann und wie sie diese Nützlichkeit verliert. Das tat sie friedlich nach 45 Jahren in Deutschland bzw. für Europa.

Versuch der Problemlösung durch vermehrte Zusammenarbeit

Diese Einsichten des Sommers wurden dann im Herbst auf eine harte Probe gestellt, denn Gorbatschow gewann den Eindruck, dass die Entwicklung sich gefährlich beschleunigte und in der SU nicht mehr beherrschbar sein könnte. Zum 50. Jahrestag des „Hitler-Stalin-Paktes" formten Demonstrierende in den baltischen Unionsrepubliken eine 600 Kilometer lange Menschenkette und die Rufe nach Eigenstaatlichkeit wurden immer lauter. In der Ukraine kam es zu Streiks und ethno-politische Spannungen innerhalb der SU gewannen an Brisanz, so z. B. zwischen Aserbaidschan und Armenien. Apelle von Gorbatschow und seine Rufe nach Stabilität und die Betonung des Sozialismus zeigten kaum Wirkung. In dieser Situation wirkte die Lage in der SED-DDR im Spätherbst als brisanter zusätzlicher Ballast. Einen Kontrast dazu bildete die über Jahre intensivierte Zusammenarbeit mit der Bundesrepublik.

In der sowjetischen Führung verstärkte sich die Einsicht, die DDR könne nicht mehr gerettet werden, vor allem wegen der katastrophalen Wirtschaftslage, und die

---

10 Bulletin des Presse- und Informationsamtes der Bundesregierung. Nr. 61. 15. Juni 1989, S. 543. Diemer/Kurth 1991: 227.

neue SED-Führung sei unfähig, die notwendigen Reformen durchzuführen; um der eigenen Probleme Herr zu werden brauche die Sowjetunion aber Stabilität und Zusammenarbeit, auch mit dem Westen. (Mueller 2016) Schewardnadse betonte am 6. Februar 1990 bei einer Diskussion im Plenum des ZK der KPdSU, nur durch eine breite internationale Zusammenarbeit sei es möglich, die brennendsten inneren Probleme zu lösen. (Karner 2015: 154.) Diese Lageanlayse beinhaltete auch die Überzeugung, der SED-DDR bei gewaltsamen Problemlösungsversuchen nicht zu helfen. Anatolij Tschernjajew notierte in sein Tagebuch, es gebe Informationen, beim Besuch von Gorbatschow zum 40. Jahrestag der DDR werde die Mauer gestürmt und Gorbatschow habe ihm gesagt, er werde kein Wort zur Unterstützung von Honecker sagen, aber die Republik und die Revolution unterstützen. (Galkin/Tschernjajew 2011: 186). Valentin Falin hatte am 30. September 1989 West-Berlins Regierendem Bürgermeister Walter Momper versichert: „Sowjetische Truppen werden sich in innenpolitische Angelegenheiten der DDR nicht einmischen." (Falin 1993: 488)

Lageeinschätzung und Grundsatzentscheidung der sowjetischen Führung vom Ende Januar 1990

Der von Gorbatschow und anderen angestrebte Umbau der SU konnte viele Probleme nicht lösen, sondern schuf neue. Der tragisch gescheiterte Reformer Michael Gorbatschow war nach dem treffenden Bonmot des britischen Politologen Archie Brown „Papst und Luther in einem" – also zeitgleich Reformator und Bewahrer – und musste es sein. (Winkler 2023) Er trug zur Verunsicherung seines Staates bei, den auch das militärische Engagement in Afghanistan geschwächt hatte. Wegen dieser Entwicklungen und wegen Veränderungen in osteuropäischen Gesellschaften war es der SU nicht mehr möglich, ihre oft hegemoniale Position in der früheren Form aufrecht zu erhalten. Was die Einstellung gegenüber Deutschland anbelangt, so ist eine Besprechung vom 25. Januar 1990 wichtig. Gorbatschow traf sich mit einigen seiner wichtigsten Berater zu einer Analyse der Situation in Deutschland. (Plato 2003: 187–199) Die Zeit für eine solche Lageeinschätzung drängte, denn Besuche von Modrow, dem US-Außenminister Baker und Bundeskanzler Kohl standen kurz bevor.

Von diesem Treffen gibt es unterschiedliche Protokolle und individuelle Erinnerungen, eine Beschlussfassung fand nicht statt, aber viele der Äußerungen waren vermutlich Mehrheitsmeinungen. Es herrschte Unsicherheit bezüglich der Einschätzung der zu erwartenden Entwicklungen sowie der zur Verfügung stehenden Alternativen und es war nicht klar, ob und wie die sowjetischen Truppen in Ostdeutschland als Machtmittel eingesetzt werden könnten. Gorbatschow und seine Gesprächspartner stellten u. a. fest, die DDR sei kein zuverlässiger Partner mehr, mit niemandem dort habe Moskau noch vertrauensvolle Beziehungen, sie sei in weiten Bereichen nicht mehr handlungsfähig und ihre Tage seien gezählt. Modrow wurde lediglich als eine

Übergangsfigur angesehen und die Bundesrepublik, Helmut Kohl und die SPD, seien wichtige Akteure. Die damalige sowjetische Führung war weder willens noch in der Lage, die DDR im bisherigen Umfang weiterhin zu unterstützen. Später hat Helmut Kohl diese Entscheidungssituation drastisch kommentiert. Er soll gesagt haben, es sei ganz falsch, so zu tun, als wäre da plötzlich der Heilige Geist über die Plätze von Leipzig gekommen und hätte die Welt verändert. „Gorbatschow ging über die Bücher und musste erkennen, dass er am Arsch des Propheten war und das Regime nicht halten konnte." (Schwan/Jens 2014: 153)

Die Lageanalyse vom 25. Januar 1990 veranlasste ihre Teilnehmer u. a. zu folgenden Schlussfolgerungen: Die Wiedervereinigung Deutschlands ist unvermeidlich. Sie entspricht dem Willen des deutschen Volkes und die SU sollte sich dem nicht entgegenstellen. Der Prozess der deutschen Einigung müsse aber beeinflusst werden und er solle sich langsam vollziehen. „Die UdSSR solle die Initiative zu einer Konferenz der ‚Sechs' ergreifen, also der vier Siegermächte und der beiden deutschen Staaten." (Gorbatschow 1995: 715) Damit hatte die Führung um Gorbatschow eine Grundsatzentscheidung getroffen.

Veränderungen in der DDR

Im Spätherbst 1989 war der Führung um Modrow klar, dass Reformen unvermeidlich seien und nur wenig Zeit dafür zur Verfügung stünde. Die DDR wollte Kredite und Kohl wollte andere Reformen. Er sagte am 8. November 1989 zur Lage der Nation im Bundestag, Kredite werden nur gewährt, wenn die SED auf ihr Machtmonopol verzichtet, freie Wahlen und die freie Zulassung von Parteien verbindlich zusichert, das gesamte Wirtschaftssystem grundlegend reformiert, die bürokratische Planwirtschaft abbaut und eine markwirtschaftliche Ordnung aufbaut. (DE 1998: 491) Das wäre das Ende der SED-DDR gewesen, was es dann einige Wochen später auch war.

Übergangsphase 1989/90

Ab April 1990 vollzog sich ein zweistufiger Prozess: eine fundamentale Reform und Demokratisierung Ostdeutschlands und ab Juli 1990 zeitgleich eine Übertragung des Systems der Bundesrepublik auf die DDR. Es gab eine starke Aufbruchstimmung, getragen von übergroßen Erwartungen, von Hoffnungen und viel Idealismus, ohne die Möglichkeit sorgfältiger Vorbereitung und behutsamer Umsetzung.

Wichtig für diese Umbruchphase waren auch „Runde Tische". Der „Runde Tisch" in der DDR tagte vom 7. Dezember 1989 bis zum 12. März 1990. Hier trafen sich Vertreter:innen etablierter Parteien und Institutionen sowie Angehörige von Oppositionsgruppen als gleichberechtigte Diskussions- und Verhandlungspartner:innen. Von oppositioneller Seite waren es Persönlichkeiten aus der Bürgerbewegung, führende

Mitglieder aus Kirchen, Angehörige der Intelligenz, Künstler:innen, Hausfrauen und viele Menschen, die überzeugt waren, sie könnten und müssten sich jetzt engagieren.

Der „Runde Tisch" machte konkrete Vorschläge, er war Anlaufstelle für Beschwerden und hatte eine Ventilfunktion für Unmut, er war ein Ort der Solidaritätsbildung und Solidaritätsverstärkung. Er hatte zwar wenig direkte und nachhaltige politische Einwirkungskraft, war aber eine wichtige Institution, die mit unterschiedlichsten Formen der Demokratie experimentierte.

Die Teilnahme an der friedlichen Revolution bewirkte Stolz. Das Verlangen nach Veränderung und die Bewegung zur deutschen Einheit wurden von der Bevölkerung der DDR getragen. Nach zuverlässigen Umfragen hielten im Frühjahr 1989 nur noch 7 % der BRD-Bevölkerung eine Vereinigung für realistisch bzw. glaubten sie, dass diese noch zu ihren Lebzeiten erfolgen würde. (Glaab 1999: 144. Weidenfeld/Glaab 1995) Das Interesse an Ostdeutschland hatte nachgelassen, die Westdeutschen hatten sich in ihrer „[...] Bundesrepublik eingerichtet und mit der Teilung, wenn auch vielleicht nicht angefreundet, aber doch insgesamt abgefunden." (Bredow 2010: 101)

Die drängender werdende Erwartungshaltung der überwiegenden Mehrheit der DDR-Bevölkerung spielte eine große Rolle. „Überwiegende Mehrheit" ist keine präzise Angabe, aber es ist nicht möglich, hier genauer zu formulieren. Umfassende Meinungsumfragen gab es nicht in der DDR, und den Umgang mit Demoskopen aus dem Westen mussten die Menschen nach dem Fall der Mauer erst einüben, außerdem mangelte es an Infrastruktur, z. B. Telefon, für schnelle repräsentative Erhebungen. Meinungsumfragen kurz nach Öffnung der Mauer ergaben eine eher zurückhaltende Einstellung zu einer möglichen Vereinigung. Im November 1989 waren etwa 48 % der befragten Ostdeutschen für eine deutsche Einheit, im Februar 1990 dann allerdings um die 80 %, wobei nicht völlig klar war, welche Art von Einheit ihnen vorschwebte. Die Politik, d. h. Regierung und Parlament mussten aber dieser Erwartungshaltung Rechnung tragen. Sie bewirkte Druck, war aber auch Legitimierungshilfe für Veränderungen in der DDR.

Friedliche Revolution in der DDR

Ohne eine friedliche Revolution in der DDR wäre es nicht zu dieser Entwicklung gekommen. Sie war friedlich auf Seiten der Demonstranten, die SED-Staatsseite hingegen war nicht friedlich, sondern anfänglich gewalthaft. Entscheidend wurde dann nicht ein Umschlagen von Quantität in Qualität, sondern deren Kombination: Anzahl der Demonstrierenden, Inhalt der Forderungen und Gewaltfreiheit. Marek Prawda schildert eine polnische Sichtweise, d. h. von der Solidarność. „Damals haben wir mit viel Hoffnung auf die DDR geschaut, was sich da tat. Diese große Demonstration an der Nikolaikirche im Oktober war für uns in Warschau außerordentlich wichtig. Uns war klar: Allein haben wir keine Chance auf eine tragbare Lösung. [...] Als die Stasi bei der großen Demo in Leipzig zum ersten Mal nicht angriff, weil es zu viele Leute waren, wussten wir, das ist ein Knick, da ist was im Gange." (König 2014a: 65 f.)

Die sichtbar-aktive Opposition war nicht die Mehrheit der Bevölkerung. In Leipzig waren es am 9. Oktober 1989 rund 70.000, die demonstrierten, in Ost-Berlin am 4. November mehr als eine halbe Million. Bemerkenswert ist, dass es sich um die größte Massendemonstration in der Geschichte Ostdeutschlands, um die erste staatlich genehmigte Demonstration handelte und dass deren Abschlusskundgebung vom Fernsehen übertragen wurde. Damals hatte die SED noch 2,3 Millionen Mitglieder. Es war nicht die Mehrheit, die offen opponierte, aber genug, um eine kritische Masse zu erreichen. Wichtig waren auch deren Methoden, denn darauf hatte die SED-Führung keine adäquaten Antworten.[11]

Mielke, Minister für Staatssicherheit, soll zu Honecker gesagt haben, man könne nicht Hunderttausende zusammenschlagen. Ob er diese Feststellung mit Bedauern machte, ist nicht zu ermitteln, darf aber vermutet werden. Horst Sindermann erklärte im Nachhinein, man habe alles geplant, sei auf alles vorbereitet gewesen, nur nicht auf Kerzen und Gebete. (WN 2009)[12] In Leipzig stellten sich Ordner mit Kerzen vor den Eingang der Stasi-Zentrale, d. h. die, die gegen das Regime und seine Geheimpolizei demonstrierten, schützten diese Geheimpolizei.

Die damaligen Bürgerrechtler:innen hatten präzise Vorstellungen von dem, was sie nicht wollten und nur vage Vorstellungen von dem, was sie erwartete. Mehrheitlich wollten sie wohl eine andere, demokratische und freie DDR. Die Gewaltfreiheit, die „offene Sicht" auf die Zukunft, die Beteiligung unterschiedlichster Gruppen der Bevölkerung und die Berichterstattung in den Medien gehörten zu den Faktoren, warum diese friedliche Revolution glaubwürdig und erfolgreich war. (Trampe 2014) Es gelang 1989/90 ein nachhaltiger Regimewechsel. (Winkler 2023)

Modrows „Rettungsversuch"

Hans Modrow wollte zwischen November 1989 und März 1990 von der „alten" DDR retten, was wert war, gerettet zu werden und zwar durch Reformen innerhalb der eigenen Partei, mit den anderen Parteien sowie Bürgerbewegungen und „Runden Tischen." Er hoffte dabei auf Verständnis der Bevölkerung sowie auf Hilfe aus der Bundesrepublik. Es ging ihm um Erhalt und Reform möglichst vieler „sozialistischer Errungenschaften" der DDR, die Ersetzung der Verantwortungsgemeinschaft beider deutscher Staaten durch eine Vertragsgemeinschaft – Konföderation und Neutralität

---

[11] Die Kombination von großer Zahl, Gewaltfreiheit und Kerzen über einen längeren Zeitraum hinweg kennzeichnete auch die „Kerzen-Mahnwachen" von November 2016 bis März 2017 in der Republik Korea, die wesentlich zur Amtsenthebung von Präsidentin Park Geun-hye beitrugen.
[12] Sindermann (1915–1990) war von 1976 bis 1989 Präsident der Volkskammer.

derselben, aber keine Wiedervereinigung – und um massive finanzielle Unterstützung durch die Bundesrepublik.

Modrow war überzeugt, die Existenz der DDR sei ein Unterpfand für Stabilität und den Erhalt des Status quo in ganz Europa. Auf die Frage, ob die DDR nicht vor allem ökonomisch am Ende gewesen sei, so dass es keine Alternative zur Einheit gab, antwortete er: „Wie kommen Sie darauf? Die DDR hätte durchaus weiterexistieren können. Was Sie allein schon am Fortbestand von Kuba und Nordkorea sehen können. Wenn die DDR nicht von Gorbatschow verraten und verkauft worden wäre, würde es sie auch heute noch geben."[13]

Nicht mitbekommen oder übersehen hatte Hans Modrow damals, dass viele Menschen u. a. mit Demonstrationen im Spätherbst 1989 und der Wahl im März 1990 zum Ausdruck brachten, dass sie eine Weiterexistenz der DDR nicht wünschten und auch nicht wie auf Kuba oder in Nordkorea leben wollten.

Wichtig war für Modrows Pläne die Zusammenarbeit mit der Bundesrepublik, von der er Entgegenkommen und Unterstützung erwartete. Bei seinen Gesprächen mit Helmut Kohl am 12./13. Februar 1990 in Bonn forderte er, gestützt auch auf einen Beschluss des „Runden Tisches", einen „Solidarbeitrag" von 10 bis 15 Milliarden DM. (DE 1998: 814 ff., 821 ff.) Die Zahlung sollte ohne konkrete Zweckbestimmung erfolgen. Kohl lehnte ab, denn er wollte die DDR in ihrem damaligen Zustand durch Westgeld nicht künstlich am Leben erhalten, sondern sah die große Chance einer friedlichen Vereinigung, die ebenfalls erhebliche Kosten verursachen würde, deren Höhe allerdings nicht abzuschätzen war.

Der Nachfolger Modrows, Lothar de Maizière und seine Regierung wollten die DDR nicht erhalten, sondern sie beitrittsfähig zur Bundesrepublik machen; dafür wurden hauptsächlich drei Ziele angestrebt, die in engem Zusammenhang zueinanderstanden. Aufbau einer neuen, durch Wahlen legitimierten staatlichen Struktur auf allen Ebenen, denn bislang war die SED der entscheidende Akteur. Schnelle, tiefgreifende Demokratisierung der DDR sowie die Errichtung eines Rechtsstaates. Vorbereitung und Durchführung von Verhandlungen über die deutsche Einheit, d. h. Beitritt der DDR zur Bundesrepublik Deutschland und dessen internationale Absicherung durch den 2+4-Vertrag.

Probleme im Zusammenhang mit der Währungsunion, das Auseinanderbrechen der Koalitionsregierung, im August 1990 trat die SPD aus und damit hatte de Maizière keine Mehrheit mehr im Parlament, und andere Schwierigkeiten wirkten mit am sich beschleunigenden Autoritätsverlust der Regierung, was der Bevölkerung den Eindruck vermittelte, die Regierung sei nicht in der Lage, die notwendigen Reformen schnell genug durchzuführen. Viele waren deshalb der Meinung, es sei sinnvoll und notwendig, möglichst bald der Bundesrepublik beizutreten.

---

[13] So in einem Gespräch mit Prof. Dr. Helmut Wagner im Sommersemester 1992 an der Freien Universität Berlin.

Im Verlauf ihrer Existenz wurden bestimmte Zeiträume in und für Ostdeutschland immer kürzer:

41 Jahre Existenz des Staates: Vom 7. Oktober 1949 bis zum 2. Oktober 1990.

28 Jahre hermetisch abriegelnde Grenze: Vom 13. August 1961 bis zur Öffnung der „Berliner Mauer" am 9. November 1989.

18 Jahre Normalisierungsprozess: Vom Grundlagenvertrag zwischen beiden Staaten in Deutschland (21. Dezember 1972) bis zur Vereinigung am 3. Oktober 1990. (Nakath/Stephan 1996)

Ein Jahr fundamentale Demokratisierung: Vom massiven Bürger:innenprotest 1989 bis zur Einigung 1990.

Einige Monate Wandel der friedlichen Revolution: Von der demokratischen Revolution im Herbst 1989 zur nationalen Revolution im Frühjahr/Sommer 1990. Von der Parole „Wir sind das Volk" zu „Wir sind ein Volk!"

Vier Monate Reform-, Konsolidierungs- und Übergangsbemühungen der Regierung Modrow. In diesen Zeitraum fallen u. a. das „Zehn-Punkte-Programm" von Helmut Kohl (28.11.1989), der Antrittsbesuch von Egon Krenz bei Gorbatschow (31.10.1989), Treffen von George Busch Sen. und Michail Gorbatschow in Malta (2.-3.12.1989), Treffen von Bush und Kohl am 3. Dezember 1989 in Laeken bei Brüssel, wo der Präsident sagt, er vertraue darauf, dass der Bundeskanzler Deutschland zur Vereinigung führen werde (DE 1998: 600–609. Sarotte 2023: 65), Helmut Kohl in Dresden (19.12.1989), der Besuch von Hans Modrow im Kreml (30.1.1990), Gespräche im Kreml von US-Außenminister Baker (7.2.1990) und Helmut Kohl (10.-11.2.1990); Baker informierte Kohl ausführlich über seine Besprechungen.

Sechs Monate Regierung de Maizière mit Demokratisierung und Vorbereitung der Vereinigung durch Beitritt.

Mit zunehmendem Tempo der Entwicklungen stiegen auch Erwartungen der Bevölkerung in Ostdeutschland, die wichtig waren für politische Entscheidungen.

Neun prägnante Entwicklungen bzw. Ereignisse ragen aus der turbulenten Zeit der Jahre 1989/90 besonders heraus:

1. Eine Migrationswelle von Ost nach West. Der SED-DDR liefen die Menschen davon.
2. Eine friedliche Revolution, die zur Demokratisierung der DDR führte.
3. Wahl mit einer Wahlbeteiligung von 93,38 % am 18. März 1990, deren Ergebnis den Wunsch einer Mehrheit der Bevölkerung nach schnellem Beitritt zur Bundesrepublik bekundete.
4. Währungs-, Wirtschafts- und Sozialunion mit der DDR ab dem 1. Juli 1990, die eine wesentliche Weichenstellung auf dem Weg zur deutschen Einheit war und einen beträchtlichen Souveränitätsverlust der DDR bedeutete.
5. Die Volkskammer beschließt am 23. August 1990 den Beitritt der DDR zur Bundesrepublik nach Artikel 23 des Grundgesetzes zum 3. Oktober 1990. Bei dieser Abstimmung hatte die Mehrheit der Mitglieder der Volkskammer noch keine genauen inhaltlichen Kenntnisse vom Einigungsvertrag und auch nicht vom 2+4-Ver-

trag. Aber der Druck seitens der Bevölkerung zur schnellen Vereinigung war enorm.
6. Unterzeichnung des Einigungsvertrages am 31. August 1990. Es hatte in der Volkskammer mehrere spontane Anträge zum sofortigen Beitritt der DDR zur BRD nach Artikel 23 des Grundgesetzes gegeben. Am 1. August teilte Ministerpräsident de Maizière Helmut Kohl mit, auch in seiner CDU-Fraktion gebe es mehrere Stimmen, die sich nicht mehr bändigen ließen, es bestünde die Gefahr, „[...] dass durch eine Zufallsmehrheit in der Volkskammer der Beitritt sofort beschlossen werden könnte." (Maizière 2010: 267)
7. Zustimmung der Sowjetunion zu einer NATO-Mitgliedschaft des vereinigten Deutschlands.
8. Unterzeichung des 2+4-Vertrages zur internationalen Absicherung der Vereinigung am 12. September 1990.
9. Ratifizierung des Einigungsvertrages durch die Volkskammer und den Bundestag am 20. September 1990.

Die Bedeutung Berlins für das geteilte Deutschland und das Berlinabkommen vom September 1971

Im Vergleich zu Korea war die deutsche Teilung weniger brutal, es gab viel mehr Kontakte und Zusammenarbeit, aber sie war komplizierter wegen der Vorrechte der Vier Siegermächte (Goetze 1990), und auch wegen der „politischen Geografie", d. h. wegen der Situation in und um Berlin. (Langguth 1990. Wetzlaugk 1985) Es war eine hilfreiche Kompliziertheit, denn sie hatte positive Wirkung. Ein Politiker aus dem Westteil der Stadt sagte, so lange das Brandenburger Tor geschlossen ist, bleibt die deutsche Frage offen.[14]

Humorvolle Politgeografen sprachen damals davon, dass die Welt drei Pole habe: Nordpol, Südpol und Westpol. Am Nordpol, egal wohin du blickst, ist es immer Süden, am Südpol ist es immer Norden, wer aber in West-Berlin ist, kann blicken wohin er will, es ist immer Richtung Osten.[15]

Die Lage von West-Berlin, nicht an der Grenze, sondern inmitten von Ostdeutschland, ist ein wichtiger Unterschied im Vergleich zu anderen geteilten Nationen. (Bender 1987) Außerdem blieb Deutschland während der Teilung ein wichtiges Transitland in der Mitte Europas. West-Berlin war trotz Beeinträchtigungen ein Treffpunkt sowie Bindeglied und spielte eine wichtige Rolle für Erhalt und Stärkung des deutschen Zusammengehörigkeitsgefühls. Ob diese Wirkung noch stärker gewesen wäre, hätte Ber-

---

[14] Diese Äußerung stammt wohl ursprünglich von Heinrich Lummer, sie ist später in leicht veränderter Wortwahl oft benutzt worden, so auch von Richard von Weizsäcker.
[15] Diese Beobachtung verdanke ich Prof. Dr. Hans-Joachim Freund.

lin schon früh Hauptstadt und Regierungssitz der Bundesrepublik sein können, bleibt reine Spekulation, die aber zurückblickende Phantasie anregt.

Im September 1949[16] beschloss der Bundestag auf Antrag der SPD-Fraktion, Berlin solle in Zukunft wieder Hauptstadt werden; ein Beschluß ohne praktische Konsequenz. Am 1. November gab es einen konkreteren Antrag mit nur zwei knappen Sätzen. Die KPD-Fraktion des Bundestages beantragte die Verlegung von Bundesbehörden nach Berlin, als der Hauptstadt Deutschlands und der Bundestag solle sich alsbald dort versammeln. Die SPD-Fraktion übernahm durch einen am 3. November angenommenen Änderungsantrag zwar den Grundgedanken, verknüpfte aber die Verlegung mit vorher abzuhaltenden freien Wahlen in ganz Berlin und in der sowjetischen Besatzungszone. Damit war die Initiative des Antrages der KPD-Fraktion erledigt und weitere Diskussionen oder gar konkrete Planungen wurden verhindert.[17] Vermutlich wäre eine praktische Umsetzung ohnehin illusorisch und nur schwer mit Vorrechten der Vier Siegermächte in Einklang zu bringen gewesen, denn deren Stadtkommandanten waren die obersten Autoritäten in Berlin. Rückblickend ist aber zu bedenken, dass dieser Vorschlag zu einer Zeit gemacht wurde, als die Teilung noch nicht zu verfestigt war.

Teilungen bewirken eine Einengung des Handlungsspielraums von betroffenen Nationen, der in einigen Fällen durch Nichtanerkennung, (DDR, Republik China, TRNZ) und Sanktionen zusätzlich belastet ist (VR China, DVRK). Über einen längeren Zeitraum waren Hongkong und West-Berlin ideale Plätze, um solche Restriktionen zumindest teilweise zu umgehen. Nikosia, die geteilte Hauptstadt Zyperns, hat keine solche Funktion. Jerusalem gilt als unlösbares Problem, denn beide Hauptkonfliktparteien, Israel und Palästinenser, betrachten die Stadt als ihre alleinige, unteilbare Hauptstadt. Eine Zweistaatenlösung schien eine allgemein, zumindest gedanklich, akzeptable Lösung zu sein. Weil diese auch wegen der Lage Jerusalems nicht realisiert wurde, ist hier eine Lösung genauso schwierig wie dringlich, denn auch an ihr hängt wesentlich die Gesamtlösung, ob nun als eine „im Prinzip" ungeteilte Doppelhauptstadt mit getrennten Verwaltungen, oder eine andere Alternative.

---

16 Zur Erinnerung: Die Blockade der Westsektoren Berlins dauerte vom 24. Juni 1948 bis zum 12. Mai 1949.
17 Küsters 2012: 2. Bahr 2019: 73 und Fußnote 19, S. 197 f.

Tab. 1: Geteilte Hauptstädte und Orte mit besonderer Funktion

Land/Begegnungsort	Lage	Eigenschaften
China/Taiwan Hongkong (auch Macau)	Im Süden der chinesischen Provinz Guangdong; anderthalb Flugstunden von Taipei entfernt. Bis 1997 britische Kolonie.	Bis zu direkten inoffiziellen Gesprächen war Hongkong ein guter neutraler Treffpunkt für Kontakte zwischen der VR China und Taiwan sowie Platz für Finanztransaktionen und das Umgehen von Embargos. Auch Vertreter aus beiden Staaten Koreas trafen sich in Hongkong.
Deutschland Berlin	West-Berlin, mitten in der DDR gelegen.	Viermächtestatus, d. h. Verantwortung der Hauptsiegermächte für Deutschland und Berlin. Während der Teilung Deutschlands offene Wunde und Klammerfunktion zugleich. Begegnungs-, Kommunikations- und Informationsort. West-Berlin hatte in dieser Zeit enge Bindungen an die BRD, gleiches politisches und ökonomisches System. Veränderungen in Deutschland und Europa ermöglichten eine Entwicklung von 4+2 (Berlinabkommen, 1971) zu 2+4 (Erlangung von Souveränität und Einheit, 1990).
Korea Panmunjom	Keine Stadt, nur ein Verhandlungsort in der „gemeinsamen Sicherheitszone" der „Entmilitarisierten Zone", streng kontrollierter Zugang. 50 Km nördlich von Seoul, ca. 200 Km südlich von Pjöngjang.	Ort der Spannungen mit bizarren Ritualen, kafkaeske Atmosphäre, wenig förderlich für offene Gespräche und Kompromissfindung. Souveränitätsbeeinträchtigung durch internationale Kontrollkommission und Mandat der Vereinten Nationen. Die Atmosphäre hat sich durch Aufhübschung mit neuen Gebäuden und vermehrten Treffen etwas verbessert. Aber auch Gipfeltreffen, die dort 2019 stattfanden, hatten keine nachhaltige Wirkung.
Israel/Palästina Jerusalem	Wie Nikosia ebenfalls an der Grenzlinie gelegen. Seit 1967 wird die ganze Stadt von Israel kontrolliert.	Eine von beiden Seiten als Hauptstadt beanspruchte Stadt. Ein Ort für Treffen und Austausch, aber zugleich ein brisanter Spannungsherd, der neben vielen anderen Gründen eine Normalisierung erschwert.
Zypern Nikosia/Lefkoşa	Direkt an der Grenze, seit 1974 geteilt.	Doppelte Hauptstadt. Seit 2003 selektiv durchlässige Grenze. Wenig direkte Kontakte, kaum Austausch.

Eine Quelle für Streitigkeiten zwischen beiden Staaten in Deutschland und zwischen der SU einerseits sowie den anderen drei Hauptsiegermächten andererseits waren der Status und die Lebensfähigkeit des westlichen Teils von Berlin, dessen einzig freier

Zugang der Luftweg war, über die drei „Luftkorridore." Auch in Gesamt-Berlin galt der Viermächte-Status; jede der vier Hauptsiegermächte hatte einen Sektor und die oberste Autorität waren die Stadtkommandanten. Die praktische Ausübung dieser Rechte blieb weitgehend deutschen Stellen überlassen. Die Wahlberechtigten West-Berlins konnten nicht an Wahlen zum Deutschen Bundestag teilnehmen. Ihre Abgeordneten wurden ernannt, Bundesgesetze mussten mit einem Überleitungsverfahren in West-Berlin in Kraft gesetzt werden, allerdings galt dort die gleiche politische und Wirtschaftsordnung wie in der BRD, z. B. als Zahlungsmittel auch die Deutsche Mark. Häufig kam es zu schweren Behinderungen auf den Landverbindungen von und nach Berlin, und die Einwohner:innen von West-Berlin konnten nach dem Bau der Mauer am 13. August 1961 nicht mehr den östlichen Teil der Stadt besuchen. Später war dies nach Beantragung von Passierscheinen möglich. Wegen dieser prekären Lage blieb West-Berlin ein Bauer auf dem Schachbrett politischer Erpressung und erst im September 1971 brachte das Viermächte-Abkommen über Berlin[18] signifikante Verbesserungen und es hatte weitreichende Folgewirkungen.

Vermutlich wäre ein Arrangement mit der Teilung zwischen beiden Staaten in Deutschland leichter gewesen, hätte es nicht diese ganz spezielle politisch-geografische Lage von West-Berlin gegeben. Sie trug dazu bei, besonders durch das Abkommen vom September 1971, dass die Ostpolitik, die Normalisierung, betrieben werden konnten. Es gab ein Junktim; in den Worten von Willy Brandt: „Ich teilte mit, daß wir den Moskauer Vertrag erst ratifizieren würden, wenn die Vier Siegermächte ihre Verhandlungen über Berlin befriedigend abgeschlossen hätten." (Brandt 1992: 204) Dieses Junktim betonte Brandt auch gegenüber den USA, so in einem Brief vom 14. November 1970 an Präsident Nixon. „Der am 12. August 1970 unterzeichnete deutsch-sowjetische Vertrag kann nur in Kraft treten, wenn die Lage in und um Berlin durch eine zeitlich nicht begrenzte Vereinbarung wirksam verbessert wird." (Nakath 2001: 787)

Egon Bahr schrieb später über das Abkommen:

> Wir hatten keine Kompetenzen in Berlin, das rechtlich kein Teil der Bundesrepublik war, aber vitale Interessen. Keine der Vier Mächte wollte eigentlich etwas ändern. Sie ließen sich überzeugen von einem deutschen Konzept, das ihre Interessen voll berücksichtigte, mit dem Ergebnis, dass sie zum ersten Mal nach dem Kriege eine Vereinbarung am Brennpunkt des Kalten Krieges nicht ohne die Mitwirkung der beiden deutschen Regierungen abschließen konnten. (Bahr 2003: 44 f.)

Das Abkommen bewirkte eine Vier-plus-Zwei Entwicklung. Die Vier Siegermächte bekannten sich zur Verantwortung für Gesamtberlin und beauftragten die beiden Staaten in Deutschland zur Ausführung praktischer Schritte. Interessant ist die Bereit-

---

18 Eine deutsche Übersetzung steht in Bundesministerium für innerdeutsche Beziehungen. Hg. 1971. *Texte zur Deutschlandpolitik*, Band 8, S. 371–384. Der Text des Viermächte-Abkommens in verschiedenen Übersetzungen findet sich auch in Mahnke 1987: 190–211 und Münch 1974.

schaft der Vier zur Kompromissfindung. Da bei den offiziellen Namen keine Einigung zu erzielen war, steht für Berlin „betreffendes Gebiet" (*relevant area*), oder „Westsektoren" und für die Bundesrepublik bzw. die DDR „die zuständigen deutschen Behörden." Ein offizieller deutscher Text des Abkommens existiert nicht, weil in ihm die Frage der Bezeichnungen erneut hätte unüberwindbare Schwierigkeiten bereiten können. In den Anhängen steht „Bundesrepublik Deutschland" und „Westsektoren Berlins." Offiziell sind nur die Vertragstexte in Englisch,[19] Französisch und Russisch, denn es gab keine deutsche vertragsschließende Partei. Die deutschen Übersetzungen differieren und die SED-DDR verwandte stets Mühe darauf, von einem Abkommen lediglich über „Westberlin" zu sprechen.

Die Verhandlungen begannen im März 1970, sie wurden zeitlich parallel geführt mit denen über Verträge zwischen der BRD einerseits sowie der Sowjetunion und Polen andererseits. Förderlich war ein Treffen zwischen Brandt und Breschnew auf der Krim in Oreanda vom 16. bis 18. September 1971. Es war lange vorbereitet worden, wurde aber erst nach Unterzeichnung des Abkommens möglich.[20]

Der Zusammenhang zwischen den Verträgen war offenkundig, über die Reihenfolge gab es unterschiedliche Auffassungen. Breschnew wollte erst die Ratifizierung des Moskauer Vertrages, dann das Inkrafttreten des Viermächte-Abkommens. Brandt konnte ihn umstimmen und äußerte sich zu der Idee von Breschnew über eine europäische Sicherheitskonferenz positiv. Sie gehörte zu den Hauptanliegen des sowjetischen Parteichefs. Zu dieser Zeit wurde auch zwischen der Bundesrepublik und der SED-DDR intensiv über ein Transit-Abkommen verhandelt, eine Art praktischer Umsetzung des Viermächte-Abkommens; auch hier sind Verknüpfungen evident. Im Artikel 21 der Transitregelung, (Unterzeichnung am 17.12.1971), steht, dass es gleichzeitig mit dem Viermächte-Abkommen in Kraft tritt und mit ihm zusammen in Kraft bleibt.

Peter Bender hat die Signifikanz des Abkommens hervorgehoben, denn es bewirkte, dass die Verträge von Moskau und Warschau in Kraft treten und Verträge mit Ost-Berlin und Prag ausgehandelt werden konnten. „Es verknüpfte Bonns Entspannungspolitik mit der westeuropäischen und amerikanischen." (Bender 1995: 193)

Von Vier plus Zwei zu Zwei plus Vier

Vierzig Jahre nach Unterzeichnung des Viermächte-Abkommens betonten Egon Bahr und John Kornblum dessen Wichtigkeit in einem Zeitungsinterview. (Tagesspiegel 2011)[21] Sie hoben dessen damalige Bedeutung sowie positive Folgewirkung hervor.

---

[19] Der englische Text findet sich unter https://www.ghdi.ghi-dc.org/sub_document.cfm?document_id=77. Eingesehen am 27.05.2020.
[20] Zu Willy Brandts Darstellung dieses Treffens siehe Brandt 1992: 206–210.
[21] John Kornblum war als junger Diplomat an den Verhandlungen beteiligt, die zu dem Abkommen führten, später dann Botschafter der USA in Deutschland.

Kornblum sieht in ihm das Fundament für die gesamte Ostpolitik des Westens. Im September 1962 hatte die Sowjetunion den Viermächtestatus von Berlin als beendet erklärt, aber in dem Abkommen von 1971 bekräftigte Moskau seine Verantwortung im Rahmen der Vier Siegermächte und garantierte darüber hinaus, dass sich die SED-DDR an das Vertragswerk halten werde. Falin hat das später bestätigt: „Es kostete uns manche Mühe, auch die DDR auf dieser Linie festzuhalten." (FES 1999, S. 73)

Für Egon Bahr, damals Minister im Bundeskanzleramt, war der entscheidende Aspekt die Struktur des Abkommens:

> Wir haben es jedenfalls als einen Markstein empfunden, als zum ersten Mal nach dem Krieg beim Viermächte-Abkommen über Berlin ein Punkt erreicht war, an dem die Vier Siegermächte die Mitwirkung der beiden deutschen Regierungen brauchten, um ihr Abkommen in Kraft zu setzen. Allein konnten sie diese Art der Verfügung über Deutschland nicht mehr treffen. Es war das Modell Vier-plus-Zwei, das geschichtlich logisch, später zu dem Modell Zwei-plus-Vier wurde. Es darf nicht verschwiegen werden, daß das Viermächte-Abkommen mit sechs Beteiligten ungeheuer kompliziert, im Grunde zwischen Bonn, Washington und Moskau erarbeitet worden ist. (Bahr 1999: 20)

Diese Verhandlungen waren auch später wichtige Erfahrungswerte, vor allem für die sowjetische und die deutsche Seite in Bezug auf Kompromissfindung, Zusammenarbeit und Vertraulichkeit. Dazu erneut Falin:

> Henry Kissinger und ich stimmen zum Beispiel darin überein, daß das Westberliner Abkommen [...] nicht ein Vier-Mächte-Abkommen, sondern ein Fünf-Mächte-Abkommen oder ein Viereinhalb-Mächte-Abkommen war, denn die Bundesrepublik war der aktivste Mitarbeiter bei der Ausarbeitung des Vertrages. Ich kann ihnen verraten, die letzten Änderungen am Text wurden von Egon Bahr und mir besprochen. Gromyko saß inkognito in Ostberlin, und wir haben ihm berichtet, was zusätzlich gemacht werden soll, damit der Text für die bundesdeutsche Seite und für die Westberliner Seite akzeptabel ist. Das ist der Außenwelt kaum bekannt, es kostete viel Nerven. (FES 1999: 72 f.)

Markus Wolf, „Spionagechef" der SED-DDR, der ein gutes Verhältnis zu Falin hatte, betont ebenfalls die damalige Arbeitsteilung zwischen diesem und Egon Bahr mit der Feststellung, dass es vertrauensvoller Zusammenarbeit und großer diplomatischer Kunst dieser beiden Unterhändler bedurfte, ihre jeweiligen Verbündeten zum Einlenken zu bewegen, denn „Moskau sah eine Annäherung der deutschen Staaten weiter mit Misstrauen, aber auch die westlichen Siegermächte pochten auf ihre Rechte in West-Berlin und komplizierten die Problematik zusätzlich." (Wolf 1997: 259) Hier wird das Misstrauen deutlich, das durchgängig bei den Schutzmächten gegenüber ihren deutschen Schützlingen herrschte. Das trifft auch auf andere geteilte Nationen zu: Abhängigkeit von und Misstrauen gegenüber der Schutzmacht, aber auch Misstrauen zwischen beiden Teilen der geteilten Nation; hier ist Korea ein besonders eklatanter Fall. (Lee M. 1995: 104)

Hineindenken in Sachzwänge der anderen Seite

Valentin Falin betonte später, die in Berlin mit Mauerbau und der Panzerkonfrontation im Oktober 1961 gemachten Erfahrungen hätten den Großmächten geholfen, Kompromisse zu finden, u. a. durch ein Hineindenken in Sachzwänge der anderen Seite, was sich dann bei der friedlichen Lösung der Kubakrise im Oktober 1962 als hilfreich erwies. „Die Ereignisse dieses Jahres hatten gezeigt, wie man sich bei solchen verhängnisvollen Konfrontationen vernünftig auseinanderzieht und dann die Lösung findet, die beide Seiten mehr oder weniger Zufriedenheit bringt." (FES 1999: 31)

Die Analyse von Entwicklungen seit dem Anfang der 1970er Jahre, wie sie Egon Bahr und John Kornblum vorgenommen haben, macht deutlich, dass es später ohne vorangegangene Normalisierung, ohne die Anerkennung des Status quo und ohne eine europäische Einbindung keine deutsche Vereinigung gegeben hätte. Kornblum verweist auf diese Entwicklungslinie:

> Ich bin überzeugt davon, dass es ohne das Berliner Abkommen zum Beispiel nicht die Schlussakte von Helsinki gegeben hätte. Nur dank dieses Abkommens konnte es gelingen, die KSZE, die „Konferenz für Sicherheit und Zusammenarbeit in Europa", zustande zu bringen, und das Gleiche gilt für MBFR, die „Mutual Balanced Force Reductions", die Konferenz über den Truppenabbau in Mitteleuropa, ja, in gewissem Sinn auch für die Normalisierung der Beziehungen zur Sowjetunion und zu Polen. Dieses Abkommen war sozusagen die Quelle auch für andere Fortschritte, die sehr wichtig waren. Am Ende aller dieser Entwicklungen sah dann die Lage in Europa anders aus. (Tagesspiegel 2011)

Andere haben diese Bedeutung bestätigt. „Es herrscht Einigkeit darüber, dass das Berlin-Abkommen neben dem deutsch-sowjetischen Vertrag vom 12. August 1970 die entscheidenden Voraussetzungen für die deutsch-deutschen Vertragsverhandlungen der frühen siebziger Jahre schuf und den Grundlagenvertrag überhaupt erst möglich machte." (Nakath 2001:786) Dieser Grundlagenvertrag wurde damals im Ausland vielfach als „Teilungsvertrag" gewertet. Er erwies sich aber später als eines der wichtigsten Instrumente des Normalisierungsprozesses.

Im Januar 1990 legten sowohl die DDR als auch die Bundesrepublik Vertragsentwürfe für Zusammenarbeit und gute Nachbarschaft vor. Wegen der Beschleunigung der damaligen Entwicklung, z. B. durch Währungsunion und Einigungsvertrag, waren diese Texte irrelevant, dennoch ist es wichtig darauf hinzuweisen, dass beide Entwürfe Bezug nahmen auf das Viermächte-Abkommen über Berlin vom 3. September 1971.[22]

Hier also Abkommen mit positiven Auswirkungen, die die Basis schufen sowie Erfahrungen vermittelten für weitere Schritte. Diese Erfahrungen fehlen bei anderen geteilten Nationen. Zwischen der VR China und der Republik China gibt es keine offizi-

---

22 Der Entwurf der Bundesrepublik vom 18.1.90 (S. 695–698) und der der DDR vom 17.1.90 (S. 713–716), jeweils in DE 1998. Im Entwurf der Bundesrepublik ist es Artikel 8, in dem der DDR Artikel 11.

ellen vertraglichen Vereinbarungen, auf denen aufgebaut werden könnte. Die Abmachungen zwischen beiden Staaten in Korea, manchmal unterschrieben von Ministerpräsidenten, z. B. aus den Jahren 1991–1992, blieben wirkungslos. Sie wurden nicht ratifiziert, denn es fehlte auf beiden Seiten der politische Wille und es gab keinen unterstützenden internationalen Rahmen. Das gilt auch für Zypern, wo es keine Verträge zwischen beiden Seiten und auch kein hilfreiches internationales Umfeld gibt.

Am Ende der einführenden Länderkapitel steht jeweils ein Schaubild, hier das zum deutschen Fallbeispiel. Sie sollen lediglich die Hauptakteure und das Beziehungsgeflecht in visueller Zusammenfassung verdeutlichen. Jeder Fall von geteilten Nationen hat bei aller Unterschiedlichkeit einen inneren Kern und ist umgeben von konzentrischen Kreisen regionaler sowie internationaler Akteure, die eine „Konstellation" bilden und deren „Mitglieder" über recht unterschiedliche Einwirkungsmöglichkeiten verfügen. Den Grad der Bedeutung der Akteure sollen innere und mehr äußere Kreise andeuten, die nicht voneinander abgekapselt zu verstehen sind, da es vielfältige Wechselbeziehungen gibt. In Deutschland waren die Vier Mächte wegen ihrer Vorbehaltsrechte auch ein wichtiger Bestandteil des inneren Kerns.

Entscheidend ist das Verhältnis geteilter Nationen zu Schutzmächten, also die jeweilige Patron-Klient-Beziehung. Für die SED-DDR war das die SU, für die Bundesrepublik in erster Linie die USA, was auch für die Republik Korea und Taiwan noch immer gilt, für Zypern sind es Griechenland und die EU, für die TRNZ ist es die Türkei. Für Deutschland spielte die Haltung Polens auch wegen der Grenzfrage eine wichtige Rolle, sowie dessen Einstellung zusammen mit Ungarn und der ČSSR während der Flüchtlingskrise. Im koreanischen Fall war es oft so, dass eine Verschlechterung des Verhältnisses zwischen der RK und den USA zu einer taktischen Annäherung des Nordens an den Süden führte, verbunden mit einem Appell an gesamtkoreanische Gefühle. Bei solchen Konstellationen gab es aber auch Bemühungen der DVRK, ihre Beziehungen zu den USA zu verbessern. Diese Nutzung von sich verändernden Spielräumen scheint bei der Situation von geteilten Nationen häufiger vorzukommen. Die SED-DDR wollte durch verbesserte Wirtschaftsbeziehungen zur Bundesrepublik ihre Abhängigkeit von der SU verringern und Washington hat gelegentlich ein Spiel entweder mit der „China-" oder der „Taiwankarte" versucht. Es gab auch eine Zeit, in der sich die DVRK bemühte, Wirtschaftskontakte zu Taiwan zu intensivieren. Hwang Yang-jop war der Meinung, damit wollte Pjöngjang erreichen, dass die VR China mehr Hilfe leistet. (Debriefing 1997: 1)

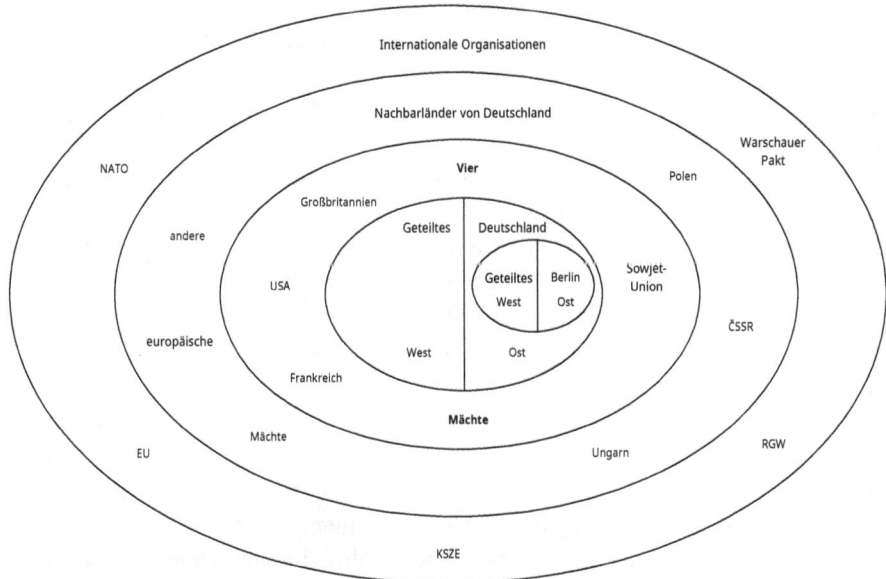

Graphik 3: Akteure und Ebenen mit Relevanz für den Prozess der Deutschen Einigung (1989–1990)

Deutsche Frage

Die deutsche Frage hat mehrere Komponenten: Was eigentlich ist Deutschland fragen sich Deutsche, wie ist mit Deutschland umzugehen fragt sich das Ausland? Wegen der Gewaltherrschaft des Nationalsozialismus und dem Zweiten Weltkrieg kam durch verantwortungsbewußte Reflexion bei einigen noch der Aspekt des Zweifels hinzu, ob Deutschland wegen seiner Vergangenheit eine Wiedervereinigung überhaupt zustehe.

Zypern und Taiwan sind Inseln, Korea ist eine Halbinsel an einem der Ränder Asiens, Deutschland hat eine Mittellage und die meisten Nachbarn eines Staates in Europa; allein schon diese geografische Lage bietet gute Voraussetzungen für Schwierigkeiten. Korea, Zypern und Taiwan bereiteten ihren Nachbarn fast nie Probleme, umgekehrt schon. Deutschland bereitete allen Nachbarn Probleme. Die britische Premierministerin Margaret Thatcher hatte keine Zweifel, dass ein vereinigtes Deutschland schlichtweg viel zu groß und mächtig wäre, um nur einer von vielen Mitstreitern auf dem europäischen Spielfeld zu sein. Schon allein von seiner Natur her sei Deutschland eher eine destabilisierende als eine stabilisierende Kraft in Europa. (Thatcher 1993: 1095)

Für einen ihrer Amtsvorgänger, Benjamin Disraeli (1804–1881), war die Gründung des Deutschen Reiches ein noch größeres politisches Ereignis als die Französische Revolution, denn man stünde vor einer neuen Welt. „Das Gleichgewicht der Macht ist völlig zerstört, und das Land, welches am meisten darunter leidet und welches die Wirkung dieses großen Wechsels am meisten zu spüren bekommt, ist England."[23]

Angela Stent hat es etwas anders formuliert: „Seit mehr als einem Jahrhundert ist das deutsche Problem ein Hauptgrund für Instabilität in Europa und der Weltpolitik." (Stent 1981: 1) Es geht nicht nur um den deutschen Staat als Machtfaktor, sondern, damit unmittelbar zusammenhängend, wie Margaret Thatcher deutlich machte, auch um die „Natur" seiner Bewohner:innen.[24]

Ein vereintes Korea war in seiner Geschichte kaum eine Bedrohung für die Nachbarn, wurde aber oft von diesen bedroht und unterdrückt. Vermutlich dürfte von einer Neutralisierung auf der koreanischen Halbinsel und von einem wiedervereinigten Korea auch keine Bedrohung ausgehen, sollte sich diese im Kontext einer Friedensregelung für Nordostasien vollziehen. Eine Konföderation auf Zypern bzw. eine wiedervereinigte Insel dürfte ebenfalls keine Gefahr für andere sein. Von einem international als unabhängig anerkannten Taiwan sollte sich auch kein Staat bedroht fühlen müssen. Bei der VR China ist vorsichtiger zu prognostizieren, denn bei einer Eingliederung Taiwans dürfte sie noch mehr an Macht gewinnen. Also bleibt festzustellen: Der deutsche Fall ist anders, denn in ausländischen Wahrnehmungen stellt es sich so dar, dass Deutschland versuchte, in unterschiedlicher staatlicher Verfasstheit über einen langen Zeitraum hinweg zu dominieren. (Simms 2014, 2014a)

Es scheint, auch führende deutsche Akteure hatten eine Vorahnung davon, dass die Etablierung eines neuen Zentralstaates in der Mitte Europas zu Schwierigkeiten führen könnte. Ende Dezember 1870 beobachtete der damalige Kronprinz Friedrich Wilhelm, später kurzzeitig Kaiser Friedrich III.

> Man erblickt in uns nicht mehr die unschuldig Bedrohten, sondern vielmehr die übermütigen Sieger, die sich an der Bezwingung des Gegners nicht mehr genügen lassen, sondern sein gänzliches Verderben herbeiführen wollen. [...] Man hält uns für jeder Schlechtigkeit für fähig, und das Mißtrauen gegen uns steigert sich mehr und mehr. Das ist nicht nur die Folge dieses Krieges allein – so weit hat uns die von Bismarck erfundene und seit Jahren in Szene gesetzte Theorie von Blut und Eisen gebracht! (Meisner 1926: 302)

Die Reichsgründung warf einen langen, noch immer wirksamen Schatten. (Conze 2020) Was bezogen auf die Einstellung des Auslandes zur Reichsgründung verständliche Vermutung war, ist dann 1945 bei Thomas Mann zum Untergang des Reiches bewiesene Gewissheit: „Durch Kriege entstanden, konnte das unheilige Deutsche Reich preußischer Nation immer nur ein Kriegsreich sein. Als solches hat es, ein Pfahl im Fleische der Welt, gelebt, und als solches geht es zugrunde."[25]

---

[23] So Disraeli 22 Tage nach der Reichsgründung vor dem britischen Parlament. Hier zitiert aus Wagner 2012: 48, der auf Bußmann 1981: 64 und dessen englische Quelle verweist.
[24] Eine ausgezeichnete Darstellung der Janusköpfigkeit Deutschlands ist Watson 2010.
[25] https://www.de.scribd.com/doc51545362/Thomas-Mann-Deutschland-und-die-Deutschen. Eingesehen am 31.12.2016.

Die Gründung des deutschen Nationalstaates 1870/71 erfolgte durch Krieg und gegen Europa. Die dadurch entstandene bzw. verschärfte „deutsche Frage" bestand darin, dass sich nun in der Mitte Europas ein Staat etablierte, der zu schwach war, um den Kontinent zu dominieren, aber zu stark, um sich in das bestehende Staatenpuzzle halbwegs problemlos einzufügen. George F. Kennan sah zwei Möglichkeiten zur Lösung dieser „deutschen Frage". Deutschland könnte rückwärtsgehen und durch Teilung einen Punkt erreichen, wo seine Souveränität toleriert würde, denn es wäre nicht vereint; oder vorwärts in Richtung auf Mitgliedschaft in einem größeren und höheren System politischer Loyalitäten – in einer Art europäischen Föderation, wo die deutsche Vereinigung akzeptabel sein würde, denn der Staat wäre nicht völlig souverän. Kennan sprach sich für diesen Weg aus, denn nur in ihm liege Hoffnung. (Kennan 1958: 196. Siehe auch Morgan 2007: 341 f.)

Dieser Weg wird seit 1990 beschritten, nämlich Vereinigung und Wiedererlangung der vollen Souveränität, aber mit deren konstruktiver Einhegung durch einen fortschreitenden Prozess europäischer Zusammenarbeit und Integration. Die deutsche Frage erhielt eine europäische Antwort; kein nationaler Alleingang, sondern die Festigung der Sicherheit der Deutschen und der Sicherheit vor den Deutschen in Europa. Die Problematik bestand seit langer Zeit und auch die Lösung war vielen klar: Vereinigung im Prinzip ja, aber erst irgendwann später und nur durch Einbindung in Europa. Im Zusammenhang mit dessen Besuch in Bonn im Sommer 1966 beschrieb Peter Scholl-Latour die Einstellung von Charles de Gaulle.

> De Gaulle hatte am Rhein das Wort geprägt, ein ganzes Europa könne nicht ohne ein ganzes Deutschland geschaffen werden. Er meinte das wohl ehrlich. Insgeheim schloß er aber die Möglichkeit keineswegs aus, daß Deutschland noch auf lange Sicht gespalten bliebe. Er wollte lediglich im Namen Frankreichs jede Verantwortlichkeit für diese Teilung von sich weisen. Er ging davon aus, daß der Drang der Deutschen zur Wiedervereinigung später einmal zum beherrschenden Element europäischer Unruhe werden könnte. Er wollte es nicht riskieren, Frankreich eines Tages in Widerspruch zum unwiderstehlichen Aufbegehren des Nachbarvolkes zu bringen. De Gaulle hatte seinem deutschen Gesprächspartner angedeutet, welch bittern Preis die Bundesrepublik zahlen müsse, ehe überhaupt eine Entspannung – Voraussetzung jeder Wiedervereinigungspolitik – zwischen Ost- und Westeuropa wirksam würde. (Scholl-Latour 1966: 362 f.)

Letztlich war der Preis nicht so bitter, aber der Weg war lang. Helmut Wagner hat ihn als eine Entwicklung vom „Störenfried" zum „Bürgen" Europas bezeichnet (Wagner 2012, 2013). Hans-Georg Wieck benutzte die Worte „Alptraum" und „Fundament" der Einheit Europas (Wieck 2010). In dieser neuen Rolle muss das vereinigte Deutschland zwei Erwartungen erfüllen, Führungskraft zeigen und Zurückhaltung üben. (Haftendorn 2001. Neuss 2013)

Deutsche Frage und europäische Antwort

Eduard Schewardnadse sagte im Februar 1990: „Die deutsche Frage ist das Problem Nr. 1, es ist sehr wichtig zu wissen, wie dieser Prozess vor sich gehen wird." (Karner 2015: 187)[26] Er meinte den Prozess hin zu einer möglichen Wiedervereinigung Deutschlands. Die Sorge bezog sich vermutlich aber ganz allgemein auf die zukünftige Rolle Deutschlands und dessen Auswirkungen auf Europa.

Am 12. September 1990 wurde in Moskau der „2+4-Vertrag" unterzeichnet, eine Art Ersatzfriedensvertrag.[27] Sein offizieller Titel lautet „Vertrag über die abschließende Regelung in Bezug auf Deutschland." (Vertrag 1990) „Abschließende Regelung" wurde als Teil des Titels gewählt, denn Vereinbarungen bezüglich Deutschland, die vorher getroffen wurden, waren zwar langlebig, aber provisorischen Charakters, so wie die Festlegung im Potsdamer Abkommen von 1945, eine endgültige Beschlussfassung über eine Friedensregelung für Deutschland werde dann vollzogen, wenn eine deutsche Regierung bestehe, die diesem Zweck angemessen sei. Im April 1990 war dies dann der Fall, es gab nun zwei deutsche Regierungen, die diesem Zweck adäquat waren und die sich bemühten, im Zusammenwirken mit den Haupt-Siegermächten, die deutsche Einigung herbeizuführen. Es gab auch den größeren, den europäischen Zusammenhang, einen förderlichen Rahmen, in den die Frage von Teilung und Vereinigung Deutschlands immer gestellt wurde. Über die Kombination von nationaler Einheit Deutschlands und dessen stärkere Einbindung in multinationale Organisationen herrschte weitgehend Konsens, unterschiedlich waren Erwartungen bzw. Befürchtungen. Für die britische Regierung unter Ministerpräsidentin Thatcher war das erneuerte Bekenntnis Deutschlands zu Europa kein Grund für Sorglosigkeit, im Gegenteil, es wurde dadurch auch eine stärkere politische Integration der EU befürchtet. (Jakisch 2004: 130) Frankreich unter Präsident Mitterrand hingegen sah in der europäischen Verpflichtung des wiedervereinigten Deutschlands eine willkommene Stärkung der EU. (Schabert 2002: 12)

Die deutsche Frage hatte immer ihren europäischen Kontext. Deshalb war z. B. die Einbindung der EU in die Verhandlungen zum Einigungsvertrag wichtig und hilfreich. Eine nicht zu unterschätzende Rolle spielte die Londoner Erklärung des NATO-Gipfeltreffens vom 6. Juli 1990. Auch mit Bezug auf die bevorstehende Vereinigung Deutschlands wurde in ihr betont, das Bündnis habe eine bedeutende Transformation eingeleitet, wolle mit der SU sowie dem Warschauer Pakt zusammenarbeiten und werde seine Strategie auf Kooperation ausrichten. (London Declaration 1990) Klaus Wittmann, deutscher Mitarbeiter im NATO-Hauptquartier, betont, diese Erklärung habe Helmut Kohl dann rund eine Woche später bei seinen Gesprächen mit Gorbatschow

---

26 Das Zitat stammt aus einer Tagebuchaufzeichnung von Tejmuraz Stepanov-Mamaladze, einem Vertrauten von Schewardnadse.
27 Siehe in diesem Zusammenhang u. a. Auswärtiges Amt, Hg. 1993. Brandt 1993. Bruck/Wagner 1996. Die Einheit 2015. Dufourcq 2000. Kiessler/Elbe 2020. Munske 1994. Müller 1995.

in Moskau und im Kaukasus geholfen, „[...] dem Sowjetführer zu verdeutlichen, dass die NATO auch mit einem wiedervereinigten Deutschland als Vollmitglied keine Gefahr für die Sowjetunion darstellt." (König 2019: 46)

Da die SED-DDR für die Bundesrepublik kein Ausland war und sich die EU[28] dieser Sichtweise angeschlossen hatte, genoss Ostdeutschland viele Vorteile und war quasi eine Art inoffizielles Mitglied bzw. Nutznießer. Durch den Beitritt zur Bundesrepublik nach Artikel 23 des Grundgesetzes vollzog sie gleichzeitig auch den Beitritt zur Europäischen Gemeinschaft. Die EU-Kommission hatte für diese Entwicklung drei Arbeitsgruppen und eine Task Force eingerichtet; sie wirkte aktiv an den Beratungen zur Währungs-, Wirtschafts- und Sozialunion sowie an denen zum Einigungsvertrag mit. Der Niederländer Carlo Trojan leitete die Task Force und erinnerte sich: „Damals hatten wir von Anfang an eine Menge Diskussionen mit den deutschen Behörden wegen der Währungs-, Wirtschafts- und Sozialunion. Im März 1990 gab es ein Treffen der vollständigen Kommission mit Kanzler Kohl. Die Kommission war also sehr stark in die Vorbereitung des Staatsvertrags vom Juli 1990 involviert." (König 2019: 65 f.)

Dieser internationale Rahmen, der unterstützend und einhegend für die deutsche Vereinigung wirkte, fehlt bei den anderen Fallbeispielen. Die Tatsache, dass die Republik Zypern Mitglied der EU ist und beide Schutzmächte, Griechenland und die Türkei, Mitglieder der NATO sind, ist bisher für Normalisierungsbemühungen zwischen beiden Teilen der Insel ohne erkennbar positive Auswirkungen. Die Abhängigkeit von der jeweiligen Schutzmacht hat auf der koreanischen Halbinsel vermutlich den Ausbruch eines neuen Krieges verhindert, aber sie bewirkt keine Impulse für eine dauerhafte Normalisierung, gar für eine Entwicklung hin zu einer Wiedervereinigung. Die Republik China (Taiwan) ist in keiner internationalen Organisation mit ihrem offiziellen Namen vertreten und baut bzw. hofft auf die USA, auf Schutz durch den *Taiwan Relations Act* (TRA 1979). In ihm verpflichtete sich Washington 1979, „Taiwan Waffen defensiven Charakters zur Verfügung zu stellen sowie Kapazitäten aufrechtzuerhalten, um der Anwendung von Gewalt oder jeglicher Form von Zwang zu widerstehen, die die Sicherheit, das gesellschaftliche und ökonomische System der Menschen auf Taiwan gefährden könnten." (Wolff/Simon 1982: 288)

Deutsche Vergangenheit und deutsche Wiedervereinigung

Einstellungen zur Vereinigung hängen auch ab vom Alter handelnder Personen und individuellen sowie gesellschaftlicher Geschichtsinterpretationen.

Bis in den November 1989 war die Einheit weder in Ost- noch in Westdeutschland ein zentrales Thema, auch nicht bei DDR-Dissidenten und der West-CDU. Die Geschichte des deutschen Nationalstaates, vor allem die des Nationalsozialismus, war noch wir-

---

[28] Damals war der offizielle Name Europäische Wirtschaftsgemeinschaft (EWG).

kungsmächtig und für viele eine eindeutige Warnung, dass es für den Frieden in Europa wichtig sei, den Status quo beizubehalten.

Die USA waren für eine schnelle Vereinigung und die NATO-Mitgliedschaft Deutschlands. Sie hatten Deutschland 1945 besiegt, waren 1989/90 die führende Macht und hatten in der Geschichte unter Deutschland nie so gelitten, wie Großbritannien, Frankreich und die Sowjetunion. England wurde bombardiert, Frankreich und Russland wurden teilweise besetzt und es gab andere negative historische Hypotheken. Großbritannien und Frankreich hatten den Krieg zwar gewonnen, wurden durch ihn aber geschwächt und verloren kurz danach große Teile ihrer Kolonialreiche. Die USA erlitten auch große Verluste, waren aber durch den Zweiten Weltkrieg enorm gestärkt worden. Die Erfahrungen aus der Geschichte, mit der deutschen Frage, und somit die Einschätzung eines zukünftig vereinten Deutschlands, sie mussten in Moskau, Paris und London anders sein, als in Washington.

Nicht nur historische Erfahrungen, sondern auch die Entscheidungsmacht waren 1989–90 unterschiedlich. Egon Bahr hat das deutlich beschrieben: „In der Realität haben die beiden Präsidenten – George Bush, der Ältere und Michael Gorbatschow – die sicherheitspolitische Struktur für die Deutsche Einheit vereinbart und entschieden. Sie allein hatten die Macht, ohne Paris, London, Bonn und Berlin fragen zu müssen […]." (Bahr 2015: 20) Gleichwohl mussten sie auf Veränderungen in ihren Bündnissen und in Deutschland reagieren, die sie nicht alle selbst komplett initiiert und gesteuert hatten, (z. B. Reformen in der Sowjetunion, Polen und Ungarn sowie eine friedliche Revolution in Ostdeutschland).

Im Ausland wurde nicht ausgeschlossen, dass es eines Tages zu einem deutschen Alleingang kommen könnte, d. h. beide Staaten in Deutschland verständigen sich auf eine Wiedervereinigung, ohne Konsultation, Zustimmung der Alliierten und der europäischen Nachbarn. Egon Krenz hat im Juli 2019 dieses Misstrauen beschrieben: „Zwischen uns und Moskau stand immer die deutsche Frage. Die Sowjets hatten Furcht, dass wir hinter ihrem Rücken mit der Bundesrepublik kungeln. Und wir hatten Furcht, dass sie hinter unserem Rücken mit Bonn kungeln." (Spiegel 2019/28: 37) Auch Ulbricht und Honecker hatten die Befürchtung, Bonn und Moskau könnten sich hinter dem Rücken ihrer DDR über die deutsche Frage einigen. (Wolf 1997: 322)

Die USA sahen diese Gefahr wohl weniger und fühlten sich durch die Bundesrepublik ausreichend informiert. Tschernajew besuchte 1972 Bonn und der damalige sowjetische Botschafter Falin sagte ihm, die Wiedervereinigung werde eines Tages kommen und die Sowjetunion werde sie dann nicht verhindern können. Falin „[…] wollte das damals nicht, vor allem hatte er Angst, dass sich die Wiedervereinigung hinter dem Rücken Moskaus vollziehen würde, abgesprochen nur zwischen den Deutschen." (Plato 2003: 117) Durchgängig war das Bestreben der SU, eine wie auch immer geartete Lösung der deutschen Frage nur in einem europäischen Zusammenhang zuzulassen, auch deshalb war später das 2+4-Verfahren so wichtig.

Zur Rolle von Misstrauen

Misstrauen bewirkt im Gegensatz zu Vorsicht eine reduzierte Aufnahmefähigkeit. Es gehört zum menschlichen sowie politischen Alltag und die hier angesprochene Art scheint eine besonders für geteilte Nationen typische Befürchtung zu sein. Taipei argwöhnt oft, Washington könnte sich gegen die Interessen Taiwans mit Peking einigen und Seoul hat oft die Furcht, es könne über die Republik Korea hinweg zu einer Einigung zwischen Washington und Pjöngjang kommen. Die Führung der DVRK scheint allen zu misstrauen. Auf Zypern sind sich viele ziemlich sicher, dass die Animosität zwischen Griechenland und der Türkei fast schon garantiert, dass der Insel keine Lösung von außen aufgedrückt wird.

In Deutschland führten solche Erwägungen zu mehr gesamtdeutscher Zusammenarbeit. In Korea bewirken sie noch nicht die Einsicht, Norden und Süden müssten mehr kooperieren und gemeinsam die Initiative ergreifen. Auch auf Zypern bewegt sich kaum etwas in diese Richtung. Zusicherungen Washingtons seit etwa 2019 reduzieren auf Taiwan die Angst, einmal bei einem „Kuhhandel" zwischen den USA und der VR China verschachert zu werden.

Misstrauen kann eine ähnliche Wirkung haben wie berechtigte, geschichtsorientierte Besorgnis. Vielfach gab es Warnungen vor einem neuen Großdeutschland, einem „Vierten Reich". Ihr Tenor war, dass sich wegen der deutschen Geschichte eine erneute Einheit verbiete. Der Dynamik im Osten stand eine abwartende Haltung im Westen Deutschlands gegenüber und bei einigen Intellektuellen auch eine Ablehnung. Günter Grass meinte, nach Auschwitz existiere keine moralische oder politische Rechtfertigung für einen vereinten deutschen Nationalstaat, denn eine „Großbundesrepublik" könnte an das unselige Erbe des deutschen Nationalstaates anknüpfen. Er notierte am 27. Dezember 1990 in seinem Tagebuch, dass es ihm darum gehe, die „[...] durch bloßen Anschluss zustande gekommene Großbundesrepublik in einen „Bund deutscher Länder" umzugestalten" und aus Deutschland eine „Kulturnation" zu machen. (Grass 1990b: 232)

Jürgen Habermas lehnte einen neuen deutschen Nationalstaat ab, der mit der Wiedervereinigung seine Auferstehung feiern würde. (Habermas 1990, 1993) Die Kritik und Skepsis der beiden war in dem Sinne positiv, dass sie half, den Eindruck von Bestrebungen für ein neues Großdeutschland abzumildern.

Auch viele Politiker äußerten sich vorsichtig zu Chancen einer Vereinigung, selbst solche, die unmittelbar an Brennpunkten des Geschehens waren, oder vielleicht gerade deshalb. Nach Daniel Sturm fürchtete Walter Momper, damals Regierender Bürgermeister von West-Berlin, die „[...] Erfolge der Ostpolitik und der Status quo würden durch eine Wiedervereinigungsrhetorik gefährdet." Auch die Maueröffnung am „[...] 9. November 1989 betrachtete er nicht als Ausgangspunkt einer staatlichen Vereinigung, sondern als Tag des Wiedersehens. Er sah darin nicht einmal einen Schritt auf dem Weg zur Einheit seiner Stadt, indem er behauptete, ‚der Wiedervereinigung ist in Berlin eine Absage erteilt worden.'" (Sturm 2008: 236) Räumlich war er nah, gedanklich aber noch weit entfernt. Seine Beurteilung mutet im Nachhinein skurril an, aber solche Verlautbarungen hatten 1989 im Ausland vielfach beruhigende Wirkung. Später nannte Walter Momper die Maueröffnung „überirdisch." (Momper 2016)

Jürgen Hellmut Sudhoff, ehemaliger Staatssekretär im Auswärtigen Amt, wies auf einer Veranstaltung des Willy-Brandt-Forums am 30.01.2020 darauf hin, dass im Jahr 1989 viele wichtige Entscheidungsträger in Deutschland zu einer Generation gehörten, die den Zweiten Weltkrieg noch bewusst miterlebt hatte. Deshalb gab es die Sichtweise, Deutschland habe wegen des NS-Regimes, wegen der Schoah und dem Krieg das Recht auf eine Vereinigung verwirkt. „Es steht uns nicht zu." Die Teilung galt als gerechte und akzeptierte Bestrafung.

Die problematische Geschichte Deutschlands gab mehrfach Anlass zu Fragen und Zweifeln. Friedrich Schiller schrieb – in anderem Zusammenhang[29] – in einem Fragment:

> Darf der Deutsche in diesem Augenblicke
> wo er ruhmlos aus seinem thränenvollen
> Kriege geht [...]
> und der Sieger sein Geschick bestimmt –
> darf er sich fühlen? darf er sich seines
> Nahmens rühmen und freun? Darf
> er sein Haupt erheben und mit Selbst-
> gefühl auftreten in der Völker Reihe?
> Ja er darfs! Er geht unglücklich
> aus dem Kampf, aber das, was seinen
> Werth ausmacht, hat er nicht verloren.
> Deutsches Reich und deutsche Nation
> sind zweierlei Dinge.[30]

Schiller betonte die Unterschiede zwischen Staat und Bevölkerung/Nation.

Bei einer Veranstaltung der Friedrich-Ebert-Stiftung am 19. November 2013 in Berlin erwähnte Egon Bahr ein langes Gespräch, das er 1972 mit Erich Honecker hatte, zur Zeit der Endverhandlungen zum Grundlagenvertrag. Der sagte ihm, in Westeuropa seid ihr das stärkste ökonomische Land, in Osteuropa sind wir es, abgesehen von der Sowjetunion. Wenn wir nun beide von einer deutschen Nation reden, gibt das Unmut, Sorgen bei allen unseren Nachbarn, die werden alle die Hände erheben. Wegen unserer Geschichte können wir das nicht tun. Es gibt eine Verantwortungsgemeinschaft.

Diese Auffassung schien auch später noch jenseits von Parteigrenzen weit verbreitet zu sein. Im September 1989 verabschiedete die Synode des Bundes der Evangli-

---

29 Es war die Zeit des Friedens von Lunéville (09.02.1801), die das Ende des Heiligen Römischen Reiches Deutscher Nation einleitete. In diesem Zusammenhang entstanden auch die auf S. 424 angeführten Formulierungen Schillers.
30 *Schillers Werke. Nationalausgabe.* 1983. 2. Band, Teil I. Weimar: Böhlau, S. 431.

schen Kirchen in der DDR einen Beschluss, in dem die Integration Ostdeutschlands in ein „Europäisches Haus" als wünschenswert bezeichnet wurde und zwar als eigenständiger Staat. „50 Jahre nach Kriegsausbruch wird uns erneut bewußt, daß die Erinnerung wach bleiben muß und die Aufarbeitung von Grauen und Schuld für uns Deutsche nicht abgeschlossen werden kann. [...] Wiedervereinigungswünsche wecken Ängste bei anderen Völkern."[31] Stabilität hatte eindeutig Vorrang vor Einigung.

Die Akzeptanz einer Wiedervereinigung im Ausland spielt immer eine wichtige Rolle. Der Präsident der RK, Roh Tae-Woo meinte im Sommer 1988, die Nachbarn wünschten keine Vereinigung Deutschlands, „bei uns ist das anders."[32] Das war und ist reines Wunschdenken. Was Deutschland anbelangt, war diese Einschätzung aber bis 1989/90 weitgehend korrekt. Am 21. November 1989 trafen sich Bundeskanzler Kohl und Präsident Roh in Bonn und es wurde auch über die deutsche Einheit gesprochen. Die sei ein Ziel, so Kohl, dass er in einer Weise verfolge, die die Nachbarländer nicht beunruhige, denn im Osten wie im Westen gebe es grosse Besorgnis gegenüber einem vereinigten Deutschland, die sei nicht so sehr militärischer, sondern wirtschaftlicher Art. „Viele unserer Nachbarn seien geneigt, ein einheitliches Deutschland mit 62 + 17 Mio. Einwohnern als wirtschaftlich bedrohlich zu empfinden." (DE 1998: 563)

Zurückhaltung bezüglich Wiedervereinigung

Es war politisch hilfreich, dass in der DDR nicht bereits 1989 der Ruf nach Machtwechsel und Vereinigung laut angestimmt und in der Bundesrepublik massenhaft unterstützt wurde. Eine solche Kombination wäre für die Demokratiebewegung in der SED-DDR gefährlich gewesen und hätte im Ausland Irritationen bewirkt. Jens Hüttmann schildert die damalige Situation zutreffend:

> Hätte die kleine, von der Staatssicherheit infiltrierte DDR-Opposition 1989 die Überwindung der SED-Diktatur offen oder im Geheimen zum Ziel gehabt und wäre dabei vom Westen auch nur propagandistisch unterstützt worden, so hätten die SED-Führung und wohl auch Moskau nicht gezögert, die Machtmittel einzusetzen, über die die SED bis in den Herbst 1989 uneingeschränkt verfügte. (Hüttmann 2008: 228)

Andererseits gab es viele, auch international sehr geachtete, Befürworter einer deutschen Vereinigung, eingebunden in ein sich stärker integrierendes Europa. Unterschiedliche politische Äußerungen wirkten auch positiv nach außen, denn ein vereintes Deutschland wurde nicht mehr wie früher, fast automatisch, als Schreckgespenst empfunden. Dazu trug auch bei, dass sowohl zu den Befürwortern der Einigung, wie

---

[31] „Christsein in einem sozialistischen Staat." Beschluss der Synode des Bundes der Evangelischen Kirchen in der DDR im September 1989. https://www.ekd.de/aktuell/66212.html; eingesehen am 27.10.2013.
[32] *The Korea Herald*, 29.06.1988.

Willy Brandt, als auch zu den Kritikern, wie Günter Grass, international angesehene Persönlichkeiten gehörten, die alles andere als „deutschnational" waren.

In der VR China, in Korea und auf Zypern ist die Haltung vorherrschend, gerade wegen der Vergangenheit sei die Wiedervereinigung eine Verpflichtung und deshalb unbedingt anzustreben. Auf Taiwan sind viele der Meinung, wegen der Vergangenheit und Gegenwart dürfe es keine Einverleibung in die Volksrepublik geben. Da eine weltweit anerkannte Unabhängigkeit nicht möglich sei, sollte zumindest der Status quo abgesichert werden. Deutschland erlangte 1990 die Einheit trotz seiner Vergangenheit und die in Europa integrierte Vereinigung wegen seiner Vergangenheit.

Die erste Etappe des Weges zur Deutschen Einheit bestand aus unterschiedlichen Versuchen, die „Deutsche Frage" zu lösen. (Schröder 1990. Wirsching 2005) Um letztlich die dafür erforderliche Zustimmung zu erhalten war eine lange Phase der Normalisierung notwendig und später dann die vertraglich bindende Zusicherung, dass ein vereinigtes Deutschland keinen neutralen Sonderweg beschreiten, sondern Mitglied eines sich integrierenden Europas sein werde; Integration hier verstanden, als Zusammenführung von Elementen nationaler Souveränität auf supranationaler Ebene. Timothy Garton Ash sah die deutsche Frage dann durch die Vereinigung und fortschreitende EU-Integration als endgültig gelöst. (Garton Ash 1999: 482f.)

Diese Konstellation gilt es zu bewahren und zu festigen, denn für aufmerksame Beobachter gibt es Anzeichen für eine „neue deutsche Frage." Hans Kundnani sieht erneut eine geo-ökonomische Dominanz wie in der Zeit von 1871–1945, diesmal entstanden durch die Wiedervereinigung und deren Folgen. (Kundnani 2014: 6) Andere hatten schon vorher gewarnt. Der stark in Kategorien von Macht und Rüstung denkende John Mearsheimer vermutete, Deutschland werde nach der Vereinigung den Besitz von Nuklearwaffen anstreben und sich zu einem Hegemonen in Europa aufschwingen wollen. (Mearsheimer 2001: 393. Mearsheimer 1990: 32f.)

Diskussionen über die Rolle des wiedervereinigten Deutschlands, ob es bereits eine halbhegemoniale Position in Europa, zumindest in der EU erlangt habe, vollziehen sich zeitgleich mit Debatten um Identität und Selbstverständnis in Deutschland.

Deutschland, Taiwan und Zypern haben Probleme mit der eigenen Identität. In der VR China und in Korea scheint das kaum der Fall zu sein, wenn auch das Zusammengehörigkeitsgefühl auf der koreanischen Halbinsel nicht zuverlässig zu messen ist. Diskussionen in Deutschland veranlassten 1998 den gern zur Ironie bzw. zum Sarkasmus neigenden Valentin Falin zu der Feststellung: „Jetzt haben wir, [...], einen deutschen Staat mit zwei Nationen, früher waren es zwei deutsche Staaten in einer Nation und ein gespaltenes Europa." (FES 1999: 86) Auch über 30 Jahre nach der formalen Einigung sind Ost-West-Unterschiede in Deutschland unübersehbar. (Mushaben 2019. Schweiger 2019)

„Der Spiegel" veröffentlichte anlässlich des 25. Jahrestages der Deutschen Einheit einen Essay von Stefan Berg mit dem Titel „Landung in Deutschland." Er behandelt die sich wandelnde Selbstvergewisserung der Deutschen und schildert die Tatsache, dass nach dem Ende der DDR im Osten Deutschlands mehr DDR-Identität als vorher entstand[33] und wie gering Kenntnisse von Westdeutschen, besonders bei sich als links Verstehenden, bezüglich der DDR waren. Der Essay endet mit den Sätzen: „Was hält uns Deutsche zusammen? Und wie halten wir Deutschen es mit Europa? Die deutsche Frage ist gelöst, aber das Fragen nach Deutschland geht weiter." (Spiegel 2015/41: 38)

Es wäre noch zu klären, was Berg hier genau unter deutscher Frage versteht; die Folgen der Wiedervereinigung? Aber seine Schlussfolgerung stimmt mit Nietzsches Feststellung überein: „Es kennzeichnet die Deutschen, daß bei ihnen die Frage, „was ist deutsch?" niemals ausstirbt." (Nietzsche 1999, Zweiter Teil: 131)

3.3 China

Was China anbelangt, so ist im positiven wie im negativen Sinne fast alles einige Nummern größer und sind die Zeitspannen länger. Das hat Rückwirkungen auf das Selbstverständnis der dortigen Führung und Bevölkerung. Freimut Duve machte 1995 die kalauernd-zutreffende Bemerkung: „Selbst wenn ein großer Herr Kohl kommt, hat China noch immer das Gefühl: Das ist ein kleiner Wicht."[34]

China kann auf mehrere Tausend Jahre Geschichte zurückblicken und auf eine kulturelle Entwicklung, die bewundernswert sowie beispielhaft ist. Das chinesische Reich, meist in Übergangsphasen zwischen Dynastien, erlebte Teilungen; es gab Perioden der Fremdherrschaft, durch Mongolen (Yuan Dynastie, 1271–1368) und Mandschuren (Qing Dynastie, 1644–1911). Aber den historischen Rückblick dominiert der Eindruck eines chinesischen Reiches, das auch nach Schwächeperioden immer wieder in der Lage war, aus ihnen gestärkt hervorzugehen. Das gilt auch für die Vorausschau. Joseph Lauterer war 1907, als China ziemlich weit unten war, von dessen Aufstieg überzeugt. „So viel scheint mir festzustehen, daß die chinesische Nation eine der größten, reichsten und angesehensten auf unserem Erdenrund zu werden bestimmt ist." (Lauterer 1910: III)

Größe, Kontinuität und zivilisatorisch-kulturelle Überlegenheit sind wesentliche Aspekte des chinesischen Selbst- und Umweltverständnisses. Im Gegensatz zu Europa war in China der Staat meist deckungsgleich mit der gesamten Kultur. „Gemeinwesen und Kultur sind fast miteinander verschmolzen, was daran erkennbar ist, dass seit der Einigung des Reiches 221 v. Chr., China an zwei politischen Mythen festhält: die Einheit des chinesischen Reiches und dessen Überlegenheit allen Außenseitern gegenüber." (Fairbank 1983: 99) Die als Demütigung empfundene Zeit seit dem „Opium-Krieg" (1839) und der Status einer quasi Halbkolonie werden als Beweis genommen für die Wichtigkeit des nationalen Zusammenhalts, eines starken Zentralstaates und

---

33 Hier wird Bezug genommen auf die Äußerung von Jens Reich, eine DDR-Identität sei erst nach dem Tod der DDR entstanden. Platzeck-Spiegel Interview, vom 18.05.2009. Zu dieser Frage siehe auch Ahbe 2009. Bierhoff 1999. Blank 2000. Grix/Goll 2002 und Mühlberg 2001.
34 So Duve im Interview mit der *Wochenpost* vom 30. November 1995.

einer patriotischen Gesinnung der gesamten Bevölkerung. Trotz ideologischer Differenzen betonen Konzepte Sun Yat-sens (1866–1925), des Gründers der Nationalpartei KMT und ersten provisorischen Präsidenten der Republik China, sowie Vorstellungen der Kommunistischen Partei Nationalismus und die Einheit Chinas.

Das Gefühl der Demütigung Chinas ist noch immer politisch-psychologisch wirksam und sollte nicht als Überempfindlichkeit abgetan werden. Es gibt das Motto: Unvergessene Vergangenheit ist Anleitung für die Zukunft. Wilhelm Schrameier, geheimer Admiralitätsrat und Kaiserlicher Kommissar des Kiautschougebietes, war der Meinung, Deutschland habe mit seinem Pachtgebiet China Gutes getan, aber er besaß genug geistige Beweglichkeit, die Tragödie Chinas einfühlsam nachzuempfinden, wie das folgende längere Zitat zeigt.

> Aus sich selbst heraus hatte das ungeheure Völkergemisch mit einem Viertel der Bevölkerung des gesamten Erballs in ruhigem Fortschritt eine Kultur entwickelt, die zu dem Höchsten gehört, was menschlicher Geist hervorgebracht hat. Allgemein irdischem Lose gemäß waren Glück und Unglück, Krieg und Frieden über das Reich dahingegangen; sie hatten nicht vermocht, es je in seinem Innersten aufzuwühlen. Unberührt von dem Gang der Zeiten blieben die ewigen Gedanken und erzeugten, wie stets in alten Kulturen, einen Zustand, wo die Vergangenheit über die Gegenwart siegte. Höher als der Inhalt galt die Schablone; über der Erkenntnis alles Werdens stand die Kenntnis dessen, was gewesen. In diese jahrtausendealte Gleichmäßigkeit hatten seit dem ersten Opiumkrieg 1842 und den weiteren Kriegen im Jahre 1858 Völker mit vorwärtsdrängenden Gedanken Einlaß begehrt. Gewaltsam überstürzten sich die Ereignisse; stets heftiger und aufregender ward ihr Lauf. Wandlungen, wozu Jahrhunderte ruhiger Entwicklung nötig schienen, vollzogen sich mit atemberaubender Schnelle. Immer neue Völker entsandte der Westen, die alle teilzuhaben strebten am Handel und Reichtum des großen Reiches. Standen sie heute geschlossen gegen China, um ihre Forderungen durchzudrücken, so befehdeten sie morgen einander in Neid und Mißgunst, China zum Schauplatz und Spielball ihrer Leidenschaften machend. Ratlos stand das Volk der Erscheinung gegenüber. Ehe es Zeit zum Nachdenken über seine Lage fand, sah es sich in neue Schwierigkeiten getrieben, die es ebensowenig begriff und auf die es sich nicht hatte vorbereiten können. Indes auch der Mangel an Vorbereitung wurde als Schuld gewertet und heischte Sühne. Ein Stück nach dem andern bröckelte von dem Bestande ab; England im Westen, Frankreich im Süden, Rußland im Norden – sie alle frönten ihrer Ländergier auf Kosten des wehrlosen Riesen. Japan brachte es nicht über sich, dem verlockenden Beispiel zu widerstehen und raubte einige Inseln im Osten. Gieriger und stets verlangender streckten sich die Polypenarme aus. (Schrameier 1915: 14 f.)

Dem letzten Kaiserreich folgte ab 1912 eine schwache Republik, gekennzeichnet u. a. durch unzureichende Reformen, Bürgerkrieg und ab 1937 zusätzlich geschwächt durch einen Krieg mit Japan, das vorher schon große Teile im Nordosten Chinas besetzt hatte. Um gegen Japan bestehen zu können, gab es eine Zusammenarbeit zwischen der KMT und der 1921 gegründeten Kommunistischen Partei Chinas. Die Rivalität zwischen beiden blieb aber bestehen. Sie war einer der Gründe, warum es nach der Kapitulation Japans erneut zu einem Bürgerkrieg kam, der im Oktober 1949 mit der Proklamation der Volksrepublik China „vorläufig" endete. Vorläufig, weil es der KMT gelang, sich nach Taiwan zurückzuziehen und sie einige kleine Inselgruppen, Jinmen und Matzu, in Sichtweite der Volksrepublik halten konnte. Angehörige der alten

KMT-Generation erfreut weiterhin die Behauptung, den Bürgerkrieg nicht verloren zu haben, denn man habe sich lediglich zurückgezogen.

Die aus ihrer Sicht noch immer bestehende Teilung zu überwinden ist eines der zentralen Ziele der Volksrepublik. Neben dem Fortbestand der Republik China auf Taiwan gab es nach Gründung der Volksrepublik noch zwei kolonialen Besitzungen, Hongkong (Großbritannien) und Macau (Portugal). Für beide wurde mit den jeweiligen Kolonialmächten durch Peking ein Sonderstatus ausgehandelt. Sie sollen als Sonderverwaltungsregionen[35] (特別行政區) mit weitgehender Autonomie nach dem Modell „ein Land, zwei Systeme" für die Dauer von 50 Jahren bestehen, für Hongkong begann dieser Zeitraum 1997, für Macau 1999.

Militärische Versuche, Taiwan oder zumindest als Sprungbrett dafür die vorgelagerten Inselgruppen von Jinmen und Matzu einzunehmen, scheiterten und auch der durch die Teilnahme an der Bandung Konferenz der „Blockfreien" im April 1955 erweiterte außenpolitische Spielraum der VR China führte nicht zur Isolierung der Republik China, zumal diese ihren ständigen Sitz im Sicherheitsrat der VN behielt, deren Gründungsmitglied sie war. Das änderte sich durch die Annäherung zwischen Peking und Washington und den Austritt/Rauswurf der Republik China aus den VN im Oktober 1971. In diesem Zusammenhang schrieb Chiang Kai-shek einen „Brief zur Information aller Landsleute über den Rückzug der Republik China aus den Vereinten Nationen." Die Republik China, so deren Präsident, sei ein unabhängiges und souveränes Land, das keine ausländische Einmischung in seine Souveränität dulde. Die Regierung der Republik China sei die wahre Vertreterin der 700 Millionen Chinesen auf dem Festland. „Die Mao Zedong-Diebe, Verräter und Banditen zerreißen sich ständig in inneren Machtkämpfen, während wir unser Selbstvertrauen festigen, unsere Stärke vergrößern, unsere Landsleute retten und das Festland zurückgewinnen."[36] Chiang hielt das wohl für eine Demonstration von Standhaftigkeit, es war aber der peinliche Beweis von Uneinsichtigkeit.

Im Nachhinein fällt es leicht ihn zu kritisieren, auch weil er keine angenehme Person war. Aber eine herabgestufte Mitgliedschaft in den VN hätte die Anerkennung von zwei China bedeutet: der Volksrepublik und der Republik auf Taiwan, mit der möglichen Konsequenz einer Verfassungsänderung und allgemeinen Wahlen auf der Insel. Das war für Chiang undenkbar. Andererseits ist durchaus denkbar, dass bei einer Anwesenheit von zwei Chinas in den VN Peking die Mitgliedschaft indigniert abgelehnt hätte.

---

[35] Der englische Ausdruck ist *special administrative region*, der deutsche Sonderverwaltungsregion. Das von der VR China und Großbritannien ohne Beteiligung und Zustimmung der Bevölkerung ausgehandelte Grundgesetz der Sonderverwaltungsregion Hongkong ist zusammen mit der Verfassung der VR China abgedruckt in https://www.basiclaw.gov.hk/en/basiclawtext/index.html. Deutsch in *China aktuell*, Mai 1990, S. 390–398.

[36] So in einem Leitartikel der *Liberty Times* zum 50. Jahrestag der Übernahme des chinesischen Sitzes in den VN durch die Volksrepublik. Hier zitiert aus *Taipei Times*, 02.11.2021, S. 8.

Der Verlust der VN-Mitgliedschaft hatte auch drastische Konsequenzen für die internationale Anerkennung, 1970 unterhielten 68 Staaten offizielle diplomatische Beziehungen mit der Republik China, 2024 waren es nur noch 12.

Nach Jahrzehnten radikaler sozio-ökonomischer Experimente unter dem Parteivorsitzenden Mao Zedong begann die VR China ab den 1980er Jahren sehr erfolgreich eine Modernisierungs- und Öffnungspolitik. Dieser Aufstieg gilt als eine Rückkehr auf den China angestammten Platz. Er wird in der VR China so interpretiert, dass man früher eine kulturell führende und wohlwollende Großmacht gewesen sei. Ging es China gut, ging es anderen gut.

China war weniger ein Nationalstaat, sondern fast zweitausend Jahre als Zivilisationsstaat eine dominierende Macht mit einem Tributsystem über andere Gebiete. Der „Westen" dominierte rund 200 Jahre, hauptsächlich durch technologischen und industriellen Fortschritt auf der Basis von Massenproduktion. Die VR China ist dabei, diesen Fortschritt aufzuholen, andere zu überholen und dies unter Rückkehr zum Konzept eines Zivilisationsstaates und dessen selbstbewusste sowie umfassende Anpassung. Im Rahmen dieser Entwicklung gibt es auch Ansätze zur Herausbildung eines neuen Tributsystems in der Region, das kontinuierlich ausgebaut wird. (Jacques 2009: 419 und passim) Es ist Peking unverständlich, warum sich Taiwan weigert, als Teil Chinas an dieser Entwicklung mitzuwirken und zu profitieren.

In der Volksrepublik soll eine harmonische Gesellschaft entstehen und mit dem Ausland soll eine neue Seidenstraße errichtet werden. (Gan/Mao 2016). Die Modernisierung der Volksrepublik und der rasante Ausbau der Infrastruktur führten u. a. zu Lohnsteigerungen und Überkapazitäten. Neben weitreichenden strategischen Überlegungen waren dies auch Gründe, ein globales Programm voranzutreiben, das unter den Namen „ein Gürtel, eine Straße" (一带一路)[37] neue Seidenstraße und „maritime Seidenstraße" bekannt geworden ist. (Lim/Chan/Tseng/Lim 2016.) Peking bemüht sich um vielfältige und weitreichende Kooperation, dazu gehören auch der Bau von Verkehrswegen und der Ausbau sowie die Pacht von Häfen im Ausland. Die Gürtel-Straßen-Initiative (GSI) ist eine Kombination von politischen und ökonomischen Motiven mit militärischen Nutzeffekten. Nach Nadège Rolland ist es eine Großstrategie, um auch Europa nach Chinas Weltsicht zu formen, als eine überwiegende Macht in Eurasien, gestützt auf ökonomische Stärke und große Infrastrukturprojekte, ohne eine Gegenbewegung oder einen militärischen Konflikt zu provozieren. (Rolland 2017)[38] Diese Initiative mag zu vermehrten Problemen und internationalen Spannungen führen, zu einer Überdehnung chinesischer Ressourcen (Dieter 2019), was eine Entspannung im Verhältnis zu Taiwan bewirken könnte, oder das Gegenteil. Solange aber die Taiwan-Frage für Führung und Bevölkerung der VR eine höchst emotionale Angelegenheit bleibt, ist es fraglich, ob überhaupt eine mehr sachliche Behandlung dieses Themas möglich ist.

---

[37] Diese Initiative wird hinfort abgekürzt als GSI.
[38] Zu generellen Problemen und versteckten militärischen Aspekten der GSI siehe Rolland 2019.

Neben eigenen Mitteln zur Verbesserung von Infrastruktur in Partnerländern kam es auf Initiative der Volksrepublik zur Gründung der Asiatischen Infrastruktur-Investitionsbank (AIIB). Es war auch eine Reaktion auf die von der VR China bei der Weltbank und dem Internationalen Währungsfonds als zu gering eingeschätzten Mitsprachemöglichkeiten und es war eine generelle Kritik an deren Programmen. Im Juni 2015 unterzeichneten 57 Staaten gegen den Willen der USA die Gründungsakte der AIIB.

Die Herrschaftslegitimierung der KP Chinas stützt sich wenig bis kaum noch auf Ideologie, sondern vermehrt auf Wirtschaftsleistung, Wohlstandsverteilung, Nationalismus und die wachsende internationale Rolle des Landes. (Economy 2018: 190) Das hat weltweit Auswirkungen unterschiedlichster Art, nicht zuletzt auch auf Taiwan.

Der Einfluß der VR China auf die Weltwirtschaft wächst. Sie ist ein umworbener, notwendiger Partner für die Lösung von Krisen, beim Kampf gegen internationalen Terrorismus, gegen Klimawandel und andere drängende Probleme. Sie hat in steigendem Maße Reformen durchgeführt, ist aber gewiss nicht auf dem Weg zu einer Mehrparteiendemokratie westlichen Musters. Zhang Weiwei formulierte eine noch immer gültige Selbstverständlichkeit, als er schrieb, es gehe darum, „[...] das bestehende politische System zu verbessern, nicht darum, es abzuschaffen." (Zhang 2004)

Die VR China behauptet, sich nicht in innere Angelegenheiten anderer Staaten einzumischen, aber sie weist darauf hin, dass ihr sozio-ökonomisches System durchaus von Interesse für andere Länder sein könnte, denn es biete u. a. Sicherheit durch Kontrolle und Wachstum durch Effizienz. Die Modernisierung und der internationale Aufstieg der VR China belegen, dass auch eine sich weiterhin „kommunistisch" nennende Partei wirtschaftlich erfolgreich sein kann und dass eine „kapitalistische Wirtschaft" mit chinesischen Charakteristiken nicht mit einer Demokratisierung nach „westlichem Muster" einhergehen muss, denn der Führungsanspruch der KPCh ist nach wie vor nicht gefährdet. Ökonomische Modernisierung führte nicht zu demokratischer Politisierung. Diese Erfahrung versucht Peking seit Jahren Pjöngjang zu vermitteln, das zwar den großen Reformbedarf des eigenen Landes kennt, aber nicht sicher ist, wie viel an Reform es überleben würde.

Bei vielen bestand bzw. besteht noch immer die Hoffnung, in der Zukunft könnte eine moderne, demokratische VR China international mehr Verständnis und damit auch mehr Großmut gegenüber Taiwan zeigen. Das hat sich als Illusion erwiesen, die den chinesischen Nationalismus unterschätzt und auch die historisch-dogmatische Sichtweise auf die „Taiwan-Frage" bei Partei und Bevölkerung. Der Rest der Welt dürfte zweifellos von einer prosperierenden und kooperativen VR China profitieren, aber sie ist beides, eine Bedrohung und selbst bedroht. José Ramos-Horta sagte bezüglich Befürchtungen wegen des rasanten Aufstiegs der VR China, diese sollte sich vor sich selbst fürchten, denn sie sei eine tickende soziale Zeitbombe.[39]

---

[39] So der Friedensnobelpreisträger und Präsident Ost-Timors in seiner Ansprache auf der 2019 Seoul Peace Conference „Peace beyond the Walls" im Dezember 2019 in Seoul.

Wirtschaftswachstum und internationales Engagement müssen beibehalten werden, um innere Stabilität zu gewährleisten, Sachzwänge, die es ihr aber nicht ermöglichen, eine sich für saturiert haltende Status Quo Macht zu sein. (Klintworth 1998. Johnston 2003) Anfang des 21. Jahrhunderts war Condoleezza Rice der Ansicht, die Volksrepublik sei eine potentielle Großmacht und deshalb eine potentielle Bedrohung für die Stabilität in der asiatisch-pazifischen Region. Bisher ist nicht erkennbar, dass sich diese Stabilität durch das Verhalten Pekings gravierend verschlechtert hätte, dennoch ist Condoleezza Rice in ihrer damaligen Lageeinschätzung zuzustimmen.

> Wir wissen, dass China eine Großmacht mit ungelösten vitalen Interessen ist, hauptsächlich was Taiwan und das Südchinesische Meer anbelangt. China ist verärgert über die Rolle der USA in der asiatisch-pazifischen Region. Das bedeutet, China ist keine „Status quo Macht", sondern eine, die Asiens Machtbalance zu ihrem eigenen Vorteil verändern möchte. Das allein schon macht es zu einem strategischen Rivalen, nicht zu einem „strategischen Partner", wie es die Clinton-Administration nannte. (Rice 2000: 56)

Zur Veränderung des Status quo gehört für Peking die Rückgewinnung Taiwans, sie ist keine Frage des „ob", sondern des „wann" und „wie." Viele, so zum Beispiel John Mearsheimer, sind der Meinung, „China kann nicht friedlich aufsteigen." (Mearsheimer 2005: 47) Er erwartet eine Politik mit ähnlichen Zielen und Vorgehensweisen wie die der USA, egal ob die Volksrepublik sich demokratisiert oder ihr gegenwärtiges Regime beibehält.

> China wird versuchen, Asien in einer Weise zu dominieren, wie die USA die westliche Hemisphäre dominieren. Insbesondere wird China danach trachten, die Machtlücke zwischen sich und seinen Nachbarn zu maximieren, besonders zu Russland und Japan. China wird sicherstellen wollen, dass es so stark ist, dass kein Staat in Asien die Mittel hat, es zu bedrohen. Es ist unwahrscheinlich, dass China militärische Überlegenheit anstrebt, damit es Krawall machen und andere asiatische Staaten erobern kann, obwohl das durchaus möglich ist. China wird seinen Nachbarstaaten die Grenzen des akzeptablen Verhaltens diktieren wollen, genau wie die USA gegenüber den anderen Staaten in Nord- und Südamerika klarstellen, wer der Boss ist. (Ebd. S. 48)

Die Einschätzung, sie könne nicht friedlich aufsteigen, ist wohl eine Unterschätzung der Volksrepublik. Peking vermag sehr wohl, sich den gegebenen Verhältnissen, seinen Schwierigkeiten und Möglichkeiten, geschickt anzupassen und vor allem, sehr langfristig zu planen und die für diese Planungen notwendigen Ressourcen bereitzustellen. Die Entwicklung im eigenen Land und die GSI zeigen, dass die VR China durchaus in der Lage und vor allem Willens ist, friedlich aufzusteigen, wenn auch nicht immer fair und freundlich. Diese Attribute gehörten nie zum schnellen Aufstieg von Mächten. Es kann als sicher gelten, dass Peking seine Position ausbauen und wo immer möglich, nach Dominanz streben wird. Das Wirtschaftswachstum der VR China hängt auch von internationaler Nachfrage, ausländischen Investitionen/Technologien und von der Verfügbarkeit ausländischer Rohstoffe ab. Um diese Erfordernisse mit dem Ausbau der eigenen Macht in Einklang zu bringen, braucht die Volksrepublik ein stabiles, zugleich innovatives, politisches und Wirtschaftssystem sowie eine friedliche Umgebung. Taiwan ist für Peking in diesem Zusammenhang aber eine Ausnahme, eine innere Angelegenheit von hochrangiger Bedeutung und es ist für Außenstehende schwer, wenn nicht gar unmöglich, einzuschätzen, was genau für Peking im Zweifelsfall der Casus Belli wäre.

Es gibt einen engen Zusammenhag zwischen dem Nationalismus der VR China und der Taiwan-Frage, deshalb ist für Peking eine Souveränität Taiwans inakzeptabel. (Lee, Bernice 1999: 35f.) Obwohl die de facto Unabhängigkeit seit Jahrzehnten mehr oder weniger toleriert wird, noch toleriert werden muss, ist eine de jure Unabhängigkeit mit neuem Namen, z. B. eine „Republik Taiwan", nicht verhandelbar.

Die sich wandelnde Rolle von Hongkong

Wegen seiner wichtigen Rolle wird hier kurz auf Hongkong eingegangen, dessen Rolle für die VR China wuchs, als der neue Staat durch seine Involvierung in den Krieg in Korea mit zahlreichen Embargos belegt wurde. Nach dem Ende des Bürgerkrieges 1949 war diese britische Kolonie für viele Jahre ein Treffpunkt und Verbindungsglied zwischen der Volksrepublik und der Republik China. Der indirekte Handel zwischen beiden Seiten lief über die Kronkolonie und die massiven Investitionen, die Taiwan ab 1989 auf dem Festland tätigte, ebenfalls. Daniel R. Fung, damals oberster Justizbeamter der Kolonie, hat diese Funktion kurz vor deren Umwandlung in eine Sonderverwaltungsregion, zusammengefasst:

> Ein Zusammenwirken von Geschichte und Geographie bewirkte die einzigartige Rolle von Hongkong. Schon seit langer Zeit ist Hongkong die kulturelle und wirtschaftliche Schnittstelle zwischen China und dem Westen. Seine Position als Dolmetscher und Mentor für China bei dessen Umgang mit der internationalen Gemeinschaft ergänzt die mehr traditionelle Rolle als der Dynamo, der Chinas wirtschaftliche Modernisierung vorantreibt. (Fung 1998: 24)

Diese Beschreibung der Rolle Hongkongs war damals auch Ausdruck der Erwartung, sie würde eine Fortsetzung finden und die Stadt werde nicht nur ökonomisch für die VR China weiterhin von großer Bedeutung sein, sondern auch in politischem, demokratisierendem Sinne. Viele hofften, China würde Hongkong nur wenig beeinflussen, aber umgekehrt werde von dort aus ein Einfluss auf die Volksrepublik ausgehen. Das war, wie sich bald zeigen sollte, reines Wunschdenken. Inzwischen braucht die VR China keinen Mentor und keinen Dolmetscher mehr. Ausländische Investoren wählen nicht mehr den Zugang über Hongkong und Investoren der VR China sind ihrerseits fast weltweit aktiv.

Die oben beschriebene Funktion hat Hongkong schrittweise seit seiner Umwandlung in eine Sonderverwaltungsregion und dem Aufstieg der VR China zur Großmacht verloren, erhielt aber eine politische Werbefunktion. Es sollte mit dem Konzept „ein Land, zwei Systeme" ein Beispiel für Taiwans Zukunft sein. Weil die VR China die

Autonomierechte der Sonderverwaltungsregion seit einiger Zeit sehr eng auslegt, Zusagen nicht einhält, so z. B. eine Demokratisierung des Wahlrechts, sich die Wirtschaftslage Hongkongs verschlechtert hat und dort ein Identitätsverlust durch Überfremdung aus China befürchtet wird, kam es zu verstärkten Oppositionsbewegungen, die Peking erfolgreich unterbindet. Die ursprünglich auf Taiwan ausgerichtete Modellfunktion hat an Wirkung eingebüßt bzw. sich ins Gegenteil gewandelt.

Die China-Frage

Wie bei der deutschen Frage geht es auch bei der China-Frage um das vermutete, bewunderte und gefürchtete Verhalten einer schnell aufstrebenden Macht. Aufstieg wird als nationale Selbstverwirklichung empfunden, von anderen jedoch als Bedrohung. Zu Schwierigkeiten bei der Deutung des „Nationalcharakters" durch andere kommt noch das Unbehagen mit und das Unverständnis von kultureller Andersartigkeit hinzu.

Mit Verweis auf Urs Bitterli schrieb Mechthild Leutner: „Das Fremde, die Andersartigkeit übt eine Faszination aus, in der Zuneigung und Abneigung benachbart sind." (Leutner 1986: 401) Dieses Spannungsfeld charakterisiert seit Jahrhunderten die Sichtweisen auf China im Ausland, besonders in Europa und umgekehrt, sei es ganz allgemein oder in wichtigen Teilbereichen wie der Rezeption des Konfuzianismus. (Lee EJ 2003)

Deutschland und China riefen oft Bewunderung hervor, gaben aber auch wiederholt Grund zu Besorgnis. Da waren die „deutsche Frage" und die „gelbe Gefahr." Wolf-Dieter Narr hat „gelbe Gefahr" trefflich charakterisiert als „[...] eine nie eingestandene Ambivalenz aus Sehnsucht nach dem anderen, dem Fremden und abgrundtiefer Furcht vor ihm." (Narr 2004: 59) China als Faszinosum und Bedrohung, diese Ambivalenz gibt es seit einem langen Zeitraum, unabhängig von der staatlichen und gesellschaftlichen Verfasstheit des Landes. In China sowie im Ausland gab und gibt es Probleme, u. a. wegen Fehleinschätzungen der anderen Seite und der Dauerhaftigkeit der eigenen Überlegenheit. Bezogen auf China wird in diesem Zusammenhang oft ein Brief des Kaisers Qianlong (Ch'ien-lung, 1711–1799) erwähnt, den er im Sommer 1793 an einen Abgesandten des britischen Königs George III. (1738–1820) übergeben ließ. (Backhouse/Bland 1914: 322–331). In dem langen Schreiben, dass noch immer Anlass zu Interpretationen gibt, (Harrison 2017), weist Qianlong teilweise dreiste Ansinnen Großbritanniens zurück. Er gibt keine Einwilligung zur Errichtung diplomatischer Vertretungen, akzeptiert keine Gleichrangigkeit mit anderen Staaten und erklärt, britische Waren sowie andere Produkte von Barbaren hätten keinen Nutzen für China. Das Dokument beginnt mit: „Du, König aus der Ferne, sehnst Dich nach den Segnungen unserer Zivilisation, und bestrebt, mit Unserem bekehrenden Einfluss in Berührung zu kommen, hast Du eine Gesandschaft mit Deiner Bittschrift über den Ozean geschickt. Ich habe Deine mit Respekt vollzogene Unterwerfung bereits zur Kenntnis genommen." Das Edikt endet mit der bemerkenswerten Aufforderung an George III.: „Gehorche zitternd und zeige keine Nachlässigkeit!" (Kindermann 2001: 37. Möller 2005: 19 f.)

Ohne eine Gleichsetzung zweier Kaiser zu beabsichtigen, kann an die „Hunnenrede" von Kaiser Wilhelm II. erinnert werden, die er am 27. Juli 1900 hielt, um eine deutsche Expeditionstruppe während des „Boxeraufstandes" nach China zu verabschieden. (Klein 2013. Sösemann 1976) In China gilt die Rede als Beleg für militant-skrupelloses Verhalten des Auslandes, wobei der historische Kontext wenig thematisiert wird. Der Kaiser sagte u. a.:

> Kommt Ihr vor den Feind, so wird er geschlagen, Pardon wird nicht gegeben, Gefangene nicht gemacht. Wer Euch in die Hand fällt, sei in Eurer Hand. Wie vor tausend Jahren die Hunnen unter ihrem König Etzel sich einen Namen gemacht, der sie noch jetzt in der Überlieferung gewaltig erscheinen läßt, so möge der Name Deutschland in China in einer solchen Weise bekannt werden, daß niemals wieder ein Chinese es wagt, etwa einen Deutschen auch nur scheel anzusehen. (Michael 1986: 149)

In vielen Sprachen gibt es abfällige Bezeichnungen für Menschen aus China und umgekehrt in China für „westliche" Personen: Schlitzaugen und Jeks[40] einerseits sowie Langnasen und fremde Teufel andererseits.

Der Umgang anderer Staaten mit China war und ist oft von Missverständnissen geprägt und problembehaftet. Bertrand Russell hat 1926 eine britische und wohl auch internationale Wunschvorstellung beschrieben, wie China verfasst sein sollte, und diese kritisiert: „[...] mit einer Zentralregierung, die stark genug ist, interne Anarchie zu unterdrücken, aber schwach genug, um immer ausländischem Druck nachzugeben." (Russell 1993: 258)[41] China war und ist sich dieser ausländischen Wunschvorstellung bewusst und hat große Anstrengungen unternommen, ihr nicht zu entsprechen.

Im Jahr 1928 hat ein sachkundiger und weitsichtiger US-Amerikaner auf die wachsende Bedeutung Chinas hingewiesen, über die die damalige Schwäche des Landes nicht hinwegtäuschen sollte.

> Soweit sich Menschen erinnern können, war China ein Problem. In diesen Zeiten hat sich die China-Frage oft als eine Krise dargestellt und in jüngerer Zeit hatte jede dieser Krisen zwei spezifische Aspekte. Der eine sind das Land und seine Bevölkerung mit dem Problem der nationalen Eigenart sowie der Regierung. Der andere sind Chinas auswärtige Beziehungen.
> Chinas Problem mit Nationalität ist sehr alt, es hat hundert Krisen durchlebt. Das Land ging durch Zeiten von Schmerzen, Kriegen, Eroberungen und wurde erobert, es erlebte Verwüstungen und Beutezüge, unvorstellbare Zerstörung und menschliches Leid, all das in endloser Wiederholung. Lange Zeit verhielten sich die Menschen im Westen und ihre Regierungen unbekümmert

---

40 Vorurteile existieren nicht nur zwischen China und der „westlichen Welt", auch in anderen Regionen, z. B. Südostasien, gibt es Rassismus und sind Chinesen Diskriminierung ausgesetzt. Deren schwierige Situation in der Gesellschaft und Wirtschaft Thailands beschreibt Kasian 2009.
41 Das Buch erschien ursprünglich 1922. Das Zitat stammt aus einem Postskriptum, das Russell im Jahre 1926 anfügte.

> gegenüber Chinas Problemen, sie waren indifferent, weil sie nicht bewusst betroffen waren. Jetzt aber betrifft China alle Menschen und hat einen Platz in der Außenpolitik jeder Weltmacht. (Millard 1928: 3)

Was Millard 1928 veröffentlichte, gilt auch für die aktuelle Lage und die VR China ist auf dem Weg, selbst Weltmacht zu werden.

Nach chinesischem Geschichtsverständnis begann spätestens mit dem „Opiumkrieg" eine lange Phase der Demütigung mit Unterdrückung, Ausbeutung und Gebietsabtretungen. Gottfried-Karl Kindermann nannte den Boxeraufstand von 1900 eine „Reaktion der Verzweiflung" Chinas. (Kindermann 2001: 85) Egal, wie im Ausland die konkrete Entwicklung und der Status Taiwans beurteilt werden, diese kollektive Erinnerung der Bevölkerung Chinas wird von jeder Führung der Volksrepublik gepflegt und sie ist ein Grund dafür, dass in der Rückkehr Taiwans zum Land der Vorfahren das Ende von Unterdrückung, fremder Einmischung und von Restbeständen des Kolonialismus gesehen wird.

Henry Kissinger, den seine chinesischen Gesprächspartner sehr beeindruckten, formulierte einen Vergleich.

> Von den Sowjets hat man trotz ihres stürmischen Temperaments und des gelegentlich doppeldeutigen Verhaltens den Eindruck der gewaltigen psychologischen Unsicherheit. Die Chinesen betonen die Einzigartigkeit chinesischer Wertvorstellungen, weil sie daran glauben. Deshalb gewinnt man von ihnen den Eindruck, sich nicht unter Druck setzen zu lassen, ja sie kommen solchen Versuchen zuvor, indem sie sagen, über Grundsatzfragen lasse sich nicht diskutieren. (Kissinger 1979: 1110)

Die VR China hat eine rasante Entwicklung vollzogen und ist im 21. Jahrhundert zu einer Macht geworden mit umfassenden, langfristigen und weltweiten Strategien. Das Agieren über lange Zeiträume hinweg ist ein Charakteristikum chinesischer Politik, das der ehemalige Präsident der USA, Jimmy Carter, so beschrieb: „Die Chinesen handelten stets so, als gehörten sie noch immer zum Reich der Mitte – im Zentrum der zivilisierten Welt – und als wären sie bereit, einfach zu warten, bis andere ihre Positionen bei ‚Prinzipien' anerkennen würden." (Carter 1982: 189) Die ehemalige Außenministerin der USA, Madeleine Albright, hatte einen ähnlichen Eindruck: China sei eine ganz eigene Kategorie, zu groß, um ignoriert zu werden, zu repressiv, um umarmt zu werden, schwierig zu beeinflussen und sehr, sehr stolz. (Albright 2003: 430) Albright, Carter und Kissinger sind aus dem „Westen", aber auch Asiaten kommen zu einer ähnlichen Einschätzung.

Im Jahre 2006 sagte Kim Dae-jung:

> Nationalismus sollte ermutigt werden, wenn er einer Nation und seinen Menschen hilft, eine konstruktive Rolle in Ostasien oder der Welt zu spielen. Die Gefahr aber liegt darin, dass ein exklusiver Nationalismus zum Wohle eines Landes verfolgt wird, ohne Rücksicht auf andere. Die Chinesen glauben, sie seien das Zentrum des Universums und ein solches Denken entfaltet sich als Nationalismus. (Kim Dj 2006: 13)

Die Denk- und Vorgehensweise der VR China wird mit dem in der Vergangenheit erlittenen Unrecht und der in der Gegenwart erbrachten Eigenleistung gerechtfertigt. Es ist eine Überkompensation früherer Zurücksetzung. Widerspruch wird als Ansporn genommen, er bewirkt zumindest keine offen erkennbare gedankenvolle Reflexion über das eigene Handeln. Die Durchsetzungsfähigkeit verhilft zu vielen Erfolgserlebnissen, die als Beleg für die Richtigkeit des eigenen Tuns gelten. Ein Beispiel ist das „Ein-China-Prinzip", das dekretiert, es gebe nur ein China, das sei die Volksrepublik und Taiwan sei Teil Chinas. Taiwan war einige Zeit Teil des chinesischen Kaiserreiches, aber zu keiner Zeit Teil der Volksrepublik. Dennoch haben weit über hundert Staaten dieses Prinzip anerkannt. Es ist selbstverständlich, dass Peking weiterhin darauf besteht.

Diese Art von Nationalismus kann leicht entfacht, verstärkt und manipuliert werden. Es gab die Hoffnung, Interdependenz würde Friedenskapazität hervorbringen, denn „[...] durch ein Einweben Chinas in ein Netz verwickelter Beziehungen, könnten Chinas Führer geneigt sein, eine sub-optimale internationale Ordnung zu tolerieren." (Ross 1999: 185) Dieses „Management einer aufstrebenden Macht" – so der Titel des Buches, aus dem gerade zitiert wurde – hat nicht funktioniert, denn die Toleranz, sollte es sie gegeben haben, war eine Frage der Taktik, nicht der Überzeugung und im 21. Jahrhundert übernimmt die VR China zunehmend einen wichtigen, wenn nicht den wichtigen Platz am Webstuhl und verwirklicht ihr eigenes Design.

Angeblich soll Napoleon Bonaparte 1803 beim Blick auf eine Weltkarte festgestellt haben, China sei ein schlafender Gigant und wenn er erwache, werde die Welt erzittern. Es gibt keine Quelle dafür, dass diese Äußerung tatsächlich gemacht wurde, aber die Frage, was wird aus China und wenn etwas aus ihm werden sollte, was wird dann aus uns, die ist sicher seit Napoleons Zeiten präsent und ihre Beantwortung erhielt durch den Aufstieg der Volksrepublik erhöhte Dringlichkeit. (Pfennig 2005) Es geht nicht mehr darum, ob dieser Staat sich in existierende Institutionen einfügt und vorgegebene Regeln befolgt, sondern welche Konsequenzen es haben wird bzw. es bereits hat, wenn die VR China weiterhin eigene Regeln einführt, bestehende Institutionen umgestaltet und neue schafft.

Mark Elvin hat die Frage nach möglichen Konsequenzen grundlegender Modernisierung und ökonomischer Veränderungen in China bereits vor der erfolgreichen Modernisierungs- und Öffnungspolitik gestellt. Wenn Industrialisierung und Wirtschaftswachstum voranschreiten, dann wäre eine Konsequenz „[...] die Unterbrechung der Kontrolle über Informationen und Gedanken, die aber sind essentiell für das Überleben der Kommunistischen Partei. Ob dieser latente Widerspruch potentiell tödlich oder lediglich lästig ist, das ist vielleicht *das* Rätsel für die langfristige Zukunft des Landes." (Elvin 1973: 319). [42] Die Frage bzw. das Rätsel ist, ob Modernisierung quasi zwangsläufig zu Politisierung führt und welche Probleme die KP Chinas dann zu lösen hätte. (Dickson 2016, 2006) Gelöst ist das Rätsel noch immer nicht, denn auch die ra-

---

[42] Das kursiv gesetzte Wort „das" steht so im Original.

sante Wirtschaftsentwicklung mit vielen privatwirtschaftlichen Elementen hat den Herrschaftsanspruch der KP bislang nicht in Frage stellen können. Abgesehen von Dissidentenäußerungen sowie regionalem Aufbegehren (Tibet, Sinkiang), ist eine auf Demokratisierung drängende Politisierung der Gesellschaft nicht erkennbar. Es gibt Kritik, aber sie ist nicht organisiert, sie kann kontrolliert werden und es besteht zur KP Chinas bislang keine realistische Alternative, die eine Machtoption hätte. Die VR China hat es verstanden, technologischen Fortschritt zur Verbesserung ökonomischer Leistung und zum Ausbau des Überwachungssystems zu nutzen. Für eine friedliche Revolution wie 1989 in der DDR fehlen die Voraussetzungen.

Es gibt eher eine China-Frage, als eine Taiwan-Frage. Die zwei wichtigsten Teile der China-Frage sind, wie wird sich die Volksrepublik in Zukunft verhalten und was versteht wer unter „China"? Damit sind die Beziehungen zu Taiwan und zum Ausland generell gemeint.

Es gab Diskussionen darüber, ob die VR China wie das wilhelminische Deutschland mit Macht versuchen würde, sich einen größeren „Platz an der Sonne" zu sichern, oder ein verantwortungsvoller und kooperationsbereiter Akteur werden könnte? Es wurde darüber diskutiert, welchen Status die Volksrepublik nach dem Ende des „Kalten Krieges" einnehmen (Oksenberg 1991) und wie sie sich gegenüber den USA und Taiwan verhalten würde. Der schnelle Aufstieg war zwar antizipiert, aber meist unterschätzt worden. (Kim, Samuel 1991) Seit dem Amtsantritt von Xi Jinping 2012 gibt es eine deutliche Beschleunigung. Diese Veränderung und das nun offen gezeigte robuste Selbstbewusstsein hat Nadine Godehardt prägnant zusammengefasst: „Die Logik chinesischer Außenpolitik hat sich unter der Führung Xi Jinpings deutlich verändert. Es geht Peking nicht mehr darum, China und die Kommunistische Partei des Landes an internationale Normen und Regeln anzupassen – vielmehr will man die Welt und ihre Ordnung mit chinesischen Vorstellungen in Einklang bringen. China unter Xi Jinping strebt danach, die Weltpolitik in einem chinesischen Sinne zu formen." (Godehardt 2020: 5) Andere formulierten noch schärfer, denn Xis Sicht speise sich „[...] aus einem Glauben an ein mächtiges China als globalem Fixstern, um den alle anderen Länder kreisen – letztlich schürt es einen kruden Nationalismus." (Kamp 2022)

Die China-Frage lautete bisher meist: Was wären die Konsequenzen, wenn die VR China sich so weiterentwickele, wie bisher? Es muss aber auch bedacht werden, was die Folgen sein könnten, sollte sich die VR China mit ihren Ambitionen zu Hause und weltweit übernehmen? Anders formuliert: Was passiert, wenn der chinesische Traum zum Alptraum wird? Beide Fragen sind nicht hinreichend zu beantworten und vermutete Antworten machen die Fragensteller:innen nicht sorgenfrei.

Das Deutsche Reich wurde ab 1871 als Bedrohung der europäischen Staatenordnung empfunden. Peking versucht, sich als Partner anzubieten. Aber seine Vorgehensweise wird vermehrt Spannungen bewirken. Je mehr der Einfluss der VR China wächst, aber auch wenn sie in Schwierigkeiten gerät, desto mehr vermag sie auf verschiedenste Weise Druck auf Taiwan auszuüben, allerdings könnte durch ein solches Vorgehen Pekings Taiwan auch mehr Beachtung und Unterstützung erhalten.

3.4 Taiwan

Entstehungsmythen

Ursprungsgeschichten sind märchenhafte Rückblicke, aber sie dienen auch der Absicherung eines Gemeinschaftsgefühls zur Bewältigung gegenwärtiger Probleme und zukünftiger Herausforderungen. (McNeal 2012)

Bei Stämmen der Ureinwohner auf Taiwan scheint es kaum Mythen zu geben, die sich ausschließlich auf die Erschaffung der Insel beziehen, aber immer spielen Götter und Frauen eine wichtige Rolle. Nach einer Legende schuf die Göttin Nivenu die Erde und besuchte aus Neugierde die Welt der Sterblichen. Sie stolperte über ein Gebirge, stampfte auf und schuf so eine Hochebene beim Aliberg, der sich in der Mitte Taiwans befindet. Die Göttin wollte sich weiter umschauen und erkundete die Insel, ihr Gewicht schuf deren Berge und Ebenen. Nach einer anderen Legende waren Himmel und Erde durch eine gigantische Treppe verbunden. Ein Gott verliebte sich in die wunderschöne Megaigai auf Taiwan, sie heirateten und er blieb auf der Erde. (Zhong 2018) In taiwanischen Schöpfungsmythen geht es meist um friedliches Zusammenwirken von Göttern und Menschen.

Drachen spielen in der chinesischen Mythologie eine wichtige Rolle. Die Kaiser, Söhne des Himmels, saßen auf einem Drachenthron. Nach einem chinesischen Entstehungsmythos von Taiwan lebten einst feurige Drachen bei dem Fünftigertor, das den Hafen der Stadt Fuzhou auf dem Festland schützte. Eines Tages flogen sie weit hinaus aufs Meer und sahen tief unter sich ein kleines Stückchen Land, das aussah wie ein auf dem Wasser treibendes Tabakblatt. Die Drachen machten sich sofort hemmungslos ans Werk, durchpflügten die Erde und sprangen mit Wildheit die geschwungene Küstenlinie entlang. Im Norden schufen sie das schroffe Steilufer von Keelung. Sich windend in Ekstase zerkratzten sie mit ihren schuppigen Rücken das felsige Land, arbeiteten sich das Rückgrat der Insel hinunter und türmten so eine zackige Bergkette auf. Sie versetzten der Insel Donnerschläge mit ihren gewaltigen Schwänzen und schufen dadurch die steilen Klippen im Süden. So wurde Taiwan geboren. (Long 1991: 1)

Dieser Vorgang kann so interpretiert werden, dass Taiwan es aus eigener Kraft nicht vermochte, sondern durch die Gestaltungswut chinesischer Drachen geologisch wurde, was es ist. Die drei Mythen sind Schöpfungen der Phantasie. Eine Interpretation der Realität stammt von Shieh Jhy-wey, dem Leiter der Taipei Vertretung in der Bundesrepublik Deutschland, quasi der „inoffizielle Botschafter" der Republik China. Er hat im Mai 2018 die Leidensgeschichte seiner Heimat wie folgt zusammengefasst:

> Besiedelt von polynesischen Ureinwohnern seit eh und je, kolonisiert von Chinesen und Europäern vom 16. bis zum 19. Jahrhundert, abgetreten von der chinesischen Qing-Dynastie an Japan 1895, zurückgegeben an China 1945, erschüttert durchs 228-Massaker 1947, regiert mit Kriegsrecht von 1949–1987 – kennt die Geschichte dieser Insel ihr eigenes Schicksal als nichts Anderes denn als Gegenstand irgendeines über sie hereingebrochenen Schlags. Es handelt sich um das Schicksal

eines Vorgangspassivs, eben um eine ‚Leidensform'. Sie agierte nicht, sondern reagierte, ließ sich alles gefallen, musste sich nolens volens mit der Rolle eines Akkusativobjektes einer Aktion zufriedengeben. Taiwan war im Lauf ihrer Geschichte immer das Ergebnis irgendwelcher fremder Einwirkung und nie die Ursache einer selbständigen Bemühung, – bis die Taiwaner im Jahr 1996 ihren eigenen Präsidenten frei und direkt wählten und somit, weltweit gelobt und anerkannt, die erste Demokratie im ganzen chinesischen Kulturkreis auf die Beine stellten, die nun angeblich unter Chinas Tisch gesteckt werden sollten. Ihr droht der Alptraum, wieder Gegenstand eines Schicksalsschlags zu sein.[43]

Geschichte

Historische Bestimmungsfaktoren spielen eine wichtige Rolle und weil sie bezüglich Taiwans nicht sehr bekannt sind, werden einige Entwicklungen im folgenden Text etwas näher erläutert. Die Insel ist stark durch ihre maritime Lage geprägt. Taiwan war ab 1683 ein Randgebiet des Qing Reiches, von 1895 bis 1945 als Kolonie Japans vom Festland politisch-rechtlich getrennt und dies erneut ab 1949 bis in die Gegenwart. Der tatsächliche Machtbereich der Qing Dynastie beschränkte sich auf den westlichen Teil der Insel. Erst Holländer brachten Han-Chinesen in nennenswerter Zahl als Arbeitskräfte auf die Insel; fast nur Männer, die oft Frauen aus Eingeborenenstämmen heirateten. Als die Kolonialzeit begann, kategorisierte Japan die Hälfte der Insel als Stammesterritorien ohne öffentliche Verwaltung; erst Japan beherrschte und entwickelte ganz Taiwan.

Taiwan war während der Kaiserreiche die meiste Zeit ein kaum beachtetes Gebiet an der Peripherie Chinas.[44] „Vor dem späten 15. Jahrhundert war Taiwan ein Niemandsland – fast ein *terra nullius* – das von aufeinanderfolgenden chinesischen Dynastien ignoriert wurde." (Klintworth 2000: 376) Ab 1590 wurde die Insel Objekt konkreter Begehrlichkeit von Kolonialmächten, erst Portugal, daher auch der Name „Formosa", (portugiesische Seeleute sollen *ilha formosa*, schöne Insel, gesagt haben), dann Holland, Spanien, Frankreich, England, Japan und auch Deutschland. Sie alle konnten sich nicht lange auf der Insel halten bzw. wie Deutschland, sahen ganz von einer Besitznahme ab. Ferdinand von Richthofen hatte Taiwan nicht empfohlen, denn dort gebe es keine günstigen Häfen und die Einwohner seien sehr rebellisch, er fand die Halbinsel Shandong als für deutsche Interessen besser geeignet. (Eto 1964: 45 f. Klintworth 2000: 380. Richthofen 1889)

Ausländische Interventionen führten dazu, dass Taiwan für rund „400 Jahre in einem Schmelztiegel" war (Klintworth 2000. Brown 2004) Jerome Keating nennt Tai-

---

43 Eigene Zusammenfassung durch den Vortragenden, Prof. Dr. Shieh Jhy-wey, dem Leiter der Taipei Vertretung in Deutschland, vom 3. Mai 2018 an der Freien Universität Berlin zu dem Thema: „Schick, aber nur mit Mühsal, das soll dann Taiwans Schicksal sein?" 228 ist das allen auf Taiwan bekannte Kürzel für den Beginn des Volksaufstandes am 28.02.1947, den die KMT brutal unterdrückte.
44 Zur Geschichte Taiwans siehe u. a. Clough 1968, Roy 2003 und Manthorpe 2008.

wan wegen seiner Geschichte eine Insel in der Strömung. (Keating 2014[45]) Portugiesische Niederlassungen mussten ab 1620 holländischen weichen und 1623 boten Provinzbehörden in Fujian, der Taiwan gegenüberliegenden Festlandsprovinz, Holländern an, ihnen Taiwan zu überlassen, wenn sie die Pescadores Inseln aufgeben würden. (Davidson 1903: 12) Der Tausch fand statt, aber es gab bald Konkurrenz durch Spanien, doch die Holländer konnten sich durchsetzen und Taiwan wurde zu einem wichtigen Handelsplatz der Vereinigten Ostindischen Kompanie, es lag günstig auf etwa halbem Weg zwischen Java und Japan.

Mitte des 17. Jahrhunderts konnte die Ming-Dynastie (1368–1644) dem Ansturm überlegener Kräfte, besonders der Mandschuren, nicht mehr standhalten und musste einer neuen Dynastie, der Qing, weichen. Ming-Loyalisten leisteten Widerstand und zogen sich nach Taiwan zurück, wo sie Gegenwehr mit Seeräuberei verbanden und 1662 die Holländer vertrieben. Rund 20 Jahre später war diese Rebellion beendet und Taiwan wurde 1684 ein Teil des Qing-Reiches, was es bis 1895 blieb, also 211 Jahre lang. Auch während dieser Dynastie war die Staatsmacht auf Taiwan schwach. (Eskildsen 2005: 287) Taiwan wurde erst 1885 eine eigene Provinz des chinesischen Kaiserreiches. Vorausgegangen war die Abwehr einer militärischen Intervention Frankreichs und es gab die Befürchtung, Japan könnte die Insel annektieren. Diese Vorahnung bestätigte sich nach lediglich zehn Jahren Provinzdaseins und Taiwan wurde für 50 Jahre eine Kolonie Japans (1895–1945). Für Taiwan ist ausländische Einmischung und Einverleibung ein historisches Kontinuum.

Nach dem verlorenen Krieg gegen Japan musste das Qing-Reich 1895 im Vertrag von Shimonoseki u. a. Taiwan und die ihm vorgelagerten Pescadores Inseln „auf ewig" an Japan abtreten.[46] Der Vertrag wurde am 17. April 1895 unterzeichnet und trat am 8. Mai 1895 in Kraft. In Übersetzungen steht oft der Name Formosa, nicht Taiwan, so auch später in der Erklärung von Kairo (1943) und dem Friedensvertrag von San Francisco mit Japan (1951).

Das koloniale Schicksal Taiwans wurde dadurch besiegelt, aber der erste Artikel des Vertrages galt nicht Taiwan, sondern Korea. China verpflichtete sich für alle Zukunft, die volle und umfassende Unabhängigkeit sowie Autonomie Koreas anzuerkennen. Das war Anweisung und Verpflichtung, den Platz frei zu machen für den Expansionsdrang Japans. Fünfzehn Jahre später, 1910, begann dann die japanische Kolonialherrschaft über Korea. Es gab also 1895 einen Korea und Taiwan betreffenden Zusammenhang, so auch 1950 durch die Intervention der VR China in den Koreakrieg, der wesentlich zur Absicherung der KMT-Herrschaft auf Taiwan beitrug.

Li Hongzhang, der für China den Vertrag von Shimonoseki, besser, diese Kapitulation, unterzeichnen musste, versuchte seinem japanischen Gegenpart den Unterschied zwischen Korea und Taiwan zu verdeutlichen, denn Taiwan sei eine Provinz Chinas

---

45 Hier besonders die Kapitel I, Island in the Stream und III, The Search for Identity.
46 Treaty of Shimonoseki. https://www.Taiwanbasic.com/treaties/Shimonoseki.htm. Eingesehen am 02.01.2021.

und könne nicht weggegeben werden. Der Gegenpart war Itō Hirobumi (1841–1909), ein auch an Preußen orientierter Staatsmann, der als einer der Schöpfer des modernen Japans gilt. Von 1905 bis 1909 war er eine Art Generalgouverneur Japans in Korea und wurde von dem koreanischen Nationalisten und Panasianisten Ahn Choong Kun (An Chung-gun) erschossen; Ahn wurde hingerichtet. (Lee EJ 2005: 159–175)

Die mächtige Kaiserwitwe Cixi tröstete Li dann aber mit der Versicherung, Taiwan wäre überhaupt kein Verlust, denn die Insel sei ein Ort, wo Vögel nicht singen und Blumen nicht duften, wo Männer keine Ehre und Frauen keine Tugend haben. (Li 1996: 113) Diese beleidigende Formulierung ist vielen auf Taiwan in bleibender Erinnerung und gilt oft als generelle Haltung von „Festländern" (大陸人) gegenüber der Insel. Sie war damals der Versuch einer gesichtswahrenden Erklärung für eine große militärische, politische und ökonomische Niederlage, aber zugleich auch Ausdruck der Mehrheitsmeinung, die dort auf Taiwan seien eigentlich Barbaren, die nicht zum chinesischen Kulturkreis gehörten und es deshalb kein großer Verlust sei, sie Japan zu überlassen. Der Verlust an Einfluss auf den „Schwiegersohnstaat" Korea wurde als viel schwerwiegender empfunden.

Die Behauptung der VR China, Taiwan habe quasi schon immer zu China gehört, ist historisch falsch. Es war fast immer ein vernachlässigtes Außengebiet. Ein Beispiel dafür ist auch der Vertrag von Shimonoseki, dessen Artikel 2a festlegt, dass China Taiwan und die Halbinsel Liaodong an Japan abtreten werde. Die Lage dieser im Nordosten Chinas gelegenen Halbinsel und seine wichtigen Häfen veranlassten Russland, Frankreich und Deutschland zu intervenieren. (Kindermann 2001: 63f. Lamley 1968: 744) Sie gaben Japan den „freundlichen Rat", von dieser Gebietserwerbung abzusehen, ein Einspruch, dem sich China gern anschloss. In einem neuen Vertrag verzichtete Japan auf Liaodong und erhöhte die ohnehin schon horrende hohe Kriegsentschädigung, die China zu zahlen hatte. Wegen Liaodong wurde erfolgreich interveniert, gegen die Einverleibung Taiwans hatten China und andere offiziell nichts einzuwenden. Dieser Vorgang ist eines von vielen Beispielen für das ambivalente Verhältnis zwischen China und Taiwan. Er zeigt, dass die Insel am Rande des Reiches als verzichtbar angesehen wurde, eine *Quantité négligeable*.

Am 26. Mai 1895, kurz vor dem Eintreffen japanischer Truppen, rief die Provinzregierung in einer Unabhängigkeitserklärung eine „Republik Taiwan" aus, erklärte jedoch ihre Loyalität zum chinesischen Kaiserreich. Vorher, am 20. April, hatten der Gouverneur und eine „Deputation der Gentry von Formosa" Großbritannien ein absonderliches Angebot gemacht. Die Souveränität über die Insel solle bei China verbleiben und auch die Grundsteuern, Großbritannien möge aber bitte ein Protektorat ausüben, die Verwaltung kontrollieren und die Kosten dafür durch öffentliche Abgaben und Steuern finanzieren. Nach der Ablehnung wurde das Ansinnen am 20. Mai an Frankreich gerichtet, ebenfalls ohne Erfolg. (Morse 1918: 48) Das Hoffen auf eine und die Abhängigkeit von einer Schutzmacht sind typische Merkmale von Taiwans Geschichte.

Diese erste Republik in Asien bestand nur kurz, sie hatte keine Überlebenschance. (Lamley 1968. Morris 2002) Von China kam keine Unterstützung, die Bevölkerung der Insel wusste mit einer Republik fast nichts anzufangen, deren Führung war total zerstritten und deshalb erfolgte nach kurzem Widerstand die Einverleibung Taiwans in das Kaiserreich Japan

Dem chinesischen Gouverneur und einigen Anhängern gelang die Flucht auf das Festland. Bei der Gründung der „Republik Taiwan" ging es ihnen nicht um das Wohlergehen der dortigen Bevölkerung, sondern um den Erhalt ihrer Privilegien. 1895 flüchtete ein Teil der Elite nach China und die Bevölkerung Taiwans kam unter Fremdherrschaft. 1949 flüchtete ein Teil der Elite aus China nach Taiwan und stülpte der dortigen Bevölkerung ihr System über, das sie durch Kriegsrecht über Jahrzehnte hinweg absicherte. Wegen dieser historischen Erfahrungen ist der Wunsch nach tatsächlicher Unabhängigkeit, sollte sie friedlich zu realisieren sein, auf Taiwan noch immer ein sensibles Thema.

Taiwan als Kolonie Japans

Die Zeit als Kolonie Japans hatte einen wesentlichen Einfluß auf die Entwicklung Taiwans und sie spielt noch immer eine Rolle im Selbst- und Geschichtsverständnis der Bevölkerung, auch im Kontrast zu China. Der japanische Kolonialismus schuf erstmals auf der Insel die Herrschaft eines modernen Staatsapparates. (Hsiau 2000: 46) Trotz anfänglicher antijapanischer Aufstände wurde und wird diese Zeit von vielen älteren Taiwaner:innen eher positiv beurteilt, denn sie trug viel zur Verbesserung der Verwaltung, der Wirtschaft und des Bildungswesens bei. (Tsurumi 1977) In Korea und auf Taiwan ist oft zu hören, Japan habe seine Kolonie Korea wie eine Sklavin behandelt, aber Taiwan wie eine Zweitfrau. Ab 1895 wurde die Infrastruktur der Insel zügig ausgebaut, es entstanden u. a. viele gepflasterte Straßen, die in der Hauptstadt Taipei und anderswo beleuchtet waren, ein Novum, dass es auf dem chinesischen Festland nicht gab. Taiwan war damals besser entwickelt, als das chinesische Kaiserreich bzw. die ihm ab 1912 nachfolgende Republik China. (Government-General: 1912) Dieses Entwicklungsgefälle sollte sich in den kommenden Jahrzehnten nicht verringern, im Gegenteil. Krieg und Bürgerkrieg suchten China heim, während Taiwan planmäßig aufgebaut und vom Pazifischen Krieg sowie vom chinesischen Bürgerkrieg wenig in Mitleidenschaft gezogen wurde. (Ho 1978. Rubinstein 1999)

Es hätte zu einer Militäraktion durch die USA kommen können, um die Kolonie Taiwan zu befreien. Von Dezember 1943 bis November 1944 berieten militärisch-zivile Arbeitsgruppen in den USA die Möglichkeit, Taiwan anzugreifen und zu besetzen. Mit der „Operation Causeway" sollte es um die „Insel X" gehen, so der Codename für Taiwan. Es ist nicht bekannt, ob Chiang Kai-shek in diese amerikanischen Planungen eingeweiht war, mit Sicherheit hat er nicht gedrängt, denn Taiwan hatte damals für ihn geringe Priorität. Die Pläne wurden innerhalb der Führung der US-Streitkräfte kontrovers diskutiert und Präsident Roosevelt, vermutlich auf Drängen von General MacArthur, entschied, der Eroberung der Philippinen und der Ryūkyū Inseln Vorrang zu geben. (Kerr 1992: 28–33) Taiwan wurde militärisch umgangen und politisch übergangen. Eine Eroberung und Besetzung der Insel durch die USA gegen japanische Streitkräfte wäre sicher sehr verlustreich für alle Seiten gewesen und es ist nicht zu sagen, welche Seite die Bevölkerung damals hauptsächlich unterstützt hätte. Wahrscheinlich wäre die weitere Geschichte Taiwans aber anders verlaufen.

Der US-General Albert Wedemeyer, ein Chinakenner, schilderte in einem Bericht an das Außenministerium in Washington die Situation auf Taiwan 1945, als Truppen vom Festland japanische Kräfte nach deren Kapitulation ablösten und er teilte eine Vermutung mit, wie sich die Einwohner die Zukunft vorstellten.

> Die Menschen freuten sich aufrichtig und enthusiastisch, vom japanischen Joch befreit zu werden. Aber Chen Yi und seine Handlanger haben unbarmherzig, korrupt und habsüchtig ihr System einer glücklichen und gefügigen Bevölkerung aufgedrückt. Die Armee führte sich wie ein Eroberer auf. Die Geheimpolizei hatte freie Hand zur Einschüchterung und sie half bei der Ausbeutung durch Beamte der Zentralregierung [...]
> Die Insel ist sehr produktiv und verfügt über Kohle, Reis, Zucker, Zement, Früchte und Tee. Wasserkraft und Thermalenergie sind im Überfluss vorhanden. Die Japaner hatten selbst die entlegensten Gebiete effizient elektrifiziert und ausgezeichnete Eisenbahnlinien und Straßen angelegt. Achtzig Prozent der Bevölkerung kann lesen und schreiben, das genaue Gegenteil zur Situation auf dem Festland Chinas.
> Es gab Anzeichen dafür, dass Formosaner empfänglich sein würden für eine Vormundschaft durch die USA und eine Treuhandverwaltung der Vereinten Nationen. Sie fürchten, dass die Zentralregierung vorhat, ihre Insel auszuplündern, um die wankende und korrupte Nanjing-Maschine zu unterstützen und ich glaube, ihre Befürchtungen sind sehr berechtigt.[47]

So kam es dann auch, denn ab 1945 wurde Taiwan für den Bürgerkrieg auf dem Festland ausgeplündert. (Fleischauer 2008: 45–49)

Die 1945 als Befreiung erhoffte Ankunft von Truppen vom Festland wurde schnell zur Enttäuschung und ab 1947 von der Mehrheit der Taiwaner:innen als Unterdrückung empfunden. Durch die Niederschlagung des Aufstandes vom 28. Februar 1947 und den sich anschließenden „Weißen Terror" (白色恐怖) konnte Chiang dann auch seine Position auf Taiwan und innerhalb der KMT sowie der Armee konsolidieren. Schätzungen über die Zahl der Todesopfer reichen von 18.000 bis zu 30.000 Toten, meist Angehörige der lokalen Elite Taiwans. (Lee, Teng-hui 1999: 36)[48] Angehörige der KMT und ihre Verbündeten dominierten nicht nur Politik, Wirtschaft, Militär und Ver-

---

47 Zitiert aus dem Bericht, den Wedemeyer am 17.08.1947 dem Secretary of State vorlegte. Department of State. Hg. 1949. *United States Relations with China, with Special Reference to the Period 1944–1949*. Washington D. C.: Government Printing Office, S. 309. General Chen Yi, ein Vertrauter Chiang Kaisheks, war erster Gouverneur Taiwans nach 1945, er wurde 1950 wegen Kollaboration mit der KP China hingerichtet.
48 Dem Aufstand folgten eine lange Zeit des „Weißen Terrors" der KMT und 38 Jahre Kriegsrecht. Seit 2016 ist dieser Zeitraum zentraler Ansatzpunkt der neuen Regierung für Vergangenheitsaufarbeitung

waltung, auch Kunst und Wissenschaft wurden durch das jahrzehntelange Kriegsrecht unterdrückt; ein Trauma, das noch immer Identitätsbildung und politische Präferenzen auf Taiwan belastet. Thilo Diefenbach hat diese Entwicklung zusammengefasst:

> Die Festländer, von der einheimischen Bevölkerung zunächst als Befreier Taiwans von der japanischen Kolonialherrschaft freundlich begrüßt, unternahmen nach 1945 sofort sämtliche Führungspositionen auf der Insel und behandelten die Taiwaner äußerst herablassend, weil sie in ihnen Kollaborateure des japanischen Imperialismus sahen. Die Spannungen entluden sich ab dem 28. Februar 1947 in einer Reihe von inselweiten gewaltsamen Aufständen, die von der Kuomintang mit großer Brutalität niedergeschlagen wurden. Im Zuge dieser Militäroperationen beseitigte die Regierung in beinahe systematischer Weise einen erheblichen Teil der taiwanischen intellektuellen Elite – Künstler, Ärzte, Rechtsanwälte, Journalisten, Schriftsteller wurden erschossen, für Jahre in Gefängnissen weggeschlossen oder zur Flucht gezwungen. (Diefenbach 2019: 12 f. Siehe auch Fleischauer 2008: 347 f.)

Pläne für eine Treuhandschaft über Taiwan. „Rettung" durch den Ausbruch des Koreakrieges

Als im Juli 1937 der Krieg Japans gegen China offen ausbrach, war für die Führung der Republik China ein Ziel die Rückgewinnung der Mandschurei (Mandchukuo) und nicht Taiwans. Es gab durchaus ähnliche Einschätzungen bei dem Bürgerkriegsgegner, d. h. der KP Chinas unter Mao Zedong. Das änderte sich erst nach dem japanischen Überfall auf Pearl Harbor im Dezember 1941, als die USA in den Krieg eintraten und es führte zu der Forderung der Rückgabe Taiwans und Koreas durch Japan auf der Konferenz von Kairo. Am 28. Oktober 1945 wurde Taiwan eine Provinz der Republik China.

Chiang Kai-shek hatte im 1946 erneut ausgebrochenen Bürgerkrieg nicht Taiwan als Rückzugsgebiet präferiert. Als ein Südstaat, südlich des Yangtses, nicht möglich war, gab es eher Überlegungen, in Yunnan eine „Bastion" zu errichten, aber der dortige Gouverneur kooperierte nicht und die USA signalisierten keine Unterstützung. Als sich für die KMT 1948 ein unrühmliches Ende auf dem Festland abzeichnete, wurden Kunstschätze, Goldreserven, Parteiarchiv, u. a. m. nach Taiwan ausgelagert.

Besonders bei geteilten Nationen machen sich nicht nur die unmittelbar Betroffenen Gedanken über die zukünftige Entwicklung, sondern auch die Schutzmächte und andere Staaten. Im Fall von Taiwan trifft das hauptsächlich auf die USA zu. Als sich die Niederlage der KMT im Bürgerkrieg abzeichnete und das groteske Ausmaß der Korruption immer offenkundiger wurde, gab es in Washington Überlegungen bezüglich der Zukunft der KMT und Taiwans. In Memoranden an das Außenministerium bzw. den Nationalen Sicherheitsrat wurde Mitte 1949 u. a. vorgeschlagen, auf der Insel

---

(transitional justice). Zum 28. Februar und seinen Folgen siehe Fleischauer 2008, besonders S. 42–88; Kerr 1992; Lai 1991; Shackleton 1998 und Whittome 1991.

eine Volksabstimmung durchzuführen, ob die Bevölkerung sich einem neuen chinesischen Staat, der vermuteten Volksrepublik, anschließen wolle, es bei der Herrschaft der KMT bleiben, oder ob eine Treuhandschaft der VN errichtet werden sollte, die später, nach einer überwachten Volksabstimmung, in einen neuen unabhängigen Staat überführt werden könnte. Madame Chiang, die sich in den USA aufhielt, warnte ihren Mann vor Plänen für eine Treuhandschaft (Lin Ht 2016: 97).

In Erwägung wurde auch gezogen, die USA könnten die Verteidigung Taiwans übernehmen und dass die Flüchtlinge aus dem Festland dorthin repatriiert werden sollten. (Kindermann 2001: 386 f.) Es gab interne Diskussionen darüber, einen Coup auf Taiwan zur Entmachtung Chiang Kai-sheks zu initiieren und zu unterstützen. (Lin 2012)[49] Bei den Vorschlägen wurde eine Treuhandschaft der VN über Taiwan favorisiert, wie die allerdings hätte funktionieren sollen, da die Republik China damals Vetomacht im Sicherheitsrat der VN war, wurde nicht erläutert. Es blieb bei Überlegungen, auch weil es in der Truman-Administration dazu sehr unterschiedliche Meinungen gab. Mit Beginn des Krieges in Korea hatten sich dann die Vorschläge erledigt.

Dean Acheson, ab Januar 1949 Außenminister der USA, stellte fest: „Vom Oktober 1948 bis zum Ausbruch des Koreakrieges am 25. Juni 1950 war es die nie schwankende Politik der USA, dass sie keine Truppen zur Verteidigung von Formosa einsetzen würde." (Acheson 1969: 349) Es gab in den USA sowohl Unterstützung für Chiang Kai-shek, aber auch große Frustration über seine Politik. Im Kongress und im Weißen Haus gab es Stimmen, dass Taiwan nicht verteidigt werden könnte bzw. sollte. Um eine Einnahme der Insel zu verhindern, schlug im November 1949 ein Senator vor, offenkundig völlig unbeirrt durch die Erklärungen von Kairo und Potsdam, in dem mit Japan zu verhandelndem Friedensvertrag festzulegen, dass Taiwan zwar japanisches Territorium bleiben könne, die USA aber als Besatzungsmacht eine Art Protektorat ausüben sollten. (Ebd. S. 350) Da Japan gegenüber den USA kapituliert habe, so die Argumentation, es aber noch keinen Friedensvertrag gebe, sei es also noch japanisches Territorium, stünde folglich unter dem US-Oberkommando von General MacArthur als Besatzungsmacht, eine Art Protektorat wäre deshalb durchaus möglich. (Tsou 1963: 528) Allerdings hatte Japan auch gegenüber der Republik China kapituliert. Die war Gründungsmitglied der Vereinten Nationen und bei dem Treffen von Churchill, Roosevelt und Chiang Kai-shek Ende November 1943 in Kairo wurde u. a. beschlossen, dass Japan alle Gebiete, die es von China „gestohlen" habe, diesem zurückgeben müsse, was 1945 auch die „Potsdam Declaration" bekräftigte. In dem nicht unterzeichneten Text der am 1. Dezember 1943 veröffentlichten Presseerklärung zum Treffen von Kairo steht:

> [...] Außerdem sollen alle Territorien, die Japan von den Chinesen gestohlen hat, wie die Mandschurei, Formosa und die Pescadores, der Republik China zurückgegeben werden. Japan wird auch von allen anderen Territorien vertrieben, die es sich durch Gewalt und Habgier einverleibt

---

[49] Noch immer lesenswert ist in diesem Zusammenhang Tucker 1983, besonders ab S. 173.

hat. Eingedenk der Versklavung der Menschen in Korea sind die genannten drei Großmächte entschlossen, dass Korea zu gegebener Zeit frei und unabhängig wird.[50]

Eine Treuhandverwaltung Taiwans wurde nie ernsthaft erwogen. Um Diskussionen über eine Rolle der USA auf Taiwan zu beenden erklärte Präsident Truman dann am 5. Januar 1950 eindeutig, sein Land werde sich nicht einmischen. (Acheson 1969: 351) Für Truman waren Chiang und seine Administration „[...] die verfaulteste Regierung, die es je gab." (Lin 2016: 128) Bereits fünfeinhalb Monate später kam es zur Einmischung.

Die VR China bereitete im Frühjahr 1950 eine Invasion Taiwans vor und es ist eine Ironie der Geschichte, dass durch Kim Il-sung, durch den Koreakrieg, Taiwan vor einer möglichen Eroberung bewahrt wurde. Diese Invasion sollte stattfinden, wenn der Sieg des Nordens im Koreakrieg gesichert schien. Da aber die USA intervenierten und ihre 7. Flotte ab dem 27. Juni in der Straße von Taiwan patrouillierte, um diese zu „neutralisieren", musste die Volksrepublik ihre Invasionspläne aufgeben. (Clough 1968: 98) Es ist nicht bekannt, ob sich Chiang Kai-shek jemals bei Kim Il-sung bedankt hat. Die KMT konsolidierte ihre Herrschaft auf Taiwan. Die Republik China, Gründungsmitglied der VN, behielt ihren ständigen Sitz im Sicherheitsrat und wurde von den USA unterstützt; die VR China unterstützte Nordkorea im koreanischen Bürgerkrieg und eine Mitgliedschaft in den VN blieb ihr bis 1971 verwehrt. Hier sei kurz angemerkt, dass die damalige Tragödie Koreas auch positive Auswirkungen auf die junge Bundesrepublik hatte. Ob deren erster Bundeskanzler, Konrad Adenauer, anfänglich „[...] auch ohne das erst 1950 nach Ausbruch des Korea-Kriegs voll einsetzende ‚Wirtschaftswunder'" [...] so erfolgreich gewesen wäre, „[...] läßt sich durchaus bezweifeln." (Kleßmann 1999: 305)

Flucht der KMT und Chiang Kai-sheks nach Taiwan

Die kommunistischen Verbände und ihre Verbündeten gewannen zwar fast den chinesischen Bürgerkrieg im Jahr 1949, aber eben nur fast, denn der Gegner konnte nicht völlig besiegt werden. Dessen Anführer Chiang Kai-shek zog sich nach Taiwan zurück und die KMT errichtete dort eine quasi interne Exilregierung. „Chiang Kai-shek war unerbittlich gegen die Idee eines vom Festland unabhängigen Taiwans, aber er hat dennoch die Tatsache geschaffen, dass es eine separate Regierung in einem separaten Gebiet gibt." (Fairbank 1983: 460)

Chiang war nicht der Retter Taiwans, umgekehrt, 1949 hat Taiwan Chiang gerettet, 1950 hat Kim Il-sung Taiwan gerettet und seitdem beschützen die USA Taiwan.

---

50 Text der Erklärung: https://www.ndl.go.jp/constitution/e/shiryo/01/002_46/002_46tx.html. Eingesehen am 06.01.2021.

Nach der Proklamation der Volksrepublik am 1. Oktober 1949 verstand sich die Regierung von Chiang Kai-shek auf Taiwan dann als eine Art politisch-moralische Alternative, die ihre Herrschaft incl. Ausnahmezustand und repressivem Regime mit der Rückeroberung des Festlandes und dem Alleinvertretungsanspruch als Republik China gemäß der Verfassung von 1947 legitimierte. (Copper 2020) Ab 1949 sah die KMT Taiwan weniger als Rettungsinsel, denn als Sprungbrett zurück zum Festland. In einem 1963 in Leipzig erschienenen Lexikon gibt es über Chiang den bissigen Eintrag, er sei Todfeind des chinesischen Volkes und „[...] unter wechselnden Titeln Diktator Kuomintangchinas, floh vor der siegreichen Volksarmee Dez. 1949 nach Taiwan; hetzt von dort aus in völliger USA-Abhängigkeit zum Krieg gegen die Volksrep. China." (Meyers 1963: 1032)

Indem der Anspruch auf das Festland aufrechterhalten und die Verfassung von 1947 auf Taiwan konserviert wurde, konnte die KMT dort ihre Herrschaft absichern und eine Wiedervereinigung nach ihren Vorstellungen propagieren, bis dann die Wirkung dieser Anachronismen nicht mehr funktionierte und in den 1990er Jahren eine Demokratisierung Taiwans einsetzte.

Auswirkungen der Geschichte auf Taiwan

Für viele Geschichtsbewusste auf Taiwan beinhalten die letzten 350 Jahre in etwas verklärt-selbstbemitleidender Sicht die Erkenntnis, Taiwan wurde für seine Loyalität zu China bestraft. Es wollte loyal zum Ming-Reich bleiben und später dann nicht japanische Kolonie werden, in beiden Fällen waren diese Bemühungen erfolglos und von China keinesfalls gewürdigt. Als es 1945 wieder Teil Chinas wurde, diesmal der Republik China, folgte bald darauf eine Zeit, die von vielen als Fremdherrschaft und Unterdrückung empfunden wurde. Auch deshalb war und ist es für Taiwaner:innen schwer, eine eigene nationale Identität zu entwickeln. (Chang M-k 2000. Heylen 2011)

Taiwan wurde/wird durch Ereignisse auf dem Festland beeinflusst, vollzog aber seit den letzten 130 Jahren eine eigene Entwicklung. Die Insel hatte keinen Anteil am Sturz der Qing-Dynastie und der Errichtung der Republik China im Jahre 1912. Sie hat an der Herausbildung eines modernen chinesischen Nationalstaates nicht teilgenommen und auch nicht an der Protest- und Emanzipationsbewegung des 4. Mai 1919, die John K. Fairbank eine notwendige Vorbereitung der erfolgreichen nationalistischen Revolution der Jahre 1927 und 1928 nannte. (Fairbank 1983: 231. Chow 1960) Wu Rwei-Ren von der Abteilung Geschichte Taiwans der Academia Sinica in Taipei stellt deshalb fest, dass Taiwan und China unterschiedliche Wege beschritten hätten. „Das ist der Ursprung des ‚Taiwan-Problems', es war nicht der Fehler einer einzelnen Person, sondern das unbeabsichtigte Ergebnis historischer Zufälligkeiten." (Wu 2018: 145) Taiwans Gesellschaft entstand über Jahrhunderte durch Einwanderung. Im Jahr 2018 waren nur rund 2 Prozent der Bevölkerung Ureinwohner. Niederländer brachten ab dem 17. Jahrhundert Arbeitskräfte aus Südchina auf die Insel, die dort keine Einheit bildeten, sondern ihre auf dem Festland bereits bestehenden Differenzen fortsetzten. Die Herausbildung einer konfuzianischen Gentry ab 1860 trug dann zu einer gewissen Taiwanisierung und einer mit ihr korrespondierenden Identität bei. (Ebd. S. 146) Bereits unter dem Qing-Reich begann eine gesellschaftliche Integration, gefördert auch durch das Gefühl auf der Insel auf sich allein gestellt zu sein. Diese Entwicklung beschleunigte sich dann während der fünfzigjährigen japanischen Kolonialherrschaft. Die Diskriminierung durch die Kolonialmacht führte aber auch – von dieser unbeabsichtigt – zu einer Politisierung, verbunden mit dem wachsenden Bewußtsein der Existenz einer taiwanischen Nation. Ein Anschluß an die Republik China galt wegen deren negativer Entwicklung als nicht erstrebenswert und es gab während der 1920er und 1930er Jahre Bestrebungen nach Selbstbestimmung. Nach Ausbruch des japanisch-chinesischen Krieges im Juli 1937 wurden sie völlig unterdrückt. Es dauerte über fünf Jahrzehnte, bis ab 1990 die Demokratisierung die Herausbildung einer Bürgernation auf Taiwan bewirkte. (Wu RR 2011. Lin 2011) Diese Demokratisierung bedeutete auch eine fortschreitende Taiwanisierung. Die Flüchtlinge vom Festland sind zahlenmäßig eine Minderheit, ihr Einfluß hat abgenommen und die schon lange heimisch gewordenen Nachkommen früherer Siedler, die Taiwaner:innen, sind die weit überwiegende Mehrheit der Bevölkerung; sie praktiziert mit wachsendem Selbstbewusstsein in immer stärkerem Umfang eine politische Mitwirkung. (Wu 2018: 151)

Diese Entwicklung und das Selbstbewusstsein sind durch eine Einerseits-Andererseits-Dichotomie gekennzeichnet. Einerseits Betonung der Eigenständigkeit, der Andersartigkeit, d. h. des Taiwanischen, andererseits der Stolz darauf, Bewahrer der echten chinesischen Kultur zu sein. Dazu gehören der Gebrauch traditioneller Schriftzeichen, im Gegensatz zu den verkürzten in der Volksrepublik, die Pflege der Kunst, z. B. im „Nationalen Palastmuseum" in Taipei, wo vom Festland gegen Ende des Bürgerkrieges transferierte Exponate gepflegt werden, bis hin zur Fülle der Speisen nach Rezepten aller chinesischen Provinzen auf Taiwan. Es werden aber auch Sprachen und Bräuche von Minderheiten gefördert, Maßnahmen, die über einen folkloristisch-touristischen Rahmen weit hinausgehen.

Es gibt Bewahrung und Absetzbewegung, denn auf Taiwan werden alte, d. h. chinesische Werte gepflegt, zugleich aber auch „westliche." Taiwan beweist, dass eine lebhafte Demokratie in einer konfuzianischen Gesellschaft durchaus erfolgreich sein kann sowie für Traditionspflege, für ein modernes Gemeinwesen und Hochtechnologie förderlich ist.

Beziehungen Festland-Insel: China-Taiwan

Zwischen Insel und Festland, zwischen China und Taiwan, existiert seit Langem eine problematische Zweierbeziehung, in die sich andere einmischen. Sie war und ist spannungsreich und es ist nicht auszuschließen, dass es zu einer kriegerischen Eskalation mit internationalen Auswirkungen kommt, was es sinnvoll macht, einige Aspekte etwas näher zu erläutern.

Die Beziehungen sind seit Jahrhunderten durch Vernachlässigung und Bevormundung gekennzeichnet, so jedenfalls die Sicht vieler auf Taiwan. Nachdem Japan seinen neuen Kolonialbesitz konsolidiert hatte, war eine Rückgewinnung Taiwans lange Zeit für China irrelevant. Von keiner Partei und Regierung wurde in den 1920er und 1930er Jahren eine ernsthafte Initiative ergriffen, Taiwan als rechtlichen Teil der Republik China zu beanspruchen. Deshalb ist Taiwan in den Verfassungen von 1923, 1925, 1934 und 1936 nicht als Provinz angeführt.

Taiwan war weg, laut Vertrag von Shimonoseki, „auf ewig." Für die chinesische Bevölkerung war es kein Thema und für die Führung Chinas war Taiwan nicht nur territorial, sondern auch gedanklich weit weg. In der ursprünglichen Fassung der Präambel des Grundgesetzes der Bundesrepublik von 1949 stand, es sei auch für jene Deutschen gehandelt worden, denen mitzuwirken versagt war. Für Taiwan empfand China damals weder einen Rechtsanspruch, noch eine Fürsorgepflicht.

Die Möglichkeit einer Rückgewinnung wird erst mit der Atlantik Charta vom 14. August 1941 Gegenstand von Überlegungen bei Chiang Kai-shek. In dem von Präsident Roosevelt und Ministerpräsident Churchill unterzeichneten Dokument heißt es bei Punkt 3: Sie achten das Recht aller Völker, sich die Regierungsform zu geben, unter der sie zu leben wünschen; die souveränen Rechte und autonomen Regierungen aller Völker, die ihrer durch Gewalt beraubt wurden, sollen wiederhergestellt werden. Mit dieser allgemeinen Absichtserklärung waren Eroberungen der Achsenmächte gemeint, also auch Japans, die zurückgewonnen werden sollten. Mit der Kriegserklärung gegen Japan durch Chiang Kai-shek am 9.12.1941 wurde der Vertrag von Shimonoseki einseitig durch die Republik China annulliert. Sie steht im Zusammenhang mit dem japanischen Überfall auf Pearl Harbor und der daraufhin erfolgten Kriegserklärung der USA. Japan und China befanden sich allerdings bereits seit Juli 1937 im Krieg gegeneinander.

Die Konkretisierung der Rückgabeforderung an Japan bezogen auf Korea und Taiwan erfolgte dann durch die Erklärung von Kairo im Dezember 1943. (Lin 2014: 193) Im selben Jahr hatte Chiang Kai-shek sein Buch „Chinas Schicksal" veröffentlicht, dass dann 1947 in englischen Übersetzungen als „China's Destiny" erschien. (Chiang 1947)[51] In dem Buch hebt er die strategische Bedeutung der Mandschurei, von Taiwan, den Ryūkyū Inseln, der Mongolei, Xinjiang, Tibet und Gebieten im Himalaya für die nationale Verteidigung Chinas hervor. Mit der Kairo-Erklärung wurde Taiwan offiziell Teil des Territorialanspruchs der Republik China, geriet aber auch in das politische Blickfeld ihrer Gegner, der KP Chinas. (Lüpke 1988: 5 f.) Am 25. Oktober 1945 wurde Taiwan durch die offizielle Kapitulations- und Übergabezeremonie zwischen Japan und China zu einer Provinz Chinas. Das gilt sie nun auch der KP Chinas. Diese spricht sich für die

---

51 Es gibt zwei Übersetzungen, die bei Roy Publishers erschienene enthält einen sehr kritischen Kommentar von Philipp Jaffe, die bei Macmillan einen zustimmenden von Lin Yu-tang.

Selbstverwaltung aus und den gemeinsamen Kampf gegen Chiang Kai-shek. Während des Aufstandes auf Taiwan gegen die KMT-Herrschaft ab Februar 1947 wurde auf dem Festland eine „Liga für die Demokratische Selbstverwaltung Taiwans" gegründet, wohl gemerkt, Selbstverwaltung, nicht Selbstregierung. Nach Gründung der VR China war sie eine der acht „demokratischen" Einheitsfrontparteien, versank aber bald in die Bedeutungslosigkeit.

Taiwan ist seit dem Rückzug des Bürgerkriegsgegners dorthin für die KP Chinas ein Thema besonderer Bedeutung. Dazu führte kein gradliniger Weg. Erst gab es geringes Interesse, das dann durch die Kairo-Erklärung und die Kapitulation Japans vergrößert wurde und seit Gründung der VR China mit der Forderung nach Wiedervereinigung verbunden ist. Sie sei ein noch zu erledigender Restbestand des nicht ganz gewonnenen Bürgerkrieges, deshalb heißen die Streitkräfte noch immer „Volksbefreiungsarmee." Aber in der Zwischenzeit hat sich das Volk auf Taiwan weitgehend selbst befreit.

Wandlungen der KP Chinas in ihrer Haltung gegenüber Taiwan

Der Verlust Taiwans durch den Vertrag von Shimonoseki 1895 wurde später von der KP Chinas als nationale Schande und der chinesische Verhandlungsführer Li Hongzhang als Landesverräter bezeichnet. Bei der Gründung der KP 1921 in Schanghai, war Taiwan bereits 26 Jahre japanische Kolonie und kein wichtiges Thema. „Bis zum Ende der zwanziger Jahre gab die KPCh weder durch Taten, zum Beispiel die Gründung einer Taiwan-Zelle, noch durch bloße Worte oder eine andere programmatische Berücksichtigung zu erkennen, daß die Insel ein Thema für sie gewesen wäre." (Rudolph 1986: 18).

Im April 1928 tagte in Schanghai der 1. Parteitag der Kommunistischen Partei Taiwans, einer auf der Insel politisch bedeutungslosen Gruppierung. Erwähnenswert ist allerdings, dass sie auf Vorgaben der Komintern organisatorisch der KP Japans zugeordnet wurde, nicht China, und sich als „Nationalitätenzelle" dieser Partei verstand, was die chinesische KP unterstützte. Die KP Taiwans forderte damals eine unabhängige Nation Taiwan und setzte sich für den Aufbau einer Republik Taiwan ein. „So waren theoretische Voraussetzungen und Programmatik der Partei eins, und es konnte gar kein Zweifel daran bestehen, daß sie einen unabhängigen Taiwaner Staat anstrebte. Die KPCh stimmte dem durch die Anwesenheit ihres Vertreters bewußt zu." (Ebd.: S. 23) Auf ihrem 2. Parteitag, im Mai/Juni 1931, diesmal auf Taiwan, erhob die KP Taiwans erneut die Forderung nach Unabhängigkeit. Drei Monate später, im September 1931 wurde sie von der japanischen Polizei zerschlagen. Zu dieser Zeit waren Taiwan, Korea und Indochina für die KP Chinas von Kolonialmächten unterdrückte Völker, die nach Unabhängigkeit strebten und deren Kämpfe für Unabhängigkeit „enthusiastisch" zu unterstützen seien; im Gegensatz zur Mandschurei, deren Rückkehr zu China für die KP selbstverständlich war.

Erinnernswert ist in diesem Zusammenhang die Meinung des Parteivorsitzenden. Im Sommer 1936 hatte der amerikanische Journalist Edgar Snow ausführliche Gespräche mit Mao Zedong. Bei diesen Interviews ging es um die Situation in China, um die Zukunft von Maos Partei und um internationale Themen. Mao war überzeugt, dass große Veränderungen bevorstünden. „Die japanische Revolution ist nicht nur eine Möglichkeit, sondern Gewißheit. Sie ist unvermeidlich und wird sich sofort auf die ersten ernsten Niederlagen der japanischen Armee hin ereignen." (Snow 1970: 136) Neben der Befreiung Chinas und einer Revolution dort, würde die Auseinandersetzung mit dem japanischen Imperialismus zu den vorrangigen Aufgaben gehören. Dazu sagte Mao Edgar Snow:

> Es ist die vordringlichste Aufgabe Chinas, alle unsere verlorenen Gebiete wiederzugewinnen und nicht nur unsere Unabhängigkeit südlich der Großen Mauer zu verteidigen. Das heißt, dass die Mandschurei zurückerobert werden muss. Wir schließen aber nicht Korea, eine frühere chinesische Kolonie, mit ein; wenn [...] die Koreaner aus den Ketten des japanischen Imperialismus ausbrechen wollen, werden wir sie in ihrem Kampf um Unabhängigkeit enthusiastisch unterstützen. Das gilt auch für Formosa. (Snow 1937: 102)

Edgar Snow versichert, die Äußerungen Maos seien mit großer Sorgfalt wiedergegeben worden. Er habe Maos Antworten auf seine Fragen vollständig in Englisch niedergeschrieben, sie wurden dann ins Chinesische übersetzt und von Mao verbessert, der hartnäckig auf Genauigkeit im Detail bestand. (Snow 1970: 132) Dieser auf Genauigkeit bestehende Mao sagte also 1936 seinem amerikanischen Gast, die Unabhängigkeit Koreas und Taiwans werde enthusiastisch unterstützt. In späteren Ausgaben, nach Gründung der Volksrepublik, gibt es dazu eine einschränkende Fußnote. Da Sun Yat-sen und die KMT Taiwan immer als verlorenes Territorium betrachtet hätten, dass zu China zurückkehren müsse, könne Mao wohl kaum an ein unabhänges Taiwan gedacht haben, die KP Chinas habe dies offiziell nie so gesagt. (Snow 1973: 421. Snow 1970: 158.)

Demnach wäre mit „Unabhängigkeit" die Loslösung von der Kolonialmacht gemeint, nicht aber Eigenstaatlichkeit. Entweder kannte Snow die wahren Absichten Maos oder die Anmerkung soll ausdrücken, was Mao damals sagte, habe er nicht so gemeint bzw. könne er so nicht gemeint haben.

Im Oktober 1938 sprach Mao auf einem ZK-Plenum von den Völkern Koreas und Taiwans (Rudolph 1986: 31). Diese Äußerung ist in den ausgewählten Werken Maos nicht enthalten. Auch ähnliche damalige Äußerungen anderer Parteiführer wurden aus Publikationen gestrichen. Jörg-Meinhard Rudolph hat darauf hingewiesen, dass in einer 1979 in Peking erschienenen chinesischen Ausgabe der Gespräche Maos mit Snow dieser Wortlaut grob verfälscht wurde, denn dort stehe nun, die Mandschurei müsse zurückgewonnen werden und das gelte auch für Taiwan. (Ebd.: 30, 238 f.)

Während sich Mao, der Führer im Bürgerkrieg gegen die Republik China, 1936 höchstwahrscheinlich für die Selbstbestimmung Koreas und Taiwans aussprach, nahmen Vertreter dieser Republik an Feierlichkeiten zu Taiwans Abtretung teil. Im Jahr

1935 entsandte Präsident Chiang Kai-shek eine Abordnung nach Japan zu der Feier zum 40. Jahrestag der Übernahme von Taiwan.

Mao sprach auch davon, dass die Äußere Mongolei, die mohammedanischen und tibetischen Völker eigene autonome Republiken gründen würden, um sich dann der chinesischen Föderation anzuschließen. In der deutschen Ausgabe von Snows Buch ist das übersetzt mit: „Wenn die Volksrevolution in China gesiegt hat, wird die Republik der Äußeren Mongolei automatisch und aus eigenem Willen Bestandteil des Chinesischen Staatsverbandes werden. Ebenso werden die mohammedanischen und tibetischen Völker autonome Republiken im Staatsverband Chinas werden."[52] Diese Erwartungen Maos waren deutlicher Ausdruck des traditionellen Staatsverständnisses und der kulturellen Einheit des einen Chinas.

Taiwan geriet erst spät in das politische Blickfeld der KP Chinas und der Republik China. Seit Gründung der Volksrepublik ist deren Haltung zu Taiwan im Prinzip aber unverändert. Was Ministerpräsident Zhou Enlai im August 1973 auf dem X. Parteitag der KP Chinas erklärte, hat noch immer Gültigkeit:

> Die Provinz Taiwan ist heiliges Territorium unseres Mutterlandes und die Volksmassen auf Taiwan sind unsere blutsverwandten Landsleute. Wir haben unendliche Fürsorge für unsere Landsleute auf Taiwan, die das Mutterland lieben und sich nach ihm sehnen. Sie können erst dann eine lichte Zukunft haben, wenn sie in die Umarmung des Mutterlandes zurückkehren. Taiwan muss befreit werden. Unser großes Mutterland muss vereint werden. Das ist das gemeinsame Sehnen und die heilige Pflicht der Volksmassen aller Nationalitäten des Landes, einschließlich unserer Landsleute auf Taiwan. Bemühen wir uns alle zusammen, dieses Ziel zu erreichen. (Zhou 1973: 30)

Die unendliche Fürsorge gilt denen auf Taiwan, die für eine Wiedervereinigung sind, denn sie sind „Landsleute." Befürworter eines unbefristeten Status quo, gar der Unabhängigkeit, sind keine Landsleute, sondern Separatisten, für sie gibt es keine Fürsorge und die Geduld der Volksrepublik ihnen gegenüber hat enge Grenzen.

Diese Haltung ist anderen Staaten wohl bekannt und sie muß in deren Kalkül einbezogen werden. Bei ihren Verhandlungen in Peking gewann Madeleine Albright den Eindruck, Taiwan sei der bei weitem überragende Streitpunkt. (Albright 2003: 432) Die Volksrepublik „[...] stilisiert die Rückholung Taiwans nach China beinahe zu einer Art heiliger Mission." (Schneider 2004: 143) Herbert S. Yees 1982 getroffene Feststellung besitzt nach wie vor Gültigkeit: Letztlich habe sich das Groß-China-Syndrom immer durchgesetzt. (Yee 1982: 52)

Die Beziehungen zwischen der Volksrepublik und Taiwan vollzogen und vollziehen sich meist zwischen den Polen (indirekte) Zusammenarbeit und (direkter) Bedrohung; mindestens acht wichtige Entwicklungen waren von großer Bedeutung.

---

52 Snow 1973: 138, FN *; in der englischen Ausgabe, ebenfalls von 1973, S 110, FN +.

1949. Etablierung der Volksrepublik und Reduzierung der Republik China auf Taiwan und einige kleine Küsteninseln. Lange Zeit hatten beide einen Alleinvertretungsanspruch, den die VR China weiterhin mit dem „Ein-China-Prinzip" einfordert.

1950er Jahre. Die Erkenntnis auf beiden Seiten, dass ein militärischer Sieg nicht möglich sei. Die Sowjetunion würde die Volksrepublik bei einem unprovozierten Angriff nicht unterstützen und die USA die Republik von militärischen Abenteuern zurückhalten.

Einige Jahre war die KMT eine Herausforderung für die KP. Sie verstand sich als eine, wie auch immer realistische, Alternative für Chinas Zukunft und begründete die autoritäre Herrschaft auf Taiwan hauptsächlich damit, die Insel zu einer Modell-Provinz auszubauen, für eine Vereinigung Chinas unter der Ägide der KMT nach dem Sieg über die „kommunistischen Banditen." (Peng 1971) Ob dies früher glaubhaft war, mag diskutieren, wer will, aber ab April 1991 wird dieser Anspruch nicht mehr erhoben, obwohl eine friedlich-demokratische Vereinigung eine Option für die Zukunft bleibt.

1971/72. Beginnende Normalisierung der Beziehungen zwischen der VR China und den USA, Reisen von Kissinger und Präsident Nixon nach Peking. Austritt/Hinauswurf der Republik China aus den VN.

1979. Aufnahme voller diplomatischer Beziehungen zwischen der VR China und den USA. Abbruch der offiziellen Beziehungen Washingtons zu Taipei und Aufkündigung des Sicherheitsvertrages. Verabschiedung des TRA durch den US-Congress, der eine Art Überlebensversicherung für Taiwan ist.

Gute Beziehungen zu den USA sind für Taiwan von vitaler Bedeutung und müssen gepflegt werden, wobei klar sein muss, dass für Washington eigene Ziele im Vordergrund stehen. (White III: 2007) In den 1970er Jahren vermuteten viele in den USA und der VR China, Taiwan werde nicht überleben. Das tat es aber doch, es gab eine Demokratisierung, den TRA und die „Sechs Zusicherungen"[53] von Präsident Reagan vom 14. Juli 1982 für Taiwan: Kein Datum für eine Beendigung von Waffenlieferungen an Taiwan, keine Vermittlerrolle der USA zwischen Taiwan und der VR China, kein Druck auf Taipei, mit Peking zu verhandeln, keine Veränderung der Haltung der USA bezüglich der Souveränität über Taiwan, keine Revision des TRA, das Communiqué vom 17. August kann nicht so interpretiert werden, als hätten die USA zugestimmt, die VR China vor Waffenlieferungen an Taiwan zu konsultieren. Der letzte Punkt bezieht sich auf den damals bereits vorbereiteten Text eines weiteren Communiqués zwischen Washington und Peking. (Lawrence 2020)

---

53 American Institute in Taiwan. „Declassified Cables: Taiwan Arms Sales & Six Assurances (1982)". https://www.ait.org.tw/declassified-cables-taiwan-arms-sales-six-assurances-1982/?_ga=2.88983577.300027902.1711374985-1025324643.1711374985 S. 92, FN 53. Eingesehen am 11.01.2021. Hintergründe und Differenzen zwischen Außenministerium und Weißem Haus sowie die Einstellungen von Peking und Taipei beschreibt Lilley 2004: 232 f., 241 f., 247–249.

1980er Jahre. Öffnungspolitik der VR China. 1984 Konzept des „Ein Land, zwei Systeme" für die Zukunft von Hongkong und Macau mit weitgehender Autonomie, aber hauptsächlich an Taiwan gerichtet. Ende des Kriegsrechts auf Taiwan im Juli 1987. Niederschlagung einer Demokratiebewegung in der VR China im Frühjahr 1989.

Ab November 1987 wurden von der Regierung der Republik China (Taiwans) einige Beschränkungen des Reiseverkehrs in die VR China aufgehoben. Taiwaner:innen konnten nun in bestimmten Fällen enge Verwandte besuchen. Geschäftsleute durften über ein Drittland in die VR China einreisen, was fast immer die Ein- und Ausreise über Hongkong bedeutete. 1989 war für beide Seiten ein wichtiges Jahr, es gab primär innenpolitische Ereignisse, die die Beziehungen zwischen Festland und Insel beeinflussten, aber auch internationale Reaktionen bewirkten. Am 4. Juni ließ die Führung der VR China auf Initiative von Deng Xiaoping die seit April andauernden Demonstrationen für Demokratie gewaltsam niederschlagen. Vier Tage später, am 8. Juni bewertete die Volkskammer der SED-DDR die Vorgänge in Peking als eine innere Angelegenheit der Volksrepublik zur Wiederherstellung von Sicherheit und Ordnung. Die Opposition in Ostdeutschland verstand das als Warnung und diese Haltung der SED war ein Grund neben vielen anderen, dass sich zunehmend mehr Menschen zur Flucht entschlossen. Bei den großen Demonstrationen, die ab Oktober 1989 in Ostdeutschland stattfanden, war immer die Befürchtung vorhanden, die SED-Führung könnte sich zu einer „chinesischen Lösung" entschließen. International gab es Proteste wegen des gewaltsamen Vorgehens in der VR China und es wurden Wirtschaftssanktionen verhängt, die viele taiwanische Firmen zum eigenen Vorteil nutzten, d. h. umgingen, denn es gab ähnliche Interessen. Die Volksrepublik wollte Sanktionen umgehen und Taiwans Wirtschaft war bemüht, teure und arbeitsintensive Produktion auszulagern, dorthin, wo es damals wenig Beachtung von Umweltschutz gab und keine Gewerkschaften. „Socialism without labour." (Kalinowski 2019: 229) Während die ökonomische Zusammenarbeit expandierte, verstärkte sich auf Taiwan die negative Einstellung gegenüber Autonomieangeboten und die Ereignisse vom Juni 1989 verhalfen der Oppositionspartei Democratic Progressive Party (DPP) zu mehr Bedeutung. Sie wurde erstmals in diesem Jahr zu Parlamentswahlen zugelassen, was Ausdruck auch einer sich verstärkenden Demokratisierung und Taiwanisierung der Insel war. Ähnlich wie 1987 in der Republik Korea waren es auch auf Taiwan Lernressourcen eines Teils der Elite, war es die Einsicht in die Notwendigkeit einer Reform. Roh Tae-woo akzeptierte Forderungen der Opposition und auf Taiwan war die KMT verantwortlich für die Situation, die zu immer mehr Forderungen führte, denen sie dann schrittweise entsprechen musste. (Hood 1997)

Seit der Intensivierung der Kontakte zwischen der VR China und Taiwan ab Ende der 1980er Jahre gibt es eine Entwicklung, die Ralph Clough 1994 beschrieben bzw. prognostiziert hat.

> Was den zukünftigen internationalen Status von Taiwan anbelangt, so scheinen zwei Prozesse in unterschiedliche Richtungen am Werke zu sein. Demokratisierung führt zu einer wachsenden

Nachfrage für eine unabhängige „Republik Taiwan", während Reisen und Handel Taiwan immer stärker mit dem Festland verbinden und damit möglicherweise einer eventuellen Wiedervereinigung den Boden bereiten. (Clough 1994a: 231. Copper 2020: 178, 204)

1990er Jahre. Beginn der Demokratisierung auf Taiwan. Treffen inoffizieller Vertreter der Volksrepublik und der Republik in Hongkong und Singapur; schriftliche Vereinbarungen. Diese Treffen werden später für den „Konsens von 1992" herangezogen, in dem sich beide Seiten zu „einem China" bekannt haben sollen, angeblich mit unterschiedlicher Interpretation.

Lee Teng-hui erklärte als Präsident der Republik China im Mai 1991 den Bürgerkrieg mit der VR China als für beendet. (Lee Teng-hui 1996: 55 f.) Die Volksrepublik hat bisher keinen Gewaltverzicht ausgesprochen und würde erst mit einer „Taiwan-Regelung" in ihrem Sinne den Bürgerkrieg für beendet ansehen. (Whiting 2001)

In den 1990er Jahren war es sowohl das Erstarken der Oppositionspartei auf Taiwan, als auch die Regierung der Insel, deren Handlungen die VR China als zunehmende Provokationen empfand. Im Jahre 1991 wurde Taiwan mit der Bezeichnung „Chinese Taipei" Mitglied der APEC, was ein kleiner Achtungserfolg war, den die Volksrepublik nicht verhindern konnte. Mit einem ähnlichen „Namen" gab es im Januar 2002 den Eintritt in die World Trade Organization, in der die Volksrepublik kurz vorher, am 11. Dezember 2001 Mitglied geworden war.

Nach einer Verfassungsänderung wurden 1996 erstmals in der Republik China Direktwahlen für die Präsidentschaft durchgeführt, Kandidat der KMT war der amtierende Präsident Lee Teng-hui, der versprach, ein großes Taiwan für neue Taiwanesen aufzubauen und „[...] ein neues Zentrum chinesischer Kultur zu errichten." (Lee Teng-hui 1999: 62. Copper 1999: 42. Tsai 2005) Der Gegenkandidat war ein bekannter Vertreter der Unabhängigkeitsbewegung. (Peng 2005) Peking reagierte mit großdimensionierten Militärübungen und dem Abschuss von nuklearwaffenfähigen Raketen, die in der Nähe von wichtigen taiwanischen Häfen im Meer aufschlugen, eine nur 35 Kilometer vor der Hafenstadt Jilong, die sich im Nordosten von Taipei befindet. (Lee, Bernice 1999: 9) Im März 1996 folgten Manöver aller Waffengattungen der VR China im Gebiet der Taiwan vorgelagerten Pescadores-Inseln und die USA entschlossen sich, auf diese Eskalation zu reagieren. Präsident Clinton entsandte zwei Flugzeugträgergruppen in die Straße von Taiwan. Es war seit dem Indochinakrieg der USA der größte Aufmarsch ihrer Flottenverbände im Pazifik. Einer von ihnen wurde von dem Flugzeugträger „Independence" angeführt, vielleicht eine ungewollte Symbolik, die aber gewiss nicht besänftigend auf Peking wirkte. Diese Intervention empfanden nicht nur die Streitkräfte der Volksrepublik als Demütigung; sie hat Langzeitwirkung. Erwähnenswert ist in diesem Zusammenhang, dass es während der Krise Geheimdiplomatie zwischen Taipei und Peking gegeben haben soll, um Mißverständnisse zu verhindern bzw. zu minimieren. Am 10. März 1996 trafen sich in Washington D. C. Vertreter beider Seiten: Lee Yuan-tseh, Präsident der Academia Sinica (Taiwan) und Liu Huaqiu, damals Direktor im Staatsrat der VR China für auswärtige Angelegenheiten. (Lee, Bernice 1999: 50)

Die Erfahrungen mit der Konfrontation hatten unterschiedliche Auswirkungen, sie trugen u. a. zu Lee Teng-huis Sieg am 23. März 1996 bei. Laut Meinungsumfragen hatte er vor den Raketenabschüssen Richtung Taiwan eine Zustimmung von rund 30 Prozent zu erwarten, sie stieg dann wegen der Bedrohung auf 54 Prozent, die Lee bei der Wahl tatsächlich erreichte. (Jacobs 1998: 113)

Der Ausgang der Konfrontation stärkte die eher vorsichtige Position von Jiang Zemin, dem damaligen Staats- und Parteichef der VR China, gegenüber militärischen Hardlinern in der Parteiführung. Die Militärmanöver waren kein Ruhmesblatt der Streitkräfte, denn sie hatten sowohl waffentechnische, als auch logistische und politische Grenzen aufgezeigt.

Jiang konnte nun seine Vorstellungen für eine Politik gegenüber Taiwan und den USA durchsetzen. (Whiting 1995) Er bewirkte auch eine andere Haltung der USA gegenüber China. Im November 1996 standen Wahlen an, Präsident Clinton kandidierte erneut und konnte sich keine offenkundigen Schwächen gegenüber der VR China leisten. Als eine Art Gegengewicht bzw. Entgegenkommen, auch um Taiwan einzuhegen, bekräftigte er dann im Juli 1998 bei seinem Besuch der Volksrepublik die „Drei Nein": Keine Unabhängigkeit Taiwans, keine „zwei China" und keine Mitgliedschaft Taiwans als souveräner Staat in internationalen Organisationen. (Kau 1999)[54] Das bedeutete, Washington würde eine Unabhängigkeit Taiwans nicht unterstützen, was eine Art Abschwächung war, denn vorher hatte Clinton in einem vertraulichen Brief Jiang Zemin versichert, die USA seien gegen eine Unabhängigkeit. (Mann 2000: 330)

Parris Chang hat eine der Konsequenzen, die die USA aus dieser Krise zogen, zusammengefasst:

> Die Verhinderung einer militärischen Konfrontation in der Taiwanstraße war eine Grunderfahrung für die von den Vereinigten Staaten seit 40 Jahren gegenüber Ostasien betriebenen Politik. Der gesamte Prozess der Normalisierung zwischen den USA und der VR China, der mit dem Communiqué von Schanghai im Februar 1972 seinen Anfang nahm und die Übereinkunft im gemeinsamen Communiqué von 1982, Waffenlieferungen der USA an Taiwan zu begrenzen, all das basierte darauf, dass Peking gegenüber Taiwan keine Gewalt anwenden würde. Aber Chinas Säbelrasseln in der Taiwanstraße stand dazu in klarem Widerspruch. (Chang 1998: 51)

Beide, die USA und die VR China, hatten durch gegenseitige Fehleinschätzungen eine gefährliche Lage geschaffen, deren Eskalation durch eine eindeutige Haltung Washingtons verhindert wurde, als es Entschlossenheit und Stärke demonstrierte. Peking zog daraus die Schlussfolgerung, dass für eine direkte Konfrontation mit den USA wegen Taiwan noch die Mittel fehlten, also eine Anpassung der Strategie notwendig sei, um eine bessere Position zu erlangen. Das langfristige Ziel, Taiwan in die „Umarmung

---

54 Clinton Publicly Reiterates U. S. „Three No's" Principle on Taiwan. Embassy of the People's Republic of China in the United States of America. https://www.China-embassy.org./eng/zmgx/zysi/kldfh/t36241.htm. Eingesehen am 10.01.2021.

des Mutterlandes" zurückzuführen, verlor nicht an Bedeutung. Das zeigte sich auch trotz der Krise durch die positive Entwicklung der Wirtschaftsbeziehungen.

Im Jahr 1992 wurde die Volksrepublik das Land mit den größten Auslandsinvestitionen Taiwans und 2000 überholte sie die USA als Taiwans größter Exportmarkt, zwei Jahre später, 2002, wurde sie vor den USA und Japan der größte Handelspartner Taiwans. (Wu Jm 2016: 427) Für Investitionen aus Taiwan ist die Rechtssicherheit in der VR China gering, was Firmen aus Taiwan mit Gewinnmaximierung und politischem Anpassungsverhalten zu kompensieren versuchen. Geschäftsleute der Insel haben in mehr als 1,2 Millionen Projekte auf dem Festland investiert.

Im Jahr 2019 gingen 40 Prozent des taiwanischen Exports in die VR China, so auch der überwiegende Teil der Auslandsinvestitionen. Die ökonomische Verknüpfung zwischen Taiwan und der VR China schritt voran, wenig beeinflusst von der jeweiligen politischen Großwetterlage. Im Jahre 2022 waren über 380.000 „Festlandsbräute"[55] auf der Insel und zahlreiche Geschäftsleute aus Taiwan (臺商) in der VR China ansässig. Zu ihnen gibt es keine offiziellen Zahlen bzw. werden solche nicht veröffentlicht; Schätzungen reichen von einer bis zu drei Millionen, inklusive Familienangehörigen. (Keng/Schubert 2010)

1999/2000. Präsident Lee Teng-hui bezeichnete die Beziehungen zwischen der Republik und der Volksrepublik als solche einer besonderen Art zwischen zwei Staaten. Wahl des Oppositionspolitikers Chen Shui-bian zum Präsidenten. Stärkung der Taiwanisierung.

Am 9. Juli 1999 sagte Lee in Taipei der Deutschen Welle zum Verhältnis zwischen Insel und Festland: „Seit der Verfassungsänderung von 1991 sind die Beziehungen über die Straße von Taiwan hinweg als Beziehung zwischen Staaten definiert, mindestens aber als Beziehung besonderer Art zwischen Staaten."[56]

30 Jahre nach Willy Brandts Formulierung: „Auch wenn zwei Staaten in Deutschland existieren, sind sie doch füreinander nicht Ausland; ihre Beziehungen können nur von besonderer Art sein", (Brandt 1969: 4), und neun Jahre nach der deutschen Vereinigung sprach Lee Teng- hui von einer „speziellen Zweistaatenbeziehung." Brandt wollte mit seiner Strategie eine Annäherung erreichen. Lee erstrebte eine freundliche Distanzierung, was die VR China als extrem unfreundlichen Akt verurteilte.

Lee sprach von der Beendigung des „ein China" Mythos bzw. dieses Phantasiegebildes. Für die Volksrepublik war und ist das eine ungeheure Provokation. Im „Weißbuch Chinas Landesverteidigung" vom Jahr 2000 wurde bezüglich einer Unabhängig-

---

[55] So die etwas abschätzige Bezeichnung von Frauen aus der VR China, die einen Geschäftsmann aus Taiwan heirateten und auf Taiwan leben. Es wird interessant zu beobachten sein, ob sich deren Kinder primär als Chinesen oder Taiwaner:in fühlen.

[56] So Präsident Lee Teng-hui am 9. Juli 1999 in einem Interview mit der Deutschen Welle. https://www.dw.com/de/ein-china-zwei-staaten/a-17180562, eingesehen am 20.05.2018. Die VR China hatte damals massiv versucht, die Ausstrahlung des Interviews durch die Deutsche Welle zu verhindern.

keit Taiwans erklärt, wenn diese versucht würde oder bei anderen Bemühungen, „[...] dass Taiwan unter irgendeinem Namen von China abgetrennt wird, [...] kann die chinesische Regierung dazu gezwungen werden, alle möglichen drastischen Maßnahmen einschließlich der Gewaltanwendung zu treffen, um die Souveränität und die Integrität des Territoriums Chinas zu erhalten und die große Sache der Wiedervereinigung des Landes zu verwirklichen." [57] Bereits der Versuch, eine Unabhängigkeit zu erreichen, wird als Kriegsgrund betrachtet.

Die Wahl von Chen Shui-bian war eine unangenehme Überraschung für die VR China. In seiner Rede zum Amtsantritt am 20. Mai 2000 machte der neue Präsident gegenüber der VR China Konzessionen, denen diese mißtraute, die viele seiner Anhänger auf Taiwan enttäuschten, aber die USA beruhigten. Keine Unabhängigkeitserklärung während seiner Amtszeit. Keine Namensänderung der Republik China. Keine Verfassungsänderung wegen der Erklärung von Lee Teng-hui, es gebe spezielle Staat-zu-Staat-Beziehungen zur Volksrepublik. Keine Volksabstimmung über eine Unabhängigkeit, solange die Volksrepublik gegen Taiwan nicht militärisch tätig wird. Die Richtlinien für Nationale Wiedervereinigung von 1991 und der Rat für Nationale Wiedervereinigung werden nicht abgeschafft.[58]

Chen schlug auch ein Gipfeltreffen vor, wie es im Juni 2000 in Korea stattgefunden hatte, was Peking ablehnte. In seiner zweiten Amtszeit revidierte er einige seiner früheren Zugeständnisse, so erklärte er am 27. Februar 2006 die Auflösung des Nationalen Wiedervereinigungsrates, weil die VR China durch militärische Einschüchterung und das Anti-Sezessionsgesetz von 2005 den Status quo verändert habe. Taiwan selbst wolle aber den Status quo nicht verändern. Zur Verbesserung der Beziehungen sollte ein Mechanismus geschaffen werden, der auf Verhandlungen und Dialog von Regierung zu Regierung beruht. Wegen der damit verbundenen Statusfrage musste Chen klar sein, dass dieser Vorschlag für Peking inakzeptabel war.

Präsident Chen (2000–2008) versuchte Taiwan zu einem „normalen Staat" zu machen, was Drohungen der VR China und Warnungen der USA verhinderten. Sein Nachfolger von der KMT, Präsident Ma (2008–2016), wollte durch einen „diplomatischen Waffenstillstand" mit Peking und dem „1992 Konsens" die Position der Republik absichern und verbessern. Die signifikant vermehrten Kontakte führten aber zu keiner Annäherung, eher zu einer wachsenden Entfremdung.

Von vermehrten Kontakten erwartete die VR China eine stärkere Anbindung Taiwans. Taiwan hingegen erhoffte sich durch eine Normalisierung des Verhältnisses

---

57 Weißbuch Chinas Landesverteidigung 2000, Kap. II Die Verteidigungspolitik. https://www.lt.china-office.gov.cn/eng/zt/zfbps/200405/t20040530_2910848.htm. Eingesehen am 26.07.2022.
58 President Chen's Inaugural Address. 20.05.2000. https://www.english.president.gov.tw/NEWS/2643. Eingesehen am 10.01.2021. In seiner Rede zum Antritt der zweiten Amtszeit am 20.05.2004 zeigte er Verständnis dafür, dass die Volksrepublik wegen „historischer Komplexität und ethnischen Empfindungen" nicht auf das Ein-China-Prinzip verzichten könne, Peking sollte aber verstehen, dass die Bevölkerung Taiwans ihre Lebensweise beibehalten wolle. (Inaugural Speech 2004: 7)

eine Erweiterung des eigenen Handlungsspielraums. Beide Erwartungen haben sich bislang nur sehr bedingt erfüllt. Durch intensivierte Kontakte, z. B. direkte Verkehrsverbindungen und zunehmende Wirtschaftskooperation, verstärkten sich sowohl in der VR China, als auch auf Taiwan unterschiedliche Vorstellungen, die für eine Annäherung in Richtung auf Wiedervereinigung auf Taiwan nicht förderlich sind und auf dem Festland eine flexiblere Haltung gegenüber der Insel erschweren. (Li 2014. Lin, Syaru Shirley 2016)

Taipei will, dass Peking weniger die Souveränität (主權) in den Vordergrund stellt und dafür mehr die real ausgeübte Jurisdiktion (管轄權) der Republik China (Taiwans) beachtet. (Cabestan 1996: 1283) Die Demokratisierung auf Taiwan, die Direktwahl des Präsidenten, (Tränkmann 1998: 58 ff.), die Intervention der USA 1996 und die Erklärung, es gebe besondere Beziehungen zwischen zwei Staaten, verschärften Probleme, die seither die Beziehungen belasten und trotz Annäherung noch nicht zu einer tragfähigen Normalisierung führten. Die Feststellung von Zhao Suisheng ist deshalb noch immer zutreffend: „Obwohl die Krise ohne tatsächlichen Krieg endete, sind die fundamentalen Gründe für die Krise gleichgeblieben und bei den Differenzen zwischen beiden Seiten hat sich wenig geändert." (Zhao 1999: 1)

2019/2020. Demonstrationen in Hongkong für mehr Demokratie und Änderung des Wahlsystems. Wiederwahl der Präsidentin Tsai Ing-wen auf Taiwan, Verhärtung der Position der VR China unter Xi Jinping. Ende Juni 2020 Inkraftsetzung eines rigiden Sicherheitsgesetzes für Hongkong durch die Volksrepublik. Das Modell „ein Land, zwei Systeme", wandelt sich von einem Werbeangebot für Taiwan zu einem Test Pekings, wie bei einem härteren Vorgehen in Hongkong internationale Reaktionen ausfallen, d. h. ein Vorfühlen für eine eventuelle spätere militärische Aktion gegen Taiwan.

Im Juni 2000 trafen sich Kim Dae-jung und Kim Jong-il zum ersten koreanischen Gipfeltreffen in Pjöngjang, es sollte die Sonnenscheinpolitik intensivieren. (Choi 2001) Im November 2015 trafen sich Ma Ying-jeou und Xi Jinping in Singapur in ihrer Funktion als Parteivorsitzende. Das erste „chinesische Gipfeltreffen" dieser Art brachte keine Fortschritte und war wohl eher als Wahlkampfhilfe Pekings für die KMT gedacht. Die Umstände des Treffens, z. B. keine gemeinsame Pressekonferenz und die protokollarische Herabstufung von Ma bewirkten bei vielen auf Taiwan einen negativen Eindruck. Bei den Wahlen dort im Januar 2016 gewann die oppositionelle DPP sowohl die Präsidentschaft als auch die Mehrheit im Parlament. Während der Amtszeit von Ma kam es zu einer Annäherung und die VR China zeigte Geduld gegenüber Taiwan, aber seit 2016, seit der Präsidentschaft von Tsai Ing-wen, ist eine der wichtigen Fragen, wie lange Peking noch warten will? (Cabestan 2017) Es setzt sich selbst unter Zugzwang. (Waldron 2016)

Die KMT sieht die VR China nicht mehr als Gegner in einem noch nicht beendeten Bürgerkrieg, sondern bemüht sich zunehmend um gleichberechtigte Zusammenarbeit mit ihr. (Trampedach 1992) Gleichrangigkeit wird aber von Peking verweigert. Das führt auf Taiwan zu Spannungen und ist seit 2016 verstärkt ein innerparteiliches Problem der KMT. Bei ihr sind ein Generationswechsel und eine inhaltliche Neuausrichtung dringend notwendig, stecken aber noch in den Anfängen.

Wiedervereinigung, Status quo und Unabhängigkeit

Die Spannungen zwischen der Volksrepublik und Taiwan lassen sich durch drei Worte kennzeichnen: Wiedervereinigung, Status quo und Unabhängigkeit.

Während „Wiedervereinigung" bezogen auf Taiwan und die VR China relativ klar sein sollte, ist das bei „Unabhängigkeit" nicht so eindeutig. Eigentlich sollte „Unabhängigkeit" ein präzis definierter Begriff sein, aber das Beispiel Taiwan zeigt, das dies nicht der Fall ist. Die 1912 gegründete Republik China ist ein souveräner Staat, war 1945 Gründungsmitglied der VN,[59] verlor 1949 den Bürgerkrieg, ist seitdem territorial auf Taiwan sowie einige Küsteninseln reduziert und offiziell nur von 12 Staaten diplomatisch anerkannt.

Auf Taiwan gibt es eine Bewegung für die Unabhängigkeit und die sei, so erklärt die VR China, der Casus Belli. Die Republik China erklärt, sie sei bereits unabhängig. Was versteht wer genau unter „Unabhängigkeit", wenn es um Taiwan geht?

Damit kann gemeint sein, die Ausrufung eines Staates mit neuem Namen und neuer Verfassung, d. h nicht mehr die „Republik China" mit der aus dem Jahre 1947 stammenden Verfassung, sondern eine „Republik Taiwan" oder „Republik Formosa" mit neuer Verfassung. Eine „mildere" Form wäre die Änderung der Verfassung, was aber wohl auch das Ende der Republik China bedeuten würde. Dieser Schritt wäre eine logische Anpassung an die Realität, aber zugleich auch ein höchst gefährliches Unterfangen, bei dem Taiwan derzeit auf keine ausländische Unterstützung hoffen kann. (Chiang 2018: 131 ff.) Um dieses Dilemma zu vermeiden, wird versucht, die Beibehaltung des Status quo zu beschwören und hinzunehmen, dass der Status von Taiwan weiterhin für viele unbestimmt bleibt.

Mitte Januar 2016 gab es einen Sieg der Opposition bei Parlaments- und Präsidentschaftswahlen, die den Trend der Identitätsbestimmung noch verstärkten, was bald in Umfragen deutlich wurde. Nach einer Erhebung der Taiwanese Public Opinion Foundation vom Mai 2016 bezeichneten sich 80 % der Befragten als Taiwaner:innen, 8,1 % als Chinesen und 7,6 % als beides. Diese Zahlen sind mit Vorsicht zu behandeln, aber sie zeigen dennoch eine signifikante Entwicklung. (Taipei Times 2016). Die junge Generation hat kaum noch enge kulturelle Bindungen an das Festland und sieht die Frage einer Vereinigung nicht als vorrangig an. Weil eine Unabhängigkeit wenig realistisch und eher gefährlich erscheint, besteht für sie auch kein drängendes Engagement. (Rigger 2011) Es gibt auf Taiwan einen Zusammenhang zwischen Identität und Demo-

---

[59] Zur damaligen Delegation gehörte auch das Gründungsmitglied der KP Chinas, Dong Biwu, der von 1972 bis 1975 amtierendes Staatsoberhaupt der Volksrepublik war.

kratisierung (Wachman 1994), aber auch zwischen Identitätswandel und der Einstellung zu einer Wiedervereinigung. (Tsai 2007: 30)

Meinungsumfragen auf Taiwan zeigen, dass sich 2023 nur 1,6 Prozent der Befragten für eine schnelle Vereinigung aussprachen, aber rund 80 Prozent für die Beibehaltung des Status quo und der bedeutet die faktische Unabhängigkeit Taiwans. Selbst wenn zu den Befürwortern einer Vereinigung noch die addiert würden, die eine Beibehaltung des Status quo mit einer Entwicklung hin zur Wiedervereinigung präferieren und die, die keine Antwort gaben, dann wären es 2023 insgesamt lediglich 13,4 Prozent gewesen.

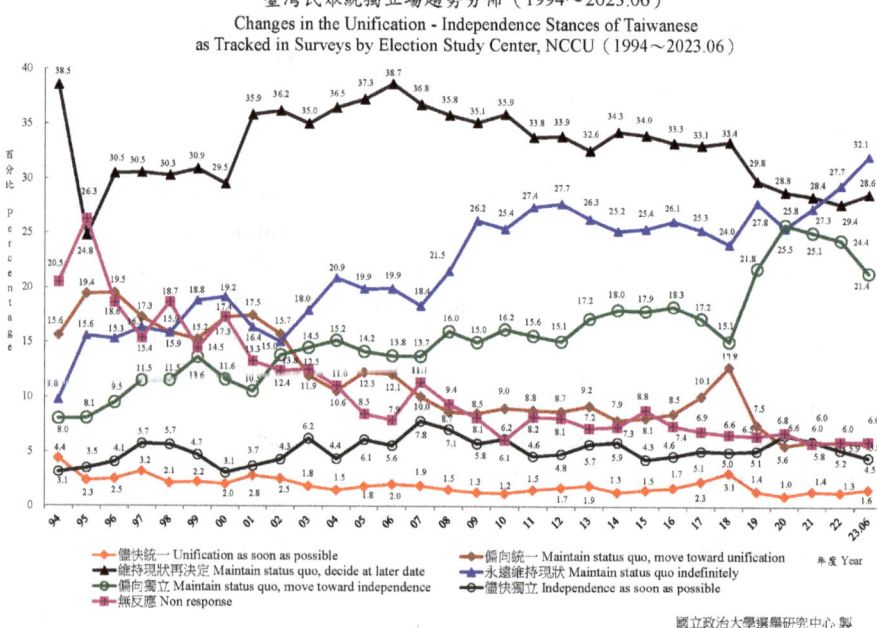

Graphik 4: Meinungsumfragen auf Taiwan zur Wiedervereinigung
Die Linien, linker Rand von oben bis unten, bedeuten: Schwarz: Status quo beibehalten, Entscheidung später. Pink: Keine Antwort. Dunkelrot: Status quo beibehalten, sich Richtung Vereinigung bewegen. Blau: Status quo unbegrenzt beibehalten. Grün: Status quo beibehalten, sich Richtung Unabhängigkeit bewegen. Rot: Vereinigung so schnell wie möglich. Dunkelgrün: Unabhängigkeit so schnell wie möglich.)[60]

Seit dem Treffen zwischen Mao und Nixon 1972 versuchen die USA eine Doppelstrategie, einerseits Zusammenarbeit mit der VR China und deren Einbindung in das Internationale System, in der Hoffnung, damit Peking zu bewegen, Streitfragen mit Taiwan friedlich zu klären, andererseits Zusammenarbeit mit Taipei und Waffenlieferungen,

---

60 https://www.esc.nccu.edu.tw/PageDoc/Detail?fid=7801&id=6963. Eingesehen am 29.03.2024.

um die VR von einer militärischen Lösung abzuhalten. (Kan 2011a) Der erfolgreiche Aufstieg der VR China und das offen gezeigte Selbstbewusstsein machen es Washington nicht leichter, diesen Balanceakt zu vollführen. Spätestens seit 2020 betonen die USA mehr die Konkurrenz als die Zusammenarbeit mit Peking. Allerdings hat gerade dieser Aufstieg auch zur Verbesserung der Position Taiwans beigetragen.

Bedeutung Taiwans für die VR China

Die VR China hat die Vereinigung Deutschlands grundsätzlich begrüßt, lehnt aber jegliche Geichsetzung mit der Taiwan-Frage ab. Neben anderen Verlautbahrungen macht dies ihr „White Paper" vom 31. August 1993 deutlich:

> Es ist hervorzuheben, dass es sich bei der Taiwan-Frage allein um eine innere Angelegenheit Chinas handelt und es gibt keine Analogie zu den Fällen von Deutschland und Korea, die entstanden sind als Ergebnis internationaler Abkommen am Ende des Zweiten Weltkrieges. Deshalb sollte die Taiwan-Frage nicht mit der Situation in Deutschland und Korea gleichgesetzt werden. Die chinesische Regierung hat es immer abgelehnt, deutsche oder koreanische Formeln auf Taiwan anzuwenden. Die Taiwan-Frage kann einzig und allein vernünftig nur durch bilaterale Konsultationen und innerhalb des Rahmens von Ein China gelöst werden.[61]

Unter bilateralen Konsultationen versteht Peking keine Gleichrangigkeit und das Ein-China-Prinzip wird auf Taiwan nicht als Rahmen, sondern als Zwangsjacke empfunden, da es das Konsultationsergebnis bereits vorwegnimmt.

Für Peking gilt bei Taiwan nicht das Prinzip des Selbstbestimmungsrechts, das in Deutschland für die unmittelbar Betroffenen (DDR) eine große Rolle spielte. Einen solchen Bezug lehnt Peking wegen der angeblich völligen Andersartigkeit ab. Bemerkenswert ist auch, dass für einen Staat, der sich „Volksrepublik" nennt, die Meinung des betroffenen Volkes irrelevant zu sein scheint.

Es ist wichtig, die Bedeutung Taiwans für die VR China zu kennen. (Fu 1996) Die Abtretung der Insel 1895 an Japan fiel in die Phase nationaler Schwäche und Demütigung Chinas durch ausländische Mächte, die dem Kaiserreich „ungleiche Verträge" aufzwangen. (Gilbert 1929) Die Etablierung und Absicherung der KMT auf Taiwan seit 1945 erfolgte ebenfalls durch den Einfluss eines fremden Staates, durch die USA. Taiwan gehört zum Kernbereich chinesischer Kultur, viel stärker als z. B. Xinjiang, Tibet, Qinghai und die Innere Mongolei. Würde Taiwan tatsächlich auch formell unabhängig werden, könnte dies nach Meinung von Führung und Bevölkerung fast zwangsläufig eine gefährliche Signalwirkung für andere Regionen der VR China haben. Aus historischen, nationalistischen, machtpolitischen, juristischen und emotionalen Gründen ist der Verbleib Taiwans innerhalb des „einen Chinas" von prinzipieller Bedeutung, was

---

61 https://www.is.china-embassy.gov.cn/eng/zt/zgtw/201903/t20190328_3165404.htm. Eingesehen am 13.01.2021.

kontinuierlich betont wird, so zum Beispiel 1997 von Jiang Zemin: „Die Taiwan-Frage ist wirklich eine ganz wichtige Frage des Prinzips für Chinas Souveränität, territoriale Integrität und die große Aufgabe der nationalen Wiedervereinigung."[62] Daran hat sich nichts geändert, wenn überhaupt, dann verstärkte sich aus Sicht Pekings die Dringlichkeit einer Lösung. Parteichef Xi Jinping verknüpfte in seinem Bericht an den 19. Parteitag im Oktober 2017 die Frage der Vereinigung mit der Entwicklung der gesamten Nation, denn sie sei essentiell für die nationale Verjüngung. (Xi 2017: 5) „Die Lösung der Taiwan-Frage, um die vollständige Wiedervereinigung zu erreichen, ist das von allen geteilte Sehnen der chinesischen Menschen, sie ist im fundamentalen Interesse der chinesischen Nation." (Ebd. S. 50) Die Basis für diese Lösung, so der Parteichef, seien das Ein-China-Prinzip und der Konsens von 1992. Eine präzisierende Nuance ist seitdem die explizite Koppelung von „ein China" an „ein Land, zwei Systeme." Das macht die Lösung nicht einfacher. Die Problematik besteht also darin, dass Taiwan nicht sein darf, was es ist und sich nicht so nennen darf, sondern das werden soll und sich dann so nennen soll, was es nicht werden möchte.

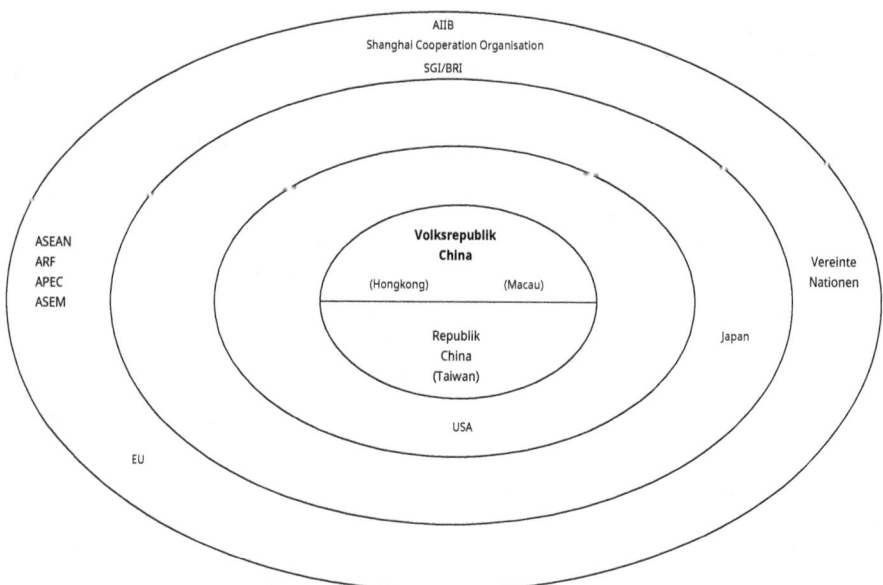

Graphik 5: Akteure und Ebenen mit Relevanz für die Volksrepublik China und die Republik China (Taiwan)

---

62 Interview mit dem Präsidenten der Volksrepublik und dem Generalsekretär der KPCh Jiang Zemin im Februar 1997, http://www.asian-affairs.com/China/jiang.html. Eingesehen am 23.04.2020.

Taiwan-Frage

Wäre Taiwan eine Person, befände sie sich in den Händen eines Psychiaters.[63]
Taiwan, ein Staat durch Zufall.[64]

Der englische Name, Republic of China, wird RoC abgekürzt und wegen Identitätsproblemen und prekärer Lage scherzhaft als „Republic of Confusion" bezeichnet. Taiwan wird selten als eigenständiger Akteur behandelt oder diskutiert, sondern fast immer in Bezug auf bzw. in Abhängigkeit von anderen, meist der VR China und den USA, und nicht, wie es sich im Englischen so schön ausdrücken lässt: *in her own right*.

Der internationale Status von Taiwan ist nicht geklärt und noch immer gibt es Diskussionen über das Selbstverständnis seiner Bewohner:innen.

Gültig ist nach wie vor die 1947 noch auf dem Festland verabschiedete Verfassung. An der verfassungsgebenden Versammlung hatten 2.050 Delegierte teilgenommen, davon stammten 18 aus Taiwan bzw. es waren Taiwaner:innen, die damals auf dem Festland lebten. Die 2016 gewählte Präsidentin Tsai Ing-wen hat mehrfach erklärt, die Republik China sei Taiwan und Taiwan die Republik China. Diese Formulierung ist einer Wortwahl im TRA ähnlich; „[...] Taiwan, das die Vereinigten Staaten bis zum 1. Januar 1979 als die Republik China anerkannten [...]." (Wolff/Simon 1982: 288)[65]

Beim Nationalfeiertag[66] und zu ähnlichen Anlässen seit ihrer Wiederwahl im Januar 2020 sprach Präsidentin Tsai häufiger in einem Atemzug von „Republik China Taiwan"; im Chinesischen, ohne Punkt und Komma, gibt es keinen Unterschied zwischen Republik China Taiwan oder Chinesische Republik Taiwan. (中華民國台灣)

Taiwan-Frage

Die Taiwan-Frage ist eine Frage des Selbstverständnisses und des Status: Wer bin ich, wer sind wir und wer sind wir offiziell sowie inoffiziell für andere? Zusätzlich angereichert ist die Problematik durch Überlegungen, ob es nicht eher eine China-Frage gebe.

Wird über den Status von Taiwan gesprochen, gibt es hauptsächlich vier Positionen. Die Volksrepublik erklärt, sie sei China und Taiwan gehöre zu China. Die Republik China erklärte lange Zeit, sie sei China, vorübergehend aber auf Taiwan und eini-

---

63 Penelope Hartland-Thunberg, hier zitiert aus Vrabec 2006: 7.
64 *„Accidental State"*, so der Anfang des Buchtitels von Lin, Hsiao-ting 2016.
65 Der vollständige Satz in Sec. 2 (a) lautet im Original: *„The President having terminated governmental relations between the United States and the governing authorities on Taiwan recognized by the United States as the Republic of China prior to January 1, 1979, the Congress finds the enactment of this Act is necessary ..."*
66 President Tsai delivers 2019 National Day Address. https://www.english.president.gov.tw/News/5869. Eingesehen am 25.03.2024.

ge kleine Inseln reduziert. Ab Mitte der 1990er Jahre gilt, die Republik China ist Taiwan und sie erhebt keinen Anspruch auf das Festland. Dann gibt es die Position der Status sei ungeklärt, denn Taiwan sei 1945 von Japan zwar abgetreten, aber keinem Land zugesprochen worden. Japan hat das „Ein-China-Prinzip" anerkannt, damit sollte diese Frage, zumindest aus japanischer Sicht, geklärt sein, ist sie aber nicht.

In dem Communiqué zur Aufnahme diplomatischer Beziehungen zwischen der VR China und dem Kaiserreich vom 29. September 1992 erklärt Japan, dass es den Standpunkt der Volksrepublik verstehe, respektiere und sich an den Artikel 8 der Potsdamer Erklärung vom 26. Juli 1945 gebunden fühle. (Klintworth 2000: 374) Der lautet: Die Bestimmungen der Erklärung von Kairo müssen befolgt werden und Japans Souveränität wird beschränkt auf die Inseln Honshu, Hokkaido, Kyushu, Shikoku und kleinere Inseln, die wir noch festlegen werden.[67] Taiwan wurde in der Erklärung nicht direkt erwähnt, da es aber mit Sicherheit nicht zu den kleineren Inseln gehörte, die noch zu bestimmen seien, ist klar, dass es nach dem Willen ihrer Unterzeichner, zu denen auch Chiang Kai-shek gehörte, nicht mehr unter der Souveränität Japans sein sollte. Korea wurde ebenfalls nicht erwähnt, wohl aber sind beide, Taiwan und Korea, Thema der Erklärung von Kairo. In der Verfassung Japans vom 3. November 1946 gibt es keine Beschreibung des Staatsgebiets.

In einem ersten Entwurf der USA für den Friedensvertrag mit Japan soll die Rückgabe Taiwans an die Republik China gestanden haben. (Tkacik 2022) Das hätte auch der Erklärung von Kairo entsprochen. Präsident Truman und viele seiner Berater hatten aber eine tiefe Abneigung gegen die KMT und Chiang Kai-shek, deshalb ist in dem Vertrag kein „Empfänger" von Taiwan genannt, damit blieb der Status offiziell ungeklärt.

In dem am 8. September 1951 unterzeichneten Friedensvertrag von San Francisco verzichtet Japan auf alle Rechte, Ansprüche und Forderungen (*right, title, claim*) auf Formosa und die Pescadores Inseln, erklärt aber nicht, wem es diese überträgt, also weder an die Republik noch an die Volksrepublik China, die beide nicht zu den Unterzeichnern dieses Vertrags gehörten. Der Vertrag von Shimonoseki wird für nichtig erklärt, was eigentlich fast automatisch die Rückkehr Taiwans zu China bedeutete, aber an welches?

Durch das Inkrafttreten des Vertrags am 28. April 1952 erlangte Japan volle Souveränität. Am selben Tag kam es in Taipei zur Unterzeichnung eines Friedensvertrags zwischen der Republik China und Japan, der dann am 5. August 1952 rechtswirksam wurde.[68] In ihm wird auf den Vertrag von San Francisco Bezug genommen und es

---

[67] „The terms of the Cairo Declaration shall be carried out and Japan's sovereignty shall be limited to the islands of Honshu, Hokkaido, Kyushu, Shikoku and such minor islands as we determine." https://www.ndl.go.jp/constitution/e/shiryo/01/002_46/002_46tx.html. Eingesehen am 12.01.2021.
[68] Friedensvertrag zwischen der Republik China und Japan, (Vertrag von Taipei), 1952. https://www.china.usc.edu/treaty-peace-between-republic-china-and-japan-treaty-taipei-1952. Eingesehen am 22.04.2020.

steht dort der gleiche Wortlaut, Verzicht auf Taiwan und Pescadores, allerdings mit dem Zusatz, auch Verzicht auf die Spratley und Paracel Inselgruppen im Südchinesischen Meer. Der Artikel 3 thematisiert die Enteignung und Rückgabe von Eigentum von natürlichen und juristischen Personen zwischen den Regierungen der Republik China und Japan, was wohl als eine staatliche Anerkennung interpretiert werden kann.

Dennoch gilt noch immer der Status als ungeklärt, so in Äußerungen vom britischen Außenminister Eden 1955 (Jain 1963: 27 f.) bis zum US-Außenminister Blinken 2022. Es wird aber nicht überzeugend dargelegt, wann und warum der Status von geklärt in ungeklärt hinüberglitt. Die Kapitulation Japans vor der Republik China in Nanking und Taipei im Jahre 1945, die Gründungsmitgliedschaft in den VN, der Friedensvertrag der Republik China mit Japan (1952), der Verteidigungspakt mit den USA (1955) und der Staatsbesuch von Präsident Eisenhower auf Taiwan 1955 scheinen recht ansehnliche staatliche Statussymbole zu sein.

Das gilt auch aktuell für Reisepässe. Im Jahre 2023 erkannten 146 Staaten, die keine offiziellen Beziehungen zur Republik China (Taiwan) hatten, deren Reisepässe quasi an und gewährten visafreie Einreise. Nur 80 dieser Staaten und Territorien taten dies für Einreisende aus der VR China.

Konvention von Montevideo

Oft wird bei der Frage nach Eigenstaatlichkeit von Taiwan die Konvention von Montevideo über Rechte und Pflichten der Staaten vom Dezember 1933 angeführt.[69] Die Republik China (Taiwan) erfüllt alle dort genannten Kriterien, denn sie hat eine ständige Bevölkerung, ein definiertes Staatsgebiet, eine Regierung sowie die Kapazität, zu anderen Staaten Beziehungen aufzunehmen. (Chen 1998: 236) Dieser Artikel von Angeline G. Chen ist eine inhaltsreiche Darstellung der Geschichte Taiwans sowie der Positionen von Peking und Taipei zur Problematik von Alleinvertretungsanspruch, internationalem Status und Wiedervereinigung.

Die Notwendigkeit einer Anerkennung durch andere wird in diesem Zusammenhang diskutiert, aber die Konvention nennt sie nicht als Voraussetzung für die Existenz eines Staates. Im Jahre 2023 hatten noch 13 Staaten die Republik China diplomatisch anerkannt, selbst wenn es keine solche Anerkennung mehr geben sollte, wäre sie noch immer ein Staat. Manchmal wird ein fünftes Kriterium genannt, eine politische Entität müsse von sich aus den Anspruch erheben, ein Staat zu sein; es gehört nicht zu den „Montevideo-Kriterien." Die Republik China erhebt sehr wohl diesen Anspruch. Wenn ihr die Staatlichkeit also eigentlich nicht abzusprechen ist, bleibt die Frage, wofür sie sich hält und von anderen gehalten wird. Ist es die Republik China

---

69 *Montevideo Convention on Rights and Duties of States.* https://www.jus.uio.no/english/services/library/treaties/01/1-02/rights-duties-states.xml. Eingesehen am 17.05.2020.

gemäß der 1947er Verfassung oder die Republik China auf Taiwan oder eigentlich bereits eine Republik Taiwan, die sich aber so nicht nennen darf? (Boyle 2019: 27 ff.)

Taiwan-Frage oder China-Frage?

Für die VR China ist Taiwan eine abtrünnige Provinz, die zu China gehört. Diejenigen auf Taiwan, die eine Unabhängigkeit befürworten, werden von Peking als Spalter bezeichnet. Wer aber hat sich denn von wem abgespalten? Gewiss kann gesagt werden, Taiwan habe sich von der VR China abgewandt und tue dies in immer stärkerem Maße, aber es hat sich von der Volksrepublik nicht abgespalten, denn es war nie Teil von ihr.

Am 1. Oktober 1949 proklamierte Mao Zedong die Volksrepublik China, denn er und seine Anhänger hatten in einem Bürgerkrieg die Republik China besiegt und diese musste sich nach Taiwan zurückziehen. Es kann durchaus gesagt werden, dass durch ihre Proklamation die VR China sich von der Republik China trennte, sich von ihr als unabhängig erklärte. Der Vorwurf der Abspaltung, den die VR China gegenüber Taiwan erhebt, ist also kritisch zu beurteilen. Andererseits kann sich Taiwan noch nicht von der Republik China emanzipieren, deren Verfassung von 1947, trotz einiger Veränderungen, noch immer von dem „einen China" ausgeht. Die Volksrepublik erlangte ihre Unabhängigkeit, Taiwan bisher noch nicht. Es sei, wie oft geschrieben wird, ein *de facto* Regime bzw. stabilisiertes *de facto* Regime. Diese Bezeichnung wird auch auf andere Territorien angewandt und ist fast immer abwertend gemeint. (Wagner 2015: 281 ff.)

Das Taiwan-Büro beim Staatsrat der VR China veröffentlichte im August 1993 einen Text mit dem Titel: Die Taiwan-Frage und die Wiedervereinigung Chinas.[70] Es ist eine umfangreiche Darlegung der Position der VR China, in der u. a. betont wird, Taiwan sei eine innere Angelegenheit. (Chen 1998: 248 f.) Eine Reaktion darauf kam vom Rat für Festlandsangelegenheiten der Republik China mit der Feststellung, es gebe keine Taiwan-Frage, sondern nur eine China-Frage und die Sichtweise, es existiere ein Land mit zwei Regierungen unterschiedlichen Ranges, wurde zurückgewiesen.[71] Beide Seiten stimmen lediglich darin überein, dass die Meinung der jeweils anderen zur China-Taiwan-Frage falsch sei.

Es ist geschickt, das Problem als „Taiwan-Frage" zu bezeichnen und mit dieser Etikettierung hat sich die VR China weitgehend durchgesetzt. Das insinuiert, auf und mit Taiwan müsse sich etwas ändern. Es ist aber eher eine China-Frage, d. h. was genau ist

---

70 *The Taiwan Question and the Reunification of China. Taiwan Affairs Office and Information Office State Council.* Peking 1993. Peking Review, 36, 6.-12.09 1993, S. i-viii.
71 Mainland Affairs Council. There is no „Taiwan Question" There is only a „China Question": Views on the Chinese Communists' White Paper, „The Taiwan Question and Reunification of China." Taipei 1993.

unter „ein China" zu verstehen? Aber dieses „Ein-China-Prinzip" meint die Volksrepublik letztinstanzlich geklärt zu haben. Bis zum Jahr 1971 war das Prinzip für die Republik China (Taiwan) nützlich, seitdem liegt der Vorteil fast ausschließlich auf Seiten der Volksrepublik. Fast ständig redet Peking mit anderen Staaten über die „Taiwan-Frage", behauptet aber, sie sei eine rein innerchinesische Angelegenheit.

Die Lösung des Problems steht in engem Zusammenhang mit der Gewaltfrage. Jiang Zemin, damals Parteichef und Staatspräsident, sagte im Januar 1995:

> Es gibt zwei Möglichkeiten, die Taiwan-Frage zu lösen: mit friedlichen Mitteln oder auf nicht friedliche Art. Wie die Taiwan-Frage gelöst wird, das ist Chinas innere Angelegenheit, eine äußere Einmischung wird hier nicht geduldet. Wir haben uns immer für eine Wiedervereinigung auf friedlichem Wege und durch Verhandlungen ausgesprochen. Aber die Anwendung von Gewalt wird nicht ausgeschlossen. Eine solche Verpflichtung würde eine friedliche Wiedervereinigung unmöglich machen und sie könnte nur dazu führen, dass letztlich diese Frage durch die Anwendung von Gewalt gelöst werden müsste.[72]

Diese nach wie vor gültige Sichtweise unterstellt, ein Gewaltverzicht könnte Taiwan ermuntern, die *de iure* Unabhängigkeit anzustreben, z. B. eine „Republik Taiwan" zu proklamieren, was die VR China dann zur Gewaltanwendung zwingen würde. Aus Sicht der VR China scheint also die Androhung von Gewalt in diesem Fall, zumindest mittelfristig, friedensbewahrend zu sein, denn sie trage zum Erhalt des Status quo bei.

Taiwan ist nicht Teil der VR China, aber stark von deren Verhalten abhängig. Es ist nicht zu prognostizieren, ob und wann der tatsächliche Zustand über einen langen Zeitraum zu völkerrechtlicher Anerkennung führt, ob also Taiwan einmal von der normativen Kraft des Faktischen profitieren könnte.[73]

Die Führung der Volksrepublik – Kommunistische Partei, Militär, Wirtschaft – ist ein konflikträchtiges Elitenkonglomerat und die Taiwan-Frage ist eines der wenigen Themen, bei dem eine einhellige Meinung vorhanden zu sein scheint sowie eine Übereinstimmung mit der Bevölkerung, auch deshalb sind Strategiewechsel hier so schwierig. Eine neue Generation könnte der Notwendigkeit, die Wiedervereinigung mit Taiwan vollenden zu müssen, weniger Dringlichkeit und Bedeutung beimessen. Wegen der sakralen Überfrachtung dieser Mission seitens Pekings sind die Hürden für einen entspannteren Umgang mit der Taiwan-Frage für zukünftige Politiker und Militärs in China allerdings sehr hoch.

In der Anfangsphase der Zusammenarbeit gab es Hoffnung auf Entspannung, Normalisierung und Konvergenz. Diese Erwartung wurde auf Taiwan und im Ausland oft damit ausgedrückt, das zukünftige China könnte wie das heutige Taiwan werden. Die Führung der Volksrepublik hatte nie beabsichtigt, einen solchen Weg zu gehen und es

---

[72] *SWB*, Part 3, Asia-Pacific, BBC-Monitoring Service, FE/2215, 31. Januar 1995, S. G/s. Siehe hierzu die Acht Punkte von Jiang, S. 293 ff.
[73] Zur Bedeutung dieser von Georg Jellinek entwickelten Sichtweise, allerdings nicht explizit auf geteilte Staaten bezogen, siehe Anter 2004. Zur Frage von Staatlichkeit bezüglich Taiwans, siehe Pan 2012.

gibt es auch keine Anzeichen für eine Konvergenz, denn Peking hält den eigenen Weg für richtig und erfolgreich.

Der Status von Taiwan ist umstritten und rechtlich ungeklärt. Ob die fehlende Präzisierung im Friedensvertrag von San Francisco, wem Japan das Territorium übergibt, einmal ein Vorteil für Taiwan sein könnte, mag die Zukunft zeigen. Was auch immer geschieht, es wäre eine Veränderung des Status quo. Falls es zu einer friedlichen Klärung der Statusfrage käme, dann sollte dies nur mit Zustimmung der Taiwaner:innen erfolgen, d. h. es sollte ihnen erlaubt sein, zu sagen, Taiwan gehört uns.

Taiwan als Waise

Steve Goldstein hat Taiwan als „Asiens Waisenkind" bezeichnet. (Drun 2017) Man könnte der Versuchung erliegen, zu sagen, im Vergleich zur Volksrepublik sei Taiwan der reinste Waisenknabe. Wegen des Selbstverständnisses und der tatsächlichen Situation im internationalen System haben viele in der Bevölkerung und oft auch die Regierung auf Taiwan das Gefühl, Waise zu sein: 1644 erfolglos loyal zur Ming-Dynastie, 1895 an Japan weggegeben, ohne gefragt zu werden, 50 Jahre später von Japan aufgegeben, niemandem offiziell übergeben, dann 1945 von der KMT, der Republik China, unterstützt durch die USA, besetzt und unterdrückt worden und später aus eigener Kraft eine Demokratisierung erlangt. Diese Vorgeschichte erklärt, warum es viele auf Taiwan als notwendig erachten, der Volksrepublik gegenüber die Trennung aufrechtzuerhalten, die internationale Position durch Widerstand gegen die Bestrebungen Pekings zu verbessern sowie die Flexibilität der USA zu nutzen. Gleichzeitig gilt es aber auch, achtsam zu sein, die VR China nicht zu sehr zu provozieren und die Beziehungen zwischen Taipei und Washington nicht zu belasten. Die Waisenmentalität Taiwans ist eine Kombination aus Furcht, Anhängigkeit und unsicherer-trotziger Selbstfindung. Furcht besteht wegen der Gefahr, erneut fallen gelassen zu werden. Die USA gelten als die Macht, die Taiwan 1979 aufgegeben hat; sie sind aber noch immer die wichtigste Schutzmacht durch den TRA. Für die USA bedeutet das, Taiwan zu hindern, die prekäre regionale Stabilität zu gefährden, gleichzeitig aber die Erwartung glaubhaft zu erhalten, dass sie Taiwan nicht im Stich lassen werden.

Gudrun Wacker ist zuzustimmen, dass jede Regierung auf Taiwan eine Balance finden müsse:

> [...] zwischen der Annäherung an das Festland einerseits und dem Eintreten für die Souveränität und die Würde Taiwans andererseits. Taiwans Außenpolitik muss dabei nach Möglichkeit Schritte vermeiden, welche die VRCh oder die USA als einseitige Infragestellung des Status quo, der sich ohnehin ständig verändert, wahrnehmen könnten. Schließlich muss Taipei darauf achten, sich nicht von außen benutzen zu lassen, beispielsweise in den Streitigkeiten im Südchinesischen Meer. (Wacker 2022: 18)

3.5 Korea

„Korea ist der letzte Gletscher des Kalten Krieges in Asien." (Baker 1991: 13)
„Das Problem der koreanischen Halbinsel ist das letzte Überbleibsel des Kalten Krieges vom Zwanzigsten Jahrhundert." (Kim Dj 2004:161)

Der Legende nach sind Koreanerinnen und Koreaner göttlicher Abstammung. Der König des Himmels schickte einen Sohn auf die Erde und eine der Folgen dieser Mission war ein Sohn mit Namen Tangun. Seine Mutter, eine frühere Bärin, wurde durch Disziplin und Entbehrung zur Frau. Tangun gründete 2333 v. Chr. das Königreich Choson; all das begab sich in einer Gegend, die heute Nordkorea ist. Dort befindet sich auch der „heilige" Berg Paekdu, an dessen Fuß Kim Jong-il das Licht der Welt erblickt haben soll.[74] Dieser Gründungsmythos, verbunden mit dem illustren Stammbaum der Kim-Dynastie, wird sehr geschätzt und der Name „Choson" findet als Kurzform für Nordkorea Anwendung. Im Gegensatz zu dem erwähnten chinesischen Entstehungsmythos Taiwans ist Korea eine himmlisch initiierte, gewaltfreie Eigenschöpfung.

Poblematische geopolitische Lage

Korea ist eine gebirgige Halbinsel am Rand des eurasischen Kontinents mit langer Geschichte. (Eggert 2015: 23)[75] Seit der Koryo-Dynastie (913–1392) war Korea trotz Perioden der Fremdbestimmung mehr oder weniger ein Einheitsstaat, der seitdem auch seine Grenzen kaum veränderte. Kontinuität hat diese Halbinsel im positiven Sinne durch ihre Geschichte, großartige kulturelle Leistungen und Innovationen; eingequetscht zu sein zwischen großen invasionsgierigen Mächten sowie kompromißloser Streit im Innern gehören zu den negativen Konstanten. Zu dieser „Zwickmühlenexistenz" schrieb Jens Hacker: „Für ihre exponierte geographische und geostrategische Lage hat die koreanische Halbinsel, die seit 668 einen ethnischen und sprachlich geeinten Staat unter verschiedenen Dynastien, mit gleichem Recht und der gleichen Religion bildete, bitter büßen müssen." (Hacker 1988: 18)

Korea liegt zwischen den beiden ostasiatischen Mächten mit den kompliziertesten Beziehungen, nämlich zwischen China und Japan. Es scheint schicksalhaft dazu verurteilt, der unausgeglichenen Machtbalance der es umgebenden Länder ausgesetzt zu sein. Während der Zeit der Suzeränität unter dem Kaiserreich war Korea für China ein „Schwiegersohnstaat." Er war Chinas Stärke ausgesetzt; später waren dann China und Korea zeitgleich schwach, was das Vorrücken des japanischen Imperialismus begünstigte. Korea wurde 1910 zur Kolonie Japans, das chinesische Kaiserreich endete 1912.

---

74 Tatsächlich wurde er im Februar 1941 im Fernen Osten der Sowjetunion geboren.
75 Eine kompakte Darstellung der Geschichte Koreas steht bei Lee Ej 2005: 13–45.

Korea wandte oft zwei Strategien an, um trotz dieser Zwangslage überleben zu können: abkapseln oder öffnen. Das führte dann entweder zum „Eremiten-Königreich" oder zur Zusammenarbeit mit einer der Großmächte, die Korea bedrängten. Entweder genügsam sein und auf die eigene Kraft vertrauen oder mittels Kooperation das Bestmögliche herausholen.

China, das Kaiserreich und die Volksrepublik, waren bzw. sind bemüht, Einfluß auf die koreanische Halbinsel auszuüben. Während der Kaiserzeit wurde ein Tribut- bzw. Vasallenstatus Koreas gegenüber China angestrebt und spätestens seit der Tang Dynastie (618–907) wird Korea als wichtige Pufferzone betrachtet. Wenn diese in Gefahr geriet, kam es meist zu militärischen Interventionen, so während der Ming Dynastie, als japanische Truppen im 14. Jahrhundert Pjöngjang eroberten und während des Koreakrieges, als US-Truppen bis an den Grenzfluß zwischen der DVRK und der VR China vordrangen. David Halberstam nannte den Koreakrieg ein Paradebeispiel dafür, was passiert, wenn eine Nation, in diesem Fall die USA, voller Arroganz der Macht, mit einer neuen Realität konfrontiert wird und einige der Mächtigen rassistisch denken. (Halberstam 2007: 654) Auch über 70 Jahre später ist diese Konfrontation noch immer nicht entschärft.

Die missliche geopolitische Lage Koreas ist nicht zu ändern, die Halbinsel bleibt in der Mitte zwischen rivalisierenden Mächten. (Kim Sy 2005)[76] Deshalb ist es notwendig, Selbst- und Umweltverständnis Koreas näher zu betrachten und hier spielen geographische Lage, Identität und Geschichtsinterpretation eine entscheidende Rolle. Kim Sung-han formulierte es so: „Über mehr als zweitausend Jahre war das Schicksal Koreas entweder eine Funktion der Dominanz einer Nation, die Korea kontrollierte oder der Machtbalance zweier Nationen, die um diesen Einfluss konkurrierten." (Kim SH 2008: 132.) Das Dilemma scheint naturgegeben zu sein: „Am Ende des 19. Jahrhunderts wurde Korea, allein schon wegen seiner geographischen Lage, ein Schlachtfeld von Großmächten, nicht nur, um die koreanische Halbinsel zu kontrollieren, sondern auch, um Dominanz über das asiatische Festland auszuüben." (Tang 1999: 464) In diesem Kontext sieht der japanische Koreaexperte Wada Haruki auch den Koreakrieg, der für ihn ein weiteres Kapitel der Auseinandersetzungen um Vorherrschaft in Nordostasien war und auch eine Fortsetzung des chinesischen Bürgerkrieges darstellte. (Wada 2014)

„Philosophie des Beklagens": Schuld und Schuldzuweisung

Kim Dae-jung betonte, dass Norden und Süden Koreas die „Philosophie des Beklagens" (*philosophy of grievance*) gemeinsam hätten, (원한(怨恨) 사상), denn sie mussten in ihrer Geschichte so viel Leid erfahren und würden sich fortgesetzt nach Wiedergutma-

---

[76] Hilfreich für das Verständnis der Beziehungen zwischen China und Korea ist Kleis/Westphal 2006.

chung ihrer Beschwerden sehnen.[77] Er hat *Wonhan Sasang* sehr diplomatisch übersetzt, eigentlich ist der Ausdruck viel drastischer, es ist eine Ideologie der aufgestauten Feindschaft. „Diese Philosophie und die konfuzianische Ethik betonen die Vergangenheit und historische Ursachen. Für Koreaner schließt die Vergangenheit die Zukunft auf." (Kim Dj 1994: 109) Damals wie heute, so Kim, seien für Koreaner:innen „historische Beweggründe" wichtiger als Ergebnisse. Die Betonung liege darauf, wie alles begonnen habe. Seine generelle Feststellung aus den 1990er Jahren ist nicht mehr ganz zutreffend, denn es gibt in der RK einen sich zuspitzenden Generationenkonflikt. Ob es einen solchen im Norden gibt, geben könnte, ist nicht auszumachen, aber nicht auszuschließen. Die Mehrheit der jüngeren Generation im Süden hat wenig Interesse an dem, was den Alten heilig ist, für sie zählt als Ergebnis das eigene Fortkommen/Einkommen. Aufgrund der konfuzianischen Tradition äußert sich dieser Konflikt selten offen, hat jedoch auch Auswirkungen darauf, welche Priorität einer Vereinigung Koreas eingeräumt wird. Die Alten haben politisch aber noch immer das Sagen.[78]

Kim Dae-jung meinte: „Drei Grundströmungen der Geschichte beeinflussen Korea, die Chancen seiner Wiedervereinigung und stabile Beziehungen in Asien: Koreas ganz spezielle geografische Charakteristika, seine Beziehungen zu den USA und der Missbrauch des Themas Wiedervereinigung für politische Zwecke." (Ebd. S. 110)

Die Haltung des *Wonhan Sasang* ist ein tief sitzendes kollektives Gefühl der Erniedrigung, Bevormundung und Frustration, das aus einer bestimmten Interpretation der Vergangenheit entsteht. Die USA unter Präsident Theodore Roosevelt hätten Japan in einer entscheidenden Phase Korea überlassen, (Esthus 1967. Conroy 1960), 1945 kapitulierte Japan vor den Alliierten und nicht vor koreanischen Befreiungskräften bzw. der Exilregierung Koreas, das Ausland teilte Korea, stiftete zum Bürgerkrieg an, in den es intervenierte, das Ausland ist für den Fortbestand der Teilung verantwortlich. Eine solche Geschichtsinterpretation fördert Nationalismus, aufopfernde Arbeitsethik sowie Spannungen mit dem und Schuldzuweisungen zum Ausland, speziell gegenüber Japan, allerdings auch innerhalb der koreanischen Gesellschaft.

Nach der Niederlage Japans 1945 waren Hoffnungen und Erwartungen in Korea groß, dass nun Freiheit und Einheit der Halbinsel verwirklicht werden könnten. Die von den USA und der Sowjetunion beschlossene Verwaltung war für viele ein Schock, der „tausend Träume erstickte." (Lee, Namhee 2013) Viele meinen, die Treuhandschaft über Korea nach 1945 sei der Schlüssel für die Teilung und deren Fortbestand. (Lee Js 2007) Gemäß dieser Geschichtsinterpretation liegt die Hauptschuld beim Ausland.

---

77 Es könnte aufschlussreich sein, eine „Philosophie des Beklagens", die Sicht bzw. Erfahrung, das eigene Volk sei besonders viel Leid ausgesetzt und deshalb stünden ihm in Gegenwart und Zukunft besondere Kompensation und eigenmächtiges Handeln zu, vergleichend zu untersuchen. Neben Korea und China könnten Polen, Irland, Serbien und Israel interessante Fallbeispiele sein.
78 Diesen Hinweis verdanke ich Gesprächen mit Dr. Thomas Kalinowski, der Professor an der Ewha-Universität in Seoul ist.

In Gesellschaften, in denen eine solche Sichtweise vorherrscht, wird die Schuldfrage oft einseitig beantwortet. Innere Schwächen werden weniger thematisiert, die Schuld des Auslandes und die eigene Opferrolle hingegen betont. Beispiele dafür sind das Ende der Qing-Dynastie in China, der Choson-Dynastie in Korea, (McGrane et al. 1973. Kindermann 2001: 97 f.), und auch die späte SED-DDR, wo viele der Führung und der Funktionselite der Meinung waren bzw. noch sind, Gorbatschow habe sie verraten und der NATO überlassen. So z. B. Markus Wolf: „Die DDR war zu Stalins Zeiten Objekt sowjetischer Interessen gewesen, und sie blieb es unter Chruschtschow, Breschnew, Andropow, Tschernjenko, bis Gorbatschow sie der Nato überließ." (Wolf 1997: 324). Eine ähnliche Sichtweise gibt es auch in der KMT auf Taiwan: man habe das Festland hauptsächlich wegen Verrat und mangelnder Unterstützung seitens der USA verloren.

Ein Aspekt der koreanischen Geschichte findet oft zu wenig Beachtung. Es gab Invasionen und die Kolonialzeit, aber immer blieb Korea erhalten. Diese Kontinuität erklärt auch die Bedeutung von nationalem Zusammenhalt und den Wunsch nach staatlicher Vereinigung. Es wird hervorgehoben, dass seit der Endphase der letzten Dynastie im späten 19. Jahrhundert sich das Land in starker Abhängigkeit befinde. Diese Erfahrung dient auch als Erklärung dafür, warum der Norden Unabhängigkeit so betone, obwohl seine Politik u. a. das Land in Abhängigkeit von der VR China geführt hat. Der Süden bemüht sich um eine Intensivierung internationaler Kontakte und vertraut militärisch auf den Beistand der USA. Seoul macht sich dadurch oft mehr abhängig von Washington, als wohl notwendig wäre.

Bei geteilten Nationen ist nicht die Anzahl der Unterschiede ein wesentlicher Indikator für die Schwierigkeit der Lösung des Falles, sondern deren spezifische Gewichtung.

Im Gegensatz zu Irland, mit Differenzen bei Religion und Geschichte und Zypern bei Religion, Sprache sowie Geschichte, sind in Korea die Unterschiede „nur" politisch und ökonomisch, außerdem ist es, besonders im Norden, eine der ethnisch homogensten Gesellschaften der Welt. (Shin 2006) Dennoch ist die Halbinsel wegen ihrer Teilung ein gefährlicher Spannungsherd. Kim Dae-jung betonte, dass es letztlich die Menschen in Korea sein müssten, die über ihre Zukunft entscheiden. Durch die Verschärfung der Nuklearkrise und die Zuspitzung der Konfrontation zwischen den USA und der DVRK wurde erneut deutlich, dass beide Staaten in Korea mehr reagierende Objekte als handelnde Subjekte sind. Viele im Süden wie im Norden sind der Meinung, dass nach wie vor einer Koreanisierung des Koreaproblems große internationale Hürden entgegenstünden. (Ha 2007: 256) Ein früherer Präsident der RK hat die Ambivalenz der geopolitischen Lage Koreas zusammengefasst. „Die vier mächtigen Staaten, die Korea umgeben, können für uns eine Medizin oder ein Gift sein. Sind wir schwach und geteilt, dann haben sie völlige Kontrolle über uns. Sind wir aber stark und geeint, dann werden sie versuchen, mit uns zusammenzuarbeiten. Das hängt alles von uns ab." (Kim Dj 2019: 869)

Diese Erkenntnis, sollte sie von Süden und Norden geteilt werden, müsste eigentlich zu mehr gesamtkoreanischem Handeln veranlassen. Bisher überwiegen aber gegenseitige Vorwürfe, warum es ein solches einvernehmliches Vorgehen noch nicht gebe. Eine geopolitische Position in der Mitte könnte auch eine Reihe von Möglichkeiten eröffnen, zum Beispiel als Vermittler. Korea hätte dann eine Brückenfunktion. (Park ML 2010) Sollten beide Staaten in Korea diese Chance erkennen und ergreifen, würden nicht nur sie, sondern würde die gesamte Region davon profitieren, sonst bleibt es bei dem alten Sprichwort, Korea sei eine zwischen Walfischen eingequetschte Garnele.

Der Norden

Flächenmäßig sind beide Staaten auf der Halbinsel etwa gleich groß, im Süden wohnen doppelt so viele Menschen. Bei Errichtung der DVRK im September 1948 war ihr Territorium industrialisiert und verfügte über eine gute Infrastruktur. Japan hatte während der Kolonialzeit planmäßig den Norden Koreas und den Nordosten Chinas, Mandschukuo, ausgebaut. (Fochler-Hauke 1941: 293–339) Der Süden hingegen war der zurückgebliebene agrarische Teil. Die Verluste durch den Bürgerkrieg waren wohl auf der Halbinsel in etwa gleich verheerend, wobei im Norden durch Bombardierungen vermutlich noch mehr zerstört wurde. Dennoch war die DVRK bis in die frühen 70er Jahre ökonomisch nicht schlechter gestellt, als der Süden, in einigen Bereichen sogar eindeutig besser. Durch die beschleunigte und äußerst erfolgreiche Industrialisierung und Modernisierung des Südens hat sich dieses Verhältnis drastisch zu Ungunsten des Nordens verschlechtert. Der setzt auf Autarkie und lässt deshalb Landwirtschaft auch auf dafür ungeeignetem Terrain betreiben, eine Strategie, die dennoch keine ausreichende Selbstversorgung ermöglicht, sondern u. a. zu vermehrter Abhängigkeit von der VR China führte. (Lee, John 2016) Zur Überlebensversicherung wird Raketen- und Nuklearrüstung betrieben. Die DVRK will den Schutz durch die VR China beibehalten und möchte die Abhängigkeit von ihr verringern. Sie möchte die Beziehungen zu den USA normalisieren und mit diesen zusammenarbeiten. Pjöngjang will Respektierung seiner Souveränität und die Anerkennung einer Gleichrangigkeit sowohl von der Schutzmacht, als auch von Washington. Diese beiden Bedingungen sind von zentraler Bedeutung für den Umgang mit der DVRK.

Die entscheidende politische Kraft ist eine Kombination aus Partei[79] und Streitkräften unter der nahezu unangefochtenen Führung von Kim Il-sung und seinen Nachfolgern (Sohn, Enkel). Sie soll sozialistisch sein, hat aber eher Charakteristika einer konfuzianistischen Monarchie. Zur Machterhaltung ist die Führung der DVRK bestrebt, eine eigene Ideologie der Selbständigkeit als überragende Orientierung beizu-

---

79 Die Anfänge der „Partei der Arbeit Koreas" gehen auf das Jahr 1919 zurück. Sie hat laut Verfassung, wie früher die SED, die führende Rolle im Staat. Vermutlich ist rund ein Drittel der Bevölkerung der DVRK Mitglied in dieser Partei. Es existieren zwei weiterere Parteien, die noch weniger Einfluß haben als damals die Blockparteien in der SED-DDR.

behalten und Informationsflüsse zu überwachen, dafür betreibt sie Abschottung nach außen und Informationskontrolle im Innern. Bei Gesprächen mit Diplomaten, Akademikern und Studierenden aus Nordkorea ist oft festzustellen, dass deren Kenntnisse über das Ausland beeindruckend sind, aber es ist kaum zu ergründen, in welchem Maße die, die Zugang zu solchen Informationen haben, die Propaganda ihres eigenen Regimes glauben. Bis Mitte der 1970er Jahre wurde der Süden als ökonomisch und militärisch schwächer angesehen. In dieser Zeit gab es bemerkenswerte Einschätzungen. Im September 1972 wurde nach Meinung des Außenministeriums in Pjöngjang durch die Rot-Kreuz-Gespräche beider Seiten den Menschen im Süden „[...] klar die Überlegenheit des gesellschaftlichen Systems im nördlichen Teil des Landes und der Wille seiner Bevölkerung zur friedlichen Vereinigung des Landes bewiesen." (PA AA 2) Auch der Botschafter der SU war erstaunt über unrealistische Einschätzungen, denn Pjöngjang würde seinen eigenen Einfluss überbewerten, die unterschiedlichen gesellschaftlichen und politischen Systeme nicht ausreichend berücksichtigen und die militärischen Kräfte im Süden unterschätzen. (PA AA 3) Nach Hans Maretzki lag das an dem klaustrophilen Dasein der Führung, die zwar einigermaßen informiert sei, aber keinen realistischen Ansatz zur Analyse der Umwelt finde. (Maretzki 2002: 251) Bei offiziellen Äußerungen der DVRK, auch bei Unterrichtungen ihrer damaligen „Bruderstaaten", ist stets zu bedenken, dass sie zum überwiegenden Teil propagandistische Selbstdarstellungen sind.

In den 1980er Jahren änderte sich die Einschätzung, denn es war nicht gelungen, die Militärallianz zwischen den USA und der RK zu schwächen und Wirtschaft sowie Technologie im Süden hatten beeindruckende Fortschritte gemacht. Im Norden konnten ab 1994 Waren aus dem Süden ihre urspüngliche Etikettierung beibehalten. Kim Jong-il soll gesagt haben, die Menschen würden südkoreanische Gebrauchsartikel gut kennen, man solle sich deshalb keine Mühe mehr machen, sie als japanische Produkte auszuweisen oder das Etikett zu entfernen.[80]

Nordkorea droht und fühlt sich selbst bedroht

Es gibt die Einschätzung, die Führung des Nordens sei über Vorgänge im In- und Ausland bestens informiert. Mitglieder der Delegation, die Kim Dae-jung im Juni 2000 zu seinem Gipfeltreffen begleiteten, meinten, sie hätten es mit sehr schwierigen Personen zu tun, aber mit Realisten.[81] Kim Jong-il, so der Eindruck von Madeleine Albright und Kim Dae-jung, lebe zwar in einem isolierten Land, sei aber informiert, intelligent und humorvoll. (Albright 2003: 467) Aus seiner Sicht gehe eine existentielle Bedrohung von den USA aus und Kim Dae-jung sagte Albright, die große Gefahr bestünde in der fast

---

80 *Yonhap News Agency* vom 13.06.1994, hier zitiert aus *SWB*, FE/2049 vom 16.06.1994, S. D/4.
81 Die Debatte über den Grad an Rationalität der nordkoreanischen Führung wird seit längerer Zeit kontrovers geführt. Vgl. Cha 2000 und Smith 2000.

paranioden Furcht vor Bedrohung. (Ebd. S. 457) Diese Einschätzung hat sich nicht geändert. Damit es Veränderungen geben kann, müssten sich zuerst einmal die Beziehungen zwischen Washington und Pjöngjang ändern.

Die Führung der DVRK scheint sich auch an dem Motto „Viel Feind, viel Ehr" zu orientieren, das von Georg von Frundsberg (1473–1528) stammt, einem kaiserlich-habsburgischen Truppenführer und Kriegsunternehmer. Auch Kaiser Wilhelm II. fand an diesem Wahlspruch Gefallen. Die „Kim-Dynastie" in Pjöngjang scheint ihm mit moderner, nuklearer Waffentechnik und fast schon gerissen zu nennender Risikokalkulation zu folgen.

Wer sich mit der DVRK beschäftigt, sollte unvoreingenommen über etablierte Definitionen von Begriffen wir Potenzial, Stärke und Schwäche nachdenken. Einmal abgesehen von der Schuldfrage, dieses Regime hat wenig bis kaum Erfahrung mit fairer Zusammenarbeit, aber es ist sehr erfahren darin, unberechenbar zu sein. Lucian W. Pye benutzte die folgende Formulierung, um die Natur der von der VR China verfolgten Strategie zu beschreiben: xenophobischer Nationalismus, geleitet von opportunistischem Pragmatismus. (Pye 1999: 38 ff.) Die schlaue und bislang erfolgreiche Überlebenskunst der DVRK kann vielleicht beschrieben werden als ein von Verfolgungswahn bestimmter Nationalismus, den ein flexibler Pragmatismus leitet. Oder in den Worten von Alvin Magid: „Die Strategie der ‚minimalistischen Überlebenskunst' basiert auf der Zuversicht, die nordkoreanische Führer in ihre Fähigkeit haben, ihre unterschiedlichen Taktiken an innen- und außenpolitischen Fronten für ihre Zwecke nutzbar zu machen und durch Feinabstimmung zur Wirkung zu bringen." (Magid 2000: 107) Es ist hervorzuheben, dass trotz des äußeren Erscheinungsbilds eines dogmatischen Regimes die DVRK unter Kim Il-sung es während des ideologischen Schismas zwischen Peking und Moskau erfolgreich vermied, sich auf eine Seite zu stellen, u. a. mit dem Verweis auf die Existenz einer eigenen Ideologie, Juche, die den historischen Erfahrungen, gegenwärtigen Notwendigkeiten und zukünftigen Erfordernissen ideal entsprechen würde. (Cheong 1997. Chung 1978) Diese Strategie betont ein Memorandum vom 16. Juni 2000 für die Außenministerin der USA, Madeleine Albright, das im Zusammenhang mit dem koreanischen Gipfeltreffen vom Juni 2000 erstellt wurde.

> Die Nordkoreaner haben gerade deshalb inmitten von großen Nachbarn unabhängig und stachelig überlebt, weil sie keine ideologisch rigide Außenpolitik verfolgten. Ihre Politik hat im Gegenteil auf die sich verändernden Umstände auf der und um die Halbinsel herum reagiert. Kim Jong-il hat an dieser Strategie über viele Jahre hinweg mitgewirkt, er hat in der Tat geholfen, sie herauszubilden. (National Security Archive. Wampler 2007: 23)

Diese Strategie wird auch von Kim Jong-un, seinem Sohn und Nachfolger fortgesetzt, sie erreichte im Jahre 2018 mit mehreren Gipfeltreffen einen Höhepunkt. Die Mentalität und Politik „der belagerten Festung" ist für die Führung Nordkoreas hilfreich bei ihren Bemühungen um die Abschottung des Landes; hinderlich ist sie oft für internationale Kooperation, war aber nie ein Dogma und wird von der Führung flexibel praktiziert. (Kim, Bomi 2016)

Normal ist für diese Führung der Ausnahmezustand, Zusammenarbeit wird beargwöhnt, denn sie könnte zu Abhängigkeit führen. Die Staatsideologie betont Unabhängigkeit und Selbständigkeit, dennoch ist das Land abhängig von der VR China. Aber Pjöngjang sieht in deren Unterstützung und Hilfe keine Einseitigkeit, sondern erklärt sie als wohlverdient, denn die DVRK verhindere große Probleme im Nordosten Chinas, weil sie u. a. Flüchtlingsströme zurückhalte, außerdem habe sie sich während des ideologischen Streits zwischen Peking und Moskau neutral verhalten und bei früheren Naturkatastrophen und Hungersnot in der VR China umfangreiche Hilfe geleistet.

Die staatstragende Elite der DVRK hätte bei großen Veränderungen viel zu verlieren. Etwa drei Millionen profitieren von der „Hofgesellschaftswirtschaft" (*court economy*). Die Funktionselite besteht hauptsächlich aus Angehörigen der Partei, des Militärs, der riesigen Bürokratie, des Überwachungsapparats und Technokraten. (Oh/Hassig 2000: 42. Wolf/Akramov 2005: 12 f. Frank 2017: 59, 299 ff.)

Die DVRK verändert sich, wenn auch langsam und nicht in der Richtung, wie es im Ausland und vermutlich auch heimlich von vielen in der eigenen Bevölkerung gewünscht wird. Es gibt eine Mittelklasse, Geld und kleine ökonomische Freiräume spielen zunehmend eine Rolle, all das stellt aber die Machtausübung des Regimes bisher vor keine ernsthaften Probleme, denn es gibt keine erkennbare, organisierte und realistische Alternative. Kim Jong-il sagte der Außenministerin der USA: „Wie in den USA, so gibt es auch hier Leute, die eine andere Meinung haben, als ich, obwohl es nicht so viele sind, wie die Opposition bei ihnen." (Albright 2003: 465) Er erwähnte nicht extra, dass er zahlreiche Mittel habe, mit abweichenden Meinungen umzugehen, die später auch sein Sohn Kim Jong-un auf spektakuläre Weise zur Anwendung brachte.

Veränderungen haben bisher weder bewirkt, dass sich das Regime weniger bedroht fühlt und dass es vom Ausland weniger als Bedrohung empfunden wird. Was das Überleben des Systems anbelangt, ist die DVRK in einer viel besseren Lage, als es die SED-DDR war. Was Reformen angeht, ist ihre Situation schlechter, als z. B. die der VR China und Vietnams. In der DVRK ist die Reformnotwendigkeit groß, Fähigkeit und Bereitschaft zu Reformen sind aber gering. Andrei Lankov hat diese Problematik bereits vor Jahren beschrieben: „In gewissem Sinne steht in Nordkorea die Zeit still, es lebt in der Welt der 1950er, wenn überhaupt, der 1960er Jahre. Das plötzliche Erlebnis der modernen Welt wäre ein Schock, die meisten Menschen im Norden sind auf die neue Realität des 21. Jahrhunderts nicht vorbereitet. Gewiss würden sie sich anpassen, aber langsam und nicht ohne Schmerzen." (Lankov 2008) Das Dilemma tangiert auch die VR China und die USA.

> Das Grundproblem liegt in dem langfristigen Ziel der USA einer Vereinigung zwischen Nord und Süd, und das ist genau das, was die Chinesen fürchten. Peking hat nichts gegen eine Wiedervereinigung, aber es hat Bedenken wegen der unvorhersehbaren Unruhe, die durch einen Zusammenbruch des Kim-Regimes entstehen könnte: interner Aufruhr, Konflikt zwischen Nord und Süd, hunderttausende von Koreanern, die nach China flüchten. (Seib 2009)

Außerdem spielt für die VR China der mögliche Verbleib von US-Truppen nach einer Vereinigung eine wichtige Rolle. (Overhaus/Sakaki 2021: 8 f.)

Eigenheiten des Regimes

Angeblich hat Kim Jong-il einmal gesagt, wer vom Ausland Nordkorea betrachte, der solle nur Nebel sehen können. (Hassig/Oh 2009: 27) Mit diesem Bemühen ist das System der DVRK sehr erfolgreich. Das Hauptwerk von Arthur Schopenhauer trägt den Titel, „Die Welt als Wille und Vorstellung." Die Kim-Dynastie hat den Willen und die Machtmittel, dass die Welt von der DVRK weitgehend eine Vorstellung hat, wie sie es beabsichtigt.

In der Republik Korea gab es Diktatur, politische Attentate, eine rasante Industrialisierung, die Niederschlagung eines Volksaufstandes und ab 1987 eine Demokratisierung. Im Vergleich zu diesen Entwicklungen wirkt die DVRK wie eine Heimstatt der Stabilität. Abgesehen von Fraktionskämpfen gab es keinen Schock, wie ihn die Entstalinisierung in der Sowjetunion und später deren Ableben bewirkte und keine „Kulturrevolution" wie in der VR China. Es ist ein bizarres Regime, dessen wesentliche Strukturen anscheinend seit seiner Gründung fast unverändert sind.

Die KP Chinas war verantwortlich für viele blutige Massenkampagnen und sie ist zugleich die politische Kraft, die eine Modernisierung und Öffnung des Landes ermöglichte, die sie in Abwesenheit politischer Alternativen auch kontrolliert und steuert. Legitimiert wird ihre Herrschaft weniger durch Ideologie, sondern durch Wirtschaftswachstum und weltweiten Einfluss. Der DVRK fehlen Erfahrungen mit Veränderungen, Übergangsphasen, Anpassungen, Flexibilität und gründlichen Reformen. Wie in der VR China ist die KP zusammen mit dem Militär die entscheidende politische Kraft. Die personelle Herrschaftskontinuität und die Regimestabilität lassen Führung und Bevölkerung der DVRK aber schlecht vorbereitet für grundlegende Reformen und Veränderungen, die letztlich unvermeidbar sein dürften. Es ist schwer, wenn nicht fast unmöglich, das Innenleben des politischen Systems der DVRK in zufriedenstellender Weise zu ergründen, was viele der Schwierigkeiten des Auslandes im Umgang mit Pjöngjang erklärt.[82]

Über dieses Regime wird viel diskutiert und noch mehr spekuliert, aber es ist eines, über das nur wenig verlässliche Informationen verfügbar sind. (Wolf/Akramov 2005: 3) Diesen Mangel an Kenntnissen gibt es auch im Süden Koreas. Ein ehemaliger Planungschef des Bundeskanzleramtes, der mit anderen seit 2012 mehrfach inoffizielle Gespräche mit hochrangigen Personen in Pjöngjang führte, sagte: „Wenn wir nach unseren Besuchen nach Südkorea reisten, wurden wir gefragt: Wie ist es denn dort in dem Land? Die Unkenntnis im Süden und die Illusionen, die man sich dort über den

---

82 Informativ sind in diesem Zusammenhang u. a. Frank 2014; Kim SC 2006 und Kihl/Kim HN 2006.

Norden gemacht hat, waren teilweise erschreckend."[83] (Andererseits wird vermutet, die DVRK könnte bis zu 8.000 Agenten in Seoul bzw. im Süden haben.)

Warum ist Korea ein so spezieller Fall? Auch deshalb, weil der Systemgegensatz von allen hier behandelten Beispielen am größten und die „schwächere" Seite eine Nuklearmacht ist. Das Verhalten Pjöngjangs ist nicht irrational, sondern die Konzentration auf das, was dem Regime zur Verfügung steht und was es am besten kann. (Lohschelder 2017. Lankov 2017.) Es ist eine genau kalkulierte, äußerst hohe Risikobereitschaft, die kurz vor dem Desaster einlenkt, Kompromissbereitschaft andeutet und die Fähigkeit hat, dem Ausland Einschätzung sowie Voraussagbarkeit nordkoreanischer Politik weitgehend zu erschweren bzw. fast unmöglich zu machen.

Das Potenzial eines Staates wird meist in positiven Faktoren gemessen, im Fall der DVRK muss es anders definiert werden, denn es ist eher im negativen Bereich zu finden, d. h. auch wegen seiner Bereitschaft und Fähigkeit, andere mit in den Abgrund zu ziehen. Der Norden ist der wohl einmalige Fall in der neueren Geschichte, dass ein Regime recht glaubhaft mit dem eigenen Zusammenbruch drohen könnte, in der Erwartung, dass diesen so keiner will. Die Führung setzt sich damit selbst unter Druck, diese Glaubwürdigkeit aufrecht zu erhalten. Drohungen und Sanktionen des Auslands und der VN – zeitweise mit Ban Gi-moon, einem Südkoreaner, als Generalsekretär – hat der Norden bisher als Bestätigung seiner Lageeinschätzung gewertet und zur Forderung nach Loyalität der Bevölkerung nutzen können. Andererseits wird die Bedrohung durch den Norden auch als Rechtfertigung für Verteidigungs- bzw. Rüstungsanstrengungen in anderen Staaten genutzt (z. B.: USA, RK und Japan).

Was ist das für ein System? Mit einer Fülle von Bezeichnungen wurde und wird versucht, das Regime zu charakterisieren sowie analytisch zumindest halbwegs in den Griff zu bekommen: stalinistische Diktatur (Cheong 2000), spätstalinistisch, gescheitertes stalinistisches Utopia (Lankov 2013), Kimilsungismus (Maretzki 2005), ultra-stabiles System[84], totalitär-dynastisch, Totalitarismus par excellence (Oh 2003: 380), konfuzianische Monarchie, undurchschaubares System, das Autogenozid praktiziert (Genser 2006) und „Überlebensminimalismus"; es sei bizarr, ein erzkommunistisches Land, unberechenbar, usw.[85] Besonders im Hinblick auf die Verbundenheit der anti-japanischen Kämpfer um Kim Il-sung sprach Wada Haruki von einem „Guerillastaat." (Cumings 1998: 410. Kim Yj 2017) Andere halten den Begriff Garnisonsstaat für angebracht. (Lee MY 2012) Nach Hans Maretzki bedient sich die DVRK kommunistischer Klassenstrukturen, „[...] behandelt die Gesellschaft als kollektivistische Volksgemeinschaft und in proletarischer Egalität, und sie hält sie militaristisch-diszipliniert und autoritativ-konfuzianisch im Griff. Es ist ein nichtziviles und überideologisiertes Regime, das die Realität verstellt und die Menschen zum Bekenntnis zu Mythen zwingt,

---

83 „Misstrauen gibt es im Übermaß." *Der Spiegel*, Nr. 9, 24.02.2018, S. 86.
84 So Wolf-Dieter Eberwein und Sven Chojnacki in ihrem Vorwort zu Schloms 2004, dort S. V.
85 Die Überlebensfähigkeit der DVRK ist seit Langem Diskussionsgegenstand, siehe u. a. Bradner 2001, Byman/Lind 2010, Kim CS 2006, Kihl/Kim 2006, Levin 1997–98, Magid 2000, Reese 1998.

deren Unwahrheit jedermann kennt, aber dennoch als unerschütterliche Glaubenssätze behandeln muss." (Maretzki 2002: 256) Wie tiefsitzend dieses Glaubensbekenntnis ist, besonders bei der jüngeren Generation, kann wohl kaum geklärt werden. Für Alexander Lukin ist die DVRK kein normaler Staat und seine Merkwürdigkeit stamme von der Erbdiktatur und der extremen Armut der Bevölkerung. „Das Regime Nordkoreas ist einzigartig, selbst wenn man es mit den exotischsten Staaten vergleicht: es verbindet alle Merkmale der Unterdrückung wie im sowjetischen Kommunismus mit einem harschen orientalischen Despotismus wie der antiken dritten Dynastie von Ur." (Lukin 2003: 76) Charles Armstrong schlug ebenfalls vor, „ältere" Begriffe zu verwenden, allerdings sei Despotismus zu schwach, Tyrannei könnte geeigneter sein. (Armstrong 2013: 289 f.)

Brian Myers glaubt in einer Kombination von Rassismus und übersteigertem Nationalismus Anklänge an den japanischen Faschismus erkennen zu können. (Myers 2011) Nordkorea ist für ihn weder marxistisch-leninistisch, noch stalinistisch, sondern ein nationalsozialistisches Land. Gewiss ist die DVRK nationalistisch und sie behauptet, sozialistisch zu sein. Die Bezeichnung „nationalsozialistisch" muss fast automatisch Assoziationen, Gleichsetzungen zum Nationalsozialismus in Deutschland bewirken. Bei aller berechtigten Kritik am System der DVRK und eventuellen partiellen Ähnlichkeiten, sollte aber eine solche Begrifflichkeit vermieden werden. Alle diese Vorschläge machen eine gewisse Ratlosigkeit im Ausland deutlich, die auch dazu beiträgt, dass es kaum eine konsistente Politik gegenüber der DVRK gibt.

Dieser Staat nennt sich selbst „demokratisch". Es scheint, als komme hier in etwa das Demokratieverständnis von Carl Schmitt zur Anwendung, denn für ihn war Demokratie Identität von Herrscher mit Beherrschten, Regierenden mit Regierten, Befehlenden und Gehorchenden. „Zur Demokratie gehört als notwendig erstens Homogenität und zweitens – nötigenfalls – die Ausscheidung und Vernichtung des Heterogenen." (Schmitt 1991: 14.) Die Herrscherfamilie Nordkoreas wird dem wohl zustimmen. Es wird weiterhin versucht werden, Art und Verhaltensweisen des Regimes zu deuten, wobei eine Kombination dieser Analyseversuche der betriebenen Strategie wohl am nahesten kommt, denn es ist eine Mischung aus ihnen. Scott Snyder nannte es einen krisenorientierten Verhandlungsstil. (Snyder 1999) Rainer Werning meint, die Führung der DVRK

> [...] praktiziert einen eigentümlichen Mix aus neokonfuzianischem Verhaltenskodex, rigidem Etatismus und Personenkult, der jedoch eingebettet ist in eine seit Jahren ebenso beständige wie systemimmanente Logik. Gemäß dem Prinzip: Wenn wir schon nicht international als Freund geachtet sind, wollen wir wenigstens als ebenbürtiger Feind geächtet werden, um auf Augenhöhe Direktverhandlungen mit den USA zu führen. (Werning 2013: 11)

Die Mischung aus Dogmatik und Flexibilität ist durchgehend zu beobachten. Die Führung hat bemerkenswerte Beispiele von Lern- und Anpassungsfähigkeit gezeigt. (Malici 2009)[86] Im Juli 1971 führte Henry Kissinger in Peking Gespräche mit dem Ministerpräsidenten der VR China, Zhou Enlai, und im Februar 1972 kam es zum ersten Treffen zwischen Präsident Nixon und Mao Zedong. Park Chung-hee im Süden und Kim Il-sung im Norden vermuteten, dass auf bisherige Verbündete nicht mehr unbedingt Verlass sein könne und dass mit großen Veränderungen zu rechnen sei. Nach 11 geheimen Sondierungsgesprächen (November 1971 bis März 1972) kam es dann zu Geheimtreffen hoher Vertreter in Pjöngjang sowie Seoul und am 4. Juli 1972 zur Veröffentlichung einer Gemeinsamen Erklärung.[87] Zwanzig Jahre später interpretierte der Norden Veränderungen in Europa (u. a. die Vereinigung Deutschlands) und das Ende der Sowjetunion so, dass eine kontrollierte Normalisierung auf der koreanischen Halbinsel in seinem vitalen Interesse läge. In den Jahren 1991–92 gab es hochrangige Treffen und wichtige Dokumente wurden unterzeichnet: u. a. Abkommen über Aussöhnung, Nicht-Aggression, Austausch und Kooperation, Abkommen zur Errichtung gemeinsamer Kommissionen und Verbindungsbüros. In beiden Fällen war die Annäherung nach rund drei Jahren beendet und beide Seiten ergingen sich in wechselseitigen Schuldzuweisungen. Was mit großen Hoffnungen begann wurde zur Enttäuschung, verstärkte das Misstrauen und führte auf beiden Seiten zur Verhärtung von Positionen sowie zur Herrschaftsabsicherung.

Schwache Stärke oder starke Schwäche?

Die Antwort auf diese Frage ist fast egal, denn das Überleben der DVRK ist phänomenal. Kein Regime hat mit so wenig internationalem Prestige einen so langen Zeitraum überlebt, Aufmerksamkeit erhalten, Hilfe bekommen und um Kompromisse gefeilscht. (Pfennig 2002: 54 f.) Um ihren Fortbestand zu sichern, bedurfte die SED-DDR nicht nur eines ausgedehnten Polizei- und Spitzelsystems, sondern zusätzlich noch der militärischen Präsenz einer Schutzmacht. Die DVRK erreicht das bisher auch ohne Schutzmacht im eigenen Land.

Seit Jahrzehnten ist es ein irritierendes und potenziell gefährliches Paradox, dass die ökonomisch schwache DVRK politisch stabil und militärisch stark erscheint. Samuel S. Kim nannte es eine der größten Ironien der Region, dass die Sicherheitsstrategien der Starken in Nordostasien, plus den USA, beträchtlich von dem dort schwächsten und rückständigsten Staat abhängen. (Kim, Samuel 2006: 167) Was bedeutet in diesem Zusammenhang „schwach"?

Der griechische Historiker Thukydides (460 bis 399/396? v. Chr.) nannte Machtpolitik das Vermögen der Starken, zu tun, was sie können und der Schwachen die Notwendigkeit, zu tun, was sie müssen. Kim Dae-jung, dem Kritiker vorwerfen, er habe gegen-

---

[86] Hierzu besonders ab S. 85.
[87] Diese „Gemeinsame Erklärung" ist in englischer Übersetzung abgedruckt in *SWB*, 05.07.1972, S. A3/1–2 und in Pfennig 1998: 376 f.

über Pjöngjang zu viel Verständnis gezeigt, diagnostizierte: „Nordkoreas Taktik der harten Linie resultiert aus dem Stolz der Schwachen." (Kim Dj 2019: 871) Das ist eine Teilerklärung für Antriebskraft und Beharrungsvermögen von der Führung, dem Regime, aber auch der Bevölkerung Nordkoreas. Was Schwäche anbelangt, scheint Pjöngjang andere Sachzwänge zu sehen als Thukydides. Angesichts des Überlebens dieses Regimes ist es sinnvoll, das herkömmliche Verständnis von „Schwäche" zu überdenken. (Armstrong 2013: 282 ff.) Die Führung der DVRK konzentriert sich bei ihrem Machterhalt auf die Abschreckung äußerer Gegner durch eine kleine, aber glaubhafte Nuklearkapazität und bei inneren Gegnern im Extremfall auf Exekutionen sowie bei der Bevölkerung generell auf Überwachung, Straflager, Kontrolle von Informationen und auf die Gewährung beschränkter Freiräume. Die Instrumente und Methoden haben sich etwas geändert, aber im Prinzip verfolgt Kim Jong-un in Anbetracht von Zielsetzung und zur Verfügung stehenden Mitteln eine Strategie, die der seines Großvaters und Vaters ähnlich ist. (Lankov 2017) Die DVRK hat damit einen „Status" erreicht, wo sie Schwäche in relative Stärke verwandeln konnte und sie in der Lage ist, wo viele zwar ihren Zusammenbruch für durchaus wünschenswert halten, ihn wegen der anzunehmenden Folgen aber nicht beschleunigen möchten. Pjöngjang geht Kompromisse ein und zwar bevorzugt dann, wenn sie nicht erwartet werden, um so wichtige Gegenleistungen zu erhalten.

Ein Staat hat seine Einwohner zu schützen und ihnen ein menschenwürdiges Leben zu ermöglichen. Erfüllt er diese Erwartungen nicht, kann es für seine Führung sehr schwierig werden, an der Macht zu bleiben. Auch hier ist die DVRK eine Ausnahme.

Schätzungen über Hungertote für den Zeitraum von 1995 bis 1998 reichen von 200.000 bis 3,5 Millionen in Nordkorea.[88] Roland Bleiker nennt die Zahl zwei Millionen, was über 10 Prozent der damaligen Bevölkerung gewesen wären. (Bleiker 2001: 130) Zu hausgemachten Gründen und Naturkatastrophen kamen noch veränderte Wirtschaftsbeziehungen zur Sowjetunion, die den Handel fast einstellte, und der VR China hinzu. (Eberstadt 1995. Eberstadt/Rubin/Tretjakova 1995) Doch durch die Hungersnot in den 1990er Jahren geriet das Regime nicht ins Wanken, sie förderte eher Systemloyalität. Ein aus der DVRK über die VR China in den Süden geflüchteter Arzt sagte in einem Interview mit der Korea Times am 8. Juli 1999, die Nahrungsmittelknappheit habe einen umgekehrten Effekt, die Menschen schauten auf zu Kim Jong-il; sie glaubten, ohne ihn wäre es noch schlimmer. Das Regime der DVRK ist noch immer erfolgreich damit, Probleme hauptsächlich mit der aufgezwungenen Teilung und feindlichen Einstellungen des Auslands zu erklären.

Bemühungen um Unabhängigkeit im weitesten Sinne halfen der DVRK zu überleben, haben aber auch ihre Isolierung verstärkt, die ihrerseits einen Beitrag zur Absicherung des Regimes leistet. Es wird versucht, ökonomischen Problemen mit Durch-

---

[88] Hierzu gibt es eine große Anzahl von Publikationen, siehe u. a. Haggard/Noland 2007, Ko/Chung/Oh 2004: 70, Noland/Robinson/Wang 2001, Schloms 2004: 112 ff.

halteparolen und ideologischen Kampagnen zu begegnen. (Martin 2006. Kihl/Kim 2006) Sicher hat die Führung die Probleme erkannt, ob sie bezüglich der Ursachen die richtige Diagnose stellt, ist zweifelhaft. Zweifellos steht sie vor der Aufgabe, Reformen durchzuführen und dies bei gleichzeitiger Bewahrung ihrer herrschenden Stellung. (Kim CN 2008) Bisherige zögerliche Veränderungen bewirkten auch neue Probleme, es existiert so etwas wie „Reformkorruption", denn im Gegensatz zu früher spielt Geld eine viel größere Rolle. (Frank 2017: 213) Es gibt Versuche, sich langsam von der Kommandowirtschaft weg und hin zu einem Modell des Marktsozialismus zu bewegen, das Ähnlichkeit mit der VR China und Vietnam hat, dem aber die dort vorhandenen Voraussetzungen fehlen. „Allerdings wird die Hinwendung Nordkoreas zum Marktsozialismus durch spezielle Probleme behindert, denen sich China und Vietnam nicht stellen mussten, nämlich die ungelöste Nuklearkrise und die strikt totalitäre Natur des Regimes." (Guo/Stradiotto 2007: 775. Frank 2005)

Reformen in der DVRK vollziehen sich im Vergleich zur VR China langsamer und sind eng begrenzt, haben andere Ausgangsbedingungen und nur wenig internationale Kooperation. Nach der Krise der „Kulturrevolution" konnte sich die chinesische Führung mit der Reform- und Öffnungspolitik halbwegs rehabilitieren. Die Führung der DVRK kann sich kaum durch ökonomische Leistungen legitimieren. Sehr vereinfacht ausgedrückt und auf die oberste Akteursebene reduziert: Kim Il-sung musste keine durchgreifenden Reformen durchführen und er starb zu früh, um sie später dann durchzuführen, wofür er vermutlich die dafür notwendige Autorität gehabt hätte. Kim Jong-il war nicht der Deng Xiaoping Koreas und Kim Jong-un glaubt offenbar, das Überleben seines Regimes primär durch nukleare Abschreckung sichern zu müssen. Solange aber die Nuklearfrage nicht gelöst ist und Sanktionen beibehalten werden, kann es nicht zum dringend notwendigen wirtschaftlichen Aufschwung kommen.[89] Die Verknüpfung ist evident: Es fehlt an überzeugenden Sicherheitsgarantien für die DVRK, das Problembewusstsein für Veränderungen ist vorhanden, aber es mangelt an Problemlösungskapazität bzw. am politischen Willen, sie einzusetzen.

Bei Nordkorea haben wir es mit einer ganz speziellen Kombination von positivem und negativem Potenzial zu tun. Unter Kim Jong-il war Korea ein Staat, der anderen Nationen indirekt mit eigenem nationalem Selbstmord drohen konnte. Sein Sohn Kim Jong-un verfügt über Nuklearwaffen als Überlebensversicherung und Statussymbol für Verhandlungspoker. Mit einer solchen Strategie setzt Pjöngjang sich selbst unter Druck, die Glaubwürdigkeit der Drohung aufrecht zu erhalten, was Reformen erschwert; andererseits hat diese Strategie bisher auch geholfen, Sanktionen zu überstehen.

Herfried Münkler betonte bei Konfliktaustragung, besonders bei militärischer, dass immer mehr strategische Asymmetrien zur Anwendung kommen. „Die Pointe der strategischen Asymmetrie ist, aus Stärke Schwächen und aus Schwächen Stärken zu machen." (Münkler 2020: 128.) Postheroische Gesellschaften könnten sich große ei-

---

89 Zu Sanktionen siehe Frank 2017, S. 172–177.

gene Verluste bei Interventionen im Ausland politisch nicht mehr leisten. Obwohl militärisch überlegen, seien sie bei bestimmten Konfliktszenarien schwach. Die DVRK macht seit langer Zeit aus Schwäche eine relative Stärke. Ihre „heroische" Risiko- und Opferbereitschaft ist nicht exakt einzuschätzen, aber als sehr hoch zu veranschlagen. Nach Hwang Yang-jop,[90] dem bisher prominentesten Überläufer aus dem Norden, habe Kim Jong-il gesagt: „Ohne Korea ist die Welt es nicht wert, zu existieren. Deshalb, sollte Nordkorea dazu verdammt sein, zugrunde zu gehen, werden wir zusammen mit der Welt Selbstmord begehen." (Debriefing 1997) Ob es sich hier um Hybris oder mörderische Entschossenheit handelt, wird hoffentlich nie getestet werden.

Bei den sich bedroht Fühlenden geht es um die Interpretation von Handlungen der „anderen Seite", die vom aktuellen Sicherheitsbedürfnis und historischen Erfahrungen beeinflusst ist. Diese Frage ist auch für ein mögliches militärisches Vorgehen der VR China gegenüber Taiwan wichtig. (Kim, Yh 2000: 211. Zhao 1999/2000) Die trotz Sanktionen erfolgreiche Nuklear- und Raketenrüstung der DVRK trug dazu bei, dass es im Jahre 2018 zu Gipfeltreffen in Korea sowie zwischen Kim Jong-un und Donald Trump kam, außerdem verstärkten sich vorübergehend inter-koreanische Kontakte, brachten aber keine nachhaltigen Ergebnisse. Die nukleare Statusverbesserung des Nordens macht Lösungsbemühungen zugleich dringlicher und schwieriger. Gerald Seib meinte, das Regime von Kim Jong-il habe erratisches Verhalten in den Rang einer Kunstform erhoben. (Seib 2009) Unerlaubte Raketen- und Nukleartests bewirken seit 2006 von den VN und besonders den USA verhängte Sanktionen gegen die DVRK. (Belz 2018) Es war und ist eine wechselseitig schrittweise Eskalation: Mehr Rüstung führt zu mehr Sanktionen, oder, wie Pjöngjang meint, mehr Sanktionen führen zu mehr Bedrohung und deshalb zu mehr Rüstung. Nur eine wechselseitige und schrittweise Deeskalation kann aus dem Dilemma führen, in dem beide Seiten stecken.

Nuklearkonflikt und Sanktionen

Es besteht ein unmittelbarer Zusammenhang zwischen der von der DVRK ausgehenden Bedrohung, der von ihr selbst empfundenen Bedrohung, primär durch die USA, der Nuklearrüstung und Sanktionen. Kim Dae-jung verwies mehrfach auf den Nexus zwischen Entspannung auf der koreanischen Halbinsel und den Beziehungen zwischen Washington und Pjöngjang. „Nur wenn das Überleben des Nordens garantiert ist, kann der Frieden zwischen den beiden Koreas gestärkt werden und die beiden Koreas können leichter den Weg Richtung Wiedervereinigung beschreiten." (Kim Dj 2004: 190)

---

[90] Hwang war eine Art Chefideologe der DVRK und wesentlich an der Ausarbeitung der Juche Ideologie beteiligt. Loyal zu Kim Il-sung wechselte er 1997 wegen gravierender Differenzen mit Kim Jong-il die Seiten und ging in den Süden, wo er im Oktober 2010 in Seoul starb. Seine Äußerungen sind mit großer Vorsicht zu betrachten.

Was Yoon Mi-Ryang 2006 feststellte ist noch immer zutreffend:

> Nordkorea scheint haltbar zu sein, weil die Anwendung physischen Zwangs und andere Mechanismen freiwilliger Willfährigkeit noch immer wirkungsvoll sind. Dennoch ist die Zukunft Nordkoreas wegen verschiedener Variablen nicht voraussagbar, so auch wegen der Rolle der Vereinigten Staaten in einem sich verändernden internationalen Umfeld. (Yoon 2006: 32)

Die USA haben trotz unterschiedlicher Vorgehensweisen noch keine Strategie gefunden, um in ihrem Sinne auf die DVRK langfristig einwirken zu können. Oft wirkt Washington eher hilf- und ratlos; es ist damit allerdings nicht allein.

Unter dem Eindruck des Zusammenbruchs des „Ostblocks" und des Ablebens der Sowjetunion bemühte sich die DVRK in den Jahren 1991 und 1992 um eine Verbesserung der Beziehungen zu den USA, was der damalige Präsident George Bush Sen. ablehnte. Diese Annäherungsversuche standen auch im Zusammenhang mit vorübergehenden inter-koreanischen Verbesserungen. Die VR China und Russland nahmen zu der Republik Korea diplomatische Beziehungen auf, die USA und Japan blieben zur DVRK auf Distanz. Kim Il-sung fürchtete um den Bestand seines Staates, sah sich von früheren Verbündeten verraten und ließ die Aufrüstung forcieren. Diese und andere Entwicklungen führten zur „ersten Nuklearkrise", die 1994 auch durch Vermittlungsbemühungen von Ex-US-Präsident Carter „beruhigt" werden konnte. Ein Gipfeltreffen zwischen Kim Il-sung und dem Präsidenten des Südens, Kim Young-sam, wurde verabredet und die DVRK versuchte erneut, diplomatische Beziehungen zu den USA zu erreichen. Der Tod Kim Il-sungs am 8. Juli 1994 und die sich anschließenden drei Jahre Staatstrauer verhinderten das Gipfeltreffen und substantielle internationale Annäherungen.

Durch Entwicklungen spätestens seit 1990 fühlt sich die DVRK verstärkt bedroht und ist um eine eigene, minimale, aber glaubwürdige nukleare Abschreckung bemüht. Eine deutliche Intensivierung dieser Anstrengungen erfolgte im Jahre 2003, u. a. wegen des Irakkrieges. Pjöngjang betont, es sei eine verantwortungsbewusste Nuklearmacht und fühle sich letztlich dem Ziel einer völligen Denuklearisierung der koreanischen Halbinsel verpflichtet. (Ballbach 2018: 12 f.) Sagt Washington „Denuklearisierung", meint es die Nordkoreas. Redet Pjöngjang von „Denuklearisierung", meint es atomare Abrüstung in der Region.

Die USA hatten 2018 vermutlich 1.400 nukleare Sprengköpfe einsatzbereit und weitere 2.600 könnten schnell zur Verfügung stehen. (Faux 2018) Die DVRK hat vermutlich Material für 50 bis 70 Sprengköpfe und eventuell eine Trägerkapazität, um auch Ziele in den USA zu erreichen; alles Systeme, die noch nicht ausreichend getestet wurden. Allein die Größenverhältnisse machen deutlich, dass diese Waffen für den Norden das äußerste Abschreckungs- und Verteidigungsmittel sind. Es wäre selbstmörderisch, sollte die DVRK einen nuklearen Präventivschlag gegen die USA führen. Das Statussymbol, d. h. Nuklearmacht zu sein, ist fast ebenso bedeutsam, wie die tatsächliche Abschreckungswirkung. (Ballbach 2016) Bei den Beziehungen zwischen Washington und Pjöngjang gibt es ein spezifisches Muster. Wird mehr Druck ausgeübt, reagiert der Norden widerspenstig und fühlt sich in seiner Bedrohungsvorstellung bestärkt. Er handelt dann provokant, was die Gegenseite als Beweis dafür nehmen kann und oft gern nimmt, eine noch schärfere Gangart sei erforderlich, denn eine andere Sprache verstehe Pjöngjang nicht; die gefährliche Spirale dreht sich folglich weiter. Eine umgekehrte Vorgehensweise, angewandt von beiden Seiten, ist nie über einen längeren Zeitraum praktiziert worden. Leon Sigal veranlasste dieses Muster zu der Einschätzung: „Spannungen auf der koreanischen Halbinsel verringerten sich deshalb nur dann, wenn die USA eine ‚Diplomatie des beiderseitigen Entgegenkommens' vollzogen und erkannten, dass die Widerspenstigkeit Pjöngjangs als Verhandlungstaktik interpretiert werden muss, um für die Aufgabe der Nuklearoption im Gegenzug etwas zu erhalten." (Sigal 1998: 21) In den Amtszeiten der Präsidenten Clinton und Kim Daejung hat das ansatzweise funktioniert, aber nur vorübergehend. Auch weil Clinton anfänglich eine abwartende Haltung einnahm, denn es wurde vermutet, nach dem Tod von Kim Il-sung im Juli 1994 werde die DVRK wohl zusammenbrechen. Was damals bezüglich Korea nützlich war bzw. gewesen wäre, dafür ist es nun zu spät, denn inzwischen hat die DVRK de facto den Status einer Nuklearmacht und sie wird nur ein signifikantes Entgegenkommen zeigen, wenn dafür ihr Überleben gesichert erscheint, zum Beispiel durch den Abschluss eines Friedensvertrages mit der glaubhaften Garantie der territorialen Unversehrtheit.

Die Beziehungen zwischen den USA und der DVRK kennzeichnen von Beginn an ein Gefühl der Bedrohung, Bemühungen um Abschreckung und ein Mangel an offiziellen Verhandlungen. Im Jahre 1953 deutete der neu gewählte Präsident Eisenhower an, es könnte zu einem Einsatz von Atomwaffen kommen, sollten die Waffenstillstandsverhandlungen in Korea nicht endlich entscheidende Fortschritte erbringen. (Oberdorfer 1998: 252. Jackson 2005) Die USA hatten über Jahrzehnte hinweg, bis Anfang der 1990er Jahre, taktische Atomwaffen in der RK stationiert. (Hayes 1988) Auf dem Territorium der DVRK gab es vermutlich nie Nuklearwaffen der VR China bzw. der Sowjetunion. Auf Anregung des damaligen US-Verteidigungsministers Donald Rumsfeld erarbeitete sein Ministerium im Jahre 2003 den „Operations Plan 5030", der vorsah, durch viele Manöver und durchaus herausforderndes Verhalten die DVRK in einen fast dauerhaften Alarmzustand zu versetzen, um deren wichtige Ressourcen und Reserven zu erschöpfen, was zum Zusammenbruch des Regimes führen sollte. (Auster/Whitelaw 2003) Er war Teil eines größeren Konzepts, das unter dem Eindruck des 11. Septembers entstand, (Rumsfeld 2002), und noch immer einen gewissen Einfluss auf Entscheidungsträger in Washington hat.

Der „Operations Plan 5030" war auch in den USA umstritten und es ist unklar, in welchem Maße die, die ihn konzipierten, auch bereit gewesen wären, ihn umzusetzen, oder ob er primär Verunsicherung in der DVRK hervorrufen sollte. Der Grundgedanke jedoch, durch ständigen Druck Veränderungen im Norden zu bewirken, der ist in den USA sicher konstant vorhanden und durchaus mehrheitsfähig. Als Teil dieses Drucks empfindet Pjöngjang die seit vielen Jahren stattfindenden gemeinsamen Manöver zwischen US-Streitkräften und der Armee der RK. An den groß-dimensionierten Übungen wie Teamspirit, Foal Eagle und Key Resolve nahmen 200.000 südkoreanische und rund 10.000 US-amerikanische Soldaten teil, die Manöver dauerten zwei Monate und schlossen amphibische Landungen ein, die Stroßrichtung gingen stets von Süden nach Norden. Sie sind, wie die USA und die RK versichern, rein defensiv. Präsident Kim Dae-jung hatte eine Stoßrichtung quer über die Halbinsel vorgeschlagen und dafür das Verständnis Pekings erhalten; es kam zu keiner Änderung. Diese Manöver wurden dann in den Amtszeiten der Präsidenten Trump und Moon stark reduziert – auch aus Kostengründen – und teilweise durch Computersimulationen ersetzt. Für Pjöngjang blieben sie dennoch Vorbereitungen einer Invasion.

In der DVRK hat es seit Ende des Bürgerkrieges nie solche gemeinsamen Manöver zwischen dortigen Streitkräften und denen aus der VR China bzw. der Sowjetunion gegeben. Mit der vorstehenden Passage wird nicht bezweckt, ein Aufwiegen von Bedrohungen vorzunehmen, um zu zeigen, wer wen prozentual mehr provoziert bzw. konkret bedroht, sie nennt aber einige Beispiele, die zeigen, warum sich die DVRK seit Jahrzehnten in ihrer Existenz akut bedroht fühlt und entsprechend verhält.

Die Entwicklung zeigt aber auch, dass es Verhandlungsspielräume geben kann. Seit Ende des Bürgerkrieges ist ein beträchtliches Truppenkontingent der USA im Süden stationiert, es wurde von 40.000 auf 28.000 reduziert. Diese Militärpräsenz ist von der DVRK immer als große und direkte Bedrohung empfunden worden, ihre Anwesenheit war auch ein wichtiges Thema der Gespräche beim ersten Gipfeltreffen im Juni 2000. Kim Dae-jung versuchte, seinem Gesprächspartner deutlich zu machen, dass bei einer Normalisierung auf der Halbinsel die Anwesenheit von US-Truppen im Süden für einen gewissen Zeitraum durchaus eine stabilisierende Funktion für die Region hätte und dass sie auch als eine Art Einhegung und Beschwichtung gegenüber Japan wirken könne. (Kim Dj 2019: 645 f.) Kim Jong-il soll sich dieser Sichtweise nicht verschlossen haben und meinte, von US-Truppen würde nur eine Bedrohung ausgehen, solange die Beziehungen zwischen Washington und Pjöngjang feindlich seien. (Tow 2001: 87)

Alarmierende Schlüsselerlebnisse für die DVRK waren in den 1990er Jahren das Ende der DDR durch Beitritt zur Bundesrepublik sowie die Aufnahme diplomatischer Beziehungen zur RK durch die VR China und die SU, ohne dass es zu solchen zwischen Washington, Tokio und Pjöngjang kam. Es gab die Erkenntnis, dass Verabredungen mit den USA nicht funktionieren. Im Jahre 2002 wurde die DVRK zum Teil der „Achse des Bösen" erklärt und das US-Verteidigungsministerium nannte sie ein potentielles Ziel für nukleare Angriffe. Im Jahr 2006 wurde Saddam Hussein nach dem Irakkrieg hingerichtet, der mit der Begründung geführt wurde, das Land habe Massenvernichtungswaffen, was nicht zutraf; 2011 starb Muammar al-Gaddafi einen gewaltsamen Tod, er hatte vorher die Entwicklung von Massenvernichtungswaffen aufgegeben. Außerdem wird das Vorgehen der USA gegen den Iran genau beobachtet. Dies sind Entwicklungen, aus denen Pjöngjang die Konsequenz ableitet, eine eigene nukleare Abschreckung sei absolut notwendig. Seit Februar 2022 gibt es eine neue Entwicklung mit Relevanz für Nordkorea: der Krieg Russlands gegen die Ukraine. Nach dem Ende der SU war die Ukraine die drittgrößte Nukearwaffenmacht, hatte allerdings keine direkte operative Kontrolle. Die Übergabe dieser Waffen an Russland regelte 1994 das „Budapester Memorandum" im Rahmen der KSZE durch völkerrechtlich verbindliche Verträge. (Maneva Rice et al. 2015) Als Gegenleistung erhielt die Ukraine von Russland, Großbritannien und den USA ein Abkommen mit schwacher Aussagekraft zur Sicherung der territorialen Integrität, nicht aber zu dessen Garantie. (Sarotte 2023: 227, 245 f.)

Im Jahr 2014 annektierte Russland die Halbinsel Krim der Ukraine und begann im Februar 2022 einen Krieg gegen dieses Land. Für Pjöngjang ist die Lektion erneut: Abgabe von Nuklearwaffen erhöht Gefahren und auf Schutzmächte sowie internationale Abkommen ist kein Verlass.

„Nuklearwaffen sind die ultimative Trumpfkarte für die Sicherheit des Kim Jong-il Regimes." (Lee, Sh 2010: 1) Diese Feststellung von General Lee Sanghee, der Verteidigungsminister in der Regierung von Präsident Lee Myung-bak war, bleibt auch nach dem Tod von Kim Jong-il zutreffend. Gleichzeitig ist aber außerhalb der DVRK eine Schlussfolgerung sehr verbreitet, die General Lee so formulierte: Der Norden muss erkennen, dass er den Zusammenbruch seines Regimes nicht vermeiden kann, egal, welchen Stand der Technologie er auch erreicht, wenn er nicht sein Nuklearpotenzial aufgibt. (Ebd. S. 10) Wer diese Position vertritt, muss erklären, warum bzw. wofür die DVRK ihre Trumpfkarte aufgeben sollte, denn die Sichtweisen sind entgegengesetzt. Den einen gilt der Besitz von Raketen und Nuklearwaffen als der Weg in den Zusammenbruch, für die anderen sind sie Überlebensgarantie.

Sanktionen

Sanktionen sollen Pjöngjang überzeugen bzw. zwingen, eine Denuklearisierung zu vollziehen, umfassend, überprüfbar und irreversibel, so jedenfalls nach Vorstellungen der USA und anderer. Die Sanktionen richten sich gegen die DVRK, zugleich behindern sie massiv inter-koreanische Beziehungen.

Für den Prozess einer Normalisierung und für Bemühungen, die Teilung einer Nation zu überwinden, sind nicht nur Initiativen, Pläne und Strategien der direkt Betroffenen wichtig, sondern auch Aktionen von Schutzmächten und des Auslandes generell, auch hier geht es um Unterstützung, Kooperation und Druck. Ein Sonderfall sind Sanktionen, die oft als Vorstufe eines Kompromisses, einer Annäherung verstanden bzw. mißverstanden werden. Auch in der Politik gilt dann eine Methode der rabiaten Pädagogik: Wer nicht hören will, muss fühlen. Oder, wie Goethe den Erlkönig drohen lässt: Und bist du nicht willig, so brauch' ich Gewalt. Im politischen Extremfall ist es Krieg, Stufen davor können Embargos und Sanktionen sein. Es ist in diesem Zusammenhang sinnvoll, an die „Tutzinger-Rede" von Egon Bahr vom Juli 1963 zu erinnern, wo er davon sprach, „[...] ob es nicht durch eine Verschärfung der Situation, die man bewußt fördert, zu einem Zusammenbruch kommen könnte. Die kühle Überlegung führt zu einer totalen Ablehnung des Gedanken. Es ist eine Illusion, zu glauben, daß wirtschaftliche Schwierigkeiten zu einem Zusammenbruch des Regimes führen könnten." (Bahr 1963: 2) Egon Bahr sprach über die SED-DDR. Diese Äußerung kann aber auch auf andere Regime bezogen werden, denn, so seine Schlussfolgerung, zunehmende Spannung vertiefe die Spaltung. Wirtschaftliche Schwierigkeiten gehörten auch zu den Gründen, die 1990 zur Vereinigung führten, sie wurden aber kaum durch Sanktionen des Auslandes verursacht.

Sachkundige Beobachter weisen seit Jahren auf die Notwendigkeit einer langfristigen Entwicklung hin, um einen gefährlichen Zusammenbruch der DVRK zu vermeiden. (Harrison 1997) Ein möglicherweise kürzerer, mit Sicherheit aber auch riskanterer Weg wäre die Verstärkung von Sanktionen und deren vollständige Einhaltung durch die VR China. Mit Ausbruch des Covid-19-Virus im Jahr 2020 hatte Pjöngjang von sich aus den Handel mit ihr fast völlig eingestellt. Es ist zweifelhaft, ob Sanktionen gegenüber diesem Regime die gewünschte Wirkung zeigen werden, wie es auch wenig eindeutige Indizien dafür gibt, dass Boykotte und Embargos zum Erfolg führen.[91] Rüdiger Frank schrieb 2006:

> Die konkrete Erfahrung der letzten Jahre legt nahe, dass in den meisten Fällen Sanktionen Hilfeleistungen unterlegen sind. Sanktionen sind unfreundliche Akte, aggressive Politik, die auf einem juristisch und moralisch schwankenden Grund stehen; wenn überhaupt, so sollten sie nur mit Sorgfalt Anwendung finden und als Teil einer wohldefinierten Strategie. Sie begrenzen die Optionen dessen, gegen den sie gerichtet sind und fordern Reaktionen heraus. Kurzfristig können Sanktionen sehr effektiv sein und deshalb erfolgreich für die Unterstützung anderer konkreter Maßnahmen benutzt werden. Langfristig allerdings verlieren sie ihre Wirkung und werden zur Belastung. Je länger Sanktionen andauern, desto geringer ihr Erfolg und desto größer die Chancen, sie erfolgreich umgehen zu können. Letztlich kann die neue Situation weniger zufriedenstellend sein, als es die Ausgangslage vor den Sanktionen war. [...] Wenn ökonomischer, politischer oder militärischer Druck in einem Maße zur Anwendung kommen, das stark genug ist, eine qualitative Veränderung wie den Kollaps eines Regimes auszulösen, dann war es am Ende eine erfolgreiche Operation, aber der Patient ist tot. (Frank 2006: 33 f.)

Rüdiger Frank ist zuzustimmen und der bisherige Verlauf der Sanktionen gibt ihm recht. Auch bei drastischer Verschlechterung der Lage wird die DVRK kein hilfloser Patient auf fremdem Operationstisch sein, sondern ein Regime, das im letzten Aufbäumen versucht sein könnte, andere mit in den Abgrund zu ziehen. Dass die involvierten Staaten dies genauso sehen und es hoffentlich zu verhindern trachten, auch darin liegen Stärke und Schwäche der DVRK. Seit 2006 verhängten die VN und die USA in sich steigerndem Maße Sanktionen, seitdem ist die DVRK dennoch erfolgreich bei Nuklear- und Raketentechnologie, angespornt durch die als Bedrohung empfundenen

---

91 Es gibt Diskussionen darüber, in welchem Maße politisch eingesetzte Sanktionen erfolgreich waren bzw. überhaupt erfolgreich sein könnten. Siehe u. a. Clifton/Schwebach 1997. Cortright/Lopez 1995. Early 2009. Hufbauer et al. 2007 und 1990, Pape 1997. Bislang waren Sanktionen gegen die DVRK für eine Denuklearisierung nicht erfolgreich, im Gegenteil. (Haggard/Noland 2017)

Sanktionen. Diese Erfolge bewirkten Spannungen zwischen Peking und Pjöngjang, denn eine einheimische Nuklearmacht auf der koreanischen Halbinsel nehmen die USA und auch Japan zum Anlass, ihrerseits militärische Stärke in der Region zu zeigen, was nicht im Interesse der VR China ist. Christopher W. Hughes nannte Nordkorea eine bequeme „Allzweckrechtfertigung" (*catch-all proxy threat*) für Remilitarisierung in der Region. (Hughes 2009: 303 ff.)

Spätestens seit 2019 ist deutlich, dass die DVRK zwar Sanktionen überleben kann, aber dass sie eindeutig negative Folgen haben. Eric J. Ballbach hat dargelegt, dass solche Maßnahmen der EU in Nordkorea auch das Gegenteil dessen bewirken, was die Union eigentlich anstrebt, nämlich dort humanitäre und ökonomische Verbesserungen zu erzielen. (Ballbach 2020). Sie hindern zarte zivilgesellschaftliche Ansätze und marktwirtschaftliche Elemente. Das gilt auch für Außenkontakte im Bereich von Wissenschaft und Forschung. Von 2002 bis 2015 erhielten 112 Nordkoreaner:innen Stipendien des Deutschen Akademischen Austauschdienstes (DAA), andere wurden durch parteinahe Stiftungen der Bundesrepublik gefördert. Seit den Sanktionen gibt es kaum noch Stipendien, Forschungsaufenthalte im Bereich von Natur- und Ingenieurwissenschaften sind ohnehin untersagt.[92]

Die Sanktionen des Auslandes schaden dem Regime und der Bevölkerung, fördern aber auch (ungewollt) Abschottungsbemühungen der Führung. Ihretwegen wurde die DVRK von der VR China noch abhängiger, ohne Sanktionen wären die Mittelklasse in Nordkorea und der Grad der Interaktion mit dem Ausland vermutlich größer, Militarisierung sowie Sicherheitsspannungen geringer. (Frank 2018: 12) Eine Opposition, gar eine friedliche Revolution wie in der DDR, können so nicht entstehen. Veränderungen im Innern Nordkoreas und eine andere Politik diesem Staat gegenüber wären aber unerlässlich für eine Normalisierung. Die dafür notwendige Strategie, d.h. eine „richtige" Balance von Außendruck und Innendruck wurde noch nicht gefunden bzw. kommt noch nicht zur Anwendung.

Ende 2017 verkündete Kim Jong-un, sein Land habe das Ziel erreicht, als Nuklearmacht zu seiner Verteidigung auch die USA erfolgreich abschrecken bzw., wenn erforderlich, diese angreifen zu können. Im Jahr 2018 kam es zu Gipfeltreffen und Pjöngjang argumentierte, es hätte dies aus eigener Stärke und gegen die Sanktionen erreicht. Washington hingegen konnte sagen, seine prinzipienfeste, entschlossene Haltung und die Sanktionen hätten diesen Sinneswandel bewirkt. Es waren Treffen ohne positive Folgewirkungen und es ist noch immer zweifelhaft, welche Wirkung die Sanktionen bisher tatsächlich hatten. (Maull 2018) Ende 2022 nannte Kim als neues Ziel, die DVRK müsse die stärkste Nuklearmacht überhaupt werden und falls unvermeidbar, einen Präventivschlag ausführen können.

Auch Europa kennzeichnete über Jahrzehnte hinweg eine Politik der Drohung und Abschreckung. Trotz fortdauerndem „Kaltem Krieg" schufen aber die Ostpolitik,

---

[92] „112 N. Korean scholars visited Germany since 2002 on scholarships." *Vantage Point*, 38 (October 2015) 10, S. 48 f.

der KSZE-Prozess und andere Entwicklungen Möglichkeiten für mehr Zusammenarbeit, Austausch und Lernprozesse. Sie bewirkten u. a. ein gewisses Maß an Verlässlichkeit, an Vertragstreue und eine vermehrte Kenntnis über Sachzwänge, denen die jeweils „andere Seite" ausgesetzt war. Das sind Erfahrungen, die in Ostasien noch weitgehend fehlen. Die Beziehungen zwischen Nord und Süd in Korea kennzeichnet noch immer das Bemühen, Sicherheit durch Drohung, Abgrenzung und Abschreckung zu erreichen, deshalb hat Konfrontation noch immer das Übergewicht.

Fast alle Entwicklungen werden im Sinne einer sich selbst erfüllenden Prophezeihung bewertet, denn die Mentalität des „Kalten Krieges" ist noch vorhanden. Für die USA folgten auf die Bedrohung durch den Kommunismus die Bedrohung durch „Schurkenstaaten", den internationalen Terrorismus und die „Weltmachtstrategie" der VR China. Es gibt neue Gegner, aber altes Denken. Auch Pjöngjang ist in diesen Kategorien verfangen, nur hier blieben Feind und Feindbild eher konstant. Die Beibehaltung dieser Denk- und Herangehensweisen machte für Washington und Pjöngjang die immer komplexer werdenden Probleme wieder etwas einfacher. Es gibt zwei durchgängige Positionen. Washington: „Das Regime in Nordkorea nutzt sein Nuklearprogramm, um Furcht zu erregen und Konzessionen zu erlangen. Amerika und die Welt lassen sich nicht erpressen."[93] Pjöngjang: Wir lassen uns von euch nicht umbringen. Washington: Drohungen und Sanktionen werden die DVRK zu Gesprächen, zum Einlenken zwingen. Pjöngjang: Eine glaubhafte nukleare Abschreckung wird die USA letztlich zu Verhandlungen in unserem Sinne zwingen.

Vorbedingungen für eine Normalisierung

Nordkorea braucht das Ziel der Vereinigung zur Herrschaftssicherung und für die Mobilisierung weiterer Anstrengungen der Bevölkerung. Da eine solche Einheit zu den eigenen Bedingungen nicht realistisch ist, kann sie auch nicht ehrlich gewollt sein. Viel wichtiger wäre für die Halbinsel ein Modus Vivendi zwischen beiden Teilen, d. h. eine Normalisierung. (Lee WM 1989) Aber auch die, wie fast alles in Korea, ist problematisch. Weil das Überleben des Regimes absoluten Vorrang hat, haben Militär und Rüstung Priorität. (Kim CU 2002. Lankov 2017a)

> Seit vielen Jahren wurde die Ideologie Nordkoreas durch *Juche* – Selbständigkeit – geleitet, aber seit einigen Jahren hat Kim Jong-il einen neuen Schwerpunkt geschaffen, *Songun* „das Militär zuerst", damit sei Juche auf eine höhere Stufe gehoben worden. Hiermit sei das Militär das Zentrum des Staates und des politischen Systems, es gibt alle politischen Ziele vor. Außerdem soll das Militär durch *Songun* die Sicherheit des Staates und den Lebensunterhalt seiner Menschen gewährleisten.[94]

---

93 So Präsident George W. Bush in seiner Rede zur Lage der Nation am 28. Januar 2003. Johnstonsarchive.net/policy/bushstun2003.html. Eingesehen am 23.01.2021.
94 Roehrig 2009, S. 207, der dort auf Park HS 2008, S. 118 f. verweist.

Eine solche Politik macht Zusammenarbeit und Normalisierung besonders schwierig und erschwert Wirtschaftswachstum und Normalisierung. Andererseits hat es unter Kim Jong-un eine wichtige Akzentverschiebung gegeben, die sich bereits vorher abzeichnete. (Kim CN 2008) Im Gegensatz bzw. als Weiterentwicklung der Politik seines Großvaters und Vaters, das Militär an die erste Stelle zu setzen, betonte er ein gleichrangiges Verhältnis, ein Tandem, zwischen Nuklearbewaffnung plus Raketenrüstung und Wirtschaftswachstum, die *Byungjin Linie* (병진), allerdings mit einem phasenverschobenen Vorgehen. Ende 2017 wurde die nukleare Bewaffnung als erreicht erklärt und Kim Jong-un verkündete, dass nun der Schwerpunkt auf Wirtschaftsentwicklung liege. Dann musste er im Januar 2021 auf dem 8. Parteitag der Arbeiterpartei der DVRK zugeben, der Fünfjahresplan sei gescheitert, die Wirtschaft habe sich nicht wie geplant und erhofft entwickelt, die militärische Stärke des Landes aber sei gestiegen. Es gibt kein Tandem. Die Militärtechnologie marschiert im Stechschritt vorneweg und die Wirtschaftsentwicklung hinkt hinterher, trotz enormer Anstrengungen der Bevölkerung.

Veränderungen sollten aber nicht generell als Täuschungsmanöver abgetan werden. Der 8. Parteitag beschloss Änderungen im Parteistatut; gestrichen wurde die Formulierung, alle Parteimitglieder müssten aktiv dafür kämpfen, dass die Einheit des Vaterlandes beschleunigt wird. Das mag auf die realistische Erkenntnis hindeuten, dass das Überleben des Staates Vorrang hat vor Bemühungen um Wiedervereinigung, diese vielleicht sogar hinderlich sein könnten.

Anfang Januar 2024 erklärte Kim Jong-un, eine Vereinigung sei nicht mehr möglich. Es sei falsch, den Süden als Partner für Versöhnung und Wiedervereinigung zu betrachten, deshalb solle in der Verfassung der DVRK der Süden als unveränderlicher Hauptfeind bezeichnet werden. Man sei nicht für Krieg, werde ihn aber auch nicht verhindern. Sollte ein Krieg ausbrechen, werde man den Süden völlig besetzen, unterwerfen und als Teil „unseres Territoriums" annektieren.[95] Der Süden reagierte u. a. mit dem Versprechen, in einem solchen Fall den Norden doppelt zu zerstören. Das war der übliche Theaterdonner, wenn auch diesmal lauter und bedrohlicher. Die Feststellung Kim Jong-uns, eine Vereinigung sei nicht mehr möglich, sie ist eine realistische Lageeinschätzung. Neu und gefährlich ist, dass er Bemühungen um eine friedliche Vereinigung eine Absage erteilte und sich damit offiziell von einem Hauptziel der Politik seines Großvaters und Vaters verabschiedete. Es ist eine prekäre Einengung der Methodenwahl: Wiedervereinigung nicht mehr durch Normalisierung und Zusammenarbeit, sondern durch Eroberung.

Die DVRK ist ein „Teilungsstaat", entstanden durch Teilung und ihretwegen noch existent. Das gilt auch für Nordzypern, dem allerdings weit geringere Mittel zur Verfügung stehen. Die Führung Nordkoreas und die von dem System profitierende Elite haben ein vitales Interesse am Fortbestand der Teilung. Intensive Zusammenarbeit und

---

[95] „North Korea's Kim Jong Un abandons unification goal with South." https://www.bbc.com/news/world-asia-67990948. Eingesehen am 17.01.2024.

umfassende Normalisierung brächten eine Reduzierung des Systemgegensatzes, was, so die Meinung vieler Beobachter, das nordkoreanische System nicht überleben würde. Abgrenzung (Teilung) und die Aufrechterhaltung eines äußeren sowie inneren Feindbildes dienen der Begründung von Anstrengungen und dem Erdulden von Mangel. Isolation ist zwar entwicklungshemmend, aber auch ein Stabilitätsfaktor für die DVRK.

Chancen für positive Veränderungen auf der koreanischen Halbinsel könnten bestehen, sollte es beim inneren und äußeren Aspekt der Teilung Veränderungen geben. Wenn sich der Nutzen der Teilung veränderte, dann könnten diejenigen inneren und äußeren Akteure, die von ihr profitieren, erkennen, dass eine Normalisierung nicht nur für die koreanische Halbinsel von Vorteil wäre, sondern ein enormes Potenzial für Nordostasien insgesamt entfalten würde. Eine Vereinigung darf nicht ausschließlich als Systemwechsel und „Sieg" einer Seite verstanden werden, sondern als sehr langfristiges gemeinsames Projekt, mit einer langen, erfolgreichen Annäherungs- bzw. Übergangsphase, als eine im positiven Sinne ergebnisoffene Entwicklung. Die DVRK muss ausreichend Erfahrung damit machen, dass Zusammenarbeit nicht automatisch Abhängigkeit bedeutet, sondern sich wechselseitiger Nutzen entwickelt, so z. B. die Anknüpfung von Verkehrsverbindungen auf der Halbinsel. (Kim Yk/Blank 2014) In der DVRK sollten Reformen durchgeführt werden, die dem Regime das Überleben garantierten und der Bevölkerung größere Freiräume verschaffen, wobei niemand einzuschätzen vermag, wie viel an Veränderung das gegenwärtige System benötigt und wie viel an Reformen es überleben könnte. Wie unsicher hier Voraussagen sind zeigte ein Kommentar aus der südkoreanischen Monatszeitschrift „Keyes" vom September 2002, in dem festgestellt wurde, Kim Jong-il stehe vor einem großen Dilemma. Lässt er die freien Märkte sich weiter entfalten, wird sein Regime zusammenbrechen. Werden diese Märkte alle geschlossen, wird sein Regime ebenfalls zusammenbrechen. (Oh 2003: 391)[96] Diese Märkte bestehen weiterhin, ihre Bedeutung hat auch wegen der Sanktionen zugenommen und das Regime ist nicht zusammengebrochen. Beide Staaten in Korea sollten klarer als bisher erkennen, dass die gegenwärtige Art der Teilung verstärkte Abhängigkeit bedeutet, teuer ist und trotzdem keine Sicherheit garantiert. Sie sollten weniger Differenzen betonen, mehr Gemeinsamkeiten identifizieren sowie praktizieren.

Spätestens seit Mitte der 1990er Jahre ist Nordkorea trotz Wirtschaftswachstum eine Mangelgesellschaft. Immer war die DVRK eine repressive Überwachungsgesellschaft. Kontrolle in einem solchen Ausmaß hat zahlreiche Auswirkungen, zu ihnen zählt eine Orientierungsfunktion im negativen Sinne, denn sie wird teilweise verinnerlicht, d. h. sie gibt den Menschen eine Orientierung darüber, was verboten ist und sie richten ihr Leben danach aus. Andererseits haben sie wenig Erfahrung mit angstfreiem Testen, wie weit sie gehen können. Es herrschen Konformität, Misstrauen,

---

[96] Auf S. 391, in seiner Fußnote Nr. 40, verweist Oh auf den Beitrag „Jang Ma Dang" (Marktplätze) in der Monatszeitschrift *Keys*, Band 27 vom September 2002, S. 63.

Furcht und Gehorsam, aber es gibt auch Solidarität und Einfallsreichtum bei der Schaffung kleiner individueller Freiräume sowie Improvisationskunst bei der Lösung täglicher Probleme. Es mangelt vielfach an Initiativen, Kreativität und Eigenverantwortung, d. h. es kann kaum eine dynamische sozio-ökonomische, sozio-politische Entwicklung geben. Fallen die Kontrollmechanismen plötzlich weg, führt dies, zumindest in einer Übergangsphase, zu Unsicherheit, gar Orientierungslosigkeit bei einem Großteil der Bevölkerung.

Für den Umgang mit der DVRK sind neue Methoden und Strategien dringend notwendig. Bei aller Konzentration auf das Regime darf die dortige Bevölkerung nicht vergessen werden. Zusammenbruch oder die Dauer des Überlebens sind nicht vorherzusagen, auf beide Fälle gilt es, vorbereitet zu sein. Seit langer Zeit wird darüber spekuliert, wann die DVRK zusammenbrechen könnte. Solche Überlegungen sind weitgehend Zeitverschwendung. Es sollte weniger gefragt werden, wann bricht sie zusammen, sondern, warum ist sie noch nicht zusammengebrochen, was trägt gewollt und ungewollt zu ihrem Systemerhalt bei und was muss von wem getan werden, damit es in Nordkorea zu positiven Veränderungen kommt?

Der Süden

Die Republik Korea begann als autoritärer Präsidialstaat, der zwei Jahre nach Gründung wegen dem Bürgerkrieg fast untergegangen wäre. Danach folgten viele Jahre Militärdiktatur, die erst ab 1987 schrittweise demokratisiert wurde, eine Demokratie, die noch immer kaum verlässliche Institutionen zur Kompromissfindung hat. Gregory Henderson nannte den Wirbel, einen Wasserstrudel, als Kennzeichen der Situation im Süden; eine Beschreibung, die auf die Politik in der RK fast durchgängig zutrifft, wenn sich auch die Drehzahl des Wirbels ändert. (Henderson 1968: 175 ff.) Bruce Cumings meint, es könne gesagt werden, dass für einige Jahrzehnte die Republik Korea das unstabilste Regime der Welt gewesen sei. (Cumings 1998: 338)

Viele Bereiche von Staat und Gesellschaft sind überschattet von der Problematik der Teilung, dem als bedrohlich empfundenen Norden und konservativ-reaktionären Grundströmungen. Die Reduzierung des Misstrauens auf der Halbinsel wäre bereits ein beträchtlicher Fortschritt. Eine Einschätzung aus dem Jahre 2004 ist noch immer zutreffend: „In Seoul und Pjöngjang sind Bedrohungsperzeptionen weniger von der Logik einer Krisenstabilisierung motiviert, sondern von tiefverwurzeltem gegenseitigem Misstrauen und von der Furcht vor unprovozierter Aggression." (Nam 2004: 252.)

Im Süden gibt es nicht genug Kenntnisse über den Norden und deshalb oft ratlose Verwunderung über dessen Verhalten. Aber es gibt auch bei einigen die klammheimliche Bewunderung, dass der Norden trotz Armut und Abhängigkeit von Hilfslieferungen dennoch in der Lage ist, außenpolitisch sowie bei der Rüstung so selbständig und unberechenbar zu agieren. Sie bedauern, dass nicht auch ihre Regierung allen die Stirn bietet, einige träumen davon, dass nach einer Vereinigung Nuklearwaffen und

Raketen dann „uns gehören." Pjöngjang andererseits wundert sich über das politische Durcheinander im Süden. Kim Jong-il sagte zu Lim Dong-won, einem engen Mitarbeiter von Kim Dae-jung: „Ich verstehe wirklich nicht, was sie im Süden unter Demokratie verstehen. Da gibt es Kämpfe zwischen den Parteien, ähnlich wie in den Tagen der Yi-Dynastie und die Große National Partei der Opposition attackiert die Regierung nur um der Opposition willen. Ist das Demokratie?" (Lim 2012: 24)

Die Entwicklung der RK war in der Tat turbulent. Der erste Präsident wurde wegen autoritärer Herrschaft und massivem Wahlbetrug außer Landes gejagt. Park Chung-hee wurde nach 18 Jahren Diktatur von einem Schulfreund, dem damaligen Chef des Geheimdienstes, erschossen. Ein Nachfolger wurde zum Tode verurteilt, ein anderer zu 17 Jahren Gefängnis. Beide wurden begnadigt und vier ihrer Nachfolger hatten Korruptionsfälle im engsten Familienkreis. Präsidentin Park Geun-hye, Tochter des Diktators Park, wurde nach langen, massiven Demonstrationen eines Großteils der Bevölkerung vom Verfassungsgericht ihres Amtes enthoben und 2021 zu 20 Jahren Haft verurteilt.[97] Seit ihrer Gründung hatte die RK 13 Präsidenten, darunter eine Präsidentin. (Würden die in Übergangsphasen amtierenden Präsidenten hinzugezählt, wären es insgesamt 22.) In diesem gesamten Zeitraum gab es in der DVRK nur drei Führer, Großvater, Sohn und Enkel Kim. Aus seiner Sicht war es also verständlich, wenn sich Kim Jong-il über die Demokratie im Süden wunderte. Sein Sohn, Kim Jong-un, hat deren Vielseitigkeit aus der Ferne beobachten können. So sehr 2017 die Amtsenthebung von Präsidentin Park Geun-hye als Sieg der Landsleute im Süden gefeiert wurde, so wenig möchte Pjöngjang bei sich Millionen Menschen mit Kerzen in den Händen friedlich gegen den eigenen Präsidenten demonstrieren sehen.

Ähnlichkeiten

Trotz vieler Unterschiede gibt es Ähnlichkeiten. Für beide Seiten ist Geschichte von großer Bedeutung und sie glauben, aus eigener Kraft Großartiges geleistet zu haben, fühlen sich aber eingequetscht und nicht genügend respektiert. Identität ist in Korea eine Mischung aus Stolz, romantisierendem, oft fanatischem Nationalismus, Außenorientierung und dem starken Wunsch, Anerkennung zu finden. Wegen der Schwierigkeiten der inter-koreanischen Beziehungen sieht Roland Bleiker die Notwendigkeit, neben einer Ethik des Dialogs auch die einer Ethik der Differenz, d. h. anzuerkennen, dass Identität und Politik der anderen Seite quasi von Natur aus mit der eigenen unvereinbar sind. Es geht darum, das Andere, den Anderen, als anders zu tolerieren und deshalb plädiert er für ein akzeptiertes Nebeneinander von Identität und Differenz. (Bleiker 2001: 121, 137. Bleiker. 2004). Eine Lösung wäre demnach, darin übereinzustimmen, dass es (noch) keine Übereinstimmung gibt und trotzdem Gemeinsamkeiten zu suchen und darauf aufbauend, zu kooperieren. Das Wort „Ethik" mag robusten po-

---

[97] Frau Park wurde im Frühjahr 2022 begnadigt.

litischen Gemütern in diesem Zusammenhang etwas hochgegriffen erscheinen, aber es benennt ein hier relevantes Prinzip.

Nach dem Nationalen Sicherheitsgesetz des Südens ist die Regierung in Pjöngjang eine Anti-Regierungsorganisation und muß demgemäß eigentlich bestraft werden. (Kim Dj 2019: 810) Um aber Kontakte herzustellen und auszubauen sowie eine Normalisierung auf der Halbinsel zu ermöglichen, ist Zusammenarbeit zwischen beiden Regierungen und auf anderen Ebenen unerlässlich. Diese besondere Art politisch-juristischer Schizophrenie behindert Kooperation. Deshalb gibt es z.B. noch immer keine durchgehenden Verkehrsverbindungen, keinen Transit durch die koreanische Halbinsel. Der südliche Teil, die Republik Korea, ist quasi eine Insel.

Im Süden gab es starke Präsidenten mit schwacher oder keiner demokratischen Legitimation, schwache Präsidenten mit stärkerer Legitimation und Präsidenten ohne ausreichende parlamentarische Unterstützung. Die geringe Verweildauer in hohen Ämtern, z.B. Ministerpräsident, Außenminister, Minister für Wiedervereinigung, erschwert Kontinuität der Politik, auch gegenüber der DVRK. Dem Handeln des Südens werden durch die USA oft enge Grenzen gesetzt. Seit Theodore Roosevelt haben die USA Probleme, Korea richtig einzuschätzen. Sie haben generell Schwierigkeiten damit, die Emanzipation von „Schutzbefohlenen" zu verstehen und zu akzeptieren. Ein Beispiel dafür sind die Schwierigkeiten, die Kim Dae-jung wegen der Sonnenscheinpolitik ab den Terrorangriffen vom 11. September 2001 mit Washington hatte. Eine tatsächliche oder vermutete Verschlechterung des Verhältnisses zwischen Washington und Seoul veranlasst Pjöngjang, sein Verhältnis zur RK (vorübergehend) zu verbessern. Das ist keine langfristige Politik.

Ein oberflächlicher Vergleich zeigt, der Norden ist massiv materiell, aber weniger politisch abhängig und er scheint von außen gesehen ein stabiles System zu sein. Der Süden ist weniger materiell, aber stark außenabhängig und eine durch politische Volatilität sowie gravierende Korruptionsfälle gekennzeichnete Demokratie.

Die Teilung Koreas begann unmittelbar nach dem Ende des Zweiten Weltkrieges, ihre Zementierung erfolgte im „Kalten Krieg". Es herrscht noch immer ein Zustand, in dem selbst den guten Absichten der anderen Seite mit Misstrauen begegnet wird. (Kim HC 1988: 37) Karl W. Deutsch hat das allgemein formuliert:

> Wenn es wenig effektive Kommunikation gibt, wird diese geringe Menge auch noch überwiegend durch Misstrauen und Täuschung gestört, dann bleibt das meiste Verhalten unkoordiniert und oft wechselseitig schädlich; ein solcher Mangel an Koordinierung wird häufig als absichtlich feindselig interpretiert. (Deutsch 1979: 323)

Was überwiegt sind selektive Wahrnehmungen, die oft zur Bestätigung eigener Vorurteile dienen. Der Süden gibt Meldungen und Ereignissen Vorrang, die den Norden als unzuverlässig und extrem gefährlich darstellen. Der Norden präferiert solche, die den Süden als abhängig von den USA und als zu wenig gesamtkoreanisch-solidarisch erscheinen lassen. Die Hoffnung bzw. der Wunsch oder gar der Wille, die andere Seite vielleicht letztlich dennoch (friedlich) besiegen zu können, ist auf beiden Seiten vorhanden.

Norden agiert, Süden reagiert

Bei inter-koreanischen Beziehungen agiert meist der Norden und der Süden reagiert. Ein interessanter Fall waren Entwicklungen im Jahre 2018.

In seiner Neujahrsansprache wünschte Kim Jong-un den bevorstehenden olympischen Winterspielen im Süden Frieden und Erfolg. Das Internationale Olympische Komitee (IOC) machte viele Ausnahmen. Es kam zum Einmarsch einer gesamtkoreanischen Mannschaft, es gab ein gesamtkoreanisches Team der Frauen beim Eishockey, das eine US-amerikanische Trainerin hatte, ein Orchester sowie zahlreiche Cheerleader aus dem Norden waren aktiv. Kim Yo-jong, die Schwester von Kim Jong-un und Kim Yong-nam, nominelles Staatsoberhaupt der DVRK[98], kamen zur Eröffnung, wurden von Präsident Moon empfangen und die Schwester übergab ein Einladungsschreiben für ein Gipfeltreffen. Moon sagte zu, sollten die richtigen Bedingungen dafür geschaffen sein. Der Norden ergriff die Initiative und praktizierte ein ausgezeichnetes Timing. Dann besuchte eine hochrangige Delegation des Südens Pjöngjang und für April 2018 wurde ein Gipfeltreffen im Friedenspalast auf der Südseite von Panmunjom verabredet. Neben sehr freundlichen Gesten des Nordens gab es die Zusage für einen Teststopp, solange Diplomatie betrieben werde. Außerdem wurde eine direkte Telefonleitung zwischen Kim und Moon eingerichtet. Kim betont die Bedeutung direkter Kommunikation. „Wenn wir bisher eine Rakete abgefeuert hatten, dann musste Präsident Moon Jae-in sich immer die Mühe machen, eine Sitzung des Nationalen Sicherheitsrates einzuberufen." So wurde Kim zitiert. „Ich habe heute entschieden, dass der Präsident nicht mehr so früh aufwachen muss." Kim soll auch gesagt haben, wenn auf der Arbeitsebene beide Seiten einen toten Punkt erreicht hätten, „dann kann das Problem einfach dadurch gelöst werden, dass der Präsident und ich auf der direkten Verbindungslinie miteinander sprechen."[99]

Das liest sich erfreulich, aber es ist daran zu erinnern, dass die Einrichtung einer solchen direkten Telefonverbindung bereits 1972 verabredet wurde, als ein hoher Abgesandter des Südens im Auftrag des damaligen Präsidenten Park Kim Il-sung in Pjöngjang traf. Die Verbindung hat nie durchgängig funktioniert.

Pjöngjang erwartet, dass Seoul wie eine Art „Türöffner" in Washington handelt und die RK tut dies in der Hoffnung, dass sich dann auch inter-koreanische Beziehungen verbessern würden. Hierfür lieferte das Jahr 2018 ebenfalls ein Beispiel.

---

[98] Laut Verfassung ist Kim Il-sung ewiger Präsident der DVRK.
[99] Yonhapnews vom 09.03.2018. „N. K. leader. Moon will no longer have to wake up early to discuss N. K. missile launches." https://www.en.yna.co.kr/view/AEN201830901010100315. Eingesehen am 25.03.2024.

Seoul informierte Washington über das Ergebnis seiner Gespräche mit dem Norden und Kim Jong-un nutzte bei dieser Gelegenheit Chung Eui-yong, den Sicherheitsberater von Präsident Moon, als Boten. „Kim bat Chung, Präsident Trump eine direkte Botschaft auszurichten, es war Teil von Kims Bemühungen, für eine Begegnung Vertrauen zu schaffen. [...] Trump akzeptierte ein Gipfeltreffen, als ihn Chung über dessen Zusammenkunft mit Kim unterrichtet hatte. Nach Chung habe Kim gesagt, er würde sich zur Entnuklearisierung verpflichten und er versprach, keine weiteren Nuklear- und Raketentests mehr durchzuführen."[100]

Das war politische Kommunikation auf höchster Ebene, bei der „über die Bande gespielt wurde." Sollte es nicht zu positiven Ergebnissen kommen, könnte der Norden immer sagen, der Bote aus dem Süden habe die Nachricht nicht korrekt übermittelt. Diese Kontakte und das Gipfeltreffen zwischen Kim und Moon im April 2018 wirkten wie ein gemeinsam-koreanischer Katalysator für die Kontakte zwischen Pjöngjang und Washington, sie trugen wesentlich dazu bei, dass es zu Treffen zwischen Donald Trump und Kim Jong-un kommen konnte. Allerdings wurde diese Erfahrung koreanischer Gemeinsamkeit später nicht genutzt. Es zeigte sich erneut das Problem von zu hohen Erwartungen und dem Beharrungsvermögen von Misstrauen.

Beim deutschen Einigungsproßeß war der äußere Rahmen, waren die USA und die Sowjetunion immer wichtig und im Verlauf der Normalisierung entstand Vertragstreue zwischen beiden Staaten in Deutschland, die gemeinsames Handeln erleichterten. Diese Erfahrung fehlt Korea. Ebenfalls im Vergleich zu Deutschland und Europa fehlen förderliche regionale Institutionen.

Fehlende regionale Sicherheitsarchitektur

Für eine Normalisierung, mit eventueller späterer Vereinigung Koreas, fehlen noch immer Rahmenbedingungen, nicht nur zwischen Norden und Süden, sondern in Nordostasien. (Choi 2008. Goldsmith 2007) Die von 2003 bis 2009 durchgeführten „Sechs-Parteien-Gespräche" zur Denuklearisierung der koreanischen Halbinsel, an denen beide Koreas, die VR China, die USA, Russland und Japan teilnahmen, mit Peking als Gastgeber, entwickelten sich nicht zu einer ständigen Einrichtung für Sicherheit und Zusammenarbeit in Nordostasien.[101] Die Chancen dafür waren von Beginn an gering und alle Beteiligten hatten wohl auch mit einem Scheitern gerechnet; gerade das sollte aber die Notwendigkeit einer Sicherheitsarchitektur dringlich machen. (Kim, Samuel

---

100 Yonhapnews vom 09.03.2018. „Envoy gave Trump ‚special message' from Kim: official." https://.www.en.yna.kr/view/AEN20180310000400315.html. Eingesehen am 10.03.2018. Zum Statement von Chung Eui-yong siehe https://www.bbc.com/news/world-asia-43340066 vom 9. März 2018. Eingesehen am 10.03.2018.
101 Eine zusammenfassende Darstellung der Entwicklung dieser Gespräche ist Davenport 2018. Siehe auch Buszynski 2015, Chu/Lin 2008 und Xia 2005.

2006) Alle beteiligten Parteien sind sich einig, dass große Schwierigkeiten zu überwinden seien, können sich aber nicht über gemeinsam zu beschreibende Lösungswege verständigen. Die Probleme, die einer stabilen regionalen Zusammenarbeit im Wege stehen, sind nicht nur durch die Lage auf der koreanischen Halbinsel seit der Teilung begründet, ihre historischen Wurzeln liegen viel tiefer.

Korea ist seit Jahrtausenden politischem, militärischem und kulturellem Außendruck ausgesetzt. Park Myung-Lim hat die Verortung Koreas in der jeweiligen regionalen Ordnung Ostasiens durch Kreise und sektorale Teile von Kreisen dargestellt, wodurch die wechselnde Anzahl der Akteure und der Grad der Abhängigkeit Koreas deutlich werden, Suzeränität Chinas, Kolonie Japans, Juniorpartner einer Allianz. Immer war und ist Korea kleinerer Teil eines größeren Kreises. (Park ML 2007: 265.) In den letzten rund 150 Jahren, so Park, „[…] existierte Korea unter und durch diese regionalen internationalen Systeme als ein Tributstaat, als ein instabiler unabhängiger Staat, als eine Kolonie und als ein geteiltes Land." (Ebd. S. 264)

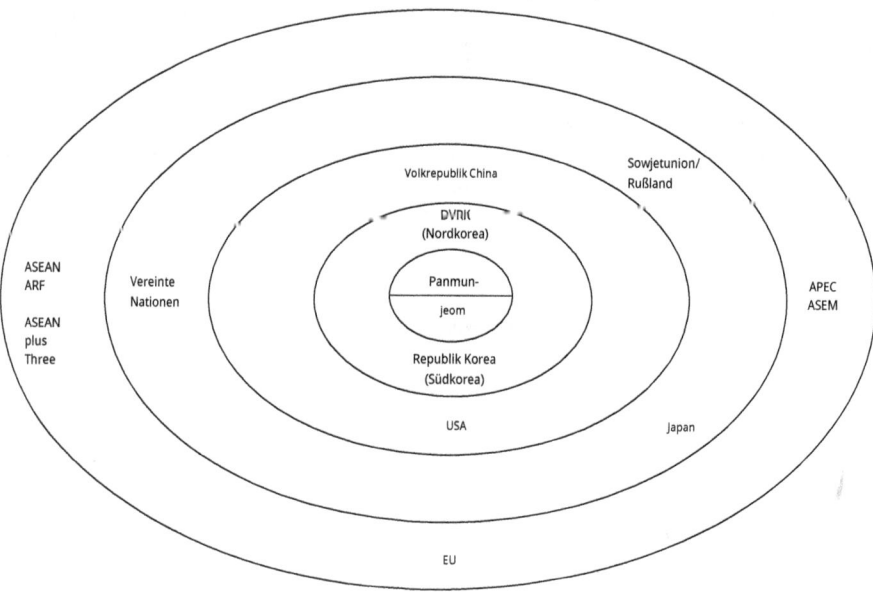

Graphik 6: Akteure und Ebenen mit Relevanz für Korea

3.6 Zypern

Fremdbestimmung

Zypern ist von jeher ein Anziehungs- und Treffpunkt im östlichen Mittelmeer, es war und ist eine Mischung aus Kulturen und Religionen sowie Objekt fremder Interessen.

Noch stärker als Korea und Taiwan war Zypern ausländischem Druck und Okkupation ausgesetzt: Perserreich, griechischer Einfluss, ptolemäisches Ägypten, römisches Kaiserreich, frühes christliches Missionsgebiet, Byzanz, Kreuzfahrer, Genueser, Venedig, Türken, Briten. Andrea Riemer hat diese Entwicklung zusammengefasst:

> Zypern stand am Beginn seiner Entwicklung im hellenischen und venezianischen Wirkungskreis. Danach prägten die Herrschaft der Osmanen und der Briten das Bild der Insel. [...] Nach dem Zweiten Weltkrieg wurde Zypern zum Spielplatz für Kämpfe zwischen den Großmächten; überlagert wurden diese Kämpfe von inneren Zerwürfnissen zwischen den beiden Volksgruppen und von Ambitionen der beiden Mutterländer Griechenland und Türkei. (Riemer 2003)

Seit vielen Jahren befindet sich Zypern im Spannungsfeld zwischen den „Mutterländern", deren Verhältnis durch tiefe und noch immer schmerzende Wurzeln gekennzeichnet ist. (Richter 2016) Diese Spannungen überlagern Bemühungen auf der Insel, eine Annäherung und Normalisierung zu erreichen und sie erschweren Lösungsversuche der Teilung zusätzlich. (Tzermias 1998)

Zypern ist in politischem Sinne nicht so antagonistisch wie es die SED-DDR und die Bundesrepublik waren, die VR China und Taiwan sowie beide Staaten in Korea sind. Sprache, Religion, Kultur, Brauchtum, usw. waren und sind auf Zypern kein großes Problem. Im Vergleich zu den anderen in diesem Buch behandelten geteilten Nationen ist auf Zypern der Zeitraum der Trennung am kürzesten und war die Kolonialzeit am längsten. Sie währte 82 Jahre, von 1878 bis 1960, obwohl die Insel formal erst 1925 britische Kronkolonie wurde. Es gibt ethnische Unterschiede und die Volksgruppen (Streissguth 1998) haben ihre eigene Sprache. In der Republik Zypern sind Griechisch und Türkisch offiziell Amtssprachen. Seit der Teilung nimmt bei jüngeren Generationen die Kenntnis der Sprache der jeweils anderen Volksgruppe aber ab. Schrift sowie Religion sind denen der jeweiligen Schutzmacht gleich. Die Mittelmeerinsel ist ein komplizierter Fall, weil bei der Teilung und deren Aufrechterhaltung noch stärker als bei den anderen Beispielen ausländische Staaten und die VN direkt involviert sind. Es gibt keine Drohung, die Wiedervereinigung durch militärische Gewalt erreichen zu wollen, wenn überhaupt, existiert eine gewisse Militanz für die Beibehaltung der Teilung (Taksim) auf Seiten türkischer Zyprer. Im Unterschied zu Korea gab und gibt es Treffen zwischen den Leitern der Volksgruppen und religiösen Gruppen sowie vielfältige Kontakte und Gespräche mit dem Ziel der Schaffung einer Konföderation/Föderation, die dann Mitglied der EU und des Euro-Raumes sein soll. Es existieren, anders als in Korea, mehrere Grenzübergänge. Im Vergleich zu den anderen Fällen gibt es mehr

Unterschiede, aber mehr Kontakte und der Faktor Gewalt ist geringer. Dennoch ist die Chance, eine einvernehmliche Lösung zu erzielen, auf Zypern nicht größer.

Unabhängigkeit und Teilung

Während der Endphase der britischen Kolonialzeit war die griechische Bevölkerungsgruppe für Unabhängigkeit bzw. den Anschluß an Griechenland. (Stefanidis 1999: 229 ff.) Die 1943 gegründete erste Partei der türkischen Volksgruppe nannte sich „Partei für den Schutz der türkischen Minderheit", sie tendierte eher für einen Fortbestand als britische Kolonie, so auch die ein Jahr später gegründete „Türkische Nationalpartei", die sich an den kemalistischen Reformen der Türkei orientierte. Am Anfang des Unabhängigkeitskampfes in den 1950er Jahren setzte London, nach dem Motto *divide et impera*, türkisch-zyprische Polizisten gegen griechisch-zyprische Demonstraten ein, was fortgesetzte Animositäten bewirkte. Im Kampf gegen Unabhängigkeitsbestrebungen der Inselgriechen ermunterte Großbritannien die Türkei, nicht nur den Status quo auf der Insel, d. h. die Kolonialherrschaft, sondern eine Teilung in zwei ethnische Siedlungsgebiete zu befürworten. Im November 1956 schlug der Jura-Professor und spätere Ministerpräsident der Türkei, Nihad Erim, in einer Denkschrift die Teilung und einen Bevölkerungsaustausch vor, was dann 18 Jahre später tatsächlich erfolgte. Für längere Zeit waren die Optionen: Unabhängigkeit, Teilung, Anschluß an Griechenland oder die Türkei. Seit ihrer Gründung kam die Republik Zypern im Innern nie richtig zur Ruhe und wurde von außen nie in Ruhe gelassen. Es ist mehr ein historisch-politischer und militärischer Konflikt, weniger ein Problem von Religionen, verschärft durch Spannungen zwischen den Schutzmächten Griechenland und Türkei. Beide leiden darunter, in der Geschichte Großmacht gewesen und dann gedemütigt worden zu sein. Individuelles Verhalten und staatliche Politik auf der Insel sind sehr stark von Emotionen geleitet.

1950 gab es ein Referendum, in dem sich eine überwältigende Mehrheit für Griechenland entschied (Enosis). In den Jahren 1956/57 begann dann die Teilung, z. B. wurden getrennte Stadtverwaltungen eingerichtet. Das war einer der Gründe für den Bürgerkrieg von 1958. Erst seit August 1960 ist Zypern eine eigenstaatliche Republik; von den in dieser Studie behandelten Fällen erlangte es zuletzt seine formelle Unabhängigkeit. Die unmittelbar Betroffenen waren nicht beteiligt, einen Kompromiss zwischen Griechenland und der Türkei nahm Großbritannien zum Anlass, einen Verfassungstext vorzulegen. London schrieb die Verfassung für das unabhängige Zypern, ohne Konsultationen mit der dortigen Führung bzw. Bevölkerung. Die Leiter der beiden Volksgruppen hatten sie 1958 nur noch zu unterschreiben.

Dieses Verfahren hat Ähnlichkeit mit der 1947 auf dem Festland verabschiedeten Verfassung der Republik China, die seit Oktober 1949 nur noch auf Taiwan Gültigkeit hat, dort aber nicht zur Diskussion bzw. Abstimmung kam. Auf Zypern sind die Verfassungsmechanismen weniger an demokratischen Regeln, als an den Ethnien orientiert. Sie regelten für Politik, Verwaltung und Armee eine prozentuale Mitwirkung der Volksgruppen im Verhältnis 70 zu 30, und bei der Armee 60 zu 40. Der Präsident sollte ein Grieche, der Vizepräsident ein Türke sein, gewählt von der jeweiligen Volksgruppe. Die türkischen Zyprer hatten ein Vetorecht in Exekutive und Legislative. Was ausgewogen und kompromißfördernd hätte sein können, führte oft zu Blockade und Ineffizienz des neuen Staates. Die Türkei hielt die Proportionsregelungen für unaufrichtig und übte großen Einfluss auf die türkische Volksgruppe auf Zypern aus. (Bilge 1975)

Auf der Insel befinden sich noch immer zwei ausgedehnte Militärstützpunkte unter der Souveränität Großbritanniens, auch nach einer Wiedervereinigung würden sie nicht automatisch an Zypern zurückgegeben, was sich dort allerdings viele erhoffen. Nach Gründung der Republik konnten Spannungen zwischen den griechischen und türkischen Volksgruppen nicht beigelegt werden. Im Dezember 1963 zerbrach die Regierung, weil sich deren türkische Mitglieder nicht mehr sicher fühlten. Die griechische Seite sprach von Rückzug, die türkische von Hinauswurf. (Göktepe 2005: 431)

In die Auseinandersetzungen von 1963/64 intervenierte auch griechisches und türkisches Militär. Seit 1964 sind Friedenstruppen der VN auf Zypern stationiert. Diese UNFICYP ist eine der längsten kontinuierlichen Missionen der VN. In Deutschland hieß die Trennlinie Zonengrenze bzw. Staatsgrenze der DDR. In Korea wurde sie von zwei US-Amerikanern vorgeschlagen und zwischen der SU und den USA beschlossen, seit dem Ende des Bürgerkrieges heißt sie Entmilitarisierte Zone. Auf Zypern ist es die „Grüne Linie", weil ein britischer General mit einem grünen Stift eine Linie über eine Karte der Insel zog. Aus ihr wurde nach der Invasion der Türkei 1974, die nach einem Putschversuch auf der Insel intervenierte, eine von der UNFICYP geschützte Pufferzone, sie ist rund 180 Kilometer lang und in ihr wohnen ca. 10.000 Menschen. (Ersözer 2019) Ähnlich der allerdings fast unbewohnten Entmilitarisierten Zone in Korea hat sich über Jahrzehnte hinweg diese Grenzregion auf Zypern auch zu einem Schutzraum für Tiere und Pflanzen entwickelt.

In den Jahren 1960 bis 1963 gab es ein relativ friedliches Nebeneinander, dann aber wurden durch Präsident Makarios politische Rechte der türkischen Volksgruppe reduziert, Autonomie war nur noch in den Bereichen Kultur, Bildung und Religion vorgesehen. Auf Zypern war Religion nie ein großes Problem, wie z.B. zwischen Irland und Nord-Irland. Dennoch kam es zwischen Dezember 1963 und August 1964 dann erneut zu einem Bürgerkrieg. Seit den Kämpfen von 1963 ist die Hauptstadt Nikosia geteilt. Die vollständige Teilung begann 1974, 14 Jahre nach der Unabhängigkeit, als das türkische Militär mit einer Intervention, quasi als selbsternannte „Schutztruppe", auf einen von Griechenland inspirierten Coup auf der Insel reagierte. In dem besetzten Gebiet entstand im September 1974 eine „Autonome türkisch-zyprische Verwaltung", aus der im Februar 1975 der „Föderale türkische Staat Zypern" hervorging. Es wurden 37 Prozent des Territoriums der Insel besetzt, zyprische Griechen vertrieben und zyprische Türken umgesiedelt. Die Ethnien waren sehr traditionell orientiert und emotional ortsgebunden, was dann nach Fluchten und Umsiedlungsaktionen gravierende Probleme verursachte. Viele türkische Zyprer hatten sich schon vorher in Enklaven zurückzogen, um dort besser geschützt zu sein. Früher verfügten sie über kein geschlossenes Siedlungsgebiet, sondern ihre Dörfer waren meist isoliert und über die Insel zerstreut, nach der Invasion wurden sie in den besetzten Teil der Insel umgesiedelt.

Griechenland und die griechischen Zyprer sahen in der Invasion, Teilung und Vertreibung die Durchsetzung einer bereits vor Jahren konzipierten Idee, (Denkschrift von Nihad Erim). Die Türkei versuchte, ihr Handeln mit dem Artikel 4 des Garantievertrags vom August 1960 zu begründen. (Treaty 1960) Dort steht, dass bei einem Verstoß gegen die Bestimmungen, die Vertragsparteien über notwendige Maßnahmen zu deren Einhaltung Konsultationen durchführen werden. Sollte dies nicht möglich sein, behalte sich jede Partei das Recht vor, mit dem alleinigen Ziel zu handeln, den durch den Vertrag beschlossenen Zustand wiederherzustellen. Die Türkei entschied sich nicht für Konsultation, sondern gleich für Invasion. Sie stellte damit nicht den Status quo ante wieder her, d. h. die vereinte Insel, sondern bewirkte die Vertiefung der Teilung. (Necatigil 1989)

Die Geschichte der Republik Zypern beinhaltet auch eine Aufeinanderfolge von Gesprächen, Abbruch von Gesprächen, Vereinbarungen und Nichteinhaltung von Vereinbarungen, der Präsentation von Vermittlungsvorschlägen des Auslandes und deren Ablehnung. Ähnlich wie in Korea lässt dieses auf und ab einerseits immer wieder Hoffnung aufkommen, andererseits bestätigt und vertieft es das Misstrauen.

Zwischen 1975 und 1983 gab es Gespräche von Volksgruppenvertretern, es kam zu Vereinbarungen, in denen eine föderale Konstruktion vereinbart wurde, deren praktische Umsetzung nicht stattfand. Im November 1983 wurde dann die „Türkische Republik Nordzypern" proklamiert, die nur von ihrem Geburtshelfer, der Türkei, diplomatisch anerkannt ist. (Ertekün 1984) Die Türkei zahlt das Budget dieser Republik. Sie verfügt über eine kleine Armee, die aber vom türkischen Militär abhängt. Keiner der in diesem Buch behandelten Teilungsstaaten ist so abhängig wie die TRNZ. In ihr sind über 35.000 türkische Soldaten stationiert und es erfolgte die Ansiedelung von rund 160.000 Personen, die ursprünglich meist vom türkischen Festland kamen, aus dem Osten Anatoliens. Diese Siedler:innen sind etwa zwei Drittel der Wahlberechtigten im Norden.

Zwar gab und gibt es zahlreiche Kontakte, Gespräche und Lösungspläne, dennoch spielen der Alleinvertretungsanspruch der Republik Zypern und seine unflexible Handhabung noch immer in die Hände von eng denkenden Nationalisten auf allen Seiten. Im April 2009 gewann die Partei der Nationalen Einheit (UBP) im Norden eine Mehrheit im Parlament, was Kontakte mit dem Süden belastete. Die UBP und ihre Anhänger leitet das Motto, „keine Lösung ist die Lösung." [102] Es geht also nicht um die Lösung des Problems, die Überwindung der Teilung, sondern um deren Beibehaltung,

---

[102] „Wahlsieg der Nationalisten in Nordzypern. Schwindende Hoffnung auf eine Überwindung der Teilung." *Neue Zürcher Zeitung*, 21. April 2009, S. 3.

denn „Lösung" wird im Sinne von Loslösung verstanden. Dem liegt ein völlig anderes Verständnis von Normalisierung zu Grunde, denn sie ist hier nicht der Weg zu einem anzustrebenden Ziel, sondern der Weg ist bereits das Ziel. Die Gegenposition skizzierte Nikos Christodoulides, Außenminister der Republik Zypern, am 11. September 2018 in einem Vortrag bei der Konrad-Adenauer-Stiftung in Berlin. Der Status quo könne keine Lösung sein, die Besetzung müsse aufhören und die türkischen Truppen müssen die Insel verlassen. Zypern sei Teil Europas, der EU, und die Wiedervereinigung brauche einen europäischen Rahmen; es solle eine Föderation entstehen.

Die Wahl neuer Politiker auf beiden Seiten, der Präsidenten Anastasiadis und Eroğlu,[103] ermöglichte durch Vermittlung der VN intensivierte Gespräche. Am 11. Februar 2014 gab es die „Gemeinsame Erklärung", in der beide Seiten sich für eine Intensivierung der Kontakte aussprachen und die eine Vereinigung als Ziel nannten. Schon einige Monate später zerplatzte auch diese Hoffnung, allerdings wurden die Kontakte nicht völlig abgebrochen. Ein ähnliches Schicksal war vorher dem Annan-Plan widerfahren, einem umfassenden Lösungsvorschlag.[104] Durch die Möglichkeit einer Mitgliedschaft Zyperns in der EU erhielt die Beilegung der Teilungsproblematik eine zusätzliche Dringlichkeit und seit der Mitgliedschaft ist die Teilung verstärkt auch ein Problem für die EU. (Lätt/Öztürk 2007) Am 1. Mai 2004 wurde Zypern Mitglied und zwar de jure die gesamte Insel, da die TRNZ außer von der Türkei sonst völkerrechtlich nicht anerkannt ist. Seit dem 1. Januar 2008 ist Zypern auch Mitglied im Euro-Währungsgebiet. Die Republik Zypern hat zwei Amtssprachen, Griechisch und Türkisch, aber lediglich Griechisch ist eine der Amtssprachen der EU.

Die Möglichkeit eines Beitritts Zyperns zur EU weckte vielfach die Hoffnung, er würde auch einer Überwindung der Teilung förderlich sein, denn, mit Hinweis auf Deutschland, dann könnte Nikosia „[...] analog etwa zur Bonner Ostpolitik Willy Brandts [...]" den Norden de facto anerkennen, um seinen Bewohnern das Leben zu erleichtern. (Schoch 2004: 12) Ein Motto in Deutschland war, die Teilung durch kleine Schritte und menschliche Erleichterungen erträglich zu machen und sie letztlich zu überwinden. Auf Zypern gab es rund 30 Jahre keinen Grenzverkehr. Das hat sich geändert, es gibt zunehmend Berufspendler, d.h. Personen, die in der TRNZ leben und tagsüber in der Republik Zypern arbeiten. Es gibt keine Probleme mit Arbeitserlaubnissen und da für die Republik die TRNZ offiziell nicht existiert, werden deren Personalausweise schlicht ignoriert. Aber noch immer werden auf Zypern zu wenige Schritte unternommen und sie sind zu klein.

---

103 Nikos Anastasiadis war von 2013 bis 2023 Präsident der Republik Zypern und Derviş Eroğlu von 2010 bis 2015 Präsident der TRNZ.
104 Zum Annan-Plan siehe ab S. 394.

Pläne für Wirtschaftskooperation (Erdgas, Öl)

Bei geteilten Nationen gibt es die Hoffnung bzw. Erwartung, ökonomische Zusammenarbeit könnte politische und rechtliche Gräben überbrücken. Deutschland machte hier positive Erfahrungen, Korea bisher nicht. Die wirtschaftliche Verflechtung zwischen der VR China und Taiwan bewirkte keine politische Entspannung, sondern verstärkte die sozio-politische Abgrenzung.

Die im Jahre 2011 bestätigten Gasvorkommen in der Ägäis in der Nähe von Zypern schienen eine Möglichkeit zu eröffnen, alle auf der Insel und Nachbarstaaten an den Naturschätzen teilhaben zu lassen. (Tziarras/Mitchell 2015) Da die Türkei aber die Republik Zypern diplomatisch nicht anerkennt,[105] ist sie der Auffassung, die fraglichen Gewässer seien entweder türkisches oder ägyptisches Hoheitsgebiet, was die internationale Gemeinschaft nicht anerkennt. Sollte es zu einer Nutzung der Gasvorhaben kommen, bliebe die Frage der Aufteilung der Gewinne zwischen den Volksgruppen. Außerdem ist ungewiss, welche Rolle fossile Brennstoffe in der Zukunft noch spielen, sollten Bemühungen um eine Reduzierung ihres Einsatzes intensiviert werden.

Nach Schätzungen sollen in diesem Gebiet rund 3,5 Billionen Kubikmeter Erdgas und ca. 1,7 Milliarden Barrel Erdöl vorhanden sein. Trotz mehrfacher Versuche kam es bisher zu keinen konkreten Absprachen mit der Türkei. Im Januar 2019 gründeten Ägypten, Griechenland, Israel, Italien, Jordanien, Palästina und Zypern ein „Gasforum Ost-Mittelmeer" mit Sitz in Kairo, die Türkei wurde nicht eingeladen. Ankara treibt deshalb seit dem Sommer 2019 eigene Explorationen voran und beschuldigt die anderen Staaten, Teile seines Festlandssockels zu beanspruchen, was die Beziehungen zu Griechenland zusätzlich belastet. Eine Zusammenarbeit aller relevanten Akteure in der Energiefrage findet bislang nicht statt, sie könnte auch das Verhältnis zwischen der Republik Zypern und der TRNZ verbessern. Die Türkei hat auf Vorschläge Zyperns, über den genauen Verlauf der Seegrenze zu sprechen, nicht reagiert. Außerdem wird behauptet, mit dem „Gasforum" und der geplanten Zusammenarbeit sei beabsichtigt, die TRNZ von den zu erwartenden Gewinnen der Gasförderung auszuschließen, obwohl die Republik Zypern einen Fonds eingerichtet hat, von dem auch Bewohner des nördlichen Teils der Insel profitieren sollen.

Im Juli 2019 schrieb Mustafa Akinci, Präsident der TRNZ, einen Brief an den Präsidenten der Republik Zypern und schlug die Bildung eines gemeinsamen Komitees für die Nutzung der Gasvorkommen vor. Es solle paritätisch besetzt sein, von den VN überwacht werden und für die EU ist in diesem Vorschlag ein Beobachterstatus vorgesehen. Es ist kaum möglich, hier eine Übereinkunft zu erzielen. Die Republik Zypern möchte allein Konzessionen erteilen und die Türkei meint, sie habe dazu kein Recht und müsse bei den Einnahmen auch die TRNZ beteiligen. Die Möglichkeit, mit ökono-

---

[105] Sie ist wohl der einzige Staat, der keine diplomatischen Beziehungen zur Republik Zypern unterhält.

mischer Zusammenarbeit die politische Entspannung zu fördern, ist bisher nicht genutzt worden.

Ein fast unverändertes Problemgeflecht

Seit dem Ende der 1970er Jahre gab es mehrfach Lösungsvorschläge der VN und auch Vereinbarungen zwischen den Volksgruppen. Es ging um eine föderale Republik mit Zentralregierung, Entmilitarisierung der Insel, Garantien für ihre Unabhängigkeit, die Rücksiedelung von Vertriebenen und andere Themen; Fortschritte jedoch gab es nicht. In einem Bericht stellte der VN-Generalsekretär am 30. Mai 1994 resignierend fest, der Sicherheitsrat sehe sich derzeit einem ihm bekannten Szenario gegenüber, es sei die Abwesenheit eines Abkommens hauptsächlich wegen Mangel an Willen auf der türkisch-zyprischen Seite.

Das Problem besteht schon lange und noch immer. Die Mehrheit der griechischen Volksgruppe sah in der Staatsgründung eine kurze Zwischenetappe auf dem Weg zur Vereinigung mit Griechenland, die türkische Volksgruppe ein Zwischenstadium zur Errichtung einer lockeren Konföderation. Es gab im Laufe der Jahrzehnte viel Bewegung, aber keinen bzw. kaum Fortschritt. Ein Bericht von 1965 schildert, warum das so ist. Seine Feststellungen sind leider noch immer weitgehend zutreffend, deshalb wird das Dokument kurz vorgestellt. Nach Ausschreitungen im Jahr 1963 beauftragte im September 1964 der Generalsekretär der VN, der Birmane U Thant, den früheren Präsidenten von Ecuador, Galo Plaza, als Vermittler für Zypern.

Sein Bericht vom März 1965 schildert die Problemlage, die Positionen der am Konfikt beteiligten Parteien, die bisherigen Bemühungen um eine einvernehmliche Lösung und den Mangel an Kompromißbereitschaft. (Plaza 1965)

Plaza machte allgemeine Bemerkungen zur zukünftigen Vorgehensweise und er hob die Bedeutung direkter Gespräche zwischen den Volksgruppen hervor. Ein fortgesetzter Konflikt, so seine Feststellung, erschwere Vermittlungsbemühungen und verschlinge wichtige Ressourcen, die dringend für den Aufbau der Insel benötigt würden. (Ebd. S. 43) Er schlug eine Entmilitarisierung der Insel vor und die Durchführung der Selbstbestimmung. Vorschläge, so Plaza, würden abgelehnt, nicht wegen ihres Inhalts, sondern weil sie von der einen oder anderen Seite kämen. Die Positionen der Volksgruppen seien extrem und rigide, vorgebrachte Lösungen wären inkompatibel, da die jeweiligen Voraussetzungen völlig unterschiedlich seien und keine Seite die Vorschläge der anderen als Diskussionsgrundlage akzeptiere. Deshalb könnten weder ein föderales System noch eine unbehinderte Demokratie funktionieren.

Eines von vielen Beispielen kann die Unterschiede verdeutlichen. Es gibt vertraglich festgelegte Eingriffsrechte für Griechenland, die Türkei und Großbritannien. Für griechische Zyprer sind es fremde Prärogativen, die im Widerspruch zum Recht auf uneingeschränkte Selbstbestimmung stehen. Für die türkische Volksgruppe bedeuten sie Schutz der zahlenmäßig kleineren Gruppe, aber auch die Gefahr einer Intervention Griechenlands, deshalb müsse jede Volksgruppe ein eigenes Recht auf Selbstbestimmung haben.

Galo Plaza formulierte eine warnende Einschätzung. „In Ermangelung einer Lösung bleibt Zypern im Zentrum eines Disputs, der sowohl die Sicherheit seiner eigenen Bevölkerung als auch die Beziehungen der Länder bedroht, die direkt betroffen sind, Griechenland und die Türkei und damit den Frieden im östlichen Mittelmeer gefährdet sowie der Welt insgesamt." (Ebd. S. 41) In der Zusammenfassung des Berichts wird hervorgehoben, die griechischen Zyprer wollten im Prinzip eine Republik mit Mehrheitsentscheidungen und Minderheitsschutz, die türkischen Zyprer wollten keine Föderation, sondern die geografische Trennung der beiden Volksgruppen. Die Teilung der Insel, so die Warnung, wäre ein verzweifelter Schritt in die falsche Richtung. Mit der Invasion türkischer Truppen im Juli 1974 wurde dieser Schritt getan.

Rückbesinnung

Die griechische Seite will eine Föderation mit starker Bundesregierung, die türkische Seite, quasi umgekehrt, eine lockere Konföderation mit schwacher Bundesgewalt. Seit der gemeinsamen Erklärung beider Volksgruppenführer von 2014 wird über diese Themen diskutiert bzw. verhandelt. Nur eine kleine Minderheit der Zyperngriechen wünscht Enosis, d. h. den Anschluss an Griechenland. Andererseits ist eine zukünftige Eingliederung der TRNZ in die Türkei nicht völlig auszuschließen.

Es muss ein Ausgleich gefunden werden, der einen fairen Vertretungsschlüssel für die Volksgruppen beinhaltet, das Niederlassungsrecht regelt, eine akzeptable Lösung für Rückübertragungen und Entschädigungen bietet, auch die Neusiedler aus Anatolien berücksichtigt und vor allem Interessenkongruenz in den Vordergrund stellt, z. B. die gemeinsame Nutzung von Energiequellen im Mittelmeer um Zypern, zusammen mit Ägypten, Israel und der Türkei.

Bis es zu einer Lösung kommt, gilt es gegenüber Nordzypern Verfahren zu praktizieren, die intensive Kontakte unterhalb der Schwelle der offiziell-staatlichen Anerkennung fördern, denn der Alleinvertretungsanspruch der Republik Zypern verstärkt die Abhängigkeit des Nordens von der Türkei. (Talmon 2006) Das Interesse an Erfahrungen aus deutschen Entwicklungen ist auf Zypern groß, die Außenministerin der Türkischen Republik Nord-Zypern nannte Deutschland ein Beispiel für die Zukunft der Insel. (Colak 2016).

Vielleicht könnte auf Zypern eine vorurteilsfreie Bewertung der Zeit des Hellenismus zur Spannungsminderung beitragen, obwohl wegen der damaligen griechischen Dominanz die türkische Reaktion zögerlich sein mag. Der Rückblick würde zeigen, dass es in der Vergangenheit in dieser Region eine Periode der kulturellen und wissenschaftlichen Blüte gab, ein Zeitraum positiver Verschmelzung im östlichen Mittelmeer, den vielfacher Austausch und wechselseitige Stimulierung kennzeichneten.

In der ziemlich verklärten Erinnerung lebten die Menschen auf Zypern früher friedlich neben- und miteinander. Fremdbestimmung und Bevormundung bewirkten bei vielen den Eindruck, sie würden ohne diese massive Einmischung schon eine allseits akzeptable Lösung finden und praktizieren. Diese Wunschvorstellung ist der in Korea ähnlich. In beiden Fällen führte sie jedoch nicht dazu, Gemeinsamkeiten zu betonen, zu intensivieren und kompromissbereit zusammen nach Lösungen zu suchen.

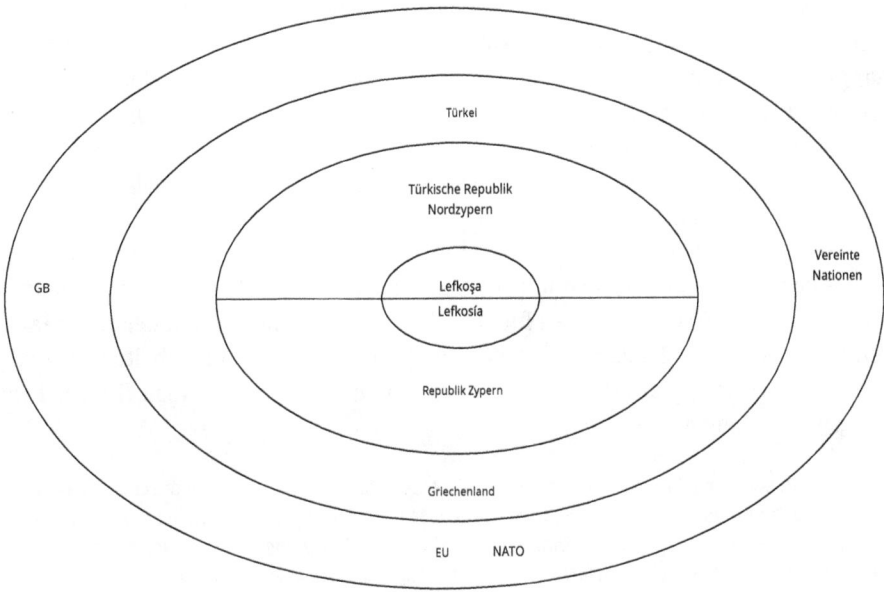

Graphik 7: Akteure und Ebenen mit Relevanz für Zypern

3.7 Schutzmächte

Bei geteilten Nationen ist zu beachten, welches Gewicht sie auf die „politische Waage" bringen, ob sie eine zuverlässige Schutzmacht haben, wie groß ihre Abhängigkeit von dieser ist und wem die Teilung nützt. Das „Gewicht" hat verschiedene Komponenten, zu denen gehören hauptsächlich historische Bestimmungsfaktoren, geografische Lage, Größe im Sinne von Fläche, Bevölkerungszahl, Wirtschaftskraft und Militär, das politische System, das Zusammengehörigkeitsgefühl der Bevölkerung und der Umfang politischer Handlungsspielräume. Diese Bestandteile haben bei den hier behandelten Fällen ein unterschiedliches „Eigengewicht." Die Beziehung zwischen Patron und Klient, zwischen geteiltem Staat und seiner Schutzmacht kennzeichnet ein stark abgestufter Grad von wechselseitiger Abhängigkeit. Eine besondere Variante gab es in Deutschland, wo beide Staaten wegen der Vorrechte der vier Hauptsiegermächte bis zum Abschluss des 2+4-Vertrags nicht völlig souverän waren; formal bis zur Hinterlegung aller Ratifikationsurkunden des Abkommens im März 1991.[106]

Besonders groß ist die Abhängigkeit der TRNZ, deren Beispiel aber auch zeigt, dass trotz internationaler Isolierung das Überleben durch die Unterstützung einer Schutzmacht möglich ist, solange der Fortbestand der Teilung in deren Interesse liegt. Die Türkei ist nicht von der TRNZ abhängig, aber deren Existenz ist für sie politisch durchaus von Vorteil. Die BRD war, auch wegen West-Berlin, stark von den USA abhängig, so ist es auch die Republik Korea. Wenn es der DVRK erforderlich und nützlich erschien, wurde vorübergehend die Nähe einer der beiden großen Mächte (SU, VR China) gesucht. Eine Politik, die andere „Bruderstaaten" sorgfältig beobachteten. Anfang Juni 1975 besuchte Kim Il-sung Bulgarien und die dortige Botschaft der DDR berichtete darüber u. a. in einem Bericht an Hermann Axen.[107] „Es war ganz offensichtlich, daß Kim Ir Sen bei allen Versuchen, zwischen der UdSSR und China zu balancieren, zur Zeit stärker zur Politik der chinesischen Führung tendiert als 1973." (PA AA 4)

Der Beistandspakt mit der VR China ist nach wie vor gültig. Seit dem Jahr 2000 gibt es keine Beistandsverpflichtung mehr seitens Russlands, aber neue Abmachungen könnten Sicherheitsüberlegungen für Notfälle vorsehen. Auch wegen der Nuklearkrisen ist die Rolle Russlands im Vergleich zur VR China durch Zurückhaltung gekennzeichnet. Artyom Lukin erklärte das in erster Linie durch einen Mangel an Einwirkungsmöglichkeiten.

> Russlands relative Passivität auf der koreanischen Halbinsel kann teilweise durch seine begrenzten ökonomischen Ressourcen erklärt werden. Mit Peking darum zu wetteifern, wer den Status von Pjöngjangs Hauptpatron einnimmt, würde einen finanziellen Einsatz erfordern, den sich Moskau kaum leisten kann. Nach gut informierten russischen Quellen kostet China die Unterstützung Nordkoreas mindestens eine Milliarde Dollar pro Jahr. (Lukin 2019: 27)

Die VR China scheint der einzige Akteur zu sein, der zumindest einen gewissen Einfluss auf Nordkorea hat, was die Position Pekings gegenüber Washington in der „Korea-Frage" verstärkt. Sicherlich sind Bevölkerung und Führung der VR oft konsterniert über das bizarre Vorgehen Pjöngjangs, aber die Volksrepublik profitiert auch von Nebeneffekten dieses Verhaltens, die ihre internationale Reaktion darauf sie als verantwortungsbewussten Akteur erscheinen lässt. Es ist nicht möglich, genau auszuloten, welchen Einfluss die VR auf Nordkorea hat, welchen Druck sie ausüben könnte; 90 Prozent des Handels der DVRK werden mit der VR abgewickelt. (Resnick 2017) Dennoch wird Peking Pjöngjang wohl kaum zwingen können, Handlungen zu unternehmen, die von der dortigen Führung als persönlich bedrohlich und regimegefährdend

---

[106] Bei der Unterzeichnung des Abkommens am 12. September 1990 hatte die Vier allerdings erklärt, auf die weitere Ausübung dieser Rechte ab dem 3. Oktober 1990 zu verzichten.
[107] Hermann Axen (1916–1992), war kommunistischer Widerstandskämpfer gegen den Nationalsozialismus, später langjähriges Mitglied des Polibüros der SED und leitete dessen außenpolitische Kommission.

angesehen werden. Eine Beibehaltung des Status quo und stabilisierende Reformen des Nordens sind durchaus im Interesse Chinas, ein unkontrollierter Zusammenbruch und ein vereinigtes Korea mit dauerhafter US-amerikanischer Truppenpräsenz ist es sicher nicht. Auch die USA müssen erkennen, dass sie ihren Beitrag zur Integration Nordkoreas in die internationale Gemeinschaft zu leisten haben.

Schutzmächte und Risikominderung

Schutzmächte geteilter Nationen handeln aus massivem Eigeninteresse, auch wenn diese oft adrett mit gemeinsamen Werten bemäntelt werden. Zur Schutzgewährung gehört auch das Bemühen, Schützlinge von zu eigenmächtigen Handlungen abzuhalten. Die USA hinderten Chiang Kai-shek und seinen Sohn mehr als einmal, riskante militärische Abenteuer gegen die bzw. in der VR China zu unternehmen, als diese während der Hungersnot Anfang der 1960er Jahre und später während der „Kulturrevolution" meinten, sie sollten zumindest den Versuch unternehmen, Brückenköpfe in der Provinz Fujian zu etablieren. (Kindermann 2001: 484 ff.) Eine verantwortungsvolle Rolle spielte in diesem Zusammenhang auch die VR China gegenüber der DVRK. Kurz nach dem Fall von Saigon besuchte Kim Il-sung im April 1975 Peking und sprach über seinen Plan einer Invasion des Südens. Zhou En-lai und Deng Xiaoping ermutigten ihn nicht zu solchen Militäraktionen, im Gegenteil. (Ahn 1984: 33. Choo 2019: 35)[108] Das tat Peking auch 1979 nach der Ermordung von Park Chung-hee in Seoul. Bei einem Treffen in Washington mit Präsident Carter im Januar 1979 sagte Deng Xiaoping, es bestünde keine Gefahr eines nordkoreanischen Angriffs. So äußerte er sich auch 1983 gegenüber Caspar Weinberger, dem Verteidigungsminister der Reagan-Administration. (Weinberger 1990: 211) Auch Xi Jinping soll Kim Jong-un mehrfach eingeschärft haben, dass die DVRK bei einem unprovozierten Angriff auf den Süden, Japan und/oder die USA nicht mit einer Unterstützung Pekings rechnen könne.

Es geht bei geteilten Nationen auch um den Grad der Nützlichkeit der Teilung für die Schutzmacht und hier ist Deutschland ein besonderer Fall. Was die SED-DDR anbelangt, so hatte der sich im Jahre 1990 für die SU deutlich verringert. Am 28. Juli 1979 sagte Leonid Breschnew zu Erich Honecker: „Erich, ich sage Dir offen, vergesse nicht, vergesse das nie: die DDR kann ohne uns, ohne die Sowjetunion, ihre Macht und Stärke – nicht existieren. Ohne uns gibt es keine DDR." (Staadt 1995: 13) So richtig diese Feststellung damals auch war, letztlich kam es umgekehrt, denn am 3. Oktober 1990 hörte die DDR auf zu existieren, dann, 14 Monate später, Ende Dezember 1991, auch die Sowjetunion. Boris Jelzin notierte in seinem Tagebuch: „Mit der UdSSR war es in dem Augenblick zu Ende, als der erste Hammer gegen die Berliner Mauer schlug." (Jelzin 1994: 41)

---

[108] Choo verweist auf S. 35 in der Fußnote Nr. 8 auf chinesische Veröffentlichungen, die sich auf Archivmaterial zum Besuch Kim Il-sungs 1975 in Peking stützen.

3.8 Versäumte Möglichkeiten und Überraschungen

In der ereignisreichen Geschichte geteilter Nationen gab es Überraschungen, die in positivem Sinne genutzt wurden, aber auch Zufälle bzw. Hindernisse, mit denen kaum jemand gerechnet hatte, die aber möglicherweise positive Entwicklungen verhinderten. Zwei Beispiele sind der für 1966 geplante „Redneraustausch" in Deutschland und die verhinderte Reise von Kim Yong-nam in die USA 2000. Das erste Beispiel steht für anhaltendes Misstrauen bei geteilten Nationen und Prinzipienreiterei, das zweite für ein tief sitzendes Feindbild und borniertem Dienst nach Vorschrift.

Redneraustausch

In einem Briefwechsel zwischen der SED und der SPD wurde die Idee erörtert, prominente Angehörige der jeweiligen Parteispitze könnten in beiden Teilen Deutschlands öffentliche Reden halten. Bei der konkreteren Planung ging es dann um Veranstaltungen in Karl-Marx-Stadt (Chemnitz) und Hannover im Juli 1966. Innerhalb der SED-Führung gab es Zustimmung sowie Bedenken und es liefen Abstimmungsprozesse mit der sowjetischen Führung. Die SPD war bereit für die Veranstaltungen und auch der prominente CDU-Politiker Rainer Barzel bekundete Interesse, in Erfurt eine Rede zu halten. Da es sich bei den Rednern aus der SED-DDR um Personen handeln konnte, denen Strafvergehen, („Todesschüsse"), an der innerdeutschen Grenze vorzuwerfen waren, verabschiedete der Bundestag ein „Gesetz über befristete Freistellung von der deutschen Gerichtsbarkeit". Für die SED-Führung war es ein „Handschellengesetz" und es gab den ihr willkommenen Grund für eine Absage, zumal die Geheimpolizei (Stasi) in wohl richtiger Einschätzung der Stimmungslage der Bevölkerung vor nicht zu kontrollierenden Sympathiebekundungen für die SPD-Politiker gewarnt hatte. (Amos 2015: 134–137. Wentker 2007: 240 f.) Auch die sowjetische Führung äußerte Bedenken, dass das Experiment außer Kontrolle geraten könnte und Misstrauen, dass beide Staaten in Deutschland eigenmächtig handeln könnten. Der Botschafter der UdSSR soll gesagt haben: „Die Sache wird nicht stattfinden" und zu Willy Brandt: „Wer weiß, was dort hinter verschlossenen Türen alles besprochen werden mag?" (Brandt 1992: 83)

Rechtsprinzipien, Misstrauen und politisches Taktieren verhinderten dieses Experiment. Das „Freistellungsgesetz" wurde dann ab August 1968 praktisch außer Kraft gesetzt, es stand dem Besuch von Ministerpräsident Willi Stoph im Mai 1970 in Kassel nicht im Weg.

Verhinderte Reise von Kim Yong-nam im September 2000

Im Juni 2000 fand das erste koreanische Gipfeltreffen statt, es herrschte ein förderliches Klima für Zusammenarbeit und es gab große Erwartungen. Die DVRK sollte am

Millenium-Gipfel der VN in New York teilnehmen. Am 5. September 2000 war eine Delegation unter Leitung von Kim Yong-nam, dem nominellen Staatsoberhaupt, im Flughafen von Frankfurt/M. im Transit und bereit, in einer Maschine der American Airlines Platz zu nehmen. Sicherheitsbeamte der USA bestanden auf einer robusten Leibesvisitation, denn die Passagiere kamen aus einem Land, das auf der Liste mit acht „Schurkenstaaten" stand, deren Angehörige so zu behandeln seien. Hinweise auf den Status von Kim Yong-nam und den Anlass der Reise wurden als unerheblich bezeichnet, Vorschriften seien einzuhalten, Ausnahmen nicht möglich. (Jeffries 2006: 154 f.) Die Nordkoreaner verweigerten die Durchsuchung und traten über die VR China den Heimflug an. Bei dem Millenium-Gipfel in New York wollten sich die beiden Präsidenten Koreas treffen und Kim Dae-jung hatte sich darum bemüht, dass es zu einer Zusammenkunft zwischen Präsident Clinton und Kim Yong-nam kommen würde. (Kim Dj 2019: 670)

Ein tief sitzendes Feindbild und das Unvermögen von überfordertem Sicherheitspersonal, sich seines Verstandes ohne Leitung eines anderen zu bedienen, sie verhinderten den Weiterflug. Die Treffen der Präsidenten hätten zu einer Verbesserung der Beziehungen zwischen den USA und der DVRK beitragen können sowie zu einer Stärkung der Position von Kim Dae-jung.

Flüge und ihr politischer Nutzen

Vier Flüge ganz unterschiedlicher Art sorgten für Überraschungen, die politische Folgen hatten. Zwei waren Flugzeugentführungen, die Kontakte bewirkten und weiterführende Gespräche. Ein nicht genehmigter Flug half zu personellen Veränderungen an der Spitze der Sowjetunion und das Attentat auf ein Flugzeug hatte nicht die von seinen Auftraggebern erwartete Wirkung, sondern half dem Staat, dem es schaden sollte.

Im Mai 1983 wurde eine Passagiermaschine der VR China über das Territorium Nordkoreas hinweg in den Süden entführt. (Maass 2002: 83 ff.) An Bord war auch ein ranghoher Kader. Südkorea reagierte sehr geschickt und es kam zu Gesprächen.[109] Diese Kontakte machten es der VR China leichter, 1986 an den Asian Games und 1988 an der Olympiade teilzunehmen, die beide in Seoul stattfanden. Sie förderten den starken Anstieg der Handelsbeziehungen (Liu 1993) und halfen dann letztlich zur Aufnahme diplomatischer Beziehungen zwischen Seoul und Peking im August 1992. (Izumikawa 2006: 617 f.) Joyce Kallgren hat anschaulich beschrieben, wie die Überraschung der Flugzeugentführung politisch genutzt wurde. Die Beziehungen der Volksrepublik zu Nordkorea

---

[109] Ein Bericht mit dem Titel „Hijack Diplomacy" steht in der *FEER*, 19. Mai 1983, S. 16 f.

> [...] gerieten im Mai durch die Entführung einer CAAC Zivilmaschine in eine mißliche Lage; sie befand sich auf einem Inlandsflug und flog offenbar unbehelligt über die Hauptstadt Nordkoreas, um dann in Südkorea zu landen. Die überraschten aber umtriebigen Südkoreaner verhafteten die Entführer und luden die Chinesen ein, eine Delegation zu entsenden, um über die Rückführung von Passagieren, Mannschaft und Flugzeug zu sprechen. Die Delegation wurde dann mit großem Elan willkommen geheißen, denn es war schon lange nach einer Gelegenheit gesucht worden, die Beziehungen mit den Chinesen aufzuwärmen. Als die Chinesen ankamen, wurde ihnen ein so überschwenglicher Empfang bereitet, dass sie sich später genötigt sahen, eine Erklärung herauszugeben, um deutlich zu machen, dieser Besuch Seouls könne nicht so gesehen werden, als würde er ihre feste Unterstützung Nordkoreas beeinträchtigen. (Kallgren 1984: 62 f.)

Das Memorandum unterzeichnete dann Shen Tu, Generaldirektor der Civil Aviation Administration of China (CAAC), Leiter der 33-köpfigen Delegation aus Peking zusammen mit Gong Ro-myong, dem stellvertretenden Außenminister der Republik Korea, was dem Text einen quasi offiziellen Stellenwert gab.[110]

Während der Übergangszeit ab 1983 nahm Peking auf Pjöngjang Rücksicht, soweit es die Interessen der VR China erlaubten. Deng Xiaoping war sehr an einer Normalisierung der Beziehungen zu Seoul interessiert. Die beharrlichen Bemühungen von Außenminister Qian Qichen bewirkten, dass Kim Il-sung klar wurde, er könne das Unabwendbare nicht verhindern. Kim soll laut Qian geäußert haben, er verstehe die unabhängige Außenpolitik Chinas und werde sich bemühen, die freundschaftlichen Beziehungen mit China fortzusetzen. „Wir werden alle Schwierigkeiten überwinden und beharrlich sein bei der Beibehaltung und dem Ausbau des Sozialismus." (Qian 2005: 125) Im August 1992 wurde dann aus der „Ein-Korea-Politik" offiziell die seither bestehende „Zwei-Korea-Politik" der Volksrepublik. (Yi 1995)

Für Pjöngjang war dieser Schritt Pekings dennoch Verrat, wenn er auch langsamer und rücksichtsvoller erfolgte, als die Aufnahme diplomatischer Beziehungen zwischen Moskau und Seoul am 30. September 1990, also drei Tage vor der Vereinigung Deutschlands, was Kim Il-sung zusätzlich als besonders verwerflich empfand. Beide Schritte stehen im Zusammenhang mit der Aufnahme beider Koreas in die VN im September 1991, die Kim Il-sung nicht wollte, weil er sie als internationale Anerkennung von Koreas Teilung empfand, was ihn bestärkte, den Ausbau einer eigenen nuklearen Abschreckung voranzutreiben. Präsident Roh Tae-woo war besorgt, die Mitgliedschaft könnte zu einer Verhärtung der Beziehungen auf der Halbinsel führen. Gorbatschow war der Meinung, „[...] sie würde die Suche nach einer friedlichen, zivilisierten Annäherung der beiden Teile der Nation und die Wiederherstellung des gemeinsamen Staates erleichtern." (Gorbatschow 1995: 815)

Wer die noch immer bestehenden Probleme zwischen der DVRK, den USA und der RK verstehen will, muss mindestens bis in die 1980er Jahre zurückgehen und u. a. die in den 1990er Jahren nicht erfolgte diplomatische Anerkennung zwischen Washington, Tokio und Pjöngjang ebenfalls berücksichtigen.

---

110 Eine englische Übersetzung des Memorandums erschien am 11. Mai 1983 im *Korean Herald*.

Die Aufnahme diplomatischer Beziehungen war sowohl für die VR China als auch für die Republik Korea ein Erfolg, Seoul akzeptierte das „Ein-China-Prinzip" und erhielt die Anerkennung Pekings von zwei Koreas. Es war eine Niederlage für die Republik China (Taiwan), deren diplomatische Beziehungen zu Seoul abgebrochen wurden.

In der Vergangenheit hatten gelegentlich Piloten der Volksbefreiungsarmee Militärmaschinen nach Taiwan entführt und waren dann dort großzügig belohnt worden. Im Mai 1986 ging es in die andere Richtung, als ein Frachtjumbo von China Airlines[111] nach Guangzhou entführt wurde und Taiwan zumindest die Maschine und Fracht zurückhaben wollte, aber zunächst versuchte, direkte Kontakte zur Volksrepublik zu vermeiden. Es bemühte sich, das Rote Kreuz einzuschalten bzw. Lloyds, bei der das Flugzeug versichert war. Peking lehnte ab und es gab Gespräche zwischen den Fluggesellschaften, die natürlich politisch waren. Das Flugzeug und zwei Mitglieder der Mannschaft konnten dann nach Taiwan zurückkehren.[112] Auch hier wurden, wie 1983 in Korea, humanitäre Gründe für die Kontaktaufnahme betont. An den Gesprächen, die in Hongkong stattfanden, nahmen Regierungsbeamte von beiden Seiten in privater Funktion teil.[113] Sie bildeten den Auftakt zu einer Reihe weiterer Treffen, aber erst im April 1993 gab es eine Zusammenkunft in Singapur mit verbindlichen Vereinbarungen, unterschrieben von Vertretern privater Stiftungen als Vermittlungsinstanzen, die von ihren Regierungen autorisiert waren. (Chiu 1993)

Am 28. Mai 1987, passenderweise zum „Tag des Grenzsoldaten", landete der damals 18jährige deutsche Sportflieger Mathias Rust am Roten Platz in Moskau. (Stuhler 2012) Dieser Vorfall half Gorbatschow, Verteidigungsminister Sokolov, hohe Generäle und wichtige Funktionäre ihrer Posten zu entheben. (Gorbatschow 1995: 346 f.) Er hatte seit Amtsbeginn mit Widerstand im Parteiapparat und dem militärisch-industriellen Komplex der Sowjetunion zu kämpfen, die Landung von Rust im Zentrum von Moskau bot die überraschende Gelegenheit, weitere ihm loyale Personen in Führungsgremien aufzunehmen. (Zubok 2007: 300)

Am 29. November 1987 gab es keine Flugzeugentführung, sondern den durch eine Sprengladung herbeigeführten Absturz einer südkoreanischen Passagiermaschine. Sie befand sich auf dem Flug von Bagdad nach Seoul, als die Bombe detonierte; alle 115 Insassen starben. Das Attentat hatten Agenten aus der DVRK verübt, denen vorher bei einer Zwischenlandung in Abu Dhabi die Flucht gelang, die aber in Bahrain verhaftet wurden. Beide versuchten Selbstmord zu begehen, aber die damals fünfundzwanzigjährige Agentin Kim Hyon-hui (Kim Hyun-hee) überlebte. Sie wurde an die RK ausgeliefert, dort zum Tode verurteilt und später von Präsident Roh Tae-woo begnadigt.[114]

---

111 China Airlines ist eine Fluggesellschaft der Republik China (Taiwan).
112 „China Returns Hijacked Jet and Two Crewmen to Taiwan." *New York Times*, 24. Mai 1986.
113 Ein Bericht darüber steht in der Zeitschrift *China aktuell* vom Mai 1986, S. 272g.
114 Ihre Biographie wurde in mehrere Sprachen übersetzt, ein Buch, dessen Wahrheitsgehalt teilweise nicht zu überprüfen ist. Kim, Hyun Hee. 1993. *The Tears of my Soul*. New York: William Morrow und dies. 1999. *Die Tränen meiner Seele*. Gießen: Brunnen.

Die Auslieferung nach Seoul erfolgte am 15. Dezember 1987, einen Tag vor der Wahl, was eine enorme Wahlhilfe für den konservativen Kandidaten Roh Tae-woo war, der gewann. (Kim Dj 2019: 347. Lilley 2004: 285) Die Attentäterin behauptete bei ihren Vernehmungen in Seoul tagelang, sie sei eine geborene Chinesin, eine Waise und in Japan aufgewachsen, sie sprach abwechselnd Chinesisch und Japanisch. Seoul nutzte vertrauliche Kommunikationskanäle über das Büro der Nachrichtenagentur „Neues China" in Hongkong, um Peking über diese Tarnung zu informieren, was nicht zur Verbesserung der chinesisch-nordkoreanischen Beziehungen beitrug. (Lilley 2004: 284) Dieser Vorgang wurde dann hilfreich erinnert, als es zu Gesprächen über eine Normalisierung der Beziehungen zwischen der VR China und der Republik Korea kam.

Im Jahr 2013 äußerte Frau Kim in einem Interview mit der BBC die Vermutung, Kim Il-sung und Kim Jong-il wollten mit diesem Attentat die Olympischen Spiele in Seoul verhindern. „Ein führender Offizier sagte mir, wir sollten ein Flugzeug des Südens vor der Olympiade zum Absturz bringen, das würde zu Verwirrung und Chaos im Süden führen." (Wingfield-Hayes 2013) Es kam nicht zum Chaos, die Olympiade fand im Herbst 1988 statt, die VR China und die Sowjetunion nahmen teil und später auch diplomatische Beziehungen zur Republik Korea auf; beide koreanischen Staaten wurden 1991 Mitglied in den VN. Im März 1988 soll Eduard Schewardnadse Präsident Reagan zugesichert haben, es werde bei der Olympiade in Seoul zu keinem Terroranschlag der DVRK kommen. (Lilley 2004: 287)

Vermutlich haben das Attentat und seine von Pjöngjang nicht erwarteten Folgen auch dazu beigetragen, dass die dortige Führung ihre Taktik änderte, was dann ab 1990 zu Treffen der Ministerpräsidenten beider Seiten führte und zu Abkommen, die allerdings nie umgesetzt wurden.

Überraschungen für Deutschland

Eine Überraschung, die schnelle und äußerst folgenreiche Konsequenzen hatte, war der Satz, mit dem Günter Schabowski am 9. November 1989 auf einer Pressekonferenz die Frage beantwortete, wann die neue Reiseregelung der DDR in Kraft treten werde. „Das tritt nach meiner Kenntnis – ist das sofort, unverzüglich." Ewald König hat die Situation treffend charakterisiert: „Sieben Minuten am 9. November 1989, die Deutschland und die Welt veränderten." (König 2014: 179).

Der 9. November 1989 ist ein Beispiel für das positive Zusammenwirken von Überraschung und Zufall. Mit Zufall ist hier weniger das rein zeitliche Zusammentreffen von Ereignissen gemeint, sondern eine sich aus unbedachten Äußerungen und Handlungen ergebende Entscheidungssituation. Ein glücklicher Zufall war die Tatsache, dass zur Zeit der Äußerung von Schabowski am Grenzübergang Bornholmer Straße in Berlin laut Dienstplan Oberstleutnant Harald Jäger als stellvertretender Leiter eingesetzt war, der den Schlagbaum öffnete und damit nicht nach Vorschrift handelte. Für diese Entscheidung und deren Folgen ist es zweitrangig, ob er aus Verantwortungsbewusstsein, dem Gewissen folgend, oder unter dem Zwang der ihn konfrontierenden Situation agierte. (Hertle 1999, 1995. Haase-Hindenberg 2008)

Das Unerwartete ist ein Wesensmerkmal von Überraschungen, aber manchmal gibt es Vorahnungen oder Gerüchte, wie sie z. B. vor der Pressekonferenz von Schabowski kursierten. Die Äußerungen von Nikolai Portugalow in seinem Gespräch mit Horst Teltschik am 21. November 1989 im Bundeskanzleramt waren für diesen völlig überraschend und sie waren folgenreich. Portugalow, von 1979 bis 1990 Berater der Internationalen Abteilung des ZK der KPdSU und vorzüglicher Deutschlandexperte, besuchte im Auftrag von Falin Teltschik und präsentierte diesem zwei Texte, einer offiziell und der andere seine eigene Meinungsäußerung. Es wird vermutet, dass Falin Klarheit über die Position sowie die Pläne Bonns haben wollte, das sollte Portugalow herausfinden und Falin beabsichtigte, mit dieser Aktion Gorbatschow zum Handeln bei der deutschen Frage zu bewegen. (Karner 2015: 31 f.) Falin wollte Klärung und Planung, kein Chaos.

Bei Horst Teltschik entstand der Eindruck, der Besuch sei von hoher Stelle in Moskau autorisiert und dort würde über das Undenkbare nachgedacht, d. h. die Möglichkeit einer deutschen Einigung. Er war „elektrisiert" (Teltschik 1991: 44), informierte den Bundeskanzler und eine Woche später, am 28. November verlas Helmut Kohl vor dem Deutschen Bundestag sein „Zehn-Punkte-Programm zur Überwindung der Teilung Deutschlands und Europas." [115]

Alexander von Plato meint, mit seinem eigenständigen Handeln habe Portugalow einen Moment lang Weltpolitik betrieben. „Helmut Kohl und Horst Teltschik beschlossen nun in aller Eile, ein Grundsatzpapier für die Rede des Bundeskanzlers nicht einmal eine Woche später vor dem Bundestag zu erarbeiten. Diese Eile ist sicherlich Folge eines Missverständnisses, das als Katalysator beschleunigend wirkte wie kaum ein anderes diplomatisches Ereignis." (Plato 2003: 118)[116]

Die Ost- und die Entspannungspolitik bewirkten auch, dass die Existenz von zwei Lagern in Europa und die Teilung Deutschlands lange Zeit als unabänderlich betrachtet wurden.

> So war es vor allem der Kampf der polnischen, tschechischen und ungarischen Intellektuellen, der zum Zusammenbruch der sowjetischen Macht in Ostmitteleuropa führte. Die ostdeutsche Opposition dagegen wandte sich erst in der letzten Phase frontal gegen das SED-Regime. Der größte Teil der in der DDR verbliebenen Intellektuellen blieb bis zum Ende dem Regime treu. In Ostdeutschland waren es die einfachen Leute, die vor allem das Recht verlangten, ohne Beschränkungen in den Westen reisen zu können. (Mommsen 1999: 10)

---

[115] Zum Zusammenhang des Gesprächs mit Portugalow bzw. dessen Interpretation durch Teltschik und den „Zehn Punkten" siehe Deutsche Einheit 1998: 616 ff. Weidenfeld/Wagner/Bruck 1998: 82. Kohl hat in seinen „Erinnerungen" Portugalow nicht erwähnt.
[116] Alexander von Plato merkte hierzu an, dass Portugalow und Teltschik seiner Interpretation zustimmten.

Die Massenfluchten und die Öffnung der ungarischen Grenze zu Österreich sowie die immer größeren Umfang annehmenden Demonstrationen im Spätherbst 1989 verstärkten den Druck auf die SED-Führung. Konfusion, Mißverständnisse, mangelnde Koordinierung und Entscheidungsschwäche führten zu Günter Schabowskis Erklärung am 9. November 1989. Philip Zelikow und Condoleezza Rice bewerteten diesen Vorgang: „Durch eine der phantastischsten administrativen Fehlleistungen in der langen, wechselvollen Historie der staatlichen Bürokratie hatte die ostdeutsche Führung die schwerwiegendste Entscheidung ihrer gesamten Geschichte den Menschen auf der Straße überlassen." (Zelikow/Rice 1997: 153)

Wolfgang Mommsen stellte in diesem Zusammenhang die Frage, ob die Ereignisse, die in die Grenzöffnung in der Nacht des 9. November 1989 mündeten, eine echte Revolution waren. Er verneint sie, denn der Zusammenbruch der DDR sei eine Implosion und das Ergebnis einer Ansammlung von gigantischen wirtschaftlichen und politischen Problemen gewesen.

> Die mutigen Aktionen der Dissidentengruppen dürfen nicht übersehen werden, aber sie gingen erst zu einem vergleichsweise späten Zeitpunkt mit ihrer Kritik an die Öffentlichkeit. Vielleicht war dies ein weiterer Ausdruck des deutschen Unwillens, eine echte Revolution zu veranstalten. Stattdessen wurden die notwendigen Schritte in einer friedlichen, geordneten und überlegten Weise umgesetzt. Es war eine blutlose und in vielfacher Hinsicht unvollendete Revolution. (Mommsen 1999: 10)

Die Tatsache der Gewaltfreiheit ist immer wieder hervorzuheben, die Unvollendung kann diskutiert und beklagt werden. Zur Vollendung kam es nicht, wegen Mangel an Zeit, mangelnder Bereitschaft der entscheidenden politischen Akteure und weil durch den Beitritt als Systemübernahme die Richtung vorgegeben war.

Dennoch verdienen es die Demonstrationen, besonders die vom 9. Oktober 1989 in Leipzig, in Erinnerung zu bleiben, wie sie abliefen und was sie bewirkten:

> Der Leipziger Volksaufstand vom 9. Oktober war der entscheidende Schritt zum Erfolg der Friedlichen Revolution. Er forderte keine Opfer. Er wurde von niemandem geplant, finanziert oder protegiert. 70.000 Menschen riskierten ihr Leben – und der Aufstand gelang. Auch das ist deutsche Geschichte: eine erfolgreiche Revolte, ohne Blutvergießen. Mutige Menschen, die aus freien Stücken und ohne Anleitung von jedweden Führern oder Vordenkern handeln. Man könnte stolz darauf sein. Exakt einen Monat später fiel die Mauer. (Jankowski 2008: 825)

Die Beurteilung, ob Revolution oder nicht, hängt u. a. von dem Betrachtungszeitraum und der Einschätzung des Ergebnisses ab. Revolutionen sind fundamentale sozio-politische Veränderungen, die oft mit Gewalt einhergehen. In den Jahren 1989/90 bestanden viele Menschen in Ostdeutschland ein Prädikatsexamen, denn sie bewirkten eine und nahmen Teil an einer friedlichen Revolution.

4 Alleinvertretungsanspruch, Abgrenzung, Kompromissfindung

Wenn Bemühungen scheitern, die Teilung einer Nation zu verhindern, gibt es oft Versuche, sie nicht zu gravierend werden zu lassen bzw. sie möglichst bald zu überwinden. Führt das nicht zum Erfolg, dann wird gestützt auf rechtliche, historische und moralische Gründe ein Alleinvertretungsanspruch erhoben, dem Abgrenzung folgt. Dieser Anspruch verhindert langfristig nicht Kontakte und Zusammenarbeit, die dann Kompromissfindung unter Beibehaltung als essentiell erachteter Positionen erleichtern. (Xin 2003: 57) Kompromissfindung ist ein Abwägungsprozess von Kosten und Nutzen bei der Aushandlung wechselseitiger Zugeständnisse.

Alleinvertretungsanspruch

Ein Alleinvertretungsanspruch bei geteilten Nationen bedeutet, der anderen Seite zwar nicht die Existenz, aber die rechtliche Legitimation abzusprechen, ermöglicht durch unterschiedliches Durchsetzungsvermögen. In allen hier behandelten Fällen spielte er eine große Rolle bzw. tut dies noch immer.

Er verhindert oder zumindest verzögert erfolgreiche Normalisierung. Ohne seine Aufgabe kann es schwerlich ein Zusammenwirken geben, das Konfliktmanagement durch Dialog beinhaltet. Er erschwert die Institutionalisierung der Zusammenarbeit, am Anfang meist Wirtschaftskooperation, und Bemühungen um die Aufrechterhaltung des die Teilungsstaaten überdachenden nationalen Zusammengehörigkeitsgefühls.

Neben politischen sowie eventuell auch moralischen Erwägungen gab es für die Bundesrepublik auch rechtliche Gründe, die einer völkerrechtlichen Anerkennung der SED-DDR im Wege standen. Egon Bahr hatte diese Position 1966 zusammengefasst:

> Die juristische Anerkennung der DDR würde aus der Zonengrenze eine Staatsgrenze machen und aus der Wiedervereinigung ein Programm zur Revision einer rechtmäßigen Grenze in Europa. Es ist schlechterdings nicht miteinander vereinbar, einen Staat anzuerkennen und damit auch seine Grenzen und ihre Unverletzlichkeit und gleichzeitig das Hauptziel der eigenen Existenz aufrechtzuerhalten, eben diese Grenze zu überwinden. [...] Praktisch hat die Bundesrepublik Deutschland keine Möglichkeit, die DDR de jure anzuerkennen. (Bahr 2019: 86 f.)

Es mussten also politische Möglichkeiten gefunden werden, die rechtliche Position zu bewahren, eine Normalisierung mit der SED-DDR anzustreben und zu intensivieren sowie dennoch langfristig Veränderungen zu ermöglichen, d. h. auch eine Wiedervereinigung.

Alleinvertretungsansprüche bei geteilten Nationen sind Bemühungen, die eigene Position international zu verbessern und die der anderen Seite international nicht

„hochkommen" zu lassen.[1] Über einen gewissen Zeitraum kann Dank stärkerer Wirtschaftsleistung und einflussreicher Partner ein solches Unterfangen gelingen. Solange der Anspruch strikt aufrechterhalten bleibt, kann es nur einen Gewinner und einen Verlierer geben und die Vereinigung wird als Drohung empfunden, zumindest von einer Seite. Eine flexible Handhabung des Alleinvertretungsanspruchs ist notwendig, denn wird er rigide praktiziert, engt er den Handlungsspielraum der einen Seite stark ein, macht sie von ihrer Schutzmacht noch abhängiger und er erschwert der anderen Seite eine flexiblere Strategie. Das gilt besonders für Zypern und für die Auswirkungen des „Ein-China-Prinzips" der VR China. (Yu/Longenecker 1994)

4.1 Deutschland

Alleinvertretung ist nicht nur eine Rechtsposition, sie ist politisch eine Ab- und Ausgrenzung. So forderte z. B. der Bundestag im Februar 1955 Verhandlungen der Vier Siegermächte über eine Wiedervereinigung unter Einbeziehung der BRD aber ohne die SED-DDR.

In Deutschland wird dieser Anspruch oft auch „Hallstein-Doktrin" genannt. Walter Hallstein, damals Staatssekretär im Auswärtigen Amt, wurde 1955 beauftragt, eine Begründung zu formulieren, die die Aufnahme diplomatischer Beziehungen zwischen der Bundesrepublik und der Sowjetunion ermöglicht, gleichzeitig aber andere Staaten davon abhält, die DDR anzuerkennen, die die Sowjetunion völkerrechtlich anerkannt hatte. (Grewe 1960[2]. Kilian 2001) Die „Hallstein-Doktrin" war ein Hindernis für die Entfaltung außenpolitischer Aktivitäten Ost-Berlins. (Wentker 2007: 170 ff.) Sie warnte Staaten, die Bundesrepublik würde diplomatische Beziehungen mit ihnen abbrechen, sollten sie die DDR anerkennen. (Booz 1995) Dass die Sowjetunion nun ab 1955 mit beiden deutschen Staaten diplomatische Beziehungen unterhielt wurde als Sonderfall wegen ihrer Stellung als Siegermacht über Deutschland und einer der „Vier Alliierten" erklärt, ein Präzedenzfall sei es nicht. Der „Hallstein-Doktrin" wurde die „Ulbricht-Doktrin" entgegengesetzt. (Troche 1996) Beide mussten Einbußen ihrer Wirksamkeit erleben, zum Beispiel, als im September 1967 Rumänien mit der Bundesrepublik diplomatische Beziehungen aufnahm, ohne vorher die Anerkennung der DDR durch die Bundesrepublik abzuwarten, wie es die „Ulbricht-Doktrin" vorsah. (Flatten 2021: 405)

---

1 Die Durchsetzung dieser Doktrin und die damit verbundene Einschränkung bzw. Ausweitung des internationalen Handlungsspielraumes hat John J. Metzler am Beispiel von Deutschland, China/Taiwan und Korea untersucht. (Metzler 2014)
2 Hier besonders die Seiten 138–154.

Tab. 2: Veränderungen bei der Zahl diplomatischer Anerkennungen

Jahr	Anerkennungen
1955	8 Staaten Anerkennung der DDR
	100 Staaten Anerkennung der BRD
	Eine Doppelanerkennung durch die SU
1989 (nach 20 Jahren Ostpolitik)	130 Staaten Anerkennung der DDR
	160 Staaten Anerkennung der BRD
	129 Doppelanerkennungen

Die Bundesrepublik hatte sich um die Durchsetzung ihres Alleinvertretungsanspruchs bemüht, war damit aber seit dem Ende der 1960er Jahre immer weniger erfolgreich, denn er erwies sich hinderlich für eine innerdeutsche Normalisierung und lag auch nicht mehr im Interesse von Entspannungsbemühungen der Großmächte. Es musste ein akzeptabler Kompromiss gefunden werden und dazu war ein Umdenken notwendig, es wurde deutlich in der ersten großen Koalition zwischen CDU/CSU und SPD.[3] Herbert Wehner wurde 1966 Minister der von Gesamtdeutsches in Innerdeutsches Ministerium umbenannten Bundesbehörde, was im Titel die Abmilderung einer anmaßenden Bevormundung bedeutete. Der dogmatische Rechtstitel wurde zur politisch-moralische Pflicht gegenüber der Bevölkerung Ostdeutschlands. Der Minister ließ dann konkrete Forschung zur Wiedervereinigung reduzieren und stoppen, denn man könne nicht den Status quo stabilisieren wollen und gleichzeitig die Vereinigung vorbereiten, d. h. quasi die Abschaffung der DDR planen.[4]

Ein wichtiger Schritt erfolgte mit der Erklärung von Bundeskanzler Willy Brandt:

> Eine völkerrechtliche Anerkennung der DDR durch die Bundesregierung kann nicht in Frage kommen. Auch wenn zwei Staaten in Deutschland existieren, sind sie doch füreinander nicht Ausland; ihre Beziehungen zueinander können nur von besonderer Art sein. (Brandt 1969: 4)

Mit dem Abschluss des Grundlagenvertrages vom Dezember 1972 hatte die Bundesrepublik den Alleinvertretungsanspruch praktisch aufgegeben, aber bis zur Einigung im Oktober 1990 darauf beharrt, dass die DDR für sie kein Ausland sei. Es war deshalb Lothar de Maizière eine Freude, Hans-Dietrich Genscher nach der Unterzeichnung des 2+4-Vertrages zu fragen, „[...] ob er wisse, was er soeben getan habe. Natürlich sagte er, er habe den Vertrag unterschrieben. Ich erwiderte ihm: Nein, Sie haben soeben auch die Deutsche Demokratische Republik völkerrechtlich anerkannt." (Maizière 2010: 204) Das war in etwa eine Konstellation, wie sie Egon Bahr 1966 beschrieben hat-

---

[3] Die Entwicklung von entstauben bis abschaffen des Anspruchs hat Maak Flatten sehr lesenswert geschildert und analysiert. (Flatten 2021, besonders S. 408 bis 456.)
[4] Der Forschungsbeirat für Fragen der Wiedervereinigung wurde allmählich auf ein kleines und weitgehend irrelevantes Gremium reduziert. (Gloe 2005. Wöller 2004)

te. „Es darf also nicht sein, daß [...] die DDR sich in ihrer staatlichen Anerkennung sonnt und die Wiedervereinigung blockiert." (Bahr 2019: 137) Deshalb sei eine Politik zu verfolgen, die eine Alternative eröffnet. „Die Bundesrepublik würde die DDR anerkennen, um dann mit ihr die Verträge zu unterzeichnen, die zwischen den beiden deutschen Staaten zur Beendigung der staatlichen Teilung geschlossen werden müssen." (Ebd. S. 138)

Die offizielle Anerkennung der DDR wäre für die BRD nur als begrenzte Zwischenform auf dem Weg zur Vereinigung verfassungskonform gewesen. Das Bundesverfassungsgericht hat sich in zwei Urteilen klar zu der Frage geäußert, wie mit dem Verfassungsgebot der Einheit umzugehen sei. Sowohl im Urteil zum Verbot der KPD von August 1956, als auch im Urteil zum Grundlagenvertrag vom 31. Juli 1973 wird festgestellt, dass die Wiedervereinigung Ziel sei und die Bundesrepublik binde, aber es bleibe ihr überlassen, welche politischen Wege sie zur Erreichung dieses Zieles beschreite. Im Urteil zum Grundlagenvertrag wird auch dessen politische Bedeutung gewürdigt und der Vertrag bezüglich der DDR als eine faktische Anerkennung besonderer Art genannt, eine „inter-se Beziehung", staatsrechtlicher, nicht völkerrechtlicher Art. Es ist also eine Koppelung unerlässlich: Anerkennung nur, wenn für die Erlangung der Einheit richtig und zweckmäßig. Diese Bedingung war im Sommer 1990 klar erkennbar vorhanden.

Die Beziehungen besonderer Art zwischen Staaten, von denen mindestens eine Seite meint, sie seien zueinander nicht Ausland, entwickelten sich in Deutschland positiv, werden in Korea spärlich und ohne dauerhafte Ergebnisse praktiziert, von der Republik China (Taiwan) fast erfolglos favorisiert und von der VR China kategorisch abgelehnt. Der TRNZ sind sie sehr erwünscht und von der Republik Zypern auf informelle Ebenen herabgestuft.

4.2 Volksrepublik China

Trotz „Ulbricht-Doktrin" und im Gegensatz zur „Hallstein-Doktrin" hatte die SED-DDR nie für sich beansprucht, Gesamtdeutschland zu repräsentieren; hingegen haben über Jahrzehnte hinweg die Republik und die Volksrepublik China beansprucht, ganz China zu vertreten.

Im Fall von China ist der Alleinvertretungsanspruch der Republik China (Taiwan) kompliziert und was die Volksrepublik angeht eindeutig. Bis in die 1990er Jahre behauptete die 1912 gegründete Republik China, sie allein sei das „eine China". Das entspricht ihrer Verfassung von 1947, aber es setzte sich dann mehr und mehr die Meinung durch, die Republik China sei das Gebiet, in dem sie tatsächlich regiert.

Peking müsste diesen Verfassungsanspruch von 1947 eigentlich als groteske Anmaßung empfinden, würde aber im Gegenteil eine der Wirklichkeit angepasste Verfassungsänderung der Republik als Schritt über eine rote Linie ansehen, da sie die Aufgabe des „Ein-China-Prinzips" wäre, eine Unabhängigkeitserklärung. Das Prinzip kommt also vor der Realität. Auch wegen des wachsenden Einflusses der Volksrepublik ist deren Alleinvertretungsanspruch erfolgreich, obwohl im Bereich von Wirtschaft und Verkehr gegenüber Taiwan durchaus Flexibilität praktiziert wird, nach dem Motto: Unterhalb des Prinzips von „Ein China" ist vieles möglich. Gespräche gibt es, Übereinkünfte wurden unterzeichnet, aber Verhandlungen auf der Basis formaler Gleichrangigkeit schließt Peking bisher kategorisch aus.

Für die Volksrepublik ist Taiwan ein untrennbarer Teil des chinesischen Territoriums und die Regierung dort nennt sie die „Taiwan Behörde", die lediglich als eine lokale Institution auf chinesischem Territorium angesehen wird.[5] Die Problematik und damit der kaum zu lösende Konflikt bestehen in der Gleichsetzung von „China" mit der Volksrepublik China. Sie wird international als schwieriger, aber unersetzlicher Partner angesehen, um globale Probleme anzugehen. Taiwan galt hier lange Zeit als zu vernachlässigende Größe. Der Vorteil für Peking und zugleich ein Nachteil für eine Kompromissfindung mit Taiwan ist, dass „China" fast weltweit als gleichbedeutend mit der Volksrepublik China gilt. Eigentlich sollte Taiwan eine Art Schützling der „demokratischen Welt" sein, es wird zwar ökonomisch als nützlich, sonst aber oft als störend empfunden, weil es die Beziehungen eines jeweiligen Landes zur VR China belaste. Das hat sich seit dem auftrumpfenden Verhalten der Volksrepublik und dem Krieg Russlands gegen die Ukraine im Frühjahr 2022 etwas geändert, aber ein grundlegender Wandel ist noch nicht erfolgt.

In den beiden ersten Verfassungen der VR (1954 und 1975) steht nichts über Taiwan, denn es unterlag niemals einem Zweifel, dass Taiwan ein Teil von China sei. (Rudolph 1986: 129, FN 4)

In der dritten Verfassung, der vom März 1978 steht, Taiwan ist geheiligtes Territorium Chinas, das entschlossen sei, Taiwan zu befreien, um so das große Werk der Vereinigung des Vaterlandes zu vollenden.[6] In der Verfassung von 1982 werden auch Einwohner Taiwans in die Pflicht genommen. Dort steht in der Präambel: „Taiwan ist Teil des heiligen Territoriums der Volksrepublik China. Es ist die unverletzliche Pflicht aller Chinesen, auch unserer Landleute auf Taiwan, die große Aufgabe der Wiedervereinigung des Mutterlandes zu vollenden." (Constitution 1982: 5) Diese mythische Überhöhung erschwert noch immer Kompromisse.

Der Alleinvertretungsanspruch der Volkrepublik China

Wichtig bei einem Alleinvertretungsanspruch sind natürlich Reaktionen des Auslandes. London war von Beginn an um flexiblen Umgang mit diesem Anspruch Pekings

---

[5] Zur Darstellung der Entwicklung seit 1895 siehe die quasi amtliche Sicht der Volksrepublik in: https://www.geran.china.org.cn/de-china/neirong/12.htm. Eingesehen am 19.04.2017.
[6] Verfassung der VR China in Dokumente der 1. Tagung des V. Nationalen Volkskongresses der Volksrepublik China. 1978. Peking: Verlag für fremdsprachige Literatur, S. 166.

bemüht. Vor allem wegen Hongkong hatte Großbritannien bereits am 6. Januar 1950 die VR China völkerrechtlich anerkannt, was dankend abgelehnt wurde. Ab dem 17. Juni 1957 gab es dann einen britischen Chargé d'Affaires in Peking, zeitgleich existierte ein Generalkonsulat der Briten auf Taiwan, diplomatisch geschickt bei der Provinzregierung in Taichung akkreditiert.

Ab 1958/59 stellte die VR ihren Anspruch stärker in den Vordergrund, es war die Zeit zunehmender Spannungen mit der Sowjetunion. Ministerpräsident Zhou Enlai erklärte im April 1959 auf der ersten Sitzung des II. Volkskongresses, es dürfe unter keinen Umständen eine Politik des „zwei China" geben. Wer diplomatische Beziehungen aufnehmen wolle, müsse „[…] die sogenannten diplomatischen Beziehungen zur Tschiangkaischeck-Clique lösen und die wohlbegründeten Rechte unseres Landes in internationalen Angelegenheiten achten." (Rudolph 1986: 134)

Eine entscheidende Verbesserung für den Alleinvertretungsanspruch Pekings gab es dann 1971 und 1972, mit der Aufnahme in die Vereinten Nationen und dem Besuch Präsident Nixons in der Volksrepublik. Als die USA im Herbst 1971 nach Wegen suchten, bei einem Beitritt der Volksrepublik der Republik China (Taiwan) einen Verbleib in der Weltorganisation zu ermöglichen, verkündete das Außenministerium in Peking am 20. August 1971:

> Die chinesische Regierung erklärt feierlich: Das chinesische Volk und die chinesische Regierung bekämpfen entschieden die Absurditäten von „zwei China", „ein China – ein Taiwan" oder ähnliche, bekämpfen entschieden den Betrug, wonach „der Status von Taiwan noch festzusetzen ist," und bekämpfen entschieden die Intrige zur Schaffung eines „unabhängigen Taiwan".[7]

Nach Übernahme des chinesischen Sitzes, verbunden mit der Rolle einer Veto-Macht im Sicherheitsrat, durch die Volksrepublik, betonte der chinesische Delegationsleiter, Vize-Außenminister Qiao Guanhua, Taiwan sei ein unabtrennbarer Teil des chinesischen Territoriums und jede Intrige zur Abspaltung Taiwans werde entschieden bekämpft. Das chinesische Volk werde Taiwan unbedingt befreien und keine Macht könne daran etwas ändern.[8]

Seit 1949 besteht ein Wettbewerb um diplomatische Anerkennung, der für die Republik China zunehmend kostspielig wurde und meist ungünstig verlief. Die Verbesserung der Beziehungen zu den USA und die Mitgliedschaft in den VN bewirkten eine Welle diplomatischer Anerkennungen der Volksrepublik. In den diesbezüglichen Communiqués gibt es unterschiedliche Formulierungen zu Taiwan.[9] Tenor ist aber immer: Es gibt nur ein China, das ist die Volksrepublik und Taiwan gehört zu China. Schwer einzuschätzen ist, welches Risiko Peking bereit wäre, einzugehen, um dieses Prinzip durchzusetzen. Taiwan ist eines der politisch-emotionalsten Themen für die Volksre-

---

7 *Peking Rundschau*, Nr. 34 vom 24.8.1971, S. 4 f.
8 *Peking Rundschau*, Nr. 47 vom 23.11.1971, S. 6 f.
9 Zur Darstellung des unterschiedlichen Wortlauts der „Alleinvertretungsformeln" und Hinweise auf differenzierte Vorgehensweisen der Volksrepublik siehe Pfennig 1980: 128–142.

publik und bei allen Differenzen innerhalb der Führung und Elite des Landes, gibt es hier wohl weitgehende Einigkeit, abgesehen von Nuancen bei der taktischen Umsetzung.

Seit Nixon und Kissinger machte die VR China die Erfahrung, dass die USA viele ihrer ursprünglichen Forderungen abschwächen bzw. aufgeben und dass der Zeitfaktor für Peking positiver wirkt, als für Washington. Bei schwierigen Phasen zeigte die VR China Bereitschaft, unterschiedliche Ansichten in gemeinsamen Texten (Schanghai-Communiqué von 1972) oder in zusätzlichen Erklärungen darzustellen. Das taten beide Seiten im Dezember 1978 anlässlich der Aufnahme voller diplomatischer Beziehungen. Es entsprach dem Wunsch, ein wichtiges außenpolitisches Ziel zu erreichen und innenpolitisch vermitteln zu können. Damals hatte die VR China Persönlichkeiten wie Mao und Zhou Enlai, später Deng Xiaoping, und sie war ökonomisch schwach, innenpolitisch nicht gefestigt und hatte 1978/79 Auseinandersetzungen mit Vietnam.[10] Beide, die USA und die VR China, betrachteten zu dieser Zeit die SU als Gefahr. Die Lage hat sich signifikant verändert und Peking stehen ganz andere Machtressourcen zur Verfügung.

„Ein China": Prinzip und Politik

Peking erklärte anlässlich der Aufnahme voller diplomatischer Beziehungen zu den USA apodiktisch:

> Wie allen bekannt ist, ist die Regierung der Volksrepublik China die einzige legale Regierung Chinas und ist Taiwan ein Teil von China [...] Was die Art der Rückkehr Taiwans in die Umarmung des Mutterlandes und die Wiedervereinigung des Landes angeht, so ist dies gänzlich eine innerchinesische Angelegenheit.[11]

International dominiert dieses „Ein-China-Prinzip." Taiwan überlebt, auch weil die „Ein-China-Politik" mit vielen Staaten inoffizielle und umfangreiche Kontakte ermöglicht.

Die VR China gestattet Taiwan die Anwesenheit/Mitwirkung in internationalen Organisationen unter dem Namen „Chinesisch Taipei" oder einer ähnlichen Wortwahl. Ab dem Jahr 2018 drängt sie z. B. erfolgreich internationale Fluggesellschaften und Hotelketten, bei Nennung von Ortsnamen auf Taiwan den Zusatz „China" zu verwenden, z. B. Taipei, China. In der VR China wird die Reihenfolge auch umgekehrt: China, Taiwan bzw. China, Taipei, um den Provinzcharakter und damit die Nichtstaatlichkeit zu betonen. Dennoch praktiziert die Volksrepublik beachtenswerte Flexibilität, auch wenn die KMT nicht auf Taiwan regierte, so wurden z. B. zwischen 2000 bis 2008 über

---

10 Bei dem Grenzkrieg zwischen der VR China und Vietnam im Februar-März 1979 gab es vermutlich insgesamt über 50.000 Tote. (Chen, King 1983. Zhang 2015.)
11 *Peking Review*, 03.01.1979, S. 14.

20 gemeinsame Vereinbarungen getroffen, hatten sich die Wirtschaftsbeziehungen intensiviert und es bestehen zahlreiche direkte Verkehrsverbindungen.

4.3 Republik China

In Verfassungsentwürfen und Verfassungen der Republik China ist das Staatsgebiet nicht durchgängig präzis beschrieben. In der Verfassung von 1923 steht in Artikel 3 nur eine pauschale Formulierung[12], und Artikel 1 der vorläufigen Verfassung von 1931 besagt: „Das Territorium der Republik China besteht aus mehreren Provinzen sowie der Mongolei und Tibet."[13] Genauer ist der Wortlaut dann in Artikel 4 des Verfassungsentwurfs vom Mai 1936, hier werden die Provinzen einzeln genannt, inklusive Mongolei und Tibet; Taiwan ist nicht erwähnt. (Woodhead 1938: 518) In der Verfassung aus dem Jahre 1947, die in etwas veränderter Fassung auf Taiwan nach wie vor Gültigkeit hat, gibt es keine solche Aufzählung, aber die Artikel 26 und 64 enthalten Hinweise auf Parlamentsabgeordnete aus der Mongolei und Tibet.[14] Artikel 4 schreibt vor, das Territorium der Republik mit seinen existierenden nationalen Grenzen dürfe nur durch Beschluss der Nationalversammlung geändert werden. Das hat diese bisher nicht getan. Die Problematik veranlasste 1993 den Obersten Gerichtshof festzustellen, die Verfassung spezifiziere nicht die Gebiete des Territoriums, denn dessen Abgrenzung sei eine bedeutsame politische Frage jenseits juristischer Zuständigkeit.

Auf Taiwan zeigten über Jahrzehnte hinweg offizielle Publikationen Karten der Republik China, in denen Nanking als Hauptstadt hervorgehoben ist und die Mongolei zum Territorium gehört. Eine solche große Karte hing bis zum Oktober 2021 im Parlamentsgebäude in Taipei und sie wurde gern als Hintergrund für Interviews mit Parlamentarier:innen benutzt. (Huang/Wu/Hetherington 2021) Sie kam ins Museum des Parlaments. An ihrer Stelle hängt nun ein Wandbild mit Landkarten Taiwans aus vier Jahrhunderten, die in China, den Niederlanden, Belgien, Frankreich, Italien, Deutschland und Japan entstanden. Aus politischen Gründen musste nach dem Motto verfahren werden: Gut Ding will Weile haben.

Die besitzergreifende Haltung gegenüber der Mongolei war in China durchaus mehrheitsfähig und parteiübergreifend vorhanden. Beide gehörten schon einmal zu einem Reich, denn nachdem mongolische Reiterheere China erobert hatten, löste die mongolische Yüan die chinesische Sung Dynastie ab und bestand von 1279 bis 1368. Mao Zedong ging 1936 von einem gemeinsamen Staatsverband aus, denn nach dem

---

[12] https://www.en.wikisource.org/wiki/Constitution_of_the_Republic_of_China_(1923). Eingesehen am 08.12.2021.

[13] https://www.en.wikisource.org/wiki/Provisional_Constitution_of_the_Republic_of_China_(1931). Eingesehen am 08.12.2021.

[14] https://www.law.moj.gov.tw/ENG/LawClass/LawAll.aspx?pcode=A0000001. Eingesehen am 26.04.2022.

Sieg der Volksrevolution in China werde die Republik der Äußeren Mongolei automatisch und aus eigenem freien Willen Teil der chinesischen Föderation werden. (Snow 1973: 444)

Nach wechselhafter Geschichte wurde die Mongolei 1921 ein unabhängiger Staat, blieb aber für die KMT bzw. die Republik China ein hochpolitisches Thema, auch die KP Chinas vertrat lange Zeit die Meinung, sie gehöre zu China. Mao Zedong erinnerte sich: „Im Jahre 1950 habe ich in Moskau mit Stalin zwei Monate lang gestritten." (Scharping 1976: 118. Martin 1974: 37.) Es ging u. a. um die Unabhängigkeit der Äußeren Mongolei, die die junge VR China anerkennen musste. Ein Beispiel für surreales Verhalten gab es im November 1961. Aus Wut berief Chiang Kai-shek den Botschafter der Republik China aus den USA ab, weil dieser nicht verhindern konnte, dass die Mongolei in die VN aufgenommen wurde. Die Republik China beteiligte sich wegen Drucks der USA nicht an der Abstimmung über die Mitgliedschaft.

Seit Jahrzehnten ist die Frage des Territoriums eine politisch sehr sensible Angelegenheit, obwohl die Realität völlig klar ist. Erst seit den 1990er Jahren gibt es vorsichtige Bewegung in dieser Frage. (Ching 1994) Im Mai 1992 kam es zu Verfassungsänderungen und in den neuen 12 Artikeln stehen Formulierungen wie „das freie Gebiet der Republik China" bzw. das „freie Gebiet."[15] Wenn auch in der Verfassung das Staatsgebiet nicht ausdrücklich und präzis genannt ist und es Bemühungen gibt, den anachronistischen Gebietsanspruch möglichst im Hintergrund zu lassen, so ist doch die Behauptung von Chris Horton nicht völlig falsch.

> Die Verfassung der Republik China beansprucht unterdessen immer noch Taiwan, China, die Mongolei und das gesamte Südchinesische Meer als ihr Territorium, was Chiangs Wunsch widerspiegelt, die Kontrolle über Gebiete erneut herzustellen, über die die Qing-Dynastie auf ihrem Höhepunkt herrschte, bevor der europäische, japanische und amerikanische Kolonialismus begannen, sich Teile davon einzuverleiben. (Horton 2019)

Es gibt auf Taiwan vermehrt Diskussionen über eine Verfassungsänderung bzw. eine neue Verfassung. Ein Vorschlag lautet, das Staatsgebiet solle das sein, in dem die Verfassung Gültigkeit habe. Das wäre eine Beschreibung der Realität, präzis genug, aber nicht zu deutlich, um die VR China zu sehr herauszufordern. Aber Peking würde allein entscheiden, wie groß die Herausforderung sei, deshalb gibt es auch wegen der zu erwartenden Reaktion und politischem Streit auf Taiwan noch keine konkreten Schritte in Richtung auf eine grundlegend neue Verfassung.

Die Republik China hatte bis 1991 einen Alleinvertretungsanspruch, der neben dem außenpolitischen Aspekt vor allem die Herrschaft der KMT auf Taiwan absichern sollte. Für Chiang Kai-shek war dieser Anspruch zu Hochzeiten des Kalten Krieges nützlich und er beinhaltete einen Ständigen Sitz im Sicherheitsrat der VN. Für die USA

---

15 https://www.constituteproject.org/constitution/Taiwan_2005?lang=en. Eingesehen am 26.04.2022. Zu Verfassungsänderungen siehe http://www.english.president.gov.tw/page 95. http://www.english.president.gov.tw/page 93. Eingesehen am 26.04.2022.

waren dann 1971 beide Ansprüche, der Pekings und der Taipeis, nützlich, denn sie halfen, eine Kompromissformel bei der Annäherug zur Volksrepublik zu finden. Spätestens nachdem diese den chinesischen Sitz in den VN übernommen hatte, erwies sich das starsinnige Festhalten Chiangs an der Fiktion, „sein" China sei das einzig rechtmäßige als hinderlich, denn es verhinderte Flexibilität.

Seit der Präsidentschaft von Lee Teng-hui auf Taiwan (1988–2000) gibt es dort Bemühungen, die Statusfrage der Realität anzupassen, was aber auf Widerstand der Volksrepublik trifft. (Schubert 1991. White Paper 1994.) Sie bevorzugt ein Festhalten an dem „einen" China auch der Republik, das im Ausland politisch kaum ernst genommen wird, also keine Konkurrenz darstellt, aber die Einheit betont, während jede andere Formulierung zwar mehr der Realität entsprechen, aber die Trennung hervorheben würde. International hat sich die VR China mit ihrer Haltung durchgesetzt und Taiwan hat kaum einen Spielraum für eine juristische Fixierung seiner de facto Situation. Andererseits verhindert nun, wie damals bei Chiang Kai-shek sowie seinen Nachfolgern, die Haltung der VR China Flexibilität und Kreativität. Neue Ideen gegenüber Taiwan sind wegen der rigiden Haltung in der Statusfrage kaum möglich. Taipei mangelte es zunehmend an Ressourcen und Ansehen, seinen Anspruch durchzusetzen, der VR China hingegen fiel es leichter, die eigene Position bestätigt zu bekommen. Diese Stärke veranlasst Peking, selbst Diskussionen wie z. B. die der Dachtheorie der deutschen Ostpolitik als schädlich und als ein Zeichen von Schwäche zu sehen. Während sich das Beharren der Republik China als kontraproduktiv erwies, ist dies bei der VR China zumindest bislang nicht der Fall. Für die Republik China wäre eine frühere Anpassung besser gewesen, ihre Führung konnte und wollte aber nicht; die Führung der VR China könnte, will und muss aber nicht.

In den 1990er Jahren bildete sich auf Taiwan ein modifiziertes „Ein-China-Prinzip" heraus. Erst 1991 die Formulierung von „zwei politischen Gebilden", dann 1995 der Ausdruck „zwei gleichwertige Einheiten", bis hin zu dem Interview von Präsident Lee Teng-hui 1999, dass zwischen Taiwan und China eine spezielle Staat-zu-Staat-Beziehung bestehe, keine interne und Taiwan als Teil Chinas zu bezeichnen, würde das Problem durcheinanderbringen. (White III 1999: 121. Wong 2000. Schmidt 1996)

Am 25. Dezember 1990[16] erklärte Präsident Lee Teng-hui den Bürgerkrieg gegen die KP China/die VR China für beendet, so auch am 1. Mai 1991 die „Periode der Mobilisierung gegen die kommunistische Rebellion". Das war indirekt die Aufhebung des Alleinvertretungsanspruchs. Lee stellte fest: „Dass beide Seiten der Taiwan-Straße von unterschiedlichen politischen Gebilden regiert werden, ist eine objektive Tatsache, die nicht geleugnet werden kann." (Lee 1999: 122) „Peking sollte sich der Realität stellen, dass es zwei Gleichgestellte auf der jeweiligen Seite der Taiwan-Straße gibt." (Ebd. S. 120) Deshalb war es für ihn folgerichtig, 1999 in einem Interview mit der „Deutschen Welle" (Deutsche Welle 1999) zu erklären, es bestünde eine „spezielle Staat-zu-Staat

---

[16] Der 26. Dezember ist der Geburtstag von Mao Zedong, ob hier eine Absicht vorlag, ist nicht zu klären.

Beziehung", worauf Peking wütend reagierte. Wegen dieser vorhersehbaren Reaktion nannte ein Korrespondent der „New York Times" damals die Feststellung Lee Teng-huis „leichtsinnig und dumm". (Friedman 1999) Eine Einschätzung, die primär an den Interessen der USA orientiert war. Für die Volksrepublik war Lees Sicht der Dinge eine erneute Verschwörung, das Mutterland zu spalten und sie drohte mit militärischen Mitteln, dennoch gab es keine negative Langzeitwirkung auf die Wirtschaftsbeziehungen, denn Peking ist durchaus in der Lage, eine Koexistenz zwischen ökonomischer Zusammenarbeit und politischer Rivalität zu praktizieren. (Luo 1999)[17] Allerdings ist schwer zu erkennen, wo die jeweilige Grenze zwischen Eigeninteresse und unverzichtbaren Prinzipien liegt.

Was diese besondere Art der Beziehungen anbelangt, so hat sich Lee Teng-hui an Willy Brandt orientiert, der am 28. Oktober 1969 in seiner Regierungserklärung Methode und Ziel nannte: Über ein geregeltes Nebeneinander zu einem Miteinander kommen. (Brandt 1969: 4) Die Akzentsetzung ist jedoch unterschiedlich, denn für Brandt stand das Gemeinsame im Vordergrund, das bewahrt werden müsse, trotz der Unterschiede. Lee hingegen betonte die Gleichrangigkeit beider Seiten und damit auch Unterschiede. Für die Bundesrepublik war das damals ein schwieriger Kompromiss, für die SED-DDR ein halber Erfolg, für Taiwan eine überfällige aber politisch riskante Präzisierung. Für die VR China war die Feststellung Lees völlig inakzeptabel und eine gefährliche Provokation. Zwar verbesserten sich dann die Beziehungen zwischen Festland und Insel zwischenzeitlich, aber der prinzipielle Standpunkt Pekings hat sich nicht geändert, eher verhärtet und er wurde im Juli 2005 durch das Anti-Sezessionsgesetz untermauert. Die Pflicht zur Wiedervereinigung Chinas ist auch im Nationalen Sicherheitsgesetz der Volksrepublik vom 1. Juli 2015 verankert. Dort heisst es im Artikel 11, Absatz 2, „die Souveränität und territoriale Integrität von China sind unantastbar und unteilbar und es ist die gemeinsame Pflicht aller chinesischen Bürger, unsere Landsleute in Hongkong, Macau und Taiwan eingeschlossen, die nationale Souveränität hochzuhalten, nach Vereinigung zu streben und die territoriale Integrität zu bewahren."[18]

Der Alleinvertretungsanspruch und das Communiqué von Schanghai

Der Anspruch der Republik China, „ganz China" zu vertreten, war eine juristisch-politische Anmaßung gegenüber der Volksrepublik und zusätzlich noch eine grotesk anachronistische Territorialforderung. Kurios ist, dass dieser Anspruch auch nützlich war, denn er half bei der Annäherung zwischen Peking und Washington, ohne die Po-

---

17 Auf S. 506 steht eine Gegenüberstellung von Standpunkten der VR und Taiwans zu z. B. Wiedervereinigung, Gewaltanwendung, Ein-China-Prinzip und internationales Auftreten.
18 National Security Law of the People's Republic of China (2015). https://www.npc.gov.cn/zgrdw/upc/lfzt/rlys/2014-08/31/content_1876769.htm. Eingesehen am 02.02.2021.

sition der Republik China explizit in Frage zu stellen. Präsident Nixon wusste, dass Taiwan der Prüfstein für beide Seiten war.

> Wir hatten das Gefühl, dass wir die Taiwaner nicht im Stich lassen sollten und konnten; wir waren dem Recht Taiwans verpflichtet, als unabhängige Nation zu existieren. Die Chinesen waren ebenso entschlossen, das Communiqué zu nutzen, um ihren unmissverständlichen Anspruch auf die Insel geltend zu machen. Das war die Art von Meinungsverschiedenheiten, die unsere Formel für den Entwurf des Communiqués berücksichtigen sollte: Wir konnten unsere Position darlegen und sie ihre. (Nixon 1978: 570)

Die entsprechende Passage lautet: „Die Vereinigten Staaten bestätigen, dass alle Chinesen auf beiden Seiten der Taiwanstraße der Ansicht sind, dass es nur ein China gibt. Die Regierung der Vereinigten Staaten stellt diese Position nicht in Frage." Es folgt dann der Satz: „Sie bekräftigt ihr Interesse an einer friedlichen innerchinesischen Beilegung des Taiwanproblems." (... *a peaceful settlement of the Taiwan question by the Chinese themselves.* Schanghai Communiqué 1972)

In dem Communiqué wird auch Korea erwähnt. Die USA erklären, dass sie ihre engen Verbindungen mit und die Unterstützung der Republik Korea aufrechterhalten werden und deren Bemühungen unterstützen, eine Verringerung der Spannungen sowie eine Zunahme der Kommunikation auf der koreanischen Halbinsel zu erreichen.

Die VR China erklärt ihre beständige Unterstützung des Acht-Punkte-Programms für die friedliche Vereinigung Koreas, das die Regierung der DVRK am 12. April 1971 verkündet hatte und deren Haltung zur Auflösung der VN-Kommission für die Vereinigung und den Aufbau Koreas.

Dieses Communiqué ist auch deshalb ein bemerkenswertes Dokument, weil in ihm beide Seiten ihre Prinzipien darlegen, aber auch klar Differenzen benennen. Die Volksrepublik erklärte,

> [...] wo es Unterdrückung gibt, gibt es Widerstand, Staaten wollen Unabhängigkeit, Nationen wollen Befreiung und die Menschen wollen Revolution – das ist ein unwiderstehlicher Trend der Geschichte. Alle Nationen, ob groß oder klein, sollen gleich sein, große Nationen sollten kleine nicht drangsalieren und starke Nationen sollten schwache nicht drangsalieren. China will nie eine Supermacht sein und wendet sich gegen Hegemonie und Machtpolitik jeglicher Art. (Ebd.)

Aus den im Februar 1972 niedergeschriebenen Prinzipien wie „Unabhängigkeit" und „keine Drangsalierung" kann Taiwan keinen Trost schöpfen, denn für die VR China ist es eine unabtrennbare Provinz, kein Staat und die Taiwaner:innen bilden keine Nation. Deshalb steht im Communiqué unmißverständlich, „[...] die Befreiung Taiwans ist Chinas innere Angelegenheit, in die sich einzumischen kein Land das Recht hat." „[...] Die Regierung Chinas ist entschlossen gegen alle Aktivitäten mit dem Ziel, ‚ein China, ein Taiwan' zu schaffen, ‚ein China, zwei Regierungen', ‚zwei China' und ein ‚unabhängiges Taiwan' oder dafür einzutreten, dass der ‚Status von Taiwan' noch bestimmt werden muss."

Die Wortwahl von „innerchinesischer Beilegung" entsprach 1972 dem Wunsch Washingtons, nicht involviert zu werden. Spätestens seit dem TRA vom April 1979, mit dem die USA sich zur Wahrung der Sicherheit Taiwans verpflichten, ist diese Beschränkung nicht mehr gegeben und schon vorher waren Spannungen zwischen der VR China und Taiwan nie eine rein „innerchinesische Angelegenheit".

Die Haltung der USA gegenüber der KMT und somit gegenüber Taiwan und der Volksrepublik hatte sich stark verändert, deshalb war 1972 der Hinweis auf „ein China" für Washington so nützlich. Die Intervention der VR China ab November 1950 in den Krieg in Korea trug wesentlich dazu bei, dass die USA ihre kritische Haltung gegenüber der Republik China, speziell der KMT und Chiang Kai-shek modifizierten und deren Alleinvertretungsanspruch unterstützten. Der damalige stellvertretende Außenminister, Dean Rusk, erklärte bei einer Anhörung im Senat am 18. Mai 1951:

> [...] die Vereinigten Staaten werden die unseren Freunden in China aufgezwungene Degradierung nicht hinnehmen. Wir werden die Autoritäten in Peiping nicht als das anerkennen, was sie vorgeben zu sein. Das Regime in Peiping könnte eine russische Kolonialregierung sein. [...] Es ist nicht die Regierung Chinas. Es hat bereits seine erste Prüfung nicht bestanden. Es ist nicht chinesisch. Wir erkennen die Nationalregierung der Republik China an, wenn auch das Territorium unter ihrer Kontrolle sehr eingeschränkt ist. Wir glauben, dass sie viel authentischer die Ansichten der überwiegenden Mehrheit der Chinesen vertritt, besonders im Hinblick auf deren historischer Forderung nach Unabhängigkeit von ausländischer Kontrolle. Diese Regierung wird fortgesetzt wichtige Hilfe und Unterstützung von den Vereinigten Staaten erhalten. (Spanier 1965: 164)

Inzwischen haben sich nicht nur die Beziehungen zwischen Peking und Washington grundlegend verändert, sondern auch die Lage auf Taiwan. Spätestens mit der Aufnahme voller diplomatischer Beziehungen zwischen der Volksrepublik und den USA, sowie deren Aberkennung der Republik China im Januar 1979 wurde dieser Alleinvertretungsanspruch völlig unrealistisch und unhaltbar. Seitdem vertraut die Republik China/Taiwan auf den TRA als wichtigen Schutz. (Wolff/Holstine/David 1999. Government Information Office 1999)

Die „Ein-China-Formel" beider Seiten, die im Schanghai Communiqué von 1972 erwähnt ist, war die hilfreiche politische Quersumme aus den damaligen Alleinvertretungsansprüchen sowohl der Republik, als auch der VR China. Dieser diplomatische Kunstgriff ermöglichte den USA, mit der VR China inoffizielle Beziehungen aufzunehmen und mit der Republik China offizielle zunächst beizubehalten, er sorgte dann später für Probleme. Richard Bernstein und Ross H. Munro zitieren einen namentlich nicht genannten ehemaligen US-amerikanischen Diplomaten mit folgenden Worten: „Die gesamten chinesisch-amerikanischen Beziehungen basieren auf einer Unwahrheit, für deren Verteidigung China zu kämpfen bereit ist." (Bernstein/Munro 1997: 187) Dennoch entsprach die Feststellung im Communiqué den damaligen offiziellen Ansichten, die VR China erhebt sie nach wie vor als unumstößliches „Ein-China-Prinzip".

Theoretisch wäre auch die Konstellation des „ein China, ein Taiwan" möglich gewesen. Taiwans prekäre Situation entstand ursprünglich als „Anhängsel" in einem

Bürgerkrieg auf dem Festland, an dem es kaum beteiligt war. Die neue Situation von 1949, als die Republik China auf Taiwan reduziert wurde, führte aber zu keiner Revision von deren Verfassung, denn die Führung unter Chiang Kai-shek wollte möglichst schnell das Festland zurückerobern. Dieser Starrsinn verhinderte auch Veränderungen in Zeiten, als die Volksrepublik relativ schwach war und in ihr während der „Kulturrevolution" fast bürgerkriegsähnliche Zustände herrschten, denn gerade dann lebten die Hoffnungen auf eine „Rückeroberung" wieder auf. Kurz vor dem Verlust des chinesischen Sitzes in den Vereinten Nationen im Herbst 1971 bestand eventuell die Möglichkeit, durch Umbenennung in, zum Beispiel, „Republik Taiwan", in der Weltorganisation verbleiben zu können, eine Notlösung bzw. „Rettung", die jenseits der Vorstellung von Chiang Kai-shek und seiner Gefolgsleute war.[19] Seine Republik China wählte den Austritt vor dem Rauswurf. Ein Neueintritt als Republik China oder unter einem anderen Namen wäre chancenlos, weil er am Veto der VR China scheitern würde, auch Bemühungen, zumindest einen Beobachterstatus zu erlangen, war kein Erfolg beschieden. (Metzler 1992)

Zwei-China-Konstellation

Die Zeit einer flexiblen Handhabung des Alleinvertretungsanspruchs ist vorbei. Nach Verkündung eines trügerischen Waffenstillstandes in Vietnam im Januar 1973 sah Peking die Möglichkeit, die Beziehungen zu den USA auf eine mehr institutionalisierte Ebene zu stellen, d. h. es wurde die Errichtung von Verbindungsbüros mit diplomatischen Funktionen vereinbart. Ab dieser Zeit bis zum Januar 1979, als beide Staaten offizielle diplomatische Beziehungen aufnahmen, gab es zwischen den USA und der VR China bzw. der Republik China trotz deren Alleinvertretungsansprüchen eine geduldete Doppelanerkennung. Damit waren für sechs Jahre, d. h. bis Ende 1978 die USA der einzige Staat mit Vertretungen sowohl in der VR China, als auch auch auf Taiwan, also quasi eine Zwei-China-Konstellation mit einem Verbindungsbüro in Peking und einer Botschaft in Taipei.

Taiwan muss weiterhin seine Gratwanderung zwischen de facto Unabhängigkeit und der Beibehaltung, der Absicherung sowie Verbesserung eines prekären Status quo fortsetzen. Willy Brandt hatte einen „sterilen Status quo" nie akzeptiert. (Flatten 2021: 440)

4.4 Korea

Beide Staaten in Korea haben einen Alleinvertretungsanspruch und erkennen sich offiziell nicht an, was aber kein unüberwindliches Problem ist. In den Verfassungen

---

[19] Siehe S. 276 f.

sind die Formulierungen dogmatisch, aber es gab in den Außenbeziehungen keinen kompromisslos spürbaren Anspruch. Viele Staaten hatten bereits vor deren Mitgliedschaft in den VN ab September 1991 mit beiden Koreas diplomatische Beziehungen.[20]

Laut Artikel 103 der ersten Verfassung der DVRK vom September 1948 war Seoul gesamtkoreanische Hauptstadt und in der erfolgreichen Anfangsphase des Bürgerkriegs wurde die Hauptstadt symbolisch in das damals eroberte Seoul transferiert, was nicht von langer Dauer war. Erst die Verfassung von 1972, Artikel 149[21], nannte Pjöngjang als Hauptstadt der DVRK. (Armstrong 2013: 137) Laut Artikel 1 vertritt die DVRK die Interessen des gesamten koreanischen Volkes und Artikel 5 nennt als Staatsziel, „[…] das Vaterland auf demokratischer Grundlage friedlich zu vereinigen und die volle nationale Unabhängigkeit zu erringen." (Brunner/Meissner 1980: 132) Damit wird impliziert, vor einer solchen Vereinigung sei Korea, zumindest der Süden, nicht unabhängig, auch wegen der Anwesenheit US-amerikanischer Truppen. Bei der Zielsetzung ist es wichtig zu wissen, welche ganz spezielle Definition von „demokratischer Grundlage" hier zugrunde liegt.

Im Süden gibt es ein ähnliches Selbstverständnis. Laut Verfassung umfasst das Territorium der Republik Korea die koreanische Halbinsel und ihre angrenzenden Inseln und sie strebt nach Wiedervereinigung auf der Basis einer freien sowie demokratischen Ordnung.[22] Die entsprechenden Artikel beider Verfassungen zeigen klar, dass es sich um Vorstellungen darüber handelt, wer der allein rechtmäßige Repräsentant Koreas sei, die sich gegenseitig ausschließen. Dennoch war dies kein Hindernis für Kontakte zwischen hochrangigen Beamten, es gab Treffen von Ministerpräsidenten und mehrere Gipfeltreffen. In Korea sind beide Seiten der Auffassung, die Teilung der Halbinsel sei vorübergehend.

Im September 1989 verwies die Botschaft der DDR in Pjöngjang auf einen Kommentar des Zentralorgans der PdAK, in dem steht, dass „[…] ein Zusammenleben beider koreanischer Seiten in der ‚Art des Grundlagenvertrages zwischen DDR und der BRD' für die KDVR nicht akzeptabel sei." (PA AA 29) Am 13. Dezember 1991 unterzeichneten dann aber die Ministerpräsidenten eine „Übereinkunft über Versöhnung, Nichtaggression, Austausch und Zusammenarbeit zwischen dem Süden und dem Norden." In den Vorbemerkungen steht, sie wurde geschlossen: „In der Erkenntnis, dass ihre Beziehungen nicht die Beziehung zwischen Staaten ist, sondern eine besondere, die vorübergehend aus dem Prozess zur Vereinigung hervorgegangen ist."[23] Mit dieser Übereinkunft wurde praktisch der Alleinvertretungsanspruch beider Koreas aufgegeben. Abgesehen von dem Hinweis auf eine Vereinigung ist die Orientierung an dem Konzept der Ostpolitik – zwei Staaten in Deutschland, die zueinander nicht Ausland sind – deutlich. Sie entspricht teilweise auch einer Wunschvorstellung Taiwans. Die

---

20 1973 erhielten beide Staaten Beobachterstatus bei den VN.
21 Nach mehreren Zusatzartikeln und Änderungen ist es jetzt der Artikel 172.
22 https://www.elwa.klri.re.kr/eng_service/lawView.do?lang=ENG&hseq=1. Eingesehen am 02.03.2021.
23 Lim 2012: 377.

koreanische Übereinkunft vom Dezember 1991 ist dem deutschen Grundlagenvertrag vom Dezember 1972 vergleichbar. In Deutschland bewirkte bzw. intensivierte er eine vielfältige Zusammenarbeit, in Korea ist die Übereinkunft inzwischen nur noch vergilbtes Papier bzw. eine wehmütige Erinnerung.

In der gemeinsamen Erklärung vom Juli 1972 betonten der Norden und der Süden, dass die Wiedervereinigung unabhängig von anderen Staaten erreicht werden müsse und sie durch friedliche Mittel anzustreben sei, ohne Zuflucht zu Waffengewalt gegen die eine oder andere Seite. Diese Vereinbarung hätte als Gewaltverzichtserklärung angesehen werden können. Kim Jong-pil, der damalige Ministerpräsident des Südens, bemühte sich zwei Wochen später um eine Klarstellung, denn es handele sich nicht um einen Vertrag, sondern lediglich um eine Absichtserklärung. Weil Nordkorea kein Staat sei, könne es deshalb auch nicht vertragsschließende Partei eines Nicht-Aggressions-Paktes mit Südkorea sein. „Unsere Position ist es, kein Zwei-Korea-Konzept anzuerkennen."[24] Fast 20 Jahre später unterzeichneten beide Ministerpräsidenten Koreas dann am 13. Dezember 1991 den bereits erwähnten „koreanischen Grundlagenvertrag", der ermutigende Formulierungen enthält, aber nie ratifiziert wurde und fast folgenlos blieb. Es gehört zu den vielen Absonderlichkeiten koreanischer Politik, dass Kim Jong-pil, der 1972 Ministerpräsident des Diktators Park Chung-hee war, dann von 1998 bis 2000 erneut dieses Amt innehatte, diesmal mit dem demokratisch gewählten Kim Dae-jung als Präsidenten, der durch die Sonnenscheinpolitik eine umfassende Normalisierung mit dem Norden zu erreichen hoffte.

Der koreanische Fall zeigt, was es gleizeitig geben kann, den Alleinvertretungsanspruch, völkerrechtliche Doppelanerkennung und eine „besondere" inter-koreanische Beziehung, wobei das Besondere nicht klar definiert sein muss, denn es genügte 1991, es als Bestandteil einer Übergangsphase Richtung Vereinigung darzustellen. Diese Art von Pragmatismus und Flexibilität fehlt weitgehend zwischen der VR China und Taiwan. Leider steht der koreanische Pragmatismus fast nur auf dem Papier, er hat bisher keine kontinuierliche Zusammenarbeit ermöglicht. Während der Sonnenscheinpolitik gab es im Vergleich zur Vergangenheit bemerkenswerten Fortschritt, dem keine Langfristigkeit beschieden war und dem Phasen drastischen Rückschritts folgten.

Als Japan und die Republik Korea 1965 diplomatische Beziehungen aufnahmen, lehnte Tokio die Forderung Seouls ab, die Republik Korea als den einzig legitimen Staat auf der Halbinsel anzuerkennen und behielt sich ausdrücklich das Recht vor, Beziehungen unterschiedlichster Art mit dem Norden zu unterhalten.

1972 erklärte der damalige Ministerpräsident Tanaka Kakuei, Japan könne nicht anders, als festzustellen, dass zwei Koreas existierten und die Koexistenz der beiden sei ein diplomatisches Ziel seines Landes. (McCormack 1982: 25) Japan vermeidet eine ausdrückliche verbale Unterstützung der Wiedervereinigung Koreas; 1986 sagte Außenminister Abe Shintarō im Parlament, dass die grundsätzliche Politik, mit Nordko-

---

[24] *FEER*, 22. Juli 1972, S. 5.

rea Austausch auf ökonomischer, kultureller und anderen Ebenen zu pflegen, unverändert bleiben werde.[25]

Viele „westliche" Staaten unterstützten den Alleinvertretungsanspruch Bonns und vollzogen erst nach Unterzeichnung des Grundlagenvertrages bzw. der Mitgliedschaft beider Staaten in Deutschland in den VN die völkerrechtliche Anerkennung beider. Kim Il-sung hat lange Zeit den Mangel an offizieller Anerkennung durch den „Westen" als eine Art politischer Tugend dargestellt. Bei seinem Besuch Bulgariens im Juni 1975 sagte er dem dortigen Parteichef Todor Schiwkow:

> Wir wollen keine Beziehungen mit kapitalistischen Ländern unterhalten, da diese günstige Bedingungen für ihre Politik erhalten wollen. Sie sagen, daß sie, wenn die sozialistischen Länder Südkorea anerkennen, auch uns anerkennen werden. Faktisch arbeiten sie damit für die Schaffung von zwei Koreas. Deshalb bestehen wir nicht auf die Herstellung von Beziehungen mit diesen Ländern. (PA AA 4, S. 6)

Diese ablehnende Haltung musste Kim Il-sung ändern, als im September 1991 beide Koreas in die VN aufgenommen wurden und weder die Sowjetunion noch die VR China ein Veto gegen die Mitgliedschaft der RK einlegten.[26] Das Gipfeltreffen vom Juni 2000, als Kim Dae-jung Pjöngjang besuchte, brachte aber mit Bezug auf den Alleinvertretungsanspruch eine wichtige Veränderung. Die Visite hatte protokollarische Charakteristika eines Staatsbesuchs, sie war eine inoffizielle Anerkennung, dass zwei Staaten auf der koreanischen Halbinsel existieren, sie also geteilt ist, was eine Abkehr beider Seiten, besonders des Nordens, vom Alleinvertretungsanspruch bedeutete. Im Artikel 2 der Gipfelerklärung werden Gemeinsamkeiten zwischen der „Nord-Süd-Konföderation" von Kim Dae-jung und dem Konzept einer „Korea-Föderation" des Nordens festgestellt.[27]

Viele Staaten zögerten aber, eine Botschaft in Pjöngjang zu eröffnen. Als Präsident ergriff Kim Dae-jung hier die Initiative und dies mit Erfolg. Im Zusammenhang mit dem Asia Europe Meeting (ASEM), das im Oktober 2000 in Seoul stattfand, schreibt er darüber in seiner Autobiographie: „Weil sich die inter-koreanischen Beziehungen Richtung Versöhnung entwickelten, äußerten viele Staatschefs ihre Absicht, diplomatische Beziehungen zum Norden aufzunehmen. Ich begrüßte diese Haltung und habe sie aktiv unterstützt." (Kim Dj 2019: 695) Das ist eine Untertreibung, denn Präsident Kim drängte seine Gäste nachdrücklich dazu, indem er den engen Zusammenhang zwischen nationalen, regionalen und globalen Entwicklungen betonte und dass Nordkorea in den Dialogprozess einbezogen werden sollte. Sebastian Bersick berichtet

---

25 So Abe im *Diplomatic Bluebook of Japan*, herausgegeben vom Außenministerium. Tokio 1986, S. 133.
26 Peking hatte seine Beziehungen gegenüber Südkorea verändert. Im November 1989 besuchte Kim Il-sung die Volksrepublik und deren Ministerpräsident Li Peng versicherte ihm, gegen einen Beitritt der Republik Korea zu den VN werde die Volksrepublik ein Veto einlegen. (PA AA 30.)
27 https://www.Peacemaker.un.org/sites/peacemaker.un.org/files/KP%20KR_000615_SouthNorth%20Joint%Declaration.pdf. (Eingesehen am 28.04.2022)

dazu: „Ein Beamter im Bundeskanzleramt urteilt, daß südkoreanische Diplomaten und insbesondere Präsident Kim während der *closed sessions* des Gipfeltreffens die übrigen ASEM-Akteure ‚regelrecht bekniet' hätten, so daß man sich der Bitte – gerade weil Kim Dae-jung den Friedensnobelpreis erhalten hatte – nicht entziehen konnte." (Bersick 2004: 232) Madeleine Albright nannte als Begründung für dieses Handeln, dass Kim Dae-jung entschlossen nach friedlicher Koexistenz strebe, während andere südkoreanische Präsidenten nur Lippenbekenntnisse geleistet hätten. „Er sah in dem fast paranoiden Gefühl der Unsicherheit des Nordens eine große Gefahr." (Albright 2003: 457)

Ähnlich der Entwicklung in Deutschland kam es auch in Korea erst nach Beginn einer Normalisierung zu vermehrter diplomatischer Anerkennung, so wurde die DDR auch von den USA (September 1974) und Großbritannien (Februar 1973) anerkannt.[28] In Korea folgten z. B. Mitgliedstaaten der EU den Bitten von Kim Dae-jung und sprachen eine völkerrechtliche Anerkennung der DVRK aus, obwohl Nordkorea damals bereits seit über zehn Jahren Mitglied der VN war. Was noch immer fehlt, sind diplomatische Beziehungen zwischen Pjöngjang, Washington und Tokio. Kim Jong-il sagte im August 2000:

> Sobald ich dazu grünes Licht gebe, können wir diplomatische Beziehungen zu den USA haben, schon morgen. Sobald die USA aufhören, uns fälschlicherweise als terroristischen Staat zu klassifizieren, werden wir mit ihnen diplomatische Beziehungen aufnehmen. Mit Japan allerdings ist das etwas komplizierter. Da gibt es Probleme aus der Vergangenheit und eine Reihe von Dingen müssten geklärt werden. Japan sollte uns für die 36 Jahre entschädigen. Nie werde ich diplomatische Beziehungen zu Japan aufnehmen, sollte das unseren Stolz verletzen. Je kleiner das Land, desto stolzer sollte es sein. (Kim Dj 2019: 665 f.)[29]

Diese Äußerung war der Haltung seines Vaters ähnlich, die er im Juni 1975 gegenüber Schiwkow äußerte: Wir könnten schon, wollen aber nicht zu deren Bedingungen. Es ist noch immer kompliziert, denn Stolz und Sicherheitsbedürfnis sind nach wie vor groß und die Forderung der USA nach einer völligen Entnuklearisierung der DVRK als Vorleistung ist ein klobiges Hindernis für offizielle Beziehungen, obwohl diese wichtig wären für das Sicherheitsbedürfnis des Nordens und damit für eine größere Kompromissbereitschaft in der Nuklearfrage, beides vitale Voraussetzungen für inter-koreanische Zusammenarbeit.

---

28 Zur Vorgeschichte der Beziehungen und der Haltung Großbritanniens zur Ostpolitik siehe Geppert 2009 und Hoff 2003.
29 Mit „36 Jahren" ist hauptsächlich die Kolonialzeit gemeint. Japan hatte 1965 die Beziehungen zur Republik Korea normalisiert; die damals gewährte Entschädigung, primär Kredite zum Kauf japanischer Waren, wird noch immer von vielen in Korea als beleidigend gering angesehen. (300 Millionen US $ Zuschuss und Wirtschaftshilfe, 200 Millionen US $ Kredit der Regierung und 300 Millionen US $ private Kredite.)

4.5 Zypern

Der Alleinvertretungsanspruch der Republik Zypern ist im Vergleich mit anderen Fällen sehr erfolgreich. Es gibt zwei Staaten auf der Insel, aber der Rest der Welt, mit der Türkei als einziger Ausnahme, unterstützt den Anspruch der Republik, sie allein repräsentiere ganz Zypern. Die Aufrechterhaltung des Anspruchs wird auch damit begründet, dass die politische und rechtliche Akzeptanz der Existenz zweier Staaten im Nachhinein eine militärische Besetzung und die staatlich organisierte Massenumsiedelung von Migranten aus der Türkei nach Zypern legitimieren würde. (Faustmann 2009)

Zypern ist ein komplizierter Fall, denn neben den beiden sich direkt konfrontierenden Konfliktparteien und ihren Schutzmächten bzw. „Vormündern" sind noch internationale Organisationen involviert, die Vereinten Nationen, die eine Pufferzone auf der Insel unterhalten, und die NATO. Zementiert wurde die Teilung 1983, als sich der von türkischen Truppen besetzte nördliche Teil der Insel zur Türkischen Republik Nord-Zypern erklärte. Obwohl das Land offenkundig und mit allen Konsequenzen geteilt ist, findet diese Tatsache keine offizielle, d. h. völkerrechtliche Anerkennung und deshalb ist nach dieser Sichtweise im Prinzip ganz Zypern 2004 Mitglied der Europäischen Union geworden.

Es gibt vielfältig Kontakte, aber der Alleinvertretungsanspruch spielt in die Hände der Nationalisten auf beiden Seiten. Er verstärkt die Abhängigkeit des Nordens von der Türkei, was Bemühungen um intensivere Zusammenarbeit und um eine friedliche Wiedervereinigung nicht förderlich ist. (Talmon 2006)

4.6 Kompromissfindung

Alleinvertretungsansprüche sind erfolgreich, solange sie politisch und ökonomisch durchgesetzt werden können. Um aber nicht ungewollt in Zugzwang zu geraten und um flexibel bleiben zu können, sind Kompromisse notwendig, durch politisches Handeln und bei der Wortwahl. Einige Beispiele werden im Folgenden erläutert.

Von 1950 bis 1971 gab es Debatten in den VN, wem rechtmäßig der Sitz Chinas in der Weltorganisation zustehe, dem Gründungsmitglied Republik China oder der Volksrepublik. In diesem Zusammenhang wurden in den 1960er Jahren mehrere Vorschläge diskutiert. (Luard 1971) Sie waren oft verbunden mit dem Angebot einer Aufnahme in die Weltorganisation einerseits und der Zusicherung andererseits, dass kein Ausschluß erfolgen werde. Als Orientierung diente dabei, dass neben der Sowjetunion auch noch Weißrussland und die Ukraine einen Sitz in der VN-Vollversammlung hatten; eine Forderung, die Stalin 1945 durchsetzen konnte. Eine solche Regelung war sowohl für Peking, als auch für Taipei inakzeptabel, denn die Ukraine und Weißrussland waren damals Unionsrepubliken der UdSSR und keine souveränen Staaten.

Dennoch machte Kanada für die VN-Vollversammlung vom Spätherbst 1966 den Vorschlag, die Volksrepublik solle den Ständigen Sitz im Sicherheitsrat übernehmen und Mitglied der Vollversammlung werden; die Republik China gibt ihren Sitz im Sicherheitsrat auf, behält aber den in der Vollversammlung. Beide, die Volksrepublik und die Republik China, sollten einen gegenseitigen Gewaltverzicht aussprechen und die Volkrepublik die Unabhängigkeit Taiwans auf Dauer oder für einen bestimmten Zeitraum garantieren. (McDougal/Goodman 1966: 726) Beide, so der Vorschlag, würden nur das Territorium und die Bevölkerung repräsentieren, über die sie rechtswirksam Kontrolle hätten. Da die USA diese Initiative nicht unterstützten, wurde der Vorschlag zwar diskutiert, von Kanada aber nicht zur Abstimmung vorgelegt. Eine Art Kompromiss erfolgte dann durch eine von Italien eingebrachte Resolution.[30] Ein hochrangiges Komitee sollte sich mit der Problematik beschäftigen, die politische Realität der betroffenen Region berücksichtigen, die Frage der rechtmäßigen Vertretung Chinas in allen Aspekten untersuchen und der Vollversammlung im kommenden Jahr (1967) angemessene Empfehlungen vorlegen. Nach damaliger Diskussionslage hätten diese wohl beinhaltet: Beibehaltung des Status quo, ständiger Sitz der VR China im Sicherheitsrat und der Vollversammlung, Sitz der Republik China in der Vollversammlung, oder ihren Ausschluß und Aufnahme der Volksrepublik.

Bei der Vorstellung der Resolution hatte sich der italienische VN-Botschafter für „zwei Chinas" ausgesprochen. Damals durchlitt die Volksrepublik die „Kulturrevolution", mit chaotischen Zuständen in weiten Teilen des Landes. In der Republik China (Taiwan) herrschte Kriegsrecht, aber sie war ein Verbündeter der „westlichen Welt" im Kalten Krieg. Die Resolution Italiens kam am 29. November 1966 zur Abstimmung. Vorher war sie zu einer „wichtigen Frage" erklärt worden, ihre Annahme hätte demnach eine Zwei-Drittel-Mehrheit erfordert. Mit 62 Neinstimmen, 34 Jastimmen und 25 Enthaltungen wurde die Resolution abgelehnt. (Justice prevails 1967) Unterstützer der Volksrepublik und auch solche der Republik China stimmten gemeinsam dagegen, denn für beide Seiten handelte es sich um eine mögliche „Zwei-China-Lösung" und die war ihnen indiskutabel. Im Vergleich zu einer ähnlichen Abstimmung über die rechtmäßige Vertretung Chinas aus dem Vorjahr hatte das „Lager" der Republik China im November 1966 zehn Stimmen mehr erzielen können, vermutlich wegen der „Kulturrevolution" in der Volksrepublik. Die USA und Japan gehörten zu denen, die der Resolution Italiens zustimmten. Es ging lediglich um die Einsetzung einer Komission, aber sowohl Peking, als auch Taipei wollten Anfängen wehren, die eine Diskussion über eine „Zwei-China-Lösung" hätte bedeuten können. In dem Vorschlag Kanadas war ein reduzierter „Ein-China-Aspekt" angedeutet worden, aber er kam nicht zur Abstimmung. Heute wäre Taiwan höchst erfreut, wenn eine solche Möglichkeit bestünde; es gibt sie nicht.

---

30 Der Text der Resolution steht in: https://www.digitalarchive.wilsoncenter.org/document/italian-policy-towards-peoples-republic-china, S. 929. Eingesehen am 25.03.2024.

Besondere Sprachregelungen

Damit Normalisierungsbemühungen eine Chance haben und ausgebaut werden können, müssen Alleinvertretungsansprüche flexibel gehandhabt bzw. fallen gelassen werden und zwar am besten dann, wenn dies noch einen politischen Mehrwert erbringt. Über Jahre hinweg können sie für eine Seite nützlich sein, ihre flexible Handhabung bzw. Aufgabe kann deshalb dann von der anderen Seite als politischer Erfolg gewertet werden.

Zu den bemerkenswerten Vorgängen zwischen geteilten Nationen gehört, dass zwar miteinander geredet, aber die Verwendung offizieller Titel, Namen und Bezeichungen möglichst vermieden wird.

Auch in einer Phase der Abgrenzung gibt es Bemühungen, Zusammenarbeit zu ermöglichen und hierbei sind oft verbale Kompromisse hilfreich. In Deutschland wurde vom Westen lange Zeit der offizielle Name der DDR vermieden, wenn überhaupt, dann erschien er in Anführungszeichen, oft, auch amtlich, wurde die Abkürzung SBZ verwandt, Sowjetische Besatzungszone. (Berschin 1999: 221) Diese sprach ihrerseits lange Zeit nicht von der Bundesrepublik, sondern von „Westdeutschland" und der „selbständigen politischen Einheit Westberlin", benutzte später aber auch die Abkürzung „BRD", was in die Bundesrepublik selbst verpönt war. (Hellmann 2011: 67, Hellmann 1997. Berschin 1979) Schwierig war die Einbeziehung von West-Berlin, die die SED-DDR nicht expressis verbis konzedieren wollte. Der akzeptable Kompromiss bestand dann in der Wortwahl „Geltungsgebiet der DM-West", womit unmissverständlich die Bundesrepublik und West-Berlin gemeint waren. In dem Passierscheinabkommen vom Dezember 1963, das Besuche innerhalb Berlins von West nach Ost ermöglichte, steht eine Salvatorische Klausel, da keine Einigung bezüglich Bezeichnungen erzielt werden konnte; in anderen Dokumenten wird von „relevantem Gebiet" gesprochen.[31] Die „sprachliche Anerkennung" vollzog sich in Deutschland früher als bei den anderen Fällen. Willy Brandt erwähnte am 29. Oktober 1969 in seiner Regierungserklärung sechsmal die DDR und im Grundlagenvertrag von 1972 nennen sich beide Staaten bei ihrem offiziellen Namen.

Im Vergleich zur VR, zur Republik China sowie zu Korea war der sprachliche Umgang in Deutschland entkrampfter. Beim spärlichen Briefwechsel auf hoher Ebene gab es die offizielle Anrede, d. h. den korrekten Amtstitel und gegrüßt wurde hochachtungsvoll. So zum Beispiel in dem Briefwechsel zwischen dem Staatsratvorsitzenden

---

31 Siehe vorn S. 51.

Walter Ulbricht und Bundespräsident Gustav Heinemann vom Dezember 1969.³² Allerdings verwandte Bundespräsident Theodor Heuss in seinem Antwortschreiben auf einen Brief vom Präsidenten der DDR, Wilhelm Pieck, das Wort „Ostzone". (Heuss 2012: 287)

Koreanische Kompromissformeln

In Korea wird noch immer die Nennung der offiziellen Staatsnamen möglichst vermieden. Abgesehen von absichtlich beleidigender Wortwahl ist meist von Autoritäten des Nordens bzw. des Südens die Rede, Formulierungen, wie sie später ähnlich auch zwischen der VR China und Taiwan üblich wurden. Fast durchgängig bezeichnen sich beide Seiten in Korea im politischen Alltag gern gegenseitig als „Marionettenregime." Für besonders bösartige Beleidigungen kann der Propagandaapparat in Pjöngjang viel wortschöpferische Phantasie entwickeln, vergrößert damit allerdings auch die Chance, dann im Ausland nicht ernst genommen zu werden.

Beim ersten Treffen führender Vertreter beider Seiten wurde im Juli 1972 in Pjöngjang die gemeinsame Erklärung mit dem Personennamen unterzeichnet und dem Zusatz: in Übereinstimmung mit den Intentionen der jeweiligen Vorgesetzten.

Das „Grundlagenabkommen" zwischen Süden und Norden unterschrieben am 13. Dezember 1991 beide Ministerpräsidenten; unter ihren Namen stehen die Amtsbezeichnungen und die offiziellen Staatsnamen. Die amtliche Funktion zu nennen bedeutete aber nicht, dass es dauerhaft Fortschritte gab. (Park 1993: 460)

Chinesische Bezeichnungen und Kompromissformeln

Die VR China sprach früher nur von der „Chiang Kai-shek Clique" und später dann von Behörden oder Machthabern auf Taiwan. Für die Republik China war und ist die andere Seite das „Festland" und waren früher die dort Herrschenden „Kommunistische Banditen" (共匪). Die Republik China hatte von 1927–1949 ihre Hauptstadt in Nanjing (南京), was übersetzt „südliche Hauptstadt" bedeutet. Die KMT auf Taiwan nannte deshalb lange Zeit die Hauptstadt der Volksrepublik nicht Peking (北京), „nördliche Hauptstadt", sondern sie benutzte den früheren Namen Beiping (北平, Frieden im Norden). Seit der Amtszeit von Präsident Lee Teng-hui, ab 1988, findet auf Taiwan zwar weiterhin die Bezeichnung „Festland" Verwendung, aber es ist kein Problem, von der „Volksrepublik" zu sprechen und ihrer Hauptstadt Peking.

---

32 Brief von Walter Ulbricht an Gustav Heinemann: https://www.cvce.eu/obj/schreiben_von_walter_ulbricht_an_gustav_heinemann_17_dezember_1969_de-9c366a0-1b76-42da-9e91-9544fcec97a7.html. Eingesehen am 17.05.2020.

Der Gebrauch der Bezeichnung „Festland China" müsste eigentlich immer zur Frage veranlassen, ob denn Taiwan „Insel China" sei? Es könnte auch gefragt werden, ob die Insel Hainan, flächenmäßig etwas kleiner als Taiwan und kleinste Provinz der Volksrepublik, zu „Festland China" gehört? Auf Taiwan wird dennoch, auch bei amtlichen Texten, die Wortwahl „Festland China" beibehalten, wogegen die VR China keine Einwände zu haben scheint. Sie praktiziert gegenüber Taiwan keine sprachliche Entspannung und hat durchgesetzt, dass Taiwan international fast nur als China, Taiwan oder Chinese Taipei firmieren darf, so zum Beispiel bei der Weltgesundheitsorganisation und Olympischen Spielen, oder als „Sonderzollgebiet von Taiwan, Kinmen und Matzu" bei der Welthandelsorganisation.

Die offizielle Nachrichtenagentur *Xinhua* (Neues China) der Volksrepublik veröffentlichte Mitte Juli 2017 erneut Richtlinien, nach denen es nicht statthaft ist, „Republik China" zu schreiben. Präsident und Vize-Präsident dürfen so nicht genannt werden, sondern Führer bzw. stellvertretender Führer der Taiwan-Autoritäten, Präsidentschaftswahlen sind „Wahlen zur Führung in dem Taiwangebiet" und der Ausdruck „Regierung von Taiwan" darf keine Verwendung finden. (Huang 2017)

Diese Sprachregelungen waren nicht neu, eine wichtige Änderung ist allerdings, dass die Nachrichtenagentur auch den zweiten Teil der „Ein-China-Erklärung", nämlich „Ein China, mit unterschiedlicher Interpretation" für nicht zulässig erklärte. Damit engte sie einerseits den Spielraum der Regierung unter Präsidentin Tsai Ing-wen ein, dürfte aber andererseits auch den Kräften auf Taiwan Schwierigkeiten bereiten, die sich für eine Wiedervereinigung durch Verhandlungen auf gleichrangiger Basis einsetzen. Diese Politik der Volksrepublik hat das Zusammengehörigkeitsgefühl zwischen Festland und Insel nicht gestärkt, sondern die Taiwanisierung begünstigt. (Rigger 1999)

Verbindungsbüros

Im November 2021 wurde in der Hauptstadt Litauens ein „Taiwanisches Vertretungsbüro" eröffnet. Die VR China reagierte u. a. mit der Ausweisung der litauischen Botschafterin aus Peking. Die USA und europäische Staaten sowie das Parlament der EU bekundeten ihre Unterstützung für Litauen. Ab Herbst 2021 gab es vermehrt Meldungen in Medien, bei dem Namen der Vertretung Taiwans in den USA, dem *„Taipei Economic and Cultural Representative Office"*, solle der Ortsname Taipei gegen den Landesnamen Taiwan ausgetauscht werden, was bisher nicht erfolgte.

Gibt es keine Botschaften, dann übernehmen die Kommunikation oft Vertraute beider Seiten und es gibt Treffen an neutralen Orten. Hongkong war ein solcher für die Volksrepublik und Taiwan, auch Vertreter der Rotkreuzgesellschaften beider Koreas trafen sich dort, später gab es koreanische Treffen in Peking. Gespräche zwischen den zyprischen Volksgruppen haben in Genf stattgefunden. Wenn die Kontakte weiter fortgeschritten sind und inoffizielle Beziehungen eine kontinuierliche Kommunikation erforderlich machen, kann es zur Etablierung von Verbindungsbüros kommen, wie den Ständigen Vertretungen in Deutschland. Bemerkenswert ist die Entwicklungsgeschichte der Verbindungsbüros (*Liaison Offices*) in den Beziehungen zwischen der VR China und den USA. Als sie existierten, hatten die USA diplomatische Vertretungen sowohl in der Republik China als auch in der Volksrepublik. Es bestand quasi eine „Zwei China" Situation; dass die VR China sich darauf eingelassen hat, war ein Zeichen großer Flexibilität, eine Art Vertrauensvorschuss gegenüber Washington und die Einsicht, zunächst nicht mehr erlangen zu können. Die Büros bestanden vom März 1973 bis Ende Dezember 1978, übten konsularische Funktionen aus und im Jahre 1976 wurde der Leiter der US-amerikanischen Vertretung in den Rang eines Botschafters befördert.

In einer Zeit angespannter Beziehungen zu Peking wurde diese Haltung der VR China in einer in Ost-Berlin erschienenen Publikation kritisierend als Akzeptanz einer „Zwei-China-Politik" gewertet. (Die Volksrepublik China. 1980: 258) Interessant ist in diesem Zusammenhang, dass Peking die Anfänge der Ostpolitik der Bundesrepublik stark kritisierte, den Gewaltverzichtsvertrag mit der Sowjetunion nannte das Parteiorgan „Volkszeitung" ein „schmutziges Geschäft" zu Ungunsten der DDR. Da die SED-DDR als loyaler Verbündeter der Sowjetunion damals der VR China gegenüber auf ablehnender Distanz war, verwundert es nicht, dass die Normalisierung der chinesisch-amerikanischen Beziehungen kritisch kommentiert wurde.[33]

Am 7. Mai 1992 unterzeichneten Vertreter der DVRK und der RK Dokumente zur Errichtung von zwei gemeinsamen Kommissionen, für Austausch und Zusammenarbeit sowie für militärische Angelegenheiten. Es wurde auch die Errichtung von Verbindungsbüros auf der jeweiligen Seite der Grenze in Panmunjom beschlossen.[34]

Nach einer vorübergehenden Verbesserung der Beziehungen im Jahr 2018 kam es auf dem Gelände der Sonderwirtschaftszone in Kaesong im selben Gebäude zur Eröffnung von zwei Verbindungsbüros, das des Nordens im Stockwerk über dem des Südens. Es fanden aber keine regelmäßigen Treffen statt. Mitte Juni 2020 sprengte die DVRK dieses Gebäude. Auch hier wieder passt für Korea leider der Refrain: Was hoffnungsfroh begann, wurde nicht fortgeführt. Die Sprengung war eine Reaktion darauf, dass es der RK nicht gelungen sei, Propagandaaktionen gegen den Norden zu unterbinden, die von ihrem Territorium ausgingen, meist initiiert von Flüchtlingen aus dem Norden. Die Zerstörung war auch Ausdruck der Frustration Pjöngjangs über den Fortbestand der Sanktionen, sie richtete sich deshalb ebenfalls gegen die USA, aber für den Norden ist Seoul der bequemere Gegner. Im Zusammenhang mit dieser Aktion wurde auch vom Norden für 13 Monate die Telefonkommunikation mit dem Süden unterbunden und erst im Juli 2021 erneut aufgenommen. In der Zwischenzeit, ab April, hatten Präsident Moon und der Vorsitzende Kim Jong-un Briefe ausgetauscht.

---

33 Zur Einschätzung dieser Bemühungen der chinesischen Führung aus Sicht der DDR siehe Kaufmann 1980.
34 Der Text dieser Vereinbarungen ist abgedruckt in Pfennig 1998: 397–401.

Das Verhalten Pjöngjangs folgte einem probaten Muster: Abwarten, ob die USA ein interessantes Angebot unterbreiten; wenn nicht, dann Seoul gegenüber minimale Avancen machen, um letztlich doch mit den USA erneut ins Gespräch zu kommen.

4.7 Alleinvertretungsanspruch und Fürsorgepflicht

Wird der andere Teil als nicht legitim betrachtet, stellt sich die Frage, ob es seinen Menschen gegenüber eine Fürsorgepflicht gibt. Für die Bundesrepublik waren die Einwohner:innen der SED-DDR Bürger:innen im Sinne des Grundgesetzes und sie fühlte sich ihnen gegenüber verpflichtet, was in Kapitel 9 im Zusammenhang mit Flüchtlingen behandelt wird.

Die SED-DDR hat diese Obhutspflicht der BRD immer als Anmaßung und Einmischung empfunden, denn der „[…] Rechtsanspruch der Bundesrepublik Deutschland zur Staatsangehörigkeitsfrage und zur Obhutspflicht entfalte eine destabilisierende Wirkung."[35] Der Minister für Staatssicherheit verwies in einem Brief an Erich Honeker vom 9. Januar 1989 im Zusammenhang mit Botschaftsflüchtlingen auf verbrecherische Aktivitäten der Bundesrepublik, „[…] um ihre völkerrechtswidrigen Obhutspflichten für die DDR in demonstrativer Weise zu bekunden."[36]

Es sollte immer eine Frage sorgfältiger Abwägung sein, ob die eine Seite – zumal bei einer Obhutspflicht – aus politischen Gründen der Bevölkerung der anderen Seite wirtschaftliche Schwierigkeiten zumuten darf, z. B. durch Beteilung an Sanktionen und Embargos. Es gilt, stets zwischen einem Regime und seiner Bevölkerung zu unterscheiden, zumal, wenn das Zusammengehörigkeitsgefühl der Nation erhalten bleiben soll.

---

[35] Die Einheit 2015: 122, FN 9. Siehe auch ebd. S. 87, FN 8.
[36] Bundesarchiv B, DY30, IV 2/2.039,349, Blatt 45–47.

5 Annäherung, Normalisierung, Kooperation

Es gab Tote an der innerdeutschen Grenze, aber keinen Bürgerkrieg, wie ihn China, Korea und Zypern erlitten haben. Die Geschichte beinhaltet eine Überfülle von Beispielen dafür, dass es Menschen oft leichter fällt, sich zu bekämpfen, als sich zuzuhören. Oft führte erst eine gefährliche Eskalation zu Verhandlungs- und Kompromissbereitschaft (Kubakrise). Erst der Blick in den Abgrund, dann der Weitblick.

Nach der Teilung erfolgt fast immer feindselige Abgrenzung. Absicherung und Erweiterung der eigenen Position haben Vorrang, es kommt zu einer Art Nullsummen-Spiel: Was der einen Seite nutzt, schadet der anderen. Eine solche Lage ist gekennzeichnet durch dogmatische Politik und einen reduzierten Informationsfluss, der sich noch weiter verringert, denn es gibt Filter stark selektiver Durchlässigkeit, eine Reduktion, bewirkt durch ideologische Scheuklappen. (Pfennig 2010: 378) In dieser Phase kommt es oft zu gefährlichen Fehleinschätzungen von Absichten, Strategien und Potenzial der anderen Seite. (Jervis 1976) „Beide Seiten haben ein tödliches Zerrbild von einander. Egal, wie aufrichtig die eine Seite mit ihren Vorschlägen sein mag, die andere Seite wird sie nicht ernst nehmen, sondern als reine Propaganda abtun." (Kwak 1992: 359) Kim Hyung-Chan hat dieses Dilemma generalisierend wie folgt beschrieben: „Das führt dazu, dass nicht nur den schlechten Absichten des Gegners mit Misstrauen begegnet wird, sondern auch seine guten Absichten sind verdächtig. Unter diesen Umständen ist die Vorhersagbarkeit sehr niedrig und sind die Chancen für Fehleinschätzungen sehr hoch." (Kim, HC 1988: 37) Ein Beispiel zur Illustration, das allerdings nicht direkt geteilte Nationen betrifft, sondern hauptsächlich das problembeladene Verhältnis zwischen den USA und der DVRK: Nach den Angriffen des 11. September 2001 („9.11") suchte Pjöngjang nach Möglichkeiten für ein Rapprochement und ließ durch die Botschaft Schwedens[1] übermitteln, dass die DVRK Bemühungen der USA gegen internationalen Terrorismus unterstützen würde. Es erfolgte keine Reaktion. Die George W. Bush-Administration konzentrierte sich damals auf die „Achse des Bösen", zu der sie auch Nordkorea rechnete und dies zu einer Zeit, als nach einer Umfrage vom März 2002 über 70 Prozent von 72 befragten Koreaexperten der USA mit der Nordkoreapolitik der Regierung nicht übereinstimmten. (Ting 2003: 110) Unvoreingenommener Sachverstand findet dann auf Entscheidungsebenen wenig Gehör. Das führt zu Feindfixierung, zur Einengung von Sichtweisen sowie, fast zwangsläufig, zu Fehleinschätzungen. Ein äußeres Feindbild und die Unterdrückung im Innern stehen häufig in direktem Zusammenhang. (Noerper 1998) Normalisierung kann der Ausweg aus solchen Sackgassen sein, denn ohne vorangegangene Normalisierung, die durch fördernde Diplomatie unterstützt wurde, wird es kaum eine friedliche Wiedervereinigung geben. (Bleiker 2010)

---

[1] Da keine diplomatischen Beziehungen bestehen, vertritt Schweden die Interessen der USA in der DVRK.

5.1 Annäherung und Kommunikation

Normalisierung zwischen geteilten Nationen benötigt Kommunikation und Zusammenarbeit, notwendig sind sich steigernde, verstetigende Informationsflüsse, Kenntnisse über Probleme und Sachzwänge der anderen Seite sowie ein Minimum an gemeinsamen Interessen, Zielen und Prinzipien. (Hoffmann 2002) Wichtig sind drei Komponenten:

Kommunikation: Das bedeutet Kenntnisse darüber, was für die andere Seite wichtig ist, was deren Aktionsradius ist und welche Sachzwänge sie unbedingt zu beachten hat. Persönliches Kennenlernen und eine gewisse Routine der Zusammenarbeit sind hier hilfreich.

Lernfähigkeit und Lernbereitschaft: Das bedeutet durch Interaktion mit der anderen Seite Kenntnisse gewinnen und sie anzuwenden, damit Erwartungen mehr an der Realität orientiert werden können.

Beobachtung: Das bedeutet die Herausbildung einer Kombination von Schutzschirm und Kontrollturm, eine Art von sich selbst-regulierendem System, das hilft, eventuellen Mißbrauch von Vertrauen auch als vorübergehendes Verhalten zu begreifen und nicht gleich die gesamte Zusammenarbeit in Frage zu stellen.

Zum Gegenteil von Kommunikation gehören Isolierung und Sanktionen. Im Vergleich zu Europa gibt es in Asien weniger internationale politische Netzwerke und in keinem von ihnen partizipiert die DVRK in angemessenem Maße; das ASEAN Regional-Forum ist in dieser Hinsicht nicht ausreichend. (Ballbach 2017) Allerdings ist die gemeinsame Mitgliedschaft in internationalen Organisationen kein Garant für einvernehmliche Konfliktlösung, Griechenland und die Türkei, beide Mitglied in der NATO, und ihr Verhalten bezüglich Zyperns, sind hier Beispiele.

Wichtig für eine Annäherung und die durch sie ermöglichte Einleitung einer Normalisierung sind neben Kommunikation glaubhafte Sicherheitsgarantien. Barbara Walter hat diese beiden Komponenten in ihrer „Glaubhaften Verpflichtungstheorie" (*credible commitment theory*) hervorgehoben. Sie beschreibt die Situation eines Bürgerkrieges und die Involvierung einer dritten Partei, es gibt aber auch Relevanz für Annäherungsbemühungen bei geteilten Nationen. (Walter 1997, 2002[2]) Walter nennt drei Phasen der Zusammenarbeit: Verhandlungsphase, Vertragsphase (*bargainingphase*) und Implementierungsphase. (Walter 2002: 19) In Deutschland begann ab 1973, nach Unterzeichnung des Grundlagenvertrages, die Implementierungsphase. Die VR China und die Republik China erreichten 1986 eine Verständigungs- und 1992 die inoffizielle Verhandlungsphase. Es gab dann auf einigen Gebieten eine Umsetzung, direkte Flüge, intensive Wirtschaftszusammenarbeit, aber keinen erfolgreich voranschreitenden Normalisierungsprozess. In der DVRK wurden Entwicklungen in Deutschland ab Anfang der 1970er Jahre mit großem Interesse verfolgt, so zum Beispiel Besuchsmöglichkeiten und Verhandlungen über den Grundlagenvertrag. Nach

---

[2] Hier besonders die Seiten 3–16.

Meinung der DDR-Botschaft in Pjöngjang war die DVRK zu optimistisch und es wurde zur Vorsicht geraten. Die generelle Einschätzung lautete damals, die DVRK habe Illusionen bezüglich einer Wiedervereinigung Koreas. (PA AA 5) Im August 1990 berichtete die Botschaft von einer obstruktivistischen Haltung beider Seiten hinsichtlich der Normalisierung des bilateralen Verhältnisses und der Vereinigung; d. h. beide wollten nicht. (PA AA 33)

Eine Deutschland und China entfernt ähnliche Entwicklung gab es dann mit der Einrichtung der Wirtschaftssonderzone Kaesong und dem Touristenzentrum Kumgangsan, als vertragliche Verabredungen umgesetzt wurden. Es kam aber zu keiner Implementierung von weitergehenden Übereinkünften aus den Jahren 1991–92, und der Normalisierungsprozess wurde rückläufig. Zypern scheint über die beiden ersten Phasen nicht hinauszukommen, allerdings gibt es verschiedene Kommunikationsebenen und keine gewaltsame Konfliktaustragung.

Generell geht es darum, die Art der Konfliktaustragung von gewaltsamen Methoden auf friedliche umzustellen. In diesem Sinne betrifft die notwendige Transformation

> [...] breitere Strukturen der Gesellschaft, eine Veränderung und Bewegung hin zu einem sozialen Raum, der offen ist für Zusammenarbeit, für mehr aufrechte Beziehungen und gewaltfreie Mechanismen, um mit Konflikten umzugehen, oder, was man nennen könnte, zu dynamischen und zunehmend friedlichen Beziehungen. (Lederach 1995: 201 f.)

Hier spielen Kontakte, Information und Kommunikation eine große Rolle. Bei Kommunikation kommt es nicht nur auf die übermittelten Inhalte an und wie der Empfänger die Motive des Absenders interpretiert, sondern auch, wer wann die Initiative ergreift.

Wenn also eine gewaltfreie Konfliktaustragung in aller Interesse sein sollte, warum ist es dann so schwierig, mit ihr zu beginnen und so kompliziert, sie über einen längeren Zeitraum fortzusetzen? Von den hier behandelten Fällen dauert die Teilung Koreas bisher am längsten, dort sind feindliche Abgrenzung und Misstrauen am größten und ist die Gefahr einer militärischen Eskalation mit internationalen Auswirkungen nicht auszuschließen.

Die brutale Vergangenheit, d. h. Bürgerkrieg, militärische Zwischenfälle, Attentate, nicht eingehaltene Abmachungen, sie alle haben negative Nachwirkungen. Die Menge an allseitigem Misstrauen ist enorm, Erfahrungen mit fairer Zusammenarbeit sind gering und ausländische Einwirkung ist groß. Unter den vielen Erklärungen für diese Situation spielt der Mangel an Kommunikation eine große Rolle. Marcel Baumann hat generell festgestellt: „It's the dialogue, Stupid." (Baumann 2008: 115) Pjöngjang agiert seit Jahrzehnten aus einer „belagerten Festung" heraus, d. h. unter Stress und Misstrauen. Das ist kein förderliches Klima für Kommunikation, denn Stress verringert kognitive Leistung. (Deutsch/Senghaas 1973a: 310) Die durch einen Normalisierungsprozess angestrebte Zusammenarbeit kann sich deshalb nicht entwickeln, es kommt nicht nur zu Stillstand, sondern zu Rückschritt. Dann ist Konflikt eine Situation, in der zwei

Akteure sich so gegenüberstehen, dass keiner von ihnen ein ihm wichtiges Ziel ohne Koordinierung mit dem anderen Akteur erreichen kann, aber wo – aus welchen Gründen auch immer – die beiden Akteure mit der Koordinierung ihres Verhaltens in einer Weise gescheitert sind, dass es nicht gelingt, Abmachungen durchzusetzen. Wenn negative Interdependenz fortdauert, kann zumindest ein Akteur ihm wichtige Ziele nicht erreichen oder beibehalten, ohne die Organisation des anderen in Mitleidenschaft zu ziehen oder dessen Ziele zu vereiteln. (Ebd. S. 279)

Diese Art gescheiterter Koordinierung, teilweiser gegenseitiger Blockade und mangelnder Kommunikation, ist typisch für Phasen in den Beziehungen zwischen der VR China und Taiwan und in besonderem Maße für die zwischen der DVRK und der RK. Eine deutliche Verbesserung brachten in Deutschland die Aufgabe des Alleinvertretungsanspruchs und der Abschluß des Grundlagenvertrages.

In Deutschland gab es immer Kontakte auf verschiedensten Ebenen, d. h. auch Bemühungen, mehr Menschen einzubeziehen, so z. B. durch offizielle Botschaften an die jeweiligen Bevölkerungen oder einzelne Organisationen. Im Vorfeld des wichtigen Parteitages der SPD im Juni 1966, schickte das ZK der SED im Februar einen Offenen Brief, gerichtet an die Parteitagsdelegierten sowie an alle Mitglieder und Freunde der Sozialdemokratie in Westdeutschland „[…] und schlug ‚eine große gesamtdeutsche Beratung' zwischen den Parteien und Massenorganisationen der beiden Staaten – vor allem zwischen SED und SPD – vor, ‚um endlich eine Bresche in die Barrieren zu schlagen, die den Weg zur Überwindung der deutschen Spaltung blockieren.'" (Brandt 2019: 25) Der Vorstand der SPD reagierte auf diesen Brief und die Antwort wurde im Zentralorgan der SED, „Neues Deutschland", abgedruckt. Konkrete Maßnahmen, wie z. B. ein geplanter Redneraustausch kamen nicht zustande, aber diese Kommunikation und der Parteitag der SPD förderten eine Diskussion in der BRD über die Notwendigkeit sowie Möglichkeit einer Annäherung und eines partiellen Zusammenwirkens mit der SED. Peter Brandt meint, damit habe die SPD „[…] einen Testlauf für die Neue Ostpolitik der Folgezeit bundesinnenpolitisch erfolgreich bestanden." (Ebd. S. 26)

Dieser Brief ist ein Beispiel für die Bereitschaft zu einer Annäherung, die in einem politisch förderlichen Kontext stattfand. Ein anderes Beispiel ist mangelnde Aufnahmebereitschaft wegen befürchteter Isolierung. Zum Jahresbeginn 1979 schickte Ye Jianying einen „Brief an die Landsleute auf Taiwan", der in dem Parteiorgan „Volkszeitung" vom 1. Januar 1979 abgedruckt wurde.[3] Marschall Ye war damals als Vorsitzender des Ständigen Ausschusses des Nationalen Volkskongresses der VR China eine Art Parlamentspräsident. Er übermittelte Neujahrsgrüße, benutzte nicht das Wort „Befreiung", sprach sich für das Ende militärischer Spannungen aus, für die Aufnahme von Kontakten und dafür, Gemeinsamkeiten zwischen der VR China und Taiwan in den Vordergrund zu stellen. (Lin 2019: 139) Zeitgleich wurde die Beschießung von der chinesischen Küste vorgelagerten Inseln eingestellt, auf denen Truppen Taiwans sta-

---

3 Deutsche Übersetzung in *Peking Rundschau*, Nr. 1/1979, 09.01.1979, S. 16 ff. Zu dem Brief siehe auch S. 289.

tioniert sind. Am 1. Januar 1979 hatten die VR China und die USA offizielle diplomatische Beziehungen aufgenommen und die USA die zur Republik China abgebrochen sowie den Verteidigungsvertrag aufgekündigt. Der Brief von Ye in diesem Zusammenhang war als Geste der Beruhigung und als Aufforderung für einen Neubeginn in den Beziehungen zwischen Taiwan und der Volksrepublik gemeint, allerdings entsprechend den Vorstellungen Pekings. Regierung und Bevölkerung Taiwans hatten eher das Gefühl, gerade im Stich gelassen worden zu sein und es gab keine Bereitschaft, auf diese Geste positiv zu reagieren.

5.2 Normalisierung

Bei Normalisierungsprozessen zwischen geteilten Nationen sind historische Sachzwänge und andere Bestimmungsfaktoren zu beachten, sie können aber nur erfolgreich sein, wenn von ihren Initiatoren und Betreibern neue Möglichkeiten erkannt und genutzt werden. Der Vorsatz „lasst uns zur Normalität zurückkehren", ist nicht praktikabel, denn es hat sie nie gegeben. In den hier behandelten Fällen wäre sie etwas Neues und notwendig für einen Modus Vivendi, wenn auch schwierig zu erreichen.

Normalisierung bedeutet, das Handeln unterschiedlicher Akteure orientiert sich an gemeinsam akzeptierten Regeln, aber ein Anknüpfen an die Vergangenheit ist nicht sinnvoll bzw. verbietet sich von selbst. Woran hätte Deutschland denn anknüpfen können, an die Zeit der Weimarer Republik oder an die Jahre von 1945 bis 1949, als noch keine zwei deutschen Staaten existierten? Auch in Korea wäre 1945 ein Neubeginn erforderlich gewesen, theoretisch mit dem 1910 untergegangenen Kaiserreich als historischem Bezugspunkt und den Exilinstitutionen als Überleitung, aber die letzten Jahrzehnte der Joseon/Yi-Dynastie gehören zu den deprimierendsten Kapiteln koreanischer Geschichte und die Exilorganisationen waren heillos miteinander zerstritten. Das ungeteilte Korea war das der Kolonialzeit. Die Rückkehr zu einer gesamtstaatlichen koreanischen Normalität verhinderten die USA und die Sowjetunion sowie die politische Stimmungslage in der koreanischen Bevölkerung und Zwistigkeiten innerhalb der Elite. (Cumings 1981) Die Kolonialzeit Taiwans war gleichzeitig dessen Trennung von China. Welche frühere Normalität zwischen Taiwan und Festland China wäre ein hilfreicher Anknüpfungspunkt? Es gibt keinen. Zypern war während seiner Kolonialzeit nicht geteilt, aber die Jahre der „geeinten" Republik kennzeichneten Streit, Misstrauen und Gewalt.

Am Anfang wird Teilung oft als kurzfristiges Provisorium angesehen. Dauert sie an, werden Überlegungen für eine Lösung angestellt, z.B. Pläne für Krieg und Rückeroberung, wie in Korea und China. Führen diese nicht zum gewünschten Erfolg, wird nach einem Modus Vivendi gesucht, ohne Rechtspositionen aufgeben und ohne große Bereitschaft für ein Entgegenkommen. Bezogen auf die Situation in Korea betonte Hans Maretzki, was „[...] Koreaner brauchen, ist zuerst eine Normalisierung in ihren

Beziehungen und Zusammenarbeit, nur danach kommt eine Zeit für Versöhnung als Basis für eine neue nationale Kohäsion." (Maretzki 1998: 320. Jonsson 2006.[4])

Normalisierung beginnt mit der schwierigen und langwierigen Suche nach kleinsten gemeinsamen Nennern, sie ist eine Voraussetzung für friedliche Vereinigung, muss aber nicht zu ihr führen. Am Beginn von Normalisierung zwischen geteilten Nationen stehen einseitige Vorleistungen, eine Fortsetzung ist aber nur möglich, wenn in absehbarer Zeit erkennbare Gegenleistungen erfolgen. Charles Kupchan hat die Bedeutung von zunächst einseitigem Entgegenkommen (*unilateral accommodation*) für die Überwindung feindseliger Beziehungen betont. Er hält einen Prozess über vier Phasen für erfolgversprechend: einseitiges Entgegenkommen, gegenseitige Zurückhaltung, gesellschaftliche Integration und die Herausbildung neuer Narrative und Identitäten. (Kupchan 2012: 6) In Korea sind beide Seiten der Ansicht, einseitiges Entgegenkommen bereits praktiziert zu haben und deshalb sei die andere Seite nun am Zug. Es ist völlig unklar, welche Anreize und Garantien für den Norden notwendig wären, um Zurückhaltung und Entgegenkommen zu praktizieren. Ebenso ist nicht auszumachen, in welchem Umfang Pjöngjang gesellschaftliche Integration zulassen würde und ob überhaupt ein Interesse an der Herausbildung neuer Narrative und Identitäten besteht. In Deutschland führte eine systemöffnende Zusammenarbeit dann letztlich zu einer Systemveränderung, was sich, als Ergebnis eines sehr langen Zeitraums, Kim Dae-jung auch für Korea erhoffte. Er war ein abgehärteter Politiker, aber auch ein idealistischer Visionär; eine der Eigenschaften, derentwegen er sich so gut mit Michail S. Gorbatschow verstand.

Ein langer Normalisierungsprozess beginnt mit der Aufgabe bzw. flexiblen Handhabung von eher dogmatischen Positionen. Er ist auch deshalb so schwierig, weil er über weite Strecken von Feindseligkeit geprägt ist und weil keine akzeptierten Verhaltensweisen für „Normalität" bestehen. Normalisierung setzt deshalb veränderte Lageeinschätzungen, Verhaltensweisen, Anpassungsprozesse und Reformen voraus sowie ein förderliches internationales Umfeld. Für einige Systeme ist dies gefährliches Terrain. Für die SED-DDR bedeutete die Veränderung des Systems das Ende ihres Systems, etwas, was von der Führung der DVRK genauestens beobachtet wurde und was sie auf jeden Fall vermeiden will.

Wenn die Teilung einer Nation wie in Deutschland über 40 Jahre, auf Zypern seit 48 Jahren und in Korea über 78 Jahre andauert, dann sind mehrere Generationen herangewachsen, die diesen Zustand kennen und ihn als gegeben, als „alltäglich-normal" empfinden. Sie muss nicht Zustimmung bedeuten, hat aber Auswirkungen auf Vorstellungskraft und Verhaltensweisen. Wenn nur noch eine Minderheit der Bevölkerung die frühere staatliche Einheit aus eigenem Erleben kennt, dann kann dies sowohl positive als auch negative Auswirkungen haben. Positiv wäre der Wunsch nach Vereinigung, negativ die Fixierung auf die einseitige Schuldfrage bezüglich der Teilung. Nor-

---

[4] Jonsson betont die Notwendigkeit von Versöhnung und Zusammenarbeit; in Kapitel 2 behandelt er Entwicklungen in Deutschland und im Jemen.

malisierung, wenn sie durch Vermehrung von Kontakten und Austausch auf unterschiedlichsten Ebenen positive Interdependenz bewirkt, kann langfristig zur Schwächung der Abgrenzung nach außen und Verringerung der Überwachungskapazität im Innern führen. Ein solcher Prozess erschwert auch die Aufrechterhaltung eines glaubwürdigen Feindbildes, was gerade für den Bestand der DVRK ein wichtiges Element ihres Systemerhalts ist. Am Anfang ist bei antagonistischen Konfrontationen Normalisierung ein Erfolgserlebnis für die früher stärker boykottierte, nur wenig in Kooperation einbezogene Seite, denn Normalisierung beginnt meist mit einseitigen Vorleistungen und der Aufgabe des Alleinvertretungsanspruchs.

Vertrauen und Selbstvertrauen

Wenn nicht aus einer Position der Selbstsicherheit heraus gehandelt wird, sind ohne ein Mindestmaß an Vertrauen Annäherung und Normalisierung kaum möglich. Geht es um Vertrauen, wird oft die Bedeutung von Vernunft, Reflexion, Routine und Erfahrung betont. (Möllering 2006) Ob Vertrauen möglich ist, hängt ab von den Interessen, den erwarteten Ergebnissen, der Kompromissbereitschaft und der Menge des anfänglich vorhandenen Misstrauens. Routine entsteht aus der Anwendung akzeptierter Verfahren über einen längeren Zeitraum, sie kann gegenseitige Offenheit und Vorhersagbarkeit verbessern.

Vertrauen hat mindestens zwei Aspekte: Der Glaube an eigene Fähigkeiten und Kenntnisse, also Selbstvertrauen; der andere ist zwischenmenschlicher Natur, die Annahme der Vertragstreue, besser noch, der Vertrauenswürdigkeit der anderen Seite. Vertrauen vermehrt die Kapazität zu agieren und schafft neue Möglichkeiten, es reduziert die Kosten für Kontrolle und verbessert Kommunikation. Individuelles und kollektives Vertrauen erleichtern die Anwendung neuer Verfahren und auch die Bereitschaft, Risiken einzugehen. Ohne ausreichendes Selbstvertrauen ist Vertrauensbildung mit anderen kaum möglich.

Der Begriff Vertrauensbildung weist darauf hin, dass kein oder noch nicht genügend Vertrauen vorhanden ist, die beteiligten Akteure aber der Meinung sind, sie sei notwendig und möglich. Der Wortbestandteil „bildung" bedeutet, dass es ein Prozess sein wird, vermutlich lang und kompliziert, mit Erfolg und Rückschlägen. Allgemein ausgedrückt umfasst Vertrauensbildung alle Gesten, Kommunikation und Handlungen, die auf unterschiedliche Weise das Verständnis sowie die Zusammenarbeit zwischen Personen verbessern. Vertrauensbildung entsteht durch „[...] Kommunikation von glaubhaften Beweisen der Abwesenheit von befürchteten Bedrohungen, um durch Reduzierung von Unsicherheiten und Eindämmung von Möglichkeiten Druck durch militärische Aktionen auszuüben, Beruhigung und wiederholte Versicherung zu erreichen." (Holst/Melander 1977: 147. Holst 1983) Auf internationaler Ebene besteht Vertrauensbildung aus Bemühungen, die Absicht zu möglicherweise gewaltsamen Präventivhandlungen zu reduzieren, die motiviert sind durch die Furcht, die andere Seite könnte sich noch früher zu solchen Aktionen entscheiden. Vertrauensbildung benötigt nicht nur die Befolgung von anerkannten Regeln und Verfahren, um sie weiterzuentwickeln bedarf es auch der Institutionalisierung. (Hoddie/Hartzell 2005)

Verstetigung sollte ein positives Zusammenwirken von Institution, Person und Innovation sein. Karl R. Popper hat auf diese Kombination hingewiesen: „Wir müssen lernen, daß alle politischen Probleme letzten Endes institutionelle Probleme sind, Probleme des gesetzlichen Rahmens und nicht Probleme von Personen, [...]." (Popper 1973: 200) Auf die „richtigen" Institutionen kommt es also an, aber Popper betont auch: „Institutionen sind wie Festungen; sie müssen wohlgeplant und wohlbemannt sein." (Popper 1973a: 176.) Es geht um ein Zusammenwirken von Institutionen, Verfahren und Personen. Zwischen den beiden Staaten in Deutschland hatte sich ein solches Zusammenwirken herausgebildet. Zwischen der VR China und Taiwan besteht es nur rudimentär, weil Peking keine formale Gleichberechtigung anerkennt. Auf Zypern ist es trotz hochrangigen Gesprächen ähnlich, aber es gibt zumindest keine Androhung von Gewalt. Was Korea anbelangt, besteht hier ein gravierender Mangel. Gemeinsame Kommissionen waren kurzlebig, Personen wechseln oft und über Verfahren muss immer wieder neu und mühsam verhandelt werden. Das bisherige Verhalten der DVRK bewirkt, dass ihr fast alles zugetraut wird, ihr aber kaum jemand vertraut. Es gibt Misstrauensbewahrung, keine Vertrauensbildung. Gleichwohl verfügt Pjöngjang jedoch über ein sehr großes Selbstvertrauen bzw. ist bemüht, ein solches nach außen zu zeigen und dabei fast allen gegenüber misstrauisch zu bleiben.

Vertrauensbildung ist ein Prozess, der kleine Schritte über einen längeren Zeitraum benötigt. Ein Politikwechsel und ein großer Schritt – meist gehören sie zusammen – können ihn initiieren bzw. beschleunigen, oder helfen, Schwierigkeiten und Stillstand zu überbrücken; so zum Beispiel Treffen wie die zwischen Mao Zedong und Richard M. Nixon 1972 und das inter-koreanische Gipfeltreffen im Jahre 2000; Entwicklungen, die sehr unterschiedliche Fortsetzungen hatten.

Geht es um vertrauensbildende Maßnahmen bei den hier untersuchten Fällen, sind natürlich unterschiedliche historische Entwicklungen, kulturelle Einflüsse, geografische sowie ökonomische Größenordnungen und andere Aspekte zu beachten. Verallgemeinernd kann aber gesagt werden, dass folgende Vorbedingungen vorhanden sein sollten. Es muss eine wechselseitige Übermittlung verlässlicher Informationen geben und es sollte ein Mindestmaß an gemeinsamen Interessen, Lageeinschätzungen, Zielen und Werten vorhanden sein. (Hoffmann 2002) Es sollte die Bereitschaft geben, sich zumindest inoffiziell als gleichrangig anzuerkennen. Wichtig sind Kenntnisse über das politische Innenleben der anderen Seite, über deren Sachzwänge und Entscheidungsprozesse. Pjöngjang ist schwer einzuschätzen und gibt sich Mühe, dass dies so bleibt. Peking tat sich lange schwer mit einer realistischen Einschätzung der Lage auf Taiwan; die KMT wurde lange überschätzt und die DPP weitgehend ignoriert. Allerdings hat sich die Strategie der VR China geändert und es gibt vermehrt Bemühungen, werbend auf Gruppierungen in Taiwan einzuwirken, die Peking kritisch gegenüberstehen, z. B. bei der jungen Generation, in Medien und bei Unternehmern im

Süden der Insel. Peking und Pjöngjang haben starkes Selbstvertrauen, das in Taipei und Seoul scheint im Vergleich dazu schwächer zu sein; der Grad des Selbstvertrauens der TRNZ ist schwer anzugeben. Arroganz der Macht (Peking) und die Mentalität der belagerten Festung (Pjöngjang) spielen bei Bemühungen um Zusammenarbeit eine widersprüchliche Rolle und sind der Vertrauensbildung nicht förderlich.

Normalisierung zwischen geteilten Nationen ist ein Prozess, der mit der Anerkennung der Teilung beginnt und es müssen Anstrengungen unternommen werden, ein beiderseits erträgliches Miteinander zu erreichen. Dieser Modus Vivendi bedeutet inoffiziell akzeptierte Koexistenz zwischen beiden Seiten, am Anfang oft ohne Vertragsbasis und mit vielen unterschiedlichen Positionen, denn es gibt noch kein auf positive Erfahrung sich gründendes Zusammenwirken. Wichtig sind:

- Ein glaubwürdiger Gewaltverzicht;
- die Anerkennung von Realitäten und ein Wechsel von ideologisch bestimmten zu mehr rationalen Herangehensweisen;
- die (zumindest inoffizielle) Einsicht, dass (zumindest vorübergehend) zwei Staaten existieren, was im deutschen Beispiel zur Aufgabe des Alleinvertretungsanspruchs führte, den Grundlagenvertrag ermöglichte[5] und später zu Diskussionen über eine gesamtdeutsche Verantwortungsgemeinschaft anregte;
- die Erkenntnis, dass der Zustand der Teilung Abhängigkeit verstärkt und Außeneinflüsse begünstigt;
- die Überzeugung in den Weiterbestand, die Überlebensfähigkeit des eigenen Staates, auch wenn dazu ein tiefgehender Reformprozess notwendig sein sollte;
- die aus Kontakten, anfänglich meist Wirtschaftskontakten, gewonnene Erfahrung, dass es gegenseitigen Nutzen geben kann;
- ein verändertes, günstiges internationales Umfeld und
- die oft überraschende Erkenntnis, dass eine neue Politik nicht nur notwendig, sondern auch möglich ist.

Normalisierung kann fortgesetzt und intensiviert werden, wenn:
- nach Aufgabe des Alleinvertretungsanspruchs zumindest eine Seite sich um die Beibehaltung und den Ausbau eines Zusammengehörigkeitsgefühls bemüht, d. h. um den Fortbestand einer gemeinsamen Kulturnation;
- sich allmählich eine Entkoppelung zwischen politischen und ökonomischen Entwicklungen ergibt, die es ermöglicht, dass Rückschläge in einem Bereich nicht fast automatisch negative Konsequenzen für den anderen haben;

---

5 Aus Sicht der damaligen Bundesregierung bzw. Bundesrepublik sollte der Vertrag ein weiteres Auseinanderleben der deutschen Nation verhindern. „Die Nation lebt heute in zwei voneinander unabhängigen Staaten, die gegensätzlichen politischen und gesellschaftlichen Systemen angehören. Ein Ende dieses Zustandes der Teilung ist nicht abzusehen." In: Denkschrift der Bundesregierung zum Grundlagenvertrag. *Bundesratsdrucksache* 640/72, S. 11. Deshalb wurde u. a. der Fortbestand einer gesamtdeutschen Kulturnation betont und der Grundlagenvertrag habe die deutsche Frage nicht gelöst, sondern sie offen gehalten.

- es einen, wenn auch ungleichen, begrenzten und kontrollierten Informationsfluss in beide Richtungen gibt;
- die Ausweitung der Zusammenarbeit zur Herausbildung einer wechselseitig positiven Interdependenz führt, die im politischen Bereich vermehrt zur Kompromissfindung beiträgt;
- der „schwächere" Teil eine Anerkennung fast gleichrangiger Art erhält und
- wenn das geregelte Neben- und Miteinander Priorität hat, zu ersprießlicher Nachbarschaft führt und das Thema Wiedervereinigung in den Hintergrund gestellt wird.

Normalisierung und wechselseitiger Nutzen

Normalisierung zwischen geteilten Nationen ist progressive Entwicklung hin zu realistischem Pragmatismus. Es wird Vertragstreue erfahren und Interdependenzmanagement eingeübt. Idealerweise kann dieser Prozess mindestens drei positive Auswirkungen haben. Die Furcht des schwächeren Akteurs vor einer (ungewollten) Vereinigung wird gemindert. Der Druck auf den stärkeren Akteur, eine Zwangsvereinigung mit allen ihm zu Gebote stehenden Mitteln erreichen zu müssen, verringert sich. Es entsteht ein faires Nebeneinander, das Diskussionen über Zukunftsoptionen fördert.

Normalisierung schwächt die strikte Abgrenzung zwischen geteilten Nationen sowie gegenüber anderen Staaten. Es geht es um eine „[...] umfangreiche Annäherungspolitik, die auf Gegenseitigkeit, also Geben und Nehmen, basiert." (Kim Dj 2000: 20) Sie ist ein schwieriger Prozess gegenseitiger Anpassung und des Ausbaus von Lernkapazitäten, der die Implementierung von neuen Strategien ermöglicht und die Bereitschaft sowie Fähigkeit fördert, sich in Probleme, Handlungsspielräume und Entscheidungsprozesse der anderen Seite hineinzudenken. Diese Kenntnisse sind in Korea kaum und was China/Taiwan anbelangt, nur ungenügend vorhanden. Auf Zypern sind sie vorhanden, werden aber nicht ausreichend berücksichtigt und waren deshalb bisher nicht hilfreich. Fortschreitende und intensivierte Normalisierung ist eine entscheidende Vorbedingung für einen Prozess, der letztlich helfen kann, eine Vereinigung zu erzielen, er kann aber auch zu einer langen bzw. sogar permanenten friedlichen Zweistaatlichkeit führen.

Die richtige Reihenfolge: erst Normalisierung, dann möglicherweise Wiedervereinigung

Die Frage, warum denn Korea wiedervereinigt werden müsse, wird meist damit beantwortet, es sei doch fast immer ein einheitlicher Nationalstaat gewesen und überhaupt, die Vereinigung würde helfen, viele Probleme zu lösen. Das reicht als überzeugende und zu Anstrengungen mobilisierende Antwort für die junge Generation nicht mehr aus. Auf die Frage, wie und wann denn Korea wiedervereinigt werden könne, gibt es unterschiedliche Antworten, aber keine öffentliche Debatte über konkrete Pläne und keine ausreichenden, praktischen Vorbereitungen in Politik, Wirtschaft, Gesellschaft und anderen relevanten Bereichen.

Deutschland ist ein Beispiel, das zeigt, ohne vertraglich geregelte Nachbarschaft und Zusammenarbeit gibt es keine friedliche Einigung. Für Korea bedeutet das, die Wiedervereinigung bleibt ein anzustrebendes Fernziel, aber viel wichtiger sind Bemühungen um einen dauerhaften Normalisierungsprozess.

Süden und Norden pflegen den Irrglauben, die Teilung sei allein wegen ausländischer Einmischung noch vorhanden, ohne diese würden die Koreaner:innen sich schnell untereinander einigen können. Die Teilung hat Bestand, weil sich zwei antagonistische Systeme gegenüberstehen. Normalisierung findet nicht statt, weil das Misstrauen auf beiden Seiten zu groß und die Erfahrung mit belastbarer Zusammenarbeit zu gering ist. Die Lage ist auch deshalb so schwierig, weil sich beide Seiten in ihrer Einschätzung der jeweils anderen Seite und in ihrem Verhalten ähnlich sind.

Normalisierung und ökonomische Austauschprozesse

Anfänge der Ostpolitik liegen über ein halbes Jahrhundert zurück. „Wandel durch Handel" ist noch immer eine gute Idee, aber Möglichkeiten, Praxis und erreichbare Ergebnisse haben sich stark verändert. Spätestens seit dem Frühjahr 2022 durch den Krieg Russlands gegen die Ukraine ist das Motto in Verruf geraten, denn diese Art des Handels führte zu Abhängigkeit. Die früher richtige Vorgehensweise wurde mit zu viel Hoffnung und Gutgläubigkeit praktiziert; aber vielleicht gibt es in der Zukunft wieder Anknüpfungspunkte.

Für den Beginn von Normalisierungsprozessen sind Konzessionen notwendig. Dazu ist Unterstützungsgesinnung innerhalb der Bevölkerung erforderlich, die sich leichter einstellt, wenn Kosten der Teilung mit erkennbarem Nutzen der Normalisierung in Bezug gesetzt werden können. Hier sind Wirtschaftsbeziehungen wichtig, denn die mit ihnen gemachten neuen Erfahrungen können Schubkräfte für Normalisierung sein. (Gartzke/Li 2003) Um den Prozess fortführen zu können, muss sich wechselseitiger Nutzen ergeben.

Die SED-DDR erhielt von der Bundesrepublik Zahlungen und Warenlieferungen unterschiedlichster Art. Ironischerweise profitierte sie, die strikt auf Eigenstaatlichkeit beharrte, auch von der Tatsache, dass sich andere Staaten der Meinung der Bundesrepublik anschlossen, Ostdeutschland sei für sie kein Ausland, deshalb war sie eine Art inoffizielles Mitglied der Europäischen Wirtschaftsgemeinschaft (EWG/EU), was ihr bedeutende Einsparungen bei Zöllen einbrachte.

Im Laufe der Jahre sind Investitionen und Zusammenarbeit in der Wirtschaft und in anderen Bereichen zwischen der VR China und Taiwan stark angestiegen. Die Graphik 8 zeigt die Entwicklung von Exporten[6] Taiwans im Zeitraum der Jahre von 2000 bis 2013, also während der Amtszeiten der Präsidenten Chen Shui-bian and Ma Ying-jeou. Die Linie, des Anstiegs von Taiwans Handel mit der VR China ist zusammen mit der Linie für Hongkong zu sehen. Obwohl Chen Peking als Befürworter einer Unabhängigkeit galt, verhinderte dies nicht eine markante Intensivierung des Handels.

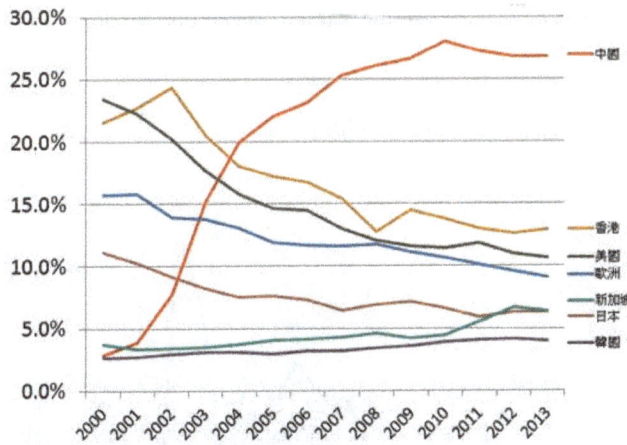

Graphik 8: Veränderungen bei Taiwans wichtigsten Exportländern (2000 bis 2013)
台灣主要出口國變化 資料來源: 行政院主計處 (Statistisches Büro des Exekutiv Yuans, d. h. der Regierung)

Sowohl beim Handel, als auch bei Investitionen stand die VR China für Taiwan an der Spitze. Im Jahr 2020 betrug das Volumen der Exporte von der Insel auf das Festland 85,1 Mrd US $, in die umgekehrte Richtung waren es 58,3 Mrd. US $.[7] Das waren 39 % der gesamten Ausfuhr und 20 % aller Importe, also eine gute Handelsbilanz für Taiwan. (Hilpert 2022: 20 f.). Für sich genommen sehen die Zahlen erfreulich aus, aber noch immer besteht ein Spannungsverhältnis zwischen ökonomischen Möglichkeiten, politischen Sachzwängen und Statusfragen, die einer Normalisierung im Wege stehen. (Kim BS 2005)

Um Abhängigkeiten zu verringern gab es besonders während der Amtszeit von Präsidentin Tsai Bemühungen, Investitionen in der Volksrepublik zu reduzieren. Im Jahr 2010 waren es 84 % der Summe der Auslandsinvestitionen Taiwans, 2022 dann 34 % und in 2023 nur noch 11 %. Für diesen Rückgang gab und gibt es mehrere Gründe, so z. B. die Verringerung von Vergünstigungen für und stärkerer politischer Druck

---

[6] Die Schriftzeichen am rechten Rand, von oben nach unten, bedeuten China, Hongkong, USA, EU, Singapur, Japan, Korea (Süden). http://www.naipo.com/Portals/1/web_tw/Knowledge_Center/Editorial/publish-151.htm. Eingesehen am 08.06.2022.
[7] Im White Paper der Volksrepublik vom August 2022 wird der Gesamtwert des Handels für das Jahr 2021 mit 328,34 Mrd. US $ angegeben.

durch Peking auf taiwanische Investoren, Spannungen zwischen Peking und Taipei sowie zwischen Peking und Washington. Investitionen Taiwans in Europa und den USA sind stark gestiegen.

In Korea gab es während der Jahre der Sonnenscheinpolitik (2000 bis 2008) zahlreiche Kontakte und unterschiedliche Formen der Zusammenarbeit, die aber keine Fortsetzung fanden. (Rhyu 2007) Die Versenkung der südkoreanischen Korvette Cheonan[8] im März 2010 hatte keine Langzeitfolgen, die kamen wegen der Nuklearpolitik Pjöngjangs.

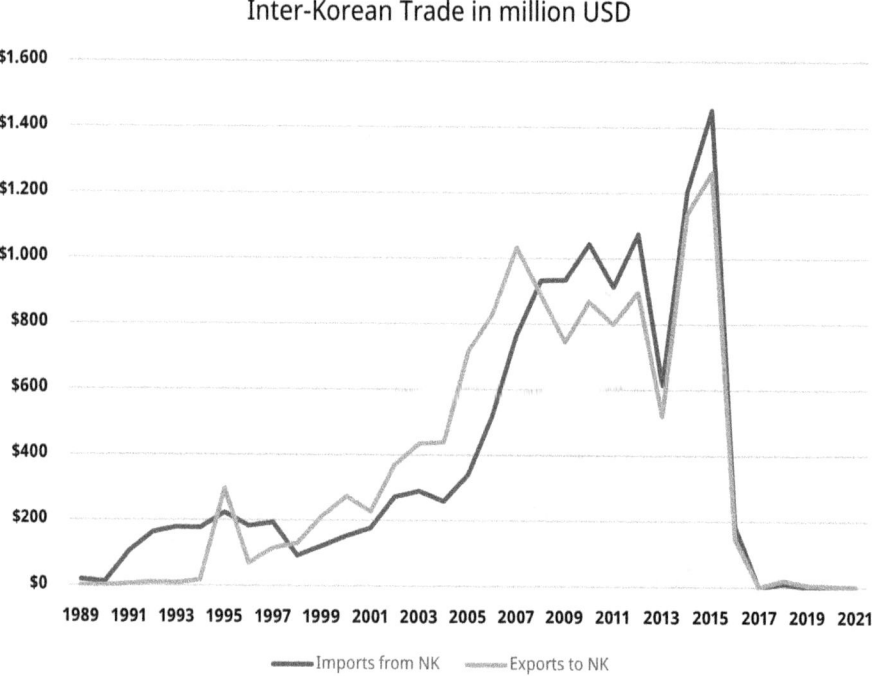

Graphik 9: Inter-koreanischer Handel [9]

Normalisierung und Gewaltverzicht

Ein wesentlicher Schritt im Normalisierungsprozess ist getan, wenn es zur vertraglichen Verpflichtung zum Gewaltverzicht kommt.

---

8 Siehe hierzu S. 343 und 445.
9 https://www.unikorea.go.kr/eng_unikorea/relations/statistics/exchanges/ und https://www.northkoreaintheworld.org/inter-korean/inter-korean-trade. Eingesehen am 03.05.2022.

Es gab zwar wegen der Statusfrage keinen expliziten Gewaltverzichtsvertrag zwischen Ost und West in Deutschland, aber im Grundlagenvertrag vom Dezember 1972 steht: „[...] in der Erkenntnis, daß sich daher die beiden deutschen Staaten in ihren Beziehungen der Androhung oder Anwendung von Gewalt zu enthalten haben, [...]". (Grundlagenvertrag 1972)

Zwischen der VR China und Taiwan sowie zwischen der Republik Zypern und der TRNZ gibt es keinen schriftlich fixierten Gewaltverzicht. Im Gegenteil, die VR China behält sich die Anwendung nicht-friedlicher Mittel ausdrücklich vor.

Deng Xiaoping sagte im Spätherbst 1989:

> Macht gegenüber Taiwan nicht immer ein lächelndes Gesicht. [...] Bei diesem Thema können wir die Anwendung von Gewalt nicht ausschließen. [...] Der Zweck einer Armee ist es, Kriege zu führen. Gegenwärtig ist ein Krieg mit Taiwan durchaus möglich. Die Taiwan-Frage wird dann auf unserer Tagesordnung stehen, wenn Taiwan sich unabhängig erklärt, wenn Taiwan uns mit einem „unhöflichen Gesicht" behandelt und wenn Taiwans „schwarze Hand" sich fortgesetzt in unsere inneren Angelegenheiten einmischt. (Lin 1993: 770)[10]

Er führte nicht weiter aus, was nach seiner Ansicht unter „unhöflichem Gesicht" und „schwarzer Hand" Taiwans zu verstehen sei.

Deng sprach damals vor Angehörigen der Streitkräfte und zwar rund ein halbes Jahr nach der Niederschlagung der Demokratiebewegung. Er wandte sich also an eine wichtige Gruppe der Herrschaftskonfiguration und zwar bevor es zu dem schnellen Anwachsen von Wirtschaftsbeziehungen zwischen dem Festland und Taiwan kam. Dennoch hat der Tenor seiner Aussage noch heute Gültigkeit. Es sollte auch erwähnt werden, dass Deng stets neben der Bedeutung der Rückführung Taiwans auch die Langfristigkeit einer solchen Entwicklung hervorgehoben hat sowie deren Schwierigkeiten. So zum Beispiel am 16. Januar 1980 auf einer vom Zentralkomitee der KP Chinas einberufenen Kaderkonferenz. „Wir müssen auf die Rückkehr Taiwans zum Mutterland hinarbeiten, zur Wiedervereinigung Chinas. Wir werden uns bemühen, dieses Ziel in den 1980er Jahren zu erreichen; es wird ein immer stets gegenwärtiger und wichtiger Punkt auf unserer Tagesordnung sein, aber es wird vermutlich viele Drehungen und Wendungen auf dem Weg dieser Entwicklung geben." (Deng 1984: 224) In einer Publikation des Staatsrates (Kabinetts) vom Juli 2019 heißt es, China habe die feste Entschlossenheit sowie die Fähigkeit, seine nationale Souveränität und territoriale Integrität zu schützen. Es werde nie die Sezession irgendeines Teils seines Territoriums hinnehmen, egal durch wen, durch welche Organisation oder durch welche Partei auch immer. Es werde nicht versprochen, keine Gewalt anzuwenden, im Gegenteil, man behalte sich alle notwendigen Maßnahmen vor.[11]

---

10 Lin zitierte hier aus der *Zhongyang Ribao* vom 17. November 1989, S. 1.
11 Hier zitiert aus Rudolf 2019, S. 18, Fußnote 82. Er zitiert aus *China's National Defense in the New Era*. Peking: The State Council Information Office of the People's Republic of China. Juli 2019, S. 7 f.

Die VR China hat gegenüber Taiwan keinen Gewaltverzicht ausgesprochen, aber es gibt unterschiedliche Nuancen zu diesem Thema, und der Führung sowie der Bevölkerung dürfte bewusst sein, dass eine Gewaltanwendung gravierende Folgen hätte. Seit Jahrzehnten gibt es Diskussionen mit Washington über Taiwan, und Peking ist bisher bestrebt, auch wegen negativer Konsequenzen, eine Gewaltanwendung zu vermeiden und dennoch gegenüber Taiwan sehr variantenreich Druck auszuüben.

Partei- und Staatschef Jiang Zemin bezeichnete im Januar 1995 die Warnung, es könne wegen Taiwan zur Gewaltanwendung kommen, als friedensfördernd.[12] Das hat aus Sicht der Volksrepublik noch immer Plausibilität wegen der Meinung, ein verbindlicher Gewaltverzicht könnte Taiwan veranlassen, die Unabhängigkeit zu erklären.

Eine vielleicht sogar kasuistisch zu nennende Interpretation der Äußerung von Jiang Zemin gab zwei Monate später der damalige Außenminister Qian Qichen:

> In seiner Rede sagte Generalsekretär Jiang Zemin, dass es keinen Gewaltverzicht geben werde. Das bezieht sich auf eine Intervention von außen und auf die Schaffung eines „unabhängigen Taiwans", es richtet sich nicht gegen die Landsleute auf Taiwan. [...] Die Wiedervereinigung des Mutterlandes ist im Interesse aller chinesischen Menschen und sie ist ein natürlicher Trend. Abspalterei wird auf jeden Fall von allen Chinesen abgelehnt, so auch von den Landsleuten auf Taiwan.[13]

Diese erläuternde Nachgangserklärung hatte eine gewisse Berechtigung, als beide, die Republik und die Volksrepublik, noch einen Alleinvertretungsanspruch erhoben und in den Richtlinien der Republik China für nationale Wiedervereinigung stand, das Festland und Taiwan Teil des chinesischen Territoriums seien.[14]

Die oben zitierten Äußerungen stammen aus dem Jahr 1995, ein Jahr später, anlässlich der ersten direkten Wahlen zum Präsidentenamt auf Taiwan, veranstaltete die Volksrepublik massive Militärmanöver und schoss Raketen bis in taiwanische Küstengewässer. (Baum/Forney 1996) Präsident Clinton entsandte damals US-Flugzeugträgerverbände in die Straße von Taiwan. Diese Raketenkrise zeigte zwar militärische Möglichkeiten der VR China, gleichzeitig offenbarte sie ein gewisses Unvermögen und eine mangelnde Bereitschaft, die langfristige Wirkung politischer Entwicklungen auf Taiwan, Demokratisierung sowie Identitätsbildung, einzuschätzen. (Chen 1997)

Die damalige Feststellung eines sachkundigen australischen Beobachters hat noch heute Gültigkeit:

> Die Autonomie Taiwans ist ein Dorn im Stolz von China, ist sie doch zugleich eine Erinnerung an die vergangene Aggression Japans und ein Symbol der strategischen Vormacht der USA in Asien. Anstatt zu versuchen, diesen Dorn herauszuziehen, wäre es für China klüger, ihn auf natürliche Weise herausfallen zu lassen, während ökonomische Zusammenarbeit und Beziehungen über die

---

12 Siehe S. 107.
13 *SWB*, FE/2253, 16. März 1995, S. G/5.
14 *Guidelines for National Unification*. 1992, Taipei: Mainland Affairs Council.

Taiwan-Straße generell die Vergangenheit mehr und mehr irrelevant machen. China muss überredet werden, diesen Weg zu beschreiten. (Monk 1996)

Diesen Weg versuchte der Präsident der Republik China, Ma Ying-jeou, von 2008 bis 2016 zu gehen, was aber auch die Taiwanisierung verstärkte.

Selbst wenn es zu einer schriftlichen Bekundung des Gewaltverzichts kam, wie zwischen den zwei Staaten in Korea, hatte dies keine positiven Auswirkungen auf die Praxis. In dem von beiden Ministerpräsidenten am 13. Dezember 1991 unterzeichneten Abkommen über „Versöhnung, Nichtaggression, Austausch und Zusammenarbeit" wurde die gewaltfreie Lösung von Streitfragen vereinbart. Artikel 9 lautet: Beide Parteien werden keine bewaffnete Gewalt gegeneinander anwenden und keine bewaffnete Aggression gegen die jeweils andere Seite durchführen. (Lim 2012: 378. Pfennig 1998: 392) Das Abkommen sollte am 19. Februar 1992 in Kraft treten, was nicht erfolgte. In den Erklärungen der bisher fünf offiziellen Gipfeltreffen in 23 Jahren ist stets von friedlicher Wiedervereinigung die Rede, noch immer aber ist die Kriegsgefahr auf der koreanischen Halbinsel real.

Diskussion und Anerkennung von Differenzen

Für Normalisierungsprozesse ist es förderlich bzw. notwendig, dass akzeptiert wird, in vielen Bereichen nicht übereinzustimmen; in Englisch gibt es dafür die schöne Formulierung: *to agree to disagree*.

Persönliche Begegnungen und Dialoge sind wichtig, aber nicht ausreichend für eine Normalisierung. Es muss die Bereitschaft entstehen, den Fortbestand von Differenzen zu akzeptieren. Dazu gibt es zwei Beispiele, eines auf der Ebene von Parteien, das andere auf Staatsebene. Am 27. August 1987 veröffentlichten SPD und SED einen gemeinsamen Text mit dem Titel „Der Streit der Ideologien und die gemeinsame Sicherheit."[15] Am 28. Februar 1972 wurde in Schanghai ein gemeinsames Communiqué der VR China und der USA unterzeichnet. In beiden Texten, so unterschiedlich sie sind, ging es darum, Differenzen nicht lediglich aufzulisten, sondern sie deutlich kenntlich zu machen und Gemeinsamkeiten herauszustellen.

Min Kyung-Hwan vertritt die Ansicht, Menschen im Süden und im Norden Koreas hätten durch fremde Einflüsse einen Teil ihrer Identität verloren und deshalb müßten Anstregungen unternommen werden, die Identität zu redefinieren. Für einige Zeit werde es notwendig sein, Unterschiede besser zu verstehen und zu akzeptieren. (Min 1995: 301)

In Deutschland erhielt diese Akzeptanz durch den Grundlagenvertrag eine wichtige Basis, die zwischen der VR China und Taiwan wegen des „ein Land zwei Systeme" nicht existiert, denn es heißt „ein Land" und nicht zwei Staaten. Es lässt sich nicht

---

15 Zu diesem Text auch S. 210 f..

sagen, ob überhaupt und wenn ja, zu welchen Bedingungen in Korea der Norden die staatliche Andersartigkeit des Südens offiziell akzeptieren würde und umgekehrt.

Normalisierung und friedliche Trennung

Normalisierung führt nicht notwendigerweise zu einer Vereinigung oder zur Beibehaltung eines existierenden Staates. Es kann auch in die andere Richtung gehen.

Als am 1. Januar 1993 die damalige Tschechoslowakei

> [...] in zwei Nachfolgerepubliken zerfiel, da wurde fast zeitgleich mit dem blutigen Zerfall Jugoslawiens auf friedlichem Weg vorgezeigt, wie es auch anders gehen kann. Weder Tschechen noch Slowaken wollten zwar die Trennung wirklich, die Regierenden in Prag und Pressburg verzichteten deshalb wohlweislich auf ein Referendum. Auf der politischen Ebene aber ließ sich einfach kein gemeinsamer Weg mehr finden. Bei den Parlamentswahlen 1992 hatten sich in beiden Landesteilen zu gegensätzliche Parteien jeweils klar durchgesetzt. So entschieden sich der tschechische Wahlsieger Václav Klaus und der Slowake Vladimír Meciar über die Köpfe der Menschen hinweg für eine einvernehmliche Scheidung. (Thanei 2007. Kipke/Vodička 1993)

Es war im Januar 1993 keine Scheidung nach dem Schuld-, sondern eher nach dem Zerrüttungsprinzip, eine gütliche Trennung.[16] Seitdem sind ihre Beziehungen meist besser, als sie es in der früher gemeinsamen ČSSR waren und beide sind Mitglied in der EU, was ihnen in vielen Fragen in einer sinnvollen und übereinstimmenden Weise eine Annäherung ermöglicht. (Schwarz 2002) Ein ähnlicher Fall ist Montenegro, wenngleich auch nicht so reibungslos. Nach rund 90jähriger Zugehörigkeit zu Jugoslawien kam es im Juni 2006 zur Trennung von Serbien, legitimiert durch Wahlen und ein Plebiszit. Nach dem blutigen Auseinanderbrechen von Jugoslawien war dies eine friedliche Trennung.

5.3 Fünfzehn Etappen von Normalisierungsprozessen

Trotz vieler Unterschiede bei den Fallbeispielen können verallgemeinernd 15 Etappen eines Prozesses identifiziert werden, der zu einer dauerhaften und belastbaren Normalisierung führt und damit zur Chance für eine Vereinigung oder zu einer friedlich-kooperativen Nachbarschaft. Die Anzahl der Etappen, ihre Reihenfolge und Dauer werden von Fall zu Fall unterschiedlich sein, es ist keine sich kontinuierlich entwickelnde Forwärtsbewegung. Am Anfang stehen fast immer Feindseligkeiten, Drohungen und Abschreckung. Abschreckung ist das Ergebnis von Risikokalkulation, bei der das Schlimmste von anderen vermutet wird. Sie bewirkt, zumindest vorübergehend, Unterstützungsgesinnung der Bevölkerung dem System gegenüber. Diese Anfangspha-

---

[16] Zum größeren Zusammenhang politischer Trennungen, Sezessionen, siehe Buchanan 1991.

se gibt geteilten Nationen eine gewisse Sicherheit, die den Beginn von Normalisierung ermöglichen kann.

1. Feindselige Abgrenzung. Ausgangspunkt ist die Teilung, nach der auf verschiedenen Ebenen Anstrengungen unternommen werden, dass sie nicht zu tiefgreifend wird. Die Bereitschaft, nach einem Kompromiss, einem „dritten Weg" zu suchen, ist minimal und bald nicht mehr vorhanden. Diese Etappe führt in den meisten Fällen zur Verhärtung der Teilung, oft verursacht durch einen Bürgerkrieg mit ausländischer Intervention. Die Niederlage wird dann nicht akzeptiert, sondern das Konzept der „Rückeroberung" als nationale Aufgabe der Befreiung der anderen Seite und die vorgebliche oder tatsächliche Gefahr der Unterwanderung dienen zur Legitimierung eines repressiven Regimes, denn um das eine zu erreichen und das andere zu verhindern sei ein starker Staat erforderlich. Auf Taiwan sprach Chiang Kai-shek von der „Rückeroberung des Festlandes" und Rhee Syngman, erster Präsident der Republik Korea bis 1960, nannte den „Marsch nach Norden" eine vordringliche nationale Aufgabe.

2. Lagerbildung und Sanktionen. Es kommt zur Einbindung in Lager, die sich feindlich gegenüberstehen und Bemühungen, die jeweils andere Seite zu schwächen. Außendruck fördert inneren Zusammenhalt und die Lager geben ein Gefühl der Sicherheit, bewirken aber auch Bevormundung.

Diese Etappe ist u. a. durch Alleinvertretungsansprüche und Wirtschaftssanktionen gekennzeichnet, die sich oft als zweischneidiges Schwert erweisen.[17] Boykotte schwächen ein Land, aber sie erzeugen oft begeisterte oder zumindest mürrische Loyalität in der betroffenen Bevölkerung, wodurch das Regime konsolidiert bzw. gestärkt und auch dessen Abhängigkeit vom jeweiligen Patron intensiviert wird. (Pape 1997) Die DVRK hat trotz über einen langen Zeitraum stets verschärfter Sanktionen rasante Fortschritte bei der Entwicklung einer Nuklear- und Raketenkapazität gemacht. Die Sowjetunion überlebte Embargos, (Stent 1981) die VR China konnte sie via Hongkong und Macau umgehen und auch die SED-DDR wurde dadurch nicht in die Knie gezwungen.

3. Negative Interdependenz. Hier sind Absicherung und Ausweitung der eigenen Position von vorrangiger Bedeutung. Wovon die eine Seite profitiert, das schadet der anderen.

In dieser Phase werden die schlechten Absichten der Gegenseite überbewertet und ihren guten Absichten wird misstraut. Ole Holsti nannte dies, ohne es speziell auf die Situation geteilter Nationen zu beziehen, das „verinnerlichte Misstrauensmodell" (*inherent bad faith model*) (Holsti 1967). Ein solches politisches Klima führt fast zwangsläufig dazu, wie es Tan Er-Win mit Blick auf Korea beschrieb, „[...] egal welche ‚feindselige' Aktion die Gegenseite betreibt, sie wird immer als völlig übereinstimmend mit der politischen Identität des Gegners als antagonistisch angesehen. Andere-

---

[17] Auch nach dem Ende des „Kalten Krieges" kamen bei internationalen Krisen Wirtschaftssanktionen oft zur Anwendung, meist mit zweifelhafter Wirkung. (Cliftom/Schwebach 1997)

seits, wann immer die andere Seite ein relativ kooperatives Verhalten zeigt, dann wird dies entweder als reines politisches Täuschungsmanöver zurückgewiesen oder als Schwäche des Gegners gedeutet." (Tan 2009: 561)

Es gibt aber bei Korea auch ein Beispiel, wo gegenseitig verinnerlichtes Misstrauen dennoch zu vermehrten Kontakten führte. Der Süden erlitt 1984 verheerende Überschwemmungen und nahm ein Hilfsangebot des Nordens an. Das war in der RK sehr umstritten, aber es gab die Bereitschaft, Kontakte zu erneuern. Politisch akzeptabel wurde die Annahme der Hilfslieferungen, weil Seoul sie als indirekte Entschuldigung des Nordens für das Bombenattentat in Rangun (Yangoon) interpretierte bzw. bereit war, sie so zu interpretieren. Dort hatten am 9. Oktober 1983 Agenten aus Nordkorea versucht, den Präsidenten des Südens, Chun Doo-hwan, und Angehörige seiner Delegation, bei einem Staatsbesuch in Birma (Myanmar) zu ermorden.[18] Kindermann verweist auf die Interpretation von Zynikern, die „[...] meinten, Nordkorea habe das Angebot in der Erwartung einer Ablehnung durch den Süden gemacht und dieser wiederum habe das Angebot nur deshalb angenommen, weil er irrig geglaubt habe, der Norden werde die angebotenen Leistungen nicht erbringen können." (Kindermann 2001: 582)

Auch zwischen der VR China und Taiwan halfen humanitäre Aktionen, das politische Klima zwischenzeitlich zu verbessern. Nach einem schweren Erdbeben in der Provinz Sichuan leistete Taiwan umfangreiche humanitäre Hilfe und nach dem verheerenden Taifun „Morakot" auf Taiwan im August 2009 gab es Spenden aus der Volksrepublik.

Durch negative Interdependenz wird der Informationsfluss geringer, die Bereitschaft an sich selbst erfüllende Prophezeiungen zu glauben nimmt zu, die Fähigkeit, Alternativen zu entwickeln und akzeptabel zu vermitteln nimmt ab und oft stellen sich Maßnahmen als kontraproduktiv heraus. Wenn die Erkenntnis wächst, dass diese Politik zwar vorübergehend die eigene Position sichert, sie aber zur Begrenzung des eigenen Handlungsspielraums führt, gibt es Chancen für eine vierte Etappe. Häufig kamen Impulse dann von der Wirtschaft, so zum Beispiel in Deutschland vom „Interzonenhandel" und den Aktivitäten des 1952 gegründeten Ost-Ausschusses der Deutschen Wirtschaft. (Jüngerkes 2012. Rudolph 2004)

4. Bemühungen um verbesserte Kommunikation. Es ist der Beginn einer unsicheren und brüchigen Zusammenarbeit mit weitgehender gegenseitiger Unkenntnis und wenigen belastbaren Kontakten. In dieser Phase verfestigt sich oft die Erkenntnis,

---

[18] Bei dem Attentat gab es 21 Tote, davon waren 17 Südkoreaner, unter ihnen 4 Kabinettsmitglieder und andere hochrangige Mitarbeiter von Präsident Chun Doo-hwan, der durch Zufall dem Anschlag entging. Birma, unter dem Diktator U Ne Win, hatte damals diplomatische Beziehungen zu beiden Koreas und brach die zum Norden wegen des Attentats ab. Eine südkoreanische Dokumentation dazu ist: „Materials on the Massacre of Korean Officials in Rangoon." In: *Korea and World Affairs*, 7 (Winter 1983) 7, S. 735–764. Siehe auch Kindermann 1994: 158 ff. Maass 2002: 101 f. Oberdorfer 1998: 140 ff.

dass eine Wiedervereinigung nach eigenen Vorstellungen nicht bald realisiert werden kann und deshalb die Notwendigkeit besteht, nach einem Modus Vivendi zu suchen. Am Anfang gibt es Kontakte meist diskreter Natur, privat bzw. inoffiziell, obwohl sie von Anfang an politisch sind. In Korea wurden für solche Gespräche die Rot-Kreuz-Gesellschaften genutzt. Sie erkundeten bei Treffen in Hongkong u. a., ob eine gemeinsame koreanische Mannschaft für die Olympischen Sommerspiele 1964 in Tokio möglich wäre; es kam nicht dazu. Von September 1971 bis Juni 1972 gab es 20 Treffen der Rot-Kreuz-Gesellschaften, die auch über Post- und Reiseverkehr sprachen. Die DVRK war damals sehr interessiert an Erfahrungen der SED-DDR mit solcher Zusammenarbeit in Deutschland. (Schaefer 2010: 10 f.) Es war immer wichtig, vertrauliche Gesprächskanäle zu haben, die für schnelle Kommunikation und auch für die Lösung besonders komplizierter Fälle hilfreich waren. Der Bundesrepublik standen „back channels" zur Verfügung, über die direkt mit den Führungen in Washington, Moskau und Ost-Berlin kommuniziert wurde. Egon Bahr, der sich ihrer bediente und sie dann der Regierung Kohl zur Verfügung stellte, nannte sie eine verdeckte, aber sehr vertrauensbildende Verbindung, die von den höchstmöglichen Ebenen autorisiert wurde. (Wieland 2015)

Bei diesen Kontakten kommt es auch zur Präsentation von Grundsatzpositionen, die oft wechselseitig zurückgewiesen werden, aber ein Vorteil besteht darin, dass beide Seiten ein Interesse daran haben, miteinander im Gespräch zu bleiben; dann lassen sich auch humanitäre Probleme leichter lösen. In Deutschland gab es solche Verbindungen durch kirchliche Organisationen sowie Rechtsanwälte in beiden Teilen Berlins, besonders beim Freikauf von politischen Gefangenen.[19] In der Flüchtlingskrise 1989 half oft die Vermittlung durch Österreich bei besonders schweren Fällen, „[...] die bilateral zwischen Bonn und Ostberlin nicht zu lösen waren." (König 2019: 239)

Oft sind Wirtschaftskontakte Vorreiter für politische Entwicklungen. Direkte Treffen schaffen Dialogräume und können helfen, Drohvorstellungen zu reduzieren. Bleiker betonte, dass Kompromisse ein gewisses Maß an Vertrauen benötigen und dass persönliche Begegnungen der Vertrauensbildung förderlich sind. (Bleiker 2001: 136) In Korea gab es ab Herbst 1998 Treffen zwischen der Führung des Hyundai-Konzerns (Kang 1998) aus dem Süden mit der politischen Führung des Nordens, auch andere Konzerne, wie Samsung, verhandelten über Kooperationsprojekte. (Kim, CK 2000) Diese Kontakte spielten eine wichtige Rolle für das politische Klima und trugen dazu bei, dass es im Juni 2000 zu dem Gipfeltreffen in Pjöngjang kommen konnte. In diesem Zusammenhang gab es dann die Übereinkunft, Straßen und Gleisstrecken an der Ost- und Westküste Koreas wieder miteinander zu verbinden und bei Kaesong eine Industriesonderzone zu errichten,[20] zu dieser Zeit erhielt die DVRK von der Republik Korea 400.000 Tonnen Reis. (Scanlon 2004)

---

19 Pötzl 2014, Rehlinger 1991, Whitney 1993, Wölbern 2014 und Keussler/Schulenburg 2011: 314 ff.
20 Zu dieser Zone siehe Frank 2017, S. 246–259 und 406–411.

Nicht-staatliche Akteure können in solchen Phasen weniger Sachzwängen ausgesetzt sein als Regierungen. Diese Feststellung muss im Bezug auf Korea aber eingeschränkt werden, denn im Norden gibt es keine relevanten nicht-staatlichen Akteure als „Partner" und im Süden sind unerlaubte Kontakte zum Norden laut Nationalem Sicherheitsgesetz strafbar. Für Taiwan ist die Mitwirkung in Gesprächskreisen wie den „Track two"[21] besonders wichtig, weil es nur über minimale offizielle diplomatische Kontakte verfügt. Ein Beispiel ist hier der 1993 in Kuala Lumpur gegründete CSCAP (*Council for Security Cooperation in the Asia-Pacific*). Er veranstaltet regelmäßig akademisch-politische Gesprächsrunden, an denen Mitglieder von Forschungsinstituten und Politiker sowie Diplomaten in „privater Funktion" aus der asiatisch-pazifischen Region sowie aus Europa teilnehmen. Nach langen Auseinandersetzungen, wegen Intervention der VR China, konnte 1996 ein amerikanischer Wissenschaftler chinesischer Abstammung, Michael Kao, für Taiwan teilnehmen.[22] (Ku 1998: 92 ff. Clough 1994)

Während Normalisierungsprozessen spielen rechtzeitige und glaubhafte Kommunikation eine wichtige Rolle. Die Frage, ob persönliche Bekanntschaft von Protagonisten aus geteilten Ländern hilfreich ist, ist nicht eindeutig zu beantworten. Chiang Kai-shek, Mao Zedong und Zhou Enlai kannten sich, die miteinander gemachten Erfahrungen erschwerten ab 1949 die Kompromissfindung nach der fast totalen Niederlage der KMT, aber es gab weiterhin indirekte Kommunikation zwischen Zhou und Chiang und später mit dessen Sohn Chiang Ching-kuo. In Korea kam es erst ab dem Jahr 2000 zu Treffen zwischen den Führern von Norden und Süden. Die längste Zeit von Bekanntschaft und Gesprächen gibt es wohl auf Zypern, ohne dass dies bisher einen erfolgreichen Normalisierungsprozess eingeleitet hätte.

Auch in Spannungszeiten gibt es Kommunikation, wie z. B. bei den Beziehungen zwischen der Volksrepublik und der Republik China. Angeblich wurde auf Veranlassung von Zhou Enlai Chiang Kai-shek im Sommer 1971 über den bevorstehenden Besuch Kissingers in Peking informiert.[23]

Bei den vielfältigen Arten der Kommunikation kommt es besonders während dieser und späterer Etappen auch darauf an, wer in der Lage ist, Informationen glaubhaft zu übermitteln. James Lilley, der Botschafter der USA in Taipei, Seoul und Peking war, schreibt in seinen Erinnerungen, dass er 1990 Jiang Zemin informierte, Lee Teng-hui, den er persönlich gut kannte, habe ihn autorisiert, mitzuteilen, Taiwan werde kei-

---

21 „Track Two" sind Konferenzen nicht-staatlicher Akteure, z. B. aus Forschungsinstituten und Universitäten, bei denen Fragen von Internationalen Beziehungen und Sicherherheitspolitik diskutiert werden. Diese Treffen vollziehen sich immer im Zusammenhang mit Track One, der „offiziellen" Politik. (Jones 2015)
22 Michael Ying-mao Kao war Professor an der Brown Universität in Rhode Island, USA, stellvertretender Außenminister der Republik China und Repräsentant Taiwans bei der EU.
23 Chiang und Zhou kannten sich seit den 1920er Jahren und hatten miteinander und gegeneinander gearbeitet. Chiang war Direktor der im Mai 1924 gegründeten Militärakademie der KMT und Zhou ihr stellvertretender politischer Schulungsleiter.

ne Unabhängigkeit erklären. (Lilley 2004: 367) Vermutlich hat diese Information auch dazu beigetragen, dass inoffizielle Vertreter der Volksrepublik und der Republik China sich dann im April 1993 in Singapur trafen und erfolgreich miteinander verhandelten.

Ein anderes Beispiel steht im Zusammenhang mit der Raketenkrise des Jahres 1995. Gestützt auf Äußerungen von Tseng Yung-hsien, einem damaligen Berater des Präsidenten Lee Teng-hui, berichtete die japanische Tageszeitung „Sankei Shimbun", er habe sich in dessen Auftrag 1992 nach Hongkong und später nach Peking begeben, um führende Repräsentanten der Volksrepublik zu treffen, so auch Yang Shangkun, den damaligen Präsidenten. Drei Wochen vor Abschuss chinesischer Raketen im Juli 1995 soll Tseng dann einen Anruf aus Peking erhalten haben; die Raketen würden die Insel nicht treffen, sondern im Meer einschlagen und die Regierung in Taipei solle gelassen bleiben, so die Information. Tseng informierte umgehend Präsident Lee. (Lin/Hetherington 2019) Die offizielle Nachrichtenagentur der VR China berichtete dann am 18. Juli, dass ein simulierter Raketenangriff gegen Taiwan durchgeführt würde, der drei Tage später erfolgte.

Die Motive für diese Informationen sind kaum zu interpretieren. Es war auf jeden Fall eine Kommunikation, die konfliktmindernd wirken sollte und die Peking aus einer Position wohlwollender Stärke heraus betrieb. Vielleicht war damit auch der Hinweis verbunden, es gebe übergeordnete Prioritäten und ein Gefühl gesamtchinesischer Zusammengehörigkeit. Taiwan sollte der Ernst der Lage gezeigt werden, aber auch die Bereitschaft der Volksrepublik zu Kompromissen. Diese, aus Sicht Pekings eventuell als Vertrauensvorschuss zu bezeichnende Information vom Sommer 1995 wurde nicht gewürdigt. Das hatte dann ein Jahr später drohendere militärische Maßnahmen zur Folge und auch die kompromisslose Reaktion auf die Äußerung Lee Tenghuis von 1999 über die besondere Art der Staat-zu-Staat-Beziehungen zwischen der Volksrepublik und der Republik China vermag es teilweise zu erklären.

5. Verstetigte und intensivierte Kontakte, direkte sowie indirekte, bei anhaltendem Misstrauen. Bestehende Kommunikationskanäle ermöglichen eine oft versteckte Suche nach substantielleren Kontakten und nach einem möglichen Durchbruch für eine Verbesserung der Beziehungen. Als das erste koreanische Gipfeltreffen vorbereitet wurde, dass im Juni 2000 in Pjöngjang stattfand, führten die Sondierungen Vertraute von beiden Seiten an neutralen Orten. Park Jie-won, einer der engsten Mitarbeiter von Präsident Kim Dae-jung, traf sich in Singapur, Schanghai und Peking mit Abgesandten der DVRK. Deren Führung hatte die erste Kontaktaufnahme durch einen in Japan ansässigen ethnischen Koreaner, Yoshida Takeshi, unternommen. Bereits sein noch in Nordkorea geborener Vater war eine Vertrauensperson Pjöngjangs, außerdem war der damalige Vorsitzende des Hyundai-Konzerns stark involviert; er stammte ursprünglich auch aus dem Norden. (Lim 2012: 2 ff.)

Solche Kontakte werden manchmal gestört bzw. vereitelt durch in- und ausländische Hardliner, Kräfte, die oft über Grenzen hinweg eine inoffizielle und „unheilige" Allianz bilden. Diese Art der Einmischung verstärkt den Eindruck, dass Teilung und Einbettung in jeweilige Lager des „Kalten Krieges" auch Kontrolle und Manipulation durch andere bedeuten, was zu einer nüchternen Analyse äußerer Bestimmungsfaktoren führen kann und zur gedanklichen Vorbereitung neuer Strategien. In Deutschland bewirkte dies allmählich das Bewusstsein einer Verantwortungsgemeinschaft. (Potthoff 1997) Für Korea wären hier Lageeinschätzungen beider Seiten zu nennen, die zu dem ersten hochrangigen Treffen und der Erklärung vom 4. Juli 1972 führten.[24] Es folgte aber keine positive Weiterentwicklung.

Bei geteilten Nationen spielen Beibehaltung und Pflege des Zusammengehörigkeitsgefühls eine große Rolle und haben Besuchsmöglichkeiten eine besondere Bedeutung. In Deutschland waren während der Teilung Besuche fast durchgängig möglich. Einwohner:innen von West-Berlin konnten allerdings nach dem Bau der Mauer nicht mehr in den Ostteil der Stadt, d. h. vom 13. August 1961 bis zum Dezember 1963, dann aber gab es Passierscheinregelungen. Ab September 1964 durften Rentner:innen aus Ostdeutschland zum Besuch in den Westen, ab 1972 wurde auch anderen Personen in dringenden Familienangelegenheiten solche Besuche gestattet. (Roth 1981: 129)

Jahrzehntelang mussten Personen aus Taiwan und der VR China sich im Ausland treffen, bevorzugt in Hongkong, denn erst ab 1987 gestattete die Republik China Reisen in die Volksrepublik. Auf Zypern dauerte die Wartezeit fast 29 Jahre (1974–2003), bis es im April 2003 zur streng regulierten Grenzöffnung kam. (Adam 2004) Der Extremfall ist erneut Korea, wo auch über 78 Jahre nach der Teilung Besuche nur in genehmigten Ausnahmefällen möglich sind. Seit September 1985 und verstärkt ab 2000 wurden streng kontrollierte Massenzusammenkünfte von getrennten Familienangehörigen aus beiden Teilen Koreas in Hotels staatlich organisiert und überwacht, es gab aber keine kontinuierliche Fortsetzung. Vermittler arrangieren gegen Bezahlung individuelle Treffen in der VR China, meist in der Provinz Jilin, wo viele ethnische Koreaner:innen leben. Diese Begegnungen sind für alle Beteiligten mit Risiken verbunden. Über solche Kontakte können Nordkoreaner:innen auch Telefongespräche mit Personen im Süden durchführen.

6. Anpassungen, die meist taktischer Art sind. Interessant sind hier Anpassungsprozesse, die sich direkt an Maßnahmen der „anderen Seite" orientieren und der eigenen Bevölkerung nicht verborgen bleiben. Die Führung der SED-DDR machte fast nie wichtige Verlautbarungen in ihren Medien, wenn gleichzeitig die Hauptnachrichtensendungen im Fernsehen der Bundesrepublik liefen, denn sie wusste sehr genau, dass rund 80 Prozent „ihrer" Bevölkerung „Westfernsehen" schaute. (Dittmar 2010. Hesse 1988) „Nicht eine Minute dürfen wir die Gefährlichkeit des elektronischen Krieges unterschätzen, die durch Rundfunk und Fernsehen auf die DDR durch den Westen gerichtet ist."[25]

Anpassungen bzw. Veränderungen sind oft deshalb so schwierig, weil deren Notwendigkeit unterschiedlich beurteilt wird. Eine Seite kann sie als taktisches Erforder-

---

[24] Die Erklärung vom Juli 1972 ist abgedruckt in Pfennig 1998: 376 f., siehe auch Ha 1990.
[25] So Erich Honecker am 21. Oktober 1981 zu Konstantin V. Russakow, dem Sekretär des ZK der KPdSU. (Staadt 1995: 40 f.)

nis ansehen, die andere kann sie ablehnen, weil die eigene Verfasstheit der anderen gegenüber als überlegen angesehen wird. Kim Dae-jung hat sich dazu vergleichend geäußert und betont, dass es in beiden Koreas Veränderungen geben müsse.

> Die Integration von divergenten Systemen bringt notwendigerweise beträchtliche Opfer und Gefahren mit sich, sie erfordert einen langen Zeitraum wechselseitiger Anpassung und Angleichung. Dies hat der Prozess der Vereinigung der beiden Deutschlands besonders deutlich gezeigt. Um die bei einer systemischen Integration der beiden Koreas zu erwartenden Schocks zu minimieren, sind sehr sorgfältig und vorsichtig die soziostrukturellen Erfordernisse zu berücksichtigen, die erfüllt werden müssen, um in der Zukunft eine neue soziale Gemeinschaft zu schaffen. [...] Die Wahrheit ist, dass heute beide Koreas in ihren Substrukturen Elemente haben, die die nationale Vereinigung blockieren und behindern. (Kim Dj 1997: 278 f.)

Diese Probleme wurden in Korea nicht beseitigt, sie sind größer geworden.

7. Intensivierte Suche nach einem Modus Vivendi. Die Suche nach einem gedeihlichen Neben- bzw. Miteinander beginnt ernsthaft spätestens dann, wenn beide Seiten feststellen, dass sie die von ihnen bevorzugte Strategie für eine Vereinigung nicht schnell, vielleicht auch nicht mittelfristig durchsetzen können und wenn sich ihre Herrschaft konsolidiert hat. Das Gefühl der Sicherheit sowie ökonomischer Erfolg, aber auch wirtschaftliche Notwendigkeiten verhelfen zur Einsicht, dass neue Strategien erforderlich sind, denn ein Arrangement mit der „anderen Seite" ist nun nicht nur notwendig, sondern auch machbar. In dieser Phase gibt es vermehrte und substantiellere Kontakte auf zahlreichen Ebenen. Hier sind die guten Dienste von dritter Seite von besonderer Bedeutung.

8. Reformen im Innern, verändertes Außenverhalten. In dieser Etappe bewirken Reformen im Innern erweiterte Handlungsspielräume, Junktims werden akzeptiert und es gibt ein gestärktes Selbstvertrauen. Ein Beispiel ist der Beginn der Ostpolitik. In Deutschland blieb es nicht bei dem Beginn, denn es stellten sich bald Vorteile für alle Beteiligten ein und es gab international Unterstützung, deshalb kam es trotz Differenzen zu einer Fortsetzung und Ausweitung. Bei den anderen Fällen fehlt diese Erfahrung in ausreichendem Maße und über einen längeren Zeitraum.

9. Stärkere Koordinierung. Vorbereitungen zur Ermöglichung eines angereicherten Modus Vivendi können durch einen erweiterten Anpassungsprozess erfolgen sowie durch dafür geeignete Institutionen und dies im Zusammenwirken mit der „anderen Seite". Förderlich ist, wenn sich durch die vorangegangenen Etappen die Kenntnis über die jeweils „andere Seite" verbessert hat, so auch Qualität und Quantität des Austauschs. Oft stellt sich in dieser Etappe eine zunehmende Gewöhnung der Bevölkerung an den Zustand der Teilung ein.

10. Gespräche auf unterschiedlichen Ebenen sowie wachsende Bedeutung von Wirtschaftsbeziehungen und verbalen Kompromissen. Die Institutionalisierung von Verhandlungen führt nicht automatisch zu Vertrauen, schafft aber ein gewisses Maß an Verlässlichkeit. Im positiven Fall kann dies eine Art von Vorhersagbarkeit ermöglichen. Im negativen Fall, wie in Korea, führt es zu Enttäuschung und der

Fortsetzung des Misstrauens. Diese Etappe wird oft von Wirtschaftsbeziehungen geprägt, die helfen, vorübergehende politische „Schlechtwetterlagen" zu überbrücken. Wieder ist Korea eine Ausnahme. Bis zum Jahr 2020, rund 17 Jahre lang, zahlten in der Sonderwirtschaftszone Kaesong südkoreanische Unternehmer insgesamt mindestens (umgerechnet) 550 Millionen US-Dollar an nordkoreanische Arbeiterinnen, der Hauptteil wurde allerdings vom nordkoreanischen Staat einbehalten. Vermutlich erhielt die DVRK durch Steuern und Gebühren pro Jahr rund 100 Millionen US-Dollar an Devisen. Trotz des finanziellen Nutzens kam es immer wieder zu Störungen und zum Abbruch dieser Wirtschaftsaktivitäten.

Eine Entkoppelung fällt leichter, wenn der beiderseitige Nutzen von Wirtschaftsbeziehungen offenkundig ist, denn er ermöglicht das Finden von Kompromissformeln. (Zürn 1997) Das ist einfacher, als Konzessionen zu machen, da beide Seiten an einer Übereinkunft Interesse haben, während Konzessionen oft ein unausgewogenes Verhältnis von Zugeständnissen sind.

Entwicklungen in Korea zeigen, dass Kompromisse keine Garantie sind für Zusammenarbeit. In der ersten Hälfte der 1970er Jahre gab es intensive inter-koreanische Gespräche und der Norden schlug für diese Art der Interaktion das Wort „Kooperation" vor (합작). Der Süden argumentierte, diese Wortwahl rufe negative Assoziationen an die zwei „Einheitsfronten" in China hervor, 1923 bis 1927 und 1937 bis 1945, aus denen letztlich die KP Chinas als eindeutiger Sieger hervorging. Pjöngjang akzeptierte den Gegenvorschlag „Zusammenwirken mit gemeinsamen Anstrengungen." (힘을 합쳐서 같이 사업하는) Das Zusammenwirken blieb aber weitgehend ein Gegeneinander. (Schaefer 2010: 18)

Auch zwischen der VR China und Taiwan gab es solche Flexibilität bei der Wortwahl. Klement Gu, ein Diplomat der Republik China, hob hervor, dass dies mehr Spielraum für „kreative Uneindeutigkeit" schaffe, die eine konstruktive Grundlage für Gespräche bewirken könne. (Gu 2010: 419) Allerdings hat Taiwan oft keine Wahl bei der Wortwahl. Das zeigte sich bei der Bedingung der VR China, Taiwan dürfe internationalen Organisationen nur beitreten, wenn es dort mit anderem Namen auftrete, so z. B. im Internationalen Olympischen Komitee und bei der Asiatischen Entwicklungbank. (Wu 1995: 74 ff.)

Ab 1990 werden auf Taiwan die Beziehungen zur VR China als „ein Land, zwei Regierungen" und als „ein China, zwei politische Einheiten" interpretiert, was Taipei dann inoffizielle Kontakte zu Peking ermöglichte und zu einem signifikanten Anstieg des Handels führte.

Nicht nur eine geschickte Koordinierung zwischen Politik und Wirtschaft kann Normalisierung fördern, sie kann auch durch eine Verschärfung von Gegensätzen bewirkt werden. Interessant ist in diesem Zusammenhang, dass internationale Sanktionen gegen die VR wegen der Niederschlagung der Demokratiebewegung im Juni 1989 zu einer Intensivierung der Wirtschaftsbeziehungen zwischen Taiwan und dem Festland führten. Auf Taiwan hatten sich die Herstellungskosten für viele Produkte verteuert und es wurde z. B. auch wegen Quotenregelungen der USA schwieriger, Absatzmärkte in der bisherigen Größenordnung beizubehalten. Die Währung, der „New Taiwan Dollar", war zwischen 1986 und 1987 gegenüber dem US-Dollar um mehr als 25 % aufgewertet worden. Nach Aufhebung des 40 Jahre geltenden Reiseverbots in die VR China im Jahre 1987 nutzten Firmen aus Taiwan die Gelegenheit, um auf dem Festland zu investieren, wo billige und qualifizierte Arbeitskräfte in großer Zahl gab und die Möglichkeit, in Wirtschaftssonderzonen zu günstigen Bedingungen Fertigungsstätten zu errichten, in denen auch veraltete Technologie, aus Taiwan transferiert, noch gewinnbringend war. (Bass 1998) Das geschah besonders in den beiden an Hongkong und Macau angrenzenden Sonderzonen und in der Küstenprovinz Fujian, wo die Affinität zu Taiwan auch wegen gemeinsamer Sprache und Traditionen groß ist.[26] Investitionen und Firmen aus Taiwan wurden zu einem Motor der Wirtschaftsentwicklung der VR China und es kam zu einer Institutionalisierung inoffizieller Beziehungen (Lin 1993: 772 ff.). Die Republik China etablierte im November 1990 die Straits Exchange Foundation (SEF), die Volksrepublik im November 1991 die Association for Relations Accross the Taiwan Strait 1991 (ARATS), sie ermöglichten dann Treffen hochrangiger Vertreter 1992/93 in Hongkong und Singapur.

Im Vergleich zu Korea sind zwischen der VR China und Taiwan die Wirtschaftsbeziehungen viel umfangreicher. Von Beginn an gab es aber auch Debatten zwischen Befürwortern einer ökonomischen Öffnung und Stimmen, die vor gefährlichen Asymmetrien warnten. Wegen der Kombination von ökonomischer Abhängigkeit und der sich verschärfenden politischen Konfrontation ab 1995 sagte Präsident Lee Teng-hui 1996, Geschäftsleute aus Taiwan sollten gegenüber der Volksrepublik vorsichtig sein und Zurückhaltung üben (戒忌, 用忍). Innerhalb von zehn Jahren (1987–1996) stieg die Ausfuhr in die VR China als Teil des Gesamtexports Taiwans von 2,2 auf 17,9 Prozent, ein Wert der tatsächlich noch höher war, wenn Handelswege über Hongkong und andere Gebiete berücksichtigt werden.[27] (Leng 1998:134 ff. Lin 1996: 49 ff.)

Die Wirtschaftskooperation führte zu keiner positiven Interdependenz. Beide Seiten haben Vorteile, verbinden damit aber unterschiedliche politische Langzeitvorstellungen. (Wu 1994. Vranken Hickey 1991.) Es wurde vielfach vermutet, dass von Hongkong aus und durch Wirtschaftskooperation mit Taiwan sich auch politische Veränderungen in der Volksrepublik ergeben könnten. „Wandel durch Handel" sollte letztlich auch dort zu einer politischen Lockerung führen und damit zu einer deutlichen Entspannung in den Beziehungen zwischen Taipei und Peking. Die Volksrepublik sah den großen Vorteil von Investitionen aus Taiwan für die von ihr verfolgte Wirtschaftspolitik, sie betrachtete diese ökonomische Interdependenz aber ebenfalls als

---

26 Die Aussprache der Schriftzeichen ist in Teilen Chinas sehr unterschiedlich, jedoch in Fujian und auf Taiwan ähnlich (Hokkien bzw. Fujianhua, d. h. Fujiansprache).
27 Zur Entwicklung dieser Wirtschaftsbeziehungen in der wichtigen Anfangsphase siehe u. a. Ash/ Kueh 1993, Xin 2003: 147 ff. Eine detaillierte Auflistung bietet die fortlaufend erscheinende Publikation *Cross Strait Economic Statistics Monthly*, die vom Mainland Affairs Council des Executive Yuan in Taipei herausgegeben wird.

Teil einer Basis für die zukünftige Wiedervereinigung. Beiderseitiger Nutzen war und ist mit unterschiedlichen politischen Erwartungen befrachtet.

Besonders in dieser Etappe ist es wichtig, Wirtschaftszusammenarbeit nicht zu stark von politischen Entwicklungen abhängig zu machen. Nach dem Tod von Kim Il-sung am 8. Juli 1994 nahmen die Regierung im Süden unter Präsident Kim Young-sam und wohl auch ein beträchtlicher Teil der dortigen Bevölkerung an, der Norden werde bald zusammenbrechen; eine Hoffnung, die sich nicht erfüllte. Wegen dieser Erfahrung und auch aus grundsätzlichen Überlegungen bemühte sich Kim Dae-jung dann, im Vollzug der Sonnenscheinpolitik bei den Beziehungen zur DVRK um flexible Wechselseitigkeit und um eine Entkoppelung von Politik und Wirtschaft. (Kim KS 2002: 99) Das konnte aber nicht in dem von ihm gewünschten Umfang gelingen, denn er war bei den Beziehungen zum Norden sehr auf die Mitwirkung großer Konzerne angewiesen, die eine Vorreiterrolle spielten.

Der Handel zwischen Nord und Süd in Korea war und ist gering und er wurde am Anfang meist indirekt über Hongkong und Japan abgewickelt, später über die VR China und Russland. Eine Verbesserung gab es in der kurzen Annäherungsphase in den 1990er Jahren; im Jahre 1991 gestattete der Süden direkten Handel mit dem Norden. Im April 1995 hatte der Warenaustausch einen Wert von 19,7 Millionen US-Dollar, im Rahmen von 94 genehmigten Projekten.[28] Der Anstieg war beachtlich, von 1989 mit 19 Millionen auf rund 1,971 Milliarden US-Dollar im Jahr 2009. (Park YH 2014: 16) Im August 1990 trat in der RK das „Süd-Nord Kooperationsfonds Gesetz" in Kraft, mit dem der Warenaustausch gefördert werden sollte.

Am 17. September 1992 wurde zwischen beiden Koreas ein „Protokoll über Austausch und Kooperation" unterzeichnet und Konten für diesen Austausch bei den jeweiligen Zentralbanken eingerichtet. Wegen Geld- bzw. Devisenknappheit bevorzugt der Norden Tauschgeschäfte. Es war eine „Swing-Regelung" vorgesehen, um dem Norden zinslose Kredite zu gewähren. (Kim Dj 1997: 158) Sie orientierte sich am Modell des deutschen Interzonenhandels und wurde als koreanischer Binnenhandel betrachtet. (Chung 1992) Das widersprach im Prinzip der Meistbegünstigungsklausel nach WTO-Regeln und auch in der Phase einer Konföderation wäre es ein Handel zweier souveräner Staaten. Auch deshalb schien die Orientierung an Deutschland sinnvoll, wo ausgehend vom Potsdamer Abkommen, das Deutschland als eine ungeteilte wirtschaftliche Einheit sah und generell „Deutschland als Ganzes" behandelt werden sollte, sich dann der Interzonenhandel und innerdeutsche Handel entwickelten. Der indirekte Bezug steht in der Präambel des Basic Agreements vom Dezember 1991. Das Verhältnis zwischen beiden Staaten in Korea ist dort als spezielle provisorische Beziehung bezeichnet und im Artikel 15 werden die Wirtschaftseinheit sowie das Wohlergehen des gesamten Volkes erwähnt: „Um eine integrierte und ausgewogene Entwicklung der gesamten Wirtschaft und des Wohlergehens des Volkes zu fördern, werden beide Parteien ökonomischen Austausch und Zusammenarbeit praktizieren, ein-

---

28 SWB, FEW/0385, 24.05.1995, S. WD/1.

schließlich der gemeinsamen Entwicklung von Ressourcen, den Warenhandel als Binnenhandel betrachten und gemeinsame Investitionen in Industrieprojekten durchführen." (Lim 2012: 379. Pfennig 1998: 392)

Der Nutzen ökonomischer Zusammenarbeit ist im Prinzip anerkannt, es fehlt aber Kontinuität. (Koh 1994. Yoo 1995) Außerdem hat noch keine Entkoppelung zwischen politischen Entwicklungen und Wirtschaftskooperation stattgefunden. Im Süden gibt es eine ungesunde und Korruption fördernde Verquickung zwischen Politik und Wirtschaft, im Norden ist die Symbiose von Partei, Staat, Armee und Wirtschaft Staatsraison.

Eine deutliche Abkehr von dieser Politik gab es dann im Februar 2016, als eine Verschärfung der politischen Lage zum Abbruch von Wirtschaftsbeziehungen führte, weil wegen Nuklear- und Raketentests des Nordens Aktivitäten in der Wirtschaftssonderzone Kaesong gestoppt wurden, denn Seoul untersagte den dort aktiven Unternehmern aus dem Süden ihre Tätigkeiten.

11. Substantielle Vorleistungen, nicht sofort ausgeglichene Zugeständnisse. Beispiele sind hier die Intensivierung der Ostpolitik in Deutschland, Südkoreas Sonnenscheinpolitik und die „flexible Diplomatie", um die sich Präsident Ma auf Taiwan ab 2009 bemühte.

1990 kam es zur deutschen Einigung, nachdem rund 20 Jahren vorher begonnen wurde, dafür ein tragfähiges Fundament zu legen. Kim Dae-jung hatte die Sonnenscheinpolitik nie als schnellen Weg zur Wiedervereinigung betrachtet, er rechnete mit einem Zeitraum von mindestens 20 bis 30 Jahren. Diese Politik konnte in sehr begrenztem Umfang rund acht Jahre verfolgt werden.

Das Wort „Vorleistung" hat den Beigeschmack von Einseitigkeit. Vorleistungen sind oft notwendig, um einen Prozess zu starten bzw. ihn zu beschleunigen; werden schnelle Erfolge erwartet, ist es leicht, sie zu kritisieren. Die Ost- und Sonnenscheinpolitik wurden verurteilt, weil es keine Gegenleistungen gegeben habe. Hingegen waren national und international Junktims Teil der Ostpolitik, deren positive Ergebnisse sich zwar nicht sofort, jedoch bald zeigten.

„Einseitig" bedeutet, dass nicht von Beginn an ausgewogene Gegenseitigkeit möglich ist, aber kein Hinderungsgrund für eine neue Strategie sein muss. Orientiert an der gefährlichen Konfrontation während des „Kalten Krieges" hat Charles Osgood eine Strategie der abgestuften Gegenseitigkeit für Spannungsreduktion vorgeschlagen; GRIT (*Graduated Reciprocity in Tension Reduction*. Osgood 1962). Grad und erhoffte Wirkung von solchen Vorleistungen hängen sowohl von der Einschätzung des Leistungserbringers, als auch von der des Leitungsempfängers ab. Was für Kim Dae-jung politisch sehr schwierig war, könnte Pjöngjang als Selbstverständlichkeit erachtet haben. Anderseits war die Bereitschaft von Kim Jong-il, die Errichtung der Kaesong-Sonderwirtschaftszone in Grenznähe zuzulassen und nicht an der nordkoreanisch-chinesischen Grenze, wie viele im Süden vermutet hatten, eine Konzession, die in der RK wenig gewürdigt wurde, wenn auch praktische Erwägungen für die Standortwahl sprachen und noch immer sprechen. Diese Zone liegt an der Grenze im Westen, an der Ostgrenze, im Kumgangsan (Diamantgebirge), wurde vom Hyundai-Konzern ein Touristenzentrum errichtet, in dessen Nähe sich eine Marinebasis der DVRK befindet. Eine Ortswahl, die ebenfalls eine Konzession des Nordens ist.

Die Anerkennung, dass es zwei Staaten in Deutschland gebe und die Bereitschaft mit dem Führer Nordkoreas ein Gipfeltreffen in dessen Hauptstadt abzuhalten sowie seinem Staat umfangreiche Hilfen zu gewähren, das waren einseitige Vorleistungen. Unternommen wurden sie von ökonomisch stärkeren Demokratien. Taiwan hat im Vergleich zur VR China zweifellos in Sachen Demokratie mehr aufzuweisen, ist insgesamt gesehen aber die deutlich schwächere und benachteiligte Seite. Für geteilte Nationen gilt in dieser Etappe, dass Normalisierung nur gerechtfertigt werden und weiter an Boden gewinnen kann, wenn früher oder später deutliche Gegenseitigkeit erfolgt. (Pfennig 2001: 117) Kim Dae-jungs Vision war es, langfristig Veränderungen zu erreichen und dafür dem Norden einen umfassenden „New Deal" anzubieten, ein faires Geben und Nehmen. Pjöngjang bevorzugt aber das Nehmen und will verständlicherweise keine Veränderungen, die das Ende des Systems bewirken könnten.

Neben großen Entscheidungen, wie einer neuen Strategie und Verträgen, kann es in dieser Etappe auch „kleine" öffentlichkeitswirksame Ereignisse geben. Ein deutsches Beispiel dafür ist der bereits erwähnte, am 27. August 1987 veröffentlichte Text mit dem Titel „Der Streit der Ideologien und die gemeinsame Sicherheit", den Mitglieder der SPD und der SED erarbeitet hatten. (Brinkel/Rodejohann 1988. Reißig 2002. Grözinger 2016) Er wurde in der SED-DDR und der Bundesrepublik veröffentlicht. Für die schnell vergriffene Ausgabe des „Neuen Deutschland" gab es keinen Nachdruck. In dem Text werden Unterschiede zwischen den Ideologien, aber auch die gemeinsame Verantwortung für Sicherheit betont und es heißt dort, dass auch Irrtümer möglich seien, keine Seite der anderen etwas aufzwingen dürfe und Information wichtig sei.

> Es geht darum, daß jede Seite die legitimen Sicherheitsinteressen der anderen Seite mit bedenkt und respektiert. [...] Keine Seite darf der anderen die Existenzberechtigung absprechen. [...] Beide Seiten müssen sich gegenseitig für friedensfähig halten. [...] Es muß zum Normalfall werden, daß wir miteinander handeln, verhandeln und zusammenarbeiten, [...] Der umfassenden Informiertheit der Bürger in Ost und West kommt im Prozeß der Friedenssicherung und des Systemwettstreits eine wachsende Bedeutung zu.[29]

Für Helmut Kohl war der Text ein erbärmliches Machwerk (Kohl 2005: 542)[30], aber er zeigte Wirkung in der Bevölkerung Ostdeutschlands und führte zu Fragen, wie z. B., wenn diese Dinge zwischen den beiden Parteien diskutiert werden dürfen, warum

---

29 „Der Streit der Ideologien und die gemeinsame Sicherheit". Das gemeinsame Papier der Grundwertekommission der SPD und der Akademie für Gesellschaftswissenschaften beim Zentralkomitee der SED, August 1987. Abgedruckt in *Frankfurter Allgemeine Zeitung* und *Neues Deutschland*, jeweils am 28.8.1987.
30 Auch Helmut Schmidt äußerte sich negativ über das „moralisch und politisch abwegige Pamphlet." (Heydemann 2013: 177.)

dann nicht auch innerhalb der DDR und wie steht es um die „umfassende Informiertheit der Bürger?"

Der Text „[...] ist anfänglich von der Führungsspitze der SED in seiner Brisanz und Breitenwirkung unterschätzt worden. Dort war man intensiv mit den Vorbereitungen für Honeckers Besuch in Bonn beschäftigt, der nur zehn Tage später stattfand." (Heydemann 2013: 182)

Es ist kennzeichnend für diese Etappe von Normalisierungsprozessen, dass beide Seiten ihn fortsetzen wollen, sich sicher genug fühlen, um Zugeständnisse zu machen und in gewissem Maße bereit sind, Risiken einzugehen, wenn sie auch oft nicht ausreichend in der Lage sind, deren Spätfolgen einzuschätzen.

12. Intensivierte Aushandlungsprozesse. Bei solchen Aushandlungsprozessen erhält die „schwächere" Seite oft eine fast gleichrangige Anerkennung. Sie können bilateral und auch in größeren multilateralen Zusammenhängen ablaufen, so z. B. die Mitwirkung der beiden Staaten in Deutschland beim KSZE- Prozess; die Helsinki-Schlussakte vom 1. August 1975 wurde im „Neuen Deutschland" abgedruckt. Ein vom Ergebnis negatives Beispiel war die Teilnahme beider koreanischer Staaten an den „Sechs-Parteien-Gesprächen" über nukleare Abrüstung in Peking. Weil zwischen den Hauptkontrahenten, Süden und Norden und zwischen den USA sowie Japan und der DVRK keine diplomatische Anerkennung bestand, waren es „Gespräche" und keine „Verhandlungen", an denen auf Einladung der VR China, die DVRK, der RK, die USA, Japan und Russland von 2003 bis 2009 teilnahmen. (Chu/Lin 2008. Hur 2019) Sie führten zu keiner Vereinbarung; im Gegenteil, Pjöngjang fühlte sich in seinem Sicherheitsbedürfnis bestätigt, was zur Intensivierung des Nuklear- und Raketenprogramms führte.

13. Offiziell-inoffizielle Verhandlungen. Wenn solche Treffen als Gespräche bezeichnet werden, weil Statusfragen ungeklärt bleiben, können sie dennoch durchaus offiziellen Charakter haben. Sind die Chefdelegierten keine offiziellen Beamten, dann gehören solche fast immer zur Delegation und haben eine politische Prokura. Die durch eine Vielzahl von Kontakten gewonnenen Erfahrungen und der sich steigernde Nutzen der Wirtschaftsbeziehungen können helfen, politische Schocks besser zu absorbieren. (Goertz/Diehl 1995)

Informationen, Kommunikation und persönliche Bekanntschaft sind immer wichtig, aber zwischen geteilten Nationen besonders und hier nicht nur zur eigenen, sondern auch zur Schutzmacht der „anderen Seite". Egon Krenz und Hans Modrow hatten keine guten Kontakte und die neue DDR-Führung um Lothar de Maizière war Gorbatschow und seinen Vertrauten unbekannt. In der spannenden Phase 1989/90 waren die Kontakte zwischen der SU und der Bundesrepublik weitaus besser, sowohl zur Regierung als auch zur SPD, als die zwischen Ost-Berlin und Moskau, abgesehen von einigen DDR-Führern und der in Ostdeutschland stationierten Westgruppe der Sowjetarmee.

14. Ausweitung und vertragliche Absicherung der Zusammenarbeit. In dieser Etappe sind Austausch und Zusammenarbeit in größerem Umfang leichter möglich, wenn sich beide Seiten auf das Prinzip der Gleichrangigkeit geeinigt haben, was nicht bereits völkerrechtliche Anerkennung bedeuten muss. Der erweiterte Handlungsspielraum bewirkt vermehrt Erfahrung mit positiver Interdependenz, was im politischen Bereich hilft, „Kompromissbeziehungen" einzugehen. Bilaterale Verbesserungen haben dann meist auch positive Auswirkungen auf die Region. (Moon 1995)

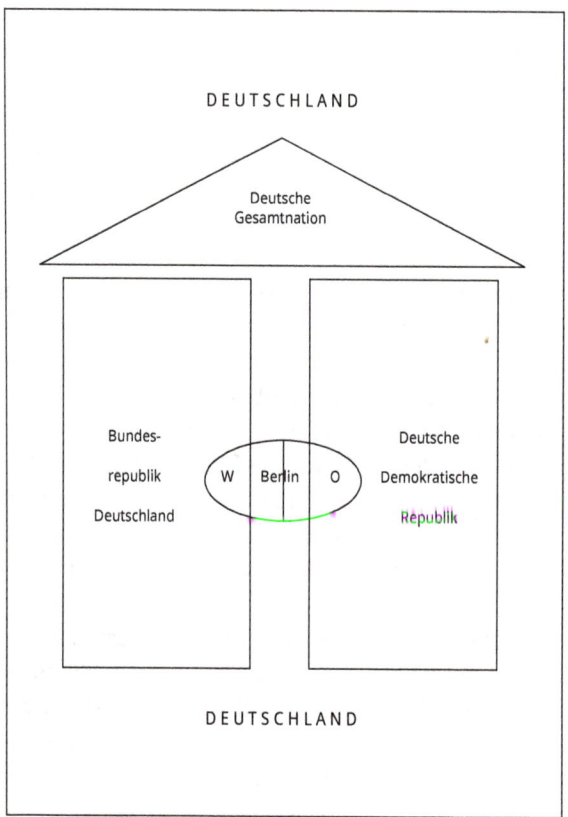

Graphik 10: Die Vorstellung der Existenz von zwei Staaten in Deutschland unter dem Dach einer fortbestehenden deutschen Gesamtnation mit Berlin als Verbindungsglied

Spätestens in dieser Phase wird der Alleinvertretungsanspruch fallen gelassen, wenn auch nicht unbedingt förmlich aufgegeben und das Fortbestehen einer Nation verstärkt betont. In Deutschland ist dieses Konzept als Teilordnungslehre bzw. Dachtheorie weiter ausgearbeitet worden. (Schmid 1980: 59 ff. Thum 1999. Wilke 1976: 77–99) Für Carlo Schmid hatte diese Sichtweise durchaus Berechtigung, denn beide Staaten auf deutschem Boden seien nach den Ursachen ihrer Entstehung Produkte des Übergangs, also der bisher erreichbare Grad eines Provisoriums, der den heutigen Zustand darstelle. „Insoweit sind diese beiden Staaten politische Residuen zweier Besatzungsregime, ihrer Entstehung nach gleichen Ranges, so verschieden auch ihre moralische und ihre demokratische Legitimität sein mag. Darum können sie auch miteinander verkehren, ohne daß sie sich dabei aber als Ausland anzuerkennen brauchen und können."[31]

Im Jahr 1969 war das ein gewagter Kompromiss, denn er schien der SED-DDR auf mehr als halbem Wege entgegenzukommen. Mehr war für die Führung in Ost-Berlin aber nicht zu erreichen und die Opposition in der Bundesrepublik kämpfte vehement gegen diese neue Strategie, die auch im Ausland vielfach auf Skepsis, gar Misstrauen stieß. Das Konzept ging von der These aus, dass die beiden Staaten in Deutschland von einem gemeinsamen Dach deutscher Identität, von einer deutschen Kulturnation, überwölbt seien.

Willy Brandt sagte dazu in seinem Bericht zur Lage der Nation am 14. Januar 1970:

> 25 Jahre nach der bedingungslosen Kapitulation des Hitler-Reiches bildet der Begriff der Nation das Band um das gespaltene Deutschland. Im Begriff der Nation sind geschichtliche Wirklichkeit und politischer Wille vereint. Nation umfaßt und bedeutet mehr als gemeinsame Sprache und Kultur, als Staat und Gesellschaftsordnung. Die Nation gründet sich auf das fortdauernde Zusammengehörigkeitsgefühl der Menschen eines Volkes. Niemand kann leugnen, daß es in diesem Sinne eine deutsche Nation gibt und geben wird, soweit wir vorauszudenken vermögen. Im Übrigen: auch oder, wenn man so will, selbst die DDR bekennt sich in ihrer Verfassung als Teil dieser deutschen Nation. Wir müssen, so meine ich, eine historische und eine politische Perspektive haben, wenn über die Lage der Nation gesprochen wird, wenn wir die Forderung auf Selbstbestimmung für das deutsche Volk bekräftigen.[32]

Es geht um Rechtsnachfolge und um den Erhalt des Zusammengehörigkeitsgefühls der einen Nation, was besonders wichtig ist, wenn Gewöhnung, gar Akzeptanz an die Teilung wachsen, denn es gibt etwas, was noch immer verbindet. Aus diesem Grund hat Willy Brandt oft von „zwei Staaten in Deutschland" gesprochen. Eine solche Dachtheorie wird unterschiedlich bewertet. Für die SED-Führung war sie eine Schimäre, denn im Laufe der Jahre habe sich eine spezielle DDR-Identität herausgebildet, aber für die Bundesrepublik war sie von Bedeutung für die Ostpolitik. In Korea wird von beiden Seiten die Existenz des „einen Koreas" beschworen, ohne dass sich daraus eine Grundlage für Normalisierung ergeben hätte. Das ist der Lage auf Zypern ähnlich, wo mit Blick auf die Vergangenheit Gemeinsamkeiten betont werden, aber zu wenig getan wird, dieses wichtige Gut am Leben zu erhalten und zu kräftigen.

Wichtig ist, wer den Alleinvertretungsanspruch aufgibt. Tut es die Seite, die von ihm am meisten profitierte, ergeben sich neue Handlungsmöglichkeiten. Gibt die „schwächere Seite" ihren Anspruch auf, wie schrittweise die Republik China, dann

---

31 Hier zitiert aus Roth 1981: 43.
32 Brandt, Willy. *Bericht zur Lage der Nation* am 14. Januar 1970. In: *Texte zur Deutschlandpolitik IV*; S. 209. https://www.cvce.eu/content/publication/2003/3/12/3b8968f5-adf7-4ed7-b093-592871e144ef/publishable_de.pdf. Eingesehen am 24.10.2019.

kann es sogar zu einer Verschärfung der Auseinandersetzung kommen. Auf die Feststellung von Präsident Lee Teng-hui, dass es zwischen beiden Seiten eine besondere Beziehung von Staat zu Staat gebe, reagierte die VR China durchaus unfreundlich.

In Korea wurde mit dem Basic Agreement vom Dezember 1991 formal der Alleinvertretungsanspruch aufgegeben, es gab aber keine diplomatische Anerkennungswelle für den Norden und die Übereinkunft brachte keinen politischen Mehrwert. Außerdem waren gesetzliche Regelungen, wie sie die RK einführte, nicht förderlich für eine Ausweitung der Kooperation. Das Gesetz für Austausch und Zusammenarbeit zwischen Süden und Norden[33] ist eher ein Kontrollinstrument als eines zur Intensivierung, denn für die Zusammenarbeit ist ein komplizierter Genehmigungsprozess notwendig; es sieht bei Verstößen eine Reihe drakonischer Strafen vor und ist oft zur politischen Unterdrückung mißbraucht worden. (Kim Dj 1997: 250)

Wenn Normalisierung eingeübt ist und sich als nützlich erweist, kann es weniger offensichtliche Bestrebungen geben, die auf eine Vereinigung ausgerichtet sind, denn es geht darum, die Teilung besser zu „managen." In Deutschland erschwerte dies der SED-DDR das propagierte Image des „feindlichen Westens" glaubhaft zu erhalten. Die Legitimierung des Regimes wurde schwieriger, die politischen Kosten stiegen, so auch Bestrebungen innerhalb der Bevölkerung, sich mehr Freiräume zu schaffen.

Auch hier ist Korea ein schwieriger Fall. In seinem Artikel über Kontakte während der Sonnenscheinpolitik betont Koh Yu-Hwan die große Schwierigkeit, die über ein halbes Jahrhundert andauernde „antagonistische Dependenz" in eine „gegenseitig nützliche Dependenz" umzuwandeln. (Koh 2004) Es gebe nun Anzeichen – Koh schrieb während der Präsidentschaft von Roh Moo-hyun – dass sich die Kontakte verbesserten, notwendig sei der Wille beider Seiten, Erklärungen und Übereinkünfte in die Tat umzusetzen und die Strukturen des Kalten Krieges, die Korea noch immer umgeben, aufzubrechen. Die weitere Entwicklung hat leider gezeigt: guter Wille war immer nur kurzfristig, Misstrauen dauerhaft.

Die Beziehungen zwischen der VR China und Taiwan haben sich über die Jahre hinweg intensiviert, besonders im ökonomischen Bereich, es entstand aber keine gegenseitig nützliche Interdependenz. Auf Taiwan wird diese Abhängigkeit als bedrohlich und die Entwicklung in Hongkong als Warnung für Taiwans Zukunft empfunden.

Auf Zypern gibt es mangels Masse keine positiven Auswirkungen vom ökonomischen in den politischen Bereich. Die Aussicht auf gemeinsame Erlöse aus Öl- und Gasvorkommen intensivierte den Streit auf nationaler und internationaler Ebene.

15. Gegenseitiger Nutzen (positive Interdependenz). In dieser Etappe sind beide Seiten überwiegend mit der Art und den Ergebnissen der Zusammenarbeit zufrieden, was hilft, in einer entspannteren politischen Atmosphäre Zukunftsoptionen zu

---

[33] Inter-Korean Exchange And Cooperation Act. Act No. 4239 vom 01.08.1990, mehrfach ergänzt. https://www.elwa.klri.re./kr/eng_mobile/viewer.do?hseq=5533&type=part&key=1. Eingesehen am 26.03.2024. Die Regierung von Präsident Moon Jae-in versuchte vergebens eine Anpassung/Überarbeitung des Gesetzes.

entwerfen und zu diskutieren, zum Beispiel eine Konföderation, föderale Arrangements, eine fair ausgehandelte Vereinigung oder eine endgültige, vertraglich geregelte Trennung. Solche Diskussionen sind möglich, wenn die eigene Existenz gesichert ist und Fragen der Teilung sowie verwandte Themen nicht mehr dogmatisch verfolgt werden. Schlicht ausgedrückt: Die eine Seite droht nicht mehr mit Wiedervereinigung und die andere hat die Hoffnung auf eine solche noch nicht aufgegeben.

Abschließend eine nachdenkliche Anmerkung. Interdependenz wird hier oft als positiv dargestellt. Ökonomische Interdependenz ist fast immer auch Zusammenarbeit mit politischen Hintergedanken. Es kann keine völlig ausgewogene Interdependenz geben. Ökonomische wechselseitige Abhängigkeit verhindert keinen Krieg, wie der Krieg Russlands gegen die Ukraine ab 2022 zeigte. Dennoch haben intensivierte Zusammenarbeit und Kommunikation große Bedeutung.

5.4 Vergleichende Bemerkungen zu Normalisierungsprozessen

Die Normalisierung zwischen beiden Staaten in Deutschland war notwendig und akzeptabel, weil sie nicht explizit mit der Zielsetzung einer Vereinigung vollzogen wurde, sondern mit ihr eine Absicherung des Status quo verbunden war, auch um menschliche Erleichterungen für die Betroffenen in Deutschland zu erreichen. Mit den Worten von Egon Bahr: „Uns hat es zunächst um die Menschen zu gehen und um die Ausschöpfung jedes denkbar und verantwortbaren Versuchs, die Situation zu erleichtern." (Bahr 1963: 3) Gleichzeitig sollte diese Art der Normalisierung den Nachbarstaaten und international generell als Zusicherung dienen, dass die Ergebnisse des Zweiten Weltkrieges, die Grenzen, auch von einem erstarkten Deutschland nicht in Frage gestellt würden. (Hüttmann 2008: 224 ff.)

Normalisierung ist eine Entwicklung, die zu der durch die Praxis geförderten Erkenntnis führt, dass es für beide Seiten nützliche Zusammenarbeit geben kann. Erfahrungen und Kontakte auf möglichst vielen Ebenen sind essentiell für eine realistischer werdende wechselseitige Einschätzung der Motive, Möglichkeiten und Sachzwänge. Die öffentliche Meinung und die von Eliten spielen hier eine große Rolle. Douglas Foyle unterscheidet zwischen normativen (*normative beliefs*) und praktischen Anschauungen der Elite und hat in einer Fallstudie deren Auswirkungen auf die Wahrnehmung und Lösungsmöglichkeiten der Krise zwischen Taiwan und der Volksrepublik um küstennahe Inseln vom September 1954 untersucht, einer Zeit, in der Informationsaustausch und Kontakte minimal waren. (Foyle 1997)

Die Bereitschaft, sich an einem Normalisierungsprozess zu beteiligen, ist oft mit einem Reformprogramm verbunden, das durch das Ableben bzw. die Entmachtung führender Persönlichkeiten möglich wurde, so zum Beispiel Chiang Kai-shek in Taiwan, Walter Ulbricht in der SED-DDR, Park Chung-hee in der Republik Korea. (Paik 1993) Eine Öffnung nach außen und Veränderungen im Innern sind wesentlich für Beginn und Erfolg von Normalisierungsprozessen und in einigen Fällen haben Maßnahmen von politisch-militärischen Führern hier, bewusst oder unbewusst, den Weg bereitet. „Sicher kann bezweifelt werden, ob Südkoreas Park Chung-hee und Taiwans Chiang Kai-shek dem klaren demokratischen Pfad zugestimmt hätten, den ihre Nachfolger einschlugen. Aber ihre Entscheidung, die Wirtschaft zu öffnen und die Bevölkerung an der Entwicklung teilhaben zu lassen führten zu ersten Kontrollen der Machtausübung und brachten die spätere Liberalisierung in Gang."[34]

Normalisierung ist Voraussetzung und Nährboden für vertrauensbildende Maßnahmen. Was die Beziehungen zwischen beiden Staaten in Korea und die zwischen der VR China und Taiwan anbelangt, so wären Gewaltverzicht, Nichteinmischung, Gleichrangigkeit, gegenseitiger Respekt und gegenseitiger Nutzen, d. h. positive Interdependenz, nicht nur für die direkt Beteiligten, sondern für die gesamte Region von Vorteil. Dafür wäre es notwendig, einen Modus Vivendi zu finden sowie zu praktizieren, der zunächst keine formelle Anerkennung beinhaltet, aber eine Weiterentwicklung der Beziehungen auf vielen Gebieten ermöglicht. Das würde dann der Definition von Michael Posth entsprechen: Friedliche Koexistenz ist Anerkennung und Respektierung anderer Staaten und Gesellschaftsordnungen, deren Existenz und Andersartigkeit als gegeben hingenommen wird, ohne sie den eigenen Vorstellungen entsprechend verändern zu wollen. (Posth 1973: 74 f.) Roland Bleiker spricht von „Ethik der Differenz."

In Deutschland entwickelten sich vertrauensbildende Maßnahmen trotz Schwierigkeiten relativ gut. Zwischen der VR China und Taiwan sind sie über kleine Anfänge nicht hinausgekommen, weil das Postulat des „einen Chinas" fortbesteht, zu dem Taiwan gehöre und weil auf der Insel Identität und Selbstvertrauen noch immer einen Entwicklungsprozess durchlaufen, den Lowell Dittmer wegen der Problematik einer de iure Unabhängigkeit als „zielverhinderte Suche" bezeichnet hat. (Dittmer 2005) Für Zypern ist ein militärischer Konflikt wohl auszuschließen, aber bei der Vertrauensbildung gibt es kaum Bewegung. Auf der koreanischen Halbinsel sind militärische Auseinandersetzungen nicht auszuschließen.

Normalisierung führt zu mehr Vorhersagbarkeit und Verlässlichkeit; es entsteht Vertragstreue, die auch als eine Art Vertrauen verstanden werden kann. Wird sie über einen längeren Zeitraum fortgesetzt, kann sie größere Annäherung bei nationalen Präferenzen bewirken.[35] Ein Beispiel war die sich zwischen der Bundesrepublik und der SED-DDR herausbildende Sichtweise, durch eine Verantwortungsgemeinschaft miteinander verbunden zu sein. Ein positiver Aspekt von Normalisierung ist, dass durch sie die bedrohliche Überzeugung überwunden wird, Wiedervereinigung müsse ein Nullsummen-Spiel sein, was besonders bei geteilten Nationen mit sehr ungleicher Machtausstattung wichtig ist. Bao Tzong-Ho hat in diesem Zusammenhang

---

34 So in einem Leitartikel der *FEER* vom 14. April 1994, S. 7.
35 Möglichkeiten und Konsequenzen, bewirkt durch verstärkte Affinität bei nationalen Präferenzen ganz allgemein, d. h. nicht speziell auf geteilte Nationen bezogen, untersuchte Gartzke 1998; eine skeptische Sichtweise ist Lane 1994.

auf die Bedeutung des Erkennens und Nutzens von sektoraler Übereinstimmung von Interessen verwiesen. (Bao 1991) Erfolgreiche Normalisierung kann, muss aber nicht zu einer Vereinigung führen. Die DVRK befürchtet, am Ende einer umfassenden Normalisierung mit dem Süden könnte eine Einverleibung durch Absorption wie in Deutschland stehen. Auf Taiwan fürchten viele, eine Vereinigung würde zwangsläufig gravierende Einschnitte im politischen und gesellschaftlichen System bedeuten. Auf Zypern wird befürchtet, eine Konföderation, gar Wiedervereinigung, könnte Spannungen verschärfen.

5.5 Normalisierungsdilemma bei geteilten Nationen mit antagonistischen Systemen: zur Janusköpfigkeit der Interdependenz

Normalisierung, Modus Vivendi und Interdependenz sind positiv besetzte Begriffe. Für geteilte Nationen ist zu untersuchen, wann und warum Stabilisierung ohne Liberalisierung in Liberalisierung durch Destabilisierung wegen Normalisierung umschlagen und welche Folgen eine solche Entwicklung haben kann. (Garton Ash 1994)

Wer postuliert, ohne erfolgreiche Normalisierung zwischen geteilten Nationen sei eine friedliche Einigung nicht möglich und Normalisierung als heilsames Mittel empfiehlt, einen erbaulichen Modus Vivendi zu erreichen, der sollte auch mitteilen, dass das Ergebnis einer solchen Entwicklung nicht von allen geschätzt wird. Am Ende dieses Prozesses gab es in Deutschland keine SED-DDR mehr und die friedliche Revolution trug wesentlich zur Vereinigung bei; durch Systemübertragung wurde die DDR Teil der nun größeren Bundesrepublik. (Gissendanner 1996, Wiesenthal 1995) Führt eine Normalisierung zur Wiedervereinigung, wird es kaum ein Win-win-Ergebnis auf der Systemebene geben.

Es gibt fast keine aussagekräftigen Meinungsumfragen über die Art einer koreanischen Einigung, die über einen längeren Zeitraum durchgeführt wurden, aber vermutlich werden fast alle in der RK bei der Erwähnung des Wortes „Wiedervereinigung" folgendes denken: Wir gewinnen, die verlieren! Der Norden kommt zu uns, die Republik Korea wird größer und Seoul die Hauptstadt des wiedervereinigten Koreas. Wenn auch aus verschiedenen Gründen im Ausland davon gesprochen wird, es sei kein Regimewechsel in der DVRK angestrebt, so ist das doch wohl die vorherrschende Meinung und Pjöngjang dürfte sicher der Überzeugung sein, dass dies ein vorrangiges Ziel des Auslandes sei, welches es unter allen Umständen zu vereiteln gelte.

Wer eine friedliche Vereinigung will, muss seinen Beitrag leisten, dass dafür Vorbedingungen geschaffen werden. Seit einigen Jahren gibt es in der RK Rufe nach einer Verbreiterung der Konzepte und Diskurse bezüglich Wiedervereinigung. Viele dieser Appelle sind allerdings eine Ansammlung von Ermunterungen und Plänen, um durch „kreativen Aufbau" ein Land zu schaffen, in dem das Leben sowohl Gleichheit als auch Überfluss bietet, basierend auf dem Elan und dem Ethos beider, des Südens und des Nordens. Solche lyrischen Formulierungen sind hübsch zu lesen, aber es mangelt an Konkretisierung. Werden Wege hin zu diesem Ziel aufgezeigt, gibt es dennoch manchmal interessante Formulierungen, die der amtlich verordneten politischen Korrektheit der RK nicht unbedingt entsprechen. „Eine gemeinsame Zukunft kann nur erreicht werden, wenn es Respekt für die einzigartige politische Kultur und Autonomie Nordkoreas gibt, die sich während der Teilung herausgebildet hat." (Cho 2014: 30) Es wird für eine langsame und ausgewogene Vorgehensweise plädiert, die zu einem „föderalen Staat koreanischen Typs" führen soll. Das scheint wünschenswert, ob es machbar ist, bleibt höchst zweifelhaft. Viele, so auch Hans Maretzki, sind skeptisch: „Die Herbeiführung einer systemischen Homogenität kann nur ein ‚win-lose-game' sein, denn es verlangt die Eliminierung des einen Systems, Nachteile und Rückschläge für alle früheren Nutznießer des Verliererregimes eingeschlossen." (Maretzki 1998: 330) Er erteilte damit den hoffnungsfrohen Vorstellungen von Konvergenztheoretikern eine Absage, die bei genügend Anpassungskapazität und viel gutem Willen beider Seiten erwarteten, es werde zu einem Mischsystem, einer Systemmelange kommen. Deshalb hielt er auch den „Drei-Stufen-Plan" von Kim Dae-jung für völlig unrealistisch.

Normalisierung wurde in diesem Buch bisher als ein zwar schwieriger, aber wünschenswerter Prozess dargestellt, der zu positiver Interdependenz führt, d. h. einer fairen Zusammenarbeit zum gegenseitigen Nutzen, die Betonung liegt mehr auf „inter", weniger auf „Dependenz", d. h. Abhängigkeit, denn letztlich würden beide Seiten davon profitieren. Aber Normalisierung ist auch Austragung von Systemkonkurrenz, ist ein zweischneidiges Schwert, oder anders ausgedrückt, sie hat dialektische Wirkung. Der lange Normalisierungsprozess in Deutschland war ein Wettbewerb, den die SED-DDR verloren hat. Es gibt ein Normalisierungsdilemma.

Die SED-DDR brauchte die Zusammenarbeit mit der Bundesrepublik, wusste aber von Anfang an auch um deren für sie schädliche Nebenwirkungen. Der Grundgedanke „Wandel durch Annäherung" war deshalb suspekt. Otto Winzer, der damalige Außenminister, nannte Egon Bahrs Konzept „Aggression auf Filzlatschen" (Seidel 2002: 52), eine Charakterisierung, die Bahr als zutreffend empfand.[36]

Die SED-DDR konnte mit einiger Berechtigung diese Strategie als langsam wirkendes Gift bezeichnen. Am Ende war es effektiv, weil die Abwehrkräfte des SED-DDR-Körpers nicht ausreichten, beziehungsweise um im Bild zu bleiben, weil die politischen Doktoren eine fehlerhafte Diagnose stellten, die falsche Therapie anwandten und spätestens im Dezember 1989 mit ihrem Latein am Ende waren. Außerdem hatte sich der Patient anders entwickelt.

Timothy Garton Ash stellte fest, dass im Jahre 1986 Erich Honecker glaubte, die Ostpolitik habe zu einer Stabilisierung seines Staates beigetragen, dessen Lage gefes-

---

[36] Andere Quellen schreiben „Konterrevolution auf Filzlatschen", was wohl keinen qualitativen Unterschied macht. Egon Bahr bestätigte die Einschätzung von Winzer. (Bahr 1996: 157)

tigt sei und er über mehr internationale Autorität verfüge. (Garton Ash 1995: 291) Diese Einschätzung wurde durch seinen Staatsbesuch der Bundesrepublik ein Jahr später bestätigt. In Südkorea dachten damals viele, nun würde es bald zu einer Vereinigung in Deutschland kommen, denn es habe ein Gipfeltreffen stattgefunden. Viele in Deutschland hielten das Treffen eher für einen Höhepunkt der Normalisierung und die Beibehaltung der Teilung. Rund zwei Jahre später jedoch wurde die „Berliner Mauer"[37] geöffnet und am 3. Dezember 1989 Honecker aus der SED ausgeschlossen. Der Staatsbesuch erwies sich als Pyrrhussieg, denn wie Martin Sabrow schrieb, der politische Durchbruch in Bonn führte zum politischen Zusammenbruch in Ost-Berlin. (Sabrow 2013: 202, 237)

Die DDR brauchte Wirtschaftskooperation und Kredite, sie wollte internationale Anerkennung. Je mehr sie sich öffnete, desto mehr Kontakte gab es, auch für die Bevölkerung, damit stiegen deren Informationsmöglichkeiten und Kenntnisse über Alternativen. Dieser Entwicklung wohnte eine dialektische Kraft inne, eine historische Ironie. Sie begann erst spät und langsam zu wirken, dann ab 1989 aber schnell. Je selbstsicherer die Führung der SED-DDR war, desto mehr bekam sie Probleme, denn Normalisierung bewirkte beides, äußeren Prestigegewinn und vermehrt innere Zwänge sowie ökonomische Abhängigkeit. In Ostdeutschland verlor letztlich der Kontrollapparat viel an seiner Wirkung und die Menschen verloren ihre Furcht. Eine solche Entwicklung hat auf der koreanischen Halbinsel noch nicht einmal begonnen.

Peter Bender stellte fest:

> Als Honecker im Herbst 1987 die Bundesrepublik besuchte, wurde die scheinbare Paradoxie der Entspannungspolitik sichtbar. Nie zuvor war die Eigenstaatlichkeit der DDR so demonstrativ bestätigt worden, aber nie zuvor zeigte sich auch die veränderte Position der DDR. Sie war aus dem Machtbereich Moskaus nicht herausgetreten, aber sie hatte sich in den Einflußbereich Bonns teils locken lassen und teils bewußt begeben. Der sowjetische Botschafter in Bonn beschrieb den Vorgang mit einem fatalen Bild: „Die DDR schluckte den goldenen Angelhaken immer tiefer, von dem sie dann nicht mehr los kam." (Bender 1999: 15. Bender 1994: 14.)[38]

In der redaktionellen Zusammenfassung eines Artikels von Bender ist diese Feststellung noch etwas ausgeführt.

> Weitgehend unbeachtet blieb, was Entspannung für die DDR-Macht bedeutete. Sie brachte der Führung nicht nur Valuta und Aufwertung, sondern auch „Aufweichung" und den Zwang zu allmählicher, kontrollierter Öffnung zur Bundesrepublik. Während Bonn für „menschliche Erleichterungen" nur mit Geld und Ehrenbezeigungen bezahlen mußte, war Honecker genötigt, wesentliche Fundamente der Parteiherrschaft abzubauen: das Feindbild, die „Abgrenzung" gegen Westen und das Verbot von Reisen dorthin; sogar seine Handlungsfreiheit gegenüber der Bundesrepublik wurde eingeschränkt und sein Verhältnis zur Schutzmacht Moskaus gestört. Bonns konse-

---

[37] Wegen der damaligen Umstände vollzog sich die Öffnung der Mauer ohne vorherige Konsultation mit der SU, obwohl es sich um „deren" Sektorengrenze handelte.

[38] Zum Besuch von Erich Honecker in Bonn siehe *Bulletin des Presse- und Informationsamtes der Bundesregierung*, 1987, Nr. 83, S. 705–708.

quente Entspannungspolitik hat keine Reform der DDR bewirkt, aber deren Ruin gefördert und beschleunigt. (Bender 1994: 47)

Der letzte Satz ist diskussionswürdig, denn der Normalisierungsprozess hat gegen Ende sehr wohl unterstützend für die friedliche Revolution in der DDR gewirkt.

Viel hängt von der Art ab, wie Interdependenz durchgeführt wird und welche Zielsetzungen damit verbunden sind. Für Korea empfiehlt Andrei Lankov dem Süden subversives Engagement gegenüber dem Norden. (Lankov 2009) Im deutschen Fall trug „Wandel durch Handel" erst zu einer Stabilisierung der SED-DDR bei, dann später zu Schwächung durch Abhängigkeit. Oft ist auf diese Janusköpfigkeit verwiesen worden, so von Dale Copeland ganz allgemein ohne speziellen Bezug auf geteilte Nationen. Er betonte, Interdependenz „[...] kann entweder friedensfördernd oder kriegstreibend sein, es hängt von den Erwartungen ab, die an den zukünftigen Handel gestellt werden." (Copeland 1996: 7) Die SED-DDR, die VR China und die DVRK erwarteten von Zusammenarbeit mit „der anderen Seite" eine Verbesserung ihrer Wirtschaftskraft, ihrer internationalen Stellung und damit eine Stärkung des Regimes, sie wollten bzw. wollen ihre Herrschaft ausbauen, nicht auflösen. (Zhang 2004). Die VR China praktiziert erfolgreiche ökonomische Zusammenarbeit mit Taiwan und die Insel sieht sich in ihren Befürchtungen bestätigt, durch Interdependenz immer abhängiger zu werden. Die DVRK wertet das deutsche Beispiel als eindeutigen Beweis, dass diese Art der Zusammenarbeit zum Ende einer Seite führt. Sie ist sich des Anpassungsdrucks bewusst, auch ihrer Abhängigkeit von der VR China und es ist ihr bislang gelungen, ein großes Maß an Eigenständigkeit zu bewahren. Es gibt eine unterschiedliche Erwartungshaltung, die ein Forscher des Samsung Economic Research Institutes so beschrieben hat:

> Nordkorea sollte eine Politik betreiben, die seinem realen Status entspricht. Es muss ein gewisses Maß an Bereitschaft zeigen, im internationalen System mitzuwirken, um das Überleben seines Regimes und seiner Menschen zu sichern. Es ist eine Tatsache, dass sich das internationale System nicht Nordkorea anpassen kann, sondern Nordkorea muss sich der internationalen Gemeinschaft anpassen. (Dong 2004: 77)

Über dieses „müssen" ist Pjöngjang anderer Meinung und es scheint seinen „realen Status" anders einzuschätzen.

Es gibt ein Normalisierungsdilemma bei geteilten Nationen mit antagonistischen Systemen, dessen Konsequenzen Ähnlichkeit mit dem haben, was Kenneth Waltz als „Sicherheitsdilemma" beschrieb.[39] Das ist keine neue Erkenntnis. Immanuel Kant schrieb 1793 über Rüstung zur Verteidigung, die den Frieden oft noch drückender und

---

[39] Waltz, Kenneth N.: *Theory of International Politics*. New York: McGraw-Hill, 1979, S. 186 ff. Waltz verweist auf John H. Herz, der 1950 zuerst über das Sicherheitsdilemma geschrieben hat. Siehe auch Jervis, Robert: „Cooperation under the Security Dilemma." *World Politics*, 30, January 1978, S. 169–214. Glaser, Charles L.: „The Security Dilemma Revisited." *World Politics*, 50, October 1997, S. 171–201. Tang, Shiping: „The Security Dilemma: A Conceptual Analysis." *Security Studies*, 18/3, July-September 2009, S. 587–623.

für die innere Wohlfahrt zerstörender macht, als selbst der Krieg. (Kant 1964: 171) Eine Seite fühlt sich bedroht und unternimmt verstärkt Verteidigungsanstrengungen, die von der anderen Seite als Bedrohung empfunden werden und dort zu Aufrüstung führen, worauf der Gegner mit weiterer Rüstung reagiert, usw. Eines der „Paradebeispiele" ist die DVRK, die sich bedroht fühlt und von anderen als Bedrohung empfunden wird. Das Drehen dieser „Spirale" kann durch verbesserte gegenseitige Kenntnis, vor allem um die Motive und Sachzwänge der anderen Seite, durch vertrauensbildende Maßnahmen und intensivierte Kooperation verlangsamt, reduziert und überwunden werden. Je mehr sich Normalisierung ausweitet, desto schwieriger kann es werden, Mangelwirtschaft zu erklären. Pjöngjang ist noch immer in der Lage, Informationsflüsse zu kontrollieren und gravierende Probleme mit der Teilung und den Sanktionen des Auslandes zu erklären. Die KP Chinas verbucht Erfolge ökonomischer Zusammenarbeit als Aktiva auf ihrem eigenen politischen Geschäftskonto.

In einer sich demokratisierenden Gesellschaft wird die Wiedervereinigung nicht mehr vorbehaltlos als das höchste Ziel der Nation angesehen, für das alle Opfer gebracht werden müssen. Demokratisierung bedeutet auch Veränderungen bei Institutionen, Verfahren und Werten, sie macht die Legitimierung von Machtausübung schwieriger. Ein undemokratisches Regime kann leichter seine Macht ausüben und erfolgreich den Ausgang von Wahlen manipulieren. Auf Taiwan ermöglichte die Demokratisierung vielschichtige und kontroverse Debatten über die nationale Identität. Demokratisierung führte hier auch zu Taiwanisierung bzw. Distanzierung von China (Desinisierung). (Hao 2010: 49 ff. Yu/Kwan 2008) Latent vorhandene, aber lange Zeit unterdrückte Spannungen in der Gesellschaft kamen nun offen zur Sprache und die Demokratisierung wurde nicht nur zu einem integrierenden Faktor auf Taiwan, dafür wird mehr Zeit benötigt. (Lin/Lin 2005)

Normalisierung kann Spannungen verringern und Kontakte sowie Zusammenarbeit vermehren, aber das kompromisslose Beharren der VR auf dem „Ein-China-Prinzip" wurde nicht reduziert, im Gegenteil. Viele auf Taiwan fürchten, dass fortschreitende Normalisierung und Wirtschaftsbeziehungen mit dem Festland zu Abhängigkeit führen, also eine „Falle" sein könnten, während gleichzeitig die Hoffnung besteht, substantielles Rapprochement und eine Demokratisierung könnten den Vereinigungsdruck verringern. Viele in der VR erwarten, dass die Zeit auf ihrer Seite ist und letztlich Taiwan so abhängig sein wird, dass es keine andere Wahl hat, als eine Vereinigung zu akzeptieren, zumindest in Form eines erweiterten Hongkong-Modells, was für die überwiegende Mehrheit auf Taiwan aber nicht akzeptabel ist.

Der Zeitfaktor spielt sowohl für die Dauer der Teilung, als auch für den Prozess der Normalisierung eine Rolle. Das hier angesprochene Dilemma beinhaltet beides, die Möglichkeit der Annäherung, aber auch die einer weiteren Entfremdung. Robert M. Marsh untersuchte Ähnlichkeiten bei Wertvorstellungen in der VR China und auf Taiwan und kam zu dem Ergebnis, dass abgesehen von religiösen Einstellungen die Probleme von sich widersprechenden Werten kein großes Hindernis für die Integration bei beiden Gesellschaften sei. Bezüglich einer Vereinigung gelangte er zu einer anderen Diagnose. „Sollte es in ferner Zukunft zu einer Wiedervereinigung kommen, ist es wahrscheinlich, dass sich wichtige Veränderungen bei Werten ergeben. In diesem Fall wird eine Wiedervereinigung schwieriger sein, weil sich Werte in divergenter und weniger in konvergenter Richtung entwickeln werden." (Marsh 2009: 73)

Was Korea anbelangt, besteht das Normalisierungsdilemma nicht nur aus der großen Systemdifferenz. Ein System, das unfähig ist, seine Menschen ausreichend zu ernähren (Natsios 2001) und zu seiner Aufrechterhaltung einen großen Unterdrückungsapparat benötigt, sollte eigentlich auf lange Sicht nicht überleben können, dennoch kann es sich lange Zeit an der Macht halten.

Die DVRK ist ein Beispiel, wie ein solches System überlebt, trotz ständigem, großenteils selbstverursachtem Belagerungszustand (Kim, Bomi 2016) sowie Sanktionen, wie es dabei noch ein geringes Wirtschaftswachstum erzielt und in einigen Bereichen, z. B. Nuklear- und Raketentechnologie, beachtenswerte Fortschritte macht.[40] Negative Reaktionen des Auslandes werden von Pjöngjang als Bestätigung für die Richtigkeit der eigenen Strategie empfunden. Nach gängigen Kriterien ist die DVRK ein gescheiterter Staat bzw. zumindest ein gescheitertes Regime. Washington erklärt, es würde keinen Regimewechsel in der DRVK anstreben. Seoul sagt, es wolle keine Einverleibung des Nordens durch eine Absorbtionswiedervereinigung, das Ziel sei eine demokratische und friedliche Vereinigung. Demokratisch im Sinne des Südens ist aber geichbedeutend mit Systemwechsel des Nordens. Ein solcher würde jedoch dort Veränderungen voraussetzen, für die erst einmal Voraussetzungen zu schaffen wären. Die RK und das Ausland generell müssen stärker nach Wegen suchen, wie solche Veränderungen ermöglicht und behutsam gefördert werden können. Pjöngjang hat mehrfach erklärt, sollte die Kooperation destabilisierende Wirkungen haben, werde sich die DVRK von ökonomischer Zusammenarbeit und anderen Kontakten zurückziehen, denn damit sei die Absicht verbunden, ein System zu eliminieren, nämlich das System der einen Seite durch friedliche Mittel der anderen Seite auszurotten, so z. B. Yon Hyung-Muk, der Premier des Nordens im Rahmen der zweiten Runde der Verhandlungen zwischen den Ministerpräsidenten beider Seiten am 17. Oktober 1990 in Pjöngjang. Diese Einstellung hat weiterhin Gültigkeit. (Lee, Goo 2004: 147) Bis es positive Erfahrungen mit Zusammenarbeit gibt, die zur Stabilisierung und Absicherung der DVRK beitragen, wird sich an dieser Haltung kaum etwas ändern.

Die Frage, ob ein anderes Regime im Norden, zum Beispiel ein Mehrparteiensystem, für den Prozess einer Normalisierung geeigneter wäre, ist reine Spekulation. Es gibt derzeit keine Voraussetzungen dafür, dass ein solches System aufgebaut werden und funktionieren könnte.

Lange gab es auf Taiwan die Hoffnung, eine Demokratisierung beider Seiten würde Spannungen verringern, eine Annäherung beschleunigen, die Zusammenarbeit intensivieren und sie könnte zu einer friedlichen Lösung führen, mit der beide Seiten

---

[40] Zur Überlebensfähigkeit der DVRK gibt es zahlreiche Publikationen, siehe z. B. Kihl/Kim 2006. Kim, SCh 2006 und Kim, Ks 2008.

einverstanden wären. (Herschensohn 2002) Der erhoffte Brückenbau fand nicht statt, der trennende Graben hat sich verbreitert und vertieft.

Veränderungen in den Einstellungen auf Taiwan sind ab Mitte der 1990er Jahre deutlich.[41] Nach Einschätzung der VR China hat dort die Demokratisierung den Wunsch nach Aufrechterhaltung der „Spaltung" verstärkt, die „Taiwan-Identität" vergrößert, die „China-Identität" verringert und somit die Insel weiter auf Distanz zum Festland gehen lassen. Es gibt viele Beobachter, die glauben, selbst eine grundlegende Demokratisierung des Festlandes werde keine Lösung der „Taiwan-Frage" bewirken, weil der Konflikt zu sehr mit Symbolen, negativen Erfahrungen, Emotionen und chinesischem Nationalismus befrachtet sei. (Esteban 2007)

Die Demokratisierung Taiwans ist für die VR China ein doppeltes Problem: von ihr könnte eine „Ansteckungsgefahr" ausgehen und sie hat bereits jetzt die Chancen einer friedlichen Vereinigung verringert, andererseits verstärkt die fortscheitende Demokratisierung der Insel nicht nur den politischen, sondern auch den moralischen Druck auf die USA, Taiwan weiterhin zu unterstützen. (Garver 1997. Wong 1997)

5.6 Reformbedarf, Reformverzögerung, Reformunfähigkeit

Viele sahen, bei aller Kritik an ihr, in der SED-DDR das „bessere Deutschland", denn, so der Glaube, dort sei der Nährboden für Ausbeutung, Militarismus und Faschismus beseitigt worden. Systemwettbewerb spielt eine signifikante Rolle bei der Systemlegitimierung, er kann sie letztlich aber nur erfolgreich spielen, wenn das System seine wichtigsten Aufgaben zur Zufriedenheit der Mehrheit der Bevölkerung erfüllt.[42] Die fortschreitende Normalisierung, die unzureichende Lernkapazität der Führung und die zunehmende Konfliktfähigkeit der Bevölkerung waren wesentliche Gründe für das Normalisierungsdilemma des Regimes. Es hätte vielleicht noch etwas länger überleben können, aber die Wirkungen der Normalisierung wurden zeitgleich stärker mit grundlegendem Wandel in Mittelosteuropa und der von Gorbatschow und seinen Anhängern betriebenen Reformpolitik.

In Schillers Wallenstein heißt es: Spät kommt Ihr – doch Ihr kommt! Der weite Weg entschuldigt Euer Säumen. Die SED-DDR konnte 1989 keinen weiten Reformweg als Säumnis vorweisen, denn Erich Honecker und seine Gefolgsleute waren der Meinung, bereits weit vorn zu sein. In Tutzing sagte Egon Bahr 1963: „Die Voraussetzungen zur Wiedervereinigung sind nur mit der Sowjetunion zu schaffen. [...] Die Zone muß mit Zustimmung der Sowjets transformiert werden. Wenn wir so weit wären, hätten wir einen großen Schritt zur Wiedervereinigung getan." (Bahr 1963: 1 f.[43])

---

41 Siehe Graphik 11 auf S. 437.
42 Eine Untersuchung der systemischen und kulturellen Differenzen zwischen beiden Staaten in Deutschland ist Pletsch 1979.
43 Die letzten beiden Sätze stehen auch in Bahr 2019: 100.

Ende der achtziger Jahre gab es verstärkt Zustimmung, ja Ermunterung und Drängen Moskaus an Ost-Berlin, Reformen durchzuführen. Honecker sah aber keine Notwendigkeit bei sich, sondern eher in der Sowjetunion. Denn er, so der sowjetische Botschafter in Bonn, sei der festen Überzeugung, das Zentrum des schöpferischen Marxismus verlagere sich von Moskau nach Berlin, da es der DDR von allen sozialistischen Ländern wirtschaftlich am besten gehe. (Kwizinskij 1993: 265)

Am 22. Dezember 1988 hatte Erich Honecker ein Gespräch mit dem Zentralrat der Jugendorganisation „Freie Deutsche Jugend" (FDJ), in dem er die nach seiner Meinung eigene gute Lage mit Problemen der Sowjetunion verglich.

> Es tut uns wirklich sehr leid, daß wir das ganz offen sagen müssen, aber in der DDR ist ein höherer Lebensstandard vorhanden als in der Sowjetunion. Das sagen die sowjetischen Genossen selbst. [...] Ich will ganz ehrlich sagen, wenn die Sowjetunion über solche dynamische Entwicklung der Volkswirtschaft, über solch effektive Volkswirtschaft verfügen würde, wenn sie ein solches sozialpolitisches Programm und ein solches Netz von Rechtssicherheit hätte, dann brauchte sie die Fragen der Perestroika nicht zu stellen; denn sie müssen diese Fragen stellen, um bestimmte Verkrustungen, die durch die Geschichte eingetreten sind, unter ihren Bedingungen zu überwinden. (Staadt 1995: 138)

Honecker lag damit nicht ganz falsch, zog daraus aber die falschen Schlüsse. Rund zehn Monate später, am 1. November 1989, war sein Nachfolger zum Antrittsbesuch bei Gorbatschow im Kreml und konnte sich solche Realitätsverleugnung nicht mehr leisten.[44] Gorbatschow war vor allem vom ökonomischen Lagebericht seines Gastes negativ überrascht und reagierte mit: So prekär habe er sich die Lage nicht vorgestellt. (Stephan 1994: 208)

Das entsprach auch der Einschätzung, die am 22. September 1989 der Leiter der Ständigen Vertretung der Bundesrepublik in der DDR an den Chef des Bundeskanzleramtes schickte. Sie beginnt mit den Sätzen:

> Die DDR befindet sich in einer Krise, in der sie erstmals in ihrer Geschichte weitgehend isoliert ist. Wesentlicher Teil der Krise ist die personelle und politische Überständigkeit der gegenwärtigen Führung. Überall im Lande, auch in der SED, wird die Notwendigkeit von Reformen anerkannt, die führenden Politiker bringen aber nicht den Mut und die Kraft auf, notwendige Reformschritte zu unternehmen, und oppositionelle Kräfte sind zu schwach. So ist die DDR zu einer der späten Breschnew-Phase vergleichbaren Immobilität verurteilt, aus der heraus sie zu einer Rundum-Verteidigung angesetzt hat. Aus Verdruß über die Immobilität schreitet der Loyalitätsverfall weiter fort (Fluchtbewegungen) und macht auch vor der SED nicht halt. In dieser Situation entsteht die Gefahr eines weiteren Erstarkens der repressiven Kräfte in der Führung. (DE 1998: 413)

---

44 Es gibt verschiedene geringfügig differierende Fassungen der Niederschrift des Gesprächs. Alexander von Plato hat Protokolle von deutscher und russischer Seite vergleichend analysiert und auf Unterschiede hingewiesen. (Plato 2003: 83 ff.) Leichter Zugriff im Internet ist: https://www.chronik-der-mauer.de/material/178905/niederschrift-des-gespraechs-von-egon-krenz-und-michail-gorbatschow-in-moskau-1-november-1989.

Diese Gefahr wurde nicht nur in Bonn, sondern auch in anderen europäischen Hauptstädten sowie in den USA wahrgenommen, was dann ab Ende 1989 Bemühungen um eine Lösung, auch durch eine Einigung, intensivierte. Der lange Prozess der Normalisierung in Deutschland bewirkte auch einen Reformdruck in der SED-DDR, dem die Führung um Honecker nicht nachkommen konnte oder wollte. Die durchaus weitgehenden Reformen unter der Regierung Modrow wurden dann von der Mehrheit der Bevölkerung als zu spät und zu gering erachtet, eine Vereinigung schien vielen die bessere Zukunftsoption zu sein. Dadurch erhielt die Bundesrepublik eine Art gesamtdeutsches Mandat.

Die DDR brach zusammen, weil die alte SED-Führung nicht mehr konnte, die überwiegende Mehrheit der Bevölkerung nicht mehr wollte und die Schutzmacht nicht mehr intervenierte. Es hatte sich eine Umkehr vollzogen. Honecker wollte Reformen, konnte sich aber während der Stagnation der Nach-Breschnew-Zeit nicht durchsetzen. Zu ähnlichen Reformen, wie sie Gorbatschow vorantrieb, war er dann weder fähig noch willens.

Der Wille und das Können zur Durchführung grundlegender Reformen fehlte den alten Herren der SED-Führung, hätten sie sich dazu durchgerungen, wäre aber eine völlig andere DDR entstanden. Die Mehrheit der Bevölkerung wollte dem nicht mehr zusehen, verlor die Angst vor dem Kontroll- und Überwachungsapparat und hatte eine konkrete Alternative, die Bundesrepublik, vor Augen, wenn es auch eine etwas verklärte Sichtweise gewesen sein mag. Die Regierung von Hans Modrow war um Reformen sowie Glaubwürdigkeit gegenüber der Bevölkerung und insgesamt um den Erhalt der DDR bemüht. Sie stand anfänglich vor der Alternative, nicht zu reformieren und dadurch Autorität und Kontrolle zu verlieren, oder zu reformieren, auf die Gefahr hin, Autorität und Kontrolle eventuell noch schneller zu verlieren. Sie entschloss sich zu Reformen und es trat das ein, was der französische Gelehrte und Politiker Alexis de Tocqueville (1805–1859) beschrieben hatte: „Die Regierung, welche durch eine Revolution vernichtet wird, ist fast stets besser als ihre unmittelbare Vorgängerin. Die Erfahrung lehrt, dass der gefährlichste Augenblick für eine schlechte Regierung gewöhnlich derjenige ist, in dem sie sich zu reformieren beginnt." (Tocqueville 1952: 223)

Trotz aller Unterschiede bei historischen Fällen gibt es dennoch oft eine Ähnlichkeit bei Abfolge und Konsequenzen. Eine „schlechte" Regierung wird abgelöst, die neue Regierung bemüht sich um Reformen, kann aber der Erwartungshaltung der Bevölkerung nicht entsprechen, allerdings schaffen gerade diese Reformen den Menschen größere Freiräume, die dann zur Ablösung der Regierung führen: Nation und Regierung treten geradezu zwangsläufig zueinander in Konflikt. Mit den Worten von de Tocqueville: „Auf der einen Seite eine Nation, in deren Schoß das Verlagen nach Glück täglich mehr und mehr wächst; auf der anderen Seite eine Regierung, die diese neu erwachte Leidenschaft unablässig reizt und ebenso unablässig beunruhigt, sie anfeuert und zur Verzweiflung treibt; so arbeiten sie von zwei Seiten auf ihren eigenen Untergang hin." (Ebd. S. 225)

Die Nation, d. h. im hier behandelten Fall die überwiegende Mehrheit der DDR-Bevölkerung, wollte ein Leben in größerer Freiheit und Würde, vermehrten Wohlstand, mehr Glück und Chancengleichheit. Dies zu gewährleisten, dazu war die SED-Führung unter Egon Krenz 1989 nicht bereit und war die Modrow-Übergangsregierung in dem von ihr erwarteten Maße nicht in der Lage. In diesem Sinne hatte die DDR damals eine, nach de Tocqueville, „schlechte Regierung" und die nach der friedlichen Revolution 1989/90 war besser als ihre unmittelbare Vorgängerin. Allerdings trat das ein, was de Tocqueville beschrieben hat, denn die „Modrow-Reformen" reichten zur Rettung der DDR nicht aus, ermöglichten aber der Bevölkerung politische Mitwirkung. Es wurde ein behutsames Vorgehen versucht, bei einem immer enger werdenden Zeitrahmen. „Das Handlungstempo von Modrow und der Rhythmus der Geschichte gerieten immer stärker in Dissonanz. Nicht zuletzt daran scheiterte wohl seine Idee einer eigenständigen DDR." (Süß 1991: 608) Ob beabsichtigt oder nicht, beide Seiten arbeiteten „auf ihren eigenen Untergang hin." Die Regierung von Hans Modrow wurde abgewählt und die „DDR-Nation" ging am 3. Oktober 1990 in dem Sinne unter, als sie in die Bundesrepublik einging.

Dennoch war die Modrow-Regierung wichtig für die Übergangsphase der damaligen DDR, die auch als Vorbereitungsphase für weitergehende Reformen ab April 1990 angesehen werden kann. Ereignisse des Jahres 1990 machten deutlich, dass auch in einem autoritären System sowohl personelle als auch inhaltliche Reformreserven vorhanden sein können. Die Reformen veränderten die DDR, bewirkten aber auch ihr Ende durch die Wiedervereinigung. In diesem Sinne, als wichtiger Transformationsschritt bei gewaltfreien Veränderungen, könnten die damaligen Entwicklungen in Deutschland für Korea, gerade die Übergangsphase, trotz aller Unterschiede, ein wichtiges Studienobjekt sein. Lothar de Maizière ist der Meinung, ohne das Modrow-Intermezzo und die „Runden Tische" hätte es vielleicht Mord und Totschlag in Ostdeutschland gegeben. Nach der Wiedervereinigung waren beide, de Maizière und Modrow, gesuchte Gesprächspartner in Südkorea; hoffentlich wurde ihnen aufmerksam zugehört. Hans Modrow war zwar sowohl im Norden, als auch im Süden Koreas ein gern gesehener Gast, aber für Pjöngjang steht im Vordergrund, dass seine Vorschläge das Ableben der DDR nicht verhinderten. Dennoch wäre zumindest die RK gut beraten, diesen Konzepten mehr Aufmerksamkeit zu widmen.

In der TRNZ ist nicht der Mangel an inneren Reformen das Problem, sondern der effektive Alleinvertretungsanspruch der Republik Zypern bedingt, neben anderen Faktoren, nach wie vor eine enge Anbindung an die Türkei, d. h. die Beibehaltung der Teilung.

Von dem Konzept „Wandel durch Handel" wurde generell erhofft, dass es Normalisierung fördert und langfristig zu einer Konvergenz führt, die dann die Kluft zwischen beiden Seiten verringert und damit allmählich den Charakter des antagonistischen Konflikts verändert. (Kim, BS 2005. Pfennig 2007) Ob nun Wandel durch Annäherung bzw. Wandel durch Handel, diese Strategie der Normalisierung kann zum Systemwechsel führen, wie das Schicksal der SED-DDR gezeigt hat. Um die Bedrohlichkeit des Normalisierungsdilemmas zu verringern sollte nicht eine Konvergenz der Systeme, sondern eine Konvergenz der Interessen im Vordergrund stehen, ein realistischer Pragmatismus auf beiden Seiten.

6 Initiativen, Pläne, Strategien

Von Helmuth von Moltke stammt die Aussage, bei der ersten großen Feindberührung sei jeder Plan überholt.[1] Bei Normalisierungsprozessen und Vereinigungen von früher geteilten Nationen sollte es keine „Feindberührung", sondern Praxistests geben und es wird wohl niemand die Notwendigkeit von Planungen in Frage stellen. Jeder sollte aber wissen, dass solche Überlegungen nicht eins-zu-eins umgesetzt werden können. In Kim Dae-jungs „Drei-Stufen-Plan" heißt es: „Realistisch gesehen kann keine Wiedervereinigungsformel wegen der sich ständig verändernden Situation genau alle möglichen Phasen der Vereinigung vorhersagen." (Kim Dj 1997: xxiv)

Die Konzeption von Plänen hat sich an der Realität zu orientieren, d. h. das Wünschbare klar vom Machbaren zu unterscheiden, sie sollte sich aber von der Realität weder abschrecken, noch gedanklich einengen lassen.

Oft werden Vorschläge gemacht, Briefe geschrieben und Botschaften an Landsleute verkündet, in der Erwartung, dass sie nicht zu substantiellen Veränderungen führen, sondern deren Ablehnung den Beweis erbringt, die andere Seite habe keine Absicht, konstruktive Schritte zu unternehmen. Viele Vorschläge für eine Normalisierung und spätere Vereinigung sind sich ähnlich, wenn auch zentrale Begriffe, wie z. B. „unabhängig" und „demokratisch" anders definiert werden. Die Bundesrepublik hatte lange Zeit freie Wahlen in Gesamtdeutschland unter internationaler Kontrolle als einen der ersten Schritte gefordert, wohl wissend, dass dies für die SED-DDR unannehmbar war. (Bundesministerium 1959) Das Pendant dazu waren deren Forderungen, sie völkerrechtlich anzuerkennen und die Bildung einer Konföderation, nach grundlegender, d. h. sozialistischer Umgestaltung der Bundesrepublik. Solche Vorschläge kennzeichneten, dass eigentlich denen, die sie vorbrachten, klar sein musste, dass sie für die andere Seite nicht akzeptabel sind. Lob für die eigene Initiative und politischer Eigennutzen durch deren Ablehnung waren einkalkuliert.

Das Konzept der VR China „Ein Land, zwei Systeme" sieht – zumindest mittelfristig – keine Systemveränderung für Taiwan vor, schließt aber eine Gleichrangigkeit aus. Am 14. März 1991 veröffentlichte das Kabinett der Republik China (Exekutiv-Yuan) „Richtlinien für nationale Wiedervereinigung", die in drei Phasen erreicht werden sollte: 1. Austausch und Gegenseitigkeit, 2. Wechselseitiges Vertrauen, 3. Konsultation und Vereinigung. Beide Seiten haben von „Gegenseitigkeit" unterschiedliche Vorstellungen, für Taiwan bedeutet dies hauptsächlich Gleichrangigkeit. In der zweiten Phase wurde erwartet, dass die VR China gegenüber Taiwan einen Gewaltverzicht ausspricht, sich demokratisch entwickelt und beide sich in der internationalen Gemeinschaft respektieren, d. h. die Volksrepublik keine „Abwerbung" von Staaten betreibt, die diplomatische Beziehungen zur Republik China unterhalten. (Lee Th 1996: 55 ff.)

---

1 „Kein Operationsplan reicht mit einiger Sicherheit über das erste Zusammentreffen mit der feindlichen Hauptmacht hinaus." Moltke, Helmuth von. 1900. *Militärische Schriften*, Band 2, Teil 2. Berlin: Mittler & Sohn; aus einem Aufsatz vom Jahr 1871 „Über Strategie", S. 19.

Diese Erwartungen haben sich nicht erfüllt und das Konzept von 1991 hat sich für Taiwan erledigt. Gehofft wird dort auf eine ähnliche Entwicklung wie in Deutschland, d. h. Anerkennung der Gleichrangigkeit als Basis für sich intensivierende Zusammenarbeit und gute Nachbarschaft. Da dies für die VR China nicht hinnehmbar ist, soll, so die Politik Taiwans, zumindest der Status quo nicht negativ verändert werden.

In Anbetracht der Entwicklung in Deutschland wurde in der Republik Korea während der Präsidentschaft von Roh Tae-woo (1988–1993) mit der Nordpolitik ein langsames Vorgehen propagiert, durch Verträge sollten sich die Beziehungen zwischen Norden und Süden verbessern und eine Vereinigung über einen koreanischen Commonwealth wäre anzustreben. (Jeong 1992) Auf Zypern gibt es keine Einigung darüber, wie „locker" eine Konföderation sein sollte.

Das im Mai 1949 verabschiedete Grundgesetz für die Bundesrepublik Deutschland enthielt Bestimmungen für eine Wiedervereinigung. In der Präambel gab es den Alleinvertretungsanspruch in freundlicher Formulierung als eine Art Fürsorgepflicht sowie das Verfassungsgebot der Vereinigung. Die Plazierung in der Präambel machte es eher zu einer Absichtserklärung, einer Bemühungszusage, als zu einer bindenden Verpflichtung. Die Artikel 23 und 146 waren Verfahrenshinweise. Alle diese Texte wurden im Vollzug der Wiedervereinigung 1990 dann gestrichen bzw. durch neue Artikel ersetzt.

Tab. 3: Wiedervereinigung in der Präambel und den Artikeln 23 sowie 146 des Grundgesetzes von 1949

Präambel
Das deutsche Volk in den Bundesländern „hat auch für jene Deutsche gehandelt, denen mitzuwirken versagt war."
„Das gesamte Deutsche Volk bleibt aufgefordert, in freier Selbstbestimmung die Einheit und Freiheit Deutschlands zu vollenden."

Artikel 23	Artikel 146
1. Dieses Grundgesetz gilt zunächst im Gebiet der Länder Baden, Bayern, Bremen, Groß-Berlin, Hamburg, Hessen, Niedersachsen, Nordrhein-Westfalen, Schleswig-Holstein, Württemberg-Baden und Württemberg-Hohenzollern. 2. In anderen Teilen Deutschlands ist es nach deren Beitritt in Kraft zu setzen.	Dieses Grundgesetz, das nach Vollendung der Einheit und Freiheit Deutschlands für das gesamte deutsche Volk gilt, verliert seine Gültigkeit an dem Tag, an dem eine Verfassung in Kraft tritt, die von dem deutschen Volk in freier Entscheidung beschlossen worden ist.

Bei Plänen kommt es in erster Linie auf den Inhalt an, wichtig ist auch, wer sie konzipierte und mit welcher Absicht, wie sie publik gemacht wurden, wer sie unterstützte bzw. kritisierte und wann sie bekannt wurden, d. h. ob die Zeit dafür bereits reif war. Viele Pläne für eine Wiedervereinigung enthielten Komponenten, die ihrer Zeit voraus waren.

In Deutschland und Korea hat es politische „Privatinitiativen" gegeben, um eine Vertiefung der Teilung zu verhindern und eine Vereinigung zu ermöglichen. In Deutschland waren es z. B. die Gründung der von 1952 bis 1957 bestehenden Gesamtdeutschen Volkspartei (Müller 1990) durch Gustav Heinemann (Flemming 2013) und Gleichgesinnte sowie die Reise von Vizekanzler und Bundesfinanzminister Fritz Schäffer nach Ost-Berlin im Juni 1955. In Korea gab es eine Reihe von Besuchen der DVRK durch Personen, die im Ausland oder im Süden lebten und unterschiedliche Motive hatten; deren Spektrum umfasste schwärmerische Bindung an die nordkoreanische Heimat, ideologische Affinität, missionarischer Eifer, den Glauben an eine gesamtkoreanische Lösung und ökonomisches Kalkül. Ein Beispiel ist hier der Gründer der Vereinigungskirche Moon Sun Myung mit seinem Besuch bei Kim Il-sung im Dezember 1991. (Moon SM 2011: 293 ff.) Wichtig waren Initiativen von Chung Ju-yung, dem Gründer und Vorsitzenden des Hyundai-Konzerns, der damit auch Grundlagen für die Sonnenscheinpolitik schuf. (Kim Dj 2019: 507 f. Lim 2012: 180, 183 f.) Für die DVRK gab es hier auch noch einen anderen Aspekt, sie wollte die Kontakte mit Chung „[…] nutzen, um zusätzliche Verbindungen mit den USA zu knüpfen."[2]

In fast allen Plänen für die Herbeiführung einer Vereinigung bei den hier behandelten Fällen sind Konföderationen und Föderationen vorgesehen, geleitet von Erfahrungen der Vergangenheit und Zukunftserwartungen, allerdings sind die Konzepte sowie die mit ihnen verbundenen Absichten sehr unterschiedlich. Es ist zu beachten, welche Art von Föderalismus praktiziert werden soll und was z. B. für finanziellen Lastenausgleich und politische Vertretung vorgesehen ist. (Bakke/Wibbels 2006) Historische Vorgänge spielen eine wichtige Rolle. Gerade wegen der eigenen Erfahrungen ist in China Föderalismus oft gleichbedeutend mit einem schwachen Staat, der Herrschaft regionaler Kriegsherren (warlords)[3] in den 1920er und 1930er Jahren sowie Interventionen des Auslandes. (Waldron 1990. Chesneaux 1976. Lam 2006)

In Deutschland gab es Vorstellungen, eine Konföderation könnte helfen, eine potenziell für Europa destabilisierend wirkende Wiedervereinigung zu vermeiden. Die VR China hält eine Konföderation für überflüssig, weil das Konzept „ein Land, zwei Systeme" als weitergehend und eindeutig besser gilt. Auf Taiwan gilt die Idee einer Konföderation einigen als für alle gesichtswahrende Etappe der notwendigen Annäherung, um später eine Wiedervereinigung zu vollziehen. Befürwortern einer Unabhängigkeit wäre sie wohl schlimmstenfalls ein kleineres Übel, mit der erhofften Möglichkeit, noch ein Mindestmaß an Eigenständigkeit zu bewahren. Für die DVRK ist bisher eine Konföderation nur auf der Basis der Gleichrangigkeit als Schritt zur Erlangung der Wiedervereinigung akzeptabel. Die Republik Korea sieht die Konföderation, später Föderation, als wichtige Zwischenschritte, um Veränderungen im Norden zu bewirken und letztlich auf friedlich-demokratischem Wege zur Vereinigung zu gelangen. In ihrer Reinform schließen sich beide Vorstellungen aus.

---

[2] So der nordkoreanische Botschafter zum stv. Außenminister der DDR, Harry Ott, im Februar 1989. (PA AA 38)

[3] Erinnerungen an die Zerrissenheit des Landes in der Phase der Herrschaft von regionalen Kriegsherren sind in China politikbestimmend, siehe z. B. Ch'i 1976, Kapp 1973, Gillin 1967, Lary 1974, Pye 1971 und Womack 1994.

Konföderation ist für die Republik Zypern der Weg zur Wiedervereinigung. Die TRNZ möchte eine möglichst lockere Konföderation als Dauerzustand.

6.1 Vorzüge einer friedlichen, vorübergehenden Teilung

Teilungen können auch als Chance begriffen werden, alternative Modelle zu entwickeln, von denen dann später die wichtigsten Elemente zu kombinieren wären. Eine solche Zukunftsvision für Korea hatte vielleicht Kim Dae-jung, aber es wäre politischer Selbstmord gewesen, sie deutlich öffentlich zu äußern.

Johan Galtung schlug vor, Teilungen nicht nur negativ zu sehen, sondern als eine Möglichkeit, Systeme zu verbessern. Nach seiner Meinung könnte das der Fall sein, wenn es in einem längeren Normalisierungsprozeß zu einer gewissen Konvergenz käme. Dafür gibt es bisher kaum positive Beispiele, aber diese Überlegung soll hier zumindest erwähnt werden. Das entsprechende Zitat bei Galtung ist: „Weit entfernt davon, eine Tragödie zu sein, sind geteilte Nationen in einer glücklichen Situation, denn ihnen steht Diversität zur Verfügung. Wird diese Mannigfaltigkeit beibehalten und gar kombiniert mit Mobilität der Bürger in beiden Staaten, dann könnte der freie Wettbewerb zwischen den Systemen beide bereichern." (Galtung 1972: 358) Es ist aber meist ein Kennzeichen von geteilten Staaten bzw. in einem der Teilstaaten, das weder große Mobilität noch freier Wettbewerb bestehen.

Was Galtung 1972 vorschwebte, war wohl eine Situation wie sie dann 1989–90 in Deutschland herrschte, wo lebhaft über Alternativen diskutiert wurde, so z. B. bei den „Runden Tischen", innerhalb von Oppositionsgruppen in der DDR und in der SPD der Bundesrepublik. In diesem Zusammenhang entstand der Verfassungsentwurf des „Runden Tisches" und es bildete sich ein Kuratorium für einen demokratisch verfassten Bund deutscher Länder. (Banditt 2014). Zum ersten Mal in ihrer Geschichte konnte die Volkskammer frei diskutieren und der Phantasie viel Spielraum gewähren, aber die Vorgaben des Einigungsprozesses ab April 1990 schnürten diesen Spielraum in ein sehr enges Korsett. Die von Galtung erhoffte Diversität gab es, aber sie hatte keine Chance zur praktischen Umsetzung.[4]

Das Parteiprogramm der SED-PDS vom Februar 1990 sah vor, dass für einen gewissen Zeitraum zwei deutsche Staaten existieren könnten, die sich beide wandeln müssten.

> In der DDR muß der Bruch mit dem administrativ-zentralistischen Sozialismus bis zu Ende geführt werden: zu einer tatsächlichen Demokratie der Bürger, zu einer neuen humanistischen Moral, zu einer Marktwirtschaft, die den sozialen und ökologischen Interessen der Bevölkerung ver-

---

[4] So beklagte z. B. für den Bereich der Medien Edith Spielhagen: „Ein Jahr DDR-Medien-Geschichte nach der Wende zählte nicht mehr, bis dahin Erreichtes wurde nicht zur Kenntnis genommen, interessante Ansätze ignoriert, der Demokratisierung der audiovisuellen Medien ihr authentisches Moment genommen." (Spielhagen 1992: 49.)

pflichtet ist und nicht erst durch ein Tal der Verarmung vieler Menschen führt. Die Bundesrepublik kann ihr gegenwärtiges politisches und parlamentarisches System der DDR nicht einfach aufzwingen.[5]

Ein Zusammenwachsen beider deutscher Staaten wurde nicht ausgeschlossen, aber dabei sollten sie ihre Vorzüge bewahren.

Wäre der Weg zur Einheit über Art. 146 Grundgesetz beschritten worden, hätte Galtungs Idee von einer Bereicherung, einer Synthese, relevant sein können. Die damalige Realität, die ab Frühjahr 1990 erfolgte Tempobeschleunigung und die Interessen der entscheidenden Akteure in Deutschland sowie im Ausland ermöglichten eine solche Entwicklung nicht. Es gab 1990 keinen detailliert ausgearbeiteten Plan für die Einigung, aber eine eindeutige Pfadabhängigkeit. Vorgegeben war eine möglichst schnelle Anpassung an das Grundgesetz. Durch die Währungsunion kam es schon im Juli 1990 zu einer Übernahme wesentlicher Teile des bundesdeutschen Systems durch die DDR, die damit auch einen Souveränitätsverlust hinnehmen musste.

Neben dem staatsrechtlichen Rahmen sollten bei Plänen für einen Einigungsprozess auch symbolische Aspekte eine Rolle spielen, wenn sie psychologisch wichtig sind. Das dürfte für zukünftige Entwicklungen in Korea von Relevanz sein. Zum Beginn der Verhandlungen über den Einigungsvertrag zwischen BRD und DDR nach Artikel 23 des Grundgesetzes am 6. Juli 1990 gab es den Vorschlag, Berlin solle Hauptstadt und Regierungssitz sein, was die Delegation der Bundesrepublik als zweitrangig empfand und die Idee einer Kombination des Textes der Nationalhymnen fand sie abwegig. (Maizière 2010: 283) Von der Melodie des „Deutschlandliedes" her hätte dies musikalisch keine Probleme bereitet und vom Inhalt her symbolträchtig Sinn gemacht. Die Worte „laß uns dir zum Guten dienen, Deutschland einig Vaterland" wären der nun erreichten staatlichen Gemeinsamkeit durchaus angemessen gewesen, zumal auch gerade wegen dieser Worte die Hymne in der SED-DDR etwa ab 1972, nach Abschluß des Grundlagenvertrages, zwar intoniert, aber nicht mehr gesungen wurde. Lothar de Maizière schrieb später: „Ich glaube, dass die Vernachlässigung dieser emotionalen, dieser psychologischen Momente eine der Ursachen für die Schwierigkeiten des späteren Einigungsprozesses gewesen ist." (Ebd. S. 284)

6.2 Deutschland

In Deutschland gab es sowohl in Ost wie in West Vorschläge für eine Vereinigung. Sie kamen von allen politischen Lagern und orientierten sich auch am internationalen Umfeld, so z. B. am Staatsvertrag, der 1955 die Besetzung Österreichs beendete und das

---

[5] *Wahlparteitag der Partei des Demokratischen Sozialismus. PDS. 24./25. Februar 1990.* Berlin: Dietz.

Land zur Neutralität verpflichtete⁶ sowie an der sich verändernden Interessenlage der wichtigsten Schutzmacht. (Bremen 1998: 158 ff.) Bei manchen Plänen ging es darum, sie publik zu machen, auch wenn klar war, es werde zu keiner Implementierung kommen. Das trifft besonders auf Vorschläge zu, die Forderungen sind. So erklärte Erich Honecker am 13. Oktober 1980 in einer Rede in Gera, Voraussetzung für eine weitere Normalisierung sei die Umwandlung der Ständigen Vertretungen in Botschaften, die Respektierung der DDR-Staatsbürgerschaft nach dem Grundsatz: zwei Staaten, zwei Staatsbürgerschaften, die Abschaffung der Zentralen Erfassungsstelle für Gewaltverbrechen der DDR in Salzgitter⁷ und die Festlegung der Grenze in der Strommitte der Elbe.⁸

Erfahrungen mit Wiedervereinigung, das Beispiel des Saarlandes

Für eine Vereinigung Deutschlands gab es 1990 kein Modell, aber im Grundgesetz mit den Artikeln 23 und 146 zwei Handlungsanleitungen. Erfahrungen mit einem politisch-ökonomischen Eingliederungsprozess bot in gewissem Sinne die Geschichte des Saarlandes. Nach dem I. Weltkrieg wurde es 1918 von französischen Truppen besetzt und durch den Versailler Vertrag 1920 der Aufsicht des Völkerbundes unterstellt, ohne formell aus dem deutschen Staatsgebiet auszuscheiden, nach 15 Jahren sollte eine Volksabstimmung stattfinden. Die wurde 1935 durchgeführt und ihr eindeutiges Ergebnis machte das Saarland dann wieder zum integralen Bestandteil des Deutschen Reiches. Nach dem II. Weltkrieg war die Entwicklung ähnlich. Erneut von französischen Truppen besetzt, wurde es aus dem damaligen französischen Besatzungsgebiet aus- und Frankreich angegliedert, hatte allerdings eine von Frankreich eingesetzte deutsche Regierung. Zwanzig Jahre nach der ersten gab es im Oktober 1955 erneut eine Volksabstimmung. Bonn und Paris hatten sich auf ein Europäisches Statut geeinigt, gemäß dem das Saarland ein eigener Staat werden sollte. Eine deutliche Mehrheit lehnte in der Abstimmung dieses „Saarstatut" ab und votierte damit für die Eingliederung in die Bundesrepublik, die nach Artikel 23 des GG erfolgte.⁹ Ab 1. Januar

---

6 Staatsvertrag betreffend die Wiederherstellung eines unabhängigen und demokratischen Österreich, gegeben zu Wien am 15. Mai 1955. *Bundesgesetzblatt für die Republik Österreich*, Jhg. 1955, Nr. 152 vom 30.07.1955. Die Relevanz für Deutschland untersuchte Gehler 2015. Österreich war besetzt, aber nicht geteilt und hatte eine gesamt-österreichische Regierung.
7 In Salzgitter, im Bundesland Niedersachen, wurden von 1961 bis 1992 Straftaten dokumentiert, begangen an der innerdeutschen Grenze und von der politischen Justiz der DDR.
8 Honecker, Erich: Zu aktuellen Fragen der Innen- und Außenpolitik der DDR. Aus der Rede auf der Aktivtagung zur Eröffnung des Parteilehrjahres 1980/1981 in Gera, 13. Oktober 1980. Abdruck der Rede in *Neues Deutschland* vom 14.10.1980, S. 3 f. Honecker 1982: 422–442.
9 Im Jahr 1935 hatten 90,7 % für den Anschluß an Deutschland gestimmt, 8,8 % für ein selbständiges Saarland und 0,4 % für den Anschluß an Frankreich. 1955 stimmten 67,7 % gegen das Saarstatut und somit für den Beitritt zur Bundesrepublik Deutschland.

1957 gab es dann erst die politische Eingliederung und anderhalb Jahre später ab 5. Juli 1959 die Wirtschafts- und monetäre Union. Für die wirtschaftliche Rückgliederung des im Vergleich zur DDR viel kleineren Saarlandes standen anderhalb Jahre zur Verfügung und die Systeme waren nicht sehr unterschiedlich. Im Jahr 1990 war der Zeitraum viel kürzer und das Verfahren zudem umgekehrt, schon am 1. Juli eine Währungs-, Wirtschafts- und Sozialunion und am 3. Oktober dann die staatliche Einheit. Wegen unterschiedlicher Größe und Wirtschaftsordnung sowie dem völlig anderen sozio-politischen System der SED-DDR hatte die damalige Wiedervereinigung mit dem Saarland nur eine geringe Orientierungsfunktion.

Frühe Vorschläge und Pläne

Zwischen beiden Staaten in Deutschland gab es Briefwechsel auf höchster politischer Ebene und Vorschläge mit unterschiedlicher politischer Ernsthaftigkeit. In einem Schreiben vom 2. November 1951 lud Präsident Wilhelm Pieck den Bundespräsidenten Theodor Heuss zu einem Treffen ein und schlug u. a. die Bildung einer Kommission aus Vertretern beider Teile Deutschlands vor, die unter Aufsicht der Vier Mächte tätig werden sollte. Heuss lehnte den Besuch aus staatsrechtlichen Gründen ab und auch die Bildung einer Kommission, denn dies käme der Wiederbelebung des Alliierten Kontrollrats mit sowjetischem Veto gleich. (Heuss 2012: 287) Der Bundespräsident schrieb: „Die ‚friedliche Einigung Deutschlands' wird sich nicht durch ein Gespräch mit ungewissen Voraussetzungen anbahnen, sondern wird sich als ein Akt der nationalen Selbst- und Neugestaltung vollziehen, wenn frei gewählte Vertreter des gesamten Volkes in freier Selbstverantwortung zu Rat und Beschluß zusammentreten." (Ebd. 288) Heuss lehnte wegen „ungewisser Voraussetzungen" ab und nannte seinerseits eine Voraussetzung, von der er wusste, dass sie nicht annehmbar war.

Initiativen der SED-DDR wurden in den 1950er Jahren oft an die SPD gerichtet, geleitet von der Vorstellung von einem Deutschland und der Wiederherstellung der Einheit der Arbeiterklasse. (Lemke 2001) Die Vorschläge waren keine konkreten, realistischen Pläne für eine eventuelle Vereinigung, sondern sie beinhalteten meist drei Aspekte: Die völkerrechtliche Anerkennung, die Unterlassung von Einmischungen in die jeweils inneren Angelegenheiten und die Bildung einer Konföderation nach „demokratischer Umwälzung" der Bundesrepublik, wobei von konträr zu nennenden Demokratievorstellungen ausgegangen wurde. Beispiele dafür sind Forderungen der SED aus dem Jahr 1966 und ein Brief von Walter Ulbricht an Bundespräsident Gustav Heinemann vom 17. Dezember 1969. (Ulbricht 1969)

Die Idee einer Konföderation blieb in Deutschland lange Zeit Diskussionsgegenstand. (Gruner 1985: 205 und 1996. Lee DK 2010) Die Orientierung war nicht am Deutschen Reich, sondern eher am Deutschen Bund. Es sollte kein neuer Kessel entstehen, der leicht unter Überdruck geraten konnte, sondern ein friedlicher, kulturell bestimmter staatlicher Flickenteppich in der Mitte Kontinentaleuropas.

Nicht nur innerhalb geteilter Nationen entstanden Entwürfe für eine Vereinigung, es gab auch Konzepte, die von außen kamen. Für Zypern ist dies z. B. der vom VN-Generalsekretär Kofi Annan vorgelegte Plan. Für Korea wurden vom Ausland keine ähnlich ausgearbeiteten Vorschläge gemacht. Wegen der Zuständigkeit der Vier Mächte für Deutschland gab es von dieser Seite Initiativen, von denen hier zwei kurz in Erinnerung gerufen werden, die Stalin-Note und der Herter-Plan.

Stalin-Note

Von März bis September 1952 gab es einen Notenwechsel zwischen der Sowjetunion und den Westmächten, den Stalin am 10. März mit seinem Vorschlag ausgelöst hatte, über eine Wiedervereinigung Deutschlands und dessen Neutralisierung zu verhandeln. Eine gesamtdeutsche Regierung sollte gebildet, die Oder-Neiße-Grenze festgeschrieben werden und das wiedervereinigte Deutschland neutral sein. Die Westmächte reagierten ablehnend und stellten in ihren Antworten freie Wahlen und Bündnisfreiheit in den Vordergrund, was ganz im Sinne der Bundesregierung war. Carlo Schmid war trotz seiner Skepsis gegenüber allem, was aus dem Kreml kam für Verhandlungen, denn nur so hätte man prüfen können, was wirklich hinter Stalins Angebot steckte.

> Ich hielt es für einen groben Fehler, daß man sich damit begnügte, Stalins Verhandlungsangebot jede Ernsthaftigkeit abzusprechen. Hätte man sich die Mühe gemacht, durch das Verhalten der sowjetischen Diplomatie vor aller Öffentlichkeit deutlich werden zu lassen, daß jenes Angebot nur eine Finte war, wäre manchem heutigen, um die Zukunft Deutschlands besorgten Vaterlandsfreund der nostalgische Rückblick auf das Jahr 1952 erspart geblieben. (Schmid 1979: 529)

Seit 1952 gibt es eine kontroverse Einschätzung der Ernsthaftigkeit der „Stalin-Note", sie verläuft zwischen den Polen Ablenkungsmanöver, um die Westintegration der Bundesrepublik zu verhindern, und vertane Chance.[10]

Herter-Plan

Während der Genfer Außenministerkonferenz vom Sommer 1959 legten die drei Westmächte einen nach dem US-Außenminister Christian Herter benannten Plan vor. Erst sollte eine Vereinigung von Berlin erfolgen, dann die von Deutschland. Der Plan sah vier Stufen vor.

---

10 Zur Einschätzung der „Stalin-Note" gibt es zahlreiche Publikationen, siehe u. a. Graml 1981, Ruggenthaler 2007, Steininger 1985, Zarusky 2002.

1. Durch freie Wahlen entsteht eine Stadtregierung als Gesamtberliner Rat, deren Status durch die Vier Mächte garantiert ist; sie unterliegt der Weisungsbefugnis der Vier Mächte, deren Einspruch aber nur einstimmig Gültigkeit hat.
2. Eine gesamtdeutsche Kommission aus 25 Personen (15 aus dem Westen, 10 aus dem Osten) erarbeitet ein Wahlgesetz. (Sie beschließt mit Drei-Viertel-Mehrheit, d. h. „der Osten" kann nicht überstimmt werden.) Über den Entwurf des Wahlgesetzes befindet ein gesamtdeutscher Volksentscheid, danach Bildung einer Nationalversammlung.
3. Freie Wahlen innerhalb von 30 Monaten, danach Bildung einer gesamtdeutschen Regierung, die einen Friedensvertrag aushandelt.
4. Schrittweise Abrüstung in Europa.

Der Außenminister der Sowjetunion, Andrej A. Gromyko, lehnte den Plan ab und schug vor, erst sollten Friedensverträge mit den deutschen Staaten geschlossen werden oder mit einer zu gründenden deutschen Konföderation und West-Berlin wäre in eine entmilitarisierte freie Stadt umzuwandeln. (Noble 1970: 52 f.)

Es kam zu keiner Einigung, aber Jahrzehnte später wurden Gedanken des Herter-Plans aufgriffen und umgesetzt: Verknüpfung zwischen Regelungen für Berlin und Deutschland, enger Zusammenhang zwischen Deutschland und einem sich integrierenden Europa.

Pfleiderer-Plan

Karl Georg Pfleiderer, Diplomat und Bundestagsabgeordneter der FDP, entwickelte zwischen 1952 und 1957 in Reden und Denkschriften einen Plan, wie der außenpolitische Rahmen für eine Vereinigung Deutschlands geschaffen werden könnte. Er ging u. a. von der Einschätzung aus, die Sowjetunion könnte ihr unter bestimmten Bedingungen zustimmen, also müssten deren Sicherheitsinteressen stärker Berücksichtigung finden. (Jansen 1994: 40) Die von ihm im April 1954 empfohlene Aufnahme diplomatischer Beziehungen zur UdSSR sorgte für politischen Sprengstoff, aber siebzehn Monate später, im September 1955, kam es dann im Zusammenhang mit dem Besuch Adenauers in Moskau zu diesem Schritt. Nach Pfleiderer sei die Oder-Neiße-Grenze anzuerkennen, die deutsche Frage mehr im europäischen Gesamtzusammenhang zu sehen, eine zu starre Westbindung zu vermeiden und die Anwendung der Hallstein-Doktrin kontraproduktiv. (Schlarp 1976) Er argumentierte, freie Wahlen dürften nicht als erster Schritt eines Einigungsprozesses gefordert werden und das vereinigte Deutschland solle zwar über eigene Streitkräfte verfügen, die im geographischen Kernbereich zu stationieren wären, sich aber keinem Verteidigungsbündnis anschlössen. Die Sowjetunion sollte ihre Truppen aus Deutschland zurückziehen und sie jenseits der Oder und Neiße stationieren und militärische Verbände der Westmächte lediglich Brückenköpfe in Deutschland unterhalten.

Innenpolitische und internationale Entwicklungen ließen es nicht zu, dass Pfleiderers Vorstellungen sorgfältig diskutiert wurden. Erst später, bei der Konzeption der neuen Ostpolitik, wurden sie von der FDP und anderen wieder aufgegriffen.

Fritz Schäffers Besuche in Ost-Berlin im Juni 1955 und Oktober 1956

In der Bundesrepublik gab es Politiker wie Karl-Hermann Flach, Gustav Heinemann, Jakob Kaiser, Ernst Lemmer und andere, die zu unterschiedlichen politischen Lagern gehörten, aber der Meinung waren, dass eine zu enge Westbindung, die Mitwirkung in der NATO und das weitgehende Ignorieren von Sicherheitsinteressen der anderen Seite die Teilung Deutschlands vertiefen und eine Annäherung, gar Wiedervereinigung, unmöglich machen würden. Sie waren auch vom Erleben des Zweiten Weltkrieges geprägt und befürchteten eine erneute militärische Auseinandersetzung in Europa. Zu diesen Persönlichkeiten gehörte Fritz Schäffer, Mitglied der Christlich Sozialen Union, Bundesminister der Finanzen und Vizekanzler in der Regierung von Konrad Adenauer. Er besuchte im Juni 1955 Ost-Berlin in der Hoffnung, mit Vertretern der Regierung und dem Botschafter der Sowjetunion Gespräche führen zu können, dabei wollte er ausloten, ob es einen kleinsten gemeinsamen Nenner für Zusammenarbeit gebe. Intensivierte Kooperation im Bereich der Wirtschaft sollte sich dann auf den politischen Bereich auswirken. Adenauer war über den Reiseplan Schäffers informiert, hatte abgeraten, ihn aber nicht verhindert, in der Erwartung, dass ein Scheitern dieser Mission die Position der Bundesrepublik auch gegenüber den Westmächten stärken würde. In seinen Memoiren erwähnte er die Schäffer-Reise nicht.

Der Besuchswunsch kam für Ost-Berlin überraschend und wurde erst nicht ernst genommen. Markus Wolf, der 34 Jahre Leiter der Auslandsspionage der SED-DDR war, führte Gespräche mit Schäffer bei dessen Besuch im Juni 1955. Nach seiner Meinung war der Zeitpunkt kein Zufall.

> Wenige Wochen zuvor hatte der österreichische Bundeskanzler Julius Raab in Moskau die Verhandlungen über einen Staatsvertrag abgeschlossen, der Wiedervereinigung und Neutralität der Alpenrepublik festschrieb. In der sowjetischen Führung gab es ernsthafte Erwägungen, das österreichische Modell auch auf Deutschland zu übertragen. Der Nato wäre dadurch Westdeutschland als Aufmarschgebiet verlorengegangen. [...] Motiv seines Besuchs war offensichtlich zu signalisieren, daß es auch im Bonner Regierungslager einflußreiche Kräfte gab, die eine Wiedervereinigung auf dem Verhandlungsweg noch nicht abgeschrieben hatten. Er hoffte auf konkrete Vorschläge aus dem Osten, mit denen die Meinungsbildung im Kabinett und in der Öffentlichkeit noch zu beeinflussen gewesen wären. (Wolf 1997: 167)

Bei seinem zweiten Besuch, am 20. Oktober 1956, traf Schäffer dann auch den sowjetischen Botschafter Puschkin. Später gab es noch Gespräche mit einem Vertreter der SED-DDR in München und Bonn. Schäffer soll eine Zusammenarbeit der beiden deutschen Staaten wie zwischen den Benelux-Ländern vorgeschwebt haben.

Die SED-DDR zögerte und Adenauer war gegen die Initiative seines Ministers. Die SED befürchtete immer, die UdSSR könnte für eine gesamtdeutsche Neutralität ihren Staat aufgeben und Adenauer sah Initiativen wie die von Schäffer als Vabanquespiel und Gefahr für die Bundesrepublik und Europa. Im Februar 1957 schlug das ZK der SED einen Staatenbund vor. Nach dem Konzept von „eine Nation-zwei Staaten" sollte diese Konföderation durch einen provisorischen Gesamtdeutschen Rat geleitet werden, es war dem Grundgedanken von Fritz Schäffer ähnlich. (Siegler 1964) In der Ablehnung wurden das Selbstbestimmungsrecht und die Bedeutung von freien Wahlen hervorgehoben. Eine Realisierungschance hatte dieser Vorschlag nicht, denn er war nicht im Interesse der jeweiligen Führung beider Seiten.

Globke-Plan

Ende Mai 1957, fünf Monate nach der Eingliederung des Saarlandes, veröffentlichte die SPD einen Plan für Sicherheit und Wiedervereinigung, der den Austritt der BRD aus der NATO und den der DDR aus dem Warschauer Pakt vorschlug, was auf Ablehnung stieß.

Im März 1959 präsentierte der Parteivorstand einen „Deutschlandplan", der Entmilitarisierung, eine atomwaffenfreie Entspannungszone in Europa und einen Stufenplan für eine Vereinigung mit freien und geheimen Wahlen vorsah.[11] Am Beginn sollte eine paritätisch besetzte Gesamtdeutsche Konferenz stehen. Ein halbes Jahr später unterstützte die SPD ihren eigenen Plan nicht mehr.

Einige Überlegungen waren Ideen des Staatssekretärs im Bundeskanzleramt, Hans Globke, ähnlich, die dieser im Januar 1959 als vertrauliches Konzept in kleinem Kreis diskutieren ließ und das er dann im Herbst 1960 überarbeitete. Fünf Jahre sollte zwischen der Bundesrepublik und der SED-DDR ein Status quo herrschen; Ostdeutschland wird anerkannt bzw. es werden zumindest offizielle Beziehungen aufgenommen. Danach war eine Abstimmung vorgesehen, um in freier Wahl über eine Wiedervereinigung zu entschieden, mit Berlin als „freier Stadt". Das war in etwa eine Umkehr der Reihenfolge des Herter-Planes. Entscheidet sich bei der Abstimmung ein Teil Deutschlands gegen die Vereiigung, bleibt es bei der Teilung und Berlin kann dann entweder zur Bundesrepublik oder zur DDR gehören oder eine freie Stadt unter dem Schutz der VN werden. Ist die Mehrheit für eine Vereinigung soll danach eine gesamtdeutsche Regierung über die Mitgliedschaft in der NATO oder dem Warschauer Pakt entscheiden. Der Teil Deutschlands, der das Verteidigungsbündnis wechselt, wird entmilitarisiert. Die Wahlen und der Prozess zur Einigung sollen im Zusammenwirken mit den VN durchgeführt werden. Das wiedervereinigte Deutschland wird die Oder-Neiße-Grenze zu Polen anerkennen. Wird die Vereinigung abgelehnt, werden beide Staaten

---

11 Vorstand der SPD. Hg. 1959. *Deutschlandplan der SPD. Kommentare, Argumente, Begründungen.* Bonn: Bonn Druck.

als souverän anerkannt und in ihnen sollten Grundrechte und Reisefreiheit gelten. (Gotto 1975: 204)

Der Globke-Plan enthält Aspekte, die Jahre später teilweise aufgegriffen wurden, weil die Zeit für eine Umsetzung gekommen war. Das betrifft die Praktizierung offizieller Beziehungen, die Anerkennung der Grenze zu Polen und die freie Wahl der Bündniszugehörigkeit.

Vorstellungen der SPD und der Globke-Plan berücksichtigten 1959/60 zu wenig die Interessen der Sowjetunion und scheinen die Vorrechte der Vier Mächte fast zu ignorieren. Dieses Konzept und andere Vorschläge dienten der Regierung von Konrad Adenauer auch, um ihre Flexibilität zu zeigen und um eventuell weitergehendere Initiativen, zum Beispiel der USA, zu begrenzen. (Erhard 2003. Gotto 1975.)

Schollwer-Denkschrift vom Juni 1962

Zehn Jahre nach dem Pfleiderer-Plan legte erneut ein Mitglied der FDP ein Konzept vor, dass durch ein Maßnahmenbündel letztlich die Vereinigung Deutschlands ermöglichen sollte. Wolfgang Schollwer, ein FDP-Funktionär und später Mitglied im Planungsstab des Auswärtigen Amtes, ließ im Sommer 1962 seine Vorstellungen innerhalb der Parteiführung diskutieren. (Schollwer 1962) Er registrierte Bemühungen der UdSSR und der USA, nach dem Mauerbau und der Kubakrise zu einem besseren Modus Vivendi zu kommen und er sah deshalb Handlungsbedarf bei der Bundesrepublik, denn die Lage von Berlin und Kennedys Berlin Programm würden letztlich „[...] zu einer endgültigen Fixierung der deutschen Spaltung, zur Aufgabe jeder deutschen Wiedervereinigungspolitik des Westens führen." (Ebd. S. 3) Schollwer nannte eine Reihe von Vorleistungen, die die Bundesrepublik erbringen sollte, um dann Gegenleistungen von der Sowjetunion zu erhalten. Er schlug u. a. vor: Aufgabe des Alleinvertretungsanspruchs, Anerkennung der Souveränität der DDR bis zu einer Vereinigung, Aufnahme diplomatischer Beziehungen zu Polen und zur ČSSR, Respektierung der Ostgrenzen bis zu einer endgültigen Regelung in einem Friedensvertrag, Diskussion von Plänen für eine atomwaffenfreie Zone in Mitteleuropa; gesamtdeutsche Kommissionen sollten die Zusammenarbeit zwischen der Bundesrepublik und der DDR vorbereiten. Wichtig war Schollwer der Zusammenhalt der deutschen Nation, die durch eine „Verklammerung" der beiden deutschen Staaten zu förden sei.

Mit seinem Konzept nahm er auch Bezug auf den sowjetischen Deutschland- und Berlin-Plan vom November 1961. Die Vereinigung müsse im größeren Zusammenhang gesehen werden und sei nur sehr langfristig zu erreichen. „Heisst das Fernziel nach wie vor die deutsche Wiedervereinigung in Freiheit, so lautet das Nahziel: Entstalinisierung Mitteldeutschlands und Wiederverklammerung der beiden deutschen Teile." (Ebd. S. 14)

Es gab Briefwechsel, internationale Konferenzen, vertrauliche Besuche und Pläne, die nicht für die Öffentlichkeit bestimmt waren. Es gab viel Bewegung, aber keinen

Fortschritt. Im Gegenteil: im August 1961 wurde die „Berliner Mauer" errichtet. Diese Erfahrungen waren für Egon Bahr Anlass, im Juli 1963 in Tutzing einen Wandel durch Annäherung vorzuschlagen, um den langen Weg durch eine Politik der kleinen Schritte gangbar zu machen. Die frühen Vorschläge konnten nur intern diskutiert werden. Über die Schollwer-Denkschrift wurde innerhalb der Führungsspitze der FDP kontrovers gesprochen, es kam erst später zur Veröffentlichung. (Engelmann/Erker 1993: 100 ff.) Das war mit dem Tutzinger Diskussionsbeitrag von Egon Bahr anders, er wurde gleich von den Medien aufgegriffen. Die meisten der frühen Vorschläge geschahen in einer Zeit, wo ihre Umsetzungschancen gegen null tendierten, aber sie sind als Teile von Diskussionen zu sehen, die dann ab 1969 zur Ostpolitik wurden.

Plan, der Sowjetunion die DDR abzukaufen

Es gab auch von ihren Initiatoren wohl durchaus ernst gemeinte Ideen, die aber dennoch zur Rubrik „Kuriosa" gehören, nämlich Vorstellungen, die Wiedervereinigung durch Geld zu regeln. Sie waren eher kaufmännischer Art, so zum Beispiel Pläne, die SED-DDR der Sowjetunion durch immense Wirtschaftshilfe quasi abzukaufen. Mit solchen Gedankenspielen beschäftigte sich Ludwig Erhard und der Verleger Axel Springer trug 1958 Chruschtschow in Moskau ähnliche Überlegungen vor.

Ludwig Erhard hatte als Bundeskanzler die Idee, durch umfangreiche Wirtschaftshilfe an die SU Moskau zu bewegen, eine Demokratisierung der DDR oder gar eine Wiedervereinigung zuzulassen. Angeblich war an zweieinhalb Milliarden Dollar pro Jahr über einen Zeitraum von zehn Jahren gedacht, was nach damaligem Umtauschkurs etwa 100 Milliarden DM gewesen wären. (Hundert 2011) Der US-Präsident Johnson war gegen eine solche Offerte, aber Chruschtschow soll den Bundeskanzler ermutigt haben, sein Angebot zu konkretisieren und er war angeblich bereit, zu einem Besuch nach Bonn zu kommen. Abgesehen vom geringen Realitätsgehalt war diesen Wunschgebilden dann auch wegen der Entmachtung Chruschtschows im Oktober 1964 kein Erfolg beschieden. (Schoenborn 2008)

Es ist nicht zu klären, wie viele Ostdeutsche erfreut gewesen wären, quasi freigekauft, eingekauft zu werden und ob Westdeutsche bereit gewesen wären, dafür so viel Geld auszugeben.

(Auch später gab es die Vorstellung, wichtige Entscheidungen könnten durch Geld ermöglicht werden. Im Zusammenhang mit der NATO-Osterweiterung meinte US-Präsident Clinton 1995: „Es wird schwierig werden, aber zumindest prinzipiell glaube ich, Russland kann gekauft werden." Sarotte 2023: 258)

Egon Bahrs „Acht-Stufen-Konzept" vom März 1966

Zu den Überlegungen, eine Normalisierung und wenn möglich, eine Vereinigung herbeizuführen, deren Zeit noch nicht reif war, gehört das „Acht-Stufen-Konzept" von Egon Bahr, das er nach seinem Beitrag in Tutzing entwickelte.

Er war der Meinung, dass sich die DDR nach dem Bau der Mauer stabilisiert habe und dass es einen Zeitdruck für die Beschreitung eines Weges zur deutschen Einheit gebe, auch wegen des sich verändernden Zusammengehörigkeitsgefühls der Deutschen. „Die Bundesrepublik kann durch eigene Passivität nicht verhindern, daß andere aktiv sind und entsprechend ihren Interessen handeln. Sie kann durch eigene Passivität nicht verhindern, daß die Entwicklung neue Tatsachen schafft, die Zeit gegen uns arbeitet und die Spaltung Deutschlands mit jedem Monat, mit jedem weiteren Jahr nicht nur tiefer, sondern auch fester wird." (Bahr 2019: 59) Deshalb müsse unter Beachtung der Rahmenbedingungen, so z. B. der Vorrechte der Vier Mächte, die Initiative von Deutschland ausgehen.

Ab Herbst 1965 erarbeitete er ein Manuskript, das einen Plan mit acht Stufen beinhaltet, den Bahr eine „positive politische Utopie" nannte, bei der jeder der Beteiligten seine Interessen wahrt. (Ebd. S. 57) Über den im März 1966 vorgelegten Plan gab es keine Diskussion, weil es Willy Brandt und anderen nicht opportun erschien. Bahrs Ideen wurden teilweise vom im Juni 1966 abgehaltenen Parteitag der SPD aufgenommen, ohne das Acht-Stufen-Konzept direkt zu erwähnen. Der Parteitag verabschiedete eine Entschließung zur Deutschlandpolitik und die SPD betonte den Zusammenhalt des Volkes, der nationalen Substanz. Für die praktische Politik wurde ein Zeitdruck empfunden und Flexibilität empfohlen, auch gegenüber der SED-DDR. Es gab eine positive Stimmung in der SPD sowie in Teilen der westdeutschen Bevölkerung, die dann 1969 für den Beginn der Ostpolitik der Regierung Brandt/Scheel genutzt werden konnte.

Interessant ist die „mit einiger Sorgfalt angefertigte Ideenskizze", wie Egon Bahr sie nannte, auch deshalb, weil viele Überlegungen dann im Rahmen der Ostpolitik zum Tragen kamen und manche Formulierungen fast prophetischen Charakter haben, wie sich durch den Einigungsvertrag und den Zwei-plus-Vier-Vertrag rund 24 Jahre später herausstellen sollte. Einige Entwicklungen, die Bahr für ausgeschlossen hielt, traten dennoch ein. Die Truppen der Sowjetunion, so meinte er, „werden nicht abziehen, wenn nicht auch westliche Truppen abziehen." (Ebd. S. 143) Eine Mitgliedschaft des neuen Gesamtdeutschlands in der NATO hielt er für unmöglich. Etwas anderes war bis zum Frühjahr 1990 auch undenkbar. Sowjetische Truppen sind abgezogen, aber auch 30 Jahre nach der Einigung befanden sich noch rund 34.000 US-Militärangehörige auf deutschem Boden.

Die acht Stufen von Egon Bahrs Plan lassen sich wie folgt zusammenfassen:

Die erste Stufe sieht Verhandlungen zwischen der Bundesrepublik und der DDR vor, um den Menschen in beiden Teilen Deutschlands Erleichterungen zu bringen und dadurch auch das Gefühl der Zusammengehörigkeit zu stärken sowie Verhandlungen über intensivierte Zusammenarbeit. Es soll ein Wandel durch Annäherung erfolgen.

In der zweiten Stufe sollen Verhandlungen der Vier Mächte stattfinden, „[...] unter Hinzuziehung der beiden Teile Deutschlands mit dem Ziel, einen Verhandlungsplan aufzustellen und dessen Verhandlungsthemen festzulegen, darunter auch die, die zwischen der Bundesrepublik und der DDR zu besprechen und zu vereinbaren sind." (Ebd. S. 143) Diese Stufe werde schwierig sein, weil es hier darum gehe, Einigungen über Verfahren und Inhalte zu erzielen. Zu den vielen Abstimmungsprozessen werden auch die zwischen den drei Westmächten und der Bundesrepublik gehören. Diese Stufe wird deutlich machen, ob überhaupt eine Einigung erzielt werden kann.

In der dritten Stufe kommt es zu Verhandlungen der Vier Mächte mit europäischen Staaten sowie der BRD und der DDR über ein europäisches Sicherheitssystem und danach über einen Friedensvertrag. Bahr erwartete hier Schwierigkeiten vor allem bei der Festlegung von Grenzen, der Regelung wirtschaftlicher Reparationen und der Definition der inneren deutschen Souveränität. Für ihn war die Reihenfolge klar: Erst Vorlage eines Friedensvertrages, dann Bildung einer gesamtdeutschen Regierung. „Besteht man auf der Bildung einer gesamtdeutschen Regierung als vorgeordnetem Schritt, so braucht man die Forderung nach der Ausarbeitung eines Friedensvertrages gar nicht erst zu stellen." (Ebd. S. 146) Den Vertrag selbst, den wird dann später eine gesamtdeutsche Regierung unterzeichnen. Deshalb müssen Verhandlungen von den Vier Mächten, anderen interessierten europäischen Staaten und den beiden deutschen Staaten geführt werden. Bei Grenzfragen sieht Bahr kaum einen Spielraum, zu der Anzahl anderer interessierter europäischer Staaten macht er keine präzisen Angaben.

Die Frage einer Alleinvertretung wäre hinfällig, denn die Formulierung „beide deutsche Staaten", könne nur Gleichberechtigung bedeuten. Allerdings meinte er, dass Verhandlungen zwischen beiden deutschen Regierungen ohne förmliche gegenseitige Anerkennung stattfinden sollten. Themen werden u. a. intensivierte Zusammenarbeit, die Zulassung von Parteien, ein Wahlgesetz und Vorstellungen für einen Friedensvertrag sein. Es geht darum, „[...] Vereinbarungen zu treffen, die den Prozeß des ordnungsgemäßen Abbaus der Kompetenzen der beiden deutschen Regierungen und ihre Überleitung auf eine gesamtdeutsche Regierung regeln." (Ebd. S. 143 f.) Egon Bahr erwartete zwischen beiden deutschen Staaten besonders schwierige Verhandlungen.

In der vierten Stufe werden alle Vertragswerke unterschrieben und Parteien in ganz Deutschland zugelassen. Beide Regierungen sind für die Durchführung der vereinbarten Maßnahmen verantwortlich und haben sich durch ihre Unterschriften auch anerkannt. Das europäische Sicherheitsabkommen wird den betroffenen Parlamenten zur Ratifizierung vorgelegt; nicht in Deutschland, da ein gesamtdeutsches Parlament noch nicht existiert.

Bahr meinte, im Verlauf der vierten Stufe könnte auch die Mauer in Berlin geschleift und die Grenze geöffnet werden. „Mit der Aussicht vor Augen, daß der Tag der deutschen Einheit festliegt, wird es keine Fluchtbewegungen mehr geben. Auch nicht ohne Mauer." (Ebd. S. 161) Es kam ganz anders. Nach Öffnung der Mauer im November 1989 gab es dann tatsächlich keine Fluchtbewegungen mehr, aber eine große Abwanderungsbewegung, denn wie Lothar de Maizière schrieb: Nach dem Fall der Mauer verließen täglich zwei- bis dreitausend Menschen die DDR. (Maizière 2010: 246)

In der fünften Stufe wird eine Nationalversammlung gewählt, die eine Verfassung ausarbeitet.

In der sechsten Stufe ratifiziert diese Versammlung die Sicherheitsverträge, beschließt die neue deutsche Verfassung und bildet eine Regierung, die den Friedensvertrag unterschreibt. In dieser Phase werden die beiden Teilregierungen zu ausführenden Organen, wickeln ihre Kompetenzen ab und bewirken eine Überleitung zur gesamtdeutschen Regierung.

In der siebenten Stufe tritt das europäische Sicherheitssystem in Kraft und der Abzug der Truppen der Vier Mächte beginnt. „Die deutsche Regierung übernimmt gleichzeitig schrittweise, entsprechend den getroffenen Vereinbarungen, die Kompetenzen der beiden Teilregierungen." (Ebd. S. 144) Das würde dann auch die Unterstellung der beiden deutschen Streitkräfte unter die neue gesamtdeutsche Regierung bedeuten; es beginnt der Prozeß der Verschmelzung von Bundeswehr und Nationaler Volksarmee zu gesamtdeutschen Streitkräften.

Die abschließende achte Stufe beinhaltet das Inkrafttreten des Friedensvertrages. „Von der siebenten bis zur achten Stufe reicht der zeitliche Vorgang der Bildung einer gesamtdeutschen Armee. Erst danach ziehen die letzten Truppen der Vier Mächte ab." (Ebd. S. 152) Bei den Angleichungsprozessen in Deutschland, z. B. der Rechtsordnung könnte eine Orientierung an der Rückkehr des Saarlandes sinnvoll sein.

Egon Bahr bevorzugt den Begriff „Gesamtdeutschland", wenn die Vereinigung in seiner Schrift vom Jahre 1966 thematisiert wird. Der Plan sieht eine Abfolge von Stufen vor, eine Parallelität von deutschen Verhandlungen und solchen der Vier Mächte sowie die Verknüpfung dieser beiden Ebenen. Zu seinen wichtigsten Prämissen gehört die Feststellung, die Sowjetunion werde die DDR nicht ohne entsprechende Gegenleistung aus ihrem Machtbereich entlassen und die DDR sei stabilisiert, sie werde nicht zusammenbrechen. Folglich sei eine Wiedervereinigung nicht gegen Moskau und Pankow machbar, sondern nur mit ihnen könne eine Lösung erarbeitet werden, die für alle Beteiligten eine Verbesserung wäre.

Ein wichtiger Schritt seien Verhandlungen der Vier Mächte über ein neues europäisches Sicherheitssystem,

> [...] an deren Ende die Vier Mächte den heute existierenden beiden staatlichen Organisationen auf deutschem Boden ein Angebot machen würden, das die Bedingungen enthält, unter denen sie dem deutschen Selbstbestimmungsrecht, d. h. der staatlichen Einheit Deutschlands zustimmen würden. (Ebd. S. 135)

Das entspricht in etwa dem, was im Potsdamer Abkommen steht, nämlich, dass die Vier Mächte einen Plan vorlegen, wenn eine dafür adäquate deutsche Regierung bestehen sollte. Bahr sieht in den unterschiedlichen Meinungen bezüglich einer Wiedervereinigung kein Problem, denn das von ihm von den Vier Mächten erwartete Angebot würde sich im Rahmen von deren Rechten bewegen.

Von großer Bedeutung ist das stufenweise Vorgehen auch deshalb, um die Wirtschaft nicht zu gefährden, daher sollten in einer Übergangsphase Besitzverhältnisse und Wirtschaftsstruktur der DDR nicht angetastet werden. Während der Übergangsphasen wird es immer funktionierende Staatensysteme in Ost und West von Deutschland geben bzw. später dann eine Gesamtregierung, damit keine zu großen Risiken und Unsicherheiten entstehen können. Vor dem Abschluss einer Stufe soll der weitere Verlauf möglichst genau festgelegt werden. Bahr benutzt in diesem Zusammenhang auch das Wort „Verzahnungen." (Ebd. S. 163) Es soll Verklammerungen der einzelnen Schritte geben, „[...] von denen einer den anderen praktisch unausweichlich macht und fördert [...]." (Ebd. S. 166) Er betont das Selbstbestimmungsrecht und ein demokratisches Staatssystem für Gesamtdeutschland, weil eine „genügende Mehrheit des deutschen Volkes" dies wünsche. (Ebd. S. 149)

Während des gesamten Prozesses und auch nach Erlangung der Vereinigung sei es wichtig, Wirtschaftskraft und Lieferverpflichtungen in Ostdeutschland einzuhalten, damit dort die Vollbeschäftigung erhalten bleibe und eine allmähliche Angleichung der beiden Wirtschaftssysteme gelingen könne. Zu einer Währungsunion und der damit verbundenen Problematik des Umtauschkurses äußerte sich Egon Bahr nicht.

Bei allen Schritten, die in Richtung auf eine gesamtdeutsche Regierung unternommen werden, sieht Bahr Gleichrangigkeit vor, allerdings ohne volle staatliche Anerkennung. Grundsätzlich sollen die Vier Mächte die Federführung haben, d. h. es geht um ihre Sonderrechte, aber stets unter gleichberechtigter Mitwirkung der beiden Staaten in Deutschland und der Berücksichtigung anderer Staaten in Europa. Durchgängig sei ein schrittweises Vorgehen zu praktizieren, auch Überlappungen, wie in Stufe sieben. Es soll eine Gleichzeitigkeit von Verhandlungen auf deutschen und internationalen Ebenen geben, wie es 1990 dann bei dem Einigungsvertrag und dem 2+4-Vertrag der Fall war.

Für Bahr stand außer Zweifel, dass es nur Veränderungen geben könne, wenn sich auch die SU verändern würde. Er beschrieb 1966, was dann 24 Jahre später eintreffen sollte.

> Sofern die Sowjetunion eine Wiedervereinigung praktisch nur zuläßt, wenn die kommunistische Herrschaft auf ganz Deutschland ausgedehnt wird, gibt es überhaupt keinen Weg zur Wiedervereinigung als den, zu warten oder dahin zu wirken, daß sich die Einstellung der Sowjetunion ändert. Alle Überlegungen zu einem Weg zur Wiedervereinigung haben sich im Grunde darum zu drehen, andere Interessen der Sowjetunion zu schaffen und diese zu befriedigen. (Ebd. S. 149)

Da die Sowjetunion nicht damit rechnen kann, dass sich die BRD der DDR anschließt, bestehen Chancen, ein Sicherheitssystem zu schaffen, das sowjetischen Interessen entspricht und einen Wandel in deren Deutschlandpolitik bewirken könnte.

Bahr sah auch durchaus Möglichkeiten für eine Übereinkunft zwischen beiden deutschen Staaten auf der Basis von deren damaligen Verfassungen, wobei er feststellte, dass bekanntlich der Wortlaut der DDR-Verfassung gar nicht so schlecht sei. (Ebd. S. 150)

Hier ist anzumerken, dass in der DDR-Verfassung von 1949 Deutschland als unteilbare demokratische Republik bezeichnet wird, in der vom April 1968 etwas von Verantwortung der ganzen deutschen Nation steht und von Herstellung sowie Pflege normaler Beziehungen und Zusammenarbeit der beiden deutschen Staaten. „Die DDR und ihre Bürger erstreben [...] die schrittweise Annäherung der beiden deutschen Staaten bis zu ihrer Vereinigung auf der Grundlage der Demokratie und des Sozialismus." (Art. 8, Abs. 2) In der revidierten Fassung vom Oktober 1974 ist die Wiedervereinigung kein Ziel mehr und die DDR wird zum untrennbaren Bestandteil der sozialistischen Staatengemeinschaft erklärt. (Art. 6, Abs. 2. Mampel 1997)

In seiner Regierungserklärung vom 28. Oktober 1969 sprach Willy Brandt dann von einem geregelten Nebeneinander, das zu einem Miteinander werden solle und von dem Fortbestand der einen deutschen Nation. Walter Ulbricht reagierte darauf am 19. Januar 1970 in einer Pressekonferenz, in der er den Fortbestand einer gesamtdeutschen Nation leugnete. (Zieger 1988)

Im Verlauf der Ostpolitik folgten Verträge mit der Sowjetunion, Polen und der ČSSR sowie der Grundlagenvertrag mit der SED-DDR. Diese Entwicklungen bewirkten bzw. erforderten aus Sicht der SED Abgrenzungsbemühungen.

> Im Widerspruch zu ihrer gerade geschaffenen Verfassung hatte die DDR-Führung schon seit Anfang 1970 und dann verstärkt seit dem Machtwechsel von W. Ulbricht zu E. Honecker an der Parteispitze und dem VIII. Parteitag der SED vom Juni 1971 die „Zwei-Nationen-Theorie" vertreten und eine „Abgrenzungsstrategie" betrieben. Folglich sind nunmehr alle Bestimmungen aus der Verfassung eliminiert worden, in denen die Vorstellung von der Einheit der deutschen Nation und der Auftrag zur Wiedervereinigung zum Ausdruck kamen. (Brunner 1980:94)

Nach Egon Bahr sollte der neue deutsche Gesamtstaat am Prozess der europäischen Zusammenarbeit mitwirken; für ihn bedeutete dies damals die aktive Kooperation innerhalb der EWG. Er war allerdings der Meinung, dass eine fortschreitende politische Integration in Europa den Weg zur deutschen Einheit verbauen würde, eine verständlicherweise sehr zeitgebundene Sichtweise. Nach erfolgter Einigung war dann ab 1990 die Einbindung Deutschlands in die EU eine Art freundlicher Kontrolle des neuen Staates. Die Wiedervereinigung Deutschlands und andere Veränderungen erleichterten auch neue Mitgliedschaften in der Union.

Wenn es 1969 eine neue Regierung geben sollte, die eine entsprechende Politik verfolgt, so schätzte Bahr, würde es fünfzehn Jahre dauern, „[...] ehe nach menschlichem Ermessen die deutsche Einheit Wirklichkeit sein kann." (Bahr 2019: 177) Es hat 20 Jahre gedauert und 1990 ging dann alles viel schneller, wegen Veränderungen in der DDR und Osteuropa, aber auch wegen der in den zwei Jahrzehnten davor schrittweise geschaffenen Grundlagen.

In dem Acht-Stufen-Plan steht wenig, wie der antagonistische Systemgegensatz zwischen Ost und West in Deutschland überwunden werden könnte. Betont wird, dass alle Beteiligten von dem Prozess Vorteile haben würden. In dem Konzept wird viel auf einen Interessenausgleich und auf gemeinsam zu erreichende Ziele abgehoben. Es bleibt aber unklar, welchen Anreiz die Führung der SED-DDR hätte haben können, sich an der Realisierung dieses Stufenplans fair, konstruktiv und engagiert zu beteiligen. Was hätte denn Walter Ulbricht bewegen können, den Posten des Staatsratsvorsitzenden seiner DDR gegen die Rolle eines Oppositionspolitikers in einem gesamtdeutschen Parlament einzutauschen? Vielleicht hätte dazu nicht einmal massiver Druck der Sowjetunion ausgereicht.

Der Acht-Stufen-Plan von Egon Bahr aus dem Jahr 1966 ist ein wichtiger und vorausschauender Entwurf, dessen Grundideen dann im Vollzug der Ostpolitik ab 1969 mit ausländischen Partnern und in Deutschland schrittweise umgesetzt wurden.

Das Konzept ist auch deshalb erwähnenswert, weil es Aspekte enthält, die u. a. für Korea interessant sein könnten; ob dort machbar, ist eine andere Sache. Zu nennen sind hier gleichberechtigte Verhandlungen, paritätische Besetzung von Gremien, Amnestieregelungen, die Mitwirkung der Nachbarstaaten und anderer an einem neuen Sicherheitssystem.

Der Vorschlag, Wahlen in beiden Teilen Deutschlands abzuhalten, zu denen alle Parteien zugelassen sind, ähnelt einer Idee von Kim Il-sung. Die jeweilige Erwartungshaltung war sicher völlig anders. Am 20. Juli 1972 unterrichtete der Botschafter der DVRK in Ost-Berlin Angehörige des dortigen Außenministeriums und sagte u. a.: „Die Zulassung bürgerlicher Parteien Südkoreas, bei gleichzeitiger Zulassung der Partei der Arbeit im Süden, wird in Betracht gezogen." (PA AA 6. 1972: 2) Die DVRK sei überzeugt, dass die bürgerlichen Parteien im Norden keine Resonanz hätten, während sich die Partei der Arbeit bei legaler Tätigkeit im Süden sofort zur größten Massenpartei entwickeln würde.

Diese damalige Einschätzung scheint dreistes Wunschdenken gewesen zu sein, aber in etwa spiegelbildlich gab es ähnliche Vorstellungen auch im Westen Deutschlands: Bei Beibehaltung zweier Staaten werde die SED bei freien Wahlen kaum eine Chance haben und viele im Osten würden sich freuen, bald für „westliche" Parteien stimmen zu können.[12]

Ostpolitik, Rahmenbedingungen und Grundgedanken

Eine entscheidende Weichenstellung für die Verbesserung des Modus Vivendi in Deutschland war die Ostpolitik. Sie war kein Irrweg zur deutschen Vereinigung (Senoo 2011), auch keine dezidierte Wiedervereinigungspolitik, legte dafür aber ein trag- und ausbaufähiges Fundament.

---

12 Bei den ersten freien Wahlen in der DDR im März 1990 erhielt die PDS, die ehemalige SED, immerhin 16,3 % der Stimmen.

Präsident John F. Kennedy hatte in seiner Rede an der Freien Universität Berlin am 26. Juni 1963, 19 Tage vor dem Beitrag Egon Bahrs in Tutzing, die Anerkennung des Status quo und deutsche Initiativen empfohlen. Man solle die Tatsachen so sehen, wie sie sind. Die friedliche Wiedervereinigung von Berlin und Deutschland, so Kennedy, werde eines Tages Realität, aber nicht schnell und es werde nicht leicht sein. Man müsse sich fragen, was in einer Übergangsphase für die Menschen auf der anderen Seite getan werden könne und Deutschland solle stets im Zusammenhang mit Europa gedacht werden. Einheit sei durch Geschlossenheit und Selbstbestimmung zu erreichen. (Kennedy 1963) Die Rede benannte Grundgedanken für die neue Strategie, um unter Beachtung der Realität mit Eigeninitiativen einen friedlichen Weg zu beschreiten.

Die Westbindung der Bundesrepublik war Voraussetzung für die Ostpolitik. Egon Bahr hat deren Bedeutung und die sich daraus ergebende Vorgehensweise genannt. Nach der Wahl Willy Brandts zum Bundeskanzler wurde „[...] Washington über das Konzept unserer Ostpolitik informiert, noch vor dem Bundestag und der deutschen Öffentlichkeit. Ohne amerikanische Rückendeckung hätte es die deutsche Entspannungspolitik nicht gegeben." (Bahr 2015: 1) Es ging darum, Vertrauen im Osten zu schaffen, ohne das Vertrauen im Westen zu verlieren. Diese Entwicklung führte nach 20 Jahren zu einer Situation, in der die deutsche Vereinigung denkbar und machbar wurde.

Die neue Strategie ist auch durch das Motto „Wandel durch Annäherung" bekannt. Ein Ausgangspunkt, so Egon Bahr, war der „[...] Zweifel, ob wir mit der Fortsetzung unserer bisherigen Haltung das absolut negative Ergebnis der Wiedervereinigungspolitik ändern können, und die Überzeugung, daß es an der Zeit ist und daß es unsere Pflicht ist, sie möglichst unvoreingenommen und neu zu durchdenken." (Bahr 1963: 1)

Für positive Veränderungen sollte eine Politik betrieben werden, die allen relevanten Akteuren die Möglichkeit gab, in unterschiedlichem Maße ihre Vorgehensweise zu verändern. Die wichtigen Rollen der USA und der Sowjetunion wurden beachtet, aber Veränderungen in Deutschland wären ohne Mitwirkung der SED-DDR nicht zu erreichen gewesen.

Die Bundesrepublik hing vom Schutz der NATO und die SED-DDR vom Schutz der Sowjetunion ab. „In den Köpfen (west)deutscher Politiker reifte ein Konsens: Solange beide Militärblöcke existierten, könne es keine deutsche Einheit geben." (Karner 2015: 20) Diese Konstellation war wichtiger Teil der Realität, von der auszugehen hatte, wer Versuche zu deren Veränderung unternehmen wollte. Dazu gehörte damals, dass es trotz Spannungen und Rückschritten, wie dem Einmarsch in die ČSSR 1968, Bemühungen der Großmächte gab, eine Entspannungspolitik herbeizuführen. Es bestand die Gefahr, dass dies über die Bundesrepublik hinweg geschehen könnte. Egon Bahr schrieb 1966: „Die Gefahr ist bereits wirksam, denn es gibt international eine Politik der Entspannung, ohne daß die Bundesrepublik daran Anteil nimmt und ihre Interessen dabei wirksam vertritt." (Bahr 2019: 116) Die Ostpolitik hatte wichtige neue Elemente, aber sie war auch das sich Einfügen und Vorwärtstreiben einer bereits im Gange befindlichen Entwicklung. Sie war Anerkennung der Realität, um diese später verändern zu können. Es ging um Anerkennung im taktisch-politischen Sinne, nicht um völkerrechtliche oder gar moralische Anerkennung.

Akzeptanz der Besitzstandswahrung

Es gab einige Schlüsselerlebnisse, die deutlich machten, dass die bestehenden Machtverhältnisse nicht revidiert werden könnten.

Beim Aufstand in der SED-DDR im Juni 1953 gab es wortreiche Unterstützung, aber keine aktive Intervention. Beim Aufstand in Ungarn 1956 und dessen Niederschlagung durch die Sowjetunion beschränkte sich die Hilfe der „freien Welt" auf vollmundige verbale Aktionen. Im August 1961 wurde die Mauer gebaut und die Westmächte rissen sie nicht ein, denn ihre Rechte, ihre *essentials*, waren nicht tangiert. Im Oktober 1962 brachte die Kubakrise Lernerfahrung mit nuklearer Verantwortung für alle Beteiligten. Im August 1968 intervenierten die SU und der Warschauer Pakt in der ČSSR. Erneut keine Intervention des Westens, abgesehen von medialem Engagement und der Aufnahme von Flüchtlingen. Trotz Ideen vom Polyzentrismus und Eurokommunismus wird die Breschnew-Doktrin praktiziert und es kommt zu keiner *desatellisation*, wie sie Charles de Gaulle vorschwebte, auf nationale Emanzipation in Osteuropa hoffend. Die Ereignisse vom August 1968 und das Ende des „Prager Frühlings" bestätigten die bereits mit dem Bau der Mauer 1961 gelernten Lektionen. (Hofmann 2015)

Mauerbau und Kubakrise zeigten Möglichkeiten und Grenzen von Besitzstandswahrung und Emanzipationsbestrebungen. Die Hauptakteure erkannten und repektierten ein „bis hierher und nicht weiter", sie sahen damit schlaglichtartig die fast unmittelbare Gefahr eines großen Krieges sowie die Grenzen der eigenen Macht und gewannen auch ein besseres Verständnis über den Handlungsspielraum der anderen Seite.

> Die Politik der Entspannung wurde von verschiedenen Akteuren mit durchaus unterschiedlichen Zielsetzungen betrieben. Das Hauptmotiv der Supermächte – auch das der Sowjetunion – lag seit etwa 1960 in der Besitzstandswahrung und damit in der Stabilisierung des politischen und territorialen Status quo. (Conze 2011: 102)

Neue Strategie: Anerkennung der Realität, um sie verändern zu können

Der „Kalte Krieg" ermöglichte Lernerfahrungen.

> Beide Großmächte hatten gelernt, daß keiner dem anderen seinen Willen aufzwingen kann. Beide hatten mehrfach erfahren, daß man aus lebensgefährlichen Situationen nur herauskommt,

wenn man die vitalen Interessen des anderen respektiert. Eine Wiedervereinigung und eine Änderung der Oder-Neiße-Grenze aber hätte vitale Interessen der Sowjetunion verletzt. (Bender 1999: 8)

Diese Erkenntnis schloss diplomatische Erfolge nicht aus, so gelangen der SED-DDR zunehmend offizielle Anerkennungen, sie durchlöcherte die Hallstein-Doktrin. Nach der Berlin- und Kubakrise kam es aber zu einer Zäsur im „Kalten Krieg", zumindest in Europa, wo der politisch-geografische Besitzstand und die vitalen Interessen der jeweils anderen Seite nicht mehr aktiv in Frage gestellt wurden. Deshalb war es für die Westmächte nachrangig, mit der SU über eine Wiedervereinigung Deutschlands zu sprechen. Damit stand die Bundesrepublik vor den Alternativen, Beibehaltung von Prinzipien, auch wenn die Lage deren politische Umsetzung verhinderte, oder neue, flexible Vorgehensweisen zu praktizieren, oder eine Kombination von beidem. Es ging darum, wie es Eckart Conze formulierte, Anpassungsleistungen zu erbringen, um Handlungsfähigkeit zu bewahren bzw. zu erlangen. Diese Strategie entwickelte sich dann zu dem, was als Ostpolitik in die Geschichte eingegangen ist. Sie ging von drei Prämissen aus: Um die vorgefundene Realität langfristig und gewaltfrei ändern zu können, muss sie anerkannt werden; Initiativen müssen von Deutschland ausgehen und die neue Strategie kann nur im Einvernehmen mit den West-Alliierten sowie durch Kooperation mit anderen europäischen Staaten durchgeführt werden. (Schmidt, Wolfgang 2003. Flatten 2021)

Von Brandt, Bahr und anderen wurden folgende Erkenntnisse als Realität zur Kenntnis genommen, von denen notwendigerweise auszugehen sei. Beide Staaten in Deutschland haben keine volle Souveränität. Wenn es keine Einheit gibt, dann herrscht Teilung. Um die Teilung schließlich überwinden zu können, muss die Tatsache der Trennung anerkannt werden, was keine Akzeptierung bedeutet, sondern Teil der Grundlage für friedlichen Wandel ist. Der ist notwendig für dass Zusammengehörigkeitsgefühl in Deutschland. Es gibt Besitzstandswahrung, d. h. trotz hehrer, aber leerer Versprechen, der „Tyrannei Widerstand zu leisten, wo auch immer sie auftreten möge,"[13] wurde in dem jeweils anderen Herrschaftsbereich nicht interveniert, abgesehen von Spionage und verdeckten Operationen. Um Veränderungen bewirken zu können, ist Normalisierung unerlässlich und sie hat mit einer Verbesserung der Beziehungen zwischen der Bundesrepublik und der Sowjetunion zu beginnen. Der Alleinvertretungsanspruch muss flexibel gehandhabt und letztlich aufgegeben werden, allerdings unter Beibehaltung des sehr langfristig zu verfolgendem Ziel einer friedlichen Vereinigung.

Hindernisse für diese neue Politik waren zuerst im Zusammenwirken mit der SU auszuräumen, die dann Druck auf ihre Partner ausüben sollte, vor allem auf die SED-

---

13 So täglich in dem 1946 von der US-amerikanischen Militärverwaltung gegründeten Rundfunksender RIAS (Radio im amerikanischen Sektor) in Berlin zur Mittagsstunde nach dem Geläut der „Freiheitsglocke".

DDR. (Brandt, Peter 2014: 204) Neben der Unterstützung durch die USA war die Zusammenarbeit mit Moskau von fast gleichrangiger Bedeutung.

> Denn die UdSSR stand gleichzeitig in vier Hauptrollen auf der Bühne: als Supermacht, als Besatzungsmacht, als DDR-Garantiemacht und als mittelbarer europäischer Nachbarstaat Deutschlands. Hier lag die neue zentrale außenpolitische Aufgabe. (Ebd. S. 222)

Für die Bundesrepublik bedeutete die Handlungsanleitung „Wandel durch Annäherung" in der Praxis zuerst Normalisierung der Beziehungen mit der Sowjetunion, dann mit Polen und der ČSSR durch „Gewaltverzichtsverträge" und fast zeitgleich, aber dennoch versetzt, zwischen den beiden Staaten in Deutschland, wobei die Reihenfolge eine wichtige Rolle spielte. Allen Beteiligten schienen Risiken und Chancen bewusst gewesen zu sein, wenn sich auch im Laufe der Zeit deren Einschätzung änderte.

Der sowjetischen Führung musste schon aus Eigeninteresse an einer stabilen SED-DDR gelegen sein, aber auch an einem gedeihlichen Verhältnis zur Bundesrepublik. Breschnew war vermutlich am Anfang der Ostpolitik gegenüber vorsichtig und misstrauisch. Am 28. Juli 1970, Walter Ulbricht war noch im Amt und 15 Tage vor Unterzeichnung des Moskauer Vertrages, sagte er zu Erich Honecker:

> Bis vor Kurzem war die DDR für uns etwas, was man nicht erschüttern kann. Jetzt taucht aber eine Gefahr auf. Nicht lange und der Gegner, Brandt, wird dies erkennen und für sich ausnutzen. Wir können uns nicht gleichgültig gegenüber einer solchen Entwicklung verhalten. Wir müssen und werden reagieren. (Staadt 1995: 12)

Es war ein Appell an die Führung der SED, die Konflikte mit dem damaligen Parteiführer, Walter Ulbricht, bald zu klären und auf die Einheit der Partei zu achten. Breschnew sah aber auch Vorteile der Ostpolitik und schlug 13 Monate später gegenüber Willy Brandt bei dessen Besuch auf der Krim andere Töne an. (Brandt 1992: 209) Nach persönlichen Begegnungen mit dem Bundeskanzler änderte sich Breschnews Einstellung diesem gegenüber. Gab es tatsächlich eine Änderung, oder war klar, dass nur mit Brandt der Weg zur KSZE machbar wäre? Die SU hat die deutsche Frage immer im europäischen Zusammenhang gesehen, so war es auch bei der Einschätzung der Ostpolitik; ohne eine Regelung mit der Bundesrepublik würde es kaum gelingen, durch die KSZE eine notarielle Beglaubigung der Ergebnisse des Zweiten Weltkrieges zu bekommen, d. h. die Festschreibung des Status Quo in Europa. Diese Verknüpfungen, Junktims, sind charakteristisch für die Ostpolitik und die an ihr beteiligten Staaten, hauptsächlich die SU. Sie sollten einer Absicherung dienen, um ein politisches Klima zu schaffen, das langfristig dessen Veränderung ermöglichen würde. So die Hoffnung in der Bundesrepublik. Moskau und seine Verbündeten wollten die Veränderungen möglichst gering und ihre Konsequenzen unter Kontrolle halten.

Die Führung der SED-DDR war wegen der Verhandlungen über den Moskauer Vertrag verunsichert und mißtrauisch. Sie schickte im Juli 1970 eine Delegation in den

Kreml, also kurz vor Unterzeichung des Vertrages, die versuchen sollte, diese zu verhindern. Breschnew sollte umgestimmt werden, denn es sei gefährlich, mit den Sozialdemokraten von Deutschland so eine Politik zu betreiben, gefährlich für die Existenz der DDR. (FES 1999: 136) Auf deren Seite stand die VR China. Die Verhandlungen zwischen Egon Bahr und Außenminister Gromyko 1969 waren für die chinesische Führung ein „schmutziges Geschäft".[14] Sie unterstützte die Position der SED und erklärte, Westberlin befinde sich auf dem Territorium der DDR und gehöre rechtmäßig zur ihr.[15] Schon bald sollte Peking „[...] von diesem Standpunkt abrücken, als erkennbar wurde, daß die DDR diese Unterstützung nicht honorierte und weiterhin ein fester Verbündeter der UdSSR bleiben würde." (Pfennig 1980: 64)

Bezüglich Berlins war die SU gegenüber Bonn in einer besseren Position. Sie wollte aber die Ratifizierung des Moskauer-Vertrages durch den Bundestag und die war mit einer Verbesserung der Lage von West-Berlin verbunden, deshalb also ein sowjetisches Nachgeben bei dem „Vierseitigen Abkommen".

> Ich teilte mit, daß wir den Moskauer Vertrag erst ratifizieren würden, wenn die Vier Siegermächte ihre Verhandlungen über Berlin befriedigend abgeschlossen hätten. Wenn wir Entspannung wollten, dürfe Berlin nicht ein Punkt des Kalten Krieges bleiben. Es sollte nicht mehr Zankapfel sein, sondern Funktion in der friedlichen Zusammenarbeit erhalten. Breschnew ärgerte das Junktim. Ob meine Haltung nicht bedeute, den USA ein Veto einzuräumen? Da blieb in der Tat vieles offen, aber der Mißbrauch der Berlin-Frage als eines Störhebels wurde reduziert, wenn auch leider nicht ausgeschaltet. Schon Ende Oktober 1970 ließ Gromyko bei einem Treffen mit Scheel verklausuliert erkennen, daß sich mit unserem Berlin-Junktim leben lasse... (Brandt 1992: 204)

Auch andere hatten auf diesen Zusammenhang immer wieder hingewiesen, so Egon Bahr Mitte August 1970: „Niemand wird sicher sein, wenn Berlin nicht sicher ist. Es kann keine Entspannung in Europa geben, wenn es keine Entspannung in Berlin gibt." (Bahr 1971: 113) Trotz unterschiedlicher Interessenlagen war allen relevanten Akteuren dieser Zusammenhang bewusst. Der Bundesrepublik half, dass die Opposition trotz vehementer Kritik an der Ostpolitik auch das Junktim zwischen Berlin-Regelung und dem Moskauer Vertrag betonte. So sagte Gerhard Schröder (CDU), der damalige Vorsitzende des Auswärtigen Ausschusses des Deutschen Bundestages nach einem Besuch in Moskau im Januar 1971 in einem Zeitungsinterview: „Ich habe mich bemüht, meinen Gesprächspartnern vor Augen zu führen, daß ohne eine befriedigende Regelung für West-Berlin, ohne eine garantierte Lebensfähigkeit dieser Stadt, der deutsch-sowjetische Vertrag keine Aussicht auf Ratifizierung im Bundestag hat." (Schröder 1971: 378)

---

14 So die Überschrift des Kommentars in der „Volkszeitung" vom 22. Dezember 1969. Einen Tag vorher, am 21.12.1969, hatte die amtliche Nachrichtenagentur *Xinhua, New China News Agency*, einen Kommentar mit der Überschrift veröffentlicht: Die sowjetische Regierung intensiviert die Zusammenarbeit mit dem Westdeutschen Militarismus. (Siehe vorn S. 180)..
15 Broschüre „Über den Vertrag zwischen der Sowjetunion und Westdeutschland." Peking 1970: Fremdsprachenverlag, S. 5 f.

Ostverträge, Briefe zur deutschen Einheit

Im langen Prozess, der letztlich zur Einigung führte, galt es, trotz politischer Flexibilität Rechtsprinzipien zu beachten und hier spielte der „Brief zur deutschen Einheit" eine wichtige Rolle. Es gab zwei solcher Briefe, einen im Zusammenhang mit dem Moskauer Vertrag vom August 1970[16], der andere wurde im Zusammenhang mit dem Grundlagenvertrag zwischen der DDR und der Bundesrepublik im Dezember 1972 übergeben. Beide Verträge tragen die Unterschriften von Bevollmächtigten souveräner Staaten und die entscheidenden Worte der Briefe sind, „ [...] daß dieser Vertrag nicht im Widerspruch zu dem politischen Ziel der Bundesrepublik Deutschland steht, auf einen Zustand des Friedens in Europa hinzuwirken, in dem das deutsche Volk in freier Selbstbestimmung seine Einheit wiedererlangt." (Einheitsbrief 1970. Einheitsbrief 1972. Diemer/Kurth 1991: 220.) Die Bedeutung beider Verträge liegt auch in ihrer Kombination mit den Briefen.

Da die Sowjetunion ein solches Schreiben angenommen hatte, konnte es die SED-DDR nicht ablehnen. Wichtig war die widerspruchslose Entgegennahme, wenn auch die westdeutsche Opposition das „schlichte" Verfahren der Übergabe sehr kritisierte. Sie bemängelte, dass es nicht einmal Empfangsbestätigungen gegeben habe. Moskau und Ost-Berlin maßen damals den Briefen kaum Bedeutung zu, denn es war nicht abzusehen, wie wichtig sie später sein würden. Für die Bundesrepublik waren sie von Beginn an von großer Bedeutung, als Bekräftigung eines prinzipiellen Standpunktes sowie langfristigen politischen Zieles und zur Unterstützung der Verträge bei deren Prüfung durch das Bundesverfassungsgericht.

Im Gegensatz zum Moskauer Vertrag gab es beim Grundlagenvertrag u. a. das Problem, dass ihn zwei Staaten unterzeichneten, die keine völkerrechtlichen Beziehungen miteinander hatten. Es gelang bei Verhandlungen in Moskau, die sowjetische Forderung nach völkerrechtlicher Anerkennung der DDR zurückzuweisen. In der Erinnerung von Egon Bahr lautete das durchschlagende Argument, dass Moskau zu einer Änderung seiner Politik bewegte,

> [...] daß damit die Rechte der Vier Siegermächte über Deutschland als Ganzes nicht erlöschen würden, und zwar im Sinne der Teilung Deutschlands, denn dazu seien wir weder willens noch kompetent. Selbst unsere Bereitschaft, alle Grenzen in Europa, auch die zwischen den beiden deutschen Staaten, unter das Gebot des Gewaltverzichts zu stellen, durfte nicht als Aufgabe unseres Anspruchs auf Selbstbestimmung mißverstanden werden. So kam es zu der Idee und Formulierung des „Briefes zur deutschen Einheit", den ich zusammen mit meinem engsten Mitarbeiter entwickelt habe, der später bei der Unterzeichnung des Vertrages in Moskau akzeptiert und Ende 1972 dann auch von der DDR entgegengenommen wurde. Dieser Brief war keine Pflichtübung, vom Grundgesetz geboten, sondern Überzeugung. (Bahr 1999: 20)

---

[16] Zur Haltung in Moskau zu diesem Brief, besonders die von Außenminister Gromyko, siehe Kwizinskij 1993: 231 f. Eine Art Vorläufer gab es 1967 bei Verhandlungen über Handelsvertretungen zwischen der ČSSR und der Bundesrepublik. (Flatten 2021: 432 ff.)

Langzeitwirkung der Ostpolitik

Normalisierung und Ostpolitik bewirkten konkrete Verbesserungen für die Menschen im geteilten Deutschland und sie hatten Wirkungen, die sich erst viel später zeigten. Im Jahr 1984 war die Bewertung von Bruno Simma noch durchaus zutreffend, als er feststellte, dass die von Brandt und Scheel durch den Grundlagenvertrag erhofften Veränderungen im politischen System der DDR nicht eingetreten seien.

> [...] die Verbesserung der Beziehungen zwischen den beiden deutschen Staaten ist weit hinter den Hoffnungen der Architekten der *Ostpolitik* zurückgeblieben. Einerseits sind die grenzüberschreitenden Bewegungen von Menschen und Gütern sowie der Transit nach West-Berlin einfacher und sicherer geworden. Aber – und das ist schwerwiegend – die schrittweise Veränderung des politischen Systems, von der Brandt, Bahr und Scheel hofften, der Grundlagenvertrag würde sie fördern, ist mehr oder weniger gescheitert. Dafür gibt es natürlich mehrere Gründe. Zu ihnen gehört mit Sicherheit die Tatsache, dass sich der Grundlagenvertrag durch rechtliche Ermächtigung veränderte, als Instrument eines *Modus Vivendi* konzipiert, um den Stillstand zwischen zwei nicht mit einander zu vereinbarenden Dogmen zu überwinden, wurde er zu einer Bekräftigung von Positionen, die wenige (oder keine) Kompromisse zulassen. (Simma 1985: 162 f.)

Fünf Jahre später, 1989, hatte sich die Situation wesentlich verändert und dies auch wegen Langzeitwirkungen des Grundlagenvertrages.

Die Ostpolitik bewirkte zuerst eine Stabilisierung der SED-DDR und half ihr, vermehrt internationale diplomatische Anerkennung zu erlangen. Das Regime musste sich schließlich mehr öffnen und vermehrt Kompromisse eingehen. Deren Konsequenzen, die dann eine friedliche Revolution und letztlich eine Vereinigung ermöglichten, sie wurden erst 1989 deutlich erkennbar. Egon Bahrs Äußerung zur Ostpolitik aus dem Jahre 1999 ist also, vor allem im Rückblick, durchaus zutreffend: „Ostpolitik ist auch so zu definieren: Sie hatte ein Ziel, ohne zu wissen, wann und wie es erreichbar war." (Bahr 1999: 25)

Am Anfang des Weges schien das Ziel in weiter Ferne zu liegen und viele waren der Meinung, es sei unerreichbar. Die SED-DDR erfuhr eine beachtliche Aufwertung, wirkte ökonomisch gefestigt und politisch stabil, deshalb wurden warnend-vorausschauende Stimmen nicht gehört. Zu denen, die behaupteten, sie hätten die Zeichen der Zeit schon früh erkannt, gehörte Valentin Falin. Im Jahr 1987 teilte er Gorbatschow mit, die DDR habe eine gefährliche Schwelle überschritten.

> Es wurde aber von Seiten der Führung nichts getan, um sich auf diese Entwicklung vorzubereiten. Im März 1987 bekam Gorbatschow zu lesen, daß die Situation in der DDR vollkommen umkippen und destabilisiert werden kann. Zu dieser Zeit hat Bundeskanzler Helmut Kohl Honecker nach Bonn als Staatsgast eingeladen; und das war ein Argument für Gorbatschow, meine Information nicht ernst zu nehmen. Erst 1989 begann man sich Gedanken zu machen, denn es wurde klar, daß es wie früher nicht weiter ging. (FES 1999: 86)

Auch dieses Falin-Zitat ist mit großer Vorsicht zu genießen. Es spricht der Berater, der Fachmann, dessen Wissen die Oberen nicht würdigen, der es aber schon viel früher wusste und dessen Prognosen richtig waren; so jedenfalls die eigene Einschätzung. Außerdem konnte Falin sich über Gorbatschow wohl nicht oder kaum objektiv äußern.

Der Staatsbesuch von Erich Honecker in der Bundesrepublik im September 1987 wurde von vielen als vorläufiger Höhepunkt der Zweistaatlichkeit, als Verfestigung der Teilung und als Quasi-Anerkennung der DDR gewertet. Es war ein Triumph, allerdings ohne Langzeitwirkung für den Staatsgast, denn 25 Monate nach seiner Visite der Bundesrepublik musste Erich Honecker zurücktreten.[17]

Egon Bahr nannte die Koexistenz in Deutschland eine „abnorme Normalisierung." (Bahr 1999: 22) Sie war eine der Voraussetzungen für Zusammenarbeit in Deutschland und Europa. Nach Peter Bender hatte die Ostpolitik die Vereinigung Deutschlands nicht bewirkt, sie aber sehr wohl ermöglicht. (Bender 1999: 14) Sie intensivierte die Westbindung der Bundesrepublik und verbesserte deren Beziehungen zu östlichen Nachbarn, während sie durch innerdeutschen Austausch und Kontakte das Zusammengehörigkeitsgefühl der geteilten Nation bewahrte sowie verstärkte.

Die Ostpolitik war eine Abwandlung der Lebensweisheit, „nie darüber reden, immer daran denken." Über eine Wiedervereinigung wurde von der westdeutschen Politik gern und oft geredet, aber es wurde fast nichts dafür getan, was andere hätte erschrecken können. Dennoch, oder vielleicht gerade deshalb, konnten allmählich Voraussetzungen geschaffen werden, die halfen, Veränderungen in der DDR und Europa zu bewirken, die letztlich dann mit Glück die Vereinigung in einem europäischen Rahmen ermöglichten. Es war ein schwieriger und langer Prozess, der sich ab 1989 durch eine Fülle von Entwicklungen beschleunigte. Vorschläge und Handlungen wurden konkreter, so zum Beispiel das „Zehn-Punkte-Programm" vom November 1989, Vertragsentwürfe der Bundesrepublik und der DDR für Zusammenarbeit, die Währungsunion vom 1. Juli 1990, der Einigungsvertrag und der „Zwei-plus-Vier-Vertrag."

Zehn-Punkte-Programm zur Überwindung der Teilung Deutschlands und Europas vom 28. November 1989

In NATO-Communiqués hatte die Bundesrepublik stets Formulierungen erreichen können, dass der Westen einen Zustand anstrebe, „in dem das deutsche Volk in freier Selbstbestimmung seine Einheit wiedererlangt."[18] Das entsprach dem Wortlaut im Grundgesetz und in den Briefen zur deutschen Einheit. Es war eine freundliche Pflichtübung einem Bündnispartner gegenüber, jeweils vollzogen mit der ziemlich sicheren Annahme, dass dieser Fall wohl nie eintreten werde.

---

[17] Der Besuch war vom 7. bis 11. September 1987, der Rücktritt am 18.10.1989 und am 03.12.1989 wurde er aus der SED ausgeschlossen.
[18] So z.B. auf der Tagung der Staats- und Regierungschefs, die am 29. und 30. Mai 1989 in Brüssel stattfand. NATO-Brief, Nr. 3, Mai-Juni 1989, S. 32. DE 1998: 411, Fußnote 2.

Als sich dann Ende 1989 die Möglichkeit abzeichnete, dass dieser Zustand tatsächlich eintreten könnte und Helmut Kohl seine „Zehn Punkte" verkündete, da waren alle „westlichen Staaten", außer den USA, zögerlich oder ablehnend. „Zum Schwur kam es beim Treffen des Europäischen Rates am 8. und 9. Dezember 1989 in Straßburg. Wir baten unsere Verbündeten um Unterstützung für das vielfach beschworene Ziel. [...] Aber uns schlugen Vorbehalte, Bedenken, kritische Fragen entgegen." (Kastrup 2015: 46 f.)

Seit der Öffnung der Berliner Mauer am 9. November 1989 gab es eine nicht überschaubare und kaum zu kontrollierende Dynamik. Ministerpräsident Modrow schlug in einer Regierungserklärung am 17. November 1989 eine Vertragsgemeinschaft zwischen der DDR und der Bundesrepublik vor. Helmut Kohl sah bessere Chancen als eine solche Zweistaatlichkeit. Er wollte die damalige Stimmung am 28. November 1989 mit einem Zehn-Punkte-Programm nutzen, um seinerseits die Initiative zu ergreifen.[19] Sie war sinnvoll und notwendig, auch wegen der Meinung bei den Vier Mächten, denn wenn es überhaupt zu einer Vereinigung kommen sollte, dann wäre es, gemäß dem Potsdamer Abkommen, deren Sache und nicht die der Deutschen, die dann, wie ein sowjetischer Diplomat meinte, sich den Gang der Dinge von der Zuschauertribüne aus ansehen dürften. (Kastrup 2015: 47. PA AA 7) Genau diese Rollenzuteilung wurde später durch den „2+4-Prozess" verhindert. Nicht die Vier würden unter sich – hoffentlich wohlwollend – über Deutschland verhandeln, sondern die Zwei gleichberechtigt mit den Vier.

Mit den „Zehn Punkten" wurde die deutsche Einigung auf die internationale Tagesordnung und mit ihrer Überschrift der Schwerpunkt gesetzt sowie der Zusammenhang aufgezeigt: Überwindung der Teilung Deutschlands und Europas. Kohl betonte, es sei notwendig, Etappen für den Weg vorzubereiten, die zu dem Ziel der deutschen Einheit hinführen, obwohl niemand wisse, wie ein wiedervereinigtes Deutschland aussehen werde. Wichtig war, dass das Programm konkrete Vorschläge, jedoch keinen genauen Zeitplan enthielt, aber es sollte deutlich werden, dass die Bundesregierung es ernst meine mit der Wahrnehmung einer Chance zur Vereinigung.

Für die Zusammenarbeit mit der DDR wurde als Reihenfolge genannt: erst menschliche Erleichterungen und politische Veränderungen, dann Geld. „Ich habe angeboten, unsere Hilfe und unsere Zusammenarbeit umfassend auszuweiten, wenn ein grundlegender Wandel des politischen und wirtschaftlichen Systems in der DDR verbindlich beschlossen und unumkehrbar in Gang gesetzt wird." (Diemer/Kuhrt 1991: 231) Mit „unumkehrbar" meinte Kohl zum Beispiel, dass sich die Regierung der DDR mit Oppositionsgruppen auf eine Verfassungsänderung und auf ein neues Wahlgesetz einigt. „Das Machtmonopol der SED muß aufgehoben werden." Diese Formulierung

---

19 Text der Rede in *Bulletin des Presse- und Informationsamtes der Bundesregierung*, Nr. 134 vom 29. November 1989, Diemer/Kuhrt 1991: 230–236. Eine Anregung zur Beschleunigung durch die Zehn Punkte erfolgte auch durch Portugalows „produktives Missverständnis", siehe S. 20 f.

gehörte wohl zu denen, die Gorbatschow damals als ultimative Forderungen massiv kritisierte.

Die „Zehn Punkte" wurden im kleinen Kreis formuliert und vorher nicht mit dem Kabinett kommuniziert; das Weiße Haus in Washington erhielt sie kurz vor der Ansprache des Bundeskanzlers. Er wollte mit ihr im In- und Ausland stabilisierend, richtungsweisend, beruhigend, aber auch beschleunigend wirken. Es gab Zustimmung, Irritation und Ablehnung. (Einheit 2015: 147–153. Rödder 2009: 168 ff.) Gorbatschow hatte zwei Wochen vor Kohls Rede vor Studenten in Moskau erklärt, die Wiedervereinigung beider deutscher Staaten sei kein aktuelles Thema und es dürfe keine Einmischung in innere Angelegenheiten geben. (Einheit 2015: 141) Seine Reaktion auf die „Zehn Punkte" war schroff zurückweisend, was er Außenminister Genscher bei dessen Besuch am 5.12.1989 in Moskau unmissverständlich spüren ließ. (Gorbatschow 1995: 713 f.) Nicht einmal Hitler habe sich so etwas getraut; in den Zehn Punkten gebe es ultimative Forderungen und der Text entspräche nicht der KSZE-Schlussakte sowie dem Treffen zwischen ihm und Kohl vom Juni 1989. Das Hilfsangebot der Bundesrepublik an die DDR, wenn dort ein grundlegender Wandel des politischen und wirtschaftlichen Systems erfolgt sei, nannte Gorbatschow die „Ansprache an Untertanen" und „waschechten Revanchismus." (PA AA 8. 1989) Er formulierte dann in einem Brief an den Bundeskanzler seine Kritik und warnte davor, die Ereignisse künstlich anzupeitschen, denn politischen Sprengstoff in ein noch glühendes Feuer zu werfen sei äußerst gefährlich. Er hoffe, dass Kohls bevorstehender Besuch in der DDR unter dem Zeichen des Einvernehmens und der gegenseitigen Verständigung stattfinden werde, die er mit dem Bundeskanzler bei den Treffen in Moskau und Bonn erreicht habe.[20] Zu dieser Zeit wurde die mögliche Entwicklung Deutschlands in der SU intensiv diskutiert. In einem Artikel der Tageszeitung „Iswestija"[21] vom 26. November 1989 heißt es, die deutsche Frage und die Problematik der Wiedervereinigung seien seit den 1960er Jahren verdrängt worden und es gebe eine breite Basis zur Lösung dieser Frage in Deutschland. (PA AA 9. 1989)

Irritationen und Verstimmungen, hervorgerufen durch die „Zehn Punkte" waren vorübergehender Natur. Der Besuch Kohls in Dresden am 19. und 20. Dezember 1989 zeigte, dass die Vereinigung ein gewünschtes und erst zu nehmendes Thema war. Besuche von Krenz und Modrow im Kreml machten andererseits deutlich, dass die SED/PDS zu wenig Rückhalt hatte und die DDR wohl kaum noch zu retten sei. Von großer Bedeutung war, dass die USA eine Vereinigung Deutschlands unterstützten, unter der Voraussetzung einer Mitgliedschaft in der NATO.

---

[20] So in einem undatierten Schreiben Gorbatschows an Kohl, vermutlich vom 18.12.1989. (DE 1998: 659) Kohl hatte vorher in einem längeren Brief, mit Höflichkeitsübersetzung und Übermittlung auf besonderem Weg, vom 14. Dezember versucht, die Wogen zu glätten, war auf Gorbatschows Kritik eingegangen und bemüht, seine Position zu erläutert. (DE 1998: 645–650)

[21] Anfänge der „Iswestija" gehen in die Frühphase der bolschewistischen Revolution zurück, von 1938 bis 1991 wurde sie vom Präsidium des Obersten Sowjets herausgegeben.

Konzepte und Vertragsentwürfe, die 1989/90 vorgelegt wurden

Die Ostpolitik war sehr langfristig angelegt; ab 1989–90 gab es dann die Notwendigkeit, schnell zu handeln. Es kam zur Präsentation von Konzepten, die teilweise bereits überholt waren, als sie vorgestellt wurden.

Hans Modrow wollte eine reformierte, wirtschaftlich sanierte sowie am Sozialismus orientierte DDR als Verhandlungspartner für die zukünftige Zusammenarbeit mit der BRD. In der Regierungserklärung vom 17. November 1989 sprach er von einer „Vertragsgemeinschaft", was eine qualitative Veränderung darstellte.[22] „Wir sind dafür, die Verantwortungsgemeinschaft beider deutscher Staaten durch eine Vertragsgemeinschaft zu untersetzen, die weit über den Grundlagenvertrag und die bislang geschlossenen Verträge und Abkommen zwischen beiden Staaten hinausgeht." Die Stabilität der DDR, so Modrow, sei eine Bedingung für Stabilität in Mitteleuropa. „Dem Volk der DDR, das einen guten Sozialismus will, wird diese Regierung verpflichtet sein." Zwischen der DDR und der Bundesrepublik solle kooperative Koexistenz herrschen.

Im Januar 1990 legten beide Staaten in Deutschland jeweils einen Vertragsentwurf für Zusammenarbeit und gute Nachbarschaft vor.[23]

Beide Texte nehmen Bezug auf den Grundlagenvertrag von 1972 und den KSZE-Prozess. Gemäß dem Vier-Mächte-Abkommen vom September 1970 sollten die Verträge auch auf West-Berlin ausgedehnt werden. Mit ihrem Entwurf wollte die Bundesregierung einen Beitrag für die Überwindung der Trennung Deutschlands und Europas leisten. Für die engere Zusammenarbeit werden 16 Themenbereiche genannt, eine Fortführung und Intensivierung der seit 1971/72 tätigen gemeinsamen Kommissionen. Entscheidungen sollen nicht gegen das Votum einer der beiden Seiten getroffen werden.

Der Vertragsentwurf der Bundesrepublik ist länger, behandelt aber fast ausschließlich die Vertiefung und Ausweitung bisheriger Zusammenarbeit. Der Text der DDR ist im Wortlaut kürzer, aber inhaltlich konkreter und enthält militärische sowie Abrüstungsaspekte. In beiden Texten gibt es keinen Bezug zum „Zehn-Punkte-Programm." Im Entwurf der DDR wird von der Existenz zweier Staaten im Rahmen einer deutschen Nation ausgegangen. Die Annäherung und Verflechtung zwischen ihnen hat im Einklang mit dem Zusammenwachsen der europäischen Staaten zu geschehen. Die Vertragsgemeinschaft als neue Dimension der gegenseitigen Beziehungen, die den

---

22 Abgedruckt in *Neues Deutschland*, 18./19. November 1990.
23 Entwurf der Bundesregierung. Vertrag zwischen der Bundesrepublik Deutschland und der Deutschen Demokratischen Republik über Zusammenarbeit und gute Nachbarschaft. Vom 18. Januar 1990. (DE 1998: 695–698)
Entwurf der Regierung der DDR. Vertrag über Zusammenarbeit und gute Nachbarschaft zwischen der Deutschen Demokratischen Republik und der Bundesrepublik Deutschland. Vom 17. Januar 1990. (DE 1998: 713–716)

Weg zu einer Konföderation bahnt, müsse im Einklang mit den Nachbarn wirken. Hier ist eine Konföderation erwähnt, wie im Drei-Stufen-Plan von Kim Dae-jung, während im Entwurf der Bundesrepublik die Zusammenarbeit, etwas unklar, einen Beitrag zur Überwindung der Trennung leisten soll. Eine weitere Ähnlichkeit gibt es bei den Institutionen. Die DDR schlug als Organ der Vertragsgemeinschaft die Bildung einer paritätisch zusammengesetzten Politischen Konsultativkommission vor, deren Leitung der Vorsitzende des Ministerrats der DDR und der Bundeskanzler haben sollten, die Aufgabe des Gremiums sei u. a., die Weiterentwicklung zur Konföderation zu beraten. Das entspricht in etwa der „Konföderalen Gipfelkonferenz" im Plan von Kim Daejung, in dem auch das Prinzip der paritätischen Besetzung von Institutionen vorgesehen ist. Sein Plan und der Vertragsentwurf der DDR erwarteten von einer Konföderation, dass sie eine Angleichung der zivilen, politischen, wirtschaftlichen, sozialen und kulturellen Rechte fördert.

Zu den wichtigen Aufgaben der Vertragsgemeinschaft gehört in dem Entwurf der DDR, dass beide Seiten für sich, gemeinsam und ihm Rahmen ihrer jeweiligen Bündnisse Beiträge leisten, mit dem Ziel einer gegenseitigen strukturellen Angriffsunfähigkeit. Vorrangig ist die Angleichung der Lebensqualität, dafür sollen ein Wirtschaftsverbund auf Basis marktwirtschaftlicher Prinzipien und ein Währungsverbund geschaffen werden. Zu anderen wichtigen Aufgaben gehören der Ausbau der Infrastruktur, umweltverträgliche Energieerzeugung und gemeinsame Programme zur Verminderung und Vorbeugung von Umweltverschmutzung. Zu diesen Zielen sollen noch 1990 die erforderlichen Vereinbarungen geschlossen werden. Betont wird auch die Zusammenarbeit auf kommunaler Ebene und dass die Bundesrepublik einen Antrag der DDR auf Mitgliedschaft in der EG unterstützen wird. Der Vertragsentwurf der DDR zeigt, dass in ihm Gesprächserfahrungen mit den „Runden Tischen" reflektiert wurden. Es geht um den Weiterbestand des Staates, aber vor allem um dessen wesentliche Verbesserung.

Der Vertragsentwurf der Bundesrepublik sah eine Intensivierung der Zusammenarbeit vor, aber die damalige Bundesregierung war an einer abgesicherten Destabilisierung der SED-DDR interessiert, deren Ende für Bundeskanzler Kohl seit seinem Besuch in Dresden nur noch eine Frage der Zeit war. Allerdings sollte es zu keinen unkontrollierbaren Entwicklungen kommen, die ein Eingreifen der Sowjetunion zur Folge haben könnten. Diese Befürchtung spielte auch eine Rolle bei Überlegungen in der SPD, die eine überlebensfähige, reformierte DDR für die Stabilität in Europa als sehr wichtig erachtete.

Bei einem Treffen mit Gorbatschow in Moskau am 30. Januar 1990 erläuterte Hans Modrow sein Konzept „Für Deutschland einig Vaterland." In einem vertraulichen Schreiben informierte Gorbatschow Kohl umgehend über dieses Gespräch und plädierte für eine schnellstmögliche Unterzeichnung eines Dokuments über eine Vertragsgemeinschaft. „Die Bewegung gerade in diese Richtung wird unserer Ansicht nach dazu beitragen, daß sich die Entwicklung ohne unvorhersehbare Momente vollziehen wird – unter Bedingungen der Stabilität und in Harmonie mit dem gesamteuropäischen Prozeß." (DE 1998: 748)

Hans Modrow orientierte sich an früheren Vorstellungen und dem Vertragsentwurf vom 17. Januar, nach denen aus einer Konföderation eine Föderation entstehen, Deutschland aus der NATO austreten und Neutralität praktizieren sollte. (Karner 2015: 41 f. Galkin/Tschernjajew 2011: 304 f.)[24] Ein wesentlicher Unterschied zu Vorstellungen der Bundesrepublik war die Neutralität. Eine Gemeinsamkeit bestand darin, dass sich die DDR eindeutig zum Ziel einer deutschen Einheit bekannte. Modrow hat dann am 1. Februar 1990 in einer Pressekonferenz seine Vorstellungen für einen Weg dorthin erläutert.[25] Das Zusammenwachsen der beiden deutschen Staaten als Teil des europäischen Einigungsprozesses solle für andere überschaubar und berechenbar sein. Als ersten Schritt schlug er eine Vertragsgemeinschaft mit konföderalen Elementen vor, gefolgt von einer Konföderation mit gemeinsamen Organen, die zu einer Föderation oder einem Bund mit gemeinsamem Parlament und Regierung führen solle. Für den Prozess der deutschen Einheit waren Volksbefragungen vorgesehen und auf dem Weg zur Föderation sollten die Bundesrepublik und die DDR militärische Neutralität wahren. Diese Konzepte knüpften teilweise an alte Pläne der SED-DDR für eine neutrale deutsche Konföderation aus den Jahren 1957–58 an. Zur Reform der DDR, so die Hoffnung bzw. Erwartung, sollte die Bundesrepublik einen Solidarbeitrag in Höhe von 10 bis 15 Mrd. DM leisten. Die Bundesregierung war nicht bereit, Geld für die Sanierung einer von der SED/PDS geführten DDR zu geben, außerdem fehlte ein konkreter Ausgabenplan. Das ist umstritten, denn Hans Modrow und andere behaupten, man habe eine Liste vorgelegt. (Modrow 1999: 392) Es ist nicht völlig belanglos, ob es eine solche Auflistung gab und wie realistisch sie war, aber alle diese Vorschläge spielten wegen der beschleunigten Entwicklung keine Rolle.

Die hier vorgestellten Konzepte und Vertragsentwürfe sollten für Korea von Interesse sein. Sie sind in einigen Aspekten dem Drei-Stufen-Plan von Kim Dae-jung ähnlich. Ein entscheidender Unterschied ist der, dass es zwischen den beiden Staaten in Deutschland bereits umfangreiche, vertraglich abgesicherte Zusammenarbeit gab und der Wunsch nach deren Intensivierung auf beiden Seiten vorhanden war, während der Plan Kims mit der ersten Phase der Konföderation solche Zusammenarbeit überhaupt erst ermöglichen sollte. Der Vorschlag der Neutralität war für Deutschland und das „westliche Ausland" nicht akzeptabel; für die Zukunft eines vereinten Koreas könnte er ein wichtiger Diskussionspunkt sein. Auch die Betonung einer kontrollierten, langfristigen Entwicklung und die Beachtung regionaler Interessen sind für Korea relevant.

---

24 Der Text ist auch abgedruckt in Bundesministerium für innerdeutsche Beziehungen. Hg. 1990. Texte zur Deutschlandpolitik, Reihe III/Bd.8a-1990, Bonn, S. 49–51
25 „Für Deutschland, einig Vaterland." *Neues Deutschland*, 02.02.1990. Abgedruckt auch in Hauptabteilung Presse des Ministriums für Auswärtige Angelegenheiten, Hg. Aussenpolitische Korrespondenz, 4/1990 vom 09.02.1990, S. 26 f.

Art des Beitritts

In der Bundesrepublik gab es die Meinung, für einen Beitritt der DDR nach Art. 23 des Grundgesetzes sei deren einseitige Erklärung ausreichend. Die neue DDR-Regierung ab April 1990, besonders deren Ministerpräsident Lothar de Maizière, wollte einen Vertrag, d. h. einen eigenständigen Beitrag zur Einheit, deshalb war dessen Bezeichnung auch nicht „Zweiter Staatsvertrag", nach dem Ersten Staatsvertrag über die Wirtschafts-, Währungs- und Sozialunion, sondern „Einigungsvertrag" (Maizière 2010: 282)

Eine Zusammenführung beider Staaten über eine verfassungsgebende Versammlung wäre durch Art. 146 des Grundgesetzes möglich gewesen. Diesen Weg wollten viele in der SPD und einige in der FDP gehen; auch im Ausland wurde ein längerer Weg bevorzugt. Die Haltung zur Wiedervereinigung war in der SPD u. a. eine Generationsfrage, Zustimmung erfolgte hauptsächlich bei Älteren. (Vogel/Eppler/Thierse: 2014) Es gab auch einen geografischen Aspekt: Je weiter im Westen, desto geringer war die Zustimmung für eine schnelle Einigung, so zum Beispiel bei dem aus dem Saarland stammenden damaligen Parteivorsitzenden und Kanzlerkandidaten der SPD Oskar Lafontaine. Er sah zwangsläufig große finanzielle und gesellschaftliche Probleme auf Deutschland mit einer raschen Vereinigung zukommen. Abgelehnt wurde der längere Weg zur Einheit wegen der Befürchtung, er könne zur Instabilität – in Deutschland wie im Ausland – führen. Wegen der anhaltenden Ausreisewelle, der gravierenden Wirtschaftsprobleme in der DDR und der unsicheren Lage in der SU schien ein längerer Weg zu einem neuen deutschen Staat weder ratsam noch machbar.

Der internationale Rahmen

Bei geteilten Nationen, die nach Vereinigung streben, ist besonderes das Zusammenwirken der nationalen und der internationalen Ebene wichtig. In seiner Rede auf der zweiten Konferenz der Außenminister zum 2+4-Verfahren betonte der sowjetische Außenminister zwei Bereiche von Zusammenhängen.[26] In der Vergangenheit: „Der Stand der deutschen Angelegenheiten im Verlauf der gesamten Geschichte war eine Widerspiegelung des Standes der europäischen Angelegenheiten." (Vermerk 1990: S. 3 der Rede) Für die Zukunft: Da sich in Deutschland viel ändern werde, müsse es auch große Veränderungen in Europa geben.

Viele im In- und Ausland, z. B. Großbritannien unter Ministerpräsidentin Thatcher, wollten Europa nicht durch eine deutsche Wiedervereinigung gefährden. Sie war davon überzeugt, ein solches Deutschland werde zu groß und mächtig sein, um sich in Europa einfügen zu können; es werde Europa dominieren. „Schon allein von

---

[26] Die Konferenz fand am 22. Juni 1990 in Ost-Berlin statt, Gastgeber war der Außenminister der DDR, Markus Meckel.

seiner Natur her ist Deutschland eher eine destabilisierende als eine stabilisierende Kraft in Europa." (Thatcher 1993: 791)[27] Sie warnte auch Lothar de Maizière vor dem Bundeskanzler. (Maizière 2010: 230) Die bundesdeutsche Botschaft in London berichtete Anfang Februar 1990, der britischen Premierministerin falle es schwer, umzudenken. Die Entwicklung in Europa, vor allem aber die Perspektiven einer baldigen Vereinigung der beiden deutschen Staaten überfordere ihre Umstellungsfähigkeit. Sie sei der Meinung, die Westdeutschen könnten nicht erwarten, dass die DDR automatisch der Europäischen Gemeinschaft beitrete, denn diese sei seit den 1930er Jahren entweder nationalsozialistisch oder kommunistisch gewesen. (PA AA 10. 1990: 1, 3) Die Premierministerin konnte die Entwicklung nicht aufhalten, denn spätestens mit dem Wahlergebnis vom März 1990 war in der DDR ein deutlicher Stimmungswechsel für eine möglichst baldige Vereinigung offensichtlich. Die bundesdeutsche Botschaft in Washington berichtete, der Planungsstab des US-Außenministeriums beurteile das Wahlergebnis als überraschend gut und als ein Votum für eine schnelle Einheit Deutschlands. (PA AA 11. 1990)

Für eine Friedensordnung in Europa und die internationale Absicherung der deutschen Einigung waren damals in erster Linie folgende Vorgehensweisen denkbar, allerdings mit recht unterschiedlichen Realisierungschancen.

Ein geregeltes Nebeneinander und intensive Zusammenarbeit mit einer demokratischen DDR, um zu einer langfristigen Stabilisierung Europas beizutragen, denn viele wollten eine abgesicherte Beibehaltung des Status quo. Diese Entwicklung hätte zu einer Konföderation, einer neuen Art von „Deutschem Bund" führen können.

Ein Friedensvertrag, ausgehandelt durch eine internationale Großkonferenz zur Lösung der deutschen Frage als gesamteuropäischer Angelegenheit.

Eine Konferenz der Vier Mächte, ähnlich der von Potsdam im Sommer 1945, um über die Zukunft von Deutschland zu beschließen, also auch über Bedingungen und Art von dessen Vereinigung.

Eine Konferenz der Vier Mächte unter Einbeziehung der beiden deutschen Staaten, ein 4+2-Vertrag, oder umgekehrt, eine Konferenz der beiden deutschen Staaten mit den Vier Mächten, ein 2+4-Vertrag.

Eine Art „Dritter Weg" zwischen den etablierten Blöcken. Markus Meckel, Außenminister der DDR ab April 1990, und Gleichgesinnte hofften wohl auf die deutsche Einheit als Teil größerer Veränderungen, so vor allem Rüstungsbeschränkungen.[28]

Eine Einigung zwischen den beiden deutschen Staaten und der Sowjetunion, ein Verfahren, das die anderen Mächte und auch Staaten wie Polen auf jeden Fall verhindern wollten, auch wegen extrem negativer historischer Erfahrungen.

---

27 Im Original steht: „*Germany is thus by its very nature a destabilizing rather than a stabilizing force in Europe.*" Eine Seite weiter schreibt sie: „*As it turned out [...] the Soviets were prepared to sell reunification for a modest financial boost from Germany to their crumbling economy.*" Zur Einstellung Großbritanniens siehe u. a. Glaeßner 1990. Jakisch 2004. Kiessler/Elbe 2020: 63 ff. Ritter 2013: 79–83.
28 Kohl, der von Markus Meckel nichts hielt, war kategorisch gegen solche Ideen. Kohl 2007: 148 f.

Ein deutsch-deutscher Alleingang, der aber selbst in Deutschland nicht mehrheitsfähig war.

Die dann praktizierte Lösung war ein Zusammenwirken zwischen den beiden deutschen Staaten und den Vier Mächten. Nach vielen Bemühungen setzte sich diese von Deutschland gewünschte Reihenfolge durch: Die Vier sprachen nicht über Deutschlands Zukunft, sondern Deutschland sprach mit den Vier über eine gemeinsame Zukunft. Am Ende von schwierigen Verhandlungen wurde am 12. September 1990 der „Vertrag über die abschließende Regelung in Bezug auf Deutschland" unterzeichnet, der am 15. März 1991 in Kraft trat.[29] Zur Erlangung der Vereinigung war dieser Vertrag notwendig, zusammen mit dem Einigungsvertrag, denn der eine wäre ohne den anderen nicht möglich gewesen.

Vertrag der Vier Mächte mit Deutschland (4+2)

Zum Jahreswechsel 1989/1990 gab es in der Sowjetunion, Großbritannien und Frankreich Befürworter für einen Vertrag der Vier Mächte, den diese unter sich aushandeln und dann den beiden Staaten in Deutschland vorlegen würden. Eine solche Vorgehensweise wäre demütigend für Deutschland gewesen, eine Missachtung der inzwischen in der DDR entstandenen Lage sowie der Position der Bundesrepublik innerhalb Europas und der NATO.

Bei einem Treffen zwischen Kohl und Modrow in Bonn am 13. Februar 1990 stellte der Bundeskanzler fest, die Bundesregierung wolle keine Viermächte-Konferenz über Deutschland, sondern eine 2+4-Konferenz, „[...] die in Deutschland noch vor dem KSZE-Gipfeltreffen stattfinden solle." (DE 1998: 821) Der DDR-Minister Romberg meinte, der Befreiungsprozess habe sich mit einem Vereinigungsprozess verbunden und die Bevölkerung in der DDR hätte keine Zeit gehabt, eine neue Identität zu finden, deshalb solle man langsam vorgehen und sich gemeinsam auf eine Viermächte-Konferenz mit den beiden deutschen Staaten vorbereiten. Kohl betonte erneut, dass er dazu andere Vorstellungen habe, nämlich eine Konferenz der beiden deutschen Staaten mit den Vier Siegermächten. (Ebd. S. 824). Eine sorgfältige Tempobeschleunigung war dann später beim 2+4-Prozess im Interesse aller sechs Beteiligten. Bei der zweiten Sitzung der Außenminister im Juni 1990 sagte Schewardnadse, wichtige Vereinbarungen sollten noch vor der KSZE-Gipfelkonferenz getroffen werden. (Vermerk 1990: 12)

---

29 Vertragstext in *Europa-Archiv*, 19/1990, S. D 509–514. Diemer/Kuhrt 1991: 291–296. Siehe auch Auswärtiges Amt. Hg. 1993. Brandt 1993, Bruck/Wagner 1996, Dufourcq 2000, Elbe/Kiessler 2020. Munske 1994. Müller 1995.

Treuhandanspruch der Vier Mächte und 2+4

Schon in Potsdam 1945 und dann im 2+4-Verfahren ging es darum, dass die Vier treuhänderisch für andere, die Deutschland den Krieg erklärt hatten, verhandeln und entscheiden würden; ein von 1945 bis 1990 geltender und von keinem angezweifelter Treuhandanspruch. Es war ausgesprochen positiv für Deutschland, dass die Vier Mächte auf dieser Position beharrten, was u. a. eine große Friedenskonferenz ersparte. Deshalb auch der Titel des Vertrages als „abschließender Regelung". Er war die letzte gemeinsame Prärogative der ehemaligen Vier Alliierten, ein Schließen des in Potsdam begonnenen Kreises. Im „Potsdamer Abkommen", dem *Protocoll of the Proceedings* vom 1. August 1945, steht beim Abschnitt über die Errichtung eines Rates der Außenminister bei Punkt 3: „The Council shall be utilized for the preparation of a peace settlement for Germany to be accepted by the Government of Germany when a government adequate for the purpose is established."

45 Jahre später, im Sommer 1990, existierten dann zwei deutsche Regierungen, die diesem Zweck adäquat waren. Aber es gab einen signifikanten politisch-qualitativen Unterschied, denn die Außenminister der Vier Mächte bereiteten nicht eine Friedensregelung vor, die zu akzeptieren war, sondern die zwei deutschen Staaten verhandelten eine solche Regelung mit den Vier. Der Bezug zum Potsdamer Abkommen ist gegeben in Artikel 7, Abs. 1 des Vertrages, denn die Vier beenden

> [...] ihre Rechte und Verantwortlichkeiten in Bezug auf Berlin und Deutschland als Ganzes. Als Ergebnis werden die entsprechenden, damit zusammenhängenden vierseitigen Vereinbarungen, Beschlüsse und Praktiken und alle entsprechenden Einrichtungen der Vier Siegermächte aufgelöst.

Der Vertrag ist die Lösung der deutschen Frage im europäischen Kontext, er ist ein Ersatzfriedensvertrag. (Meckel 1997)

Friedensvertrag oder Zwei-plus-Vier

Im Frühjahr 1990 war noch nicht eindeutig entschieden, welcher Art die vertragliche Regelung mit Deutschland sein sollte. Zu Beginn der 2+4-Verhandlungen, im März 1990, hatte die Sowjetunion noch vorgeschlagen, dass ein Tagesordnungspunkt „Abschluss eines Friedensvertrages oder einer Friedensregelung" zu besprechen sei. Die Bundesrepublik lehnte dies ab und favorisierte zusammen mit den drei Westmächten die Wortwahl „Herbeiführung einer endgültigen Regelung". Am 15. Juni 1990 sprach Außenminister Meckel von einer „abschließenden völkerrechtlichen Regelung", es sei kein Friedensvertrag. (ABstA 1)

Viele Regierungen in Europa hätten wohl 1990 die Aushandlung eines Friedensvertrages mit den beiden deutschen Staaten bevorzugt. Hier wäre die KSZE geeignet gewesen mit ihren 35 Mitgliedern, d. h. Europa, Kanada und die USA.[30] Außer ihnen hätten alle Staaten teilnehmen können, die Deutschland den Krieg erklärt hatten und es wäre auch um hohe Reparationszahlungen gegangen. Beide Staaten in Deutschland hätten mit über 50 anderen Staaten verhandeln müssen. Für eine solche Konferenz wären eine lange Vorbereitungs- und Verhandlungszeit erforderlich gewesen, was 1990 in Anbetracht der sich schnell ändernden Bedingungen in der DDR und auch in der Sowjetunion nicht sinnvoll erschien.

Deshalb hatte Helmut Kohl schon früh seine Ablehnung eines solchen Verfahrens deutlich gemacht. Der Bundeskanzler am 24.02.1990 zu Präsident Bush senior: „Unter Freunden wolle er sagen, daß er von einem Friedensvertrag mit Deutschland überhaupt nichts halte. 110 Länder hätten mit uns im Krieg gestanden, einige, etwa Uruguay, ab 1. Mai 1945!" (DE 1998: 863)[31] Selbst der Weg im Rahmen der KSZE mit 35 Teilnehmern wäre sehr lang gewesen. Ein solches Verfahren schwebte wohl Hans Modrow vor. „Genau das war letztlich auch das Kalkül für eine der letzten internationalen Initiativen der Modrow-Regierung – nämlich eine deutsche Einheit durch Koppelung an die Einwilligung und Zustimmung aller KSZE-Staaten faktisch auf eine unabsehbare Zukunft zu vertagen." (Einheit 2015: 24) Es gab dann keine Vertagung, sondern eine Beschleunigung.

Das 2+4-Verfahren bedeutete eine schnellere Vorgehensweise und weniger Teilnehmer. Es war praktikabler als andere Konzepte und ist höchstwahrscheinlich in mehreren Hauptstädten etwa zeitgleich erwogen worden. (Einheit 2015: 24 f.) Genscher hatte von Beginn an darauf gedrungen, es müsse klar sein, dass nicht die Alliierten über die Deutschen und deren Zukunft verhandelten, sondern die beiden Staaten in Deutschland mit den Alliierten über die Zukunft Deutschlands verhandeln würden. (Genscher 1995: 716 ff.) Im Außenministerium der USA fand im Januar 1990 der Ausdruck „*Two plus Four Powers Talks*" Verwendung, während Frankreich, Großbritannien und die DDR noch die umgekehrte Reihenfolge bevorzugten. (Marx 2000) Als sich die USA und die Sowjetunion mit dem 2+4-Verfahren einverstanden erklärt hatten, war es für Frankreich und Großbritannien kaum möglich, ein Veto durchzusetzen. Präsident Mitterrand fühlte sich nicht korrekt konsultiert, aber das gute Einvernehmen mit Helmut Kohl half, Irritationen und Befürchtungen zu überwinden.[32] Margaret Thatcher war gegen den „Namen" des Verfahrens und hat es auch später immer vorgezogen, von 4+2 zu sprechen. (Thatcher 1993: 799) Während der Verhandlungen, besonders bei der „Schlussrunde" in Moskau, kamen inakzeptable Vorschläge von Großbritannien und Versuche, den Prozess zu verlangsamen, was sich als kontraproduktiv erwies. (Maizière 2010: 302 f.)[33] In schwierigen Phasen halfen oft persönliche Kontakte,

---

30 Zum Verhältnis zwischen Deutschland und dem KSZE-Prozess siehe Birnbaum/Peters 1991, Bredow 1999, Crome/Franzke 1993, Kristof 1991, Schweisfurth 1977.
31 Zu Atmosphäre und Inhalt dieses Treffens Bush-Kohl siehe Sarotte 2023: 100 ff.
32 Mitterrand 1996, Bozo 2005, Guérin-Sendelbach 2003, Harbaum 2008.
33 Zur britischen Position generell siehe Bullard 1992 und Davy 1990.

wie zum Beispiel zwischen US-Außenminister Baker und seinem Kollegen Genscher und Telefonate des Bundeskanzlers mit anderen westlichen Regierungschefs.

Zu den wichtigsten Problembereichen gehörten: Beendigung der Vorrechte der Vier Mächte, Grenzfragen, der Einbezug von Polen in die Verhandlungen, Reparationen, Streitkräfte, d. h. ausländische und deutsche, die weitere Gültigkeit von Entscheidungen der Sowjetischen Militäradministration (SMAD), die diese zwischen 1945 und 1949 in Ostdeutschland getroffen hatte sowie eine Abstimmung mit dem Fortgang der Verhandlungen über den deutschen Einigungsvertrag.

Im April übergab die SU der Botschaft der Bundesrepublik in Moskau ein Memorandum, das klarstellte, keine Maßnahmen der SMAD dürften übergangen oder rückgängig gemacht werden. Im Juni erfolgte eine gemeinsame Erklärung der Regierungen beider deutscher Staaten, die Zustimmung und Einhaltung versicherte. Dies vollzog sich parallel zu Diskussionen über den Einigungsvertrag. (Schäuble 1991: 103, 106) Ein weiterer wichtiger Zusammenhang bestand zwischen dem Fortschritt bei Verhandlungen um den 2+4-Vertrag und der Vorbereitung der Zusammenführung der beiden deutschen Streitkräfte, die erst konkreter werden durften, als sich ein Erfolg des 2+4-Prozesses abzeichnete.[34]

Die Einbeziehung von Polen in den Zwei-plus-Vier-Prozess

Preußen/Deutschland hatte sich an Aufteilungen Polens beteiligt.[35] Eine unerlässliche Voraussetzung der deutschen Vereinigung war die endgültige Lösung der Grenzfrage. Viele in Polen erhofften sich unter dieser Bedingung durch ein vereinigtes Deutschland einen größeren Handlungsspielraum gegenüber der Sowjetunion, was in Deutschland erst spät begriffen wurde. Es ging nicht nur um eine bilaterale Grenzfrage, sondern um eine verbesserte Mitwirkung Polens in Europa. Die Aufgabe bestand nun darin, eine geeignete Form der Teilnahme Polens an dem 2+4-Verfahren zu finden. Ende Februar 1990 wurden in einer Vorlage für Helmut Kohl Argumente zusammengefasst, die für und gegen eine frühe Absichtserklärung des Bundeskanzlers sprechen würden und die Empfehlung war, möglichst früh die Initiative zu ergreifen, auch weil sich in Polen die Sorge breitzumachen scheine, man werde erneut nur als Objekt und nicht als Subjekt der Weltpolitik behandelt. (Deutsche Einheit 1998: 879).

Es gab innerhalb des Kanzleramtes und der Bundesregierung keine kontroversen Debatten über die Grenzfrage, die Notwendigkeit ihrer Anerkennung wurde als Selbstverständlichkeit betrachtet. Außerdem war völlig klar, dass ohne eine endgültige Anerkennung der polnischen Westgrenze durch die Bundesrepublik bzw. das vereinigte Deutschland es keinen 2+4-Vertrag geben würde. Die Frage war für die Bundesrepu-

---

34 Siehe hier u. a. Ablaß 1992, Ehlert Hg. 2002, Herspring 1998, Hoffmann 1993, Schönbohm 1992.
35 Zu den tragischen und komplizierten Beziehungen zwischen Deutschland und Polen siehe u. a. Budziński 1992, Hajnicz 1995, Kimminich 1991, Ludwig 1991, Ziemer 2009.

blik nicht ob, sondern wann und in welcher Form, denn es sollte verhindert werden, dass Polen beim 2+4-Prozess einen Status erhält, der dem der Siegermächte nahekommt und an der Regelung von Fragen beteiligt wird, die nicht die polnische Westgrenze betreffen. (Ebd. S. 940) Der Kompromiss war, dass bei vorbereitenden Treffen auf Beamtenebene Vertreter Polens mitwirkten und auf Einladung Frankreichs nahm der polnische Außenminister an der dritten Verhandlungsrunde im Juli 1990 in Paris teil.

Erst am 21. Juni 1990 gab es eine gemeinsame Erklärung beider deutschen Parlamente zur polnischen Westgrenze. Die neue DDR-Führung wollte eine schnelle Lösung und äußerte öffentlich ihr Verständnis für die drängende Haltung Polens. Aus prinzipiellen und innenpolitischen Erwägungen lag Helmut Kohl viel an einem späten Termin. Eines seiner Argumente: Die Bundesrepublik sei nicht für die Grenze zwischen der DDR und Polen verantwortlich und über einen völkerrechtlichen Vertrag sollte erst ein gesamtdeutsches Parlament entscheiden. Der Bundeskanzler ist wegen dieses Hinauszögerns in Deutschland und im Ausland kritisiert worden. Er musste u. a. damit rechnen, dass einige Parlamentsmitglieder, auch aus seiner eigenen Partei, wegen der Grenzfrage gegen den Einigungsvertrag stimmen würden, denn dort steht, welches Gebiet beitreten würde, nämlich „nur" die DDR; ein Beitritt ehemals deutscher Territorien ist damit definitiv ausgeschlossen. Es war eine kleine Gruppe, die sich damit nicht abfinden wollte.

Briefe zur deutschen Einheit und zum Zwei-plus-Vier-Vertrag

Im Zusammenhang mit dem Moskauer Vertrag vom August 1970 und dem deutschen Grundlagenvertrag vom Dezember 1972 spielten „Briefe zur deutschen Einheit" eine wichtige Rolle. Ein solches Verfahren fand auch im September 1990 Anwendung, vor allem die Sowjetunion bestand darauf. Bei der 3. Ministerkonferenz, im Juli 1990 in Paris, hatte es eine prinzipielle Einigung über den 2+4-Vertragstext gegeben, aber bei dem Gespräch auf Beamtenebene am 1. September legte die SU einen neuen Artikel 9 vor über innere Vorgänge des wiedervereinigten Deutschlands. Das stieß dann bei dem abschließenden Treffen der Außenminister auf Ablehnung, Moskau jedoch beharrte auf seinen Forderungen. Der Kompromiss, eine „elegante Lösung" (Maizière 2010: 301), war ein Brief der beiden deutschen Minister an ihren sowjetischen Kollegen, mit Kopie an die anderen drei. (Die Einheit 2015: 698 ff.) In diesem Schreiben wird auf besondere Verpflichtungen eines vereinten Deutschlands und auf Übereinstimmungen des 2+4-Vertrages mit dem Einigungsvertrag verwiesen. Es geht um die Frage der Gültigkeit von Beschlüssen der Besatzungsmächte, d. h. primär der SMAD in der Zeit von 1945 bis 1949 und darum, dass die auf deutschem Boden errichteten Denkmäler, die den Opfern des Krieges und der Gewaltherrschaft gewidmet sind und die Kriegsgräber sowjetischer Armeeangehöriger durch das vereinte Deutschland geachtet, gepflegt und erhalten werden. (Ebd. S. 699) Außerdem wird zur Haltung des vereinten Deutschlands zu von der DDR geschlossenen völkerrechtlichen Verträgen erklärt:

> Das vereinte Deutschland legt seine Haltung zum Übergang völkerrechtlicher Verträge der Deutschen Demokratischen Republik nach Konsultationen mit den jeweiligen Vertragspartnern und mit den Europäischen Gemeinschaften, soweit deren Zuständigkeit berührt wird, fest. (Ebd. S. 700)

Moskau war besorgt, dass sich das vereinte Deutschland nicht an von der DDR geschlossene Verträge gebunden fühlen könnte.

Noch eine andere Maßnahme war Moskau von Beginn an bei den 2+4-Verhandlungen wichtig. Beim zweiten Außenministertreffen am 22. Juni 1990 in Ost-Berlin legte Schewardnadse einen Entwurf für Grundprinzipien des Vertrages vor, in dem u. a. die Streichung des Artikels 23 im Grundgesetz der Bundesrepublik gefordert wurde. (SU Entwurf 1990: 2) (PA AA 25: 2) In Artikel 1, Absatz 4 des 2+4-Vertrages sind die Präambel, Artikel 23 und 146 des Grundgesetzes genannt. Die deutsche Einigung erfolgte unter Anwendung des Artikels 23, der es der DDR ermöglichte, der Bundesrepublik beizutreten. Damit nicht irgendwann noch Gebiete, die früher einmal zu Deutschland gehörten, auch eine solche Beitrittsmöglichkeit nutzen könnten,[36] bestand die SU auf ersatzloser Streichung dieses Artikels, was im Vollzug der deutschen Einigung auch geschah bzw. ohnehin vorgesehen war. Die Präambel enthält nicht mehr ein Verfassungsgebot zur Vereinigung, sondern die Feststellung, dass Einheit und Freiheit Deutschlands in freier Selbstbestimmung vollendet seien. Im Dezember 1992 wurde dann ein neuer Artikel 23 eingefügt, der eindeutig auf Europa ausgerichtet ist.

Dritter Weg: Deutscher Alleingang

Nach dem Zweiten Weltkrieg gab es mehrfach Überlegungen für einen Alleingang Deutschlands (Geppert/Wengst 2005), und solche Ideen für die innere Entwicklung und außenpolitische Positionierung hatten Ende 1989 auch in der DDR Anhänger:innen. Laut dem Meinungsforschungsinstitut Infas waren im Dezember 1989 rund 46 % der Befragten für eine Art Mischsystem, 26 % sprachen sich für ein marktwirtschaftliches System für die DDR aus, 21 % für einen demokratischen Sozialismus. (Herbert/Wildenmann 1991. Westle 1997) Befürwortende eines eigenständigen dritten Weges hofften, neben sozio-ökonomischen Veränderungen auch Akzente in Richtung auf eine gesamteuropäische Friedensordnung setzen zu können. Die damaligen Umstände drängten aber auf eine schnelle Lösung und die Idee eines dritten Weges erschien vielen als zu großer Unsicherheitsfaktor, denn er hätte zu einem von Deutschland dominierten Sonderweg in Europa werden können. Solche Konzepte hatten 1990 keine

---

36 Es gab kurzfristig Gerüchte bzw. Überlegungen bezüglich der Stadt Stettin, die schnell unterbunden wurden.

Chance, waren nicht mehrheitsfähig. Hans-Dietrich Genscher schrieb dazu in seinen Erinnerungen: „Jeder Versuch eines deutschen Alleingangs zur deutschen Einheit hätte uns in größte Schwierigkeiten gebracht, und jeder Versuch, die deutsche Außenpolitik zu renationalisieren, in die völlige Isolation." (Genscher 1995: 691)

Einige der Ziele, z. B. Truppenreduzierung und veränderte Machtblöcke, wurden dann dennoch erreicht, aber in anderer Form, als ihre damaligen Befürworter:innen es wollten bzw. voraussehen konnten.

Rolle und Möglichkeiten der DDR beim Zwei-plus-Vier-Prozess

Im Zusammenwirken beim deutschen Einigungsprozess waren die Bundesrepublik und die DDR formal gleichrangig, aber nicht in der Praxis. Das 2+4-Verfahren ist ein Beispiel, das den engen Handlungsspielraum der DDR verdeutlicht.

Die neu gewählte Volkskammer und die neue Regierung der DDR wollten erstmals möglichst weitgehend ohne Fremdbestimmung agieren und u. a. eine eigene Außenpolitik betreiben, waren aber wenig erfahren und vor allem von Rahmenbedingungen abhängig, die ihnen nur geringen Raum für eigene Initiativen ließen. Das Bundeskanzleramt und das Auswärtige Amt betrachteten den 2+4-Prozess als eine Art Krönung ihrer Politik; für die DDR bedeutete er zusammen mit dem Einigungsvertrag ihr international vertraglich abgesichertes Ende. Die Bundesregierung hatte kein Interesse daran, die DDR vor den Wahlen vom März 1990 intensiv in Verhandlungen über den 2+4-Mechanismus einzubeziehen, es kam lediglich zu Gesprächen zur Klärung der jeweiligen Positionen und Zielvorstellungen. (DE 1998: 924 ff.)

Es ist ein Beispiel historischer Ironie, dass die DDR, die jahrzehntelang Probleme mit internationaler Anerkennung hatte, ab Frühjahr 1990, wo sie eine „neue", demokratische Republik mit internationaler positiver Aufmerksamkeit sowie Anerkennung war, nun darauf hinarbeitete, die Eigenstaatlichkeit aufzugeben und Teil der BRD zu werden. Ein ehemaliger Botschafter der Bundesrepublik, der für einige Wochen Berater von DDR-Außenminister Meckel war, stellte im August 1990 fest, dass die DDR keinen außenpolitischen Spielraum mehr habe. „Die meisten Staaten behandeln inzwischen Fragen, die die DDR betreffen, vorrangig mit der Bundesrepublik." (Arnold 1990)

Bei den 2+4-Verhandlungen musste sich die DDR an Spielregeln halten, die andere vorgaben und sich am Verhalten der Bundesrepublik orientieren. Die Sowjetunion, oder zumindest einige sowjetische Diplomaten, hatten wohl auf mehr und längere Eigenständigkeit der DDR gehofft, die früher in anderer Verfasstheit jahrzehntelang ein „Bruderstaat" war. Die Botschaft der SU informierte das Außenministerium der DDR über Treffen Schewardnadses mit Amtskollegen. Bei dessen erstem Zusammentreffen mit dem neuen Außenminister der DDR sagte Schewardnadse am 29. April 1990 in Moskau, die DDR könne bei der Wahrung ihrer legitimen Interessen auf die Unterstützung der SU rechnen.

Der Mechanismus für die Wahrung der Interessen der Deutschen sowie die Beachtung der Rechte und Verantwortlichkeiten der Vier Siegermächte seien die Verhandlungen Zwei plus Vier. Er trete dafür ein, im Rahmen der Sechserverhandlungen auch bilateral eng zusammenzuarbeiten. (ABstA 2: 4) In einem Gespräch mit einem führenden SPD-Mitglied aus Sachsen-Anhalt (Holger Saffier) versuchte der 2. Sekretär der sowjetischen Botschaft, das Außenministerium der „neuen" DDR zu mehr Eigenständigkeit zu animieren. Dieser Weg wurde vermutlich gewählt, weil der Außenminister zur SPD der DDR gehörte und es in Fragen der Außen- und Sicherheitspolitik ähnliche Ansichten mit der SPD der Bundesrepublik gab. In seinem Gesprächsprotokoll, leider ohne Datum, vermutet Saffier, der Diplomat wollte u. a. mitteilen: „Die DDR könne bei den 2+4-Verhandlungen, wenn sie souverän auftritt und eventuell einige sozialdemokratische Inhalte dabei vertrete, mit starker UdSSR-Unterstützung und Kompromißbereitschaft rechnen." (ABstA 3: 2)

Der Hinweis auf die SPD in der Bundesrepublik entsprach damals Vorstellungen, wie sie die sowjetische Führung seit Januar 1990 hatte. Auch Hans Modrow wurde geraten, sich stärker um eine Zusammenarbeit mit der SPD zu bemühen, quasi als Gegengewicht zu dem dominierenden Einfluss von Helmut Kohl. Die SPD war sehr am Erhalt des Status quo in Europa interessiert, der ihr als friedensbewahrend galt,[37] eine schnelle Vereinigung wurde skeptisch beurteilt. Nach den Wahlen am 18. März waren solche Überlegungen wegen der Schwäche der SPD wenig relevant.

Gespräche, die zur Idee des 2+4-Prozesses führten, fanden ohne Beteiligung der DDR statt. Als die Entscheidung getroffen war, informierte Schewardnadse Oskar Fischer, den Außenminister der DDR, der dann in Ottawa mit auf das Gruppenfoto durfte, was für Genscher eine Selbstverständlichkeit war. (Genscher 1995: 727 f.)[38] In seinen Erinerungen erwähnt US-Außenminister Baker Fischer nicht. (Baker 1996) Ulrich Albrecht,[39] der für kurze Zeit Leiter des Planungsstabes im Ministerium für Auswärtige Angelegenheiten der DDR war, stellte fest, dass die Bonner, immer wenn schwierige Entscheidungen anstanden, die „[…] DDR-Vertreter wie irgendwelche Menschen aus Drittstaaten […]" behandelten. (Albrecht 1992: 13)

In jeder Gruppe gibt es Unterschiede bei Status und Einfluss sowie oft Befürchtung, es könne innerhalb von ihr zu Allianzen kommen, die sich gegen andere in der Gruppe richten. Hinzu kommt, dass Verweildauer im Amt, Erfahrung und Vorbereitungszeit eine große Rolle spielen. Bei den Entwicklungen für den internationalen

---

37 Auch Margot Honecker äußerte sich in ihrem Exil in Chile zu dieser Eigenschaft: „Ich darf daran erinnern, dass die sozialistische DDR ein Garant des Friedens in Europa war." So in einem Interview mit der griechischen Nachrichtenagentur ANA-MPA, in Auszügen abgedruckt in *junge Welt*, 11. November 2015, S. 12. Dieser Meinung waren auch führende Militärs der ehemaligen SED-DDR. (Keßler, Heinz/ Streletz, Fritz. 2011) Die scheinbare Übereinstimmung bei der Einschätzung geht allerdings von sehr unterschiedlichen Beweiswürdigungen und Schuldzuweisungen aus.
38 Die Einheit 2015. Das Foto befindet sich vier Seiten nach S. 432.
39 Prof. Dr. Ulrich Albrecht war Professor für Internationale Politik und Friedensforschung an der im Westteil Berlins gelegenen Freien Universität.

Rahmen, den Gesprächen, Verhandlungen, beim gesamten Informationsaustausch, spielte die DDR lediglich eine Nebenrolle. Diese geringen Mitwirkungsmöglichkeiten lassen sich hauptsächlich damit erklären, dass bereits klar war, sie würde bald der Bundesrepublik beitreten. Außerdem hingen sie mit Kontinuität und Erfahrung zusammen. Hans-Dietrich Genscher hatte im Jahr 1990 gegenüber Markus Meckel 16 Jahre Vorsprung im Amt eines Außenministers. Er gewann von Genscher den Eindruck, dass „[…] er immer an dessen Hand als kleiner Bruder nebenher laufe, der auch zu allem ja und Amen sagt, was der große Bruder sagte." (Lehmann 2010: 994) Beim ersten Außenministertreffen für den 2+4-Vertrag im Mai 1990 notierte sich ein enger Vertrauter von Schewardnadse zu Meckel in sein Tagebuch: „Ein Bartträger, Bart mit einem roten Schimmer, so ein düsterer, kleiner Kerl, und genauso spricht er auch." (Karner 2015: 243)

Die DDR hatte keinen großen Einfluss auf das Verfahren; Frankreich sowie Großbritannien spielten eine wichtige, aber keine Hauptrolle, deshalb wird gelegentlich der 2+4-Prozess ein 1+2-Verfahren genannt: Bonn mit Moskau und Washington, aber letztlich war die Zustimmung aller beteiligten Staaten erforderlich.

Vorschlag für getrennte Friedensverträge

Konzepte für Deutschland mussten immer den europäischen Rahmen, die Bedrohungssituation sowie Sicherheitsinteressen beachten. Im Jahr 1988 stellte Egon Bahr die Idee vor, beide Staaten in Deutschland sollten jeweils getrennt mit den ehemaligen Kriegsgegnern des Deutschen Reiches Friedensverträge abschließen, wobei an eine Einbeziehung von West-Berlin in die von der BRD zu unterzeichnenden Dokumente gedacht war. Damit sollten beide ihre volle Souveränität erhalten und somit frei sein, ihr Verhältnis zueinander zu gestalten. (Bahr 1998: 537 f.) Dieser Vorschlag wurde durch den Verlauf der Ereignisse in Deutschland, der Sowjetunion und anderswo schnell obsolet.

Es könnte sinnvoll sein, ähnliche Überlegungen für Korea anzustellen, sollte kein Friedensvertrag zwischen dem Norden, dem Süden, den USA und der VR China zustande kommen. Verträge wären dann zwischen der RK und der DVRK sowie von diesen jeweils mit den USA und der VR China zu schließen. Gelegentlich wird auch von einer Friedenserklärung zwischen Norden und Süden gesprochen; andere Wege sollten zumindest diskutiert werden. Ein gemeinsamer Friedensvertrag wäre sicher besser und würde eine 2+2-Vorgehensweise sein. Er hätte zur unbedingten Voraussetzung, dass die koreanischen Zwei sich in wesentlichen Punkten einig wären und sich auf eine gemeinsame Verhandlungsstrategie gegenüber den USA und der VR China einigen könnten. Sollte es tatsächlich dazu kommen, dürfte die RK wahrscheinlich die schwächste Rolle spielen.

Ein Friedensvertrag zwischen der VR China und der Republik China scheint fast ausgeschlossen zu sein, denn nach Auffassung Pekings wären die vertragsschließenden Parteien ein Staat, die Volksrepublik und eine Provinzregierung (Taiwan). Die Bürgerkriegsgegner waren die KP Chinas sowie ihre Verbündeten und die Republik China, die für diese Zeit mit der KMT fast gleichzusetzen ist. Deshalb sollte zumindest eine Friedenserklärung zwischen diesen beiden Parteien Diskussionsgegenstand sein, was nur praktikabel wäre, wenn die KMT dafür auf Taiwan ein Mandat hätte. Ob dieser „Vorfriedensvertrag" dann tatsächlich ein Schritt in Richtung dauerhafter Entspannung wäre, ist nicht einzuschätzen.

Als eine Art Zusammenfassung zeigt die folgende Tabelle einige der wichtigen Schritte und Junktims der Ostpolitik, die letzlich zu der Chance führten, die Vereinigung zu erlangen.

Tab. 4: „Über ein geregeltes Nebeneinander zu einem Miteinander kommen." Aus der Regierungserklärung von Willy Brandt vom Oktober 1969 (Brandt 1969: 4)

---

28. Oktober 1969

In seiner Regierungserklärung spricht Bundeskanzler Willy Brandt von zwei Staaten in Deutschland, die zueinander nicht Ausland sind.

26. März 1970

Beginn der Verhandlungen der vier Siegermächte über ein Abkommen über Berlin

29. April 1970

Erste Postvereinbarung zwischen der Bundesrepublik und der DDR

12. August 1970

Unterzeichnung des „Moskauer Vertrages" zwischen der Sowjetunion und der Bundesrepublik über die Normalisierung der Beziehungen.

(Brief zur Deutschen Einheit)

7. Dezember 1970

Unterzeichnung des Vertrages zwischen Polen und der Bundesrepublik über die Normalisierung der Beziehungen und die Unverletzlichkeit der Grenzen (besonders der Westgrenze Polens)

3. September 1971

Unterzeichnung des Vierseitigen Abkommens über Berlin, eine Art „Vier-plus-Zwei-Arrangement", das erhebliche Erleichterungen für Berlin (West) beinhaltet.

17. Dezember 1971

Unterzeichnung des Transit-Abkommens zwischen beiden Staaten in Deutschland, das die Verbindungen zwischen West-Berlin und der Bundesrepublik wesentlich verbessert.

21. Dezember 1972

Unterzeichnung des „Grundlagenvertrags" zwischen der Bundesrepublik und der DDR.

(Brief zur Deutschen Einheit)

18. September 1973

beide Staaten in Deutschland werden Mitglied der VN

---

11. Dezember 1973
Unterzeichnung des Prager Vertrages zwischen der Bundesrepublik und der ČSSR

Seitdem
weitere Intensivierung von Zusammenarbeit und Normalisierung
▼
▼
▼
20. August 1990
Unterzeichnung des Einigungsvertrages
zwischen der Bundesrepublik und der DDR.
12. September 1990
Unterzeichnung des
Vertrages über die abschließende Regelung in Bezug auf Deutschland.
(Zwei-plus-Vier-Vertrag)
3. Oktober 1990
Wiedervereinigung

6.3 China (Volksrepublik)

Die Vorstellung vom einen China

Kaiser Wilhelm II. wollte Deutschland herrlichen Zeiten entgegenführen, ihm einen Platz an der Sonne sichern und die Welt am deutschen Wesen genesen lassen. Das hat nicht geklappt. Nach den Verbrechen des nationalsozialistischen Deutschlands gab es 1945 keinen allgemein akzeptierten Anknüpfungspunkt, es ging um Diskontinuität im positiven Sinne. China erlebte in seiner Geschichte mehrfach herrliche Zeiten, hatte einen Platz an der Sonne und andere Staaten orientierten sich für lange Zeit an chinesicher Kultur. Für die VR China geht es in neuem Gewand in verändertem Umfeld um Wiederherstellung früherer Größe, um Kontinuität durch eine sich kommunistisch nennende Partei, die sich der chinesischen Geschichte bewusst ist. Mao Zedong, der rabiate Revolutionär, war mindestens so chinesisch, wie Winston Churchill englisch war. (Wang 1977: 274 f. Ford 2015: 189 ff.) Trotz aller Neuerungen und Modernisierung gilt das noch immer für seine Nachfolger. Von uralters her ist unter dem Himmel (天下)[40] China und wie es am Himmel nur eine Sonne gibt, kann es auf Erden nur einen König geben, d. h. ein China. Die zentrale Bedeutung des einen Chinas steht über al-

---

40 Die klassische Vorstellung lautet: Alles unter dem Himmel ist das Reich des Kaisers, alle Menschen unter dem Himmel sind Diener des Kaisers.

lem. Heutzutage wird die Existenz anderer Staaten nicht geleugnet, aber es kann/darf nur ein China geben.

Von der Westlichen Zhou-Dynastie bis zur Proklamation der Volksrepublik vergingen über 3.050 Jahre, während 37 Prozent dieses Zeitraumes, rund 1.130 Jahre, war China geteilt, zersplittert. (Chao 1995: 204). 357 Jahre herrschten Fremddynastien, die Mongolen (Yüan), die Mandschuren (Ching). Nach dem Sturz der Letzteren begab sich Sun Yat-sen, der provisorische Präsident der neuen Republik China, in Nanking zu Gräbern der Ming-Kaiser, der letzten „chinesischen" Dynastie, um zu melden, China gehöre nun wieder den Chinesen. An diesen Entwicklungen war Taiwan nicht aktiv beteiligt, wenig gedanklich involviert und Taiwaner:innen empfinden deshalb das „eine China" nicht als Verpflichtung ihren Vorfahren gegenüber.

Verallgemeinerungen kranken oft an Ungenauigkeit. Es gibt den englischen Spruch, *he who generalizes, generally lies*, wer verallgemeinert, lügt im Allgemeinen. Der Kommentar von Yuval Noah Harari zum chinesischen Staatsverständnis verallgemeinert, ist im Wesentlichen aber zutreffend.

> Im chinesischen politischen Denken, wie in der historischen Erinnerung der Chinesen, werden die Kaiserreiche als die goldene Zeit von Ordnung und Gerechtigkeit angesehen. Im Widerspruch zur modernen westlichen Sichtweise, dass eine gerechte Welt aus separaten Nationalstaaten besteht, wurden in China Perioden der politischen Fragmentierung als dunkle Zeiten von Chaos und Ungerechtigkeit angesehen. Diese Perzeption hat weitreichende Implikationen für die Geschichte Chinas. Jedes Mal, wenn eine Dynastie zusammenbrach, trieb die dominante politische Theorie die Machtträger an, sich nicht mit dürftigen unabhängigen Fürstentümern zufriedenzugeben, sondern nach Wiedervereinigung zu streben. Früher oder später führten diese Bemühungen immer zum Erfolg. (Harari 2015: 197)

Es handelt sich um eine zyklische Vorstellung, die z. B. zum Beginn des klassischen Romans „Die Geschichte der drei Reiche" (三國演義) angesprochen wird. Dort heißt es: Das Reich, lange geteilt, muss vereinigt werden, lange vereinigt, muss es geteilt werden. So war es immer. Der Ursprung des Textes reicht bis in das 14. Jahrhundert zurück und das Werk gilt als ein Schlüssel zum chinesischen Verständnis von Macht, Staat, Politik und Strategie.

Wegen diesem Geschichts- und Selbstverständnis hat die VR China für den Umgang mit Taiwan eherne Prinzipien aufgestellt: China ist unteilbar, es darf nur ein China geben. Die Beziehungen zwischen dem Festland und Taiwan sind eine rein innerchinesische Angelegenheit, es darf keine äußere Einmischung geben. Für Taiwan darf es keine Eigenstaatlichkeit, d. h. keine Unabhängigkeit geben.

Falls es nicht als zu weit hergeholt erscheint, kann eine Analogie zur katholischen Kirche gemacht werden, ohne ihr zu nahetreten zu wollen. In ihr, besonders in Kreisen der Befreiungstheologie, gibt es Vorstellungen von einer Kirche von unten, einer Kirche der Armen und die Amtskirche. Für die Amtskirche, die *Una Sancta*, gibt es aber nur sie, gerade deren Geschichte mit Spaltungen, Gegenpäpsten und der Reformation bestärkt sie in der Überzeugung, dass es nur eine Kirche geben darf. Die Doktrin des „einen Chinas" ist älter als die katholische Kirche mit ihrem Prinzip der einen Kirche. Sie wird in der Volksrepublik als rein innerchinesische Angelegenheit betrachtet, aber es ist eindeutig, dass andere Staaten eine große Rolle spielen, denn eine gewaltsame Lösung wäre in ihren Auswirkungen nicht auf China begrenzt. Lange Zeit waren in diesem Zusammenhang die beiden wichtigsten äußeren Akteure die Sowjetunion und die USA. Es gab Beispiele für verbetene und erwünschte Einflussnahme. Peking beschwerte sich, dass Moskau Vorschriften mache bezüglich der Vorgehensweise gegenüber Taiwan, wo es Zurückhaltung üben sollte. Später dann wurde Washington ermahnt, dafür Sorge zu tragen, dass Taiwan keine roten Linien überschreite, sondern sich zurückhalte.

Als es 1958/59 zu militärischen Auseinandersetzungen zwischen der VR China und der Republik China um die Küsteninseln Jinmen und Matzu kam, bemühten sich sowohl die USA, aber vor allem auch die Sowjetunion um Deeskalation. Die Siebente Flotte der USA patrouillierte in der Taiwan-Straße, um die Insel zu schützen, aber auch, um Chiang Kai-shek vor militärischen Abenteuern abzuhalten. Mao Zedong berichtete später, seit der zweiten Hälfte des Jahres 1958 habe Chruschtschow beabsichtigt, die chinesische Küste abzuschließen. „Er wollte ein gemeinsames Flottenkommando, um unsere Küstenlinie zu kontrollieren und eine Blockade zu verhängen. Genau aus diesem Grund hat er uns besucht, um diese Frage zu diskutieren."[41] Chruschtschow versuchte, die VR China gegenüber Taiwan zurückzuhalten. Er erwähnte die Existenz der „Fernöstlichen Republik",[42] deren Unabhängigkeit Lenin anerkannt habe und die dann später dennoch in die Sowjetunion aufgegangen sei. (Rice 1974: 157) Also ein Hinweis darauf, dass eine Loslösung später sehr wohl zu einer Einbindung führen könne. Chruschtschow machte dieses Beispiel zur Konfliktlösung, als er zum zehnten Jahrestag der Gründung der VR China in Peking war und er tat es bewusst mit Hinweis auf Taiwan und die Notwendigkeit, einen Krieg zu vermeiden. Besonders wurde dem sowjetischen Gast verübelt, dies mit positiven Äußerungen über die USA und deren Präsidenten Eisenhower, die er kurz vorher besucht hatte, verbunden zu haben.

> Nach seiner Rückkehr von den Besprechungen in Camp David ging er sogar so weit, China den amerikanischen Plan von „zwei China" verkaufen zu wollen, und auf dem Staatsbankett zur Feier des zehnjährigen Gründungstags der Volksrepublik China hielt er China eine Vorlesung, es solle nicht „die Stabilität des kapitalistischen Systems mit Waffengewalt erproben". (Polemik 1970: 88)

---

41 So der Parteivorsitzende Mao in einer Rede vor dem Zehnten Plenum des Achten Zentralkomitees am 24. September 1962 in Peking; hier zitiert aus Schram, Stuart. 1974. *Mao Tse-tung Unrehearsed. Talks and Letters: 1956–71.* Harmondsworth: Penguin Books, S. 190.
42 Es war ein aus reinen Nützlichkeitserwägungen geschaffener, nominell unabhängiger Pufferstaat, der lediglich von April 1920 bis November 1922 existierte und vom Baikalsee bis Wladiwostok reichte.

Mao sagte, die USA seien ein Papiertiger und Chruschtschow erwiderte, dieser habe Atomzähne.⁴³

Was ist bei „ein China" unter „China" zu verstehen?

Peking meint, diese Frage endgültig beantwortet zu haben: China, das ist die Volksrepublik, zu der Taiwan gehört. In Deutschland gab es mehr Beweglichkeit durch die Betonung der sich zusammengehörig fühlenden Nation, die das eine Deutschland verkörpere. Bei ihrem Gipfeltreffen im April 2018 betonten Präsident Moon und Kim Jong-un den absoluten Vorrang der Einheit der koreanischen Nation und des Friedens vor der Wiedervereinigung. Also die Reihenfolge: Eine Nation, vorübergehend zwei Staaten und später Vereinigung.⁴⁴

Bezogen auf Taiwan sollte Peking für sich klären und kommunizieren, welche Priorität eine friedliche Wiedervereinigung und eine solche durch Gewaltanwendung haben und nicht fast ausschließlich mit unveränderlichem Prinzip, wie heiliger historischer Pflicht und abnehmender Geduld argumentieren. Vermutlich wird es aber seine „rote Linien" hier nicht mit aller Deutlichkeit kenntlich machen, wie auch die USA ihre Bereitschaft, Taiwan zu verteidigen – den Status quo aufrechtzuerhalten – durch eine „strategische Mehrdeutigkeit" verschleiern. Über Jahrzehnte hinweg gab es in Washington unterschiedliche Betonungen dieser Mehrdeutigkeit. Während der Bush jr.-Administration kam sie in die Nähe einer de facto-Allianz,⁴⁵ wurde dann unter Obama wieder abgeschwächt und durch Präsident Biden nachdrücklicher bekräftigt. Der rasante Aufstieg der VR China und vor allem der Krieg Russlands geben die Ukraine ab Februar 2022 führten zu etwas veränderten Diskussionen. Mit Bezug auf die Ukraine sagte Biden im Mai 2022, Peking flirte mit Gewalt und die USA würden Taiwan bei einem Angriff unterstützen, sie seien dazu verpflichtet. Das Außenministerium der USA beeilte sich, zu versichern, dies sei eigentlich keine neue Position.

Eindeutigkeit könnte deeskalierend sein. Peking sagt bereits klar und deutlich, Unabhängigkeit bedeutet Krieg. Die USA könnten sagen: Krieg bedeutet Unabhängigkeit. (Wären sie in einem solchen Fall dann Gastgeber einer taiwanischen Exilregierung?)

Für den Umgang mit dem „Ein-China-Prinzip" und der „Ein-China-Politik" mag das Konzept einer „weichen Souveränität" eventuell hilfreich sein, wie es von Mitgliedern der EU praktiziert wird. Eine Orientierung an der Grundüberlegung der Ostpoli-

---
43 Mao äußerte diese Einschätzung erstmal 1946, 18 Jahre später, 1964, verfügte die VR China dann selbst über Atomwaffen. (Powell 1965)
44 „[...] das dauerhafte Sehnen des koreanischen Volkes nach Frieden, Prosperität und Vereinigung auf der koreanischen Halbinsel." Joint Panmunjom Declaration of April 27, 2018. Inoffizielle englische Übersetzung von *Yonhap News*.
45 Ross 2002: 41. Zu größeren Zusammenhang siehe auch Ross 2013 und Rahmann 2001.

tik Willy Brandts wäre ratsam: Eine Gesamtnation, aber zwei Staaten in Deutschland, die zueinander nicht Ausland sind. In Deutschland war das ein realistischer, notwendiger und machbarer Ansatz, der mit unterschiedlichem Grad an Begeisterung bei beiden Seiten Zustimmung fand. Die VR China ist in einer solchen Position der Stärke, dass ihr eine Orientierung an der Ostpolitik nicht notwendig erscheint, auch wenn diese letztlich zu einer Vereinigung führte. Ob sich, und wenn ja, aus welchen Gründen, an dieser Einstellung etwas ändern könnte, ist nicht zu prognostizieren.

Bemühungen um Kompromisse, wie „Ein China, aber unterschiedliche Interpretationen" und das Angebot, Taiwan könnte nach dem Konzept, „ein Land, zwei Systeme" eine Sonderverwaltungsregion der Volksrepublik werden, haben das grundlegende Problem einer Lösung nicht nähergebracht. Stattdessen entfernt sich Taiwan politisch und vom Selbstverständnis her immer mehr von der Volksrepublik und Peking betont, die Geduld gegenüber Taiwan sei nicht grenzenlos. Diese Entwicklungen werden im folgenden Text etwas näher erläutert.

Übernahme des chinesischen Sitzes in den VN durch die VR China (Oktober 1971)

Ein Durchbruch für die internationale Anerkennung des Standpunktes, das „eine China" sei die Volksrepublik, war deren Übernahme des chinesischen Sitzes in den Vereinten Nationen. Im Frühjahr 1971 wurde deutlich, dass hier bald eine Entscheidung anstünde.[46] Ab Sommer 1971 überlegte der damalige VN-Botschafter der USA, George H. W. Bush, ob mit einer Namensänderung die Republik China zumindest ihren Sitz in der Vollversammlung behalten könnte. Solche Gedanken gab es auch auf Taiwan. Der dortige US-Botschafter, Walter McConaught, informierte sein Außenministerium über ein Gespräch mit dem stellvertretenden Außenminister der Republik China, Yang Hsi-kun. Dieser berichtete ihm, er habe Chiang Kai-shek vorgeschlagen, den Staatsnamen in „Chinesische Republik Taiwan" umzuändern. Die Idee orientierte sich auch an Namen im arabischen Raum, wo Ägypten offiziell „Arabische Republik Ägypten" und Syrien „Syrische Arabische Republik" heißen. Yang erhoffte sich von seiner Information wohl eine Unterstützung der USA. (Ou 2019) Für Chiang Kai-shek war eine solche Namensänderung allerdings undenkbar und es hat vermutlich keine von ihm geduldete Diskussion darüber gegeben. Für ihn hatten das eine China und Gehorsam ihm gegenüber absoluten Vorrang. Chinesinnen, Chinesen und die Menschen auf Taiwan seien wie Kinder zu behandeln, die stets der Zustimmung der Vaterfigur in Uniform bedurften. (Fenby 2003: 502) Die Namensänderung hätte ihn auch de jure auf das reduziert, was er de facto damals war, der Diktator einer Inselrepublik. Deshalb erübrigt es sich,

---

[46] Die folgende Darstellung stützt sich auch auf Gespräche mit Chinaexperten des National Security Councils der USA, mit ehemaligen Politiker:innen und Diplomat:innen, Asienwissenschaftler:innen, mit Kolleg:innen in der VR China, auf Tkacik 2018 und Burr 1999.

darüber zu spekulieren, ob die USA mehr Einfluß hätten nehmen können bzw. sollen, diese Diskussion anzuregen und den Vorschlag zu unterstützen.

Als sich Anzeichen mehrten, dass bei der nächsten Sitzung der Vollversammlung höchstwahrscheinlich die Republik ausgeschlossen und die Volksrepublik aufgenommen werde, begann die VN-Vertretung der USA mit Verbündeten, besonders mit Australien und Japan, intensiv nach Möglichkeiten zu suchen, um zwei Chinas zu berücksichtigen und um das Problem in einen größeren Kontext zu stellen. Das Prinzip der „Universalität" wurde so interpretiert, dass es möglichst allen Nationen eine Mitgliedschaft ermöglichen müsse, denn sonst sei der Sinn des Namens „Vereinte Nationen" nicht erfüllt. Die Art der Regierungsform dürfe keine Rolle spielen, wenn das Mitglied sich zur Charta der VN bekenne und auch Nationen, deren Status sowie zukünftige staatliche Entwicklung nicht völlig geklärt seien, sollten aufgenommen werden. In diesem Zusammenhang wurden mit der Bundesrepublik, Südvietnam und Südkorea Arrangements besprochen, die eine zukünftige Regelung nicht präjudizieren sollten. Im Rahmen der Ostpolitik wäre Bonn bereit gewesen, einem solchen Verfahren Interesse entgegenzubringen, wenn es eine zufriedenstellende Regelung für West-Berlin beinhaltet hätte.[47] Ost-Berlin hätte einer Doppelmitgliedschaft wohl gern zugestimmt, Saigon und Seoul sicher nicht.

Um eine langfristige Übergangsregelung zu begründen sagte am 28. April 1971 ein Sprecher des US-Außenministeriums, die Souveränität über Taiwan und die Pescadores-Inseln sei eine bislang ungeklärte Frage und Gegenstand einer zukünftigen internationalen Lösung. Die VR China musste sich von diesen Überlegungen nicht irritieren lassen, denn es gab bereits geheime Gespräche für einen Besuch Henry Kissingers in Peking, über die allerdings das Außenministerium in Washington nicht informiert war. Die Führung der Republik China hingegen musste sich mit dieser Einstellung beschäftigen. Chiang Kai-shek protestierte vehement und bezeichnete sie als einen Schlag ins Gesicht. Das US-Außenministerium blieb bei seiner Einschätzung des „ungeklärten Status". Am 13. Juli 1971 erläuterte ein Rechtsberater des Ministeriums, warum auf Grund der historischen Entwicklung der internationale Status von Taiwan noch nicht entschieden sei, dessen ungeachtet würden die USA aber anerkennen, dass die Republik China rechtmäßig die Jurisdiktion über Taiwan innehabe und ausübe. Dieser juristische Eiertanz war notwendig, denn die USA hatten damals zu diesem Land mit „ungeklärtem Status" diplomatische Beziehungen und seit 1955 mit ihm einen Sicherheitsvertrag.[48]

---

[47] Ende März 1970 hatten Verhandlungen über ein Vier-Mächte-Abkommen für Berlin begonnen, das am 3.9.1971 unterzeichnet wurde. Der Abschluss eines Grundlagenvertrages schien möglich, der dann zu einer Mitgliedschaft beider deutscher Staaten in den VN führte.
[48] Mutual Defense Treaty between the United States and the Republic of China; December 2, 1954. https://www.avalon.law.yale.edu/20th_century/china001.asp. Eingesehen am 22.04.2020. Der Vertrag endete am 1. Januar 1980, ein Jahr nach Aufnahme voller diplomatischer Beziehungen zwischen der VR China und den USA.

Beim Treffen mit Zhou Enlai zeigte Kissinger weitgehendes Verständnis und geschmeidiges Entgegenkommen für die Haltung der VR China gegenüber Taiwan; die USA würden letztlich einer Eingliederung Taiwans nicht im Wege stehen. (Tucker 2009: 44) Diese Taktik war zweigleisig bzw. zweihändig. Gottfried-Karl Kindermann erwähnte ein Interview mit Aichi Kiichi, dem damaligen Außenminister Japans, am Vorabend vor dessen Abreise zu der entscheidenden Sitzung der Vereinten Nationen. Dieser hatte

> [...] das Gefühl, Präsident Nixon verfolge mit seiner „rechten Hand" Außenminister William P. Rogers *eine* Haltung in der amerikanischen Chinapolitik und mit seiner „linken Hand" (Henry A. Kissinger), die dem Herzen näher sei, *eine andere* Politik. Diese erfülle ihn mit Sorge, doch werde sich Japan mit aller Kraft für eine Fortsetzung der UN-Vertretung Chinas durch die nationalchinesische Regierung einsetzen, worum Washington Tokio eindringlich gebeten hatte. (Kindermann 2001: 535)

Diesen Bemühungen war kein Erfolg beschieden.

George H. W. Bush versuchte fast in letzter Minute vor der Abstimmung am 25.10.1971 die Republik China zur Namensänderung und zur Aufgabe des ständigen Sitzes im Sicherheitsrat zu bewegen, damit zumindest eine Mitgliedschaft in der Vollversammlung erhalten bliebe. Peking und Taipei waren gegen eine solche Regelung, weil sie ein „zwei China" bedeutet hätte. Chiang lehnte kategorisch alle Vorschläge ab. Die Republik China trat aus den VN aus und die VR erhielt als rechtmäßige Vertreterin den chinesischen Sitz zugesprochen. Es war ein Wechsel und im engen Sinne keine „neue" Mitgliedschaft, deshalb auch kein Thema für ein Veto im Sicherheitsrat. In der entsprechenden Resolution sind die Namen Taiwan bzw. Republik China nicht erwähnt. Diese hätte theoretisch durch Verzicht und Namensänderung versuchen können, Mitglied in der Vollversammlung zu bleiben, auch das wäre keine neue Mitgliedschaft gewesen, gegen die ein ständiges Mitglied im Sicherheitsrat sein Veto hätte einlegen können. Die starre Beibehaltung des Alleinvertretungsanspruchs bewirkte eine gravierende Verschlechterung des internationalen Handlungsspielraumes der Republik China, aber sie schien Chiang Kai-shek und seiner Staatspartei für den Machterhalt notwendig. Bei der entscheidenden Besprechung in Taipei soll Soong Mei-ling, die Frau von Chiang, gesagt haben: Menschen haben eine Würde, Staaten haben eine Würde. Unsere wurde verletzt, wir treten aus.

Als Präsident Nixon im Februar 1972 Mao Zedong in Peking besuchte, sagte ihm dieser, Taiwan sei ein kleines, die Welt hingegen ein großes Problem. (Kissinger 1979: 1124) Diese Meinung wiederholte Mao dann gegenüber Henry Kissinger im Oktober 1975. Taiwan sei der kleine Streitfall, die Welt der große. Das Problem mit Taiwan könne in hundert Jahren gelöst werden. Jetzt sei es besser, wenn Taiwan in den Händen der USA bliebe. Solltet ihr uns Taiwan jetzt zurückschicken, würden wir es nicht haben wollen, denn es wäre unerwünscht. Auf Taiwan gebe es ein riesiges Bündel von Konterrevolutionären. In hundert Jahren werde man Taiwan haben wollen und dann dafür kämpfen. (Memorandum 1975) Die Zeitangabe „hundert Jahre" war schon damals nicht wörtlich zu nehmen, sie heißt, wenn nach Pekings Meinung die Zeit dafür reif sei. In dem Gespräch mit Kissinger sagte Mao auch, man sei für eine Wiedervereinigung Deutschlands, diese wäre aber zurzeit gefährlich.

Beim Treffen mit Nixon und Kissinger 1972 fragten Mao und Zhou, wie denn die SU darauf reagiert habe, dass die USA weiterhin die baltischen Staaten de jure anerkannten, nachdem diese 1940 von Moskau annektiert wurden. In der Tat praktizierten die USA eine „Baltische Nichtanerkennungspolitik", d. h. die gewaltsame und ungesetzliche Einverleibung in die Sowjetunion wurde nicht anerkannt und die Exilregierungen der baltischen Staaten von Washington weiterhin wie diplomatische Vertretungen behandelt, d. h. im Prinzip von 1940 bis 1991. (Lapinski 1990) Diese Position brachte den drei nicht mehr existierenden Staaten politisch kaum etwas, aber sie war juristisch und zivilrechtlich interessant. Im Nachhinein scheint es, hinter der Frage könnte der Gedanke gewesen sein, wenn die VR China Taiwan einmal annektiert, würden dann die USA eine Exilregierung anerkennen? Bei dem Treffen 1972 ging es um die Normalisierung der Beziehungen zwischen Peking und Washington und um die Zukunft von Taiwan. Die Frage nach den damaligen baltischen Staaten zeigt, wie beide Seiten, die USA und die Volksrepublik, nach Orientierungen suchten, um ein schwieriges Problem zu lösen.

Das „Ein-China-Prinzip" schien 1972 eine fast geniale Lösung zu sein, denn es ermöglichte die Annäherung zwischen den USA sowie der VR China und es entsprach der offiziellen Haltung von sowohl der Volksrepublik, als auch der Republik China. Seit den zahlreichen diplomatischen Anerkennungen der VR China, verbunden mit der Zusicherung, es gebe nur ein China, nämlich die Volksrepublik und Taiwan sei ein Teil Chinas, gibt es keinen beiderseitigen Nutzen mehr, er liegt ausschließlich bei der Volksrepublik.

Schanghai Communiqué (28. Februar 1972)

Die Position der Volksrepublik und der Republik, es existiere nur ein China, wurde dann durch das Schanghai Communiqué von Zhou Enlai und Kissinger vom 28. Februar 1972 konkretisiert und bestätigt, denn in ihm erkennen die Vereinigten Staaten an, „[...] dass alle Chinesen auf beiden Seiten der Straße von Taiwan der Auffassung sind, dass es nur ein China gibt und dass Taiwan ein Teil Chinas ist." (Schanghai Communiqué 1972) Zugleich betonten sie aber den Wunsch nach einer friedlichen Regelung und dass eine solche durch die Chinesen selbst erfolgen solle. Da vorher im Text von „allen Chinesen auf beiden Seiten" die Rede war, müsste eine friedliche Regelung folglich auch die Zustimmung der Chinesen auf Taiwan haben. Während des Aufenthalts in Schanghai gab es über den Wortlaut des Communiqués nicht nur Meinungsverschiedenheiten zwischen der amerikanischen und der chinesischen Seite, sondern auch innerhalb der Delegation aus Washington. Nixon und Kissinger zeigten sich gegenüber Peking viel entgegenkommender als die mitgereisten Experten des Außenministeriums. In einem amerikanischen Vorentwurf für das Communiqé stand „alle Menschen auf beiden Seiten." Mitglieder des Außenministeriums lehnten diesen Wortlaut ab, denn, wie der Stellvertetende Außenminister Marshall Green argumentierte, Taiwaner würden wohl kaum zustimmen, dass ihre Insel zu China gehöre. Kissinger änderte den Passus in „alle Chinesen", wogegen Zhou Enlai keine Einwände hatte. (Mann 2000: 48)

Die damalige Regelung war im Interesse der VR China und der USA, denn beide erachteten die Sowjetunion als Hauptbedrohung. Die USA wollten sich aus Indochina zurückzuziehen, auch dazu war eine Verbesserung der Beziehungen zu Peking wichtig.

Waffenverkäufe der USA an Taiwan

In dem Communiqué wird auch der Zusammenhang zwischen einer friedlichen Lösung und der Beendigung der Sicherheitspartnerschaft zwischen den USA und Taiwan angesprochen. Seitdem gibt es die Verknüpfung zwischen einer nicht erfolgten Verpflichtung der VR China, gegenüber Taiwan keine Gewalt anzuwenden und der deshalb nicht erfolgten Einstellung von Waffenlieferungen der USA an Taiwan, denn laut Communiqué würden die USA diese Kooperation reduzieren bzw. beenden und zwar in dem Maße, wie sich die Spannungen in der Region vermindern. Dieser Zusammenhang bereitete Schwierigkeiten für die Carter-Administration in Washington und die Führung in Peking um Deng Xiaoping sowie Hua Guofeng, als ab 1977 Überlegungen angestellt wurden, wie volle diplomatische Beziehungen zwischen beiden Staaten aufgenommen werden könnten. Im Mai 1978 besprach Zbigniew Brzezinski, der Nationale Sicherheitsberater, diese Problematik in Peking mit Deng Xiaoping und Hua Guofeng, die beide betonten, es werde keinen Gewaltverzicht geben. Deng meinte, die USA könnten einer solchen Hoffnung Ausdruck verleihen, aber wie und wann China das Taiwanproblem lösen werde, das sei eine rein chinesische Angelegenheit. Hua betonte, sollte sich die Volksrepublik verpflichten, Taiwan nicht mit Waffengewalt zu befreien, andererseits die USA Taiwan aber weiterhin mit Waffen versorgen, dann stelle sich doch die Frage, was das Ergebnis wäre? Es wäre die Schaffung von einem China, einem Taiwan oder von zwei Chinas, dem die Volksrepublik nie zustimmen könne.

Brzezinski meldete Präsident Carter, Hua habe implizit aber deutlich die Alternative aufgezeigt, entweder wir können Taiwan weiterhin mit Waffen beliefern und es gibt keinen Gewaltverzicht, oder China erklärt seine friedlichen Absichten und wir stellen alle militärische Zusammenarbeit mit Taiwan ein. (Tkacik 2018) Der erste Teil der Alternative wird seitdem praktiziert. Die USA nahmen in dem entsprechenden Communiqué erneut zur Kenntnis, dass es nur ein China gebe und Taiwan ein Teil von China sei. Das ist das „Ein-China-Prinzip" und für die Praxis gilt die „Ein-China-Politik", die inoffizielle Beziehungen mit und Waffenlieferungen an Taiwan ermöglicht. (Kan 2011) Nach dem Abbruch der Beziehungen wurde die Position Taiwans durch den TRA gestärkt, doch der Zusammenhang zwischen nicht erfolgtem Gewaltverzicht der Volksrepublik und Waffenlieferungen der USA an Taiwan besteht noch immer. Wenn aus Sicht der USA die Bedrohung Taiwans durch die Volksrepublik China zunimmt, dann steigen meist Höhe und Qualität solcher Lieferungen. Der Schutz Taiwans hängt also nicht allein von der Einschätzung dieses direkt Betroffenen ab, sondern von der Lagebeurteilung der USA, dem Verhalten der VR China und dem jeweiligen Stand der amerikanisch-chinesischen Beziehungen.

Die Präsidenten Nixon und Ford wollten eine weitergehende Normalisierung der US-VR China-Beziehungen und hatten die Vorstellung, Peking könnte ein US-Verbindungsbüro auf Taiwan akzeptieren und eine Art Gewaltverzicht gegenüber Taiwan aussprechen, das würde es ihnen bei dem noch immer vorhandenen Einfluss Taiwans in den USA leichter machen. Die VR China, vertreten durch Deng Xiaoping, lehnten diese Kompromissvorstellungen ab und beharrten auf drei Bedingungen: Abbruch der diplomatischen Beziehungen, Beendigung des Verteidigungspaktes zwischen den USA und der Republik China und Rückzug aller US-Truppen aus Taiwan. Präsident Carter willigte ein. Die VR China hat dann offiziell relativ verhalten auf den TRA reagiert (Chiu 1990: 20 ff.) und sich erst nach erneuter Aufnahme von Waffenlieferungen der USA nach Taiwan während der Reagan-Administration deutlich kritischer geäußert. Im Zusammenhang mit dem TRA wurde ein American Institute in Taiwan (AIT) gegründet, das in Taipei seinen Sitz hat und die Funktion eines Verbindungsbüros ausübt, mit konsularischen Befugnissen.

Nach zehn Monaten Verhandlungen unterzeichneten Peking und Washington am 17. August 1982 ein Communiqué über ihre Standpunkte und die Problematik der Waffenlieferungen. Die Reagan-Administration erklärte, ihre Politik befinde sich in vollem Einklang mit dem TRA und die allmähliche Verringerung von Waffenlieferungen an Taiwan sei zugesagt worden in der Erwartung, dass die VR China sich fortgesetzt um eine friedliche Beilegung ihrer Differenzen mit Taiwan bemühe. (Statement 1982; Wolff/Simon 1982: 312 f. Chang 1991; Goldstein/Schriver 2001) Die VR China betonte, die Taiwan-Frage sei eine innere Angelegenheit und die Botschaft vom 1. Januar 1979 sowie die Neun Punkte vom September 1981[49] wären weitere Bemühungen, eine friedliche Lösung der Taiwan-Frage anzustreben. Das bedeutet noch immer, wenn friedliche Lösung, dann zu den Bedingungen der VR China.

Präsident Reagan schrieb am Tag der Unterzeichnung des Communiqués an seine Außen- und Verteidigungsminister, die Erwägung der USA, ihre Waffenlieferungen an Taiwan zu reduzieren, hänge völlig von der Bereitschaft der Volksrepublik ab, die Differenzen zwischen ihr und Taiwan friedlich zu lösen. Es müsse absolut klar sein, dass der Zusammenhang zwischen diesen beiden Angelegenheiten ein permanenter Imperativ der Außenpolitik der Vereinigten Staaten sei. (Lilley 2004: 245–252. Tkacik 2018)

Die bisherige Praxis des Dualismus von „Ein-China-Prinzip/Politik" bedeutet, dass es eine Volksrepublik und ein Taiwan (Republik China) gibt, wenn diese Sicht- und

---

49 Zu Brief und „Neun-Punkte-Vorschlag" siehe S. 289 f.

Verhaltensweise auch bisher kaum so benannt wird. Tatsachenkonform ist aber: Es gibt nur ein China und das ist seit Oktober 1949 die Volksrepublik China, zu der Taiwan nicht gehört, nie gehört hat, obwohl vielfältige enge historische, kulturelle, ethnische und sprachliche Verbindungen bestehen und es intensive Wirtschaftskooperation gibt. Aber in der politischen Praxis geht es hier weniger um offenkundige Fakten, sondern um den Einsatz von Machtmitteln und das Austarieren unterschiedlicher Interessen.

Ein Land, zwei Systeme

Der bekannteste Plan der Volksrepublik für eine Vereinigung mit Taiwan ist das Konzept des „Ein Land, zwei Systeme." Als Initiator wird meist Deng Xiaoping genannt, der dieses Modell im Zusammenhang mit Hongkong und Macau publik gemacht und präzisiert hat. Die Ursprünge gehen in die Mitte der 1950er Jahre zurück und an der Grundidee Pekings hat sich seitdem kaum etwas geändert: Taiwan wird ein spezieller Teil der Volksrepublik mit weitgehenden Sonderrechten. Der frühe Ursprung ist erwähnenswert, weil er Kontinuität verdeutlicht. Es ist ein Konzept, das flexibel gehandhabt wurde, d. h. es gab Kompromisse, z. B. um die Normalisierung mit den USA zu erleichtern, aber nie die Aufgabe prinzieller Forderungen.

Zhou Enlai fasste im August 1954, wie er sagte, Vorstellungen von Mao Zedong für die Haltung seines Landes gegenüber Taiwan unter „Ein Prinzip, vier Bereiche" (一纲四目) zusammen.

Ein Prinzip: Taiwan muss mit China vereint werden. (台湾必须与中国统一)

1. Bereich: Nach der Rückkehr zum Land der Vorfahren darf Chiang Kai-shek auf Taiwan noch militärische und politische Befugnisse beibehalten sowie Personal ernennen; Außenpolitik aber ist Sache der Zentralregierung.

2. Bereich: Die Volksrepublik wird Taiwan Finanzhilfe leisten.

3. Bereich: Eine gesellschaftliche Umgestaltung wie in der Volksrepublik kann auf Taiwan aufgeschoben bzw. verlangsamt werden, hier sind Ansichten von Chiang Kai-shek zu berücksichtigen.

4. Bereich: Keine Seite wird versuchen, die andere zu unterwandern, mit der Ausnahme bei Versuchen Taiwans, die Unabhängigkeit zu erlangen.[50]

Es gab dann auch konkrete Angebote an Chiang Kai-shek. Er könne auf das Festland zurückkehren, wenn auch nicht gleich in seinem Heimatort in der Provinz Zhejiang wohnen; sein Sohn Chiang Ching-kuo würde dann Gouverneur von Taiwan werden. Der konziliante Ton gegenüber Chiang, dem großen Gegner im Bürgerkrieg, mag

---

50 So die Darstellung von Chen Si: Zhou Enlai fasste die Taiwan-Politik von Mao Zedong als „ein Prinzip, vier Bereiche" zusammen. Auf Daily Online-News der KP Chinas vom 23.11.2020, der Erinnerungs-Site für Zhou Enlai. https://www.zhouenlai.people.cn/BIG5/n1/2020/1123/c409117-31939923.html. Eingesehen am 21.04.2021.

überraschen, aber Mao und andere in der Volksrepublik sahen in ihm keinen Separatisten, sondern jemanden, den sie besiegt hatten, der sich aber dennoch für die Einheit Chinas einsetze. Als die Truman-Administration laut über den Status der dramatisch verkleinerten Republik China nachdachte, wies deren Präsident Chiang seinen Außenminister an, vehement zu protestieren. Hilfe der USA sei zwar willkommen, aber dafür werde man niemals die Integrität Chinas aufgeben und Taiwan sei ein untrennbarer Teil von China. Diese Haltung wird von Peking gewürdigt, denn sie zeige, trotz aller Fehler und Verbrechen sei Chiang ein Patriot.

In den 1950er Jahren war eine wesentliche Komponente der Wiedervereinigungspolitik der VR China die Möglichkeit einer militärischen Lösung. Zwar wird eine solche Vorgehensweise noch immer nicht ausgeschlossen, aber die Strategie wurde differenziert. Am bekanntesten ist der Vorschlag einer Eingliederung Taiwans nach dem Modell „Ein Land, zwei Systeme". (Lee 2000) Auf dem 3. Plenum des 11. ZK im Dezember 1978 gab es zwei Hauptschwerpunkte, das Programm der „Vier Modernisierungen" und die Beziehungen zu Taiwan. Die Insel war damals noch ein autoritärer Staat, es gab dort keine Bereitschaft für das Modell und Präsident Chiang Ching-kuo lehnte es auch mit Hinweis auf die Unterdrückung in Tibet ab. Da die Insel sich dann durch den TRA sowie Waffenlieferungen der Reagan-Administration gestärkte fühlte, beschloss Peking eine geografische Akzentverschiebung, auch weil mit Großbritannien für Hongkong in der Zeit nach 1997 eine Regelung gefunden werden musste. „Ein Land, zwei Systeme" fand auf die ehemaligen Kolonien Hongkong und Macau Anwendung. (Lee 2000a: 102)

Deng Xiaoping erläuterte das Konzept am 11. Januar 1982 in einem Gespräch mit dem Vorsitzenden des Vereins der Chinesen in den USA. (Xin 2003: 58. Evans 1993: 263 f.) Die Frage ist nicht zufriedenstellend zu beantworten, ob Deng und andere annahmen, Taiwan würde eine solche Lösung akzeptieren oder ob der Vorschlag erfolgte, weil ohnehin vermutet wurde, er werde nicht angenommen. Wie dem auch immer sei, es war ein sehr bemerkenswerter Kompromiss, beinhaltete er doch das Zugeständnis, viele Millionen Landsleute auf Taiwan könnten noch Jahrzehnte lang in einem kapitalistischen System leben, was ja nicht für die Überzeugung spricht, das in der VR praktizierte System sei überlegen und deshalb für andere, besonders Landsleute, erstrebenswert.

Das Angebot an Taiwan beinhaltet hauptsächlich: Beibehaltung des politischen und des Rechtssystems, der Währung, des Wirtschaftssystems und der Gesellschaftsstruktur, der Streitkräfte, der Handels- und kulturellen Beziehungen zu anderen Staaten und eine Vertretung Taiwans in der Zentralregierung der Volksrepublik China. Später gab es noch den Vorschlag, Taiwan könne eigene Pässe ausstellen, eine eigene Flagge haben und sich „China-Taiwan" nennen. Im Gegenzug erwartete Peking die Anerkennung als Zentralgewalt, als alleinige Vertretung Chinas international, die Abgabe verteidigungspolitischer Entscheidungskompetenzen und die Eingliederung Taiwans in die Volksrepublik als Sonderverwaltungsregion. (White Paper 1993) Theoretisch bräuchte die Republik China (Taiwan) fast nur das Firmenschild zu ändern.

Das gilt nicht mehr, deshalb ist hier ein Zeitsprung sinnvoll, denn im August 2022 gab es ein neues White Paper. (White Paper 2022) In englischer Übersetzung ist es 26 Seiten lang und es ist eine Art Nachgangserklärung zum Besuch von Nancy Pelosi, der Vorsitzenden des US-Repräsentantenhauses auf Taiwan im August 2022, den die VR China heftig kritisierte. Im Vergleich zu früheren Texten fällt die Kritik an den USA schärfer aus und es gibt erneut keinen Gewaltverzicht gegenüber Taiwan (S. 21). Interessant sind eine Präzisierung und eine Auslassung, die wohl auch durch Erfahrungen mit Hongkong bewirkt wurden. „Ein Land, zwei Systeme" bedeutet keine Gleichrangigkeit, denn „ein Land", d. h. das eine China, hat absoluten Vorrang (S. 18) Es fehlt im Vergleich zu den früheren White Papers von 1993 und 2000 die Zusicherung, nach einer Wiedervereinigung werde Peking kein Verwaltungspersonal und kein Militär auf der Insel stationieren. Der Text vom August 2022 ist eine eindeutige Verschärfung.

Attraktiv ist für Peking die Vorstellung, wie „Ein Land, zwei Systeme" diskutiert und umgesetzt werden soll, nämlich nur zwischen politischen Parteien. Die Gleichsetzung von KP und Staat in der Volksrepublik ist noch immer zutreffend, aber die KMT ist nicht mehr die Staatspartei der Republik China. Als es vorgeschlagen wurde, war das Konzept ein sehr beachtlicher und weitgehender Kompromiss der VR China, inzwischen gibt es Erfahrungen mit seiner Durchführung in Hongkong, die für Taiwan nicht werbewirksam sind, außerdem vollzog sich eine Demokratisierung sowie Taiwanisierung der Bevölkerung. Über Hongkong verhandelten die VR China und die Kolonialmacht Großbritannien, die betroffene Bevölkerung wurde nicht gefragt. Auf Taiwan will und muss die Bevölkerung gefragt werden, z. B. wären die Umwandlung in eine Sonderverwaltungszone durch Verfassungsänderung und Parlamentsbeschluss zu vollziehen. Zu der praktischen Umsetzung hat sich die Volksrepublik kaum geäußert, Verfassung und Parlament der Republik China werden ohnehin als nicht legitim angesehen. Taiwan hat bisher nicht um detaillierte Auskunft gebeten, wie das Modell funktionieren soll. Peking meint, es würde Taiwan langfristig Sicherheit geben und hätte für alle direkt und indirekt Betroffenen nur Vorteile. Viele auf Taiwan halten es für eine Rückstufung und Unterordnung mit vagen Zukunftsaussichten. Entwicklungen in Hongkong machten es zu einem abschreckenden Beispiel. Peking könnte dennoch eine Politik verfolgen, um letztlich Taiwan und auch die USA zu veranlassen, den Vorschlag als alternativlos zu betrachten, da alle anderen Optionen keine Realisierungschancen hätten bzw. zu risikoreich wären, weil deren Gefahrenpotenzial nicht einzuschätzen sei.

Präsident Lee Teng-hui sprach sich am 9. Juli 1999 in einem Interview mit der Deutschen Welle für einen fortgesetzten Status quo aus: „Wir möchten den Status Quo beibehalten und auf der Basis des Status Quo mit Festland China eine friedliche Lage aufrechterhalten." Die tatsächlich vorhandene Situation bezeichnete er als Beziehungen zwischen zwei Staaten, die besonderer Art seien: ein China, aber zwei Staaten. (Deutsche Welle 1999) Der Verweis zum Konzept der Ostpolitik – eine Nation und zwei Staaten – die zueinander nicht Ausland seien, war deutlich und gewollt. Der damalige Vorsitzende des Rates für Festlandsangelegenheiten, Su Chi, erläuterte die Äußerungen von Präsident Lee und machte ebenfalls den Bezug zu Deutschland deutlich, wo zwei Staaten derselben Nation sich durch gleichberechtigte Verhandlungen miteinander vereinigt hatten. „Wie im Falle Deutschlands werde als Endziel eine Wiedervereinigung unter Bedingungen der Demokratie angestrebt." (Kindermann 2001: 616) Damit brachte die Republik China deutlich zum Ausdruck, dass aus ihrer Sicht eine Anerkennung der Realität, der besonderen Beziehungen von Staat zu Staat, einer späteren Vereinigung nicht im Wege stehen müsse, sondern, im Gegenteil und siehe Beispiel Deutschland, diese auf friedlichem Wege über Verhandlungen möglich sein könne.

Peking machte Taiwan mehrere Vorschläge zur Normalisierung und Intensivierung der Kontakte, als einer Art Vorbereitung für das Konzept „Ein Land, zwei Systeme." Verbesserungen sollte es bei Transport, Post, Handel, Wissenschaft, Kultur, Sport und Technologie geben. In seiner Ansprache zur Amtseinführung im Mai 1990 nannte Lee Teng-hui dafür Bedingungen: gegenseitiger Respekt, Gleichrangigkeit, Gewaltverzicht der VR China gegenüber Taiwan und keine Einmischung in die Entwicklung internationaler Beziehungen Taiwans.[51] Für Peking war das eine unverschämte Ablehnung.

Demokratisierung auf Taiwan und das Modell „Ein Land, zwei Systeme"

Hongkong und Macau hatten keine Wahl, auf Taiwan glauben viele, eine Wahl zu haben bzw. die Entscheidung zumindest weit hinauszögern zu können. Bei dieser Einstellung spielen Demokratisierung und Taiwanisierung eine wichtige Rolle, da die Regierung zunehmend mehr den politischen Willen der Bevölkerung berücksichtigen muss. (Schubert 1994) Auch mit Blick auf Entwicklungen in Deutschland äußerte Jean-Pierre Cabestan dazu:

> Taiwans Demokratisierung hat die Kluft zwischen den beiden Chinas vergrößert und trotz der boomenden Wirtschaftsentwicklung der Volksrepublik hat sie nicht nur eine Entwicklung nach dem deutschen Muster unmöglich gemacht, sondern auch die Anwendung von Deng Xiaopings „ein Land, zwei Systeme Formel". Die überwiegende Mehrheit der Bevölkerung steht einer Wiedervereinigung mit der Volksrepublik in jeglicher Form ablehnend gegenüber und weil sie immer stärker von der öffentlichen Meinung abhängig ist, bleibt der Regierung in Taipei keine andere Wahl, als diese Sichtweise zu äußern und zu verteidigen. (Cabestan 1996: 1261)

Dieser Trend hat sich verstetigt und politisch stark an Gewicht zugenommen.

Am 1. Juli 2020, 23 Jahre nach Errichtung der Sonderverwaltungsregion, trat in Hongkong ein vom Parlament der VR China beschlossenes Sicherheitsgesetz in Kraft, das in wesentlichen Punkten nicht rechtsstaatlichen Kriterien entspricht. (Security Law 2020. Wissenschaftliche Dienste 2020) Viele sehen in ihm eine drastische Einschränkung der Hongkong vertraglich zugesicherten weitgehenden Autonomie. Pe-

---

[51] Die Rede ist abgedruckt in *Free China Journal* vom 22. Mai 1990: 3.

king reagierte mit dem Gesetz auf Demonstrationen und Ausschreitungen, die 1999 und 2020 stattfanden und formalrechtlich ist es befugt, ein solches Gesetz zu erlassen. Damit verlor allerdings „Ein Land, zwei Systeme" jegliche Attraktivität für Taiwan, falls es eine solche jemals hatte.

Warum entschloss sich die Führung der Volksrepublik zu einem solchen Schritt? Nach ihrem Politikverständnis musste den Ausschreitungen in Hongkong sowie den Rufen nach mehr Demokratie – sogar nach Unabhängigkeit – Einhalt geboten werden, wozu aus Sicht Pekings die dortigen Behörden nicht in der Lage waren. Das Gesetz betrifft Hongkong, ist aber wie das Modell „Ein Land, zwei Systeme" erneut eine auch auf Taiwan ausgerichtete Maßnahme. Peking hat im Laufe der Jahre feststellen müssen, dass das Modell dort von einer sich vergrößernden Mehrheit der Bevölkerung strikt abgelehnt wird. Damit war klar, dass es nicht den Weg zur Vereinigung bereiten würde. Auch aus diesem Grund ist das Sicherheitsgesetz neben seinem Zweck im engeren Sinn auch ein Test. Peking wollte und konnte sehen, wie stark der Protest in Hongkong dagegen war und wie international auf die Verkündung und Anwendung des Gesetzes reagiert wurde. Es ist eine konkrete und vorausschauende politische Kosten-Nutzen-Analyse, die Rückschlüsse ermöglichen soll, wie die Reaktionen in Zukunft sein könnten, sollte sich die VR China einmal zu einer schärferen Gangart gegenüber Taiwan entschließen.

Peking ist sich der Ablehnung von „Ein Land, zwei Systeme" auf Taiwan bewusst Seit der Wiederwahl Xi Jinpings zum Parteichef im Oktober 2022 gibt es Anzeichen, dass eine neue Strategie, ein neues Angebot für Taiwan erarbeitet wird, um das Konzept von Deng Xiaoping zu ersetzen. (Chung 2023)[52]

Föderalismus mit negativer Assoziation und das Modell „Ein Land, zwei Systeme"

In Deutschland, Korea und auf Zypern wurden bzw. werden Konzepte einer Konföderation und Föderation als akzeptable, wenn nicht gar notwendige Zwischenlösung auf dem Weg zu einer möglichen Wiedervereinigung diskutiert; nicht so in der VR China.

Die Geschichte Chinas ist für die Volksrepublik Inspiration, Legitimation, Verpflichtung, aber auch Belastung. Konföderation und Föderation sind nicht akzeptabel, weil sie mit Schwäche gleichgesetzt und als Schritt in Richtung Separatismus angesehen werden. Diese Vorgeschichte und ihre Interpretation veranlassten Jacques deLisle zu der Schlussfolgerung:

---

[52] Führend ist hier vermutlich Wang Huning, Mitglied des Politbüros und früher Professor für Internationale Beziehungen an der renommierten Fudan Universität in Schanghai. Hu hat bereits in der Vergangenheit an der Erarbeitung wichtiger Konzepte mitgewirkt. (Chung nimmt Bezug auf eine Meldung des Nachrichtenmagazins *Nikkei Asia* vom 26.01.2023.)

> Im chinesischen Zusammenhang ist Föderalismus in notorischer Weise problematisch. Die Ideologie der KP Chinas betrachtet ihn als nicht akzeptabel und dies aus Gründen, die wenig mit der Taiwan-Frage zu tun haben. Wegen prinzipieller Erwägungen wird Föderalismus als eine Art von Auflösung betrachtet, die die nationale Einheit bedroht, die offizielle Position ist daher eine Zurückweisung und die klare Bevorzugung eines „unitarischen Staates". Taiwan hat oft mit föderalen Optionen geflirtet. [...] Im Zusammenhang mit den Beziehungen über die Straße von Taiwan stellt sich Föderalismus als besonders ungünstig dar, denn hier sind Ungleichgewichte bei Macht und Größe sowie der Widerstreit der politischen Systeme viel größer, als bei den meisten föderalen Systemen. Es ist kaum anzunehmen, dass die VR China die Standardprämisse des Föderalismus akzeptiert, dass der Zusammenschluss das Produkt von zwei vorher separaten und gleichberechtigten Souveränen ist, die einen Vertrag schließen durch den beide Parteien einige ihrer früheren Rechte beibehalten und sie den Status der Gleichrangigkeit haben. (DeLisle 2002: 739)

Dennoch werden gelegentlich Vorschläge gemacht, um politische Dogmatik und gedankliche Immobilität zu überwinden. Hong Zhaohui und Sun Yi meinen, die frühe Entwicklung der USA wäre ein Beispiel dafür, dass eine Konföderation kompatibel sei mit dem „Ein-China-Prinzip". (Hong/Sun 2004: 10 ff.) Sie verweisen auf die Jahre 1781 bis 1788, in denen sich nach Erklärung der Unabhängigkeit durch Anpassungsprozesse eine Entwicklung von einer Konföderation der 13 Staaten zu einer Union vollzog und halten eine ähnliche Übergangsphase für China/Taiwan als durchaus möglich und praktikabel. In einer solchen Konföderation, so eines ihrer Argumente, wäre Taiwan gleichrangig, und es wäre eine weitergehendere Lösung als das Konzept des „Ein Land, zwei Systeme". Den Übergangscharakter zu einer späteren Union sehen sie auch durch andere historische Beispiele belegt, so durch den Deutschen Bund (1815–1866) und die Schweizer Konföderation (1815–1848). Ausgeblendet wird hier, dass Peking jeglichen Plänen für eine Gleichrangigkeit und Konföderation stets eine Absage erteilte.

Es waren grundsätzliche Erwägungen,[53] die die Führung der VR China veranlassten, den Vorschlag einer Konföderation, den Lien Chan, der ehemalige Vize-Präsident der Republik China im Wahlkampf 1999 machte[54] und dann bei seinem Besuch in Peking Ende April 2005 erläuterte, rundheraus abzulehnen. Er reiste in seiner Eigenschaft als Vorsitzender der KMT. Auf Taiwan stieß dieser Besuch teilweise auf großes Unverständnis, denn Lien traf Hu Jintao, den Präsidenten der VR China, und dies sechs Wochen nach der am 15. März erfolgten Verabschiedung des gegen Taiwan gerichteten Anti-Sezessionsgesetzes.

Wegen der Weigerung, der Republik China (Taiwan) eine Gleichrangigkeit zuzubilligen, ist die Ablehnung von Konföderation/Föderation durch die VR China durchaus verständlich, sie sollte wegen historischer Gründe ernst genommen werden. Würde Taiwan ein solcher Status zugebilligt, so die Befürchtung Pekings, könnte das gefährliche Präzedenzwirkung haben. Autonome Regionen wie Tibet und Xinjiang

---

[53] Zur Haltung der VR China gegenüber Konzepten des Föderalismus siehe auch Donaldson 2017 und Pfennig 2006: 302 f.
[54] „KMT urges serious consideration of Confederation." *Taipei Times*, 16. Juli 2001, S. 3.

könnten Forderungen stellen, deshalb sind zentrifugale Kräfte auf jeden Fall zu unterbinden. Aber noch problematischer ist, dass einige Provinzen der Volksrepublik, wie z. B. Guangdong, Fujian und andere, was Größe, Bevölkerungszahl, Lage und Wirtschaftskraft anbelangt, durchaus als souveräne Einzelstaaten nicht nur überleben, sondern reüssieren könnten. Lena Sun stellte bereits 1991 die Frage: „Was wäre, wenn die Provinzen unabhängig werden?" (Sun 1991) In der Tat sind die Beziehungen zwischen der Partei- und Staatsführung in Peking und ihren Gegenübern in den Provinzen von großer Bedeutung für den Zusammenhalt der Volksrepublik. (Gottwald 2002: 178) Es gibt aber auch seit Jahren Diskussionen über ein für die VR China adäquates Modell. Der Begriff „Föderalismus" wird in diesem Zusammenhang gemieden, politisch korrekter ist es, über „Dezentralisierung" nachzudenken. (Lee, Tahirih V. 2000)

Kann das Modell „Ein Land, zwei Systeme" funktionieren?

Bei „Ein Land, zwei Systeme" geht es um zeitlich befristetes, geduldetes Nebeneinander. Das Modell wurde auch im Zusammenhang mit Korea diskutiert. (Dwor-Frecaut 2003) In Vorstellungen für Koreas gemeinsame Zukunft geht es um Konföderation und Föderation, also vom Nebeneinander zum Miteinander, zur Synthese von vormals antagonistischen Systemen. Kann das überhaupt funktionieren oder gilt hier der Gemeinspruch: Das mag in der Theorie richtig sein, taugt aber nicht für die Praxis?[55]

Das Konzept war für eine Annäherung gedacht. Es wird auf Taiwan abgelehnt und seit 2021 in Hongkong von der VR China reduziert. Eine ähnliche Entwicklung scheint es seit Ende 2021 ebenfalls bei Wirtschaftsbeziehungen zu geben. Auch hier wird weniger geworben, sondern mehr gefordert. Peking fordert Loyalitätsbekundungen von Firmen aus Taiwan, die in der Volksrepublik tätig sind. Der Sprecher des Büros für Taiwan-Angelegenheiten sagte zum Jahresausklang 2021, die Volksrepublik erwarte, dass „[...] taiwanische Landsleute und taiwanische Unternehmen auf der richtigen Seite der Geschichte stehen und eine klare Linie zu den separatistischen Kräften der Unabhängigkeit Taiwan ziehen werden." (Sander 2022) Einige Firmen wurden ab 2021 mit hohen Strafen belegt, für angebliche Verfehlungen bei Steuern und Umwelt; die politische Botschaft war eindeutig. Also nicht mehr Wandel durch Handel im Sinne von Annäherung und Normalisierung, sondern Handel für politisches Wohlverhalten und letztlich für eine Wiedervereinigung nach den Vorstellungen Pekings.

Die von der VR China in Hongkong betriebene Praxis widerspricht der Theorie. Eine nationale Einheit ohne politische, rechtliche und gesellschaftliche Unität ist auf Dauer nicht praktikabel. Auch in Korea wird es keine Synthese geben. „Die politische Logik ist eindeutig: Wer zwei Systeme hinnehmen will, muss zwei Staatlichkeiten dul-

---

55 „Über den Gemeinspruch: Das mag in der Theorie richtig sein, taugt aber nicht für die Praxis." Das ist der Titel einer Abhandlung von Immanuel Kant, die er 1793 veröffentlichte. (Kant 1968: 127–172)

den, wer Einheit will, muss die Reduktion auf das System eines Staates wollen oder ertragen." (Maretzki 2002: 247f.) Die Volksrepublik will und muss sie nicht dulden, denn es wird immer mehr zu ihrem System. Immer mehr Menschen in Hongkong wollen die zunehmende Reduktion nicht ertragen, müssen aber.

Botschaft an die Landsleute auf Taiwan vom 1. Januar 1979

Zusätzlich zu dem Modell „Ein Land, zwei Systeme" gab es immer wieder Botschaften und Vorschläge der Volksrepublik, oft wenn sich die Lage für Taiwan verändert hatte. Was sich allerdings nicht verändert, sind konträre Vorstellungen zwischen Peking und Taipei: Einfügen und unterordnen versus geichrangig und selbstbestimmt.

Im ersten Jahrzehnt der feindlichen Koexistenz zwischen Peking und Taipei bestanden die Initiativen hauptsächlich aus militärischen Aktionen und ätzender Propaganda. Die folgenden zehn Jahre waren etwas weniger militant, auch weil die Volksrepublik durch die „Kulturrevolution" mehr mit sich selbst beschäftigt war. Diese 20 Jahre waren für die Republik China schon deshalb erfolgreich, weil sie überlebte. Eine Veränderung bewirkten dann die Übernahme des chinesischen Sitzes in den VN durch die Volksrepublik, deren Normalisierung der Beziehungen zu Japan im September 1972 und die Aufnahme voller diplomatischer Beziehungen zu den USA 1979. Aus einer Position der Stärke heraus schlug Peking, nach eigenem Verständnis, konziliante Töne gegenüber Taipei an und erweiterte frühe Vorstellungen für eine abgestufte Zusammenarbeit.

Anlässlich der Aufnahme diplomatischer Beziehungen zwischen der Volksrepublik und den USA wurde eine Botschaft von Ye Jianying an die Landsleute auf Taiwan veröffentlicht. Es war kein privates Schreiben, sondern Ye, Marschall der Volksbefreiungsarmee, handelte als Vorsitzender des Ständigen Ausschusses des Nationalen Volkskongresses. Diese Botschaft vom 1. Januar 1979 war kein konkretes Verhandlungsangebot, sondern ein genereller Appell an die Taiwaner:innen und Menschen ethnisch chinesischer Abstammung im Ausland, zusammenzustehen und sich zum Land der Vorfahren zu bekennen. (Rudolph 1986: 206f.) Die Trennung sei unglücklich und man müsse wieder zusammenkommen, wonach sich die Menschen auf Taiwan ja auch sehnen würden. Verkehrs- und Postverbindungen sowie Besuche wurden vorgeschlagen, aber es fehlten konkrete Angaben über Verhandlungen und die praktische Umsetzung. Diese Botschaft ist ein Beleg für Kontinuität in der Haltung der Volksrepublik gegenüber Taiwan: Es kann über fast alles gesprochen werden, aber unter der Prämisse der Anerkennung des Prinzips, dass es nur ein China gebe, dies die Volksrepublik sei, zu der Taiwan gehöre. Die dortige KMT-Regierung hatte damals nur Ablehnung im Angebot. Es galt die Politik der „Drei Nein", keine Kontakte, keine Verhandlungen, keine Kompromisse, (Chiu 1993: 3), getreu der Direktive von Chiang Kai-shek: Gentlemen reden nicht mit Gangstern.

Neun-Punkte-Konzept vom September 1981

Seine Botschaft an die Landsleute auf Taiwan führte Ye Jianying dann am 30. September 1981 mit einem Neun-Punkte-Konzept weiter aus. (Ye 1981) Es ist das seitdem konkreteste Angebot Pekings an Taiwan und eine Art Zusammenfassung dessen, was später als „Ein Land, zwei Systeme" bekannt wurde. Deshalb ist es sinnvoll, die Neun Punkte hier vorzustellen:

1. Gespräche zwischen der KP Chinas und der KMT auf der Basis von Gegenseitigkeit, um das große Ziel der nationalen Wiedervereinigung zu erreichen. Vorher sollte ein umfassender Meinungsaustausch zwischen beiden stattfinden.
2. Einrichtung von direkten Verbindungen in den Bereichen von Post, Verkehr und Handel. Förderung von Familienbegegnungen, Verwandtenbesuchen, Tourismus, gemeinsamen Sportveranstaltungen, akademischem und kulturellem Austausch. Für diese Bereiche sollten entsprechende Übereinkünfte getroffen werden.
3. Taiwan erhält den Status einer speziellen Region, mit eigenem Militär und politischer Autonomie; die Zentralregierung in Peking wird sich nicht in die inneren Angelegenheiten Taiwans einmischen.
4. Taiwans gegenwärtiges sozio-ökonomisches System wird nicht verändert, ebenso nicht die dortige Lebensweise und Wirtschafts- sowie kulturelle Beziehungen mit ausländischen Staaten. Privateigentum, Erbrecht und ausländische Investitionen werden nicht angetastet.
5. Taiwaner können in der Volksrepublik Führungspositionen in der Politik übernehmen und an dem Vollzug von Staatsangelegenheiten mitwirken.
6. Die Zentralregierung in Peking kann bei Bedarf, soweit angemessen, Taiwan finanzielle Unterstützung gewähren.
7. Menschen aus Taiwan können sich ohne Diskriminierung in der Volksrepublik niederlassen, sie können frei ein- und ausreisen.
8. Es wird gehofft, dass Industrielle und Geschäftsleute aus Taiwan auf dem Festland investieren; ihre Rechte, Interessen und Profite werden garantiert.
9. Die Wiedervereinigung des Mutterlandes ist die Verantwortung aller Chinesen. Angehörige des öffentlichen Lebens und aller Massenorganisationen Taiwans sollten hierfür Vorschläge machen.

Dieses Angebot vom September 1981 gilt im Prinzip noch immer. Einige Vorschläge, z. B. Niederlassungs- und Reisemöglichkeiten sowie wirtschaftliche Zusammenarbeit werden seit den 1990er Jahren praktiziert, die alles überwölbende Problematik bleibt ungelöst. Die Offerte war der Form nach ein Interview Yes mit der offiziellen Nachrichtenagentur „Neues China" mit dem Untertitel, „Politik für die Rückkehr Taiwans zum Land der Vorfahren und die friedliche Wiedervereinigung." Es ist kein Programm, zu dessen Einhaltung sich die Volksrepublik verpflichtet. Von einer Regierung der Republik China steht nichts in dem Text, sondern der KMT wurde eine erneute Zusammenarbeit angeboten, eine 3. Volksfront. Aber „Volksfront" interpretiert die

KMT so, dass sie letztlich reingelegt wurde und verlor. Auffallend ist die veränderte Wortwahl. Früher war in solchen Texten von der Chiang Kai-shek-Clique die Rede und von der Befreiung Taiwans, nun geht es um KMT-Behörden und Wiedervereinigung. Um diese herbeizuführen, sollten Gespräche direkt oder erst über Kontaktpersonen geführt werden.

In einer Art „Schlusswort" drückt Ye die Hoffnung aus, dass die Kuomintang-Behörden an ihrem Standpunkt, dass es nur ein China gebe, festhalten, die „Zwei-China-Konzeption" bekämpfen, die nationalen Interessen an die erste Stelle setzen, die früheren Kränkungen vergessen und mit dem Festland Hand in Hand gemeinsam die große Aufgabe der Wiedervereinigung des Landes verwirklichen. (Rudolph 1986: 221)

Das liest sich freundlich, aber es ist unzweifelhaft klar, wer da Hand in Hand schreiten soll, nämlich die Zentrale und eine Provinz- bzw. Regionalregierung. Veröffentlicht wurde der Text am 30. September 1981. Das ist der Tag, an dem im Jahr 1949 die Niederlage der KMT im Bürgerkrieg besiegelt war; einen Tag später, am 1. Oktober, proklamierte Mao Zedong die Volksrepublik China. Der Tag der Verkündigung wurde von der KMT als bewusst gewählte Demütigung aufgefasst. Hätte die Volksrepublik tatsächlich eine erneute Zusammenarbeit angestrebt bzw. für möglich gehalten, wäre der 10. Oktober 1981 vermutlich etwas akzeptabler gewesen, damals der 70. Jahrestag des Sturzes des Kaiserreichs und der Gründung der Republik. Hu Yaobang, der Vorsitzende der KP Chinas, hatte Chiang Ching-kuo[56] und andere aus Taiwan zu den Feiern nach Peking eingeladen. Es war wohl nicht damit gerechnet worden, dass sie die Einladung akzeptieren würden, außerdem gab es in zeitlichem Zusammenhang mit der Veröffentlichung des Textes umfangreiche Militärmanöver, das weitaus größte fand in der Taiwan gegenüberliegenden Provinz Fujian statt.

Die „Neun Punkte" von Ye Jianying sind ein von der Parteiführung sorgfältig ausgearbeiteter Text, der sich an die Menschen auf Taiwan, an die KMT und auch an die eigene Bevölkerung sowie an das Ausland richtete, vor allem an die USA. Von der Republik China (Taiwan) gab es keine offizielle Reaktion, denn der Vorschlag wurde als unannehmbar angesehen. In der Präambel der Verfassung der VR China vom Dezember 1982 ist von der Vereinigung des Mutterlandes die Rede und dass Kräfte bekämpft werden müssen, die der Volksrepublik gegenüber feindlich eingestellt sind und versuchen, sie zu unterminieren. Auch was Taiwan anbelangt, ist die Wortwahl eindeutig: „Taiwan ist Teil des heiligen Territoriums der Volksrepublik China. Es ist die unverletzliche Pflicht aller Menschen Chinas, die Landsleute auf Taiwan eingeschlossen, die große Aufgabe der Wiedervereinigung des Mutterlandes zu vollenden." (Constitution 1982: 5) Der neue Artikel 31 über die Errichtung von Sonderverwaltungsregionen schuf die rechtliche Möglichkeit für die Taiwan angebotene weitgehende Autonomie.

---

56 Chiang Ching-kuo, Sohn von Chiang Kai-shek, war damals Vorsitzender der KMT und Präsident der Republik China; er hätte, rein theoretisch, in seiner Eigenschaft als Parteivorsitzender teilnehmen können.

Aus Taiwan erfolgte auf Yes „Neun Punkte" nicht die von Peking eventuell erhoffte Reaktion. Deng Xiaoping hatte dann am 26. Juni 1983 mit seinen „Fünf Meinungsäußerungen" einige Komponenten des Angebots an Taiwan erneut hervorgehoben. (Tsai 1998: 19. Xin 2003: 58)

1. Die Lokalregierung auf Taiwan kann ihre eigene Innenpolitik betreiben. Nach der Wiedervereinigung wird die Zentralregierung kein Militär und Verwaltungspersonal nach Taiwan schicken.
2. Taiwan kann sein Rechtssytem beibehalten und seine eigenen Gesetze erlassen. Es kann Sonderrechte haben, über die andere Provinzen, Städte und autonome Gebiete nicht verfügen, aber sie dürfen die Interessen des einheitlichen Staates nicht verletzen.
3. Taiwan kann sein Militär beibehalten, so lange es keine Bedrohung des Festlandes darstellt.
4. Taiwan werden einige Rechte im Umgang mit fremden Staaten eingeräumt.
(Hier war wohl an eine ähnliche Regelung wie später für die Handelsbüros gedacht, die Hongkong im Ausland unterhält.)
5. Taiwan kann eine spezielle Flagge annehmen und sich China/Taiwan nennen.

(Auch Hongkong und Macau haben eine eigene Flagge.)

Wie bei ähnlichen Vorschlägen würde es in der Praxis eine Frage der Interpretation sein, was z. B. unter Verletzung der „Interessen des einheitlichen Staates" und unter „Bedrohung des Festlandes" zu verstehen ist bzw. verstanden werden muss. Die Interpretationshoheit hätte dann definitiv die Volksrepublik.

Seit der Veröffentlichung der „Neun Punkte" im September 1981 haben sich die Rahmenbedingungen stark verändert. Die Konfliktfähigkeit der VR ist entschieden robuster geworden, sie ist ökonomisch sowie militärisch viel stärker und international einflussreicher. Taiwan erlebte eine Art „Zwischentief", es wurde international weitgehend isoliert und hat nur die USA als direkt wirksamen Unterstützer. Aber auf Taiwan änderte sich die Haltung der Bevölkerung, es gab eine Demokratisierung, (Myers 1994. Wu Hh 1995), es gibt einen fortschreitenden Identitätswandel und es ist eine „Taiwanisierung" der KMT im Gange. (Chu/Lin 2001)

Seit der Jahrtausendwende haben die erfolgreiche Modernisierungspolitik und das Konzept des Wiederaufstiegs Chinas, verbunden mit verstärkten Rüstungsanstrengungen und z. B. weitreichenden Gebietsansprüchen im Südchinesischen Meer, (Becker 2017), sowie ein rigoroses Vorgehen in Hongkong, zur Intensivierung von Spannungen zwischen der VR China und den USA beigetragen. Diese Entwicklungen sind für Taiwan allerdings auch positiv. Es erhält international mehr Aufmerksamkeit sowie Zuspruch, seine strategische Lage und der Erfolg bei Schlüsseltechnologien (Halbleiter) finden vermehrt Beachtung.

Der Acht-Punkte-Vorschlag von Jiang Zemin; Januar 1995

Eine Fortführung und Konkretisierung von „Ein Land, zwei Systeme" ist der Acht-Punkte-Vorschlag zum Thema „Kontinuierlich die Wiedervereinigung des Mutterlandes unterstützen", den Jiang Zemin Ende Januar 1995 zum traditionellen Neujahrsfest nach dem Mondkalender vorlegte. (Jiang 1995. Sung 1995)

Grundzüge des Textes gab es bereits 1993, sie wurden dann vertieft diskutiert, innerhalb wichtiger Gremien weiterhin überarbeitet und Anfang 1994 erfolgte die Endredaktion. Ende März 1994 wurden 24 Touristen aus Taiwan und acht sie begleitende Personen der Volksrepublik auf dem Qiandao See in der Provinz Zhejiang entführt, ausgeraubt und brutal ermordet. Die anschließende Untersuchung des Falles durch lokale und nationale Behörden der Volksrepublik war sehr ungeschickt; es kam zu großer Empörung auf Taiwan, die Langzeitwirkung hatte. Deshalb wurden die Acht Punkte erst im Januar 1995 veröffentlicht. (Jacobs 1998: 111)

Der Text beginnt mit der Betonung der überragenden Bedeutung des „Ein-China-Prinzips" als Voraussetzung und Basis für eine friedliche Wiedervereinigung. Chinas Souveränität und territoriale Integrität dürfen nie geteilt werden. Jiang betont, man müsse entschlossen jedem Handeln entgegentreten, das auf ein unabhängiges Taiwan abziele und müsse ebenso resolut Vorschläge bekämpfen, wie die, das Land aufzuteilen und durch getrennte Regime zu regieren, oder zwei China über einen gewissen Zeitraum, denn sie alle stehen im Gegensatz zum Prinzip des einen China. (Jiang 1995)

Die Entwicklung von inoffiziellen Beziehungen Taiwans zu anderen Ländern im Bereich von Wirtschaft und Kultur wird nicht abgelehnt. Zu bekämpfen aber sind Bemühungen, die darauf abzielen, den „internationalen Handlungsspielraum" Taiwans zu erweitern, denn alle patriotischen Landsleute auf Taiwan und einsichtige Menschen wissen, dass solche Aktionen den Kräften helfen, die auf die Unabhängigkeit Taiwans hinarbeiten, was den Prozess der friedlichen Wiedervereinigung unterminiert und keines der Probleme löst.

Jiang hebt hervor, dass es eine konsequente Position der VR China sei, mit Autoritäten aus Taiwan über die friedliche Wiedervereinigung des Mutterlandes zu verhandeln, auch Vertreter von politischen Parteien und anderer Organisationen von beiden Seiten der Taiwan-Straße könnten zu solchen Gesprächen eingeladen werden. Er nimmt in diesem Zusammenhang direkten Bezug auf seinen Bericht vom 14. Parteitag der KP Chinas (Oktober 1992), wo er sagte, unter der Prämisse, dass es nur ein China gebe, sei man bereit, mit Taiwan-Autoritäten über jedes Thema zu sprechen, was auch offizielle Verhandlungen einschließe, und dies in einer Weise, die für beide Seiten akzeptabel sei und auch alle Themen beinhalte, die für Taiwan-Autoritäten ein Anliegen seien.

Als ersten Schritt schlägt Jiang vor, über eine Beendigung der Feindseligkeiten zu verhandeln, um offiziell den Kriegszustand für beendet zu erklären, unter Voraussetzung des Prinzips, dass es nur ein China gibt. Mit welcher Bezeichnung, an welchem Ort und in welcher Form diese politischen Gespräche stattfinden, darüber könne sicher eine für beide Seiten akzeptable Lösung gefunden werden, wenn Konsultationen auf gleicher Ebene bald stattfänden.[57]

Wenn es um die friedliche Vereinigung des Mutterlandes geht, dann sollten Chinesen nicht gegen chinesische Gefährten kämpfen. Die Tatsache, dass kein Gewaltverzicht ausgesprochen wird, richtet sich nicht gegen unsere Landsleute auf Taiwan, sondern gegen ausländische Kräfte, die Ränke schmieden, um sich in Chinas Wiedervereinigung einzumischen und die Unabhängigkeit Taiwans herbeizuführen.

Im Punkt 5 wird die Bedeutung ökonomischer Zusammenarbeit angesprochen, gerade im Hinblick auf die Entwicklung der Weltwirtschaft im 21. Jahrhundert. Dem Austausch und der Zusammenarbeit sollten politische Differenzen nicht im Wege stehen. Die Interessen taiwanischer Investoren werden in China geschützt und es sollten direkte Post- sowie Verkehrsverbindungen geben.

Im Punkt 6 hebt Jiang die hervorragende Bedeutung der fünftausendjahrealten chinesischen Kultur hervor, die alle ethnischen Gruppen Chinas zusammenhalte und eine wichtige Basis für die friedliche Wiedervereinigung des Mutterlandes sei. Menschen auf beiden Seiten der Taiwan-Straße seien Erben dieser großartigen Kultur und sollten sie fortführen.

Die Landsleute auf Taiwan, egal, wo sie geboren wurden, seien alle Chinesen. Ihr Lebensstil und der Wunsch, Herr im eigenen Hause zu sein, würden voll respektiert, eine Zusicherung, die Jiang dann in Punkt sieben weiter ausführt. Alle zuständigen Abteilungen der KP Chinas und der Regierung sowie Botschaften im Ausland sollen Verbindungen zu Landsleuten aus Taiwan verstärken, sich deren Ansichten und Wünsche anhören, deren Interessen in Betracht ziehen und jeden Versuch unternehmen, ihnen bei der Lösung ihrer Probleme zu helfen.

In seinem letzten Punkt spricht er Einladungen aus an Führer der Autoritäten auf Taiwan. China sei umgekehrt bereit, Einladungen zu Besuchen Taiwans anzunehmen; es können Staatsangelegenheiten diskutiert werden oder auch einfach ein Meinungsaustausch stattfinden, schon die Tatsache, dass Besuche stattfinden, werde sinnvoll sein. Chinesische Angelegenheiten sollten von uns selbst gehandhabt werden.

Die „Acht Punkte" waren ein umfassendes Gesprächsangebot an Taiwan und erfolgten zu einer Zeit, als sich die Insel im politischen Umbruch befand. Mit der alles dominierenden Voraussetzung der Anerkennung des „einen Chinas" in der Interpretation der VR ist die Bandbreite der Themen für Taiwan bereits sehr eingeschränkt. Dennoch hätte es sinnvoll sein können, nachzufragen, vor allem, wer nach Ansicht der VR China konkret Gespräche führen und verhandeln darf. Wichtig war der Vorschlag, die Führer beider Seiten sollten sich treffen. Da damals beide, Jiang Zemin und Lee Teng-hui, Staatspräsident und Parteichef waren, hätten Treffen in der Eigenschaft als Parteivorsitzende eine Ebene sein können, sich ohne völkerrechtliche Statusfragen zusammenzusetzen. Es ist nicht bekannt, ob in den 1990er Jahren ernsthaft ausgelotet wurde, welche Vorbedingungen es für ein Treffen gab, z. B. Anerkennung des „Ein-Chi-

---

[57] Mit gleicher Ebene konnte nur die von Parteien und nicht die staatliche Ebene gemeint sein.

na-Prinzips". Die offizielle Beendigung des Kriegszustandes wäre entweder eine einseitige Erklärung der Zentralregierung in Peking oder eine zwischen Zentrale und Sonderverwaltungszone, auf jeden Fall kein völkerrechtlicher Friedensvertrag.

Interessant ist die Formulierung bei Punkt 3, „akzeptabel für beide Seiten", was wie ein beiderseitiges Veto interpretiert werden könnte. „Auf gleicher Ebene" hätte diskutiert werden können, oder erübrigen sich für Taiwan solche Nachfragen, wenn alles bereits unter dem Vorbehalt des „einen China" steht?

Bezüglich der Einwohner Taiwans gibt es eine Differenzierung. Mit „Landsleuten" (同胞; 同志) sind Patrioten[58] gemeint und die setzen sich für eine Vereinigung ein. Befürworter einer Unabhängigkeit Taiwans sind keine Landsleute, gegen sie kann bzw. muss gekämpft werden. So sind die Worte von Jiang Zemin zu verstehen: „Chinesen sollten nicht gegen Chinesen kämpfen." Auch wegen dieser Unterscheidung hat Peking bisher keinen Gewaltverzicht ausgesprochen, aber andererseits auch nicht Kräfte auf der Insel dazu verleitet, eine Republik Taiwan oder eine Republik Formosa zu proklamieren.

Die „Acht Punkte" sind konziliant und freundlich gehalten, sie beinhalten konkrete Vorschläge, aber kein Angebot, auf der Basis von Statusgleichheit zu verhandeln und keinen Gewaltverzicht; also ein wesentlicher Unterschied zur von der BRD betriebenen Ostpolitik. Deshalb gab es auf Taiwan keine direkte Erwiderung und keine breite Diskussion. Für alle politischen Parteien dort war und ist die Frage der Gleichrangigkeit und eines Gewaltverzichts von vorrangiger Bedeutung. Es gab damals keine Begegnung der Parteichefs, was als vertane Gelegenheit angesehen werden kann.

Wie in anderen Dokumenten der VR China, so vermied Jiang eine Nennung offizieller Namen und Titel, er erwähnte „Autoritäten auf Taiwan", mit denen bei angemessener Geschäftsfähigkeit gesprochen werden könne. Diese Formulierungen haben wenig sprachliche Eleganz, aber es ist wichtig, darauf hinzuweisen, dass auch in dem „Schutzbrief" der USA für Taiwan, dem TRA, eine ähnliche Wortwahl zu finden ist: „[...] die regierenden Autoriäten auf Taiwan, das die USA vor dem 1. Januar 1979 als Republik China anerkannten." (Wolff/Simon 1982: 288)

Reaktionen auf die „Acht Punkte" fielen auf Taiwan unterschiedlich aus. Es gab Skepsis und Ablehnung wegen der Negierung der Staatlichkeit, aber auch positive Äußerungen wegen dem konkreten Vorschlag, miteinander ins Gespräch zu kommen.

Gespräche auf hoher und höchster Ebene wurden im Prinzip für gut befunden, aber die Republik China solle als souveräner Staat behandelt werden. Lee Teng-hui sagte, Jiangs Rede sei wichtig und es sollte stabile Beziehungen zwischen Taiwan und dem Festland geben. Weil sich die Wirtschaftskontakte, vor allem von Taiwan Richtung China dynamisch entwickelten, reagierte Taipei mit Reiseerleichterungen und er-

---

58 Mit Bezug auf Hongkong hatte Deng Xiaoping „Patriot" definiert. Jemand, der die eigene Nation respektiert und mit ganzem Herzen die Bemühungen des Mutterlandes unterstützt, die Ausübung der Souveränität über Hongkong zurückzugewinnen, ohne dessen Prosperität und Stabilität zu untergraben. (Lee, Tahirih 2000a: 115, FN 10).

laubte ab Sommer 1995 Beamten aus den Bereichen Finanzen, Kultur und Wirtschaft Aufenthalte in der Volksrepublik. Aus vormals inoffiziellen Kontakten wurden damit „quasi-offizielle" Kontakte. (Sung 1995: 10) Auch Besuche von Ökonomen und Geschäftsleuten der Volksrepublik auf Taiwan wurden gutgeheißen. Es war eine Anpassung an die Realität und geschah auch im Wissen und Vorgriff darauf, dass Hongkong nach Umwandlung in eine Sonderverwaltungsregion der VR China ab Juli 1997 nicht mehr wie früher als politisch bequemer Treffpunkt bzw. Umweg zur Verfügung stehen würde.

Ab 1988 war Lee Teng-hui als Nachfolger des verstorbenen Sohnes von Chiang Kai-shek, Chiang Ching-kuo, Präsident der Republik China. Taiwan wurde demokratischer und Peking antizipierte weitere Schritte der Demokratisierung und damit Taiwanisierung. Die „Acht Punkte" waren ein klares Angebot, miteinander ins Gespräch zu kommen. Dann erfolgte im Juni 1995 die Reise Lees in die USA zur Cornell Universität, an der er promoviert hatte, und 1996 durch Verfassungsänderungen auf Taiwan die erste Direktwahl von Präsident und Parlament seit 1947. (Tsai 1997) Statt direkter Gespräche gab es aus Sicht der VR China also Schritte zur Festigung der Eigenstaatlichkeit der Republik China (Taiwan). Peking reagierte mit Raketen und Militärmanövern. Gab es vorher eher Vorschläge, wurden nun verstärkt Verbote publiziert.

Die „Drei Nein" vom Juni und die „Vier darf nicht sein" vom August 1998

Bei seinem Staatsbesuch in der VR China hatte Präsident Clinton im Juni 1998 öffentlich eine Politik der „Drei Nein" gegenüber Taiwan erwähnt. Die USA würden keine Unabhängigkeit Taiwans unterstützen; kein ein China, ein Taiwan oder zwei Chinas unterstützen und sie würden auch keine Mitgliedschaft Taiwans in internationalen Organisationen unterstützen, bei denen Eigenstaatlichkeit Voraussetzung sei. Diese Festlegung war für Peking erfreulich, aber nicht deutlich genug, denn statt „nicht unterstützen" hatte es sich ein „sind dagegen" gewünscht. Deshalb erfolgte im August 1998 dann durch die „Vier darf nicht sein" eine Bekräftigung seitens der VR China. (Tsai 1998: 23 f.)

1. Taiwan soll die unterschiedlichen Gesellschaftssysteme nicht als Argument gegen eine Wiedervereinigung verwenden, wenn es für eine Ausweitung der Beziehungen über die Taiwan-Straße ist und Prosperität auf beiden Seiten wünscht.
2. Taiwan darf seine militärischen Anstrengungen nicht verstärken und kämpferische Stimmung erzeugen.
3. Taiwan soll sich nicht um einen erweiterten internationalen Handlungsspielraum bemühen und keine Mitgliedschaft in den VN anstreben.
4. Taiwan darf nicht die drei Verbindungen blockieren, auch nicht die wirtschaftliche Zusammenarbeit mit China. („Drei Verbindungen": Post, Handel und Verkehr.)

Die Wirtschaftsbeziehungen entwickelten sich gut, aber politisch gab es keine Bewegung im Sinne Pekings. Mit den „Vier darf nicht sein" wollte die Volksrepublik vermuteten negativen Entwicklungen vorbeugen. Sie sah sich bald in ihrer Einschätzung bestätigt, denn im Mai 2000 wurde Chen Shui-bian zum Präsidenten auf Taiwan gewählt und 2004 im Amt bestätigt, ein Repräsentant der Demokratischen Fortschrittspartei, die als Befürworter der Unabhängigkeit gilt.

Das Anti-Sezessionsgesetz von 2005

Die Volksrepublik, deren Führung und wohl auch die überwiegende Mehrheit der Bevölkerung, haben Chen Shui-bian nie als satisfaktionsfähig akzeptiert. Die Erwartungen seiner Anhänger nach Unabhängigkeit erfüllte er nicht, konnte er nicht erfüllen, denn sie hätten Taiwan vermutlich in Lebensgefahr gebracht und es wäre kein Staat bereit gewesen, diese Statusveränderung zu unterstützen. Präsident Chen vertrat die Zwei-Staaten-Theorie, aber seine Äußerungen zu den Beziehungen zwischen Taiwan und der VR China fielen in der Ansprache zur Amtseinführung gemäßigt aus. Er fühle sich an die „Politik der Fünf Nein" gebunden: Keine formelle Unabhängigkeit, wenn die Volksrepublik nicht angreift, keine Änderung des offiziellen Staatsnamens (Republik China), kein Artikel in die Verfassung aufnehmen, der die Beziehungen zur Volksrepublik als „zwischenstaatlich" bezeichnet, keine Zwei-Staaten-Theorie in der Verfassung, kein Referendum über den zukünftigen Status. (Schubert 2006: 95)

Für Präsident Chen war das eine politisch schwierige Selbstverpflichtung, für die VR China reine Selbstverständlichkeit, die nicht honoriert werden musste. Anhänger der Unabhängigkeit waren enttäuscht und hofften auf eine zweite Amtszeit. Die Volksrepublik war nicht bereit, mit dem neuen Präsidenten Kontakt aufzunehmen. Sie hielt seine Wahl für einen politischen Unfall, denn Lee Teng-hui war es gelungen, die KMT zu spalten und Peking war der Meinung, die vier Jahre der Amtsperiode von Chen abwarten zu können, weil danach die KMT erneut den Präsidenten stellen würde. Dazu kam es nicht, denn am 20. März 2004 gewann Chen trotz diesmal vereinter Opposition erneut die Wahl. In seiner Rede zur zweiten Amtseinführung erwähnte er die Republik China acht Mal und nannte die Volksrepublik ein Mal bei ihrem offiziellen Namen.[59] Durchgängig sprach er sonst von Taiwan als einer Nation und von deren nationaler Identität. Die von ihm erwähnten Verfassungsreformen bezogen sich auf den inneren Ausbau des Staates und er stellte fest, es müsse erst noch ein Konsens geschaffen werden über nationale Souveränität, Territorium und Fragen von Wiedervereinigung sowie Unabhängigkeit. Es gebe eine wachsende militärische Bedrohung von jenseits der Taiwan-Straße und die Führer beider Seiten sollten eine neue Herangehensweise für die zukünftigen Beziehungen praktizieren. Man verstehe, dass aus ver-

---

59 Der englische Text dieser Rede steht in der *Taipei Times* vom 21.5.2004, S. 8. https://www.taipeitimes.com/News/editorials/archives/2004/05/21/2003156372.html; eingesehen am 01.03.2020.

schiedenen Gründen weiterhin auf dem „Ein-China-Prinzip" bestanden werde, aber es sollte auch verstanden werden, dass Taiwan Demokratie und Freiheit nie aufgeben werde. Für die Zukunft sei nichts auszuschließen, wenn es die Zustimmung der Bevölkerung Taiwans habe. Chen Shui-bian versuchte einen konzilianten Ton anzuschlagen, der weder seine Parteifreunde verärgerte, noch die Bevölkerung auf Taiwan irritierte und von Peking sowie Washington nicht als Provokation aufgefasst werden musste. (Cheng 2006)

Peking verdächtigte ihn dennoch, dass er in dieser zweiten und letzten Amtszeit versuchen könnte, Schritte in Richtung Unabhängigkeit zu unternehmen, deshalb kam es im Herbst 2004 zu der Entscheidung, dem mit einem Gesetz Einhalt zu gebieten. (Sullivan/Lowe 2010. Zhao 2010)

Präsident Chen hatte keine Mehrheit im Parlament und Peking sah ihn zwar deutlich geschwächt, musste sich aber auf eine volle zweite Amtszeit einstellen. Beide Seiten bemühten sich um zumindest etwas Entspannung. Es gab im Frühjahr 2005, zum Mond-Neujahrsfest, erstmals seit 56 Jahren Direktflüge zwischen der Volksrepublik und Taiwan, was dort mit der Hoffnung auf eine beginnende Normalisierung verbunden wurde. (Jacob 2010) Dazu kam es nicht, denn am 15. März 2005 ratifizierte der Nationale Volkskongress, das Parlament der VR China, das schon seit längerer Zeit angekündigte Anti-Sezessionsgesetz (反分裂国家法).

Es beginnt mit den bekannten apodiktischen Erklärungen, erwähnt aber nicht das „Hongkong Modell" und es gibt keinen Automatismus für eine militärische Lösung. Der Artikel 7 enthält den Passus: „[...] erreichen der friedlichen Wiedervereinigung durch Konsultationen und Verhandlungen auf gleichberechtigter Ebene zwischen beiden Seiten der Taiwan-Straße. Diese Konsultationen und Verhandlungen können schritt- und phasenweise erfolgen und durch flexible sowie verschiedenartige Modalitäten."[60]

Das sind nachdenkenswerte Worte in dem sonst recht streng formulierten Gesetz, deren Bedeutung bislang nicht sorgfältig sondiert wurde. Es ist zumindest nicht deutlich erkennbar nach außen gedrungen, ob eine solche „Erkundung" Seitens Taipeis und anderer stattgefunden hat. „Verhandlungen" ist ein Terminus für Gespräche auf der Basis formaler Gleichrangigkeit. Da die Volksrepublik aber die Republik China nicht als gleichrangig anerkennt, wäre es sinnvoll, zu erkunden, was Peking in dem Gesetz mit „Verhandlungen" und „gleichberechtigter Ebene" meint. Ein einschränkender Hinweis ist notwendig. Um das in Artikel 7 genannte Ziel zu erreichen, soll „konsultiert und verhandelt" werden, worüber wird dann in Unterpunkten genannt und dort steht bei Punkt vier, dass ein Thema „der politische Status der Autoritäten auf

---

[60] https://www.china-embassy.org/eng/zt/999999999/t187406.htm. Eingesehen am 01.03.2020. In der offiziellen englischen Übersetzung lautet der Eingangssatz von Artikel 7: *The state stands for the achievement of peaceful reunification through consultations and negotiations on an equal footing between the two sides of the Taiwan Straits. These consultations and negotiations may be conducted in steps and phases and with flexible and varied modalities.*

Taiwan" sei. Der wird also vom Gesetzgeber der VR China nicht vorgegeben, sondern er ist als Gesprächsgegenstand vorgesehen. Zu solchem Dialog ist es bisher nicht gekommen, aber die Formulierungen lassen Zweifel zu, ob die „Ebene" wirklich eine gleichrangige sein würde, denn durchgängig im Gesetzestext und besonders im Artikel 2 steht, dass nur ein China existiere und Taiwan dazugehöre.

Der Text des Anti-Sezessionsgesetzes basiert auf einem „Vereinigungsgesetz", das eine Arbeitsgruppe der KP Chinas für Taiwan-Angelegenheiten unter dem Vorsitz des Partei- und Staatschefs Hu Jintao Anfang 2003 entworfen hatte. Die Entscheidung, dann ein Gesetz gegen Sezession zu verabschieden, sollte wohl eine stärkere Warnung an Taiwan sein und ein Gesetz über eine Wiedervereinigung hätte auch konkretere Vorschläge enthalten müssen. Peking reagierte

> [...] auf die von Chen Shui-bian im August 2002 artikulierte Charakterisierung der Beziehungen zwischen Taiwan und China als zwischenstaatlich und auf dessen Eintreten für eine Volksabstimmung über eine taiwanische Unabhängigkeitserklärung. Zwar hatte Chen nach seiner Wiederwahl zum Präsidenten im März 2004 unter amerikanischem Druck sowohl von dem Unabhängigkeits-Referendum als auch von der Zweistaatenformel Abstand genommen und für 2008 geplante Verfassungsänderungen auf eher technische Fragen des politischen Systems der Inselrepublik beschränkt. (Möller 2005a: 2)

Dieses vorsichtige Agieren konnte das Misstrauen Pekings nicht verringern, denn Chen war damals in Personalunion Präsident der Republik China und Vorsitzender der Demokratischen Fortschrittspartei (DPP), deren Statuten eine formale Unabhängigkeit Taiwans vorsehen.

Bekannten Positionen Pekings wurden durch das Gesetz formalisiert und erhielten so mehr warnenden Nachdruck, deshalb wird es auf Taiwan als feindselig eingestuft. Die inoffizielle Vertretung Taiwans in Großbritannien fasste die Ablehnungsgründe zusammen:

> [...] das Gesetz, wie sein Name schon mit sich bringt, definiert den gegenwärtigen Status als „vereint" und dass es Jurisdiktion über Taiwan habe. Damit veränderte China einseitig den Status quo. [...] China bestimmt einseitig, dass das einzig zu tolerierende Ergebnis von Verhandlungen die Wiedervereinigung sei, und alle Ergebnisse, die keine Wiedervereinigung sind, würden bestraft.[61]

Präsident Chen Shui-bian versuchte de-eskalierend zu wirken und erklärte erneut, dass es in seiner Amtszeit zu keiner Unabhängigkeitserklärung Taiwans und zu keiner Änderung des Staatsnamens kommen werde.[62]

---

61 https://www.roc-taiwan.org.uk/press/20050112/2005011203.html. Eingesehen am 07.04.2005.
62 Vgl. Pressemitteilung der Republik China: Keine Unabhängigkeit und Änderung des Staatsnamens mit Präsident Chen Shui-bian. https://www.roc-taiwan.de/press/20050304/2005030401.html. Eingesehen am 05.04.2015.

Bereits vor der formellen Verabschiedung des Gesetzes gelang der VR China die Intensivierung einer Debatte auf Taiwan, ob es nun nicht angezeigt sei, konfliktmindernd zu wirken und die Beziehungen zur Volksrepublik zu intensivieren. Rund zwei Wochen nach der Ratifizierung am 30. März 2005, unterzeichneten der stellvertretende Vorsitzende der KMT und der Leiter des Amtes für Taiwan-Angelegenheiten beim Staatsrat der VR China einen „Zehn-Punkte-Konsens". Mit Taiwan sollte über verbesserte Verkehrsverdingungen gesprochen werden, z. B. Charter- und Frachtflüge, es sollte einfacher sein, Agrarprodukte in der Volksrepublik zu vermarkten, Studierende aus Taiwan sollten reduzierte Gebühren in der Voksrepublik zahlen und allgemein sollten Kontakte zwischen lokalen Regierungen auf beiden Seiten intensiviert werden. Es gab eine Einladung an den Vorsitzenden der KMT, die VR China zu besuchen, der er dann Ende April 2005 auch Folge leistete.

Sechs Punkte-Plan von Hu Jintao (Dezember 2008)

Hu Jintao[63] präsentierte am 31. Dezember 2008 einen Sechs-Punkte-Plan für die Beziehungen zwischen den beiden Seiten der Taiwan-Straße.[64] Er tat dies aus Anlass der dreißigsten Wiederkehr des Tages, an dem die „Botschaft an die Landsleute auf Taiwan" verkündet wurde. Die Äußerungen von Hu sind kein konkreter Plan zur Wiedervereinigung mit Taiwan, sondern eine Aufzählung von Programmpunkten. Er hatte für die VR China im Innern den Aufbau einer harmonischen Gesellschaft und im Außenverhalten einen friedlichen Aufstieg propagiert. In diesem Zusammenhang sollte gegenüber Taiwan eine Status quo-Politik betrieben werden, allerdings immer orientiert am Prinzip des einen Chinas. Wichtig ist, dass Hu eine Abkehr von bewaffneter Befreiung hin zu friedlicher Befreiung in Aussicht stellte, die Peking aber immer vom Verhalten Taipeis abhängig macht und es sich die alleinige Beurteilung dieses Verhaltens vorbehält. Die sechs Punkte sind:

Beibehaltung des „Ein-China-Prinzips" und Stärkung des gegenseitigen politischen Vertrauens. Förderung wirtschaftlicher Zusammenarbeit und Vorantreiben der gemeinsamen Entwicklung. Verbreitung der chinesischen Kultur und Stärkung der geistigen Verbundenheit. Intensivierung des Personenaustausches und Ausbau der Kontakte auf allen Ebenen. Verteidigung der Souveränität des Staates und Verhandlungen über auswärtige Angelegenheiten. Beendigung der Feindseligkeiten und Abschluss eines Friedensabkommens. Hu Jintao hob die Bedeutung von gegenseitigem politischem Vertrauen hervor. Auf der Basis des „Ein-China-Prinzips" sollten die Feindseligkeiten für beendet erklärt, ein Friedensarrangement gefunden und ein Rahmenwerk für die friedliche Entwicklung der Beziehungen geschaffen werden. Hu war in seinen Formulierungen Taiwan gegenüber der freundlichste Führer der VR China, aber die Forde-

---

63 Hu war von 2002 bis 2012 Generalsekretär der KP Chinas und von 2003 bis 2013 Staatspräsident.
64 *Xinhua News Agency* vom 31.12.2008. Gu 2010: 415.

rungen nach „ein China" und „ein Land, zwei Systeme" blieben unverhandelbar und für Taiwan unannehmbar.

Die „31 Maßnahmen" (Anreize) vom Februar 2018

Die Vorgehensweise der VR China gegenüber Taiwan war fast immer mehrgleisig. Ab 2018 mehren sich Anzeichen für eine Kombination von konkreten Anreizen zur Zusammenarbeit auf dem nicht-staatlichen Bereich und der Demonstration militärischer Stärke. Es werden z. B. Investoren aus Taiwan Sonderkonditionen angeboten, die weit über den ökonomischen Bereich hinausgehen, aber mit politischen Erwartungen verbunden sind. Es gibt auch eine Strategie gegenüber dem Agrarbereich im Süden Taiwans und gegenüber Schulabsolventen, die aus Leistungsgründen wenig Chancen haben, einen Studienplatz auf Taiwan zu bekommen; denen offerieren Hochschulen der VR China Stipendien und andere Vergünstigungen. (Hérait 2019) Am 28. Februar 2018[65] stellte das Büro für Taiwan-Angelegenheiten in Peking 31 Maßnahmen vor, um Personen und Firmen aus Taiwan mehr Chancengleichheit gegenüber Einwohnern und Unternehmen der Volksrepublik einzuräumen. (Bardenhagen 2018) Sie sollten die Möglichkeit bekommen, an dem Plan des „Made in China 2025" mitzuwirken, einem umfassenden Wirtschaftsprogramm. (Forsyth 2018)[66]

Solche Programme sind Versuche, amtliche Stellen auf Taiwan zu umgehen und direkte Kontakte, längerfristige Zusammenarbeit mit der Gesellschaft sowie dem Privatsektor Taiwans auszubauen. Die Initiativen führten zu keiner großen Steigerung der Kooperation, auch zu keiner großen Abwanderung von Studierenden aus Taiwan in die Volksrepublik. In einigen Sektoren, z. B. Landwirtschaft im Süden der Insel, die sich früher eher vorsichtig bis abweisend gegenüber der VR verhielten, gab es aber eine Zunahme von Handelstätigkeit.[67] Der Süden Taiwans ist eine Hochburg der DPP, die viele Befürworter:innen einer Unabhängigkeit in ihren Reihen hat. Es gibt bisher keine wesentlichen politischen Auswirkungen der „31 Maßnahmen", was auch damit zusammenhängt, dass zeitgleich Peking den politischen Druck auf Taiwan und militärische Aktivitäten deutlich intensiviert hat.

Der „Konsens von 1992"

Ein Ereigniss, das über drei Jahrzehnte zurückliegt, ist noch immer kontrovers. Es ist bekannt als „Konsens von 1992" und auch deshalb wichtig, weil Xi Jinping ihn seit

---

65 Das war ein Jahrestag des Aufstandes auf Taiwan gegen die KMT-Herrschaft im Jahr 1947.
66 Dort ist auch ein Link zum Text des Vorschlags vom Taiwan Affairs Office der VR China.
67 Mainand's preferential policies benefit Taiwan businesses, residents: spokesperson. *Xinhuanet* vom 27.02.2019. https://www.xinhuanet.com/english/2019-02/27/c_137854946.htm. Eingesehen am 23.02.2020.

2019 immer stärker mit dem Konzept „Ein Land, zwei Systeme" gleichsetzt. Peking sagt, 1992 hätten sich beide Seiten getroffen und übereingestimmt, dass es nur ein China gebe. Taipei sagt, es gab ein Treffen, aber keine konsensuale Einigung. Was geschah 1992 und was hat es mit dem Konsens auf sich?

Die Verbesserung der Beziehungen zwischen Peking und Washington machte es für die Volksrepublik und die Republik China notwendig und möglich, inoffizielle Kooperation zu praktizieren. (Trampedach 1992) Im Jahr 1991 hatte die KMT, die damalige Regierung auf Taiwan, die „Zeitweiligen Bestimmungen während der Mobilisierung zur Unterdrückung der kommunistischen Rebellion" außer Kraft gesetzt bzw. abgeschafft. Ein Jahr später, 1992, trafen sich Vertreter von inoffiziellen Gremien aus der Volksrepublik und Taiwan in Hongkong, um zu erkunden, ob es möglich sei, Urkunden wie z. B. Geburtsurkunde, Studienabschluss, Berufsausbildung, wechselseitig anzuerkennen.

Peking verlangte von Taipei die Zusicherung, dass beide Seiten der Taiwan-Straße zu einem China gehören. Die Lee Teng-hui-Administration wollte sich bereit erklären, das „Ein-China-Prinzip" anzuerkennen, stellte aber fest, es gebe zwei unterschiedliche Interpretationen darüber, was/wer mit „China" gemeint sei. Der vorgelegte Text hat das Datum vom 30. Oktober 81. Damit war das Jahr 81 nach Gründung der Republik China gemeint; die offizielle Jahresangabe dieser Republik auf Taiwan. Hätte der Abgesandte aus Peking den Text unterschrieben, wäre es zumindest eine inoffizielle Anerkennung von „ein China", aber mit unterschiedlichen Interpretationen gewesen. Für die Volksrepublik war das nicht akzeptabel, es wurde kein Text unterschrieben und das Vorgespräch in Hongkong endete ergebnislos.

Taipei schlug dann vor, mündlich zu erklären, beide Seiten würden jeweils an einem „Ein-China-Prinzip" festhalten. Nach Ansicht der 1912 gegründeten Republik China sei sie „China", es sei jedoch bekannt, dass die Volksrepublik ihrerseits die Meinung vertrete, sie wäre „China". Damit würden beide ein „Ein-China-Prinzip" anerkennen, aber sie hätten unterschiedliche Auffassungen darüber, wer dieses China sei. Die SEF schickte einen entsprechenden Brief an die ARATS, die diese Sichtweise ablehnte.

Peking schlug mündlich die Formulierung vor, dass beide Seiten das „Ein-China-Prinzip" anerkennen und die nationale Vereinigung anstreben. Bei Gesprächen beider Seiten über allgemeine Fragen solle die Bedeutung des „einen China" nicht angesprochen werden. Taipei lehnte diesen Vorschlag ab und es kam auch nicht zum Austausch schriftlicher Erklärungen. Für die von der DPP geführten Regierungen bedeutet das, es gibt keinen Konsens und für die Volksrepublik, Taipei habe stillschweigend einen solchen anerkannt. Beide Seiten hatten aber vor allem aus wirtschaftlichen Gründen ein großes Interesse an Zusammenarbeit und deshalb kam es dann im April 1993 zu erfolgreichen Gesprächen in Singapur. (Chiu 1993) Es wurden Übereinkommen zur Zusammenarbeit unterzeichnet, z. B. Anerkennung von Urkunden und Zeugnissen. Beide Vertreter, Wang Daohan aus der Volksrepublik und Koo Chen-fu (Gu Zhenfu) aus Taiwan, taten dies mit der offiziellen Bezeichnung, d. h. Volksrepublik China (中华人民共和国) und Republik China (中華民國), wobei Koo für das Datum als Jahreszahl die in der Republik China übliche benutzte, wo ab 1911 gezählt wird. (Chiu 1993. Kindermann 2001: 615)

Um das Treffen in Singapur zu ermöglichen, sollen sich die Verhandlungsführer beider Seiten 1992 bei einem Gespräch in Hongkong darauf verständigt haben, es gebe nur ein China, aber mit unterschiedlichen Interpretationen. Sie haben einen solchen Konsens nie offiziell bestätigt. Das anfängliche Stillschweigen war vorübergehend für beide Seiten sinnvoll. Die Formel, ein China, unterschiedliche Interpretation, hat Peking nie akzeptiert, bedeuten zwei Interpretationen doch, es gebe noch eine andere, als die der Volksrepublik und somit „zwei China". Im September 2022, zum 30. Jahrestag des Treffens in Hongkong, erklärte Peking erneut, die Volksrepublik sei das „eine China" und es gebe keine zwei Interpretationen.

Er gab die Hoffnung, der Streit über diese Grundsatzfrage könne erst einmal zu den Akten gelegt werden – zur zeitlich unbestimmten Wiedervorlage – um Raum zu schaffen für Zusammenarbeit auf möglichst vielen Gebieten und Ebenen, aus der sich Voraussagbarkeit und Verlässlichkeit entwickeln sollten, um nach einer längeren Gewöhnungsphase eine gewisse Routine in den Beziehungen zu gewinnen, die eine Politik der praktischen Schritte ermöglicht.

Dieses Verfahren basierte auf der stillschweigenden Übereinkunft, bei Statusfragen nicht miteinander übereinzustimmen. Es war deutlicher Ausdruck der Haltung, zumindest von der Republik China, von „ein China, aber unterschiedliche Interpretationen". Vier Monate später, am 31. August 1993, veröffentlichte die VR China ein „White Paper" zur Taiwan-Frage und der Wiedervereinigung Chinas, in dem unmissverständlich steht: Die internationale Gemeinschaft erkennt die Tatsache an, dass Taiwan zu China gehört, die Regierung der Volksrepublik China die einzige legale Regierung Chinas ist und Taiwan ein Teil von China ist. (White Paper 1993)

Mit dieser Dekretierung wird die explizite Formulierung vermieden, Taiwan sei eine Provinz der Volksrepublik, denn dies würde nicht den Tatsachen entsprechen. Es geht also darum, was unter „ein China" zu verstehen ist, und hier hat Peking eindeutig die Deutungshoheit. Seitdem die Republik China ihren Alleinvertretungsanspruch aufgegeben hat, ist Taiwan bemüht, einen „Dreiklang" zusammenzufügen. Es geht um einen Akkord, der drei Bedingungen erfüllen soll: die Bevölkerung auf Taiwan muss zustimmen (國人會支持), die USA müssen zufrieden sein (美國會滿意) und die VR China muss mit ihm leben können (對方會接受). Dieses Kunststück ist bisher nicht gelungen. Präsident Lee Teng-hui wollte eine interemistische Zwei-China-Politik. Sein Nachfolger, Chen Shui-bian, meinte 2002, jede Seite sei für sich ihre eigene Nation und dessen Nachfolger Ma Ying-jeou sprach häufiger von „Ein China", ohne ausdrücklich zu betonen, dass es hier zwei Interpretationen gebe.

Auch wenn in Zukunft noch andere Formulierungen angeboten werden, bleiben die Kriterien für den „Dreiklang" dennoch weiterhin bestehen und die VR China ist in einer weitaus besseren Position. Bei aller Betonung, es sei eine rein chinesische Angelegenheit, wird trotzdem der jeweilige Stand der Beziehungen zwischen Peking und Washington eine zentrale Rolle spielen.

Die ohnehin vertrackte Lage wurde noch schwieriger durch eine Äußerung von Su Chi, der unter Präsident Lee Teng-hui Leiter des Rates für Festlandsangelegenheiten und während der Präsidentschaft von Ma Ying-jeou einige Zeit Chef das Nationalen Sicherheitsrates war. Er sagte im Februar 2006, im April 2000 habe er den „Konsens von 1992" erfunden, um dem damals neu gewählten Präsidenten Chen Shui-bian, dessen Partei die Unabhängigkeit anstrebt, den Handlungsspielraum einzuengen und ihm dem Weg zu einer Unabhängigkeit zu verbauen. (Shi 2006) Su wollte mit dieser „schöpferischen Zweideutigkeit" Flexibilität für beide Seiten schaffen, in der Erwartung, dass sie eine eindeutige Interpretation unterlassen würden. Das hat nicht funktioniert und er spricht auch nicht mehr davon, dass ein solcher Konsens existiere. Aber die VR China besteht darauf, dass sich Taiwan zum „Konsens von 1992" bekenne. (Ting 2019) Die Befolgung des „Ein-China-Prinzips", ohne nach Wiedervereinigung zu streben, sei nicht der Konsens von 1992. (Editorial März 2019)

Gleichsetzung von „Konsens von 1992" mit „Ein Land, zwei Systeme"

Xi Jinping hat im Januar 2019 eine Gleichsetzung hervorgehoben: Der Konsens von 1992 bedeute ein China, das sei die Volksrepublik. Beide Seiten der Taiwanstraße gehörten zu dem einen China und müssten die Wiedervereinigung unter dem „Ein-China-Prinzip anstreben", hierfür seien das Prinzip der friedlichen Vereinigung und das Modell „Ein Land, zwei Systeme" die besten Vorgehensweisen. Mit Bezug auf die „Botschaft an die Landsleute" vom Januar 1979 bekräftigte Xi, die Vereinigung sei eine innere Angelegenheit, in die sich das Ausland nicht einzumischen habe. Er verwies auf die „Acht Punkte" von Jiang Zemin, dass Chinesen nicht gegen Chinesen kämpfen, aber so Xi, „wir geben kein Versprechen ab, auf die Anwendung von Gewalt zu verzichten und behalten uns die Möglichkeit vor, alle notwendigen Mittel zu ergreifen." (Xinhua 2019) Diese Haltung beziehe sich nur auf die Einwirkung äußerer Kräfte, womit Xi zweifelsfrei in erster Linie die USA meinte, und „auf die sehr geringe Anzahl von Separatisten und deren Aktivitäten."

Der Vorbehalt ist nicht neu, neu war jedoch die deutliche Gleichsetzung des „1992-Konsenses" mit dem Modell des „Ein Land, zwei Systeme". Es verwunderte daher nicht, dass Tsai Ing-wen, Präsidentin der Republik China, bereits wenige Stunden später auf die Rede von Xi reagierte: „Zuerst möchte ich betonen, dass wir nie den ‚1992-Konsens' akzeptiert haben. Der entscheidende Grund dafür ist, dass die Autoritäten in Peking den ‚1992-Konsens' definieren als ‚ein China' und ‚ein Land, zwei Systeme.' Die heutige Rede des Führers von China hat unsere Befürchtungen bestätigt. Deshalb möchte ich erneut wiederholen, dass Taiwan ‚ein Land, zwei Systeme' strikt und völlig ablehnt, dieser Widerstand ist zugleich auch ein ‚Taiwan-Konsens.'" (Tsai 2019)

Sie konnte sich auf eine Umfrage von Ende Dezember 2018 stützen, nach der 84,1 % der Befragten gegen den „1992-Konsens" waren und gegen das „Ein-China-Prinzip", wenn dieses bedeute, es gebe nur ein China, die Volksrepublik, und Taiwan sei ein Teil von ihr. (Hsieh 2019) Wie tragfähig ein solcher „Taiwan-Konsens" im Ernstfall sein wird, ist nicht einzuschätzen und wird hoffentlich auch nicht getestet. Präsidentin Tsai hob aber dessen Bedeutung hervor und wiederholte aus ihrer Neujahrsansprache vier Notwendigkeiten, (必須), die „Vier Müssen", auf denen eine Normalisierung der Beziehungen zur Volksrepublik zu basieren hätte:

1. China muss die Realität anerkennen, dass die Republik China (Taiwan) existiert und darf das demokratische System, das die Bevölkerung Taiwans gemeinsam errichtet hat, nicht in Frage stellen.
2. China muss die Festlegung der 23 Millionen Menschen auf Taiwan auf Freiheit und Demokratie respektieren, es soll keine Zwietracht fördern und keine Anreize bieten, sich in diese Entscheidung der Bevölkerung Taiwans einzumischen.
3. China muss die Beziehungen zwischen beiden Seiten der Taiwan-Straße friedlich und auf der Basis der Gleichrangigkeit gestalten, anstatt Unterdrückung und Einschüchterung anzuwenden, um Taiwaner:innen unterwürfig zu machen und
4. Es müssen Regierungen oder von Regierungen autorisierte Organisationen sein, die Verhandlungen führen. Alle politischen Konsultationen, die nicht autorisiert sind und die die Menschen nicht überwachen, können nicht „demokratische Konsultationen" genannt werden. (Tsai 2019. Chung 2019. Wees 2019)

Mit „demokratische Konsultationen" griff Präsidentin Tsai einen Begriff auf, den Xi Jinping verwandte.

Taiwan und die Ablehnung des Konsenses von 1992

Seit dem Amtsantritt von Tsai Ing-wen im Mai 2016 stellt die Volksrepublik verstärkt die Bedingung, die Beziehungen zwischen beiden Seiten könnten sich nur mit dem Bekenntnis zu dem „Konsens von 1992" entwickeln. Peking tut dies ohne den Zusatz, „zwei Interpretationen". Präsidentin Tsai hat dieser Forderung nicht entsprochen und sie wolle sich um die Beibehaltung des Status quo und dessen Verbesserung bemühen. Ihr Anliegen erinnert an eine Formulierung Egon Bahrs aus seiner Tutzinger-Rede. „Überwindung des Status quo, indem der Status quo zunächst nicht verändert werden soll. Das klingt paradox, aber es eröffnet Aussichten, nachdem die bisherige Politik des Drucks und Gegendrucks nur zur Erstarrung des Status quo geführt hat." (Bahr 1963: 1) In Deutschland war dies letztlich eine erfolgreiche Strategie. Taiwan kann kaum Druck ausüben und die VR China ist bemüht, den Status quo zu verändern, während sie zeitgleich Taiwan vorwirft, dies zu tun. Das Patt zwischen Peking und Taipei kennzeichnet ein großes Ungleichgewicht. Beide wollen den Status quo nicht als Stillstand, sondern als in ihrem Sinne dynamischen Prozess. Taiwan hofft, durch eine möglichst lange Beibehaltung des gegenwärtigen Zustandes eine Normalisierung voranzubringen. Peking sieht darin den Versuch, das unerwünschte Provisorium zur Normalität werden zu lassen und will dem entgegenwirken. Beide Seiten verbinden mit

Normalisierung konträre Zielvorstellungen. Im Sommer 2022 nannte Eric Chu, Vorsitzender der KMT, in einer Rede in den USA den Konsens von 1992 einen „nicht konsensualen Konsens", der „konstruktive Vieldeutigkeit" habe.[68] Das verschafft weder seiner Partei noch Taiwan mehr politische Flexibilität, denn erfolgreich ist die destruktive Eindeutigkeit der Interpretation Pekings.

Ein Fehler liegt darin, dass auf Taiwan angenommen wurde, es gebe zwar ein offenes Bekenntnis zum „einen China", aber eine stillschweigende Übereinkunft darüber, dass jede Seite eine andere Definition dieses „einen Chinas" habe. Peking hatte dieser Ambiguität anfänglich nicht deutlich widersprochen, was vor allem in der KMT auf Taiwan die Hoffnung wachhielt, darin übereinzustimmen, dass man nicht übereinstimme. Mit seiner Rede vom Januar 2019 schuf Xi Jinping eindeutige Klarheit, indem er den Konsens mit dem Modell des „Ein Land, zwei Systeme" gleichsetzte. Damit desavouierte er aber jene Gruppierungen auf Taiwan, die als „Endziel" eine friedliche Wiedervereinigung propagieren. Für Tsai Ing-wen wurde die Ablehnung hingegen einfacher. Für die Beziehungen zwischen Taiwan und der VR China jedoch wurde es schwieriger, denn es scheint wegen der Gleichsetzung keine Basis mehr für einen Kompromiß zu geben.

Allerdings sprach Xi aber auch von demokratischen Konsultationen und institutionellen Vereinbarungen. Taipei sollte Interesse und Selbstvertrauen genug haben, einmal nachzufragen, wie das konkret gemeint sei, wer denn mit wem verhandeln solle, da die VR China der Republik China/Taiwan doch die Staatlichkeit abspricht.

Kontinuität, taktische Flexibilität, Zielorientierung

Das Außenverhalten der VR China war und ist bestimmt von historischen Bestimmungsfaktoren, einem speziellen Selbstverständnis sowie einem Planen in langen, sehr langen Zeiträumen. In der Praxis orientiert sie sich an den relevanten Kräfteverhältnissen, die nicht statisch sind. Peking nutzt sie nicht zur langen Beibehaltung eines Gleichgewichts, sondern zu dessen Veränderung zu ihrem Vorteil. Es gibt konstante Zielorientierung, aber Änderungen bei der Vorgehensweise, denn die Instrumente und Methoden, die Peking zur Durchsetzung seiner Politik zur Verfügung stehen, haben sich bedeutend verbessert und das Auftreten ist nicht nur machtbewusster geworden, es wird auch offen so gezeigt. Bis etwa zur Jahrtausendwende überwog oft eine Art Zurückhaltung, die Deng Xiaoping wesentlich geprägt hatte. Es war eine zwar selbstsichere, aber vorsichtige Herangehensweise. (Son 2017) Bei ihm und vielen seiner Generation gab es noch die Erfahrung des Bürgerkrieges, aber auch die an den gemeinsamen Kampf gegen Japan, was Einfluss auf das Verhalten gegenüber Taiwan hatte. Deng dachte noch in Kategorien der Einheitsfronten zwischen KMT und KPCh, 1923–1927 sowie von 1937 bis 1945, und er dachte in langen Zeiträumen, was die Bezie-

---

68 *Taipei Times*, 10.06.2022, S. 1.

hungen zu Hongkong und Taiwan anbelangt, zumindest äußerte er sich so öffentlich. Die Einheitsfronten waren eigentlich keine Einheit, sondern Phasen einer sehr konfliktreichen Zusammenarbeit, in der die KP als „Juniorpartner" ihre Position letztlich ausbaute und 1949 als eindeutiger Sieger hervorging. Wichtig ist, dass beide damals immer an der Vorstellung des einen Chinas festhielten.[69] Deng schlug Anfang der 1990er Jahre eine 24 Schriftzeichen umfassende Leitlinie für ein vorsichtiges Außenverhalten der Volksrepublik vor, die weitgehend Orientierungsfunktion hatte, vermutlich bis zur Zeit der Errichtung der Sonderverwaltungszone Hongkong im Juli 1997.[70] Diese Leitlinie entwickelte er zu einer Zeit, als es noch Nachwirkungen der Tian An Men-Ereignisse vom 4. Juni 1989 und Embargos gegenüber der Volksrepublik gab, sich in Osteuropa Systemwandel vollzog und als sich die Sowjetunion auflöste. Sie lautet: Ruhig beobachten; unsere Position absichern; die Angelegenheiten ruhig meistern; sein Licht unter den Scheffel stellen und den rechten Augenblick abwarten; Zurückhaltung üben und nicht die Führung anstreben.[71]

Dengs Nachfolger Jiang Zemin schien ebenfalls bezüglich Taiwans in längeren Zeiträumen gedacht zu haben. Xi Jinping nennt auch keinen konkreten Zeitrahmen für eine Lösung der „Taiwan-Frage", aber seine Äußerungen ab 2019 trugen wesentlich dazu bei, dass Präsidentin Tsai auf Taiwan erneut gewählt wurde und sie sich im Einklang mit dem weit überwiegenden Tei der Bevölkerung für eine Beibehaltung des Status quo einsetzt.

Wegen vieler Ereignisse, der Finanzkrise 2008/09, dem Umgang mit der Corona-Epidemie und dem blamablen Rückzug der NATO aus Afghanistan im Herbst 2021, gewann Peking den Eindruck, der Westen, vor allem die USA, hätten ihren Machthöhepunkt überschritten und es erfolgte eine Abkehr von dem von Deng Xiaoping vorgeschlagenen vorsichtigen Weg. Die von Xi verfolgte Politik ist eine Strategie, die gegebenen Möglichkeiten und Ressourcen resolut auszuschöpfen. Seit seinem Amtsantritt im Jahre 2012 werden unverhohlenes Selbstbewusstsein sowie Führungsanspruch demonstrativ gezeigt und das System der Volksrepublik, was umfassende Planung und effiziente Durchsetzung anbelangt, wird international als orientierenswert empfohlen.

Nach dem Beitritt zu den Vereinten Nationen und dem Besuch Präsident Nixons in der VR China vergrößerte sich deren außenpolitischer Aktionsraum beträchtlich. Gezielt wurden nun auch Kontakte zu prominenten Überseechinesen gesucht, so zum Beispiel zu solchen, die in den USA leben und denen vorher eine Reise in die VR nicht

---

69 Hier gab es eine entfernte Ähnlichkeit bei Ost und West in Deutschland über das erstrebenswerte Ziel der Wiederherstellung der Einheit der deutschen Arbeiterbewegung, Wunschvorstellungen, wie sie, bei allen Differenzen, Angehörige der Generation von Erich Honecker, Walter Ulbricht und Herbert Wehner hatten.
70 https://www.globalsecurity.org/military/world/china/24-character.htm. Eingesehen am 16.08.2018.
71 „冷景观察, 站 稳 脚 跟, 沉 着 应付, 韬光 养 晦, 善 于 守 拙, 绝 不 当 头" Später gab es noch den Zusatz: einige Beiträge leisten. (有所作为)

möglich war. Oft gab es Treffen mit Zhou Enlai. Im Zusammenhang mit einer solchen Begegnung unterzeichneten im November 1972 in den USA lebende chinesische Intellektuelle einen Aufruf: „Es ist Zeit, dass Kuomintang und Kommunistische Partei miteinander verhandeln." Sie nahmen direkt Bezug auf die Ostpolitik der Bundesrepublik und die Gespräche zwischen ihr und der DDR sowie auf die ersten hochrangigen Treffen in Korea (Mai und Juni 1972). Diese wären ein ausgezeichneter Beginn und es sei zu fragen „Warum können die Chinesen ihre Streitigkeiten nicht auf friedliche Weise lösen?" Gespräche zwischen Peking und Taipei über Prinzipien von Friedensverhandlungen wurden vorgeschlagen, so z. B. Einstellung gegenseitiger Propaganda, Ermöglichung von Verwandtenbesuchen, Zusammenführung von Familien, Kulturaustausch und eine gemeinsame Erklärung der KP Chinas mit der KMT, um Chinesen im In- und Ausland zu Aktivitäten zu ermuntern, die die Wiedervereinigung Chinas zum Ziel haben. (Rudolph 1986: 172) Damals wurden Vorschläge gemacht, z. B. über Wirtschaftskooperation, die erst Jahre später dann teilweise zur Anwendung kamen.

Ob bewusst oder unbewusst, die Verfasser solcher Texte hatten übersehen, dass es in Deutschland „Geschäftsgrundlage" war, dass die Bundesrepublik die Existenz der DDR durch den Grundlagenvertrag anerkannte, es eine quasi-Gleichrangigkeit gab und beide Mitglieder der VN wurden. Diese entscheidende Position hätte damals (1972) weder in Peking noch in Taipei Zustimmung gefunden. Die VR lehnt sie bis heute ab, für Taiwan wäre sie jetzt ein Glücksfall.

In den Jahren 1978/79 begann sowohl in der VR China, als auch auf Taiwan eine Reformpolitik, auf dem Festland hauptsächlich initiiert und vorangetrieben durch Deng Xiaoping[72] mit den Beschlüssen des 3. Plenums des 11. Zentralkomitees der KP Chinas im Dezember 1978 und auf Taiwan durch Chiang Ching-kuo, der von 1978 bis 1988 Präsident der Republik China war. Von der VR China wurde eine Politik der Modernisierung und Öffnung betrieben, zu der auch die Aufnahme voller diplomatischer Beziehungen mit den USA am 1. Januar 1979 gehörte. Auf Taiwan musste die herrschende Partei der wachsenden Opposition und der veränderten außenpolitischen Lage Rechnung tragen, vor allem der Aberkennung durch die USA. Es gab innenpolitische Lockerungen, Reiseerleichterungen für die Bevölkerung und ein ambitioniertes Modernisierungsprogramm. Was die Beziehungen zwischen dem Festland und der Insel anbelangt, so konnte sich die Volksrepublik großzügig zeigen und Taiwan musste sich anpassen. Peking sprach weniger von Befreiung und stellte eine friedliche Wiedervereinigung in den Vordergrund und Taipei bestand nicht mehr auf den „Drei Nein" (keine Kontakte, keine Verbindungen, keine Kompromisse), sondern reagierte zumindest auf Gesprächsbereitschaft der anderen Seite.

Bei aller prinzipiellen Kontinuität der Wiedervereinigungspolitik der VR China gab es doch deutliche Akzentveränderungen. In der Zeit von Deng Xiaoping und Jiang

---

[72] Siehe hier seine programmatische Rede auf einer Zentralen Arbeitskonferenz am 13. Dezember 1978, die die Plenarsitzung des Zentralkomitees vorbereitete. „Emancipate the mind, seek truth from facts und unite as one in looking to the future." Deng 1984: 151–165.

Zemin waren es eher innovative, bei Xi Jinping sind es restriktive Elemente. So zum Beispiel die Richtlinie „Sechs darf nicht sein" bzw. „sechs was-auch-immer" (六個任何) aus der Parteitagsrede von 2017 und die Neujahrsansprache von 2019 mit dem definitiven Dreiklang: ein China, ein Land, zwei Systeme, Konsens von 1992.

Die „Sechs darf nicht sein" bedeuten, dass man fest entschlossen sei zum Schutz von Chinas Souveränität sowie territorialer Integrität und es niemals zulassen werde, dass sich die historische Tragödie der nationalen Teilung wiederhole.

> Alle separatistischen Aktivitäten werden auf den tatkräftigen Widerstand des chinesischen Volkes treffen. Wir haben die Entschlossenheit, das Selbstbewusstsein und die Fähigkeit, separatistische Versuche wie „Taiwans Unabhängigkeit" in jeder Form zu besiegen. Niemals werden wir es irgendjemandem, keiner Organisation und keiner politischen Partei zu keiner Zeit und in keiner Form erlauben, irgendeinen Teil des chinesischen Territoriums von China abzuspalten![73]

Bei gleichbleibender Zielorientierung war die Taiwan-Politik der VR China Wandlungen unterzogen und sie kennzeichnet u. a. zwei wichtige Elemente:

Der offizielle (internationale) Handlungsspielraum von Taiwan soll begrenzt bleiben, während gleichzeitig Wirtschafts- und Handelsbeziehungen zwischen der Insel und dem Festland gefördert werden. Seit den 1980er Jahren hat es hier beeindruckende Entwicklungen gegeben. Das Handelsvolumen, anfänglich meist über Hongkong, betrug im Jahre 1979 lediglich 77,8 Millionen US $ und lag 20 Jahre später bei rund 24 Milliarden. Von 1.117 genehmigten Investitionsprojekten des Jahres 1990 mit einem Wert von 980 Mio. US $ stieg der Wert im Jahre 2000 auf einen Wert von 47,7 Milliarden. Für Peking waren und sind diese Wirtschaftsbeziehungen nicht lediglich eine patriotische und altruistische Geste gegenüber den „Landsleuten" auf Taiwan, sondern eine wichtige, notwendige Komponente der eigenen Modernisierungspolitik. Andererseits wäre die Außenhandelsbilanz Taiwans ohne die Wirtschaftsaktivitäten mit dem Festland negativ. (Dent 2001)

Die Herrschaft der KMT auf Taiwan wurde toleriert, aber nur als die einer Regionalpartei akzeptiert. Die Herrschaft der DPP wurde erst ignoriert, dann versuchte Peking Gegenkräfte zu unterstützen, fand aber auch nach der Wiederwahl von Tsai Ing-wen zur Präsidentin 2020 keine Strategie, mit ihr konstruktiv umzugehen.

Deng Xiaoping wollte erreichen, dass Taiwan einem über das Hongkong-Modell noch hinausgehenden Arrangement zustimmt. Das Anti-Sezessionsgesetz hatte mehr innenpolitische Bedeutung. Xi Jinping hingegen verfolgt eine umfassendere Strategie, zu der auch eine Absorption Taiwans durch Unterwanderung gehört. Es ist eine Mischung aus Druck und Entgegenkommen, wobei während der Amtszeit von Ma Ying-jeou Entgegenkommen und Zusammenarbeit im Vordergrund standen. Seit 2016,

---

[73] Bericht von Xi Jinping an den 19. Parteitag der KP Chinas am 18. Oktober 2017. „Secure a Decisive Victory in Building a Moderately Prosperous Society in All Respects and Strive for the Great Success of Socialism with Chinese Characteristics for a New Era." https://www.xinhuanet.com/english/special/2017-11/03/c_136725942.htm. Das Zitat steht auf S. 51. Eingesehen am 07.04.2020. Siehe auch Bush 2017.

Amtsantritt von Präsidentin Tsai Ing-wen, ist das Mischungsverhältnis anders. Der internationale Handlungsspielraum Taiwans wird noch stärker eingeengt und militärische Machtmittel der Volksrepublik werden noch demonstrativer und häufiger gezeigt. Die Präsidentin will den Status quo absichern und verbessern, Peking will ihn auf Dauer nicht akzeptieren.

Im ökonomischen Bereich führte die Politik der beiden Seiten zu beachtlichen Fortschritten (Kao/Wang 2006), und auch der Reiseverkehr nahm einen beeindruckenden Aufschwung. Belastet sind die Beziehungen dennoch weiterhin durch unvereinbare Grundsatzpositionen, die Androhung von Gewalt durch Peking und Irritationen, hervorgerufen durch Äußerungen von Politiker:innen auf Taiwan und dortige Entwicklungen. Peking konnte oder wollte nicht verstehen, dass Chen Shui-bian, der Präsident der Republik China, bis an die Grenzen der für ihn möglichen Zugeständnisse und Verzichtserklärungen ging, teilweise zur wütenden Enttäuschung seiner Anhänger. (Chen 2004. Sheng 2002)

Für die VR China ist das „Ein-China-Prinzip" eine der besten Trumpfkarten, die sie gegenüber Taiwan haben kann; für Taiwan wäre die Anerkennung dieses Prinzips die Selbstherabstufung auf Provinzebene. Gespräche mit Angehörigen von Forschungs- und Beratungsinstituten in der Volksrepublik vermitteln den Eindruck, dass ernsthaft nach Kompromissen gesucht wird. Rücksichtnahme gebietet, hier keine konkreteren Angaben zu machen. Auch auf Taiwan gibt es Bemühungen, mehr überparteilichen Sachverstand zu mobilisieren. Aber noch immer existiert ein Mangel an Verständnis für die Sachzwänge der anderen Seite. Das führt u. a. dazu, dass die Reichweite von Kompromissvorschlägen in fast allen Fällen kaum erkannt wird, denn sie gelten als unehrlich oder, noch schlimmer, als heimtückisch. Deshalb werden sie selten unvoreingenommen diskutiert, getestet und die wachsende Stärke der Volksrepublik erschwert zusätzlich eine beiderseits akzeptable Lösung.

Taiwan war nur sehr begrenzt in der Lage, das Angebot der VR China eines erweiterten Hongkong-Modells als eine große Konzession Pekings zu würdigen. Entwicklungen in der Sonderverwaltungsregion ab 2020 verstärken die Ablehnung. Taiwan befürchtet, ihm könnten im schlimmsten Fall Zermürbung, ökonomische Strangulierung, Unterwanderung, Chaos durch Cyberattacken und/oder militärische Invasion drohen. Deshalb gibt es kein entspanntes politisches Klima, um Vor- und Nachteile von Forderungen, von Vorschlägen Pekings zu diskutieren. Andererseits ist die VR China verärgert und fühlt sich nicht angemessen behandelt durch das, was sie als Eigensinn des kleinen Taiwans erachtet und kann deshalb nicht in einer ruhig-sachlichen Weise die politischen Stimmungslagen und den geringen Handlungsspielraum dort einschätzen. Seit Langem bewirken diese Verhaltensweisen, dass Chancen nicht gesehen und eventuelle Möglichkeiten nicht genutzt werden.

Bedeutung Taiwans für VR China

Neben emotionalen sowie historischen Gründen sind es auch strategische, ökonomische und politische, die aus Sicht der VR China eine Wiedervereinigung mit Taiwan unverzichtbar machen.

Die Insel trennt die 130 bis 180 Kilometer breite Taiwan-Straße von der Küste der Volksrepublik, sie ist deren wichtigen Provinzen Guangdong, Fujian sowie Zhejiang vorgelagert und wurde oft als unsinkbarer Flugzeugträger bezeichnet. Als im Frühjahr 1950, noch vor Ausbruch des Koreakrieges, die Gefahr bestand, auch Taiwan könnte erobert werden, schrieb General Douglas MacArthur in einem Memorandum vom 29. Mai an die Stabschefs der US-Steitkräfte: Sollte es zu einem Krieg zwischen den USA und der UdSSR kommen, hätte Formosa für die Kommunisten den Wert eines unsinkbaren Flugzeugträgers und einer U-Boot-Basis. (Lin 2012) Er benutzte diese Formulierung dann erneut im August 1950 in einer Botschaft an die Jahresversammlung der *Veterans of Foreign Wars*. (Acheson 1969: 423) Diese Charakterisierung ist auch wegen ihrer gleichbleibenden Gültigkeit Politikern der VR China wohl vertraut. Ministerpräsident Zhu Rongji sagte im Jahr 2000 dem Nationalen Volkskongress in Peking:

> Weil es einige Leute in einem gewissen Land gibt, die seit langer Zeit gegen China sind und China als potenziellen Feind sehen und die Taiwan als unsinkbaren Flugzeugträger gegen China benutzen wollen, deshalb sind sie bemüht, die Taiwan-Frage auf unbeschränkte Zeit am Leben zu erhalten. (Holmes/Yoshihara 2008: 56)

Diese Einschätzung Pekings hat Berechtigung, denn es gibt in den USA eine andauernde Debatte über Nützlichkeit und Vorteile von Taiwan. Im Januar 2017 schrieb John Bolton[74] im „Wall Street Journal", zwar wolle er sich MacArthurs Einschätzung bezüglich Taiwans nicht annähern, aber darauf hinweisen, dass Taiwan wegen seiner Lage dem ostasiatischen Festland und dem Südchinesischen Meer näher sei, als Okinawa und/oder Guam und deshalb Truppen der USA größere Flexibilität für einen schnellen Einsatz geben könne, sollte dies einmal erforderlich sein. (Bolton 2017. Rigger 2019: 15)

Nach einer Einverleibung hätte Peking unmittelbaren Zugriff auf strategisch wichtige Finanzen, Technologie und Investitionsentscheidungen Taiwans. Die Volksrepublik wäre quasi automatisch eine noch stärkere pazifische Macht. Wegen der sich wahrscheinlich noch verstärkenden Konkurrenz zwischen der VR China, den USA und Japan kommt Taiwan als Einfallstor zum Westpazifik große Bedeutung zu. US-Einrichtungen auf Okinawa und Guam kämen in nähere Reichweite der Volksrepublik bzw. ihrer Streitkräfte.

Im deutschen Fall galten für viele Menschen in der SED-DDR das sozio-politische System und der Lebensstandard der Bundesrepublik als erstrebenswert. Es ist schwer zu messen, ob überhaupt und wenn ja, welche Wirkung Demokratie, Gesellschaft und

---

74 John Bolton war 2005–06 Botschafter der USA bei den VN und von April 2018 bis September 2019 Chef des Nationalen Sicherheitsrates der Trump-Administration.

Meinungsfreiheit auf Taiwan bereits jetzt auf die VR China ausüben. Sollte Taiwan tatsächlich nach dem Konzept „Ein Land, zwei Systeme" Teil der Volksrepublik werden, könnte sich die Attraktivität des von ihm praktizierten Systems steigern, andererseits hätte die Volksrepublik, wie in Hongkong, starke Einwirkungs- und Kontrollmöglichkeiten und sie würde diese entschlossen nutzen. Auch um den zukünftigen Einfluss eines „Modells Taiwan" zu reduzieren bzw. auszuschalten ist es für Peking notwendig, eine Wiedervereinigung anzustreben.

6.4 Taiwan (Republik China)

Überleben und ablehnen

Die Haltung der Republik China gegenüber der Volksrepublik kennzeichneten am Anfang illusorische Vorstellungen, wie militärische Rückeroberung, dann Kontaktverweigerung, später differenzierte Ablehnungen bei verstärkter ökonomischer Kooperation. Es gab keine Nachfrage bezüglich einer Konkretisierung von Vorschlägen Pekings, sondern starre Bemühungen um Beibehaltung des Status quo. Kontrollierte Kontakte waren und sind stets mit Anstrengungen gekoppelt, zu große Abhängigkeit zu vermeiden.

Eines der vielen Probleme ist, die Beibehaltung des Status quo als Republik China mit sich intensivierender Taiwanisierung in Einklang zu bringen; unabhängig zu sein, es international aber nicht zu dürfen. Taiwan überlebt auch wegen einer quasi institutionalisierten Ungewissheit, es braucht die Hilfe der USA, aber auch ein nicht zu konfrontatives Verhältnis zwischen Peking und Washington.

Positionen der KMT

Für ein halbes Jahrhundert war die entscheidende Kraft auf Taiwan die KMT, die ihre Herrschaft lange durch Kriegsrecht absicherte. Zur Legitimierung dienten die Frontstellung gegen die VR China und die Behauptung, für die Zukunft Chinas als Alternative bereitstehen zu müssen. Der Aufstieg der VR, ihre internationale Stellung und die Wirtschaftsbeziehungen zwischen Festland und Insel sowie die dortige Demokratisierung und Taiwanisierung brachten für die KMT immer wieder neue Anpassungsprobleme.

Gemäß ihrer Geschichtsinterpretation ist die KMT bei beiden „Einheitsfronten" von der Kommunistischen Partei reingelegt worden. Allerdings trug sie selbst wenig zur „Einheit" bei und bekämpfte bei sich bietender Gelegenheit die KP. „Einheitsfront" wird von der KMT als ein Grund für Niederlagen gesehen, für die KP Chinas führte sie letzlich zum Erfolg. Bis zum Tod von Chiang Ching-kuo im Jahre 1988 galt deshalb die Devise: Kein Kontakt, mit Banditen redet man nicht! Dann wurde vorgeschlagen, die

Lage als „ein Land, zwei Gebiete" anzusehen, oder als „ein Land, zwei Regierungen". Das war etwas an der Ostpolitik orientiert und ein Gesprächsangebot an die Volksrepublik, aber von dort gab es keine Reaktion bzw. Entwicklung ähnlich wie in Deutschland.

Der Spielraum der Republik China ist eng und die starre Haltung der Volksrepublik bezüglich des „einen Chinas" erlaubt Taiwan kaum Flexibilität. Die KMT bemühte sich um eine neue Definition dessen, was die Republik China sei. Der Parteivorsitzende Lien Chan erklärte im August 2004, die Republik China habe sich jetzt mit Taiwan zu einer Einheit verschmolzen. Damit sollte dem in der Bevölkerung wachsenden Gefühl, sich als Taiwaner:innen zu empfinden, Rechnung getragen werden. Liens schlichte und tatsachenkonforme Feststellung rief in der eigenen Partei Widerspruch hervor und stand im Gegensatz zur Verfassung. Vincent Siew, damals stellvertretender Parteivorsitzender, präzisierte, die Republik China sei Taiwan zum gegenwärtigen Zeitpunkt. (China Post 2004) Seit ihrem Amtsantritt 2016 benutzte Präsidentin Tsai Ing-wen immer häufiger die Gleichsetzung „die Republik China ist Taiwan und Taiwan ist die Republik China." Sie tat dies mit der unausgesprochenen Hoffnung, dass es für längere Zeit dabeibleiben möge. (Chiu 2020) Die KMT warf ihr vor, nicht häufig genug „Republik China" zu sagen.

Das Dilemma der KMT besteht nach wie vor und es macht diesen Fall deshalb komplizierter als bei anderen geteilten Nationen. Dort geht es primär um die Beibehaltung der Teilung, um friedliche Zusammenarbeit oder um die Überwindung der Teilung. Die KMT beharrt auf einem zurückhaltend-modifizierten Alleinvertretungsanspruch der Republik China, lehnt den Vereinigungsvorschlag Pekings „Ein Land, zwei Systeme" ab, genauso wie die formelle Unabhängigkeit Taiwans und sie propagiert eine friedlich-demokratische Wiedervereinigung, wohl wissend, dass diese keine Rückkehr der Republik China auf das Festland sein kann. In der Zwischenzeit, die fünfzig Jahre oder länger dauern könne, solle der Disput zwischen Peking und Taipei über die Souveränität ausgesetzt werden. Eine intensive ökonomische Integration würde sich dann allmählich auch auf den politischen Bereich erstrecken. (Bolt 2001) Taiwan könne es sich nicht leisten, die VR China zu provozieren, deshalb müsse das Prinzip „ein China, aber unterschiedliche Interpretation" aufrechterhalten bleiben. Dieser Widerspruch ist noch immer gegenwärtig, denn die VR China lässt nur ihre Interpretation gelten.

Institutionalisierung der inoffiziellen Beziehungen

Wegen der sich unterschiedlich wandelnden internationalen Stellung von Republik und VR China, vor allem wegen beiderseitig profitabler Wirtschaftsbeziehungen, wurde es für Taiwan notwendig, eine möglichst „unpolitische" Institutionalisierung für diese immer sehr politischen Kontakte zu schaffen. Anfang der 1990er Jahre begann Taipei mit der Planung und Implementierung einer neuen Festlandspolitik. Eine

Grundlage bildeten die „Richtlinien für die nationale Wiedervereinigung" vom Frühjahr 1991.⁷⁵ Ausgehend vom Konzept „Ein Land, zwei Regierungen" sollten sich die Beziehungen zum Festland demokratisch, frei, gerecht und profitabel entwickeln, um durch schrittweises Vorgehen nach den Prinzipien der Vernunft, des Friedens, der Parität und der Gegenseitigkeit langfristig auf eine Wiedervereinigung der Nation in Freiheit und Demokratie hinzuarbeiten. Im Kabinett (Exekutiv-Yüan) wurde dafür im Januar 1991 der „Rat für Festlandsangelegenheiten" (大陸委員會) errichtet. Bereits seit November 1990 gab es die halbamtliche *Straits Exchange Foundation* (SEF, 海峽交流基金會) und vermehrte Bemühungen, internationale Beziehungen auf inoffizieller Basis auszubauen, so durch „Taipei-Vertretungen" im Ausland. Die SEF ist formal eine private Stiftung, aber eng an Vorgaben der Regierung gebunden. Sie soll praktische Fragen behandeln, keine politischen Probleme, was wegen des Charakters der Beziehungen kein leichtes Unterfangen ist. Peking bestand erst auf Kontakten zwischen den beiden Parteien, der KP Chinas und der KMT, hatte dann aber Bedenken, dass diese Hervorhebung der KMT Unabhängigkeitsbestrebungen auf Taiwan fördern könnte. Im Zusammenhang mit dem Konzept „Ein Land, zwei Systeme" wurde 1988 im Staatsrat das Büro für Taiwan-Angelegenheiten eingerichtet und dann am 16. Dezember 1991 die „*Association for Relations Across the Taiwan Strait*" (ARATS 海峡两岸关系协会) als halbamtliche Institution gegründet. (Xin 2003: 69. Chen 2014) Sie untersteht dem Büro für Taiwan-Angelegenheiten und dem entsprechenden Amt des ZKs der KP Chinas. Im Gegensatz zur SEF ist die ARATS mehr politisch konzipiert, sie soll Angelegenheiten der friedlichen Wiedervereinigung auf der Basis des Modells „Ein Land, zwei Systeme" behandeln. Nach vorbereitenden Gesprächen in Hongkong kam es dann vom 27. bis 29. April 1993 zum ersten Treffen in Singapur und es folgten weitere Zusammenkünfte. (Chiu 1993. Lee, Wei-Chin 1999). Auf Seiten Taiwans sind diese Kontakte seit Juli 1992 durch Artikel 4 des 96 Artikel umfassenden „*Act Governing Relations between Peoples of the Taiwan Area and the Mainland Area*" geregelt. (Huang 2011: 13 f.)⁷⁶

Zwischen 1999 und 2008 gab es während der Amtszeit von Chen Shui-bian aus politischen Gründen keine Fortsetzung. Nach der Amtsübernahme durch Präsident Ma im Jahre 2008 erfolgte dann eine gewisse Regelmäßigkeit. Dieses institutionelle Gerüst besteht noch immer, aber es hat zu keiner Konsolidierung der Beziehungen beigetragen, schon gar nicht auf der Ebene von Gleichrangigkeit. Immerhin sind es Institutionen, die für Kommunikation über praktische Schritte zur Verfügung stehen.

---

75 https://www.mac.gov.tw/en/News_Content.aspx?n=BEC36A4A0BB0663C&sms=BF821F021B282251&s=-D0017062A39AF1C0. Eingesehen am 07.05.2021.
76 Der Text steht bei https://www.law.moj.gov.tw/ENG/LawClass/LawAll.aspx?pcode=Q0010001. Eingesehen am 07.05.2021.

Problematik von Wirtschaftskontakten

Viele der in der VR China tätigen Unternehmer:innen aus Taiwan schlugen mehrfach einen Gemeinsamen Markt und eine Konföderation vor, was Peking ablehnt. (Möller 2005: 157 f.)

Verstärkte Wirtschaftskontakte hatten bisher keine positive Rückwirkung auf politische Beziehungen. Von Beginn an gab es Skepsis, ob sich eine solche einstellen würde. (Wu 1995a) Seit 2016 gibt es vermehrt Bemühungen, das ökonomische Engagement von taiwanischen Firmen in der Volksrepublik China zumindest nicht auszuweiten. Andererseits ist es Unternehmen der VR China direkt oder über Mittelsmänner gelungen, sich auf Taiwan zu etablieren, z. B. in dem wichtigen, weil meinungsbildenden, Medienbereich.

Siebzig Prozent der Wirtschaftsleistung Taiwans sind Exporte. Trotz politischer Spannungen ist die Volksrepublik größter Handelspartner; im Jahr 2021 waren es beim Export 42,3 Prozent und beim Import 22,1 Prozent.

Viele Probleme der Republik China, z. B. Wirtschaftsfragen, hängen von sich verändernden Spannungsfeldern im nicht auszutarierenden Dreieck Washington-Peking-Taipei ab. So Bemühungen um ein Freihandelsabkommen zwischen Taiwan und den USA, deren Anfänge über 20 Jahre zurückliegen. Ein solcher Vertrag hätte Bedeutung für die Wirtschaft und die Sicherheit Taiwans, wäre gut für technologische Entwicklungen in den USA sowie auf Taiwan und er könnte die ökonomische Abhängigkeit der Republik China von der VR China verringern. Andererseits würde es den Agrarbereich Taiwans großer Konkurrenz aus den USA aussetzen. In der zweiten Amtszeit von Präsidentin Tsai gab es Gespräche über ein Freihandelsabkommen, aber die Frage ist bislang unbeantwortet, wer es denn abschließen könnte. Solche Verträge werden von Staaten geschlossen, es ist jedoch kaum zu erwarten, dass die USA offiziell mit der Republik China ein entsprechendes Dokument unterzeichnen würden. Die Suche nach einem Kompromiss dauert an.

Ein China, ein Land, zwei Systeme und Konsens von 1992

Wie bereits erwähnt, sind Konzepte/Prinzipien wie „Ein China", „Ein Land, zwei Systeme" und der Konsens von 1992 von großer Bedeutung für die Beziehungen zwischen der Republik und der Volksrepublik.

Auf Taiwan gibt es hierzu unterschiedliche Auffassungen. Die KMT ist für das Prinzip des einen Chinas und meint, es gebe zwei Interpretationen und das treffe auch auf den Konsens zu, dessen Anerkennung für sie eine notwendige Geschäftsgrundlage für gedeihliche Beziehungen zur Volksrepublik ist. Die Mehrheit der Bevölkerung und die DPP lehnen beide ab, denn sie würden Taiwan in eine noch engere Zwangslage gegenüber Peking bringen.

Die Veränderung der Definition des Gebietes, was das eine China, die Republik, sei, begann Anfang der 1990er Jahre. Im August 1992 galt laut Nationalem Wiedervereinigungsrat „ein China" als das Gebiet Taiwan, die Pescadores-Inseln, Jinmen und Matzu. Das entsprach den seit 1949 bestehenden Tatsachen, bedeutete aber auch eine Unabhängigkeit von der Volksrepublik. Darauf reagierte indirekt deren Präsident Jiang Zemin im November 1993 auf dem Treffen der Asia Pacific Economic Cooperation (APEC) in Seattle, als er betonte, es gebe nur ein China, nämlich die Volksrepublik und Taiwan sei ein Teil von ihr. Es war zum ersten Mal, dass Peking in diesem Zusammenhang explizit von Volksrepublik China sprach und nicht wie sonst eher vage von „China". An den Treffen der APEC nahm die Republik China als „Chinese Taipei" teil und die Antwort von deren Wirtschaftsminister auf Jiang Zemin war ebenfalls eine Art Premiere. Bevor die Zeit für eine Vereinigung reif sei, verfolge die Regierung der Republik China eine pragmatische und schrittweise Politik, um dieses Ziel zu erreichen und zum gegenwärtigen Zeitpunkt gebe es eine Zwei-China-Politik. Zum ersten Mal sprach damit ein Regierungsvertreter aus Taiwan öffentlich von zwei Chinas. (Chao 1995: 212 f.) Diese Gegenüberstellung bzw. Klarstellung hatte jedoch keine positiven Auwirkungen auf den internationalen Status der Republik China (Taiwan). Sie markierte aber den deutlichen Beginn einer Entwicklung, die dann am 9. Juli 1999 in dem Interview Lee Teng-huis mit der Deutschen Welle kulminierte: zwischen Republik und Volksrepublik bestünde eine „spezielle Staat-zu-Staat Beziehung".

In seiner Amtszeit (2008–2016) versuchte Präsident Ma Ying-jeou das von Peking offerierte „Ein Land, zwei Systeme-Modell" durch „ein Land, zwei Regionen" zu ersetzen bzw. zu kontrastieren. Für Außenstehende mutet das etwas merkwürdig an, denn „Ein Land, zwei Systeme" führte zur Errichtung von untergeordneten Regionen, der Hongkong- und der Macau-Sonderverwaltungsregion. Weil eine diplomatische Anerkennung nicht abzusehen ist, schlug Präsident Ma für die Zwischenzeit eine Politik des einander nicht Leugnens vor (互不否認). (Schütte 2008: 187) Dieses Ansinnen wurde ebenfalls nicht näher erläutert. Peking leugnet ja nicht die Existenz von Taiwan, interpretiert dessen Status aber anders. Bei Praktizierung ziviler Umgangsformen sollte es selbstverständlich sein, die Existenz der anderen Seite zur Kenntnis zu nehmen. Was Ma vorschlug wäre aber, politisch gesehen, die Existenz von zwei Chinas nicht zu leugnen und er hätte wissen müssen, dass dies für Peking unakzeptabel ist. Präsident Ma versuchte, durch vermehrte und intensivierte Kontakte mit China den internationalen Handlungsspielraum Taiwans zu erweitern. Diese Politik war erfolgreich, bewirkte aber auch eine stärkere Taiwanisierung der eigenen Bevölkerung. Präsidentin Tsai Ing-wen versuchte seit 2016 eine umgekehrte Vorgehensweise, nämlich durch Erweiterung des internationalen Handlungsspielraums die Beziehungen zur Volksrepublik zu verbessern. (DeLisle 2021) Der Handlungsspielraum wurde erweitert, aber die Beziehungen zur VR verschlechterten sich.

Diejenigen auf Taiwan, die den Fortbestand des „einen Chinas" betonen, tun dies in differenzierter Weise und sehen eine Wiedervereinigung als Projekt für die Zukunft.

Selbst bei den Menschen auf Taiwan, die die Minderheitsmeinung vertreten, es existiere nur „ein China" und die deshalb eine Wiedervereinigung mit China irgendwann in der Zukunft befürworten, gibt es eine klare Unterscheidung zwischen „China" und der Volksrepublik China, dem Regime, das gegenwärtig auf dem Festland herrscht. Das bedeutet, die, die auf Taiwan eine *eventuelle* Wiedervereinigung favorisieren, glauben Taiwan sei ein Teil Chinas, womit sie eine historische, kulturelle Einheit meinen. (Marsh 2009: 40) [77]

Das scheint eine taiwanische, vielleicht eine chinesisch-taiwanische Variante der „Dachtheorie" zu sein, ein Konzept des Fortbestands einer gemeinsamen Kulturnation trotz staatlicher Teilung.

Ein Verständnis von „ein China" als Projekt für die Wiederherstellung und Festigung einer Kulturnation könnte helfen, ein die Teilung überbrückendes Gemeinschaftsgefühl zu fördern.[78] Damit wäre auch der Zwangscharakter von „ein China" und dessen Gleichsetzung mit der Volksrepublik abgemildert. Peking sieht dazu keine Veranlassung und Taipei befürchtet dadurch eine Unterwanderung.

Anti-Infiltrationsgesetz

Im Jahre 2005 verabschiedete die VR China ein Anti-Sezessionsgesetz, das u. a. zu einer gewaltsamen Vorgehensweise gegen Taiwan ermächtigt, sollte es dort zu konkreten Unabhängigkeitsbestrebungen kommen oder die Wiedervereinigung auf unabsehbare Zeit verschoben werden.

Während der Amtszeit von Präsident Ma intensivierten sich Kontakte beträchtlich, vor allem die wirtschaftliche Zusammenarbeit zwischen beiden Seiten. Auf Taiwan wuchs dadurch die Befürchtung, dieser chinesische „Wandel durch Annäherung" könnte zu einer Situation der Unterwanderung führen, bei der Taipei den Forderungen Pekings kaum noch hätte etwas entgegensetzen können. Vierzehn Jahre nach dem Anti-Sezessionsgesetz der Volksrepublik verabschiedete die Republik China am 31. Dezember 2019 ein „Anti-Infiltrationsgesetz", das am 15. Januar 2020 in Kraft trat. Mit Geld- und Gefängnisstrafen sollen Handlungen wie Infiltration und unerwünschte Einmischung sanktioniert werden, die „feindliche Kräfte außerhalb unserer Grenzen" unterstützen. Wer die öffentliche Ordnung untergräbt, von diesen Kräften Instruktionen erhält sowie Geld annimmt, deren Interessenvertretung betreibt und Beeinflussung sowie Desinformation feindlicher Kräfte fördert oder versucht, Mandatsträger auf Tai-

---

77 Das Wort „eventuelle" ist im Original kursiv.
78 In diesem Zusammenhang wären auch gedankliche Anknüpfungen an Vorstellungen Kang Youweis (1858–1927) über eine große Gemeinschaft sinnvoll. (Kang 2020)

wan für die Propagierung von deren Positionen zu gewinnen, muss mit Strafe rechnen.[79] (Kahl 2020: 2)

Dieses Gesetz hat kaum Ähnlichkeit mit dem drakonischen Nationalen Sicherheitsgesetz der Republik Korea, soll aber ebenfalls eine Schutzfunktion erfüllen. Taiwan ist stolz auf seine Meinungsfreiheit, die im Ausland oft gelobt wird, vage Formulierungen im Anti-Infiltrationsgesetz sind allerdings bedenklich (Artikel 3 bis 5). Es könnte sogar Diskussionen über alternative Strategien gegenüber der VR China behindern und inkriminieren. Viel wird von der Auslegung und Anwendung des Gesetzes abhängen.

Die VR China richtet ihr Anti-Sezessionsgesetz von 2005 gegen Taiwan bzw. gegen dortige Bestrebungen, einer formalen Unabhängigkeit näherzukommen, den Status quo auszubauen und auf Dauer zu verlängern. Das Anti-Infiltrationsgesetz der Republik China von 2020 ist nach außen, gegen die Volksrepublik, und nach innen gerichtet, um Unterwanderung zu verhindern, die z. B. zu einer größeren Akzeptanz des „Ein Land, zwei Systeme-Modells" führen könnte.

Taiwan Relations Act (TRA)

Die Aufnahme voller diplomatischer Beziehungen zwischen den USA und der VR China am 1. Januar 1979 ging einher mit der Kündigung des Verteidigungspaktes zwischen den USA und der Republik China vom Dezember 1954.[80] Es war ein Schock für Taiwan, der dann durch den „Taiwan Relations Act" etwas abgemildert wurde.[81] Er ist von herausragender Bedeutung und eine Art „Ersatzvertrag" zum Schutz von Taiwan.

Formosa Resolution (1955)

In diesem Zusammenhang ist es sinnvoll, an die fast vergessene „Formosa Resolution" vom 29. Januar 1955 zu erinnern.[82] Mit ihr ermächtigte der US-Congress den Präsidenten, damals Dwight D. Eisenhower, Gewalt anzuwenden, wie es ihm notwendig erscheint, (*as he deems necessary*), d. h. US-Truppen einzusetzen, um Taiwan, sollte es von den „chinesischen Kommunisten" angegriffen werden. (Accinelli 1990) Diese Resolution ist nie außer Kraft gesetzt worden.

---

[79] https://www.law.moj.gov.tw/ENG/LawClass/LawAll.aspx?pcode=A0030317. Eingesehen am 26.03.2024.
[80] https://www.avalon.law.yale.edu/20th_century/china001.asp. Eingesehen am 26.03.2024.
[81] https://www.ait.org.tw/taiwan-relations-act-public-law-96-8-22-u-s-c-3301-et-seq. Eingesehen am 26.03.2024.
[82] 56. Joint Resolution by the Congress, Washington January 29, 1955. https://www.history.state.gov/historicaldocuments/frus1955-57v02/d56. Eingesehen am 24.06.2020.

In welchem Maße sich die gegenwärtigen Führungen in Peking und Washington dieser Drohung bzw. dieses Machtmittels bewusst sind, ist nicht bekannt. Bei den andauernden Diskussionen über die strategische Mehrdeutigkeit (*strategic ambiguity*) eines Schutzes Taiwans durch die USA wird diese Resolution nicht erwähnt, zumindest nicht öffentlich.

Der „Taiwan Relations Act" ist kein internationaler Vertrag mit der Republik China, sondern ein nationales Gesetz der USA, mit dem Taiwan, dessen Gesellschafts- und Wirtschaftsordnung geschützt werden sollen. Er wurde vom US-Congress als Ausgleichs- bzw. Gegenmaßnahme für die diplomatische Anerkennung der VR China durch die USA initiiert, die die automatische Aberkennung der Republik China bewirkte. Die Initiative ging hauptsächlich von Kongressmitgliedern aus, die die KMT unterstützten. Der TRA ist eine Überlebensversicherung für Taiwan, ein Gesetzgebungsprodukt *sui generis*, denn er ist ein innerstaatliches Gesetz mit außenstaatlicher Schutzverpflichtung. Er bindet die USA, ihren Präsidenten, Taiwan und die Menschen auf Taiwan zu schützen. Damit ist keine staatliche Anerkennung der Republik China bzw. Taiwans verbunden, der Text spricht lediglich von „*governing authorities on Taiwan*".

Die Entscheidung der USA, diplomatische Beziehungen zur VR China aufzunehmen, fußt auf der Erwartung, die Zukunft Taiwans werde auf friedliche Weise geregelt. Nur an fünf Stellen steht im TRA „Republik China", und zwar in „Vergangenheitsform", als das Territorium, zu dem die USA bis zum 1. Januar 1979 diplomatische Beziehungen hatten, sonst ist 44-mal von Taiwan und acht-mal von den Menschen auf, dem Volk von Taiwan (*people of Taiwan*) die Rede. Das Gesetz verwendet einen umfassenden Sicherheitsbegriff: Die USA werden Taiwan Waffen defensiven Charakters liefern und allen Versuchen der Gewalt und anderen Zwangsmaßnahmen widerstehen, die die Sicherheit, das soziale, oder das ökonomische System der Menschen auf Taiwan gefährden. Darüber hinaus werden Erhalt und Steigerung der Menschenrechte der Bevölkerung Taiwans zu Zielen (*objectives*) der USA erklärt, was damals ein durchaus wünschenswertes Anliegen war. Der TRA trat drei Monate nach Aufnahme diplomatischer Beziehungen zwischen den USA und der VR China in Kraft. Der erweiterte Sicherheitsbegriff entspricht dem Selbstbestimmungsrecht der Völker, denn bei ihm geht es nach außen um die autonome Bestimmung des eigenen politischen Status und nach innen um die freie Wahl des politischen und sozio-ökonomischen Systems. (Klein 1990: 43)

Auch wegen dem TRA ist die „Taiwan-Frage" keine rein innerchinesische Angelegenheit, denn in seiner Kernaussage ist er ein funktionales Äquivalent zu dem „Mutual Defense Treaty between the United States of America and the Republic of China", der von 1955 bis 1979 gültig war. Der TRA entstand in der Zeit des Kalten Krieges und erwies sich als ein flexibel einzusetzendes Instrument bei den Beziehungen zwischen Washington, Taipei und Peking. Er wurde durch weitere Beschlüsse des US-Kongresses ausgebaut, wie dem „Taiwan Travel Act" vom März 2018[83] und dem „Asia Reassurance Initiative Act" (ARIA)[84] vom Dezember 2018. Sie ermöglichen verbesserte militärische Zusammenarbeit und Kontakte, auch die Berücksichtigung Taiwans in der Indo-Pazifik-Strategie der USA ist hier zu erwähnen. Jacques deLisle bezeichnete den TRA als den zweitbesten Ersatz für diplomatische und Sicherheitsbeziehungen zwischen den USA und Taiwan. (DeLisle 2019: 35) Er ist de facto eine Verteidigungszusage und fast weitergehender als der Vertrag von 1955, weil auch aufgezwungene Veränderungen des Gesellschafts- und Wirtschaftssystems auf Taiwan verhindert werden sollen. Angeblich wollte Präsident Carter gegen den TRA ein Veto einlegen, weil er um die Normalisierung der Beziehungen zur VR China fürchtete. Angesichts der Abstimmungsergebnisse – 339 zu 50 Stimmen im Repräsentantenhaus und 85 zu 4 im Senat – für das Gesetz war aber klar, dass sein Einspruch keinen Erfolg haben würde. Carter unterschrieb dann den TRA am 10. April 1979 und versicherte Peking, dass er bei dessen Auslegung einen großen Interpretationsspielraum habe und im Sinne der Erklärung zur Aufnahme diplomatischer Beziehungen zwischen den USA und der VR China handeln würde. (Tyler 2000: 274)

Beibehaltung, Absicherung und Ausbau des Status quo

Bei allen Staaten geht es um das Überleben. Präsident Lee Teng-hui stellte fest, Taiwan müsse in vermintem Gelände manövrieren und hier einen sicheren Kurs zu steuern sei alles andere als einfach. „Es geht darum, an dem Prinzip festzuhalten, dass Taiwan existiert. Taiwans Existenz ist eine Tatsache und solange Taiwan existiert, gibt es Hoffnung." (Lee, Teng-hui 1999: 95)

Die Position der KMT ist noch immer: Keine Gewalt, keine Unabhängigkeit, eine Wiedervereinigung nicht ausschließen. Ma Ying-jeou, der gegen Unabhängigkeit ist, aber acht Jahre Präsident einer Republik China war, wollte mit seiner Rapprochement-Politik darauf aufbauen, dass die VR China eine langfristige Perspektive habe und deshalb eine lange Phase eines gedeihlichen Status quo möglich sein könnte. Peking sieht in der sich ausweitenden Taiwanisierung eine Gefahr und befürchtete, Tsai Ing-wen werde eine Politik der stärkeren Eigenständigkeit verfolgen. (Wei/Lai 2017)

Seit Jahrzehnten betreibt die Republik China keine aktive Wiedervereinigungspolitik, sondern Krisenreduktion zur Absicherung von Taiwan. In ihrer Amtszeit war es erklärtes Ziel der Politik von Präsidentin Tsai, den Status quo zu bewahren, die ökonomische Abhängigkeit von der VR China zu verringern und informelle Kontakte sowie

---

[83] Taiwan Travel Act. https://www.congress.gov/bill/115th-congress/house-bill/535/text. Eingesehen am 12.05.2021.
[84] ARIA unter https://www.congress.gov/bill/115th-congress/senate-bill/2736/text#toc-HBC83E05F3C-B54A088207211061CF43FA. Eingesehen am 12.05.2021.

Wirtschaftsbeziehungen zu Japan und Staaten in Südost- und Südasien auszubauen; eine Anknüpfung an die Südpolitik des früheren Präsidenten Lee Teng-hui. (Jing 2016)

In ihrer Ansprache vom 20. Mai 2020, zum Antritt der zweiten Amtszeit, erwähnte sie die Republik China nur zweimal und sprach sonst immer von Taiwan. Nur ein kurzer Abschnitt in der Mitte der Rede war den Beziehungen zur Volksrepublik gewidmet, die bestimmt sein sollten von Frieden, Gleichheit, Demokratie und Dialog. Das Konzept des „ein Land, zwei Systeme" wurde erneut zurückgewiesen, denn es wäre eine Herabstufung von Taiwan und würde den Status quo untergraben. Beide Seiten, so Tsai, hätten die Pflicht, einen Weg zu finden, langfristig nebeneinander zu existieren und eine Intensivierung von Antagonismus und Unterschieden zu verhindern.[85]

Es gab keinen Hinweis auf eine anzustrebende formale Unabhängigkeit, was Befürworter einer „Republik Taiwan" enttäuschte, aber dem Willen der überwiegenden Mehrheit der Bevölkerung entspricht. Die Absicherung des Status quo wird auch in den kommenden Jahren im Vordergrund stehen, immer möglichst im Einklang mit dem, was Taipei für die Interessen Washingtons und die „Schmerzgrenze" Pekings hält.

Frage der Unabhängigkeit

Viele auf Taiwan suchen Trost in der Feststellung, eine Unabhängigkeitserklärung wäre nicht notwendig, denn man sei ja bereits unabhängig, was allerdings keine Absicherung des Status quo garantiert. Dennoch entspricht es den Tatsachen, denn die Republik China besteht auf Taiwan fort, wenn sie auch nicht Mitglied internationaler Organisationen ist und nur wenige, politisch unbedeutende Staaten, sie offiziell anerkennen. Sie wird juristisch oft als ein konsolidiertes de facto-Regime bezeichnet. (Stahn 2001) Wer sich auf Taiwan für die Beibehaltung des Status quo ausspricht, ist im Prinzip für die Unabhängigkeit.

Taiwan hat gegenüber dem Konzept des „Ein Land, zwei Systeme" keine klar formulierte Alternative, außer der Beibehaltung des Status quo, wie es Lee Teng-hui in seinem Interview mit der Deutschen Welle sagte: „Wir möchten den Status quo beibehalten und auf der Basis des Status quo mit Festland China eine friedliche Lage aufrechterhalten."

Die politischen Lager auf Taiwan wollen die Zukunft offenhalten, aber mit unterschiedlichen Zielvorstellungen. Die KMT propagiert nach wie vor ihr „ein China", wobei möglichst die Definition nicht zu plakativ thematisiert wird, denn dies biete Chancen für eine engere Zusammenarbeit mit der Volksrepublik, die später eventuell zu einer Wiedervereinigung führen könnte. (Wu, Yu-Shan 2011a) Die DPP ist für Absicherung und vorsichtigen Ausbau des Status quo, das Wort „Veränderung" muss vermie-

---

85 „Full text of President Tsai Ing-wen's inaugural address." https://www.Taipeitimes.com/News/Taiwan/archives/2020/05/21/2003736799. Eingesehen am 21.05.2020

den werden. Eine solche Politik soll eine Eskalation des Konflikts verhindern und irgendwann eine friedliche Zukunftslösung ermöglichen, der die Bevölkerung auf Taiwan zustimmt.

Vorschläge, konkrete Utopien. Taiwanische Vorschläge

In offiziellen Texten ist die Wortwahl eher geografisch. Der Volksrepublik reicht es meist, einfach nur „China" zu sagen bzw. zu schreiben. Taiwan verwendet oft Worte wie: beide Seiten, beide Seiten der Taiwan-Straße, Festland China, Festland und Taiwangebiet. Ein Beispiel dafür sind die Richtlinien für Nationale Vereinigung vom März 1991.[86] Als Ausgangslage wird festgestellt, beide, das Festland und das Gebiet Taiwan seien Teile des chinesischen Territoriums. Das Ziel, die Schaffung eines demokratischen und freien Chinas mit gerecht verteiltem Wohlstand, soll über drei Phasen erreicht werden.

Kurzfristig: Austausch und Gegenseitigkeit (Reziprozität).
Mittelfristig: Eine Phase des gegenseitigen Vertrauens und der Zusammenarbeit.
Langfristig: Eine Phase der Konsultation und Wiedervereinigung.

Ein Gesetz vom 16. Juli 1992 regelte dann die praktischen Beziehungen zwischen beiden Seiten. Es wird von einem Land und zwei Gebieten, zwei Regierungen gesprochen. Das war kein konkretes Programm zur Wiedervereinigung; es waren Allgemeinplätze, um den Beziehungen einen gewissen Rahmen zu geben, praktische Fragen zu regeln, aber nichts zu präjudizieren. Diese Formulierungen entsprachen damals der politischen Stimmungslage auf Taiwan. Lee Teng-hui war seit 1988 Präsident, aber seine Stellung in der KMT nicht gefestigt. Er bemühte sich um eine Demokratisierung, hatte die Entwicklung hin zur Deutschen Einheit aufmerksam verfolgt, war sich aber für Taiwan bewusst, dass ein behutsames Vorgehen einstweilen unumgänglich sei. Im Herbst 1990 erließ der Nationale Wiedervereinigungsrat Richtlinien für die Beziehungen zur Volksrepublik. Ausgehend von der Feststellung, dass es in Peking und Taipei jeweils eine Regierung gebe, die beide legitime politische Einheiten seien und effektiv die Jurisdiktion über das Festland bzw. Taiwan ausübten, sollten sie ihre Beziehungen auf der Basis der Gleichrangigkeit und des gegenseitigen Nutzens durchführen und in der internationalen Gemeinschaft nicht gegeneinander konkurrieren. Diese Richtlinien waren eine Art Gegenentwurf von Lee Teng-hui zu den „Neun Punkten" von Ye Jianying und Deng Xiaopings „ein Land, zwei Systeme". (Chen 1995: 243)

Einige Jahre später konnte Lee sich noch deutlicher äußern und er plädierte für gleichberechtigte Zusammenarbeit unter Anerkennung der Tatsache, dass China geteilt sei. In einer Rede vom 8. April 1995 nannte er sechs Punkte, die er später mit vari-

---

[86] Mainland Affairs Council. Hg. 1992. *Guidelines for National Unification*. Taipei: Mainland Affairs Council.

ierendem Wortlaut oft wiederholte.[87] Sie lassen sich so zusammenfassen: Obwohl es in der Zukunft ein China geben wird, ist China derzeit geteilt. Peking hat nie Jurisdiktion über Taiwan ausgeübt. Beide Seiten der Taiwan-Straße werden von unterschiedlichen politischen Entitäten regiert, eine objektive Tatsache, die nicht verneint werden kann. Die Wiedervereinigung Chinas muss sich allmählich und in geordneter Weise vollziehen; sind die Bedingungen dafür vorhanden, wird sie sich auf natürliche Weise ergeben. Ein Zeitplan ist nicht erforderlich. Der Fortschritt der Demokratisierung auf dem Festland und Verbesserungen bei den Beziehungen über die Taiwan-Straße werden über das Tempo Richtung friedlicher Wiedervereinigung entscheiden. Bis es soweit ist, steht den Menschen der Republik China auf Taiwan das Recht auf Selbstverteidigung zu. Es ist notwendig, die Errungenschaften der Demokratisierung auf Taiwan zu bewahren und demokratischen Wandel auf dem chinesischen Festland zu ermutigen. Um überleben und sich entwickeln zu können sollte die Republik China auf Taiwan die internationalen Mitwirkungsmöglichkeiten genießen, die sie in den 1950er und 1960er Jahren hatte. Auf diese Weise könnten die Menschen auf beiden Seiten gleichberechtigt Beiträge für die internationale Gemeinschaft leisten. Kooperation sollte Antagonismus ersetzen und Gleichrangigkeit Animosität ablösen. Beide Seiten sollten miteinander kommunizieren sowie kooperieren und dies auf der Basis von Gleichrangigkeit und gegenseitigem Respekt. (Lee Teng-hui 1999: 122 f.)

Es geht Taiwan primär um Anerkennung der Teilung, Geichrangigkeit und Gewaltfreiheit. Damit soll eine langfristige Entwicklung ermöglicht werden, die über Annäherung zu einer demokratischen Vereinigung führen könnte, aber nicht muss. Nicht nur auf Taiwan wurde gehofft, sollte sich die VR China durch Öffnung und Modernisierung verändern, könnte das eine Politisierung im Sinne von Demokratisierung bewirken. Als James Mann Zweifel an dieser „Chinaphantasie" äußerte, wurde er von fast der gesamten Zunft der professionellen Chinabeobachter:innen scharf kritisiert. (Mann 2008)[88] Die damals vielfach prognostizierte Entwicklung ist noch nicht eingetreten, im Gegenteil. Denn

> [...] anders als erwartet ging Chinas wirtschaftliche Globalisierung mit einer neuen Strategie des autoritären Machterhalts einher. Seit den späten 2000er Jahren formuliert Peking eine selbstbewusste Außenpolitik, die darauf zielt, die internationale Ordnung den Bedürfnissen des erstarkten Einparteienstaates anzupassen. Zu diesem Zweck verfolgt China einen expansiven Kurs im Ost- und Südostchinesischen Meer, pflegt eine Drohkulisse gegenüber Taiwan, sucht die USA als regionalen Hegemon zu verdrängen und unternimmt eine Neudefinition des Menschenrechtsregimes. (Groitl/Viola 2021: 32)

---

87 Abgedruckt in *Lien Ho Pao* vom 9.4.1995. Englische Übersetzung in SWB, FE/2274 vom 10.4. 1995, S. F/1–3.
88 So z. B. in der Buchkritik von David M. Lampton: „The China Fantasy," Fantasy. *CQ*, 191 (September 2007), S. 745–749. Eine Reaktion von Mann steht auf den Seiten 750–754.

Es war die Volksrepublik selbst, die im Ausland eine neue Einschätzung bewirkte, denn die „[…] Hoffnung, China werde sich im Zuge von Modernisierung und Wohlstandsbildung im Innern liberalisieren und nach außen friedlich und regelkonform verhalten, hat sich als Fehleinschätzung erwiesen." (Hilpert/Stanzel 2021: 49)

Bei Diskursen über die Zukunft der Beziehungen zwischen Peking und Taipei mangelt es an konkreten Utopien, deshalb werden hier kurz Überlegungen angetippt. Realisierungschancen müssen nicht im Vordergrund stehen, wenn Vorschläge für eine nur spärlich geführte Debatte gemacht werden.

Die Republik China (Taiwan) bewegt sich im engen Spielraum der Selbstbehauptung durch Absicherung des Status quo. Es geht um Deeskalation und darum, zu vermeiden, ungeschützt einen neuen Staat auszurufen, denn einen solchen Schritt hat die VR China mehrfach als Casus Belli bezeichnet. Sie hat sich damit aber auch in Zugzwang gebracht und es ist kaum vorstellbar, unter welchen Umständen sie eine Art von Unabhängigkeitserklärung tolerieren könnte. Für einen solchen Schritt gibt es aus wohlverstandenem Eigeninteresse Taipeis auch keine zwingende Notwendigkeit, denn die Republik China (Taiwan) ist de facto souverän, wenn auch nur minimal völkerrechtlich anerkannt.

Beide Seiten sollten zu der Übereinstimmung gelangen, dass „ein China" sich historisch-kulturell definiert, es sich dabei um gemeinsame Erfahrungen aus der Vergangenheit, um ein gemeinsames Projekt für die Zukunft handelt, das umzusetzen nach einer längeren erfolgreichen Phase der Normalisierung vorurteilsfrei und ohne Druck zu diskutieren wäre. Zur Verbesserung der Kommunikation könnten die bestehenden Institutionen genutzt werden, auch die Errichtung von Verbindungsbüros wäre sinnvoll, z. B. Büros von politischen Parteien mit offiziösem Charakter.

Mitgliedschaft in den Vereinten Nationen

In der Resolution Nr. 2758 der VN vom 25. Oktober 1971 ist die Republik China nicht mit Namen erwähnt, es geht in ihr um die sofortige Entfernung der Vertreter Chiang Kai-sheks (*expel forthwith the representatives of Chiang Kai-shek*).[89] Dieser Ausschluss erfolgte nicht satzungskonform und außerdem war die Republik China kurz vor ihrem Hinauswurf noch schnell selbst ausgetreten.

Die Republik China (Taiwan) könnte erklären, dass der Austritt damals der Akt eines totalitären Regimes war, der in keinster Weise dem Willen der Bevölkerung entsprach. Bei viel gutem Willen könnte der Austritt als vorübergehender Rückzug interpretiert werden, eine quasi schwebend unwirksame Mitgliedschaft, die eine Rückkehr offen lässt. Sollten politische Bereitschaft und notwendige Unterstützung vorhanden sein, müsste es Juristen und Juristinnen gelingen, hier eine Lösung auszuarbeiten. Die-

---

[89] https://www.digitallibrary.un.org/record/192054?v=pdf. https://www.web-archive-2017.ait.org.tw/en/un-res-2758-voted-to-admit-communist-china.html. Eingesehen am 22.03.2024.

se Idee könnte von den USA, Kanada, Japan, der EU, Australien und anderen Staaten zumindest als Diskussionsthema durchdacht werden. Vielleicht wäre die Republik China (Taiwan) sogar bereit, rückwirkend ausstehende Mitgliedsbeiträge in Raten zu zahlen, was zumindest bei der Verwaltung der VN auf Zustimmung stoßen sollte.

Ein Land, zwei Systeme auf unterer Ebene

Ein weiterer Vorschlag bezieht sich auf „Ein Land, zwei Systeme" auf der Ebene der Provinz Fujian, es wäre dann „Eine Provinz, zwei Systeme".

Die Inselgruppen von Jinmen (Quemoy) und Matzu gehörten nicht zu den Gebieten, die 1895 vom chinesischen Kaiserreich an Japan mit dem Vertrag von Shimonoseki abgetreten wurden. Auch im Friedensvertrag von San Francisco (1952) finden sie keine Erwähnung. Die von der Republik China verwalteten Inseln liegen direkt vor der Festlandsprovinz Fujian und sie gelten Taipei als administrativer Teil dieser Provinz, über die sie allerdings seit 1949 keine Jurisdiktion mehr hat. Diese Konstellation gab Chiang Kai-shek und der KMT die Möglichkeit, zu sagen, sie hätten noch „einen Fuß auf dem Festland." Es könnte geprüft werden, in welchem Maße diese Inseln im 21. Jahrhundert noch essentiell für die Verteidigung Taiwans sind. Zwischen ihnen und Fujian gibt es vielfältige Kontakte; ähnliche Gebräuche, Traditionen und die Sprache sind fast gleich. Bei Wahlen erhalten dort Parteien oft Zuspruch, die sich für eine Wiedervereinigung einsetzen. Wenn sich dafür eine Zustimmung fände, sollten Vertreter der Inseln mit Vertretern Fujians Gespräche führen, ob die Inseln autonome Sonderverwaltungs-Landkreise der Provinz werden könnten, orientiert an einem erweiterten Hongkong-Modell. Wenn die Wahlberechtigten dann einer solchen Regelung für eine befristete Laufzeit mit qualifizierter Mehrheit zustimmen, könnte sie implementiert werden. Ähnlich dem Vertrag von Shimonoseki (Art. 5) sollte den Einwohner:innen für einen Zeitraum von zwei Jahren freigestellt werden, zu bleiben, oder die Inseln zu verlassen. Taiwan sollte in diesem Fall Kosten für Übersiedlung und Kompensation übernehmen. Käme es zu einer solchen Regelung, dürfte sie nicht als Präzedenzfall für Taiwan betrachtet werden, weil Jinmen und Matzu stets als Teil von Fujian angesehen wurden, von einer möglichen politischen Sogwirkung einmal abgesehen. Bei einer Diskussion dieser Idee wären zumindest die geführten Gespräche für beide Seiten ein interessantes Lernerlebnis, aus dem sie unterschiedliche politische Schlussfolgerungen ziehen könnten. Der Charme eines solchen Arrangements für Taipei bestünde darin, dass dann tatsächlich ein China und ein Taiwan existierten. Das könnte ein Grund sein, warum die Volksrepublik ein solches Ansinnen nicht nur indigniert, sondern vehement und empört zurückweisen würde.

In Anbetracht der politischen Lage und der gegebenen Machtverhältnisse sind die gemachten Vorschläge ziemlich phantastisch, sie sollen lediglich Diskussionen anregen. Es wäre auch interessant, zu beobachten, wie die Bevölkerung auf solche Ideen in der Volksrepublik und auf Taiwan reagieren würde.

Auch andere Entwicklungen sind denkbar. Seit dem Krieg Russlands gegen die Ukraine ab Februar 2022 beobachtet Peking genau militärische Entwicklungen und die Wirkungen der gegen Russland verhängten Sanktionen. Es ist nicht völlig auszuschließen, dass die VBA in einer Blitzaktion Jinmen und Matzu besetzt.[90] Taiwan und andere werden protestieren, aber es wird nicht zu einer militärischen Rückeroberung kommen. Für Peking wäre es ein Test für die Machbarkeit eines eventuellen kriegerischen Vorgehens gegen Taiwan. Für Taiwan wäre die Wirkung ähnlich wie bei dem Vorschlag „Eine Provinz, zwei Systeme", denn die Republik China bestünde dann tatsächlich nur noch aus Taiwan, dem Pescadores-Archipel und einigen kleinen Inseln an der Ostküste, aber ohne die, die zu Fujian gerechnet werden. Außerdem könnte ein solches Vorgehen Pekings die Zahl der internationalen Unterstützer Taiwans vergrößern sowie die Zahl derer auf der Insel, die eine Unabhängigkeit anstreben.

Ungelöste Probleme

Wenn zwei aufeinanderfolgende Präsidenten der Republik China, die zu unterschiedlichen politischen Lagern gehören, in ihren Ansprachen zur Amtseinführung sagten, sie würden keine Unabhängigkeit ihres Staates erklären, dann kann dies nur bedeuten, der Staat, den sie repräsentieren, auf dessen Verfassung sie vereidigt wurden, ist bereits unabhängig.[91] Diese semantische Übung ist der Versuch eines politischen Sowohl-als-Auch, das Bemühen, eine feine Linie zu ziehen zwischen de facto- und de jure-Unabhängigkeit. Die Republik China hat eine sehr schwierige und heikle Balance zu vollziehen, nämlich zwischen „[...] der Aufgabe, die Sicherheit und Würde der Republik China zu bewahren, einem Rapprochement mit dem Festland sowie Frieden und Stabilität in der Taiwan-Straße."[92] Um einen solchen Balanceakt beibehalten zu können, ist es erforderlich, die VR China nicht zu provozieren. Das Problem besteht aber genau darin, dass die Volksrepublik die alleinige Deutungshoheit beansprucht über das, was sie als Provokation erachtet und was nicht, wobei ihr oft die USA sekundieren, der wichtigste „Verbündete" Taiwans.

Abgesehen von unterschiedlichen Strategien und Zielsetzungen ist ein weiteres Problem, dass beide Seiten denken, die Zeit arbeite für sie. Niemand vermag überzeugend zu sagen, ob dies für Taiwan der Fall sein wird und warum die Volksrepublik eine Politik auf Gegenseitigkeit und Gleichrangigkeit betreiben sollte. Normalisierung

---

[90] Auch eine Besetzung der Taiping-Insel ist denkbar, sie liegt im Südchinesischen Meer, gehört zu dem Spratly-Archipel und wird von Taiwan verwaltet. Es gibt die Idee, Taiwan sollte sie an die USA verpachten.
[91] Diese Präsidenten waren Chen Shui-bian (2000–2008) von der DPP und Ma Ying-jeou (2008–2016) von der KMT.
[92] Aus einer Ansprache von Präsident Ma Ying-jeou vor einer internationalen Konferenz über den Taiwan Relations Act am 12. April 2009 in Taipei: „Legislation forms bedrock of ROS-US ties." *Taiwan Journal*, 17. April 2009, S. 8.

zwischen geteilten Nationen ist ein Prozess, der meist mit einseitigen Vorleistungen beginnt, die zu erbringen der stärkeren Seite leichter fällt. Taiwan, die weitaus schwächere Seite, fühlt sich gezwungen, diese Konzessionen zu machen, nicht unbedingt aus Überzeugung und als erste Schritte einer langfristigen Strategie, sondern weil es keine Alternativen zu geben scheint. Andererseits scheint Peking überzeugt zu sein, die Grenzen der ihm möglichen Flexibilität erreicht zu haben. Das Vorgehen in Hongkong seit 2020 hat die Konzessionsbereitschaft Taiwans jedoch merklich reduziert.

Von der VR China und Taiwan gab es zwar Vorschläge, aber es überwiegen Auflistungen von Handlungen, die nicht erlaubt seien und nicht annehmbare Forderungen. Es gab kaum Bemühungen, auszuloten, ob kleinste gemeinsame Nenner zu identifizieren sind und was die andere Seite mit ihren Vorschlägen konkret meint.

„Wandel durch Annäherung" hatte in Deutschland letztlich Erfolg. Die Hoffnung, dass durch Konvergenz eine Normalisierung der Beziehungen, gar eine Wiedervereinigung, zu erzielen sei, die ist auch bei China/Taiwan oft geäußert worden. Auf Taiwan wird noch immer auf einen demokratischen Wandel in der VR gehofft, der ein friedliches Nebeneinander, eventuell eine Vereinigung oder sogar eine Unabhängigkeit ermöglichen könnte. Was Tsai Wen-Hui 1998 schrieb, ist ein langlebiger, diffuser Hoffnungsschimmer. „Da Festland China mit der wirtschaftlichen Modernisierung voranschreitet und die internationale Arena wieder betritt, haben Kontakte mit der Republik China stetig zugenommen. Die Saat der Konvergenz und Wiedervereinigung zwischen beiden Seiten der Taiwan-Straße hat Wurzeln geschlagen und wächst." (Tsai 1998: 3) Wegen dieser Entwicklung war Tsai optimistisch: „Sozioökonomische Konvergenz zwischen den beiden Seiten der Taiwanstraße wird helfen, die Kluft zu verringern und wird schließlich eine Wiedervereinigung auf friedlichem Wege herbeiführen." (Ebd.: 31) Inzwischen ist das Wachstum kümmerlich, wenn nicht gar rückläufig. In der VR China wird erwartet, dass Taiwan, auch wegen vermehrter Kontakte, seine letzte Chance in der Akzeptanz des „Ein Land, zwei Systeme Modells" erkennt. Der Trend geht eher in die entgegengesetzte Richtung, denn vermehrte Interaktion führt zunehmend zu Absatzbewegung. Auf Taiwan werden hier nicht Konvergenz, positive Veränderungen auf beiden Seiten, Annäherung, sondern vermehrte Abhängigkeit, sowie Bedrohung und Ungeschütztheit konstatiert. Die von Xi Jinping seit 2020 verstärkt verfolgte Politik nährt diese Befürchtungen.

Klement Gu, ein Diplomat der Republik China, hat die spannungsreichen Beziehungen zwischen der Volksrepublik und der Republik wie folgt zusammengefasst:

> Seit 60 Jahren hat sich die Festlandchina-Politik Taiwans immer wieder gewandelt, von der völligen Ablehnung von Gesprächen mit den sogenannten Rebellen über die Zwei-Staaten-Theorie bis zum Streben nach der Unabhängigkeit Taiwans. Heute ist man in erster Linie an der Beibehaltung des Status quo interessiert. Andererseits ist die Taiwan-Politik Festlandchinas von unterschiedlichen strategischen Ansätzen geprägt, welche die Möglichkeit einer Befreiung durch Gewalt wie auch eine friedliche Wiedervereinigung, die Formel „ein Land-Zwei Systeme", die Ablehnung der Unabhängigkeit Taiwans wie auch die Forderung der Wiedervereinigung einschließen. (Gu 2010: 413)

Tab. 5: Prinzipien und Politikziele von Präsidenten der Republik China seit 1949

Präsident/Präsidentin	Politik	Zeit
Chiang Kai-shek Yen Chia-kan Chiang Ching-kuo	Keine Unabhängigkeit, es gibt nur ein China und das ist die Republik China. Bis etwa Mitte der 1970er Jahre, zumindest verbal, Rückeroberung des Festlandes.	1949–1988
Lee Teng-hui	Keine Wiedervereinigung, keine Unabhängigkeit, aber zwei Regierungen, ab 1999 zwei Länder mit besonderen Beziehungen zueinander.	1988–2000
Chen Shui-bian	Keine Wiedervereinigung, ein Land auf jeder Seite der Taiwanstraße.	2000–2008
Ma Ying-jeou	Konsens von 1992 mit unterschiedlicher Auslegung. Sich gegenseitig nicht leugnen, möglichst viele Kontakte und Zusammenarbeit.	2008–2016
Tsai Ing-wen	Keine zustimmende Erwähnung des Konsenses von 1992, strikte Ablehnung von „Ein Land, zwei Systeme", Beibehaltung, Absicherung und wenn möglich, Ausbau des Status quo. Reduzierung ökonomischer Abhängigkeit von China. Intensivierung der Beziehungen zu den USA.	2016–2024
William Lai (Lai Ching-te)	Taiwan ist bereits unabhängig und kein Teil der Volksrepublik, deshalb keine Unabhängigkeitserklärung und keine Wiedervereinigung. Beibehaltung und Verbesserung des Status quo. Enge Zusammenarbeit mit den USA	2024-

Im Januar 2024 wurden auf Taiwan ein neuer Präsident und das Parlament gewählt. Präsident Lai und die Vize-Präsidentin gelten in der VR China als „gefährliches Separatisten-Duo", dem Peking wohl kaum mit Entspannungspolitik entgegenkommen wird. Schon im selben Monat kamen schrille Töne aus Peking: Status quo verhindert die Wiedervereinigung, China werde anders auftreten, denn es ist jetzt in der Lage und willens für eine militärische Lösung, wer sich vom Ausland einmischt, wird als Feind behandelt.

Die Führung, die Elite und die Bevölkerung auf Taiwan, sie alle müssten Anstrengungen unternehmen, um sich darauf zu einigen, was nationale Identität, politische Machbarkeit und Erfordernisse des Überlebens anbelangt. (Brown 2004. Schubert 2005) Es sollte auf Taiwan mehr Zeit und Sorgfalt darauf verwandt werden, die Möglichkeiten, Flexibilität und Friedenskapazität zu erkunden, die in Vorschlägen der VR China vorhanden sein könnten und es sollte klar sein, dass Darlegungen Pekings zu Taiwan das Ergebnis von Kompromissen sind. Das hängt auch vom politischen Klima auf Taiwan ab. Solange dort die überwiegende Mehrheit der Bevölkerung das Gefühl hat, Wiedervereinigung sei eine Bedrohung, dürfte auf konziliante Äußerungen Pekings wohl eher mit dem Sprichwort „Honig auf den Lippen, aber Mord im Herzen" (口腹蜜餞) reagiert werden.

Im Ausland wird immer wieder die Erwartung einer friedlichen Lösung betont. Es wäre hilfreich, Peking um Auskunft darüber zu ersuchen, warum es glaubt, Gewaltanwendung nicht ausschliessen zu können und warum es auf der koreanischen Halbinsel die Existenz zweier Staaten anerkennt, bei der Taiwan-Straße aber nicht. Die Geschichte habe sich halt anders entwickelt ist keine hinreichende Antwort. Es wäre zu unterstreichen, dass Gewaltanwendung, die Drohung mit Wiedervereinigung, nicht akzeptabel sei, dass eine Wiedervereinigung definitiv besser sein müsse als der Status quo, und sie die Zustimmung der unmittelbar Betroffenen erfordere. Wenn sich nach Errichtung einer „Sonderverwaltungsregion Taiwan" bis auf den Namen faktisch, zumindest erst einmal, fast nichts ändern soll, dann wäre eine Vereinigung unter solchen Auspizien doch reine Symbolik.

Eine solche höfliche aber deutliche Meinungsäußerung des Auslandes könnte Peking bei der Einsicht helfen, dass die bisherige Taiwanpolitik kontraproduktiv ist, denn sie fördert Taiwanisierung und eine nicht nur mentale Absatzbewegung vom Festland.

Die Wertschätzung Taiwans

Bei der Unterstützung Taiwans ist oft die Rede von Wertegemeinschaft und dass hier der Beweis erbracht werde, eine pluralistische vitale Demokratie könne auch in einer konfuzianisch geprägten Gesellschaft reüssieren. Das ist nicht falsch, aber diese Formulierungen sind Vokabular des politischen Marketings. Taiwan ist weltweit führend bei Forschung und Produktion von Halbleitern. Über 50 Prozent der Hochleistungschips werden von einer taiwanischen Firma hergestellt. Taiwan war 2021 der neuntgrößte Handelspartner der USA, und der zehntgrößte der EU. Im Jahr 2022 hatte es Rang fünf bei Währungsreserven.

Es geht den USA und anderen nicht vorrangig um die Demokratie auf Taiwan, sondern darum, ob die Insel für sie nützlich oder eine Belastung ist. Kein Staat hat wohl in den letzten hundert Jahren mit so vielen Diktaturen kooperiert, wie die USA und viele von ihnen dann gehen bzw. fallen lassen, wenn sie ihre Schuldigkeit getan hatten. Die USA unterhielten diplomatische Beziehungen mit der Republik China, als sie eine Diktatur mit Kriegsrecht war und sie beendeten diese offizielle Beziehung, als Taiwan begann, sich auf den Weg hin zur Demokratie zu begeben. Für viele Staaten ist Taiwan primär bedeutsam wegen seiner geografischen Lage und als kleines, aber wichtiges Gegengewicht gegen die Expansion der VR China. Matthias Naß nennt Taiwan den Dominostein, dessen Fall die ganze Sicherheitsarchitektur Asiens zum Einsturz bringen würde. (Naß 2023: 77 ff.)

6.5 Korea

Von den hier behandelten Fällen dauert die Teilung Koreas am längsten, außerdem wird dort eine Vereinigung als am dringlichsten dargestellt und der tatsächliche und/ oder staatlich verordnete Wunsch nach ihr ist am größten.

> Die Wiedervereinigung Koreas ist ein höchst emotionaler Streitfall für Koreaner. Sie bleibt ein sakrosanktes Symbol in den Gemütern und Herzen der Menschen. Außerdem sind Koreaner davon überzeugt, dass die Teilung unnatürlich ist und willkürlich von fremden Mächten gegen den Willen der Koreaner herbeigeführt wurde. (Yim 1978: 73)

Diese Feststellung aus dem Jahr 1978 trifft im Kern noch immer zu, wenn auch in der jüngeren Generation die Dringlichkeit einer Lösung nicht mehr höchste Priorität hat. Für Politiker:innen in Korea ist das Thema Wiedervereinigung nach wie vor von überragender Bedeutung. Sie wird als eine Art „Allheilmittel" für Koreas Probleme betrachtet, denn damit würde die ausländische Bevormundung enden und das gemeinsame Korea könnte alle seine Ressourcen dem Wohle der ganzen Halbinsel widmen. Es gab in diese Richtung viel Bewegung, aber kaum Fortschritt. Deshalb bleibt die Einschätzung von Kwak Tae-Hwan mehr oder weniger noch immer eine uneingelöste Absichtserklärung:

> Frieden und Koreas Wiedervereinigung können als Prozess der Zusammenarbeit und Konfliktlösung zwischen der Republik Korea und der Demokratischen Volksrepublik Korea betrachtet werden und zwar durch Handhabung, Regulierung, Verringerung und Beendigung inter-koreanischer Konflikte über inkompatible Werte, Ziele, Ideologien und Systeme. (Kwak 1992: 332)

Auch seine Forderung nach einem gemeinsamen Plan von Süden und Norden ist nach wie vor aktuell: „Beide Seiten müssen in kreativer Weise ihre Geisteshaltungen, Politiken und Verhaltensweisen einander anpassen, um der politischen Integration Koreas Vorschub zu leisten." (Ebd. S. 335) Wie dies geschehen könnte, darüber wurde bisher keine Einigung erzielt. Diese Uneinigkeit und der Mangel an realistischen Vorstellungen kennzeichnen auch die Haltung des Auslandes, so zum Beispiel der USA. (Park TG 2012)

In Washington, das mit Moskau 1945 unter Zeitdruck und eher aus praktischen Erwägungen die Teilung der Halbinsel vereinbarte, gab es in den Jahren danach kaum konkrete Vorstellungen über deren Zukunft, was eine Äußerung des Außenministers Dean Acheson deutlich macht. „In Korea, so unsere ziemlich aussichtslose Hoffnung, könnten die Vereinten Nationen einen Rückzug der russischen und der US-amerikanischen Truppen von dem geteilten Land bewerkstelligen, dem eine Wiedervereinigung folgen würde." (Acheson 1969: 257) Truppen der SU hatten die DVRK 1948 verlassen, die aus der VR China blieben bis 1958, Truppen der USA sind noch immer im Süden der Halbinsel und eine Wiedervereinigung ist nicht erfolgt.

Acheson wurde vorgeworfen, in einer Rede vom 15. Januar 1950, „unfreiwillig, aber völlig weltfremd", so Gottfried-Karl Kindermann, (Kindermann 2001: 341), die VR

China und Nordkorea quasi zur Aggression eingeladen zu haben, als er die Verteidigungslinie der USA beschrieb: Von den Aleuten über Japan, die Ryūkyū Inseln bis zu den Philippinen, (Acheson 1969: 357) also nicht unter Einbezug von Korea und Taiwan. Diese Sicht der Dinge war allerdings Anfang 1950 einhellige Meinung von General MacArthur und der Stabschefs der US-Streitkräfte. Sie ist ein Beispiel dafür, dass Washington seit dem ersten Präsidenten Roosevelt selten die Bedeutung der koreanischen Halbinsel für Nordostasien richtig einzuschätzen vermochte.

In Korea gibt es keine kontinuierliche Wiedervereinigungspolitik. Wiedervereinigung ist Chefsache und von der Bevölkerung wird Unterstützung erwartet, zu Initiativen und Konzepten kommt es meist als Reaktion auf internationale Entwicklungen. Inspiriert durch den fast totalen Sieg der KP Chinas im chinesischen Bürgerkrieg und durch Aufstände im Süden war der erste und bislang konkreteste Plan für die Wiedervereinigung Koreas ein Bürgerkrieg. Er bewirkte das Gegenteil, nämlich die Fortsetzung der Teilung.

Nach Beginn der Feindseligkeiten, in einer Rundfunkansprache am 26. Juni 1950, erklärte Kim Il-sung, neben anderen Zielen solle „[...] die große Aufgabe der Vereinigung des Vaterlandes unter dem Banner der Demokratischen Volksrepublik Korea vollendet werden." (Koh, B. C. 1986: 22) Nach drei Jahren, vom 25. Juni 1950 bis zum 27. Juli 1953, wurden die Kampfhandlungen durch einen Waffenstillstand beendet, (Foot 1990) und die Teilung zementiert, mit einer Trennlinie etwa wieder dort, wo sie bereits vorher verlief. Über Ursachen und Initiatoren des Kriegsausbruchs gibt es andauernde Diskussionen,[93] unbestritten ist jedoch, dass er, mit massiver ausländischer Beteiligung, noch immer ein wirkungsmächtiger negativer Bestimmungsfaktor für die Beziehungen zwischen der DVRK und der Republik Korea ist. Er fördert anhaltendes Misstrauen und erschwert zugleich Normalisierung, die aber eine dringende Notwendigkeit ist.

Wiedervereinigung als Verfassungsgebot

In Artikel 5 der Verfassung der DVRK vom 27. Dezember 1972 werden der Aufbau des Sozialismus, die Vertreibung von fremden Kräften – gemeint sind in erster Linie die USA – und die Wiedervereinigung als Teile eines Zieles beschrieben:

> Die Koreanische Demokratische Volksrepublik kämpft dafür, in der nördlichen Hälfte den vollen Sieg des Sozialismus zu erreichen, im gesamten Landesmaßstab die fremden Kräfte zu vertreiben, das Vaterland auf demokratischer Grundlage friedlich zu vereinigen und die volle nationale Unabhängigkeit zu erringen. (Brunner/Meisner 1980: 312)

---

93 Siehe hierzu u. a. Cumings 1981, 1990. Goncharov et al. 1993. Hua/Zhai 1990. Kim, CB 1994. Kim, Hakjoon 1996. Kim Yj 2017. Li 1994. Park MS 1994. Stöver 2013. Wada 2014 und Whiting 1960.

Laut der Verfassung von 2016 ist die Wiedervereinigung nach wie vor oberstes nationales Ziel und es wird ein gesamtkoreanischer Aspekt hervorgehoben, denn dieses Ziel solle durch Anstrengungen und Sorgfalt der gesamten Nation erreicht werden, womit natürlich die Führung durch den Norden gemeint ist.

Laut Verfassung der Republik Korea (RK) soll die Wiedervereinigung friedlich und basierend auf Prinzipien von Freiheit und Demokratie erreicht werden. Auch hier wird der gesamtkoreanische Aspekt betont, denn die nationale Einheit gilt es durch Gerechtigkeit, humanitäre Gesinnung und brüderliche Liebe zu erreichen.

Beide Staaten in Korea haben den Anspruch, das alleinige Korea zu sein bzw. zu vertreten, und der Alleinvertretungsanspruch des Südens fällt besitzergreifender aus; laut Artikel 3 umfasst die RK die ganze Halbinsel und umliegende Inseln. In der Verfassung der DVRK gibt es keine solche Präzisierung, vielleicht weil sie als völlig selbstverständlich angesehen wird und deshalb keiner besonderen Hervorhebung bedarf. Den Alleinvertretungsanspruch haben aber beide Seiten nie rigide praktiziert.

Konstanten bei Vorschlägen und Verhalten

Seit der Errichtung von zwei Staaten in Korea gibt es Bemühungen, den eigenen Staat abzusichern, aber die Teilung möglichst bald zu überwinden. Seit über 75 Jahren gibt es Prinzipien, Absichtserklärungen und Vorschläge, ohne dass es bisher dauerhaft zu praktischen Umsetzungen kam.

Laut offiziellen Erklärungen will die DVRK eine Vereinigung gewaltfrei, ohne fremde Einmischung, durch den Abzug fremder Truppen, über eine Konföderation und auf der Basis der einen koreanischen Nation sowie ideologische Unterschiede transzendierend erreichen. Die RK verkündet immer wieder, eine Wiedervereinigung friedlich, demokratisch und durch einen schrittweisen Prozess über Konföderation, Föderation und eine Systemangleichung erreichen zu wollen und dies mit vorübergehender Beibehaltung der Stationierung von US-Truppen als Stabilisator. Es ist völlig klar, dass von ganz unterschiedlichen Demokratievorstellungen ausgegangen wird und es ist unklar, wie und in welchen Bereichen sich der Süden eine Systemangleichung vorstellt.

Die Vorschläge für Zusammenarbeit und Wiedervereinigung, die die DVRK machte, orientierten sich an eigenen Vorstellungen und Möglichkeiten, an der internationalen Lage und stets auch an Veränderungen im Süden, die für Pjöngjang oft überraschend kamen; andererseits ist Seoul häufig von Entscheidungen des Nordens überrascht worden. (Kim Hj 1977)

Seit Jahrzehnten ist in den inter-koreanischen Beziehungen fast durchgängig ein Muster erkennbar. Immer wenn es positive Überraschungen gab und Hoffnungen wuchsen, kam es zu Enttäuschungen und Rückschlägen, meist wegen unrealistischer Erwartungen und großen Veränderungen im Innern sowie im Ausland.[94]

Die Herangehensweisen beider Seiten sind sowohl dogmatisch als auch pragmatisch. Der Süden machte konkrete Vorschläge und der Norden bestand darauf, erst die allgemeine Situation zu ändern, ehe es überhaupt sinnvoll sei, praktische Schritte zu diskutieren. Bei der nächsten Gesprächsrunde gab es dann die umgekehrte Konstellation: Der Norden präsentierte eine Liste mit konkreten Maßnahmen, der Süden bestand auf dem Vorrang von grundsätzlichen Klärungen.

Ein Beispiel für diese Haltung enthält der Bericht des stellvertretenden Außenministers der DVRK, Li Dschin Mok, den er am 09.12.1972 Diplomaten osteuropäischer Botschaften in Pjöngjang gab.[95] Die Kooperation zwischen Norden und Süden solle im Bereich der Kultur beginnen.

> Was die Zusammenarbeit auf dem Gebiet der Wirtschaft anbelangt, so schlugen wir vor, gemeinsam die Eisenerzvorkommen im Norden zu erschließen, die Erkundung von Bodenschätzen in Südkorea gemeinsam vorzunehmen, gemeinsam den Fischfang durchzuführen, Bewässerungsanlagen im Süden aufzubauen und ein entsprechendes Komitee über ökonomische Zusammenarbeit zu schaffen. Jedoch die feindliche Seite antwortete auf unsere Vorschläge nicht. (PA AA 12. 1972: 2)

Einen ähnlichen und wohl noch immer durchaus typischen Vorgang gab es 1985. Im September dieses Jahres verlangte die DVRK die sofortige Errichtung eines gemeinsamen Komitees für wirtschaftliche Zusammenarbeit und legte einen Vertrag vor, bestehend aus vier Kapiteln und 32 Artikeln, der nur noch unterschrieben werden sollte. Der Süden reagierte mit einem Gegenvorschlag, der 24 Artikel umfasste. (Rhee 1986: 463 ff.) Seoul machte konkrete Vorschläge: 300.000 Tonnen Anthrazit sollten vom Norden gekauft und die wenigen noch fehlenden Kilometer Schienenstränge der Bahnverbindungen zwischen beiden Koreas gelegt werden. Pjöngjang erklärte, dass Form und Zeitpunkt dieser Vorschläge absurd seien, denn ohne Unterzeichnung eines umfassenden Vertrages wären solche Fragen nicht zu behandeln.

---

94 Überraschungen wie die Erklärung vom 4. Juli 1972 und das erste Gipfeltreffen vom Juni 2000; drastische Veränderungen wie der Militärputsch im Süden vom Mai 1961 und der Tod Kim Il-sungs im Juli 1994, Nukleartests der DVRK. Veränderungen im Ausland wie die Annäherung zwischen den USA und der VR China 1971–72, die Wiedervereinigung in Vietnam im Juli 1976, die Wiedervereinigung Deutschlands im Oktober 1990 und die Terrorangriffe in den USA am 11. September 2001.
95 Er informierte über die dritte Sitzung der gemeinsamen Vorsitzenden des Koordinierungskomitees von Nord und Süd, die am 13.11.1972 in Seoul stattgefunden hatte.

Frühe Vorschläge

Vor Gründung der RK (15. August 1948) und der DVRK (9. September 1948) gab es Bemühungen koreanischer Nationalisten, wie z. B. Kim Ku[96], eine Einigung zu erzielen, um die Teilung zu verhindern. Dazu kam es nicht, weil u. a. den führenden Akteuren Kompromissbereitschaft sowie Unterstützung fehlten und auch die jeweiligen Schutzmächte andere Interessen verfolgten.

Auf Initiative von Kim Il-sung schlug die Volksdemokratische Front für die Wiedervereinigung des Vaterlandes am 28. Juni 1949 vor, die Aufgabe einer Wiedervereinigung als alleinige Angelegenheit des koreanischen Volkes zu betrachten und den Abzug amerikanischer Truppen sowie der VN-Kommission sofort zu vollziehen. Diese Forderung ist noch immer aktuell. Wahlen sollten stattfinden und Wahlkomitees geschaffen werden, bestehend aus Vertretern unterschiedlicher Parteien sowie gesellschaftlicher Organisationen des Nordens und Südens. Ein Komitee sollte für die Überwachung des Abzugs fremder Truppen zuständig sein. Bis zum Zusammentritt einer neuen Legislative und dem Inkrafttreten einer neuen Verfassung sollte das Komitee eine Regierungsstruktur schaffen und die neue Regierung würde dann die Macht von den beiden bereits bestehenden im Norden und Süden übernehmen. Der Plan sah die Zusammenführung beider Streitkräfte vor, aber Einheiten des Südens, die früher an der Unterdrückung von dortigen Partisanen mitgewirkt hätten, die müssten aufgelöst werden. (Yim 1978: 5 f.)

Ein Jahr später, am 7. Juni 1950, erneuerte die Volksdemokratische Front ihren Plan und wartete mit Konkretisierungen auf. Vom 5. bis 8. August sollten Wahlen für eine gemeinsame Legislative durchgeführt werden und die dann am 15. August in Seoul zusammentreten, pünktlich zum fünften Jahrestag der Befreiung Koreas von Japan. Schon vorher, vom 15. bis 17. Juni, sollte eine Konferenz von Repräsentanten aller politischen Parteien und gesellschaftlichen Organisationen Richtlinien für die Wiedervereinigung und andere Themen ausarbeiten; es wurden auch Personen – fast die gesamte oberste Führung des Südens – und Organisationen genannt, die nicht teilnehmen dürften. (Kim, Se Jin 1976: 41 f.) Also ein Vorschlag vom 7. Juni 1950, mit Zeitangaben für den August. Hier scheint in Pjöngjang keine Ressortabstimmung stattgefunden zu haben oder es handelte sich um vorausschauende Planung, denn am 25. Juni begann auf breiter Front der Koreakrieg.

Vorschläge nach dem Koreakrieg

Nach dem Bürgerkrieg sind beide Seiten vielfach mit Reden, Initiativen und Konzepten hervorgetreten, die der Erlangung einer Wiedervereinigung galten. In beiden Staa-

---

[96] Kim Ku (1876–1949) war ein prominenter Unabhängigkeitskämpfer gegen Japan und Präsident der koreanischen Exilregierung in China. Er wurde im Süden Opfer eines politischen Attentats.

ten entstanden zahlreiche Institutionen, die sich im Auftrag der jeweiligen Regierung mit der anderen Seite und der Problematik der Vereinigung beschäftigten. Die Absichtserklärungen und Pläne dienen nicht zuletzt auch der Konsolidierung der eigenen Position. (Snyder 2018. NUB 1989, 1990)

Im Waffenstillstandsabkommen vom 27. Juli 1953 wurde „ [...] eine politische Konferenz auf höherer Ebene beider Seiten vorgeschlagen, die Fragen des Rückzugs aller ausländischen Truppen aus Korea, die friedliche Regelung der koreanischen Frage, usw. verhandeln solle."[97] Eine solche Konferenz hat nie stattgefunden und die Konferenz in Genf, 26. April bis 20. Juli 1954, über Indochina und Korea, war für eine mögliche Wiedervereinigung Koreas belanglos. Insgesamt nahmen 19 Nationen teil, die beiden Staaten in Korea, die VR China und alle Staaten, die im Bürgerkrieg den VN Kontingente zur Verfügung gestellt hatten. Pyon Young-tae, der Außenminister der Republik Korea, schlug vor: Freie Wahlen in ganz Korea entsprechend der Verfassung des Südens, Aufsicht durch die VN, Zusammentritt der neuen Legislative in Seoul, Fortbestand der Verfassung des Südens, Rückzug der Truppen der VR China vor der Wahl, Abgeordnetenzahl proportional zur Bevölkerungsgröße, Verbleib der VN – d. h. der US-Truppen – bis das Ziel eines vereinten, unabhängigen und demokratischen Koreas erreicht sei. (Yim 1978: 43) Alles Vorschläge, die für den Norden inakzeptabel waren. Nach Meinung Pjöngjangs sollten die Probleme ohne Mitwirkung von außen diskutiert und gelöst werden, denn die Halbinsel sei durch ausländische Mächte geteilt worden. (Lee, Ming 1995: 105 f.) Eine ähnliche Offerte des Südens erfolgte im März 1957, als die Regierungspartei einen Text zur Wiedervereinigung verabschiedete, erneut ging es nur um den Abzug chinesischer Truppen und um Wahlen, diesmal aber lediglich im Norden. Vermutlich hielt sich die Regierung im Süden für demokratisch bereits hervorragend legitimiert, dass sich Wahlen dort erübrigten. Nur die RK sollte Mitglied in den Vereinten Nationen werden. Dieser und andere Vorschläge des Südens während der Präsidentschaft von Rhee Syngman waren provozierend einseitig. Ein Streitpunkt war stets die Beteiligung der VN, ob an Wahlen oder in anderer Funktion. Die Truppen, die der Norden im Bürgerkrieg bekämpfte, waren als „VN-Kommando" unter der Führung der USA zusammengefasst. Dieser Kriegsgegner soll nach Auffassung Pjöngjangs keine Rolle für die Zukunft Koreas spielen, da die VN nicht als neutral angesehen werden.

Vorschläge des Nordens

Nach dem Koreakrieg gab es eine Phase mit Vorschlägen, um ein halbwegs friedliches Nebeneinander zu organisieren, obwohl andere Vorgehensweisen nie ausgeschlossen

---

[97] „Armistice Agreement." S. 25, Artikel IV, Punkt 60. https://www.peacemaker.un.org/sites/peacemaker.un.org/files/KP%2BKR_530727_AgreementConcerningMilitaryArmistice.pdf. Eingesehen am 12.01.2019.

wurden. Die Erfahrung, dass eine Wiedervereinigung durch Krieg nicht herbeigeführt werden konnte, veranlasste nach 1953 die DVRK, friedliche Koexistenz zu propagieren, wobei wirtschaftlicher Aufbau und kulturelle sowie gesellschaftliche Zusammenarbeit Vorrang vor einer Wiedervereinigung haben sollten. Typisch dafür war der Fünf-Punkte-Plan von Kim Il-sung, den er am 15. August 1955 verkündete. Genannt wurden: Internationale Konferenz, Rückzug aller fremden Truppen, Nicht-Aggressions-Vertrag zwischen Norden und Süden, Reduzierung der Mannschaftsstärke der Streitkräfte auf jeweils etwa 100.000 Personen. Im Jahr 1956 hatte die Republik Korea eine Truppenstärke von rund 600.000, über die im Norden gibt es keine verlässlichen Angaben. Ferner war die Einberufung einer Konferenz von politischen Parteien und gesellschaftlichen Gruppierungen aus dem Norden und Süden vorgesehen. (Yim 1978: 10)

Diese Strategie stand auch im Zusammenhang mit Vorstellungen der Sowjetunion nach Stalins Tod und denen der VR China, die ab 1954 die „Fünf Prinzipien der friedlichen Koexistenz" als bedeutsam für ihre Außenpolitik bezeichnete und damit 1955 auf der „Konferenz der Bockfreien" in Bandung Erfolg hatte. Es war dies auch die Zeit, in der sich Kim Il-sung gegen drei starke Fraktionen in seiner Partei durchsetzen musste und es deshalb ratsam schien, keine zu großen außenpolitischen Risiken einzugehen. (Cho 1967)

Die DVRK schlug 1958 gesamtkoreanische freie Wahlen unter Überwachung von neutralen Staaten vor, wobei nicht näher erläutert wurde, was unter „frei" zu verstehen sei und an welche Staaten gedacht war. Im selben Jahr verkündeten Pjöngjang und Peking, dass chinesische Truppen bis zum Jahresende die DVRK verlassen würden und sie drängten die USA, ihre Einheiten aus dem Süden abzuziehen. Im Vergleich dazu, so Shin Myungsoon, sei in diesem Zeitraum die Politik des Südens unrealistisch, kampfeslustig und kontraproduktiv gewesen. (Shin 1995: 84)

Die DVRK sprach wiederholt von einem paritätisch zusammengesetzten Konföderationsrat, eine ähnliche Initiative propagierte das ZK der SED-DDR im Februar und Juli 1957 mit der Idee eines paritätisch zusammengesetzten Gesamtdeutschen Rates; Ideen, die die Republik Korea und die Bundesrepublik ablehnten.

Im September 1957 sprach sich Kim Il-sung in einer Rede vor der Obersten Volksversammlung für die Verringerung der Truppen, eine internationale Konferenz sowie für geheime und gleichrangige Wahlen aus. Im Februar 1958 dann die Wiederholung der wichtigsten Punkte mit dem Vorschlag, es sollte ein gleichzeitiger Abzug aller fremden Truppen stattfinden. Erneut die Betonung von wirtschaftlicher und kultureller Zusammenarbeit und dem Ausbau möglichst vieler Kontakte. Da die DVRK für die Stationierung chinesischer Truppen einen finanziellen Beitrag leistete, hatte der Vorschlag des Rückzugs für Kim nicht nur sicherheitspolitische, sondern auch finanzielle Bedeutung. Sie zogen dann Ende 1958 vollständig ab. Im Oktober 1959 gab es deshalb eine Ergänzung. Die Betonung lag auf Besuchen und Postverkehr zwischen Norden und Süden sowie auf Wahlen nach Abzug fremder Truppen; jetzt waren nur US-Truppen noch in Korea. Dieser letzte Punkt ist eine Konstante der Vorschläge des Nordens, da für die DVRK diese Truppen die entscheidende Barriere für eine Entwicklung hin zur Wiedervereinigung sind, denn aus ihrer Sicht verhindern sie Veränderungen im Süden und somit das Zustandekommen einer Regierung dort, die Pjöngjang gegenüber aufgeschlossener und kompromissbereiter sein würde. Am 15. Januar 1972, eine Woche vor dem Treffen zwischen Nixon und Mao in Peking, erschien in der japanischen Zeitung „Yomiuri Shimbun" ein Interview mit Kim Il-sung. Er machte den Vorschlag, der Norden und der Süden sollten einen Friedensvertrag abschließen, allerdings nach vorherigem Abzug der US-Truppen aus Südkorea. Da deren Anwesenheit vom Süden als unerlässlich für das eigene Überleben angesehen wird, konnte Kim nicht ernsthaft mit einer Annahme seines Planes rechnen, der aber seine patriotische Haltung und seine Forderung nach Unabhängigkeit unterstrich. (Cumings 1998: 489)

Im April 1960 wurde der autoritäre Präsident des Südens, Rhee Syngman, gestürzt und es entstand dort eine sehr instabile Lage. (Kim Dj 2019: 51 ff.) Diese Entwicklung war wohl einer der Gründe, warum Kim Il-sung am 14. August 1960 sagte, falls der Süden einer Wiedervereinigung durch Wahlen ohne ausländische Einmischung nicht zustimmen wolle, sollte eine Konföderation gebildet werden, bestehend aus zwei autonomen Regierungen. (Yim 1978: 16) Er schlug ein Wirtschaftskomitee aus Vertretern verschiedener Branchen vor, um gegenseitigen Handel und wirtschaftlichen Aufbau zu fördern. Außerdem machte Kim ein sehr konkretes Angebot: Arbeitslose aus dem Süden könnten im Norden arbeiten und sollten nicht ins Ausland gehen müssen, beide Seiten sollten miteinander verhandeln. (Documents 1960: 17 ff.) Dieser Vorschlag wurde dann im Herbst 1972 erneuert. (PA AA 13. 1972)

Allein schon wegen der fast unüberwindlichen Grenze konnte Pjöngjang sicher sein, dass es keine massenhafte Arbeitsmigration geben würde. Zwischen 1963 bis 1977 kamen rund 8.000 Südkoreaner in die Bundesrepublik, wo sie meist in Bergwerken arbeiteten und 10.000 Krankenschwestern. Es reizt, über die Reaktion der DVRK zu spekulieren, hätte der Süden angeboten, diese Personen nicht nach Deutschland, sondern sie in den Norden zu schicken. Es ist eines von vielen Beispielen, wo in Korea versäumt wurde, sich gegenseitig beim Wort zu nehmen, auch wenn es nur zu politischen Testzwecken gewesen wäre.

Vorschlag einer Konföderalen Republik Koguryo/Koryo

Einer der bekanntesten und langlebigsten Vorschläge der DVRK ist der einer Konföderation. Das konkrete Beispiel ist hier die Koguryeo/Koryo-Konföderation, das eine interessante Vorgeschichte hat. Mit Hinweis auf einen koreanischen Kollegen schreibt Oh Byung Hun, der sowjetische Vize-Außenminister Wassili Kuznetsow schlug bei einem Besuch Pjöngjangs im Mai 1960 vor, die chaotische Situation im Süden auszunützen und einen Plan für eine Föderation zu präsentieren. Anfänglich habe Kim Il-sung diese Idee abgelehnt, denn eine Föderation sei zwar geeignet, ungleichartige Nationen zusammen zu bringen, bei einer Nation wie Korea mit langer Geschichte und gleichem Blut sei das jedoch unmöglich. (Oh 2003: 376)[98] Die erfolgreiche Aufbauphase der DVRK und Entwicklungen im Süden ließen es jedoch angezeigt erscheinen, die Aufmerksamkeit auf eine Initiative des Nordens zu lenken und im August 1960 erläuterte er dann die Idee einer Konföderation ausführlich. Es geht darum, durch eine „Demokratische Konföderale Republik Koryo" eine Wiedervereinigung Koreas zu erreichen. (Kim Is 1980) Dieses Konzept wurde immer wieder angesprochen, so auch von Kim Jong-il 1997 und 1998.

Kim Il-sung schlug am 10. Oktober 1980 auf einer ZK-Sitzung der Partei der Arbeit Koreas erneut die Bildung einer solchen Konföderation vor, sie sollte ohne vorbereitende Phasen gebildet werden und nicht paktgebunden sein. Ausgangslage war aus Sicht Pjöngjangs die Existenz eines Volkes und zweier Systeme. Das Konzept sah eine Entwicklung hin zur Wiedervereinigung von oben nach unten vor, mit Kim Il-sung an der Spitze. Er wollte (vorübergehend) zwei Systeme unter dem Dach einer Nation: Eine Nation, ein Staat, zwei Systeme und drei Regierungen, je eine pro System und eine Zentralregierung. (Dugge 2003: 18 f.) Ein „Oberster Nationaler Föderationskongress" sollte paritätisch mit Mitgliedern aus dem Norden und Süden zusammengesetzt sein, plus einer Anzahl von Delegierten von im Ausland lebenden Koreanerinnen und Koreanern, wobei an die gut organisierten koreanischen Vereine in Japan gedacht war, die mehrheitlich mit Pjöngjang sympathisieren. (Song 2010: 116 ff.) Später wurde dann vorgeschlagen, die beiden „Lokalregierungen" könnten bis zur Vereinigung Koreas eigene Streitkräfte und diplomatische Vertretungen unterhalten. (Oh 2003: 376)

Mit dem Namen Koguryo/Koryo[99] für die Konföderation wurde bewusst Bezug auf die Dynastie genommen, die aus der Sicht des Nordens die erste Einigung Koreas erreicht hatte und nicht die im Südosten der Halbinsel gelegene Silla-Dynastie. Zur Zeit der Koguryo hatte Korea seine größte Ausdehnung, fast die gesamte Mandschurei, Teile der Mongolei und des fernöstlichen Russlands gehörten zu ihrem Territorium und – ein zusätzlicher Anreiz für Kim Il-sung – von 427 bis 668 war Pjöngjang die Hauptstadt. An diese glorreiche Zeit sollte angeknüpft werden. Kim Il-sung erwartete von der konföderalen Republik eine Befreiung der Bevölkerung im Süden vom US-Imperialismus sowie von feudaler Unterdrückung und Ausbeutung, begleitet bzw. ermöglicht durch einen Abzug der US-Truppen, einer Nichtaggressions-Erklärung zwischen Norden und Süden sowie einem Friedensvertrag zwischen der DVRK und den USA. In einigen Aspekten ähnelt das Konzept dem „Ein Land, zwei Systeme" Modell der VR China. In beiden Fällen wurde nie die Mühe aufgewandt, es detaillierter zu diskutieren und darzulegen, wie es in der Praxis funktionieren könnte.

---

[98] In der Fußnote 7 bezieht sich Oh auf Shin Pyong Gil. 1996. 김정일과 대남공작. (Kim Jong-il: Aktivitäten gen Süden.) Seoul: Institute of North Korean Studies, S. 306–311.

[99] Die Koguryo-Dynastie bestand von 37 v. Chr. bis 668 n. Chr. Oft findet auch der Name Koryo Verwendung, eine Dynastie, die von 918 bis 1392 herrschte und nach hauptsächlich nordkoreanischem Geschichtsverständnis eine Art Nachfolgedynastie war. Von Koryo ist der Name „Korea" hergeleitet.

Die Zunahme von Kontakten zwischen Norden und Süden in den 1970er Jahren wurde auch durch die Annäherung zwischen der VR China und den USA stimuliert, außerdem waren Entwicklungen in Deutschland von Interesse, z. B. Besuchsmöglichkeiten, intensivierter Handel und Verhandlungen über den Grundlagenvertrag. Die DVRK machte zahlreiche Vorschläge für eine Ausweitung inter-koreanischer Kontakte, u. a. die Errichtung eines gemeinsamen Büros der beiden Rotkreuz-Gesellschaften in Panmunjom und die Einbeziehung von Überseekoreaner:innen aus Japan in die geplanten Treffen von getrennten Familien. (PA AA 14. 1972) In einem Bericht der DDR-Botschaft vom Oktober 1972 wurde hervorgehoben, die DVRK sei für eine beiderseitige Truppenreduzierung, einen Nichtangriffspakt, freien Brief- und Telefonverkehr, ökonomische und kulturelle Beziehungen, umfassenden Reiseverkehr, die Bildung einer Konföderation, gesamtkoreanische Wahlen und die Schaffung einer Zentralregierung. In dem Bericht wird festgestellt, die Partei der Arbeit Koreas (PdAK) habe illusionäre Vorstellungen bezüglich Klassenverhältnissen und der gesellschaftspolitischen Situation in Südkorea. (PA AA 15. 1972)

Der Süden ist auf die Konföderationspläne der 1970er Jahre von Kim Il-sung nicht konkret eingegangen und deshalb kritisiert worden; es ist in diesem Zusammenhang erhellend zu wissen, wie Kim seine Pläne selbst einschätzte. Zu dem Partei- und Staatschef Bulgariens, Todor Schiwkow, sagte er im Oktober 1973, diese Pläne seien ein Lockangebot und Trick, um den Süden zu unterminieren. Eine langfristige Koexistenz sei unmöglich, aber „ [...] wenn die Südkoreaner auf uns hören und eine Konföderation errichtet wird, dann ist Südkorea erledigt." (Armstrong 2013: 165)[100]

Vorschlag für eine neutrale Föderation vom Dezember 1987

Bei Vorschlägen von den in dieser Studie behandelten Staaten ist es immer schwer, deren Ernsthaftigkeit und Realisierungschancen einzuschätzen, denn es kam meist zu keiner Umsetzung. Auch hier ist Korea ein besonders komplizierter Fall, was ein Beispiel für mangelnde Glaubwürdigkeit aus dem Jahre 1987 verdeutlichen kann. Am Tag, als das Datum für das dritte koreanische Gipfeltreffen bekanntgegeben wurde, am 30. März 2018, meldete die südkoreanische Nachrichtenagentur Yonhap, aus vom Außenministerium kürzlich freigegebenen Dokumenten gehe hervor, dass die DVRK im Jahre 1987 die Schaffung eines neutralen Staates auf der koreanischen Halbinsel als Pufferzone für die Region vorgeschlagen habe. (Yonhap 2018a) Diesen Geheimplan soll Michail Gorbatschow bei seinem Treffen am 09.12.1987 Präsident Reagan überbracht haben.[101] Es wird in dem Yonhap-Bericht nicht deutlich, wann die DVRK ihren Plan Gorbatschow mit der Bitte um Weiterleitung übergab. Wichtig ist zu erwähnen,

---

[100] Im Bericht der DDR-Botschaft in Sofia an Axen über das Treffen ist diese Äußerung nicht enthalten. (PA AA 4. C 294/78)
[101] In Gorbatschows Erinnerungen von 1995 ist dazu nichts erwähnt.

dass knapp zwei Wochen seit dem nordkoreanischen Bombenattentat auf ein Flugzeug der südkoreanischen Fluglinie Korean Airlines mit 115 Toten vergangen waren, als die Unterrichtung in den USA erfolgt sein soll.

Zusammengefasst beinhaltete der Vorschlag die Bildung einer Föderation mit zwei unterschiedlichen Regierungen. Als Gesamtparlament war eine paritätisch besetzte Volksversammlung vorgesehen, mit einem Ständigen Föderationsausschuss als Kabinett. Die Föderation sollte sich als neutral erklären und könnte als regionale Pufferzone dienen. Beide Koreas sollten einen Nichtaggressions-Vertrag abschließen, das Waffenstillstandsabkommen durch einen Friedensvertrag ersetzen und das VN-Kommando für Korea sei abzuschaffen.

Der neue Staat sollte Mitglied der VN mit einem Namen werden. Außerdem schlug Pjöngjang vor, alle Verträge mit Drittstaaten zu kündigen, die dem Ziel der Wiedervereinigung wiedersprechen, was sofort als Versuch angesehen wurde, die RK sollte den Verteidigungspakt mit den USA aufkündigen. Um ein Klima für Frieden zu schaffen war vorgesehen, dass beide koreanische Seiten ihre Truppen auf jeweils weniger als 100.000 Mann reduzieren, alle Nuklearwaffen und fremde Truppen sollten abziehen; solche gab es damals nur im Süden. Aus Teilen der beiden Streitkräfte solle eine Nationalarmee gebildet werden.

Der Botschafter der RK in Washington berichtete seinem Außenministerium am 14. Dezember 1987, dass Gorbatschow bei Sicherheitsberater Colin Powell nachgefragt hatte, ob er diesen Vorschlag durchgesehen habe. Powell antwortete, er würde sich bald damit beschäftigen und hoffe, dass die Angelegenheit vertraulich bleibe. Später sagte Washington, Südkorea solle sich damit befassen und erklärte die Vorschläge für unrealistisch, solange der Norden keine Bereitschaft zeige, Vertrauen aufzubauen. Es sollten inter-koreanische Gespräche wieder aufgenommen werden, um den Weg zu bereiten für eine friedliche Koexistenz beider Koreas und Washington sowie Moskau sollten ausgeglichene Maßnahmen ergreifen, um Spannungen in der Region zu verringern. (North Korea 2018. Yeo 2018)

Der Vorschlag, Rückzug von Nuklearwaffen und ausländischen Truppen, wandte sich natürlich gegen die militärische Präsenz der USA in Korea, aber die Auflösung aller Verträge, die mit dritten Staaten geschlossen wurden und die dem Ziel einer Wiedervereinigung im Wege stünden, hätte im Prinzip nicht nur die Aufkündigung des Sicherheitsabkommens zwischen den USA und der RK bedeutet, sondern auch die der Freundschafts- und Beistandspakte, die die DVRK 1961 mit der VR China und der SU abgeschlossen hatte, es sei denn, diese Verträge wären gemäß nordkoreanischer Rabulistik als der Wiedervereinigung förderlich interpretiert worden.[102]

Erwähnenswert ist, dass die Botschaft der DDR in Pjöngjang bereits rund 30 Jahre vor der Yonhap-Meldung über die angeblichen Vermittlungsbemühungen Gorbat-

---

[102] Bernd Schaefer erwähnt, dass Pjöngjang 1972 mit Moskau und vielleicht auch mit Peking die Möglichkeit einer Aufkündigung der Verträge eruierte, um Druck auf Seoul auszuüben, dessen Vertrag mit den USA zu kündigen. Schaefer 2010: 10.

schows in einer vertraulichen Information berichtete. Das Schreiben mit der Bitte um ein Gipfeltreffen und der Wunsch nach Verhandlungen mit den USA sei Präsident Reagan im Dezember 1987 übergeben worden. Die USA „[...] lehnen diese Dreierverhandlungen KDVR-USA-Südkorea und die Konföderationskonzeption der KDVR auf der Grundlage ‚ein Staat-zwei Systeme' unverändert ab." (PA AA 26)

Der Vorschlag vom Dezember 1987, sollte es ihn gegeben haben, wurde wohl nie zwischen Pjöngjang und Seoul diskutiert. Er erfolgte in einer interessanten Zeit. Im September 1985 gab es erstmals Treffen von getrennten Familienangehörigen in Pjöngjang und Seoul. Im September 1987, rund drei Wochen vor Präsentation des Plans, war Erich Honecker zu einem Staatsbesuch in der Bundesrepublik, was vielfach als Festschreibung der deutschen Teilung interpretiert wurde. In Südkorea aber galt er vielen als Aufwertung der DDR und als Gipfeltreffen auf dem Weg zur deutschen Vereinigung. Ab dem Sommer 1987 gab es eine große und erfolgreiche Protestbewegung im Süden, es kam zu einer Demokratisierung, einer Verfassungsreform und freien Wahlen. Am 16. Dezember 1987 wurde Roh Tae-woo zum neuen Präsidenten der RK gewählt, er hatte einige Monate zuvor wichtige Forderungen der Opposition übernommen und ein Reformprogramm vorgestellt. Außerdem stand fest, dass die VR China an den Olympischen Sommerspielen in Seoul im kommenden Jahr teilnehmen würde. Diese Zeitspanne erschien Kim Il-sung wohl günstig für seine Initiative, die im Kern dem Konzept der Koryo-Föderation entsprach, aber auch konkretere Vorschläge enthielt. Kim sah vermutlich einen Süden im Wandel und reagierte.

Es ist müßig, darüber zu spekulieren, was hätte sein können. Aber der Vorschlag Pjöngjangs vom Dezember 1987 ist eines von mehreren Beispielen, wo vermutlich nicht einmal der Versuch unternommen wurde, Einzelaspekte zu prüfen, z. B. ausgewogene Reduzierung der Streitkräfte. Bei der zweiten Sitzung des damals existierenden Koordinierungskomitees, hatte Pjöngjang bereits im November 1972 Vorschläge für Gespräche über Militärfragen gemacht: Kein Rüstungswettlauf, Verringerung der Streitkräfte auf jeweils 100.000 Mann oder weniger, drastische Reduzierung der militärischen Ausrüstung, Stopp des Ankaufs militärischer Ausrüstung im Ausland, Rückzug aller fremder Streitkräfte aus Korea, Gewaltverzichtserklärung und Friedensabkommen. (Ha 1990: 624. PA AA 13. 1972) Auch das waren Vorschläge, die zu nichts führten.

Zehn-Punkte-Programm der Großen Einheit der gesamten Nation zur Wiedervereinigung des Landes vom 6. April 1993

Viele Konzepte, die in Korea für die gemeinsame Zukunft der Halbinsel propagiert werden, sind Wiederholungen und Zusammenfassungen von früheren. Das gilt auch für das „Zehn-Punkte-Programm", das Kim Il-sung persönlich ausgearbeitet haben soll und das im April 1993 einstimmig von der Obersten Volksversammlung angenommen wurde. Kim hatte Entwicklungen in Deutschland nach Erlangung der Einheit genau beobachtet und eine Verbesserung des internationalen Status der Republik Korea erlebt, sein Programm ist ein dringender Appell an die Einheit der Nation. (Pfennig 1998: 402–404. Maretzki 2002: 246) Zugleich veranlasste er die Intensivierung der nuklearen Aufrüstung, um das Überleben seines Staates zu sichern.

Durch die große Einheit der gesamten Nation sollte ein pan-nationaler, vereinter Staat entstehen, bei dem die existierenden beiden Systeme und Regierungen intakt bleiben. Diese Konföderation hätte zwei regionale Regierungen mit gleichberechtigter Vertretung, es wäre ein neutraler Staat, unabhängig, friedfertig und nicht paktgebunden, der sich an keine Großmacht anlehnt. Im Punkt Drei wird hervorgehoben, dass beide Seiten ihre jeweiligen Anschauungen und Systeme respektieren sowie anerkennen sollten; keine Seite darf die andere beeinträchtigen. Die Förderung gemeinsamer Interessen der Nation sollte über regionalen und Klasseninteressen stehen, um die nationale Vereinigung zu erreichen. Deshalb dürfe es keine wechselseitige Bedrohung und Invasion geben. Kim schlug dann in Punkt Sechs vor, die Werte der Demokratie und freien Meinungsäußerung zu schätzen, politische Gegner sollten nicht verfolgt und politische Gefangene sollten freigelassen werden. Auch hier, wie in anderen Texten, wäre es wichtig zu wissen, wie Kim Il-sung und die DVRK insgesamt solche Schlüsselbegriffe definieren. Nach ihrer Auffassung dürfte es vermutlich nicht einen einzigen politischen Gefangenen im Norden geben. Im Punkt sieben geht es um den Schutz von materiellem und geistigem Eigentum und dies bei Individuen, Kollektiven und Investoren aus dem Ausland. Vor allem sei es wichtig, Kontakte, Besuche und Austausch durch Dialoge auf allen Ebenen zu fördern.

Die „Zehn Punkte" von 1993 sind ein freundlicher Text, der die Nation aufruft, Gemeinsamkeiten zu suchen, zu verstärken und somit die nationale Einheit zu erlangen. Solche Texte sind im Süden und anderswo nie ernst genommen worden, auch weil das tatsächliche Verhalten der DVRK sehr oft nicht diesen Texten entsprach.

Anhaltendes Misstrauen

Aus unterschiedlichen Motiven und mit teilweise konträren Erwartungen gab es Bemühungen, ein friedliches Zusammenleben zu erreichen. Es gelang aber nicht, den Spielraum für Junktims, Prioritäten und Interessenausgleich ernsthaft auszuloten, denn inter-koreanische Beziehungen sind notorisch für Misstrauen und die anhaltende Dominanz negativer Erfahrungen. Zwischen der DVRK und der RK gab es immer wieder tödliche Zwischenfälle, die über einen kürzeren oder längeren Zeitraum die Beziehungen zusätzlich belasteten, auch sie verhinderten bislang eine Normalisierung. Die folgende Zusammenstellung listet einige von ihnen auf.

Tab. 6: Tödliche Zwischenfälle zwischen Norden und Süden

Datum	Vorgang	Erläuterung/Kommentar
21.01.1968	Angriff auf den Präsidentenpalast in Seoul. Versuch der Ermordung von Präsident Park Chung-hee.	Alle 31 Angehörige eines Sonderkommandos aus dem Norden wurden getötet, gefangen genommen oder konnten entkommen. Kim Il-sung sagte 1972 einem Abgesandten aus dem Süden, der Angriff sei nicht seine Absicht und nicht die Absicht der Partei gewesen, sondern das Werk „linker Kräfte." (Armstrong 2013: 162) Ist das eine nordkoreanische Art der Entschuldigung, oder wollte er andeuten, wenn er mit der Planung betraut gewesen wäre, hätte es auch geklappt? Es soll auch Bemühungen des Südens gegeben haben, Kim Il-sung umzubringen.
November 1968	Infiltration durch Spezialkommandos des Nordens an der Ostküste der RK.	Rund 120 Spezialkräfte drangen in den Süden ein, viele von ihnen konnten entkommen.
15.08.1974	Attentat auf Park Chung-hee	Präsident Park blieb unverletzt, aber seine Frau wurde getötet. Der Attentäter war ein in Japan lebender ethnischer Koreaner mit Sympathien für die DVRK.
1974–1978	Infiltrationstunnel in der Entmilitarisierten Zone	Es wurden großdimensionierte Infiltrationstunnel entdeckt, die höchstwahrscheinlich der Norden gebaut hatte, um Truppen in den Süden einschleusen zu können.
09.10.1983	Attentat auf Chun Doo-hwan	Attentat auf Präsident Chun bei dessen Staatsbesuch in Birma (Myanmar); er blieb unverletzt, aber es starben 21 Personen.
29.11.1987	Attentat auf ein Zivilflugzeug der Republik Korea (Korean Air)	Alle Passagiere starben, eine Attentäterin wurde an Seoul ausgeliefert und sagte aus, mit dem Attentat sollte versucht werden, die Olympischen Spiele in Seoul zu verhindern.
26.03.2010	Versenkung der Korvette Cheonan.	Das südkoreanische Schiff sank in Gewässern, deren Grenze einseitig ein US-Offizier festgelegt hatte, die extrem ungünstig für den Norden verläuft und von der DVRK nie anerkannt wurde. (Roehrig 2008. Lee 2001: 87 ff.) In dieser Gegend gab es mehrfach Zusammenstöße, auch mit Toten des Nordens. Bei der Versenkung der Cheonan starben 46 Seeleute. Die Urheberschaft des Nordens ist noch immer umstritten.

Vom Juli 1972 bis zum März 1994 gab es über 300 unterschiedliche Treffen zwischen Norden und Süden. Während der „Sonnenscheinpolitk" ab 2000 wurden noch viel mehr Treffen abgehalten und es kam zu Gipfeltreffen. Auch wegen der in der Tabelle erwähnten Vorkommnisse und wegen der über Jahrzehnte hinweg gemachten Erfahrungen gelang es aber nicht, ein tragfähiges Fundament für inter-koreanische Beziehungen zu schaffen.

Gemeinsame Erklärung vom 4. Juli 1972

Korea ist immer für Überraschungen gut, im positiven wie im negativen Sinne, aber vieles galt bzw. gilt als unmöglich. Deshalb war im Sommer 1972 die Nachricht, dass es auf höchster Ebene Treffen zwischen Norden und Süden gegeben hatte, eine Sensation. Die USA waren wegen ihrer Position in der Entmilitarisierten Zone zwischen Nord und Süd in Korea und weil sie Gespräche im Präsidentenpalast des Südens abhörten über die Kontakte und geheimen Besuche informiert, die zu der Erklärung vom 4. Juli führten. (Cumings 1998: 360) Aber die koreanische Bevölkerung war völlig überrascht. „Der Dialog zwischen Norden und Süden in Korea in den frühen 1970er Jahren war für die Menschen in Korea ein schockierendes Ereignis." (Ha 1990: 619) Diese Feststellung ist keine Übertreibung. Als am 4. Juli 1972 bekannt wurde, beide Seiten hätten sich auf einen gemeinsamen Text geeinigt und der Chef des südkoreanischen Geheimdienstes habe Gespräche mit Kim Il-sung in Pjöngjang geführt, da war das eine Überraschung, die große Irritation bewirkte.[103] Zwar hatte Park Chung-hee im August 1970 auf eine Acht-Punkte-Erklärung von Kim Il-sung vom April 1970 reagiert und gesagt, man könne miteinander reden, aber es wurden unüberwindbar scheinende Vorbedingungen genannt. Dass dann tatsächlich und ausgerechnet Lee Hu-rak, ein glühender Antikommunist und Chef des von den USA mit aufgebauten berüchtigten Geheimdienstes KCIA des Südens mit Kim Il-sung reden würde, war unvorstellbar. Nach der Veröffentlichung des gemeinsamen Statements am 4. Juli 1972 – pikanterweise am Nationalfeiertag der USA – war Lee dann auf einer Pressekonferenz in Seoul bemüht, Fragen von total verunsicherten Journalisten zu beantworten. (Pfennig 1998: 378–386) Mit Bezug auf die gemeinsame Erklärung vom 4. Juli 1972 schlug Kim Dae-jung einige Tage später vor, beide Koreas sollten Mitglied der VN werden, was damals fast an Hochverrat grenzte. (Kim Dj 2019: 381, 879)[104]

---

[103] Eine englische Version des Textes ist abgedruckt in Pfennig 1998: 376 f.
[104] Erst im Rahmen der Nordpolitik kam es am 17. September 1991 zu dieser Mitgliedschaft. (Am selben Tag wurden auch die baltischen Staaten in die VN aufgenommen.)

Inhalt der Erklärung vom Juli 1972

Die Erklärung war im Mai 1972 in Pjöngjang bei dem Besuch von Lee Hu-rak beschlossen worden und wurde nach einem Gegenbesuch seiner Gesprächspartner in Seoul am 4. Juli 1972 veröffentlicht.[105] Sie beinhaltet im Kern die Einigung auf drei Prinzipien. (History 2015: 72 ff.)
 1. Die Wiedervereinigung unabhängig und ohne äußere Einmischung erreichen. 2. Gewaltfreie, friedliche Umsetzung. 3. Ideologische und gesellschaftliche Differenzen sollen kein Hinderungsgrund für das Erreichen der großen nationalen Einheit sein.
 Das erstgenannte Prinzip wurde dann 28 Jahre später in der Gemeinsamen Erklärung zum ersten Gipfeltreffen vom 15. Juni 2000 erneut thematisiert. (Lim 2012: 386) Der gesamte Text vom Juli 1972 ist eine Auflistung von Prinzipien und praktischen Vorschlägen, auf die danach von beiden Seiten immer wieder Bezug genommen wurde.
 Die weiteren Punkte beginnen jeweils mit der Versicherung, dass beide Seiten übereinstimmen. Sie wollen Verleumdungen einstellen und bewaffnete Provokationen verhindern, um die Spannung zwischen Norden und Süden zu beruhigen und um eine Atmosphäre des Vertrauens zu schaffen. Vielseitiger Austausch in den verschiedensten Bereichen soll das gegenseitige Verständnis fördern und die unabhängige friedliche Wiedervereinigung beschleunigen. Um unvorhergesehene militärische Zwischenfälle zu verhindern, werden direkte Telefonverbindungen zwischen Pjöngjang und Seoul eingerichtet und ein gemeinsames Koordinierungskomitee wird geschaffen, um die Zielsetzungen der Übereinkunft umzusetzen. Im August 1978 wurde dann aber der „heiße Draht" vom Norden unterbrochen. (Shin 1995: 89) Seitdem gibt es ein „an und aus."

Entwicklungen, die zur Erklärung vom 4. Juli 1972 beitrugen

Internationale Ereignisse bewirkten Anfang der 1970er Jahre für beide Staaten in Korea einen Druck und die Chance, eine Annäherung zu suchen und Ende der 1980er Jahre schufen sie die Möglichkeit, erweiterte Spielräume zu nutzen.
 Mit ihrem Dialog reagierten die DVRK und die RK auf wichtige Veränderungen im internationalen Beziehungsgeflecht, hauptsächlich auf die zwischen den USA, (Nixon Doktrin)[106], der SU und der VR China, von denen beide Koreas direkt betroffen waren.

---

105 Lee Hu-rak hatte in Pjöngjang Treffen mit Kim Il-sung, sein Hauptgesprächspartner dort war dessen jüngerer Bruder, Kim Yong-chu, der Leiter der Organisationsabteilung der PdAK. Zum Gegenbesuch in Seoul kam dann Park Song-chol, der zweite Vize-Ministerpräsident der KDVR, der auch mit Präsident Park Chung-hee zusammentraf. SWB, 05.07.1972, S. A3/3. Pfennig 1998: 378.
106 Im Juli 1969 hatte Präsident Nixon auf der Pazifikinsel Guam die Absicht der USA verkündet, ihr militärisches Engagement in Ost- und Südostasien zu reduzieren, eine „Vietnamesierung" des Vietnam-

Die DVRK sah ihre Position als kompliziert, aber insgesamt als gestärkt an und wollte die neue Situation nutzen, dem Ziel einer Wiedervereinigung in ihrem Sinne näherzukommen. Die RK war eher besorgt und Präsident Park wollte mit dem Dialog die Position seines Staates und vor allem seine eigene konsolidieren.

Beide Führungen hatten sich zwischen November 1971 und März 1972 nach elf Runden von Geheimtreffen auf einen Text geeinigt, der zumindest im Norden von der Hoffnung geleitet war, Veränderungen im Süden könnten für eine friedliche Wiedervereinigung günstig sein.

> Die frühen 1970er Jahre waren eine einzigartige Periode in der Geschichte des koreanischen Kalten Krieges; sie boten Nordkorea die beste und letzte Chance, die Halbinsel unter seinen Auspizien zu vereinen [...] über die Brücke des intra-koreanischen Dialogs und dies kurz bevor die sich verbreiternde ökonomische Kluft zwischen den beiden Koreas zu einem unüberwindlichen Vorteil des Südens werden sollte. (Schaefer 2010: 2)

Beide Seiten wollten ihre Position verbessern und hatten ernsthafte Zweifel an der Zuverlässigkeit ihres Patrons, als die Gespräche zwischen Kissinger und Zhou Enlai im Juli 1971 bekannt wurden. Pjöngjang zweifelte an der Bündnistreue der VR China und Seoul sah die akute Gefahr, die Unterstützung der USA zu verlieren. Während des Aufenthalts von Kissinger in Peking war dort auch auch ein hochrangiger Abgesandter Pjöngjangs zu Gast, Zhou Enlai hatte Gespräche mit beiden. Es ist nicht zu klären, ob Kissinger ihn ebenfalls traf. Aber allein die Tatsache, dass beide zeitgleich in der chinesischen Hauptstadt waren, ließ bei Park Chung-hee und seinen Gefolgsleuten alle Alarmglocken schrillen.

In dieser Zeit gelangte die Führung um Kim Il-sung zu der Einschätzung, eine Vereinigung durch Krieg sei nicht mehr möglich, auch weil die VR China und die Sowjetunion nicht mitwirken würden, aber eine auf friedlichem Wege, durch Veränderungen im Süden, könnte eine Chance haben. Die Nixon-Doktrin vom Juli 1969, die Distanzierung Washingtons von Taipei und die sino-amerikanische Annäherung ließen Kim Il-sung vermuten, dass sich auch die engen Beziehungen zwischen Washington und Seoul ändern könnten. Im April 1971 schlug die Oberste Volksversammlung eine friedliche Wiedervereinigung vor, ermöglicht u. a. durch einen Abzug US-amerikanischer Truppen. Im Juli 1971 hatte Kissinger gegenüber Zhou Enlai angedeutet, Präsident Nixon könnte in seiner zweiten Amtszeit, nach dem Ende des Indochinakrieges

---

krieges durchzuführen und die Verbündeten, d. h. auch die RK, zu mehr Eigenverantwortung im militärischen Bereich aufzufordern. (Kimball 2006) Im Zusammenhang mit dieser neuen Strategie fand eine Reduzierung der US-Truppen in Südkorea um 20.000 statt; im März 1971 waren dann dort noch 40.000 US-Soldaten stationiert.

und dem Rückzug der dort aktiven Truppen der Republik Korea[107], US-Truppen aus Südkorea abziehen.[108]

Im „Schanghai-Communiqué" vom 27. Februar 1972 stehen auch Formulierungen zu Korea, die Seoul wohl eher verunsicherten und Pjöngjang eher zuversichtlich stimmten. Die USA erklärten, sie wollten ihre engen Verbindungen mit der Republik Korea aufrechterhalten und würden deren Anstrengungen unterstützen, Spannungen auf der koreanischen Halbinsel zu verringern und für vermehrte Kommunikation zu sorgen. Die Volksrepublik China betonte ihre nachdrückliche Unterstützung des Acht-Punkte-Programms für die friedliche Wiedervereinigung Koreas, das die Regierung der Demokratischen Volksrepublik Korea am 21. April 1971 vorgelegt hatte und die Forderung nach einer Abschaffung der „U. N. Commission for the Unification and Rehabilitation of Korea." (Joint Statement 1972) Damit war nicht zuletzt ein Abzug der US-Truppen gemeint.

Der Abzug der amerikanischen Truppen war für die DVRK von großer Bedeutung, denn sie erwartete, er würde fast automatisch Wirkung im Süden zeigen. Gleichzeitig herrschte in Pjöngjang Argwohn, Japan könnte versucht sein, mit eigenen Verbänden diese militärische Lücke zu schließen, zudem gab es die Sorge, massive japanische Investitionen könnten das „Wirtschaftswunder" in der Republik Korea beschleunigen und dann wäre die dortige Bevölkerung an einer Wiedervereinigung weniger interessiert. Deshalb war es wichtig, in den Jahren 1971/72 möglichst schnell Fortschritte zu erzielen, die Gelegenheit dafür schien günstig und die Zeit knapp.

Pjöngjang sah in dem Treffen zwischen Mao und Nixon eine Schwächung der USA, deshalb sei der Zeitpunkt für eine Initiative der DVRK günstig. Zu dieser Beurteilung kam die Botschaft der DDR in Peking rückblickend in einem Bericht von Mitte November 1972. Über die „Gemeinsame Erklärung" vom 4. Juli 1972 wurde festgestellt, Pjöngjang halte den Termin für eine Annäherung an den Süden „[...] für so günstig wie nie zuvor, da die südkoreanischen Herrscher, ausgehend vom Schanghaier Kommuniqué, fürchten müssen, ein ähnliches Schicksal wie Taiwan zu erleiden; [...] die nordkoreanische Seite hoffte auf ‚kam, sah und siegte' bei der südkoreanischen Bevölkerung." Die Botschaft hielt dies für eine völlig illusorische Haltung. (PA AA 16. 1972: 4)

Nicht nur in Korea, sondern fast überall bewirkte die Nachricht von hochrangigen Geheimgesprächen und die Veröffentlichung einer gemeinsamen Erklärung Überraschung und Erwartungen. Ein Bericht der VN-Kommission zur Wiedervereinigung

---

[107] Die Republik Korea hatte von 1964 bis 1973 insgesamt rund 320.000 Soldaten in Vietnam eingesetzt, mit über 5.000 Toten und 16.000 Verwundeten. Finanziert wurde das Engagement durch die USA. (Kim Dj 2019: 545) Über das militärische Engagement der DVRK in Vietnam gibt es keine verlässlichen Angaben; es sollen dort über 200 Piloten im Einsatz gewesen sein. (Understanding 2012: 142.)
[108] Schaefer 2010: 6, Fußnote 9. Bernd Schaefer verweist hier auf eine Gesprächsaufzeichnung des US-Außenministeriums. Memcon Zhou Enlai – Kissinger, 9 July 1971, 4:35–11:20pm. Foreign Relations of the United States (FRUS) 1969–1972, Vol. XVII, China 1969–1972, ed. U. S. Department of State (Washington D. C.: Government Printing Office, 2006), S. 390.

und zum Wiederaufbau Koreas gab diesen Erwartungen Ausdruck. Die gemeinsame Erklärung von 1972

> [...] vermag die Geschichte Koreas tiefgreifend zu verändern, denn sie könnte einen positiven Schritt Richtung Vereinigung und die Schaffung eines gesicherten Friedens auf der koreanischen Halbinsel bedeuten. Das Ergebnis der geheimen und direkten Gespräche, die bei gegenseitigen Besuchen hochrangiger Offizieller des Nordens und des Südens geführt wurden, und das Communiqué, sie haben alle Betroffenen gleichermaßen überrascht, beeindruckt und ermutigt. (Report 1972: 4)

Diese damalige Erwartungshaltung war auch deshalb verständlich, weil Kim Il-sung 1972 Tageszeitungen, so der japanischen Yomiuri Shimbun (Januar), der New York Times (Mai) und der Washington Post (Juni) Interviews gegeben hatte, in denen er konkrete Vorschläge machte und einen konzilianten Ton anschlug. Zu einem Gipfeltreffen mit dem Präsidenten des Südens sagte er, wenn er ihn zu treffen wünsche, können man sich treffen. Die Hauptvoraussetzung, um eine Wiedervereinigung zu erreichen, sei die Beseitigung von Spannungen auf der Halbinsel, indem der Waffenstillstand durch ein formales Friedensabkommen zwischen Süden und Norden ersetzt werde. Dem sollte der Abzug der US-Truppen aus dem Süden folgen und es sollte eine drastische Reduzierung der Mannschaftsstärke auf beiden Seiten geben, so zwischen 150.000 und 200.000 Mann. Danach wäre ein „Kein-Krieg-Vertrag" zwischen beiden Seiten zu schließen, dem eine weitere Truppenreduzierung folgen sollte, mit einer gemeinsamen Obergrenze von 100.000 Mann oder noch weniger; das hätte zur Bedingung, dass dann die Truppen der VN aus Südkorea abgezogen seien. (Harrison 1972)

Begründung der Gemeinsamen Erklärung vom Juli 1972

In einer Pressekonferenz in Seoul am 4. Juli 1972 hob Lee Hu-rak die Bedeutung des Dialogs zwischen Süden und Norden hervor. Nach seiner Einschätzung bereitete die DVRK eine Invasion vor, deshalb wurde im Dezember 1971 in der RK der nationale Notstand erklärt, sonst hätte eventuell der Norden den 60. Geburtstag von Kim Il-sung im April in Seoul gefeiert. Eine außergewöhnliche Lage erfordere außergewöhnliche Initiativen, deshalb kam es zu dem Vorschlag, einen Dialog zu beginnen, denn eine Wiederholung des Koreakrieges musste unbedingt verhindert werden. „Dieser Dialog bedeutet nicht notwendigerweise Frieden, aber er ist ein Mittel, Frieden zu finden." (Pfennig 1998: 379) Nach Lees Interpretation war es also Notwehr, kombiniert mit vorausschauender Friedenssicherung.

Auch der Norden bemühte sich um die Erläuterung seiner Sicht der Dinge. Einen Tag vor der Veröffentlichung der „Gemeinsamen Erklärung" informierte der Vize-Außenminister der DVRK, Kim Ryong-taek, Botschaften in Pjöngjang, so auch die der DDR, über den Besuch von Lee Hu-rak und erläuterte den Inhalt des Dokuments. (PA AA 17) Die derzeitige Entwicklung könne ein Wendepunkt hin zur Vereinigung Koreas sein. In diesem und anderen Gesprächen, so zum Beispiel durch den stellvertretenden Außenminister Ri Man Sok, wurde die Zielsetzung der DVRK betont, durch das gemeinsame Communiqé und die Politik der Vereinigung den Süden von den USA und Japan zu trennen, damit dieser keine Hilfe mehr bekomme und die beiden Länder sich nicht mehr in innerkoreanische Angelegenheiten einmischen könnten. Der Süden, d. h. die Marionetten Park & Co., sollten isoliert werden.

Auch in „sozialistischen Bruderstaaten" wurde die Nachricht vom Treffen zwischen Kim Il-sung und einem hochrangigen Emissär des Südens mit großer Überraschung aufgenommen. In diesem Zusammenhang ist die Erläuterung des Botschafters der DVRK in der DDR vom Juli 1972 zu sehen, mit der er die Zielsetzung seines Staates gegenüber dem Süden sowie einer Wiedervereinigung erklärte und zwischen nationaler Einheit und Vereinigung unterschied.

> Die DVRK unterscheidet streng zwischen nationaler Einheit und Wiedervereinigung. Während es bei der Wiederherstellung der nationalen Einheit darum gehe, die US-Truppen zum Abzug zu zwingen, gehe es bei der Wiedervereinigung des Landes um die Frage des gesellschaftlichen Systems. Ausgehend von der klassenmäßigen Analyse der Lage in Südkorea sei die DVRK überzeugt, daß die absolute Mehrheit des Volkes in Südkorea bei einer Wahl zwischen beiden gesellschaftlichen Systemen sich für das der DVRK entscheiden würde. (PA AA 6. 1972: 2.)

Deshalb seien Besuchsmöglichkeiten im Norden so wichtig. Die DVRK verfolge das Ziel, dass jeder Südkoreaner sich von der Überlegenheit der KDVR gegenüber Südkorea persönlich überzeugen könne. Anfang der 1970er Jahre mag diese Sichtweise vielleicht noch halbwegs verständlich gewesen sein, der Praxistest hätte Pjöngjang dennoch ziemliche Probleme bereiten können. Er erfolgte nicht.

Das Scheitern der ersten Annäherung

Keiner der Blütenträume reifte und nach wenigen Treffen wurde die Arbeit der gemeinsamen Koordinierungskommission eingestellt. Beide Seiten fühlten sich von der jeweils anderen ausgenutzt und reingelegt. Der Norden glaubte, aus einer Position der Stärke heraus agieren zu können und hatte wohl tatsächlich die Hoffnung, im Süden würde es zu Veränderungen kommen.

> In den 3 Monaten nach der Veröffentlichung der Gemeinsamen Erklärung von Norden und Süden, in der die drei Prinzipien des Genossen Kim Ir Sen für die Vereinigung enthalten sind, hat sich in verschiedenen Parteien, verschiedenen Gruppierungen und in der Bevölkerung Südkoreas eine Bewegung der Zustimmung entwickelt, das Bestreben nach friedlicher Vereinigung erhöht und der anti-imperialistische, antifaschistische Kampf in Südkorea verstärkt. (PA AA 18. 1972: 1)

Diese Mitteilung des Ersten Stellvertretenden Außenministers der DVRK über angeblich positive Entwicklungen wurde aber von ihm durch die Information ergänzt, der Süden halte sich nicht an die Gemeinsame Erklärung, teile dem Norden jedoch mit, man wolle um jeden Preis die Wiedervereinigung Koreas erreichen, solange Kim Il-sung und Park Chung-hee noch im Amt seien, d. h. in den 1970er Jahren. Allerdings nutze der Süden die Lage, um eine Diktatur zu errichten.

Seoul handelte defensiv, wollte Schlimmeres verhindern und hatte vermutlich eine etwas realistischere Einschätzung der Lage und zukünftiger Möglichkeiten. Beide Seiten nutzten das Scheitern, um ihre Machtposition zu festigen, begründet mit der Bedrohung durch die jeweils andere Seite. Am 17. Oktober 1972 ließ Park Chung-hee das Kriegsrecht ausrufen und Seoul hatte eine ganze spezielle Erklärung für den Norden parat: Um bald eine Wiedervereinigung erreichen zu können, müssten Stabilität und Sicherheit in der Republik Korea herrschen, weil es sonst zu einem Chaos kommen könne.[109] Pjöngjang fühlte sich hintergangen und um eigene Chancen gebracht. Die DVRK wollte dem Süden nicht zubilligen, durch diktatorisch dekretierte Ruhe und Ordnung auf eine Vereinigung hinzuzuarbeiten. Ri Man Sok sagte zu den Interessen des Südens: „Bei Analyse des Verhaltens der südkoreanischen Seite muß festgestellt werden, daß ihr Hauptaugenmerk darauf gerichtet ist, an der Macht zu bleiben und den Status quo zu fixieren." (PA AA 13. 1972: 1)

Selbstverständlich stand auch für die DVRK der Machterhalt an erster Stelle, aber es gab die Hoffnung, den Status quo zu ihren Gunsten verändern zu können. Die Frage, ob man die Ereignisse im Süden offiziell verurteilen oder damit warten solle, wurde mehrfach diskutiert.

> Wir sind der Meinung, daß, wenn wir die Ereignisse verurteilen, die gegenwärtig offene Tür zwischen dem Norden und dem Süden zugeschlagen werden würde. Das hätte zur Folge, daß das Land gespalten bliebe. Deshalb sind wir zu der Schlußfolgerung gekommen, daß auf keinen Fall ein Zuschlagen der Tür herbeigeführt werden darf. (Ebd. S. 6)

Eine solche Politik, so Ri Man Sok, wäre auch schlecht für die Oppositionsparteien im Süden.

Park Chung-hee ließ am 27. November 1972 über eine neue Verfassung abstimmen. Diese „Yushin-Verfassung" (Neues Leben bzw. Erneuerung) sicherte ihm u. a. die Präsidentschaft auf Lebenszeit. (Lee KR 1990) In einer Atmosphäre innenpolitischer Unterdrückung und wirtschaftlichen Aufschwungs wurde die Verfassung mit 82 % Ja-Stimmen angenommen. (Kindermann 2005: 175) Nach Auffassung Pjöngjangs wurde sie „[...] unter dem Deckmantel der friedlichen Vereinigung zustande gebracht. In Wirklichkeit aber ist sie ein reaktionäres Dokument, um die Diktatur und die Macht einer einzelnen Person zu verstärken." (PA AA 14: 4)

Der Norden handelte ähnlich, denn im Dezember 1972 erhielt auch die DVRK eine neue Verfassung, die Juche-Ideologie wurde als verbindliche Orientierung für alle Politik festgelegt und Kim Il-sung erhielt den Titel eines Präsidenten. Vermutlich hatte der Süden die Führung der DVRK von seinem Vorhaben informiert, denn es ist bemer-

---

[109] Pjöngjang wurde eine Stunde vor Ausrufung des Kriegsrechts telefonisch von Seoul darüber informiert. (Schaefer 2010: 16)

kenswert, dass die neue Yushin-Verfassung für den Süden und die sozialistische Verfassung für den Norden am selben Tag, am 27. Dezember 1972, in Kraft gesetzt wurden.[110]

In den frühen 1970er Jahren gab es die ersten wichtigen hochrangigen Kontakte seit Gründung der beiden Staaten in Korea. Beide Seiten glaubten, auf innere und internationale Veränderungen reagieren zu müssen, die ihre eigene Position schwächen könnten. Die Palaver waren fast immer Zermürbungsschlachten. (Shin 1995: 97) Die damals gemachten Erfahrungen wirken noch immer nach. Fast alle Vorschläge des Nordens wurden vom Süden als unaufrichtig und betrügerisch empfunden. (Park Yh 1993: 469)

In Erklärungen späterer Gipfeltreffen finden sich Punkte der „Gemeinsamen Erklärung" vom Juli 1972, ein Zeichen dafür, dass es keinen Fortschritt gab. Der Text der Übereinkunft schließt mit der Zusage, weil die Wiedervereinigung das einmütige Verlangen der ganzen Nation sei, versprechen beide Seiten feierlich der ganzen Nation, die Punkte der Vereinbarung aufrichtig umzusetzen. Das ist ein nach über einem halben Jahrhundert noch immer nicht eingelöstes Versprechen.

Ernsthaftigkeit von Vorschlägen

Bei allen Initiativen und Plänen für Normalisierung zwischen geteilten Nationen und für eine Vereinigung stellt sich die Frage, wie ersthaft sie gemeint, welche Erwartungen mit ihnen verbunden und wie realistisch die damaligen Einschätzungen waren, auf denen sie basierten. Mit dem Vorschlag, die Kontakte massiv auszubauen und möglichst zahlreiche Besuche und ökonomische Zusammenarbeit zu ermöglichen, verband die DVRK angeblich die Erwartung, viele Menschen aus dem Süden positiv für eine Zusammengehen einnehmen zu können. Pjöngjang hatte sich ausführlich bei der SED-DDR nach innerdeutschen Beziehungen erkundigt und den Rat bekommen, eher vorsichtig zu sein. Hohe Offizielle der DVRK äußerten nach Besuchen in Seoul den Eindruck, viele in der Bevölkerung des Südens wünschten sich eine Wiedervereinigung, vermutlich haben sie nicht genauer nachgefragt, welche Art von Vereinigung sich die Menschen im Süden wünschen. Anderseits ist zu vermuten, dass Park Chung-hee große Bedenken vor Kontakten und Zusammenarbeit hatte, die er nicht kontrollieren konnte und von denen nach seiner Meinung die Gefahr einer Unterwanderung ausgehen würde.

Der dritte Punkt des Communiqués vom 4. Juli 1972 kann als Duldung der jeweiligen Staats- und Gesellschaftsform angesehen werden. Aus Gesprächen nordkoreanischer Politiker und Diplomaten mit osteuropäischen Kollegen geht aber eindeutig

---

110 „Documents show that Park Chung-hee informed NK of Yushin in advance." *The Hankyoreh*, 18.10.2012. https://www.english.hani.co.kr/arti/english_edition/e_national/556395.html. Eingesehen am 14.12.2022.

hervor, dass es nach ihrer Überzeugung auf der ganzen Halbinsel letztlich einen sozialistischen Staat nach dem Modell des Nordens geben werde. (PA AA 19)

Bei Gesprächen mit Schiwkow im Juni 1975 (Schaefer 2010: 26–28) und mit anderen Staatschefs gab Kim Il-sung Lageanalysen. Nach seiner Meinung sprächen viele Gründe gegen eine militärische Lösung. Er schilderte Stärken sowie Schwächen beider koreanischer Streitkräfte und die großen Probleme, die eine militärische Auseinandersetzung bringen würde; der Norden könne den Süden wohl nicht erobern, sich aber selbst gut verteidigen. (PA AA 4) Deshalb setzte Kim auf eine Veränderung im Süden, auf Unterwanderung. Die besten Bedingungen für eine friedliche Wiedervereinigung bestünden nach einem Abzug der US-Truppen, der Schwächung des Regimes von Park und einem Aufstand im Süden.

Der Botschafter Nordkoreas in der DDR sagte im September 1989, eine Lösung der Korea-Frage sei nur durch den Abzug der US-Truppen aus Südkorea und die von der KDVR vorgeschlagenen Dreierverhandlungen KDVR-USA-Südkorea möglich. (PA AA 39) Dieser Vorschlag wurde über die Botschaften der DVRK und der USA in Peking kommuniziert, so z. B. im Dezember 1988 und Januar 1989. US-Außenminister George Shultz soll auf einen an ihn gerichteten Brief mit der Antwort reagiert haben, die Aufnahme solcher Verhandlungen sei verfrüht. (PA AA 40). Bisher gab es keine solchen Verhandlungen, wobei interessant ist, dass Pjöngjang Peking in diesen Vorschlag nicht einbezogen hatte. Der VR China scheint sich die DVRK halbwegs sicher zu sein, die USA sind ihr wichtig.

Vorschläge des Südens

Die politische Hoffnung mit der größten Kontinuität im Süden ist die auf einen Zusammenbruch des Regimes im Norden.

Jede Regierung der Republik Korea hat die Wiedervereinigung zum Ziel bzw. so wurde, so wird es immer gesagt. Lange Zeit war das „Chefsache", die Bevölkerung hatte sie zu unterstützen, Diskussionen über Strategien und Realisierungschancen wurden als nicht notwendig erachtet. Die Orientierung blieb gleich, die Methoden wandelten sich, aber keine Regierung ist bisher dem Ziel nähergekommen. Es gab auch keinen Erfolg, durch Kontakte und Kooperation ein Gefühl gesamtkoreanischer Zusammengehörigkeit zu fördern. Vereinigung hat angeblich höchste Priorität, wo erst einmal Normalisierung notwendig wäre. Was Bemühungen um Normalisierung anbelangt, so waren besonders Kim Dae-jung, Roh Moo-hyun und Moon Jae-in Präsidenten der guten Absichten. Wie meist bei inter-koreanischen Beziehungen: gute Absichten, gute Texte, anfänglich Hoffnung mit anschließender Enttäuschung, keine langfristige Umsetzung.

Nach der Teilung Koreas gab es den Vorschlag, Wahlen unter Aufsicht der VN durchzuführen, was die SU für den Norden ablehnte. Nach den Wahlen im Süden blieb ein Drittel der Gesamtzahl der Sitze in der Nationalversammlung frei, sie sollten durch Nachwahlen bzw. nach allgemeinen Wahlen durch Mandatsträger:innen aus dem Norden besetzt werden. (Shin 1995: 83) Durch den Bürgerkrieg erübrigte sich diese Rücksichtsmaßnahme. Das Konzept des ersten Präsidenten der RK, Rhee Syngman, für eine Wiedervereinigung war ein „Marsch nach Norden." (Kim Hk 1986: 4)

Vorschläge aus den 1950er Jahren, Übergangsphase 1960–61

Der Süden hoffte und hofft, Veränderungen im Norden könnten Voraussetzungen für eine friedliche und demokratische Vereinigung schaffen. Der Norden hatte lange Zeit die Hoffnung, dass durch eine volksdemokratische Revolution im Süden gegen die Militärdiktatur und wegen der dortigen wirtschaftlichen Notlage eine Wiedervereinigung nach seinen Vorstellungen möglich wäre. Deshalb gab es Vorschläge für Kommissionen im Sinne einer Volksfront und mehrfach Angebote zur wirtschaftlichen Zusammenarbeit, denn nach dem Sturz von Rhee Syngman „[...] folgten Führungsschwäche, Unsicherheit, gesteigerte Korruptionsfälle, eine steigende Kriminalitätsrate und ungelöste soziale Konflikte. Hinzu kam eine Inflation, die den Geldwert der koreanischen Währung um die Hälfte reduzierte." (Kindermann 2001: 573 f.)

In der Übergangszeit zwischen dem Sturz von Rhee und der Errichtung einer Militärdiktatur unter Park Chung-hee, d. h. vom 19. April 1960 bis zum 16. Mai 1961, war es politischen Parteien und anderen gesellschaftlichen Gruppen möglich, so vor allem Kirchen und Studierendenverbänden, mit Vorschlägen an die Öffentlichkeit zu treten. Dazu gehörten: Ausbau von Kontakten, vor allem im Bereich der Wirtschaft, bei Brief- und Postverkehr. Eine Zusammenarbeit der Medien und der Austausch von Journalisten wurden vorgeschlagen, eine Neutralität Koreas galt als diskussionwürdige Option, die Anzahl der Streitkräfte sollte reduziert und direkte Verhandlungen der beiden Seiten sollten durchgeführt werden. Der Putsch vom Mai 1961 beendete solche Diskussionen. Anti-Kommunismus, d. h. Absicherung der eigenen Herrschaft, war der dominierende Programmpunkt des neuen Regimes. Viele führende Offiziere des Putsches waren ehemalige Flüchtlinge aus dem Norden und fanatische Antikommunisten sowie Antidemokraten. Für die neue Führung galt, alle Anstrengungen zu unternehmen, um sich mit dem Norden messen zu können, dazu gehörten ein Auf- und Ausbau der Wirtschaft und Massenverhaftungen von Menschen, die „linker" Ansichten verdächtigt wurden. Damit sollten unerlässliche Grundlagen geschaffen werden, um konkurrenzfähig und dann überlegen zu sein für die Durchführung einer Wiedervereinigung nach Vorstellungen Seouls. (Yim 1978: 63 f.)

Vorschläge von Kim Dae-jung und Park Chung-hee

Im Zusammenhang mit der „Gemeinsamen Erklärung" vom 4. Juli 1972 schlug Kim Dae-jung u. a. vor, Korea sollte ähnlich wie das Konzept der bundesdeutschen Ostpolitik von der Existenz zweier Staaten und einem Volk ausgehen und beide Koreas sollten zeitgleich Mitglied der VN werden. Dafür wurde er heftig kritisiert, aber ein Jahr später präsentierte es Präsident Park als seine eigene Idee. Am 23. Juli 1973 wandte er sich mit einer „Speziellen Erklärung zur Außenpolitik für Frieden und Wiedervereinigung" an die Bevölkerung und indirekt an den Norden. (Koh 1980) Er erklärte, nichts gegen die Mitgliedschaft der DVRK in internationalen Organisationen zu haben, somit auch nichts gegen die gemeinsame Mitgliedschaft in den VN. Die Regierung des Nordens solle anerkannt werden. Das war eine deutliche Abkehr von der früheren Haltung Seouls, nach der es nur eine Nation und einen Staat gebe, nämlich die Republik Korea, jetzt sprach er von einer Nation und zwei Staaten.

Kim Il-sung reagierte mit einer „Fünf-Punkte-Erklärung". Er schlug die baldige Schaffung einer Konföderation vor, die dann Mitglied der VN werden sollte, eine vorherige Mitgliedschaft zweier koreanischer Staaten lehnte er strikt ab. Erinnernswert ist, das die DVRK am 9. Februar 1949, also sechs Monate nach Staatsgründung, eine Mitgliedschaft beantragt hatte. (Kim, SC 2014: 54)

Präsident Park griff Vorschläge Kim Dae-jungs auf, auch weil sich die außenpolitische Lage verändert hatte, so zum Beispiel durch die Annäherung zwischen den USA und der VR China, auch weil er sich seiner Herrschaft nicht sicher war. Er konnte von dem Alleinvertretungsanspruch verbal abrücken, denn es war damit zu rechnen, dass Pjöngjang einer koreanischen Doppelmitgliedschaft in den VN nicht zustimmen würde. Wer damals in der Bevölkerung im Süden solche Ideen äußerte, musste eine Verhaftung nach dem Nationalen Sicherheitsgesetz befürchten, dem Präsidenten drohte diese Gefahr nicht.

Kim Dae-jung meinte, die offiziellen Versöhnungsgesten nach 1972 seien für Seoul und Pjöngjang nichts anderes, als der Versuch gewesen, ihre Macht zu konsolidieren, indem sie den Menschen den illusorischen Traum einer Wiedervereinigung vorgaukelten. (Kim Dj 2019: 176) Sicher war Kim Dae-jung der Überzeugung, er hätte die damaligen Chancen ehrlicher und besser genutzt.

Chun Doo-hwan

Als Pjöngjang die Lage nach dem Attentat auf Park Hung-hee, (26. Oktober 1979), eingeschätzt hatte, erfolgte eine positive Hinwendung zum Süden. Am 12. Januar 1980 ließ der Ministerpräsident der DVRK an seinen Amtskollegen einen Brief überbringen, in dem erstmals die offizielle Bezeichnung „Ministerpräsident der Republik Korea" verwandt wurde. Bis zum August 1980 gab es dann Gespräche auf Arbeitsebene, aber ohne konkrete Ergebnisse. Nachdem General Chun Doo-hwan seine Position als neuer Präsident des Südens gefestigt hatte, schickte er im Januar 1981 einen Brief an Kim Il-sung mit der Einladung, Seoul zu besuchen. Im Juni 1982 wurde die Einladung wiederholt und Chun präsentierte seine Vorstellungen für nationale Versöhnung und eine demokratische Wiedervereinigung. Eine Verfassung für ein vereinigtes Korea sollte entworfen werden und eine Konsultativkonferenz mit Vertreter:innen beider Seiten zusammentreten. Die Verfassung wäre an Prinzipien des Nationalismus, der Demokratie, der Freiheit und dem Wohlergehen der Menschen zu orientieren, um dann Gegenstand eines gesamtkoreanischen Referendums zu sein. Nach allgemeinen Wahlen sollten ein vereintes Parlament und eine Regierung entstehen. (Kim Hk 1986: 10 f.) Ideen so wohlklingend, wie unrealistisch. Konkreter waren Vorschläge des Ministers für Wiedervereinigung. Seine 24 Pilotprojekte vom Februar 1982 beinhalteten u. a. die Wiederanknüpfung der Bahn- und Straßenverbindungen zwischen Norden und Süden und den Handel mit Gütern des täglichen Bedarfs.[111] Die weitere Entwicklung folgte leider dem gewohnten Muster. Der Norden lehnte ab, denn erst müssten die Truppen der USA aus dem Süden abgezogen werden und was die Vereinigung anbelangt, so sei sie durch eine Demokratische Konföderale Republik Koryo anzustreben.

Nordpolitik des Präsidenten Roh Tae-woo

Bei Äußerungen und Plänen des Südens ist oft ein Bezug zur Ostpolitik deutlich. So hat zum Beispiel Präsident Roh Moo-hyun, orientiert an Willy Brandt, auf die Notwendigkeit von Initiativen zur langfristigen Veränderung und auf die Priorität von Normalisierung verwiesen.

> Willy Brandt verzichtete zunächst auf die Wiedervereinigung. Es ist in der Tat eine Ironie der Geschichte, dass der Prozess der deutschen Wiedervereinigung gerade zu dem Zeitpunkt begonnen hat, als das Festhalten an der Einheit Deutschlands nicht mehr als das wichtigste politische Ziel angesehen wurde. Daher ist letztlich der Fall der Mauer auch ein Erfolg der Ostpolitik Willy Brandts. (Roh 2003: 10)

Die Nord- und die Sonnenscheinpolitik waren zwei Strategien, die zumindest über einen etwas längeren Zeitraum praktiziert wurden und Teilerfolge bewirkten.

Roh Tae-woo, Präsident der Republik Korea von 1988 bis 1993, waren Ähnlichkeiten und Unterschiede zwischen Deutschland und Korea durchaus bewusst, als er im Juni 1991 sagte: „Wir müssen uns gründlich auf eine Wiedervereinigung vorbereiten, denn es ist anzunehmen, dass sie jederzeit passieren kann."[112] Die von ihm verfolgte Politik wird als Nordpolitik bezeichnet; in zeitlichem Zusammenhang mit ihr betrieb die DVRK eine „Südpolitik", die u. a. der Verbesserung ihrer Beziehungen zu den USA und zu Japan dienen sollte, aber keinen Erfolg hatte.

Der Name Nordpolitik hat nicht nur verbale Affinität zur Ostpolitik von Willy Brandt, sondern es gab eine konzeptionelle Orientierung. Eine außenpolitische Neuorientierung sollte eine Situation schaffen, die zu inter-koreanischen Gesprächen führt. Erst Normalisierung mit Moskau und Peking, um dann Pjöngjang zu veranlas-

---

111 Zu diesem Vorschlag siehe *Korea and World Affairs*, 6 (Spring 1982) 1, S. 198 ff.
112 FBIS, *Daily Report*, FBIS-EAS, 91–178 vom 13.09.1991, S. 32.

sen, substantielle Kontakte zu Seoul aufzunehmen, so wie im Rahmen der Ostpolitik erst eine Verständigung mit der Sowjetunion erforderlich war, um für West-Berlin und gegenüber der SED-DDR Verbesserungen zu erzielen. Roh folgte mit der Nordpolitik diesem Muster und es kam mit der DVRK in den Jahren 1991/1992 zu schriftlichen Vereinbarungen, von denen die „Übereinkunft für Versöhnung, Nichtaggression, Austausch und Zusammenarbeit" vom 13. Dezember 1991 von besonderer Bedeutung ist. (Lim 2012: 377 ff. Pfennig 1998: 391 ff.) Es ist eine Art koreanische Version des deutschen Grundlagenvertrages, sie wird in Korea auch häufig so bezeichnet. Die Übereinkunft enthält viele Absichtserklärungen, die dann später bei Dokumenten von Gipfeltreffen erneut aufgegriffen wurden, weil es nie zu einer Umsetzung kam. Beide Ministerpräsidenten unterschrieben den Text, den das Parlament der RK aber nicht ratifizierte. Dennoch sollten die Dokumente von 1991/92 eine größere Rolle spielen, denn sie könnten eine Grundlage für eine tragfähige Normalisierung sein, gäben sie Kim Jong-un doch die Möglichkeit zusätzlicher Legitimierung durch den Hinweis, diese Abkommen seien zur Zeit seines Großvaters ausgearbeitet sowie unterzeichnet worden und er würde ihnen nun Leben einhauchen.

Die Situation ab Ende der 1980er Jahre war anders als 1972, aber auch hier wirkten äußere Entwicklungen als wichtige Einflussfaktoren. Es waren vor allem neue Entwicklungen in der Republik Korea und in Europa, die deutsche Einigung, das Ende des „Kalten Krieges", Veränderungen in der VR China und der Sowjetunion sowie ökonomische Chancen, die Seoul nutzte. (Kim Jh 2012. Lee CS 1989.)

Am 7. Juli 1988, rund zwei Monate vor Eröffnung der Olympischen Sommerspiele in Seoul hielt Präsident Roh Tae-woo eine Ansprache an die Nation, es war eine „Spezielle Erklärung im Interesse nationaler Selbstachtung, Vereinigung und Wohlstand." Er stellte fest, Korea sei noch immer geteilt, weil man sich als Gegner betrachte und nicht als zugehörig zur selben nationalen Gemeinschaft. Die Teilung könne überwunden werden durch vielfältige Zusammenarbeit, Besuche weiter Kreise der jeweiligen Bevölkerung, Austausch von Journalisten, Zusammentreffen von getrennten Familienmitgliedern sowie freiem Handel und er würde dem Norden helfen, Beziehungen zu den USA und anderen Staaten des Westens herzustellen.[113] (Mosher 1992: 41)

Anlässlich des Nationalfeiertages am 15. August 1988[114] schlug Roh ein Gipfeltreffen ohne Vorbedingungen mit Kim Il-sung vor. Dieser machte einen Gegenvorschlag; bei einem Treffen der Präsidenten in Pjöngjang sollte der Rückzug der US-Truppen aus dem Süden und der Plan der DVRK für eine Konföderation diskutiert und eine gemeinsame Erklärung von Norden und Süden über Nichtaggression abgegeben werden. Roh Tae-woo griff dann im Oktober 1988 vor der VN-Generalversammlung den Aspekt der Nichtaggression auf und versicherte, der Süden würde nie als Erster Ge-

---

113 https://www.world.kbs.co.kr/service/contents_view.htm?lang=e&menu_cate=history&id=&board_seq=275267&page=4&board_code=. Eingesehen am 22.03.2024.
114 Der 15. August 1948 war Staatsgründungstag der Republik Korea; die Orientierung an der Kapitulation Japans am 15. August 1945 war damals sicher kein Zufall.

walt gegen den Norden anwenden und alle Fragen von Rüstungskontrolle, Abrüstung sowie andere militärische Angelegenheiten sollten aufrichtig diskutiert werden.[115] „Militärische Angelegenheiten", die Präsenz von US-Truppen und die Nuklearkapazität der DVRK gehören nach wie vor zu den Streitpunkten, die bislang eine Normalisierung auf der koreanischen Halbinsel erschweren bzw. unmöglich machen.

Auf Rohs Ansprache vor den VN und als eine Art Antwort auf seine Erklärung vom 7. Juli 1988 legte die DVRK am 7. November 1988 einen „Umfassenden Friedensplan" für die Vereinigung der koreanischen Halbinsel vor, der hauptsächlich Sicherheitsfragen beinhaltete: schrittweiser Rückzug der US-Truppen aus dem Süden, stufenweise Verringerung der Truppenstärke im Norden und Süden, Information über diese und Überprüfung der beiden Maßnahmen sowie dreiseitige Gespräche zwischen der DVRK, der Republik Korea und den USA. In einem weiteren Vorschlag vom 31. Mai 1990 war dann von einer Friedensgarantie nach einer Abrüstung die Rede. (Kwak 1992: 337) Diese Entwicklungen sind durchaus typisch, es geht hin und her, aber nicht voran. Nie wurde versucht, zumindest Teilaspekte ernsthaft zu diskutieren, z. B. die Reduzierung der Streitkräfte.

Die Nordpolitik war auch eine Reaktion auf die sich wegen der für 1988 anstehenden Olympiade in Seoul bietenden Chancen. (Sanford 1990) Wie fast 30 Jahre später die Winterolympiade in Pyong Chang vorübergehend zu einer Verbesserung der interkoreanischen Beziehungen beitrug, so boten die Sommerspiele 1988 in Seoul günstige Gelegenheiten für die Normalisierung zwischen der Repubik Korea, der Sowjetunion und der VR China. Pjöngjang sah dies mit großem Missvergnügen. Die Entwicklung wirtschaftlicher Beziehungen zu Südkorea, so der damalige Außenminister Kim Jong Nam, insbesondere durch Jugoslawien, Ungarn und China sei Verrat an der internationalen Solidarität und an der Sache der Wiedervereinigung Koreas. (PA AA 34) Als im September 1988 während der Olympiade bekannt wurde, Ungarn und die RK würden Ständige Vertretungen einrichten, war der Außenminister erbost, denn das kämpfende koreanische Volk fühle sich verraten und beleidigt. Es sei eine Schande, seinen Feinden zu helfen. Es gebe Besorgnis, dass auch andere sozialistische Länder nach der Pfeife des Imperialismus tanzen könnten. Für Dollars habe sich Ungarn an blutbesudelte Hände verkauft. (PA AA 35)[116]

Als die SED-DDR ihre Kontakte zu Südkorea erweiterte, meinte Pjöngjang, das sei sehr schmerzlich für die DVRK und schädlich für Koreas Wiedervereinigung. Es wurde auch Undankbarkeit empfunden. Mitte März 1988 sagte der stellvertretende Außenminister Ri Ing Ju bei Gesprächen in Ost-Berlin, man habe die DDR in ihrem Kampf gegen die „Hallstein Doktrin" unterstützt. „Der Sieg der DDR im Kampf um ihre Anerkennung und Aufnahme in die UNO sei nicht nur ihr Sieg, sondern auch der der KDVR und der anderen sozialistischen Staaten gewesen." (PA AA 37)

---

115 Diese Passage der Rede ist abgedruckt in *Korea and World Affairs*, 12 (Winter 1988) 4, S. 842.
116 Ungarn beging damit indirekt Majestätsbeleidigung, denn der damalige nordkoreanische Botschafter in Budapest war ein Sohn Kim Il-sungs.

Führende Vertreter der Wirtschaft des Südens waren für die Nordpolitik, von der sie sich viel erhofften und sie sahen den Erfolg ökonomischen Engagements taiwanischer Firmen in der VR China. Die Nordpolitik bewirkte dann ab 1989 auch einen starken Anstieg inter-koreanischer Handelsbeziehungen.

Während die RK von mehreren Staaten diplomatisch anerkannt wurde und sich deren Beziehungen zu Moskau[117] und Peking wesentlich verbesserten, gab es keine Anerkennung der DVRK durch Washington und Tokio. Die VR China erleichterte die Handelsbeziehungen, ließ sich aber Zeit mit der offiziellen diplomatischen Anerkennung, die erst im August 1992 erfolgte. Sie wollte die DVRK nicht unnötig verärgern, wollte Erfolge der Nordpolitik abwarten und Schritte der USA Richtung Aufnahme diplomatischer Beziehungen zu Pjöngjang, die nicht erfolgten. Peking war sich auch nicht sicher, welche Auswirkungen eine Doppelanerkennung Koreas auf die eigene „Ein-China-Doktrin" bezüglich Taiwans haben würde. Seoul hatte anfänglich geglaubt, es könne offizielle Beziehungen sowohl zur Republik, als auch zur Volksrepublik China unterhalten.

Für Roh Tae-woo war eine Verbesserung der Beziehungen zwischen Washington, Tokio und Pjöngjang von großer Bedeutung für die Nordpolitik, seine Einflussmöglichkeiten waren aber gering. Auch die DVRK erkannte die Chancen eines flexiblen Verhaltens. Als die Annäherungen zwischen Moskau und Peking einerseits und Seoul andererseits offenkundig waren, zeigte Pjöngjang gezwungenermaßen Bereitschaft zu einer Doppelmitgliedschaft in den VN, weil die Sowjetunion und die VR China mitteilten, sie würden kein Veto gegen eine Mitgliedschaft der RK einlegen. Das war ein für die DVRK sehr schwieriges Zugeständnis, denn noch beim ersten Treffen beider koreanischer Ministerpräsidenten im September 1990 hatte der aus dem Norden, Yon Hyong Muk, verlangt, dass Korea als ein Staat Mitglied werde, ohne genauer auszuführen, wie das praktisch hätte funktionieren können. (Kwak 1992: 339)

Mitte 1991 erklärte Kim Il-sung seine Bereitschaft, Gespräche ohne Vorbedingungen mit Tokio zu führen, um diplomatische Beziehungen herzustellen. Japan reagierte nach der Aufnahme beider Staaten in Korea in die VN positiv, aber es kam hauptsächlich wegen der Nuklearrüstung der DVRK und anderer Streitpunkte zu keiner Normalisierung der Beziehungen. (Sanford 1993: 14)

Mit den USA hatte die DVRK Kontakte in Peking und später über ihre VN-Vertretung in New York. Pjöngjang sagte damals, ein Abzug von US-Truppen aus dem Süden Koreas sei keine Vorbedingung für die Inspektion von Nuklearanlagen in der DVRK, (Lee Hy 1992: 71), und nach dem Eintritt beider Koreas in die VN erklärten die USA, ihre Nuklearwaffen von südkoreanischem Territorium abzuziehen. Nach Unterzeichnung des „koreanischen Grundlagenabkommens" am 13. Dezember 1991 wollte Washington diese politische Klimaveränderung fördern und setzte das für Frühjahr 1992 angesetzte große Manöver „Teamspirit" mit südkoreanischen Streitkräften aus.

---

[117] Ein wichtiger Schritt war hier das Treffen zwischen Gorbatschow und Roh Tae-woo Anfang Juni 1990 in San Francisco, von dem Pjöngjang behauptet, nicht vorher informiert worden zu sein.

Die Nordpolitik der Jahre 1988–92 war ein Zusammenwirken von inneren und äußeren Entwicklungen, ein Vorgehen, wie es ab den Jahren 2000 und 2018 erneut versucht wurde. Das Sicherheitsbedürfnis des Nordens erhielt zu wenig Beachtung, was nicht nur an Seoul lag. Den konzilianten Gesten der USA, Absage von „Teamspirit" im Jahre 1992, folgten nicht diplomatische Anerkennungen Pjöngjangs durch Washington und Tokio. Kim Il-sung fühlte sich in seinem Misstrauen bestätigt, sah, dass nach der Vereinigung Deutschlands nichts mehr von der SED-DDR übrig war und konnte auch nach der Präsidentschaft von Roh Tae-woo durch dessen Nachfolger Kim Young-sam – Amtszeit von Februar 1993 bis Februar 1998 – im Süden wenig Bereitschaft erkennen, die Nordpolitik fortzusetzen. Kim Young-sam war davon überzeugt, dass der Norden bald zusammenbrechen werde. (Kil 1994) Diese Entwicklung veranlasste Kim Il-sung zu einer Intensivierung des Nuklearprogramms, auch weil er annahm, in der VR China und Russland keine absolut zuverlässigen Verbündeten mehr zu haben. Als nach seinem Tod am 8. Juli 1994 der Präsident des Südens die Streitkräfte in höchste Alarmbereitschaft versetzte, bewirkte das eine nachhaltige Verstimmung im Norden.

Kim Dae-jung und Nordpolitik

Die Nordpolitik führte nicht zu einer dauerhaften Verbesserung der Beziehungen auf der koreanischen Halbinsel, aber sie verbesserte die Position der RK und war Teil des dünnen Fundaments, auf dem später die Sonnenscheinpolitik aufbauen konnte. Auch die Absichtserklärungen des Jahres 2018 enthalten deutliche Bezüge zu den nicht implementierten Abkommen der Nordpolitik. Kim Dae-jung bezeichnete diese Politik als ein Ablenkungsmanöver Rohs von inneren Schwierigkeiten. Viele Jahre später, in seiner Autobiografie, hatte er für sie noch immer nur knappe Bemerkungen übrig und das „Grundlagenabkommen" vom Dezember 1991 erwähnte er nicht.

> Als Nachfolger des Militärregimes gehören zu Präsident Roh Tae-woos Leistungen die erfolgreiche Olympiade und die Normalisierung der Beziehungen zwischen Südkorea und kommunistischen Staaten wie der Sowjetunion und China. Die sogenannte Norddiplomatie ist zweifellos sein Erfolg. Ich glaube, er verdient auch Anerkennung für den Versuch, unsere Beziehungen mit Nordkorea zu verbessern, durch seine Erklärung vom 7. Juli. (Kim Dj 2019: 383 f.)

Die Anerkennung ist hier karg ausgefallen, aber zumindest auf dem Papier, was Vertragstexte anbelangt, hatten die Beziehungen zwischen Norden und Süden 1991 und 1992 einen Höhepunkt und die internationale Position der RK wurde gestärkt.

Kim Young-sam

Kim Young-sam sah seine Aufgaben als Präsident primär im innenpolitischen Bereich. Sein Programm lautete: Eine saubere, ehrliche Regierung, eine robuste Wirtschaft, eine gesunde Zivilgesellschaft und Stärkung der Vereinigung. (Lee, Ming 1995: 113) Diese sollte dann über die Schritte Versöhnung sowie Zusammenarbeit und ein koreanisches Commonwealth zum vereinten Korea führen, mit einer Nation und einem Staat.[118] Am Anfang seiner Amtszeit ließ Kim Young-sam wichtige Reformen beschließen, zeitweise die Korruption reduzieren und er versuchte, die unheilige Allianz zwischen Großkonzernen, Politik und Bürokratie zu begrenzen. Dann überschatteten die erste Nuklearkrise und ab Juli 1997 die „Asienkrise" seine Präsidentschaft, in der Südkorea gravierende Auflagen des Internationalen Währungsfonds erfüllen musste. (Kalinowski 2005) Durch Vermittlung des ehemaligen US-Präsidenten Carter wurde ein vorübergehender Kompromiss in der Nuklearkrise gefunden und ein Gipfeltreffen in Pjöngjang geplant. Für die RK war Lee Hong-koo an Vorgesprächen beteiligt, eine kluge und umsichtige Persönlichkeit, Professor für Politikwissenschaft der Seoul National Universität und Minister für Vereiniung sowie ab Dezember 1994 für ein Jahr Ministerpräsident. Er hatte diese Gespräche in positiver Erinnerung und es gelang relativ schnell, sich auf wesentliche Punkte des Programms zu einigen. Kim Young-sam sei sehr nervös und unsicher gewesen, wie er sich gegenüber Kim Il-sung verhalten sollte. Zu diesem Gipfeltreffen kam es nicht, denn der Führer des Nordens starb am 8. Juli 1994.

Roh Moo-hyun

Auf Kim Dae-jung folgte als Präsident von 2003 bis 2008 Roh Moo-hyun. Auch seine Amtszeit war durchaus typisch: Beginn mit großen Erwartungen, Ende mit großer Enttäuschung.

Roh wollte sich bei seiner Nordkoreapolitik von fünf Prinzipien leiten lassen: Vertrauen als höchste Priorität, Beteiligung des Volkes an der Politik, Sicherheit im militärischen und wirtschaftlichen Bereich, wirtschaftliche Zusammenarbeit und langfristige Perspektiven sowie Investitionen und internationale Zusammenarbeit unter Leitung der Betroffenen. Er betonte den engen Zusammenhang zwischen einem förderlichen internationalen Rahmen und Frieden sowie gemeinsamer Prosperität auf der koreanischen Halbinsel, dafür seien sechs Aufgaben zu bewältigen: Die Systematisierung von Versöhnung und Zusammenarbeit, die Lösung der Probleme bezüglich nordkoreanischer Massenvernichtungswaffen, Normalisierung der Beziehungen zwischen der DVRK, den USA und Japan, Unterstützung von Reformen und Öffnung des Nordens, Errichtung eines Friedenssystems auf der Halbinsel durch eine Friedenserklärung zwischen Süd und Nord sowie ein Friedensvertrag und die Schaffung von In-

---

[118] National Unification Board. 1993. Hg. *Korea's Unification Policy: Based on the Three-phased Approach to Unification and Its Three Guiding Principles*. Seoul: National Unification Board, Oktober 1993, S. 7.

stitutionen für Zusammenarbeit in Nordostasien. (Roh 2003: 44–51) Das entsprach im Wesentlichen früheren Vorschlägen.

Der ehemalige Rechtsanwalt und Bürgerrechtler führte mit Kim Jong-il im Oktober 2007 das zweite Gipfeltreffen durch. Dessen Communiqué ist umfangreicher und konkreter als die „Gemeinsame Erklärung" vom 15. Juni 2000. Zu einer Umsetzung kam es nicht, denn die Amtszeit Rohs endete bald und sowohl sein Nachfolger als auch Kim Jong-il machten keine großen Anstrengungen, die vorgesehenen Projekte und Maßnahmen zu realisieren.

Lee Myung-bak

Als im Jahr 2008 Lee Myung-bak sein Amt als Präsident der Republik Korea antrat, hatte er kein systematisches Konzept für die Beziehungen mit dem Norden, die er primär unter wirtschaftlichen Gesichtspunkten betrachtete.[119] Er orientierte sich hauptsächlich an der Position der USA und schlug vor: Denuklearisierung, Öffnung, 3000 Vision. Die DVRK sollte eine umfassende Denuklearisierung und Öffnung durchführen, danach würde der Süden helfen, dass die Menschen im Norden ein Pro-Kopf-Einkommen von 3.000 US $ erreichen könnten. (Suh 2009) Pjöngjang wies diese vage Offerte indigniert zurück und machte kaum Anstalten, mit der Lee-Regierung ernsthaft ins Gespräch zu kommen. (Moon 2011)

In der Amtszeit von Präsident Lee wurden koreanisch-deutsche Komissionen gegründet, die sich mit Problemen des deutschen Einigungs- und Angleichungsprozesses nach 1990 beschäftigen sollten. Das war im Prinzip eine sinnvolle Initiative, aber hauptsächlich wegen mangelnder Kontinuität und Seriosität auf koreanischer Seite kam es kaum zu einem nachhaltigen Erkenntnisprozess. In der Bundesrepublik waren die Partner erst das Innen- und später das Wirtschaftsministerium. Bei einigen der auf deutscher Seite Beteiligten gab es keine Einigung darüber, wie die Veranstaltungen einzuschätzen seien: als Kasperletheater oder Kindergarten. Erfolgreicher sind Programme mit „unteren" Ebenen, bei denen Beamtinnen und Beamte aus der RK nach Deutschland kommen, um sich für einen längeren Zeitraum intensiv mit konkreten Problembereichen zu beschäftigten.

---

119 Lee stieg innerhalb des Hyundai-Konzerns zum Chief Executive Officer auf, war von 2002 bis 2006 Bürgermeister von Seoul und von 2008 bis 2013 Präsident der Republik Korea. Eine Selbstdarstellung ist Lee, Myung-bak. 2011. *The Unchartered Path. An Autobiography*. Naperville: Sourcebooks. Später war er wegen Korruptionsdelikten im Gefängnis.

„Vertrauenspolitik" von Park Geun-hye

Auf Lee Myung-bak folgte als Präsidentin Park Geun-hye (2013–2017), die älteste Tochter des Diktators Park Chung-hee. Ihr gelang es, bis zur Amtsenthebung durch das Verfassungsgericht am 17. März 2017, mit einer „Vertrauenspolitik" das internationale Ansehen der RK und deren internationale Mitwirkungsmöglichkeiten beträchtlich zu verbessern. Eine Entspannung der Beziehungen zum Norden erreichte sie nicht und es ist nicht auszumachen, ob sie eine solche mit Nachdruck verfolgte. Zu betonen ist allerdings, dass sie für Debatten in Südkorea die großen Chancen hervorhob, die eine Wiedervereinigung bieten würde, denn diese wäre ein „Hauptgewinn", und es sollten deshalb nicht deren vermutete Kosten im Vordergrund stehen. Das Vertrauen, so das Motto ihrer Politik, zwischen Süd und Nord hatte sich allerdings in ihrer Amtszeit nicht verbessert, im Gegenteil.

Vertrauen ist ein schönes Wort, sein Vorhandensein jedoch schwer zu messen. Kaum einzuschätzen ist, wie im Süden die Antwort auf die Frage ausfallen würde: „Wem können wir im Norden vertrauen?" Ähnliches, wenn nicht Gleiches, gilt auch in umgekehrter Richtung.

Es existieren in Korea zahlreiche Institutionen, die sich mit Wiedervereinigung beschäftigen. Nach dem Amtsantritt von Präsidentin Park gab es einen „Wirbelwind" von Äußerungen und Aktivitäten zu diesem Thema. Die Gesetzgebung sollte umfangreich erweitert sowie beschleunigt und neue Institutionen sollten eingerichtet werden, alles um die „[...] drei Säulen für einen Vorstoß auf die Wiedervereinigung zu schaffen: öffentlicher Konsens, Vertrauen zwischen den beiden Koreas und Zusammenarbeit mit der internationalen Gemeinschaft." (Vantage Point 2015: 56)

Es gab keine Fortschritte in den Beziehungen, denn es mangelte an konkreten Vorstellungen, wie es zu gesellschaftlicher Zustimmung im Süden und zu Kooperationsbereitschaft im Norden kommen könnte. Von außen betrachtet hatten die meisten Stellungnahmen den Charakter von Nach-Wiedervereinigungsplänen. Wenig wurde darüber gearbeitet, wie überhaupt erst einmal Voraussetzungen für eine Vereinigung, d. h. für eine Normalisierung, zu schaffen seien. Während der Präsidentschaft von Frau Park gab es ein Aufmerksamkeit bewirkendes, schnelles Treten auf der Stelle, dem sich ein Rückschritt anschloss.

Politik von Moon Jae-in

Moon Jae-in, ihr Nachfolger, war ab Mai 2017 mit seiner Regierung bemüht, auf der Basis bisheriger Vereinbarungen und intensiver Kontakte mit dem Norden eine positive Dynamik zu erreichen. Diese Anstrengungen wurden aber von der Forderung – vor allem der USA – nach völliger Denuklarisierung der DVRK und deren negativem Verhalten dominiert, obwohl es Moons Bestreben war, vorrangig durch eine Verbesserung der Beziehungen auf der Halbinsel die Bestrebungen um Denuklearisierung zu fördern. Das Ministerium für Wiedervereinigung der RK hat in einer Publikation Schwerpunkte und Zielsetzungen dieser Politik an Hand von Äußerungen des Präsidenten dargestellt, die hier zusammengefasst werden. (Die Politik: 2017)

Es wird erwartet, dass sich die Tür zur Wiedervereinigung von selbst öffne, sollte es gelingen, den Frieden zu verankern, denn dann würden Süd- und Nordkorea konfliktfreier koexistieren. Eine Lösung der Probleme ist auf der Basis von gegenseitigem Respekt und Vertrauen zu erreichen, wobei die Sicherheit des nordkoreanischen Regimes berücksichtigt werden muss. (Die Politik 2017: 7) Die Strategie, mit der dies erreicht werden soll, wird von „drei Nein" und einem Drei-Stufen-Plan geleitet. „Drei Nein" benennen, was nicht angestrebt wird: Kein Zusammenbruch des Nordens, keine künstliche Wiedervereinigung, keine durch Absorption. Beabsichtigt wird eine friedliche und demokratische Vereinigung als natürlicher Prozess. (Ebd. S. 30) Es gab keine Erläuterung, was hier unter „künstlich" und „natürlich" zu verstehen sei.

Die drei Stufen sind: 1. Versöhnung und Zusammenarbeit. 2. Eine Konföderation sowie drittens ein vereinter Staat, d. h. eine Nation, ein Staat, ein System. Das ist nicht neu, aber auch hier gibt es keine Erklärung, was genauer gemeint ist. Soll es eine Synthese beider Systeme sein oder steht dahinter die Erwartung, dass sich letztlich das System der Republik Korea durchsetzen würde? Vermutlich wird ein solcher Angleichungsprozess von einer großen Mehrheit im Süden erwartet, evtl. für selbstverständlich gehalten, aber für dessen Regierung ist es nicht opportun, eine solche Erwartung als offizielle Politik darzustellen. Systemkooperation bedeutet allerdings auch Systemkonkurrenz, besonders in solchen Fällen, bei denen die Systeme zum Beginn der intensivierten Zusammenarbeit antagonistisch sind und es über einen längeren Zeitraum noch bleiben.

Gegenseitiges Vertrauen und Reziprozität wurden mehrfach betont, sie seien vor allem durch den Ausbau wirtschaftlicher Zusammenarbeit zu ermöglichen, was besonders für den Norden und dessen Bevölkerung von großem Nutzen wäre. Präsident Moon sprach von der Notwendigkeit eines nationalen Konsenses im Süden, was eine Selbstverständlichkeit sein sollte, aber auch die realistische Erkenntnis, dass fast jegliche Strategie gegenüber der DVRK im Süden höchst umstritten ist. Erreicht werden soll ein nationales Übereinkommen zur Wiedervereinigung. „Durch die Anerkennung und den Respekt von Meinungsverschiedenheiten innerhalb unserer Gesellschaft werden wir Gemeinsamkeiten betonen und Streitigkeiten sowie Konflikte überwinden." (Ebd. S. 28) Seit Gründung der Republik Korea ist das nicht nur bezogen auf das Verhältnis zum Norden, sondern für Politik und Gesellschaft im Süden ganz allgemein bisher ein frommer Wunsch geblieben.

Durch einen nationalen Konsens, so jedenfalls die Erwartung von Moon Jae-in, entstünde auch Kontinuität in der Politik gegenüber dem Norden, um hier Veränderungen bei Regierungswechseln im Süden zu verhindern. Ein solches Fundament könnte dazu beitragen, ein „Grundlagenabkommen" mit dem Norden und ein „Friedensabkommen für die koreanische Halbinsel" mit allen unmittelbar betroffenen Ländern abzuschließen. (Ebd. S. 28)

Moon Jae-in konnte besonders ab 2018 durch Treffen mit Kim Jong-un die Beziehungen zum Norden vorübergehend verbessern. Es gab umfangreiche Erklärungen zu Gipfeltreffen im Mai und September 2018 und eine Art Gewaltverzichtserklärung. Verbindungsbüros in Kaesong wurden eröffnet, aber im Juni 2020 erfolgte ein schwerer Rückschlag, als das Gebäude mit diesen Büros vom Norden medienwirksam gesprengt wurde.

Die „kühne Initiative" von Präsident Yoon Suk Yeol vom August 2022

Nachfolger von Moon wurde Yoon Suk Yeol. In seiner Rede zur 77. Wiederkehr des „Tages der Befreiung" von japanischer Kolonialherrschaft am 15. August 2022 erläuterte er eine „kühne Initiative" zur Verbesserung der Wirtschaft und Lebensverhältnisse in Nordkorea. Er hob die große Bedeutung der Denuklearisierung des Nordens für den Erhalt des Friedens auf der koreanischen Halbinsel, für Nordostasien und die gesamte Welt hervor. Dann folgte sein Angebot:

> Die kühne Initiative, die ich mir vorstelle, wird Nordkoreas Wirtschaft und die Lebensgrundlagen seiner Bevölkerung schrittweise erheblich verbessern, wenn der Norden die Entwicklung seines Nuklearprogramms einstellt und einen echten und substanziellen Prozess zur Denuklearisierung einleitet.
> Wir werden ein großdimensioniertes Ernährungsprogramm durchführen, Unterstützung für die Stromerzeugung, Stromtrassen und Verteilungsinfrastruktur bereitstellen sowie Projekte zur Modernisierung von Häfen und Flughäfen für den internationalen Handel. Wir werden auch dazu beitragen, die landwirtschaftliche Produktivität Nordkoreas voranzubringen und Unterstützung bei der Modernisierung von Krankenhäusern und medizinischer Infrastruktur anbieten sowie internationale Investitionen und finanzielle Unterstützungsmaßnahmen implementieren. (Yoon 2022)

Eine ähnliche Offerte war bereits die „3000 Vision" von Präsident Lee Myung-bak. Aber die Rede von Yoon enthält interessante Aspekte, denn er sprach von einem Prozess hin zur Denuklearisierung. Auf einer Pressekonferenz einen Tag nach der Ansprache sagte er, dass er keine völlige Denuklearisierung als Vorbedingung für Aktionen des Südens erwarte. Solange Pjöngjang ein faires Engagement zeige, werde der Süden das tun, was er tun könne, um zu helfen. Außerdem wolle er sich auch bemühen, die Beziehungen zwischen Nordkorea und den USA zu verbessern.

Hilfsleistungen sollen also an einen Prozess hin zu Denuklearisierung gekoppelt und die Beziehungen zwischen Pjöngjang und Washington verbessert werden. Das ist neu, aber Yoon sollte wissen, dass eine Umsetzung seiner Initiative eine umgekehrte Reihenfolge erfordert. Erst eine Koppelung von Reduktion des Nuklearprogramms zeitgleich mit einer Reduzierung der Sanktionen und Normalisierung der Beziehungen zwischen Washington und Pjöngjang, dann die „kühne Initiative". Es wurde nicht klar, ob und wie Yoon diese Passage seiner Rede mit den USA abgesprochen hatte. Drei Tage später nannte Kim Yo-jong, die Schwester von Kim Jong-un, die Initiative einen Höhepunkt der Absurdität und sie riet Präsident Yoon, den Mund zu halten. Das ist noch keine definitive Absage und es bleibt abzuwarten, ob Pjöngjang diese gönnerhafte Offerte für glaubhaft hält. Wegen Jahrzehnten voller negativer Erfahrungen wäre es sinnvoll, solche Initiativen erst vertraulich zu kommunizieren, bevor sie an große koreanische Glocken gehängt werden. Im Herbst 2023 verschärfte sich der Ton gegenüber dem Norden, auch durch Äußerungen der neuen Minister für Verteidigung und Wiedervereinigung.

Bis auf Nuancen enthält die Politik von Präsident Yoon gegenüber dem Norden bisher keine wesentlich neuen Ideen. Interessant ist die Überlegung, den Empfang des nordkoreanischen Rundfunks im Süden auf ein Maß zu erweitern, „das unsere Gesellschaft tolerieren kann." Das wäre sicher ein Fortschritt. (Ministerium 2023: 30)

Vorschläge von Institutionen und Einzelpersonen

Es gibt eine Vielzahl von Instituten und Kommissionen, die sich von Amts wegen mit der Vereinigung Koreas befassen. Noch immer typisch für deren Absichtserklärungen sind z. B. die Richtlinien des Nationalen Wiedervereinigungsrates vom Januar 1996. (Pfennig 1998: 405 f.)

Der Text wurde während der Amtszeit von Präsident Kim Young-sam veröffentlicht, als im Norden noch Staatstrauer wegen des Todes von Kim Il-sung herrschte. Es war also keine konkrete Reaktion zu erwarten.

Die Richtlinien sind in sieben Bereiche gegliedert, die sich wie folgt zusammenfassen lassen. Der Norden solle veranlasst werden, sich zu ändern und internationale Bedingungen seien zu schaffen, die für eine Wiedervereinigung günstig wären. Der Süden müsse sich auf einen Dialog zwischen beiden Staaten in Korea vorbereiten, sollte dieser erneut aufgenommen werden. Informationen über den Norden und geheimdienstliche Erkenntnisse seien zu verbessern, man müsse auf mögliche Veränderungen im Norden vorbereitet sein, den nationalen Konsens zur Frage einer Vereinigung ausweiten und stärken sowie detaillierte Pläne für eine Wiedervereinigungspolitik ausarbeiten. Diese Richtlinien vom Januar 1996 werden hier wegen ihrer typischen Banalität erwähnt, aber auch, weil Punkt Fünf eine interessante Information enthält. Zwanzig Personen aus 16 Ministerien sollen sich im Ausland, vor allem in Deutschland, über Erfahrungen mit Vereinigungen informieren. Dieses Programm dämmerte vor sich hin, wurde aber rund 17 Jahre später in größerem Umfang aufgenommen. Es nehmen an ihm Beamtinnen und Beamte aus verschiedensten Behörden nationaler sowie regionaler Ebenen des Südens teil, die sich bis zu drei Monate in Deutschland aufhalten, um sich mit speziellen Problemen des deutschen Einigungsprozesses intensiv auseinanderzusetzen. Im Laufe der Jahre sind die Teilnehmer:innen jünger, aufgeschlossener, engagierter und sachkundiger.

Fünf-Jahres-Entwurf zur Verbesserung der Beziehungen

Am 27. November 2018 berichtete die Nachrichtenagentur Yonhap, die Regierung habe einen neuen Fünf-Jahres-Entwurf zur Verbesserung der inter-koreanischen Beziehungen erarbeitet. Die Regierung von Präsident Moon Jae-in war damals anderthalb Jahre im Amt. Der Text enthält Angaben zu Richtung und Zielen für die Politik der Regierung gegenüber dem Norden für die Jahre 2018–2022. Er löst den Entwurf ab, den die Regierung von Präsidentin Park Geun-hye im Jahr 2013 vorgelegt hatte. Entsprechend dem Gesetz zur Entwicklung der inter-koreanischen Beziehungen hat das Ministerium für Vereinigung alle fünf Jahre einen solchen Masterplan vorzulegen und jährlich einen Bericht darüber, wie er implementiert wurde. Im November 2018 betonte die Regierung, der neue Plan weiche nicht sehr von früheren Zielsetzungen ab, aber er wäre wesentlich anders als der von 2013, der in einer Zeit großer Spannung konzipiert worden sei.

Alle diese amtlichen Texte haben sich früher oder später als Makulatur erwiesen. Sie sind eine Mischung aus Allgemeinplätzen, Absichtserklärungen sowie Hoffnungen und eher Beschäftigungstherapie, als konkrete sowie langfristige Planung, denn diese wurde wegen den von Extremen gekennzeichneten Beziehungen auf der koreanischen Halbinsel und starken Außeneinflüssen bisher kaum praktiziert. Außerdem gab es in der RK nur selten Politiker:innen, die Mut und Weitsicht für grundlegende Initiativen hatten.

Planungen des Ministeriums für Wiedervereinigung der Republik Korea

In der RK gibt es ein Ministerium für Wiedervereinigung, das politisch mehr Bedeutung hat, als das entsprechende frühere Ministerium in der Bundesrepublik, aber bei dem es oft Wechsel auf dem Chefsessel gibt. Eine Ähnlichkeit besteht in dem Erstellen von Broschüren; es wurde jedoch kein detaillierter, realistischer Plan für eine auf Normalisierung und Wiedervereinigung ausgerichtete Politik erarbeitet, der Erfolgschancen gehabt hätte. Allerdings hat das Ministerium in der Hochzeit der Sonnenscheinpolitik ganz konkrete Projekte durchführen können, so zum Beispiel eine gründliche Untersuchung vom Zustand des Eisenbahnnetzes vor Ort im Norden unter der Perspektive einer Anknüpfung an das des Südens.

Es gab und gibt immer wieder Vorschläge, wie die Lage auf der Halbinsel verbessert werden könnte. Um deren Bandbreite aufzuzeigen werden einige kurz vorgestellt.

Vorschag von Kwak Tae-Hwan für eine gemeinsame Akademie

Im Süden wie im Norden existieren zahlreiche Institutionen, die sich mit Fragen einer Vereinigung beschäftigen, zwischen ihnen gibt es aber wenig sinnvolle Kooperation. Da deren Pläne für eine Wiedervereinigung bisher unvereinbar seien, hatte Kwak Tae-Hwan vorgeschlagen, ein gemeinsames Forschungszentrum für Fragen des Konfliktmanagements und der friedlichen Vereinigung an der Grenze in Panmunjom zu errichten. Er dachte an eine „Koreanische Akademie für Frieden und Wiedervereinigung", zusammengesetzt aus Repräsentanten und Forschern beider Seiten, mit Ko-Direktoren an der Spitze, um sich mit inter-koreanischen Themen und der Beilegung von Konflikten zu beschäftigen. Ob beabsichtigt oder nicht, der Vorschlag erinnert etwas an elitäre konfuzianische Akademien, wo unparteiische Gelehrsamkeit der Politik helfen sollte.

Kwak hoffte, dass eine solche Zusammenarbeit zu einem besseren Verständnis der jeweiligen Positionen beitragen und Vertrauen schaffen würde und dass ein gemeinsamer Entwurf für eine Wiedervereinigungsformel ausgearbeitet werden könnte. (Kwak 1992: 360) Dafür fehlte im Norden die Bereitschaft und im Süden hätten Gesetze geändert werden müssen, wofür es keine Mehrheit gab, weder im Parlament, noch in der Bevölkerung. Der Nuklearkonflikt macht ernsthafte Diskussionen solcher Vorschläge unmöglich.

Vorschlag von Lee Sang-woo für eine Union aus acht neuen Provinzen

Auch angeregt durch die Entwicklung in Deutschland gibt es seit den 1990er Jahren Vorschläge zur Erlangung einer Vereinigung Koreas, bei denen meist ein schrittweises Vorgehen über Stufen wie Konföderation und Föderation eine Rolle spielt. Lee Sang-woo meinte, das Ziel könne innerhalb von 20 Jahren erreicht werden. Im Jahre 2000 sollten beide Staaten in Korea eine Wirtschaftsunion bilden, 2010 dann eine politische Union, eine Föderation mit zwei regionalen Regierungen im Norden und Süden, gefolgt 2020 von der Errichtung einer vereinten Republik. Er schlug eine Bundesrepublik aus jeweils vier „Bundesländern" im Norden und Süden vor, die durch eine Neugliederung der alten Provinzen entstehen sollten. (Lee, Sw 1993: 55) Der Vorschlag einer regionalen Umstrukturierung mag nachdenkenswert sein, ist aber wegen des tiefsitzenden Regionalismus im Süden Koreas illusorisch.

Treuhandfonds für die Vereinigung Koreas

Während der Amtszeit von Präsident Roh Tae-woo wurde 1991 ein Staatsfonds der RK für Wirtschaftskooperation und Austausch mit dem Norden geschaffen. Ende Juni 2021 waren rund 1,5 Milliarden US $ angespart. Es scheint keine enge Zweckbindung zu geben und Projekte wurden nicht durchgeführt, denn, so die amtliche Begründung, wegen des Sanktionsregimes der VN gegenüber der DVRK sei dies ohnehin nicht möglich.

In Südkorea gibt es immer Pläne, wie Veränderungen mit dem Ziel einer Vereinigung durchgeführt werden könnten. Ein Beispiel ist die Idee Oh Byung Huns eines *Korean Unification Trust Funds* (KUTF) von 2002, die auf Überlegungen aus dem Jahr 1996 zurückgeht. Er hielt einen privaten Fonds für besser geeignet als allein staatliche Maßnahmen, um Schritte in Richtung einer Wiedervereinigung Koreas zu fördern, u. a. durch eine Ermunterung der Regierung der DVRK, Reformen durchzuführen. Initiativen über einen längeren Zeitraum sollten Veränderungen im Norden bewirken, so seine Vorstellung. Privatleute, die Geschäftswelt, philanthropische sowie andere Organisationen und auch Regierungen überall in der Welt könnten in diesen Fonds einzahlen. Die Mittel sollten genutzt werden, um Wahlen in einem fairen und demokratischen Umfeld durchzuführen, vorzugsweise unter Aufsicht der VN; mit den Geldern seien auch die Arbeit einer neuen Regierung, die Demobilisierung von Streitkräften und der Beginn eines ökonomischen Wiederaufbaus zu finanzieren.

> Den Prozess der Demokratisierung sollten die Nordkoreaner selbst ausführen, mit dem Rat und der Hilfe der Vereinten Nationen und der Unterstützung durch den KUTF, durch Südkorea und anderer betroffener Regierungen. Wie Kim Jong Il und seine Anhänger sich zurückziehen, das bleibt den Nordkoranern selbst überlassen. (Oh 2003: 400)

Finanzierungen aus dem Fonds sollten gewährt werden, wenn Fortschritte bei der Demokratisierung des Nordens zusammen mit Bemühungen um eine Vereinigung mit dem Süden sowie bei der Aufgabe von Nuklearwaffen erfolgen. Wenn die Regierung Nordkoreas mit dem Übergang zur Demokratie beginnt, „[...] oder eine neue demokratische Regierung entsteht, dann soll der Fonds Schritte unternehmen, die gewährleisten, dass beide Koreas sich verpflichtet fühlen, sofort mit dem Prozess der Wiedervereinigung zu beginnen." (Ebd.) Dieser Vorschlag, wie andere auch, war sicher gut gemeint.

Aus Sicht des Nordens tragen die VN eine wesentliche Schuld an der Teilung, deshalb dürfe ihnen keine Rolle z. B. bei Wahlen zukommen. Pjöngjang will durch Reformen seine Finanzen und Wirtschaftsleistung verbessern und nicht das System abschaffen. Es kann deshalb nicht verwundern, dass diesem und ähnlichen Plänen kein Erfolg beschieden war. Sie fallen in die Kategorie freundlicher Bemühungen, durch materielle Anreize grundlegende Veränderungen zu bewirken. In Deutschland gab es die Idee, die SED-DDR der Sowjetunion abzukaufen.[120]

Es ist dennoch sinnvoll, die Idee eines Fonds für die gemeinsame Zukunft der beiden Koreas zu diskutieren. Shephard Iverson hat Friedensmodelle vorgestellt und er plädierte für einen vom Süden und dem Ausland finanzierten Korea-Friedensfonds,

---

120 Siehe S. 240.

mit dem die Transition des Nordens finanziert und die dortige Elite für ihren Machtverlust kompensiert wird. Frieden sollte quasi erkauft werden, denn alle anderen Lösungen seien gefährlich und noch teurer. (Iverson 2013)

Vorschlag für eine Föderation

Park Eung-Kyuk und Bernard Rowan schlugen 2008 eine Föderation vor, auch deshalb, weil diese für die internationale Zustimmung zur Wiedervereinigung förderlich wäre. Sie gehen allerdings davon aus, dass eine friedliche Wiedervereinigung beider Staaten Koreas erwünscht sei. (Park/Rowan 2008: 456) Aber wer von den Nachbarn will sie?

Auch nach einem Zusammenbruch des Nordens, oder einer ausgehandelten Vereinigung wäre der Föderalismus ihrer Meinung nach ein sinnvolles Modell, denn er erkenne die Integrität der Beteiligten an, sei gut für gesellschaftliche Integration, während legitime Vielfalt beibehalten werde; er verbinde vorhandene Staatswesen zur Verbesserung der Wirtschaft und führe zu größerer Sicherheit. Notwendig seien förderliche Einstellungen und Institutionen. Dadurch würde eine Schwelle erreicht, die eine Institutionalisierung der Föderation ermöglicht und dies als Basis hin zu einer Wiedervereinigung, denn Föderalismus ermögliche längere Anpassungsphasen. (Ebd. S. 480) Es wären also Veränderungen in Politik und Gesellschaft Koreas und im Ausland erforderlich. Fast alle diese Vorschläge sind vage. Der Süden will bei den Vertretungskörperschaften (Parlament) die Größe der Bevölkerung zu Grunde legen, der Norden will Parität, betont die Landesgröße, die Zahl von Provinzen und Gemeinden und will auch Volks- und Massenorganisationen berücksichtigt sehen. (Shuja 2003)

Park und Rowan empfehlen ein Zweikammernsystem, ähnlich dem der USA. Die Provinzen sollten neu gestaltet werden und in etwa eine gleich große Bevölkerungszahl haben. Wie dies bei den traditionellen Bindungen, dem tief verwurzelten Regionalismus und der Großregion von Seoul realisiert werden könnte, ist eine der vielen Fragen, die sich bei diesem Konzept stellen. In der DDR wurden im Zusammenhang mit der Einigung die traditionellen Länder wieder hergestellt, wobei einige Landkreise ihre Zugehörigkeit änderten, was sich fast ausschließlich an unterbrochener traditioneller Zugehörigkeit orientierte. Solche Optionen bezogen sich aber nur auf Ostdeutschland, es gab keinen Anschluss von Landkreisen an Bundesländer im Westen oder umgekehrt.

„Drei-Stufen-Plan" und Sonnenscheinpolitik von Kim Dae-jung

Der Drei-Stufen-Plan war das Konzept eines Oppositionspolitikers, die Sonnenscheinpolitik das konkrete Programm eines amtierenden Präsidenten.

Drei-Stufen-Plan[121]

Kim Dae-jung hatte seit 1969 Normalisierungsbemühungen in Deutschland aufmerksam verfolgt und sah sich in seiner Meinung bestätigt, dass eine neue Strategie notwendig sei, um in Korea das prekäre Pendeln zwischen Krisen und minimalen Annäherungen zu überwinden. Seit den 1960er Jahren entwickelte er sein Konzept für die schrittweise Erlangung der Wiedervereinigung Koreas, der Plan wurde dann in Anbetracht der deutschen Einigung, dem Ende des „Kalten Krieges" in Europa und der Nuklearkrise in Korea weiter konkretisiert. Das überarbeitete Konzept erläuterte er im Februar 1993 einem kleinen Kreis im Wissenschaftszentrum Berlin (WZB)[122] und es dann später mit zahlreichen Mitarbeitern als Buch vorgelegt; auf Koreanisch 1995, die englische Ausgabe folgte 1997.

Grundzüge des Plans hatte er im Wahlkampf von 1971 öffentlich vorgestellt. Es war eine umstrittene Wahl, die er knapp gegen den Diktator Park Chung-hee verlor. Seine Ideen galten damals als höchst suspekt, wenn nicht gar als kommunistenfreundlich und landesverräterisch. (Kim Dj 2019: 165 ff.) Die VR China, die Sowjetunion, die USA und Japan sollten Frieden in Korea garantieren und die beiden koreanischen Staaten durch Austausch und Kooperation ihrerseits eine Normalisierung einleiten. Das Konzept wurde weiter ausformuliert, auch in Anbetracht von internationalen Veränderungen (Nixon-Doktrin, Entspannungspolitik, Mitgliedschaft der VR China in den VN). (Kim Dj 1997: 300 f.) Diese Politik war sehr langfristig gedacht, um über friedliche Koexistenz und friedlichen Austausch die notwendigen Grundlagen für eine friedliche Wiedervereinigung zu schaffen, die in drei Stufen erreicht werden sollte: ein Bund selbständiger Staaten, eine umfangreiche jeweilige Selbstverwaltung unter einer Zentralregierung und dann die vollständige Vereinigung. (Kim Dj 2000: 19)

Als Voraussetzungen für einen Prozess sah Kim Dae-jung eine Normalisierung und eine Konföderation als unerlässliche erste Schritte an. In seiner Amtszeit (1998–2003) konnte er den Plan nicht verwirklichen, er bemühte sich allerdings erfolgreich um eine Verbesserung der Beziehungen zum Norden. In Deutschland währte der Prozess der Normalisierung fast 20 Jahre; die Entwicklung hin zum Grundlagenvertrag vom Dezember 1972 bis zur Einigung im Oktober 1990. Die Sonnenscheinpolitik in Korea dauerte nur acht Jahre und sie bewirkte keine dauerhafte Normalisierung. Auch bei wohlwollender Zählung – Amtsantritt von Kim Dae-jung bis Amtsende von Roh Moo-hyun – werden es nicht mehr als zehn Jahre.

---

121 Eine Ausarbeitung dieses Konzepts ist University of Southern California, Hg.: *Kim Dae-jung's „Three-Stage" Approach to Korean Reunification. Focusing on the South-North Confederal Stage.* Los Angeles 1997. Siehe auch seinen Nobel-Vortrag vom 14. Mai 2004: „Sunshine Policy – Its Past, Present and Future." In Kim Dj 2004: 217–222. Zur Einschätzung dieser Politik siehe u. a. Lim/Kwon 2006.
122 Kim Dae-jung sprach am 24. Februar 1993 über „The German Experience and a Prospect for Korean Unification." (Kim Dj 1994: 127–138) Die damaligen deutschen Teilnehmer waren überwiegend skeptisch.

Von Konföderation zu Föderation

Kim Dae-jung hat in seinem Drei-Stufen-Plan die Bedeutung einer sehr langen Phase der Koordinierung und Kooperation als besonders wichtig für den Übergang von einer Konföderation zu einer Föderation hervorgehoben. Nach seiner Einschätzung würden beide Koreas durch intensivierte Austauschprozesse und Zusammenarbeit den Umfang der jeweiligen Kenntnisse über einander erweitern und die Bedeutung der wechselseitigen Interdependenz erkennen. Er betonte die Notwendigkeit von Wandel auf beiden Seiten und erwartete von dieser Entwicklung wesentliche Veränderungen der sozio-ökonomischen und politischen Systeme des Südens sowie des Nordens. (Kim Dj 1997: 199 f.)

Die Wiedervereinigungsformel der DVRK für eine „Koryo-Föderation" sah als ersten Schritt vor: eine Nation, ein Staat, zwei Regierungen und zwei Systeme. In Kim Dae-jungs Plan besteht die Konföderation aus einer Nation, zwei Staaten, zwei Systemen und zwei unabhängigen Regierungen. Inhalt und Zielvorstellungen sind zwischen Norden und Süden unterschiedlich, wenn nicht konträr. Um zumindest gewisse Übereinstimmungen zu betonen einigten sich beide Seiten bei ihrem Gipfeltreffen im Juni 2000 darauf, dass das Konzept des Südens von einer Konföderation dem ähnlich sei, was der Norden unter einer Föderation niedriger Stufe verstehe. (Kim Dj 2019: 642)

Unterschiede bei Konföderationsvorstellungen

Wichtige Unterschiede bei den Vorschlägen sind die Phaseneinteilung und die Frage, wie der Vereinigungsprozess begonnen werden soll. Kim Il-sungs Plan nennt sich zwar Konföderation, sieht aber die sofortige Gründung einer Föderation vor, ein Staat mit zwei Systemen. Die Regierungen der RK unter den Präsidenten Roh Tae-woo und Kim Young-sam hielten eine lange Phase der Annäherung für erforderlich, um überhaupt eine Konföderation gründen zu können. Der Plan von Kim Dae-jung erachtet im Gegensatz dazu die Konföderation als unerlässlich dafür, dass überhaupt eine Annäherung stattfinden kann, denn eine Konföderation sei das „friedliche Management" der Teilung. Die Konföderation sollte nach seiner Vorstellung ähnliche Wirkung haben, wie die Normalisierungspolitik zwischen den beiden Staaten in Deutschland. (Moon 2012: 21)

Kim Dae-jungs Drei-Stufen-Plan basiert auf den Prinzipien Vertrauen in die eigene Kraft (자 주), Unabhängigkeit, Selbstbestimmung, Frieden, Gewaltverzicht, friedliche Verhandlungen und Demokratie. Es soll ein demokratischer Vereinigungsprozess sein, geleitet durch nationale Konsultationen und Konsens. Die drei Stufen sind: Konföderation (eine Nation, zwei Staaten, zwei Regierungen); Föderation (eine Nation, ein System, zwei autonome Regierungen) und Vereinigung (eine zentrale Regierung oder ein föderales System wie in den USA bzw. der Bundesrepublik Deutschland).

Die erste Phase, die Konföderation, betont wie die Normalisierungspolitik in Deutschland Gleichrangigkeit und damit die offizielle Aufgabe des Alleinvertretungsanspruchs, sie geht aber darüber hinaus, denn es sind in ihr gemeinsame Institutionen mit Exekutivfunktionen vorgesehen. Hier gibt es auf koreanischer Seite durchgängig ein Mißverständnis. Die Normalisierungspolitik in Deutschland war nicht präzis ausgerichtet auf eine Vereinigung, es ging um akzeptable Nachbarschaft zwischen beiden Staaten in Deutschland und um Erleichterungen für die Bevölkerung. Noch in den Vertragsentwürfen der Bundesrepublik und der DDR vom Januar 1990 geht es um Zusammenarbeit und gute Nachbarschaft, nicht um die Bildung einer Konföderation oder Föderation.[123]

Als oberstes Organ der koreanischen Konföderation war eine Gipfelkonferenz vorgesehen, darunter der Konföderationsrat, ein gemeinsames Sekretariat, ein Ministerrat und konföderale Komitees für bestimmte Bereiche. Die Beschlussfassung sollte durch Einstimmigkeit erfolgen und die Gipfelkonferenz gegenüber dem Konföderationsrat ein Vetorecht haben, beide sollten ihre Treffen abwechselnd im Norden und Süden abhalten.

Kim Il-sung hätte diesem Konzept vielleicht im Prinzip zugestimmt, unter der Voraussetzung einer paritätischen Besetzung der Institutionen und jeweils mit ihm als alleinigem Vorsitzenden. Die zahlenmäßig gleich große Vertretung für den Norden und den Süden im Minister- und Konföderationsrat (Parlament) sowie das Prinzip der Einstimmigkeit sind in Kim Dae-jungs Konzept vorgesehen und mit den gravierenden Unterschieden zwischen den beiden Staaten in Korea begründet worden. (Kim Dj 1997. 53) (Freiwillige Einstimmigkeit ist in Korea schwer vorstellbar.) Die Hoffnung bzw. Erwartung war, dass vertrauensbildende Maßnahmen und Konsensförderung es später erleichtern würden, allmählich zu Mehrheitsentscheidungen überzugehen.

Nach der Vorstellung von Kim Dae-jung wären der Beginn einer Konföderation und der fast zeitgleiche Abschluss eines Friedensvertrages die optimale Lösung, aber auch ohne einen solchen Vertrag könnte eine Konföderation begonnen werden. Die Basis dafür wäre der Grundlagenvertrag von 1991. Nach der Konföderation sollte als zweiter Schritt die Bildung und Ausgestaltung einer Föderation erfolgen, die aber nur verwirklicht werden könne, wenn der Norden sich demokratisch entwickele, d. h. über ein Mehrparteiensystem und freie Wahlen verfüge, eine gerechte und faire Marktwirtschaft praktiziert werde und es zu einer deutlichen Reduzierung der Streitkräfte komme. Kim Dae-jung war überzeugt, dass eine pluralistische Demokratie, eine faire Marktwirtschaft und ein sozialer Wohlfahrtsstaat die besseren, überlegenen Modelle seien, was sich letztlich in der sehr langen Phase einer Konföderation mit dem Norden erweisen und auch im Süden positive Veränderungen bewirken würde. Eine

---

123 Siehe S. 257 ff. Beide waren politisch „tot geborene Kinder", denn das Ergebnis der Wahl am 18. März 1999 stellte die Weichen eindeutig Richtung Vereinigung. In diese Kategorie fällt auch ein mitteleuropäisches Sicherheitskonzept ohne NATO-Mitgliedschaft eines vereinten Deutschlands, das Egon Bahr am 27. Februar 1990 in Moskau skeptischen Deutschlandexperten vortrug. (Karner 2015: 195–202).

Einigung durch schnellen Systemwechsel wie 1990 in Deutschland hielt er für Korea als ungeeignet. Er war gewiss von der Wünschbarkeit und Notwendigkeit eines Systemwandels im Norden überzeugt und sah auch, wie er sie in Gesprächen nannte, bereits irreversible Veränderungen. Ob er tatsächlich an die Möglichkeit eines friedlichen, grundlegenden Systemwandels glaubte, ist nicht auszumachen.

Für Kim Dae-jung war die Konföderation der notwendige erste Schritt, aber nach seiner Vorstellung konnte dieser nur unter bestimmten Voraussetzungen erfolgen. Hier nannte er die Beilegung der Nuklearkrise, eine Verbesserung der Beziehungen zwischen Washington und Pjöngjang und die diplomatische Anerkennung der DVRK.

Notwendigkeit eines langen Zeitraumes

In seinem Konzept für eine Politik gegenüber dem Norden betonte Kim Dae-jung die lange, letztlich erfolgreiche Normalisierung in Deutschland. Er hielt Kommunikation, Kooperation und Angleichungsprozesse für absolut erforderlich, damit nach einer Wiedervereinigung die finanziellen, sozialen und psychologischen Kosten für Korea nicht so hoch werden. (Ebd. 1997: 131) Damit sollte auch ein Zusammenbruch wie bei einigen osteuropäischen Ökonomien vermieden bzw. deren Folgen zumindest verringert werden. Die Hauptprobleme in Korea seien Beginn und Anfangsphase, danach – so die Hoffnung – werde sich eine gewisse progressive Eigendynamik einstellen.

Wegen großer Unterschiede, dem Bürgerkrieg und vielen Jahrzehnten der Trennung scheint eine solche lange Zwischenphase unerlässlich zu sein, worüber sich Konfliktparteien und Konfliktbeobachter:innen einig sind. Für Kim Dae-jung waren Konföderation und Föderation zwei hintereinander zu realisierende notwendige Schritte in Richtung Vereinigung und er hielt einen langen Zeitraum für notwendig, vermutlich 25 bis 30 Jahre. Bei seinen Treffen mit Kim Jong-il im Juni 2000 meinte dieser, wahrscheinlich wären 40 bis 50 Jahre erforderlich, um eine vollständige Wiedervereinigung zu erreichen. (Kim Dj 2019: 641) Seit diesem Gipfeltreffen sind über 20 Jahre vergangen und ein Normalisierungsprozess ist nicht in Sichtweite. Die Einschätzung, ein langer Zeitraum sei notwendig, ist nicht neu, die hatten auch andere. So berichtete zum Beispiel im Juli 1972 die DDR-Botschaft in Belgrad von einem Gespräch mit dem dortigen Botschafter der Sowjetunion, der sich nicht sicher war, ob eine Vereinigung beider Teile Koreas überhaupt möglich sei, aber wenn, dann nur im Verlaufe eines sehr langen und komplizierten Prozesses. (PA AA 20. 1972)

Zwei plus Vier, Friedensvertrag für Korea

Für eine Konföderation und deren erfolgreichen Verlauf hielten Kim Dae-jung und Gleichgesinnte, orientiert an der Entwicklung in Deutschland mit Einigungsvertrag und dem 2+4-Prozess, ein Zusammenwirken der beiden Koreas und die Kooperation mit dem Ausland für essenziell. Ein Friedensvertrag, Rüstungskontrollen und internationale Garantien für die friedliche Koexistenz zwischen beiden Staaten in Korea wären förderlich, aber keine Vorbedingung für die Errichtung einer Konföderation. (Kim Dj 1997: 86 ff.) Im Vergleich zu Deutschland gibt es aber mindestens zwei entscheidende Unterschiede. Zwei plus Vier funktionierte, weil beide Staaten in Deutschland sich über Ziel und Vorgehensweise weitgehend einig waren und weil die USA und die SU kooperierten. Ohne solche Grundvoraussetzungen ist das Modell für Korea nicht praktikabel.

Für einen Friedensvertrag nennt der Drei-Stufen-Plan folgende Vorgehensweisen:

1+1: Beide Staaten in Korea erzielen eine Übereinkunft, dass das Waffenstillstandsregime in einen Zustand des Friedens umgewandelt wird.

2+2: Verhandlungen zwischen den beiden Koreas, der VR China und den USA.

2+2 und zusätzlich die Vereinten Nationen. Gleichzeitige Verhandlungen zwischen den beiden Koreas, der VR China, den USA, den VN sowie anderen Staaten, die dann ebenfalls die Garantie des Vertrags übernehmen. (Kim Dj 1997: 87)

Im Koreakrieg hatten 19 Staaten Kontingente sehr unterschiedlicher Art und Größe den VN zur Verfügung gestellt, um auf Seiten des Südens zu kämpfen. (Edwards 2013) Damit diese nicht an einer Friedenskonferenz teilnehmen, wäre ihre Vertretung durch die VN denkbar und sinnvoll, denn sie haben das Waffenstillstandsabkommen nicht unterzeichnet, sondern der US-General Mark W. Clark für das VN-Kommando.

Probleme gibt es bei Diskussionen über einen Friedensvertrag immer, denn die RK hatte das Waffenstillstandsabkommen 1953 nicht unterzeichnet, weil sich Präsident Rhee Syng-man weigerte, dies zu tun. Deshalb argumentiert der Norden gern, der Süden sei nicht berechtigt, an einem Friedensvertrag mitzuwirken. Der Süden meint, seine Einheiten waren Teil einer VN-Streitmacht und deren Oberbefehlshaber hätte für alle „Teilstreitkräfte" unterzeichnet. Der Artikel 5 des koreanischen Grundlagenvertrages vom Dezember 1991 verpflichtet beide Staaten in Korea, sich gemeinsam zu bemühen, das Waffenstillstandsabkommen in einen stabilen Frieden umzuwandeln. Der Süden muss an solchen Verhandlungen teilnehmen und später vertragsschließende Partei sein.

Weil die DVRK immer sagt, das Ausland solle sich nicht einmischen, wäre eine „Koreanisierung" der Problemlösungen sinnvoll, zumindest als erster Schritt, dem eine umfassendere, regionale Lösung folgen muss. Ein Argument gegen einen Friedensvertrag war in der Vergangenheit meist, er würde die Teilung der Halbinsel festschreiben. Diese Haltung hat sich seit einigen Jahren geändert, denn die Sorge um das Überleben des Systems ist im Norden größer und der Wunsch nach einer möglichst schnellen Wiedervereinigung im Süden geringer geworden. Beiden, Führung und Bevölkerung der DVRK, muss die Furcht vor der Öffnung des Landes genommen werden. Ein Friedensvertrag würde dazu beitragen. Ein erster Schritt wäre eine Friedensdeklaration zwischen der DVRK und der RK, die von ihren Parlamenten ratifiziert und von den USA, der VR China und anderen garantiert bzw. zumindest zustimmend zur Kenntnis genommen wird.

Im Gegensatz zur DDR und der BRD sind beide Koreas voll souverän. Theoretisch könnten sie, so sie denn wollten, eine Friedensvereinbarung sowie einen Vertrag über die Wiedervereinigung abschließen und es dürfte den USA und der VR China schwerfallen, dies zu verhindern. Anders als beim deutschen Beispiel wird eine der Voraussetzungen für eine Entwicklung hin zur eventuellen Vereinigung Koreas, nämlich eine intensive Zusammenarbeit auf der Halbinsel, aber durch internen Streit im Süden, zwischen Norden und Süden sowie ausländische Vorgaben erschwert bzw. unmöglich gemacht.

Sonnenscheinpolitik

Die bisher längste und für koreanische Verhältnisse erspießlichste Zeit des Neben- und Miteinanders auf der Halbinsel war die Sonnenscheinpolitik. Sie wird noch immer leidenschaftlich und kontrovers diskutiert. (Levin/Han 2002) Einige trauern ihr nach, andere sehen in ihr einen der Gründe, warum der Norden nuklear aufrüsten konnte. Hier sagt dann Volkes Stimme: Wir haben dem Norden Geld, Nahrungsmittel, Dünger und vieles mehr gegeben, er hat Atombomben und Raketen gebaut, mit denen er uns jederzeit vernichten kann. Als Gegenargument wird angeführt, Entspannung mit dem Norden sei alternativlos.

Kim Dae-jung warb in den Jahren 1998 und 1999 bei seinen Besuchen in den USA, Japan, der VR China und Russland um Unterstützung für seine Politik gegenüber der DVRK; nach seinem Eindruck mit Erfolg. „Alle vier Länder brachten ihre Unterstützung für unsere Politik der Toleranz gegenüber dem Norden zum Ausdruck." (Kim Dj 2019: 567) Er empfand besonders das Zusammenwirken mit Bill Clinton und Michail Gorbatschow als konstruktiv und erfreulich. Es gab auch konkrete Vorschläge, so hatte Präsident Clinton in den letzten Wochen seiner Amtszeit Kim Jong-il zu einem Besuch nach Washington eingeladen, was dieser ablehnte. (Ebd. S. 709) In der DVRK hatte sich die Lage verbessert und Kim Jong-il war bereit, Offerten aus dem Süden ernsthaft zu prüfen. (Choi 2001)

Die, zumindest verbale, Unterstützung der vier Länder hatte unterschiedliche Motive und war, was die USA anbelangt nicht von Dauer. Die VR China unterstützte die Sonnenscheinpolitik von Beginn an, weil sie sich von ihr eine Minderung der Spannungen auf der koreanischen Halbinsel erhoffte sowie ökonomische Vorteile und auch, weil dadurch die Einflussnahme der USA verringert werden könnte. Japan und Russland ist ebenfalls an einer Normalisierung der Beziehungen auf der Halbinsel gelegen, was beiden u. a. ein verstärktes ökonomisches Engagement erleichtern würde.

Schwerpunkte

In seiner Ansprache zur Amtseinführung am 25. Februar 1998 nannte Präsident Kim Dae-jung Kernpunkte seiner Politik gegenüber der DVRK: Humanitäre Hilfe, Trennung von Politik und Wirtschaft sowie Gegenseitigkeit, eine militärische Provokation des Nordens werde nicht toleriert, keine Vereinigung durch Absorption, sondern inter-koreanischer Frieden und Versöhnung werden angestrebt. Er machte u. a. den Vorschlag, Sondergesandte auszutauschen und äußerte seine Bereitschaft zu einem Gipfeltreffen. (Kim Dj 2019: 470) Im April 1998 gab es erstmals wieder seit Juni 1994 Gespräche auf der Ebene von Vizeministern und die RK erlaubte Geschäftsleuten Reisen in die DVRK.

Ein Jahr später nannte das Ministerium für Wiedervereinigung dann sechs Ziele dieser neuen Politik: Ein gleichzeitiges Anstreben von nationaler Sicherheit und inter-koreanischer Aussöhnung sowie Zusammenarbeit. Erlangung von friedlicher Koexistenz und friedlichem Austausch. Ein Umfeld schaffen, das Veränderungen im Norden ermöglicht. Nach wechselseitigem Nutzen streben. Erlangung internationaler Unterstützung für die Sonnenscheinpolitik. Erlangung allseitiger nationaler Zustimmung für die Politik gegenüber dem Norden. (White Paper 1999: 38–42) Diese Ziele waren nicht neu, aber Zahl und Intensität der Kontakte verbesserten sich deutlich. (Kim Jy 2002)[124]

Vorbereitung des Gipfeltreffens vom Juni 2000

Für die Sonnenscheinpolitik und besonders für die Vorbereitung des ersten Gipfeltreffens im Juni 2000 agierten auf beiden Seiten Vermittler.[125] Der Präsident bat auch seinen ägyptischen Amtskollegen Hosni Mubarak 1999 um Unterstützung. (Kim Dj 2019: 558 f.)

Im Februar 2000 schlug Pjöngjang ein Treffen von Sondergesandten in Singapur vor, dass am 8. März stattfand, d. h. Kim Dae-jung wusste davon, als er einen Tag später an der Freien Universität Berlin seine „Berliner Erklärung" vortrug. (Kim Dj 2019: 611) Am 17. März gab es ein Treffen in Schanghai, dem ein weiteres am 23. März folgte. Am 8. April einigten sich beide Seiten in Peking darauf, dass es Mitte Juni zu einem Gipfeltreffen in Pjöngjang auf Einladung von Kim Jong-il kommen sollte und es wurden die drei Prinzipien für eine Wiedervereinigung betont, die bereits in der gemeinsamen Erklärung vom 4. Juli 1972 enthalten sind. (Ebd. S. 613)

---

124 Auf S. 142 befindet sich eine Tabelle mit Projekten sozio-kultureller Zusammenarbeit.
125 Siehe S. 203.

Aktivitäten von Hyundai

Das günstige Terrain für die Sonnenscheinpolitik wurde auch durch Initiativen der Führung des Hyundai-Konzerns bereitet. Dessen ursprünglich aus dem Norden stammender Chef, Chung Ju-yung, lieferte im Juni 1998 in einer sehr medienwirksamen Aktion 501 Rinder und 50.000 Tonnen Getreide in seine frühere Heimat, später folgten noch einmal 500 Rinder. Auf seiner zweiten Reise traf er im Oktober 1998 Kim Jong-il und berichtete Präsident Kim Dae-jung über diese Zusammenkunft. Der Präsident äußerte sich sehr positiv über Pläne des Konzerns, im Norden, in der Nähe von Kaesong, gleich hinter der Grenze, eine von Geschäftsleuten aus dem Süden zu betreibende Sonderwirtschaftszone zu errichten. Kim Dae-jung verwies auf die positiven Erfahrungen, die Wirtschaftsvertreter aus Taiwan in der VR China gemacht hätten. (Kim Dj 2019: 527 f.) Später beschäftigten dann dort 123 Firmen aus dem Süden etwa 53.000 Personen aus dem Norden. Hyundai verabredete verschiedene Aktivitäten mit der DVRK und am 18. November 1998 fuhr das erste Kreuzfahrtschiff mit 1.418 Passagieren vom Süden zu der Kumgang-san Region (Diamantgebirge), die sich im Norden an der Ostküste unweit der Grenze befindet. Es ist eine landschaftlich schöne Gegend mit bizarren Felsformationen und Wasserfällen, in der der Konzern ein Urlaubszentrum errichtete. Später gab es dort Treffen von getrennten Familienangehörigen und insgesamt besuchte über eine Million Menschen aus dem Süden diese Gegend, ohne allerdings Kontakte zu der dortigen Bevölkerung zu haben, bis auf Reiseführer:innen.

Trotz strikter Kontrolle entwickelten sich beide, die Sonderwirtschaftszone und das Urlaubszentrum, zu wichtigen Orten inter-koreanischer Zusammenarbeit. Sie wurden später aber aus primär politischen Gründen geschlossen; das Urlaubszentrum im Juli 2008, weil eine Touristin aus dem Süden in einem Sperrgebiet erschossen wurde und die Wirtschaftszone im Februar 2016 wegen militärischer Aktionen der DVRK. Seitdem verhindern auch Sanktionen der VN und der USA eine erneue Aufnahme dieser Aktivitäten, obwohl beide Staaten in Korea daran Interesse bekunden.

Zwischen beiden Koreas gab es kaum eine Phase völliger Kontaktlosigkeit. So wurden zum Beispiel in Hongkong Gespräche zwischen den Rot-Kreuz-Gesellschaften durchgeführt, um zu klären, ob eine gemeinsame koreanische Beteiligung an der Olympiade in Tokio im Herbst 1964 möglich wäre. Es kam nicht dazu. Im September 1985 fanden Besuche von Angehörigen getrennter Familien im Norden und Süden sowie Kulturprogramme in den jeweiligen Hauptstädten statt. Zwischen 1989 und 1994 besuchten 708 Personen aus dem Süden den Norden, umgekehrt waren es in diesem Zeitraum 575. (Kim Dj 1997: 241) Mit der Sonnenscheinpolitik sollte eine Verbesserung der Zusammenarbeit erreicht werden. In den Jahren von 1998 bis 2000 besuchten im Jahresdurchschnitt 6.000 Personen aus dem Süden den Norden, von 1989 bis 1997 waren es lediglich 300 jährlich. (Kim, KS 2002: 105) Im Jahre 2007 gab es rund 380 Treffen auf verschiedensten Ebenen. An Familientreffen waren wohl insgesamt 20.000 Teilnehmer:innen beteiligt. Die an den Norden grenzende Provinz Gyeonggi arbeitete für zehn Jahre mit der Nachbarprovinz bei verschiedenen Projekten zusammen, nach dem Ende der Amtszeit von Roh Moo-hyun gab es keine Fortsetzung.

Die Ostpolitik allein, wie auch später die Sonnenscheinpolitik in Korea konnten noch keine Wiedervereinigungspolitik sein. (Noh 2009) Beide Strategien waren Ausgangspunkt eines langen Prozesses der Normalisierung bzw. in Korea wurde er versucht. Kim Geonwoo meinte, die Ostpolitik Brandts und die Sonnenscheinpolitik Kims basierten auf dem Scheitern der vorherigen Politik und der günstigen Lage internationaler Rahmenbedingungen. (Kim, Geonwoo 2007: 172) Der Normalisierungsprozess fand in Korea nach Anfangserfolgen keine Fortsetzung, weil es noch immer an interkoreanischer Bereitschaft und ausreichender internationaler Unterstützung fehlt.

In Deutschland bekämpften die Opposition und Teile der Medien die Ostpolitik. Aber nach einigen Jahren und Erfolgen wurde diese Politik von der ehemaligen Opposition, nun in der Regierung, fortgesetzt. In der RK gab es keine ähnliche Entwicklung und die Unterstützung für die Sonnenscheinpolitik ließ rapide nach. Dafür können mindestens fünf Gründe genannt werden: Das krasse Missverhältnis zwischen Geben und Nehmen in den Beziehungen zwischen Süden und Norden, das Verhalten der DVRK und deren Unterstützung durch die VR China, die mangelnde Unterstützung durch die USA, die unglückliche Rolle des Ministeriums für Vereinigung sowie die kontinuierliche und vehemente Kritik durch Opposition und Massenmedien im Süden. (Axelblom 2017)

Kritik an dem Drei-Stufen-Plan und der Sonnenscheinpolitik

Der Drei-Stufen-Plan ist ein idealistisches Konzept mit hoffnungsfroher Zielsetzung, die etwas wie deterministisches Wunschdenken anmuten mag, da Kim Dae-jung eine, nach seiner Einschätzung, im positiven Sinne fast zwangsläufige Entwicklung erhoffte oder sogar erwartete.

> In der letzten Phase der vollendeten Wiedervereinigung würden wir entweder eine Zentralregierung oder eine verfeinerte Form von Bundesregierung etablieren. Die Grundanschauung und das Regime des vereinten Landes würden natürlich auf Demokratie, Marktwirtschaft, den Werten ethisch fortgeschrittener Staaten und dem Pazifismus basieren. (Kim Dj 2019: 168)

Befürworter:innen der Sonnenscheinpolitik meinen, sie sei im Prinzip richtig, es gab aber zu wenig Zeit für ihre Entfaltung, zu wenig Unterstützung im Süden, im Norden sowie im Ausland und das Sicherheitsbedürfnis der DVRK sei nicht genügend berücksichtigt worden. Kritiker meinen, sie sei von Anfang an falsch gewesen, denn was unvereinbar sei, könne nicht zur Synthese werden (Maretzki 2002: 247 f.) und die einseitige Bevorzugung des Nordens habe diesen in die Lage versetzt, Nuklearwaffen und Interkontinentalraketen zu bauen. Die Sonnenscheinpolitik war während der Präsidentschaften von Kim Dae-jung und Roh Moo-hyun umstritten, seither gibt es kaum offen geäußerte Unterstützung; sie gilt eher als desavouiert.

Wenn es in Korea mehrfach bereits recht positiv aussah, warum ist es dann mit einer Normalisierung bisher unmöglich? Antwortversuche werden wohl meist zu dem Schluss kommen, dass es hauptsächlich am Norden liege. Sachkundige gehen davon aus, dass die wichtigsten Träger des Systems, die eigentlichen Nutznießer, eine Gruppe von rund 3 Millionen Menschen sind: Der Kim-Familienclan, Parteiführung, hohe Armeekader, Sicherheitsapparat, Geheimdienst, Technokraten und Wirtschaftselite. Bei einer plötzlichen Systemveränderung bzw. einem Zusammenbruch könnten einige Hundert vielleicht ins Exil gehen, wobei unklar ist, wer sie aufnehmen würde, aber alle zusammen sehen in einem Systemwechsel keine erstrebenswerte Alternative, sondern eine existentielle Bedrohung. Systemerhalt ist also eine Lebensnotwendigkeit. Die seit einiger Zeit betriebenen Reformen sind Bemühungen, Zeit zu gewinnen und die nuklearen Rüstungsanstrengungen werden als Überlebensversicherung betrachtet. Für Nordkorea würde im Vollzug einer Wiedervereinigung der Übergang zu einem anderen politischen System und dessen Verankerung sehr schwer sein, es sei denn, im Bewusstsein der Menschen erwiese sich das bisherige Regime als unfähig und die Bevölkerung erhielte die Möglichkeit, dieser Einschätzung entsprechend Veränderungen zu bewirken. Außerdem würde es notwendig sein, einer großen Zahl ehemaliger Stützen des Regimes eine halbwegs akzeptable Alternative zu bieten.

Kim Dae-jung meinte, diese Probleme in seinem Konzept der Sonnenscheinpolitik berücksichtigt zu haben; es sollte auch deshalb eine langsame Annäherung, einen schrittweisen Wandel, bewirkt durch Geben und Nehmen geben, ermöglicht u. a. durch eine Konzentration auf gemeinsame Werte und Interessen. Kritiker:innen halten die Grundannahme dieser Politik für falsch, denn das System im Norden sein nicht tiefgreifend reformfähig, es handele sich daher um eine „Sonnenbrandpolitik". (Kim, Samuel 2001: 14. Dugge 2003)

Hwang Jang-yop, der wesentlich an der Konzipierung der Juche-Ideologie beteiligt war, 1997 die Seiten wechselte und dann in Seoul lebte, warf der Sonnenscheinpolitik vor, sie würde es der DVRK ermöglichen, das demokratische Wertesystem des Südens zu vergiften. Eines seiner warnenden Bücher trägt den Titel: „Der Sonnenschein, der sich zur Dunkelheit gesellt, kann diese nicht erhellen." (Kim, KS 2002: 113) Allerdings ist auch über fünfundzwanzig Jahre später diese befürchtete Kontaminierung noch nicht erkennbar.

Die vielfach geäußerte Kritik kann wie folgt zusammengefasst werden. Es gelang nicht, den Norden vom Nutzen einer Entspannung und vielfältigen Zusammenarbeit zu überzeugen. Die an Deutschland orientierte Prämisse, Wandel durch Annäherung zu erreichen, funktioniert nicht. In Korea sind die Systeme unvereinbar und nicht geeignet für Anpassung und Integration, wie es in Deutschland während der Übergangsphase 1989/90 der Fall war. Ein diktatorisches Regime, das neben ökonomischen auch grundlegende politische Reformen durchführt, gerät ihn Gefahr, sich aufzulösen. Der Glaube, das Gefühl nationaler Zusammengehörigkeit werde helfen, Systemgegensätze zu überbrücken, war trügerisch, es wurde auf Konfliktmanagement durch Versöhnung und Dialog gehofft. Diese Sichtweise geht auf den dritten Punkt der drei Prinzipien der Erklärung vom 4. Juli 1972 zurück, und das bei völlig entgegengesetzter Zielsetzung beider Seiten. Befürworter der Sonnenscheinpolitik hätten nicht erkannt, dass das Überleben der DVRK von der Teilung abhängt. Wichtig wäre, diese zum Ausgangspunkt zu nehmen und ein geregeltes staatliches Nebeneinander anzustreben.

Die Sonnenscheinpolitik hatte einen Mangel an Realismus, aber eine Fülle an Wunschdenken, sie sei eine Beschwichtigungspolitik gewesen. Vorübergehend gab es eine Verringerung der Konfrontation und Vermehrung der Kontakte, es kam aber zu keinem Aufbau einer Struktur für einen tragfähigen Modus Vivendi. In Deutschland begann die Ostpolitik mit einseitigen Vorleistungen, entwickelte sich aber bald zu einem System von Geben und Nehmen, was durch Junktims und Vertragstreue gekennzeichnet war. Beide Präsidenten, Kim Dae-jung und Roh Moo-hyun hatte vorgesehen, dass in einer Konföderation beide Koreas ihre unterschiedlichen Systeme beibehalten, in einer Art Zwischenphase als Vorbereitung für die Wiedervereinigung, und dass in dieser die Zusammenarbeit institutionalisiert wird.[126] Dazu kam es nicht. Zwischen 1998 und 2008 betrug die Hilfe des Südens an den Norden ca. 8 Milliarden US-Dollar. Jährlich wurden fast 400.000 Tonnen Getreide und Düngemittel geliefert, vom Norden kamen keine wichtigen „politischen" Gegenleistungen.

Die Ostpolitik der Bundesrepublik hatte die Unterstützung „des Westens", wurde zumindest von ihm nicht behindert. Die Sonnenscheinpolitik wurde von den USA skeptisch beurteilt und nach einer Zwischenphase gegen Ende der Clinton-Administration[127] spätestens seit dem Terrorangriff vom 11. September 2001 behindert. Washington und Seoul hatten eine völlig andere Einschätzung von Absichten und Handlungsweisen Pjöngjangs. (Flake 2005)

Lee Sanghee (Lee Sh 2010) und andere glauben, ein Fehler der Sonnenscheinpolitk war, anzunehmen, der Norden könne überzeugt werden, sich grundlegend zu wandeln. Andererseits, so wird konzidiert, könnte eine zu harte Politik den Norden zu Provokationen veranlassen, es komme also auf das richtige Mischungsverhältnis im Vorgehen gegenüber der DVRK an. (Cha 2002a) Eine Gefahr bestünde auch darin, dass es Mißverständnisse zwischen der RK und den USA gebe, wechselseitige Befürchtungen, es könnte direkt, d.h. bilateral mit dem Norden gesprochen werden. Der Schlüssel für die Lösung des Problems liege darin, einen Regimewechsel, ein Ende der DVRK zu erreichen, nur dann sei eine Vereinigung möglich, d.h. ein geeintes Korea als freie Demokratie mit einer Marktwirtschaft. (Lee Sh 2010: 8) Im Fall eines Krieges müsse die Republik Korea die Wiedervereinigung militärisch herbeiführen. (Ebd. S. 9) Diese Einstellung erweckt den Eindruck, als solle der Bürgerkrieg letztlich doch noch gewonnen werden. In Korea könnte eine unkontrollierte militärische Eskalation eher durch Zu-

---

[126] *Korea Times* vom 14.04.2005.
[127] Anfang Oktober 2000 besuchte Jo Myong Rok, Vize-Marschall der DVRK, das Weiße Haus, überbrachte Präsident Clinton einen Brief von Kim Jong-il, der eine Einladung enthielt, Pjöngjang zu besuchen und es wurde ein gemeinsames Communiqué veröffentlicht. (Lim 2012: 387 ff.) US-Außenministerin Albright war dann Ende Oktober 2000 zu Gesprächen in Pjöngjang. (Albright 2003: 460 ff.)

fall, als durch Absicht entstehen. Laut Karl W. Deutsch besteht eine Krise dann, „[...] wenn ein Entscheidungsprozeß unter Zeitdruck eingeleitet werden muß, um eine wachsende Gefahr vor dem Augenblick der Ausweglosigkeit aufzuhalten." (Deutsch 1973: 92) Gefährlich und der Ausweglosigkeit sehr nahe wird es, wenn ein oder mehrere beteiligte Akteure meinen, in der Lage zu sein, die Krise durch Verschärfung in ihrem Sinne siegreich beilegen zu können. Es ist auch zweifelhaft, ob in den spannungsreichen Jahrzehnten auf der koreanischen Halbinsel Kenntnisse und Bereitschaft entstanden sind, wie sie für die Beilegung einer gefährlichen Krise notwendig wären. Unter Beachtung der Unterschiede zwischen Deutschland und Korea kann gesagt werden, das Bewußtsein einer Verantwortungsgemeinschaft war letzlich in Deutschland vorhanden, in Korea fehlt es noch.

Abgesehen von einer militärischen Lösung, die hoffentlich nie versucht wird, gibt es bisher keine überzeugenden Strategien, wie ein friedlicher Regimewechsel im Norden herbeigeführt werden könnte. Es gibt auch keine konkrete Vorstellung, warum Pjöngjang auf die Vorbedingungen für Verhandlungen eingehen sollte, d. h. Denuklearisierung, wenn es seinerseits keine stellen darf, es z. B. keine ihm glaubhaften Sicherheitsgarantien erhält.

Wird tatsächlich ein friedlicher Wechsel angestrebt, muss es dafür Veränderungen im Norden geben. Konsequenterweise lautet die Frage, was kann von wem getan werden, um zu solchen Veränderungen beizutragen?

Zu den immer wieder gemachten Vorschlägen gehören primär Kontakte, intensivierter Austausch auf so vielen Ebenen wie möglich, vor allem Verfügbarmachung von Informationen (Lankov 2009), glaubhafte Sicherheitsgarantien und auch multinationale Wirtschaftsprojekte. (Kim, Yk/Blank 2014). Es sollte viel weniger von Wiedervereinigung die Rede sein und alle Anstrengungen müssen unternommen werden, ein langfristig funktionierendes Nachbarschaftsverhältnis zu schaffen. Die Haltung Pjöngjangs und internationale Sanktionen bedingen sich wechselseitig, deshalb sind positive Entwicklungen so schwierig. Wer eine Intensivierung von Kontakten vorschlägt, muss wissen, dass die Führung der DVRK in ihnen eine Gefahrenquelle sieht. Es müssen also Wege gefunden werden, wie es dennoch zu mehr Zusammenarbeit und Information kommen kann. Ohne glaubhafte Sicherheitsgarantien für den Norden wird es nicht gehen.

Sonne in Politik und Kim Il-sungs Namen

Abschließend noch kurz etwas zur Wortwahl. Der offizielle Name der als Sonnenscheinpolitik bekannten Strategie von Kim Dae-jung gegenüber der DVRK lautet „Politik der Versöhnung und Zusammenarbeit gegenüber dem Norden" (대북화해협력정책). Der bekanntere Name bewirkt im Norden Irritationen wegen dem Substantiv „Sonne", denn genau dieses Wort ist Namensbestandteil von Kim Il-sung,

„Il" (일) bedeutet Sonne.[128] Er gilt als quasi heilig und als die Sonne Koreas; laut Verfassung ist er als ewiger Präsident de jure das Staatsoberhaupt der DVRK.

Kim Dae-jung gab gern eine mehr poetische Erklärung und verwies auf die Fabel „Der Nordwind und die Sonne" von Äsop. Hier geht es um einen friedlichen Wettstreit zwischen Wind und Sonne, bei dem Macht keinen Erfolg hat, sondern Überzeugung und Vernunft gewinnen. Aber letzlich gibt es einen Sieger und einen Verlierer. Egal, welche Deutung herangezogen wird, für die DVRK gilt das Ergebnis der Entwicklung in Deutschland: Ein Staat gewinnt, der andere verliert und verschwindet.

Die Führung der SED-DDR mißtraute dem von der Bundesrepublik propagierten Wandel durch Annäherung, letztlich zu Recht, und die DVRK hatte von Beginn an eine zwiespältige Haltung gegenüber der Sonnenscheinpolitik. Hilfslieferungen und kontrollierte Zusammenarbeit waren willkommen, aber die Gefahr negativer politischer Einwirkungen, gar eines Systemwechsels, wurde deutlich gesehen. Aus Sicht Pjöngjangs war diese Politik nichts anderes als der Versuch eines Landes, gemeint war der Süden, das für ein halbes Jahrhundert eine andere Ideologie und ein anderes System hatte, nun plötzlich die tatsächlichen Bedingungen zu ignorieren und von Sonnenschein und Umarmung zu singen, in der Hoffnung, ein anderes Land, gemeint war der Norden, zu verändern. (Magid 2000: 121)[129]

Kim Dae-jung hatte den gesamten Prozess der deutschen Normalisierung sehr sorgfältig betrachtet. Pjöngjang genügte ein Blick auf dessen Ende, um bis heute auf der Hut zu sein.

Vorschläge von außen

Nicht nur in Korea, sondern auch im Ausland werden Überlegungen unterschiedlicher Qualität angestellt, wie eine Reduzierung von Spannungen, eine Normalisierung oder gar eine Vereinigung auf der Halbinsel erreicht werden könnten.[130] Aus der Fülle der Ideen für Korea sollen kurz zwei Beispiele erwähnt werden, eine wohlgemeinte und eine weniger freundliche.

---

128 Sein ursprünglicher Name ist Kim Song-chu, Kim Il-sung nannte er sich seit den 1930er Jahren als Guerillaführer gegen die japanische Kolonialmacht.
129 Magid bezieht sich hier auf eine offizielle Äußerung Pjöngjangs vom Herbst 1999 und verweist auf die *Chosun Ilbo* vom 26.09.1999.
130 Wichtig ist in diesem Zusammenhang Harrison 2002, besonders Part II, Kapitel „Reunification: Postponing the Dream." S. 67–110.

Hongkong-Modell für Korea

Einen hauptsächlich ökonomische Aspekte betonenden Vorschlag enthält die 2009 publizierte Studie der Investmentbank Goldman Sachs mit dem Titel: *A United Korea? Reassessing North Korea Risks.* (Kwon 2009) Sie ist wohl stark unter dem Eindruck der Sonnenscheinpolitik verfasst worden. In ihr werden für die koreanischen Wirtschaft, d. h. auch der im Norden, sehr große Wachstumschancen prognostiziert, sollte es zu einer Integration nach dem Beispiel der VR China und Hongkongs kommen; d. h. ein Land, aber zwei unterschiedliche politische und ökonomische Systeme auf der koreanischen Halbinsel. Es wird eine schrittweise Entwicklung von rund 37 Jahren vorgestellt: Übergangsphase (15 Jahre), Konsolidierung (10 Jahre) und eine Reifephase von 12 Jahren. (Ebd. S. 16) Ausgehend von der nach Meinung des Verfassers zwar wechselhaften, aber dennoch überwiegend positiv einzuschätzenden Entwicklung seit dem Jahr 2000 werden fast ausschließlich ökonomische Nützlichkeitsargumente angeführt. Theoretisch ist das eine anregende Idee, aber wie sie praktisch umgesetzt werden könnte, dazu steht fast nichts in der Studie. Die DVRK wird sich für sie vorteilhaften ökonomischen Argumenten nicht verschließen, sie ist aber in einer völlig anderen Verhandlungsposition, als es Hongkong jemals war. Es ist auch nicht zu klären, ob ein politischer Artenschutz für Korea akzeptabel und praktikabel wäre.

Dennoch könnten diese und ähnliche Überlegungen in Diskussionen einbezogen werden, wenn es um Formen und Inhalte intensivierter inter-koreanischer Zusammenarbeit geht. Es wäre auszuloten, in welchem Maße ein solches Modell einen Modus Vivendi fördern könnte. Pjöngjang will Sicherheit und Wirtschaftsentwicklung, Seoul will Wirtschaftsentwicklung, Sicherheit und die Vermeidung hoher Kosten einer schnellen Wiedervereinigung, deshalb sind Modelle der Zusammenarbeit nicht abwegig. Sie könnten Pjöngjang auch konkreter aufzeigen, mit welchen ökonomischen Vorteilen realistisch zu rechnen sei. Bisher hat der Norden auf ökonomische Anreize kaum reagiert. Vielleicht waren die Angebote nicht glaubhaft oder aus Sicht der DVRK zu gering. Welche Veränderungen ein solches Modell im Süden bewirken mag und ob das politische System des Nordens ein solches überleben würde, sind andere Fragen; gutnachbarschaftliche Beziehungen jedenfalls hätten enorme Vorteile für beide. Die Idee, sich an Entwicklungen in Hongkong zu orientieren, hat sich aber spätestens wegen dortiger Ereignisse ab 2020 erledigt.

Libyen-Modell

Der Vorschlag, Pjöngjang solle sich an Libyen orientieren, gehört zur Kategorie hinterhältiger Konzepte, denn gemeint ist, die DVRK solle doch selbstbestimmt Selbstmord begehen, solange sie dazu noch Zeit habe.

Erfolge bei nuklearer Aufrüstung stärken die Verhandlungsposition der DVRK, erschweren aber die Normalisierung, obwohl sie gerade deshalb umso dringlicher ist.

Im Vorfeld des Gipfeltreffens zwischen Kim Jong-un und Donald Trump im Juni 2018 in Singapur schlug der damalige Leiter des Nationalen Sicherheitsrates der USA, John Bolton, der DVRK vor, sich an einem Libyen-Modell zu orientieren, was Pjöngjang vehement kritisierte, u. a. auch deshalb, weil dieser Staat im Gegensatz zur DVRK keine einsatzbereiten Nuklearwaffen besessen habe. Die Empörung ist verständlich, denn das „Modell" bewirkte in Libyen: Aufgabe von Nuklearrüstung, einige Zeit später Bürgerkrieg mit ausländischer Intervention, Ermordung des Führers und zerbröckelnder Staat. Präsident Trump versicherte zwar, sein Land verfolge kein solches Modell, aber der Vorgang zeigte erneut die Spannung zwischen der Vermutung, die USA und die RK hätten kein Interesse an einem schnellen, unkontrollierten Zusammenbruch des Nordens und der Befürchtung, es werde dennoch auf ein solches Ziel hingearbeitet. Besonders widersprüchliche Äußerungen aus den USA über einen langen Zeitraum erschweren es Pjöngjang, zu einer halbwegs gesicherten Einschätzung zu gelangen. (Kim Sy 2001. Cha 2000 a. Levin 1997–98) Auch hier zeigt sich, Abschreckung ist das Ergebnis von Risikokalkulation, bei der das Schlimmste von anderen vermutet wurde.

Gipfeltreffen

Trotz bisher gegenteiliger Erfahrungen wird in Korea noch immer angenommen, Gipfeltreffen könnten einen Durchbruch ermöglichen.

Am Anfang bestanden deren Communiqués hauptsächlich aus Absichtserklärungen und Prinzipien, einige von ihnen werden seit Juli 1972 immer wieder genannt. Später, so z. B. im Oktober 2007, wurden dann konkrete Projekte erwähnt, über die aber angeblich schon in früheren Texten Einigung herrschte. Wichtige Schritte hin zu einer Normalisierung der Beziehungen werden über viele Jahre hinweg immer wieder beschworen, ohne dass sie bisher erfolgten.

Von Beginn an gibt es Differenzen bei Interpretationen zentraler Punkte, wie der „unabhängigen Herbeiführung der Wiedervereinigung durch nationale Selbstbestimmung" und „ohne Einwirkung von außen." Pjöngjang meint hier immer die USA und deren Militärpräsenz im Süden, die aus Sicht Seouls aber ihre innere Angelegenheit sei. Später, ab 1992, kamen als zentraler Punkt die Nuklearrüstung und das Raketenprogramm der DVRK bzw. die Denuklearisierung hinzu, was in den Texten der Treffen von 2000 und 2007 zwar nicht thematisiert wurde, aber noch immer unterschiedlich interpretiert wird, obwohl im April 2018 eine Präzisierung erfolgte.

> Der Süden und der Norden bekräftigen ihr gemeinsames Ziel, durch völlige Denuklearisierung eine nuklearwaffenfreie koreanische Halbinsel zu erreichen. Der Süden und der Norden sind beide der Ansicht, dass die Maßnahmen, die Nordkorea initiiert hat, sehr sinnvoll sind und von entscheidender Bedeutung für die Denuklearisierung der koreanischen Halbinsel und sie stimmen darin überein, ihre jeweiligen Rollen und Verantwortungen zu erfüllen. (Kls.law 2018)

Die Zielsetzung wurde dann im Communiqué des Gipfeltreffens in Pjöngjang am 19. September 2018 erneut betont: „Beide Seiten stimmen darin überein, dass sie eng zusammenarbeiten wollen in dem Prozess, eine völlige Denuklearisierung der koreanischen Halbinsel zu erreichen." (Korea Times 2018) Allerdings gibt es unterschiedliche Auffassungen darüber, was und wer mit „völliger Denuklearisierung der koreanischen Halbinsel" gemeint ist.

Während beide Staaten in Korea mit diesen Formulierungen erneut Zielorientierung und Prozesscharakter der Denuklearisierung betonten, sehen die USA meist die völlige, überprüfbare und irreversible nukleare Entwaffnung als eine Vorbedingung, die der Norden ohne Gegenleistungen erfüllen müsse. Das kann nicht funktionieren. Pjöngjang ist überzeugt, bereits wichtige Schritte unternommen zu haben und meint mit Denuklearisierung nicht allein die eigene, sondern versteht unter „Denuklearisierung der koreanischen Halbinsel" eine große Lösung, d. h. den Abzug von im Süden stationierten US-Truppen und die Aufgabe des US-Nuklearschirms über die Republik Korea. Pjöngjang wertet die entsprechenden Formulierungen von den Gipfeltreffen des Jahres 2018 als Zustimmung Seouls und ist deshalb über dessen angeblich ausbleibende Mitwirkung verärgert, diesem Ziel näher zu kommen.

Ein Vergleich der „Gemeinsamen Erklärungen" seit 1972 zeigt, dass wenig bis kaum etwas erreicht wurde, deshalb gibt es Wiederholungen. Einige Beispiele: Bereits 1972 wurde die Einrichtung einer direkten Telefonverbindung zwischen den Staatschefs verabredet. Diese Hotline wurde mehrfach für längere Zeit vom Norden unterbrochen, so auch auch die Verbidungen zwischen den Kontaktstellen in Panmunjom. Gespräche der Rot-Kreuz-Gesellschaften sollten institutionalisiert und intensiviert sowie ein hochrangiges Koordinierungsgremium etabliert werden. Bei dem Treffen 2007 wurden u. a. eine gemeinsame Fischereizone an der Westküste und Flugverbindungen zwischen beiden Staaten verabredet.

Bei der Zusammenkunft im Jahre 1972 ging es um die Auflistung von Prinzipien, aber deren einvernehmliche Interpretation ist seitdem unterblieben. Beim ersten Gipfeltreffen im Juni 2000 kam es vor allem auf die Schaffung eines günstigen politischen Klimas an, das eine Zusammenarbeit ermöglichen sollte, der Text der Erklärung ist deshalb eher kurz und allgemein gehalten. Ausführlicher und mit Nennung detaillierter Vorhaben ist der Text vom Treffen, das im Oktober 2007 in Pjöngjang stattfand. Die bald darauf endende Amtszeit von Präsident Roh Moo-hyun im Februar 2008, die Verschärfung der Nuklearkrise und der sich verschlechternde Gesundheitszustand von Kim Jong-il gehörten zu den vielen Gründen, die eine Umsetzung verhinderten. Ganz allgemein gilt leider noch immer die Feststellung von Hans Maretzki aus dem Jahr 2002: „Es fehlt eine starke Intention, das inter-koreanische Verhältnis auf zwischenstaatlicher Anerkennung und Koexistenz fußend zu Rationalität und Kooperation zu bringen." (Maretzki 2002: 243)

An erster Stelle wurden bei den inter-koreanischen Gipfeln vom April und September 2018 Frieden und Zusammenarbeit betont, dann eine Wiedervereinigung.

> Die beiden Führer erklärten feierlich vor den 80 Millionen Koreanerinnen und Koreanern, dass es keinen Krieg mehr auf der koreanischen Halbinsel geben werde und dass somit eine neue Ära des Friedens begonnen habe.
> Beide Führer teilen die feste Verpflichtung, die Überreste des Kalten Krieges, die langandauernde Teilung und Konfrontation schnell zu beenden und ein neues Zeitalter der nationalen Versöhnung, des Friedens und Wohlstands mutig anzugehen und in einer noch aktiveren Art die interkoreanischen Beziehungen zu verbessern und auszubauen [...].[131]

Diese Prioritätensetzung entspricht deutschen Diskussionen, in denen Zusammenarbeit, Friedenssicherung und Stabilität betont wurden. Ohne solche Voraussetzungen kann es keine Normalisierung und später keine Entwicklung hin zu einer friedlichen Vereinigung geben. In Korea findet die Bereitschaft dazu oft in wohlgesetzten Worten Ausdruck, nicht jedoch in der Praxis. Der fehlende Fortschritt sollte beiden Koreas deutlich machen, dass sie ohne Normalisierung ihrer Beziehungen extrem abhängig bleiben und oft Spielball der Eigeninteressen fremder Mächte sind. Es besteht weiterhin das alte Übel: Druck von außen und heftiger Zwist im Innern verstärken sich gegenseitig.

Unterschiedliche Definitionen zentraler Begriffe

Zahlreiche Pläne wurden für die Erlangung der Wiedervereinigung Koreas konzipiert, sie alle machen deutlich, dass gleiche Wortwahl nicht inhaltliche Übereinstimmung bedeutet. Alle Pläne, so unterschiedlich sie auch sein mögen, nennen Selbstvertrauen (자 주) und Demokratie als Prinzipien.[132] Nordkorea nennt sich offiziell eine demokratische Volksrepublik, aber die dort praktizierte Art von „Demokratie" hat mit dem politischen System des Südens keine Gemeinsamkeiten.

Die Vereinigung solle unabhängig erreicht werden, ohne sich auf ausländische Kräfte zu stützen und ohne ausländische Einmischung. Der Grundlagenvertrag vom 13. Dezember 1991 bestätigt die im Text vom Juli 1972 genannten Prinzipien und auch in der Gemeinsamen Erklärung des ersten Gipfeltreffens vom 15. Juni 2000 (Lim 2012: 386), wo sie Punkt Nr. 1 sind, wird betont, die Wiedervereinigung müsse durch koreanische Eigeninitiative, durch gemeinsame Anstrengungen der koreanischen Menschen erreicht werden, die die Herren ihres Landes sind. In der „Acht-Punkte-Übereinkunft" vom zweiten Gipfeltreffen (2.-4. Oktober 2007) ist das Prinzip nicht wörtlich erwähnt, aber der erste Punkt nennt die Implementierung der Gemeinsamen Erklärung vom ersten Gipfeltreffen durch beide Seiten. Was der Norden mit diesem Prinzip hauptsächlich meint, ist der Abzug von US-Truppen aus dem Süden und die Kündigung des Sicherheitsvertrages zwischen den USA und der RK. Ob dies auch bedeuten würde, die

---

[131] *Panmunjom Declaration for Peace, Prosperity and Unification of the Korean Peninsula*. Inoffizielle Übersetzung von Yonhap, 27. April 2018.
[132] Eine tabellarische Gegenüberstellung steht in Kim Dae-jung, 1997: 30 f.

DVRK kündigt ihren 1961 mit der VR China geschlossenen Vertrag über Freundschaft, Zusammenarbeit und gegenseitige Hilfe, ist nicht klar. Seit dem ersten dieser Texte vom Juli 1972 liegt die Betonung auf Selbstvertrauen/Selbstsicherheit, aber die inhaltliche Ausgestaltung bzw. die damit implizit verbundenen Forderungen sind völlig unterschiedlich. Gleich geblieben sind Bedrohungsvorstellungen und Sicherheitsbedürfnisse sowie das große Misstrauen auf beiden Seiten.

Prioritätensetzung – Sicherheitsfragen an den Anfang stellen

Im deutschen Normalisierungsprozess gelang eine sich wechselseitig unterstützende Kombination von großen und kleinen, internationalen und nationalen Schritten. In Korea gibt es seit Jahrzehnten Diskussionen über die Reihenfolge, ohne dass bisher eine Einigung darüber erzielt werden konnte.

Auch wegen der erfolgreichen Nuklear- und Raketenrüstung des Nordens und weil die Nuklearfrage alle anderen Themen dominiert bzw. blockiert, werden seit einiger Zeit Überlegungen diskutiert, Sicherheitsfragen Priorität einzuräumen. Für Kim Dong Yub (Kim DY 2020) müssen Sicherheitsinteressen Vorrang haben. Er stellte die Frage, warum es trotz positiver Anzeichen im Jahr 2018 keinen dauerhaften Fortschritt gegeben habe und schlug vor, militärische Aspekte in den Vordergrund zu stellen, denn hier seien bereits die konkretesten Abkommen vorhanden und eine solche Prioritätensetzung würde positive Impulse für die inter-koreanischen Beziehungen, für Beziehungen zu den USA und für Nordostasien haben. Ausgangspunkt der Überlegungen sind die Panmunjom-Erklärung vom 27. April 2018 und die Gemeinsame Erklärung vom Gipfeltreffen in Pjöngjang im September 2018, denn sie schienen einen Neustart für den Friedensprozess zu signalisieren. Während des Gipfeltreffens in Pjöngjang – kurz nachdem Präsident Moon Jae-in und der Führer des Nordens die Gemeinsame Erklärung unterzeichnet hatten – wohnten beide der Unterzeichnung des „Abkommens über die Implementierung der Historischen Panmunjom-Erklärung im Militärischen Bereich" bei, die am 19. September 2018 vom Verteidigungsminister Südkoreas, Song Yong-moo und dem Chef des Ministeriums der Volksarmee, No Gwang Chul, vorgenommen wurde.[133]

In beiden Texten wird direkt aufeinander Bezug genommen. Zum ersten Mal bei inter-koreanischen Beziehungen wurde eine solche Übereinkunft zu militärischen Fragen getroffen. Das Militärabkommen signalisierte einen Paradigmenwechsel und könnte förderlich für Frieden auf der koreanischen Halbinsel sein, weil es den Schwerpunkt auf die Lösung militärischer Themen setzt. Es stellt die Sicherheitsbedürfnisse aller Beteiligten in den Mittelpunkt und enthält viele konkrete Punkte, von

---

[133] https://www.ncnk.org/resources/publications/agreement-implementation-historic-panmumjom-declaration-military-domain.pdf. Eingesehen am 23.09.2020.

denen einige bald umgesetzt wurden. Im Süden gab es aber auch Kritik, denn das Abkommen würde die Sicherheit der RK schwächen und das Verhältnis zu den USA irritieren.

Kim Dong Yub meinte, Bemühungen der beiden Koreas, militärische Streitfragen zu lösen, seien eine solide Basis für die Verbesserung inter-koreanischer Beziehungen und der Schlüssel für die Errichtung eines Friedenssystems sowie die Ermöglichung von Denuklearisierung auf der Halbinsel. Anstregungen im Bereich der Wirtschaft seien gewiss wichtig, aber Fortschritte bei Sicherheitsfragen würden sich positiv auf viele andere Bereiche auswirken. Auch andere haben oft Vertrauensbildung und Beachtung von legitimen Sicherheitsinteressen betont, aber wie diese bei der fast alles dominierenden Forderung nach einseitiger Denuklearisierung erreicht werden könnten, dazu gibt es keine überzeugenden Angaben. Wegen der aus ihrer Sicht obstinaten Haltung des Nordens erklärte die Yoon-Administration im Oktober 2023 als sich nicht mehr an die Texte von 2018 gebunden.

Noch immer ist die DVRK eine Bedrohung, auch weil sie sich selbst bedroht fühlt. Egal, ob dieses Sicherheitsbedürfnis als übersteigert, als unberechtigt angesehen wird, es ist zu beachten. Warum und von wem fühlt sich Pjöngjang bedroht? Die Antwort fällt leicht: Kaum vom Süden, aber von den USA. Wenn also Verbesserungen im Bereich der Sicherheit Priorität haben sollen, damit diese dann positiv auf andere Bereiche wirken, müssen sich die Beziehungen zwischen Washington und Pjöngjang ändern. Im Jahre 1972 hatte die Oberste Volksversammlung der DVRK einen Brief an den US-Congress gerichtet, um günstige Bedingungen für die Beseitigung der Spannungen in Korea zu schaffen. Am 9. Oktober 1975 erklärte Kim Il-sung, man bestehe darauf, ein Friedensabkommen zwischen der DVRK und den USA zu unterzeichnen, damit die Gefahr eines erneuten Krieges ausgeschlossen und ein dauerhafter Frieden in Korea garantiert werde. (Yim 1978: 36 f.)

Für beide Staaten in Korea gilt das Prinzip, allein Koreaner:innen entscheiden über ihre Zukunft. Dennoch hat sich Pjöngjang durchgängig bemüht, mit den USA direkt ins Gespräch zu kommen und Seoul bemüht sich – meist erfolglos – zwischen beiden zu vermitteln.

In öffentlichen Verlautbarungen und persönlichen Gesprächen wird deutlich, dass der Norden den Süden nicht als ernsthafte militärische Bedrohung ansieht. Seoul muss folglich versuchen, auf der Basis bereits unterzeichneter Texte die inter-koreanischen Beziehungen zu verbessern und gleichzeitig auf die USA einwirken, eine pragmatische Politik zu betreiben. Beide Staaten in Korea haben hier unterschiedliche Strategien. Hans Maretzki betonte, es sei eminent wichtig, dass beide ihre Probleme bilateral aushandeln, aber dazu wäre die DVRK selten bereit.

> So will sie Frieden nur mit den USA vereinbaren, ebenso macht sie inter-koreanische Fortschritte vom Zustand ihrer Beziehungen mit Washington abhängig. Andererseits wollte es auch Kim Daejung nicht anders, denn er mahnte beim Norden nicht die koreanische Selbstzuständigkeit ein und erbat lieber bei den USA Entgegenkommen für Nordkorea. (Maretzki 2002: 248)

Pjöngjang versteht es aber, geschickt die RK zu umgehen und will mit den USA verhandeln. Es gab aber auch Vorschläge für Dreierverhandlungen: Norden, Süden und die USA.

Kontakte, Vorschläge und warum sie nicht umgesetzt wurden

Trotz Konfrontation gibt es seit Jahrzehnten Kontakte und wurden Gemeinsame Erklärungen unterzeichnet, aber nicht umgesetzt und das Misstrauen nicht reduziert. Lee Goo schildert Gründe, warum es zwischen den beiden Koreas nicht zu bleibenden Verbesserungen kam. Die unterschiedlichen Präferenzen für die Lösung des Konflikts seien in den Strategien beider Seiten immer deutlich gewesen. Wegen dieser Differenzen gebe es eine zynische Haltung gegenüber den Positionen und Plänen der anderen Seite, die sich in Verhandlungen herausbildete und darauf abziele, die Schwäche des anderen für seine eigenen wirtschaftlichen und militärischen Zwecke auszunutzen. Außerdem sieht er Schuld bei den USA, denn diese hätten in der Zeit nach dem Gipfeltreffen des Jahres 2000, als es eine Übergangsphase von Zynismus zu gutem Gauben in den inter-koreanischen Beziehungen gab, durch ihre Haltung im Nuklearkonflikt die Position des Südens geschwächt, denn „[...] die USA spielten eine Schlüsselrolle bei der Verbreiterung der Kluft zwischen den beiden Koreas bei deren Verhandlungen über militärische Fragen." (Lee G. 2004: 162) Wie stark das zutrifft ist diskussionswürdig, aber auf jeden Fall spielen die USA eine wichtige Rolle und ihr Einfluss auf Entscheidungen der RK ist zu groß. Washington muss der RK mehr Spielraum einräumen und Pjöngjang klarmachen, es habe sich vorrangig an Seoul zu wenden. Dafür müsste der Süden sich aber bei wesentlichen Fragen einig sein. Das wird seit langer Zeit angemahnt, lässt aber noch immer auf sich warten. (Choi 2001)

Es ist eine durchgängige Problematik bei Annäherungsversuchen zwischen beiden Staaten in Korea, dass es zwar immer wieder unterschiedlich motivierte Bereitschaft zu Dialog und Zusammenarbeit gibt, aber dann überwiegen tiefes Misstrauen und die berechtigte Feststellung, ausländische Mächte würden sich einmischen. Bei dem letzten Punkt, Schuld anderer Staaten, besteht seit langer Zeit Einigkeit zwischen Norden und Süden, allerdings mit Unterschieden bei Motiven und den Schuldigen. Bei seinem Besuch in Bulgarien Anfang Juni 1975 erklärte Kim Il-sung seinem Gastgeber Todor Schiwkow, man sei gezwungen gewesen, den friedlichen Dialog mit dem Süden einzufrieren, da Seoul auf der Schaffung von zwei Koreas bestehe. Das bedeute faktisch die ewige Teilung. „Dies geschieht auf Anweisung der Vereinigten Staaten und Japans." (PA AA 4. 1975, S. 3) Eine solche Lageeinschätzung müsste schon fast zwangsläufig beide Koreas veranlassen, nach Gemeinsamkeiten zu suchen und sie auszubauen. Versuche wurden mehrfach unternommen, bisher scheiterten alle.

Die Ritualisierung inter-koreanischer Beziehungen führte zu einer Art von Gewöhnung, was allerdings nicht zu deren Verbesserung beitrug. Die Unterbreitung von Vorschlägen und deren Ablehnung sind meist vorhersebar und dadurch in vielen

Fällen fast zur Routine geworden. Sie fördert aber nicht Kenntnisse über die andere Seite und die gemeinsame Erarbeitung von Initiativen, denn, so wird angenommen, der Opponent werde so handeln, wie er bisher fast immer gehandelt habe. Die eine Seite fühlt sich durch die andere beleidigt bzw. bedroht und stellt die direkten Kontakte ein; erst müsse eine Entschuldigung erfolgen. Diese erfolgte fast nie und oft wurden dann dennoch Wege gefunden, erneut Kontakte aufzunehmen, entweder auf indirektem Wege oder aus humanitären Gründen bei Naturkatastrophen, oder weil zum Beispiel eine Veränderung bei den Beziehungen zwischen den USA und der RK Pjöngjang den Eindruck vermittelte, eine günstige Gelegenheit nutzen zu können.

Ähnliche Rituale werden auch bei Drohungen und Beschimpfungen praktiziert. Der Norden nennt die Führung des Südens Verräter, Marionetten, Speichellecker amerikanischer Kriegstreiber und benutzt Namen aus dem Tierreich. Gedroht wird mit unschöner Regelmäßigkeit mit furchtbarer, unvorstellbarer Vergeltung und totaler Vernichtung. Das Ritual richtet sich sowohl an den Gegner, als auch an die eigene Bevölkerung. Diese Vorgehensweisen verhinderten weitgehend neues Denken und die Ausarbeitung von Alternativen. Es fehlt an umfassenden Vorschlägen, die die andere Seite in positivem Sinne überraschen, die aber glaubhaft wirken und eigentlich nicht abgelehnt werden können.

Es ist beiden Staaten in Korea nicht gelungen, sich auf eine gemeinsame Vorgehensweise zu einigen und somit den Einfluß von außen zu reduzieren. Trotz der Gipfeltreffen zwischen Donald Trump und Kim Jong-un bestand für Präsident Moon ein großes Handicap in der von den USA verfolgten Strategie zur Denuklearisierung der DVRK. Washington war für ein Nacheinander, Seoul gab Gleichzeitigkeit und einem schrittweisen Vorgehen den Vorrang. Wegen der Nuklearfrage haben die USA spätestens seit 2017 quasi ein Veto bezüglich inter-koreanischer Kooperation. In Deutschland hatten die USA und die Sowjetunion ein Veto bezüglich Vereinigung, aber was innerdeutsche Kontakte und Zusammenarbeit anbelangte, gewährten sie beiden Staaten seit dem Berlinabkommen und dem Grundlagenvertrag Freiräume, die in sich steigerndem Maße genutzt wurden und später wesentlich zur Chance beitrugen, eine Einigung zu erreichen.

Relevanz deutscher Erfahrungen

Die DVRK ist gewiss nicht mit der SED-DDR gleichzusetzen, aber es gibt Bereiche, wo in Deutschland gemachte Erfahrungen zumindest von Interesse für zukünftige Entwicklungen in Korea sein könnten.[134] Noch im Sommer 1989 hat sich wohl niemand in der SED-DDR und schon gar nicht in der Bundesrepublik vorstellen können, dass es in einigen Monaten Bürgerrechtsbewegungen, „Runde Tische" und ein frei gewähltes

---

[134] Eine vorzügliche Darstellung von Ähnlichkeiten, Unterschieden und Relevanz zwischen Korea und Deutschland ist das Kapitel 9 in Frank 2017, S. 347–386.

Parlament geben könnte. Auch in Staaten mit einem drakonischen Kontrollsystem gibt es Meinungsverschiedenheiten, existieren unterschiedliche Fraktionen in Partei und Militär, gibt es Technokraten und Reformer, selbst wenn nach außen ein Bild der Geschlossenheit präsentiert wird. Der Amtsantritt von Gorbatschow und seine Bemühungen um Reformen waren eine Überraschung. Es gibt zu wenige Kenntnisse über mögliche personelle und inhaltliche Alternativen in der DVRK, das sollte aber nicht zu der Einschätzung verleiten, sie würden nicht existieren.

Die SED-DDR erweckte den Anschein eines autoritären Regimes mit einem effektiven Überwachungssystem. Es gab keine genaue Vorstellung von Kräften, die bei einer veränderten politischen Lage bereit wären, aus der Deckung zu kommen. Dennoch existierte eine bis dahin fast unbekannte „Reformreserve" inhaltlicher und personeller Art.

Aus den unterschiedlichsten Bevölkerungskreisen waren 1990 viele Menschen mit einer völlig anderen Berufspraxis bereit, öffentliche Ämter zu übernehmen. Es muss gegenüber der DVRK eine Politik betrieben werden, die Entstehen und Überlebensfähigkeit solcher Gruppen fördert. Sanktionen sind dafür völlig ungeeignet. Sollte es zu einer weitgehenden Normalisierung auf der koreanischen Halbinsel kommen, dann wird es eine vorrangige Aufgabe sein, solche Personen im Norden zu identifizieren, sie zu ermutigen sich zu engagieren und ihnen auch die Möglichkeit für ein entsprechendes Engagement zu geben.

Wer sich mit Entwicklungen auf der koreanischen Halbinsel beschäftigt, gewinnt den Eindruck, dass generell zum Thema Wiedervereinigung zu wenig sinnvolle Fragen gestellt und einer realistischen Reihenfolge nicht genug Beachtung geschenkt werden. Die Schaffung und Absicherung normal-nachbarschaftlicher Beziehungen muss Vorrang haben. Erst dann Fragen: Wie kann eine Vereinigung überhaupt erreicht werden, welche Art von Wiedervereinigung ist machbar, welcher internationale Rahmen wird benötigt und wie können Probleme nach Erlangung der formalen Vereinigung bewältigt werden? Weder der Süden noch der Norden erwecken den Eindruck, als sei die dortige Bevölkerung auf umfassende Normalisierung, gar auf eine Vereinigung vorbereitet. Normalisierung zwischen den beiden Staaten sollte gerade deshalb akzeptabel und machbar sein, weil die Absicherung des jeweiligen Systems im Vordergrund stünde, mit dem fernen Ziel einer eventuellen friedlichen Wiedervereinigung. Die Teilung der koreanischen Halbinsel ist ein Hauptgrund für Spannungen, die gefährlich und unkontrolliert eskalieren können. Sie ist ebenfalls ein Grund dafür, dass sich Korea nicht stärker entwickeln kann, auch weil die Teilung enorme Kosten verursacht. Aber beide Staaten hängen von der Teilung ab.

Die Führung des Südens sollte sich häufiger fragen, wie sie denn reagieren würde, wäre sie in der Situation der Führung des Nordens. Einige Gruppierungen im Süden sollten sich bemühen, ihren latenten Anti-US-Amerikanismus und ihre romantisch verklärten Vorstellungen bezüglich der DVRK einer kritischen Prüfung zu unterziehen. Notwendig sind Veränderungen im Norden und im Süden, zwischen dem Norden und dem Süden sowie zwischen den USA und dem Norden.

Inter-koreanische Beziehungen als Achterbahnfahrt

Im April 1989 berichtete die Botschaft der DDR: „Beide Seiten halten unverändert an ihren grundsätzlich verschiedenen Positionen des Weges zur Wiedervereinigung fest. Sie sind nicht bereit, den anderen als gleichberechtigten Partner zu akzeptieren oder tragfähige Kompromisse einzugehen." (PA AA 28) Dieser Befund ist noch immer zutreffend.

In einigen Aspekten ähneln die Beziehungen zwischen beiden Staaten in Korea einer Achterbahnfahrt. Es geht auf und ab, manchmal passieren Unfälle, stets herrscht Spannung, aber statt freudigem Nervenkitzel gibt es Enttäuschung und Misstrauen. Oft steht die Anlage still und fast immer endet die Fahrt am Ausgangspunkt.

6.6 Zypern

Nach der Teilung einer Nation gibt es oft Vorschläge, die hauptsächlich für propagandistische Zwecke gemacht werden und von denen zu erwarten ist, dass sie auf Ablehnung stoßen, z. B. die Forderung nach freien Wahlen. Aber es gibt auch Vorschläge, mit denen versucht wird, Gemeinsamkeiten zu erarbeiten.

Zypern hat beide Arten solcher Initiativen erlebt. Noch während der britischen Kolonialzeit wurde im Januar 1950 ein hauptsächlich von der orthodoxen Kirche vorangetriebenes Referendum über die Vereinigung mit Griechenland (Enosis) durchgeführt, an dem nur Angehörige des griechischen Bevölkerungsteils teilnehmen durften. 95 Prozent waren dafür, was aber wegen des illegalen Charakters der Abstimmung weder staatsrechtliche Konsequenzen hatte, noch zur Verständigung der Volkgruppen beitrug.

Vorschläge von Volksgruppen und von den Vereinten Nationen

Über Jahrzehnte hinweg gab es immer wieder Vorschläge zur Lösung des Zypernproblems, die meist von der Regierung der Republik Zypern und den VN gemacht, aber nie umgesetzt wurden, z. B. kam es zu keiner Gründung einer Föderation und die Teilung der Insel besteht weiterhin.

Zwei Texte sollen kurz vorgestellt werden, um Gemeinsamkeiten und Unterschiede sowie die nach wie vor bestehenden Schwierigkeiten zu verdeutlichen. Der eine war ein Vorschlag der Republik Zypern, übermittelt durch deren Präsidenten George Vessiliuo an den Führer der türkischen Volksgruppe, Rauf Denktaş, vom 30. Januar

1989 und der andere eine „Ideensammlung für ein allgemeines Rahmenabkommen für Zypern" der VN von 1992.[135]

Der Text von 1989 ist eine Mischung aus Prinzipien und konkreten Vorschlägen, er nimmt direkten Bezug auf Belange sowie Sorgen beider Volksgruppen und äußert die Hoffnung, dass es bis zum 1. Juni 1989 eine Einigung geben könnte. Eine völlig unrealistische Zielsetzung. Zypern soll eine bündnisfreie föderale Republik werden, deren Verfassung nur mit Zustimmung beider Volksgruppen geändert werden kann.

Über den Text der VN sollte, ohne Zeitangabe, in zwei getrennten Referenden der Volksgruppen abgestimmt werden, er ist relativ detailliert und nimmt Bezug auf Erklärungen beider Seiten Zyperns und mehrere frühere VN-Dokumente.

Beide Texte sehen die Schaffung einer Föderation vor, bestehend aus zwei Bundesstaaten. In dem Vorschlag der Republik Zypern werden sie „Provinzen" genannt, mit einer Staatsangehörigkeit und zwei Sprachen, Griechisch sowie Türkisch. Übereinstimmung bzw. große Ähnlichkeit gibt es auch bei Zweikammern-Parlament, Präsident und Vize-Präsident, jeweils von der anderen Volksgruppe, ein vom Präsidenten und Vize-Präsidenten ernanntes Kabinett mit 10 Ministern, von denen sieben zur griechischen und drei zur türkischen Volksgruppe gehören sollen, keine Begrenzung für Bewegungsfreiheit und Niederlassungsrecht, Berücksichtigung von Eigentumsrechten von Vertriebenen, Regelung für Rücksiedelung von Vertriebenen oder deren Entschädigung. Es darf keine Sezession, keine Unabhängigkeit einer Provinz bzw. deren Anschluß an einen anderen Staat geben. In beiden Texten ist der Verbleib der UNFICYP mit veränderten Funktionen vorgesehen und Übergangsregelungen für die Errichtung der Föderation werden vorgeschlagen.

Bei zwei wichtigen Punkten gibt es Unterschiede. Im Plan der Republik Zypern wird die Rückführung von Siedlern aus der Türkei gefordert. Bei der Frage der Entmilitarisierung spricht der Text der VN von einem anzustrebenden Ziel, der Vorschlag der Republik fordert einen konkreten Zeitplan für den Abzug aller fremden Truppen. In beiden Texten wird das unter türkischer Militärverwaltung stehende Gebiet der Stadt Varosha angesprochen, die Republik Zypern fordert die Wiederansiedlung der aus ihr Vertriebenen, der UN-Vorschlag sieht eine längerfristige Übergangsregelung vor.[136]

Laut der „Ideensammlung" der VN soll die Grenze zwischen den Bundesstaaten so bleiben, wie sie in einer hochrangigen Übereinkunft beider Seiten des Jahres 1977 beschlossen wurde, d. h. im Prinzip entlang der „Grünen Linie". Es soll beim Handel eine Meistbegünstigungsklausel für Griechenland und die Türkei geben sowie eine Mit-

---

[135] https://www.pio.gov.cy/en/cyprus-problem%E2%80%93documents. Dort: Proposals for a Solution, dort: Outline of Proposals for the Establishment of a Federal Republic for the Solution of the Cyprus Problem (30 January 1989). Eingesehen am 12.10.2020. „Set of Ideas on an Overall Framework Agreement on Cyprus (1992)." https://www.digitallibrary.un.org/record/149409?v=pdf. Eingesehen am 26.03.2024.
[136] Zu Varosha siehe S. 399 f.

gliedschaft der föderalen Republik im Commonwealth. Im Zweikammernparlament sollte im Abgeordnetenhaus das Verhältnis von Zyperngriechen zu Zyperntürken 70 zu 30 und im Senat 50 zu 50 sein. Das Oberste Gericht wäre paritätisch zu besetzen, die Richter vom Präsidenten und Vize-Präsidenten zu ernennen, mit Zustimmung des Abgeordnetenhauses. Eine Reihe von Übergangsregelungen für die Errichtung der Föderation und die Schaffung eines Fonds für Wirtschaftsförderung sind ebenfalls enthalten. Viele Punkte der „Ideensammlung" der VN von 1992 wurden dann in detaillierterer Form Teile des Annan-Plans.

Annan-Plan

Der bekannteste und konkreteste Plan für eine Wiedervereinigung Zyperns wurde im Auftrag der VN unter Leitung von deren Generalsekretär Kofi Annan ausgearbeitet und als Plan der Vereinten Nationen 2002 in seiner Erstfassung vorgelegt. Er ist das Ergebnis von einem sich über Jahre hinziehenden Diskussions- und Verhandlungsprozess, in dessen Verlauf es mehrfach umfangreiche Überarbeitungen gab; die VN, Vertreter der Volksgruppen auf Zypern, Griechenland, die Türkei sowie andere waren involviert. (Sözen/Özersay 2007. Palley 2005) Ein Hauptpunkt der Kritik ist, dass die betroffene Öffentlichkeit nicht genügend einbezogen wurde.

Laut Annan-Plan sollte Zypern eine Föderation aus zwei Staaten werden, mit Ausnahme der britischen Militärbasen. Vorgesehen war ein an der Schweiz und den USA orientiertes System, eine Art Präsidialdemokratie, mit Übergangsphasen am Anfang und einer proportionalen Berücksichtigung der Größe der Volksgruppen. Die erste Fassung des Plans wurde 2002 vorgelegt, kurz vor dem endgültigen Beschluss der EU über den Beitritt der Republik Zypern. Rauf R. Denktaş, Führer der türkischen Volksgruppe, hatte gehofft, der Zustand der Teilung würde eine Mitgliedschaft hinauszögern. Als sich das als unrealistisch erwies, zeigte sich diese Volksgruppe gesprächsbereiter.

Der endgültige Plan vom März 2004 umfasst etwa 200 Seiten, es gibt zahlreiche Anhänge, 131 Gesetzesvorschläge und über Tausend einzelne Vereinbarungen, so z. B. Vorschläge für eine neue Fahne und Nationalhymne; mit allen Anlagen sind es rund 6000 Seiten. (Annan 2004) Die erste Version bestand aus etwas mehr als 100 Seiten, was eine intensive Kompromissfindung und detaillierte Ausarbeitung erahnen lässt. Die Annahme des Plans scheiterte in einer Volksabstimmung.

Das vorgeschlagene System sollte eine lockere Konföderation sein: Eine vereinigte Republik Zypern als „unauflösliche Partnerschaft", bestehend aus zwei gleichberechtigten Teilstaaten, die jeweils eine eigene Verfassung und Regierung haben sowie eigene Wirtschafts- und Kulturbeziehungen mit dem Ausland unterhalten dürfen. (Riemer 2003: 12)

Während einer Anfangs- bzw. Übergangsphase sollten die beiden Präsidenten der Teilstaaten gemeinsam die Präsidentschaft ausüben. Als Exekutive war ein vom Parlament auf fünf Jahre gewählter Präsidialrat vorgesehen. Er sollte aus sechs Mitgliedern bestehen, vier Griechen und zwei Türken, gewählt vom Parlament. Präsident und Vize-Präsident sollten vom Präsidialrat aus seinen Mitgliedern gewählt werden, jeweils eine Person pro Volksgruppe, für fünf Jahre, im Rhythmus von 20 Monaten war eine Ämterrotation vorgesehen.

In dem Zweikammernsystem, orientiert an dem der USA, sollte der Senat aus 48 Mitgliedern bestehen, je zur Hälfte von beiden Volksgruppen. Das Abgeordnetenhaus sollte ebenfalls 48 Mitglieder haben, proportional zur Bevölkerung, wobei die kleinere Gruppe, d. h. Türkinnen/Türken, nicht weniger als 12 Abgeordnete haben sollte, also jeder Teilstaat mindestens ein Viertel der Sitze. Um die Gefahr einer Dominanz, besonders in der Anfangsphase zu vermeiden, war bei speziellen Fällen eine Mehrheit von zwei Fünfteln der Senatoren jedes Teilstaats erforderlich.

Für das Oberste Gericht war eine gleiche Anzahl von griechischen und türkischen Richtern vorgesehen, plus drei ausländischen, ernannt vom Präsidialrat.

Der Annan-Plan sah auch die Bildung einer „Versöhnungskomission" mit sieben Mitgliedern vor, mit wenigstens einer Person, die nicht aus Zypern stammt. Ernannt werden sollten sie vom Generalsekretär der VN nach Konsultationen mit der Regierung der Förderation, denen der Mitgliedstaaten und der Öffentlichkeit. (Annan 2004: 135, Annex VIII)

Für die griechischen und türkischen Truppen auf Zypern war eine stufenweise Reduzierung vorgesehen und 2011 sollte deren Stärke nicht über 6.000 Mann liegen.

Rückkehr und Entschädigung

Ein besonders sensibles Thema war und ist die Rückkehr in angestammte Siedlungsgebiete, die der Annan-Plan vorsah und ein Gebietsaustausch. In diesem Zusammenhang wurden Kompensationen für die aus dem griechischen Teil geflüchteten ehemaligen türkischen Einwohner:innen diskutiert, in der Annahme, diese würden nur in geringer Zahl zurückkehren wollen. Nach Schätzungen würden Rückübertragungen bzw. Entschädigungen etwa 10 Milliarden € kosten, was vermutlich etwa 50 % des BSP der gesamten Insel nach einer Wiedervereinigung wären.

Die TRNZ umfasst etwa 37 Prozent des Gesamtgebietes und hat einen Anteil an der Gesamtbevölkerung von 18 Prozent. An einer Rückkehr könnten eventuell 90.000 bis 130.000 griechisch-zyprische Flüchtlinge Interesse haben. Es war aber vorgesehen, dass nur 20 Prozent dieser Vertriebenen in ihre früheren Siedlungsgebiete zurückkehren sollten, solche Beschränkungen waren für Zyperntürken nicht vorgesehen.

Freiwillige Umsiedlungen sollten über einen Zeitraum von 15 Jahren erfolgen. Es würden Bewegungen in mehrere Richtungen sein, Rück- bzw. Neuansiedlung von Griechen und Umsiedlung von Türken sowie Rückführung von aus der Türkei stammenden Siedlern, für die inzwischen aber die TRNZ ihre Heimat ist.

Für den Gebietsaustausch wurde eine Rückgabe von etwa 800.000 Hektar geschätzt, d. h. acht Prozent des Territoriums der TRNZ, auf dem z. B. die Städte Morphou (Türkisch: Güzelyurt) und Famagusta (Türkisch: Gazi Magusa) liegen, dafür war unter Aufsicht der VN ein Zeitraum von dreieinhalb Jahren geplant.

Abstimmung über den Annan-Plan

Wie vorgesehen kam es am 24. April 2004 in zwei getrennten Referenden zur Abstimmung. Von der griechischen Volksgruppe wurde er mit 72 Prozent zurückgewiesen, von der türkischen erhielt er 65 Prozent Zustimmung.[137] Damit war der Plan abgelehnt. (Varnavas/Faustmann 2009)

Für die griechische Volksgruppe waren bei der Ablehnung vor allem folgende Punkte ausschlaggebend: Mangelnde Sicherheit, keine Garantie für eine funktionierende Regierung wegen auf Ethnizität basierenden Beschränkungen, keine Aufhebung des Interventionsrechts, keine Rückführung der türkischen Siedler aus Anatolien, kein freies Niederlassungsrecht ohne Quotenregelung. Türkische Truppen sollten auf der Insel bleiben und die Türkei verlangte auch für die Zukunft ein Interventionsrecht, die Nationalgarde der Republik Zypern sollte aber aufgelöst werden. Die Entschädigung für die 1974 Vertriebenen wurde als zu gering erachtet, die zentralstaatliche Komponente des Plans sei zu schwach und die Existenz von zwei quasi souveränen Teilen eines Gesamtstaates wurde als gefährliche Möglichkeit, gar Vorstufe für eine spätere legale Unabhängigkeit des Nordens angesehen. Im Gegensatz dazu erachtete die türkische Volksgruppe die zentralstaatliche Komponente für zu stark.

Was die Konföderation durch einen längeren Prozess der Institutionalisierung von Kompromißerarbeitung vielleicht hätte erreichen können, schien die griechische Volksgruppe möglichst sofort haben zu wollen.

Führende Politiker beider Seiten hatten sich für eine Ablehnung des Plans ausgesprochen, warum gab es dann eine mehrheitliche Zustimmung der türkischen Volksgruppe? Vermutlich spielten zwei Überlegungen eine wesentliche Rolle. Da die Ablehnung durch die Griechen als sicher galt, würden die Zyperntürken bei einer Zustimmung international besser dastehen und viele jüngere Angehörige der türkischen Volksgruppe versprachen sich von dem Plan eine bessere Zukunft. Es bleibt unklar, ob der Norden auch mehrheitlich mit „ja" gestimmt hätte, wäre damals einigermaßen zuverlässig klar gewesen, dass der Süden ebenfalls zustimmen würde.

Bei Überlegungen für eine Entscheidung im Referendum spielten auch wirtschaftliche Erwägungen eine Rolle. Bei einer Zustimmung in der TRNZ, so bei vielen die Hoffnung, würde dieses Gebiet dann als Teil des Gesamtstaates Mitglied der EU werden und einen wirtschaftlichen Aufschwung erleben. Im Jahr 2019 betrug das Bruttoinlandsprodukt pro Kopf 9.988 US $, das der Republik Zypern im Jahr 2021 31.555 $.

---

[137] Es gab eine hohe Wahlbeteiligung, 89,1 % auf der griechischen und 87 % auf der türkischen Seite.

Um diese Einstellung und eine mögliche zukünftige Kompromissbereitschaft zu stimulieren sowie die Teilung nicht noch weiter zu vertiefen, existiert seit 2006 ein Hilfsprogramm der EU-Kommission für die türkische Volksgruppe. Von 2006 bis 2018 gab es ca. 520 Millionen Euro Programmmittel, laut Planung sollten es bis zum Jahr 2020 jährlich 30 Mio. € sein. In der TRNZ werden die türkische Lira und der Euro nebeneinander als Zahlungsmittel genutzt, was die Hoffnung nährt, sich etwas näherzukommen.

Sprache, Religion, Kultur und Brauchtum waren bis zur Teilung auf Zypern keine unüberwindlichen Probleme, schwierig ist einzuschätzen, wie sich das durch Neusiedler aus Anatolien, die nun nicht mehr „neu" sind, und Soldaten aus der Türkei verändert hat. Der Annan-Plan versuchte Ausgewogenheit und proportionale Berücksichtung miteinander in Einklang zu bringen. Eine Schwierigkeit ist die Forderung nach politischer Balance; 18 Prozent der Bevölkerung sollten 50 Prozent politische Beteiligung bekommen (rotierende Präsidentschaft, paritätisch besetzte Institutionen). Diese Überkompensation des zahlenmäßig viel kleineren Partners hätte in der Praxis ein neues Demokratiemodell und tolerante Mitwirkungsbereitschaft erfordert.

Der Annan-Plan war der schwierige, vielleicht unmögliche Versuch, durch Kompromisse, Übergangsregelungen und ein austariertes System von Mehrheitsmeinung und Minderheitenschutz vier Konfliktparteien zum Einlenken zu bewegen, zwei auf der Insel plus Griechenland und Türkei. Zypern ist von den hier behandelten Fällen insofern besonders, weil es mit Kofi Annan einen von den Konfliktparteien akzeptierten externen Vermittler gab. Seine Vorgehensweise war eine Mischung aus großem Einfühlungsvermögen, Geduld, Arbeitseinsatz und Strenge. Bei den abschließenden Verhandlungen im April 2004 in der Schweiz sagte er: Es gibt keinen Plan B – es gibt nur diesen Plan oder keinen.

Eine ähnliche Strategie praktizierte der ehemalige Präsident Finnlands Martti Ahtisaari bei seinen Konfliktlösungsbemühungen bezüglich Aceh, einer Provinz im Norden der Insel Sumatra (Indonesien), wo es unter seiner Mitwirkung gelang, einen fast dreißig Jahre währenden Bürgerkrieg durch weitgehende Autonomie zu beenden. (Merikallio 2006: 141 ff.) Geholfen hatte auch eine Naturkatastrophe. Der Verlauf der Kämpfe, aber vor allem die Zerstörungen durch den Tsunami vom Dezember 2004 – über 180.000 Tote und rund 600.000 Obdachlose – machten den Konfliktparteien deutlich, dass keine Seite einen fortgesetzten bewaffneten Kampf würde gewinnen können, was den Vermittlungsbemühungen von Ahtisaari und seinen Mitarbeiter:innen förderlich war.

Im Gegensatz dazu können auf Zypern beide Seiten mit dem Status quo leben und sie glauben, Veränderungen würden Verschlechterungen bewirken. Eine Einsicht in die Notwendigkeit und den allseitigen Nutzen einer Kompromißlösung gibt es auf Zypern und bei den jeweiligen Schutzmächten noch nicht. Der Annan-Plan wurde von drei der vier Konfliktparteien abgelehnt und jedes weitere Scheitern von Bemühungen, die Teilung zu überwinden, stärkt den Satus quo. Hubert Faustmann nannte zutreffend-resignierend Zypern „einen Friedhof der Diplomatie." (Faustmann 2009: 9)

Die Gemeinsame Erklärung vom Februar 2014

Die Ablehnung des Annan-Plans bedeutete nicht, dass keine Gespräche mehr stattfanden. In den Jahren nach 2004 gab es politische Veränderungen in beiden Teilen der Insel, die sich positiv auf Kontakte auswirkten und es wurden Gasvorkommen in Küstengewässern bestätigt, die am Besten gemeinsam zu nutzen wären. Durch Vermittlung der VN fanden Gespräche statt und es kam zu einer Einigung auf Prinzipien, die auf Resolutionen der VN beruhen: Zwei Zonen, Föderation, Diskussionen zwischen den Volksgruppen über praktische Aspekte des Zusammenlebens. Die Türkei allerdings bestand auf der Anerkennung der TRNZ und deshalb gab es keine nennenswerten Fortschritte, dennoch setzten die VN ihre Bemühungen fort. Es kam zu Treffen der Führer der Volksgruppen, zur Einsetzung von Arbeitsgruppen und im April 2008 wurde in Nikosia ein Grenzübergang geöffnet. Diese Entwicklungen ermöglichten dann am 11. Februar 2014 die Unterzeichung der „Sieben Punkte-Erklärung" durch die Vertreter beider Volksgruppen, wobei die VN eine vermittelnde Rolle spielten. (Uncyprustalks 2014)

Den Text verkündeten zeitgleich der Präsident der Republik Zypern sowie der der TRNZ und in ihm wurde vereinbart, den Status quo zu verändern und eine gemeinsame Zukunft innerhalb der EU anzustreben. (Punkt 1) Die Möglichkeit der Rückkehr an frühere Wohnorte ist vorgesehen, hier wollte die türkische Seite eine Begrenzung der griechischen Rücksiedelung, für sich selbst aber keine Beschränkung. Die Republik Zypern möchte, dass „Ihre" Betroffenen zwischen Rückkehr oder Entschädigung entscheiden können. Wie schon im Annan-Plan, so sind auch in der „Gemeinsamen Erklärung" doppelte Staatsbürgerschaften vorgesehen, die der Konföderation und die des Mitgliedsstaates. (Akbulut 2014: 13)

Auch im Text dieser Erklärung spielt weitgehende Eigenständigkeit eine wichtige Rolle, die der Volksgruppen und des neuen Staates, der sich keinem anderen Land anschließen dürfe. Immerhin gab es eine gewisse Aufweichung des Alleinvertretungsanspruchs, denn Vertreter der Volksgruppen führten sowohl in Ankara, als auch in Athen Gespräche und eine doppelte Staatsbürgerschaft wäre dann wohl in gewissem Sinne eine Anerkennung.

Es soll vertrauensbildende Maßnahmen geben und keine Seite soll die andere verleumden. (Punkt 7) Aber bereits wärend der Verhandlungen und danach wurden wechselseitige Vorwürfe erhoben. Nachwirkungen der Ablehnung des Annan-Plans waren deutlich. Der damalige Außenminister der TRNZ sprach sich dafür aus, über einen neuen Vertragstext erst dann Volksabstimmungen abzuhalten, wenn Meinungsumfragen ergeben hätten, dass mit einer Annahme zu rechnen sei, sonst würde es wie 2004 kaum zu überwindende Verhärtungen geben.

Die „Gemeinsame Erklärung" enthält viel Interpretationsspielraum, nur deshalb konnte sie verabschiedet werden, aber genau deshalb waren dann weitere Gespräche so kompliziert und oft ergebnislos. „Die Gefahr, dass die ‚konstruktive Ambiguität' mit der Zeit destruktive Züge annimmt und eine Überbrückung der Differenzen wieder einmal scheitert, ist leider nach wie vor gegeben." (Akbulut 2014: 19) Diese Vermutung hatte sich bereits einige Monate später bewahrheitet.

Gespräche in Genf seit 2017

Dennoch kam es erneut zu einer Annäherung und es gab vermehrt Treffen zwischen Geschäftsleuten und Vertretern religiöser Gruppen. Im Januar 2017 begannen Gespräche in Genf, an denen Vertreter der zyprischen Volksgruppen, die EU mit dem Präsidenten der Kommisssion, Jean-Claude Juncker, die „Gute-Dienste-Mission" der VN im Schutzgebiet von Nikosia und die Außenminister von Griechenland sowie der Türkei mitwirkten. Erstmals seit 1974 waren damit alle fünf direkt am Konflikt beteiligten Parteien anwesend. Die Gespräche finden unter der Schirmherrschaft der VN statt, bisher gibt es keine konkreten Ergebnisse, aber sie sollen fortgesetzt werden. An den strittigen Punkten hat sich nichts geändert. Die Türkei will weiterhin Truppen stationieren und fordert ein Recht auf militärisches Eingreifen, was Griechenland ablehnt. Der Verhandlungsprozess kann sich noch lange hinziehen und wird stark von den Einstellungen Athens und Ankaras abhängen. Um das auf ihn zugeschnittene Präsidialsystem zu konsolidieren, braucht Erdoğan die Zustimmung konservativer Kräfte in der Türkei, die gegen eine Lösung der Zypernfrage sind. Hat er sein Ziel erreicht, könnte er auf Zypern Zugeständnisse machen und hoffen, dass wie bereits 2004 die Zyperngriechen erneut eine Lösung ablehnen.

> Nach einem zweiten zyperngriechischem „Nein" könnte die türkische Forderung einer Anerkennung der Türkischen Republik Nordzypern (TRNZ) breitere Unterstützung finden und einen Prozess der „Taiwanisierung" einleiten, also die Normalisierung von Handelsbeziehungen und die Anerkennung der TRNZ durch einige Staaten. Gleichzeitig würde die „Türkifizierung" des Nordens vorangetrieben und im Extremfall wäre gar eine Annexion des Nordens durch die Türkei denkbar. (Faustmann 2017)

Neue Gespräche, alter Streit, neue Spannungen

Kommt etwas Bewegung in die festgefahrene Lage, führt dies meist zu neuen Spannungen, weil vermutet wird, kleine Schritte könnten letztlich in Richtung auf eine Zwei-Staaten-Lösung führen. Am 6. Oktober 2020 verkündete die TRNZ, der Strand von Varosha werde für die Öffentlichkeit freigegeben. (Guardian Oktober 2020) Varosha ist ein südlicher Stadtteil von Famagusta, eine früher überwiegend von griechischen Zyprern bewohnte Stadt und beliebte Gegend für Touristen. Durch die Invasion der Türkei wurden die griechischen Bewohner:innen Famagustas vertrieben. Varosha ist unbewohnt, oft „Geisterstadt" genannt, und für die Öffentlichkeit nicht zugänglich. Sie wird seit 1974 von türkischem Militär kontrolliert und die UNFICYP überwacht den Waffenstillstand sowie den Erhalt einer Pufferzone, ohne Kontrolle über die Stadt zu haben. Der Sicherheitsrat der VN hat sich in mehreren Resolutionen zu Varosha geäußert und festgestellt, nur die ursprüngliche Bevölkerung bzw. deren Nachkommen dürften dort wieder wohnen. Am 6. Oktober 2020 erklärten in einer gemeinsamen Pressekonferenz in Ankara der Ministerpräsident der TRNZ, Ersin Tatar, und der Präsident der Türkei, Recep Tayyip Erdoğan, der Küstenstreifen von Varosha werde in wenigen Tagen für die Öffentlichkeit zugänglich sein. Erdoğan betonte, Varosha sei Teil des Territoriums der TRNZ und er unterstütze deren Plan für eine Öffnung. Die griechischen Zyprer und Griechenland seien für den Stillstand in der Zypernfrage verantwortlich, das Scheitern der Verhandlungen von 2017 beweise, dass es keine Möglichkeit mehr für eine umfassende Lösung des Problems gebe. Die Entscheidung der Türkei und der TRNZ verstößt gegen alle relevanten Resolutionen der VN. Das hinderte den Präsidenten der Türkei nicht, seine Pläne weiterhin zu propagieren. Bei einem Besuch des Nordteils der Insel im Juli 2021 erklärte er, eine Wiedervereinigung Zyperns sei höchst unwahrscheinlich und er sprach sich für die fortgesetzte Teilung sowie eine Neubesiedelung von Varosha aus. Da diese „Geisterstadt" nur unter VN-Mandat erneut besiedelt werden darf, stießen seine Äußerungen auf einhellige Ablehnung des Sicherheitsrats.[138]

Noch immer gibt es auf Zypern keinen Fortschritt in wichtigen Fragen, was seit Jahrzehnten funktioniert, ist die gegenseitige Schuldzuweisung.[139]

Relevanz des Annan-Plans für Korea

Elemente des Normalisierungsprozesses in Deutschland könnten Relevanz für Korea haben. Auch der Annan-Plan enthält, trotz aller Schwächen und Unterschiede zwischen Zypern und Korea, durchaus relevante Aspekte für die Halbinsel. In beiden Fällen gibt es tief sitzendes Misstrauen und die Erfahrung, dass die Teilung durch ausländische Einwirkung und kriegerische Handlungen herbeigeführt bzw. zementiert wurde. Der Einfluss der VR China und der USA auf Korea ist mit dem Griechenlands und der Türkei auf Zypern vergleichbar. Der Annan-Plan sieht eine lockere Konföderation vor, ein Organisationsmodell, das auch Kim Dae-jung und Kim Il-sung anstrebten, obwohl sie sehr unterschiedliche Vorstellungen hatten. Zu den diskussionswerten Aspekten gehören paritätisch-proportionale Vorschläge, die weitgehende Handlungsfreiheit der beiden Mitgliedstaaten, die Übergangsphasen, der Vorschlag einer Rotati-

---

[138] Die Kompliziertheit und hohe Emotionalität dieses Problems schildert aus der Sicht persönlich Betroffener für Zypern Timofey Neshitov: „Der Geist von Famagusta." *Der Spiegel*, Nr. 33, 14. August 2021, S. 52–56.
[139] Das Presse- und Informationsbüro des Innenministeriums der Republik Zypern hat gemeinsame Erklärungen der Führer der Volksgruppen, Abkommen, Lösungsvorschläge, Dokumente der VN und andere wichtige Texte zur Zypernfrage zusammengestellt. https://www.pio.gov.cy/en/cyprus-problem-documents. (Mehrfach eingesehen, so auch am 20.06.2021.)

on an der Spitze des Gesamtstaates, die Problematik von Rückübertragung und Kompensation sowie die Durchführung von getrennten Volksabstimmungen; außerdem wird der Abzug ausländischer Truppen thematisiert. Das sind Themen, die für Korea von Interesse sein könnten, allerdings gibt es weder im Norden, noch im Süden erkennbare Anzeichen, dass der Annan-Plan gründlich analysiert und eine etwaige Relevanz sorgfältig geprüft wird.

6.7 Vergleichende Einschätzungen

Wahrheit in den Tatsachen suchen, Interpretation von Tatsachen

In der Politik wird oft behauptet, bestimmte „rote Linien" könnten nicht verschoben, überschritten und bestimmte Dinge könnten nicht getan werden. Interessant wird es dann, wenn neue Entwicklungen und Interpretationen von Tatsachen Überraschungen sowie das Denken von bisher Undenkbarem bewirken und dies neue Strategien ermöglicht.[140]

In der Bundesrepublik war eine Mehrheit über längere Zeit davon überzeugt bzw. es wurde ihr so dargestellt, dass die SED-DDR und deren Grenze zu Polen nicht anerkannt werden könnten.[141] Allgemein und gerade in der Politik ist ein vorsichtiger Umgang mit dem Wort „nie" geboten. In der VR China gilt es als Tatsache, kein Politiker könne es sich erlauben, „Taiwan gehen zu lassen", obwohl es eine Tatsache ist, dass Taiwan schon vor Jahrzehnten gegangen ist. Andererseits hatte Chiang Kai-shek wohl bis an sein Lebensende geglaubt, China noch nicht völlig verloren zu haben.

Deng Xiaoping begründete die Modernisierung und Öffnung der Volksrepublik mit einleuchtenden Sprüchen wie, Sozialismus bedeute nicht, dass man arm sein müsse (Chang 1996: 384), reich sein, sei wunderbar und „die Wahrheit in den Tatsachen suchen" (实事求是). (Deng 1984: 151)[142]

Ähnlich plausibel wie die erwähnten Aussagen von Deng Xiaoping ist auch die Warnung von Karl W. Deutsch, die leichtsinnigste Verantwortungslosigkeit, die wir in der Zukunft begehen könnten, wäre fortzufahren, genau wie in der Vergangenheit. (Deutsch 1979: 331) Dieser Satz ist eine generelle Feststellung und gerade bei geteilten Nationen sind innovatives Denken und Handeln besonders wichtig, so auch der Hinweis, Verzögerungs- und Irrtumskosten zu beachten. „Konflikte sind oft Fallen. Auf-

---

140 Ein Beispiel ist die Interpretation Horst Teltschiks seines Gesprächs mit Portugalow. Siehe S. 155 (Teltschik 1991: 44).
141 Zu den perfidesten Sprüchen gehörte damals: „Kein deutsches Land wird verschenkt, eher wird der Brandt gehengt!"
142 Es handelt sich hier um eine alte chinesische Weisheit, die Mao Zedong bereits 1938 erwähnte, der allerdings einen sehr eigenwilligen Umgang mit Tatsachen praktizierte. Der Spruch, „Wahrheit in den Tatsachen suchen", hing früher in vielen Schulen Taiwans.

merksamkeit und Ressourcen der beteiligten Akteure gelten den ins Auge springenden Aspekten des Konflikts und dies auf Kosten anderer Verhaltensweisen." (Deutsch 1984: 125 f.) Um festgefahrene Konflikte zu überwinden, so Deutsch, ist oft das Unerwartete zu tun, sind unwahrscheinliche Lösungen häufig der Schlüssel zum Erfolg. Es lässt sich zeigen, dass bei Krisen „[...] die Fehlschläge fast immer daher kamen, daß das Offenkundige, das Wahrscheinlichste getan wurde und daß Erfolge daher kamen, daß eine unwahrscheinliche, aber relevante Lösung gefunden wurde." (Deutsch 1973: 100) Als Beispiel nannte er die Luftbrücke während der Berlin-Blockade sowie den Besuch Kissingers in Peking im Juli 1971, der die Annäherung zwischen den USA und der VR China überraschend aber erfolgreich einleitete.

Bei Tatsachen kommt es auf deren Bekanntheitsgrad an und darauf, wie sie interpretiert werden. Peking scheint auf einem Interpretationsmonopol zu beharren. Es ist schwer, zu ergründen, mit welchen Interpretationen und Schlussfolgerungen Peking auf Tatsachen in Taiwan reagiert. Besonders im politischen Zusammenhang spielt die machtunterstützte, „partei-amtliche" Interpretation von Fakten eine wichtige Rolle. In dem Stück *La guerre de Troie n'aura pas lieu* (Der trojanische Krieg findet nicht statt) von Jean Giraudoux gibt es eine erhellende Stelle, wo von einem Völkerrechtler, Busiris, die Zeichen der anrückenden Griechen erst als beleidigende, kriegerische Absichten interpretiert werden, aber danach, auf Intervention des friedliebenden Hektor, dieselben Fakten als friedlich und ehrerbietig umgedeutet werden.

> Busiris: Dies entspricht nicht den Tatsachen, Hektor.
> Hektor: Mein lieber Busiris, wir wissen hier alle, daß die Rechtslehre die stärkste Schule der Phantasie ist. Nie hat ein Dichter die Natur so frei ausgelegt wie ein Jurist die Wirklichkeit.
> [...]
> Busiris: Ich kann euch nur eine Hilfe bieten, die Wahrheit.
> Hektor: Das ist es ja. Finde eine Wahrheit, die uns rettet. (Giraudoux 1970: 239 f.)[143]

Hektors Wunsch sollte hilfreich sein für den Beginn und die Intensivierung von Normalisierungsprozessen bei geteilten Nationen. Eine solche Wahrheit könnte auch helfen, einen Krieg zu vermeiden, der geführt werden soll, um eine de jure Unabhängigkeit zu verhindern, die de facto seit Jahrzehnten bereits besteht.

Es gibt mehrere Arten von Wahrheit; es kommt auf die Interpretation an und auch darauf, wie lange und von wem eine „Wahrheit" akzeptiert wird. Spätestens seit der Amtszeit von US-Präsident Donald Trump wissen wir, dass es neben Fakten auch „alternative Fakten" gibt. Trumpismus ist u. a. die Normalisierung der Lüge. Wenn durch die Interpretation von Fakten Geschichte und Gegenwart für politische Zwecke

---

143 Busiris: C'est contre les faits, Hector. Hector: Mon cher Busiris, nous savons tous ici que le droit est la plus puissante des écoles de l'imagination. Jamais poète n'a interprété la nature aussi librement qu'un juriste la réalité. ... Busiris: Je ne peux vous donner qu'une aide, la vérité. Hector: Justement. Trouve une vérité qui nous sauve. https://www.ebooksgratuis.com/html/giraudoux_guerre_de_troie.html. Acte Deuxième, Scene Cinquième. Eingesehen am 01.04.2024.

instrumentalisiert werden und durch deren Wiederholung über lange Zeit ein Gewöhnungseffekt sowie ein gewisses Maß an Glaubwürdigkeit entstehen, dann wird es schwierig, die Art von „Wahrheit" zu finden, wie sie hoffnungsfroh definiert wurde: „Wahr für unsere menschliche Verfasstheit ist das, worauf vernünftigen Menschen die Einigung permanent gelingen *kann.*" (Weizsäcker 1974: 89) Es sieht nicht danach aus, als könnte es in absehbarer Zeit Peking und Taipei gelingen, sich darauf zu einigen, was bzw. wer das wahre „eine China" sei. Es fehlt an Bemühungen, einen kleinsten gemeinsamen Nenner zu finden, der helfen mag, eine völlig verfahrene Situation zu überwinden, oder wie es möglicherweise die Zukunft Zyperns und Taiwans sein könnte, den Status quo, d. h. die Trennung zu akzeptieren, um sie später einmal im gemeinsamen Zusammenwirken in einer Form zu überwinden, die nicht unbedingt eine staatliche Einheit sein muss.

Bei Auseinandersetzungen darüber, was mit „ein China" gemeint ist, könnte helfen, sich darauf zu verständigen, dass es sich gegenwärtig um eine Zivilisation, einen Kulturverbund und zwei Staaten handelt; ein Zwischenstadium in Anbetracht der vieltausendjährigen Geschichte. Von außen gesehen sollte dies theoretisch für die dominierende politische Kraft in der VR China möglich sein, die sich noch immer „Kommunistische Partei" nennt; eine Partei, die früher den Kapitalismus bekämpfte und die heute ohne staatlich geförderten Kapitalismus Schwierigkeiten hätte, an der Macht zu bleiben. Der Gesellschaftsvertrag der Volksrepublik im 21. Jahrhundert beinhaltet: die Partei verspricht Arbeit, wachsenden Wohlstand, Sicherheit und Effizienz, die Bevölkerung akzeptiert dafür Kontrolle, Überwachung und autoritäre Herrschaft. Gerät dieser Gesellschaftsvertrag in Gefahr, kann durch übersteigerten Nationalismus Loyalität erzeugt werden. Die KP Chinas ging früher, gemäß reiner Lehre, vom Absterben des Staates aus und ist doch von einer starren nationalstaatlichen Fixierung geleitet. Sollte Peking an einer friedlichen Regelung gelegen sein, könnte durch Rückbesinnung auf die gemeinsame zivilisatorische Leistung und deren Betonung eine Akzentverschiebung bei der inhaltlichen Ausformung von „ein China" erreicht werden, was auch Debatten auf Taiwan entspannen würde. Machtpolitisch sieht die VR China dazu bislang keine Veranlassung. Die Normalisierung zwischen beiden Staaten in Deutschland bewirkte wesentliche Fortschritte und die Bewegung Richtung Vereinigung gewann an Schwung, als Entscheidungsträger begannen, das Undenkbare zu denken. Bei den Beziehungen über die Taiwan-Straße hinweg sind fast alle Drohungen gemacht und alle bisherigen Konzepte zurückgewiesen worden. Die Zeit sollte reif sein, für eine neue, weitsichtigere Herangehensweise, die bisher verschlossene, übersehene Handlungsräume eröffnet.

Zur Rolle von Demokratie und personeller Kontinuität in Spitzenpositionen

Bei geteilten Nationen geht es um besonders schwierige Prozesse der Kompromissfindung und Problemlösung. Welchen Einfluss haben Regierungsform und personelle

Kontinuität in Spitzenpositionen auf einen Normalisierungsprozess? Hier gibt es keine eindeutigen Antworten. In Demokratien ist die Politik gegenüber dem anderen Teil umstritten; autoritären Regimen gelingt es, zumindest nach außen hin, geschlossen zu erscheinen. Beide Teile Zyperns können mit etwas Wohlwollen als demokratisch bezeichnet werden, dennoch gibt es keine Normalisierung.

In Deutschland war die Ostpolitik sehr kontrovers, aber Auseinandersetzungen folgten fast immer vorgegebenen Regeln, fanden überwiegend im Parlament, vor Gericht, bei Wahlen und in den Medien statt. Diese Politik währte lange genug, um Erfolge zu erzielen und international Zustimmung zu bekommen, sie wurde auch deshalb nach einem Regierungswechsel fortgesetzt.

Im Vergleich dazu sind Auseinandersetzungen in der Republik Korea und in der Republik China noch kontroverser. Besonders umkämpft ist die Politik gegenüber dem Norden in Südkorea, wo es bisher nicht gelang, eine breitere gesellschaftliche Basis herzustellen. Bei den Planungen für das Gipfeltreffen im Juni 2000 wurde diskutiert, wer von der Opposition mit nach Pjöngjang reisen könnte und wollte. Neben anderen hatte auch die Abgeordnete Park Geun-hye, Tochter des Diktator-Präsidenten Park Chung-hee, ihr Interesse an einer Teilnahme bekundet. Ihre Partei, die „Große Nationalpartei", untersagte jedoch ihren Mitgliedern die Mitreise. Auch nach dem Gipfeltreffen war Kim Dae-jung um solche Gemeinsamkeiten bemüht. Er bat Kim Jong-il, den Oppositionsführer des Südens zu einem Besuch nach Pjöngjang einzuladen, ein Ansinnen, über das Kim Jong-il nicht erbaut war und es bedurfte großer Geduld und Überredungskunst, ihn dann schließlich doch zu einer solchen Geste zu bewegen. Kim Dae-jung hoffte, damit einen breiteren nationalen Konsens zu erreichen. Das Treffen fand nicht statt, denn Lee Hoi-chang, der Präsident der „Großen Nationalpartei", war dazu nicht bereit. (Kim Dj 2019: 666 f.) Park Geun-hye reiste dann im Mai 2002 in den Norden und hatte ein Treffen mit Kim Jong-il, beides Kinder sehr schwieriger Väter. Nach ihrer Rückkehr wurde Frau Park mit den Worten zitiert: „Ich bin konservativ. Aber was die Lösung inter-koreanischer Probleme angeht, sollte es keine Unterschiede zwischen Konservativen und Progressiven geben. Versöhnung und Zusammenarbeit sind die einzigen Wege. Die inter-koreanische Politik sollte in der gegenwärtigen Richtung weitergehen." (Ebd. 779) Diese Einstellung hatte keine politische Konsequenz, auch nicht, als Frau Park von 2013 bis 2017 die erste Präsidentin der Republik Korea war.

In den Jahren 1989/90 gab es in den Führungsspitzen von am deutschen Einigungsprozess beteiligten Staaten interessante Konstellationen bei Regierungschef und Außenminister. In der Sowjetunion Gorbatschow und Schewardnadse, in den USA Bush senior und Baker, in der Bundesrepublik Kohl und Genscher sowie in der DDR Lothar de Maizière und Markus Meckel. Ab dem 19. August 1990 war de Maizière für anderthalb Monate sein eigener Außenminister, denn nach dem Bruch der Koalition mit der SPD übernahm er das bis dahin von Meckel geführte Außenministerium.

Das Zusammenwirken der jeweiligen Regierungschefs und Außenminister war für den deutschen Einigungsprozess hilfreich und zielführend, unterschiedliche Temperamente sowie Sichtweisen halfen den Eindruck von Dogmatik und zu schneller Vorgehensweise abzumildern bzw. zu vermeiden.

In den anderen Fällen waren bzw. sind solche Konstellationen nicht vorhanden. Allerdings bietet lange persönliche Bekanntschaft noch keine Gewähr für gegenseitiges Verständnis und erfolgreiche Kompromissbemühungen, wie es auf Zypern Glafkos Klerides und Rauf Denktaş gezeigt haben. (Knüppel 1999)

Kontinuität im Amt

Für die Umsetzung von Initiativen und Plänen ist auch die Verweildauer im Amt führender Akteure von Belang. Die Zeitspanne der Ost- und Entspannungspolitik entspricht in etwa der Amtszeit von Erich Honecker (1971–1989), in diesen 18 Jahren hatte die Bundesrepublik drei Kanzler, die Sowjetunion vier Parteichefs und die USA fünf Präsidenten.

Vom ersten hochrangigen Treffen in Korea im Jahre 1972 bis 2023 hatte die DVRK drei Führer aus einer Familie, die RK hingegen zehn Präsidenten. Zwischen der Volksrepublik und der Republik China ist zumindest das Zahlenverhältnis bei Spitzenpositionen ausgeglichen.

Tab. 7: Amtszeit von Partei-, Staats- bzw. Regierungschefs vom Beginn der Ostpolitik bis zum Ende der SED-DDR.

Bundesrepublik	SED-DDR	Sowjetunion	USA
Willy Brandt (1969–1974)	Erich Honecker (1971–1989)	Leonid I. Breschnew (1964–1982)	Richard M. Nixon (1969–1974)
Helmut Schmidt (1974–1982)	Egon Krenz Oktober bis Dezember 1989	Juri W. Andropow (1982–1984)	Gerald R. Ford (1974–1977) James E. Carter (1977–1981)
Helmut Kohl (1982–1998)		Konstantin U. Tschernenko (1984–1985) Michail S. Gorbatschow (1985–1991)	Ronald W. Reagan (1981–1989) George H. W. Bush (1989–1993)

Tab. 8: Amtszeit von Partei-, Staats- bzw. Regierungschefs der Volksrepublik und der Republik China seit Beginn der Teilung 1949.

Volksrepublik China	Republik China (Taiwan)
Mao Zedong (1949–1976)	Chiang Kai-shek (1949–1975)
Hua Goufeng (1976–1981)*	Yen Chia-kan (1975–1978)
Hu Yaobang (1981–1987)	Chiang Ching-kuo (1978–1988)
Zhao Ziyang (1987–1989)	Lee Teng-hui (1988–2000)
Jiang Zemin (1989–2003)	Chen Shui-bian (2000–2008)
Hu Jintao (2003–2013)	Ma Ying-jeou (2008–2016)
Xi Jinping, seit 2013	Tsai Ing-wen, (2016–2024)
* Von 1978 bis Anfang der 1990er Jahre hatte Deng Xiaoping erheblichen Einfluss.	William Lai, (2024–)

Tab. 9: Amtszeit von Partei- bzw. Staatschefs seit Beginn der Teilung Koreas 1945 bzw. den Staatsgründungen 1948.

Demokratische Volksrepublik Korea*	Republik Korea**
Kim Il-sung (1948–1994)	Rhee Syngman (1948–1960)
Kim Jong-il (1994–2011)	Yun Po-sun (1960–1962)
Kim Jong-un, seit 2011	Park Chung-hee (1962–1979)
	Choi Kyu-hah (1979–1980)
	Chun Doo-hwan (1980–1988)
	Roh Tae-woo (1988–1993)
	Kim Young-sam (1993–1998)
	Kim Dae-jung (1998–2003)
	Roh Moo-hyun (2003–2008)
	Lee Myung-bak (2008–2013)
	Park Geun-hye (2013–2017)
	Moon Jae-in (2017–2022)
	Yoon Suk-yeol, seit 2022

* Aufgelistet sind die drei Personen, die die tatsächliche Macht ausübten bzw. ausüben. Es gab in der DVRK zwischenzeitlich formelle Staatsoberhäupter und Vorsitzende des Parlaments. Laut Verfassung ist Kim Il-sung Staatsoberhaupt auf Ewigkeit und seit 2012 ist Kim Jong-il ewiger Generalsekretär der Partei. (Frank 2017: 71)
** Würden die in turbulenten Übergangsphasen der RK kurzzeitig amtierenden Präsidenten hinzugezählt, wären es insgesamt 22.

Tab. 10: Amtszeit der Präsidenten der Republik Zypern und des Nordens seit der Teilung 1974/75 bzw. der Etablierung der TRNZ 1983.

Republik Zypern	Norden, **TRNZ**
Erzbischof Makarios III. (1960–1974, 1974–1977)	Rauf Denktaş (1975–1983, 1983–2005)
Spyros Kyprianon (1977–1988)	Mehmet Ali Talât (2005–2010)
Georges Vassilian (1988–1993)	Derviş Eroğlu (2010–2015)
Glafkos Klerides (1993–2003)	Mustafa Akinei (2015–2020)
Tassos Papadopoulos (2003–2008)	Ersin Tatar, seit 2020
Dimitris Christofias (2008–2013)	
Nikos Anastasiadis, (2013–2023)	
Nikos Christodoulidis, seit 2023	

Neben Kontinuität und Wandel an der Spitze von geteilten Nationen sind diese auch bei ihren jeweiligen Schutzmächten von Bedeutung. Korea nimmt eine Spitzenstellung ein, was Verweildauer im Amt (Norden), häufigen Wechsel im Amt (Süden) und Zeitraum der Teilung anbelangt.

Orientierung an Entwicklungen in Deutschland

Die in diesem Buch behandelten Fälle sind unterschiedlich, aber es gibt ein deutliches Interesse an Entwicklungen in Deutschland, besonders an der Ostpolitik und der 1990 erfolgten Vereinigung. In Korea wurde dies durch die Nordpolitik des Südens deutlich, wie sie Präsident Roh Tae-woo verfolgte und später durch die Sonnenscheinpolitik von Kim Dae-jung und Roh Moo-hyun. Noch deutlicher ist die Orientierung bei der veränderten Haltung der Republik China (Taiwan) in den 1990er Jahren gegenüber der Volksrepublik. Die Richtlinien für nationale Vereinigung der Republik China vom März 1991 sprechen von einem chinesischen Territorium, aber zwei politischen Einheiten. (Guidelines 1991) Im Juli 1994 wurde diese Haltung ausführlicher dargelegt: Es gebe ein historisch, geografisches, kulturell und ethnisch begründetes China, aber andererseits sei es eine historische und politische Tatsache, dass eine Teilung erfolgte, zwei Regierungen hätten jeweils Jurisdiktion über ihr Territorium, die Beziehungen zwischen den getrennten Gebieten des einen China seien ihrer Natur nach inländisch (一國內部) und chinesisch (中國內部). (Relations 1994)

Kim Dae-jung orientierte sich am Konzept der Ostpolitik und betonte 1970, in Korea sei es vor der Wiedervereinigung notwendig, erst einmal die Unabhängigkeit der Staaten anzuerkennen. Erst am Ende einer langen erfolgreichen Normalisierungsphase sollte entsprechend dem Willen der Bevölkerung entschieden werden, welches System Korea adäquat sei. „Deshalb müssen wir beide Systeme unter einer Nation beibehalten." (Kim Dj 2019: 167)

Pjöngjang hat die Entwicklung in Deutschland immer sorgfältig beobachtet, ab 1989 zunehmend sorgenvoll. Das kam z. B. im Herbst 1990 deutlich zum Ausdruck, als vermutet wurde, der Süden könne eine „deutsche Lösung" zumindest in Erwägung ziehen, was nach Meinung der DVRK zu Anarchie auf der Halbinsel führen würde. Sollte der Süden die ökonomische Zusammenarbeit und andere Bereiche für eine solche Lösung nutzen, wäre die Sicherheit des Nordens akut bedroht. Bei Gesprächen der Ministerpräsidenten in Pjöngjang im Oktober 1990 sagte der damalige Premier des Nordens, Yon Hyung Muk, sein Land würde jegliche Zusammenarbeit einstellen, wenn der Eindruck entstünde, die Wiedervereinigung des Landes solle durch die Eliminierung des Systems der anderen Seite geschehen, d. h. Ausrottung durch friedliche Mittel. (Proposal 1990)

Relevanz von Zwei-plus-Vier für andere Fälle

Da alle Teilungen der hier behandelten Fälle auch durch Außeneinwirkung zustande kamen, könnte sich für deren Lösung eine Vorgehensweise anbieten, die dem 2+4-Verfahren ähnlich wäre. Eine Voraussetzung dafür in Deutschland war, dass zwischen der DDR und der Bundesrepublik Einigkeit über einen solchen Prozess bestand.

In Korea müsste es eine gesamtkoreanische Initiative geben, Anknüpfungspunkte wären das Waffenstillstandsabkommen von 1953 und der „Grundlagenvertrag" vom 13. Dezember 1991 sowie andere Texte. Es wäre eine 2+2-Konstellation: Norden und Süden, die VR China und die USA bzw. die USA im Auftrag der VN. Ein Friedensvertrag zwischen diesen vier Parteien hätte direkt noch nichts mit einer Wiedervereinigung Koreas zu tun. Problematisch dürfte der spätere Einbezug Japans sein, denn der Norden wird eine vorherige Klärung der Reparationsfrage verlangen. Für eine umfassendere Sicherheitsregelung in NO-Asien müssten auf jeden Fall Russland und Japan beteiligt werden.

Da Peking die Beziehungen zu Taiwan als innere Angelegenheit betrachtet, sind ihr Erwägungen eines internationalen Abkommens, etwa unter Teilnahme der USA, fremd. Wegen Hongkong musste mit Großbritannien ein Vertrag geschlossen werden. Sollte es zu einer Regelung über bzw. mit Taiwan kommen, z. B. als Sonderverwaltungsregion, müsste die VR China sich mit den USA wegen dem TRA verständigen bzw. der US-Congress ihn, ebenso die Formosa Resolution von 1955, als aufgehoben erklären.

Für Zypern würde sich theoretisch eine 2+3-Konstellation anbieten, die beiden Staaten auf der Insel sowie Griechenland, die Türkei und Großbritannien. Das hätte zur Voraussetzung, dass die TRNZ als gleichberechtigter Verhandlungspartner anerkannt wird, was unwahrscheinlich ist. Da die Republik Zypern Mitglied der EU ist, wäre auch deren Beteiligung denkbar sowie die der VN, die sich auf der Insel um eine konfliktvermindernde Rolle bemüht. Die 2017 aufgenommenen Gespräche könnten deshalb als 2+4-Modell bezeichnet werden: die Republik Zypern und die TRNZ einerseits, Griechenland, die Türkei, die VN und Großbritannien andererseits. Erneut muß betont werden, dass im Gegensatz zu Deutschland ab April 1990 die zwei Staaten auf Zypern völlig andere Vorstellungen für die Zukunft ihrer Insel haben.

Nutzenänderung von Teilung

Von großer Bedeutung war, dass bezüglich Deutschlands die Teilung spätestens ab Winter 1989 ihren Nutzen verloren hatte und deren Kosten für die SU nicht mehr tragbar waren. Über Jahrzehnte trug sie zur Stabilität Europas bei und war wichtiger Teil eines „Drohfriedens", verbunden mit einer Besitzstandswahrung, d. h. der Garantie, dass es zu keiner Veränderung von Grenzen kommen würde. Peter Brandt hat die veränderte Einstellung der SPD ab Ende der 1960er Jahre beschrieben, eine Einschätzung, die sowohl in Deutschland, als auch im Ausland von vielen geteilt wurde.

> Im Unterschied zu den fünfziger und sechziger Jahren galt die Teilung Deutschlands den Sozialdemokraten nicht mehr als eine der großen Spannungsursachen in Europa, sondern – was die Zweistaatlichkeit als solche betraf – sogar mehr und mehr als konstitutiv für den Fortgang des Entspannungsprozesses bis hin zur neuen europäischen Friedensordnung, die in ferner Zukunft möglicherweise eine selbstbestimmte Vereinigung erlauben würde. (Brandt 2019: 29)

Die Entwicklung war langwierig und schwierig, aber sie bewirkte, dass die Teilung ihren Nutzen verlor und ein „Zustand des Friedens in Europa" entstand, „in dem das deutsche Volk in freier Selbstbestimmung seine Einheit wiedererlangt." Diese Formulierung aus den Briefen zur deutschen Einheit waren damals vage Zukunftshoffnungen, aber ab Ende 1989 wuchs die Vorstellung, ein wiedervereinigtes Deutschland wäre für Stabilität und Frieden in Europa besser geeignet, als ein weiterhin geteiltes. Es war der Zustand eingetreten, den Egon Bahr 1966 beschrieben hatte:

> Wenn die deutsche Einheit eine Form findet, in der nach menschlichem Ermessen der Friede sicherer ist als heute und die Interessen der anderen besser berücksichtigt werden als heute, wird sie für andere wünschbar, und wir bekommen sie jenseits geschriebener Verträge zu Verbündeten. (Bahr 2019: 183)

In Korea, in der VR China, auf Taiwan und Zypern gibt es bisher zu wenig gründliche, weitsichtige Kosten-Nutzen-Analysen, was Teilung und Normalisierung anbelangt. Hier ist für viele der Status quo zwar nicht die Ideallösung, aber eine akzeptable, wenn auch risikoreiche. Für Peking ist der Status quo in zunehmendem Maße unakzeptabel und deshalb für alle Betroffenen zunehmend risikoreicher.

Außenabhängigkeit. Nutzen der kontrollierten Teilung. Elitenverhalten

Die hier behandelten Fallbeispiele sind Teilungen, von denen alle involvierten Großmächte profitieren, solange es sich um eine beherrschbare und auch in Krisen kontrollierbare Art von Spannungszustand handelt. In Korea ist diese Handhabbarkeit prekär, weil eine plötzliche, unkontrollierbare Eskalation nicht ausgeschlossen werden kann. Das gilt auch für die Haltung Pekings gegenüber Taiwan. Teilungen sind für die betroffenen Bevölkerungen negativ, haben für nationale und internationale Akteure aber durchaus machtpolitisch positive Aspekte. Eine Teilung kann einen halbwegs stabilen Drohfrieden gewährleisten, der im Interesse der Nachbarn liegt. Verändert sich der Status quo grundlegend, wie z. B. durch Ereignisse in Ost-Europa und der DDR 1989, so wird das vorher „Undenkbare" denkbar und eine Vereinigung zur realistischen Option. Deren Realisierung geschah dann in Deutschland sehr schnell. Im Nachhinein wird immer wieder das enge Zeitfenster betont, was positive und negative Auswirkungen hatte. Nach dem Akt der Selbstbefreiung in der DDR (1989/90) nahmen andere, „der Westen", das Heft in die Hand. Die Wiedervereinigung war für das „Beitrittsgebiet" ab Sommer 1990 kein Systemwandel durch eigeninitiativreiche Transformation, sondern eine Systemübernahme. Sie beinhaltete u. a. Institutionenimport und Elitentransfer von West nach Ost sowie Elitenabwanderung von Ost nach West. (Solga 1995)

Für den Zusammenbruch des SED-DDR-Regimes gab es viele Gründe, zu den wichtigsten zählt eine Kombination aus Verzögerungs- und Irrtumskosten, verschuldet durch die Führung. Es gab kein Zusammenschluss zwischen der „alten" DDR und der Bundesrepublik, sondern es war die durch eine friedliche Revolution völlig veränderte DDR, die beitrat. Gabriele Lindner[144] nannte als einen der Gründe, dass in Deutschland auf einer Seite den Repräsentanten die Mehrheit des Volkes verlorengegangen war und sich dann die verbliebenen Repräsentanten ihre Legitimation selbst in Frage stellten. (Lindner 1994: 235) Die Vereinigung Deutschlands wurde durch internationale Veränderungen möglich und durch das mutige sowie entschlossene Handeln vieler Menschen in der DDR. (Opp 1991. Conze/Gajdukowa/Koch-Baumgarten 2009. Jarausch/Sabrow 1999)

Trotz Demonstrationen und Fluchtbewegungen waren Vorbereitung und Vollzug der Vereinigung weitgehend eine Angelegenheit politischer Eliten. Als Beschleunigungsfaktoren wirkten der Nachweis von massiven Fälschungen bei den Kommunalwahlen vom Mai 1989[145] und Fluchtbewegungen, begünstigt durch die Grenzöffnung zwischen Ungarn und Österreich. Beides traf die damalige Elite der SED-DDR unvorbe-

---

[144] Gabriele Lindner war von 1985 bis 1990 Mitglied der Akademie für Gesellschaftswissenschaften beim ZK der SED.
[145] Bei der Kommunalwahl am 7. Mai 1989 erhielt die Liste der Nationalen Front 98,77 % der Stimmen. Bereits einen Tag später wurde von Wahlfälschung gesprochen, eine Kritik, die sich schnell verstärkte. *Wahlbetrug 1989 – als die DDR-Regierung ihre Glaubwürdigkeit verlor.* Bundeszentrale für poli-

reitet, sie hatte bis zum Spätsommer 1989 den Eindruck von Stabilität ihres Staates und versagte dann weitgehend. Ab Oktober 1989 wurde primär reagiert und nicht sinnvoll agiert, deshalb hat die Charakterisierung mit „Implosion" ihre Berechtigung. Sollte dieser Begriff einen primär durch Außendruck verursachten Zusammenbruch meinen, könnte das als „Fremdverschulden" verstanden werden; das würde den tatsächlichen Abläufen nicht gerecht, weil dann der innere Veränderungsdruck zu wenig Beachtung fände.

Mit Blick auf die Entwicklung in Deutschland könnte z. B. für Korea gefragt werden, ob es Eliten im Norden und Süden gibt, in der Zukunft geben wird, die den politischen Eliten im Deutschland der Jahre 1989/90 vergleichbar wäre und wie sich diese Eliten verhalten würden, sollte sich die Möglichkeit einer schnellen Wiedervereinigung abzeichnen? Diese Frage muss noch unbeantwortet bleiben, ebenso wie die nach der Bereitschaft/Akzeptanz von Beamtinnen und Beamten aus dem Süden, beim Aufbau einer neuen Verwaltung im Norden mitzuwirken. Niemand hatte Ereignisse vermutet, wie sie sich ab dem Spätherbst 1989 in Ostdeutschland abspielten und es gab nur mangelhaftes Wissen über Gegeneliten. Das Verhalten von Eliten in der DVRK, sollte es zu einer Normalisierung oder zur Möglichkeit einer Wiedervereinigung kommen, ist nicht einmal zu erahnen. Ein weiterer Unterschied zur Entwicklung in Deutschland ist der, dass 1989/90 die Bundesregierung die Möglichkeit einer Einigung erkannte und sie entschlossen war, diese historische Chance zu nutzen, sie vollzog nach der Volkskammerwahl vom März 1990 entscheidende Weichenstellungen. Sollte es zu einer Transformation in der DVRK kommen, „[...] ist es im Hinblick auf den koreanischen Fall wichtig zu fragen, ob eine systemloyale blockierte und nun nachgerückte Generation, die sich als Reformer präsentierte, ohne den ausländischen Einfluss, den Ausblick auf Wiedervereinigung und ohne freie Wahlen ihre zumindest personelle Dominanz verlieren würde." (Vogel/Gerstenhauer 2010: 17) Ein wichtiger Punkt ist hier, dass sich die Nachfolgepartei der SED nicht nur wandeln musste, sondern es auch konnte und als verfassungsbejahende Partei im wiedervereinigten Deutschland wirkt.

Käme es zur grundlegenden Reform des Regimes im Norden oder zu einer Selbstbefreiung, dann müsste mit Teilen der alten Elite und Vertretern neuer Gruppierungen von Machtträgern verhandelt und kooperiert werden. In diesem Fall wäre auch die deutsche Entwicklung ab Herbst 1989 ein interessantes Studienobjekt. Bei Entwicklungen hin zu einer Wiedervereinigung spielen auch Zukunftserwartungen bzw. -befürchtungen bestimmter Bevölkerungskreise eine große Rolle. Hierzu gehört die Behandlung ehemaliger Systemträger und der Funktionselite. Moon Sun Myung, ein umstrittener koreanischer Religionsstifter, hatte hierzu eine besondere Vorstellung. Er habe die Vereinigung Deutschlands lange studiert und sich gefragt, warum keine Kugel abgefeuert und kein Blutstropfen vergossen wurde. Seine Hoffnung war es, ei-

---

tische Bildung, 07.05.2019. https://www.bpb.de/politik/hintergrund-aktuell/290562/1989-wahlbetrug-in-der-ddr. Eingesehen am 20.09.2021. Lindner 1998: 25 ff.

nen Weg zu finden, der auch für Korea gangbar sei. Die Antwort, die er fand, erachtete er für zukünftige Entwicklungen auf der Halbinsel als besonders relevant.

> Der Hauptgrund, warum Deutschland friedlich wiedervereinigt werden konnte, so verstehe ich es, war, dass sich die Führungspersonen in Ostdeutschland darauf verlassen konnten, dass ihr Leben nach der Wiedervereinigung nicht in Gefahr war. Wenn die Führer in Ostdeutschland nicht daran geglaubt hätten, dann hätten sie die Wiedervereinigung nicht so einfach zugelassen. (Moon 2011: 312)

Worauf die Führung der DVRK bezüglich eines solchen Szenarios glaubt sich verlassen zu können, das weiß sie vermutlich nicht einmal selbst genau.

Neue Ostpolitik. Problematik von Normalisierung. Handlungsspielraum

Egon Bahr schrieb 1966, es könne

> [...] kaum noch einen Zweifel daran geben, daß bei jedem Prozeß der Wiedervereinigung, wie immer man ihn sich vorstellt, eine „Zwischenzeit" eintreten muß, in der beide staatliche Organismen in einem geregelten Verfahren und in einem Kontakt nebeneinander auf ein vereinbartes Ziel zumarschieren. (Bahr 2019: 161)

Diese Phase dauerte dann in Deutschland vom April bis Ende September 1990. Es war keine Konföderation, sondern eine Vorbereitungsphase für den Beitritt der DDR zur Bundesrepublik.

Die Ostpolitik hat die Vereinigung weder hinausgezögert, noch hat sie sie verhindert, sondern letztlich entscheidend zu ihrer Realisierung beigetragen. Egon Bahr, der oft auch Architekt der Ostpolitik genannt wird, erklärte später, dass am Anfang „Wandel durch Annäherung" durchaus stabilisierende Effekte für die andere Seite hatte. In der Republik Korea konzentriert sich das Interesse an der deutschen Einigung hauptsächlich auf Entwicklungen, die ab 1989 erfolgten, d. h. auf den schnellen Weg zur Einigung und deren Probleme, die Vorgeschichte, erhält zu wenig Aufmerksamkeit. Das gilt vor allem für den Prozess der Normalisierung und dessen Doppelwirkung: stabilisieren, letztlich aber auch subversiv, d. h. regimeverändernd zu wirken. Dieser „dialektische" Effekt wird bisher in Südkorea nicht ausreichend beachtet, hier sollten Erfahrungen in Deutschland und Europa stärker vermittelt werden.

Da die neue Ostpolitik Vorläufer hatte und auch von einem Kanzler der CDU, seit Oktober 1982 Helmut Kohl, fortgesetzt wurde und sich 1990 durch die Vereinigung als erfolgreich erwies, gab es Diskussionen, wie „neu" sie denn tatsächlich gewesen sei und welche Vorarbeiten bereits die erste Große Koalition geleistet habe (1966–1969). (Dannenberg 2008. Link 2001) Für das Ergebnis mag dies eine untergeordnete Frage sein, wichtig ist allerdings, dass ohne eine feste Verankerung im Westen, die Bereitschaft, die Realität anzuerkennen, um sie letztlich ändern zu können, es keinen Erfolg gegeben hätte. Vor einer ähnlichen Aufgabe stand und steht auch die RK. Nicht nur der Norden bereitet hier Schwierigkeiten. Der Süden muss versuchen, einen eigenen Weg der Normalisierung zu konzipieren und zu praktizieren, allerdings unter Einhaltung der von den USA gemachten Vorgaben, die dann ab dem 11. September 2001 und der Zuordnung Nordkoreas zur „Achse des Bösen"[146] immer enger wurden. (Cha 2002. Kim Dj 2019: 710) Präsident Kim Dae-jung konnte während der Amtszeit von George W. Bush kaum neue Initiativen gegenüber der DVRK entfalten.

Verschiedene Strategien von Taiwan und VR China

Während einer Teilung, auch abhängig vom Verlauf der Normalisierung, ändern sich Strategien für eine Vereinigung oder die Absicherung des Status quo, es sind aber Konstanten erkennbar.

Taiwan ist seit etwa 1989 um einen vorsichtigen „von unten nach oben"-Ansatz bemüht, damit die Frage der Souveränität nicht Kontakte und sektorale Zusammenarbeit behindert, sondern deren Beantwortung vertagt wird. Das war einige Zeit sinnvoll, denn beide Seiten hatten großes Interesse an Wirtschaftskooperation. Ökonomische Interessen erleichterten politisches Handeln und umgekehrt.

Die Strategie der VR China ist: Beibehaltung des „Ein-China-Prinzips", Ausbau der Kontakte sowie Zusammenarbeit und eine Lösung von „oben nach unten". Aus der Sicht Pekings würde eine Einigung auf das Prinzip, dass Taiwan ein Teil Chinas sei, die Klärung aller anderen Probleme erleichtern, die Zukunft Taiwans als einer Sonderverwaltungsregion sichern und die Unabhängigkeit verhindern.

Anders als in Deutschland hat die Wiedervereinigung in der VR China und Korea einen überhöhten Stellenwert, sie gilt als unverzichtbare Vollendung der nationalen Befreiung, als Beendigung von ausländischer Bevormundung und Demütigung. Was für die VR China die Heimholung Taiwans ist, würden viele dort jedoch als Heimsuchung empfinden. Für sie ist die Beibehaltung des Status quo mit der Hoffnung auf geschützte Unabhängigkeit und Frieden verbunden.

China – Taiwan. Ein China

Die Forderung der SED-DDR an die Bundesrepublik nach staatlicher Anerkennung wurde mit der Notwendigkeit begründet, die Realität anzuerkennen. Bei seinem Treffen mit Willi Stoph in Erfurt am 19. März 1970 riefen ihm Teilnehmer:innen einer organisierten Demonstration zu: „Unsere Forderung an Willy Brandt, die DDR wird anerkannt!" Ein Kernpunkt der Ostpolitik war, die Existenz von zwei Staaten in Deutschland zwar anzuerkennen, allerdings nicht in völkerrechtlicher Form, wie sie

---

[146] Zur „Achse des Bösen" wurden im Januar 2002 der Iran, der Irak und die DVRK gerechnet, im Mai kamen Kuba, Syrien und Libyen hinzu.

die SED-DDR forderte. Die Anerkennung der Realität sollte eine Politik ermöglichen, die hilft diese Realität allmählich ändern zu können. Tatsachenkonform kann eine „Ein-China-Feststellung" nur lauten: Es gibt nur ein China und das ist die VR China, zu der Taiwan nicht gehört, obwohl vielfältige enge historische, kulturelle, ethnische, ökonomische und sprachliche Verbindungen bestehen. (Tu 1996)

„Ein China" war früher „richtig" und hilfreich. Die „Geschäftsgrundlage" hat sich aber geändert, denn was 1972 richtig war, stimmt jetzt nicht mehr. Das sollte auch im Ausland Konsequenzen für Verständnis und Praxis des „Ein-China-Prinzips" haben.

Die Schwierigkeit besteht vor allem darin, dass sich die Interpretation auf Taiwan geändert, aber die der VR China fast weltweit durchgesetzt hat. Staaten, die „Ein China" anerkennen, unterhalten dann inoffizielle Beziehungen und florierende Wirtschaftskontakte zu Taiwan unter der Bezeichnung „Ein-China-Politik". Diese Praxis ist auch Ergebnis politischer Bequemlichkeit, die als politische Klugheit dargestellt wird, weil mit ihr das Beste aus einer schwierigen Lage gemacht werde. Letztlich ist sie weder hilfreich, noch im Interesse Pekings, denn damit wird die Lösung des Konflikts hinausgezögert, aber sie ist kaum ein Beitrag zur Schlichtung. Was genau „Ein China" bedeutet sollte aber diskutiert werden und eine vorherige Festlegung darf nicht Vorbedingung für solche Diskussionen sein. Die Anerkennung des „Ein-China-Prinzips" ist für die Volksrepublik eine Macht- und Prestigefrage, die Beibehaltung der „Ein-China-Politik" ist für Taiwan eine Überlebensfrage.

Innerhalb der Kommunistischen Partei, in Beratungsgremien und anderswo werden Anstrengungen unternommen, kreativ zu denken, hilfreiche Ideen und neue Strategien zu entwickeln. Hier werden auch die lange Zeit der deutschen Ostpolitik und der Prozess hin zur Vereinigung immer wieder studiert. Peking und vielleicht auch der überwiegende Teil der Bevölkerung sind aber der Ansicht, Taiwan das bestmögliche Angebot bereits gemacht zu haben. Außerdem wird vermutet, die USA würden Taiwan letztlich nicht mit voller Konsequenz helfen, sich zu verteidigen. Die Suche nach einer Formel, die neue, praktikable und gesichtswahrende Ideen enthält, besteht auf beiden Seiten, aber gedankliche und politische Kreativität gedeihen am besten, wenn es dafür eine förderliche Atmosphäre gibt. Das auf Taiwan herrschende Bedrohungsgefühl, das erfolgreiche Insistieren der VR China auf ihrer Interpretation des Prinzips und die sehr unterschiedlichen Größenordnungen bei Fläche, Bevölkerung, Wirtschaftskraft, Militär, usw. machen es äußerst schwer, Vorschläge zu präsentieren, die auf der Basis formaler Gleichrangigkeit rational diskutiert werden könnten.

Wer von der VR China erwartet, dass sie die Realität anerkennt, dass Taiwan nie von ihr regiert wurde und nicht regiert werden möchte, der muss auch die andere Realität anerkennen, dass die Republik China seit 1949 nicht mehr das Festland regiert. Es gibt ein China und ein Taiwan.

Hilfreich wäre eine Einigung darauf, dass „Ein China" bedeutet, es existiert ein gewisse Affinität zwischen der Volksrepublik und Taiwan, die auf Gemeinsamkeiten von Kultur und Geschichte beruht und trotz unterschiedlicher politischer Entwicklungen fortbesteht, was einer Komponente der Ostpolitik ähnlich wäre; Deutschland:

zwei Staaten, eine Nation. Einer solchen Definition von „Ein China" könnte die Vorstellung zu Grunde liegen, um die VR China herum gebe es konzentrische Kreise unterschiedlicher Gewichtung und mit unterschiedlichem Abstand, quasi das Konzept des „Greater China." (Harding 1993) Das kann auch Überlegungen eines „liberalen Nationalismus" einschließen bzw. wieder aufnehmen, wie sie in der Volksrepublik angestellt wurden. (Schubert 2001)

In Peking gibt es sicher Auseinandersetzungen über die politische Linie und einzelne Schwerpunktsetzungen, geht es aber um die Wiedervereinigung, dann herrscht zumindest nach außen hin Einigkeit. Wegen emotional aufgeladener Diskussionen glaubt es sich kein Politiker der VR China leisten zu können, bei dieser Frage gegenüber Taiwan Kompromisse zu machen, allenfalls, was den Zeitrahmen für und die Ausgestaltung des Modells „Ein Land, zwei Systeme" angeht. Andererseits kann keine führende Persönlichkeit Taiwans Kompromisse eingehen, die die Sicherheit der Insel gefährden würden. Im Vergleich zu Peking ist der Spielraum Taipeis gering und die Abhängigkeit von den USA groß. Madeleine Albright, eine frühere Außenministerin der USA, hat diese Zwangslage dargestellt.

> Das delikateste Problem in den US-China-Beziehungen war und bleibt Taiwan. Seit langer Zeit ist es die Politik der USA, die Sicht Pekings nicht anzuzweifeln, es gebe nur ein China und Taiwan sei ein Teil davon. Andererseits ist es ebenfalls die Politik der USA und deren Gesetzeslage, Waffen an Taiwan zu verkaufen, um die Chance Pekings zu minimieren, den Versuch zu unternehmen, durch Gewalt Kontrolle über die Insel zu gewinnen. Unser Wunsch ist, dass beide Seiten ihre Differenzen friedlich beilegen. Unsere Furcht ist, dass sie dies nicht tun werden. Die Chinesen möchten, dass wir Druck auf Taiwan ausüben, damit es eine Wiedervereinigung nach Pekings Bedingungen akzeptiert – ungefähr so, wie sie jetzt mit Hongkong praktiziert werde. Wir sagen, dass wir keinen Druck auf Taiwan ausüben, wenn, dann nur, um es von provokativen Aktionen und Worten abzuhalten. (Albright 2003: 431 f.)

Eines der vielen Dilemmata Taiwans besteht darin, dass es dort eine große Mehrheit für die Beibehaltung des Status quo gibt, aber keine einhellige Meinung darüber, was gegenüber der VR China und den USA eine gefährliche Provokation sei. Andererseits behalten sich sowohl Peking als auch Washington das Recht der Interpretation vor, welche Handlungen Taiwans sie als provokativ ansehen.

In den USA gibt es vermehrt Diskussionen darüber, welchen Nutzen die jahrzehntelange Akzeptanz des „Ein-China-Prinzips" ihnen gebracht habe, angesichts des mangelnden Entgegenkommens der VR China in vielen Bereichen. Taiwan stellt sich die Frage, wie lange es durchhalten kann. Sollte die Meinung vorherrschen, die VR China würde letztlich siegreich sein, dann müsste überlegt werden, wann der Zeitpunkt gekommen sei, an dem bei Gesprächen noch etwas von Peking zu bekommen wäre? Diese Fragen bzw. politischen Einstellungen in dem Dreieck zwischen Washington, Peking und Taipei hängen eng miteinander zusammen. Alle drei befinden sich gemeinsam in einem Dilemma, allerdings mit unterschiedlicher Dringlichkeit und völlig unterschiedlicher Durchsetzungskraft.

Taiwan gehörte früher zum Kaiserreich China, ist Restbestand der 1912 gegründeten Republik China, war aber nie Teil der Volksrepublik. Während Peking hier die Realität nicht anerkennt und bislang auch nicht anerkennen muss, gibt es gegenüber Korea einen anderen Realitätssinn. Hier werden historische Tatsachen zur Kenntnis genommen, wie 1994 die Äußerung des damaligen Außenministers Qian Qichen deutlich machte: „[…] allmählich haben sich zwei Länder auf der koreanischen Halbinsel herausgebildet."[147] Das Wort „allmählich" ist etwas irreführend, denn seit 1948 gibt es diese beiden Staaten und seit August 1992 hat die VR China zu beiden offizielle diplomatische Beziehungen. Seit dieser Zeit, angeregt auch durch Entwicklungen in Deutschland, wird vermutet, dass sich in Zukunft eine Wiedervereinigung unter den Auspizien des Südens ergeben könnte, wie es 1997 zwei Ostasienexperten der USA äußerten: „Wie auch immer der Zeitplan der Wiedervereinigung aussehen mag, die meisten chinesischen Offiziellen und Koreaspezialisten erwarten ein vereintes Korea, das letztlich unter der Herrschaft des Regimes in Seoul entstehen wird." (Garret/Glaser 1997: 86. Kim, Samuel 2004. Tang 1999) In der VR China gibt es anhaltende Diskussionen über Sinn, Nutzen und Chancen einer Beibehaltung des Status quo in Korea und einer möglichen Wiedervereinigung. (Jain C. 2017. Wang 1990. Yoshihara/Holmes 2005)

Einem von „Wikileaks" veröffentlichten Dokument ist zu entnehmen, dass im Herbst 2010 zwei Offizielle der VR China dem damaligen Vize-Außenminister der Republik Korea, Chung Jung-woo, gesagt haben sollen, ihr Land favorisiere eine Wiedervereinigung durch Seoul, wenn sich danach Korea nicht feindselig gegenüber China verhalten würde. (Tisdall 2010) Diese Äußerung – sollte sie zutreffen – mag 2010 ein Blick in die Zukunft gewesen sein, dürfte aber eine grundsätzliche Position der VR China korrekt wiedergeben: Solange die Teilung der Halbinsel nützlich ist, wird die DVRK unterstützt, ändert sich dies, wäre ein wiedervereinigtes, d. h. eine um den Norden vergrößerte, neutrale und mit der VR China eng kooperierende Republik Korea durchaus im chinesischen Interesse. Korea ist für die VR China ein wichtiger Faktor im Wettbewerb mit den USA. Pjöngjang weiß um seine Abhängigkeit von Peking und misstraut der VR China. Die sich seit 2021 immer stärker abzeichnende Konfrontation zwischen Washington und Peking hat vermehrt Auswirkungen auf die inter-koreanischen Beziehungen. Es ist eine völlig andere Lage, als die in und um Deutschland im Jahr 1990, wo es ein Zusammenwirken zwischen Moskau, Washington, Berlin und Bonn gab.

Korea. Akzeptanz eines vereinigten Koreas

Der Sonderweg eines neutralen Deutschlands war nicht akzeptabel. Die Zustimmung zu einem vereinigten Deutschland im Rahmen der EU und der NATO war dann einer der entscheidenden Schritte in Richtung Vereinigung. Für Korea fehlen solche interna-

---

[147] So wurde der Außenminister in der *FEER* vom 4. August 1994 auf S. 16 zitiert.

tionalen Rahmenbedingungen und es ist deshalb ungewiss, ob die direkt involvierten ausländischen Mächte eine neutrale wiedervereinigte Halbinsel akzeptieren würden. Die USA und Japan dürften beträchtliche Vorbehalte haben, auch weil sie dann eine starke Abhängigkeit Koreas von der VR China befürchten.

Wegen der langen Zeit chinesischer Suzeränität über Korea gibt es tiefsitzende Vorbehalte gegenüber diesem Nachbarn, was besonders auf Nordkorea zutrifft, wo auch die große Abhängigkeit von der Volksrepublik als demütigend und deren Mitwirkung an Sanktionen der VN als feindselig empfunden werden. Es wird viel darüber gesprochen, dass Peking die DVRK als Puffer gegenüber dem Süden, den USA und Japan erhalten möchte. Ein wiedervereinigtes Korea könnte aber auch in die andere Richtung, d. h. als Puffer gegenüber der VR China fungieren. Ein vereinigtes Korea wird dann wohl nur ohne Nuklearwaffen akzeptiert werden. Funktionieren könnte das nur mit glaubhaften Sicherheitsgarantien. Bleibt es bei der Teilung, wird es wahrscheinlich irgendwann zu einer Anerkennung der DVRK als „kleiner" Nuklearmacht kommen, so wie die USA diesen Status Pakistans anerkannten und wie viele Regierungen akzeptieren, dass Israel eine Nuklearkapaziät hat. Eine solche vertraglich abgesicherte Position Pjöngjangs könnte einer Normalisierung förderlich sein, ist aber derzeit für die Republik Korea, die USA, Japan und andere Staaten nicht akzeptabel.

Es gibt durchaus Nuancierungen bei Diskussionen in der VR China über eine zukünftige Entwicklung auf der koreanischen Halbinsel, aber zwei Punkte sind nicht umstritten. Erstens, ein primäres und durchgängiges Interesse daran, dass die DVRK als stabiler und chinaloyaler Pufferstaat erhalten bleibt. (Yi 1995: 133) Zweitens: Seit Aufnahme diplomatischer Beziehungen zwischen Peking und Seoul im August 1992 und verstärkt seit dem ersten koreanischen Gipfeltreffen im Juni 2000 besteht die Meinung, es könnte der VR China letztlich nichts anderes übrig bleiben, als ein wiedervereinigtes Korea unter der Führung Seouls zu akzeptieren, ein solches Korea unter starker Einflussnahme der USA sei aber inakzeptabel. (Yi 2002: 335. Son 2003) Die VR China wäre für eine Wiedervereinigung Koreas, wenn sich dadurch die Lage auf der Halbinsel stabilisieren und das neue Korea dann ein enger Partner sein sollte. Eine solche Zusammenarbeit würde gut in das Konzept der GSI passen, denn es fehlt bisher die „Osterweiterung" dieser Strategie.

Die USA sind für eine Wiedervereinigung Koreas, wenn die Halbinsel dann zu einem engen Partner von Washington und Tokio wird und nicht zu stark mit Peking kooperiert. Ein Kompromiß, wie es eine abgesicherte Neutralisierung Koreas sein könnte, wird von keiner der involvierten Parteien ernsthaft diskutiert, zumindest nicht öffentlich.

Wegen der Unvereinbarkeit dieser Zielvorstellungen sind alle Beteiligten vorläufig am Fortbestand eines gesicherten Status quo interessiert, allerdings mit unterschiedlichen Interessenlagen. Der Wunsch nach Stabilität hat für die DVRK einen anderen Aspekt; sie ist an einer kontrollierten Beibehaltung von Spannung und Konfrontation interessiert, solange keine für sie deutlich bessere Alternative erreichbar scheint.

Bedeutung von Information und Zusammenarbeit (Deutschland, Korea)

In Deutschland war neben mehr Freizügigkeit und dem Wunsch nach einem besseren Warenangebot der vermehrte Zugang zu nicht-kontrollierten Informationen von großer Bedeutung, beiden konnte die SED-DDR keinen wirksamen Riegel vorschieben. Andrei Lankov hat völlig zu Recht ein ähnliches Vorgehen gegenüber Nordkorea vorgeschlagen; bei diesem „subversiven Engagement" betont er die Rolle der Information. (Lankov 2009. Baek 2016) Vermehrte Kontakte, viele Besuchsmöglichkeiten und vor allem Kommunikation und Informationsmöglichkeiten spielten während der Ostpolitik in Deutschland eine große Rolle. Es kam zu einer Deeskalation und Vertrauensbildung durch Kommunikation. (Niedhart 2006)

Pjöngjang hat deren Auswirkungen studiert und versucht, sie zu verhindern. Wenn für eine gewaltfreie Vereinigung ein Zusammengehörigkeitsgefühl in beiden Teilen und eine friedliche Revolution in einem Teil nützlich, gar erforderlich sind, dann wären Kommunikation und Kooperation der richtige Weg. Die Politik der Sanktionen, die gegenüber der DVRK betrieben wird und die Restriktionen bei Kontakten, die der Süden gegenüber dem Norden praktiziert, können einen solchen Weg nicht bereiten; im Gegenteil, sie helfen den Bemühungen Pjöngjangs um Abschottung.

Im Süden fehlt es an Information, nationalem Konsens und breitgefächerten Diskussionen. Es bleibt nach wie vor ein noch zu erreichendes Ziel, was Präsident Moon Jae-In beschrieb: „Durch die Beteiligung von und Kommunikation mit den Bürgern werden wir einen nationalen Konsens in der Frage der Wiedervereinigung und der Nordkorea-Politik herbeiführen und eine Einigung erzielen." (Die Politik. 2017: 28)

Korea und das Modell „ein Land, zwei Systeme"

In einer Rede vor der Vollversammlung der VN sagte Ri Su Yong, der Außenminister der DVRK, im September 2014, die Wiedervereinigung sei der größte Wunsch der gesamten koreanischen Nation. Sie sollte nicht durch Konfrontation, sondern durch eine Konföderation von zwei Systemen in einem Land verwirklicht werden. „Das ist der einzige Weg, Krieg zu verhindern und Frieden zu schützen."[148] „Zwei Systeme in einem Land" war eine deutliche verbale Anlehnung an das von der VR China propagierte Modell.

Im Januar 2013 hatte Pan Zhenqiang, pensionierter Generalmajor der VBA und auch im Ausland angesehener Experte für internationale Beziehungen sowie Sicherheitsfragen, bei einem Seminar in Seoul dieses Modell als interessant für Korea bezeichnet. Die VR China sei für eine lockere Föderation von einem Land, zwei Systemen zwischen Norden und Süden in Korea, um letztlich zu einer Wiedervereinigung zu ge-

---

[148] https://www.news.un.org/en/story/2014/09/479532-dprKorea-un-address-says-reunification-only-way-prevent-war-safeguard-peace. Eingesehen am 03.12.2017.

langen. Das Konzept könnte beispielhafte Elemente für Korea enthalten und wäre ein Schritt in die richtige Richtung, um allmählich eine vollständige Wiedervereinigung zu erreichen. Eine Absorption des Nordens durch den Süden würde die Volksrepublik versuchen zu verhindern. Die größte Gefahr wäre, eine Wiedervereinigung durch den Zusammenbruch des Nordens erreichen zu wollen; das hätte dann noch schlimmere Folgen als in Libyen und Syrien.[149]

Konföderation ist ein Staatenbund mit zumindest formal gleichrangigen Mitgliedern; im koreanischen Fall würde das bedeuten, eine Konföderation aus zwei Staaten und zwei Systemen. Das chinesische Modell basiert jedoch auf einem abgestuften Status: Ein Land und in ihm eine bzw. mehrere Sonderverwaltungsregionen, die unterschiedliche Systeme haben, aber es gibt keine Zweistaatlichkeit. Wer sollte auf der koreanischen Halbinsel das Land und wer die Sonderverwaltungsregion sein?

Wichtig sind die Anerkennung der Systemunterschiede und das Bemühen, friedlich einen Modus Vivendi zu finden. Es ist für Außenstehende kaum erkennbar, ob Äußerungen wie die von Ri Su Yong in der Republik Korea ernsthaft diskutiert werden. Deutlich erkennbar hingegen war die Sorge von General Pan – und der VR China – vor einer chaotischen Lage in Korea. Der Versuch, eine Absorption des Nordens verhindern zu wollen, ist noch nicht gleichbedeutend, sie kategorisch auszuschließen, falls sie gewaltfrei erfolgen sollte und abzusehen wäre, dass ein vereintes Korea mit der VR China eng kooperieren würde. Pans Hinweis auf das chinesische Modell war hauptsächlich ein Appell, einen Weg zu suchen, der Chaos verhindert.

Wie viele andere, so betont auch Terence Roehrig die Notwendigkeit eines langsamen, schrittweisen Prozesses.

> Bei dieser fundamentalen Erneuerung der politischen, ökonomischen und ideologischen Grundlagen Nordkoreas müssen viele innere Barrieren überwunden werden. Zweifellos gibt es gefährliche Risiken. Die Führer Nordkoreas werden den Reformprozess in einer Weise kontrollieren müssen, das er friedlich und stabil bleibt, damit er nicht zu Desintegration des Regimes führt, was Chaos und Gewalt zur Folge hätte. Sicher liegt ein solches Vorgehen im Selbstinteresse nordkoreanischer Führer, aber es gibt keine Garantie. Dennoch wäre es ein besserer Weg, als die Alternative eines Regimezusammenbruchs oder die Feindseligkeiten fortzusetzen und den spannungsgeladenen Status quo. Wird Nordkorea an der größeren, regionalen Wirtschaftsarchitektur beteiligt, würde ihm das ermöglichen, sich weniger auf den engen Sicherheitsbereich zu fokussieren und es könnte den Pfad Richtung Frieden beschreiten. Darüber hinaus würden diese Maßnahmen nordkoreanischen Führern zu mehr Vertrauen und Selbstvertrauen verhelfen, somit könnten sie zu verantwortlichen Teilhabern in dem regionalen und internationalen System werden. (Roehrig 2009: 221 f.)

Terence Roehrig hat hier eine sicher von vielen als wünschenswert erachtete Entwicklung beschrieben. Unbeantwortet bleibt die Frage, wie das Missverhältnis zwischen

---

149 China backs ‚one country, two systems' in Korean unification effort. Yonhap News Agency vom 22.01.2013. 'One country, two systems' for unified Korea. Korea Herald, 22.01.2013. https://www.m.koreaherald.com/view.php?ud=20130122000598&np=144402&mp=14441. Eingesehen am 23.03.2024.

Reformbedarf und Reformmöglichkeit in der DVRK gelöst werden kann. Nicht einmal der engste Führungskreis hat wohl genaue Vorstellungen davon, wie viel Veränderung sein System überleben könnte. Bestandsgarantien von außen könnten helfen, mehr Reformen im Innern durchzuführen, aber wie müsste deren Glaubwürdigkeit ausgestattet sein? Äußere Bedrohung, Sanktionen und eine nukleare Abschreckung bedingen sich wechselseitig. Da allein schon das Überleben als Erfolg gewertet wird, sind realistische Ferndiagnosen des Selbstvertrauens der nordkoreanischen Führung nicht möglich. Vielleicht hat sie ein „unrealistisches" Selbstvertrauen, was wesentliche Reformen verhindert. Auch wenn Ausländer:innen in dieser Frage sehr zurückhaltend sein sollten, so bietet sich dennoch eine Überlegung an: Wenn einmal wieder das Benehmen des Nordens rätselhaft ist, wie würden sich denn Entscheidungsträger:innen im Süden verhalten, wären sie in der Lage des Nordens und stünden vor solchen Entscheidungen? Zu historischen Glanzzeiten hatte Korea eine Brückenfunktion, spielte die Rolle eines kulturellen Vermittlers bzw. Verstärkers, von der alle in der Region profitierten. Es müsste im Interesse beider koreanischer Führungen liegen, erneut und gemeinsam eine solche Funktion für Nordostasien anzustreben.[150] Um dies tun zu können, wäre aber ein Mindestmaß an Koordinierung, Kooperation und Verläßlichkeit erforderlich.

In dem Zitat von Roehrig wird eine sehr positive Entwicklung aufgezeigt. Es sollten Anstrengungen unternommen werden, damit sie Wirklichkeit wird. Dennoch müssen die RK und andere auch auf ein Zusammenbrechen des Nordens vorbereitet sein, was eine Vereinigung, in etwa nach deutschem Muster, zur Folge haben könnte.

Wiedervereinigung durch Absorption, der Fall Korea

In der DVRK wird gesagt, das deutsche Modell sei zu verhindern und auch in der RK wird oft die Meinung vertreten, eine Wiedervereinigung durch „Absorption" wie in Deutschland solle es nicht geben. Die Einigung in Deutschland war ein ausgehandelter Beitritt, was in der Eile koreanischer Gedanken oft und gern übersehen wird. Allerdings war die DDR in einer schwachen Verhandlungsposition. Wenn Koreaner:innen im Süden sich fragen, an welches Szenario sie fast automatisch denken, wenn von demokratischer und friedlicher Wiedervereinigung die Rede ist, dann wird es sich bei deren Idealvorstellung wohl nur um eine Entwicklung ähnlich der in Deutschland handeln, nämlich eine um den Norden vergrößerte Republik Korea.

Nach wie vor wird Pjöngjang von der Befürchtung umgetrieben, Seoul könnte zusammen mit seinen Verbündeten eine „deutsche Lösung" anstreben. Im März 1995 verurteilte die „Arbeiterzeitung" Südkorea, weil es sogenannte Vereinigungsexperten nach Deutschland, in den Jemen und in andere Staaten entsandt habe, die geteilt wa-

---

[150] Spero, Joshua B. 2009, hat Schwierigkeiten und Vorteile einer Brückenfunktion am Beispiel von Polen und der Republik Korea untersucht; siehe auch Spero 2004 und Roundtable 2009.

ren, um „[...] deren Erfahrungen bei der Erlangung von Wiedervereinigung zu studieren." Die Zeitung erklärte, Wiedervereinigung sei eine innere Angelegenheit Koreas und zuallererst müsse der Süden seine Haltung und Politik ändern.[151]

Beide Staaten in Korea hatten bereits vor der deutschen Einigung die Beziehungen zwischen der Bundesrepublik und der SED-DDR sehr sorgfältig studiert, ein Interesse, das sich nach 1990 intensivierte. Wenig ist bekannt darüber, in welchem Maße beide die Entwicklungen zwischen der VR China und Taiwan beobachten, die durchaus interessant sind, was Status quo und den beiderseitigen Nutzen intensiver Wirtschaftskontakte anbelangt. (Yen 1995) Aber es darf nicht vergessen werden, die DVRK ist Nuklearmacht, im Vergleich zur Republik China von vielen Staaten anerkannt und sie hat einen Sitz in den VN.

Für die Entwicklung in Deutschland sowie Europa war wichtig, dass die Bundesrepublik durch die Westpolitik ein zuverlässiges, oft auch geschätztes Mitglied des Westens wurde und durch die Ostpolitik dann ein berechenbarer und nützlicher „Partner" für den Osten.

Die SED-DDR wurde durch vertragliche Einbindung, durch ihre geografische Lage, ideologische Linientreue und Wirtschaftsleistung eine wichtige „Brudernation" des Ostens, die nach dem Grundlagenvertrag (1972) auch im Westen mehr Beachtung fand. Das änderte sich 1989/90, als sie ein irritierender, unzuverlässiger, gar störender Faktor wurde und sie ihre Probleme, z. B. Flüchtlinge, anderen Staaten aufbürdete. Durch den Gang der Ereignisse in diesem Zeitraum wurde die Bundesrepublik unverzichtbar, die SED-DDR hingegen, in ihrem damaligen Zustand, konnte zur Disposition gestellt werden.

Der lange Weg Deutschlands zur Vereinigung zeigt, dass kleine Schritte später große Schritte ermöglichen. Kleine gemeinsame Nenner, politisch operationalisiert, erwiesen sich letztlich als Triebkraft zur Lösung der deutschen Frage. Im Fall der Beziehungen zwischen der VR China und Taiwan beschränkt sich das auf den ökonomischen Bereich, in Korea werden Gegensätze betont und es gibt keine über einen längeren Zeitraum durchgeführte Suche nach Gemeinsamkeiten. Verträge, Informationsflüsse, Telefonate und persönliche Begegnungen halfen in Europa beim Hineindenken in die „andere Seite", in Sachzwänge, denen z. B. Gorbatschow und seine Unterstützer ausgesetzt waren. Solche Verfahren und Erfahrungen fehlen in Korea fast völlig. In Zypern hingegen gab und gibt es Treffen zwischen den Führern der beiden Volksgruppen sowie vielfältige Kontakte und Verhandlungen, z. B. über eine Konföderation. Bisher dienten sie jedoch in erster Linie der Betonung von Gegensätzen.

---

151 Die „Rodong Sinmun" ist das Organ des Zentralkommittees der „Partei der Arbeit Koreas". Über den Artikel berichtete die amtliche Nachrichtenagentur KCNA, Pjöngjang; hier wurde die englische Übersetzung benutzt, SWB, FE/2550 vom 2. März 1995, S. D/1.

7 Volk, Nation, Zusammengehörigkeitsgefühl

Michail S. Gorbatschow meinte, die größten Helden der deutschen Wiedervereinigung waren das deutsche und das russische Volk.[1] Sein Außenminister Eduard Schewardnadse verwies zu Recht besonders auf die Bevölkerung Ostdeutschlands: „Direkt hat die Sowjetunion die Entwicklung der Ereignisse in der DDR nicht gefördert. Indirekt, mittelbar, durch den Einfluß der Perestroika schon. Doch im Großen und Ganzen kann man wohl sagen, daß das Volk selbst seine Wahl getroffen hat. Das ist sein Recht und hierin ist es niemandem Rechenschaft schuldig." (Schewardnadse 1991a: 160)

Deutschland, lange Kulturnation, wurde erst spät zur Staatsnation, auch deshalb gab es eine andere Bewertung der Notwendigkeit einer Vereinigung. In Korea und China ist es selbstverständlicher, dass eine geteilte Nation eine Wiedervereinigung will. Deshalb sind die in geteilten Nationen lebenden Menschen ein Schwerpunkt dieses Buches, denn wenn es wegen langer Teilung kein Zusammengehörigkeitsgefühl mehr gibt, wie auf Taiwan und vermutlich wie im Norden Zyperns, dann wird eine gewaltfreie Vereinigung wenig Chance haben.

Nation und Zusammengehörigkeitsgefühl

Mit der Ostpolitik und dem Grundlagenvertrag sollten auch mehr Kontakte zwischen den beiden Staaten in Deutschland ermöglicht werden, in der Erwartung, dass dadurch das Zusammengehörigkeitsgefühl in Ost und West gestärkt würde. Es äußerte sich dann Jahre später im Rahmen der friedlichen Revolution in der DDR ab Dezember 1989, so z. B. in Rufen wie „Wir sind ein Volk" und „Deutschland einig Vaterland". Für eine friedliche Vereinigung ist dieser Wunsch auf beiden Seiten erforderlich, denn es wird zahlenmäßig der VR China immer leicht fallen, Taiwan nicht nur zu übertönen, sondern auch zu überstimmen.

Unter den vielen Definitionen für „Nation" gibt es einige, die für die Behandlung von geteilten Nationen hilfreich sind. Für Karl W. Deutsch ist Nation ein Volk, das die Herrschaft über einen Staat hat. „Nation ist ein Volk, das einen Staat besitzt oder anstrebt." (Deutsch 1979: 14, 301) Für Ernest Renan galt: „Die Existenz einer Nation – verzeihen Sie mir diese Metapher – ist ein alltägliches Plebiszit, [...]." (Renan 1981: 148) Carlo Schmid stimmt dem zu, denn eine „[...] Nation werde nicht durch Verträge geschaffen und durch Verträge aufgelöst; sie sei ein Plebiszit, das sich immer wieder aufs Neue wiederholt." (Schmid 1979: 847) Er nannte sie eine Einigung innerhalb der Völker, sich vergemeinschaftet fühlen zu wollen, weil man bestimmte hohe Menschheitswerte für sich verbindlich anerkennt und auf dem zugeordneten Gebiet verwirklichen will. (Schmid 1972: 373)

---

[1] https://www.bundestag.de/parlament/geschichte/gastredner/gorbatschow/rede/247408. Eingesehen am 06.02.2017. Siehe vorn S. XI.

Das Wort „fühlen" verweist auf eine Ähnlichkeit zur Definition von Benedict Anderson, die Nation sei eine imaginierte politische Gemeinschaft – vorgestellt als begrenzt und souverän. (Anderson 1991: 6) Peter Sloterdijk nannte die Nation eine Erregungsgemeinschaft. (Sloterdijk 2006: 71) Obwohl er den Zusammenhang nicht explizit erwähnte, trifft diese Beschreibung auf die VR China, Korea und Zypern zu, wenn es um Teilung und Wiedervereinigung geht sowie auch auf Taiwan, wenn es um Taiwanisierung und de jure Unabhängigkeit geht.

Trotz unterschiedlicher Akzentsetzung betonen alle diese Definitionen den Willen zu einer Gemeinschaft. „Danach ist der entscheidende Faktor der Nation der Wille. Ein sozialer Verband wird erst dadurch zur Nation, daß er Nation sein will, indem er sich als Einheit zu organisieren beabsichtigt." (Weidenfeld/Korte 1999: 573) Es geht auch darum, ob sich während der Teilung ein neuer, ein „eigener Teilnationalismus" herausbildete. Diesen Aspekt erwähnte Egon Bahr im Bezug auf das Verhältnis zwischen Ost und West in Deutschland. Er stellte 1966 fest, die DDR habe eine permanente und nicht veränderbare Unfähigkeit, ein Nationalbewusstsein zu entwickeln. „Der kleine Teil eines gespaltenen Volkes kann, wenn es um die nationale Idee geht, nur in ein Gefälle zum größeren Teil geraten." (Bahr 2019: 77) Auf Korea scheint diese Feststellung nicht mehr zuzutreffen. Menschen im Süden fühlen sich denen im Norden kaum noch eng verbunden, Familienbande sind verschwindend gering. Umgekehrt betrachten die im Norden „Südländer" eher als unkoreanisch, als dekadente „Amerika-Koreaner"; aber es ist nicht möglich, die genaue Einstellung zu erfahren. Jedenfalls gibt es hier kaum eine Anpassung zum größeren Teil. Der „kleine Teil", d. h. Taiwan, erlebt durch die Taiwanisierung eine Distanzierung vom gesamtchinesischen Nationalbewusstsein, was die VR China durch ihr Verhalten ungewollt fördert. Anpassungsbemühungen auf Zypern für ein Gesamtnationalbewusstsein sind kaum erkennbar.

Probleme Deutschlands mit Volk und Nation

Deutschland tut sich wegen seiner Geschichte schwer mit der Problematik von Volk sowie Nation. Nationalismus und Patriotismus werden oft unterschiedlich definiert. Albert Schweitzer hat den Unterschied mit drastischen Worten beschrieben:

> Nationalismus ist der unendle und ins Sinnlose gesteigerte Patriotismus, der sich zum edlen und gesunden wie die Wahnidee zur normalen Überzeugung verhält. […] Der Kult des Patriotismus als solcher soll als Barbarei gelten, als welcher er sich durch die sinnlosen Kriege bekundet, die er notwendig im Gefolge hat. (Schweitzer 2007: 41)

Geht es um Teilung, Wiedervereinigung und Unabhängigkeit, liegt die Betonung oft auf dem ersten Wortbestandteil von „Erregungs-Gemeinschaft." Das deutsche Beispiel zeigt, dass auch nach einer Vereinigung Schwierigkeiten mit dem Gemeinschaftsgefühl bestehen. Im Verlauf der Geschichte gab es mehrfach Probleme mit dem Zusammenhalt.

Friedrich Schiller schrieb in einem Fragment:

> Jedem Volk der Erde glänzt
> Einst sein Tag in der Geschichte,
> Wo es strahlt in höchstem Lichte,
> Und mit hohem Ruhm sich kränzt.
> Doch des Deutschen Tag wird scheinen
> Wenn die Scharen sich vereinen,
> (In der Menschheit schönes Bild,)!
> Wenn der Zweite Kreis sich füllt.[2]

Carlo Schmid war der Meinung, Schiller habe uns mit diesen Versen einen Fingerzeig gegeben. „Lehrt er uns in diesen Versen nicht, daß es etwas gibt, was der Nation über das Schicksal des Staates hinaus gemeinsam ist und bleiben kann, wenn wir uns ihm hingeben?" (Schmid 1964: 216) Er beantwortet seine Frage mit dem Verweis auf das Streben nach und den Erhalt von Freiheit, die ja wohl auch wesentlicher Bestandteil von Vereinigung und Unabhängigkeit sind.

Am 3. Oktober 1990 wurden die deutschen „Scharen vereint", staatlich durch den Einigungsvertrag und international abgesichert durch das 2+4-Abkommen. „Wenn der zweite Kreis sich füllt", schrieb Schiller; das könnte auf die innere Einheit Anwendung finden, denn hier steht die vollständige Füllung noch aus.

Wichtig in diesem Zusammenhang sind die beiden Xenien, in denen Zweifel geäußert wird, ob Deutsche sich denn überhaupt zu einer Nation zusammenfinden könnten.

> Deutschland? Aber wo liegt es? Ich weiß das Land nicht zu finden.
> Wo das gelehrte beginnt, hört das politische auf.
> Zur *Nation* euch zu bilden, ihr hoffet es, Deutsche, vergebens;
> Bildet, ihr könnt es, dafür freier zu Menschen euch aus.[3]

Jeder Staat, auch ein Inselstaat, hat Nachbarn. Gorbatschow nannte das deutsche und das russische Volk. Geht es um Teilung, Vereinigung und Unabhängigkeit spielen nationale sowie internationale Belange eine wichtige Rolle und auch große Emotionen. Nationalstolz, zum Beispiel bezogen auf Geschichte, Sprache und Kultur ist wichtig für ein Gemeinschaftsgefühl, das bei geteilten Nationen über Grenzen hinweg wirksam sein kann. Ihm wohnt aber auch ein Eskalationspotential inne. Schopenhauer hat dies mit interessanter Wortwahl beschrieben:

> Die wohlfeilste Art des Stolzes hingegen ist der Nationalstolz. Denn er verräth in dem damit Behafteten den Mangel an individuellen Eigenschaften, auf die er stolz seyn könnte, indem er sonst nicht zu Dem greifen würde, was er mit so vielen Millionen theilt. Wer bedeutende persönliche Vorzüge besitzt, wird vielmehr die Fehler seiner eigenen Nation, da er sie beständig vor Augen

---

[2] *Schillers Werke. Nationalausgabe.* 1983. 2. Band, Teil 1. Weimar: Böhlau, S. 433.
[3] *Friedrich Schiller: Sämtliche Werke.* 2004. Band I. München: Hanser, S. 267.

hat, am deutlichsten erkennen. Aber jeder erbärmliche Tropf, der nichts in der Welt hat, darauf er stolz seyn könnte, ergreift das letzte Mittel, auf die Nation, der er gerade angehört, stolz zu seyn: hieran erholt er sich und ist nun dankbarlich bereit, alle Fehler und Thorheiten, die ihr eigen sind [...] zu vertheidigen. (Schopenhauer 1988: 357 f.)

Auch dort, wo eine Nation vieles hat, was Nationalstolz rechtfertigt, kann dieser gefährlich werden.

John King Fairbank war der Meinung, chinesischer Universalismus bedeute zweifellos, dass Kultur (Lebensweise und Denkungsart) in China fundamentalere Bedeutung habe als Nationalismus. (Fairbank 1983: 98) Die Frage ist aber, in welchem Maße diese Jahrtausende alte Tradition noch dominant ist, oder ob im Vollzug der Revolution und des Aufstiegs Chinas nicht eine spezielle Art von Nationalismus die Oberhand gewinnt. Beide, die kulturellen Leistungen der Vergangenheit und der Wiederaufstieg, bewirken Stolz. Kim Dae-jung stellte fest: „Für China ist Stolz von ganz großer Bedeutung. Für Stolz werden sie alles opfern." (Kim Dj 2019: 502) Die Eingliederung Taiwans in die VR gilt als Teil des Nationalstolzes und der Status quo verletzt ihn. Es ist schwer zu sagen, ob es in Deutschland einen weitverbreiteten Nationalstolz gab bzw. gibt und ob eine Mehrheit der Bevölkerung sich darauf einigen kann, was er inhaltlich umfasst. Sollte es ihn gegeben haben, so spielte er 1990 bei der Frage der Vereinigung wohl keine entscheidende Rolle.

Der Weg vom Nationalstolz zum Chauvinismus, zum aggressiven Nationalismus ist kurz, besonders dann, wenn die Nation sich als gedemütigt und vom Ausland unterdrückt fühlt. Hier ist wieder Korea zu nennen, wenn es um Vergangenheit und Wiedervereinigung geht, denn es ist stolz darauf, seit dem siebenten Jahrhundert A. D. ein einheitlicher Staat zu sein, (Kim Dj 1994: 110) und verbittert, dass dieser durch Verschulden des Auslandes seit über 75 Jahren geteilt ist. Kim Dae-jung schrieb: „Die Teilung Koreas ist unnatürlich, denn sie wurde den Koreanern gegen ihren Willen aufgezwungen; Wiedervereinigung ist natürlich, denn die Koreaner sind ein Volk." (Ebd. S. 108) Trotz ständiger Betonung von „ein Korea" und „ein Volk" gibt es aber kein Zusammengehörigkeitsgefühl, das sich für eine intensive Kooperation von Süden und Norden bisher als tragfähig erweisen hätte. Kontakte sind minimal, Misstrauen ist immens und das Auseinanderleben nimmt zu.

Kim Dae-jung über Nationalismus

Kim Dae-jung unterschied zwischen Nationalismus, der eine konstruktive Rolle spielt und einem exklusiven Nationalismus, der gefährlich ist; dieser sei letztlich zum Scheitern verurteilt. Seine Wunschvorstellung war: „Nationalismus soll sich zu einer kooperativen Demokratie entwickeln, in der Nationen zusammenarbeiten und Wege finden, sich innerhalb einer Gemeinschaft anzupassen."⁴

Diese Einschätzung vom Januar 2006 drückte die Hoffnung eines Elder Statesman aus. Es hat nicht den Anschein, als befände sich der exklusive Nationalismus auf dem Rückzug, es sei denn die Formulierung „letztlich zum Scheitern verurteilt" war mit einem sehr langen Zeithorizont gedacht. Kim Dae-jung betonte auch die Notwendigkeit von Verständnis über die Lage, über die Handlungsmöglichkeiten der anderen Seite. Mit diesem Gedanken befindet er sich in geistiger Verwandtschaft zu Goethe, der im März 1830 zu Eckermann sagte:

> Überhaupt [...] ist es mit dem Nationalhaß ein eigenes Ding. Auf den untersten Stufen der Kultur werden Sie ihn immer am stärksten und heftigsten finden. Es gibt aber eine Stufe, wo er ganz verschwindet und wo man gewissermaßen über den Nationen steht und man ein Glück oder ein Wehe seines Nachbarvolkes empfindet, als wäre es dem eigenen begegnet. (Eckermann 1960: 519)

Die untersten Stufen gibt es zwischen Nationen und auch innerhalb von geteilten Nationen, besonders dann, wenn Krieg bzw. Bürgerkriege stattfanden. Oft kann erst durch eine Generation, die diese Tragödien nicht unmittelbar miterlebte, eine Verständigung, gar Versöhnung erfolgen, wenn sie u. a. die Bereitschaft hat, sich in Motive, Sachzwänge und Sicherheitsbedürfnisse der anderen Seite hineinzudenken. So wie es Kim Dae-jung bezogen auf den Norden sagte, obwohl er zu der Kriegsgeneration gehörte: „Wir sind gegen die nuklearen Ambitionen des Nordens, aber gleichzeitig müssen wir uns auch in die Lage von Kim Il-sung hineinversetzen." (Kim Dj 1994: 87)

Goethe beschrieb eine wünschenswerte, aber idealistische Situation, die in der Praxis kaum existiert. Die Fähigkeit jedoch, sich vorzustellen, über welchen Handlungsspielraum andere verfügen und zu verstehen, warum sie so handeln, wie sie handeln, die muss zum Handwerkszeug der Politik gehören.

7.1 Deutschland

In Deutschland wurde gefragt, ob bei länger andauernder Teilung noch eine gemeinsame Identität bestanden hätte. Bei einer Revision der Verfassung der SED-DDR wurden 1974 Hinweise auf den Fortbestand einer einheitlichen deutschen Nation aus der von 1968 getilgt und es gab fortan Bemühungen, Unterschiede und die Existenz einer eigenen DDR-Identität herauszustellen. Willy Brandt hingegen betonte in seinem ersten Bericht zur Lage der Nation am 14. Januar 1970, die Nation sei mehr als gemeinsame Sprache und Kultur, als Staat und Gesellschaftsordnung, denn sie gründe sich auf das fortdauernde Zusammengehörigkeitsgefühl der Menschen eines Volkes. Sein

---

4 New Year's Special Interview. Former President Kim Dae-jung of the Republic of Korea. Interview mit der Monatszeitschrift *Joong Ang* vom Januar 2006, herausgegeben als Broschüre der Kim Dae-jung Presidential Library and Museum, Seoul 2006, S. 13.

Sohn Peter hat die unterschiedlichen Auffassungen und sich daraus ergebenden politischen Konsequenzen wie folgt beschrieben:

> Das Beharren der Bundesrepublik auf dem „besonderen Charakter" der innerdeutschen Beziehungen nötigte die SED zu einem ideologischen Eiertanz. Ihre Theoretiker erweiterten die Zwei-Staaten-Lehre zur Zwei-Nationen-Doktrin: Die Bundesrepublik wurde zum Ausland erklärt, und in der 1974 revidierten ostdeutschen Verfassung fielen alle Aussagen von 1968, die sich auf eine Gesamtnation bezogen, dem Rotstift zum Opfer. Doch für Brandt blieb auch 25 Jahre nach der bedingungslosen Kapitulation des Hitlerreiches „der Begriff der Nation das Band um das gespaltene Deutschland." In seinem Bericht zur Lage der Nation von 1970 nahm er auf Fichte und die Gründungsväter des Sozialismus in Deutschland Bezug, für die „der Begriff der Nation konkret und durchaus nicht inhaltslos war. Auch als die Deutschen keinen gemeinsamen Staat hatten, waren sie für Engels, Marx und Lassalle doch ein deutsches Volk, eine Nation im geteilten Vaterland." (Brandt, Peter 2014: 205)

Zu Trennung und Zugehörigkeit sagte Carlo Schmid, zwei Staatsnationen könnten sich „[...] sehr wohl einer Schicksalsnation zugehörig fühlen, wenn sie sich nämlich, ungeachtet der Staatsideologie der Machthaber, durch die Bejahung gleicher Grundwerte und im Bewußtsein gleicher Herkunft als im Wesen identisch empfinden." (Schmid 1979: 847)

Viele von denen, die sich für die wahren geistig-politischen Erben von Marx und Engels hielten, empfanden das anders. In einem Interview mit der Wochenzeitung „Die Zeit" sagte Otto Reinhold, Rektor der Akademie für Gesellschaftswissenschaften beim ZK der SED, im November 1987, vielleicht gebe es noch einige Ähnlichkeiten, eine gesamtdeutsche Identität würde aber nicht mehr existieren.[5] Zwei Jahre später wurde die „Berliner Mauer" geöffnet, gab es eine friedliche Revolution in Ostdeutschland und etwas später den Ruf: „Wir sind ein Volk!"[6] Bemühungen der Bundesrepublik, ein gesamtdeutsches Gemeinschaftsgefühl zu fördern und Anstrengungen der DDR, es zu reduzieren, sie waren über Jahrzehnte hinweg beide der Beweis für dessen Bedeutung.

Es ist kurios, dass Erich Honecker vorgeworfen wurde, er sei zu westdeutsch und es nachträglich – oft gehässige – Vorwürfe an Politiker:innen der Bundesrepublik gab, sie seien vom Einigungsglauben abgefallen. In der Führung der SED-DDR wurde von einigen Honecker ein gesamtdeutsches Zusammengehörigkeitsgefühl, gar eine Westorientierung unterstellt, die der Kohäsion des eigenen Staates abträglich sei. Drastisch soll dies 1983 Werner Krolikowski, Mitglied des Politbüros der SED, ausgedrückt haben: „Honecker betrachtet als Saarländer die BRD als seine Heimat. [...] Es ist eben ein Paradoxon, dass ein eingefleischter Westdeutscher an der Spitze der DDR steht." (Przybylski 1991: 352)

---

[5] *Die Zeit*, 20. November 1987, S. 10.
[6] Zum Zusammengehörigkeitsgefühl, besonders zu Einstellungen junger Menschen in der DDR, siehe u. a. Förster 1995.

Auch im Westen existierten viele durchaus verständliche Fehleinschätzungen bezüglich einer Vereinigung Deutschlands, aber es gab kontinuierlich Bemühungen, das Gemeinschaftsgefühl zu fördern. Viele der damaligen Äußerungen basierten vielleicht auf einem resignierten Verantwortungsgefühl gegenüber der eigenen Bevölkerung und sie wirkten beruhigend auf das Ausland. Der spätere Bundeskanzler Gerhard Schröder erklärte im Juni 1989, nach vierzig Jahren Bundesrepublik solle man eine neue Generation in Deutschland nicht über die Chancen einer Wiedervereinigung belügen, denn es gebe sie nicht. (Schroeder 2006: 104) Er glaubte nicht, dass eine Wiedervereinigung, „[...] gedacht als die einfache Zusammenführung der beiden deutschen Staaten, eine historische Chance für uns ist." (Sturm 2008: 234) Nach seiner Auffassung habe man für eine solche Form der Vereinigung keinen Partner, weder im Osten, noch im Westen. „Die Chance, die wir haben, Einheit als die historische Möglichkeit zu bewahren, besteht ausschließlich darin, die territoriale Trennung, die nach dem 2. Weltkrieg entstanden ist, zu akzeptieren [...]" (Ebd S. 235) Was Schröder Mitte 1989 sagte, war damals Mehrheitsmeinung in der Bundesrepublik, dann aber veränderten sich die Dinge sehr schnell und es gab Partner in Ost und West.

Wer die Vereinigung Deutschlands für unwahrscheinlich, gar unmöglich hielt, war nicht gegen sie. Oft wird in diesem Zusammenhang auf eine Rede von Willy Brandt vom September 1988 verwiesen, in der er die Forderung nach Wiedervereinigung als die „spezifische Lebenslüge der zweiten deutschen Republik" bezeichnete. Egon Bahr soll diese Formulierung in das Manuskript geschrieben haben. (Schöllgen 2001: 266) Für ihn hatten Stabilität und eine europäische Friedensordnung eindeutig Priorität vor neuen Spinnereien, einer Fortsetzung der Lebenslüge und Heuchelei. (Vogtmeier 1996: 320) Später hat Bahr mehrfach gesagt, als die Situation dann da war, habe er sie nicht erkannt. Wohl kaum jemand hatte bis Spätherbst 1989 „die Situation" klar gesehen, obwohl in der Sowjetunion sowie in den USA die Zeichen der Zeit bereits erkannt und anders gedeutet wurden.[7]

Oft wird Angehörigen der SPD der Vorwurf gemacht, die Vereinigung nicht mehr gewollt zu haben und sie hat große Anstrengungen unternommen, diesen zu entkräften, um nachzuweisen, dass sie in der entscheidenden Phase sehr wohl für die Einigung war. (Vogel/Eppler/Thierse 2014) Auch in der CDU hielten viele eine Wiedervereinigung Deutschlands für unrealistisch. Auf dem Bundesparteitag im Juni 1988 wurde ein Antrag gestellt, die Passage über den Auftrag zur Einheit aus dem Parteiprogramm zu streichen. Der Antrag wurde abgelehnt. (Sturm 2008: 232) Im Bericht der Bundesgeschäftsstelle als Anlage zum Bericht des Generalsekretärs für den Parteitag steht die übliche Formulierung, eine Art Mantra:

> In freier Selbstbestimmung die Einheit und Freiheit Deutschlands zu vollenden, wird als zentrales Ziel der Deutschlandpolitik herausgestellt. Konrad Adenauers Satz „Die Wiedervereinigung

---

7 So z. B. US-Botschafter Vernon Walters, siehe vorn S. 37.

Deutschlands in Freiheit war und ist das vordringlichste Ziel unserer Politik" bestimmt Tradition und Zukunft der Deutschlandpolitik der CDU.[8]

Es wäre ungerecht, Zitate von Brandt, Schröder und anderen im Nachhinein zu kritisieren. Als sie gemacht wurden, hatten Stabilität und Frieden in Europa sowie eine fortschreitende Normalisierung zwischen Ost und West in Deutschland absoluten Vorrang. Eine konkrete Planung der Wiedervereinigung, so damals die einhellige Ansicht, könnte unkontrollierbare Entwicklungen auslösen, auch für das Zusammengehörigkeitsgefühl im geteilten Deutschland. Diese Einschätzungen waren durchaus verständlich, beruhigend für das Ausland und förderlich für das deutsche Gemeinschaftsgefühl, nach dem Motto, wenn also die Teilung noch lange andauern wird, dann sind Begegnungen und Zusammenarbeit umso wichtiger.

Nur sieben Prozent der Bevölkerung der Bundesrepublik erwarteten im Frühjahr 1989, dass sie eine Vereinigung noch erleben würden. (Glaab 1999: 144) Anderthalb Jahre zuvor, im Zusammenhang mit dem Besuch von Erich Honecker in der BRD waren es lediglich drei Prozent. (Jansen 1989)

Willy Brandt sagte im Januar 1971: „Die deutsche Nation bleibt auch dann eine Realität, wenn sie in unterschiedliche staatliche und gesellschaftliche Ordnungen aufgeteilt ist."[9]

Über die generelle Aussage dieses Satzes und dessen Schlussfolgerungen würde sich eine unvoreingenommene Debatte in der VR China sicher lohnen. Was sich nicht mehr als zusammengehörig empfindet, sollte nicht zusammengezwungen werden.

7.2 Chinesischer Nationalismus

Der Feststellung von Herrmann-Pillath ist zuzustimmen: „Das alte China war ein Reich, das neue China will eine Nation sein." (Herrmann-Pillath 1995: 123)[10] Damit war China sehr erfolgreich. Es ist längst nicht mehr eine Handvoll loser Sand auf einem flachen Teller, wie einst der Republikgründer Sun Yat-sen beklagte. Mit unterschiedlicher Akzentsetzung findet sich die Betonung einer zivilisatorischen Rolle ihrer Nation auch bei chinesischen Autoren. (Zhang 2016) Die Modernisierung der VR China ist seit 1980 mit beeindruckendem Tempo vorangeschritten und die Anfänge sind schon fast

---

8 https://www.Kas.de/c/document_library/get_file?uuid=aa92f048-8a55-918a-bf18-04b53ba44a66&-grouppld=252038. S. 10. Eingesehen am 03.10.2021.
9 Bericht zur Lage der Nation von Bundeskanzler Willy Brandt am 28. Januar 1971, Bulletin, Presse- und Informationsamt der Bundesregierung, Nr. 12 vom 29.01.1971, S. 112. Zu dieser Problematik siehe auch Janßen 1976.
10 Zum chinesischen Nationalismus und zum Wandel vom Reich zum Nationalstaat bzw. dem Selbstverständnis, primär eine Zivilisation zu sein, siehe auch Kallgren 1990. Von genereller Bedeutung ist in diesem Zusammenhang noch immer das klassische Werk von Emerson (1974).

in Vergessenheit geraten. Mao Zedong proklamierte am 1. Oktober 1949 die Volksrepublik u. a. mit den Worten: Das chinesische Volk hat sich erhoben.

In der VR China werden die Jahrtausende alte Zivilisation und Kultur oft hervorgehoben, denn sie seien ein wichtiger politischer Bestimmungsfaktor des „Einen Chinas", deshalb auch die permanente Forderung an Taiwan, sich zu diesem zu bekennen. Der Faktor Zeit und die unvergessene, speziell interpretierte Vergangenheit als Anleitung für die Zukunft, sie spielen eine wichtige Rolle in dem Konzept von Macht sowie für deren flexible aber auch dogmatische Anwendung. (Ferguson/Dellios 2017)

Chou Yu-sun verglich traditionelles Verhalten mit dem in der VR China und differenzierte zwischen Nationalismus und Patriotismus (Chou 1996). In der Vergangenheit war Nationalismus in China mehr zivilisatorisch, kulturell, als nationalstaatlich-politisch geprägt. Es gibt die Ansicht, dass früher in China Nationalismus nicht existierte, denn es sei Kulturalismus, der traditionelles Denken durchdrang, weil chinesische Kultur der Bezugspunkt für die Loyalität der Menschen war. (Levenson 1967: 108) Lucian Pye argumentierte, dass chinesischer Nationalismus auch in der modernen Zeit durch den Glauben aufrechterhalten werde, dass die chinesische Kultur und Zivilisation einzigartige Werte hätten, die die Essenz chinesischer Überlegenheit seien. (Pye 1985: 195. Pye 1990 und 1993) Zhao Suisheng sieht den Nährboden für chinesischen Nationalismus in den Gefühlen von Demütigung und Stolz. (Zhao 2000 und 2014) Diese Kombination ist auch anderswo zu finden, z. B. in Irland, Korea, Polen und Ungarn. In einigen Staaten ist ihm eine starke Dosis Überlegenheitsgefühl beigegeben, wie in China, wo aggressiver Nationalismus von der KP ermutigt, manipuliert und politisch eingesetzt wird. (Gries 2004. Scalapino 1999: 14. Zheng 1999)

Während allem Auf und Ab in der chinesischen Geschichte bildeten Kultur und Kulturstolz ein starkes Fundament, egal wie groß die direkte individuelle Teilhabe an ihnen war. Als Reaktion auf beschleunigte Modernisierung und Auswirkungen der Globalisierung, die nationale Souveränität durchdringen und scheinbar nationale Identität und gesellschaftliche Stabilität gefährden, schlagen Intellektuelle ihrer VR China vor, einen selbstbestimmten Pfad der Modernisierung zu beschreiten, der sich fest auf kulturelle Traditionen stützt. „Deshalb ist die Grundeinstellung chinesischer Neokonservativer nicht Xenophobie, sondern das Verlangen nach einer Neueinschätzung der nationalen Kultur." (Spakowski 2000: 498) Der Aufstieg Chinas im 20. und 21. Jahrhundert wird als wohlverdiente sowie selbstverständliche Rückkehr zu früherer höchster Blüte und Macht gesehen.

China und die Selbstbestimmung nationaler Minderheiten

China ist ein Vielvölkerstaat und deshalb waren und sind „nationale Minderheiten" bzw. Nationalitäten ein wichtiges Thema. In der Frühphase der kommunistischen Bewegung gab es zu diesem Thema andere Positionen, eventuell aus prinzipieller Überzeugung und wohl auch wegen der Notwendigkeit, Verbündete zu gewinnen. In der

Resolution des 1. Allchinesischen Rätekongresses zur Frage der Nationalen Minderheiten in China vom November 1931 steht, „[...] daß die Chinesische Räterepublik kategorisch und bedingungslos das Recht aller nationalen Minderheiten auf Selbstbestimmung anerkennt!" (Hinz 1973: 501) Deshalb, so in der Resolution, haben die werktätigen Massen der Nationalitäten, gemeint waren Mongolei, Tibet und andere, das Recht, „[...] selbst zu bestimmen: wollen sie aus der Chinesischen Räterepublik austreten und ihren eigenen unabhängigen Staat gründen, oder wollen sie dem Bund der Räterepubliken beitreten, oder ein autonomes Gebiet in der Chinesischen Räterepublik bilden." (ebd.) Ein Jahr später wird in Artikel 14 der Verfassung der Chinesischen Räterepublik den nationalen Minderheiten das Selbstbestimmungsrecht zuerkannt, sie haben das Recht auf Austritt, auf Sezession. (Kun 1934: 17. Heuser 1979: 323) Wichtig ist in diesem Zusammenhang eine Einschränkung, wie sie schon in der Resolution steht, denn dieses Recht wird nur den „werktätigen Massen der Nationalitäten" zugebilligt. (Ludwig 2009: 36 f.) Diese reduzierte Zuerkennung findet dann ihre Fortsetzung in der Trennung, wer zum Volk gehört und wer nicht. Volk ist nicht gleich Volk, denn Mao Zedong unterschied in seiner Rede „Über die demokratische Diktatur des Volkes" vom 30. Juni 1949 zwischen denen, die zum Volk gehören und Volksfeinden, z. B. Reaktionären, die nicht dazugehören. (Mao 1969) Für die Führung der VR China sind Menschen auf Taiwan grundsätzlich zwar Landsleute, aber die, die für eine Unabhängigkeit eintreten, werden nicht dem chinesischen Volk zugerechnet, denn sie sind dessen Feinde.

Die VR China ist ein Vielvölkerstaat mit über 50 anerkannten Minderheiten. Seit ihrer Gründung haben die Nationalitäten kein Selbstbestimmungsrecht, denn sie werden als integraler Bestandteil des Staates angesehen, deshalb wird auch verstärkt die Durchsetzung der chinesischen Sprache in Gebieten von Minderheiten forciert. Die Han-Chinesinnen und -Chinesen machen über 90 Prozent der Gesamtbevölkerung aus, allerdings umfassen die Gebiete von Minderheiten einen großen Teil des Territoriums, sie bilden eine Art Halbkreis: u. a. Miao, Tibeter, Uighuren in Xinjiang, Hui in Ningxia, Mongolen und Mandschuren. Staatlich geförderte Umsiedlungsprogramme haben dazu geführt, dass in den Großstädten der Minderheitsgebiete zunehmend Han-Chinesen und -Chinesinnen leben und auch das Wirtschaftsleben dominieren.

Die Einheit von Nation und Staat stehen im Vordergrund. Nationalen Minderheiten wird eine begrenzte Autonomie zugebilligt, nicht die Schaffung eines eigenen Staates. Regierung und Bevölkerung der VR China sind der Meinung, da Taiwan immer zu China gehört habe, sollten sich die Menschen dort auch so fühlen, „wie wir". Diese ahistorische Sichtweise ignoriert, dass China und Taiwan seit fast 130 Jahren unterschiedliche Wege gehen. Der Niedergang des Kaiserreiches, gescheiterte Reformen, Bürgerkriege, die schwache Republik, der Überfall durch Japan, die turbulenten Jahre der Volksrepublik, all das sind Ereignisse, die in China stattfanden, an denen Menschen auf Taiwan keinen Anteil hatten. Seit 1947 spüren sie aber Konseqenzen der Niederlage der Republik China auf dem Festland auf ihrer Insel.

Unterschiedliche Haltung der VR China zu staatlichen Neugründungen und Unabhängigkeit

Welche Haltung hat die VR China zu Fragen von Nation, Selbstbestimmung und Unabhängigkeit international? Im privaten Leben wie in der Politik sind das Wichtigste an Prinzipien die Ausnahmen.

Die völkerrechtliche Anerkennung eines Staates durch andere ist eine Frage politischer Opportunität, das gilt auch für die VR China. Was deren Einstellung zu Selbstbestimmung und Loslösung angeht, sind die Anerkennung von Bangladesch und das Auseinanderbrechen des früheren Jugoslawiens interessant. Die VR China legte als Mitglied des Sicherheitsrates am 25. August 1972 ein Veto gegen die VN-Mitgliedschaft von Bangladesch ein, das erst am 17. September 1974 Mitglied wurde und mit dem Peking 1976 Botschafter austauschte. In dem im Februar 1972 unterschriebenen Shanghai-Communiqué listete die Volksrepublik als ihre Grundsätze u. a. auf: Länder wollen Unabhängigkeit und Nationen wollen Befreiung. Bangladesch aber war durch einen Bürgerkrieg und Sezession von Pakistan entstanden, deshalb votierte Peking erst gegen eine Mitgliedschaft in den VN. Es hat sich später inoffiziell entschuldigt, als dies politisch opportun erschien. Mit der diplomatischen Anerkennung von Montenegro akzeptierte Peking eine Trennung durch Volksabstimmung. Die VR China hat zu den unabhängig gewordenen Staaten diplomatische Beziehungen aufgenommen, die früher Jugoslawien bildeten. Slowenien, Bosnien und Kroatien sind das Ergebnis von Bürgerkriegen mit ausländischer Intervention. Im Gegensatz dazu entstand Montenegro durch eine friedliche Trennung von Serbien, die ein Plebiszit legitimierte. Bei der ČSSR erfolgte die Trennung auch friedlich, aber ohne Volksabstimmung. (Hertig 2001)

> Als sich 1993 die Tschechoslowakei in die Tschechische Republik und die Slowakische Republik aufteilte, wurde diese Veränderung einwandfrei von China akzeptiert. Beide neuen Republiken wurden von Peking anerkannt und die Übertragung aller von China abgeschlossenen bilateralen Verträge mit der früheren ČSSR auf die beiden neuen Staaten akzeptiert. Obwohl die Volksrepublik sich eines expliziten Kommentars enthielt, kann die Teilung wohl kaum Zustimmung gefunden haben, in Anbetracht der großen Bedeutung, die Chinesen der territorialen Integrität von Staaten beimessen. (Fürst/Pleschová 2010: 1367)

Eine klare Linie über einen längeren Zeitraum hinweg ist nicht zu erkennen, es sei denn, die Haltung gegenüber Taiwan wird als klare Linie betrachtet.

Sind diese diplomatischen Anerkennungen durch Peking als implizite Akzeptanz zu werten, dass in bestimmten Fällen eine „politische Scheidung" hingenommen wird, wenn sie die Zustimmung des überwiegenden Teils der Bevölkerung gefunden hat? Das wäre ein positiver Aspekt. Ein negativer Aspekt steckt in der Formulierung des Communiqués zur Aufnahme diplomatischer Beziehungen, in der Montenegro jeglicher offizielle Kontakt zu Taiwan untersagt wird. Kosovo ist ein anderer erwähnenswerter Fall. Die VR China hat Ost-Timor als erster Staat nach Ausrufung der Unabhängigkeit am 20. Mai 2002 diplomatisch anerkannt. In dem Communiqué bekennt sich

Ost-Timor zum „Ein-China-Prinzip" und erkennt an, dass Taiwan zu China gehört. Die VR China hat das Kosovo nicht diplomatisch anerkannt und gegen dessen Aufnahme in die VN gestimmt.[11]

Serbien schlug für das Kosovo eine Art „Hongkong-Lösung" vor, andere ein „deutsches Modell", einen Grundlagenvertrag, der die Statusfrage offenlässt. In diesem Zusammenhang wurden auch die zwischen Schweden und Finnland gelegenen Åland-Inseln erwähnt, eine Provinz Finnlands mit 26.530 Einwohner:innen, die offizielle Sprache ist Schwedisch; die Inseln haben eine extensive Autonomie und finnische Bürger eingeschränkte Rechte. Die EU hatte keine einheitliche Position zur „Kosovo-Frage" und es bildete sich das Konzept einer „überwachten Unabhängigkeit" heraus. Faktisch ist Kosovo zu einer Art Protektorat der EU geworden, wurde aber von fünf ihrer Mitgliedstaaten nicht anerkannt, unter ihnen Spanien, vermutlich wegen Sezessionsbestrebungen in Katalonien und auch von Zypern nicht, wegen der eigenen Teilung. Serbien strebt die Mitgliedschaft in der EU an, muss dafür aber eine Lösung seiner Beziehungen zum Kosovo finden. Die VN-Resolution des Sicherheitsrates Nr. 1244 vom 10. Juni 1999 betont die Souveränität und territoriale Unverletzlichkeit der Bundesrepublik Jugoslawien; Serbien wird als deren Rechtsnachfolger betrachtet. Diese Resolution, bei deren Abstimmung sich die VR China der Stimme enthielt, regelt die Übergangsverwaltung des Kosovo. Sie gibt Serbien quasi ein Veto, was den zukünftigen Status vom Kosovo betrifft, genau wie es die VR China gegenüber Taiwan beansprucht.

Veränderung des Selbstverständnisses auf Taiwan

Eine Empfindung für Unterschiede zwischen Taiwan und dem Festland entstand auf der Insel spätestens während der Zeit als Kolonie Japans (1895–1945), sie wurde durch das undisziplinierte Verhalten chinesischer Soldaten nach 1945, durch die Korruption der Regierungspartei KMT sowie durch den Aufstand vom Februar 1947 intensiviert. Das langjährige Militärregime verhinderte jedoch ihre politische Entfaltung. Ein deutlicher Wandel in der Bewusstseinsveränderung setzte erst ab 1988 während der Amtszeit von Präsident Lee Teng-hui ein. Seither gibt es ein wachsendes Taiwanbewusstsein. Die intensiven Wirtschaftsbeziehungen mit der Volksrepublik bewirkten ein Identitätsparadox. Chao Chien-min beschrieb es wie folgt. Einerseits habe Taipei die Formel von „zwei politischen Einheiten (Gebilden)" angenommen, um die Beziehungen über die Taiwan-Straße zu fördern, andererseits fixiere es die Identität auf die „Republik China auf Taiwan." Er stellte ebenfalls fest, dass durch die Ausweitung die-

---

11 Zur Problematik der Anerkennung von Eigenstaatlichkeit, der Mitgliedschaft in den VN, besonders der des Kosovo, siehe Efevwerhan 2012, der bezüglich dessen Nichtmitgliedschaft auch Ähnlichkeiten mit Taiwan sieht. (S. 130)

ser Beziehungen ihre Republik-China-auf-Taiwan-Identität schwächer werde und sich immer mehr zu einem „Taiwan auf Taiwan" entwickele. (Chao 1994: 11)

Auf Taiwan gibt es seit einigen Jahrzehnten einen Prozess der Nationfindung und der Identitätsklärung. Es geht um eine Art Selbstvergewisserung, die die starken chinesischen Einflüsse nicht leugnet, aber andere vermehrt in den Blick nimmt. In diesem Zusammenhang fällt es Menschen auf Taiwan schwer zu sagen, was/wer sie sind, aber leichter zu erklären, was sie nicht sein wollen. Wu Rwei-Ren interpretiert dies als Gegenkraft zu zentralisierten kolonialen und geopolitischen Zentren, die eine nationalistische Mobilisierung an deren Peripherien bewirken, so zum Beispiel auf Taiwan, Okinawa und in Hongkong. Er nennt sie humorvoll „Lilliputanerträume". (Wu 2016) Allerdings ist Taiwan etwas größer als Baden-Württemberg oder Belgien und hat mit fast 24 Millionen Menschen mehr als doppelt so viele Einwohner; es ist kein „Zwergstaat".

Tsai Chang-Yen unterscheidet zwischen drei Arten von Taiwanidentität: national, ethnisch und Parteienidentifikation.

> Allgemein gesagt, taiwanesische Identität entwickelte sich aus gemeinsamen kulturellen und historischen Verbindungen mit Festlandchina, sie wurde aber umgewandelt durch Erfahrungen der Inselbevölkerung mit unterschiedlichen politischen Systemen, Veränderungen der Umwelt und dem Einfluss starker Führerschaft. (Tsai 2007: 3)

Während dem Kriegsrecht war das Bildungssystem nicht darauf angelegt, über die Geschichte der Insel differenziert zu informieren, es war inhaltlich auf das Festland ausgerichtet. In den Schulen wurde z. B. mehr über Geschichte, Flüsse und Berge auf dem Festland unterrichtet, als über die Geografie der Insel. Für mehrere Generationen war diese Erziehung prägend. Erst mit Beginn der 1990er Jahre, wie das Schaubild auf S. 437 zeigt, verstärkte die latent bereits vorhandene Abwehrhaltung eine Taiwanidentität, die sich aus Rückbesinnung und Neuorientierung speist. Chiou Hsien-hsü meint, für viele Taiwaner:innen, die eine „KMT-Erziehung" durchlaufen hatten, gab es eine Veränderung der Identität und zwar vom völligen Zusammenbruch sowie deren Dekonstruktion hin zu einem Prozess einer Rekonstruktion. (Chiou 2022: 26) Es war nach Meinung von Lee Teng-hui ein schwieriger und noch lange nicht abgeschlossener Prozess, aber es sei bereits ein „neues Taiwan" entstanden und dies hätte er der Führung der Volksrepublik gern erläutert. Präsident Lee machte diese Äußerung in einem Gespräch, das im Mai 1994 in der japanischen „Asahi Wochenzeitschrift" mit der Überschrift erschien: „Der Kummer, als Taiwaner geboren zu sein." Trotz vieler Gemeinsamkeiten mit China stellte Lee fest: „Taiwan ist eigentlich ein neuer Staat, ein Platz, der den Menschen auf Taiwan gehören muss." (Shih 2003: 96) Für Jiang Zemin war dieses Interview von Lee ein zusätzlicher Anlass, am 30. Januar 1995 die „Acht Punkte" zu verkünden.[12]

---

[12] Zu den „Acht Punkten" siehe vorn S. 293 ff.

Identität und Identitätswandel auf Taiwan

Die Bevölkerung Taiwans hat stärkere kulturelle und historische Ähnlichkeit mit China, als einige der nationalen Minderheiten in der Volksrepublik, aber wegen der getrennten Entwicklung bildete sich auf Taiwan allmählich eine eigene Identität.[13] Nach der erfolgreichen Niederschlagung des Widerstandes gegen die Kolonialmacht gelang Japan ab 1900 der umfassende Aufbau. Erstmals gab es eine effektive Verwaltung für die gesamte Insel, was dem Kaiserreich China vorher nie gelungen war. Der Aufbau von Wirtschaft und Infrastruktur erfolgte aus kolonialem Eigeninteresse. Aber das neue Transport- und Kommunikationssystem (Post, Telefon, Medien) sowie der grundlegend verbesserte Bildungssektor bewirkten eine ganz Taiwan umfassende gesellschaftliche Integration. Die Bevölkerung profitierte von der Modernisierung, wurde aber diskriminiert, was zum Entstehen eines Taiwanbewusstseins, zu einer Art antijapanischem Nationalismus beitrug. Es gab eine beträchtliche Bandbreite, von Bewegungen wie „Taiwan für Taiwaner" bis hin zur kleinen Kommunistischen Partei Taiwans.

Die Ereignisse des 28. Februar 1947 und der darauf folgende „Weiße Terror" bewirkten eine starke Entfremdung zwischen Taiwanern und Festländern. Viele empfanden die Zeit ab 1947 als Fremdherrschaft und eine Erniedrigung der taiwanischen Sprache, Kultur und Tradition. In den Jahren seit 2000 werden taiwanische Wurzeln stärker betont und es gibt Bemühungen, die historischen und ethnischen Kontakte zum pazifischen Raum stärker in den Vordergrund zu stellen.

Erst sehr spät konnte mit der Aufarbeitung der neueren Geschichte Taiwans begonnen werden. Karl W. Deutsch nannte Identität die Anwendbarkeit von Erinnerungen. Die Jahrzehnte des Kriegsrechts verhinderten eine Anwendbarkeit, erst mit beginnender Demokratisierung wurde sie öffentlich möglich und politisch wirksam; es gibt noch immer viel Nachholbedarf.

Im Rahmen der Demokratisierung vollzieht sich ein Wandel, der aber auch als „Desinisierung" kritisiert wird. (Fleischauer 2008: 342 f.) Die VR China verlangt von Taiwan ein eindeutiges Bekenntnis der Zugehörigkeit zu dem einen, dem gemeinsamen China. Das ist eine besitzergreifende Aufpfropfung zur „[...] eigenen Versicherung und der Abgrenzung von anderen Identitäten in Form einer Art essentialistischen Geste." (Narr 1999: 102) Es ist eine der kollektiven Festlegungen, die „[...] zur herrschaftlichen Identifikation von Menschen und deren Steuerung benutzt werden." (Ebd. S. 105) Diese Forderung wird immer nachdrücklicher erhoben, zu einer Zeit, in der sich auf Taiwan durch Demokratisierung politische Mitwirkung hin zu mehr Teilhabe entwickelt und in der VR China sowie in Hongkong Bevormundung und Überwachung verstärkt werden.

---

[13] Noch immer lesenswert zur Herausbildung und zu Auswirkungen taiwanischer Identität sind die drei Artikel einer Studie des Woodrow Wilson Center. (Wilson 2003)

Umfragen

Bei Umfragen auf Taiwan über dessen Zukunft, sind immer auch Fragen nach der Identität zu beachten. (Shen 2022: 84) Die Zahl der Menschen, die sich als Taiwaner:innen bezeichnen nimmt zu, die derjenigen, die ihre Identität als chinesisch nennen, nimmt ab. Es ist ein seit Jahren zu beobachtender stetiger Trend. Shen Shiau-Chi führt den Rückgang der „chinesischen Identität" weniger auf den Anstieg der taiwanesischen zurück, sondern darauf, dass eine Wiedervereinigung unter den Auspizien der Republik China illusorisch erscheint und deshalb auch die Beibehaltung einer chinesischen Identität auf Taiwan verzichtbar ist. (Shen 2013) Das ist eine verkürzte Interpretation. Drohungen und Demütigungen der VR China gegenüber Taiwan und die Wertschätzung des eigenen sozio-politischen Systems auf der Insel, Diskussionen über die Vergangenheit sowie ein steigendes Selbstwertgefühl tragen hauptsächlich zur Festigung einer Taiwanidentität bei, besonders bei der jüngeren Generation.

Das Selbstverständnis der Bevölkerung und der Status der Republik China auf Taiwan, sie haben gesellschaftliche, psychologische, politische und völkerrechtliche Brisanz. Die Eliten, die politische Klasse, Parteien und die Gesellschaft Taiwans insgesamt, sie können sich nicht darauf einigen, wer sie sind und was ihr Staat ist. Fühlt sich jemand eher als Chinese, als Taiwanerin, oder beides, oder als Taiwaner:in mit entfernten Vorfahren vom Festland, oder als jemand mit Ureinwohnern im Stammbaum, die polynesische Wurzeln hatten? Das jeweilige Selbstverständnis hat auch Auswirkungen auf die Haltung zu Wiedervereinigung und Unabhängigkeit.

Im Jahr 2004 stammten nur 14 % der Bevölkerung Taiwans von Personen ab, die zwischen 1945 und 1949 hauptsächlich als Flüchtlinge vom Festland auf die Insel kamen. 2016 bezeichneten sich 8 % der Bevölkerung als „Festländer:innen." Auf Taiwan existiert eine alte, eigenständige Kultur, die spätestens ab 1949, vor allem durch Bemühungen im Erziehungswesen, durch einen verordneten chinesischen Nationalstolz überlagert wurde, was bis Ende der 1980er Jahre durchaus erfolgreich war. Dem wachsenden Taiwanbewusstsein (Gescher 1997) stellte die KMT dann das Konzept des „neuen Taiwanesen" gegenüber, er sei in der chinesischen Kultur und Tradition verwurzelt, aber in der neuen Gesellschaft Taiwans lebend. Wie die folgende grafische Darstellung zeigt, ist das Bekenntnis zu dieser Doppelidentität rückläufig. (Linie mit Punkten.) Je nach Umfrage sind die Angaben unterschiedlich, hier wurde die des Election Study Center der National Chenchi University benutzt, auch weil sie einen längeren Zeitraum erfasst.[14]

---

14 https://www.esc.nccu.edu.tw/PageDoc/Detail?fid=7800&id=6961. Eingesehen am 17.01.2024.

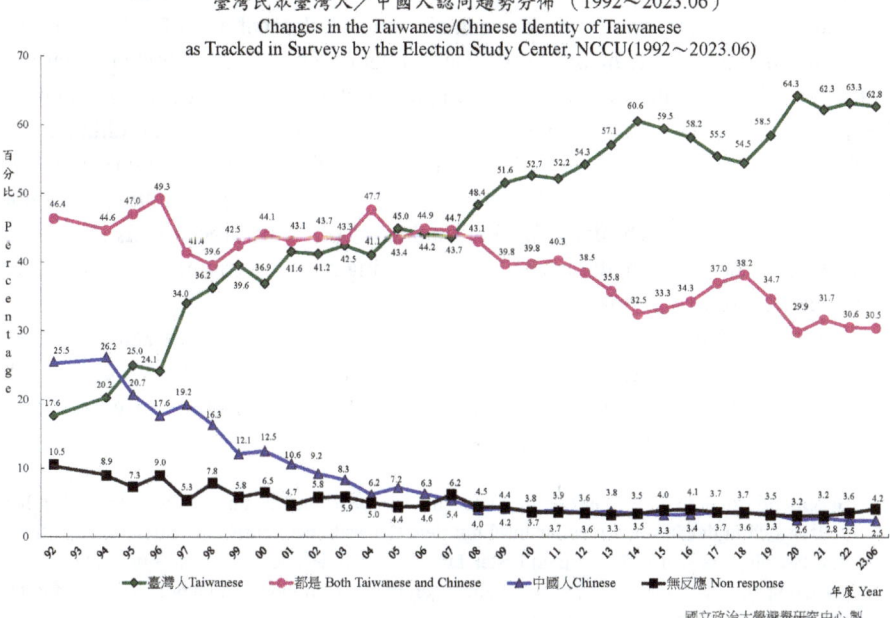

Graphik 11: Veränderungen bei der taiwanischen/chinesischen Identität auf Taiwan

Die Identität spielt auch eine Rolle bei der Bewertung von Zukunftsoptionen. Im Mai 2022 führte der Taiwan Real Survey eine Umfrage durch, einige der Ergebnisse sind: 82 Prozent der Befragten waren der Meinung, die Republik China und die Volksrepublik seien einander nicht untergeordnet, 83,6 Prozent waren dagegen, dass Taiwan ein untrennbarer Teil von China sei und sie waren gegen das „Ein-China-Prinzip". Rund 70 Prozent lehnten das Konzept „Ein Land, zwei Systeme" ab. (Chen Yf 2022)

Mehr Kontakte, aber weniger Gemeinschaftsgefühl

Die ab 2008 verstärkten direkten Kontakte wirkten auf das Zusammengehörigkeitsgefühl unterschiedlich. Viele aus Taiwan engagierten sich wirtschaftlich auf dem Festland und Millionen von Touristen aus der VR besuchten die Insel. Es kam zu Missverständnissen und Spannungen, einige Wirtschaftsbereiche, Tourismus, Hotels, gerieten in Abhängigkeit. Durch die Wirtschaftsaktivitäten auf dem Festland verlor Taiwan an Steuereinnahmen, Investitionen und Sachverstand, es bewirkte bei vielen auf der Insel erneut das Gefühl, „Chinesen zweiter Klasse" zu sein.

Seit 2016, seit der Amtszeit von Präsidentin Tsai, verringerten sich die Kontakte, erhöhte die VR ihren Druck auf Taiwan und setzte dessen internationaler Mitwirkung noch engere Grenzen, was ein Zusammengehörigkeitsgefühl gewiss nicht verstärkt. In

Debatten darüber, was „ein China" bedeutet, stehen historisch-kulturelle Aspekte nicht im Vordergrund, wie es mit der gemeinsamen Kulturnation in Deutschland der Fall war, sondern es bleibt die legalistische Ebene der völkerrechtlichen Anerkennung, das „Ein-China-Prinzip", was eindeutig nachteilig für Taiwan ist und mit der bisher praktizierten Definition keinen Raum für Kompromisse lässt. Die VR China ist bestrebt, Taiwan international zu isolieren, um zu erreichen, dass es anerkennt, Teil Chinas zu sein, was zu einer Wiedervereinigung führen soll. Diese Haltung, und seine Bewohner, soweit sie sich nicht für eine Unabhängigkeit aussprechen, als „Landsleute" (同胞們) zu bezeichnen, die Insel aber gleichzeitig zu isolieren und international zu demütigen, ist kontraproduktiv.

Bei Berücksichtigung der Umwege über „Steueroasen" waren es zeitweise rund 70 % der Auslandsinvestitionen taiwanischer Unternehmer, die in der VR China getätigt wurden. Aber was Identität anbelangt, so geht die Entwicklung in eine andere Richtung, wie Jürgen Kahl 2017 feststellte:

> Gegenläufig zu dem dichten Beziehungsnetz, das sich zwischen Taiwan und China entwickelt hat, vollzog sich in der Bevölkerung der Insel mit dem Generationswechsel ein Wandel im Identitätsbewusstsein, das sich nicht mehr in erster Linie ethnisch definiert, sondern – in deutlicher Abgrenzung zu China – von den Lebenserfahrungen in einer offenen und demokratisch verfassten Gesellschaft geprägt ist. (Kahl 2017: 3)

In der VR China ist herrschende Meinung, die Bevölkerung auf Taiwan, das sind unsere Landsleute, außer den „Separatisten". Es mangelt an Kenntnis und Verständnis für diejenigen auf Taiwan, die meinen, „die Festländer" hätten sie schon immer herablassend behandelt. Deshalb gibt es auf dem Festland auch kein ausreichendes Verständnis für den Wandel politischer Stimmungslagen auf der Insel und die wachsende Taiwanisierung wird nicht genügend ernst genommen. (Brown 2004)

Die folgenden zusammenfassenden Bemerkungen sind recht verallgemeinernd, aber dennoch hoffentlich zutreffend. Taiwan fühlte sich 1895 von China verstoßen, dann von Japan modernisiert, aber auch diskriminiert; 1945 freute es sich über die „Rückkehr" zu China, um ab 1947 von der KMT brutal unterdrückt und zwangssinisiert zu werden, was zu einer Taiwanisierung motivierte, die aber durch das Kriegsrecht hinausgezögert wurde. Sie konnte sich erst im Rahmen der Demokratisierung offen entfalten und wird seit einigen Jahren auch durch Drohungen der VR China gefördert. Selbst wenn diese „Förderung" unbeabsichtigt erfolgt, könnte eine verstärkte Taiwanisierung Peking doch einmal als Vorwand dienen, ihr militärisch Einhalt zu gebieten. Bis Ende der 1980er Jahre gab es kaum Reisemöglichkeiten auf das Festland, das Taiwanbewusstsein wuchs unter den Rahmenbedingungen einer Trennung. Im Verlauf der Demokratisierung ab den 1990er Jahren formierte sich immer stärker ein taiwanischer Nationalismus, auch getragen von der Überzeugung, dass Taiwan eine souveräne Gemeinschaft sei, die einen eigenen Staat haben solle. (Wakabayashi 1995: 170) Das ist eine Herausforderung bzw. Zurückweisung des „Ein-China-Prinzips", auch deshalb sind sich die KP Chinas und die KMT einig in der Ablehnung einer Unabhängigkeit Taiwans. Der überwiegende Teil der Bevölkerung auf Taiwan möchte die Beibehaltung und Absicherung des Status quo. Sie gilt als zweitbeste Lösung, da eine de jure-Unabhängigkeit zu gefährlich wäre.

7.3 Korea

Zwischen Identität und Nationalismus ist zu unterscheiden. Es gab wohl so etwas wie eine Identität in der SED-DDR, aber keinen spezifischen Nationalismus. Der DVRK ist eine Kombination von Identität und Nationalismus gelungen, mit starkem Bezug auf die Führerfamilie Kim. Wird diese Staatsideologie ohne die Kim-Dynastie weiterhin Bestand haben? Diese Frage ist nur mit Vermutungen zu beantworten. Es ist unklar, ob und in welchem Maße es noch eine gesamtkoreanische Identität bzw. einen gesamtkoreanischen Nationalismus gibt. Zufriedenstellende Antworten wird es kaum geben, sie wären aber wichtig, auch um Chancen einer Normalisierung und einer zukünftigen Wiedervereinigung halbwegs einschätzen zu können. DeDominicis vermutete, dass es ähnlich den Entwicklungen in Osteuropa in Korea bei einer Vereinigung einen für diesen Prozess wichtigen pan-koreanischen Nationalismus geben werde und er warnte in diesem Zusammenhang vor Antijapanismus sowie vor kriminellen Netzwerken, die von Nordkoreanern gebildet werden könnten. (DeDominicis 2013)

Das, was sich die Mehrheit einer Bevölkerung wünscht und das, was die Führung glaubt, dass es der Wille des Volkes sei, befindet sich gerade bei komplizierten Themen wie Teilung und Vereinigung selten in Übereinstimmung. Korea bietet viele Beispiele für diese Diskrepanz. Im April 1973 sagte Kim Dong Joo, Mitglied des Politbüros, dem Botschafter der DDR in Pjöngjang, das Regime von Park Chung-hee torpediere einen Zusammenschluss, obwohl 80 bis 90 Prozent der Bevölkerung des Südens für eine friedliche Wiedervereinigung seien. (PA AA 21) Ihm war wahrscheinlich nicht bewusst, dass Vorstellungen darüber, was eine friedliche Wiedervereinigung beinhalten sollte, in beiden Koreas sehr unterschiedlich waren und noch immer sind.

Kim Dae-jung hob hervor, Korea sei eine der Nationen in der Welt, wo die ethnische Einheit fast genau mit den natürlichen Grenzen übereinstimme. (Kim Dj 1994: 110) Wegen der Betonung von Sprache und Kultur spricht Kwon Sooncheol von einem kulturellen Nationalismus und Park/Rowan charakterisieren den im Norden als „Garnisonsnationalismus". (Kwon 2016. Park/Rowan 2008: 467) Von den Menschen in der DVRK wird erwartet, dass sie eine Symbiose eingehen mit dem aus der Kim-Familie stammenden Führer, denn nur unter dessen Anleitung könnten sie ihr Potenzial voll entfalten. Trotz gravierender Unterschiede werden Gemeinsamkeiten betont, was das gesamte koreanische Volk angeht, dennoch gab es bisher kaum förderliche Auswirkungen auf Bemühungen um Normalisierung.

Allgemein und besonders bezogen auf die angebliche Notwendigkeit einer Wiedervereinigung wird in China und Korea die Zusammengehörigkeit der Nation betont. Roland Bleiker verweist auf die Kombination von ethnischer Gemeinschaft, dem Sicherheitsbedürfnis und der Interpretation der Teilung in Korea. Das dortige Sicherheitsdilemma beruhe auf einer fundamentalen, aber weitgehend ignorierten Spannung über die Idee einer koreanischen Identität und auf deren unterschiedlicher praktischer Anwendung. Eine fast mythische Vision von Homogenität durchdringe beide Teile Koreas, deshalb werde die Teilung der Halbinsel als eine vorübergehende Unterbrechung der koreanischen Identität angesehen und es dominiere die Vorstellung, eine Vereinigung würde die verlorene nationale Gemeinschaft wiederherstellen. (Bleiker 2001: 123. Grinker 1998: 8 f.) Diese Gleichartigkeit hat allerdings nie verhindern können, dass es in ganz Korea einen ausgeprägten und tief sitzenden Regionalismus gibt. (Frank 2017: 125)

Identität und Nation

Robert M. Kunovich definierte nationale Identität als eine sozial konstruierte Gleichheit, die aus Nationalismus resultiert. (Kunovich 2009) Diese Definition hilft beim Verständnis von Entwicklungen in Korea. Seit der Teilung 1945 und dem Koreakrieg haben sich unterschiedliche Identitäten herausgebildet. Die Differenz zwischen dem verordneten Glauben an eine unzerstörbare Homogenität und die Realität der antagonistischen Konfrontation erklärt die fortwährenden Spannungen zwischen dem Norden und dem Süden sowie die immensen Schwierigkeiten, sie zu verringern, gar zu überwinden.

Von Carlo Schmid gibt es eine Definition von „Nation", mit der Stärken und Schwächen der Entwicklung Koreas verdeutlicht werden können.

> Nation ist das Produkt des Willens, mit allen auf einem gleichermaßen als schicksalhaft zugeordnet empfundenen Gebiet Lebenden zusammengehören zu wollen, um auf Gedeih und Verderb das Schicksal dieser Zuordnung tragen zu können und tragen zu wollen, und damit nicht nur die Geschichte, die andere machen, zu erleiden, sondern selbst Geschichte zu gestalten und zu verantworten, d. h. die Inhalte und Formen der Lebensordnung, die ihr eigen sein sollen, selbst zu bestimmen. (Schmid 1964: 104)

Korea kann seine geografische Lage nicht ändern, es bleibt von fremden Mächten umgeben, die die Halbinsel als Terrain für ihre Auseinandersetzungen um Vorherrschaft in Nordostasien nutzen. Druck von außen kann Loyalität im Innern fördern, aber Teilung verstärkt immer auch Abhängigkeit. Wechselseitige Schuldzuschreibungen für Ursache und Fortbestand der Teilung bewirken eine Konzentration auf Differenzen, wo ein Suchen nach Gemeinsamkeiten für die Überwindung der Teilung oder zumindest eine Reduzierung von deren Auswirkungen sinnvoller und notwendig wäre.

Zwischen beiden Staaten in Deutschland wurden gewiss nicht nur Freundlichkeiten ausgetauscht. Laut Propaganda gab es Revanchisten, Ostritter und Kriegstreiber auf der einen und ein menschenverachtendes Unrechtsregime, nämlich die „DDR", auf der anderen Seite[15], aber im Vergleich zu Korea war die Wortwahl dennoch gemäßigter, die Dämonisierung der jeweils anderen Seite ist dort Teil der Identitätsbildung und -erhaltung. (Moon 1996: 71 f.)

Es ist fraglich, ob in Korea bei der jungen Generation das Gefühl einer gesamtkoreanischen Herkunft noch vorhanden ist, um ein tragfähiges Fundament für eine durch Kompromisse zu erzielende Wiedervereinigung bilden zu können. Der überwiegende Teil der Menschen im Norden und Süden hat sich nicht nur auseinandergelebt, er hat nie zusammengelebt. Ein von Ernest Renan für eine Nation als konstitutiv erachtetes tägliches Bekenntnis zu ihr (Renan 1981: 148) kann in Korea nicht stattfinden. Einerseits wird behauptet, eine gesamtkoreanische Identität bestehe noch, andererseits wird gesagt, die Teilung habe sie unterbrochen, aber die Wiedervereinigung werde sie wiederherstellen. Es ist aber durchaus zu befürchten, dass ein Zusammenschluss die Kenntnisse über Differenzen drastisch vergrößert und Spannungen zwischen beiden Bevölkerungsteilen bei direkten Begegnungen und besonders später dann in Konkurrenzsituationen in prekärer Weise verschärft. Im Vollzug von Normalisierung, vor allem nach einer Vereinigung, würde für beide eine wichtige identitätsfördernde Komponente wegfallen, die Konfrontation gegenüber dem System der anderen Seite. Es kann keine glückliche Heimkehr zu einer „früheren" Normalität geben, denn die gab es nicht. Das Denken in Kategorien des Kalten Krieges ist auf der Halbinsel, bewusst oder unbewusst, noch weitverbreitet.

Ein plötzlicher Zusammenbruch des Nordens wird sowohl erhofft als auch befürchtet; zu dieser Schreckensvorstellung gibt es zusätzlich die nukleare Bedrohung durch die DVRK. Die Nuklearproblematik ist laut Roland Bleiker ein Symptom, nicht die Ursache für die gefährliche Situation. Bei den Beziehungen zwischen beiden koreanischen Staaten ist Konflikt, so Bleiker, zum *modus operandi* politischer Interaktionen geworden. (Bleiker 2001: 132) Es scheint sogar eine gewisse Gewöhnung zu geben, wegen des langen Zeitraumes der Spannungen und weil beide Seiten auf den Konflikt oft mit eingeübten Mustern reagieren können. Würde der Konflikt zur akuten Krise, stellte sich automatisch und dramatisch die Frage nach der Notwendigkeit und Dringlichkeit ihrer Lösung, aber dafür gibt es keine bereits erfolgreich praktizierten Verfahren. Keine Seite machte bisher mit der anderen über einen längeren Zeitraum Erfahrungen mit Verlässlichkeit und Zusammenarbeit. Das daraus resultierende tiefsitzende Misstrauen sowie die permanente Bedrohung sind wesentlich für die Konstruktion, Beibehaltung und Verfestigung von Identität. Diese Hypothek würde auch die Entwicklung nach einer staatlichen hin zur gesellschaftlichen Vereinigung belasten. Nach Roland Bleiker sind zur Überwindung Dialog und die Akzeptanz von Differenzen erforderlich. Die Tolerierung von unterschiedlichen Narrativen verhindere nicht, sich ein klares Urteil über deren Inhalt und Erwünschtheit zu bilden. (Bleiker 2005: 114)

---

15 Zum Sprachgebrauch in den Medien siehe u. a. Riedel 1977, Schlosser 1991 und Scharf 1984.

Mythos des einen Volkes

Offiziell gilt Wiedervereinigung im Norden und Süden als erhabene Mission, quasi eine „heilige" nationale Pflicht. Aber vor Jahren schon gab Samuel S. Kim die noch immer zutreffende Einschätzung: „Die Vorstellung, Korea warte als homogene Nation sehnsüchtig auf die Wiedervereinigung ist ethnozentrischer Romantizismus." (Kim, Samuel 2006b: 11; siehe auch Pollack 2001 und Shin 2006: 185 ff.)

Ein bizarres Beispiel für die Mystifizierung des angeblich alle Differenzen überwindenden und die Realität ausblendenden Zusammengehörigkeitsgefühls ist die Beschreibung der Begegnung zwischen dem aus dem Norden stammenden Moon Sun Myung und Kim Il-sung. Moon, Gründer der umstrittenen „Vereinigungskirche", Geschäftsmann und Vorsitzender der „Universal Peace Federation", berichtet vom Zusammentreffen mit dem Führer der DVRK im Dezember 1991:

> Wir beide umarmten uns gleichzeitig. Ich war ein Antikommunist und er war der Führer einer kommunistischen Partei, aber Ideologie und Philosophie waren im Zusammenhang mit unserem Treffen nicht wichtig. Wir waren wie Brüder, die sich zum ersten Mal nach einer langen Zeit der Trennung wieder begegneten. Das war die Kraft der Zugehörigkeit zum gleichen Volk – in unseren Adern fließt das gleiche Blut. (Moon 2011: 293 f.)

Diese Brüderlichkeit und das gleiche Blut hatten nicht verhindert, dass 41 Jahre vor dem Treffen ein brutaler Bruderkrieg ausbrach und dass noch immer Feindschaft herrscht.

Zusammengehörigkeitsgefühl

Der Informationsstand über die jeweils andere Seite ist mangelhaft, Missverständnisse und Misstrauen hingegen gibt es im Überfluss. Als einen Grund dafür nannte Nam Man-kwon die Tatsache, dass die Bedrohungsvorstellungen sowohl in Seoul als auch in Pjöngjang weniger durch die Logik einer Krisenstabilität, sondern von tiefsitzendem Misstrauen und der Furcht vor unprovozierter Aggression motiviert seien. (Nam 2004: 252)

Der Norden, so scheint es, ist überzeugt, die unverfälschten, wahren und ewigen Qualitäten des koreanischen Volkes zu verkörpern; der Süden – aus dieser Sicht – sei degeneriert, dem banalen Konsum hingegeben und abhängig von den USA.[16] Pjöngjang überschätzt sowohl den latent vorhandenen Anti-Amerikanismus im Süden (Cho 2015), als auch die dortige Wirtschafts- und Finanzkraft. Andererseits gibt es im Süden nicht ausreichend realistische Einschätzungen der Politik des Nordens, der sozialen Kohäsion und des angeblich monolithischen Charakters seines sozio-politischen Systems.

---

16 Im Norden sind allerdings Musik („K-Pop") und Fernsehserien des Südens sehr populär.

Wer den Norden Koreas besucht, dem wird anvertraut, der Süden sei dekadent und völlig abhängig von den USA. Wer den Süden besucht, erfährt, der Norden sei eine monarchische Diktatur, eigentlich ein großes Gefängnis und höchst gefährlich. Nach diesen Einschätzungen folgt auf beiden Seiten fast immer die Versicherung, trotz aller Gegensätze gebe es nur ein Korea und alle seien sie Koreaner:innen. Zum Narrativ des Nordens gehört auch, dass große Opfer gebracht würden, zur Bewahrung des „wahren Koreatums" und diese Entbehrungen dürften nicht umsonst, nicht erfolglos sein. Roland Bleiker ist der Hinweis darauf zu verdanken, was Roy Grinker das „Meisternarrativ der Homogenität" nennt. (Grinker 1998: 4) Es basiert auf der Überzeugung, die Teilung des Landes und deren Fortbestand seien durch fremde Mächte verursacht und die Wiedervereinigung werde fast automatisch die tragisch verlorene nationale Einheit zurückbringen. Deshalb gibt es wechselseitig Zorn und Verachtung darüber, dass die jeweils andere Seite nicht ihren Beitrag zur baldigen Wiedererlangung nationaler Geschlossenheit leiste. Das ist auch der Grund, warum Gegensätze betont und Gemeinsamkeiten kaum gesucht werden. Dennoch ist im Norden der Glaube an die unbedingte Notwendigkeit einer Wiedervereinigung quasi Teil der Staatsreligion und auch im Süden ist es vordergründig eine hochpolitische Selbstverständlichkeit, die allerdings immer weniger Menschen überzeugt. Von außen betrachtet hat die Vorstellung der Vereinigung als einer Art Allheilmittel recht illusionäre Züge. Einige meinen, in Anbetracht der langen Zeitspanne, in denen Korea ein geeinter Zentralstaat war und der Tatsache der großen ethnischen Homogenität, sei der relativ kurze Zeitraum der Teilung bedeutungsschwach. (Min 1995: 233) Die Haltung des Südens gegen den Norden bzw. das im Norden praktizierte System, spielt auch eine Rolle bei Bemühungen um Identitätsbewahrung in der Republik Korea. (Shin/Burke 2008) Für viele junge Menschen in der RK ist der Norden so weit entfernt wie der Mond und viele junge Menschen im Norden konstruieren sich ihre Vorstellung vom Süden durch (verbotene) selektive Wahrnehmung der K-Pop-Kultur.[17]

Was das fortwährende Zusammengehörigkeitsgefühl, die angeblich identitätsstiftende Homogenität und die Notwendigkeit einer Wiedervereinigung anbelangt, so gibt es in und außerhalb Koreas dazu die unterschiedlichsten Meinungen, gewiss ist aber, dass diese Aspekte eine wichtige Rolle spielen, deshalb sollten Geschichtsverständnis und Identitätsempfindungen Koreas bei der Bewertung von Sicherheitsbedürfnissen immer Beachtung finden.[18]

In Korea wird Gemeinsamkeit bei fast zeitgleicher Betonung von Gegensätzen beschworen. Sollte deutschen Erfahrungen hier Relevanz zugebilligt werden, dann müsste zumindest der Süden sich bemühen, Kontakte, Informationsfluss und Zusammenarbeit in großem Umfang zu fördern. Das hätte zur Voraussetzung, dass dort dafür ein politisches Klima geschaffen würde, um solche Zusammarbeit zu ermöglichen und auszubauen.

---

17 Zu diesem erstaunlichen Phänomen und dessen Entwicklung generell siehe Jin/Yoon/Min 2021.
18 Die gemeinsame Bedeutung von Integration, Wirtschaft und Kultur betonen Zheng/Gao 2015.

Ausländer:innen werden selten die politische Psyche eines anderen Landes hinreichend einschätzen können, aber es scheint, dass zumindest ein Teil der Bevölkerung im Süden Koreas mit klammheimlichem Respekt verfolgt, wie der Norden sich gegen andere behauptet, sich meist schlauer anstellt, als andere, die Regierung der RK mit eingeschlossen. Es ist ein Land, das seine eigenen Regeln aufstellt und es wagt, sich anderen zu widersetzen; ein Land des sorgfältig kalkulierten Risikos, das bisher eines der erfolgreichsten Pokerspiele der internationalen Beziehungen spielt. Antiamerikanismus, Schuldzuschreibung und heimlicher Beifall für die gerissene Politik des Nordens sind fruchtbarer Boden für Nationalismus. Der Norden präsentiert sich scheinbar als das echte, wahre Korea: unabhängig, herausfordernd, trotzig, asketisch und unerschütterlich, wenn es um Prinzipien geht, dennoch taktisch gewieft und bislang durchaus überlebensfähig.

Vereinfacht formuliert gibt es in Korea bezogen auf Nation, Zusammengehörigkeitsgefühl und Wiedervereinigung folgende Meinungen. Norden: Da der Süden nicht souverän, sondern abhängig ist von den USA, besteht die Teilung noch immer. Süden: Da der Norden einen Krieg begann und Nuklearrüstung betreibt, besteht die Teilung weiterhin und deshalb muss der Süden den Schulterschluss mit den USA fortsetzen. Beide: Wir waren, sind und bleiben ein Volk, deshalb ist eine Wiedervereinigung notwendig. Die Teilung ist schuld an Koreas Problemen. Das Ausland ist schuld an der Teilung (Kolonialismus, Neokolonialismus). Die „Rodong Sinmun" schrieb, die gravierende Situation auf der koreanischen Halbinsel sei nicht das Ergebnis interner Unstimmigkeit innerhalb unserer Nation, sondern ein Produkt der Einmischung des US-Imperialismus.[19]

Verklärungsprozesse durch „Ostalgie" sowie Gefühle von Bevormundung und Benachteiligung beinhalten politischen Sprengstoff. Tatsächliche Vorkommnisse, aber auch Stereotype und Verallgemeinerungen bewirken in Ostdeutschland seit den 1990er Jahren bei vielen den Eindruck, negative Veränderungen und Menschen, die diese verursachten, sie seien fast alle aus dem Westen gekomen. Thomas Ahbe hat dies in einem Satz zusammengefasst:

> Die Spitzen- und die Leihbeamten auf der mittleren Ebene, die Liquidatoren, Sanierer, Privatisierer, Investoren und Kapitaleigner, Chefs in Produktion, Handel und Versicherung, die Instrukteure, Ausbilder, Evaluatoren, die Immobilienbesitzer und Vermieter waren meist Westdeutsche. (Ahbe 2004: 13) [20]

In Westdeutschland mangelt es oft an Verständnis für Enttäuschungen und „Ostalgie" in Ostdeutschland, obwohl völlig klar sein musste, dass der Umwälzungsprozess auch große psychologische Auswirkungen haben würde. Beide Teile Koreas müssen sich auf eine ähnliche Problematik einstellen, die im Vergleich zu Deutschland noch stärker ausfallen dürfte. In Korea wird es dann sehr darauf ankommen, möglichst unvor-

---

19 *Korean Central News Agency* (KCNA), 19.04.2002.
20 Zur Identität einer geteilten und wieder vereinten Nation siehe auch Meulemann 1996, 1998.

eingenommen zu prüfen, was an Gemeinsamkeit noch besteht und was in der Gesellschaft des Nordens erhaltenswert ist; Überlegungen, für die es gegenwärtig im Süden nur unzureichendes Verständnis gibt. Eine Kombination von Dynamik des Südens und freiwillig-positiver Solidarität im Norden, sollte sie dann tatsächlich vorhanden sein, wäre anzustreben.

Meinungsumfragen zur Wiedervereinigung

Einstellungen zur Notwendigkeit einer Wiedervereinigung und das Gefühl für Zusammengehörigkeit trotz Trennung gehören zusammen, sie sind altersbedingt unterschiedlich und stark geprägt vom eigenen Erleben. (Park MK 2015)

„Koreaner im Norden und im Süden sind zu sehr politisiert worden, um über die Wiedervereinigung ihre echten Gefühle auszudrücken." Diese Einschätzung von Kim Hyung-Chan aus dem Jahre 1988 ist noch immer zutreffend, vielleicht am stärksten in der DVRK. (Kim HC 1988: 40) Für Ausländer:innen wird im Einzelfall wohl kaum zu klären sein, ob Menschen dort es nicht können, oder aus welchen Gründen auch immer, nicht wollen. Im Süden allerdings hat sich die Einstellung differenziert. Dort ist die Akzeptanz einer Priorität für Wiedervereinigung niedrig und bei der jüngeren Generation noch deutlich geringer; es ist auch zwischen emotionaler Zustimmung und der Bereitschaft zum finanziellen Engagement zu unterscheiden. (Jun/Yoon 2016) Zu der Aussage, um einen Krieg zu verhindern, müsse eine Vereinigung durchgeführt werden, gibt es allerdings bei jüngeren Menschen die größte Zustimmung. Ähnlich den Meinungen auf Taiwan wird die abgesicherte Beibehaltung des Status quo präferiert.

In der RK hat sich die Haltung zur Wiedervereinigung ab 2010, auch als Reaktion auf das Verhalten des Nordens, wegen seiner Nuklearrüstung und der Versenkung der Korvette Cheonan,[21] deutlich verändert.

Bei einer Erhebung im Jahre 2017, durchgeführt vom KINU, lautete die Frage, ob das Land vereinigt werden müsse, „weil wir zur selben Nation gehören." Über 47 Prozent der über Sechzigjährigen bejahte dies, aber nur weniger als 21 Prozent der Zwanzigjährigen. Bei der Bevölkerung insgesamt gab es einen Rückgang bei Befürwortungen von 69,3 % im Jahre 2013 auf 57,8 % im Jahre 2017. Bei Männern sei diese Einstellung auch durch den Wehrdienst bedingt, wo ein robustes Feindbild vermittelt wird. (Choe 2018)

Umfragen des Institute for Peace and Unification Studies (IPUS) der Seoul National University aus den Jahren 2007 bis 2022 ergaben eine eindeutige Reihenfolge der für

---

[21] Am 22. März 2010 sank die südkoreanische Korvette Cheonan; es starben 46 Seeleute und eine internationale Untersuchungskommission kam zu dem Ergebnis, der Untergang sei durch einen nordkoreanischen Torpedo verursacht worden. Die DVRK bestreitet dies und der genaue Hergang ist noch immer umstritten.

wichtig angesehenen Gründe für eine Vereinigung der beiden Koreas. „Weil wir derselben Nation angehören" steht an erster Stelle, gefolgt von der Notwendigkeit, die Kriegsgefahr zu bannen und damit Korea ein fortschrittlicheres Land wird. Trotz Betonung nationaler Gemeinsamkeit nehmen die „Linderung des Schmerzes getrennter Familien" und das „gute Leben der Menschen im Norden" mit deutlichem Abstand die hinteren Plätze ein. (IPUS WV 2022, S. 38, Tabelle 1.1.6.)

Die folgende Tabelle zeigt unterschiedliche Meinungen bei Altersgruppen. Die Betonung der gleichen Nation ist bei Älteren höher als bei Jüngeren. Denen ist die Abwendung der Kriegsgefahr wichtiger als Älteren und Jüngere haben mehr Verständnis für ein gutes Leben der Menschen im Norden, als die, die über 60 Jahre alt sind. (Ebd. 2022, S. 39, Tabelle 1.1.7.)

Tab. 11: Antworten nach Altersgruppen für die wichtigsten Vereinigungsgründe (2022) [in %]

Altersgruppe	Weil wir der gleichen Nation angehören	Um den Schmerz getrennter Familien zu lindern	Um die Gefahr eines Krieges zwischen Norden und Süden zu beseitigen	Damit Nordkoreaner gut leben können	Damit Korea ein fortschrittlicheres Land wird	Sonstiges: Nein / Weiß nicht / Keine Antwort
19–29 Jahre	33,5	13,0	36,4	6,5	10,5	–
30 Jahre +	32,8	7,8	40,5	4,4	13	0,3
40 Jahre +	44,0	8,4	29,4	5,2	12,7	0,3
50 Jahre +	46,8	11,3	27,9	5,1	8,9	–
60 +	50,3	12,0	26,5	2,8	8,4	–
Insgesamt	42,3	10,6	31,6	4,7	10,6	0,6

(basierend auf IPUS WV 2022, Tabelle 1.1.7)

Tab. 12: Gründe gegen eine Vereinigung (2018–2022) [in %]

Gründe gegen eine Vereinigung	2018	2019	2020	2021	2022
Wirtschaftliche Belastung durch Vereinigung	35,2	38,8	34,8	32,1	34,1
Soziale Probleme, die nach der Vereinigung auftreten werden	26,8	25,4	27,6	26,7	20,3
Unterschiede im politischen System zwischen Süd- und Nordkorea	19,2	17,9	21,1	21,3	21,5

Gründe gegen eine Vereinigung	2018	2019	2020	2021	2022
Soziokulturelle Unterschiede zwischen Süden und Norden	13,7	12,7	13,4	16,3	20,1
Instabilität der Nachbarländer aufgrund der Vereinigung	4,5	4,6	2,6	3,3	4,0

(IPUS WV 2022, Tabelle 1-1-9. Im Vergleich zur Originaltabelle wurde die Reihenfolge der Gründe geändert und nach Bedeutung gewichtet.)

Im Vordergrund stehen wirtschaftliche und soziale Probleme, von denen vermutet wird, dass sie durch eine Wiedervereinigung verursacht werden, gefolgt von der Bedeutung politischer Unterschiede zwischen den Systemen. Bedenklich ist, dass Auswirkungen auf Nachbarländer als fast problemlos erachtet werden.

Für die Haltung zu einer Wiedervereinigung gibt es im Norden wohl keine überprüfbaren Erhebungen, aber es lassen sich Vermutungen anstellen. Das System dort präsentiert bei Wahlergebnissen 100 Prozent, deshalb dürfte die Wiedervereinigung wohl auch eine Zustimmung in ähnlicher Vollkommenheit erreichen. Es gibt aber die Möglichkeit, sich indirekt eine Vorstellung durch Befragung von Flüchtlingen zu machen, die vom Norden in den Süden gelangten, wenngleich hier große Vorsicht angebracht ist. Es ist völlig unklar, welche Art von Vereinigung Menschen im Norden vorschwebt, vermutlich gilt sie schlicht als hehres Ziel, differenzierte Nachfragen erübrigen sich deshalb.

Tab. 13: „Als Sie in Nordkorea lebten, wie sehr hielten Sie eine Wiedervereinigung für notwendig?"

		Notwendigkeit einer Wiedervereinigung [in %]		
	Zahl der Fälle	Sehr wünschenswert	Nur wenig gewollt	Nicht wirklich gewollt
	1241	89,12	8,54	1,85
Jahr der Flucht	2010–2020			
Geschlecht	Weiblich: 745			
	Männlich: 496			
Parteimitglied	182	92,96	6	0,6
Kandidat für Mitgliedschaft	6	66,7	33,3	0
Parteilos	1040	88,7	8,8	2,1
Keine Antwort	11	81,8	18,2	0
Insgesamt	1239			

(IPUS Flüchtlinge 2022, Zusammengestellt aus der Tabelle auf S. 270)

Interessant ist die hohe Zustimmungsrate sowohl bei Parteimitgliedern, als auch bei denen, ohne Mitgliedschaft. Von denen, die die „Parteifrage" nicht beantworteten hielt eine hohe Prozentzahl (81,8) eine Wiedervereinigung für sehr wünschenswert.

Einstellungen zum Norden und zur Vereinigung sind im Süden stark abhängig von persönlichen Erfahrungen, politischen Meinungen, vom jeweiligen Verhalten der DVRK, von der aktuellen politischen Großwetterlage und sie sind altersbedingt. Über 90 Prozent der Bevölkerung im Süden wurde nach der Teilung geboren. Die Tatsache, auf einer gespaltenen Halbinsel zu leben, ist fester Bestandteil des Lebens geworden; für einen sich vergrößernden Teil der Bevölkerung ist sie eine Realität, die zu ändern nicht dringlich erscheint. (Ko 2013: 57)

Im Mai 2020 veröffentlichte das National Youth Policy Institute in Seoul Ergebnisse einer Umfrage, an der 3.228 Schülerinnen und Schüler von Grund-, Mittel- und Oberschulen beteiligt waren. Von den Befragten waren 67,8 % der Meinung, dass die beiden Koreas vereinigt werden müssen. Als Grund für eine Wiedervereinigung gaben 28,8 % an, dass sie Korea helfen würde, stärker zu werden und 23,3 % erwarteten eine Entspannung der Sicherheitslage, während nur rund 20 % die gemeinsamen ethnischen Wurzeln nannten.

Was Chancen einer Vereinigung anbelangt, erwarteten 28 Prozent sie in 20 Jahren, 23,4 % gaben einen Zeitraum von 10 bis 20 Jahren an und 18,5 % vermuteten fünf bis zehn Jahre; 13 % waren der Meinung, es sei unmöglich, eine Wiedervereinigung zu erreichen. Befragt nach der Zusammenarbeit auf der Halbinsel, sprachen sich 47,1 % für eine Kooperation mit dem Norden aus, während 21,9 % der Meinung waren, bei diesem Land sei große Vorsicht geboten.

Fast 75 % hielten Austauschprogramme zwischen Jugendlichen aus dem Süden und dem Norden für notwendig und über 61 % sagten, sie würden daran teilnehmen.[22]

Nach einer am 5. Oktober 2021 veröffentlichten Umfrage von IPUS[23] hielten nur 44 Prozent der Befragten eine Vereinigung für notwendig, es war die niedrigste Zahl seit Beginn der Umfragen im Jahr 2007. 29,4 Prozent meinten, eine Wiedervereinigung sei nicht notwendig.

Wie fast immer bei Umfragen über Wiedervereinigung wird in der RK nicht thematisiert, um welche Art von Vereinigung es sich genau handeln könne. Es wird betont, eine durch Absorption, wie in Deutschland, solle es nicht geben und friedlich sowie demokratisch müsse sie sein. Aber es ist fast ein Tabu, zu fragen bzw. offen präziser zu diskutieren, welche Art von Vereinigung denn überhaupt realistisch wäre.

---

22 *Yonhap News Agency*, Seoul, berichtete über diese Umfrage am 28. Mai 2020.
23 *Yonhap News Agency*. https://www.en.yna.co.kr/view/AEN20211005008100325. Eingesehen am 26.03.2024.

7.4 Zypern

Auf Zypern gibt es kein starkes Gefühl der Gemeinsamkeit, es gilt aber als selbstverständlich, dass nur ein Zypern existiere, „unsere Insel". Ähnlich ist es mit der Einsicht, dass sich etwas ändern müsse, gekoppelt jedoch mit der hilflos-resignierenden Haltung, dass keiner wisse, wie Veränderungen bewirkt werden könnten. Schutz sowie Bevormundung durch Griechenland und die Türkei sind zu groß.

Früher gab es keine gravierenden Sprachprobleme, die Volksgruppen konnten relativ problemlos miteinander kommunizieren. Griechisch und Türkisch sind beide Staatssprachen in der Republik Zypern. Im Verlauf ihrer Geschichte war die Insel immer ein Schmelztiegel. Probleme entstanden ab den 1980er Jahren mit der Ansiedelung von Menschen aus der Türkei, denn es waren mehrheitlich Minderheiten, z. B. Kurden, die aus dem Osten der Türkei in den Norden Zyperns gebracht wurden. Von der griechischen Bevölkerungsgruppe werden sie gern als „Kolonisten" bezeichnet. Sie hatten keine Beziehung zu Zypern und unterschieden sich von ihrer Lebenserfahrung und Mentalität stark von den mehr sekular, kosmopolitischen türkischen Zyprern, was am Anfang zu beträchtlichen Spannungen führte. Den nachfolgenden Generationen ist die Assimilierung mehr oder weniger gelungen. Griechische und türkische Zyprer verwenden für die „Neusiedler" den gleichen Spitznamen, „Seetang", denn sie sind über das Meer gekommen.

Es ist kaum einzuschätzen, ob es zur Zeit der ungeteilten Republik ein Gefühl der Zusammengehörigkeit gab, oder ob es primär nur das Erlebnis des gemeinsamen Kampfes gegen die Kolonialmacht war. Wegen der Teilung dürfte es schwierig sein, eine gesamtzypriotische Identität zu schaffen bzw. wiederzubeleben. Auf Taiwan, in Korea und auf Zypern konzentriert sich der mittelfristige historische Rückblick zu sehr auf Differenzen, auf Herabsetzungen und missbrauchtes Vertrauen. Auf Zypern könnte eine vorurteilsfreie Reflektion der gemeinsamen Vergangenheit hilfreich sein (Hellenismus), obwohl wegen der griechischen Dominanz die Bereitschaft dazu auf türkischer Seite zögerlich sein dürfte. Dieser historische Zeitraum war eine Phase großer kultureller und wissenschaftlicher Blüte, eine positive Verschmelzung im östlichen Mittelmeerraum, den vielfacher Austausch und wechselseitige Stimulierung kennzeichneten. Wer Geschichte als Steinbruch für Vorurteile nutzt, würde dann wohl argumentieren, dass Griechenland nach der Blütezeit des Hellenismus mit der Türkei, dem Osmanischen Reich, keine erfreulichen Erfahrungen machte. Ein Vorteil positiver Rückbesinnung auf eine früher gemeinsame Region wäre, dass in ihr heute Staaten existieren, mit denen Zypern hofft bzw. plant, bei der Nutzung von Energiequellen eng zusammenarbeiten zu können, z. B. mit der Türkei, Israel und Ägypten. Es würde also nicht nur um Zusammengehörigkeitsgefühl gehen, sondern auch um zukunftsträchtige regionale Kooperation.

7.5 Identität und Zusammengehörigkeitsgefühl

Bei Selbstvergewisserung gehen Fragen in unterschiedliche Richtungen: Wer bin ich, wer sind wir, wer sind die anderen, wie anders sind die anderen, wie sehen uns die anderen? Es gibt eine deutliche Wechselwirkung zwischen Orientierung/Identitätsbestimmung und Distanzierung/Abwehr, letztere hält wohl besonders die DVRK für interessant. Viel hängt davon ab, ob jemand die geeinte Nation, die Zeit vor dem Bau der „Berliner Mauer", vor den Kriegen in China, Korea, Zypern und andere Zeiträume noch in bewusster Erinnerung hat, oder von Älteren einprägsam vermittelt bekam. Bürgerkriegsgenerationen haben eine spezifische Sicht auf Teilung und Vereinigung, viele ihrer Angehörigen beschwören die Einheit der Nation, haben aber Probleme bei der Zusammenarbeit mit der anderen Seite. Auf Taiwan sind die Einstellungen zu Fragen von Vereinigung und Unabhängigkeit nicht nur generationen-, sondern auch stark herkunftsabhängig. (Chang/Wang 2005. Jacobs/Kang 2017)

Everhard Holtmann nennt kollektive Identität die zeit- und generationenübergreifende Beständigkeit von Institutionen, Symbolen, Werthaltungen und Zielen einer Gruppe oder staatlich verfasster Gesellschaften. (Holtmann 1991: 237) Identität kann aber auch staatlich verordnet, aufgepfropft sein. Hier ist vermutlich die DVRK ein besonderer Fall. In Deutschland unternahm Kaiser Wilhelm II. Anfang August 1914 eine unerbetene Vereinnahmung, als er erklärte, er kenne keine Parteien mehr, sondern nur noch Deutsche.[24] Eine fürsorglich-vereinnahmende Definition für DDR-Bürger:innen war, dass sie die Bundesrepublik als „Deutsche im Sinne des Grundgesetzes" anerkannte.

Die meisten Menschen in beiden Staaten Deutschlands hatten sich resignierend mit der Teilung abgefunden, denn sie wurde lange Zeit als unabänderlich angesehen. Diese Einstellung und die Abwesenheit eines Dranges nach Vereinigung waren dem Normalisierungsprozess förderlich, trugen aber letztlich mit dazu bei, dass eine Einigung möglich wurde. Auch auf Zypern existiert kein großer Veränderungsdruck, dennoch gibt es kaum Normalisierung. In Taiwan sind die Auswirkungen klarer. Der erklärte Wille der VR China, falls aus ihrer Sicht erforderlich, eine Wiedervereinigung auch durch Krieg herbeizuführen, fördert Distanzierung sowie Taiwanisierung und schadet dem Zusammengehörigkeitsgefühl.

Trotz des Verfassungsgebots einer Wiedervereinigung, sowohl bei der DVRK und der RK, und der ständigen verbalen Betonung einer solchen, ist kein tatsächliches Verlangen zu erkennen, denn in der Praxis bleiben sie auf unfreundlicher Distanz.

In der VR China sowie in beiden Staaten Koreas werden das gemeinsame Blut, das Zusammengehörigkeitsgefühl, die leidvolle Geschichte und die unbedingte Notwendigkeit einer Wiedervereinigung betont. Das drängt die Frage auf, warum es dann noch immer die Teilung gibt und wie sie denn überwunden werden könnte? Der umstrittene Religionsstifter Moon Sun Myung, der behauptete, sein Leben allein dem Weltfrie-

---

[24] Wichtig zum Verständnis einer „verordneten" Identität ist Narr 1999.

den gewidmet zu haben, gab darauf folgende Antwort: „Wenn Südkoreaner Nordkorea mehr lieben als den Süden und Nordkoreaner Südkorea mehr lieben als den Norden, dann könnten wir die Halbinsel noch heute vereinigen." (Moon 2011: 302) Sollte das eine notwendige Voraussetzung sein, wird es zu keiner Wiedervereinigung kommen.

Ohne Herrn Moon mehr Bedeutung beizumessen, als ihm zusteht, soll seine Äußerung dennoch kurz kommentiert werden. Sie ist ein pathetischer Erklärungsversuch dafür, warum Korea noch immer geteilt ist und sie erklärt zugleich, warum eine Vereinigung dort weder heute noch morgen Realität sein wird. Die von ihm angesprochene Wechselseitigkeit trifft auf keinen der in diesem Buch behandelten Fälle zu. Sollte es sich um eine generelle Bedingung für die Erlangung einer Vereinigung handeln, dann wäre Deutschland noch immer geteilt und dürften weder Taiwan noch Zypern auf eine baldige friedliche Lösung ihrer Trennung hoffen. Auch wegen dem Zusammengehörigkeitsgefühl und einer einseitigen Hinwendung bzw. Orientierung, ist die deutsche Einigung ein besonderer Fall. Viele Ostdeutsche waren heimatverbunden, aber sie hatten eine real existierende Alternative, denn Freizügigkeit und relativer Wohlstand der Bundesrepublik waren erstrebenswert und seit dem „Mauerfall" im November 1989 erreichbar. Viele Westdeutsche haben die DDR sicher nicht mehr geliebt, um bei Moons Wortwahl zu bleiben, als die Bundesrepublik, aber der Willensentscheid von Ostdeutschen spielte 1989/90 eine entscheidende Rolle.

Ohne ausreichende Kenntnisse über und ein gewisses Einfühlungsvermögen in die andere Seite, besonders wenn diese „kleiner und schwächer" ist, wird es schwierig mit einer Normalisierung und dürfte eine friedliche Einigung wenig Chancen haben. Die gerade erwähnten Faktoren würden dann auch bei der Problembewältigung nach einer Vereinigung helfen, denn selbst eine friedliche Wiedervereinigung wird immer von Machtpolitik bestimmt sein.

8 Selbstbestimmung, Bündnisfrage, Neutralität

Über das Selbstbestimmungsrecht kann reden, wer will, es tatsächlich auszuüben hängt von den verfügbaren Instrumenten sowie Institutionen und von der Zustimmung anderer ab, d. h. von Machtfaktoren.

8.1 Selbstbestimmungsrecht

Beide Staaten in Deutschland waren in ihren Entscheidungen für eine Einigung nicht frei. Bezüglich seiner geteilten Heimat stellte Kim Dae-jung fest: „Die Wiedervereinigung selbst muss eine Angelegenheit der Menschen in Korea sein." (Kim Dj 1993: 413) Alle, die solche Postulate betonen, wissen natürlich um die große Außenabhängigkeit. Die Selbstbestimmung des Einen hängt immer von der Zustimmung Anderer ab. Willy Brandt sagte im Wahlkampf 1990: „Die deutsche Einheit ist zuerst eine Sache der Deutschen selbst, aber eben nicht nur ihre eigene." (König 2014a: 170) Es gibt einen persönlichen, einen nationalen, einen internationalen und einen grundsätzlichen Aspekt sowie deren Verknüpfung. Die Vereinigung Deutschlands ist ein wichtiges Beispiel für die Durchsetzung einer der bedeutsamsten und folgenreichsten Völkerrechtsnormen, nämlich des Selbstbestimmungsrechts. (Klein 1990: 7)

In den Vorbemerkungen des 2+4-Vertrages steht, dass er auch geschlossen wurde:

> In Würdigung dessen, daß das deutsche Volk in freier Ausübung des Selbstbestimmungsrechts seinen Willen bekundet hat, die staatliche Einheit Deutschlands herzustellen, um als gleichberechtigtes und souveränes Glied in einem vereinten Europa dem Frieden der Welt zu dienen, [...]. (Einheit 2015: 701)

Generell bedeutet der normative Aspekt, ein Volk hat dieses Recht und darf es nach seinem Willen ausüben, wobei die freie Ausübung Einheit, aber auch Loslösung bedeuten kann, d. h. die von anderen anerkannte Eigenstaatlichkeit.

Selbstbestimmung und Unabhängigkeitsbestrebungen

In dem im März 1976 in Kraft getretenen Menschenrechtspakt der VN steht: „Alle Völker haben das Recht auf Selbstbestimmung. Kraft dieses Rechts entscheiden sie frei über ihren politischen Status und gestalten in Freiheit ihre wirtschaftliche, soziale und kulturelle Entwicklung." Das ist eine Bestätigung und Konkretisierung von Formulierungen aus Artikeln der Charta der VN vom Oktober 1945, wo von der Achtung des Grundsatzes der Gleichberechtigung und Selbstbestimmung der Völker die Rede ist. Nach dem Ende der Kolonialzeit 1945 konnten die Menschen in Korea und auf Taiwan nicht frei entscheiden, denn über sie hatten vorher bereits andere entschieden.

Zypern wurde nach dem Sieg über die Kolonialmacht in eine abhängige Unabhängigkeit entlassen.

Es ist so banal wie zutreffend, dass theoretisch recht haben und praktisch recht bekommen sehr unterschiedliche Dinge sind. Hier wird dann deutlich, dass Politik oft den Spruch bestätigt, „wenn Zwei das Gleiche tun, ist es nicht das Gleiche."

Die Anerkennung des Selbstbestimmungsrechts wird wegen ungleicher Machtverhältnisse sehr unterschiedlich interpretiert und praktiziert. So nimmt zum Beispiel der Vertrag zwischen der SU und der BRD vom 12. August 1970 in der Präambel Bezug auf Ziele und Grundsätze der Charta der Vereinten Nationen, zu denen das Selbstbestimmungsrecht der Völker gehört. Wegen der alliierten Vorbehalte auf Deutschland als Ganzes konnte dieses Recht aber nur eingeschränkt ausgeübt werden.

Geht es um das Selbstbestimmungsrecht, dann erfolgt oft der Verweis auf das Prinzip der Nichteinmischung. Dieses Prinzip (Wu 2000) wird ein Diskussionsgegenstand bleiben, auch vermehrt wegen der vom „Weltgipfel" der Staats- und Regierungschefs 2005 beschlossenen Verantwortung zum Schutz.[1]

Politisches System und Selbstbestimmungsrecht

Mit Ausnahme von Zypern handelt es sich bei den in diesem Buch beschriebenen geteilten Nationen jeweils um einen mehr oder weniger demokratisch legitimierten und einen autoritären Staat. Die Frage, wie mit Unabhängigkeitsbestrebungen umgegangen wird, hat etwas mit der prinzipiellen Einstellung, der Größenordnung sowie Bedeutung des nach Unabhängigkeit strebenden Gebietes sowie mit der jeweiligen Konfliktfähigkeit und den Ressourcen der Konfliktparteien zu tun.

Der demokratisch legitimierte Abraham Lincoln entschied sich 1861 für Krieg, als sieben Staaten im Süden der USA eine eigene Konföderation ausriefen.[2] Der wenig demokratisch legitimierte Michail S. Gorbatschow reagierte auf Sezessionsbestrebungen, erst der baltischen Staaten und später den Zerfall der Sowjetunion, nicht mit einem Bürgerkrieg, weil offenkundig war, dass die nach Unabhängigkeit strebenden Kräfte insgesamt stärker waren, als die, die die Union bewahren wollten. (Miller 1993) Der durch freie Wahlen legitimierte Boris Yeltsin entschied sich im Dezember 1994 für den Einsatz russischer Truppen, um der Unabhängigkeitsbewegung Tschetscheniens zu begegnen.

Einstellungen zu Selbstbestimmungrecht und Plebisziten scheinen vom Demokratiegehalt eines Staates relativ unabhängig zu sein. Ein Beispiel sind die wechselseiti-

---

[1] Wichtig ist in diesem Zusammenhang *Implementing the Responsibility to Protect*, Report of the UN Secretary General, New York 2009.
[2] Nach der Niederlage im Bürgerkrieg (1861–1865) wurde der ehemalige Präsident der Südstaatenkonföderation, Jefferson Davis, nie in einem Gerichtsverfahren angeklagt, vermutlich auch wegen der Befürchtung, die Verfassung der USA könnte einen Austritt von Mitgliedstaaten zulassen.

gen Vorwürfe von Gewaltanwendung, Manipulation und rechtswidriger Abspaltung, wenn das Kosovo und die Krim diskutiert werden. Russland wird vorgeworfen, es habe mit einem manipulierten Referendum die Abspaltung der Krim von der Ukraine zu legitimieren versucht. Den Vorwurf in die andere Richtung erhebt Russland, wenn es um die Loslösung des Kosovo von Serbien geht. In rechthaberischen Auseinandersetzungen werden Unterschiede oft vorsätzlich eingeebnet und dadurch Vergleiche zu politisch opportunen Gleichsetzungen. So wirft Serbien der EU vor, gegen die Unabhängigkeit Kataloniens zu sein, sich aber für die Sezession des Kosovo eingesetzt zu haben. (Ernst 2017) Verfahren und Opfer der einzelnen Fälle finden wenig Berücksichtigung.

Wurden bereits Fakten geschaffen, sind juristische Legitimierungsbemühungen eher zusätzliche Dekoration, weil machtpolitisch weitgehend irrelevant. Die unterschiedliche Behandlung in der Praxis zeigt auch ein Vergleich zwischen dem Kosovo und Taiwan (Republik China). Bei beiden ist der völkerrechtliche Status ungeklärt bzw. umstritten und sie gelten als stabilisierte de facto-Regime. Beide sind nicht Mitglied in den VN, aber das Kosovo ist von über 110 Staaten anerkannt und agiert in internationalen Organisationen, Taiwan hingegen wird lediglich von 12 Staaten offiziell anerkannt.

Das Selbstbestimmungsrecht für Veränderungen und eine Vereinigung Deutschlands wurde 1989/90 in erster Linie von Menschen in der DDR artikuliert und ausgeübt. Am 23. August 1990 votierte die Volkskammer mit großer Mehrheit für den Beitritt der DDR zur Bundesrepublik nach Art. 23 des Grundgesetzes.[3] Vorausgegangen war eine Wahl am 18. März, die ein erstmals frei gewähltes Parlament ermöglichte und den Parteien zum Sieg verhalf, die sich ausdrücklich für eine Vereinigung ausgesprochen hatten, d. h. für einen baldigen Beitritt zur Bundesrepublik.

> Im Prozess der deutschen Vereinigung hatte die Volkskammerwahl, die im kollektiven Gedächtnis in Deutschland im Schatten des Mauerfalls steht, national und international einen enormen Stellenwert. Es waren die Wähler der DDR, die die Wiedervereinigung Deutschlands wollten und damit das Ende der DDR besiegelten. (Karner 2015: 54)

Der Beitritt der DDR zur Bundesrepublik wurde durch Beschluss der Parlamente ratifiziert, wie es einer Demokratie entspricht. Am 20. September 1990 stimmten in der Volkskammer 299 für und 80 gegen den Einigungsvertrag; es gab eine Enthaltung. Kurze Zeit später, am selben Tag, ratifizierte auch der Bundestag den Einigungsvertrag; 440 Stimmen dafür, 47 dagegen und drei Enthaltungen. Der Bundesrat votierte einstimmig für den Vertrag. In Anbetracht der Bedeutung der Entscheidung wäre es vielleicht sinnvoll gewesen, in der DDR eine Volksabstimmung durchzuführen, auch im Hinblick auf die später aufkommende „Ostalgie", d. h. die teilweise Verklärung der Vergangenheit und das Gefühl vieler Ostdeutscher, durch die Vereinigung Menschen

---

[3] Von den 400 Abgeordneten waren bei der namentlichen Abstimmung 363 anwesend, 294 stimmten für den Antrag, 62 dagegen und 7 enthielten sich der Stimme.

zweiter Klasse geworden zu sein. Für ein solches Verfahren fehlten aber die rechtlichen Voraussetzungen. Eine Volksabstimmung in der BRD, ob die DDR via Art. 23 Grundgesetz willkommen sei, fand ebenfalls nicht statt. In diesem Artikel stand auch nichts über die Vorgehensweise, nicht einmal, dass der Teil, dem beigetreten wird, zustimmen müsse.

8.2 Taiwan und Selbstbestimmung

Taiwan hätte 1945, wie später andere Kolonien, über seine staatliche Zukunft abstimmen können bzw. sollen. Es gab aber die „richtungsweisenden" Erklärungen von Kairo und Potsdam, außerdem gab es zum Ende der japanischen Kolonialherrschaft keine einflußreiche Unabhängigkeitsbewegung auf der Insel. Damals existierte noch keine VR China und es waren noch nicht in großer Zahl Flüchtlinge vom Festland nach Taiwan gekommen. Wer hätte 1945 die Initiative für eine Selbstbestimmung ergreifen können? Zwei Jahre später, im Frühjahr 1947, im Zusammenhang mit dem Volksaufstand, war vermutlich eine Mehrheit für die Unabhängigkeit, aber sie hatte keine Chance. (Fleischauer 89 ff.)

Ein Problem für Taiwan ist noch immer, wie kann es aus dem Wünschbaren das Machbare herausfiltern, praktisch umsetzen und absichern? Während Selbstbestimmung und Nichteinmischung als hohe Güter gepriesen werden, darf sich die Republik China (Taiwan) im Sinne von Unabhängigkeit nicht auf sie berufen. Taiwans Zukunft hängt nach wie vor hauptsächlich vom Verhalten der Volksrepublik, der USA und der sozio-ökonomischen Entwicklung auf der Insel ab. (Howe 1996)

Ein deutlicher Ausdruck des Selbstbestimmungsrechts sollte eine freie Meinungsäußerung der Betroffenen über die eigene Zukunft in einer Volksabstimmung sein. Für Peking sind anderswo durchgeführte Plebiszite über Unabhängigkeit für die eigene Politik gegenüber Taiwan keine Präzedenzfälle. Eine Volksabstimmung dort ist aus Sicht der Volksrepublik nicht vorgesehen, mit der Begründung, es sei eine „interne Angelegenheit", oft auch verbunden mit dem Argument, gerade deshalb müssten alle Wahlberechtigten abstimmen, also auch die in der Volksrepublik. Das ist für Taiwan nicht akzeptabel und dürfte von der VR wohl auch nicht ganz ernst gemeint sein, denn dort finden Wahlen nur auf unterer Ebene statt und freie Volksabstimmungen gab es noch nie. Sollte es zu einem Votum über Taiwan kommen, will Peking das Selbstbestimmungsrecht der Taiwaner:innen durch Mitbestimmung Chinas überstimmen. Was vielleicht als basisdemokratisch erscheinen soll, ist eine groteske Idee. Der Staat nennt sich zwar Volksrepublik, seine Bevölkerung hat aber nicht das Recht, die eigene politische Führung zu wählen. Es soll durch seine überwältigende Mehrheit die Zukunft Taiwans entscheiden, dessen Bevölkerung das Recht auf freie Wahlen hat und es munter ausübt.

Allerdings gab es längere Zeit dazu auf Taiwan keine klare Linie und Peking könnte auf eine Äußerung des ehemaligen Premiers und späteren Vize-Präsidenten Lien

Chan verweisen, der im Frühjahr 1993 sagte, die Wiedervereinigung Chinas sei die Verantwortung aller Chinesen. (Chao 1994: 7) Das ist im Prinzip richtig, aber der Grad der Betroffenheit ist völlig unterschiedlich und Lien hätte deshalb die Meinung und Interessen der Bevölkerung Taiwans an die erste Stelle setzen müssen.

Im März 2008 gab es zwei Referenden über eine Mitgliedschaft in den Vereinten Nationen. Beim ersten, unterstützt von der der Unabhängigkeit zuneigenden DPP, wurde gefragt, ob unter dem Namen Taiwan die Mitgliedschaft beantragt werden solle. Das zweite Referendum hatte die Unterstützung der KMT und hier war die Frage, ob „unsere Nation" in die Vereinten Nationen zurückkehren solle und zwar als Republik China, Taiwan oder mit einem anderen Namen, der Erfolg verspreche und die nationale Würde beibehalte. Beide Referenden waren ungültig, da sie mit den abgegebenen Stimmen nicht das Quorum von 50 Prozent erreichten. Die Abstimmungen wurden von der Mehrheit der Bevölkerung weniger als Chance zur nationalen Willensbekundung und damit als Signal an das Ausland angesehen, sondern sehr realistisch als ein von vornherein erfolgloses Unterfangen. Bei der gleichzeitig stattfindenden Präsidentschaftswahl, die der Kandidat der KMT gewann, war die Wahlbeteiligung mehr als doppelt so hoch, sie lag bei 76,3 Prozent.

Washington äußerte sich damals gegen die Referenden, denn die USA würden zwar die Demokratisierung Taiwans begrüßen und seien im Prinzip für Volksentscheide, aber diese beiden auf Taiwan hätten das Ziel einer einseitigen Veränderung des Status quo. Die VR China war selbstverständlich dagegen, hielt sich mit Äußerungen aber zurück, vermutlich auch deshalb, weil sie die Wahlchancen des Präsidentschaftskadidaten der KMT, Ma Ying-jeou, nicht beeinträchtigen wollte.

Es war ein weiteres Beispiel dafür, dass Taiwan weder die VR China noch die USA provozieren darf, wobei nicht völlig klar ist, was jeweils als Provokation ausgelegt würde, was Peking tun und was Washington unterlassen könnte. Auf ihrer Pressekonferenz zum Jahresende, also vor den Abstimmungen, sagte Außenministerin Condoleezza Rice am 21. Dezember 2007.

> Wie wir in den vergangenen Monaten erklärt haben, glauben wir, dass Taiwans Referendum, um unter dem Namen Taiwan in die Vereinten Nationen einzutreten, eine provokative Politik ist. Es erhöht in unnötiger Weise die Spannungen in der Taiwan-Straße und verspricht den Menschen Taiwans keinen Vorteil auf der internationalen Bühne. Deshalb sind wir gegen dieses Referendum.[4]

Das waren zurechtweisende Worte eines inoffiziell Verbündeten: Die vierfache Nennung von Taiwan in zwei Sätzen, mit denen Taiwan untersagt werden sollte, sich selbst offiziell Taiwan zu nennen. Damals gab es aber den TRA bereits seit 28 Jahren und die Verfassung der USA seit 220 Jahren; sie beginnt mit dem Worten „Wir, das Volk..." Man könnte meinen, eine der besten Legitimationen für zentrale Fragen der Nation sei eine Wahl, eine Volksabstimmung. Taiwan wird das nicht zugebilligt, weder

---

4 https://www.2001-2009.state.gov/secretary/rm/2007/12/97945.htm. Eingesehen am 26.03.2024.

von Peking, noch von Washington. Bei aller Unterschiedlichkeit haben beide – hauptsächlich historisch begründet – eine ablehnende Haltung zur Sezession, wobei allerdings im Fall von Taiwan der Unterschied darin besteht, dass es nie Teil der VR China war.

Im Juni 1998 erfreute Präsident Clinton Peking bei seinem Besuch mit der Erklärung, die USA seien gegen eine Unabhängigkeit Taiwans. Diese Einstellung veränderte sich im Laufe der Zeit. Im September 2022 verärgerte Präsident Joe Biden Peking mit der Äußerung, Taiwan treffe seine eigenen Entscheidungen über seine Unabhängigkeit. „Wir ermutigen sie nicht, unabhängig zu sein. Das ist ihre Entscheidung."[5] Sollte sich Taiwan so entscheiden, wäre das eine schwerwiegende Veränderung des Status quo. Vermutlich äußerte sich Biden so, wie gerade zitiert, weil er von Taipei eine Versicherung hat, dass es diesen Schritt in absehbarer Zeit nicht gehen werde.

Das Selbstbestimmungsrecht für Taiwaner:innen und die Bündnisfrage für ihre Insel stehen in ganz engem Zusammenhang mit dem chinesischen Verständnis der „nationalen Frage". Ein Leitspruch der Öffnungs- und Reformpolitik der VR China ab 1978 lautete „Wahrheit in den Tatsachen suchen."[6] Bei einem solchen Motto ist immer zu beachten, wer nach welchen Kriterien die Fakten auswählt und wie sie von wem interpretiert werden. Die Führung der VR hat im eigenen Land ein fast unangefochtenes Monopol der Interpretation. Interessant ist, ob der Leitspruch generell gilt und wie er bei Vergleichen Anwendung findet. Es gibt Fälle mit einer ähnlichen Problematik wie die bei den Beziehungen zwischen der VR China und Taiwan, aber in der Volksrepublik werden fast immer Ähnlichkeiten geleugnet und wird der „eigene Fall" als einer ganz eigener Art (*sui generis*) behandelt. Deshalb ist es sinnvoll daran zu erinnern, dass im Jahre 1994 Außenminister Qian Qichen feststellte; im Laufe der Zeit hätten sich zwei Länder auf der koreanischen Halbinsel herausgebildet.[7] Hier wurde also die Tatsache der Existenz zweier Staaten anerkannt. Mehrfach hat die VR China palästinensische Organisationen aufgerufen, Israel anzuerkennen. Anlässlich eines Wahlsieges der Hamas im Mai 2006 sagte ein hochrangiger Diplomat des Außenministeriums in Peking, man würde nicht notwendigerweise mit den politischen Zielen dieser Organisation übereinstimmen, „[…] aber wir respektieren die demokratische Entscheidung der Menschen."[8] Hier geht es also um die Respektierung des Selbstbestimmungsrechts. Wird daraus die Schlussfolgerung gezogen, die Volksrepublik sollte die Wahrheit der Tatsache erkennen, dass sich im Laufe der Zeit zwei Staaten herausgebildet haben, nämlich die Republik China (Taiwan) sowie die Volksrepublik China und dass die freie Willensentscheidung der Bevölkerung auf Taiwan respektiert werden müsse, dann ist das für Peking indiskutabel. Auch sehr sachkundige Ausländer

---

5 https://www.cbsnews.com/pittsburgh/news/president-joe-biden-60-minutes-interview-transcript-2022/. Eingesehen am 21.09.2022.
6 Siehe S. 401 ff.
7 *FEER*, 4. August 1994, S. 16.
8 *Der Tagesspiegel*, 18. Mai 2006, S. 5.

bemühen sich, die Position der Volksrepublik hinsichtlich dieser Problematik zu erklären. John King Fairbank schrieb:

> Die Idee des einen Chinas oder der Einheit des chinesischen Gebietes geht bis in die Anfänge der chinesischen Geschichte zurück. Sie kann nicht von der chinesischen Sprache oder der Seele der chinesischen Menschen getrennt werden. Es ist nicht einfach eine Idee, sondern eine tiefe Empfindung, ein Grundgefühl, das durch Verhaltensweisen über Jahrtausende zur Gewohnheit wurde. Es räumt der chinesischen Zivilisation die höchste Bedeutung bei und umfasst alle Menschen, die auf chinesische Art leben. [...] Die Einheit Chinas, kurz gesagt, ist ein Attribut, ein Wesensmerkmal des Chinesentums. Es entspringt dem Empfinden des Kulturalismus und ist viel stärker als der Nationalismus westlicher Prägung. Ohne ihn gäbe es keine Volksrepublik China als Zentralstaat. Es handelt sich um eine elementare politische Kraft, die verlangt, dass Taiwan als Teil des Festlandes betrachtet wird, denn es wird von Mitgliedern desselben chinesischen Volkes bewohnt. (Fairbank 1983: 460 f.)

Kishore Mahbubani scheint diese Auffassung zu teilen, denn er stellte fest, China könne, was Taiwan anbelangt, keine Kompromisse machen.[9] Da viele außerhalb der VR China dieser Ansicht sind und zahlreiche Staaten das „Ein-China-Prinzip" anerkennen, gibt es für Peking umso weniger Veranlassung für eine neue Sichtweise.

Wenn der Volksrepublik gegenüber viel Verständnis entgegengebracht wird, warum findet dann Taiwan nicht auch Verständnis? Wenn Selbstbestimmungsrecht respektiert wird, warum dann nicht das der Bevölkerung Taiwans?

Die Öffnung und der Aufstieg der VR China seit der „Kulturrevolution" tragen auch zur Wiederbelebung bzw. Verstärkung des chinesischen Kulturalismus bei. Mao Zedongs und Deng Xiaopings Warnungen vor einem „Groß-Han-Chauvinismus" sowie Chinas Dominanz scheinen bedeutungslos geworden zu sein und Xi Jinpings Konzept der GSI beinhaltet Selbststärkung, Konsolidierung im Innern und umfassende Kooperationsangebote nach außen. Zu Kulturstolz und zivilisatorischem Sendungsbewusstsein gesellt sich nun auch die Überzeugung, ebenfalls in Bereichen der Wirtschaft und Gesellschaftsordnung durchaus Modellfunktion zu haben. Es ist für Peking völlig unverständlich, warum sich Taiwan dieser überaus positiven Entwicklung entziehen möchte, zumal es doch Teil von China sei und nur profitieren würde.

Bei Sicherheit und Zusammenarbeit sind auch für Taiwan die Länder wichtig, die für Korea ebenfalls eine große Rolle spielen. Der chinesische Diplomat Huang Tsunhsien hatte 1880 Empfehlungen ausgesprochen, wie sich Korea gegenüber China, Japan und den USA verhalten sollte.[10] Auch auf Taiwan gibt es dazu Überlegungen, allerdings ohne direkten Hinweis auf Huang und mit unterschiedlicher Reihenfolge, was die drei Staaten angeht. Su Chi, der während der Präsidentschaft von Ma Ying-jeou Generalsekretär des Nationalen Sicherheitsrates war, meinte im Dezember 2009 es

---

9 Mahbubani ist ein singapurischer Diplomat und Sozialwissenschafter. In seinem 2020 in New York bei Public erschienenen Buch *Has China Won? The Chinese Challenge to American Primacy* geht er in Kapitel 4 der Frage nach, ob China expansionistisch sei.
10 Siehe S. 473.

gehe um Frieden mit China, Freundschaft mit Japan und Nähe zu den USA (和中, 友日, 親美). Da nach seiner Meinung die Beziehungen zur VR China während der Präsidentschaft von Chen Shui-bian gelitten hätten, müsse die erneute Stabilität des Verhältnisses zu ihr Vorrang haben. Wegen enger kultureller, sprachlicher und historischer Nähe sei eine Freundschaft mit Japan angezeigt, ebenso natürlich mit den USA, die bereits seit den 1950er Jahren Taiwan in seinen schrecklichsten Momenten der Auseinandersetzung mit China geholfen hätten.

Etwa zehn Jahre später, im März 2019, veröffentlichte BBC News online einen Beitrag von Ko Wen-je, dem damaligen Bürgermeister von Taipei, der in diesem Jahr eine neue Partei, die „Taiwan Volkspartei", gegründet hatte. Die Überschrift lautet: „Familie, Partner und Freunde, das ist die beste Strategie für Taiwans Überleben." (Ko 2019) Sein Vorschag ist: Ein Freund Chinas sein, Nähe zu den USA und auf Japan vertrauen. (友中, 親美, 靠日) Ko betont, eine enge Beziehung zu den USA sei wichtig, was aber nicht bedeute, die VR China wie einen Feind zu behandeln. Was Japan anbelangt, so sind es weniger historisch-kulturelle Gründe, sondern eher Nützlichkeitserwägungen, die er anführt. Japan habe eine Militärallianz mit den USA, viele seiner lebenswichtigen Güter würden durch die Taiwan-Straße transportiert, deshalb sei Japan bei seinen Beziehungen zu China vorsichtig. Taiwan sollte sich diese Haltung Japans als Referenz dafür nehmen, wie man mit China umgehen könne. Taiwan müsse weise und stark sein sowie seinen Einfluß nutzen, um zwischen diesen beiden Giganten zu bestehen.

Nach seiner Wahl zum neuen Vorsitzenden der KMT im März 2020 sagte Johnny Chiang,[11] für Taiwan seien enge Beziehungen zu den USA, friedliche Beziehungen zu China und freundschaftliche Beziehungen zu Japan wichtig.

Die Bedeutung dieser Beziehungen ist für Taiwan noch wichtiger als für Korea. In beiden Fällen sind Reihenfolge und Charakterisierung beachtenswert. Generell gilt, wie wohl immer bei Zweierbeziehungen, dass sie nur funktionieren können, wenn sie halbwegs auf Gegenseitigkeit beruhen, sonst sind sie einseitiges Wunschdenken. Dazu gehören Phantasien, wie sie manchmal auf Taiwan geäußert werden, die Insel solle sich zu einer Schweiz Asiens entwickeln oder so etwas wie Gibraltar werden. Etwas seriöser ist die Überlegung von Gilley (Gilley 2010) über eine Finnlandisierung[12] von Taiwan und welche Auswirkungen das z. B. auf die USA haben könnte. Abgesehen von Realisierungschancen würde es weiterhin fundamentale Probleme zwischen den USA und der VR China geben.

---

11 Johnny Chiang, (Chiang Chi-chen oder Jiang Qichen, 江啟臣). Er ist nicht mit der ehemaligen Präsidentenfamilie Chiang verwandt.
12 Der Krieg Russlands gegen die Ukraine veranlasste Finnland im Mai 2022, die Mitgliedschaft in der NATO zu beantragen.

8.3 Plebiszite[13]

Viele Plebiszite sind kontrovers, manche erhielten organisatorische Unterstützung durch internationale Organisationen und in allen Fällen wurden nur die unmittelbar Betroffenen gefragt. In Ost-Timor, dem Kosovo und Südsudan gab es eine Trennung, d. h. Unabhängigkeit. Die Abstimmung in Großbritannien zum Austritt aus der EU könnte ebenfalls in diesem Zusammenhang genannt werden, natürlich bei Beachtung der großen Unterschiede. In Quebec, Schottland, auf Zypern 2004 und 2018 in Katalonien hatten die Abstimmungen keinen Erfolg. In allen Fällen waren es „innere Angelegenheiten." Ende September 2022 gab es in vier von russischen Truppen besetzten Regionen der Ukraine Volksbefragungen mit überwältigenden Ergebnissen für einen Beitritt zu Russland, der dann umgehend vollzogen wurde. Diese Abstimmungen fanden international keine Anerkennung.

Es gibt aus den vergangenen Jahrzehnten unterschiedliche Beispiele zum Recht auf Selbstbestimmung. Einige sind in der folgenden Tabelle zusammengestellt.

Tab. 14: Volksentscheide über Unabhängigkeit oder Austritt aus einem bestehenden Zusammenschluss, z. B. der Europäischen Union

Gebiet	Jahr	Wahlbeteiligung	Für Unabhängigkeit	Gegen Unabhängigkeit	Unabhängigkeit
Bougainville	Dez. 2019		Von Papua-Neuguinea 98 % 176.928 Stimmen	1,6 % 3.043 Stimmen	Da rechtlich nicht verbindlich, noch nicht erfolgt.
Eritrea	April 1993	98,5 %	99,83 %		April 1993
Gibraltar	Sept. 1967 Nov. 2002	90 %	Für Verbleib bei Großbritannien 12.138 Stimmen 99 % für Verbleib	Dagegen 44 Stimmen 1 % dagegen.	
Großbritannien („Brexit")	Juni 2016	72,2 %	Für Austritt aus der EU 51,9 %	Gegen Austritt aus der EU 48,1 %	
Katalonien*	Okt. 2017	43 %	92 %	7,9 %	
Kosovo*	Sept. 1991	87 % Quorum 66,7 %	99 %	0,02	Februar 2008 einseitige Unabhängigkeitserklärung
Krim*	März 2014	83 %	Für Russland 96,7 %	Für Ukraine 2,51 %	Anschluss an Russland im März 2014
Montenegro	Mai 2006	86,5 %	55,5 %, das Quorum war 55 %	44,5 %	Juni 2006

---

13 Zu Selbstbestimmung und Plebisziten generell siehe Klein 1990, S. 17–36.

Gebiet	Jahr	Wahl-beteiligung	Für Unabhängigkeit	Gegen Unabhängigkeit	Unabhängigkeit
Neukaledonien	Nov. 2018 Dez. 2021	80,6 % 43,9 %	43,6 % 3,51 %	56,4 % 96,49 %	
Ost-Timor	Aug. 1999	98,6 %	78,5 %	21,5 %	Mai 2002
Quebec	Okt. 1995	93,5 %	49,4 %	50,6 %	
Schottland	Sept. 2014	84,5 %	44,7 %	55,3 %	
Somaliland*14	Mai 2001	99,9 %	97 %	3 %	Bestätigung der international nicht anerkannten Unabhängigkeit.
Südsudan	Jan. 2011	97,6 %	98,8 %	1,2 %	Juli 2011
Taiwan (Republik China)	März 2008	1. 35,8 % 2. 35,7 % Quorum 50 %	Für Beitritt zu den VN 1. 94 % 2. 87 %	Gegen Beitritt zu den VN 1. 5,9 % 2. 12,7 %	
Zypern 1. Inoffizielles Referendum, an dem nur Griechen teilnehmen durften.* 2. Annan-Plan für Wiedervereinigung	Jan. 1950 Apr. 2004	89 % bei griech. Zyprern 87 % bei türkischen Zyprern	Für Anschluss an Griechenland 95,71 % Für Wiedervereinigung. 65 % bei türk. Zyprern, 24 % bei griech. Zyprern	Gegen Anschluss an Griechenland 4,29 % Gegen Wiedervereinigung. 76 % bei griechischen Zyprern, 35 % bei türk. Zyprern.	Da inoffiziell, ohne staatsrechtliche Folgen.

* Diese Volksentscheide wurden international nicht anerkannt.

8.4 Bündnisfreiheit, Nichteinmischung, begrenzte Souveränität

Eigentlich sollte es keine Einmischung von außen in die inneren Angelegenheiten eines Staates geben. Die Praxis sieht anders aus. Bei geteilten Nationen garantiert äußere Einmischung deren Existenz.

Zum Selbstbestimmungsrecht gehört nicht nur die freie Entscheidung darüber, getrennt zu bleiben oder eine Wiedervereinigung anzustreben, sondern auch, eine milli-

---

14 National Referendum 2001. Schraeder 2006: 127 f.

tärische Allianz zu schließen, eine solche zu verlassen und der Wunsch, keinem Bündnis anzugehören, also neutral zu sein. Bei geteilten Nationen dient die Anwesenheit fremder Truppen dem Schutz und der Einflussnahme, aber sie kann auch eine Normalisierung und spätere Vereinigung erschweren. Das gilt bei den hier behandelten Fällen für Deutschland, Korea und Zypern. Auf Taiwan gibt es militärische Beratung durch Personal aus den USA, ein Bündnisvertrag existiert nicht, als eine Art Schutzzusage werden Waffenlieferungen der USA und der TRA angesehen.

Für das geteilte Deutschland waren Nichteinmischung und Bündnisfrage von Anfang an ein wichtiges Thema.

Im September 1955 wurde der „Vertrag über die Beziehungen zwischen der DDR und der Union der Sozialistischen Sowjetrepubliken" unterschrieben. In ihm sind die völlige Gleichberechtigung beider Staaten, die gegenseitige Achtung, die Souveränität und die Nichteinmischung festgehalten. Im Artikel 1 steht, dass die DDR frei ist, „[...] in der Entscheidung über Fragen ihrer Innenpolitik und Außenpolitik, einschließlich der Beziehungen zur Bundesrepublik Deutschland, sowie der Entwicklung der Beziehungen zu anderen Staaten." Artikel 4 konkretisiert die „Nichteinmischung": „Die zeitweilig auf dem Gebiet der DDR stationierten sowjetischen Truppen werden sich nicht in die inneren Angelegenheiten der DDR und in das gesellschaftspolitische Leben des Landes einmischen."[15] Im Juni 1953 und beim Bau der Mauer im August 1961 sicherte die Einmischung sowjetischer Truppen das Überleben der SED-DDR. Bei seinem Antrittsbesuch im Kreml, im April 1990, war es dem neu gewählten Ministerpräsidenten der DDR, Lothar de Maizière, eine Freude, seine erstaunten sowjetischen Gesprächspartner auf diesen Vertrag hinzuweisen. (Maizière 2010: 202, 209 f.) Es fiel Moskau schwer, gegenüber der „neuen DDR" von Befehlsausgabe auf Zusammenarbeit umzuschalten. Trotzdem hätte es sehr wohl die Möglichkeit einer Einmischung gegeben, denn es existierten noch die Vorbehaltsrechte der Hauptsiegermächte. Das Nichteingreifen der Sowjettruppen 1989 und 1990 war aber „vertragstreu", auch weil wegen der veränderten Umstände nun eine Intervention kaum als machbar und sinnvoll angesehen werden konnte.

Schon relativ früh ist die Bündniszugehörigkeit eines vereinigten Deutschlands diskutiert worden. So z. B. in der Berliner Erklärung zur Wiedervereinigung, dem „12-Punkte Programm", das die drei Botschafter der Westalliierten zusammen mit Bundesaußenminister von Brentano am 29. Juni 1957 unterzeichneten. Aus den Punkten 8 bis 10 geht hervor, dass die Mitgliedschaft eine freie Entscheidung sei, die Sowjetunion Zugeständnisse erhalten würde, sie bei einem Abzug ihrer Streitkräfte keine Nachteile haben sollte und egal, wie die deutsche Entscheidung ausfallen sollte, die NATO weiter bestehen werde. Die spätere Zwangsläufigkeit, Wiedervereinigung nur als NATO-Mitglied, die dann 1989/90 für die USA und andere unabdingbar und für die SU schwer akzeptierbar war, sie ist in dem Text von 1957 nicht enthalten, weil damals wohl ein

---

[15] https://www.verfassungen.de/de/de45-49/freundschaftsvertragddrsu55.htm. Eingesehen am 10.04.2018.

vereinigtes Deutschland als unwahrscheinlich galt, oder eine solche Mitgliedschaft wurde für selbstverständlich gehalten bzw. aus Gründen diplomatischer Vorsicht nicht formuliert. (Siegler 1961: 669–71. Diemer/Kuhrt 1991: 210)

Wegen der Erfahrungen nach dem Bau der „Berliner Mauer" im August 1961 und mit der Kuba-Krise (1962) sowie dem Einmarsch des Warschauer Paktes in die ČSSR 1968 standen dann Stabilität und Bewahrung des Status quo im Vordergrund. Es ist daher verständlich, dass Egon Bahr im Jahr 1966 schlussfolgerte: „Das Hauptinteresse in West und Ost gegenüber Gesamtdeutschland ist, daß Deutschland das Gleichgewicht der Sicherheit nicht stört. Gesamtdeutschland kann also weder dem Warschauer Pakt noch der Nato angehören." (Bahr 2019: 123) Ein vereintes Deutschland darf also nicht Stabilität und Frieden stören, deshalb: Geteilt in jeweils einem Bündnis, vereint aber in keinem von beiden. Diese Sichtweise galt lange Zeit als durchaus plausibel. Aber spätestens ab Herbst 1989 schien Deutschland gerade wegen seiner Teilung diese Stabilität zu stören. Deshalb wurde auch die militärische Einbindung eines neuen Gesamtdeutschlands als besser erachtet, als eine Allianzabstinenz.

Breschnew-Doktrin

Ein Beispiel für umfangreiche Bündnisverpflichtung ist die Breschnew-Doktrin. Ihre Einschläferung durch die SU unter Gorbatschow ermöglichte positive Entwicklungen in Osteuropa und trug auch zum deutschen Einigungsprozess bei.

Im November 1968 hatte Leonid Breschnew auf dem 5. Parteitag der Polnischen Vereinigten Arbeiterpartei die auf Stalin und den sowjetischen Völkerrechtler Evgenij A. Korovin[16] zurückgehende Doktrin der beschränkten Souveränität verkündet; sie diente auch der Legitimierung des Einmarsches in die ČSSR, der am 21. August 1968 erfolgt war. Zur Begründung gehörte die Sichtweise, Entwicklungen in einem Mitgliedsland des „sozialistischen Lagers" könnten negative Rückwirkungen auf andere Mitglieder haben, deshalb hätten alle eine gemeinsame Verantwortung und eingeschränkte Souveränität, die zur Absicherung aller notwendig sei. Rund 20 Jahre später sahen Gorbatschow und seine Vertrauten wieder eine Ansteckungsgefahr, wollten ihr aber durch Entkoppelung, d.h. Nichtintervention entgehen. Es war eine nüchterne Kosten-Nutzen-Analyse der früheren sowjetischen Politik, die seit dem Frühjahr 1985 intensiviert wurde. In seiner Rede vor dem Europarat in Straßburg hatte Gorbatschow am 6. Juli 1989 erklärt: „Jede Einmischung in die inneren Angelegenheiten und alle Versuche, die Souveränität der Staaten einzuschränken, seien das Freunde und Verbündete oder nicht, sind unzulässig." (Gorbatschow 1989: 3. Wagenlehner 1991)

---

16 Korovin, Evgenij A. 1929. *Das Völkerrecht der Übergangszeit. Grundlagen der völkerrechtlichen Beziehungen der Union der Sowjetrepubliken.* Berlin: W. Rothschild; hier besonders die Seiten 52 und 124. Korovin setzte sich mit Fragen von Souveränität und Intervention auseinander, Krieg war für ihn „Klassenselbstverteidigung".

Anfang Juli 1989 tagte der Politische Beratende Ausschuss des Warschauer Paktes in Bukarest. (Sarotte 2023: 51) Es war eine Versammlung Ungarn, Polen und Gorbatschow gegen die anderen. Vor allem die SED-DDR erwartete Druck gegen Ungarn und Polen sowie Unterstützung für sich selbst. Im Abschlusskommuniqué steht u. a.:

> Grundlegende Forderungen einer Politik der Sicherheit und des gegenseitigen Verständnisses sowie der Zusammenarbeit zwischen den Staaten sind die strikte Achtung der nationalen Unabhängigkeit, Souveränität und Gleichberechtigung aller Staaten, der Gleichberechtigung der Völker und des Rechts eines jeden Volkes auf Selbstbestimmung, auf freie Wahl seines sozialpolitischen Entwicklungsweges; die Nichteinmischung in die inneren Angelegenheiten, die vorbehaltlose Enthaltung von jeglicher Anwendung oder Androhung von Gewalt; [...].[17]

Das war die eindeutige Abkehr von der Breschnew-Doktrin. Mit ihr wollte die SU in erster Linie innenpolitische Veränderungen in anderen Staaten des „sozialistischen Lagers" fördern, die als positiv angesehen wurden, vor allem auch für die eigene Politik des Umbaus (Perestroika). Eine Intervention in osteuropäische Staaten könnte genau diese Politik gefährden. Statt der kollektiven Schutzfunktion, die durchzusetzen die SU früher für sich beanspruchte, gab es nun eine von Moskau genehmigte und befürwortete Eigenverantwortung. Früher sollte die Doktrin Reformen verhindern, jetzt sollte sie ihnen nicht im Wege stehen.

Schon Jahre vorher hatte die Breschnew-Doktrin bereits keine Anwendung mehr gefunden. Anfang der 1980er Jahre waren Entwicklungen in Polen aus Sicht der SU eigentlich „gefährlicher" als die Lage in der ČSSR im August 1968, trotzdem wurde nicht, konnte nicht, interveniert werden. Vielleicht auch, weil es im Gegensatz zu damals in der ČSSR eine nationale Lösung gab, nämlich die Verhängung des Kriegsrechts in Polen (Dezember 1981, Jahreswechsel 1982/83 suspendiert und am 22.07.1983 aufgehoben.) Die Doktrin, lange Zeit eine Art ungeschriebenes Gesetz, wurde im März 1989 im Geheimen vom Politbüro der KPdSU aufgehoben. (Karner 2014: 277 ff. und 313–319)

Für die Anpassung an veränderte Verhältnisse hatte der Sprecher des sowjetischen Außenministeriums, Gennadi Gerassimow, eine zutreffend-humorvolle Beschreibung. Im Oktober 1989 sagte er am Rande eines Staatsbesuches Gorbatschows in Finnland, die Sinatra-Doktrin (*I did it my way*) habe die Breschnew-Doktrin abgelöst. (Jones 2009: 257. Ouimet 2003) Diese Äußerung fiel rund zwei Wochen vor dem Fall der „Berliner Mauer." Die Frage einer Bündnisfreiheit für ein vereinigtes Deutschland hatte aber ein ganz anderes Gewicht.

---

[17] https://www.Chronik-der-mauer.de/material/178894/erklaerung-der-tagung-des-politischen-beratenden-ausschusses-der-teilnehmerstaaten-des-warschauer-paktes-bukarest. Eingesehen am 09.09.2020.

NATO-Mitgliedschaft eines vereinten Deutschlands

Für die SU war diese Frage wohl die problematischste. Ihre Präsenz in Ostdeutschland war so etwas wie der Schlussstein im militärischen Gewölbe des Warschauer Paktes. Sie hatte dort rund eine halbe Million Personal in 777 Kasernenanlagen an 276 Orten, dazu 54 Flugplätze und 126 Übungsplätze. (König 2019: 98)

Am 17. Mai 1990 trafen sich in Moskau Staatssekretär Misselwitz vom Außenministerium der DDR und der sowjetische stellvertretende Außenminister Kwizinskij.

> Bei der Behandlung von Fragen des politisch-militärischen Status des vereinten Deutschlands hielt die sowjetische Seite an dem Standpunkt fest, daß die NATO-Mitgliedschaft eines vereinten Deutschlands unter den gegebenen Bedingungen nicht akzeptabel sei. Nach den Worten von J. Kwizinskij sei das der „Knackpunkt". (ABstA 4; Unterstreichungen im Original)

Die Positionen schienen unvereinbar. Für Moskau: Ein vereinigtes Deutschland ja, aber nicht zu schnell und nicht als Mitglied der NATO. Für Washington: Ein vereinigtes Deutschland nur als Mitglied der NATO. Dennoch sollte sich innerhalb weniger Monate die Position Moskaus entscheidend verändern. Noch Anfang Mai sagte Außenminister Schewardnadse seinem Amtskollegen Genscher: „Wir müssen sicher sein, daß das vereinigte Deutschland kein Mitglied der NATO sein wird." (PA AA 22, 1990: 3) Drei Wochen später berichtet Genscher dem US-Außenminister Baker von seinen Gesprächen mit Schewardnadse. Trotz der großen Problematik sei sein Eindruck, dass eine NATO-Mitgliedschaft letztlich akzeptiert werden könnte, denn Schewardnadze habe das Recht auf freie Bündniszugehörigkeit nicht bestritten. (Einheit 2015: 508) Fünf Tage später trafen sich Bush senior und Gorbatschow, der die Diskussion über die Bündnisfrage dramatische Auseinandersetzungen nannte, die schließlich doch mit Einvernehmen endeten. (Gorbatschow 1995: 723) Deutschland wurde eine Entscheidungsfreiheit zugebilligt, was bewirkte, dass später, nach dem Beitritt der DDR, dieses vereinigte Deutschland Mitglied der NATO blieb. (Adomeit 2006: 13)

Lothar de Maizière hat die damalige politische Gemengelage zusammengefasst.

> Die schwierigste Frage war von Anfang an die Frage der Bündniszugehörigkeit des geeinten Deutschlands. Für die Amerikaner und die Westalliierten, aber auch für die Bundesrepublik war es selbstverständlich, dass das geeinte Deutschland der NATO angehören sollte, wohingegen die Sowjets im Zuge der Verhandlungen höchst widersprüchliche Positionen bezogen. Zeitweilig war nicht erkennbar, wer verbindlich für die Sowjetunion spricht. So äußerten sich unterschiedlich sowohl Falin als auch Portugalow als auch Schewardnadse – angeboten wurde, dass das geeinte Deutschland neutral sein solle. Andere meinten, dass das geeinte Deutschland beiden Bündnissen angehören sollte, und zwar dies bis zur Schaffung eines einheitlichen europäischen Sicherheitssystems, auch eine differenzierte NATO-Mitgliedschaft wurde nicht ausgeschlossen. Klar war jedoch, dass eine NATO-Mitgliedschaft des geeinten Deutschlands im Ganzen zunächst für die Sowjets unannehmbar schien. (Maizière 2010: 298)

Wegen der eindeutigen Koppelung mit der Bündnisfrage war dann die Vereinigung Deutschlands Ergebnis eines eingeschränkten Selbstbestimmungsrechts. Richard Schröder hat in diesem Zusammenhang die Rolle der USA hervorgehoben.

> Es war der US-amerikanische Präsident George H. W. Bush, der sich noch vor allen anderen entschieden für die deutsche Einheit eingesetzt hat. Von den USA stammte auch die Idee „2 plus 4", [...] Die USA stellten nur eine Bedingung: Das vereinigte Deutschland muß der EU und der NATO angehören. Davon hat Bush schließlich auch Gorbatschow überzeugt, und zwar mit folgendem Argument: So sei das vereinte Deutschland eingebunden, und neuerliche Alleingänge seien nicht zu befürchten. (Schröder 2007: 68)

Es galt also Nichteinmischung und Bündnisfreiheit, aber für ein vereinigtes Deutschland wurde eine Einbindung militärischer und politischer Art als sinnvoll bzw. unerlässlich erachtet. (Baker 1989)

Bei ihrem Treffen Ende Mai, Anfang Juni 1990 erzielten Präsident Bush senior und Michail Gorbatschow eine grundsätzliche Einigung bezüglich der freien Entscheidung über die Bündniszugehörigkeit. Es gab anfänglich Zweifel an der Zuverlässigkeit der Zusage Gorbatschows und später entstand vielfach der Eindruck, der eigentliche Durchbruch sei Kohl und Gorbatschow am 16. Juli 1990 im Kaukasus gelungen. (Kohl 2007: 175 ff.) Das gibt der Entwicklung mehr Dramatik und verleiht dem Bundeskanzler mehr Glanz, andere hingegen meinen, „[...] im Kaukasus sei es nur noch um Finanzfragen und die praktische Umsetzung gegangen." (Einheit 2015: 36, FN 150) Auch Gorbatschow war der Meinung, das Wesentliche sei klar gewesen, wenn es auch noch Probleme zu besprechen gab. (Gorbatschow 1995: 724) Zwei Tage vor dem Treffen, am 14. Juli 1990, war der NATO-Generalsekretär mit einer Delegation auf Einladung von Gorbatschow im Kreml. Botschafter Henning Wegener, damals stellvertretender NATO-Generalsekretär, erinnert sich an eine erfreuliche Atmosphäre.

> Gorbatschow und Schewardnadse waren gelassen und herzlich, sie machten Scherze, die Gespräche verliefen offen und wohlwollend. [...] Die Einbeziehung von ganz Deutschland in die NATO war praktisch schon gegessen. Da hatte sich George Bush Vater bei der russischen Regierung bereits so konkret durchgesetzt, dass diese Frage weder an diesem Tag im Kreml noch danach an der Wolga ein wirkliches Thema für Kohl und Gorbatschow war. Das zeigt, dass die Amerikaner eine wirkliche Schlüsselrolle hatten, die den Gang der NATO-Prozesse in dieser Zeit prägte. (König 2019: 58)

Wegener unterrichtete dann Genscher und Teltschik in Moskau über diesen positiven Gesprächseindruck. (Ebd. S. 59) Vermutlich hätte Kohl nicht an dem Ausflug in den Kaukasus teilgenommen, wäre nicht vorher bereits die Grundsatzentscheidung gefallen.[18]

---

18 „Ich sagte, dass ich nur fahren würde, wenn am Ende unserer Gespräche die volle Souveränität des vereinten Deutschlands und dessen uneingeschränkte NATO-Mitgliedschaft stünden, ansonsten sei es besser, wieder nach Hause zu reisen." (Kohl 2007: 169 f.)

Trotz Veränderungen Stabilität und Beachtung der Sicherheitsinteressen anderer

Der Meinungsumschwung bezüglich der NATO-Mitgliedschaft war eine Entwicklung von rund sechs Monaten, in denen aus Ablehnung zögernde Zustimmung wurde, deren Folgen damals wohl niemand genau einschätzen konnte. Für die SU war die Mitgliedschaft erst undenkbar, dann eigentlich inakzeptabel, um im Jahr 1990 dann immer mehr zur wichtigen Verhandlungsmasse zu werden. Als sich abzeichnete, dass diese Entscheidung nicht zu vermeiden sei, sollte sie wenigstens hinausgezögert werden und dafür gab es halbwegs konkrete Vorschläge. Für die Zustimmung sollte ein möglichst hoher Preis erzielt werden. Aber je mehr die Zeit voranschritt, desto schwächer wurde die Verhandlungsposition Moskaus und blieben die Alternativen gleich unerfreulich. Genscher und andere waren sich dieses Dilemmas der SU durchaus bewusst. Es ging sowohl um die Durchsetzung großer Veränderungen in Europa, als auch um die Beibehaltung von Stabilität. Nach Meinung von Fred Oldenburg wollte der damalige Außenminister einerseits „[...] die Vereinigung Deutschlands mit allen Kräften fördern, andererseits aber keine zusätzliche Veränderung des Kräftegleichgewichts stimulieren, welche dieses Werk gefährdet hätte." (Oldenburg 1996: 11) Genscher sagte Ende Januar 1990 der Bild-Zeitung, eine Erweiterung der NATO über die Oder und Neiße hinaus, „[...] das wäre das Ende unseres Strebens nach Einheit. Wer die Grenze der NATO bis zur Oder und Neiße ausdehnen will, schlägt die Tür zu für ein geeintes Deutschland." (Einheit 2015: 231, FN 7)

Die Sachzwänge der sowjetischen Führung waren in Bonn und Washington bekannt und es war klar, dass die Lösung von Problemen neue nach sich ziehen würde, deren Ausmaß und Langlebigkeit aber 1990 keine Seite voraussehen konnte. Kurz vor dem Treffen zwischen Gorbatschow und Kohl im Februar 1990 traf Baker den sowjetischen Führer. Der US-Außenminister schrieb Kohl einen Brief, in dem er seinen Gesprächseindruck schilderte, d. h. die Alternative, wie sie sich Moskau darstellte.

Baker sagte Gorbatschow, die Führung der Bundesrepublik wolle kein neutrales Deutschland, sondern ein wiedervereinigtes Deutschland als Mitglied der NATO. Es sei unrealistisch anzunehmen, dass ein großes und ökonomisch bedeutsames Land wie Deutschland neutral sein könne. Baker fragte nach Gorbatschows Präferenz: Hätte er lieber ein vereinigtes Deutschland außerhalb der NATO und ohne US-Truppen auf seinem Boden, oder lieber ein vereinigtes Deutschland innerhalb der NATO und die Zusicherung, dass deren Militärhoheit[19] „[...] nicht einen Inch von ihrer jetzigen Position ostwärts verschoben werde." (DE 1998: 794) Gorbatschow sagte, die Führung der Sowjetunion würde in einer Art Seminar alle Optionen diskutieren, aber eine Ausweitung des NATO-Gebietes sei inakzeptabel. Baker schloß daraus, diese Äußerung würde andeuten, eine NATO in ihrer gegenwärtigen geografischen Ausdehnung sei akzeptabel.

---

[19] Baker benutzte den Ausdruck „*NATO's Jurisdiction.*"

Das bedeutete im Februar 1990 mit Bezug auf Deutschland nur die BRD, aber da der größere Zusammenhang mit einer Vereinigung offenkundig war, muss klar gewesen sein, nach dem Beitritt auch NATO-Mitgliedschaft des Beitrittsgebietes. Wenn hier also Selbstbestimmung und Bündnisfreiheit galten, warum nicht auch für andere? Rückblickend ist zu fragen, ob im Frühjahr 1990 eine Osterweiterung der NATO durch Polen und die baltischen Staaten überhaupt als realistisch angesehen werden konnte? Gorbatschow sagte später: „Der Warschauer Pakt existierte doch noch. Die Frage stellte sich damals gar nicht." (Gorbatschow 2014) Aber war es denn nicht vorstellbar, dass z. B. Polen und die ČSSR in Zukunft hier eine freie Entscheidung anstreben würden? Wurde wegen der Undenkbarkeit diese Frage auch im Zusammenhang mit dem 2+4-Vertrag nicht nachhaltig diskutiert? Wegen Äußerungen von z. B. Genscher sowie der Zusicherung von Baker vom Februar 1990 ist es verständlich, dass Gorbatschow und andere später sagten, sie seien reingelegt und über den Tisch gezogen worden. Die Debatten darüber dauern noch an. (Nünlist 2018. Sarotte 2010)

Die Mitgliedschaft in der NATO war eines der großen Zugeständnisse der SU unter Gorbatschow an das vereinigte Deutschland. Sie war mit der Hoffnung auf grundlegende Veränderungen in Europa verbunden. Die gab es dann bald, aber nicht so, wie sie sich Gorbatschow und Schewardnadse vorgestellt hatten. Am 18. Juni 1990 sagte der sowjetische Außenminister zu Genscher, Bündnisse seien Instrumente des Kalten Krieges und „[...] mit dem Ende des Kalten Krieges müßten auch die Instrumente des Kalten Krieges verschwinden." (PA AA 23, 1990: 3) Das Instrument „Warschauer Pakt" verschwand recht schnell, im Juli 1991. Sechs Monate später folgte ihm im Dezember 1991 die Sowjetunion. Die NATO verschwand nicht, sondern wuchs durch neue Mitgliedsländer. Diese gegenläufige Entwicklung bewirkt noch immer Probleme, auch weil Russlands Präsident Putin versucht, die Zeit zurückzudrehen.

8.5 Neutralität

Stimmenthaltung gilt als ein diplomatisches, als ein höfliches Nein; ist es die Haltung eines Staates gibt es unterschiedliche Bewertungen. Die Neutralität der Schweiz gilt als Vorteil, vorbildlich und als Stärke, die Österreichs wurde 1955 als alternativlos angesehen, die Finnlands früher häufig als Schwäche kritisiert und Schweden nutzte sie oft, um international vermittelnd agieren zu können.

Für das vereinigte Deutschland hatten einige vorübergehend Neutralität erwogen. Von fast allen, auch im Ausland, wurde diese Idee abgelehnt. Die USA schlossen einen Tauschhandel Neutralität gegen Einheit aus. (Einheit 2015: 173)

Für die VR China ist Neutralität kein Thema, für Taiwan auch nicht. Garantierte Neutralität könnte für die Zukunft der koreanischen Halbinsel aber durchaus ein Thema sein, für Zypern eher nicht, in beiden Fällen wäre die Anwesenheit ausländischer Truppen zu klären. Die Mitgliedschaft in der NATO, falls von einer Konföderation Zypern dann gewünscht, sollte kein Problem sein, da die Schutzmächte Großbritannien,

Griechenland und die Türkei dort Mitglied sind, ohne dass dies zwischen den beiden letztgenannten problemfreie Beziehungen garantiert.

Ausland gegen Neutralität und Sonderweg für Deutschland

Seit Gründung beider Staaten in Deutschland, besonders aber ab Herbst 1989 bis Herbst 1990 war deren erklärte Bereitschaft wichtig, keine Neutralität, keinen „deutschen Sonderweg" anzustreben. Dazu gab es seit langem eine Übereinstimmung im Ausland. Willy Brandt schrieb in seinen Erinnerungen, Anfang 1959 habe ihm der damalige Außenminister der USA, John Foster Dulles, den aufrichtigen und zugleich desillusionierenden Hinweis gegeben: „Wenn wir uns in hundert Fragen mit den Russen streiten, in der hunderteinsten sind wir uns mit ihnen einig: Ein neutrales, womöglich noch bewaffnetes Deutschland, das zwischen den Fronten hin und her marschieren kann, wird es nicht geben." (Brandt 1992: 154)

Das war eine konstante Position der USA und anderer. In einem Interview mit der *New York Times* am 25. Oktober 1989 sagte Präsident Bush senior, die Entwicklung Europas und vor allem die in Deutschland erfordere jetzt eine „umsichtige Evolution" und er sehe nicht, dass Deutschland in einen Neutralismus abgleiten würde. (PA AA 24)

In Deutschland sind solche Überlegungen mit unterschiedlicher Intensität während des gesamten Zeitraums der Teilung angestellt worden. Diskussionen in der SED-DDR hat u. a. Martin Jänicke analysiert. (Jänicke 1964) Es ging um Erwägungen, den Sozialismus zu demokratisieren und mit freiheitlichen Gedanken zu füllen. Diese Veränderungen sollten auch eine andere Sichtweise auf Möglichkeiten für eine Vereinigung eröffnen, orientiert an Kompromissfindung und Synthese, was zum Erfolg aber auch eine veränderte Haltung der BRD unter Adenauer bedingt hätte. In den 1980er Jahren gab es vermehrt Diskussionen über einen dritten Weg. (Geisel 2005) Konzepte, die eine Neutralität gedanklich einschlossen, waren oft von akuten Bedrohungslagen gekennzeichnet und wie diese durch atomwaffenfreie Zonen und weniger Paktgebundenheit überwunden werden könnten. (Geppert/Wengst 2005) Ein Beispiel ist der Deutschlandplan der SPD vom März 1959 (Brandt/Ammon 1981: 169 ff.), der aber kaum Resonanz hatte.

In Deutschland gab es 1989 und 1990 erneut Überlegungen bezüglich Neutralität, die allerdings nicht über den Stand anfänglicher Gedankenspiele hinausgingen. Der Sonderweg eines vereinigten Deutschlands war nicht akzeptabel und wurde auch wegen historischer Erfahrungen als destabilisierend für Europa erachtet.

Spätestens im Frühjahr 1990 war offenkundig, dass in Deutschland und anderswo in Europa große Veränderungen bevorstehen. Es gab unterschiedliche Meinungen darüber, was zu tun sei, aber bei der Zielsetzung waren die Differenzen nicht gravierend. Es galt Stabilität zu bewahren, die Sicherheitsinteressen aller zu beachten, neue Strukturen zu entwickeln, Gelegenheiten zu nutzen, aber nichts zu überstürzen. Gorbatschow, Schewardnadse, Modrow, Meckel und andere waren für längere Übergangszeiten, für eine Doppelmitgliedschaft Deutschlands im Warschauer Pakt und der NATO sowie für den Aufbau einer neuen Sicherheitsstruktur Europas. Sie waren wohl überzeugt, den Warschauer Pakt und die Sowjetunion werde es noch lange geben. Synchronisierung war für sie ein wichtiger Begriff. Präsident Bush senior, Helmut Kohl, Lothar de Maizière und andere wollten das günstige Momentum nutzen, auf Bewährtem aufbauen und keine unausgegorenen Pläne umsetzen.

Während einer Pressekonferenz sprach Hans Modrow am 1.2.1990 über „Deutschland, einig Vaterland" und schlug eine Konföderation sowie ein schrittweises Vorgehen für den deutschen Einigungsprozess vor. Auf dem Weg zu einer Föderation sollten beide deutsche Staaten militärische Neutralität praktizieren. Ende Februar erwähnte Außenminister Genscher gegenüber dem Ministerpräsidenten Italiens Tendenzen zum Neutralismus, die es im politischen Spektrum rechts und links gebe, die aber keine Bedeutung hätten. (Einheit 2015: 291) Im selben Monat nannte Schewardnadse seinem kanadischen Kollegen ein neutrales, vereinigtes Deutschland eine Idealvorstellung der SU, die aber wohl nicht realistisch sei. Das hinderte ihn nicht, diese Idee im April 1990 bei einem Treffen mit Markus Meckel erneut anzusprechen, wieder mit Überlegungen für eine Doppelmitgliedschaft Deutschlands. Spätestens Mitte 1990 war allen Beteiligten klar, dass solche Pläne keine Chance hatten.

Im April 1990 wies Genscher seinen belgischen Amtskollegen darauf hin, dass Polen und die ČSSR eine deutsche Einbindung in die NATO dringend forderten. (Einheit 2015: 422) Er bezog sich u. a. auf Gespräche mit den Außenministern beider Staaten, die er Anfang Februar geführt hatte, in denen die Neutralität eines vereinigten Deutschlands angelehnt wurde. (Ebd. S. 257, FN 12) Die Führung Polens hatte sich klar gegen eine Neutralisierung eines vereinigten Deutschlands ausgesprochen, allenfalls sei vorübergehend eine Entmilitarisierung des gegenwärtigen DDR-Territoriums denkbar. Adam Krzeminski hat die grundsätzliche Einstellung Polens so beschrieben:

> In Polen hat man die Spaltung Deutschlands nie für etwas Endgültiges angesehen. Das hat selbst Gomulka nicht getan. Man hatte das als eine Faustregel der damaligen Politik gesehen, diese Spaltung zu stützen und festzumauern. Dennoch glaubte man nicht, daß es wirklich dauerhaft möglich ist, denn man hatte Erfahrungen mit der Teilung Polens im 19. Jahrhundert, und man hatte auch Erfahrungen mit der nationalen Frage in Osteuropa. (FES 1999, S. 35 f.)

Es ist in Deutschland zu wenig verstanden worden, dass Polen bei einer eindeutigen Sicherheit seiner Westgrenze keine großen Einwände gegen eine Vereinigung hätte, sondern sich ein mit ihm friedlich kooperierendes Deutschland durchaus als willkommenes Gegengewicht gegen die Sowjetunion vorstellen könnte. Das würde natürlich schwerer wiegen bei einer Mitgliedschaft in der NATO, als durch ein neutrales Deutschland.

Neutralisierung, Doppelmitgliedschaft, Pufferzone, Allianz zwischen den Allianzen, diese Vorschläge bewirkten keine breiten öffentlichen Diskussionen, sondern sie wurden durch den schnellen Gang der Ereignisse überholt, obwohl viele damals annahmen, es werde bis zur Vereinigung wohl noch etwa zwei Jahre dauern. Einschätzung und Umsetzung dieser Pläne hätten eine längere Vorbereitungs- bzw. Übergangsphase erfordert, mit vielen Unwägbarkeiten, was ausländischen Interessen nicht entsprach und auch keine Zustimmung bei der Mehrheit der deutschen Bevölkerung hatte. Eine Übergangsphase mit ungewissem Ausgang wurde vermieden und die durch den Beitritt der DDR vergrößerte Bundesrepublik verblieb fest in dem vorhandenen Rahmen internationaler Institutionen des „Westens".

Pfadabhängigkeit und Selbstbestimmung

Pfadabhängigkeit ist ein anschaulicher Begriff der Sozialwissenschaften. Er benennt einen Prozess, dem das Ziel vorgegeben ist, oft auch das Tempo und die Weggefährten; Umwege und Umkehr sind nicht vorgesehen.

Die vom April bis Ende September 1990 tätige Volkskammer war höchstwahrscheinlich das repräsentativste und fleißigste Parlament deutscher Geschichte, aber ab dem Sommer 1990 diente viel seiner Arbeit der eigenen Abschaffung durch den Beitritt zur Bundesrepublik. Mit der Entscheidung für eine Vereinigung nach Artikel 23 des Grundgesetzes und spätestens seit der Währungs-, Wirtschafts- und Sozialunion vom 1. Juli 1990 war die Entwicklung, war der weitere Pfad der DDR vorgegeben. Auch für das vereinigte Deutschland stand die Wegrichtung fest: Keine Neutralität, sondern Mitgliedschaft in der NATO und der EU.

Es war die neue Demokratie in der DDR, die friedliche Revolution, die in großem Maße dazu beitrug, dass eine Einigung möglich wurde. (Bahrmann/Links 2009. Neubert 2008) Allerdings konnte sich diese Demokratie nicht voll entfalten und eigene Initiativen nur begrenzt durchsetzen. Eigeninitiative, unkonventionelle Vorschläge und Anpassungsdruck waren miteinander in Einklang zu bringen bzw. sie waren im Zweifelsfall der Pfadabhängigkeit unterzuordnen und dies in einer Zeit, als in Ostdeutschland eine Fülle basisdemokratischer Entwicklungen aufblühte. Auf fast allen Ebenen gab es „Runde Tische", Diskussionsforen, an denen viele relevante Gruppen der Bevölkerung teilnahmen, die auch einen Verfassungsentwurf vorlegten. Zur neuen Regierung gehörte ein Ministerium für Abrüstung und Verteidigung, der Name sollte zugleich Programm sein. Es ist eine Ironie der Geschichte, dass in der Zeit, in der die DDR eine wirkliche Demokratie war und ihre Bürger:innen sich mit großem Engagement politisch betätigten, diese Demokratie zwar wesentlich zur Vereinigung beitrug, wegen deren Vorrang aber viele frische und basisdemokratische Ideen nicht mehr verfolgt wurden.

Neue Ideen entstanden nicht nur in der DDR. Ab Ende der 1970er Jahre gab es in der Opposition in Polen Überlegungen, die Vereinigung Deutschlands könnte eine Chance für das eigene Land beinhalten, keine Bedrohung und sie würde helfen, die Abhängigkeit von der Sowjetunion zu verringern, aber die polnische Westgrenze müsste garantiert sein. Adam Krzeminski veröffentlichte 1987 einen Artikel in „Polytika", der dann 1988 in der Zeitschrift „Merkur" erschien, in dem er eine Chance für Polen in einer deutsch-deutschen-polnischen Konföderation sah. (Krzeminski 1988) Der neue Außenminister der DDR, Markus Meckel, griff diese Idee auf. Es sollte eine „Dreifach-Allianz zwischen Allianzen" in der Mitte Europas entstehen, aus Polen, Deutschland und der Tschechoslowakei. Diese Idee wurde dann durch den schnellen Gang der Ereignisse überholt. (Maizière 2010: 239 f.)

Noch kurzlebiger war ein Konzept, das Egon Bahr Ende Februar 1990 in Moskau vorstellte. Es sollte in Europa eine besondere Zone der Kooperation auch unter Einbezug von Warschauer Pakt und NATO geschaffen werden.

> Diese Zone würde Dänemark, die Benelux-Länder, beide deutschen Staaten, Polen, die Tschechoslowakei und Ungarn umfassen. Im Rahmen einer solchen Zone könnte – als Kern des allgemeinen europäischen Sicherheitssystems – ein gemeinsamer „Sicherheitsrat" ins Leben gerufen werden, dem alle Streitkräfte der zur Zone gehörigen Staaten unterstehen würden. (Karner 2015: 196. Einheit 2015: 309 f.)

Im Nachhinein wirken diese Ideen vielleicht etwas träumerisch, aber da allgemein Anfang 1990 angenommen wurde, die Vereinigung Deutschlands werde wohl frühestens in zwei Jahren kommen, schien es damals durchaus sinnvoll, sich Gedanken für die Übergangszeit zu machen.

Markus Meckel kam aus der Friedensbewegung der DDR, empfand sich als „Überzeugungstäter" und war der Meinung, dass bestehende Organisationen nicht ungeprüft und unverändert übernommen werden sollten.[20] Anfang Juni 1990 erklärte er, die Revolution in der DDR sei nicht unternommen worden, um in die NATO einzutreten. (Einheit 2015: 550.) In einem selbstkritischen Artikel hat er dann Jahre später seine Erfahrungen mit den Worten zusammengefasst: „Ihr könnt mitmachen, aber nichts ändern." (Meckel 2020)

Eine mögliche Pfadabhängigkeit für China/Taiwan, Korea und Zypern ist noch nicht erkennbar. Einmal abgesehen davon, dass Peking Taiwan zu einer Sonderverwaltungszone nach dem Rezept, „ein Land, zwei Systeme" machen möchte. „Dabei sein ist alles" wird mit Nordkorea nicht funktionieren. Im Rückblick scheinen für Deutschland 1990 die Vorgaben zum Erfolg geführt zu haben. In den anderen, noch zur Normalisierung/Lösung anstehenden Fällen dürfte die Verständigung auf Prinzipien und deren flexible Umsetzung wohl der richtige Pfad sein. Ob eine Einigung darauf gelingt, kann niemand vorhersagen.

---

20 Zu seiner Außenpolitik siehe Kapitel II (S. 103–303) in Lehmann 2010.

8.6 Korea

Lage und Nachbarn

Zu den Bestimmungsfaktoren Koreas gehört, dass es eine Halbinsel ist, umgeben von großen Mächten, die in Rivalität gegeneinander stehen. Aus koreanischer Sicht war und bleibt das Land eine Garnele zwischen Walfischen. Aus japanischer Sicht war Korea oft ein Dolch in Chinas Hand, der auf Japans Herz zielte. (Pfennig 2001: 116) Eine andere Konstante, meist selbstverschuldet, ist die prekäre Wechselwirkung zwischen Reformschwäche und kompromisslosem Streit im Innern und Druck sowie Intervention von außen, die sich gegenseitig verstärken. Oft stand Koreas Führung vor der Frage, ob und wie innere Reformen durchgeführt werden sollten und mit welcher ausländischen Macht vorrangig zusammenzuarbeiten sei. Es gab Vorschläge, die aber fast nie erfolgreich zur Ausführung kamen. Auch Ausländer waren an ihrer Konzipierung und Durchführung beteiligt. (Lee Yb 1988: 25) Huang Tsun-hsien (1848–1905), ein Gelehrter, Dichter sowie Diplomat, schrieb im Jahr 1880, als er an der Vertretung des chinesischen Kaiserreiches in Tokio tätig war, einen Text mit dem Titel „Korea-Strategie", in dem er diesem Land vorschlug: Nähe zu China, Zusammenschluß mit Japan, Bündnis mit den USA. (親中, 結日, 聯美) (Hirano o. J.: 15. Cumings 1998: 104, 489.) Außerdem riet Huang Korea, danach zu streben, nur sich selbst zu stärken. Hier finden sich Anklänge an die Ideologie der DVRK und an Kim Dae-jungs Feststellung, letztlich müsse die Wiedervereinigung den Menschen in Korea selbst überlassen bleiben. (Kim Dj 1993: 413)

Trotz vieler Veränderungen hat sich die missliche geopolitische Lage Koreas nicht verbessert. An der Bedeutung der drei genannten Staaten für Korea änderte sich ebenfalls nicht viel, obwohl sie seit dem Ratschlag von Huang in unterschiedlichen machtpolitischen und ökonomischen Gewichtsklassen auf- und abgestiegen sind. Sie haben nach wie vor differierende Vorstellungen über die Zukunft Koreas, dessen Wiedervereinigung und über die Rolle, die sie selbst dabei spielen möchten. Eine Konstellation, die gesamtkoreanisches Handeln umso wünschenswerter, schwieriger, aber dennoch notwendig macht.

Bündnisfrage und ausländische Militärpräsenz

In Korea wird betont, die Wiedervereinigung sei eine Angelegenheit der Koreaner:innen, also ein klarer Fall für Selbstbestimmung. Es geht auch immer um Bündniszugehörigkeit und die Anwesenheit fremder Truppen auf der Halbinsel. In der DVRK sind keine solchen stationiert und sie hat nur noch mit der VR China einen Bündnisvertrag, denn der ebenfalls 1961 mit der SU geschlossene wurde 1994 auf Initiative von Boris Yeltsin annulliert. Seit 2000 gibt es einen „Vertrag über Freundschaft, Zusammenarbeit und gutnachbarschaftliche Beziehungen", der aber keine militärische Beistandsklausel enthält. (Lukin 2018: 270)

Der Norden argumentiert, die US-Militärpräsenz im Süden verhindere eine Wiedervereinigung, bedrohe die DVRK, die sich dagegen durch kontinuierliche Aufrüstung schützen müsse. In einem Bericht der DDR-Botschaft in Pjöngjang vom Oktober 1972 wird hervorgehoben, dass für die DVRK eine „[...] der wichtigsten Voraussetzungen zur Vereinigung der Abzug der unter UNO-Flagge wirkenden USA-Truppen aus Südkorea ist." (PA AA 15, 1972: 1) Diese Einschätzung hat sich nicht geändert.

Der Süden hält die Anwesenheit von US-Truppen für den eigenen Schutz als notwendig und die Rüstung des Nordens für eine Bedrohung; sie erschwere einen Normalisierungsprozess. Für die RK besteht die Bündnisfrage aus drei Hauptkomponenten, dem Sicherheitsvertrag mit den USA, der Stationierung von US-Truppen und gemeinsamen Militärmanövern. Das militärische Engagement der USA auf der koreanischen Halbinsel steht auch im Zusammenhang mit deren Militärpäsenz in Japan (rund 50.000 im Jahr 2023), die auch mit der Unsicherheitslage Koreas begründet wird. Von der DVRK wird das als Bedrohung angesehen, wenn auch zu verschiedenen Zeiten mit unterschiedlicher Intensität.

Die Frage des Verbleibs von US-Truppen nach einer Vereinigung ist für beide Koreas, für die VR China, für Russland und Japan von Bedeutung. Sollten sich US-Truppen komplett aus Korea zurückziehen, könnten beide Bündnisverträge, DVRK mit der VR China sowie RK mit den USA, diskutiert werden. Im Zusammenhang mit einem Abzug wäre auch über den Sicherheitsvertrag zwischen den USA und Japan zu sprechen. Käme es dort ebenfalls zu einem Rückzug, bliebe als Vorposten den USA Guam, was eine bedeutende geostrategische Veränderung zu deren Ungunsten wäre. (Insgesamt gibt es in der Nähe der DVRK rund 81.000 US-Truppen, in Südkorea, in Japan und auf Guam, plus denen, die auf Schiffen in der Gegend patrouillieren.)

Die Forderung nach Abzug der US-Truppen wird seit Jahrzehnten erhoben. Hier ist bei der DVRK zwischen tatsächlicher Bedrohung, eigener Propaganda und der Abwägung vieler Faktoren zu unterscheiden. Es gibt Vorschläge sowie Ablehnungen, es wird Verständnis gezeigt, dann werden kompromisslose Forderungen präsentiert. Wegen der starren Zielorientierung – ob tatsächlich vorhanden oder vermutet – wurden Vorschläge des Nordens nie ernsthaft geprüft. In Europa waren die Rahmenbedingungen besser, denn es gab Vertrauensbildung, Truppenreduzierungen und Manöverbeobachter. Wenn festgestellt wird, die USA hätten auf Vorschläge der DVRK nicht reagiert, dann sollte erwähnt werden, dass der Norden über die Vertretungen in Panmunjom eingeladen wurde, Beobachter zu dem US-RK-Großmanöver *Teamspirit* zu schicken. (Kim DJ 1997: 95) Im Jahr 1988 wurde eine solche Einladung als Beleidigung und Betrug abgelehnt. (PA AA 27)

Seit Jahrzehnten gibt es ein Wechselspiel: Wenn die eine Seite sich nicht feindselig verhalte, werde die andere Seite sich zurückziehen, bzw. könnte für eine Übergangsphase eine Anwesenheit von Truppen der USA im Süden akzeptiert werden und wäre für die Stabilität der gesamten Region nützlich. Mehrfach wurden aufeinander abgestimmte Schritte vorgeschlagen. Bei seinem Besuch in Bulgarien im Juni 1975 berichtete Kim Il-sung von Kontakten mit den USA auf niederer Ebene in Panmunjom. „Die amerikanischen Vertreter erklärten, daß die Truppen der USA, wenn die KDVR eine offizielle Deklaration abgibt, nicht in den Süden einzufallen, das Teritorium Südkoreas verlassen werden. Die KDVR trat mehrfach mit solchen Deklarationen auf, aber die amerikanischen Truppen befinden sich weiterhin in Südkorea." (PA AA 4, 1975: 20.) Der „Vorschlag für eine stufenweise Reduzierung der Streitkräfte" vom 23. Juli 1987 sah einen schrittweisen Rückzug der US-Truppen vor. Wiederholt wurde diese Position 1990 in dem „Plan für Rüstungskontrolle für Frieden in Korea". Hier ging es wieder um eine Verknüpfung: Fortschritte bei inner-koreanischen Rüstungskontrollverhandlungen und phasenweiser Rückzug von US-Truppen. Bei seinem Treffen mit dem ehemaligen Präsidenten Carter im Juni 1994 soll Kim Il-sung vorgeschlagen haben, den schrittweisen Rückzug mit einer proportionalen Verringerung der Truppen von Nord und Süd sowie anderen Maßnahmen auf der Halbinsel zu verbinden. (Kim Dj 1997: 103, FN 16)[21]

Kim Dae-jung berichtete, dass während des Gipfeltreffens im Juni 2000 sein Gastgeber, Kim Jong-il, ihm bezogen auf die US-Truppen im Süden unerwartet ein Geheimnis mitteilte. Man habe im Jahr 1992, während der Regierungszeit der Republikaner, Kim Yong-sun[22] als Sondergesandten in die USA geschickt, um mitzuteilen, der Süden und der Norden würden nicht gegeneinander kämpfen. Die Truppen der USA sollten in Korea bleiben, damit kein Krieg ausbrechen könne. In der Geschichte, so Kim Daejung, seien Nachbarländer wegen der geostrategischen Bedeutung mehrfach in Korea eingedrungen, deshalb wäre es besser, die US-Truppen würden zur Erhaltung des Friedens anwesend bleiben, selbst nach einer Wiedervereinigung. „Ich stimme dem zu" sagte Kim Jong-il. Der Gast fragte, wenn dies seine Meinung sei, warum würden denn die Medien des Nordens fortgesetzt und vehement einen Abzug fordern. „Das ist zum Trost für die Gefühle der Menschen bei uns, antwortete er. Ich hoffe, sie verstehen das." (Kim Dj 2019: 645)

Madeleine Albright hatte bei ihrem Besuch in Pjöngjang im Oktober 2000 einen ähnlichen Eindruck. Kim Jong-il sagte, seit dem Ende des Kalten Krieges habe sich die Einschätzung seiner Regierung bezüglich der US-Truppen im Süden verändert, sie würden jetzt eine stabilisierende Rolle spielen. Aber in den Streitkräften sei die Meinung geteilt, fünfzig zu fünfzig, ob Beziehungen zu den USA verbessert werden sollten. Es gebe Personen im Außenministerium, die seien sogar dagegen, dass er mit Madeleine Albright und ihrer Delegation spreche. „Wie in den USA, so gibt es auch hier Leute, die eine andere Meinung haben, als ich, obwohl es nicht so viele sind, wie die

---

[21] Am 21.03.2003 gab Carter ein Interview, in dem er u. a. die Umstände seines Besuches und die Vorschläge Kims erläuterte. https://www.Pbs.org/wgbh/pages/frontline/shows/kim/interviews/carter.html. Eingesehen am 30.10.2021.
[22] Präsident der USA war damals George Bush senior, Kim Yong–sun war Sekretär der Arbeiterpartei der DVRK.

Opposition bei ihnen. Es gibt noch immer solche, die der Ansicht sind, die US-Truppen sollten abziehen. Auch in Südkorea gibt es viele, die gegen diese Truppen sind." Kim betonte, die Lösung liege in der Normalisierung der Beziehungen. (Albright 2003: 465)

Kim Dae-jung hat sich mehrfach zu dieser Frage geäußert, so auch im Juni 2005. Was die Anwesenheit von US-Truppen auf der Halbinsel anbelange, so könnten sie dort verbleiben, wenn sie garantierten, den Norden nicht anzugreifen; selbst nach einer Wiedervereinigung könnten sie zu Frieden und Stabilität beitragen. (Kim Dj 2005) Einige Monate später zitierte er in einem Interview Kim Jong-il, um den größeren geopolitischen Zusammenhang aufzuzeigen. Der Vorsitzende Kim wies 2000 auch darauf hin, „[...] weil wir von Russland, China und Japan umgeben sind, ist es gut, dass die USA auf der Halbinsel präsent sind. Diese Anwesenheit wäre selbst nach einer Wiedervereinigung nützlich." (Kim Dj 2006a) Auch Lim Dong-won, einer der engsten Mitarbeiter Kim Dae-jungs, erwähnt solche Äußerungen von Kim Jong-il. (Lim 2012: 9, 21 f.) Die „Sonnenscheinpolitiker" hielten diese für glaubwürdig, auch weil sie für sie selbst eine wünschenswerte Lösung darstellten und weil angenommen wurde, die VR China teile diese Einschätzung.

Kim Dae-jung berichtete, dass Jiang Zemin im Juni 2000 ihm gegenüber hervorhob, dass Nordkorea für China ein Pufferstaat sei, er aber auch Verständnis für die Anwesenheit von US-Truppen äußerte.

> Die militärische Präsenz der USA ist für die koreanische Halbinsel eine Notwendigkeit. Egal, wie sich dort die innere Situation entwickelt, US-Truppen sollten dort bleiben. Tun sie das nicht, wird dies die Position Südkoreas gegenüber Nordkorea, China und Japan schwächen. (Kim Dj 2019: 705)

Es ist schwer auszumachen, ob dies Höflichkeit gegenüber dem Gast aus Seoul war, oder ob Jiang Zemin sich der damaligen Möglichkeiten der Volksrepublik realistisch bewusst war, in der Tradition von Deng Xiaoping in langen Zeiträumen dachte und größeren Zusammenhängen Beachtung schenkte.

Diese Einschätzungen wurden vor über 20 Jahren gemacht. Inzwischen ist die DVRK eindeutig ein Staat mit Nuklearwaffen und die Machtposition der VR China hat sich stark verbessert. Ob sie einem solchen Arrangement noch zustimmen würde, ist fraglich. Das Argument, die Militärpräsenz der USA auf einer wiedervereinigten Halbinsel für einen bestimmten Zeitraum würde verstärkten Rüstungsanstrengungen Japans vorbeugen, besitzt vermutlich nur begrenzte Überzeugungskraft. Die Lage hat sich verändert, das Problem ist geblieben. Die Situation in und um Korea ist eine völlig andere als die, in der Kim Dae-jung und Kim Jong-il ihre Gespräche führten. Ob es damals Wunschdenken, Täuschungen oder ehrliche Absichten waren, wird wohl nicht zu klären sein. Ein Hauptproblem ist seit langer Zeit, dass diese Vorschläge, einmal unterstellt, sie waren ersthaft, dann früher oder später durch das Verhalten von Pjöngjang entwertet wurden.

Die Anwesenheit von US-Truppen im Süden ist nützlich für ein Feindbild im Norden und dient somit auch der Legitimierung von Rüstungsanstrengungen und Entbehrungen. Welche Auswirkungen hätte hier ein Rückzug der USA und käme es zu einer nachhaltigen Verbesserung der Beziehungen zwischen Pjöngjang und Washington, welche Auswirkungen hätte dies auf die privilegierte Stellung des Militärs in der Gesellschaft der DVRK? Wie so oft, wenn es um Korea geht: viele Fragen, kaum verlässliche Antworten.

Operational Control Authority (OPCON)

Eine Besonderheit der militärischen Beziehungen zwischen den USA und der RK ist, dass bis zum Dezember 1994 die jeweiligen US-Oberkommandierenden die operative Kontrolle auch über die Streitkräfte des Südens hatten, d. h. sie mussten jede größere Truppenbewegung gegenzeichnen bzw. über sie informiert werden. Das bedeutet u. a., bei den Militärputschen von Park Chung-hee und Chun Doo-hwan war das dortige US-Oberkommando informiert, wollte nicht informiert sein oder die Putschgeneräle verstießen gegen das OPCON. Diese Unterordnung ist eine gravierende Einbuße an Souveränität. Seit Jahrzehnten diskutieren die USA und die RK eine Übertragung auf südkoreanische Befehlshaber, aber u. a. wegen neuer Waffen der DVRK, einer Verschärfung der Nuklearfrage und aus Kostengründen gibt es kein Ergebnis.[23] Für Kriegszeiten besteht die Regelung noch immer. Diese Besonderheit ist insofern relevant, weil sie zur Bedrohungsvorstellung des Nordens beiträgt und sie erklärt, warum Pjöngjang den Süden nicht für voll souverän hält und die USA als Hauptansprechpartner sieht.

Korea und Neutralität

Diskussionen über Notwendigkeit sowie Vor- und Nachteile eines neutralen Koreas gibt es seit Jahrhunderten. Korea war und ist oft gezwungen, darüber nachzudenken, wer das „kleinere Übel" sei, d. h. mit welcher der Großmächte es besser wäre, enger zusammenzuarbeiten. Über lange Zeit hinweg betraf das die Kaiserreiche China und Japan, später mussten auch Russland und die USA verstärkt mit in dieses Kalkül einbezogen werden. (Chen 1993)

Die Frage einer Neutralität spielte besonders eine Rolle, als sich der Niedergang des chinesischen Reiches deutlich abzeichnete und der Aufstieg Japans offenkundig war. Fünf Jahre nach den Empfehlungen von Huang Tsun-hsien veröffentlichte Yu Kilchun (1856–1914), ein koreanischer Schriftsteller, Politiker und Befürworter der Unabhängigkeit, im Jahre 1885 seine Schrift „Zur Neutralität". (Hwang 1990: 23) Einen Ausweg aus Koreas Zwangslage sah er in der Neutralität und auch ihm stellte sich die Fra-

---

23 Council on Foreign Relations. „Military Considerations for OPCON Transfer on the Korean Peninsula." 20.03.2020. http://www.cfr.org/blog/military-considerations-opcon-transfer-korean-peninsula. Eingesehen am 31.10.2021. Siehe auch Work 2017.

ge, mit wem diese am besten zu erreichen sei. Er befürwortete ein enges Zusammengehen mit China.

> Allein können wir die Neutralität nicht initiieren. Wir müssen China bitten, uns zu helfen, diese zu bewerkstelligen. Wenn es für China Gründe gibt, warum es mit uns nicht dieser Meinung ist, dann sollten wir so lange bitten, bis es eine Zustimmung gibt. Es ist wichtig, dass China der Hauptorganisator eines internationalen Konvents für die koreanische Neutralität wird, damit es alle die Staaten einladen kann, die ein großes Interesse an Asien haben, so zum Beispiel Großbritannien, Frankreich, Japan und Russland, damit eine gemeinsame Übereinkunft über die Neutralität Koreas zwischen ihnen und uns erzielt werden kann. (Mansourov 2002: 60)

Diese Situation könnte vielleicht einmal eintreten.

Yu Kil-chun untersuchte in seiner Veröffentlichung verschiedene Fälle von Neutralität, so zum Beispiel Belgien sowie Bulgarien. Er überlegte, wem nicht zu trauen sei und von wem Korea Hilfe bekommen könnte. Es sei eine sattsam bekannte Tatsache, dass Großmächte eine Vorliebe dafür hätten, kleinere Mächte zu dominieren und zu absorbieren. Er warnte vor Russland, das äußerst berüchtigt sei für seine flagranten Verletzungen internationaler Verhaltenskodexe, für seine Barbarei und für sein nie endendes Streben nach territorialer Expansion und Russifizierung. (Hwang 1985) Yus Urteil über die USA fiel milder aus, vermutlich auch wegen eines längeren Aufenthalts dort. Amerika sei ein guter Handelspartner, aber kein Freund, der bereit wäre, Korea in einer Krise zu Hilfe zu kommen. (Cho 2017: 47) Im Koreakrieg sind die USA, auch aus Eigeninteresse, dem Süden zur Hilfe gekommen, aber spätestens seit Präsident Donald Trump ist offenkundig, dass sie kein guter, fairer Handelspartner sind. Die Stärke der von Yu genannten ausländischen Akteure hat sich verändert, die prekäre Lage Koreas nicht; auch deshalb entschied sich die DVRK für eine eigene Abschreckung.

Seit der Teilung wird die Frage einer möglichen Neutralität Koreas meist im Zusammenhang mit einer Wiedervereinigung diskutiert. Hier gibt es hauptsächlich zwei Einschätzungen: Eine vorhergehende Neutralität wäre hilfreich, wenn nicht gar unerlässlich für die Vereinigung, oder, nach einer Wiedervereinigung sollte Korea sich für eine international garantierte Neutralität entscheiden, damit die vereinigte Halbinsel akzeptabel ist. Für Tang Shiping gilt beides, denn Neutralität sei Mittel und Ziel, um eine Wiedervereinigung Koreas zu erreichen. (Tang 1999: 465) Da noch keine Sicherheitsarchitektur für Nordostasien vorhanden sei, würde Neutralität auch Befürchtungen verringern, wie sie in Japan gegenüber einem wiedervereinigten Korea existierten. Nach Tangs Meinung sollten für eine Neutralität zumindest vier Voraussetzungen erfüllt sein. Das vereinigte neutrale Korea verpflichtet sich zum Gewaltverzicht, schließt mit keiner ausländischen Macht ein Verteidigungsabkommen und wird für keine Macht in einem Konfliktfall Partei ergreifen. Nach der Vereinigung führt Korea eine signifikante Reduktion seiner Streitkräfte durch und seine Sicherheit wird durch einen Vertrag mit vier Mächten garantiert. Gemeint sind die USA, die VR China, Russland und Japan. Diese Mächte verpflichten sich, gegenüber Korea nie Gewalt anzuwenden und dass sie im Fall einer Bedrohung seiner Sicherheit Koreas Verteidigung unterstützen werden. Im Gegenzug spricht Korea gegenüber diesen Mächten einen Gewaltverzicht aus. Nach Unterzeichnung eines Friedensvertrages werden die US-Truppen innerhalb eines verabredeten Zeitrahmens durch eine multinationale Friedensstreitmacht ersetzt. Wenn die Vereinigung Koreas vollzogen ist, wird diese Streitmacht abgezogen. (Ebd. S. 465, FN 4)

Tang veröffentlichte diesen Vorschlag zum Ende des 20. Jahrhunderts, er ist in sich nicht zwingend schlüssig und einige Aspekte überlappen sich, aber er spricht die entscheidenden Punkte an. Inzwischen ist viel passiert, aber weder an der Problematik, noch bei der Interessenlage der involvierten Großmächte gab es wesentliche Veränderungen. Allerdings ist seitdem durch die Nuklear- und Raketenrüstung der DVRK die Lösung der Probleme schwieriger, aber auch dringender geworden. In diesem Zusammenhang werden Vorzüge einer Neutralisierung Koreas diskutiert. Nach Meinung ausländischer Befürworter könnte sie zur Sicherheit des Nordens beitragen und würde der Stabilität der Halbinsel dienlich sein. Deshalb schlug Mansourov vor, die DVRK sollte eine nicht-nuklear bewaffnete Neutralität verfolgen und sich mit einer Mauer von internationalen Garantien umgeben, die diesen neutralen Status legitimieren und ihn unterstützen. Das würde auch das internationale Ansehen Nordkoreas verbessern und wäre ein wichtiger erster Schritt in Richtung Neutralisierung der gesamten Halbinsel. (Mansourov 2002: 56) Aber warum sollte sich Pjöngjang darauf einlassen? Die DVRK unternimmt enorme und erfolgreiche Anstrengungen für eine kleine, aber glaubhafte nukleare Abschreckung. Bei Verhandlungen müsste ein bedeutendes Gegenangebot gemacht werden und erst eine Reduzierung der Sanktionen würde wohl den Beginn von ernsthaften Verhandlungen ermöglichen. Obwohl Pjöngjang seit 2022 den Krieg Russlands gegen die Ukraine verbal unterstützt und Moskau Waffenhilfe leistet, ist deren Schicksal dennoch eine große Warnung.

Wegen des Selbstverständnisses ist Neutralität angeblich kein wichtiges Thema für die DVRK, denn das Land ist unabhängig und stützt sich auf Selbstvertrauen, praktiziert also eine besonders starke Art von Ungebundenheit, wenn auch klar ist, dass die Unterstützung durch die VR China und der Sicherheitsvertrag mit ihr von großer Bedeutung sind.

In der RK ist Neutralität ein sensibles Thema. Für viele Konservative hat es das Odium von „Blockfreiheit" und bedeutet Unsicherheit sowie Schwäche. Neutralität wird auch deshalb abgelehnt, weil der Norden gute Beziehungen zu der Blockfreien-Bewegung hatte, also ist Neutralität für viele im Süden historisch belastet; gern wird auf Laos als negatives Beispiel verwiesen. Wer Neutralität vorschlägt, gerät in diesen Kreisen leicht in den Verdacht, ein Naivling, gar Kommunistenfreund zu sein. Besser sei es, sich eindeutig aufseiten der stärkeren Bataillone zu befinden, d. h. bei den USA. (Park TG 2012)

Auch in Nachbarländern ist eine mögliche Neutralität Koreas Diskussionsgegenstand. In der VR China wird damit gerechnet, dass es eine Wiedervereinigung Koreas geben werde und ein neutrales, sich der VR China gegenüber kooperativ verhaltendes

Korea wäre eine durchaus akzeptable Variante. (Yi 2000) Victor Cha schlug eine „Wiedervereinigung durch Unabhängigkeit" vor. (Cha 2000) Eine Basis könnte u. a. das Konzept der Unabhängigkeit sein, das im Prinzip auf die Erklärung von 1972 zurückgeht, wo beide Seiten Selbständigkeit betonten, aber unterschiedlich meinten. Auch in anderen Gipfelerklärungen wurde dieses Prinzip immer wieder hervorgehoben. Der Norden will aber wegen der Selbständigkeit keine Militärpräsenz der USA; der Süden hingegen erachtet sie als unerlässlich für seine Selbstständigkeit.

Wie in Deutschland, so wird auch in Korea Neutralisierung im Zusammenhang mit einer Vereinigung diskutiert, wobei Realisierungschancen meist als gering eingeschätzt werden. (Kwak 2017). Befürchtet wird, dass ein neutrales wiedervereinigtes Korea zu sehr in Abhängigkeit von der VR China geraten könnte. Es hätte auch erhebliche Konsequenzen für die Stabilität in NO-Asien, sollten sich die USA militärisch aus der RK und später evtl. aus Japan zurückziehen, das dann massiv aufrüsten würde. Ein neutrales Korea wäre nur im Zusammenhang mit einer kooperativen Neuordnung, politisch, ökonomisch, militärisch, von Nordostasien erfolgreich. Trotz aller Bekundungen der unverbrüchlichen Freundschaft zwischen der DVRK und der VR China wird auch im Norden die Abhängigkeit von China sehr deutlich empfunden und eine in der Zukunft noch stärkere Dominanz dieses Staates befürchtet, deshalb gab es z. B. in den 1980er Jahren Vorschläge für ein neutrales Korea. (Yonhap 2018a.)

Im Vergleich zu Deutschland ist die Interessenlage anders, wo im Ausland kaum jemand ein neutrales Deutschland wollte. Die VR China und Russland sind seit einigen Jahren an einer Neutralisierung der koreanischen Halbinsel interessiert. Schon während der Nuklearkrise in den Jahren 1993/94 wurden in Russland solche Überlegungen geäußert und ein kombiniertes Vorgehen angesprochen, d. h. die Denuklearisierung mit einer Friedensregelung zu koppeln. Pjöngjang äußerte sich dazu 2005 positiv. Dieses Konzept hat dann Peking im März 2017 erneut aufgegriffen und erweitert, indem es den Konfliktparteien USA und DVRK konkret eine doppelte Suspendierung vorschlug: Keine Raketen- und Nukleartests mehr durch den Norden und keine gemeinsamen Militärmanöver der USA mit dem Süden, was den Ersatz des Waffenstillstandsabkommens durch einen Friedensvertrag ermöglichen sollte. Diese Haltung hatte vermutlich auch einen positiven Einfluß auf Treffen zwischen beiden Koreas und die Unterzeichnung des Abkommens zu Militärfragen im September 2018. Es ist leider festzustellen, dass auch dieses Abkommen keine positiven Folgen hatte.

Die VR China und Russland üben beide dosierten Druck auf die DVRK aus, wollen aber deren Zusammenbruch verhindern. „Obwohl letztlich das Ziel die Denuklearisierung Nordkoreas ist, wollen China und Russland die Nuklearkrise dafür ausnutzen, um ihre weitergehenden geopolitischen und geostrategischen Ziele auf der koreanischen Halbinsel und in Ostasien umfassender zu verfolgen." (Choo 2019: 34)

Die VR China will nicht durch Provokationen der DVRK selbst unter Druck und in eine „Allianzfalle" geraten, diese aber bei einem unverschuldeten Angriff unterstützen. Die Eskalation in der Nuklearkrise führte 2018 zu laut geäußerten Interventionserwägungen Washingtons gegenüber der DVRK und zum Aufbau eines Raketenabwehrsystems der USA im Süden und in Japan, was Peking mit einer gewissen Berechtigung auch als gegen sich gerichtet betrachtet. Die Neutralisierung der Halbinsel wäre ein probates Mittel, um eine Reduzierung des Einflusses der USA zu erreichen.

Neutralität und Relevanz deutscher Vorschläge

Unter Beachtung der Unterschiede und der speziellen Kompliziertheit des koreanischen Fallbeispiels könnten Vorschläge, wie sie in der wichtigen Übergangsphase in Deutschland 1990 gemacht wurden, von Interesse sein. Wie damals in Deutschland so gilt auch für Korea: Grundlegende Veränderungen anstreben, aber ohne Destabilisierung und vor allem die Sicherheitsbedürfnisse aller beachten. Der deutsche Einigungsprozess zeigt u. a., dass eine längere Phase der Normalisierung wichtig ist, aber auch für den Bereich der Bündniszugehörigkeit und der Zusammenführung zweier Streitkräfte könnten Konzepte interessant sein. (Karner 2015: 252) In Nordostasien gibt es weder einen Warschauer Pakt, noch eine NATO, aber zwei große koreanische Streitkräfte, deren schrittweise Reduzierung während einer Übergangszeit diskutiert werden sollte.

In der Führung der DDR gab es zu der Frage einer NATO-Mitgliedschaft unterschiedliche Auffassungen. Rainer Eppelmann und andere hatten die Idee von der vorübergehenden Mitgliedschaft in zwei Bündnissen bzw. zwei Streitkräften in einem Land; er soll dafür Studien in Auftrag gegeben haben, um nach Präzedenzfällen zu forschen. Er sprach mehrfach von einer selbständigen, verkleinerten NVA auf dem Gebiet der DDR auch nach der deutschen Einheit. (Schönbohm 1995: 40) Falin sagte über ein Gespräch mit Eppelmann am 8. Mai 1990:

> Der Minister der DDR ist der Meinung, dass die Lösung folgendermaßen aussehen könnte: ein vereinigtes Deutschland mit zwei Armeen. Dies bedeutet, dass die Jurisdiktion der NATO an der Elbe endet. Auf dem Gebiet zwischen Elbe und Oder befände sich dann eine Armee, die nicht dem Verteidigungsminister des vereinigten Deutschland unterstellt wäre, sondern einem Sonderbeauftragten, der auf gemeinsamen Beschluss der vier Siegermächte und der deutschen Behörden bestellt würde. Auf diese Weise könnten in der Übergangsphase die Rechte der Alliierten aufrechterhalten werden und werden die ausländischen Truppen – die westlichen auf dem Gebiet der heutigen BRD und die sowjetischen auf dem Gebiet der heutigen DDR – stationiert bleiben. (Karner 2015: 252)

Das liest sich auch über 30 Jahre später noch immer recht kompliziert und in Korea sind die Verhältnisse bereits kompliziert genug.

Beim Besuch Präsident Mitterrands in Moskau im Mai 1990 sagte Gorbatschow zu ihm, der beste Weg aus der entstandenen Lage sei wohl eine Doppelmitgliedschaft Deutschlands in der NATO und dem Warschauer Pakt. (ABStA 5: 2) Diese Idee wurde bis in den Sommer 1990 mehrfach von der SU thematisiert. Auf der 2. Ministerkonferenz des 2+4-Verfahrens im Schloss Niederschönhausen erläuterte Schewardnadse am

22. Juni 1990 einen Text mit „Grundprinzipien für eine Abschließende Völkerrechtliche Regelung in Deutschland". (PA AA 25) Es ging u. a. um eine Übergangsphase von fünf Jahren. (Ebd. S. 5 und 7)[24] Zu dieser Zeit gab es bereits einen intensiven Meinungsaustausch zwischen den zuständigen Stellen in Deutschland.

> In deutsch-deutschen Fachgesprächen auf Staatssekretärs- und Arbeitsebene am 21. Juni in Bonn und fünf Tage später in der DDR hatte man im MfAV kompatiblen Wehrstrukturen und der Übernahme unserer Wehrgesetzgebung zugestimmt. Aber Mitte Juli 1989 sprach Minister Eppelmann erneut von einer selbständigen, verkleinerten NVA auf dem Gebiet der DDR auch nach der deutschen Einheit. (Schönbohm, 1995: 40)[25]

Eppelmann und Schewardnadse brauchten etwas länger, um ihre Wünsche ausklingen zu lassen, was nicht bedeuten muss, diese Vorstellungen sollten komplett in Vergessenheit geraten.

Die angeführten Überlegungen aus der Übergangzeit von 1990 waren für Deutschland nicht von Bedeutung. Sie könnten für Korea und auch Zypern von Interesse sein. So zum Beispiel die zeitlich begrenzte Beibehaltung von Streitkräften, Entflechtung, Korridore, Pufferzonen, mehr Zeit für Reduzierung von Streitkräften, u. a. m. Für Zypern mag dies für die Rückführung der türkischen Einheiten Relevanz haben.

---

24 Siehe auch Ablaß 2011: 175. Der Text des Moskauer Vorschlags ist auch abgedruck in Kwzinskij 1993, S. 41–45.
25 MfAV bedeutet Ministerium für Abrüstung und Verteidigung.

9 Vertriebene, Flüchtlinge, Umsiedler

Fluchten verursachen nicht nur individuelles Leid, massenhaftes Elend wird auch zu politischen Zwecken missbraucht. Flüchtlinge schließen sich zu Vereinen und politischen Parteien zusammen, um ihre Anliegen besser vertreten zu können. Der Einfluss von Flüchtlingen kann besonders in der Anfangsphase einer Teilung groß sein, wenn deren Dauer kurz und ihre Überwindung noch realistisch erscheinen. Der Wunsch nach Rückkehr ist von politischer Bedeutung und hat Auswirkungen auf das Zusammengehörigkeitsgefühl einer geteilten Nation.

Auf Taiwan dominierten Flüchtlinge aus China, die „Festländer", über Jahrzehnte hinweg. Sie waren auch bestimmend für den Alleinvertretungsanspruch des „einen China" der Republik China. Ihr über lange Zeit starrköpfiges Agieren bewirkte aber auch Demokratisierung und Taiwanisierung der Gesellschaft, d. h. die verstärkte Herausbildung einer taiwanischen Identität sowie eines taiwanischen Nationalismus. (Hsiau 2000)[1]

In Korea ist die Akzeptanz von Flüchtlingen aus dem Norden in der Gesellschaft des Südens ein Anzeichen dafür, wie sich die Integration beider Bevölkerungsteile nach einer Wiedervereinigung vollziehen könnte. Es sieht nicht gut aus. Nach Umfragen gaben 2024 rund 70 Prozent der Flüchtlinge an, im Süden hätten sie große Probleme.

Die Flüchtlingsfrage hat hier noch zwei weitere Aspekte, sie ist wichtig für das Zusammengehörigkeitsgefühl der Menschen auf der koreanischen Halbinsel und sie wirkt als Bedrohung, denn es wird befürchtet, bei einem Zusammenbruch der DVRK könnte es zu Millionen von Flüchtlingen kommen.

Auf Taiwan haben Flüchtlinge aus China und deren Nachkommen oft eine starke Affinität zum Festland. In Korea sind Flüchtlinge aus dem Norden oft die schärfsten Kritiker einer Annäherungspolitik an die DVRK. Flüchtlinge aus dem Norden sind im Süden oft großem Misstrauen ausgesetzt und sie haben Schwierigkeiten, sich in das dortige System zu integrieren bzw. es wird ihnen nicht leicht gemacht, was nicht gerade für gesamtkoreanische Solidarität spricht.

In der Bundesrepublik waren Flüchtlinge beim Aufbau willkommen und politisch wichtig, aber bei weitem nicht so dominierend wie die „Festländer" auf Taiwan. Viele Flüchtlinge bzw. Vertriebene wirkten dann bremsend bei der Ostpolitik. Aber ab 1989 waren DDR-Flüchtlinge ein beschleunigender Faktor. Bei allen Fallbeispielen sind die jeweiligen Größenordnungen zu beachten, auch die Bereitschaft und die Chancen für eine Rückkehr.

---

1 Hier ab S. 157 über die Entwicklung einer pro-Taiwan Sicht und eines taiwanischen Nationalismus.

Tab. 15: Bevölkerungsbewegungen in der Anfangsphase der Teilung

Land	Zeitraum	Anzahl	Richtung
China/Taiwan	1945–1949	Vermutlich 1,6 bis 2,5 Mio.	nach Taiwan[2]
Deutschland	1949–1953	1.006.464	von Ost nach West
Korea	1945–1953	Ca. 900.000[3]	von Nord nach Süd
Zypern	1973–1975	Ca. 165.000 bis 220.000 griechische Zyprer. Ca. 45.000 bis 65.000 türkische Zyprer Ca. 160.000 Umsiedler	von Nord nach Süd, von Süd nach Nord, von der Türkei nach Nordzypern.

9.1 Deutschland

Nach dem Ende des Zweiten Weltkrieges kamen rund 12 Millionen aus ehemaligen Gebieten des Deutschen Reiches und Ländern Osteuropas nach Deutschland. In Westdeutschland wurden schnell auf lokaler Ebene Hilfseinrichtungen geschaffen und im Februar 1949 das Amt für Fragen der Heimatvertriebenen. Nach Gründung der Bundesrepublik gab es ab September 1949 ein Bundesministerium für Vertriebene, Flüchtlinge und Kriegsgeschädigte.

In der Zeit ihres Bestehens von 1949 bis 1990 verlor die DDR fast ein Viertel ihrer Bevölkerung, (3.885.233 Personen), meist aus politischen und wirtschaftlichen Gründen.

Übersiedler[4] und Flüchtlinge (Diemer/Kuhrt 1991: 238) aus der DDR waren in der Bundesrepublik vor allem aus politischen Gründen willkommen, denn sie galten als offenkundiger Beweis für die Überlegenheit des „westlichen Systems" und die Unattraktivität des „real existierenden Sozialismus" der SED-DDR; auch handelte es sich meist um gut ausgebildete Personen. Zum finanziellen Problem wurden sie durch die große Anzahl ab 1989, denn im Vergleich zu 1988 gab es eine Steigerung fast um das Zehnfache.[5] Flüchtlinge erhielten nach ihrer Ankunft in der Bundesrepublik finanzielle Überstützung und Besucher:innen aus Ostdeutschland ein Begrüßungsgeld. Bei diesen Zahlungen handelte es sich um eine seit Langem geübte Praxis, aber 1989 stiegen

---

2 Taiwan hatte damals eine Gesamtbevölkerung von 6,8 Millionen.
3 Lankov 2006: 109. Es waren etwa 10 Prozent der damaligen Bevölkerung.
4 Es wird nicht immer genau zwischen Flüchtlingen und Übersiedlern unterschieden, die mit offiziellbehördlicher Erlaubnis in den Westen gingen. Von 1962 bis 1988 waren es 787.000 Personen. (Wolff 2019: 19)
5 BM Seiters im Bundestag. Deutscher Bundestag, 11 Wahlperiode, 158. Sitzung. Bonn, 14. September 1989, Plenarprotokoll 11/158, S. 12035.

die Größenordnungen in einer Weise, die niemand hatte vorhersehen können. Da der größte Teil des Begrüßungsgeldes in West-Berlin und der Bundesrepublik ausgegeben wurde, war es eine Art indirekter Wirtschaftsförderung.

Abgesehen von humanitären Aspekten waren diese und andere Zahlungen ein Mittel, die DDR politisch unter Druck zu setzen. Der starke Anstieg der Ausgaben veranlasste die Bundesrepublik, beschleunigt über eine Währungsunion und die deutsche Einigung zu verhandeln, in der Erwartung, dass dann zumindest die Zahl der Anträge für Umsiedlungen zurückgehen würde, eine Einschätzung, die sich bestätigte. Es ist nicht möglich, absolut verlässliche Zahlen dieser Wanderungsbewegungen zu erhalten, aber aus den verfügbaren Informationen geht hervor, dass von Oktober 1989 bis Juli 1990 rund 460.000 Übersiedler Ostdeutschland in Richtung Westen verließen. Ab dem 1. Juli gab es zwar noch zwei deutsche Staaten, aber bereits eine gemeinsame Währung, nämlich die der Bundesrepublik. Diese Maßnahme hatte dann viele bewogen, von einem Umzug in den Westen vorläufig abzusehen, dennoch waren es bis zum März 1991 immerhin noch 111.000 Personen. Es gab aber auch Spannungen zwischen der Opposition sowie Dissidenten in Ostdeutschland und denen, die ausreisen wollten. Ihnen wurde vorgeworfen, die anderen quasi allein zu lassen und „unser Land denen zu überlassen", d. h. der SED.

Später bereiteten Flüchtlinge auch „sozialistischen Bruderländern" Schwierigkeiten und trugen bei zu einem Umdenken in Richtung deutscher Vereinigung. Auch Ost-Berlin war bewusst, dass die Krise ihres Staates das Verhältnis zu Polen, der ČSSR und Ungarn drastisch verändert hatte. (Schwiesau 2015: 7)[6]

Als die Zahl der Flüchtlinge 1989/90 stark anstieg, wirkte das beschleunigend auf den politischen Entscheidungsprozess. (Teltschik 1991: 103) „1989 kamen 343.854 Deutsche aus der DDR in die Bundesrepublik. Von Anfang Dezember 1989 bis zu den Wahlen in der DDR am 18. März 1990 wurden wöchentlich etwa 12.000 Übersiedler registriert." (Karner 2015: 47) Zwei Drittel von ihnen waren unter 30 Jahre alt. Auch die Opposition in Ostdeutschland reagierte auf diese Abwanderung. Die Bürgerbewegung „Demokratie Jetzt" schrieb am 4. März 1990, zwei Wochen vor der ersten freien Wahl, einen Offenen Brief an Bundeskanzler Kohl, in dem sie ihn bat, Übersiedler, die in der DDR einen festen Wohnsitz und einen sicheren Arbeitsplatz hätten, zu veranlassen, dorthin zurückzukehren, da mit den grundlegenden Reformen eine neue Situation entstanden sei.

> Niemand muß heute seine Heimat DDR verlassen weil er politisch verfolgt wird [...] Die Bürgerbewegung DEMOKRATIE JETZT hält es daher für geboten, daß mit dem 18. März 1990 das Aufnahmeverfahren für Übersiedler aus der DDR eingestellt wird und alle damit verbundenen Vergünstigungen aufgehoben werden. Bei der Beschaffung von Arbeitsplätzen und Wohnraum, bei der Zahlung von Arbeitslosengeld und Sozialunterstützung, bei der Gewährung von Krediten oder bei Steuervergünstigungen sollten Übersiedler aus der DDR fortan Bundesbürgern gleichgestellt

---

6 Hermann Schwiesau war Leiter der Abteilung „Benachbarte Länder" des Ministeriums für Auswärtige Angelegenheiten der DDR.

werden. Wer in der DDR einen sicheren Arbeitsplatz verlassen hat, sollte keinen Anspruch auf Arbeitslosenunterstützung haben. Ausnahmen sollte es nur geben, wo zwingende familiäre und humanitäre Gründe vorliegen. (Thaysen 2020, Band V: 499 f.)

Im Jahr 1988 hatte die DDR noch eine der höchsten Erwerbsquoten der Welt, d. h. Berufstätige als Anteil an der Gesamtbevölkerung. Vom November 1989 bis zum Frühjahr 1991 verließ jeder zehnte Erwerbstätige die DDR bzw. die neuen Bundesländer. Dieser Verlust setzte die beiden letzten Regierungen der DDR zusätzlich unter enormen Handlungsdruck, aber auch für die Bundesrepublik brachte der Zuzug viele Probleme. Um die Abwanderung zu drosseln schien die Schaffung stabiler Verhältnisse in Ostdeutschland eine Voraussetzung. Das war zwar im Interesse beider Staaten, allerdings mit unterschiedlichen Zielvorstellungen. Hans Modrow wollte Erhalt, Stabilisierung sowie Reformen der DDR und dies auch durch finanzielle Hilfe der Bundesrepublik. Helmut Kohl wollte die Abschaffung dieses Regimes durch eine schnelle Vereinigung.

Flucht, Ausreise und Politik

Die Haltung der SED-DDR zum Schutz ihrer Staatsgrenze, zu Schießbefehl und zu Flüchtlingen wurde seit ihrem Beitritt zu den VN am 18.09.1973 und der Unterzeichnung der Schlußakte von Helsinki (1975) verstärkt Gegenstand internationaler Aufmerksamkeit. (Ipsen 1995) Sie bekannte sich zu den internationalen Vereinbarungen, hatte in ihrer Verfassung auch Hinweise auf den Schutz der Menschenrechte, praktizierte jedoch im „sozialistischen Alltag" andere Herangehensweisen. Erich Mielke, Minister für Staatssicherheit, hatte im Zusammenhang mit der KSZE die Prioritäten klar herausgestellt. „Kein Kompromiß darf jedoch, so die unumstößliche Auffassung der DDR, einer Einmischung in innere Angelegenheiten Vorschub leisten."[7] Sein Ministerium bekräftigte 1988 in einer Handreichung für dessen Öffentlichkeitsarbeit die eigene Position und verurteilte die der Bundesrepublik. Aus ökonomischen und aus Gründen der Sicherheit sei es nicht möglich, allen Bürgern die Ausreise zu genehmigen und laut Artikel 32 der Verfassung notwendig, unter bestimmten Umständen die Freizügigkeit einzuschränken.

> Solange ein Staat wie die BRD die grenzverletzenden Abwerber mit Steuerermäßigungen prämiert, die Mittels Mord ermöglichte Grenzverletzung durch Freispruch honoriert, statt sie durch Auslieferung abzuschrecken, solange dient eine absolut gesetzte Auswanderungsfreiheit nicht den Menschenrechten, sondern ihrer Verletzung. (MfS Informationsmaterial 1988: 49)

---

7 „Ausführungen des Gen. Minister auf der Beratung des Kollegiums (erste Wertung des Abschließenden Dokuments des KSZE-Folgetreffens von Wien) am 1.2.1989." Archiv des Bundesbeauftragten für die Unterlagen des Staatssicherheitsdienstes der ehemaligen Deutschen Demokratischen Republik. BStU, ZA ZAIG 5342. S. 7.

Die Zahl der Flüchtlinge entwickelte sich 1989 zu einem politischen Problem unterschiedlicher Art für beide Staaten in Deutschland. Für die SED-DDR war die Abwanderung ein Gesichts- und Kontrollverlust, auf den sie mit einer Mischung aus Ratlosigkeit und Borniertheit reagierte. (Wolff 2019: 884) Sie bewirkte außerdem ökonomische Schwierigkeiten und Spannungen mit „sozialistischen Bruderstaaten". Der US-Außenminister sagte Anfang Oktober 1989 seinem Präsidenten: „Das Ausbluten des ostdeutschen Staates hat das DDR-Regime völlig aus der Fassung gebracht." (Baker 1996: 152) Für die Bundesrepublik war die Zuwanderung zwar propagandistisch willkommen und bewirkte politischen Zugewinn, finanziell sowie gesellschaftlich war sie jedoch eine Belastung. Hans Otto Bräutigam[8] hat das Dilemma der SED-DDR in Bezug auf Ausreise und Flüchtlinge zusammengefasst: „Ende der 80er Jahre konnte die Flut der Ausreisewilligen kaum noch eingedämmt werden. Aus der Abwanderung war eine existentielle Frage für die DDR geworden, die sie nun nicht mehr lösen konnte. Es war zu spät." (Bräutigam 1999: 97) Akteure in Ost und West standen auch nach dem 9. November 1989 weiterhin unter Zugzwang, denn selbst nach dem Fall der Mauer verließen täglich zwei- bis dreitausend Menschen die DDR. (Maizière 2010: 246)

Botschaftsflüchtlinge

Im Zusammenhang mit dem massiven Exodus von Menschen aus der SED-DDR fällt oft das Wort „Botschaftsflüchtlinge." Damit sind Personen gemeint, die in Botschaften der Bundesrepublik, zum Beispiel in Budapest, Prag und Warschau, Unterschlupf suchten, um so eine Ausreise nach Westdeutschland zu erlangen. Nur ganz selten gelingt Personen aus der DVRK die Flucht über diplomatische Vertretungen der Republik Korea; im deutschen Fall war es ganz anders. Außerdem gab es in Deutschland noch die Besonderheit der Existenz von Ständigen Vertretungen. Im August 1989 waren 115 DDR-Bürger:innen in der Ständigen Vertretung der Bundesrepublik in Ost-Berlin und hofften, dass ihr dortiger Aufenthalt ihnen eine Ausreise in die Bundesrepublik ermöglichen würde. Wegen des Andrangs musste die Vertretung am 8. August geschlossen werden (DE 1998: 351 ff.) Helmut Kohl versuchte, mit Erich Honecker telefonisch das Problem zu besprechen, was nicht gelang, u. a. wegen einer bevorstehenden Operation des SED-Chefs. Es wurden Briefe gewechselt.[9] Beide machten die jeweils andere Seite für die Situation verantwortlich und Honecker betonte, die Genehmigung einer Ausreise von DDR-Bürgern liege ausschließlich im Ermessen der DDR.

Im Ausland war die Lage noch viel schwieriger. Hier stieg die Zahl der Botschaftsflüchtlinge im Jahr 1989 stark an und über ihre Notlage in völlig überfüllten Botschaften wurde von internationalen Medien ausführlich berichtet, was dem Ansehen der

---

[8] Er war von 1982 bis 1989 Leiter der Ständigen Vertretung der Bundesrepublik Deutschland bei der DDR in Ost-Berlin.
[9] Kohl an Honecker, Einheit 1998: 355 f. Die Antwort Honeckers ebd. S. 357 f.

SED-DDR beträchtlichen Schaden zufügte. Im September waren etwa 400 Personen in der Botschaft in Warschau, ihre Zahl stieg einen Monat später auf 809. In Prag war die Situation noch viel dramatischer und waren die Zustände katastrophal. (Vodička 2014: 64) Innerhalb weniger Tage stieg die Zahl der Flüchtlinge von 900 auf 3.500 und im Oktober 1989 – kurz vor ihrer erfolgreichen Ausreise in die Bundesrepublik – waren dort 5.500. (Ebd. S. 128)

Entwicklungen in Ungarn

Ungarn war für Ostdeutsche seit Jahren ein beliebtes Ferienland. Viele wollten dann 1989 ihren dortigen Aufenthalt nutzen, um in die Bundesrepublik zu gelangen. (Kurucz 2000. Schmidt-Schweizer 1997) Um diesem Ansinnen Nachdruck zu verleihen, gingen einige in die bundesdeutsche Botschaft in Budapest und blieben dort; andere weigerten sich, den Urlaubsort zu verlassen und nach Ostdeutschland zurückzukehren. Mitte August 1989 waren es bereits mehrere Zehntausend. Früher hatte Ungarn solche Personen, auch beim Versuch des illegalen Grenzübertritts, verhaftet und sie wurden mit Sondermaschinen in die SED-DDR zurückgebracht. Dieser Verstoß gegen die internationale Menschenrechtskonvention war über viele Jahre hinweg Praxis, denn es gab dafür vertrauliche Absprachen.

Ungarn ist aus verschiedenen Gründen ein interessanter Fall. (Kurz 1991. Sarotte 2023:53 ff.) Der Ministerpräsident und der Außenminister dieses Landes bemühten sich um eine Zusammenarbeit mit der Bundesregierung; beide Politiker gehörten zu den Reformkräften. Die Bundesregierung war gern bereit, mit Ungarn zu kooperieren und das Bundeskanzleramt spielte neben dem Auswärtigen Amt eine entscheidende Rolle. Zwischen Budapest und Bonn gab es kurze Kommunikationswege, Vertraulichkeit, schnelles Handeln und Gespräche auf höchster Ebene. Der „Fall" Ungarn macht den Zusammenhang zwischen Innen- und Außenpolitik besonders deutlich und die unbedingte Notwendigkeit, mit den wichtigsten äußeren Akteuren eine Einigung herbeizuführen. Diese Einigung hatte dann Rückwirkungen auf die Haltung Ost-Berlins sowie auf andere Führungen in Mittel- und Osteuropa. Die Öffnung der Grenze nach Österreich durch Ungarn für DDR-Bürger:innen am 11. September 1989 besaß Signalwirkung.

Im März 1989 sprach der ungarische Ministerpräsident Németh in Moskau mit Gorbatschow und dieser stimmte zu, dass Grenzsperren zu Österreich entfernt und sowjetische Truppen aus Ungarn abgezogen werden. (Wolff 2019: 885) Ab dem 3. Mai 1989 begann Ungarn heimlich mit dem Abbau von Sperranlagen an der Grenze zu Österreich, dennoch blieb dort die Lage für Fluchtwillige unsicher. (Einheit 2015: 73 f.) Es war ein schrittweises Vorgehen, bei dem Budapest anfänglich auf Zusammenarbeit mit der SED-DDR hoffte. Ungarns Außenminister Horn besuchte am 31. August Ost-Berlin, wurde aber nicht von hochrangigen Personen empfangen. Es entstand der Eindruck, von der SED-DDR sei keine konstruktive Politik zu erwarten und ihre oberste Führung sei orientierungslos. (Horn 1991: 323 ff.) Also entschied sich Ungarn zu handeln. Die Grenze zu Österreich wurde geöffnet. (DE 1998: 391. Einheit 2015: 75 ff.) Lothar de Maizière ist sich sicher, dass vorher das Einverständnis von Gorbatschow eingeholt wurde. „Heute wissen wir, dass sie sich von Gorbatschow grünes Licht haben geben lassen." (Maizière 2010: 35)

Der damalige Außenminister Gyla Horn hat dem in einem Interview widersprochen und festgestellt, dass es keine Konsultationen gab, zumindest keine über sein Ministerium.

> Hätten wir die Sowjets konsultiert, wären sie gezwungen gewesen, sich mit der Frage zu beschäftigen. Sie wären vor dem Dilemma gestanden, sich entweder auf die DDR-Seite oder auf unsere Seite schlagen zu müssen. Dies wiederum hätte uns die Hände binden können. (König 2019: 169)

Horns Äußerung sollte nicht angezweifelt werden; keine Konsultation durch sein Ministerium, das schließt aber nicht aus, dass es in Budapest eine Arbeitsteilung gab, die es ermöglichte, Gorbatschow dennoch in Kenntnis zu setzen. Außerdem war der Kreml durch Ost-Berlin über das Vorhaben Ungarns informiert worden.

Wegen der angespannten Lage boten der Ministerpräsident und der Außenminister Ungarns an, inoffiziell nach Bonn zu kommen. Sie taten dies am 25.08.1989 (DE 1998: 380 ff.) Németh und Horn versicherten, die sich in ihrem Land aufhaltenden DDR-Bürger:innen nicht auszuliefern. (Kohl 2005: 920 ff.)

Grenzöffnung durch Ungarn

Nach der Rückkehr von dem Gespräch mit Kohl und Genscher schlug Außenminister Horn dann seiner Regierung vor, dass wegen der Größenordnung und Dringlichkeit Ungarn das 1969 mit der SED-DDR geschlossene Reiseverkehrsabkommen außer Kraft setzen sollte, einschließlich dem vertraulichen Protokoll zur Durchführung. (Einheit 2015: 82, Fn 4) Den dazu Bereiten solle die Ausreise genehmigt werden, ohne Prüfung, ob nach Bestimmungen der DDR eine Ausreise aus Ungarn, ein Transit über Österreich und eine Einreise in die Bundesrepublik statthaft sei.

Die Aussetzung des Abkommens war eine sofortige Maßnahme. Eine Kündigung wäre völkerrechtlich erst nach einer Frist von drei Monaten wirksam, nach Erhalt des Aufkündigungsbescheids. So viel Zeit stand wegen der Dringlichkeit des Problems nicht zur Verfügung. Damals war das ungarische Außenministerium in fast ständigem Kontakt mit Ost-Berlin und informierte darüber auch die Bundesrepublik. Die SED-DDR machte für Ungarn und die Flüchtlinge keine akzeptablen Vorschläge und sie blieb bei ihrer Forderung, Ungarn solle seine Grenzen schließen. Sie schickte Abgesandte zu den Aufenthaltsorten ihrer Landsleute in Ungarn, um diese zur Rückkehr zu bewegen; sie wurden von den Flüchtlingen verjagt. Der DDR-Botschafter schlug vor, mobile Visa-Stellen einzurichten, was auf Ablehnung stieß. (Vehres 2010)

Am 10. September verkündete Horn im ungarischen Fernsehen, dass die Grenze am folgenden Tag geöffnet und Ostdeutschen die Ausreise gestattet werde. Helmut Kohl hatte um eine kurzfristige Vorverlegung gebeten. „Ich habe den Németh angerufen und gesagt, er soll früher aufmachen. Daraufhin haben die das dann zeitgleich gemacht." (Schwan/Jens 2014: 67) Der Kanzler konnte dies als großen persönlichen Triumph darstellen und wurde auf dem CDU-Parteitag in Bremen mit 77 Prozent wiedergewählt.

> Indirekt haben die DDR-Flüchtlinge in Ungarn Kohl das politische Überleben gesichert. Ohne den Überraschungscoup auf dem Parteikonvent hätte der innerparteiliche Putschversuch gelingen können; der demontierte Kohl wäre vermutlich nie der ‚Kanzler der Einheit' geworden. (König 2019: 171. Kohl 2005: 935 f.)

Der Bundeskanzler war sich der ungarischen Unterstützung für Deutschland und ihn selbst wohl bewußt und ließ dies Ministerpräident Németh in einem Telegramm vom 12. September wissen, in dem er ihm im Namen aller Deutschen aufs herzlichste dankte.

> In meinen Dank schließe ich Ihre Mitarbeiter, insbesondere Herrn Außenminister Horn, sowie die karitativen Organisationen und alle Bürger Ihres Landes ein, die in den vergangenen Wochen großzügig und selbstlos geholfen haben. [...] was Ungarn in diesen Tagen für uns geleistet hat, werden wir nie vergessen. Sie haben in überwältigender Weise Ihr Wort gehalten, sich für die menschliche Lösung eines Problems einzusetzen, das in der deutschen Teilung begründet ist. (DE 1998: 404)

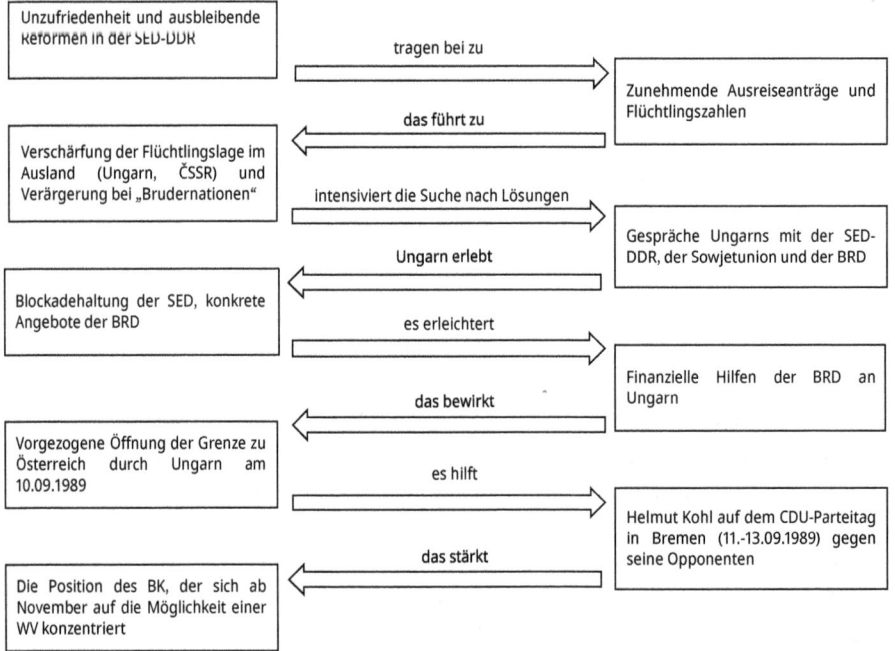

Graphik 12: Positive Wechselwirkungen: Flüchtlinge in Ungarn und die Stellung von Helmut Kohl in der CDU im Herbst 1989

Besonders dramatisch war die Situation in Prag, wo im September 1989 über 3.500 Flüchtlinge auf dem Gelände der bundesdeutschen Botschaft auharrten und auf eine Ausreise in die Bundesrepublik hofften. Auch in Warschau gab es Botschaftsflüchtlinge. In beiden Fällen wurde nach komplizierten Verhandlungen die Ausreise genehmigt. Von der ČSSR gelangten so Anfang Oktober 1989 rund 11.000 DDR-Bürger:innen in die Bundesrepublik. (DE 1998: 437)

Die Führung der SED verlangte, dass deren Ausreise mit dem Zug über ihr Territorium erfolgte, wohl um damit ihre Souveränität zu demonstrieren.[10] Das Gegenteil war dann der Fall und für Hans-Dietrich Genscher blieb es völlig unverständlich, wie Ost-Berlin den psychologischen Effekt eines solchen Transports unterschätzen konnte, der zu einem „politischen Urstrom" wurde. (Genscher 1995: 24. Vodička 2014: 20) In Dresden fanden sich am Hauptbahnhof 20.000 Menschen ein; nicht wenige von ihnen wollten auf die durchfahrenden Züge aufspringen. Es gab Zusammenstöße mit der Polizei und der Armee, die Soldaten hatten Maschinenpistolen und scharfe Munition. (Vodička 2014: 149 ff.)

Für die über 880 Personen, die Anfang Oktober von Warschau mit einem Sonderzug der DDR in die Bundesrepublik fuhren, war ein „Ausreiseverfahren" verabredet worden. Während der Fahrt durch Ostdeutschland sollten sie offizielle Ausreisepapiere erhalten, was nicht eingehalten wurde. Vermutlich wäre es rein technisch kaum möglich gewesen, die vereinbarten Bescheinigungen auszustellen, denn den Organen der DDR waren sicher nicht alle Personalien der Personen bekannt und der Vorgang, d. h. Einsammeln der DDR-Ausweise und Ausstellung von Ausreisebescheinigungen, hätte eine lange Zeit in Anspruch genommen, zumal in einem völlig überfüllten Zug. Es handelte sich um einen „offiziellen" Zug der DDR. Die Ausreisenden wurden kurz vor der Grenze von Angehörigen der Staatssicherheit kontrolliert und in dem Zug befanden sich Beamte der Bundesrepublik Deutschland; alles Anzeichen einer legalen, durch die DDR organisierten Aktion, über die das Bundeskanzleramt unterrichtet wurde. (DE 1998: 430 ff.) Da aber keine offiziellen Ausreisebescheinigungen ausgestellt wurden, hätte die DDR später die Möglichkeit gehabt, die Betroffenen wegen illegaler Ausreise, wegen „Republikflucht", zu belangen. Dazu kam es nicht, weil nach dem 9. November 1989 die Grenze offen war und die DDR später ein neues Ausreisegesetz verabschiedete, das diesen Tatbestand nicht mehr enthielt. Im Dezember 1989 gab es Reiseerleichterungen zwischen beiden deutschen Staaten, in die auch West-Berlin einbezogen wurde.[11] Im folgenden Monat, am 11. Januar 1990 trat das „Gesetz über Reisen von Bürgern der Deutschen Demokratischen Republik in das Ausland – Reisegesetz" in Kraft.[12] Mit ihm wurde Bürger:innen der DDR das Recht zur freien Aus- und Einreise gewährt und es wurden Reisepässe mit einer Gültigkeit von zehn Jahren ausgestellt.

---

10 Eine alternative Route wäre nach Bayern über Linz in Österreich gewesen.
11 Gesetzblatt der DDR, 1989, Teil I, Nr. 26, S. 271 f.
12 Gesetzblatt der DDR, 1990, Teil I, Nr. 3, Ausgabetag 26.1.1990, S. 8 f.

Steigender Druck unterschiedlicher Art auf Ost-Berlin und Bonn

Die Fluchtbewegungen hatten die Führung der SED-DDR überrascht. Zwar gab es Vermutungen, es könnte zu solchen Entwicklungen kommen, deren Plötzlichkeit und die Größenordnungen kamen dann aber im Herbst 1989 völlig unerwartet. Innenminister Dickel schlug im Frühjahr vor, die Ausreisegenehmigungen nach Ungarn für den kommenden Sommerurlaub stark zu reduzieren, weil er mit Fluchten von dort über die Grenze nach Österreich rechnete. Erich Mielke vertrat eine gegenteilige Ansicht, weil er meinte, solche Maßnahmen könnten zu inneren Unruhen führen. (Einheit 2015: 13) Ob es tatsächlich dazu gekommen wäre, lässt sich nicht sagen, aber der Chef der Stasi war wohl besser über Stimmungslagen in der Bevölkerung informiert, als viele seiner Genossen.

Spätestens ab Herbst 1989 war deutlich, dass Ost-Berlin mit der Wahrnehmung der Realität und Reaktionen auf diese große Schwierigkeiten hatte. Die Führung lagerte einige ihrer Probleme in andere Staaten aus. Die Bundesrepublik hingegen erwies sich zeitgleich als flexibler, sensibler und kooperativer Partner, was gegenüber der Sowjetunion und speziell in der Flüchtlingsfrage gegenüber Polen, Ungarn und der ČSSR eine wichtige Rolle spielte.

Das galt besonders für Ungarn und trug dazu bei, dass dessen Außenminister am 10. September 1989 die Grenze zu Österreich öffnen ließ, eine Maßnahme, von der er später meinte, damit auch den Weg zur deutschen Vereinigung und für andere Entwicklungen geöffnet zu haben. (Kiss 1999) Sicher war es ein wichtiger Schritt, denn er ermöglichte auch den Beginn eines neuen Kapitels in Europa; das war Horn damals nicht klar, er schildert aus der Rückschau. Klar war für ihn, dass im Verhältnis zu den Staaten des Warschauer-Paktes etwas bis dato nie Dagewesenes passiert sei und „[...] eine neue und irreversible Entwicklung einsetzen mußte." (Horn 1991: 328) Horn war der Meinung, das Verhalten seines Landes hätte auch zu einer Meinungsänderung in Moskau beigetragen:

> Anfangs war nämlich auch Gorbatschow noch der Meinung gewesen, daß die Kohl-Regierung die Ostpolitik ihrer sozialliberalen Vorgänger nicht fortsetzen, sich nur um die Unterstützung der amerikanischen Außenpolitik kümmern und sozusagen ins Schlepptau Reagans geraten würde. Mit beharrlicher Überzeugungsarbeit gelang es uns, zur Änderung dieser Meinung beizutragen, und Gorbatschow gab später selbstkritisch zu, daß wir recht gehabt hätten. Die äußerst konstruktive Haltung und die Aktivitäten der Kohl-Regierung bezüglich der Rüstungsbegrenzungen und anderer wichtiger Fragen der Ost-West-Beziehungen überzeugten Gorbatschow schließlich davon, daß bei seiner neuen außenpolitischen Orientierung gerade die deutsche Bundesregierung sein seriösester Partner ist. (Ebd. 1991: 318)

Das sprunghafte Anwachsen der Fluchtbewegungen 1989 und die Berichterstattung darüber in den Medien trugen zu einer Veränderung des Handlungsspielraumes bei: Für die DDR im negativen und für die Bundesrepublik im positiven Sinne. Sie bewirkte ab Anfang 1990 auch einen Wandel bei der Beurteilung Deutschlands im Ausland.

Fast 40 Jahre sicherte die Teilung den Status quo in Europa und somit den Frieden, allerdings unter Bedingungen des „Kalten Krieges." Die „Flüchtlingsfrage" und Entwicklungen in der DDR selbst ab Herbst 1989 wurden zunehmend in größeren Zusammenhängen gesehen und einige Mitgliedstaaten des Warschauer Paktes waren von der Realitätsverweigerung Ost-Berlins irritiert. Der Charakter der „deutschen Frage" veränderte sich, denn die bisherige Lösung, d. h. Teilung Deutschlands als Stabilitätsfaktor, begann ab dem Sommer/Herbst 1989 zunehmend zum Instabilitätsfaktor zu werden. Die Fluchtbewegungen erreichten Größenordnungen, die eine andere Strategie dringlich sowie möglich machten.

Für die beteiligten Akteure, in erster Linie die beiden Staaten in Deutschland und die „Gastländer", war es zwingend, schnell eine Lösung zu finden. Deshalb erwähnte Helmut Kohl in seinem „Zehn-Punkte-Programm zur Überwindung der Teilung Deutschlands und Europas" vom 28. November 1989 zuerst die Flüchtlingsproblematik.[13] Vor dem Treffen mit Modrow, in Zusammenhang mit dem Besuch in Dresden, (19.-20.12.1989) richtete Kohl am 14.12.1989 an Gorbatschow einen längeren Brief, in dem er Probleme und Ziele der Deutschlandpolitik erläuterte. Er schrieb 16 Tage nach seiner „Zehn-Punkte-Rede" und ging auch auf die Flüchtlingsproblematik ein.

> Die Reformverweigerung in der DDR hat seit dem Sommer dieses Jahres dazu geführt, daß rund 50.000 Menschen in die Bundesrepublik Deutschland übergesiedelt sind. Ich habe Sie von Anfang an wissen lassen, daß eine solche Entwicklung nicht im Interesse der Bundesregierung liegt. (DE 1998: 646)[14]

Reformunfähigkeit und steigende Flüchtlingszahlen waren eine brisante Kombination. Ost-Berlin hatte Veränderungen des politischen Umfeldes zwar bemerkt, konnte sich aber deren Auswirkungen nicht vorstellen und war weitgehend unfähig, auf sie zu reagieren. Anfang Oktober 1989 traf Außenminister Oskar Fischer seine Amtskollegen Genscher und Schewardnadse in New York anlässlich der Vollversammlung der VN. Zwischen den sich sozialistisch nennenden Staaten war zu dieser Zeit die Stimmung stark angespannt. Fischer berichtete darüber Honecker in einem Telegramm mit Datum des 2. Oktober. Er habe Genscher aufgefordert, die BRD solle die „Obhutspflicht" für alle Deutschen aufgeben. In den Flüchtlingswellen sah er den Teil eines Großangriffs des Imperialismus auf die DDR, hier sollte die UdSSR eine Gegenoffensive koordinieren. Schewardnadses Erklärung und sein Lösungsvorschlag waren für Oskar Fischer nicht tröstlich.

> Genosse Schewardnadse antwortete, daß dies früher so war, heute aber nicht mehr gehe, denn heute habe man Demokratie. Er regte außerdem an, die Ausreise aller ausreisewilligen DDR-Bür-

---

13 Bulletin des Presse- und Informationsamtes der Bundesregierung, Nr. 134, 29. November 1989. Der Text ist auch abgedruckt in Diemer/Kuhrt 1991: 230–236. Kohl legte das Programm dem Parlament (Deutscher Bundestag) am 28. November 1989 im Rahmen einer Haushaltsdebatte vor; es fand außer bei der Fraktion der „Grünen" bei allen anderen Fraktionen grundsätzliche Zustimmung.
14 Der Brief wurde mit Höflichkeitsübersetzung und auf besonderem Weg übermittelt.

ger sollte genehmigt werden, auch wenn es sich um eine halbe Million handeln würde. Es wäre international, wie zur Klärung und Entlastung der innenpolitischen Entwicklung, vielleicht gar nicht so schlecht.[15]

Die folgende Zusammenstellung macht hoffentlich Wechselwirkungen zwischen Entwicklungen in Deutschland, im Ausland sowie die politische Bedeutung der Fluchtbewegungen deutlich.[16]

Tab. 16: Entwicklungen und Fluchtbewegungen, die Entscheidungsprozesse bezogen auf Deutschland beschleunigten

Datum, Zeitraum	Ereignisse
15.01.1989	Schlussdokument des KSZE-Folgetreffens in Wien. Vereinbarung von Verhandlungen über Reduzierung von konventionellen Truppen beider Pakte und zur Beachtung von Menschenrechten und des Selbstbestimmungsrechts der Völker.
20.01.1989	Amtseinführung von George Bush senior als Präsident der USA.
17.07.1989	Abbau von Grenzhindernissen (Minenfelder) an der Grenze zwischen Österreich und Ungarn. Flucht von DDR-Bürgern.
Anfang August 1989	80 Ausreisewillige gelangen in die Ständige Vertretung der BRD in Ost-Berlin; sie wird vorübergehend für den Publikumsverkehr geschlossen. Am 13. August Schließung der BRD-Botschaft in Budapest, in die 180 DDR-Bürger geflüchtet sind.
2. Augusthälfte 1989	Staatssekretär Sudhoff in Budapest wegen der wachsenden Zahl von DDR-Flüchtlingen.
19.–20.08.1989	„Paneuropäisches Picknick" bei Sopron an der österreichisch-ungarischen Grenze; 600 DDR-Bürger:innen flüchten.
22.08.1989	Die bundesdeutsche Botschaft in Prag schließt wegen des Ansturms von Flüchtlingen.
25.08.1989	Ungarns Ministerpräsident Miklós Németh und Außenminister Gyula Horn kommen zu einem inoffiziellen Blitzbesuch bei Kohl und Genscher nach Bonn.
03.09.1989	In Ungarn sind mindestens 5.000 ausreisewillige DDR-Bürger:innen.
07.09.1989	Der polnische Arbeiterführer Lech Wałęsa besucht Bonn und bittet um Wirtschaftshilfe.
10.09.1989	Öffnung der Grenze zwischen Ungarn-Österreich für deutsche Ausreisewillige.
11.–13.09.1989	Parteitag der CDU, der ein Erfolg für Helmut Kohl wird, vor allem wegen Entwicklungen in Ungarn.
19.09.1989	Die bundesdeutsche Botschaft in Warschau wird wegen des Ansturms von Flüchtlingen geschlossen.

---

15 Außenminister Fischer aus New York an Honecker. Telegramm mit Datum des 02.10.1989. BArch, Abt B, DY 30, IV 212.039, 342, Bl. 49–51.
16 Es gibt mehrere Chroniken zu den Ereignissen der Jahre 1989/1990. Hilfreich sind zum Beispiel: Diemer/Kuhrt 1991. Garn 1996. Förster/Roski 1990.

Datum, Zeitraum	Ereignisse
24.09.1989	Außenminister Genscher trifft bei der UN-Vollversammlung die Außenminister der Sowjetunion, der ČSSR, der DDR, Polens und Ungarns, auch um über Flüchtlinge zu sprechen.
25.09.1989	In der Botschaft in Prag sind rund 900, in der in Warschau etwa 400 Flüchtlinge.
27.09.1989	In seiner Rede vor der UN-Vollversammlung garantiert Außenminister Genscher die polnische Westgrenze.
30.09. und 01.10.1989	Die DDR erlaubt Botschaftsflüchtlingen die Ausreise mit Sonderzügen über ihr Territorium in die Bundesrepublik. 5.500 aus Prag und 800 aus Warschau. Bis Ende September sind rund 25.000 über Ungarn in die Bundesrepublik gekommen.
03.10.1989	In Prag versammeln sich erneut 6.000 DDR-Bürger. Am 4. Oktober kommen rund 7.600 mit Sonderzügen über die DDR in die Bundesrepublik.
07.10.1989	40. Jahrestag der DDR.
09.10.1989	Demonstration von 70.000 Menschen in Leipzig, am 23.10.1989 von über 300.000 – die „Montagsdemonstrationen."[17]
15.10.1989	Mit Beginn der Schulferien in der DDR gibt es einen starken Anstieg der Fluchten.
18.10.1989	Rücktritt von Erich Honecker.
27.10.1989	Der Warschauer Pakt warnt vor einer Vereinigung Deutschlands.
Anfang November 1989	15.000 Flüchtlinge gelangen nach Bayern. 5.000 kommen mit Sonderzügen von der Botschaft aus Prag. Innerhalb einer Woche flüchten rund 40.000 DDR-Bürger.
04.11.1989	Größte Demonstration in der Geschichte der SED-DDR; über 500.000 in Ost-Berlin.
08.11.1989	Garantieerklärung des Bundestages zur Westgrenze Polens.
09.11.1989	Öffnung der „Berliner Mauer".
01.02.1990	Neues Reisegesetz der DDR, das freie Ein- und Ausreise erlaubt.

Die Jahre 1989/90 waren eine Zeitspanne, wo in Europa lokale Ereignisse initiativ-unterstützend für internationale Entwicklungen wirkten. Adolf Brüggemann, damals Militärattaché an der bundesdeutschen Botschaft in Prag, als dort Tausende von Ostdeutschen auf ihre Ausreise nach Westdeutschland hofften, nannte einen solchen Zusammenhang. „Die dramatischen Ereignisse 1989 im Palais Lobkowicz, einem Ort

---

[17] Der traditionelle Termin der Friedensgebete in der Nikolaikirche und drei anderen Kirchen in der Leipziger Innenstadt, montags um 17.00 Uhr, erwies sich als geschickt gewählt. Er erlaubte einerseits die Teilnahme an Gebet und Demonstration, ohne der Arbeit fernbleiben zu müssen – während SED-Mitglieder traditionell durch die montäglichen Parteiversammlungen in ihren Betriebsparteiorganisationen gebunden waren. Andererseits lag er auch vor der Ladenschlusszeit der Leipziger Innenstadt, so dass es relativ gefahrlos war, sich dort aufzuhalten, ohne die Aufmerksamkeit der Sicherheitskräfte auf sich zu ziehen. Außerdem ermöglichte er westdeutschen Fernsehsendern, den Beginn der Demonstrationen regelmäßig in die Hauptnachrichtensendungen zu übernehmen. Das Bildmaterial musste dabei aus Leipzig herausgeschmuggelt werden, da die Stadt für westliche Journalisten zu dieser Zeit gesperrt war.

deutscher Geschichte in Prag, und die Öffnung der Berliner Mauer am 9. November waren anschließend mit ein Zündfunke für die Bürgererhebung und die folgenden revolutionären Veränderungen in der Tschechoslowakei." (Brüggemann 2008: 835)

Wichtig war ein sich ab 1987 veränderndes politisches Umfeld für die SED-DDR, denn Entwicklungen in Osteuropa, besonders in der Sowjetunion, in Polen und der ČSSR hatten auch negative Auswirkungen auf den Handlungsspielraum der SED. Die aus CDU/CSU und FDP bestehende Bundesregierung wurde durch eine Wahl bestätigt und die sowjetische Führung versuchte, mit ihr ein besseres Verhältnis zu gestalten, was gelang. Ein gut informierter österreichischer Beobachter fasste die Entwicklung wie folgt zusammen:

> Die DDR fühlte sich übergangen. Sie musste zusehen, wie sie für die Sowjetunion zum zweitwichtigsten deutschen Staat wird. Sie verlor ihre Vorzugsstellung und fühlte sich von der Sowjetunion gleich mehrfach bedroht: Erstens durch die Reformen, zweitens durch den Verlust der Stellung als Vorzugspartner, und drittens durch das eng werdende Verhältnis zwischen Moskau und Bonn. Zusätzlich geriet die DDR unter Druck, weil die BRD mit ihrem politischen und wirtschaftlichen System auf viele DDR-Bürger eine enorme Sogwirkung entfaltete. Der Handlungsspielraum der DDR engte sich in der zweiten Hälfte der 80er Jahre immer mehr ein. (König 2019: 85)

9.2 Korea

In Korea ist die politische Bedeutung von Flüchtlingen im Vergleich zu Deutschland gering und was das Ausland anbelangt, ist die VR China involviert, abgesehen von reinen „Transitländern" wie Laos und Thailand.

Flüchtlinge aus dem Norden haben große Anpassungsschwierigkeiten. (Kim/Jang 2007) Einer von ihnen sagte über sein Leben im Süden: „Ich lebe nun in einem Land, wo die Menschen aussehen wie ich und wir sprechen die gleiche Sprache, aber ihr Lebensstil und ihre Mentalität sind so ungeheuer unterschiedlich, dass ich mich wie ein Alien fühle."[18] Kulturelle Differenzen und Individualismus, finanzielle Probleme sowie das Scheitern bei Eigeninitiativen sind für Flüchtlinge große Herausforderungen, zusammen mit sozialen Vorurteilen und Diskriminierung erschweren sie ihnen eine Integration in die Gesellschaft des Südens. (Chun 2022) Es gibt eine hohe Selbstmordrate. Einige der Flüchtlinge gehen nach einem langen frustrierenden Aufenthalt im Süden ins Ausland und manche sogar zurück in die DVRK, obwohl sie wissen, dass sie dort mit drakonischen Strafen rechnen müssen.

Einige betätigen sich mit Propagandaaktionen gegen den Norden. Politisch haben organisierte nordkoreanische Flüchtlinge in der RK kaum Einfluss, sie sind keine so wichtige Gruppe bei Wahlen, wie es Flüchtlinge und Vertriebene in Deutschland waren. Im März 2020 gründeten Flüchtlinge die „Inter-koreanische Vereinigungspartei",

---

[18] Zitiert in Sims, Calvin: „Life in South Hard for North Koreans," *New York Times*, 24.04.2000. Den Hinweis auf dieses Zitat verdanke ich Roland Bleiker.

die sich für eine Verbesserung der Situation der Flüchtlinge im Süden und der Menschenrechte im Norden einsetzt. Im Parteienspektrum der RK ist sie nicht bedeutend, das wird nach wie vor von den etablierten Parteien dominiert.

In Deutschland gab es von 1950 bis 1990 neben kleineren Institutionen drei große Auffanglager für Flüchtlinge. Hier erfolgten Registrierung und auch Befragungen durch Geheimdienste der drei West-Alliierten. Ein Bestreben war, die Verweildauer in den Lagern möglichst kurz zu halten. In der Republik Korea gibt es erst seit April 1962 nennenswerte Hilfe für Flüchtlinge aus dem Norden und seit Juli 1999 eine Institution für deren Eingliederung, die als Umerziehungslager bezeichnet werden kann. Von Beginn an waren Flüchtlinge in Korea ein sensibles und hochgradig politisiertes Thema. Ihre Unterstützung hing ab von „Wert und Nutzen" der jeweiligen Person, d. h. jemand, der Geheimnisse mitteilte erhielt mehr Förderung. (Chung 2008: 8) Diese fragwürdige Praxis fand ab 2023 erneut verstärkt Anwendung. Bis in die frühen 1990er Jahre waren Fluchten vorwiegend politisch motiviert, es kamen meist Angehörige der Elite, seitdem überwiegend „Hungerflüchtlinge." (Ko/Chung/Oh 2004: 66) In den letzten Jahren flüchteten immer mehr jüngere Menschen, vor allem Frauen und viele, die im Norden arbeitslos waren. Im März 2023 lebten 33.916 Flüchtlinge aus dem Norden im Süden. Fast alle mussten einen gefährlichen und langen Weg zurücklegen, meist über die VR China, Laos und Thailand. Eine auf dieser Route organisierte Flucht kostete damals rund 3.000 US-Dollar, die nach der Ankunft im Süden in Teilbeträgen abbezahlt wurde. Viele verbleiben erst für eine längere Zeit in der VR China, wo es ingesamt mehr nordkoreanische Flüchtlinge gibt, als die, die sich in Südkorea niederließen, wo aber deren Lebens- und Arbeitsbedingungen nicht immer entscheidend besser sind, als in Nordkorea, was Erwartungen an ein Leben im Süden erhöht.

Im Dezember 1993 wurde ein neues Gesetz über Flüchtlinge erlassen. Es gab mehr Sozialhilfe; das war eine Abkehr von dem früher hauptsächlich politischen Akzent, denn Flüchtlinge wurden nun eher als Sozialfall behandelt. Auch die Zuständigkeit änderte sich, vorher lag sie beim Verteidigungsministerium, nun bei dem für Gesundheit und Wohlfahrt. Das Gesetz bewirkte aber auch eine Kürzung der Zuwendungen insgesamt, was schnell negative Konsequenzen hatte, deshalb war schon im Januar 1997 ein neues Gesetz erforderlich. Es sieht auch eine Anerkennung von im Norden erworbenen Zeugnissen und Berufsabschlüssen vor. Das Gesetz wurde dann in der Amtszeit von Kim Dae-jung 1998 novelliert und erhielt eine neue Terminologie. Es ging nicht mehr um „Brüder, die zum Staat zurückgekehrt sind" (귀순동포), sondern nun um „Einwohner, die aus dem Norden flüchteten" (북한이탈주민). Allgemein wird von Übersiedlern oder „Flüchtlinge aus dem Norden" gesprochen (탈북자).

In englischen Texten steht meist das Wort *defector*, was Abtrünniger bzw. Überläufer bedeutet. Diese Worte haben den vorwurfsvollen Beigeschmack der Illoyalität: erst profitieren, dann desertieren. Das mag auf Mitglieder der Elite zutreffen, die, als sie in Schwierigkeiten gerieten, ihre privilegierte Stellung noch nutzen konnten, um vergleichsweise ungefährdet und oft mit Familienangehörigen die Seiten zu wechseln. Es trifft aber nicht auf die zu, die sich wegen des „nackten Überlebens" auf einen langen gefährlichen Weg machten. Sie waren damit dem Regime im Norden gegenüber nicht illoyal, sondern im Gegenteil, das Regime hat sich ihnen gegenüber kaum oder nie loyal, solidarisch und fürsorglich verhalten.

Die nachstehende Tabelle zeigt den Grad der Zufriedenheit mit dem Leben im Süden nach Gründen für die Entscheidung zur Flucht.

Tab. 17: Gründe zur Flucht und Zufriedenheit im Süden

	Sehr zufrieden mit Leben im Süden	Im Allgemeinen zufrieden	ist durchschnittlich	nicht sehr zufrieden	keine Antwort
Unzufriedenheit mit dem nordkoreanischen Regime und politischer Repression	38,3	41,49	18,9	2,13	0
finanzielle Probleme	44,9	36,73	16,33	0	2,04
Familien, die früher geflüchtet sind	31,75	46,03	19,05	3,17	0
Sehnsucht nach einem freien System	26,79	46,43	21,43	5,36	0
Kindern bessere Chancen geben	50	36,11	11,11	2,78	0

(IPUS Flüchtlinge 2022, S. 231, Tabelle 7-3)

Hanawon. Eingliederungsbemühungen für Flüchtlinge

Die Kim Dae-jung-Administration war der Ansicht, die Eingliederung von Flüchtlingen aus dem Norden sei auch ein Prüfstein für den Willen und die Fähigkeit der Regierung zur Wiedervereinigung Koreas. [19] Das ist sie noch immer.

Die Eingliederungsbeihilfen wurden mehrfach angehoben und es gab andere Verbesserungen. Im März 2023 verkündete die Regierung die Absicht, die finanzielle Grundversorgung (Eingliederungsbeihilfe) für eine Person auf 6.840 US $ anzuheben. Programme für psychologische Hilfe sollen ausgebaut werden. Die Regierung will sich bemühen, die geschätzt über Tausend Flüchtlinge zu identifizieren und zu unterstützen, die nicht vom Sozialsystem erfasst sind.

Nach ihrer Ankunft im Süden werden Flüchtlinge intensiv vom Geheimdienst der RK befragt und dann in das „Zentrum zur Unterstützung der Eingliederung von

---

[19] Ministry of Unification. 2001. *White Paper on Korean Unification*, Seoul: Ministry of Unification, S. 157.

Flüchtlingen aus dem Norden" (북한이탈주민정착지원사무소) eingewiesen. Diese Institution, kurz Hanawon, „Haus der Einheit" (하나원) genannt, wurde im Sommer 1999 eröffnet. Wer dort registriert ist, erhält die Staatsbürgerschaft der Republik Korea. Der dreimonatige Besuch des Hanawons ist obligatorisch, die Schwerpunkte der Kurse liegen auf Beratung, Berufskunde und Politikunterricht. Es geht um die Überprüfung der Gesinnung der Flüchtlinge, das Erkennen von Spionen, die Vermittlung von Kenntnissen des Alltags im Süden und die Verhinderung von Entführungen. Hanawon befindet sich rund 77 Kilometer südlich von Seoul, die Flüchtlinge sind dort quasi kaserniert und das Verlassen der Institution ist nur mit ausdrücklicher Genehmigung erlaubt. Es gibt noch eine andere Zweigstelle. In den ersten 20 Jahren (1999 bis 2020) absolvierten rund 31.000 Flüchtlinge das Hanawon. Viele sind mit dem Programm unzufrieden, sie kritisieren seine geringe praktische Ausrichtung und die mangelhafte Kenntnis von Dozenten über den Norden.

Tab. 18: Lehrplan des Hanawon (Drei Monate, 392 Stunden Unterricht, davon 30 % Außenaktiväten)

Emotionale Stabilität, Gesundheitsfürsorge. 46 Stunden.	Berufssuche, Berufsausbildung. 157 Stunden.
Medizinische sowie zahnmedizinische Untersuchungen und Behandlung. Psychologische Tests und Beratung	Test der Begabungen und Hilfen für Karriere sowie berufliche Anpassung.
Besseres Verständnis der Gesellschaft der Republik Korea. 150 Stunden.	Unterstützung bei der anfänglichen Eingliederung. 48 Stunden.
Demokratie, Marktwirtschaft, Geschichte, Menschenrechte, Kultur, Regeln des alltäglichen Zusammenlebens. Praktisches Einüben, z. B. Besuch von Märkten, Verhalten in Großstädten.	Information über Programme und Hilfsleistungen zur Eingliederung. Training zur Verstärkung der Entschlossenheit, sich einzugliedern und anzupassen.
Zusätzliche Programme für koreanische Sprache, lateinisches Alphabet, Fremdworte im Koreanischen. Erwerb des Führerscheins, Kenntnisse über Computer, Geldautomaten, Rechnungswesen, Buchhaltung sowie Steuern und Versicherungen.	

Nach dem Aufenthalt im Hanawon gibt es Unterstützung unterschiedlicher Art; oft werden denen, die studieren wollen, die Gebühren erlassen. Betreuung erfolgt auch durch sehr engagierte ehrenamtliche Helfer:innen sowie durch eine Fülle von kirchlichen und anderen Organisationen.

Meinungsumfragen mit Flüchtlingen

Es gibt unterschiedliche Befragungen von Flüchtlingen, die je nach Methode auch zu unterschiedlichen Ergebnissen kommen, aber die Mehrheit von ihnen gibt an, mit dem „neuen Leben" zufrieden zu sein. (Ko/Chung/Oh 2004. Lee 2016. Lankov 2006) Ob es Höflichkeit, politische Vorsicht, freie Meinungsäußerung oder der Wunsch ist, einer antizipierten Erwartungshaltung zu entsprechen, das können Außenstehende nicht beurteilen. Umfrageergebnisse hängen oft davon ab, wie spannungsreich das jeweilige Verhältnis zwischen Norden und Süden ist und ob in Medien des Südens über tragische Fälle von gescheiterter Eingliederung berichtet wurde. Seit Jahren werden Flüchtlinge aus dem Norden nach ihrem Zugehörigkeitsgefühl gefragt. Das IPUS tut dies regelmäßig und die überwiegende Mehrheit gibt an, sich als Südkoraner:in zu fühlen.

Tab. 19: Identität von nordkoreanischen Flüchtlingen [in %]

Jahr	2010	2011	2012	2013	2014	2015	2016	2017	2018	2019
Südkoreaner	70,0	64,1	64,4	67,8	68,5	67,4	73,3	71,8	67,2	66,4
Nordkoreaner	21,2	30,5	31,1	26,2	26,7	24,4	20,5	21,2	25,9	22,7
Weder noch	4,8	4,7	4,6	6,0	4,8	8,2	6,7	5,9	6,0	10,9

(Zusammengestellt aus IPUS Flüchtlinge 2022, Tabelle 7-3, S. 221)

Bei den Schwankungen ist vielleicht am interessantesten bzw. bedenklichsten, dass sich die Antwort mit „bin weder Süd- noch Nordkoreaner:in" mehr als verdoppelt hat.

Von den insgesamt 1241 Befragten würden nach einer Wiedervereinigung 49,97 % im Süden und 26,69 % im Norden leben wollen, 25 % möchten sich dann situationsbedingt entscheiden und 2,10 % ins Ausland gehen. (Ebd. S. 220)

In Gesprächen mit Flüchtlingen sagen diese oft, sie hätten nach ihrer Flucht noch viele Jahre gebraucht, um spontane Reaktionen, Denken, Assoziationen und Entscheidungen entsprechend ihrer Sozialisation in der DVRK einzuschränken bzw. abzulegen.

Zu den Erfahrungen während und nach der Flucht gehören in vielen Fällen unterschiedlichste Arten von Diskriminierung, psychologische Probleme, Arbeitslosigkeit und ein niedriges Einkommen. Die Zahl der Arbeitslosen ist unter ehemaligen Flüchtlingen doppelt so hoch, als wie bei anderen Einwohnern der RK. Zur besseren Eingliederung in die Gesellschaft des Südens nach der Flucht wird meist empfohlen, sich sozialen Netzwerken anzuschließen, Diskriminierung zu reduzieren und vergangene Traumata zu heilen, Maßnahmen die bisher nur ungenügend wirksam wurden. (Yu/Eom/Jeon 2012)

Es gibt noch immer bei fast allen Beteiligten einen gravierenden Mangel an Information, Einfühlungsvermögen und Anpassungsbereitschaft. „Wir sind nicht darauf vorbereitet, dass sie kommen und sie sind nicht auf das vorbereitet, was sie hier erwartet." (Sims 2000) Dieses Zitat aus einem Zeitungsartikel vom Jahr 2000 ist noch immer weitgehend zutreffend.

Flüchtlinge. Vergleich Korea und Deutschland

Im Vergleich zu Deutschland sind, was Flüchtlinge in Korea anbelangt, u. a. folgende Unterschiede zu beachten: die Größenordnungen, oft ein geographisch und zeitlich längerer sowie gefährlicherer Fluchtweg, eine völlig andere Informationslage und deshalb auch Erwartungshaltung sowie eine weit geringere politische Bedeutung. Nach erfolgreicher Flucht gibt es über lange Zeit Erfahrungen mit Bevormundung sowie großem Misstrauen. (Kim/Yoo/Yun 2015) Trotz vielfältiger Unterstützung bestehen enorme Schwierigkeiten, sich dem Leben im Süden anzupassen, wegen des völlig anderen Systems, wegen unzureichender beruflicher Qualifikation, mangelnder Computer- sowie Fremdsprachenkenntnisse (Englisch) und einer jahrelangen mentalen Nachwirkung der im Norden erfahrenen Indoktrinierung, obwohl viele Flüchtlinge berichten, im Norden sei offen demonstrierter absoluter Gehorsam gegenüber der Ideologie wichtiger als inhaltliche Überzeugung.

9.3 Taiwan

Von den in diesem Buch behandelten Fällen spielten Flüchtlinge auf Taiwan die größte politische Rolle, denn ihr Anteil an der Gesamtbevölkerung war am größten und sie hatten die stärkste sowie längste Einwirkung.

Ein Zensus der japanischen Kolonialverwaltung nennt für das Jahr 1940 rund 5,8 Millionen Einwohner:innen. (Hughes 1997: 27, 165) Vermutlich waren es 1945 sechs Millionen Taiwaner:innen. Im Jahr 1949 wurden etwa 600.000 Mann der Streitkräfte vom Festland nach Taiwan verlegt. Unter den Soldaten, die zwischen 1945 und 1950 nach Taiwan gelangten, gab es sehr viele Analphabeten. (Wakabayashi 1995: 188) Sie kamen auf eine Insel mit gutem Schul- und Bildungssystem und waren dem „erbärmlichen Tropf" ähnlich, wie es bei Schopenhauer steht,[20] der gegenüber Taiwaner:innen nichts anderes hatte, als sein Chinesentum, das er „dummstolz" hochhielt. Das konnte nur konfliktreich wirken. Ende 1949, Anfang 1950 kamen noch mindestens eine Million Zivilisten. Geschäftsleute gingen meist nach Hongkong oder in die USA.

Die Festländer:innen machten rund 14 Prozent der Gesamtbevölkerung auf Taiwan aus, aber sie dominierten Politik, Wirtschaft, Militär und Gesellschaft. Spätestens seit dem Aufstand vom Februar 1947 und dem sich anschließenden „weißen Terror" wurde die Herrschaft der KMT von vielen Taiwaner:innen als neue Kolonialmacht in Nachfolge Japans empfunden, aber noch schlimmer. (Tien 1989: 90 ff.) Edward E. Rice nannte die Herrschaft von Chiang Kai-shek über die flächenmäßig nun auf Taiwan reduzierte Republik China zutreffend eine „Flüchtlingsregierung". (Rice 1974: 493) Diese Flüchtlinge und deren dann auf der Insel geborene Nachkommen genossen noch jahrzehntelang Vorrechte. Sie hatten eine besondere Affinität zum Festland und schauten

---

20 Siehe S. 425.

auf Taiwan sowie die dortige Bevölkerung herab; viele ignorierten, dass ihnen die Flucht nach Taiwan wohl das Leben gerettet hatte.

In Deutschland, Korea und Zypern waren und sind viele Flüchtlinge in einer schwierigen Lage, während die vom Festland gekommenen Flüchtlinge ihre Verfassung, ihr Regierungssysten, ihre Staatspartei, ihre Sprache und ihre Machtinstrumente nach Taiwan mitbrachten. Falls ein grober Vergleich gestattet ist, dann wäre es so, als wenn nach 1949 in der Bundesrepublik Deutschland die meisten führenden Positionen in Politik, Verwaltung, Wirtschaft, im Bildungswesen und im Militär fast ausschließlich von Personen und deren Nachkommen aus Ostpreußen, Pommern, Schlesien und dem Sudentenland besetzt worden wären, denn auf Taiwan galt für solche Posten oft eine familienbezogene und landsmannschaftlich begründete Erbfolge. Dieses Missverhältnis war auch ausländischen Besuchern offenkundig. Ein Angehöriger einer überwiegend aus Bundestagsabgeordneten bestehenden Reisegruppe, die im Januar 1958 Taiwan besuchte, zog einen Vergleich zu Bayern. „Man muß sich zum Vergleich vorstellen, wie die Situation wohl sein würde, wenn etwa 1,5 Millionen Ostvertriebene im Besitz von Schlüsselstellungen in Wirtschaft, Heer und Verwaltung 8,5 Millionen Bayern regieren würden." (Baumunk 2018: 27)

In der VR China bewirkte die Abwanderung von Flüchtlingen keine spürbare Schwächung des Systems, wie es in Ostdeutschland der Fall war. Auf Taiwan verursachte der Zustrom aber einen Elitenwechsel und die Errichtung einer „internen Exilregierung". Andererseits waren „Festländer" wichtig zur Aufrechterhaltung des Alleinvertretungsanspruchs und wirkten als „Bindemittel" für das Zugehörigkeitsgefühl zur chinesischen Kultur und Geschichte sowie zur Aufrechterhaltung des Prinzips, es existiere nur ein China. Flüchtlinge aus Taiwan, die in die VR China gingen, sind kein erwähnenswerter Faktor. Von Bedeutung sind dort die weit über eine Million Personen aus Taiwan, die Wirtschaftsaktivitäten nachgehen; sie sind aber keine Flüchtlinge.

9.4 Zypern

Wegen der türkischen Invasion von 1974, die eine staatliche Teilung Zyperns bewirkte, wurden ca. 40 Prozent der griechischen Volksgruppe und über 50 Prozent der türkischen aus ihren angestammten Siedlungsgebieten vertrieben.[21]

Etwa 200.000 Zyperngriechen wurden zur Flucht in den südlichen, den überwiegend griechischen Teil der Insel gezwungen, damals rund ein Drittel dieser Bevölkerungsgruppe. Fast alle türkischen Zyprer, ca. 65.000, mussten in den nördlichen, nun

---

21 Eine informationsreiche Analyse des Problems ist *Profile of Displacement: Cyprus. Compilation of the information available in the Global IDP Database of the Norwegian Refugee Council.* April 2005. Genf: Norwegian Refugee Council/Global IDP Project. https://www.Refworld.org/pdfid/3bd98d542.pdf. Einsehen am 01.10.2020.

von türkischen Truppen besetzten Teil umziehen.[22] Ähnlich der Situation in Deutschland im Jahre 1945 dachten viele Zyprer, die Teilung sei ein kurzfristiges Provisorium. Schnell folgte aber die resignierende Einsicht, dass mit einer baldigen Besserung der Lage, gar einer Wiedervereinigung, nicht zu rechnen sei. (Zetter 1994) Nach der Invasion kamen dann Umsiedler, d. h. es gab die Ansiedlung von Türken, hauptsächlich aus Anatolien, in den nördlichen Teil Zyperns, rund 40 bis 60 Tausend.

Auf Zypern besteht die Problematik der Rücksiedelung bzw. Entschädigung von Vertriebenen und es wird auch eine Regelung gefunden werden müssen, den Status von aus Anatolien Eingewanderten akzeptabel zu gestalten. Sie werden wohl keine Chance bekommen, zurückzugehen bzw. dies nicht wollen, selbst wenn sie auf der Insel Probleme haben. Wie es um die Bereitschaft der zweiten und dritten Generation steht, in die Türkei, die Heimat der Vorfahren, zurückzugehen, ist kaum zu messen.

Auf Zypern sind Flüchtlinge vielleicht auch ein positiver Faktor für das Gefühl eines Zusammenhalts. Die Insel ist nun ihre Heimat, jedenfalls ein Teil von ihr. Andererseits gibt es noch immer Spannungen zwischen drei große Gruppen, den griechischen und türkischen Zyprern, die innerhalb der Insel vertrieben und denen aus Anatolien, die in Nordzypern angesiedelt wurden. Besonders den beiden ersten Gruppen ist die Teilung, der Verlust der „eigentlichen Heimat", schmerzlich bewusst. Das ist neben dem individuellen Gefühl ein wichtiger politischer Faktor, der Annäherung und Normalisierung erschwert.

9.5 Fluchtbewegungen, Vermittlungsinstanzen, Auswirkungen

Flüchtlings- und Migrationsbewegungen in großer Zahl bewirken politischen Druck. Deshalb wird am Ende dieses Kapitels die Bedeutung von Informationen und Vermittlungsinstanzen sowie von Flüchtlingen für sozio-politische Veränderungen angetippt. Besonders in Krisensituationen sind neben direkten Kontakten auch solche wichtig, die über „unkonventionelle" Ebenen bzw. Kanäle laufen. Hier war es für die Bundesrepublik in der Flüchtlingskrise, aber auch generell hilfreich zu erfahren, was Österreich über Entwicklungen im Ostblock mitteilte.

> Besonders aufschlussreich schien Bonn die österreichische Unterrichtung über Ungarn. Denn hier hatten, so Sudhoff, die Bonner Diplomaten sehr gute Vergleichsmöglichkeiten mit den Informationen, die sie von den Ungarn selbst erhalten hatten, und konnten daher die Seriosität der ungarischen Gesprächspartner beurteilen. (König 2019: 232)

Eine solche Informations- und in gewissem Sinne auch „Kontrollinstanz" fehlt bei den anderen Fällen. Kim Dae-jung war während seiner Amtszeit bemüht, auch über skan-

---

[22] Die Zahlenangaben schwanken, weil unterschiedliche Kriterien zur Anwendung kommen, z. B. Kinder bereits als Flüchtlinge zählen. Meist werden für Zyperngriechen 165.000 bzw. 200.000 und für Zyperntürken 45.000 bzw. 65.000 Vertriebene genannt.

dinavische Staaten zu einer besseren Einschätzung der DVRK zu gelangen und er hoffte auf Peking, ohne sich hier große Illusionen zu machen. Taiwan ist stets an Erkenntnissen von Institutionen in den USA über die VR China interessiert. Gelegentlich konnte auf die Hilfe von Singapur zurückgegriffen werden, aber eine Rolle, wie sie Österreich zwischen den beiden Staaten in Deutschland spielte, hat es in den anderen Fällen nicht gegeben. Der TRNZ steht eine Hilfe dieser Art nicht zur Verfügung.

Flüchtlinge und Ausreisende in die Bundesrepublik vor der Vereinigung (1989/90) bewirkten eine Beschleunigung politischer Ereignissse in Deutschland, es gab aber auch über einen langen Zeitraum eine Abwanderung von Teilen der Elite. Dieser Trend setzte sich nach der Einigung fort, nun nicht mehr in Fluchtbewegungen, sondern als Binnenwanderung und auch Auswanderung. Der Osten Deutschlands hat wohl eine Million Menschen seit der Vereinigung verloren, drei verließen ihn, zwei Millionen kamen neu hinzu.

In Deutschland gab es eine Einigung durch Systemübernahme. In Ländern Osteuropas erfolgten Systemwechsel, die ebenfalls Migration bewirkten, was nicht nur politische Folgen hatte, worauf der bulgarische Politologe Ivan Krastev hingewiesen hat.

> Viel entscheidender ist, wer gegangen ist. Polen verlor 2,5 Millionen Menschen, Rumänien 3,5 Millionen, Litauen 600.000, bei uns in Bulgarien waren es zehn Prozent, in Ostdeutschland waren es ebenfalls mehr als zehn Prozent. Tatsächlich sind in den Regionen Osteuropas, wo die Auswanderung in den vergangenen 25 Jahren am größten war, die Wahlerfolge der Populisten besonders deutlich. (Spiegel 2018/4: 114 f.)

10 Überlegungen, Probleme, Fragen

Das folgende Kapitel enthält Fragen, Probleme und Überlegungen, die auf alle behandelten Nationen zutreffen, wenn auch in unterschiedlicher Weise. Von Robert Koch stammt der Hinweis, es gebe Fragen, die seien zu gut, um sie mit einer Antwort zu verderben. Das ist eine Ermunterung, weiterhin zu fragen, denn vorschnelle, unzureichende Antworten können den Erkenntnisprozess einengen, gar beenden. Bei geteilten Nationen wird es immer Fragen geben, auch weil oft die betroffenen Bevölkerungen noch nicht die Möglichkeit zur freien Selbstbestimmung hatten und Probleme noch nicht gelöst sind. Es lohnt sich also, Fragen zu stellen, Probleme zu erörtern und Ähnlichkeiten zu untersuchen. Vorsicht ist bei Prognosen geboten, die oft subjektive Einschätzungen sind, dennoch ist es wichtig, sie zu äußern.

Persönliche Betroffenheit und Selbsteinschätzungen sind nur schwer zu verallgemeinernde Äußerungen und nicht immer korrekte Tatsachenbeschreibungen, aber sie sind für den gesellschaftlichen Zusammenhalt und für politische Stimmungslagen bedeutsam. Das ist z. B. für Korea wichtig, denn dort werden die nach einer Wiedervereinigung zu lösenden Probleme noch größer sein, als sie es in Deutschland ab 1990 waren, wobei nicht einmal abzusehen ist, ob, wann und zu welcher Art von Vereinigung es auf der Halbinsel kommen könnte.

Ein Aspekt soll die Problematik kurz darstellen. In Deutschland spielte Schnelligkeit eine große Rolle und 1990 veränderte sich das Leben für die Menschen in der DDR wegen des kompletten Systemtransfers schlagartig. Karl-Siegbert Rehberg hat in diesem Zusammenhang auf eine Entwicklung hingewiesen:

> Eingeleitet wurde die Verarbeitung der neuen Situation mit einem bisher in dieser Radikalität noch nie beobachteten schockartigen Handlungsverzicht: Es kam nach 1990 zu einem fast vollständigen Rückgang von Geburtenraten, Heiraten und Scheidungen, eine Verminderung, die größer war als sogar die in der großen Depression der Weltwirtschaftskrise oder während der beiden Weltkriege (zum Beispiel fiel die Geburtenrate von 1990 auf 1991 um 40 Prozent, um weitere 19 Prozent im nächsten Jahr und nochmals um acht Prozent bis 1993.) (Rehberg 2006: 221)

Die Geburtenrate im Süden Koreas ist die niedrigste aller OECD-Staaten. Ob die von Rehberg beschriebenen Auswirkungen in Korea nach einer schnellen Wiedervereinigung ähnlich sein werden, kann niemand sagen. Es ist auch denkbar, dass bei verbesserten Lebensbedingungen im Norden es einen starken Anstieg der Geburtenrate geben könnte, also Probleme im positiven Sinne entstehen würden. Sinnvoll ist es auch hier, Fragen sowie Prognosen zu stellen und die damals in Deutschland gemachten Erfahrungen, deren Bestimmungsfaktoren und Konsequenzen zu kennen.

Im Folgenden wird nach Auswirkungen von Kaltem Krieg, Demokratie und Globalisierung auf geteilte Nationen gefragt.

„Kalter Krieg" und geteilte Nationen

In Europa ging der „Kalte Krieg" über einen Zeitraum von anderthalb Jahren zu Ende, d. h. er war tot, aber den offiziellen Totenschein gab es erst im Dezember 1991. Wichtige Etappen waren u. a. der NATO-Gipfel in London Anfang Juli 1990 und die 2+4-Verhandlungen bzw. deren Abschluss im September. Schluss war am 26. Dezember 1991 mit dem offiziellen Ende der UdSSR. Diesen „Kalten Krieg" kennzeichneten auch Zusammenhänge zwischen Ereignissen in der Sowjetunion und Ostdeutschland. Der Bau der Grenzanlagen ab dem 13. August 1961 – mit Unterstützung der SU – war eine Art zweite Geburt der SED-DDR, die Öffnung der Mauer am 9. November 1989 war der Anfang von ihrem Ende. Sie hatte aber noch viel weitreichendere Folgen. Boris Jelzin notierte – vermutlich im Sommer 1991 – in seinem Tagebuch: „Mit der UdSSR war es in dem Augenblick zu Ende, als der erste Hammer gegen die Berliner Mauer schlug." (Jelzin 1994: 41)[1]

Auf diesen Zusammenhang ist mehrfach verwiesen worden, so z. B. von John Lewis Gaddis:

> Am Ende des Zweiten Weltkrieges bestand die größte Angst der beiden Supermächte darin, dass sich ein wiedererstarktes vereinigtes Deutschland der anderen Seite „zuneigen" könnte. Deshalb blieb Deutschland so lange geteilt, wie der Konflikt andauerte. Und deshalb war der Kalte Krieg, als sich Deutschland schließlich vereinigte, zu Ende. (Gaddis 2008: 10. Siehe auch Ayres 2000)

Die deutsche Teilung war Produkt von Verhandlungen der Hauptsiegermächte und der Frühphase des „Kalten Krieges", sie konnte in dessen Spätphase überwunden werden. Die Trennungen zwischen der VR China und Taiwan sowie auf der koreanischen Halbinsel verfestigten sich ebenfalls in dieser Frühphase, sie dauern noch an. Es kann darüber diskutiert werden, ob das Ende des „Kalten Krieges" die Vereinigung Deutschlands begünstigte oder ob diese ihrerseits dessen Ende beschleunigte; nicht nur Dialektiker:innen werden eine Wechselwirkung betonen sowie über Ursache und Wirkung uneins sein.

Mit Blick auf Deutschland gingen viele in Korea davon aus, dass nun auch bei ihnen zumindest die Chance einer Wiedervereinigung bestünde.

> Die Vereinigung der koreanischen Halbinsel, eine Vorstellung, die lange Zeit nur ein Traum war, ist nun durch das Ende des Kalten Krieges in die Welt der Realität eingetreten. Der Krieg der Ökonomien, der den Krieg der Ideologien aus der Zeit des Kalten Krieges ersetzt hat, macht die Wiedervereinigung zu einer Aufgabe von großer nationaler Dringlichkeit. (Kim Dj 1997: 209 f.)

Diese Aufgabe ist noch immer ungelöst.

Die Teilung Deutschlands stand im engen Zusammenhang mit dem „Kalten Krieg" und ein neuer bzw. nicht beendeter Kalter Krieg bewirkt ihren Fortbestand in Korea.

---

[1] Siehe S. 149.

Schutzmächte gewähren Sicherheit, aber sie engen den Spielraum ihrer Schützlinge ein.

> Die koreanische Halbinsel scheint nach Ansicht einiger Analytiker durch „einen neuen kalten Krieg" geteilt zu sein, weil die Spannungen zwischen den USA und China wegen Streitfällen eskalieren, die von COVID-19 bis zu Hongkong reichen. Washingtons neue Strategie gegenüber China veranlasste Pjöngjang umgehend, seine Übereinstimmung mit China zu betonen, während sie Seouls Dilemma der Seitenwahl verdeutlichte. (Snyder/Byung 2020: 95)

Weil sich mit dem Ende des „Kalten Krieges" die Beziehungen zwischen Peking und Moskau sowie zwischen Moskau und Washington änderten – auch seit Februar 2022 wegen dem heißen Krieg Russlands gegen die Ukraine – ergab sich für Seoul vorübergehend ein größerer Handlungsspielraum, für Taipei und Pjöngjang stieg jedoch der Anpassungsdruck an die neuen Konstellationen. „Weil die Spannungen zwischen den großen Mächten signifikant nachgelassen hatten, lotete Seoul jede Möglichkeit aus, Spannungen auf der koreanischen Halbinsel abzubauen, indem es seine Beziehungen zu Peking und Moskau verbesserte, sehr zum Missfallen von Pjöngjang." (Kim JH/Ro 1992: 236) Missfallen und bestätigtes Misstrauen auch deshalb, weil es zu keiner entsprechenden Normalisierung der Beziehungen zwischen Washington und Tokio mit Pjöngjang kam. Seoul hingegen konnte die Beziehungen zu den Schutzmächten des „Gegners", zur VR China und zur Sowjetunion/Russland wesentlich verbessern und dies unter Beibehaltung des engen Verhältnisses zur eigenen Schutzmacht, den USA.

Taiwan wurde von der neuen Strategie Seouls überrascht. Es hatte dessen politische Flexibilität nicht vorausgesehen, obwohl die VR China und die Republik Korea bereits 1990 Handelsbüros eröffneten. (Hwang 1991) Der Abbruch der diplomatischen Beziehungen zwischen der RK und der Republik China wegen der Aufnahme von Beziehungen zwischen Seoul und Peking im August 1992 war ein schwerer Rückschlag und die Begleitumstände wurden von Taiwan als demütigend empfunden. (Kim Ws 1993)

Die Möglichkeiten, die Seoul nutzte und die Pjöngjang zu Gesprächen mit dem Süden veranlassten, sie standen Taipei nicht zur Verfügung. Zweifel an der absoluten Verläßlichkeit der USA nahmen nicht ab und Kontakte zur VR China wurden zwar durch ökonomische Zusammenarbeit und halboffizielle Gespräche neugeschaffener Institutionen intensiviert, aber es gab keinen Zugewinn bei der Anerkennung von Eigenstaatlichkeit, wie ihn die beiden Staaten in Korea am 17. September 1991 durch ihren Beitritt zu den VN erzielen konnten. An dem unsicheren Status quo und dem Gefühl der Bedrohung durch Peking änderte sich nichts, auch wegen oder trotz des Angebots von „Ein Land, zwei Systeme", vor allem wegen der Gleichsetzung von „ein China" – zu dem Taiwan gehöre – mit der Volksrepublik.

Demokratie und geteilte Nationen

In Demokratien sind Pläne für eine Wiedervereinigung Gegenstand öffentlicher Diskussionen und kontrovers geführter Debatten. In nicht-demokratisch verfassten Staaten hat die Erlangung einer Vereinigung zumindest verbal große Priorität und die zu ihrer Erlangung zu verfolgenden Strategien sind nicht Gegenstand differenzierter öffentlicher Diskurse, sorgfältigen Abwägens, sondern massenhafter Zustimmung. Es gibt bei diesem Thema kein Sowohl-als-auch, sondern ein Entweder-oder bzw. ein Muss-sein.

In der Bundesrepublik wurde die Ostpolitik auch nach Regierungswechseln fortgesetzt. Es gab Zustimmung im Ausland und keine sinnvolle Alternative. Später half sie auch bei demokratischen Veränderungen in Osteuropa, die wiederum für die Erlangung der deutschen Einigung hilfreich waren. Sie führten zu einem Deutschland in einem sich wandelnden Europa. Václav Havel sagte zu diesem Zusammenhang: „Es ist schwer, sich ein geteiltes Deutschland in einem vereinten Europa vorzustellen. Genauso schwer ist es, sich ein vereintes Europa mit einem geteilten Deutschland vorzustellen." (Karner 2015: 241)

Leider ist die Entwicklung in und um Korea anders. Die Nord- und Sonnenscheinpolitik wurden nach Regierungswechseln nicht fortgesetzt. Nach den Ereignissen des 11. September 2001 gab es für die Sonnenscheinpolitik durch die USA unter Präsident George W. Bush kaum noch Unterstützung, im Gegenteil. Es fehlt noch immer ein fördernder regionaler Rahmen für Normalisierung in Nordostasien, wie er in Europa vorhanden war.

Hier ist eine Einschränkung angebracht, denn für Zypern existiert ein solcher Rahmen. Alle involvierten Staaten sind mehr oder weniger Demokratien. Alle drei Garantiemächte sind Mitglied in der NATO, die Republik Zypern und Griechenland gehören zur EU, dennoch sind die Antagonismen des Auslands, hier besonders die spezifischen Interessen der Türkei, große Hindernisse für eine intensivere Normalisierung und die Errichtung einer Konföderation.

Es könnte vermutet werden, Autokratien seien besser in der Lage, politische Kehrtwendungen zu vollziehen. Eine Übervaterfigur wie Kim Il-sung hätte wohl drastische Veränderungen befehlen können und wäre dennoch an der Macht geblieben. Solche Regime kennzeichnet oft eine Kontinuität an der Spitze. Erich Honecker war Führer der SED-DDR während fast der gesamten Zeit der Ostpolitik, ein langes politisches Leben, das aber für ihn kein gutes Ende hatte. Er konnte und wollte keine sozioökonomische Kehrtwende bewirken.

In pluralistischen Demokratien gibt es Herausforderungen durch Wahlen, die für Nordkorea kein Problem sind. Wegen der gemachten Erfahrungen gibt es in Deutschland den schmunzelnden Spruch, die nächste Wiedervereinigung sollte nicht in einem Wahljahr stattfinden. In der VR China geht die Führung nicht aus landesweiten Wahlen hervor, aber es gibt interne Aushandlungsverfahren. Es muss eine Machtbalance innerhalb der kollektiven Führung beachtet werden, die gegenüber Taiwan nicht zu nachgiebig erscheinen darf, besonders nicht in den Augen der Armeeführung.

Es ist schwer zu sagen, welche Auswirkungen die Staatsform auf geteilte Nationen hat, ebenso ist nicht eindeutig, welche Rolle hier die Globalisierung spielt. Als sicher kann aber gelten, dass eine gewaltfreie Wiedervereinigung ohne vorherige erfolgreiche Normalisierung kaum gelingen wird. In diesem Zusammenhang stellt sich die Frage, ob für eine Normalisierung beide Seiten Demokratien sein sollten? In Anbetracht der bisherigen Erfahrungen kann gesagt werden, dass dies für den Beginn des Normalisierungsprozesses wohl nicht notwendig sein muss bzw. nicht sein kann. Um ihn zu initiieren ist es aber hilfreich, wenn es sich bei einer Seite um eine Demokratie handelt. So war es bei der Ostpolitik in Deutschland und der Sonnenscheinpolitik in Korea. Dort sind der positive und negative Zusammenhang zwischen dem Grad an Demokratie und Initiativen zur Normalisierung der Beziehungen zum Norden besonders deutlich. (Cha 2000)

Die Verträge, die die Bundesrepublik mit der Sowjetunion, mit Polen und im Dezember 1972 mit der SED-DDR abgeschloss, der Grundlagenvertrag, sie alle stießen auf massiven Widerstand der Opposition und viele Hindernisse mussten überwunden werden, damit sie im Parlament und vor dem Bundesverfassungsgericht eine Mehrheit bekamen. Das Beispiel der Bundesrepublik zeigt, dass Demokratie für die Einleitung der Ostpolitik hilfreich war, sie aber zeitweises deren Implementierung und Ausweitung erschwerte. In der Schlußphase des langen Weges zur Einigung gab es in Deutschland zwei wichtige Etappen und es ist erneut hervorzuheben, dass es nicht die „alte" SED-DDR war, die den Beitritt zur Bundesrepublik vollzog. Die Regierung unter Hans Modrow begann mit Reformen und wollte so viele „sozialistische Errungenschaften" wie möglich beibehalten. Die Regierung unter Lothar de Maizière führte grundlegende Reformen durch, bewirkte eine tiefgreifende Demokratisierung der DDR und bereitete eine schnelle Vereinigung durch Systemübernahme vor. (Modrow 1998. Maizière 2010: 131 ff.)

Auf Taiwan hingegen bewirkt die Demokratisierung eine intensivierte Selbstbesinnung, eine „Taiwanisierung", und eine Distanzierung von der VR China; einige sagen, ebenfalls vom gemeinsamen kulturellen Erbe Chinas. (Lin/Lin 2005) Das ist nicht der Fall, aber es gibt neue Akzentsetzungen. Auf Zypern konnte Demokratie bisher nicht Abkommen bewirken, die die Insel einer Wiedervereinigung nähergebracht hätten, aber sie hat wahrscheinlich geholfen, gewaltsame Zusammenstöße zu verhindern. Im Süden Koreas hat fortschreitende Demokratisierung das Zusammengehörigkeitsgefühl der Nation nicht deutlich gefördert. Da es in Zypern wie in Korea keinen kontinuierlichen Normalisierungsprozess gibt, ist der Zusammenhang zwischen einem solchen und Demokratisierung kaum sinnvoll zu bewerten.

Demokratisierung als Bevormundung

Seit einigen Jahren wird ein Zurückgleiten von Demokratie beobachtet. (Carothers/O'Donohue 2019. Levetsky/Ziblatt 2018) Nach dem Zerfall sich sozialistisch nennender Regime in Zentral- und Osteuropa durch meist friedliche Selbstbefreiung und Mitgliedschaft in EU und NATO sind beunruhigende Trends wirksam, inspiriert durch nationalistische und sogar rassistische Ideologien. Während der Übergangsphasen, so der Eindruck, wurde von außen nicht genug zugehört, es gab zu viel Einwegkommunikation. „Die Unzufriedenheit mit dem ‚Übergang zur Demokratie' in den Jahren des Post-Kommunismus wurde auch durch die Besuche ausländischer ‚Evaluatoren' angeheizt, die wenig von der Wirklichkeit vor Ort verstanden." (Kraster/Holmes 2019a) Neue Institutionen und westliche Werte werden zunehmend als übergestülpt empfunden. Es gab eine Zeitspanne der Einschüchterung, die sich in eine der Wut wandelte.[2] Ivan Kraster und Stephen Holmes meinen, nach den Transformationen von 1990 waren Menschen in Osteuropa gehorsame Schüler des Westens, was schließlich zu einem Gefühl von Abhängigkeit und Schwäche führte und verletzten Stolz sowie Trotz bewirkte. Wegen dieser Entwicklung sehen sie den Liberalismus als einen Gott, der versagte, als ein Licht, das scheiterte, denn leider wurde er zum Opfer seines vorzeigbaren Erfolgs im Kalten Krieg. (Kraster/Holmes 2019)

Erfahrungen mit diesen Entwicklungen in Deutschland und Osteuropa sind für die Zukunft Koreas zu beachten. Bei einer intensiven Zusammenarbeit auf der Halbinsel, gar einer Wiedervereinigung, muss eine Attitüde des „wir sind die Sieger und wissen es besser" und des Neokolonialismus unbedingt vermieden oder zumindest reduziert werden. Es darf zu keiner arroganten Nachhilfe und zu keiner wohlwollenden Erziehungsdiktatur für den Norden kommen.

Differenzierung zwischen System und Bevölkerung

Während der Übergangsphase 1989/90 hat sich die Bundesrepublik gegenüber der neuen, demokratischen DDR in fast allen Belangen durchgesetzt. Bei solchen Entwicklungen sind Verständnis und Rücksichtnahme auf Empfindlichkeiten, Stolz sowie Ängste der anderen Seite von großer Bedeutung. In Deutschland gab es oft mangelnde Fähigkeit und Bereitschaft des Hineindenkens, was überwog war wohlwollende Bevormundung durch den Westen und die Meinung, der anderen Seite fehle es an wichtigen Erfahrungen und Einsichten. Historisch gibt es einige Fälle für solche Verhaltensweisen und deren negative Folgen: Die Neuen werden für die Schuld der Alten bestraft bzw. ein solches Gefühl macht sich breit. In Deutschland war es aber nicht die „alte" SED-DDR, die der Bundesrepublik beitrat, denn ab dem Frühjahr 1990 gab es eine „neue", sich demokratisierende DDR, die den Beitritt vollzog, wenn auch als

---

2 Ross, Jan. „Zeitalter des Zorns." *Die Zeit*, 27. December 2019, S. 3.

schwächerer Verhandlungspartner. Eine wichtige Voraussetzung war die friedliche Revolution. (Bahrmann/Links 1999. Bleiker 1993) Bei ihr sind verschiedene Charakteristika hervorzuheben, so zum Beispiel die Diskussionsforen. Es gab zahlreiche „Runde Tische", die Repräsentanten des Staates und vieler gesellschaftlicher Gruppen zusammenbrachten, moderiert wurden diese Gespräche meist von protestantischen Pfarrern. (Winter 1999) Ihre Mitwirkung war von der Übergangsregierung Hans Modrows erwünscht: „Wir ermutigen die Kirchen, durch eigenständige Beiträge Verantwortung für die künftige Gestalt der sozialistischen Gesellschaft in der DDR wahrzunehmen." (Lindner 1994: 131)

Viele wichtige Akteure dieser Übergangsphase waren vorher weitgehend unbekannt, als der Beitritt zur Bundesrepublik vorbereitet wurde. Über solche evtl. wirksame oppositionelle Gruppen in der VR China und der DVRK ist kaum etwas bekannt, was nicht zwangsläufig bedeuten muss, es gibt sie nicht.

Es geht um ein psychologisches, ethisches und moralisches Problem, das in der politischen, gesellschaftlichen Praxis von Bedeutung ist, jedoch oft nur unzureichend Beachtung findet. Ob nun in Korea im Rahmen einer Normalisierung mit der etablierten Führung des Nordens verhandelt wird, oder ob nach einer Neuordnung des Nordens mit neuen Kräften über die Vereinigung beraten wird, die psychologische Wirkung auf die Bevölkerung, d.h. Akzeptanz und Zumutbarkeit müssen beachtet werden.

Welche Rolle spielt Globalisierung?

Die Globalisierung begann 1492 mit der Wiederentdeckung und Ausbeutung der „Neuen Welt" und anderer Kolonien. Durch ökonomische Expansion und Informationstechnologie vollzieht sie sich schneller und umfassender; sie ist zugleich unübersichtlicher, trotz größerer Transparenz und Aufmerksamkeit.

„Kalter Krieg" und Teilung betonen Gegensätze und Grenzen. Globalisierung fördert Zusammenarbeit und bewirkt Entgrenzung, sie ermöglicht vermehrt Erfahrungen mit wechselseitig-positiver Abhängigkeit (Interdependenz). Das führt zu neuen Lernprozessen sowie Erfolgserlebnissen und könnte das Denken über neue Alternativen fördern.

Würden zwei wichtige Begriffe durch einen jeweils anderen ersetzt, dann könnte für Modernisierung Abhängigkeit und für Globalisierung Entgrenzung stehen. Teilung ist die Beibehaltung von Grenzen, von feindseliger Abgrenzung, ist ein Mangel an Kommunikation und Kooperation. Daraus ergeben sich in erster Linie folgende Fragen:

Welche Auswirkungen hat Globalisierung auf geteilte Nationen und deren Umfeld? Haben Veränderungen in den Beziehungen zwischen China und Taiwan und Ereignisse auf der koreanischen Halbinsel (Sonnenscheinpolitik, Gipfeltreffen) bereits zu mehr Flexibilität geführt? Welche Politiken, Institutionen und Kommunikationsebenen stehen für ein besseres „Management" der jeweiligen Beziehungen zur Verfügung bzw. werden dafür neu konzipiert? Wie gestaltet sich die Suche nach einem besseren Modus Vivendi? Wie könnten sich zukünftige Normalisierungsprozesse unterschiedlicher Intensität und Motivation im chinesischen und koreanischen Kontext entwickeln? In welchem Maße ist denn die TRNZ überhaupt von Globalisierung betroffen?

„Globalisierung" wurde schnell zum Schlagwort mit inflationärer Anwendung. Global player, global village, Globalsteuerung, usw. sind Worte im Alltagsgebrauch. Dennoch entzieht sich dieser Begriff weitgehend einer präzisen Definition. Bei vielen Versuchen ist trotzdem ein kleinster gemeinsamer Nenner erkennbar. In einer von der Ford Foundation in Auftrag gegebenen Studie von 1993 steht: „Unsere Zeit kennzeichnet das Überschreiten, Verwischen und Neudefinieren von Grenzen." (Bach 1993: 2. Ohmae 1990. Kim, Samuel 1999) Damals waren Möglichkeiten und Auswirkungen der Digitalisierung erst verschwommen zu erahnen.

Stefan Hirschauer nannte Globalisierung einen „[...] Prozess der Entgrenzung des Sozialen, der herkömmliche Distanzen kollabieren läßt." (Hirschauer 1999: 221) Zusammen mit ökonomischen Aspekten und der rapiden Entwicklung von Transport- und Informationstechnologien sind Charakteristika der Prozess internationaler Entgrenzung und das Setzen bzw. Durchsetzen internationaler Standards. Eine breite Definition nennt deshalb Globalisierung „[...] eine veränderte Sichtweise der Welt auf nationaler Ebene, das Aufgeben von enger Kirchtumspolitik und isolationistischem Nationalismus sowie ein mehr internationalistisches, gar kosmopolitanes Verständnis von Identität, Rechten und Pflichten." (Gills/Gills 1999: 200) Ist diese Feststellung richtig, wäre bezogen auf die Situation geteilter Nationen zu fragen: Führt die Entwicklung zu neuen Sichtweisen und eröffnen Reformprozesse (z. B. in China und Taiwan) neue Handlungsspielräume, erleichtert und verbessert all dies politische Entscheidungen, werden neue Akteure und Ebenen (formell, informell, second-track) einbezogen?

Aber als Gegenreaktion auf Globalisierung gibt es Radikalisierung, Nationalismus, neue Blockbildung, religiös verbrämten Terrorismus, Tendenzen der Abkehr vom Freihandel, Sorgen um Lieferketten, Regionalismus, Bestrebungen nach weitgehender Autonomie und Separatismus. Das Wort „Deglobalisierung" macht spätestens seit 2020 die Runde. Wir erleben gegenläufige Trends, die sich oft wechselseitig bedingen und bekämpfen. Das muss in Bezug auf geteilte Nationen problematisiert werden. „Denn Globalisierung beinhaltet auch normative Kosten und sie bewirkt Lokalisierung als Reaktion." (White III 1999: 113)

Die DVRK hat bisher erfolgreich solche Einwirkungen verhindert, nutzt aber neue Möglichkeiten (Cyberkriminalität). Die VR China, Taiwan, Südkorea und Zypern profitieren stark von Globalisierung, die TRNZ kann an ihr nicht partizipieren. Nordkorea versucht, sich ihr zu entziehen und ist in seiner internationalen Kooperation auch wegen Sanktionen sehr eingeschränkt. Aber ohne eine Zusammenarbeit mit dem Iran und Pakistan hätte es sein militärisches Nuklearprogramm nicht so schnell entwickeln können und die Abhängigkeit von der VR China ist evident.

Globalisierung ist, wie häufig in der Geschichte, eine Zeitspanne, die vorwärtspreschende und retardierende Entwicklungen beinhaltet, so z. B. begeisterter Fortschrittsglaube befördert durch Digitalisierung und rückwärtsgewandte autoritär-nationalistische Strömungen. Sie ist fast zwangsläufig beides, kooperationsfördernd und konfliktträchtig. „Mobilität und Vernetzung sind für die Welt des 21. Jahrhunderts zu bestimmenden Faktoren geworden. Austausch und Reibung zwischen den Kulturen vollziehen sich nicht nur im weltweiten Maßstab, sondern auch in den einzelnen Gesellschaften."[3] Dieter Senghaas hat mehrfach betont, Globalisierung beinhalte auch interkulturellen Dialog und dazu gehört, „[...] daß alle Kulturen mehr als je in der Vergangenheit wirklich mit sich selbst in Konflikt geraten und darüber selbstreflexiv werden." (Senghaas 1998: 146 f. Tomlinson 2011) Selbstreflektion trifft gewiss auf Taiwan zu. Hier gibt es Rückbesinnung/Neubewertung auf pazifisch-polynesische Ursprünge als „Ergänzung" zur chinesischen Kultur/Zivilisation.

Bei den untersuchten geteilten Nationen geht es um den widersprüchlichen Prozess der Nutzung von vermehrten Kooperationschancen bei gleichzeitigen Bemühungen um Formerhaltung des Systems während des Vollzugs von Reformen. Deutlich ist dies im Fall von Taiwan, das von der Globalisierung profitiert, gut auf sie vorbereitet war, aber eine zu starke Integration in die Wirtschaft der VR China vermeiden will und zu dessen Reflektionen über die eigene Identität sowohl Weltoffenheit als auch zunehmende Taiwanisierung gehören. Während die VR China, Taiwan, die Republik Zypern und die Republik Korea unterschiedliche Erfahrungen mit dem Kooperationspotenzial von Globalisierung machten und machen, ist die Führung der DVRK wohl eher wegen dessen Bedrohungspotenzial besorgt, wenn auch die Mitwirkung auf neuen Ebenen vorsichtig genutzt wird, z. B. die Teilnahme am ASEAN Regional Form. (Ballbach 2017. Kim SH 1998)

Ost-Berlin strebte in vielen Bereichen nach dem, was „Weltniveau" genannt wurde und orientierte sich dabei meist an der „westlichen Welt". Trotz eines monströsen Kontrollsystems waren letztlich emanzipatorische Auswirkungen auch der Globalisierung auf die Bevölkerung nicht zu verhindern. Die VR China kann solche unerwünschten nationalen Rückwirkungen kontrollieren bzw. neutralisieren. Die Führung der DVRK versucht dies ebenfalls und bislang recht erfolgreich.

Einige Zeit schienen die USA fast unumstritten führend zu sein, auch wie sie Standards bei Dienstleistungen und Kommunikation setzen. Die VR China profitierte von dieser Entwicklung, setzt aber zunehmend eigene Standards. Ihre wachsende ökonomische sowie politische Bedeutung verschärft Probleme und eine Frage ist, welche Auswirkungen das auf das Verhältnis zu Taiwan haben wird? Der beeindruckende Aufstieg der Volksrepublik seit 1979 ist durch fundamentale Widersprüche gekennzeichnet: Machtmonopol der KP und marktwirtschaftliche Transformation, wichtige Teilnahme am Weltmarkt und Renaissance von Nationalismus. Frederik Wakeman

---

3 So das Haus der Kulturen der Welt (Berlin) in einer Broschüre zur Veranstaltungsreihe „Entwürfe 2000", die es im Juli 2000 durchführte.

meinte, China habe einen bipolaren Charakter, es sei irgendwo gefangen zwischen triumphalem ökonomischem Kapitalismus und misstrauischem politischen Sozialismus. Die Globalisierung bietet der Volksrepublik Möglichkeiten und stellt sie vor Herausforderungen. (Moore 1999) Das trifft auch auf Taiwan zu, dem es bisher gelungen ist, sich gegenüber Peking zu behaupten, auch wegen verstärkter internationaler Aufmerksamkeit und Zusammenarbeit.

Bei einer Normalisierung und Intensivierung der Zusammenarbeit auf der koreanischen Halbinsel hätte sie, wie zu ihren besten Zeiten in der Vergangenheit, erneut eine Brückenfunktion für die ganze Region. In einem auf Europa konzentrierten Artikel schrieb Ramon Lopez-Reyes: „Ein Brückenstaat [...] überspannt Verwerfungen, er überbrückt die Bruchlinien und Teilungen um Spannungen zu reduzieren und Zusammenarbeit zu fördern. Die Praxis als Brückenstaat eignet sich besonders gut für kleine Staaten." (Lopez-Reyes 2001: 53) Die Republik Korea betrachtet sich als „mittleren Staat" zwischen Großmächten. Die DVRK betrachtet sich sicherlich als einmalig. Das Konzept funktioniert nur, wenn große Nachbarn kleineren gestatten, sich zu entfalten. Da die VR China eine dominierende Macht in Asien ist, wäre es im Interesse der USA, Japans, der beiden Koreas und Taiwans, gedeihlich zusammenzuarbeiten, d. h. die koreanische Halbinsel eine Brückenfunktion ausüben zu lassen.

Außendruck und innere Entwicklungen

Deutsche Erfahrungen zeigen deutlich, dass eine Vereinigung möglich ist, wenn die dafür notwendigen Veränderungen national und international eingetreten sind. Bezogen auf Korea ist deshalb zu fragen, was muss, was kann getan werden, um Veränderungen in der DVRK zu bewirken? Seit Jahren wird über das Verhältnis von Außendruck und inneren Entwicklungen diskutiert. Besonders seit der Eskalation der Nuklear- und Raketenfrage gibt es die Meinung, es käme auf die richtige Mischung von Sanktionen, Gesprächsangeboten und glaubhaften Sicherheitsgarantien an.

Pjöngjang verfolgt nicht nur die Beziehungen zwischen den USA und dem Iran genau, sondern studierte auch das Schicksal von Sadam Hussein im Irak und von Muammar al-Gaddafi in Libyen. (Pollack 2011: 141) Das Ausland, vor allem die USA, ziehen aus diesen Beispielen den Schluß, dass der richtige Druck letztlich Nachgeben bewirkt. Die Gesprächsangebote sind fast immer mit Vorbedingungen verknüpft. Pjöngjang ist überzeugt, dass der Mangel an militärischer Abschreckung des Irak bzw. die Kompromissbereitschaft Gaddafis zum Niedergang führten. Debatten über das Mischungsverhältnis werden weitergehen, sie haben zu berücksichtigen, dass die DVRK eine Nuklearmacht ist, was sie wohl auch bleiben wird, und dass für eine friedliche Lösung innere Entwicklungen entscheidend sein werden. Hans Maretzki, ehemaliger Botschafter der DDR in der DVRK und profunder Kenner Koreas, stellte dazu bereits vor Jahren fest:

> Eine politische Wende in Nordkorea wird nicht von oben beginnen, wird nicht durch Reformer innerhalb der herrschenden Parteielite initiiert. Eine „Wende" wird auch nicht von außen ausgelöst werden, durch Versuchungen wie Versöhnungsgesten, Nahrungsmittel und andere Hilfslieferungen, auch nicht durch Wirtschaftskooperation und gutgemeinte Reformvorschläge. In Nordkorea wird eine Transformation erst beginnen, wenn die Bevölkerung sie durch eine mächtige Bewegung von den Graswurzeln her fordert. (Maretzki 1998: 333)

Es gibt viele Beispiele dafür, dass grundlegende Veränderungen durch eine Kombination von Veränderungsdruck der Basis und Lernressourcen von Teilen der Elite bewirkt werden können. Deshalb bleibt die Frage: Was kann von wem getan werden, damit eine solche Bewegung in der DVRK entsteht? Was ist erforderlich, um die dortige Bevölkerung konfliktfähig zu machen bzw. in Anlehnung an Immanuel Kant, um ihr ein Herausgehen aus systembedingter Unmündigkeit zu ermöglichen? Die Antwort fällt schwer, aber mit Sicherheit würde ein verbesserter Informationsfluss in den Norden eine wichtige Rolle spielen. Es ist fast alles versucht worden. Was bislang fehlt ist ein umfassendes, glaubwürdiges Angebot, dass Pjöngjang nicht ablehnen kann. Keine kleinen Schritte, sondern ein großer Wurf, der gesamtkoreanisches Handeln ermöglicht und eine gesicherte Öffnung bewirkt.

Gegenläufige Trends

Zu den bedeutenden Entwicklungen der zweiten Hälfte des 20. Jahrhunderts zählt Yuval Noah Harari auch imperiale Rückzüge (*imperial retirement*). Als Beispiele führt er den Kollaps der britischen und französischen Kolonialreiche an und hebt bezogen auf die Sowjetunion hervor, dass nie zuvor ein so mächtiges Reich so schnell und geräuschlos verschwunden sei. Trotz gewaltsamer Zusammenstöße in baltischen Staaten, in Tschetschenien, Georgien und anderswo gaben Gorbatschow und seine Genossen kampflos nicht nur Eroberungen der Sowjetunion aus dem Zweiten Weltkrieg auf, sondern auch die viel älteren des zaristischen Russlands. (Lieven 2002: 288 ff.) „Es macht fröstelnd, sich zu überlegen, was passiert wäre, hätte Gorbatschow sich so verhalten wie die serbische Führung – oder wie die Franzosen in Algerien." (Harari 2015: 370) Diese historische Leistung der sowjetischen Führung unter Gorbatschow sollte noch stärker gewürdigt werden. Ein zerstörerischer Kontrast dazu ist seit 2022 der Krieg Präsident Putins gegen die Ukraine.

Zu den wichtigen Gründen, die eine Vereinigung Deutschlands ermöglichten, gehörten zweifellos der imperiale Rückzug der UdSSR und die Unterstützung der Bundesrepublik durch die USA auf einem Höhepunkt ihrer Machtentfaltung. (Ferguson 2009) Seit dem Beginn des 21. Jahrhunderts verstärkt sich deutlich der Eindruck eines „imperialen Vorrückens" der VR China. Es ist noch nicht auszumachen, ob dieser Trend zu gefährlichen Konfrontationen führt, einer gütlichen Einigung mit Taiwan förderlich sein könnte, ein Einlenken Taiwans erzwingt und einer friedlichen Koexistenz, gar Wiedervereinigung, auf der koreanischen Halbinsel den Weg ebnen mag.

Pjöngjang sieht seine Position durch den Machtzuwachs Pekings gestärkt, beobachtet ihn aber auch mit Misstrauen. Taiwan hofft, das Auftrumpfen der VR China könnte ihm in seiner Rolle als „kleinem Gegengewicht" helfen. Die TRNZ empfindet Interventionen der Türkei in z. B. Aserbaidschan, Libyen, Syrien und dem Libanon auch als Rückenstärkung ihrer eigenen Position auf der Insel.

10.1 Probleme

Ein Problem ist etwas, dem Menschen konfrontiert sind und das einer Lösung bedarf, egal, ob sie zu dessen Entstehung selbst beigetragen haben oder nicht. Wer erkennt was als Problem und wie dringlich ist dessen Lösung? Es gibt einen Zusammenhang zwischen dem eigenen Problembewusstsein und der Kenntnis über die Problemlösungskapazitäten anderer.

Aufarbeitung der Geschichte

Im Jahre 1949 hatte die KMT in China eine vollständige Niederlage erlitten; viele flüchteten nach Taiwan, wo sie sich als herrschende Schicht etablierten. Ein Zwang zur Selbstbesinnung bestand kaum, denn sie brachten „ihr" System mit bzw. hatten es ab 1945 bereits schrittweise etabliert und dann durch Kriegsrecht konsolidiert. Erst seit 2016 gibt es umfassendere Bestrebungen einer gesellschaftlichen und juristischen Aufarbeitung, (轉型正義). Es sind Bemühungen, die in englischer Übersetzung als *transitional justice* und auf Deutsch auch als „Übergangsgerechtigkeit" bezeichnet werden. In diesem Zusammenhang gibt es u. a. einen regen Informationsaustausch mit der Bundesstiftung zur Aufarbeitung der SED-Diktatur. (Pfennig A. 2019: 19 f.) In Deutschland wird die Geschichte eines Staates aufgearbeitet, der nicht mehr existiert, sich für viele diskreditiert hat und dessen ihn tragende Partei Anfang der 1990er Jahre rund 90 Prozent ihrer Mitglieder verlor. Anders auf Taiwan, denn dort existieren noch der Staat, die Verfassung und die Partei, deren Handlungen untersucht werden. Wie die SED, so war die KMT über Jahrzehnte hinweg mit dem Staat gleichzusetzen. Von 1945 bis 2000 und von 2008 bis 2016 stellte sie den Präsidenten; sie ist trotz partiellem Machtverlust eine einflussreiche politische Kraft auf Taiwan.

Nach einer Vereinigung ist viel aufzuarbeiten. Es ist ein Prozess, bei dem Selbstzufriedenheit gegen Selbstkritik steht. Er hat große Herausforderungen zu meistern, denn er muss juristisch korrekt, politisch weise und moralisch gerecht sein. Vergangenheitsaufarbeitung ist nicht nur eine Angelegenheit der Betroffenen, der Forschung und der Justiz, sondern auch eine Herausforderung für das Schul- und Bildungssystem, für die Gesellschaft insgesamt. (Han 2012)

Bei der Aufarbeitung von Geschichte sind der innere und der äußere Teil wichtig. Die deutsche Vereinigung ermöglichte auch Entschädigung für Opfer der NS-Zeit in

Osteuropa, also für Vergehen, die mindestens 45 Jahre zurücklagen. Eine Normalisierung auf der koreanischen Halbinsel, besonders eine Wiedervereinigung Koreas könnte bzw. sollte in diesem Sinne auch Konsequenzen für Japan haben. Für den Norden gab es bislang weder auf staatlicher, noch auf individueller Basis Entschädigung für erlittenes Unrecht während der Kolonialzeit, vermutlich nicht durch den eigenen Staat und sicher nicht durch Japan. Als im Mai 2018 der japanische Ministerpräsident Abe über schwedische und mongolische Kanäle Pjöngjang wissen ließ, dass er an einem Gipfeltreffen interessiert sei, wurde in Medien der DVRK erneut davon gesprochen, dass eine Normalisierung der Beziehungen zu Japan mit einer Entschädigung für die Kolonialzeit verbunden sein müsse, die genannten Beträge liegen zwischen 10 und 20 Milliarden US Dollar. Bisher gab es keine offiziellen Verhandlungen.

Etwa gleich schwierig dürfte es in Korea nach einer Wiedervereinigung sein, sich mit folgenden Fragen auseinanderzusetzen, sollte es jemals zu einer Entwicklung ähnlich der in Deutschland kommen.

Wer ist wegen bestimmter Kompetenzen und/oder Ansehen in der Bevölkerung unverzichtbar und dies für eine Übergangszeit, für einen längeren Zeitraum, oder auf Dauer?

Wer ist in welchem Maße strafrechtlich, politisch, moralisch belastet und soll nach welchen Kriterien überprüft, nach welchen Gesetzen, mit welchen Verfahren angeklagt werden? Wer übernimmt Überprüfung, Anklage, Verteidigung und Verurteilung?

Wie können Verbrechen gesühnt werden, die von einem Staat, einer Partei begangen wurden?

Wie ist mit Insassen von Arbeitslagern und politischen Gefangenen umzugehen? Wie können sie entschädigt, psychologisch betreut und in die koreanische Gesellschaft integriert werden?

Wie werden Unrechtsurteile korrigiert, wie können die zahllosen Opfer von Sippenhaft ausreichend rehabilitiert, wie können Racheakte vermieden und Selbstjustiz verhindert werden? Wem wird unter welchen Bedingungen Amnestie gewährt? Gibt es überhaupt bereits Vorstellungen im Süden bezüglich Amnestien im Norden?

Welche Verfahren und Ressourcen gibt es für sozialverträgliche Frühpensionierung, stehen genug Mittel und Programme für Umschulungen zur Verfügung?

Gibt es Vorstellungen, was mit dem Vermögen, dem Grundbesitz der Partei, der Armee, die stark in das Wirtschaftsleben involviert ist, und anderer Massenorganisationen der DVRK nach einer Wiedervereinigung geschehen soll?

Es geht nicht nur um Personen, sondern auch um Eigentum und Materialbestände (Archive, Karteien) von Institutionen (z. B. Staatspartei, Geheimdienst) des Regimes, denn deren selektive Veröffentlichung kann in späteren politischen Auseinandersetzungen genutzt bzw. missbraucht werden.

Die Bereitschaft, sich mit diesen Fragen auseinanderzusetzen wird dann auch ein Test für die demokratische Substanz Südkoreas sein.

Die Arbeit der Bundesstiftung zur Aufarbeitung der SED-Diktatur wird auf Taiwan und in der Republik Korea mit großem Interesse verfolgt, dort auch die Arbeit der ehemaligen Zentralen Erfassungsstelle in Salzgitter. (Seliger/Joeong 2008. Sauer/Plumeyer 1993) Es ist schwer zu sagen, ob im Ausland gemachte Erfahrungen für Korea relevant sind und ob es überhaupt die Bereitschaft gibt, eine solche Relevanz zu prüfen. (Kim DL 2012. Baek/Teitel 2015) Eine leichte Aufgabe wird es nicht sein, da traditionell in der Republik Korea Anklagebehörden einen großen Spielraum genießen, außerdem praktizieren dort Polizei und Gerichte gern zahlreiche Demütigungsrituale.

Opfer sein und Opferbereitschaft

Wegen erlittenem Unrecht spielen z. B. in Korea, China, Polen, Irland, Serbien und Israel die Rolle des Opfers, Opferbereitschaft und Nationalismus eine große Rolle. Bei Fragen von Vereinigung und Eigenständigkeit ist auch der Aspekt der Opferbereitschaft für hehre Ziele wichtig. Die Führung und ein Großteil der Bevölkerung der VR China scheinen überzeugt zu sein, dass, wenn notwendig für die Wiedervereinigung Opfer gebracht werden müssten. Sie sind wohl auch der Meinung, dass die Opferbereitschaft der USA, im Konfliktfall Taiwan militärisch zu schützen, gering einzustufen sei. Mehrfach wurde rhetorisch gefragt, welcher US-Soldat denn bereit wäre, für Taiwan zu sterben, hingegen sei jeder Angehörige der Volksbefreiungsarmee der VR China bereit, für die Wiedereingliederung Taiwans sein Leben hinzugeben. Was Taiwan betrifft, ist schwer einzuschätzen, wer bereit wäre, Opfer für die Beibehaltung des Status quo oder gar für eine unabhängige „Republik Taiwan" zu bringen. Bei einer Umfrage der Taiwan Foundation for Democracy vom August 2021 sagten 72,5 %, sie seien bereit, bei einer aufgezwungenen Vereinigung zu kämpfen. Sollte nach einer Unabhängigkeitserklärung Taiwans die VR China angreifen, wären dazu 62,7 % bereit. Keine Antwort gaben 10,6 %. (Lin Cn 2021: 1)

Für den Fall, dass es der VR China durch Unterwanderung und Einkreisung gelingen sollte, Taiwan zu destabilisieren und sie gleichzeitig ein großzügiges Angebot machte und dies in einer Zeit, wo die Haltung der USA gegenüber Taiwans Zukunft schwankend erscheint, dann würde es noch schwerer fallen, eine Prognose abzugeben. Auf Taiwan dürfte viel davon abhängen, wie zu einem solchen Zeitpunkt die am wenigsten schlechte Möglichkeit eingeschätzt wird.

In der DVRK bezieht sich die Opferbereitschaft in erster Linie auf das persönliche Überleben, das des Systems, gegen Sanktionen und eine Welt von vermeintlichen Feinden. Eine große Opferbereitschaft für die Erlangung einer Wiedervereinigung ist wohl kaum vorhanden, weil klar sein dürfte, dass eine solche durch den Sieg der DVRK nicht zu erreichen sei und andererseits gibt es keine klare Vorstellung in der Bevölkerung darüber, welche Art Vereinigung denn realistisch sein könnte. Propagandistisch geht es aber nach wie vor darum, für das große Ziel alle erforderlichen Opfer zu bringen, für das Regime und die Bevölkerung geht es aber primär um das Überleben und die Verbesserung der Lebensbedingungen.

Stark abgeschwächt ist dies auch die Situation im Süden Koreas. Gewiss bleibt die Wiedervereinigung eine vorrangige nationale Aufgabe, aber die Bereitschaft, dafür Opfer zu bringen, ist niedrig, trotz öffentlicher Lippenbekenntnisse. Die Zustimmung ist stark altersbedingt, bei der jüngeren Generation am geringsten.

Zypern hat viele Gründe, sich seit Jahrhunderten als Spielball fremder Mächte zu fühlen. Die Opferbereitschaft für große Veränderungen ist nicht einzuschätzen, der Wille für weitgehende Kompromisse ist minimal.

Anpassung einer ehemaligen Staatspartei nach einer Wiedervereinigung

Bei aller Unterschiedlichkeit und obwohl formal nicht immer Einparteienstaaten, dominiert in sich sozialistisch nennenden Systemen eine Partei. Es ist kaum möglich, in der VR China sowie der DVRK zwischen Partei und Staat zu trennen. Diese Verschmelzung galt auch für die KMT auf Taiwan.

Formal war auch die SED-DDR kein Einparteienstaat, aber bis zum 1. Dezember 1989 garantierte die Verfassung dieser Partei die führende Rolle in Staat und Gesellschaft. Der berüchtigte Kontroll- und Unterdrückungsapparat, das Ministerium für Staatssicherheit, die „Stasi", verstand sich als, und war in der Tat, „Schwert und Schild der Partei".[4]

Die Blockparteien fanden 1990 schnell Anschluss an Parteien im Westen Deutschlands, für die SED war der Weg schmerzhafter, denn es gab nur die Alternative, auflösen oder verändern. Bei einer Auflösung hätte es komplizierte Rechts- und Eigentumsfragen gegeben, auch deshalb schienen ein Fortbestehen und ein kontrollierter Wandlungsprozess ratsam; Aspekte, die auch einmal in Korea zu beachten sein könnten.

Welche politischen Überlebensmöglichkeiten haben nach einer Wiedervereinigung früher dominierende Institutionen eines Staates, der nicht mehr existiert? Die Entwicklung in Deutschland seit 1990 zeigt, bei ausreichender Anpassungskapazität gibt es Überlebenschancen und ein föderales System ist hilfreich für Anpassung. Bezogen auf Taiwan und Korea wäre es reine Vermutung, sagen zu wollen, wie die Fortexistenz derzeit bestehender Parteien nach Errichtung einer Sonderverwaltungszone bzw. einer Wiedervereinigung aussehen könnte. Noch immer gilt die Feststellung des Künstlers und Dissidenten Ai Wei-wei: Niemand ist mächtiger als die Kommunistische Partei Chinas.

Für die zukünftige Entwicklung Koreas, genauer gesagt, die der „Partei der Arbeit Koreas", scheint es dennoch sinnvoll, die Metamorphosen der SED einer Betrachtung zu unterziehen. Dabei sollte es hauptsächlich um folgende Fragen gehen.

---

4 Siehe S. 13.

Wie hat die SED überlebt und welchen eigenen Wandlungen sowie veränderten politischen, ökonomischen Rahmenbedingungen verdankt sie hauptsächlich dieses Überleben? Wie ist es ihr gelungen, nicht nur zu überleben, sondern in einigen Bundesländern in Koalitionen Regierungsverantwortung zu übernehmen? Welche Rolle könnten eine veränderte „Partei der Arbeit" und andere Massenorganisationen der DVRK in einer Übergangsphase, in einer Konföderation bzw. nach einer Wiedervereinigung spielen; allein schon wegen ihrer Größe, Organisationsstärke und Mobilisierungskapazität? Ist es denkbar, dass sich in einer Übergangsphase oder dann nach der Vereinigung bislang marginalisierte linke Gruppierungen im Süden Koreas einer gewandelten Partei des Nordens annähern, oder es zur Gründung einer (gemeinsamen) linksorientierten Partei kommt? Die letzten beiden Fragen dürfte derzeit für sehr viele Menschen in Südkorea völlig absurd erscheinen, ein ausländisches Hirngespinst, was aber nicht gegen ihre Relevanz spricht. Fast alle vorstehenden Überlegungen gelten im Norden wohl als schändlicher Defätismus.

Die SED stand ab 1990 lange Zeit vor einem nur schwer zu lösendem Dilemma. Sie musste sich anpassen, sich von Altlasten befreien, ihre Vergangenheit offen diskutieren und Konsequenzen daraus ziehen. Zeitgleich musste sie ihren alten und neuen Mitgliedern sowie Wählern gegenüber glaubwürdig sein bzw. bleiben, was dem Ausmaß der Anpassungen Grenzen setzte. Sie musste sich auf soziale Probleme und den Osten Deutschlands konzentrieren. Dafür war es notwendig, auf alte Verbindungen aus der DDR-Zeit und auch teilweise auf alte Politikinhalte zurückzugreifen. Langfristig konnte sie aber nur dann eine gesamtdeutsche Rolle spielen, wenn ihr eine Ausdehnung in den Westen mit entsprechend erfolgreichen Wahlergebnissen gelang.

Sie wandelte sich ab 1993 dann schrittweise von einem Sammelbecken der Vereinigungsgegner:innen zu einer Interessenpartei des Ostens. (Neugebauer/Stöss 1996) Obwohl die Zukunft nicht vorhersagbar ist, dürfte nach einer Wiedervereinigung in Korea eine glaubhaft reformierte Partei als Interessenvertretung des Nordens eine wichtige Rolle spielen.

Ein Verbot als Folge der Vereinigung und damit keine Chance für grundlegende Veränderungen einer früheren Staatspartei wären nicht hilfreich, wenn auch vielen im Süden Koreas das als Selbstverständlichkeit erscheinen mag. Nach einem Systemwechsel ist es meist sinnvoll, eine solche Partei in veränderter Form weiterbestehen zu lassen. Für ein Verbot der SED-PDS gab es in Deutschland im Jahre 1990 keine rechtliche Grundlage, wenn auch ihre Aktivitäten vom Verfassungsschutz beobachtet wurden.

Die SED verlor „ihren Staat" und die ehemaligen sowie verbliebenen Mitglieder:innen leben seit 1990 in einem „neuen" Staat, den sie früher bekämpft oder zumindest massiv kritisiert hatten. Viele im Westen waren der Überzeugung, in einem System mit freien Wahlen würde diese Partei nicht überleben können. Dennoch überlebte sie, wandelte sich und spielt eine Rolle. Die Entwicklung der SED nach 1990 zeigt, es gibt ein – wenn auch schwieriges – Weiterleben nach einer durch Systemübertragung vollzogenen Vereinigung. Diese Erfahrung könnte für den Norden Koreas bei einer ähnlichen Entwicklung relevant, wenn auch für viele wenig erbaulich sein.

Zusammenführung von Streitkräften und Konversion

Politische Entwicklungen sind nicht verlässlich zu prognostizieren. Dennoch: Ob es zu einer langsamen Annäherung, einer schnellen Normalisierung oder einer plötzlichen Vereinigung kommt, die Frage der Streitkräfte wird ein vorrangig zu behandelndes Thema sein. Auch in Korea werden neben rein militärtechnischen Aufgaben psychologische Aspekte, finanzielle Schwierigkeiten, Fragen der Demobilisierung sowie Konversion und Rückwirkungen auf Nachbarländer einer Lösung bedürfen. Die Armee ist ein entscheidender Machtfaktor im Norden und sie genießt hohes Ansehen. Die Streitkräfte der DDR (NVA) hingegen hatten ein eher niedriges Ansehen und in der Übergangsphase 1989/1990 keine Interessenvertretung.

Schon während einer erfolgreichen Normalisierung wird es sinnvoll bzw. notwendig sein, die Gesamtzahl der koreanischen Streitkräfte zu reduzieren. Nach einer ähnlich wie in Deutschland vollzogenen Wiedervereinigung wird Korea wahrscheinlich eine Wehrpflichtarmee beibehalten, was bedeutet, auch Menschen aus dem Norden müssen ohne Misstrauen eingezogen werden. Aus Gründen der inneren Sicherheit und aus militärtechnischen Erwägungen wird der Sachverstand von Angehörigen der Streitkräfte Nordkoreas erforderlich sein, egal, ob es zu einer langsamen Normalisierung oder einem schnellen Zusammenschluss kommt. Der Süden muss sich an den Gedanken gewöhnen, dass eine Anzahl von Führungspersonal der Armee des Nordens weiter Funktionen ausüben wird. Bezüglich der Frage einer Übernahme von Personal hatte es in Deutschland große Unsicherheit und einen eklatanten Mangel an verlässlichen Informationen gegeben; das muss in Korea auf jeden Fall vermieden werden.

Proliferation

Die Gefahr der Weitergabe von Wissen und Material (Massenvernichtungswaffen) besteht bereits. Bei einer unkontrollierten Reduzierung/Umstrukturierung der Armee Nordkoreas könnten Spezialisten und Geheimnisträger ihr Wissen meistbietend im Ausland offerieren. Hier werden wirkungsvolle Kontrollmechanismen notwendig sein und auch materielle Anreize, die einer Abwanderung von Personal und der Weitergabe sensiblen Wissens entgegenwirken. Neben inter-koreanischer Kooperation wird dann auch die zwischen den chinesischen und den nordkoreanischen Streitkräften wichtig sein.

Langzeitwirkung von Ideologie beim Militär

Nach dem 3. Oktober 1990, beim Aufbau des Territorialkommandos Ost, gab es kaum Probleme mit einem Feindbild der ehemaligen NVA. Werner von Scheven, Generalleutnant der Bundeswehr und Befehlshaber des Territorialkommandos, stellte fest, die Indoktrination schien abgestreift zu sein, wie eine zweite Haut, und der professionelle Soldat kam zum Vorschein.

Höchstwahrscheinlich fühlen sich vom Selbstwertgefühl her höhere Ränge im Norden der Armee des Südens überlegen. Die Ideologie spielt in den Streitkräften der DVRK eine viel größere Rolle, als dies in der DDR der Fall war, gerade deshalb wird ein differenziertes Vorgehen seitens des Südens notwendig sein, um hinter einer möglichen „ideologischen Kulisse" bzw. Maske die Persönlichkeit erkennen zu können. Sollte es zu einer ähnlichen Entwicklung wie in Deutschland kommen, dann darf die Schwierigkeit, mit dem Zusammenbruch des Systems fertig zu werden, nicht zusätzlich durch Demütigungen oder auch nur mangelndes Einfühlungsvermögen verstärkt werden. Eine Übernahme bzw. Weiterverwendung müssen transparenten und nachvollziehbaren Kriterien verpflichtet sein.

Die überwiegende Zahl der Wehrdienstleistenden in der DVRK tut dies unter sehr harten Bedingungen. Wehrdienst im Süden ist alles andere als ein Vergnügen, aber Ausrüstung und Verpflegung sind mit Sicherheit besser, als im Norden. Hier muss dann ein fairer, schneller und akzeptabler Anpassungsprozess durchgeführt werden.

Konversion und Demobilisierung

Konversion ist vielleicht kein so großes Problem, denn die Streitkräfte Nordkoreas haben eigene Geschäftsaktivitäten und sie helfen z. B. bei Landwirtschaft und Fischerei. Viele Produktionsstätten sind nicht nur veraltet, sondern aus Gründen der Sicherheit in Bergwerken untergebracht; die Umstellung auf „zivilere Standorte" wird beträchtliche Kosten verursachen. Für Umschulungsprogramme müssen Ressourcen bereitgestellt werden. Angesichts der Größe der Streitkräfte wird die Demobilisierung eine beträchtliche Herausforderung sein.

Bei der Frage von Privatisierung und Veräußerungen dürfte ähnlich wie in Deutschland die Ermittlung von Werten, d. h. Marktpreisen, schwierig sein. Einige militärische Anlagen Nordkoreas, Tunnel, Flugzeughangars und Rollbahnen in Bergen, haben sicher das Potenzial für Touristenattraktionen. Mit dem naturparkähnlichen Zustand der Entmilitarisierten Zone zwischen Norden und Süden ist behutsam umzugehen. Hier könnte das deutsch-europäische Konzept des „Grünen Bandes" von Relevanz sein. (Dingemann 2014. Harteisen et al. 2010) Mit „Grünem Band" wird die Umgestaltung von Teilen des ehemaligen „Eisernen Vorhangs" in Europa in Naturschutzgebiete bezeichnet.

Die Zusammenführung beider Streitkräfte in Deutschland galt vor der Einigung als schwieriges Problem, tatsächlich gehört sie zu den Erfolgen des Vereinigungsprozesses, einmal abgesehen von persönlichen Schicksalen, beruflicher Ungewissheit und Zurücksetzungen. Sie vollzog sich im multinationalen Rahmen der KSZE und der NATO. Rein theoretisch könnte ein solcher Rahmen später auch für Zypern zur Verfügung stehen. Ebenfalls rein theoretisch sollte es zwischen der VR China und Taiwan hier kein Problem geben, denn im Rahmen des „Ein Land, zwei Systeme"-Vorschlags, soll die Sonderverwaltungszone Taiwan ihre Streitkräfte beibehalten dürfen, wenn auch die Volksrepublik dann für die Landesverteidigung zuständig sein soll. Wie ernst das gemeint ist und wie es praktisch geregelt werden könnte, darüber gibt es keine offiziellen Erörterungen, außerdem lehnt die weit überwiegende Mehrheit auf Taiwan dieses Konzept ab.

Schon vor über 50 Jahren wurde eine Reduzierung der Truppenstärke auf der koreanischen Halbinsel vorgeschlagen, es gab aber nie ernsthafte, weiterführende Diskussionen. Das vereinigte Korea wird mit Sicherheit eine Verringerung durchführen können und müssen. Im Ausland dürfte Japan daran vorrangiges Interesse haben.

Japan und Korea, Probleme einer Wiedervereinigung

In Japan leben gut organisierte und gesellschaftlich aktive Gruppen von Koreaner:innen. Es sind wohl über 322.000, von denen viele Kontakte zum Norden unterhalten.

Ob nun eine Vereinigung nach dem Wunsch Nordkoreas oder ein vereinigtes demokratisches Korea, beides ist für viele in Japan eine besorgniserregende Vorstellung, zumal es, so die Befürchtung, ein nuklear bewaffnetes Korea sein könnte. Edward A. Olsen hat das bereits 1988 deutlich ausgedrückt:

> Ein solcher Staat hätte eine erfahrene Streitmacht von über einer Million Mann, mehr als genug Waffen, die ökonomisch-technologische Basis, eine solche Armee zu unterhalten und – erstmals in der Geschichte – die Gelegenheit und Fähigkeit, sich an Japan für dessen Aktionen der Vergangenheit zu rächen. (Olsen 1988: 13)
> Er fuhr fort:
> Sollten beide Koreas weniger gegeneinander beschäftigt sein, wären sie weniger internationalen Drohungen ausgesetzt, oder von weniger Sachzwängen geplagt, die ihnen die USA und die UdSSR auferlegen, dann hätte Tokio jeden Grund zu fürchten, dass die beiden Koreas ihre vereinte Aufmerksamkeit auf Japan richten. (Ebd. S. 17)

Vermutlich ist das mehr oder weniger noch immer die vorherrschende Meinung in Japan bezüglich eines vereinigten Koreas. (Armacost/Pyle 2001) Ein wiedervereinigtes Korea wäre für Japan besser zu akzeptieren und als Kooperationspartner zu nutzen, würde dieser Prozess in einem nordostasiatischen Gesamtrahmen stattfinden. (Lee In-ho 2005. Cho, Min 2007. Goldsmith 2007) In diesem Zusammenhang wäre auch die Möglichkeit einer Neutralität zu diskutieren.

Zur Rolle der USA

In den hier behandelten Fällen, weniger bei Zypern, spielen die USA eine wichtige Rolle. Südkorea und Taiwan würden ohne die USA schon lange nicht mehr existieren. (Hu 2018)

Die Beziehungen zwischen Norden und Süden in Korea müssen immer im Zusammenhang mit der vorherrschenden Position der USA gesehen werden. Diese Dreiecksbeziehung ist asymmetrisch sowie kompliziert und in ihr spielt auch die VR China eine wichtige Rolle. Sie hat nicht nur direkten Einfluss auf das Verhältnis der beiden Staaten in Korea zueinander, sondern auch Auswirkungen auf die Möglichkeit des Südens, Initiativen zu ergreifen. Was Chon Hyun-joon unter dem Eindruck der Sonnenscheinpolitik feststellte, ist noch weitgehend zutreffend:

> Die Zusammenarbeit mit Washington ist unerlässlich. Ohne die Hilfe der einzigen Supermacht der Welt, sind Frieden und Wohlstand auf der koreanischen Halbinsel nicht zu erlangen. Interkoreanische Beziehungen sind zerbrechlich und können jederzeit zugrunde gehen, wenn die Vereinigten Staaten dem Norden gegenüber eine noch härtere Haltung einnehmen. Als unser engster Verbündeter sollten die USA die einzigartige Natur des Koreakonflikts verstehen und anerkennen; sie sollten dem Süden und dem Norden helfen, ihre Probleme durch ihre eigenen Initiativen zu lösen. (Chon 2005: 15)

An dieser Erkenntnis mangelt es Washington noch immer, außerdem ist inzwischen unklar, wie lange die USA noch die einzige Supermacht der Welt bleiben werden. Generell haben sie mit allen Verbündeten Probleme, eine voll-gleichberechtigte Partnerschaft zu praktizieren und die Emanzipation des Juniorpartners zu akzeptieren, besonders, wenn dem gegenüber, aus Sicht Washingtons, doch stets eine wohlwollende Patronage betrieben wurde.

Es ist auch für Taiwan ein Problem, dass die USA seit dem Ende des „Kalten Krieges" und dem beschleunigten Aufstieg der VR China keine kohärente Politik gegenüber diesem Staat haben. Wegen ihrer nationalistischen Grundhaltung und dem starren Beharren auf dem „einen China" schränkt die Volksrepublik ihren eigenen Handlungsspielraum ein und ist deshalb kaum flexibel sowie innovativ bei der Kompromissfindung, einmal unterstellt, sie sei aufrichtig an einer solchen interessiert. Die Positionen scheinen klar zu sein. Peking: Wenn wir auf Gewalt verzichten, könnte Taiwan seine Unabhängigkeit erklären und wir müßten Gewalt anwenden. Taipei: Bei einem Angriff wird die Unabhängigkeit erklärt. Was würde sich an dieser Haltung ändern, sollte sich Washington klar und für die VR China glaubhaft zu einer militärischen Verteidigung Taiwans bekennen, wie z. B. bei der Republik Korea?

Taiwan ist bewusst, dass eine Unabhängigkeitserklärung, z. B. als Republik Taiwan oder Republik Formosa, wahrscheinlich Krieg bedeuten würde, in dem es vom Ausland kaum die zum Überleben notwendige Unterstützung bekäme. Eigenständigkeit soll gepflegt und zugleich sollen weiterhin Wirtschaftsbeziehungen mit der VR China unterhalten werden, wobei es gilt, zu große Abhängigkeit zu vermeiden. Keiner auf Taiwan vermag allerdings genau einzuschätzen, ab welcher Grenze die Abhängigkeit zu groß wäre. Die USA möchten nicht zu tief in die konfliktträchtigen Beziehungen zwischen Taipei und Peking hineingezogen werden. Sie sehen den Aufstieg der Volksrepublik aber sehr wohl als Herausforderung, als Konkurrenz um die Vormachtstellung in der indo-pazifischen Region und hier hat Taiwan für sie wachsende Bedeutung. Washington will weder eine Gewaltanwendung durch Peking, noch eine formelle Unabhängigkeitserklärung durch Taipei. Den USA ist bewusst, dass ihre Politik der „strategischen Vieldeutigkeit" (*strategic ambiguity*) bezüglich ihres möglichen Verhaltens im „Ernstfall" Taiwan verunsichert, die VR China aber letztlich nicht abschrecken wird. Die Politik der Trump-Administration machte es sowohl Peking als auch Taipei noch schwieriger, Kontinuität und Verlässlichkeit einer langfristigen US-Strategie einzuschätzen. (Chen, Dean 2019) Präsident Biden hat die Haltung der USA gegenüber Taiwan dann weiter bekräftigt, aber auf spektakuläre Aktionen verzichtet. Es waren kleine Schritte und symbolische Handlungen, die Taiwans Zuversicht stärkten und der VR China die Entschlossenheit der USA zeigen sollten. In diesem Zusammenhang gab es Diskussionen darüber, ob eine strategische Eindeutigkeit nicht besser geeignet sei, militärische Überraschungen zu verhindern. Die Gegenposition besteht hauptsächlich aus drei Argumenten. Taiwan könnte bei einer solchen neuen Strategie versucht sein, die Verfassung sowie den Staatsnamen zu ändern sowie die Unabhängigkeit ausrufen und Taiwan könnte seine eigenen Verteidigungsanstrengungen vernachlässigen. Das würde dann auch bedeuten, Taiwan erwirbt weniger Waffen in den USA, von denen es als Käufer mit vorzüglicher Zahlungsmoral geschätzt wird.

Erklärten die USA offiziell, Taiwan militärisch zu unterstützen, evtl. im Zusammenwirken mit Japan und anderen Staaten, würde dies bedeuten, Washington wirft vor der Weltöffentlichkeit Peking den Fehdehandschuh hin. Nicht nur Nationalisten und Hardliner im Militär der Volksrepublik wären dann wohl fast schon gezwungen, auf einen solchen Gesichtsverlust zu reagieren. Die unter den gegebenen Umständen beste Lösung scheint zu sein, Washington teilt Peking vertraulich und glaubhaft mit, dass es Taiwan verteidigen werde. Es ist nicht auszuschließen, dass eine solche Kommunikation bereits erfolgte. Andererseits ist die Vieldeutigkeit aber hilfreich, um ein gewisses Mindestmaß an Krisenmanagement aufrechtzuerhalten (Lee, Bernice 1999: 53). Mittel- bis langfristig könnte hier, wie bei Zypern, der Eindruck entstehen, keine Lösung sei die Lösung. Xi Jinping will die Taiwan-Frage aber nicht der nächsten Generation überlassen und die VR China ist wenig gewillt, an einer langen Hängepartie mitzuwirken. (Das Wort Hängepartie trifft nur auf die VR China und die USA zu, denn Taiwan sitzt nicht als gleichberechtigter Spieler am Schachbrett.)

Die USA und Korea

Die USA und Nordkorea fühlen sich wechselseitig bedroht und haben jeweils Gründe für diese Einschätzung. Beide sorgen allerdings selbst dafür, dass diese Bedrohungsvorstellung weiterhin besteht. Wenn Pjöngjang auch viel zugetraut wird, ist doch wohl sehr zweifelhaft, ob es die USA angreifen wird. Aber es werden noch immer zu wenige Anstrengungen unternommen, um die Sichtweise Pjöngjangs nachzuvollziehen. (Bleiker 2003. Smith 2000)

Die inter-koreanischen Beziehungen sind fast immer auch vom jeweiligen Stand des Verhältnisses zwischen Seoul und Washington beeinflusst. (Suh 2008) War es getrübt, zeigte sich der Norden gegenüber dem Süden beweglicher. Pjöngjang beobachtet auch genau die Beziehungen zwischen Seoul, Washington und Peking. (Beeson 2009) Es liegt im Interesse Seouls, hier eine Entkoppelung zu erreichen. Die Präsidenten Kim Dae-jung, Roh Moo-hyun und Moon Jae-in agierten umsichtig, waren bemüht, keine zusätzlichen Spannungen aufkommen zu lassen und die DVRK machte die Erfahrung, dass die „guten Dienste" von Seoul durchaus positive Ergebnisse in Washington bewirkten. Aber der Handlungsspielraum von Seoul war und ist klein und Pjöngjang hatte viel mehr von Präsidenten des Südens erwartet. Die Verschärfung der Sanktionen der VN gegenüber Nordkorea ab 2016, wegen dessen Nuklear- und Raketenrüstungen und zusätzliche Sanktionen der USA durch die Trump-Administration ermöglichen Washington eine Art Vetomacht gegenüber fast allen inter-koreanischen Kontakten.

Moon Chung-in schrieb 1996, dass die USA der wichtigste Akteur in diesem Drama seien, was wohl noch immer zutreffend ist. (Moon 1996: 280) Von zentraler Bedeutung ist eine Verbesserung der Beziehungen zwischen den USA und der DVRK. Bisher gab es Krieg, Boykott, Gespräche, gegenseitige Drohungen, Beleidigungen sowie Vorwürfe und von Seiten Washingtons Angebote, für die von Pjöngjang Vorleistungen gefordert wurden. Erbrachte es aus seiner Sicht solche, wurden sie von den USA als unzureichend eingestuft.

Die Erfahrung eines fairen, verlässlichen Umgangs miteinander über einen längeren Zeitraum fehlt völlig. Beide Seiten finden immer wieder im Verhalten des Anderen Aktionen, die bestätigen, dass Misstrauen und Abschreckung gerechtfertigt seien. Seit vielen Jahren gibt es ein schon fast eingeübt zu nennendes Aktion-Reaktion-Muster von sich selbst erfüllenden Prophezeiungen, die den Kreislauf von Drohung und Abschreckung perpetuieren. Wie könnte der gestoppt werden? Die Haltung der USA der DVRK gegenüber zeigt ein Merkmal, das für die Außenpolitik Washingtons typisch ist. Es ist ein oft unkoordiniert wirkendes Schwanken zwischen Belohung und Bestrafung, manchmal sogar zeitgleich von unterschiedlichen Akteuren der US-Administration und eine Herangehensweise, die als „juristisches Management" bezeichnet werden kann: Den Problemkomplex auflösen, eine Hierarchisierung der Einzelaspekte nach Bedrohlichkeit und Dringlichkeit der Lösung, Bearbeitung des als Hauptproblem identifizierten Aspekts in isolierter Weise sowie ohne genügende Beachtung der Konsequenzen. Ziele, vor allem aber Methoden der US-Außenpolitik sind oft kritisiert worden. (Hixson 2008) Das folgende Zitat bezieht sich zwar primär auf den Kampf gegen Terrorismus, kann aber für die Außenpolitik der USA generell gelten „[...] dieser ‚Problemlösungsansatz' hinterfragt nicht seinen Bezugsrahmen, seine Kategorien, die Ursprünge der Machtbeziehungen, die das Entstehen dieser Kategorien ermöglichten." (Gunning 2007: 371. Siehe auch Nayak/Malone 2009) Deshalb wird oft die Meinung vertreten, ohne Veränderungen bei außenpolitischen Interessen und Methoden der USA werde sich diese traditionelle Herangehensweise nicht ändern. (Kim, Joongho 2009: 31)

Die DVRK ist eine Bedrohung anderer, weil sie sich selbst bedroht fühlt. Für Washington ist die Nuklearfrage das Hauptproblem und dessen Lösung vorrangig. Für Pjöngjang ist sie eine Überlebensfrage und die Bereitschaft, durch Entnuklearisierung zu ihrer Lösung beizutragen, steht erst ganz am Ende, als Ergebnis eines Lösungsprozesses. (Tan 2009) Für die USA steht die Entnuklearisierung am Anfang. Beide haben gute Argumente für ihren jeweiligen Standpunkt. Das Hineindenken in die Position der anderen Seite, in die Ursachen von deren Bedrohungsperzeption und Sachzwänge, ist für eine Lösung unerlässlich. Von zentraler Bedeutung ist eine Bestandsgarantie der DVRK. Da eine militärische Lösung sich eigentlich für alle Konfliktparteien verbieten sollte, müsste dieser Weg gewählt werden, der zudem den Vorteil hätte, dass er für Veränderungen im Innern förderlich wäre, denn von außen garantierte Sicherheit kann inneren Wandel erleichtern.

Andrei Lankov ist weitgehend zuzustimmen, wie er bereits 2009 feststellte:

> Die nordkoreanische Nuklearfrage kann nicht isoliert gelöst werden, sie ist Teil des größeren Nordkorea-Streitfalls und der ist nur durch eine radikale Transformation des Regimes zu erreichen. Da Außendruck ineffektiv ist, müssen Nordkoreaner den Wandel selbst bewirken. Die Vereinigten Staaten und ihre Verbündeten können am besten dadurch helfen, dass sie die sehr attraktive Alternative ihrer Lebensweise demonstrieren. (Lankov 2009: 98)

Das hätte allerdings zur Voraussetzung, dass der DVRK bei ihren Bemühungen um Abschottung nicht (unfreiwillig) geholfen, sondern es ermöglicht wird, Kontakte auf vielen Ebenen zu schaffen und nicht nur über Nordkorea, sondern vermehrt mit Nordkoreaner:innen direkt zu reden. Das Regime des Nordens hat sich gegen Außendruck als weitgehend immun erwiesen. (Ma 2017) Veränderungsdruck im Innern und Lernkapazität von Systemträgern, Teilen der Elite, könnten positive Veränderungen bewirken. Angst vor Veränderungen und Unkenntnis über Alternativen wären hauptsächlich durch garantierte Sicherheit, verbesserte Information und vermehrte Kontakte zu verringern.

Zur Rolle der Volksrepublik China

Krisen auf der koreanischen Halbinsel und der Konflikt mit Taiwan vermitteln der VR China eine Fülle von Erfahrungen im Bereich der Risikoeinschätzung und einige Beobachter:innen meinen, im Laufe der Zeit habe sich eine neue Strategie herausgebildet und sie identifizierten drei unterschiedliche Vorgehensweisen. Am Anfang überwog eine durch das historische Verständnis bestimmte, „geschichtseingebundene" (*history-*

embedded) Perspektive. Dann übernahmen Nationalismus und ökonomische Expansion den Platz, den früher die Ideologie hatte. Es ist aber nochmals zu betonen, dass die Verfolgung nationaler Interessen und eine sinozentrische Geschichtsinterpretation immer chinesisches Außenverhalten leiteten.

Als sich die internationale Mitwirkung und Formen der Zusammenarbeit verstärkten, wuchsen sowohl Erfahrungen als auch nationale Stärke, was die VR China in die Lage versetzte, eine Art Ko-Management bei internationalen Krisen zu praktizieren. Zhao Quansheng ist der Meinung, Peking würde verstärkt diese dritte Vorgehensweise einsetzen. (Zhao 2006: 73 ff.) Die Nuklearkrise auf der koreanischen Halbinsel hat für die VR China unterschiedliche Auswirkungen, sie bewirkt auch Spannungen zwischen Pjöngjang und Peking, stärkt einerseits die Position der Volksrepublik in der Region, veranlasst jedoch andererseits die USA, die RK und Japan Gegenmaßnahmen zu ergreifen, die nicht im Interesse der Volksrepublik sind. Die angespannte Lage gab ihr die Gelegenheit, sich mit Ko-Management zu engagieren, was aber zu keiner langfristigen Minderung der Spannungen auf der koreanischen Halbinsel führte. Ratsam ist, die Rolle der VR China und der USA gegenüber Korea und Taiwan im Zusammenhang zu sehen. (Zhao 2005) Spätestens seit etwa 2020 ist eine neue Vorgehensweise deutlich. Die VR China unter Xi Jinping sieht weniger die Möglichkeit bzw. Notwendigkeit für ein Ko-Management, sondern dessen Analyse führte wohl zu der Überzeugung, nun eigene Initiativen robuster durchsetzen zu können. Das Verhalten in Hongkong und gegenüber Taiwan macht dies offenkundig.

Von einer friedlichen Wiedervereinigung Koreas wird auch eine Signalwirkung für Taiwan erwartet. Offiziell ist die VR China aber darum bemüht, nicht den Anschein zu erwecken, in bzw. für Korea zu sehr einseitig Partei zu ergreifen. Äußerungen von Qian Qichen, ehemaliger Außenminister und Vize-Ministerpräsident der VR China, z. B. auf einer Konferenz anlässlich des fünften Jahrestages des koreanischen Gipfeltreffens von 2000 haben noch immer Gültigkeit. Sein Land, sagte er, sei ein enger Nachbar der koreanischen Halbinsel und im neuen Jahrhundert seien der Erhalt des Friedens und die Beschleunigung von Entwicklung gemeinsame Aufgaben. Was Entwicklungen in Korea anbelange, so habe sich China stets an folgende Grundprinzipien gehalten.

> Zu allererst geht es um den Erhalt von Frieden und Stabilität auf der koreanischen Halbinsel. Wir unterstützen alles, was dem dient und bevorzugen nichts anderes. Zweitens sind die DVRK und die Republik Korea diejenigen Parteien, die direkt in die Angelegenheiten der koreanischen Halbinsel involviert sind. Anstehende Themen der Halbinsel sind letztlich von diesen Parteien zu lösen. Andere relevante Parteien sollten dafür ein günstiges Klima schaffen. Der dritte Punkt ist die Verwirklichung einer unabhängigen und friedlichen Wiedervereinigung der koreanischen Halbinsel. Wir haben hierzu unsere Position in Wort und Tat demonstriert. Diese Haltung ist im fundamentalen Interesse Chinas, der DVRK und der Republik Korea. Wie auch immer die Lage sich ändern möge, wir werden diese Politik beibehalten und darauf hinwirken, die uns angemessene Rolle zur Erlangung von Frieden und Wohlstand auf der koreanischen Halbinsel zu spielen. (Qian 2007: 56)

Das fundamentale Interesse der VR hat sich nicht geändert, wohl aber die Möglichkeiten Pekings, deshalb ist nicht klar, was für eine „angemessene Rolle" gehalten wird. Die Nuklearkrise bewirkte, dass Peking und die USA zumindest in einigen Bereichen ähnliche Interessen gegenüber Nordkorea haben, z. B. die Verhinderung einer nuklearen Eskalation.

Sollte Peking Einfluss für eine Normalisierung, gar Wiedervereinigung Koreas ausüben, könnte es versuchen, dies als Junktim gegenüber den USA einzusetzen, um Taiwan zu einer erweiterten „Hongkong-Lösung" zu drängen. Nach dem Motto: Wir helfen euch bei Korea, ihr uns bei Taiwan. Seit 2018 ist noch eine andere Konstellation vorstellbar. Bei der Nuklearfrage hoffte Washington, Peking würde auf die DVRK mäßigend einwirken. Gelänge aber eine Annäherung bzw. Einigung zwischen Washington und Pjöngjang, wäre die Vermittlerrolle Pekings nicht mehr so stark. Washington scheint das bisher noch nicht richtig verstanden zu haben.

Wichtig ist der Volksrepublik der Unterschied ihrer Haltung gegenüber Korea und Taiwan, denn im August 1992 nahm sie offizielle Beziehungen zum Süden auf und verfolgt seitdem eine „Zwei-Korea-Politik." (Yi 1995) In dem Communiqué respektiert die Republik Korea die „ein China-Position" der VR China. „Die Regierung der Republik Korea erkennt die Regierung der Volksrepublik China als die einzig rechtmäßige Regierung Chinas an und respektiert die Position der chinesischen Seite, dass es nur ein China gibt und Taiwan Teil von China ist." Die DVRK wird nicht erwähnt und zur Frage einer Wiedervereinigung steht in dem Communiqué:

> Die Regierung der Volksrepublik China respektiert den Wunsch des koreanischen Volkes nach einer frühen friedlichen Wiedervereinigung der koreanischen Halbinsel und unterstützt Anstrengungen des koreanischen Volkes, dieses Ziel selbst zu erreichen.[5]

Eine „Zwei-China-Politik" wird von der Volksrepublik vehement abgelehnt, hingegen ist eine „Zwei-Korea-Politik" für sie aber von Interesse und dies u. a. aus folgenden Gründen. Beide Staaten in Korea wollen eine Wiedervereinigung, was die VR China unterstützt, auch im Hinblick auf Taiwan. Beide Koreas sind seit September 1991 Mitglied der VN, die Republik Korea erkannte die Zugehörigkeit Taiwans zu China an und es kam zum Abbruch der diplomatischen Beziehungen zwischen der Republik Korea und der Republik China. Eine Vereinigung Koreas würde die Rolle der VR China in Nordostasien stärken und die der USA schwächen, gleiches gilt für eine enge Zusammenarbeit zwischen der Volksrepublik und Taiwan.

Die VR China bereitete die diplomatische Anerkennung der Republik Korea behutsam vor und nahm Rücksicht auf Pjöngjang, soweit es ihre Interessen erlaubten. Die DVRK hatte keine Möglichkeit, diesen Schritt, d. h. die „Zwei-Korea-Politik" Pekings, zu verhindern, testete aber dennoch, ob einige kleine Kompensationen möglich seien.

---

5 https://www.upi.com/Archives/1992/08/23/South-Korea-China-communique-on-diplomatic-ties/9864714542400. Eingesehen am 06.03.2020.

Die beiden Verärgerten, Pjöngjang und Taipei, versuchten herauszufinden, wie weit sie miteinander gehen könnten, vor allem bei Handel und Tourismus. Schnell wurden ihnen vom jeweiligen Patron, Peking und Washington, enge Grenzen aufgezeigt.

> Als Reaktion auf den offensichtlichen Vertrauensbruch erörterte Pyongyang zeitweise eine Annäherung an Pekings Erzrivalen Taiwan. Bereits 1991 und 1992, der Phase der Annäherung zwischen Peking und Seoul, verstärkte Nordkorea den inoffiziellen Handel mit Taipei. Nach 1992 gab es Verhandlungen zur Einrichtung von Wirtschaftsbüros. Nordkorea gestattete taiwanischen Flugzeugen Direktflüge nach Pyongyang. [...] Als Peking jedoch den Druck auf Pyongyang verstärkte, gab Nordkorea seine Annäherungspolitik an Taiwan wieder auf. Die DVRK war [...] politisch, militärisch und wirtschaftlich von dem weiteren Wohlwollen der VR China abhängig. (Maass 2004: 50)

Nach wie vor geht es der VR China in Korea um ein möglichst ausgewogenes Verhältnis zu Nord und Süd; um Einflussnahme. Die DVRK soll nicht zu sehr gedrängt werden, um nicht gezwungen zu sein, zu risikoreich zu handeln und die Republik Korea soll nicht zu sehr von den USA abhängig sein. Ein gesicherter Status quo, ein sich reformierender Norden, eine lockere Konföderation, ein neutrales wiedervereinigtes Korea, selbst wenn es unter der Ägide Seouls sein sollte, aus dem nach einer Übergangszeit die US-Truppen abziehen, diese und andere Optionen wären für Peking akzeptabel. In jedem Fall wird die VR China eine wesentliche Rolle spielen. Auch was Korea anbelangt, betreibt Peking eine Politik des langen Atems und hat zudem die historische Erfahrung, dass über viele Jahrhunderte hinweg Korea eng an das chinesische Kaiserreich gebunden war; ein „Schwiegersohnstaat."

Im Vergleich zur VR China und den USA ist die Rolle Japans von geringerer Bedeutung, dennoch liegt die koreanische Halbinsel nach wie vor zwischen zwei ostasiatischen Großmächten, deren Beziehungen oft gespannt sind. (Calder 2006) Aus diesem Grund sowie wegen ökonomischer und historisch-psychologischer Faktoren ist die Politik Japans dennoch von Relevanz. (Pyle 2007. Samuels 2007) Eine der Gemeinsamkeiten beider Staaten in Korea und der VR China ist die kritische Haltung gegenüber Japan, u. a. wegen dessen imperialistischer Vergangenheit bzw. deren angeblich noch immer unzureichender Aufarbeitung, mangelnder Buße sowie wegen territorialer Differenzen.

Wiedervereinigung und Grenzfragen

Bei einer Wiedervereinigung gibt es zwei Arten von Grenzfragen, die nach dem Bestand von Grenzen innerhalb des sich vereinigen Gebietes und seine Außengrenzen. Wie Außengrenzen geregelt werden, steht in unmittelbarem Zusammenhang mit der Akzeptanz einer Vereinigung durch die Nachbarn, durch das Ausland generell.

„Innerdeutsch" gab es keine Grenzfragen im Zusammenhang mit der Einigung. Diskussionen über neue Ländergrenzen und die eventuelle Schaffung eines Bundeslandes „Hansestadt Rostock" wurden nicht intensiv geführt und hatten keine Konsequenzen. Es kam auch zu keiner Zusammenlegung von Berlin und Brandenburg. Von zentraler Bedeutung war allerdings die definitive Anerkennung der Grenze zu Polen.

Durch die Teilung 1945 und den Koreakrieg kamen Gebiete der Provinzen Kyŏnggi-Do und Kangwŏn-Do an den Norden. Nach einer Wiedervereinigung könnte es darum gehen, ob die früheren Provinzgrenzen wieder hergestellt werden, also um innerkoreanische Grenzverschiebungen.

Sollte Taiwan eine Provinz bzw. Sonderverwaltungszone der VR China werden, wäre die Zugehörigkeit der Jinmen- und Matzu-Inselgruppen zu regeln. Die Verschiebung von Binnengrenzen in Korea und China/Taiwan sind reine Spekulation. Gleiches gilt auch für Zypern, aber hier dürften die Probleme größer sein, denn es sollte bei der Schaffung einer Konföderation Grenzkorrekturen, d. h. Gebietsaustausch geben. Ob sich solche politisch durchsetzen lassen ist fraglich. Ebenso fraglich ist, ob dann auch die Zukunft der britischen Militärstützpunkte verhandelt wird, und mit welchem Ergebnis.

Was Außengrenzen bzw. territoriale Streitigkeiten anbelangt, so werden vermutlich China und Korea nach einer Wiedervereinigung noch entschlossener auftreten. Es ist denkbar, dass ein wiedervereinigtes China Ansprüche im Südchinesischen Meer und gegenüber Japan (Diaoyutai/Sengaku) noch nachdrücklicher erheben wird. Die Republik China (Taiwan) unterhält auf der größten Insel des Paracel-Archipels, der Insel Taiping/Atu Iba, eine Garnison und ihr Anspruch im Südchinesischen Meer ist in etwa dem der Volksrepublik identisch, die allerdings dort viel „raumgreifender" auftritt.[6] Taiwan hat seit der Präsidentschaft von Lee Teng-hui südostasiatischen Anrainerstaaten zu verstehen gegeben, dass es diesen Anspruch zwar nicht aufgebe, um nicht noch mehr Ärger mit der Volksrepublik zu haben, es aber nie versuchen werde, ihn gewaltsam durchzusetzen und es sich an internationale Verträge sowie Rechtsprechung halten werde.

Japan, die Volksrepublik und die Republik China erheben Anspruch auf das Diaoyutai/Sengaku-Gebiet, Felsen im Meer zwischen der Inselgruppe Okinawa und dem Norden Taiwans.[7] Der Anspruch Japans scheint begründeter zu sein, denn bei der Rückgabe der Okinawa-Inseln im Mai 1972, die bis dahin von den USA besetzt waren, wurde dieses Gebiet einbezogen. Beim Streit zwischen Korea und Japan um das Dokdo-Gebiet, Felsen in der Nähe der Ostküste Südkoreas, ist die Position Japans hingegen kaum nachvollziehbar. (Nah 2015) Immer wieder kommt es zu verbalen Auseinandersetzungen zwischen beiden Ländern wegen Dokdo und auch aus innenpolitischen Gründen läßt sich hier Korea gern von Japan provozieren. Die USA haben in diesem Zusammenhang keine Partei ergriffen. Nach einer Vereinigung werden Korea und China bei Gebietsfragen gegenüber Japan noch entschlossener auftreten.

---

[6] Zu diesem Thema gibt es zahlreiche Publikationen. Einen informativen Überblick bieten zwei Studien der SWP: Becker 2017 und Paul 2016.
[7] Zu Diaoyutai/Sengaku siehe Lee, Seokwoo 2002 und Suganuma 2000.

Kosten von Teilung und Wiedervereinigung

So unterschiedlich Teilungen und Vorstellungen über Wiedervereinigung sein mögen, die Frage von deren Kosten spielt immer eine Rolle.

Es ist nicht möglich, präzise zwischen unterschiedlichen Kostenarten zu unterscheiden, denen des generellen Systemerhalts, der Teilung, des Status quo und denen einer Vereinigung. Die Republik China hatte auch wegen ihres Alleinvertretungsanspruchs hohe Kosten, nach dessen Aufgabe ist die Absicherung des Status quo teuer. Für die TRNZ entstehen durch die Teilung hohe Kosten, sie hängt finanziell am Tropf der Türkei. Die Teilungskosten von beiden Staaten in Korea sind enorm. Falls die VR China militärisch gegen Taiwan vorgeht, werden bei allen dann Involvierten horrende Kosten aller Art anfallen, was schon allein Grund sein sollte, einen solchen „Crashtest" nicht zu versuchen.

Wer über Kosten einer möglichen Vereinigung nachdenkt, muss auch die der Teilung berücksichtigen, was einfacher ist, denn diese sind meist bekannt. Normalisierung und Wiedervereinigung sind nicht billig, aber auch die Teilung gibt es nicht umsonst. Mögliche Kosten einer umfassenden Normalisierung und eventuellen Vereinigung sind Investitionen in eine gemeinsame Zukunft, sie sollten immer mit den tatsächlichen Kosten der Teilung verglichen werden. Eine solche Gegenüberstellung würde deutlich machen, was durch eine Vereinigung eingespart werden könnte. Sollte es möglich sein, alle Teilungs- und Wiedervereinigungskosten anzugeben, die beiden Staaten in Deutschland entstanden, dann wären diese Summen in ihrer Höhe nicht sehr unterschiedlich. (Pfennig et al. 2017: 66 f.)

Deutschland ist das einzige Beispiel einer erfolgreichen friedlichen Vereinigung einer geteilten Nation im vergangenen Jahrhundert. Diese Tatsache findet auch im Ausland Interesse, oft Anerkennung und eine der wichtigsten Erfahrungen ist, dass der Prozess, innere Einheit zu erlangen, länger dauert und teurer ist, als erwartet. Sollte es zu einer gewaltfreien Vereinigung zwischen der VR China und Taiwan kommen, wird die Kostenfrage keine große Rolle spielen. In Zypern würden in einem ähnlichen Fall mehr Kosten anfallen, Entschädigungen bzw. Rückübertragungen dürften eine beträchtliche Rolle spielen. In Korea, so wird befürchtet und geschätzt, werde eine Wiedervereinigung sehr teuer sein. Deutschland gilt hier als abschreckendes, oder zumindest verunsichernd-einschüchterndes Beispiel. Warum war/ist die deutsche Vereinigung so teuer? Dafür gibt es viele Gründe und viele Fehler wurden gemacht. Werner E. Ablaß, der frühere Vize-Minister für Abrüstung und Verteidigung der DDR drückte es recht drastisch aus: „Ich bin auch heute noch der Meinung, dass wir politisch fast alles richtig gemacht haben, wirtschaftlich fast alles falsch." (Ablaß 2011: 176) Die Kosten waren und sind so hoch, weil versucht werden musste, in Ostdeutschland möglichst schnell ein Lebens- und Infrastrukturniveau zu erreichen, wie es überwiegend im Westen Deutschlands anzutreffen ist.

Nach 1990 wurde Kritik an den Kosten der deutschen Einigung gern ins Koreanische übersetzt und auch als Beweismittel von deutschen Leidtragenden präsentiert.[8] Diese Entwicklung hauptsächlich als abschreckendes Beispiel für Korea zu benutzen, ist nicht hilfreich. Viele Kosten, die in Deutschland unumgänglich waren, werden in Korea nicht anfallen. Je erfolgreicher die vorhergehende Normalisierung, desto leichter wird nachher eine Wiedervereinigung. Eine Phase der Normalisierung und Aufbauhilfen für Nordkorea könnten spätere Kosten einer Wiedervereinigung senken. Aber in der RK wird gefragt, warum überhaupt einem Regime helfen, dass damit droht, den Süden zu zerstören?

Der größte Posten bei den Deviseneinnahmen der SED-DDR war die Transitpauschale, die die Bundesrepublik für relativ ungehinderten Verkehr zwischen Westdeutschland und West-Berlin zahlte, sie wurde dann während der Übergangsphase der Regierung Modrow ab Ende 1989 nicht mehr entrichtet. Es war eine Einsparung im Rahmen der Normalisierung, die bereits vor der formalen Vereinigung erfolgte. (Bis zum Herbst 1989 war es insgesamt eine Summe von rund acht Milliarden DM.)

Kostenschätzungen für/in Korea

Noch immer zutreffend ist: „Wenn es darum geht, vorherzusagen, was mit der Wirtschaft Koreas nach einer Wiedervereinigung passieren wird, dann sind professionelle Ökonomen nicht besser, als Wahrsager." (Lee JK 1995:119) Die eventuellen Kosten für eine Wiedervereinigung in Korea sind ein Spekulationsobjekt. Seit Jahrzehnten gibt es Berechnungen möglicher Kosten, die zu sehr unterschiedlichen Ergebnissen kommen. (Wolf/Akramov 2005) Mehr Einigkeit herrscht bei der These, je länger es mit einer Vereinigung dauert, desto teurer wird sie später sein.

Nach ursprünglicher Begeisterung über die Einigung in Deutschland stellte sich in Südkorea schnell Ernüchterung ein. (Yang 1992) Für den Norden war und ist das deutsche Beispiel entsetzlich, denn es bedeutete das Ende eines Staates, zu dem die DVRK enge Beziehungen hatte. Die Erkenntnis im Süden bezüglich Wiedervereinigung nach deutschem Muster war und ist: machbar, aber für uns nicht bezahlbar. (Yeon 1994) Im Jahre 1993 stellte das Korea Development Institute fest: „[...] die Erfahrung der nationalen Wiedervereinigung Deutschlands hat eine große Anzahl von Südkoreanern davon überzeugt, dass eine plötzliche ökonomische Integration Koreas in die Katastrophe führen würde." (Eberstadt 1997: 78) Wenn sich auch die Befürchtungen abgeschwächt haben, so gibt es noch immer die Vermutung, der Lebensstandard im Süden werde sich durch eine Wiedervereinigung drastisch verschlechtern. (Lee JK 1995: 99. Noland/Robinson/Liu 1998) Erst nach einiger Zeit bekamen Stimmen wie die von Koh Seong-joon mehr Gehör:

---

[8] So z. B. Hickel 1990 und Priewe/Hickel 1991.

> Der wichtigste Grund für die weniger als halbherzige Akzeptanz einer Wiedervereinigung der Menschen in Südkorea in den letzten Jahren ist der einseitige Blick auf die deutsche Wiedervereinigung und das Missverständnis der Wiedervereinigungskosten. Es wird nicht gesehen, dass die deutsche Wiedervereinigung sich nach 20 Jahren im Nachhinein als Segen erwiesen hat, trotz der gesellschaftlichen Konfusion und der ernormen Kosten in den Anfangsjahren. (Koh 2013: 47)

Seit etwa 2015 gibt es vermehrt Bemühungen, beide, die Kosten der Teilung und die Vorteile einer möglichen Vereinigung in diese Debatten einzubringen. (Gregory 2012) Erst während der Amtszeit von Präsidentin Park Geun-hye wurden die Chancen stärker diskutiert, denn, wie sie sagte, eine Wiedervereinigung Koreas wäre ein „Hauptgewinn" für die Halbinsel und Nordostasien.

Bei Kostenschätzungen in Korea und im Ausland kamen unterschiedliche Methoden zur Anwendung. Die fast schon dramatische Bandbreite führte zu beträchtlicher Konfusion. (Ko 2013: 35) Es geht meist um zwei Szenarien, um eine langsame Integration oder einen schnellen Zusammenschluss, ähnlich der Entwicklung in Deutschland. Viele befürchteten einen plötzlichen Zusammenbruch der DVRK, weshalb es dann zu einer überhasteten Wiedervereinigung kommen könnte. (Piazolo 1997) Im Juni 2010 veröffentlichte der „Präsidentielle Rat für Zukunft und Vision der Nation" in Seoul eine vergleichende Berechnung, in der vermutet wurde, dass Kosten einer schnellen Wiedervereinigung Koreas um das Siebenfache höher sein würden, als eine graduelle Entwicklung. (Ko 2013: 52)

Der National Unification Board in Seoul schätzte im September 1993, dass bei einer Vereinigung nach deutschem Muster der Süden 70 bis 85 Prozent der Kosten tragen müsse.[9] Die Economist Intelligence Unit veranschlagte Kosten für den öffentlichen und den privaten Sektor auf 61 Milliarden US $ pro Jahr für einen Zeitraum von zehn Jahren (2000 bis 2010) und es wurde angenommen, der Süden könne diese Kosten aufbringen. (Foster-Carter 1992: 99) Charles Wolf Jr. nannte 2006 die Summen von 300 bis 350 Milliarden US $ als einen mittleren Schätzwert, der sich auf 60 bis 70 Milliarden pro Jahr über einen Zeitraum von fünf Jahren verteilen würde. (Wolf 2006)

Diese Beispiele und viele mehr sind grobe Schätzungen, die als Größenordnungen zur allgemeinen Orientierung dienen. Es handelt sich um Kalkulationen über einen Aufhol- und Anpassungsprozess des Nordens an den Süden. Aber je länger die Zeiträume der Schätzungen sind, desto mehr wären Differenzen zu beachten, denn die Entwicklung im Süden würde ja in diesen Jahren nicht rückläufig sein. Finanziell wird der Süden Transferzahlungen leisten müssen, aber vom nachholenden Aufbau im Norden dürfte die Wirtschaft der RK beträchtlich profitieren, also müsste dort auch das Steueraufkommen steigen.

---

9 *Yonhap News Agency* vom 28.09.1993.

Kosten, die im Vergleich zu Deutschland in Korea nicht anfallen werden

Obwohl niemand sagen kann, welche Art von Wiedervereinigung es auf der koreanischen Halbinsel geben könnte, muss sie nicht zwangsläufig so teuer werden, wie in Deutschland. Folgend nur einige Aspekte:

Es wird in Korea wohl keine sofortige gemeinsame Währung[10] und keinen Umtausch im Verhältnis von fast 1:1 geben. Es wird in Korea hoffentlich keine so falsche Eröffnungsbilanz wie bei der „Treuhandanstalt" in Deutschland erstellt, wo von 250 bis 300 Milliarden Euro an Werten ausgegangen wurde, die nicht existierten. Statt der erwarteten Erlöse hatte die „Treuhand" dann bei ihrer Auflösung im Dezember 1994 ein Defizit von über 100 Milliarden Euro. (Klinger 1998: 120 ff.)

In Korea wird sich wohl keine sofortige Übernahme des Sozial-, Gesundheits- und Wirtschaftssystems des Südens durch den Norden vollziehen. Die hohen Transferleistungen, die in Deutschland anfallen, werden in Korea niedriger sein. (Rund 70 % der finanziellen Transfers von West nach Ost in Deutschland gingen in den Sozialbereich.)

Wenn es keine sofortige Gültigkeit von Gesetzen des Südens im Norden geben sollte, würden auch nicht Kosten entstehen, wie in Deutschland für die schnelle Umstellung des Systems und die teure Entlohnung von „Leihbeamten" aus dem Westen.

Korea wird sich wohl über längere Zeit keine zwei Regierungssitze leisten, wie Deutschland mit Berlin und Bonn. Auch im Jahr 2010, d. h. 20 Jahre nach der Einigung, arbeiteten noch immer mehr Personen für die Regierung in Bonn, als in Berlin. Noch 2015 gab es 33.307 Flüge von Bundesbeamtinnen und -beamten zwischen Berlin und Bonn.[11]

Da die DVRK weniger wirtschaftlich entwickelt und international eingebunden ist, kann sie theoretisch nicht so tief fallen, wie die damalige DDR. Im Jahre 1989 gab es rund 9 Millionen Beschäftigte in der DDR, viele dieser Arbeitsplätze waren nach international üblichen Marktwirtschaftskriterien kaum bzw. nicht überlebensfähig. Die DVRK ist von Hilfe abhängig, die DDR war von Handel abhängig, der 1990 fast über Nacht zusammenbrach.

Es gibt keine fremden Truppen im Norden Koreas. Deutschland zahlte für die Rückführung sowjetischer Truppen und damit verbundene andere Ausgaben, was rund 7,3 Milliarden € kostete. Innerhalb von vier Jahren wurden 546.200 Personen zurückgeführt. Die sowjetischen Truppen hatten in der DDR 240.000 Hektar genutzt und neben anderen Einrichtungen 47 Militärflugplätze unterhalten. Alle diese Flächen gingen in das Eigentum der Bundesrepublik über, waren aber teilweise stark kontaminiert, d. h. die Übernahme war kein Reingewinn, sondern mit hohen Kosten verbunden.

---

10 Zu dieser Problematik gibt es wenig nützliche Überlegungen, sie wird eher vermieden bzw. zu theoretisch behandelt, so z. B. Swanson 1998.
11 *Der Spiegel*, Nr. 43 vom 21.10.2017, S. 26.

Tab. 20: Finanzhilfen der Bundesrepublik Deutschland an die Sowjetunion

Art der Finanzhilfe[12]	Summe in Milliarden DM
Transferrubelsaldo (vorläufiger zinsloser Kredit)	15,00
Zinskosten	0,40
Exportbürgschaften	14,50
Hilfe für Aufenthalt und Abzug sowjetischer Truppen und anderen Personals	10,20
Wohnungsbaukosten für in die Sowjetunion zurückgeführtes Personal (DE 1998: 1528)	7,80
Ungebundener Finanzkredit vom Juli 1990	5,00
Zinskosten	3,60
Sonstige haushaltswirksame, indirekte Leistungen an die Sowjetunion (z. B. Aus- und Weiterbildung, Abwicklung der Wismut AG)	3,99
Verbilligung von Lebensmitteln	1,21
Summe	61,70

Diese 61 Milliarden entsprachen in etwa der von der Sowjetunion geschätzten Summe von 60 bis 63 Milliarden DM für die Rückführung von Personal und dem Wert zurückgelassener Immobilien. Trotzdem sprachen Kritiker Gorbatschows von „politischem Masochismus", einem „Sommerschlussverkauf"[13] und dass ein noch höherer Betrag möglich gewesen wäre. Man hätte den Dicken, gemeint war Helmut Kohl, noch länger auf die Folterbank spannen sollen.

Kosten der Teilung Deutschlands

Die Kosten der ersten 25 Jahre der deutschen Wiedervereinigung werden auf 1,3 bis 2 Billionen Euro geschätzt. Die Summe der Investitions- und Aufbaukosten könnte bei 300 Milliarden Euro liegen. (Best/Gebauer 2020)

Es ist kaum möglich, genaue Kosten der Teilung Deutschlands zu ermitteln, auch weil die Kosten, die der SED-DDR entstanden schwer in konkreten Zahlen zu erfassen sind und zwischen direkten Teilungskosten und Folgekosten der Teilung zu unterscheiden ist.

Auch Jahrzehnte nach Erlangung der staatlichen Einheit am 3. Oktober 1990 ist die innere Einheit noch nicht vollendet und dauern Diskussionen über die Höhe ihrer Kosten an, die zu Kosten der Teilung in Bezug gesetzt werden müssen. Peter Gey schrieb, im Durchschnitt seien jährlich vier Milliarden DM aus privaten und öffentlichen Haushalten der Bundesrepublik und West-Berlins in den Staatshaushalt der DDR

---

12 In *Der Spiegel*, Heft 23 vom 03.06.1991, ist auf S. 164 eine Zusammenstellung von im Zusammenhang mit der Wiedervereinigung bis damals gezahlten oder zugesicherten Beträgen der BRD an die Sowjetunion, sie ist hier in veränderter Form wiedergegeben.
13 Kohl 2007: 182.

geflossen: das wären bei 40 Jahren Lebensalter der DDR rund 160 Mrd. DM. (Gey o.J: 15) Der frühere Finanzminister Theo Waigel sprach im Jahre 1990 von Teilungskosten, die sich alles in allem auf etwa 40 Mrd. DM summiert hätten, aber es ist unklar, welche Art Kosten er meinte. (Spiegel 1990/36) In einer internen Zusammenstellung aus dem Bundesministerium der Finanzen werden die Kosten der Teilung, nur für den Bund, für das Jahr 1989 allein auf rund 26 Mrd. DM beziffert.[14]

Im Februar 1990 erwähnte Bundeskanzler Kohl gegenüber Präsident Bush senior, dass die Menschen in Deutschland sehr für die Wiedervereinigung seien, es aber gleichzeitig auch Ängste gebe, dass zu viele Opfer auf sie zukommen könnten. Kohl sagte:

> In Wahrheit seien die Opfer und Kosten nicht sehr groß, insbesondere wenn man sie in Verhältnis zu den Aufwendungen für die Abnormität setze; so koste uns die Trennung große Summen, allein Berlin 22 Mrd. DM, die Zonenrandprivilegien usw. noch einmal 30 Mrd. DM jährlich. (DE 1998: 870)

Das war unklar formuliert und Kohl machte auch keine genaue Angabe bezüglich des Zeitraums; 22 Milliarden für West-Berlin und 30 für Zonenrandförderung wären 52 Milliarden pro Jahr. Das Berlinförderungsgesetz galt praktisch von 1951 bis 1989. In diesem Zeitraum wurden u. a. 74 Milliarden DM an Steuererleichterungen gewährt und die Bundeshilfe betrug 105 Milliarden, ein Gesamtbetrag von 179 Milliarden; kämen noch jährlich 30 Milliarden für Zonenrandförderung hinzu, wäre das insgesamt ein fast „astronomischer" Betrag.

Egon Bahr traf im September 2001 in Seoul Lim Dong-won, einen engen Mitarbeiter des Präsidenten Kim Dae-jung. Er teilte ihm mit, die Bundesrepublik habe in der Zeit vom Grundlagenvertrag bis zur deutschen Einigung, d. h. von 1972/1973 bis 1990, an die DDR für verschiedenste Zwecke und Projekte rund 60 Mrd. US $ gegeben, durchschnittlich rund 3,2 Mrd. US $ pro Jahr. (Lim 2012: 367)

Es existieren also sehr unterschiedliche Schätzungen, aber die Frage, was wurde jeweils berechnet, lässt sich kaum klären. Von der Teilung war auch die DDR betroffen und bei einer umfassenderen Aufstellung der Kosten wäre sie deshalb ebenfalls zu berücksichtigen. In der von Gerhard Schürer und anderen Ende Oktober 1989 erstellten Vorlage für das Politbüro der SED über die Wirtschaftslage der DDR steht am Ende der Schlussfolgerungen, dass der DDR in der Zeit der offenen Staatsgrenze – d. h. von der Staatsgründung im Oktober 1949 bis zum Bau der „Mauer" im August 1961 – „[...] laut Einschätzung eines Wirtschaftsinstituts der BRD ein Schaden von ca. 100 Milliarden Mark entstanden ist." (Schürer et al. 1989: 11)

Die Gesamtsumme der Teilungskosten lässt sich noch nicht genau angeben. (Pfennig et al. 2017: 66) Psychische Kosten, d. h. durch die Teilung verursachtes menschli-

---

[14] Schreiben des Parlamentarischen Staatssekretärs des Bundesministeriums der Finanzen, Hartmut Koschyk, mit Datum vom 8. Oktober 2012, als Antwort auf eine Bitte, Kosten der Teilung zu benennen. (Schreiben im Besitz des Verfassers).

ches Leid, sind nicht in Zahlen auszudrücken. Die „gesamtdeutschen" Kosten der Teilung, d. h. die, die in beiden Staaten in Deutschland anfielen, dürften mindestens 826 Milliarden Euro gewesen sein. Eine Gegenüberstellung würde zeigen, dass die Wiedervereinigung nicht einmal doppelt so teuer ist, als es die Teilung war.

Viele Teilungskosten erwiesen sich später als Zukunftsinvestitionen, als Vorauszahlung für eine damals nicht konkret zu erwartende Vereinigung. Auf diesen „gesamtnationalen" Aspekt hat auch Kim Dae-jung oft verwiesen. Er sah darin keine Zwangsläufigkeit, aber einen sehr positiven Zusammenhang:

> Dreizehn Jahre lang haben aufeinanderfolgende Regierungen von Kim Young-sam, Kim Dae-jung und Roh Moo-hyun, d. h. haben wir dem Norden Reis und Kunstdünger im Wert von zwei Milliarden US-Dollar gegeben, das sind rund 150 Millionen Dollar pro Jahr, oder 5.000 Won pro Person. Betrachten wir Westdeutschland, das in der gleichen Situation wie Korea war: es gab Ostdeutschland 60 Milliarden Dollar über einen Zeitraum von zwei Jahrzehnten. Das waren 3,2 Milliarden Dollar pro Jahr, also 20 Mal mehr als bei uns. Je mehr Westdeutschland Hilfe leistete, je aktiver der innerdeutsche Austausch wurde, desto sehnsüchtiger blickten die Menschen im Osten gen Westen und desto mehr lehnten sie den Kommunismus ab. Letztlich hat sich ganz Ostdeutschland aus eigenem Willen Westdeutschland angeschlossen, um die Vereinigung zu erreichen. (Kim Dj 2008)[15]

10.2 Überlegungen

Chancen für eine Wiedervereinigung bestehen, wenn sich die Ergebnisse von Kosten-Nutzen-Analysen der Teilungen ändern, die sich hauptsächlich aus folgenden Komponenten zusammensetzen: den ökonomisch-monetären, den politisch-militärischen sowie gesellschaftlichen Kosten und Veränderungen im internationalen Umfeld.

Die veränderte Lage in der DDR und die Einschätzung ihrer Schutzmacht waren entscheidende Beweggründe für Veränderungen. Wenn die Situation der Abhängigkeit der DVRK von der VR China zumindest ähnlich ist, stellt sich die Frage, wie viel kostet Peking die Unterstützung Pjöngjangs ökonomisch und politisch – es wird vermutet, dass die Unterstützung Nordkoreas die VR China jährlich rund eine Milliarde US $ kostet – und wann würde sich der Nutzen der Teilung Koreas aus Sicht der chinesischen Führung verändern? Ein wichtiger Unterschied ist, dass die damalige SU schwach war, sich 1989/90 die SED-DDR nicht mehr leisten konnte und sie als „Gegenleistung" für ihre Zustimmung zur Vereinigung zu viel erwartete.

Die VR China ist in einer ganz anderen Lage, als die SU 1990. Für sie ist die weitere Existenz der DVRK nützlich und wohl auch „erschwinglich". Für die Türkei ist der Fortbestand der TRNZ noch immer lohnender, als die dadurch ihr entstehenden Kosten.

---

15 Die von Kim Dae-jung genannte Summe von 5000 südkoreansichen Won pro Kopf hätten im Jahr 2022 rund 3,7 Euro entsprochen.

Zur Problematik von Stabilität und Alternativen

> Steinmetz: Seht diese Flanken, diese Strebepfeiler,
> Die stehn, wie für die Ewigkeit gebaut!
> Tell: Was Hände bauten, können Hände stürzen.
> (Friedrich Schiller, Wilhelm Tell)

Die „Berliner Mauer" ist ein Beispiel dafür.

„Stabil" kann bedeuten, fest gefügt, nicht einsturzgefährdet, aber auch, es gibt keine Bewegung, in diesem Fall wäre Stabilität gleich Stillstand und zwar im negativen Sinne. Im deutschsprachigen Raum wird von „Ruhe und Ordnung", im englischsprachigen von *„law and order"* gesprochen. In der VR China findet oft der Ausdruck „Stabilität und Einheit" (安定 团结) Anwendung, also eine stärkere Betonung auf Gemeinsamkeit und Geschlossenheit.

Es gibt eine Reihe von Definitionen für politische Stabilität, ihr kleinster gemeinsamer Nenner ist, dass ein System in der Lage sein muss, Druck von innen und außen standzuhalten. Allerdings ist einem Regime schwer anzusehen, in welchem Maße es solchem doppelten Druck zu widerstehen vermag. Dem äußeren Erscheinungsbild nach machte die SED-DDR in den Jahren 1987 und auch 1988 noch einen relativ stabilen Eindruck. Innere und äußere Entwicklungen reduzierten dann 1989 diese Stabilität schnell. Bei Prognosen kam es trotz vergleichsweise ausreichender Informationslage zu Fehleinschätzungen.

Noch viel schwieriger ist die Einschätzung der Überlebensfähigkeit der DVRK. Gerade der Mangel an Information über das Regime im Ausland, über das tatsächliche Ausmaß seiner Stärken und Schwächen, ist Bestandteil von dessen Überlebensstrategie. Was die Zukunftsaussichten anbelangt, so dürfte auch hier eine Kombination innerer und äußerer Bestimmungsfaktoren entscheidend sein, wobei inneren Entwicklungen die weitaus größere Bedeutung zukommen wird.

Für Siegmar Schmidt ist politische Stabilität gegeben, wenn ein System dem fortschreitenden Veränderungsdruck im Innern und von außen soweit widerstehen kann, dass trotz aller notwendigen Anpassungsleistungen seine Struktur erhalten bleibt. (Schmidt, Siegmar, 2003) Es geht also in erster Linie um Veränderungsdruck, Lernressourcen, Anpassungsleistung und Leistungsfähigkeit des Systems, was auch mit einer „richtigen" Prioritätensetzung zusammenhängt. „Richtig" im Sinne von Befriedigung der Grundbedürfnisse und anderer Erwartungen der Bevölkerung.

Schmidts Definition ist recht allgemein gehalten, sie betont herkömmliche Institutionen und Organisationen, es fehlt neben anderen Bestimmungsfaktoren die Beachtung von „[...] wertbezogenen Vorstellungen, moralischen Vorstellungen und Empfindungen [...]", wie sie zum Beispiel in der Zielsetzung und im Wirken von Zivilgesellschaften ihren Ausdruck finden. (Wischermann 2011) In diesem Zusammenhang sind auch Konfliktfähigkeit, Konfliktbereitschaft, Kommunikations- sowie Organisationsmöglichkeiten von Menschen zu beachten, die 1989/90 in der DDR während der friedlichen Revolution und an den „Runden Tischen" eine große Rolle spielten. In

Taiwan ist es die sich konsolidierende Identität und in Korea wird das Zusammengehörigkeitsgefühl beschworen.

Die bekannte und für die Mehrheit der DDR-Bevölkerung dann später erstrebenswerte Alternative – Beitritt zur Bundesrepublik Deutschland – wirkte sich für Reformbemühungen der Modrow-Regierung negativ, für die der de Maizière-Regierung hingegen positiv aus. Eine solche Orientierung ist in der Bevölkerung der DVRK nicht vorhanden, was nicht bedeuten muss, dass dort kein Veränderungsdruck entstehen kann. Auf Taiwan wirkt die Alternative, Sonderverwaltungsregion der Volksrepublik, negativ und fördert Bemühungen um Absicherung und Ausbau des Status quo.

Über Veränderungsdruck, Lernressourcen und Anpassungsfähigkeit des Regimes der DVRK ist wenig bekannt. Beeindruckend sind Überlebensfähigkeit und personelle Kontinuität; seit der Gründung nur drei Führer: Großvater, Sohn, Enkelsohn. Nicht beeindruckend, sondern im Gegenteil äußerst defizitär, ist die Leistungsfähigkeit des Systems im Bereich der Sicherung von Grundbedürfnissen.

Es gibt in Nordkorea Veränderungen, aber in der Summe haben sie noch nicht die „kritische Masse" erreicht, bei der es zu einem offen erkennbaren Elitendissens kommen könnte und Teile der Bevölkerung konfliktfähig wären, d. h. dass sie die Stabilität des Systems gefährden könnten; so zumindest der Eindruck von außen.

Das unzureichende Wissen über und die Bewertung von Alternativen haben Auswirkungen auf das Verhalten sowohl der Bevölkerung als auch der „staatstragenden Kräfte" der DVRK. Während die Mehrheit der Bevölkerung keine ausreichenden Informationen hat, sind die Kräfte, die das Regime stützen, besser informiert und gerade deshalb um das Überleben des Systems bemüht, von dem sie profitieren, weil ihnen eine mögliche Alternative als wenig erstrebenswert oder gar als lebensbedrohend erscheint.

Gab bzw. gibt es in Systemen wie dem der SED-DDR und der DVRK ein strukturelles Defizit, eine systembedingte Unfähigkeit zur Selbstanalyse des eigenen Handelns, des Herrschaftsapparats und der Gesellschaft insgesamt? Der Überwachungsapparat ist zwar ständig mit Beobachtungen, dem Schreiben von Berichten sowie der Vergrößerung der Aktenbestände beschäftigt, aber diese Kontrolle erfasst nicht, oder nur in völlig unzureichendem Maße, gesellschaftliche Wandlungsprozesse und die ihnen zugrunde liegenden Bestimmungsfaktoren. Es fehlt an vorurteilsfreier Ursachenforschung und realistischer Zukunftsplanung. Leistungsfähige Demoskopie, ergiebige Prognoseinstrumente und eine anwendungsbezogene, ideenreiche Sozialwissenschaft sind in solchen Systemen kaum existent. Statistiken bleiben oft geheim und sind geschönt Teil der Erfolgspropaganda. Gibt es ernsthafte und realitätsorientierte Forschung und Statistiken, dann haben sie oft wenig bis kaum Konsequenzen. Deshalb ist die meist überalterte Führung häufig von Wandel, Veränderungsdruck und Revolutionen überrascht und sind alternative Konzepte in Umbruchsituationen kaum vorhanden.

Regime wie die SED-DDR und die DVRK mobilisieren und kontrollieren ihre Bevölkerung, trotzdem kommt es sozio-ökonomisch oft zu Stagnation. Was ist das Problem?

Es besteht aus vielen Einzelteilen, aber die hauptsächliche Schwierigkeit hat Karl W. Deutsch mit einer Definition von Freiheit angesprochen: Freiheit ist Bedingung für die Produktion von Wissen. Natürlich wurde auch in der SED-DDR und wird in Nordkorea Wissen produziert. In der DVRK gibt es viele kluge Menschen, in einigen Bereichen, so z. B. der Militärtechnologie, kommt auch beachtliches Wissen zur Anwendung. Generell sind aber die „Produktionskosten" für Wissen zu hoch, ist die Menge an „vorausschauendem" Wissen zu gering und ist der Anwendungsbereich aus politischen Gründen zu eng.

Die Führungen scheinen mobilisiertes Massenauftreten für Zustimmung zu halten, passive Teilnahme für aktive Partizipation. Das im Prinzip vorhandene soziale und kulturelle Potenzial kann sich systembedingt und auch wegen mangelnder internationaler Kommunikation nur sehr begrenzt kreativ entfalten. Das Haupthindernis besteht in der inneren Verfasstheit der hier angesprochenen Systeme.

Wie und durch wen könnte es zu positiven Veränderungen kommen? Wie kann erreicht werden, dass Veränderungsdruck, hauptsächlich von der Basis entsteht, sich verstärkt und in organisierter Form zum Ausdruck gebracht wird? Wie können Lernressourcen, hauptsächlich innerhalb der Elite, zu einem Elitendissens führen, der die Planung eines umfassenden Reformprozesses ermöglicht und diesen dann auch einleitet? Wie können Anpassungen und generell Leistungsfähigkeit, vor allem im Bereich der materiellen Versorgung, des Systems gesteigert werden?

Innere Entwicklungen und flankierende Maßnahmen von außen spielen hier eine Rolle. Zwei Faktoren sind sicher von Bedeutung. Die Stützen des Regimes müssen den Eindruck haben, dass Veränderungen unerlässlich sind, dass sie diese einleiten können und müssen, dass sie selbst solche grundlegenden Veränderungen überleben werden und dass Verzögerungskosten bezüglich aufgeschobener Reformen zu groß werden könnten. Der Reform- und Öffnungsprozess der VR China ist hier ein Beispiel, das der nordkoreanischen Führung aber wenig Anreiz zur Nachahmung bietet, auch weil die jeweiligen Rahmenbedingungen zu unterschiedlich sind. Die „Politik der Erneuerung", die die Führung Vietnams Mitte der 1980er Jahre einleitete, (Will/Wischermann 2018) könnte ebenfalls ein Beispiel sein. Allerdings fehlt der DVRK das doppelte vietnamesische Erfolgserlebnis, die USA besiegt und die nationale Einheit erkämpft zu haben. Den Endsieg hat Nordkorea noch nicht errungen, denn es sind noch immer US-Truppen auf der Halbinsel stationiert und eine Vereinigung à la Pjöngjang bzw. Hanoi scheint höchst unwahrscheinlich zu sein.

Um Veränderungsdruck entstehen und politisch wirksam werden zu lassen, muss die Bevölkerung erst einmal konfliktfähig und dann auch konfliktbereit sein. Das ist bei den gegenwärtigen Lebensbedingungen in der DVRK noch nicht möglich. Um hier einen Wandel herbeizuführen, ist nicht nur eine andere Politik im Innern, sondern sind auch andere Strategien des Auslandes unbedingt erforderlich.

Was verfügbare Alternativen anbelangt, so gab es zum Beispiel kein zweites Polen, das der dortigen Opposition, im Gegensatz zu Deutschland, als Orientierung und der Bevölkerung als Beitrittsmöglichkeit hätte dienen können. Polen musste sich reformieren, um sich weiterentwickeln zu können. Die Menschen in der SED-DDR hatten einen zweiten deutschen Staat vor Augen und damit eine ganz andere Alternative. Eine tiefgreifende Reform der DDR, um deren Fortbestand zu sichern, war somit nicht die einzige Option, denn der Beitritt zur Bundesrepublik schien vielen die erstrebenswertere Wahl zu sein. Die Bevölkerung hatte auch relativ konkrete Vorstellungen vom Leben in Westdeutschland, glaubten jedenfalls viele. Die Menschen in Nordkorea haben zwar eine Alternative jenseits der Grenze im Süden, aber wohl keine korrekte Vorstellung über das Leben dort. Auch in der VR China und auf Taiwan gibt es Informationen über die jeweils andere Seite, was aber eher eine ablehnende Haltung bezüglich Alternativen bewirkt. Auf Zypern ist wohl die Informationslage ebenfalls ausreichend, aber u. a. wegen ausländischer Interessen und der türkischen Besetzung des Nordens gibt es kaum zustimmungsfähige Alternativen.

In den Jahren 1989/90 verfügte die DDR nur über einen engen Handlungsspielraum, neben politischen Faktoren waren es die Haltung der Bevölkerung und ökonomische Sachzwänge, die zu ihrem raschen Ende führten und schnelles Handeln erforderten. Sie war stark vom Export und von Krediten des „Westens" abhängig. Ihre Produktivität lag etwa 40 Prozent unter der der Bundesrepublik. Ein Gutachten zur wirtschaftlichen Lage der DDR folgerte daraus, dass eine fundamentale Änderung der Wirtschaftspolitik der DDR notwendig sei.[16]

> Allein ein Stoppen der Verschuldung würde im Jahre 1990 eine Senkung des Lebensstandards um 25–30 Prozent erfordern und die DDR unregierbar machen. Selbst wenn das der Bevölkerung zugemutet würde, ist das erforderliche exportfähige Endprodukt in dieser Größenordnung nicht aufzubringen. (Schürer et al. 1989: 9)

Michail Gorbatschow meinte zur Lage Ostdeutschlands im Herbst 1989: „Das Land stand am Rande einer sozialen Explosion, des politischen Zerfalls und des wirtschaftlichen Zusammenbruchs." (Gorbatschow 1995: 712) Günter Mittag (1926–1994) war von 1966 bis 1989 Mitglied des Politbüros des ZK der SED und zuständig für die Planwirtschaft. Rückblickend schrieb er zur damaligen Situation der DDR:

> Ohne die Integration der Wirtschaft der früheren DDR in das marktwirtschaftliche System der Bundesrepublik auf dem Wege der Vereinigung wäre es zu einer wirtschaftlichen Katastrophe mit unübersehbaren sozialen Folgen gekommen und wäre überhaupt keine wirtschaftliche und soziale Perspektive abzusehen. (Mittag 1991: 356)

Diese Einschätzung stammt von einem Mitglied der obersten Führung der SED-DDR: Ohne die Vereinigung, trotz all ihrer Probleme, hätte die Entwicklung das Land in eine Katastrophe geführt. Im Kontrast dazu steht gegen Ende der Schlussfolgerungen im „Schürer-Gutachten", dass die DDR jede Idee von Wiedervereinigung mit der BRD oder die Schaffung einer Konföderation ausschließt. (Schürer et al. 1989: 10) Kurze

---

16 Es gibt zu diesem Gutachten Gegenpositionen, so vertrat z. B. Christa Luft, Wirtschaftsministerin der Modrow-Regierung, damals eine dezidiert andere Meinung. (Luft 2003)

Zeit später äußerte die Mehrheit der Bevölkerung eine völlig andere Meinung und handelte entsprechend. Gerhard A. Ritter hat die damalige Zwangslage zusammengefasst:

> Die Schwäche der DDR-Position lag darin, dass sie angesichts des Erwartungsdrucks ihrer Bürger keine Alternative zum Beitritt zur Bundesrepublik hatte, dass der Prozess ihrer inneren Auflösung unaufhaltsam war und dass sie vor allem finanziell, aber auch beim Aufbau der Arbeitsverwaltung und der Sozialversicherung auch personell, immer mehr von der Bundesrepublik abhängig wurde. (Ritter 2007: 272)

Eventuellen Reformbestrebungen der DVRK setzt das eigene System enge Grenzen. Peking bemüht sich seit Jahren, Pjöngjang zu zeigen, dass ein autoritärer Staat auch nach grundlegenden Reformen noch bestehen kann und zwar besser. Ökonomische Modernisierung hat in China eindeutig Vorrang vor politischen Reformen und keine solchen bewirkt. Die Veränderungen insgesamt werden durchgeführt, um die Leistungsfähigkeit des Systems zu steigern und die Herrschaft der KP abzusichern, nicht, um sie abzuschaffen. Die Führung der DVRK scheint aber realistisch genug zu sein, um zu wissen, dass ihr System anders strukturiert, anders legitimiert ist, und entscheidende Voraussetzungen fehlen, die für die Politik der Reform und Öffnung Chinas notwendig und auch vorhanden waren. Vermutlich sind die Optionen Pjöngjang bekannt, aber es scheut sich, klare Entscheidungen zu treffen und ist vielmehr darum bemüht, Zeit zu kaufen; die Suche nach der richtigen Formel ist offenkundig.

> Das Dilemma der nordkoreanischen Führung besteht in der Öffnung und Reform ihres Systems, beides ist essentiell für das Überleben, vergrößert aber die Gefahr des Zusammenbruchs. Viele Experten glauben, dass Nordkorea zu Reformen verdammt sein wird, wenn es sich reformiert, aber ebenso, wenn es sich nicht reformiert. (Kim CN 2000: 15)

Seit dieser Einschätzung sind über 20 Jahre vergangen und die DVRK existiert noch immer.

VR China, Taiwan und die Wiedervereinigung Deutschlands

Bei geteilten Nationen spielen Größenordnungen eine wichtige Rolle. Deren Unterschiede sind besonders bei der VR China und Taiwan eklatant. Die VR China ist 265mal größer als Taiwan, bei der Bevölkerung ist die Relation 59 zu 1.

In seinem philosophischen Entwurf „Zum ewigen Frieden" erwähnt Immanuel Kant 1795 die Maxime bzw. stellt die Frage: „Wenn ein kleiner Staat durch seine Lage den Zusammenhang eines größeren trennt, der diesem doch zu seiner Erhaltung nöthig ist, ist dieser nicht berechtigt, jenen sich zu unterwerfen und mit dem seinigen zu vereinigen?" (Kant 1795: 99 f.) Taiwan trennt nicht den Zusammenhang der VR China, diese jedoch hält die Rückführung der Insel als letztlich absolut notwendig für ihre Erhaltung. Kant hat die Frage verneint, weil „[...] ungerecht ist und es auch in sehr hohem Grade sein kann; denn ein klein Objekt der Ungerechtigkeit hindert nicht, daß die daran bewiesene Ungerechtigkeit sehr groß sei." (Ebd.) Von der Führung der VR China und wohl auch einem Großteil der Bevölkerung wird die Frage noch immer bejaht und es wäre angemessen, wenn andere Staaten, die nicht dieser Auffassung sind, es der VR China höflich aber nachdrücklich zur Kenntnis brächten. Taiwan ist keine Kolonie mehr und auch keine Diktatur, die befreit werden müsste und seine Bevölkerung hofft auch nicht darauf, von der Volksrepublik befreit bzw. vereinnahmt zu werden, sondern möchte mit dieser in guter Nachbarschaft leben. Peking ist aber nicht bereit, die Normativität des Faktischen anzuerkennen und Verhandlungen auf der Basis von Gleichrangigkeit zu führen. Ein solcher Schritt würde Größenordnungen und Machtverhältnisse nicht verändern und auch keinen Präzedenzfall mit Sogwirkung schaffen, aber er könnte eine entspanntere Atmosphäre bewirken, die auf Taiwan Diskussionen über Zukunftsoptionen in einem sicheren Umfeld ermöglichte. Solange die VR China mit Wiedervereinigung droht, setzt sie sich selbst unter Zugzwang und reduziert ihren eigenen Handlungsspielraum. Das bewirkt auch eine starre Haltung innerhalb der Bevölkerung, die es der Führung erschwert, Anpassungsprozesse zu diskutieren sowie zu implementieren. Eine Einschätzung, wie groß bei wem die tatsächliche Entschlossenheit für einen Kriegskurs ist, kann nicht gegeben werden. Die Haltung, „wir sind bezüglich Taiwans zu allem entschlossen, fähig und bereit", soll es auch dem Ausland erschweren, die Risikobereitschaft Pekings einzuschätzen. Die militärischen Hausaufgaben dafür jedenfalls hat die „Volksbefreiungsarmee" gemacht. (Easton 2017: 109 f., 137)

Es wäre gut, könnte Peking die Vorteile eines Normalisierungsprozesses erkennen, selbst wenn dieser „ergebnisoffen" eingeleitet und fortgeführt wird, was eine Wiedervereinigung anbelangt. (Zhao 2006) Sollten sich Machtzuwachs der VR China vergrößern und Einwirkungsbereitschaft der USA verkleinern, dürfte Peking wenig Veranlassung für einen solchen Prozess sehen. Die Idee, dass langfristig eine Annäherung und dann eine Wiedervereinigung über den Zwischenschritt einer vorübergehenden Unabhängigkeit Taiwans möglich wären, ist für Führung und Mehrheit der Bevölkerung der VR China wohl undenkbar. Anderseits wird der Verzicht auf die de facto Unabhängigkeit Taiwans, für eine eventuelle Wiedervereinigung mit einer demokratischen Volksrepublik, auf der Insel nicht mehrheitsfähig sein.

Bei einer Ende 2020/Anfang 2021 mit 1.824 Personen durchgeführten Umfrage in der VR China meinten 55 %, falls erforderlich, sollte die Vereinigung mit Taiwan durch Krieg herbeigeführt werden. 22 % hatten nichts dagegen, dass es zwei unterschiedliche politische Systeme in der VR und auf Taiwan gebe und eine Wiedervereinigung müsse nicht das Endziel sein. Diese Einstellung hielten 71 % für nicht akzeptabel. Wie repräsentativ diese Zahlen für die Gesamtbevölkerung der VR sind, ist unklar. Bei einer Stimmungslage mit aufgeputschtem Nationalismus können sich die Prozentanteile schnell ändern. (Liu/Li 2023)

Die Demokratiebewegungen in Osteuropa verfolgte Peking mit großem Unbehagen. (Garver 1994: 167 ff.) Die Vereinigung Deutschlands wurde aber begrüßt, auch im

Hinblick auf eine Rückkehr Taiwans zum Land der Vorfahren. Die Haltung der VR China zur Entwicklung in Deutschland schwankte zwischen dem Prinzip, einem getrennten Volk stehe seine Wiedervereinigung zu, dem Prinzip der Nichteinmischung in innere Angelegenheiten anderer Staaten und der Solidarität unter sozialistischen Staaten. Einen Monat vor Aufnahme diplomatischer Beziehungen zwischen der VR China und der BRD am 11. Oktober 1972 äußerte sich Zhou Enlai zur Wiedervereinigung. Er kannte Deutschland aus eigener Anschauung; hatte in Göttingen und Berlin gelebt. Zhou nahm Bezug auf die Verhandlungen zum Grundlagenvertrag und stellte fest, niemand könne dem deutschen Volk die eventuelle Erlangung seiner Einheit verweigern. Vielleicht würden durch den Grundlagenvertrag die Beziehungen zwischen den beiden deutschen Staaten einen Schritt nach vorn tun. (Brick 1985: 780) Deng Xiaoping erklärte dem deutschen Bundeskanzler 1987, für ihn gebe es „[...] nur eine deutsche Sprache, eine deutsche Kultur und ein Deutschland, das irgendwann wiedervereinigt werde." (Kohl 2005: 614) Da war er sich ebenso sicher, wie Helmut Kohl mit seiner Meinung, Taiwan und Tibet gehörten zu China. (Ebd. 614 f.)

Es entsprach der Beachtung beider Prinzipien, Vereinigung durch Selbstbestimmung und Nichteinmischung, dass Deng Kohl sagte, China würde eine Wiedervereinigung Deutschlands unterstützen, während andere Führer der Volksrepublik Honecker ihre Unterstützung für die Unabhängigkeit und Souveränität seines Staates versicherten und somit zum Ausdruck brachten, die SED-DDR könne tun, was sie für deren Beibehaltung für notwendig erachte. (Garver 1994: 143) Auch wegen der Erfahrungen mit der „eigenen" Demokratiebewegung und deren Niederschlagung im Sommer 1989 war Peking besorgt über zunehmende Reformbemühungen in der Sowjetunion und osteuropäischen Staaten, weil sie deren Stabilität gefährdet sah. Das war einer der Gründe, warum die „Zehn Punkte" Helmut Kohls vom 28. November 1989 in einem Kommentar des Parteiorgans „Volkszeitung" kritisiert wurden, denn sie seien unpraktisch und würden ein Chaos bewirken. Es handele sich um einen arroganten Plan, um Ostdeutschland zu annektieren und deshalb bedrohe er die Existenz des souveränen, sozialistischen Deutschlands. (Zhang 1989) Erst als ab Februar 1990 auch für Peking deutlich war, dass es eine Bewegung hin zu einer Vereinigung gab, änderte sich die Haltung. Ministerpräsident Li Peng sagte dazu in seinem Arbeitsbericht an den Nationalen Volkskongress im März 1990:

> China versteht den Wunsch des deutschen Volkes nach Wiedervereinigung und es favorisiert eine Lösung dieser Frage, von der nicht nur die Menschen und die beiden deutschen Staaten profitieren, sondern die auch förderlich für Frieden und Stabilität in Europa und der Welt ist. (Li 1990)

Wenn die VR China das Zustandekommen der Vereinigung durch den Wunsch des deutschen Volkes zur Einheit versteht, also dessen Selbstbestimmungsrecht anerkennt, dann ist dies für sie kein generelles Prinzip, würde es doch bedeuten, die Menschen auf Taiwan hätten das Recht, über ihre Zukunft zu bestimmen. Da Taiwan als abtrünnige Provinz gilt, sei der dortige Wunsch nach Unabhängigkeit gefährlicher Separatismus. Es geht Peking um die Machtposition der Volksrepublik, nicht um das Wohlbefinden Taiwans.

Die Bewertung von Entwicklungen in Korea, Deutschland und auf Taiwan erfolgt durch Peking selektiv und nach Kriterien politischer Opportunität. Weil dem Postulat des „einen China" fast weltweit hörbar oder stillschweigend zugestimmt wird, gibt es für die Volksrepublik keinen Grund, von dieser Position der Stärke abzuweichen.

Eine geistig beweglichere Analyse, auch an Entwicklungen in Deutschland orientiert, könnte Peking zeigen, dass eine Anerkennung der Realität, der de facto Unabhängigkeit Taiwans, und eine Aufgabe der Drohung, die Wiedervereinigung mit Gewalt erreichen zu wollen, langfristig dennoch zielführend sein könnten. Die Strategie in Deutschland war, durch Anerkennung der Realität in die Lage zu kommen, diese verändern zu können. Wegen der Macht- und Größenverhältnisse, dem Geschichtsverständnis mit seinem sturen Nationalstolz und anderer Faktoren scheint die Führung der VR China das für sie bislang Undenkbare nicht denken zu können, denken zu wollen bzw. zu müssen.

Überprüfung vorgefasster Meinungen

Neben Größenordnungen spielen bei geteilten Nationen auch vorgefasste Meinungen und dogmatische Geschichtsinterpretationen eine Rolle.

Lange Zeit hatten sich in der Bundesrepublik Bevölkerung und Politik stark auf die Natur des Systems der SED-DDR konzentriert sowie mit seiner Ideologie beschäftigt und dabei vielleicht nicht so klar und frühzeitig genug Veränderungen in der ostdeutschen Gesellschaft erkannt. Die Ostpolitik half dann durch vermehrte Kontakte zwischen dem Regime und den Menschen in Ostdeutschland besser zu unterscheiden.

Die DVRK vermittelt den Eindruck, als handele es sich um eine Gesellschaft, in der es kaum Veränderungen gibt. Ein genauerer Blick aber zeigt, der Norden verändert sich und einige Veränderungen dürften irreversibel sein. (Green/Denney 2017)

Welche Wirkungen haben solche Veränderungen auf ein Zusammengehörigkeitsgefühl? Es ist nicht einfach zu klären, ob es eine spezifische DDR-Identität gab. Sollte sie existiert haben, so war sie 1989/90 kein Hindernis für den Willen, zusammen zu kommen. Wie steht es mit Nordkorea? Wie stark ist dort die freiwillige Identifizierung der Menschen mit ihrem Staat und dessen System? Wie viel ist nach 35 Jahren kolonialer Unterdrückung, drei Jahren Bürgerkrieg und fast 80 Jahren Trennung noch an Gemeinschaftsgefühl vorhanden?

Viele denken, Menschen in Nordkorea werden sich in einer Marktwirtschaft nicht oder nur erst ganz langsam zurechtfinden können. Die Lernfähigkeit und Lernbereitschaft von Menschen sollte nie unterschätzt werden, schon gar nicht die von Koreaner:innen. Seit einiger Zeit spielt Geld im Norden eine immer stärkere Rolle, es gibt unterschiedliche Arten von Märkten; im Verborgenen existieren private Banken und viele haben knallharten Kapitalismus bei Geschäften mit Chinesen gelernt. (Frank

2017: 368 f.) Seit unter der Ägide von Kim Jong-il eine Lockerung stattfand, gibt es den Spruch: Nichts geht ohne Geld und alles ist möglich mit Geld. (Ko/Chung/Oh 2004: 71)

Oft wird vermutet, für die Eingewöhnung in Spielregeln einer pluralistischen Demokratie sei für Menschen, die diese nicht kennen, ein gewisser Zeitraum erforderlich. Es gibt Gegenbeispiele. Wahlberechtigte im Osten Deutschlands hatten 58 Jahre lang keine Möglichkeit der freien Stimmabgabe, als sie sich diese dann 1989/90 erkämpften, hatten sie damit kein Problem, im Gegenteil. Bei der Wahl zur Volkskammer am 18. März 1990 gab es eine Wahlbeteilung von 93,38 Prozent, bei den Kommunalwahlen am 6. Mai lag sie bei 75 Prozent; Beteiligungswerte, die später nie mehr erreicht wurden.

Die Bevölkerung der DVRK darf nicht unterschätzt werden. Im Norden fanden noch nie freie Wahlen statt, deshalb sollte aber nicht behauptet werden, dass Menschen, denen es an solchen Erfahrungen fehlt, nicht in der Lage und Willens seien, nach grundlegenden politischen Veränderungen, ihre Stimme in freien Wahlen verantwortungsbewusst abzugeben. Was die Gleichstellung von Menschen aus dem Norden in einem vereinigten Korea anbelangt, so darf es keine Aussetzung von Rechten für einen „demokratischen Bewährungszeitraum" geben, bis die im Norden angeblich dafür „reif" sind. Es dürfte auch schwerfallen, zu sagen, wem es zustünde, über einen solchen Grad der „Reife" zu entscheiden. Andererseits ist zweifelhaft, ob die Gesellschaft des Südens mehrheitlich bereits „reif" wäre, eine sofortige Gleichstellung zu akzeptieren. Es ist nicht möglich, eine solche etwaige Bereitschaft zu messen, Skepsis ist angezeigt. Wieder ein Argument für einen längeren Zeitraum der Normalisierung.

Anwendung, Beschränkung und Erduldung von harter Macht

Harte Macht wird oft im Gegensatz zu weicher, *soft power*, d. h. zu zivilisatorisch-kulturellen Werten diskutiert. (Nye 1990) Der Problemkomplex Vereinigung steht im Zusammenhang mit Fragen des Einsatzes von Machtmitteln, zum Beispiel, um eine solche zu erzwingen oder eine Unabhängigkeit zu verhindern. Das gilt nicht nur, aber sicher vorrangig, für die VR China.

Am Anfang der Ostpolitik schloß die Bundesrepublik Gewaltverzichtsverträge mit der UdSSR, mit Polen und der ČSSR. Es bestand keine Gefahr, dass die Bundesrepublik der Sowjetunion Gewalt antun würde. Was politisch zählte, war die wechselseitige Verpflichtung und für Warschau sowie Prag waren die Verträge eine Absicherung. Auch die VR China will eine friedliche Lösung und macht dafür Vorschläge. Einen Gewaltverzicht gegenüber Taiwan hat sie nicht ausgesprochen. Für die koreanische Halbinsel gibt es nur einen Waffenstillstand, keinen gültigen Gewaltverzicht bzw. Friedensvertrag. Die Anwesenheit türkischer Truppen im Norden Zyperns erachtet die TRNZ für ihre weitere Existenz als notwendig, für den Weg in Richtung einer Wiedervereinigung der Insel ist sie jedoch ein großes Hindernis.

Generell, und hier speziell im Verhältnis der Volksrepublik zu Taiwan, gilt noch immer die Formulierung aus dem Melierdialog, wie sie in „Der Peloponnesische Krieg" von Thukydides steht.[17] Recht kann nur zwischen gleich Starken gelten, denn Machtpolitik ist das Vermögen der Starken, zu tun, was sie können und der Schwachen, zu erleiden, was sie müssen. Der Verweis auf Thukydides ist nicht nur inhaltlich sinnvoll, sondern auch deshalb reizvoll, weil es sich ebenfalls um die Auseinandersetzung eines Festlandes, damals Athen, mit einer kleinen Insel, Melos, handelte.

Es gibt eine beträchtliche Lücke zwischen Machtausübung und Lernfähigkeit bzw. Lernbereitschaft, wobei ratsam ist, die Vieldeutigkeit des Begriffs „Macht" zu beachten. Karl W. Deutsch nannte sie die Fähigkeit, es sich leisten zu können, nicht lernen zu müssen.[18]

Goethe lässt Mephisto in Faust II feststellen: „Man hat Gewalt, so hat man Recht. Man fragt um's Was? und nicht um's Wie?" Immanuel Kant schrieb, dass der Besitz der Gewalt das freie Urteil der Vernunft unvermeidlich verderbe.

Das ist etwas pauschal formuliert, denn es kommt darauf an, wie Macht ausgeübt und wie, von wem, sie kontrolliert wird. Macht kommt nicht immer im „engen Sinne" zur Anwendung aber ohne Macht kann Politik nicht betrieben werden. Unterschieden werden muss zwischen vorhandenen Machtmitteln und solchen, die zum Einsatz kommen können, denn es wird immer eine Anzahl von Mitteln geben, deren Anwendung sich nicht nur moralisch, sondern vor allem wegen der Folgekosten auch politisch verbietet. Egon Bahr wies darauf hin, dass Macht über Politik entscheide. „Erst soweit die Macht an ihre Grenzen stößt, tritt Politik wieder in den Vordergrund." (Bahr 2003: 78) Auch die VR China wird diese Erfahrung machen. Es ist zu hoffen, dass Peking dann seine Grenzen erkennt.

Der Aufstieg der Volksrepublik in den letzten Jahrzehnten hat deren Machtmittel wesentlich vergrößert, was Auswirkungen auf das Verhalten gegenüber Taiwan hat und die „wirkliche Macht" anreichert. Karl W. Deutsch definierte sie als die Differenz zwischen den Veränderungen, die ein Machtträger bewirken kann, und jenen, die er in Kauf nehmen muss. (Deutsch 1970: 177)

Die, die in Kauf genommen werden müssen, sind aber schwer einzuschätzen, denn ihr Umfang wird sich erst nach dem Einsatz von Machtmitteln konkreter herausstellen. Die Einschätzung dieser Differenz durch die relevanten Akteure ist von großer Bedeutung. Bei den Zitaten von Thukydides und Karl W. Deutsch ist zu beachten, dass von „können" und nicht von „wollen/tun" die Rede ist.

Ähnlich wie zwischen der VR China und Taiwan hat auch für Korea die Frage der Gewaltanwendung wegen des Bürgerkrieges und dem Bedrohungsszenario auf der Halbinsel weiterhin Brisanz.

---

17 Siehe S. 120f..

18 „*In simple language, to have power means not to have to give in, and to force the environment or the other person to do so. Power in this narrow sense is the priority of output over intake, the ability to talk instead of listen. In a sense, it is the ability to afford not to learn.*" (Deutsch 1966: 11)

Es gibt zahlreiche Beispiele, wo Fachleute den Einsatz von Waffen oder die Anwendung von Strategien vorgeschlagen haben sollen, was dann aber aus übergeordneten Erwägungen nicht erfolgte. Von Douglas MacArthur wird angenommen, er wollte im Koreakrieg Atomwaffen einsetzen. (Rees 1964: 404 ff.) Der General hat dies als Unterstellung zurückgewiesen und auf den damaligen Präsidenten Truman verwiesen, der solch eine Möglichkeit am 30. November 1950 in einer Pressekonferenz erwähnte. Die Ausweitung des Krieges erachtete MacArthur dennoch als für einen Sieg unerlässlich. (MacArthur 1964: 374 ff. Spanier 1965: 166) Bruce Cumings hat zu dieser Frage intensive Archivarbeit geleistet und Äußerungen führender US-Politiker und Militärs ausgewertet. Es gab durchaus Gedankenspiele und Diskussionen für einen möglichen Einsatz von Nuklearwaffen. In einem posthum veröffentlichten Interview sagte MacArthur 1954, mit 30 bis 50 Atombomben, über den Hals der Mandschurei aufgereiht, hätte er den Koreakrieg in zehn Tagen beenden können. Ein mit radioaktivem Kobalt kontaminierter Streifen quer über die Halbinsel sollte dann zumindest für die nächsten 60 Jahre eine Landinvasion aus dem Norden unmöglich machen. (Cumings 1998: 291)

Solche Pläne wurden nie Realität, aber Entscheidungsträger in beiden koreanischen Staaten wissen um das Zerstörungspotenzial der USA und um deren Bereitschaft, es ohne Rücksicht auf koreanische Verluste zum Einsatz zu bringen. Diese Kenntnis und die durch sie genährten Befürchtungen haben noch immer negative Auswirkungen auf inner-koreanische Beziehungen. Es gibt großes Misstrauen sowohl auf der Halbinsel selbst, aber auch gegen Verbündete sowie Gegner.

VR China und Nordkoreas Nuklearrüstung

Die Nuklear- und Raketenrüstung der DVRK bewirkt Spannungen zwischen Peking und Pjöngjang, denn sie ist nicht im Interesse der VR, weil dadurch auch die Präsenz der USA in Nordostasien gestärkt wird, u. a. durch den Aufbau des Raketenabwehrsystems THAAD in Südkorea, dessen Radarkomponente Vorgänge in China erfassen kann. Im April 2017 forderte US-Präsident Trump die VR China auf, entschiedener auf Nordkorea einzuwirken, sonst müssten die USA dies tun, was natürlich nicht im Interesse Chinas wäre. Peking sah sich aus verschiedensten Gründen veranlasst, an den verschärften Sanktionen gegen Nordkorea in stärkerem Maße teilzunehmen, als zuvor. Die Nachrichtenagentur der DVRK (KCNA) kritisierte daraufhin am 22. April 2017 kaum verschlüsselt ein Land, das Nordkorea umgebe und sich fragen sollte, nach welcher Pfeife es denn tanze.

Am 11. Juni 1961 hatten Peking und Pjöngjang einen Vertrag über Freundschaft, Zusammenarbeit und gegenseitige Hilfe abgeschlossen.[19] In Artikel II sichern sich bei-

---

[19] Englische Übersetzung des Vertrags in https://www.marxist.org/subject/china/documents/china-dprk.htm. Eingesehen am 03.09.2022.

de zu, sollte eine Seite angegriffen werden, werde die andere unverzüglich helfen, inklusive militärischer Mittel. Im Artikel VI bekunden sie, dass die Wiedervereinigung Koreas friedlich und demokratisch sein solle, eine solche Lösung müsse den nationalen Interessen des koreanischen Volkes entsprechen und dem Ziel, Frieden im Fernen Osten zu bewahren.

Die VR China ist der einzige Nordkorea in dieser Form verbliebene Verbündete. In dem Vertrag steht auch, dass beide Seiten gemeinsam die Sicherheit beider Völker beschützen wollen. Durch die Nuklear- und Raketenrüstung, so mögliche chinesische Interpretationen, könnte Nordkorea seit einiger Zeit aber eher Frieden und Sicherheit gefährden, was dann die Beistandsverpflichtung in einem anderen Licht erscheinen lassen würde, denn mit seiner Nuklearrüstung könnte Nordkorea ja auch die VR China gefährden. Bislang war vorrangiges Ziel der VR China, den Status quo auf der koreanischen Halbinsel zu erhalten.

Kim Dae-jung hat oft auf den regionalen Zusammenhang der Nuklearrüstung des Nordens hingewiesen.

> Wir können es unter keinen Umständen akzeptieren, dass Nordkorea Nuklearwaffen besitzt. Der Besitz solche Waffen verstößt eindeutig gegen die Gemeinsame Erklärung des Südens und Nordens zur Entnuklearisierung der koreanischen Halbinsel. Wenn Nordkorea solche Waffen besitzt, dann kann dies zu einer Kettenreaktion bei nordostasiatischen Staaten führen, ebenfalls solche Waffen zu entwickeln. Das wäre dann wirklich eine sehr gefährliche Situation. (Kim Dj 2007: 44)

Als im August 2017 die USA und die DVRK verbal auf Kollisionskurs waren, gab dies erneut vielen in Japan und der Republik Korea Anlass, eigene Nuklearwaffen zu fordern, was gewiss nicht im Interesse der VR China und der USA liegt.

Politiker:innen aus den USA, aus Nord- und Südkorea werden wohl nur selten einer Meinung sein, aber seit Jahren gibt es Übereinstimmung darüber, dass auf der koreanischen Halbinsel noch der Kalte Krieg herrsche. Die jeweiligen Schuldzuweisungen allerdings, die sind völlig unterschiedlich.

Für Nordkoreas Ministerpräsident Kang Song-san war im Jahre 1993 die koreanische Halbinsel eine höchst gefährliche Gegend, „[...] wo noch immer der Kalte Krieg herrscht."[20] Auch Jahrzehnte später ist dies eine leider korrekte Zustandsbeschreibung. „Trotz der sich verstärkenden Entwicklung der Globalisierung in der Ära nach dem Kalten Krieg bleibt die koreanische Halbinsel der einzige Überrest des Kalten Krieges." (Lee Js 2000: 16)

Beide Staaten Koreas wollen eine Wiedervereinigung. Keine Seite kann sie der anderen aufzwingen, umfassende Planung und Vorbereitungen gibt es nicht. Die Bevölkerung im Norden hat keine realistische Vorstellung von Wiedervereinigung und die Mehrzahl der jungen Generation im Süden ist dem Thema gegenüber distanziert. Es

---

[20] So in seiner Erklärung auf der 5. Sitzung der 9. Obersten Volksversammlung am 7. April 1993. *SWB*, 9. April 1993, S. C1/10.

ist die Konfrontation auf der Halbinsel, die das Thema wachhält, die eine Normalisierung erforderlich macht, aber auch erschwert.

Bisher hat kein Staat mit Verfügungsgewalt über einsatzfähige Nuklearwaffen und entsprechende Trägersysteme diese völlig aufgegeben. Es gibt z. B. zwei, mit denen die USA kooperieren, die über solche Waffensysteme verfügen und bei denen Washington keine Vorbehalte hat: Israel, weil es bedroht ist und eine starke Lobby in den USA besitzt und Pakistan, obwohl es sich hier um ein fragiles System handelt und dessen Geheimdienst verdächtigt wird, mit Terrororganisationen in Kontakt zu sein. Die DVRK macht einen wesentlich stabileren Eindruck als Pakistan und sie fühlt sich bedroht. Warum sollte Pjöngjang seine unter großen Mühen erworbene und für das Überleben als unerlässlich erachtete Nuklearkapazität bereits vor oder zum Beginn eines Verhandlungsprozesses aufgeben? Deshalb werden andere Schrittfolgen bei der Vorgehensweise diskutiert.

> Das politische Ziel sollte nicht Entnuklearisierung per se sein, sondern es geht darum, die Transformation Nordkoreas von einer klassischen in eine reformierte sozialistische Ökonomie zu unterstützen. (Sneider 2012: 67)

Diesen Satz werden viele als zustimmungsfähig empfinden, aber es ist schwer zu sagen, welche Art einer solchen Ökonomie mit koreanischen Charakteristiken für die DVRK die richtige sein würde, sowohl aus Sicht Pjöngjangs und des Auslandes.

Im Zusammenhang mit der Anwendung von Macht wurde auf Deutsch, Kant und Thukydides verwiesen. Es geht oft um die Lernprozesse hemmende Arroganz der Macht.[21] Die USA haben sie oft praktiziert und die VR China zeigt vermehrt ähnliche Symptome, allerdings auch ein geschickteres Vorgehen. Washington war lange unwillig bzw. unfähig, das komplizierte Spannungsverhältnis zwischen Vietnam und der VR China zu verstehen. Erst nach vielen Jahren voller tragischer Erfahrungen verbesserte sich das Verhältnis zwischen Washington und Hanoi, was es Vietnam ermöglichte, seine Beziehungen zu Peking neu auszurichten. Bezogen auf Nordkorea ist es noch nicht einmal zum Beginn eines solchen Lernprozesses in den USA gekommen. Auch hier wird das problematische Verhältnis zwischen der DVRK und der VR China zu wenig beachtet.

Deren Beziehungen werden oft von beiden als so eng wie zwischen Lippen und Zähnen bezeichnet. Zähne können auf Lippen beißen. Es gibt auch den Ausdruck, „sind die Lippen weg, frieren die Zähne." Pjöngjang interpretiert das gern so, dass Peking mehr tun solle, wenn die Lippen so wichtig seien. Das Misstrauen gegenüber der Volksrepublik ist nach wie vor groß. In Gesprächen mit Personen aus dem Norden, besonders mit Angehörigen der Elite, wird oft gesagt, eigentlich gebe es keine unlösbaren Probleme mit den USA, fast alles seien Missverständnisse. Eine Normalisierung

---

[21] Mit dieser Wortwahl wird bewusst Bezug genommen auf den Buchtitel von J. William Fulbright, *The Arrogance of Power*, 1967, New York: Random House. Die deutsche Übersetzung „Die Arroganz der Macht" erschien 1967 im Rowohlt Verlag.

des Verhältnisses zwischen Washington und Pjöngjang böte für Nordkorea die Möglichkeit, die Abhängigkeit von der VR China zu verringern.

Kenntnis von Problemen und Handlungsbedarf

Der Führung um Krenz und Modrow waren die Probleme bekannt und sie versuchte diese durch Refomen zu verringern, die waren aber nicht umfangreich genug und sie kamen zu spät. In der Führung setzte sich

> [...] die Erkenntnis durch, daß das ostdeutsche Wirtschaftssystem grundlegenden Reformen zu unterziehen war, wenn die ökonomische Überlebensfähigkeit und Liquidität der DDR gesichert werden sollte. Die Bereitschaft zu wirtschaftlichen Reformen kam bei den SED-Machthabern allerdings zu spät. Als sie grundlegende Maßnahmen zur Konsolidierung der DDR-Wirtschaft Ende Oktober 1989 billigten, war die DDR bereits unwiderruflich zugrunde gewirtschaftet. (Gros 1999: 849)

Auch Pjöngjang hat ein Problembewusstsein bezüglich der Wirtschaftsleistung des Landes, weiß aber wohl nicht genau, wie Folgen von Reformen mit Erfordernissen des Machterhalts in Einklang zu bringen sind; Überleben hat Vorrang. Die DVRK hat aus dem Schicksal der DDR gelernt. Es zeigte Pjöngjang u. a., auf die Schutzmacht ist kein Verlass und dass es nicht nur auf Art und Umfang von Reformen ankomme, sondern auch auf den richtigen Zeitpunkt. Eines der vielen Dilemmata besteht darin, dass fast immer erst im Rückblick zu erkennen ist, wann der Zeitpunkt richtig gewesen wäre. Diese Rückschau auf deutsche Geschichte ist für Nordkorea wichtig für die Vorausschau auf die eigene Entwicklung. Seit 1990 gibt es keine DDR mehr, aber noch immer die DVRK und sie hat inzwischen Atomwaffen. Aus Sicht der Führung kann sie nicht viel falsch gemacht haben, im Gegenteil. Sie wird versuchen, diese Taktik zu verfeinern und beizubehalten.

Das Reformdilemma allerdings bleibt bestehen und es dürfte sowohl der Führung, der Elite, als auch der Bevölkerung bekannt sein. Die Bevölkerung glaubt, kaum etwas ändern zu können und die Führung weiß zwar, was vorrangig geändert werden müsste, scheut aber die Konsequenzen. Das setzt Reformen enge Grenzen und erschwert eine Normalisierung auf der koreanischen Halbinsel, dennoch gibt es keine gewaltfreie Alternative. Reformen im Norden und Normalisierung könnten wahrscheinlich erfolgreich durchgeführt werden, sollte das Regime im Norden zusammenbrechen, solche Maßnahmen sofort notwendig werden, oder wenn seine Sicherheit garantiert wäre. Ein Kollaps könnte politisch eine Wiedervereinigung erleichtern, würde sie aber viel teurer machen und die möglichen Konsequenzen sind nicht einzuschätzen. Denkbar ist auch ein Machtwechsel in der DVRK, nachdem Gruppen der Elite, Teile der Armeeführung und Technokraten ein Reformprogramm durchsetzen und dies dann im Einvernehmen mit der VR China tun.

Besser wäre es, die DVRK erhielte eine verlässliche Überlebensgarantie, was der Bevölkerung Freiräume schaffen würde und Reformen sowie eine umfassende Normalisierung ermöglichen könnte. Dafür wäre ein internationaler Rahmen notwendig (Friedensvertrag), wobei den USA und der VR China entscheidende Rollen zukämen, die Republik Korea selbstverständlich einbezogen werden müsste und ihrerseits durch eine langfristige Politik unterstützend tätig würde. Wenn überhaupt, könnte ein solcher Weg wohl nur erfolgreich unter der Voraussetzung beschritten werden, dass über einen längeren Zeitraum die innerkoreanische Grenze zwar durchlässig wird, aber aufrechterhalten bleibt.

Blick zurück für einen besseren Blick nach vorn

Von Guiseppe Verdi stammt der Satz: Kehrt zum Alten zurück, es wird ein Fortschritt sein. Keine Rückkehr, aber eine Rückbesinnung wäre oft hilfreich. In Deutschland gab es 1990 Diskussionen darüber, was die Geschichte hergeben könnte, für die Zukunft eines vereinigten Landes, so z.B. der Deutsche Bund; der war von 1815 bis 1866 ein undemokratischer Staatenbund deutscher Fürsten, freier Städte, dem auch Preußen und Österreich angehörten.

Bei ihren Reformbemühungen betonte die neue NVA-Führung im Jahre 1990 den antifaschistischen Widerstand. Zwei Gebäude des Ministeriums wurden nach Offizieren benannt, die Attentate auf Hitler planten.

Zypern könnte mit Blick zurück in die Vergangenheit Anhaltspunkte für zukünftige Kooperation finden. Für Korea wäre die Herausarbeitung historischer Bezugspunkte durch beide Seiten wichtig. Zum Beispiel die Betonung von Gemeinsamkeiten, wie dem Kampf gegen die Kolonialmacht und auch zu Ahn Jung-geun (Ahn Choong Kun, 1879–1910). Dieser koreanische Nationalist und konzeptionelle Denker erschoss den japanischen Generalgouverneur Itō Hirobumi, verfasste während der Haft die Schrift „Zum Frieden in Ostasien" und wurde hingerichtet. (Yi 2009) Er „[...] gilt in Süd- wie in Nordkorea als einer der größten Helden der koreanischen Nation, weil er in trostloser Zeit den ‚Nationalgeist' (Minjok chŏnggi) hoch gehalten habe." (Lee EJ 2005: 159) Ahn sah den größeren regionalen Zusammenhang, was wichtig ist, denn oft fällt es auf der Halbinsel schwer, über den koreanischen Tellerrand zu schauen.

Wie anderswo, so ist auch in Korea das Problem gegenseitiger Anerkennung stark psychologischer Natur. In Deutschland wird festgestellt, es gebe noch immer Menschen mit „der Mauer im Kopf." In Korea ist bei vielen „der Krieg im Kopf" noch vorhanden. Für Außenstehende ist es schwer einzuschätzen, in welchem Maße das nur eine Generationsfrage ist und welche politischen Konsequenzen sie hat. Aber auch Außenstehende verstehen, dass es sich bei dem „Korea-Krieg" um einen besonders „sinnlosen" Krieg handelte. Nach drei Jahren und über 2,5 Millionen Toten war territorial der Status quo ante wieder erreicht, denn die Trennlinie verläuft in etwa entlang dem 38. Breitengrad, d.h. wie vor dem Krieg. Aus der Sicht vieler Koreanerinnen und Koreaner müssen die Opfer umsonst gewesen sein, denn die Halbinsel ist ja noch immer geteilt. Historische Traumata und Geschichtspolitik, besonders der Stellenwert von Unabhängigkeit und die Erfahrung von Unterdrückung, sie haben in Korea Langzeitwirkung. Andererseits wurde festgestellt, die Jugend im Süden lasse Nationalismus und Nationalstolz weniger Beachtung zukommen. (Chung/Choe 2008) Eine Frage wäre hier, ob solche Einstellungen für Normalisierung und Wiedervereinigung hilfreich sein könnten, weil sie ein entspannteres politisches Klima ermöglichen? Denkbar ist aber auch, dass unvorhersehbare Ereignisse in Korea, auch bei der Jugend, schnell einen massiven Nationalismus entfalten könnten. Es gibt wohl keine aussagekräftigen und zuverlässigen Umfragen über Nationalstolz im Norden Koreas, dennoch ist anzunehmen, dass er relativ hoch sein dürfte, wobei nur spekuliert werden kann, wie resistent er sich in der Zukunft gegenüber politischen und sozio-ökonomischen Veränderungen erweisen würde. Gewiss ist aber, dass Beharrungsvermögen, aber auch Veränderungsfähigkeit im Norden auf keinen Fall unterschätzt werden dürfen.

Die Lösung der deutschen Frage stand immer in einem europäischen Zusammenhang. Besonders die Sowjetunion betonte diese Verknüpfung. Der Wunsch von Gorbatschow, Schewardnadse und anderen, mit der Vereinigung Deutschlands auch eine neue gesamteuropäische Sicherheitsstruktur zu errichten war berechtigt und hat nach wie vor Relevanz.

Das Ende des „Kalten Krieges" in Europa war mit der Hoffnung verbunden, nun werde vieles im positiven Sinne anders und leichter sein. Dazu kam es nicht. Der Schriftsteller Harry Mulisch fasste zusammen, wozu es kam.

> Innerhalb von fünf Jahren wird die Berliner Mauer abgerissen, Russland wird seine Kolonien verlieren, die ganze Welt wird jubeln vor Glück, weil eine neue Zeit angebrochen ist – und dann wird in den befreiten Gebieten erneut der größte, blutrünstige Schwachsinn ausbrechen, es wird Völkerwanderungen geben, in Sarajevo werden wieder Schüsse fallen. (Mulisch 1998: 795)

Inzwischen sind nicht nur in Sarajevo Schüsse gefallen. Ab dem Frühjahr 2022 führte Russland unter Präsident Putin im 21. Jahrhundert einen Krieg wie im 20. Jahrhundert, um Ziele wie im 19. Jahrhundert zu erreichen. (Littell 2022: 87) Er möchte möglichst viel vom Russischen Reich wiederherstellen, was von Peking sehr aufmerksam beobachtet wird, denn es könnte aufschlussreich für dessen Bemühungen sein, Taiwan in die Umarmung des Landes der Vorfahren zurückzuzwingen.

Viele Entwicklungen seit den 1980er Jahren des vergangenen Jahrhunderts vollzogen sich mit so rasanter Beschleunigung, dass Politik und Gesellschaft nicht nachkommen konnten: Transformationsprozesse in Ostmitteleuropa, Öffnung der Berliner Mauer, Ende des „Kalten Krieges", Auflösung des Warschauer Paktes und der Sowjetunion, Globalisierung und Digitalisierung, Spannungsverhältnis zwischen Finanz- und Realwirtschaft, wachsende Ungleichheit, usw. Europa ist u. a. charakterisiert durch einen Anstieg von Nationalismus, Populismus und die Schwäche seiner multinationalen Institutionen. Die alten Formen, Verfahren und Werte haben nicht die notwendige Problemlösungskapazität angesichts neuer Herausforderungen, auch weil sich wichtige Akteure nicht regelkonform verhalten. Es gab nie eine akzeptierte Weltordnung, aber Bemühungen, den Status quo beizubehalten. Das hat sich geändert, viele Staaten wollen ihn verändern; die Welt befindet sich zwischen Ordnungen, sie „treibt vor sich hin", wie Shivshankar Menon meint. (Menon 2022)

Leicht ist es, einen Wunschkatalog dessen aufzustellen, was ab 1990 in Deutschland, ab 1991 in Korea, in der VR China sowie auf Zypern hätte getan werden können, aber es ist schwer zu sagen, was 1990 und in den folgenden Jahren realistisch machbar gewesen wäre.

Hätten eine diplomatische Anerkennung der DVRK durch die USA und Japan sowie die Bereitschaft, über einen Friedensvertrag zu verhandeln, die Nuklearrüstung Nordkoreas verhindern/reduzieren/beenden können?

Hätte eine entspannt-weitsichtige Reflexion Pekings der Dachtheorie – eine Nation, zwei Staaten, die zueinander nicht Ausland sind – zu einer anderen Politik gegenüber Taipei führen können?

Hätte eine frühere Anerkennung der Realität durch die KMT auf Taiwan eine friedliche Koexistenz mit der VR ermöglicht und so ein Klima schaffen können, für weniger emotionale, apodiktische Diskussionen über Wiedervereinigung bzw. Unabhängigkeit?

Hätte eine konziliantere Politik gegenüber der TRNZ deren Anhängigkeit von der Türkei reduziert und die Bereitschaft erhöht, nach gangbaren Kompromissen zu suchen?

Für Korea, wie so oft, ist der Fall komplizierter. Der Norden, d. h. seine Sicherheit und Existenz haben deshalb Bestand, weil es die Teilung gibt. Die VR China erachtet sie für ihre eigene Sicherheit als vorteilhaft. Der Süden Koreas sieht seine Sicherheit auch durch die USA gewährleistet, deren Stellung im Pazifik u. a. von einer kontrollierten Teilung der Halbinsel profitiert. Bei einer Vereinigung etwa nach deutschem Muster wäre es aus mit dem System des Nordens, aber sie müsste so gestaltet werden, dass die Sicherheitsinteressen sowohl der VR China als auch die der USA und Japans gewährleistet sind. (Klein 2007) Wie könnten eine Wiedervereinigung und eine gesicherte Neutralität Koreas erreicht werden?

Die VR China behauptet, die Teilung, d. h. die de facto Unabhängigkeit Taiwans, sei eine Beeinträchtigung ihrer Sicherheit, abgesehen von historischen und emotionalen Beweggründen. Für die USA und Japan hat die bestehende Situation Vorteile, denn durch eine An- bzw. Eingliederung Taiwans wäre die Volksrepublik fast automatisch eine noch stärkere Macht. Ähnlich wie bei Korea ist auch hier der Status quo nützlich und es stellt sich die Frage, wie könnten bei dessen Veränderung die Sicherheitsinteressen aller betroffenen Akteure berücksichtigt werden?

So leicht es fällt, diese und ähnliche Fragen zu stellen, so schwer ist es, sie halbwegs seriös und zufriedenstellend zu beantworten, was aber keinesfalls dagegenspricht, sich fragend solche Gedanken zu machen.

11 Fazit

Das Fazit zum Thema geteilte Nationen enthält Schlussfolgerungen, wobei „Schluss" bitte keinen falschen Eindruck erwecken darf, denn es sind vorläufige Feststellungen, die durch den hoffentlich stetig verbesserten eigenen Kenntnisstand und neuere Entwicklungen schnell überholt und widerlegt werden können. Auf Zypern wohl weniger, eher bei den Beziehungen zwischen der VR China und Taiwan sowie auf der koreanischen Halbinsel. Heraklit[1] hat uns versichert, alles sei in fluss, wenn sich auch besonders bei geteilten Nationen – um im Bild zu bleiben – Fließgeschwindigkeit, Wassermenge und Richtung ändern können. In Deutschland ist die innere Einheit noch in Arbeit und bei den anderen Fällen ist offen, ob es ein bitteres Ende, die lange Fortsetzung des Status quo oder einen glücklichen Ausgang geben wird.

Schuldfrage und Art der Teilung

Zum Verständnis von Trennungen gehört die Kenntnis der Antworten auf die Schuldfrage. Bei geteilten Nationen ist es für die Befindlichkeit dort lebender Menschen und für Chancen einer Normalisierung sowie Vereinigung wichtig, wie sie beantwortet wird und welcher Art die Teilung ist. Die Schuldfrage ist ein Bereich, wo die Interpretation von Fakten und Emotionen sich wechselseitig beeinflussen, oft mit negativen und hemmenden Folgen auf Politik sowie auf einsichtige Zukunftsplanung.

Bei geteilten Nationen führen die lange Zeit der Teilung, Bürgerkrieg, ausländische Intervention, der Mangel an Kommunikation sowie Kooperation und die unzureichende Bereitschaft, sich in die andere Seite hineinzuversetzen noch immer zu groben Schuldzuweisungen.

Für die hier behandelten Fälle sind sie stark verkürzt aufgelistet.

Deutschland: Wer die Vorgeschichte, besonders den Nationalsozialismus und den Zweiten Weltkrieg berücksichtigt, muss eingestehen, dass die Teilung weitgehend selbstverschuldet war.

VR China: Die USA und Separatisten auf Taiwan verhindern eine Vereinigung.

Taiwan: Chinesen, incl. Festländer:innen auf Taiwan, sind schuld, sowohl an der Teilung, als auch an der prekären Lage, in der sich Taiwan noch immer befindet.

Korea: Fremde Mächte sind schuld an der Teilung und die ist schuld an fast allen Problemen.

Republik Zypern: Türken sind schuld.

Im Zusammenhang mit dem Plebiszit zum Annan-Plan meinte der griechische Präsident der Republik Zypern, den Türken sei nun einmal nicht zu trauen. (Adam 2004: 6)

---

[1] Heraklit (Herakleitos), griechischer Philosoph, 550–480 v. Chr.

TRNZ: Griechen sind schuld.

Bei den Auseinandersetzungen vor der Volksabstimmung über den Annan-Plan sagte Bülent Ecevit, der ehemalige türkische Ministerpräsident, der 1974 die Invasion und Besetzung Nordzyperns befohlen hatte: „Die griechischen Zyprer sind religiöse Extremisten, Rassisten und Expansionisten." (Ebd.)

Charakterisierung der Teilung durch ein Wort:
VR China/Taiwan	disproportional
Deutschland	kompliziert
Korea	brutal
Zypern	unbeweglich

Art der Teilung
VR China/Taiwan	geteilt, aber ökonomisch verflochten.
Deutschland	geteilt, aber nicht getrennt; Zusammenarbeit.
Korea	geteilt und fast völlig getrennt.
Zypern	geteilt, aber miteinander in Kontakt.

Schlüsselsymbolik

Bei geteilten Nationen wird oft von einer „Schlüsselsymbolik" gesprochen. Für Deutschland lag der Schlüssel in Moskau. Frank Fischer bezeichnete Moskau als den archimedischen Punkt der sozial-liberalen Ostpolitik, in den anderen Fällen ist es nicht so eindeutig. (Fischer 2003: 20) Gorbatschow war sich der Schlüsselstellung der SU bewusst. Bei seinem Treffen mit Egon Krenz am 1. November 1989 sagte er, es werde davon gesprochen, dass der Schlüssel für die Wiedervereinigung in Moskau liege; die USA wollten damit der SU den Schwarzen Peter zuschieben. (Stephan 1994: 212)

Für die VR China und Taiwan liegen die Schlüssel in Peking und Washington. Für Korea in Washington, Peking und Pjöngjang. Für Zypern liegen sie in Ankara und Athen.

Für eine dauerhafte Normalisierung auf der koreanischen Halbinsel sind die Beziehungen zwischen Pjöngjang und Washington von entscheidender Bedeutung. In seiner letzten Rede als Präsident sagte Kim Dae-jung, mehr als alles andere sei der Dialog zwischen dem Norden und den USA der wichtigste Schlüssel für eine Lösung. (Bleiker 2003: 720, FN 7)

Bruce Cumings ist der Meinung: „Ob nun zu Recht oder zu Unrecht, die USA haben noch immer den Schlüssel für regionale Sicherheit und Zusammenarbeit in Ostasien." (Cumings 2007: 213) Inzwischen wuchs die Bedeutung der VR China. Vielleicht ist es bei Korea inzwischen so wie bei einem Banktresor, der nur mit zwei Schlüsseln gleichzeitig geöffnet werden kann.

Teilungen über längere Zeit bewirken einen Gewöhnungseffekt. Damit die jeweiligen „Schlüssel" genutzt werden können, ist neben Normalisierung auch ein förderlicher, kontrollierender Rahmen wichtig, so z. B. das vereinigte Deutschland innerhalb eines sich integrierenden Europas. Ein solcher Rahmen wäre für Zypern im Prinzip durch die EU und die NATO vorhanden, in Ostasien fehlen ähnliche Institutionen.

Beibehaltung und Änderung des Status quo

Während der Teilung ist oft die Rede vom Status quo. Es liegt in der Natur der komplizierten Sache, dass bei geteilten Nationen die Meinungen unterschiedlich sind, wie sich der Status quo verändern sollte. Sie sind sich aber auch uneins darüber, wie er zu definieren sei. Für die VR China bedeutet er, Taiwan ist eine abtrünnige Provinz, für Taiwan, eigentlich sind wir unabhängig.

Was Egon Bahr primär auf Deutschland bezog, kann generell gelten: „Man muß vom Status quo ausgehen, um ihn zu überwinden." (Bahr 2019: 93) Wer „Beibehaltung des Status quo" sagt, will ihn meist verändern, weiß aber, dass dies derzeit nicht machbar ist bzw. gefährlich wäre. Der Status quo wird genutzt, um Möglichkeiten für seine risikoarme Verlängerung/Veränderung zu schaffen. Es geht um die unmittelbar Betroffenen, aber auch um die Akzeptanz bei Schutzmächten und Nachbarn. Wegen des Gebots der Vereinigung in der Präambel des Grundgesetzes konnte die BRD keine strikte Status quo-Macht sein. Aber in ihr, den Gewaltverzichtsverträgen, den Briefen zur deutschen Einheit und anderen relevanten Texten ist immer die Rede von einem Zustand des Friedens in Europa, in dem das deutsche Volk in freier Selbstbestimmung seine Einheit wiedererlangt.

Die VR China und Taiwan sprechen beide davon, die jeweils andere Seite solle den Status quo nicht verändern. Taipei will ihn absichern, in der Hoffnung, später einmal die formale Unabhängigkeit zu erreichen. Peking will ihn verändern, um eine Wiedervereinigung zu erlangen. In Korea sind beide Seiten mit dem Status quo unzufrieden, weil ihm ein beträchtliches Gefahrenpotenzial innewohnt. Aber Pjöngjang und Seoul sind froh, ihn zur Absicherung ihrer Systeme zu haben, die sie ausbauen möchten. In Zypern gibt es bei der Republik die resignierende und bei der TRNZ die hoffnungsfrohe Erkenntnis, dass sich am Status quo in absehbarer Zeit wohl nichts ändern werde. Hier scheint jedes Scheitern von Wiedervereinigungsbemühungen den Status quo zu stärken. Zwischen der VR China und Taiwan sowie auf Korea scheint dies ebenso der Fall zu sein, reduziert aber nicht Spannungen, sondern könnte zu deren Verschärfung beitragen.

Wer sich auf Taiwan für die Beibehaltung des Status quo ausspricht, hofft meist auf international garantierte de jure Unabhängigkeit, wenn diese gewaltfrei zu haben wäre. Für die VR China ist der Status quo letztlich inakzeptabel, obwohl sie ihn derzeit hinnimmt, aber verstärkt in ihrem Sinne zu verändern sucht.

Ein gesicherter Status quo wäre für beide Staaten in Korea und deren Nachbarn akzeptabel, es ist aber nicht politisch korrekt, dies öffentlich zu sagen.

Ein gesicherter Status quo wäre für die TRNZ und die Türkei durchaus annehmbar.

Für die Republik Zypern ist er nicht akzeptabel; aber wenn es keine Lösung gibt, dann wäre das die Lösung, nämlich seine Beibehaltung.

Bei allen Fallbeispielen überwiegt bisher das, was eigentlich nicht gewollt ist.

Generelle Feststellungen und deutsche Erfahrungen

Der Prozess der deutschen Einigung, seine Vorgeschichte und der bisherige Verlauf der anderen Fälle veranlassen zu folgenden Feststellungen:

Teilungen dauern so lange, wie sie nützlich sind, oder so lange, wie andere sie zulassen. Wiedervereinigung ist eine nationale/internationale Angelegenheit mit großem Potenzial für die gesamte Region. Sie wird eher möglich, gelingt besser, wenn sie sich friedlich in einem regionalen Unterstützungsrahmen vollzieht.

Teilung verstärkt die Abhängigkeit von Staaten. Beide deutsche Staaten waren wegen der alliierten Vorbehaltsrechte nie völlig souverän. Die Abhängigkeit der SED-DDR von der Sowjetunion war größer als die der Bundesrepublik von den West-Alliierten.

Die TRNZ ist fast völlig von der Türkei abhängig.

Die DVRK ist stolz auf ihre angebliche Unabhängigkeit, wäre aber ohne Hilfe der VR China kaum überlebensfähig. (Choo 2008) Über 90 Prozent der Importe kommen aus ihr.

Die Republik Korea hängt von militärischer Unterstützung der USA ab.

Die Republik China (Taiwan) ist stark von den USA abhängig und hofft, sich im Konfliktfall auf diese verlassen zu können.

Ohne Normalisierung ist keine friedliche Vereinigung möglich; sie beginnt mit einseitigen Vorleistungen, ist noch keine Wiedervereinigungspolitik, aber sie kann die dafür notwendigen Grundlagen schaffen. Geteilte Nationen sind eher bereit, an Normalisierung mitzuwirken, wenn sie sich sicherer fühlen bzw. weniger bedroht als zuvor. Normalisierung trägt zum Beginn zur Stabilisierung sowie Aufwertung der „anderen Seite" bei. Sie wirkt Abschottungsbemühungen entgegen, denn sie vermehrt Kontakte und Zusammenarbeit.

Wichtig für den Machterhalt autoritärer Regime sind Abgrenzung, ein Überwachungs- und Unterdrückungsapparat, Informationskontrolle und ein Feindbild. Die Entspannungspolitik und die Ostpolitik verringerten in Mittel- sowie Osteuropa bei den Menschen und bei vielen politischen Akteuren das Feindbild und ermöglichten einen stärkeren Zugang zu Informationen. Letztlich hat Normalisierung eine „dialektische Wirkung", sie ist „subversives Engagement", denn je mehr sie voranschreitet, desto schwieriger wird es, ein Feindbild aufrecht zu erhalten und ein autoritäres Regime zu legitimieren.

Wiedervereinigung bedeutet drastische Veränderungen für einen großen Teil der sich „anschließenden" Bevölkerung, deshalb haben psychologische Aspekte große Bedeutung. Kim Dae-jung hat stets den Respekt für die Selbstachtung der Einwohner

Nordkoreas betont. (Kim Dj 1997: 3) Eine Vereinigung muss als akzeptable Alternative erscheinen und darf nicht als Bedrohung empfunden werden. Für die Bevölkerung der ehemaligen DDR änderte sich fast alles, die Bevölkerung in der „alten" Bundesrepublik glaubte lange Zeit, für sie würde sich fast nichts ändern, wenn ja, dann im positiven Sinne. Bundeskanzler Kohl sagte dem US-Präsidenten Bush senior im Mai 1990, die Hauptschwierigkeiten der deutschen Vereinigung seien nicht Wirtschafts- und Finanzfragen, sondern die Verwundung der Seelen durch 40 Jahre Stalinismus. (DE: 1127) Diese Äußerung kann so interpretiert werden: Die Bevölkerung der DDR sei durch die Bundesrepublik befreit worden. Die Bürgerbewegung und der überwiegende Teil der Bevölkerung der früheren DDR sind hingegen wohl der Meinung, sie seien damals schon erwachsen gewesen, keine politischen Analphabeten, und es habe sich um einen Akt der Selbstbefreiung gehandelt. Es entstand nicht nur ein größeres Deutschland, sondern ein anderes, ein neues Deutschland, mit neuen Chancen, aber auch mit vielen neuen Problemen.

Die Zusammenführung zweier antagonistischer Systeme resultiert nicht in einer ausgewogenen Synthese, denn von der „unterlegenen Seite" wird wenig erhalten bleiben. Es kann keine ausgeglichene „Win-win-Lösung" geben, deshalb müssen Anstrengungen unternommen werden, dass keine Gruppe sich permanent entfremdet und benachteiligt fühlt. Sollte es zu einer Normalisierung, einer Wiedervereinigung in Korea kommen, darf diese Entwicklung für die einen nicht die Niederlage im vor Jahrzehnten beendeten Bürgerkrieg und für die anderen nicht deren später Sieg sein.

Hauptgründe, die die deutsche Einigung ermöglichten

Im Ausland, besonders in der RK, wird oft gefragt, welches die Hauptgründe seien, die die deutsche Einigung ermöglichten. Wer sie auflistet, ist von subjektiver Wahrnehmung beeinflusst. Das gilt auch für die folgende gewichtete Zusammenstellung von zehn Gründen.

1. Glück, Zufälle, Überraschungen.
   (Friedliche Demonstration am 9. Oktober 1989 in Leipzig, Pressekonferenz von Schabowski am 9.11.1989 und friedliche Maueröffnung.) Es war eine glückliche Fügung, dass sich 1990 beide Staaten in Deutschland und deren Schutzmächte im Prinzip einig waren.
2. Die Sowjetunion konnte die Vereinigung 1990 nicht verhindern. Im Januar 1990 kamen Gorbatschow und seine Berater zu der Einschätzung, dass das System der DDR nicht überleben könne und dass eine Wiedervereinigung unvermeidbar sei.
3. Die USA waren für eine Vereinigung, aber unter der Bedingung der NATO-Mitgliedschaft.
4. Es gab 20 Jahre Ostpolitik und Normalisierung, sie half, Kontakte und Zusammenarbeit zwischen beiden Staaten in Deutschland zu intensivieren. Diese Politik wirkte erst stabilisierend, dann destabilisierend für die SED-DDR.

5. Besonderheit der Lage von West-Berlin inmitten von Ostdeutschland.
6. Entwicklungen in Osteuropa, z. B. Solidarność in Polen, „samtene Revolution" in der ČSSR, Veränderungen in der SU und ein polnischer Papst im Vatikan.
7. Es gab eine friedliche Revolution, ein gesamtdeutsches Zusammengehörigkeitsgefühl und viele Menschen in der DDR wollten eine Vereinigung. Flüchtlingswellen erhöhten den Entscheidungsdruck. Ab November 1989 waren die Grenzen offen und junge, qualifizierte Menschen verließen in großer Zahl die DDR, auch deshalb schien eine schnelle Einigung ratsam. (Der 17. Juni 1953 war die Festigung der SED-DDR, der 13. August 1961 ihre Wiedergeburt und der 9. November 1989 der Anfang ihres Endes.)
8. Zwei Zwischenschritte (Modrow, de Maizière), Reformen und ausgehandelter Beitritt.
9. Eine annähernd zeitgleiche günstige personelle Konstellation. In Deutschland Kohl/Genscher, Modrow, später de Maizière, in den USA Bush senior/Baker, in der Sowjetunion Gorbatschow/Schewardnadse, in Ungarn Németh/Horn. Die Regierung der BRD nutzte entschlossen die Chance zur Vereinigung.
10. Es gab einen internationalen, förderlich-kontrollierenden, Rahmen (EU, NATO) für das vereinigte Deutschland.

Hauptgrund: 1990 hatte die Teilung ihre Nützlichkeit verloren und eine deutsche Vereinigung innerhalb eines europäischen Rahmens schien für Frieden sowie Stabilität in Europa besser geeignet zu sein.

Was die koreanische Halbinsel anbelangt, so sind alle zehn Punkte, bei Beachtung fallspezifischer Unterschiede, nicht vorhanden. Das gilt auch für die von Kim Dae-jung genannten Voraussetzungen für eine Vereinigung Koreas: Das Ausland muss einverstanden sein und die Bevölkerung muss sie mit ganzem Herzen wollen. Beide Regierungen müssen dafür den positiven Willen und die Entschlossenheit haben; es muss eine rationale sowie realistische Vereinigungsformel geben. (Kim Dj 1997: 294) Bisher gibt es sie nicht.

Schnelle Veränderungen

Niemand konnte vorhersehen, dass die „Berliner Mauer" am 9. November 1989 durch eine friedliche Revolution, das Missverständnis eines Spitzenfunktionärs und das verantwortungsvolle Handeln eines Grenzoffiziers geöffnet würde. Die Führung der SED-DDR meinte, diese Art der Grenze sei noch über Jahrzehnte hinaus unerlässlich und die Führung in der Bundesrepublik bemühte sich, deren Auswirkungen durch „menschliche Erleichterungen" zu mildern. Es kam anders; Gorbatschow stellte in seinen „Erinnerungen" fest: „Nach den umwälzenden Veränderungen in der DDR entwickelten sich die Ereignisse in einem so atemberaubenden Tempo, daß die Gefahr bestand, sie überhaupt nicht mehr unter Kontrolle halten zu können." (Gorbatschow 1995: 700)

Zu den Charakteristika der Jahre 1989/90 gehören sowohl die Art als auch die Schnelligkeit von Veränderungen, denn manches geschah beinahe, wie Goethe es in einem ganz anderen Zusammenhang formulierte: „Es war getan fast eh gedacht."[2] Für diese Zeit in und um Deutschland gilt die Beschreibung: „Als in Deutschland die Phantasie die Realität überholte." (Henke 2009)

Entscheidende Phasen, Stadien

In geteilten Nationen gibt es verschiedene Stadien; was Normalisierung und Chancen der Vereinigung anbelangt, sind hier Weichenstellungen und Punkte ohne Rückkehrmöglichkeit (*points of no return*) wichtig.

Weichenstellung ist im hier behandelten Zusammenhang eine stark reduzierte Wahlmöglichkeit. Sie wird vollzogen, wenn die Länge des Weges, das Tempo der Fortbewegung, die Konsequenzen der eingeschlagenen Richtung und viele Hindernisse noch nicht gut einzuschätzen sind. Solche Entscheidungen haben aber eine beschleunigende Wirkung auf die Entwicklung.

Punkt ohne Rückkehrmöglichkeit ist eine Situation, die unerwartet eintritt oder die absichtlich herbeigeführt wurde. Sie ist eine drastische Verringerung von Optionen, beinhaltet aber eine Entscheidungsmöglichkeit. Sie muss kein Moment der Ausweglosigkeit sein. (Deutsch 1973: 91 f.) Im deutschen Einigungsprozess waren es 1989/90 eher Momente der Zukunftsentschlossenheit.

Wichtige Weichenstellungen beim deutschen Einigungsprozess:
- die Öffnung der Grenze zwischen Ungarn und Österreich im Juli 1989,
- die friedliche Revolution in Ostdeutschland,
- die „Öffnung der Mauer" am 9. November 1989,
- die Schlussfolgerung Gorbatschows und seiner Berater am 25.01.1990, dass die SED-DDR nicht mehr zu retten und eine Vereinigung Deutschlands unvermeidlich sei,
- die Einigung auf einen 2+4-Prozess im Februar 1990,
- die ersten freien Wahlen in der DDR am 18. März 1990,
- Anfang Juni 1990 stimmt Gorbatschow Bush sen. zu, ein vereinigtes Deutschland könne selbst entscheiden, ob es Mitglied der NATO sein oder aus dieser austreten wolle, (Sarotte 2023: 120),
- die Wirtschafts-, Währungs- und Sozialunion am 1. Juli 1990,
- endgültige Einwilligung Gorbatschows zur Vereinigung Deutschlands und dessen Mitgliedschaft in der NATO (Juli 1990).

---

2 So die zweite Zeile aus seinem Gedicht „Willkommen und Abschied".

Es gab zwei Äußerungen mit unbeabsichtigten, aber sehr weitreichenden Folgen:
- Schabowskis Maueröffnung (9. November 1989) und
- Portugalows hörbares Nachdenken über das Undenkbare (21.11.1989).

Zu den Punkten ohne Rückkehrmöglichkeit gehörten:
- die Zustimmung der Volkskammer am 23. August 1990 zum Beitritt der DDR zur Bundesrepublik nach Artikel 23 des Grundgesetzes,
- die Unterzeichnung des 2+4-Vertrages am 12. September 1990,
- die Ratifizierung des Einigungsvertrages durch die Volkskammer und den Bundestag am 20. September 1990.

Für Korea gab es bisher keine solchen positiven Weichenstellungen. Weder das überraschende Fast-Gipfeltreffen von 1972, noch das damals gefeierte erste Gipfeltreffen vom Juni 2000 bewirkten kontinuierliche Zusammenarbeit. (Maretzki 2002)

Für die Republik China (Taiwan) gab es Weichenstellungen, die aber zu keiner Normalisierung der Beziehungen mit der Volksrepublik führten:
- Austritt bzw. Hinauswurf der Republik China aus den VN im Oktober 1971.
- Normalisierung der Beziehungen zwischen den Vereinigten Staaten und der VR China im Jahr 1972 und Bekräftigung des „einen China".
- Aberkennung der diplomatischen Beziehungen zur Republik China durch die USA im Januar 1979 und deren Absicherung durch den Taiwan Relations Act.
- Demokratisierung und Taiwanisierung.
- Ablehnung des Konzepts von „Ein Land, zwei Systeme".

Für Zypern spielte sicher die Ablehnung des Annan-Plans eine große Rolle, sie muss aber kein Punkt ohne Wiederkehr bleiben.

Relevanz der Ostpolitik

Ein Krieg gegen Taiwan und/oder ein Krieg in Korea, sie würden uns alle treffen. In diesem Buch geht die Frage in die andere Richtung, nämlich welche Art von Relevanz deutsche Erfahrungen für andere, noch geteilte, Nationen haben könnten, deshalb wird dieser Aspekt nochmals angesprochen.

Normalisierung und Wiedervereinigungen brauchen ein hilfreiches Umfeld. (Metzler 2014) Wichtig sind Veränderungen in den Teilungsstaaten sowie bei ihren Schutzmächten. In der DDR waren über Jahrzehnte beide Bereiche quasi synchronisiert. Das deutsche Beispiel machte dann positive Wechselwirkungen vor und während des Einigungsprozesses deutlich. Die Entspannungspolitik half dem Aufstieg Gorbatschows und er half später bei der Vereinigung Deutschlands. Valentin Falin meinte, „[...] ohne die Entspannungspolitik wäre Gorbatschow nicht die Nummer 1 im Kreml geworden." (Bahr 2002: 69)

Zentrale Elemente der Ostpolitik waren Anerkennung der Realität, eine neue Art der Zusammenarbeit, Flexibilität, Bemühungen um Kompromisse und eine stärkere Verknüpfung von inneren sowie äußeren Entwicklungen (Junktims). Aber es gab keine Aufgabe fundamentaler Positionen und Zukunftsoptionen. Deshalb existierten für Bonn zwei Staaten in Deutschland, die zueinander nicht Ausland waren und es gab Ständige Vertretungen, die keine Botschaften waren, aber (fast) wie solche agierten. Diese Politik gab der DDR Sicherheit und ermöglichte ihr vermehrt Zusammenarbeit mit der Bundesrepublik. Sie ermöglichte auch der Bevölkerung größere Freiräume, ohne die es keine friedliche Revolution gegeben hätte.

Je weniger die VR China Druck auf Taiwan ausübt und mit Wiedervereinigung droht, desto mehr könnte sich das Verhältnis entspannen und ein Diskussionsklima entstehen, in dem Vor- und Nachteile der Zusammenarbeit und des späteren Verhältnisses, z. B. Konföderation, Föderation, Vereinigung, vorurteils- und angstfrei diskutiert werden. Dazu müsste es Taiwan gelingen, in Fragen des nationalen Überlebens, einheitliche Positionen zu vertreten. Auf Taiwan gibt es die Meinung, dass eine Demokratisierung der Volksrepublik für die Insel Sicherheit und Frieden bringen könnte. Lee Teng-hui meinte, dann wäre eine Unabhängigkeit möglich. Andere sind der Auffassung, eine Demokratisierung des Festlandes würde zur Wiedervereinigung führen. Wieder andere befürchten, Taiwan könnte eine Demokratisierung der Volksrepublik zur Proklamation der Unabhängigkeit verleiten, was das Festland nicht tolerieren werde, in diesem Sinne könnte Demokratisierung also sogar zu einem Krieg zwischen Festland und Insel führen. (Hong/Sun 2004) Spätestens seit 2020 ist die Ablehnung des Hongkong-Modells auch wegen dessen Praxis durch Peking für Taiwan eindeutig. Diese Ablehnung wurde durch ein neues White Paper der VR China vom August 2022 verstärkt.[3] Ein Übriges tat die Äußerung des chinesischen Botschafters in Frankreich, nach der Wiedervereinigung werde auf Taiwan eine Umerziehung notwendig sein. (asianews 2022) Viele auf Taiwan und anderswo dachten dabei nicht nur an Hongkong, sondern auch an Sinkiang und Tibet.

Peking tut kaum etwas, um ein Gemeinschaftsgefühl zu fördern. Die Orientierung an dem Element der deutschen Ostpolitik wäre hilfreich, dass trotz Teilung eine gemeinsame Kulturnation weiterbestehe. Taipei könnte hier zumindest verbal Peking entgegenkommen, ohne politische Positionen aufzugeben. Wichtig wären institutionalisierte und kontinuierliche Kontakte.

In Korea ist seit Jahrzehnten „Wiedervereinigung" ein zentrales, aber unkonkretes Thema. Es findet aber keine Normalisierung statt, weil das Misstrauen auf beiden Seiten zu groß und die Erfahrung mit belastbarer Zusammenarbeit zu gering ist. Die Lage ist auch deshalb so schwierig, weil sich beide trotz aller gravierenden Gegensätze in ihrer Einschätzung der jeweils anderen Seite und in ihrem Verhalten recht ähnlich sind. Besonders für Korea sollte die Übergangsphase in Deutschland – Spätherbst 1989 bis Sommer 1990 – von Interesse sein. Viele Ideen wurden geäußert, Pläne vorgelegt

---

[3] Zu diesem White Paper siehe S. 284.

und neue Organisationsformen erprobt. Die Tatsache, dass wenig davon Bestand hatte muss kein Grund sein, sich damit nicht intensiv zu beschäftigen. Vor allem gab es in Deutschland in dieser Phase eine Konzentration auf gemeinsame Interessen und Verantwortung. Das sollte in Korea mehr Beachtung finden, denn bleibt es wie es ist, blieben beide Koreas stark abhängig und es könnte wieder einmal über ihre Köpfe hinweg von anderen über die Zukunft der Halbinsel entschieden werden.

Wichtig werden Veränderungen im Norden sein, deshalb sollten besonders im Süden Koreas Entwicklungen in Deutschland als relevant angesehen werden, die zu solchen Veränderungen beitragen könnten: Zusammenarbeit, Betonung von Normalisierung und nicht von Vereinigung, Zugang zu Medien, möglichst viele Kontakte.

Korea kann seine missliche geopolitische Lange nicht ändern. Die Geschichte sollte auch hier gezeigt haben, wenn zwei sich streiten, freut sich der dritte. Streit zwischen Süden und Norden hat Vorteile für die Nachbarn. Kommt es von einem Gegeneinander zu einem partiellen und dann umfassenderen Miteinander – noch nicht Wiedervereinigung – wäre das nicht nur für die Halbinsel, sondern für die gesamte Region von Vorteil. Die Initiative dazu hat von Korea auszugehen. Korea muss international vom behandelten Objekt zum mehr gemeinsam handelnden Subjekt werden.

Deutschlands Einigungsprozess hat Relevanz für die VR China: Vereinigung durch Beitritt ist möglich, wobei Peking allerdings das Selbstbestimmungsrecht der unmittelbar Betroffenen ausblendet und auf Gewaltanwendung nicht verzichtet.

Deutschland hat u. a. Relevanz für Taiwan wegen der Dachtheorie, der Errichtung Ständiger Vertretungen, der Betonung des Selbstbestimmungsrechts und des Prozesses, durch geregeltes Nebeneinander vielleicht später zu einem Miteinander zu gelangen.

Deutschland hat Relevanz für die Republik Zypern, denn auch dort wird eine Vereinigung durch Beitritt/Eingliederung angestrebt.

Relevanz für die TRNZ besteht wegen der Entspannungspolitik und der vermehrten Kontakte sowie Zusammenarbeit durch die Ostpolitik.

Deutschland hat Relevanz für die Republik Korea, auch weil gemachte Fehler wichtige Hinweise darauf enthalten, welche Irrtümer in Korea vermieden werden sollten. (Inter Action Council 1993. Mo 1994)

Deutschland hat negative Relevanz für die DVRK, denn eine Entwicklung nach deutschem Modell würde das Ende eines Staates bedeuten. Nuklearwaffen und Raketen können nach außen abschrecken und nach innen Stolz bewirken, für die Bevölkerung dringend notwendige Wirtschaftsreformen werden sie nicht ermöglichen. Pjöngjang müsste vermehrt über Vorteile und Risiken einer kontrollierten Normalisierung nachdenken. Das Prinzip einer Wiedervereinigung wird begrüßt und die DVRK hat die Währungs-, Wirtschafts- und Sozialunion beider deutscher Staaten vom 1. Juli 1990 als entscheidenden Schritt zur deutschen Einigung hervorgehoben, sie schließt aber eine Übertragung des deutschen Beispiels aus, denn der koreanische Fall sei völlig anders. „Insbesondere sollen Aspekte einer Veränderung des gesellschaftlichen Systems der KDVR ausgeschlossen werden. Aus diesem Grund wird intern der deutsche Vereinigungsprozeß nach Artikel 23 des Grundgesetzes der BRD abgelehnt." (PA AA 31)

Bei einer unvoreingenommenen Betrachtung – sollte eine solche denn möglich sein – scheinen Grundgedanken des Annan-Plans gewisse Relevanz für die zukünftige Gestaltung der Beziehungen zwischen der VR China und Taiwan zu haben. Bei Gesprächen mit Diplomaten und Kolleginnen sowie Kollegen der VR China gibt es in diesem Zusammenhang oft zwei Reaktionen: Das Thema könne nicht weiter diskutiert werden, weil die Kenntnisse über den Annan-Plan zu gering seien oder, das Thema kann nicht diskutiert werden, denn der Plan würde ein Zugeständnis an Souveränität für Taiwan bedeuten, was unmöglich sei.

Für eine Normalisierung auf der koreanischen Halbinsel und eine mögliche Wiedervereinigung könnten Vorstellungen auf Zypern relevant sein, denn dort möchte die Republik eine „enge" und die TRNZ eine möglichst „lockere" Konföderation. Eine solche würde in Korea eine Übergangsphase und auch eine Vertiefung von Normalisierung ermöglichen. Auch Vorschläge im Annan-Plan, wie die paritätische/proportionale Besetzung von Gremien und Übergangsregelungen verdienen Interesse.

Die Türkei wünscht nach Errichtung einer Konföderation bzw. einer Vereinigun den Verbleib von eigenen Truppen auf der Insel. Wegen dieser Problematik und der Existenz von britischen Stützpunkten gibt es hier auch gewisse Ähnlichkeiten zu Korea, wo Verbleib bzw. die zukünftige Rolle von US-Streitkräften ebenfalls strittige Punkte sind.

Anfang der 1990er Jahre sah es wieder einmal recht positiv aus bei den Beziehungen auf der koreanischen Halbinsel. Die Vereinigung Deutschlands hatte den Norden aufgeschreckt und den Süden beflügelt, es kam zur Unterzeichnung inhaltsträchtiger Vereinbarungen. Damals schrieb Alexander Zhebin, ein russischer Forscher, Journalist und guter Kenner der DVRK:

> Die Erfahrung zeigt, wenn beide Hälften eines Landes wirkliches Interesse an einer Wiedervereinigung haben und dafür bereit sind, dann sind keine ausländischen Kräfte in der Lage, sie zu verhindern. [...] Um der Wiedervereinigung willen muss ein „historischer Kompromiss" zwischen den herrschenden Eliten in Nord- und Südkorea gefunden werden. (Zhebin 1995: 188)

Bisher hat es nicht den Anschein, als seien diese Eliten auf der ernsthaften und kontinuierlichen Suche nach einem solchen Kompromiss. Das Ausland, die USA, die VR China, die EU und Japan sollten bei der Suche behilflich sein, auch im eigenen Interesse.

Teilungen wurden durch das Ausland bewirkt und durch innere Entwicklungen gefestigt. Sie bestehen fort, weil sie nützlich sind. Zu überwinden sind sie, wenn die unmittelbar Betroffenen, die Geteilten, dies wollen und konkret darauf hinarbeiten. Die Antwort auf die Frage nach der Relevanz deutscher Erfahrungen muss unterschiedlich ausfallen. Gewiss ist allerdings, dass Initiativen von den Teilen der geteilten Nation selbst ausgehen müssen.

12 Epilog

Ein 1995 veröffentlichter Aufsatz von Jean-Pierre Cabestan endet mit einem Vergleich:

> Die beiden Chinas sind dazu verdammt, noch lange Zeit nebeneinander koexistieren zu müssen und sie werden immer weniger in der Lage sein, einander den Rücken zukehren zu können. In diesem „Spiel ohne Gewinner" ist die Volksrepublik China nicht so stark wie Goliath, aber Taiwan wird wahrscheinlich nicht so viel Hilfe vom Allmächtigen bekommen (oder so glücklich sein!) wie David. (Cabestan 1995: 50)

Jetzt ist die VR China aber stark wie Goliath und zudem trickreich wie David. Ob die USA mächtig und willens sein werden, Taiwan in einer akuten Krise wirksam zu unterstützen, vermag wohl niemand zu sagen. Auf beiden Seiten gibt es Zuwächse unterschiedlicher Art, ein Trend, der anhalten wird: In der Volksrepublik wächst das Selbstvertrauen, auf Taiwan die Ungewissheit. Beide haben sich stark verändert, so auch das regionale sowie das internationale Umfeld, vermutlich wird das gefährliche Spiel ohne deutlichen Gewinner noch andauern.

Eine Feststellung von Bernhard Zand bezieht sich hauptsächlich auf Auseinandersetzungen über eine Denuklearisierung der koreanischen Halbinsel, sie kann aber auch für die Haltung der VR China zu einer dortigen Wiedervereinigung und der Zukunft Koreas ganz allgemein stehen: „Für Nordkoreas einzigen Verbündeten gilt, was schon seit Jahren gilt: Je länger eine Lösung der Koreafrage dauert, desto besser für Peking, denn desto stärker hofft es am Ende zu sein." (Zand 2019: 91) Diese Haltung gilt auch für die „Taiwan-Frage", aber hier setzt die Führung der Volksrepublik ihrer Geduld engere Grenzen.

Sie hat die Politik der USA genau beobachtet, so auch, wie, wo und mit welchem Ergebnis dieses Land militärisch intervenierte: Afghanistan, Indochina, Irak, Korea, Kuba, Libanon, Panama, usw. Es war im Ausland. Nach dem Verständnis der VR China wäre eine eigene Intervention in Taiwan im Inland. In den letzten Jahren hat sich die Volksrepublik sehr verändert, so sind z. B. Erfolge bei der Armutsbekämpfung bewundernswert. Es gab das klassisch-chinesische Bemühen, nicht das Gesicht zu verlieren. Das Ansehen im Ausland war wichtig. Das trifft noch immer zu, aber es hat sich dennoch etwas verändert: Kritik des Westens stärkt den Nationalstolz. Der Blick nach außen ist kritischer, der nach innen geschieht mit wachsam-strahlenden Augen. Wird etwas als richtig und notwendig erachtet, tritt die früher abwartende Haltung in den Hintergrund und die Volksrepublik agiert selbstbewusster, aggressiver. Die Hemmschwelle sinkt, die Risikobereitschaft steigt; das könnte gegenüber Taiwan und den USA zu gefährlichen Fehleinschätzungen führen.

Zypern ist seit über 49 Jahren geteilt, es gibt geringen Fortschritt bei der Normalisierung, aber kaum Chancen für eine Wiedervereinigung. Die wenig hoffnungsvolle Einschätzung von Andrea Riemer aus dem Jahr 2003 trifft noch immer weitgehend zu: „So bleibt das Schicksal der Insel weiter jenes eines geteilten Landes – mit sehr geringen Aussichten einer Lösung, da es am Willen und an der Vision von Gemeinsamkeit ebenso fehlt wie an Vorstellungen über eine längerfristige Zukunft." (Riemer 2003: 3)

Bei den hier behandelten Fällen spielte und spielt auch der Faktor Zeit eine wesentliche Rolle. Hätte die Teilung Deutschlands noch eine weitere Generation angedauert – so wird vielfach vermutet – wäre es wohl kaum noch zu einer Einigung gekommen. Solche Überlegungen sind reine Spekulation, aber es ist sicher, dass bei geteilten Nationen die Einschätzung, für wessen Seite die Zeit „arbeiten" wird, die Gewöhnung an die Teilung sowie die Abnutzung der Geduld bei der Suche nach Kompromissen und einer einvernehmlichen Lösung eine wichtige Rolle spielen. Bezogen auf Zypern sei in diesem Zusammenhang nochmals auf einen Artikel der „Neuen Zürcher Zeitung" vom April 2009 verwiesen, dass keine Lösung die Lösung sein könne.[1] Das wäre dann die Beibehaltung eines mehr abgesicherten Status quos, wie ihn sich auch auf Taiwan viele erhoffen.

Nachdenkenswert ist die Wortwahl „Taiwanisierung" bezogen auf mögliche Entwicklungen auf Zypern. Die erneute Ablehnung eines Vereinigungsplans durch den Süden könnte, so Hubert Faustmann, dazu führen, dass ähnlich der taktischen Unterscheidung zwischen „Ein-China-Prinzip" und „Ein-China-Politik", eine schrittweise Normalisierung von Handelsbeziehungen und die Anerkennung der TRNZ durch einige Staaten erfolgt. (Faustmann 2017)

Für China, Taiwan, Korea und Zypern mag der Satz von Søren A. Kierkegaard interessant sein: Wenn alles still ist, geschieht am meisten. Eine solche schöpferische Ruhe, die eine Verbesserung bewirken könnte, hätte aber zur Voraussetzung, dass in Politik und Gesellschaft durch Geduld, Klugheit und Entschlossenheit, unterstützt durch etwas Glück, eine Ausgangslage geschaffen wird, von der eine positive Eigendynamik ihren Lauf nehmen kann. So könnte auch die VR China gegenüber Taiwan verfahren. Aber am Wunschdenken anderer hat sich Peking selten bis nie orientiert.

Bezogen auf den deutschen Einigungsprozess meinte der frühere südkoreanische Präsident Roh Moo-hyun:

> Es ist in der Tat eine Ironie der Geschichte, dass der Prozess der deutschen Wiedervereinigung gerade zu dem Zeitpunkt begann, als das Festhalten an der Einheit Deutschlands nicht mehr als das wichtigste politische Ziel angesehen wurde. (Roh 2003: 10)

Methodenwandel und Strategiewechsel bedeuten nicht immer eine Veränderung der langfristigen Zielorientierung.

Bei den hier behandelten Fällen sind viele Dinge sehr unterschiedlich. Die deutsche Teilung und der Prozess der Vereinigung waren europäisch, transatlantisch geprägt. Zypern liegt an einer Schnittstelle/Überlappung zwischen Europa und Asien, die Fälle China/Taiwan und Korea haben „asiatische Charakteristika", trotz oder wegen

---

1 „Wahlsieg der Nationalisten in Nordzypern. Schwindende Hoffnung auf eine Überwindung der Teilung." *Neue Zürcher Zeitung*, 21. April 2009, S. 3.

ausländischer Einmischung und Verantwortung. Wenn auch Unterschiede überwiegen, so gibt es vielleicht doch auch Ähnlichkeiten. Samuel S. Kim, ein koreanischer Gelehrter, schrieb mit Bezug auf seine Heimat:

> Letztlich sind die Vereinigungsbemühungen der beiden Koreas dem taoistischen Paradoxon ähnlich: Weniger und weniger tun bewirkt tatsächlich, mehr und mehr zu erreichen. Um unterschiedliche Teile eines Ganzen zusammenzuhalten, muss man sie erst ihre getrennten Wege gehen lassen. (Kim, Samuel 2006b: 14)

Das könnte auch für China, Taiwan und Zypern sinnvoll sein.

Vielleicht hatte Samuel Kim folgenden Spruch aus dem „Buch der Wandlungen" (Tao Te Ching 30) im Sinn:

> Ohne Ruhmsucht, ohne Stolz –
> Entscheidung reift aus innerlichem Zwange;
> Auch im Walde wächst das Holz
> Schon ganz von selbst und rein aus eigenem Drange. (Tiefenbacher 1948: 73)

Diese Haltung steht im Einklang mit der alten konfuzianischen Weisheit, 物極必反, die übersetzt werden kann mit: Dinge, ins Extrem getrieben, werden ein Comeback erleben.

Generell, und besonders was die langfristige Verfolgung von Normalisierung zwischen geteilten Nationen anbelangt, ist konzentrierte Entspanntheit ratsam. Es geht um die Beachtung von Sachzwängen, die Suche nach gemeinsamen Interessen, um die sich durch Veränderungen bietenden Möglichkeiten, um die Anpassung von Zielorientierungen und um die Pflege des Zusammengehörigkeitsgefühls während der Teilung.

Trotz der vielen und gewiss sehr beachtenswerten Unterschiede ist vielleicht eine gemeinsame Quintessenz der Beispiele für geteilte sowie erneut vereinte Nationen mit einer Paraphrasierung der berühmten Worte von Willy Brandt zu beschreiben:

„Wenn sie wirklich zusammenkommen wollen, dann werden sie auch zusammenwachsen."[2]

---

[2] Willy Brandt hatte über viele Jahre hinweg von der Notwendigkeit und Möglichkeit eines Zusammenwachsens gesprochen. Den berühmten Satz „Jetzt sind wir in einer Situation, in der wieder zusammenwächst, was zusammengehört" sprach er am 10. November 1989 in einem Interview mit dem Sender Freies Berlin, im SFB-Mittagsecho. (Rother 2000)

13 Anhang

Abkürzungen

ABstA	Archiv der Bundesstiftung zur Aufarbeitung der SED-Diktatur
AIIB	Asian Infrastructure Development Bank
AP	Asian Perspective
APEC	Asia Pacific Economic Cooperation
APuZ	Aus Politik und Zeitgeschichte
ARATS	Association for Relations across the Taiwan Strait, (Peking)
ARF	ASEAN Regional Forum
AS	Asian Survey
ASEAN	Association of South East Asian Nations
ASEAN plus Three	ASEAN plus VR China, Japan und Republik Korea
ASEM	Asia Europe Meeting
BArch	Bundesarchiv
BRD	Bundesrepublik Deutschland
CSIS	Center for Strategic and International Studies, Washington D. C., USA
CQ	The China Quarterly
DA	Deutschland Archiv
DDR	Deutsche Demokratische Republik
DE	Deutsche Einheit
DPP	Democratic Progressive Party, (Taiwan)
DVA	Deutsche Verlags-Anstalt
DVRK	Demokratische Volksrepublik Korea, (Nordkorea)
EU	Europäische Union
FEER	Far Eastern Economic Review
FES	Friedrich-Ebert-Stiftung
GSI/BRI	Gürtel-Straßen-Initiative/Belt Road Initiative der Volksrepublik China
JEAA	The Journal of East Asian Affairs
KDVR	Koreanische Demokratische Volksrepublik, (Nordkorea)
KINU	Korea Institute for National Unification, (Seoul)
KMT (GMD)	Kuo Min Tang (Guo Min Dang), National Partei Chinas, seit 1945 auf Taiwan
KP	Kommunistische Partei
KSZE	Konferenz für Sicherheit und Zusammenarbeit in Europa
MSCAS	Maryland Series in Contemporary Asian Studies
NATO	North Atlantic Treaty Organization
OPRS	Occasional Papers/Reprints Series in Contemporary Asian Studies
PA AA	Politisches Archiv des Auswärtigen Amts, Ministerium für Auswärtige Angelegenheiten der DDR
PdAK	Partei der Arbeit Koreas, (Staatspartei der DVRK)
RCEP	Regional Comprehensive Economic Partnership
RGW	Rat für gegenseitige Wirtschaftshilfe
RK	Republik Korea, (Südkorea)
SED	Sozialistische Einheitspartei Deutschlands
SEF	Straits Exchange Foundation, (Taipei)
SPD	Sozialdemokratische Partei Deutschlands
SU	Sowjetunion
SWB	Summary of World Broadcasts, Part 3, Asia-Pacific, BBC-Monitoring Service. (Übersetzungsdienst der BBC)

SWP	Stiftung Wissenschaft und Politik, (Berlin)
TRA	Taiwan Relations Act der USA vom 10. April 1979
TRNZ	Türkische Republik Nordzypern
UdSSR	Union der Sozialistischen Sowjetrepubliken
UNFICYP	United Nations Peacekeeping Force in Cyprus
USA	United States of America
VBA	Volksbefreiungsarmee, (Streitkräfte der Volksrepublik China)
VN (UNO)	Vereinte Nationen, (United Nations Organization)
VR	Volksrepublik
2+4-Vertrag	Zwei-plus-Vier-Vertrag, Vertrag über die abschließende Regelung in Bezug auf Deutschland vom 1. September 1990.

Verzeichnis der Graphiken und Tabellen

Graphik 1: Beschleunigung des Einigungsprozesses —— **21**
Graphik 2: Nationale-internationale Wechselwirkungen —— **22**
Graphik 3: Akteure und Ebenen mit Relevanz für den Prozess der Deutschen Einigung (1989/90) —— **55**
Graphik 4: Meinungsumfragen auf Taiwan zu Wiedervereinigung, Status quo, Unabhängigkeit —— **100**
Graphik 5: Akteure und Ebenen mit Relevanz für die VR China und die Republik China (Taiwan) —— **102**
Graphik 6: Akteure und Ebenen mit Relevanz für Korea —— **138**
Graphik 7: Akteure und Ebenen mit Relevanz für Zypern —— **147**
Graphik 8: Veränderungen bei Taiwans wichtigsten Exportländern (2000 bis 2013) —— **193**
Graphik 9: Inter-koreanischer Handel —— **194**
Graphik 10: Die Vorstellung der Existenz von zwei Staaten in Deutschland unter dem Dach einer fortbestehenden deutschen Gesamtnation mit Berlin als Verbindungsglied —— **212**
Graphik 11: Veränderungen bei der taiwanischen/chinesischen Identität auf Taiwan —— **437**
Graphik 12: Positive Wechselwirkungen: Flüchtlinge in Ungarn und die Stellung von Helmut Kohl in der CDU im Herbst 1989 —— **490**
Tabelle 1: Geteilte Hauptstädte und Orte mit besonderer Funktion —— **49**
Tabelle 2: Veränderungen bei der Zahl diplomatischer Anerkennungen —— **159**
Tabelle 3: Wiedervereinigung in der Präambel und den Artikeln 23 sowie 146 des Grundgesetzes von 1949 —— **229**
Tabelle 4: „Über ein geregeltes Nebeneinander zu einem Miteinander kommen." Aus der Regierungserklärung von Willy Brandt vom Oktober 1969. (Brandt 1969: 4) —— **271**
Tabelle 5: Prinzipien und Politikziele von Präsidenten der Republik China seit 1949 —— **328**
Tabelle 6: Tödliche Zwischenfälle zwischen Norden und Süden in Korea —— **343**
Tabelle 7: Amtszeit von Partei-, Staats- bzw. Regierungschefs vom Beginn der Ostpolitik bis zum Ende der SED-DDR —— **405**
Tabelle 8: Amtszeit von Partei-, Staats- bzw. Regierungschefs der Volksrepublik und der Republik China seit Beginn der Teilung 1949 —— **406**
Tabelle 9: Amtszeit von Partei- bzw. Staatschefs seit Beginn der Teilung Koreas 1945 bzw. den Staatsgründungen 1948 —— **406**
Tabelle 10: Amtszeit der Präsidenten der Republik Zypern und des Nordens seit der Teilung 1974/75 bzw. der Etablierung der TRNZ 1983 —— **407**
Tabelle 11: Antworten nach Altersgruppen für die wichtigsten Vereinigungsgründe (2022) —— **446**
Tabelle 12: Gründe gegen eine Vereinigung (2018–2022) —— **446**
Tabelle 13: „Als Sie in Nordkorea lebten, wie sehr hielten Sie eine Wiedervereinigung für notwendig?" —— **447**
Tabelle 14: Volksentscheide über Unabhängigkeit oder Austritt aus einem bestehenden Zusammenschluss, z. B. der Europäischen Union —— **460**
Tabelle 15: Bevölkerungsbewegungen in der Anfangsphase der Teilung —— **484**
Tabelle 16: Entwicklungen und Fluchtbewegungen, die Entscheidungsprozesse bezogen auf Deutschland beschleunigten —— **494**
Tabelle 17: Gründe zur Flucht und Zufriedenheit im Süden —— **498**
Tabelle 18: Lehrplan des Hanawon —— **499**
Tabelle 19: Identität von nordkoreanischen Flüchtlingen (in %) —— **500**
Tabelle 20: Finanzhilfen der Bundesrepublik Deutschland an die Sowjetunion —— **536**

Literatur

A

Ablaß, Werner E. 2011. „Von der NVA zur Bundeswehr – Herbst 1989 bis 2. Oktober 1990." In: Bücking, Hans-Jörg/Heydemann, Günther. Hg. *Streitkräfte im Nachkriegsdeutschland*. Berlin: Duncker & Humblot, S. 171–178.

Ablaß, Werner E. 1992. *Zapfenstreich. Von der NVA zur Bundeswehr*. Düsseldorf: Kommunal-Verlag.

ABstA 1. 1990. Markus Meckel, Akte 650. Antwort Meckels vom 15.06.1990 auf eine Anfrage aus der PDS-Fraktion der Volkskammer zu Dauer und Ergebnis der 2+4-Gespräche.

ABstA 2. 1990. Markus Meckel, Akte 652. Treffen Schewardnadse und Meckel am 29. April 1990 in Moskau.

ABstA 3. 1990. Markus Meckel. Akte 652. Gesprächsprotokoll zwischen Holger Saffier und dem 2. Sekretär der Botschaft der UdSSR, Herrn Poprowskij.

ABstA 4. 1990. Markus Meckel, Akte 650.

ABstA 5. 1990. Markus Meckel, Akte 650. Bericht des UdSSR-Botschafters an den DDR-Außenminister. „Der Besuch von F. Mitterrand in der UdSSR am 25. Mai dieses Jahres."

Accinelli, Robert. 1990. „Eisenhower, Congress, and the 1954–55 Offshore Island Crisis." *Presidential Studies Quarterly*, 20 (Spring 1990) 2, S. 329–348.

Acheson, Dean. 1969. *Present at the Creation. My Years in the State Department*. New York: Norton.

„Act Governing Relations between Peoples of the Taiwan Area and the Mainland Area and Its Enforcement Rules. 2004. Mainland Affairs Council, Legislative Yuan, Taipei 2004." https://www.mac.gov.tw/public/MMO/RPIR/book367.pdf. Eingesehen am 12.07.2022.

Adam, Werner. 2004. „Abstimmung mit den Füßen. Zypern bleibt geteilt – aber das Zusammengehörigkeitsgefühl zwischen Inselgriechen und Inseltürken wächst." *Frankfurter Allgemeine Zeitung*, 30.04.2004, S. 6.

Adomeit, Hannes. 2006. „Gorbachev's Consent to Unified Germany's Membership in NATO." (Paper delivered to the Conference on „Europe and the End of the Col War." Université de la Sorbonne, Paris, June 2006. SWP Working paper, FG 5 2006/11, December 2006.

Ahbe, Thomas. 2009. „Ostdeutsche und Westdeutsche Identität. Über Gründe und Sinn einer Differenz." *vorgänge*, 3. September 2009, S. 85–93.

Ahbe, Thomas. 2004. „Die Konstruktion der Ostdeutschen. Diskursive Spannungen, Stereotype und Identitäten seit 1989." *APuZ*, Jhg. 54, B 41–42, S. 12–22.

Ahn, Bong-Rock. 2005. *Die Wiedervereinigungsfrage Koreas unter der Berücksichtigung der deutschen Erfahrungen*. Berlin: Dissertation der Freien Universität Berlin.

Ahn, Byung-Joon. 1984. „North Korea's Proposal for a Tripartite Conference and Changes in Four Power Relations in East Asia." *Korea and World Affairs*, 8 (Spring 1984) 1, S. 17–47.

Akbulut, Hakan. 2014. „Zypernverhandlungen Reloaded: Eine gemeinsame Erklärung – eine gemeinsame Zukunft?" Arbeitspapier 74/April 2014. Wien: Österreichisches Institut für Internationale Politik. https://www.oiip.ac.at/cms/media/zypernverhandlungen-reloaded_arbeitspapier74.pdf. Eingesehen am 13.08.2020.

Albrecht, Ulrich. 1992. *Die Abwicklung der DDR. Die „2+4-Verhandlungen". Ein Insiderbericht*. Opladen: Westdeutscher Verlag.

Albright, Madeleine. 2003. *Madam Secretary*. New York: Miramax Books.

Amos, Heike. 2015. *Die SED-Deutschlandpolitik 1961–1989. Ziele, Aktivitäten und Konflikte*. Göttingen: Vandenhoek & Ruprecht.

Anderson, Benedict. 1991. *Imaginated Communities. Reflections on the Origin and Spread of Nationalism*. London: Verso.

Anderson, Jeffrey. 2010. *German Unification and the Union of Europe. The Domestic Politics of Integration Policy*. Cambridge: Cambridge UP.

Anter, Andreas. Hg. 2004. *Die normative Kraft des Faktischen: das Staatsverständnis Georg Jellineks*. Baden-Baden: Nomos.
Annan 2004. Text of The Plan. https://www.hri.org/docs/annan/Annan_Plan_Text.html. Mehrfach eingesehen, so am 11.08.2020.
Armacost, Michael/Pyle, Kenneth B. 2001. „Japan and Unification of Korea: Challenges for U. S. Policy Coordination." In: Eberstadt, Nicholas/Ellings, Richard J. Hg. *Korea's Future and the Great Powers*. Seattle: University of Washington Press, S. 125–163.
Armstrong, Charles K. 2013. *Tyranny of the Weak: North Korea and the World, 1950–1992*. Ithaca, London: Cornell UP.
Arnold, Hans. 1990. „Interview mit Botschafter a. D. Hans Arnold." In: *Süddeutsche Zeitung*, 8. August 1990, S. 8.
Ash, Robert F./Kueh, Y. Y. 1993. „Economic Integration within Greater China: Trade and Investment Flows between China, Hongkong and Taiwan." *CQ*, Nr. 136, Dezember 1993, S. 711–745.
asianews 2022. China's ambassador to France insists that the Taiwanese must be ‚re-educated'. https://www.Asianews.it/news-en/China's-ambassador-to-France-insists-that-the-Taiwanese-must-be-re-educated'-56430. Eingesehen am 08.09.2022.
Auster, Bruce B./Whitelaw, Kevin. 2003. „Pentagon Plan 5030, a new blueprint for facing down North Korea." *US News and World Report*, 21.07.2003.
Auswärtiges Amt. Hg. 1993. „*2+4". Die Verhandlungen über die äußeren Aspekte der Herstellung der deutschen Einheit. Eine Dokumentation*, 2. Auflage. Bonn 1993.
Auswärtiges Amt. Hg. 1955. *Die Außenministerkonferenz in Genf vom 27. Oktober bis 16. November 1955. Dokumente und Materialien*. Bonn: Auswärtiges Amt.
Axelblom, Alec. 2017. *Republic of Korea's Sunshine Policy: The sweeping fall in support for the Sunshine Policy and the role of the Ministry of Unification during the tumultuous Sunshine years*. M. A. Thesis, Lund University, Centre for East and South-East Asian Studies. https://www.lup.lub.lu.se/student-papers/search/publication/8922967. Eingesehen am 26.07.2020.
Ayres, R. William. 2000. „A World Flying Apart? Violent Nationalist Conflict and the End of the Cold War." *Journal of Peace Research*, 37 (2000) 1, S. 105–117.

B

Bach, Robert L. et al. 1993. *Changing Relations. Newcomers and Established Residents in U. S. Communities. A Report to the Ford Foundation by the National Board of the Changing Relations Project*. New York.
Backhouse, Edmund/Bland, John O. P. 1914. *Annals and Memoirs of the Court of Peking. (From the 16th to the 20th Century.)* Boston/New York: Houghton Mifflin.
Baek, Buhm-Suk/Teitel, Ruti G. 2015. Hg. *Transitional Justice in Unified Korea*. New York: Palgrave Macmillan.
Baek, Jieun. 2016. *North Korea's Hidden Revolution. How the Information Underground is Transforming a Closed Society*. New Haven: Yale UP.
Bahr, Egon. 2019. *Was nun? Ein Weg zur deutschen Einheit*. Berlin: Suhrkamp.
Bahr, Egon. 2015. *Verantwortungspartnerschaft mit Moskau und Washington*. Berlin: Friedrich-Ebert-Stiftung.
Bahr, Egon. 2012. *Unzeitgemäßes zur Freiheit Europas*. Friedrich-Ebert-Stiftung. Hg. 2. Auflage, S. 16–31.
Bahr, Egon. 2003. *Der deutsche Weg. Selbstverständlich und normal*. München: Blessing.
Bahr, Egon. „Die SPD und ihre deutschlandpolitischen Konzepte in den 50er und 60er Jahren." In: Hübsch, Reinhard. Hg. *„Hört die Signale!" Die Deutschlandpolitik von KPD/SED und SPD 1945–1970*. Berlin: Akademie Verlag, S. 61–72.
Bahr, Egon. 1999. „Wandel durch Annäherung. Die Grundkonzeption und die Umsetzung einer neuen Ost- und Deutschlandpolitik." In: Friedrich-Ebert-Stiftung, Berliner Büro. Hg. *Die Ost- und Deutschlandpolitik. Vom Wandel durch Annäherung zu einer europäischen Friedensordnung*. Berlin, S. 17–25.
Bahr, Egon. 1998. *Zu meiner Zeit*. München: Siedler/Goldmann.
Bahr, Egon. 1971. „Staatssekretär Bahr: Der Vertrag mit der Sowjetunion." In: *Texte zur Deutschlandpolitik, Band 6*, Bonn: Bundesministerium für innerdeutsche Beziehungen, S. 111–113.

Bahr, Egon. 1963. „Wandel durch Annäherung." (Rede in Tutzing am 15. Juli 1963.) „Wandel durch Annäherung." (Rede in der Evangelischen Akademie Tutzing (Tutzinger Rede), 15. Juli 1963. https://www.1000dokumente.de/index.html?c=dokument=0091_bah&object_translation&l=de. Eingesehen am 25.03.2024.

Bahrmann, Hannes/Links, Christoph. Hg. 2009. *Chronik der Wende. Die Ereignisse in der DDR zwischen 7. Oktober 1989 und 18. März 1990*. 12. Auflage. Berlin: Ch. Links.

Baker, James A. III. 1996. *Drei Jahre, die die Welt veränderten. Erinnerungen*. Berlin: Siedler.

Baker, James A. III. 1991. „America in Asia: Emerging Architecture for a Pacific Community." *Foreign Affairs*, 70 (Winter 1991–92) 5, S. 1–18.

Baker, James A. III. 1989. „Secretary Baker. A New Europe, A New Atlanticism: Architecture for a New Era." United States Department of State, Bureau of Public Affairs, Current Policy No. 1233. https://www.core.ac.uk/downloads/pdf/26019993.pdf. Eingesehen am 25.03.2024.

Bakke, Kristin/Wibbels, Erik. 2006. „Diversity, Disparity, and Civil Conflict in Federal States." *World Politics*, 59 (October 2006) 1, S. 1–50.

Ballbach, Eric J. 2020. „Unintended Consequences of the European Union's Sanctions Regime against North Korea." https://www.geschkult.fu-berlin.de/e/oas/korea-studien/korea-eu/kdi-files/working-paper/Korea-Focus-Working-Paper-No_-8.pdf. Eingesehen am 21.10.2020.

Ballbach, Eric J. 2018. „Nordkorea: Zwischen Abwehrpolitik und Einflussstreben." In: Hilpert, Hanns Günther/Meier, Oliver, Hg. *Facetten des Nordkorea-Konflikts. Akteure, Problemlagen und Europas Interessen*. Berlin: SWP-Studie 2018/18, S. 12–18.

Ballbach, Eric J. 2017. „North Korea's Engagement in International Institutions: The Case of the ASEAN Regional Forum." *International Journal of Korean Unification Studies*, 26 (2017) 2, S. 35–65.

Ballbach, Eric J. 2016. „North Korea's Emerging Nuclear State Identity: Discursive Construction and Performative Enactment." *The Korean Journal of International Studies*, 14 (December 2016) 3, pp. 391–414.

Banditt, Christopher. 2014. Das „Kuratorium für einen demokratisch verfassten Bund deutscher Länder" in der Verfassungsdiskussion der Wiedervereinigung. *Deutschland Archiv* vom 16.10.2014. https://www.boell.de/de/2015/09/17/die-verfassungsdiskussion-der-wiedervereinigung. https://www.bpb.de/geschichte/zeitgeschichte/deutschlandarchiv/193078/das-kuratorium-fuer-einen-demokratisch-verfassten-bund-deutscher-laender. Eingesehen am 25.02.2021.

Bao, Tzong-Ho. 1991. „Taipei-Peking Interaction as a Two-Person Conflict: A Game-Theoretical Analysis." *I & S*, 27 (October 1991) 10, S. 72–96.

Bardenhagen, Klaus. 2018. „China umgarnt und bedroht Taiwan." *Deutsche Welle*. https://www.Dw.com/de/china-umgarnt-und-bedroht-taiwan/a-42868494. Eingesehen am 02.05.2021.

Barnes, Julian. 2012. *The Sense of an Ending*. London: Vintage.

Barth, Thoralf. 2009. *Die Zentrale des Umbruchs von 1989/90. Meinungen über den Runden Tisch der DDR*. Berlin: Weißensee Verlag.

Bass, Hans H. 1998. Wirtschaftskooperation zwischen Festlandchina und Taiwan – Potenziale und Grenzen. *Berichte des Arbeitskreises Chinaforschung im Institut für Weltwirtschaft und Internationales Management*, Nr. 11. Universität Bremen, Mai 1998.

Baum, Richard/Forney, Matt. 1996. „Cross Purposes: Though Taipei has reacted cautiously to China's sabre-rattling, Peking's inability to comprehend Taiwan's demographic reality has given rise to a dangerous gap in perceptions between the two sides." *FEER*, 21. März 1996, S. 14 ff.

Baumann, Marcel. 2008. *Zwischenwelten: Weder Krieg noch Frieden. Über den konstruktiven Umgang mit Gewaltphänomenen im Prozess der Konflikttransformation*. Wiesbaden: VS Verlag; besonders ab S. 115.

Baumunk, Bodo-Michael. 2018. „Winterreise nach Taiwan – Erfahrungen deutscher Parlamentarier im Jahre 1958." In: Schäfer, Anita/Meerkamp, Frank/Zillessen, Sophie-Caroline, Hg. 2018. *Taiwan in Bewegung*. Berlin: Deutsch-Chinesische Gesellschaft e. V. – Freunde Taiwans, S. 25–31.

Becker, Christian. 2017. *Große Statussorgen um kleine Inseln. Militärische Symbolpolitik im Süd- und Ostchinesischen Meer*. Berlin: SWP-Studie 2017/3.

Beeson, Mark. 2009. „Hegemonic transition in East Asia? The dynamics of Chinese and American power. " *Review of International Studies*, 35 (January 2009) 1, S. 95–112.

Bellamy, Alex J. 2015. „The DPRK and the Responsibility to Protect." In: Institute of Foreign Affairs and National Security und Korean National Diplomatic Academy. Hg. *International Law and Policy on Korean Unification.* Seoul: Institute of Foreign Affairs and National Security, Korean National Diplomatic Academy, S. 149–174.

Bellamy, Alex J. 2014. *Responsibility to Protect*. Oxford: Oxford UP.

Bellamy, Alex J. 2009. *Responsibility to Protect. The Global Effort to End Mass Atrocities*. Cambridge: Polity Press.

Belz, Nina. 2018. „Die lange Liste der Uno-Sanktionen gegen Nordkorea. Seit 2006 hat der Uno-Sicherheitsrat neun Mal Sanktionen gegen Nordkorea beschlossen. Genützt haben sie wenig. Ein Überblick." *Neue Zürcher Zeitung*. 03.01.2018. https://www.nzz.ch/international/nordkorea-krise-amerika-will-im-Sicherheitsrat-oel-embargo-gegen-nordkorea-durchsetzen-ld.1314867. Eingesehen am 28.04.2020.

Bender, Peter. 1999. „Offensive Entspannung." In: Friedrich-Ebert-Stiftung, Berliner Büro. Hg. *Die Ost- und Deutschlandpolitik. Vom Wandel durch Annäherung zu einer europäischen Friedensordnung*. Berlin, S. 7–15.

Bender, Peter. 1996. *Episode oder Epoche? Zur Geschichte des geteilten Deutschland*. München: Deutscher Taschenbuch Verlag.

Bender, Peter. 1995. *Die „Neue Ostpolitik" und ihre Folgen. Vom Mauerbau bis zur Vereinigung*. München: Deutscher Taschenbuch Verlag.

Bender, Peter. 1994. „Der goldene Angelhaken: Entspannungspolitik und Systemwandel." *APuZ*, B 14/1994, S. 11–15.

Bender, Peter. 1987. *Wenn es West-Berlin nicht gäbe*. Berlin: Siedler.

Berdahl, Daphne. 2002. „Ostalgie und ostdeutsche Sehnsüchte nach einer erinnerten Vergangenheit." In: Hauschild, Thomas/Warnechen, Bernd Jürgen. Hg. 2002. *Inspecting Germany. Internationale Deutschland-Ethnographie der Gegenwart.* Münster: Lit, S. 476–495.

Bernstein, Richard/Munro, Ross H. 1997. *Der kommende Konflikt mit China. Das Reich der Mitte auf dem Weg zur neuen Weltmacht*. München 1997: Heyne.

Berschin, Helmut. 1999. „Deutschlandbegriff im sprachlichen Wandel." Weidenfeld, Werner/Korte, Karl-Rudolf. Hg. 1999. *Handbuch zur deutschen Einheit 1949–1989–1999*. Bonn: Bundeszentrale für politische Bildung, S. 217–225.

Berschin, Helmut. 1979. *Deutschland – ein Name im Wandel. Die deutsche Frage im Spiegel der Sprache*. München: Olzog.

Bersick, Sebastian. 2004. *Auf dem Weg in eine neue Weltordnung? Zur Politik der interregionalen Beziehungen am Beispiel des ASEM-Prozesses*. Baden-Baden: Nomos.

Bertele, Franz. 2003. „Grundlagenvertrag und Ständige Vertretung in Berlin. Notizen zum Management der deutschen Teilung." In: Frowein, Jochen A./Scharioth, Klaus/Winkelmann, Ingo/Wolfrum, Rüdiger. Hg. *Verhandeln für den Frieden. – Negotiating for Peace*. Berlin, Heidelberg, New York: Springer, S. 675–689.

Best, Heinrich/Gebauer, Ronald. 2020. „Die Kosten und Erträge der Wiedervereinigung Deutschlands." https://www.Bpb.de/themen/deutsche-einheit/lange-wege-der-deutschen-Einheit/47534/die-kosten-und-ertraege-der-wiedervereinigung-deutschlands/ Eingesehen am 03.09.2020.

Bierhoff, Hans W. 1999. „Zufriedenheit, Leistungsbreitschaft und Unfairneß in Ost- und Westdeutschland: Zur psychosozialen Befindlichkeit nach der Wiedervereinigung." In: Schmitt, Manfred/Montada, Leo. Hg. 1999. *Gerechtigkeitserleben im Wiedervereinigten Deutschland*. Opladen: Leske + Budrich, S. 45–66.

Bierling, Stephan. 2014. *Vormacht wider Willen. Deutsche Außenpolitik von der Wiedervereinigung bis zur Gegenwart.* München: C. H. Beck.

Bilge, Suat. 1975. „The Cyprus Conflict and Turkey." In: Karpat, Kemal. Hg. 1975. *Turkey's Foreign Policy in Transition. 1950–1974.* Leiden: E. J. Brill, S. 135–185.

Binder, Heinz-Georg. 1995. „Vortrag zum Thema: Die Bedeutung des finanziellen Transfers und der humanitären Hilfe zwischen den Kirchen im geteilten Deutschland." In: Deutscher Bundestag. 12. Wahlperiode. Hg. 1995 ff. *Materialien der Enquête-Kommission „Aufarbeitung von Geschichte und Folgen der SED-Diktatur in Deutschland."* Baden-Baden: Nomos, Bd. VI, 1, S. 559–582.

Birnbaum, Karl E./Peters, Ingo. Hg. 1991. *Zwischen Abgrenzung und Verantwortungsgemeinschaft. Zur KSZE-Politik der beiden deutschen Staaten 1984–1989*. Baden-Baden: Nomos.

Blank, Thomas/Heinrich, Horst-Alfred/Schmidt, Peter. 2000. „Nationale Identität und kollektive Erinnerung in Deutschland." In: Esser, Hartmut. Hg. *Der Wandel nach der Wende. Gesellschaft, Wirtschaft, Politik in Ostdeutschland*. Wiesbaden: VS Verlag, S. 251–276.

Bleiker, Roland. 2010. „Towards a Sustainable Diplomacy in Divided Korea." In: Constantinou, Costas M./ Der Derian, James. Hg. *Sustainable Diplomacies and Global Security*. Houndmills: Palgrave Macmillan, S. 235–255.

Bleiker, Roland. 2005. *Divided Korea. Toward a Culture of Reconciliation*. Minneapolis: University of Minnesota Press.

Bleiker, Roland. 2004. „Identity, Difference, and the Dilemmas of Inter-Korean Relations: Insights from Northern Defectors and the German Precedence." *AP*, 28 (2004) 2, S. 35–63.

Bleiker, Roland. 2003. „A Rogue is a Rogue is a Rogue: US Foreign Policy and the Korean Nuclear Crisis." *International Affairs*, 79 (July 2003) 4, S. 719–737.

Bleiker, Roland. 2001. „Identity and security in Korea." *The Pacific Review*, 14 (2001) 1, S. 121–148.

Bleiker, Roland. 1993. *Nonviolent Struggle and the Revolution in East Germany*. Cambridge, MA: The Albert Einstein Institution.

Blum, Martin. 2006. „Ostalgie, Material Culture and Identity." In: Starkman, Ruth A. Hg. 2006. *Transformation of the New Germany*. New York: Palgrave Macmillan, S. 131–154.

Bolt, Paul J. 2001. „Economic Ties Across the Taiwan Strait: Bying Time for Compromise." *I & S*, 37 (2001) 2, S. 80–105.

Bolton, John. 2017. „Revisit the ‚One China' Policy." *Wall Street Journal*, 16.01.2017. https://www.wsj.com/articles/revisit-the-one-china-policy-1484611627. Eingesehen am 31.10.2019.

Booz, Rüdiger M. 1995. *Hallsteinzeit. Deutsche Außenpolitik 1955–1972*. Bonn: Bouvier.

Borchmeyer, Dieter. 2008. „Was ist deutsch? Variationen eines Themas von Schiller über Wagner zu Thomas Mann." Vortrag vom 13. Februar 2008 in einer Veranstaltung des Thomas-Mann-Förderkreises München. https://www.tmfm.de/aktuell/Borchmeyer.pdf. Eingesehen am 01.09.2020.

Boyle, Martin. 2019. *Republic of China Independence (Huadu): A Realist-constructivist Account of Taiwan's Maintenance of Its de Facto Independence*. PhD Thesis der Universität Kent. https://www.kar.kent.ac.uk/75555. Eingesehen am 25.03.2024.

Bozo, Frédéric. 2005. *Mitterrand, la fin de la guerre froide et l'unification allemande. De Yalta à Maastricht*. Paris: Odile Jacob.

Bradner, Stephen. 2005. „North Korea's Strategy." In: Sokolski, Henry D. Hg.: *Planning for a Peaceful Korea*. Miami: UP of the Pacific, S. 23–82.

Brandt, Christoph-Matthias. 1993. *Souveränität für Deutschland. Grundlagen, Entstehungsgeschichte und Bedeutung des Zwei-Plus-Vier-Vertrages vom 12. September 1990*. Köln: Verlag Wissenschaft und Politik.

Brandt, Peter. 2019. „Einleitung." In: Bahr, Egon. 2019. *Was nun? Ein Weg zur deutschen Einheit*. Berlin: Suhrkamp, S. 7–50.

Brandt, Peter. 2014. *Mit anderen Augen. Versuch über den Politiker und Privatmann Willy Brandt*. Bonn: J. H. W. Dietz Nachf., 3. Auflage.

Brandt, Peter/Ammon, Herbert. Hg. 1981. *Die Linke und die nationale Frage. Dokumente zur deutschen Einheit von 1945 bis heute*. Reinbek: Rowohlt.

Brandt, Willy. 2023. *Nach dem Sieg. Die Diskussion über Kriegs- und Friedensziele*. Frankfurt/M.: Campus

Brandt, Willy. 1992. *Erinnerungen. Mit einem aktuellen Vorwort*. Frankfurt/M., Berlin: Ullstein, 3. Auflage.

Brandt, Willy. 1970. Bundeskanzler Brandt: Erklärung vor dem Bundestag. 18. September 1970. Bundesministerium für innerdeutsche Beziehungen. Hg. 1971. *Texte zur Deutschlandpolitik*, Band 6, S. 131–134.
Brandt, Willy. 1969. „Regierungserklärung von Bundeskanzler Willy Brandt vor dem Deutschen Bundestag in Bonn am 28. Oktober 1969." https://www.willy-brandt-biografie.de/wp-content/uploads/2017/08/Regierungserklaerung_Willy_Brandt_1969.pdf. Eingesehen am 05.04.2020.
Bräutigam, Hans Otto. 1999. „Die Politik der menschlichen Erleichterungen." Friedrich-Ebert-Stiftung, Berliner Büro. Hg. 1999. *Vom Wandel durch Annäherung zu einer europäischen Friedensordnung*. Berlin: Friedrich-Ebert-Stiftung, S. 93–105.
Bredow, Wilfried von. 2010. Die internationalen Rahmenbedingungen der deutschen Einheit 1990 und die Veränderung der Sicherheits-Landschaft in Europa. In: Im, Hyun-Baek/Lee, Eun-Jeung. Hg. *Kann die koreanische Halbinsel wie Deutschland wiedervereinigt werden? 20 Jahre nach dem Mauerfall – Lehren für die koreanische Halbinsel*. Seoul: Songjung, S. 88–113. (Text auf Koreanisch, zitiert wurde aus dem deutschen Manuskript.)
Bredow, Wilfried von. 1999. „Der KSZE-Prozess und die beiden deutschen Staaten." In: Deutscher Bundestag. 13. Wahlperiode. Hg. *Materialien der Enquête-Kommission „Überwindung und Folgen der SED-Diktatur im Prozeß der deutschen Einheit."* Band VIII, Baden-Baden: Nomos, S. 944–996.
Bremen, Christian. 1998. *Die Eisenhower-Administration und die zweite Berlin-Krise 1958–1961*. Berlin, New York: Walter de Gruyter.
Brick, Philip. 1985. „The Politics of Bonn-Peking Normalization, 1972–84." *AS*, 25 (July 1985) 7, S. 773–791.
Brinkel, Wolfgang/Rodejohann, Jo. Hg. 1988. *Das SPD-SED-Papier. Der Streit der Ideologien und die gemeinsame Sicherheit*. Freiburg/Br.: Dreisam-Verlag.
Brooks, Stephen G./Wohlforth, William C. 2015/16. „The Rise and Fall of the Great Powers in the Twenty-first Century: China's Rise and the Fate of America's Global Position." *International Security*, 40 (2015/16) 3, S. 7–53.
Brown, Melissa J. 2004. *Is Taiwan Chinese? The Impact of Culture, Power, and Migration on Changing Identities*. Berkeley, Los Angeles: University of California Press.
Bruck, Elke/Wagner, Peter M., Hg. 1996. *Wege zum „2+4" Vertrag. Die äußeren Aspekte der deutschen Einheit*. München: Centrum für angewandte Politikforschung. Schriftenreihe der Forschungsgruppe Deutschland. Band 6.
Brüggemann, Adolf. 2008. „Als Militärattaché aktiver Zeitzeuge in Prag 1989." *DA* 41 (2008) 5, S. 826–835.
Brunner, Georg. 1980. „Deutsche Demokratische Republik." In: Brunner, Georg/Meissner, Boris. Hg. 1980. *Verfassungen der kommunistischen Staaten*. Paderborn: Schöningh, S. 91–114.
Buchanan, Allen. 1991. *Secession: The Morality of Political Divorce. From Fort Sumter to Lithuania and Quebec*. Boulder: Westview Press.
Budziński, Andrzej. 1992. „External aspects of German unification: the Polish view." In: Welfens, Paul J. J. Hg. *Economic Aspects of German Unification. National and International Perspectives*. Berlin: Springer-Verlag, S. 299–309, Kommentar S. 310–316.
Bullard, Julian. 1992. „Die britische Haltung zur Wiedervereinigung." In: Becker, Josef. Hg.: *Wiedervereinigung in Mitteleuropa. Außen- und Innenansichten zur staatlichen Einheit Deutschlands*. München: Verlag Ernst Vögel, S. 27–42.
Bundesministerium 1959. Bundesministerium für Gesamtdeutsche Fragen. Hg. 1959. *Die Bemühungen der Bundesrepublik um Wiederherstellung der Einheit Deutschlands durch gesamtdeutsche Wahlen. Dokumente und Akten*. Drei Bände. Bonn: Deutscher Bundes-Verlag.
Burr, William. Hg. 1999. *The Kissinger Transcripts. The Top Secret Talks with Peking and Moscow*. New York: The New Press.
Bush, Richard C. 2017. „What Xi Jinping said about Taiwan at the 19th Party Congress." https://www.brookings.edu/blog/order-from-chaos/2017/10/19/what-xi-jinping-said-about-taiwan-at-the-19th-party-congress/. Eingesehen am 14.04.2020.

Buszynski, Leszek. 2015. *Negotiating with North Korea. The Six Party Talks and the Nuclear Issue.* Abingdon, New York: Routledge.

Bußmann, Walter. Hg. 1981. *Europa von der Französischen Revolution zu den nationalstaatlichen Bewegungen im 19. Jahrhundert.* In: Schieder, Theodor. Hg. *Handbuch der europäischen Geschichte*, Bd. 5, Stuttgart: Klett-Cotta, S. 1–186.

Byman, Daniel/Lind, Jennifer. 2010. „Pyongyang's Survival Strategy: Tools of Authoritarian Control in North Korea." *International Security*, 35 (Summer 2010), S. 44–74.

C

Cabestan, Jean-Pierre. 2017. „Peking's Policy towards President Tsai Ing-wen and the Future of Cross-Strait Relations." *Journal of Diplomacy and International Relations*, 18 (2017) 1, S. 54–71.

Cabestan, Jean-Pierre. 1996. „Taiwan's Mainland Policy: Normalization, Yes; Reunification, Later." *CQ*, Nr. 148, Dezember 1996, S. 1260–1283.

Cabestan, Jean-Pierre. 1995. „The Cross-Strait Relationship in the Post-Cold War era: Neither Reunification Nor ‚Win-Win' Game." *I & S*, 31 (January 1995) 1, S. 27–50.

Calder, Kent. 2006. „China und Japan's Simmering Rivalry." *Foreign Affairs*, 85/2, March-April 2006, S. 129–139.

Caroters, Thomas/O'Donohue, Andrew. Hg. 2019. *Democracies divided. The Global Challenge of Political Polarization.* Washington D. C.: Brookings.

Carter, Jimmy. 1982. *Keeping Faith.* New York: Bantam Books.

Cha, Victor D. 2002. „Korea's Place in the Axis." *Foreign Affairs*, 81 (May-June 2002) 3, S. 79–92.

Cha, Victor D. 2002a. „Hawk Engagement and Preventive Defense on Korean Peninsula." *International Security*, 27 (Summer 2002) 1, S. 40–78.

Cha, Victor D. 2000. „The Continuity behind the Change in Korea." *Orbis*, 44 (2000) 4, S. 585–598.

Cha, Victor D. 2000a. „Engaging North Korea Credibly." *Survival*, 42 (Summer 2000) 2, S. 136–155.

Cha, Victor D. 2000b. „Democracy and Unification: The Dilemma of the RK Engagement." In: Dong, Wonmo. Hg. 2000. *The two Koreas and the United States: Issues of Peace, Security and Economic Cooperation.* Armonk: M. E. Sharpe, S. 76–93.

Chang, G. Andy/Wang, T. Y. 2005. „Taiwanese or Chinese? Independence or Unification? An Analysis of Generational Differences on Taiwan." *Journal of Asian and African Studies.* 40 (April 2005) 1/2, S. 29–49.

Chang, Hui-Ching/Holt, Rich. 2009. „*Taiwan* and ROC: A critical analysis of President Chen Shui-bien's construction of Taiwan identity in national speeches." *National Identities*, 11 (September 2009) 3, S. 301–330.

Chang, Jaw-Ling Joanne. 1991. „Negotiation of the 17 August 1982 U. S.-PRC Arms Communiqué: Peking's Negotiating Tactics." *CQ*, Nr. 125, March 1991, S. 33–54.

Chang, Maria Hsia. 1996. „The Thought of Deng Xiaoping." *Communist and Post-Communist Studies*, 29 (1996) 4, S. 377–394.

Chang, Mau-kuei. 2000. „On the Origins and Transformation of Taiwanese National Identity." *China Perspectives*, no. 28 (March-April 2000), S. 51–70.

Chang, Parris. 1998. „Pax Americana: The U. S. Decision to intervene in the Taiwan Strait Crisis in March 1996." In: Institute for National Development. Hg. *In Search of Peaceful Coexistence between Taiwan and China: Strategies and Approaches*. Taipei: Institute for National Development, S. 44–55.

Chang, Shuhua. 1986. „Communications and China's National Integration: An Analysis of *People's Daily* and *Central Daily News* on the China Reunification Issue." In: *OPRS*, Nr. 5, 1986.

Chang, Wu-yueh. 1992. „The German and Korean Models and Interaction across the Taiwan Strait: A comparative Study." *I & S*, 28 (Oktober 1992) 10, S. 90–115.

Chao, Chien-min. 1995. „David and Goliath: A Comparison of Reunification Policies between Mainland China and Taiwan." In: Wu, Jaushieh Joseph. Hg. 1995. *Divided Nations. The Experience of Germany, Korea, and China*. Taipei: Institute of International Relations, National Chengchi University, S. 193–225.

Chao, Chien-min. 1994. „Taiwan's Identity Crisis and Cross-Strait Exchanges." In: *I & S*, 30 (April 1994) 4, S. 1–13.
Chen, Angeline G. 1998. „Taiwan's International Personality: Crossing the River by Feeling the Stones." *Loyola of Los Angeles International and Comparative Law Review*, 20 (January 1998) 2, S. 223–255.
Chen, Chien-Kai. 2014. „China – Taiwan Relations Through the Lens of the Interaction Between China's Association for Relations Across the Taiwan Strait and Taiwan's Straits Exchange Foundation." *East Asia: An International Quarterly*, 31 (September 2014) 3, S. 223–248.
Chen, Dean P. 2019. „The Trump Administration's One-China Policy: Tilting towards Taiwan in an Era of U. S.-PRC Rivalry?" *Asian Politics and Policy*, 11 (2019) 2, S. 250–278.
Chen, King C. 1983. „China's War against Vietnam. 1979. A Military Analysis." *OPRS*, Nr. 5, 1983.
Chen, Pi-chao. 1995. „PRC's Policy of Absorbing Taiwan after 1979: Strategy, Constraints, and Prospects." In: Wu, Jaushieh Joseph. Hg. 1995. *Divided Nations. The Experience of Germany, Korea, and China*. Taipei: Institute of International Relations, National Chengchi University, S. 226–248.
Chen, Qimao. 1993. „The Role of Great Powers in the Process of Korean Reunification." In: Jordan, Amos A. Hg. *Korean Unification: Implications for Northeast Asia*. Washington D. C.: CSIS, S. 59–79.
Chen, Shui-bian. 2004. Rede zur Amtseinführung am 20. Mai 2004. *Taipei Times*, 21.05.2004, S. 8.
Chen, Wei-han. 2017. „‚One country, two systems' not acceptable, Lai says." *Taipei Times*, 20. Juni 2017, S. 1. https://www.Taipeitimes.com/News/front/archives/2017/06/20/2003672906. Eingesehen am 20.07.2017.
Chen, Wen-chun. 1997. „National Identity and Democratic Consolidation in Taiwan: A Study of the Problem of Democratization in a Divided Country." *Issues & Studies*, 33 (April 1997) 4, S. 1–44.
Chen, Yu-fu. 2022. „Survey shows 84 % do not hold ‚one China' view." *Taipei Times*, 03.06.2022, S. 3.
Cheng, Maria. 2006. „Constructing a new political Spectacle: Tactics of Chen Shui-bian's 2000 and 2004 Inaugural Speeches." *Discourse & Society*, 17 (September 2006) 5, S. 583–608.
Cheong, Seong-chang. 2000. „Stalinism and Kimilsungism: A Comparative Analysis of Ideology and Power." *AP*, 24 (2000) 1, 2000, S. 133–161.
Cheong, Seong-chang. 1997. *Idéologie et système en Corée du Nord: De Kim Il-Song à Kim Chong-Il*. Paris: L'Harmattan.
Chesneaux, Jean. 1976. „The Federalist Movement in China, 1920–3." In: Gray, Jack. Hg. *Modern China's Search for a Political Form*. Oxford: Oxford UP, S. 96–137.
Ch'i, Hsi-Sheng. 1976. *Warlord Politics in China, 1916–1928*. Stanford: Stanford UP.
Chiang, Frank. 2018. *One-China Policy: State, Sovereignty, and Taiwan's International Legal Status*. Amsterdam: Elsevier.
Chiang, Kai-shek. 1947. *China's Destiny*. London: Roy Publishers.
Chiang, Kai-shek. 1947. *China's Destiny*. London: Macmillan.
China Post 2004. „KMT seesk new name, status quo for Taiwan." Redaktioneller Beitrag der *China Post*, Taipei, vom 19. August 2004.
Ching, Frank. 1994. „An About-Turn by Taiwan. But concessions on sovereignty are unlikely to do much good." *FEER*, 04.08.1994, S. 30.
Chiou, Hsien-hsü, Nicolas. 2022. *The China you don't know*. Taipei: Xing Fu Lü Guan.
Chiu, Hungdah/Lee, Hsing-wei/Wu, Chih-Yu T. 2001. „Implementation of Taiwan Relations Act: An Examination After Twenty Years." *MSCAS*, Nr. 2, 2001.
Chiu, Hungdah/Teufel Dreyer, June. 1996. „Recent Relations between China and Taiwan and Taiwan's Defense Capabilities." *OPRS*, Nr. 3, 1996.
Chiu, Hungdah. 1993. „Koo-Wang Talks and the Prospect of Building Constructive and Stable Relations Across the Taiwan Straits (with Documents)." *OPRS*, Nr. 6, 1993.
Chiu, Hungdah. 1990. „The Taiwan Relations Act and Sino-American Relations." *OPRS*, Nr. 5, 1990.

Chiu, Hungdah. 1981. „The International Law of Recognition and multi-systems Nations – with special Reference to the Chinese (Mainland-Taiwan) Case." In: *Chinese Yearbook of International Law and Affairs*, Vol. 1 (1981), S. 1–16.

Chiu, Hungdah. /Downen, Robert. 1981. „Multi-System Nations and International Law: The International Status of Germany, Korea and China." *OPRS*, Nr. 8, 1981.

Chiu, Nicholas. 2020. „Taiwan tiptoes in cross-strait relations." *Theinterpreter*, 17.07.2020. https://www.lowyinstitute.org/the-interpreter/taiwan-tiptoes-cross-strait-relations. Eingesehen am 28.09.2020.

Cho, Jinhyun. 2017. *English Language Ideologies in Korea: Interpreting the Past and Present*. Cham: Springer International.

Cho, Kisuk, 2015. „A Model on the Rise and Decline of South-Korean Anti-American Sentiment." *Korea Observer*, 46 (2015) 2: 233–264.

Cho, Min. 2014. „Diffusion of Unification Vision and Discourse. The starting point of resolving problems on the Korean Peninsula must begin with the problem of unification." *Vantage Point*, 37 (June 2014) 6, S. 28–31.

Cho, Min. 2007. „Establishment of Peace Regime on the Korean Peninsula." *Korea and World Affairs*, 31 (Fall 2007) 3, S. 281–300.

Cho, Sun-Sung. 1967. „Politics of North Korea's Unification Policies: 1950–1965." *World Politics*, 19 (January 1967) 2, S. 218–241.

Choe, Sang-Hun. 2018. „Olympic Dreams of a United Korea? Many in South Say, ‚No, Thanks.'" *New York Times*, 28.01.2018. https://www.nytimes.com/2018/01/28/world/asia/koreas-olympics-reunification.html? Eingesehen am 31.01.2018.

Choi, Kang. 2008. „Mid-Term Prospects for the Security Environment of Northeast Asia and the Korean Peninsula." *East Asian Review*, 20 (Spring 2008) 1, S. 23–47.

Choi, Wan-kyu. 2001. „North Korea's New Unification Strategy." *AP*, 25 (2001) 2, S. 99–122.

Chon, Hyun-joon. 2005. „Outlook on Inter-Korean and U. S.–North Korean Relations." *Korea Policy Review*, July 2005.

Choo, Jaewoo. 2019. „China's Strategic Cooperation with Russia and the Neutralization of the Korean Peninsula." Choo, Jaewoo/Kim, Youngjun/Lukin, Artyom/Wishnick, Elizabeth. *The China-Russia Entente and the Korean Peninsula*. NBR Special report, Nr. 78, March 2019, S. 31–39. https://www.nbr.org/wp-content/uploads/pdfs/publications/sr78_china_russia_entente_march2019.pdf. Eingesehen am 31.03.2019.

Choo, Jaewoo. 2008. „Mirroring North Korea's Growing Economic Dependence on China: Political Ramifications." *AS*, XLVIII (March/April 2008) 2, S. 343–372.

Chou, Yu-sun. 1996. „Nationalism and Patriotism in China." *I & S*, 32 (November 1996) 11, S. 67–86.

Chow, Tse-tsung. 1960. *The May Fourth Movement: Intellectual Revolution in Modern China*. Cambridge, MA: Harvard UP.

Chu, Shulong/Lin, Xinzhu. 2008. „The Six Party Talks: A Chinese Perspective." *AP*, 32 (2008) 4, S. 29–43.

Chu, Yun-han/Lin, Jih-wen. 2001. „Political Development in 20th-Century Taiwan: State-Building, Regime Transformation and the Construction of National Identity." *CQ*, March 2001, S. 102–129.

Chun, Kyung Hyo. 2022. „North Korean Defectors as Cultural Other in South Korea: Perception and Construction of Cultural Differences." *Asian Journal of Peacebuilding*, March 15, 2022, S. 1–29.

Chung, Byung-Ho. 2008. „Between Defector and Migrant: Indentities and Strategies of North Koreans in South Korea." *Korean Studies*, Vol. 32, S. 1–27.

Chung, Chin O. 1978. *Pyongyang between Peking and Moscow: North Korea's Involvement in the Sino-Soviet Dispute, 1958–1975*. Tuscaloosa: The University of Alabama Press.

Chung, Jake. 2023. „Xi aware that HK treatment eroded Taiwan goal: report." *Taipei Times*, 31.01.2023, S. 3.

Chung, Joseph. 1992. „Inter-Korean Economic Exchange and Cooperation: Problems and Approaches." *Korea Observer*, 24 (Winter 1992) 4, S. 437–466.

Chung, Kiseon/Choe, Hyun. 2008. „South Korean National Pride: Determinants, Changes and Suggestions." *AP*, 32 (2008) 1, S. 99–127.

Chung, Lawrence. 2019. „Taiwan President Tsai Ing-wen tells Peking it ‚must' respect island's sovereignty, people's choices." *South China Morning Post*. https://www.scmp.com/news/china/politics/article/2180250/taiwan-wont-give-ground-sovereignty-tsai-ing-wen-says-new-year. Eingesehen am 04.01.2019.

Churchill, Winston. 1985. *Der Zweite Weltkrieg. Mit einem Epilog über die Nachkriegsjahre*. Neuauflage, Bern/München/Wien: Scherz.

Cieslik, Thomas. 2001. *Wiedervereinigungen während und nach der Ost-West-Blockkonfrontation. Ursachen der Teilung, Grundlagen der (fehlenden) Einheit. Untersucht an den Fallbeispielen Vietnam, Jemen, Deutschland, China und Korea*. Marburg: Tectum.

Clark, Cal. Hg. 2011. *The Changing Dynamics of the Relations among China, Taiwan, and the United States*. Newcastle: Cambridge Scholars Publisher.

Clifton, Morgan T./Schwebach, Valerie. 1997. „Fools Suffer Gladly: The Use of Economic Sanctions in International Crises." *International Studies Quarterly*, 41 (March 1997) 1, S. 27–50.

Clough, Ralph N. 1994. *Reaching Across the Taiwan Strait: People-to-People Diplomacy*. Boulder: Westview Press.

Clough, Ralph N. 1994a. „The Emerging New International Legal Order In The Western Pacific: The Status Of Taiwan." In: *JEAA*, 8 (Winter/Spring 1994) 1, S. 225–237.

Clough, Ralph N. 1968. *Island China*. Cambridge, MA: Harvard UP.

Colak, Emine. 2016. „Vorbild Deutschland." In: *Der Tagesspiegel*, 22. Februar 2016.

Connerton, Paul. 1989. *How Societies Remember*. Cambridge: Cambridge UP.

Conroy, Hilary. 1960. *The Japanese Seizure of Korea 1868–1910. A Study of Realism and Idealism in International Relations*. Philadelphia: University of Pennsylvania Press.

Constitution 1982. *Constitution of the People's Republic of China*. Peking: Foreign Language Press.

Conze, Eckart. 2020. *Schatten des Kaiserreichs. Die Reichsgründung von 1871 und ihr schwieriges Erbe*. München: dtv.

Conze, Eckart. 2011. „Akzeptanz der Teilung oder Weg zur deutschen Einheit? Motive, Ziele und Wirkungen der Ost- und Deutschlandpolitik der sozialliberalen Koalition." In: Rother, Bernd, Hg. *Willy Brandt. Neue Fragen, neue Erkenntnisse*. Bonn: J. H. W. Dietz Nachf., S. 99–113.

Conze, Eckart/Gajdukowa, Katharina/Koch-Baumgarten, Sigrid. 2009. *Die demokratische Revolution 1989 in der DDR*. Köln, Weimar, Wien: Böhlau.

Copeland, Dale. 2000. „Trade Expectations and the Outbreak of Peace: Détente 1970–74 and the End of the Cold War 1985–91." In: Blanchard, Jean-Marc F./Mansfield, Edward D./Ripsman, Norrin M. Hg.: *Power and the Purse: Economic Statecraft, Interdependence, and National Security*. London: Frank Cass, S. 15–58.

Copeland, Dale. 1996. „Economic Interdependence and War: A Theory of Trade Expectations." *International Security*, 20 (Spring 1996) 4, S. 5–41.

Copper, John F. 2020. *Taiwan: Nation-State or Province?* 7. Auflage. New York: Routledge.

Copper, John. 1999. „The Origins of Conflict across the Taiwan Strait. The Problem of Differences in Perceptions." In: Zhao, Suisheng, Hg. *Across the Taiwan Strait. Mainland China, Taiwan, and the 1995–1996 Crisis*. New York/London: Routledge, S. 41–76.

Cortright, David/Lopez, George A. Hg. 1995. *Economic Sanctions: Panacea or Peacebuilding in a Post Cold War World*. Boulder: Westview Press.

Creuzberger, Stefan. 2009. *Westintegration und Neue Ostpolitik. Die Außenpolitik der Bonner Republik*. Berlin: be.bra Verlag.

Crome, Erhard/Franzke, Jochen. 1993. „Die SED-Führung und die Wiener KSZE-Konferenz 1986–1989. Dokumente aus dem Parteiarchiv." In: *DA*, 26 (1993) 8, S. 905–914.

Cumings, Bruce. 2007. „Peace on the Korean Peninsula and an East Asian Community: A Historical and International Perspective." In: Rhyu, Sang-young. Hg. *The June 15 South-North Joint Declaration and Prospects for Peace on the Korean Peninsula.* Seoul: Yonsei University Press, S. 211–234.

Cumings, Bruce. 1998. *Korea's Place in the Sun. A Modern History.* New York, London: W. W. Norton.

Cumings, Bruce. 1990. *The Origins of the Korean War. Vol. II. The Roaring of the Cataract, 1947–1950.* Princeton: Princeton UP.

Cumings, Bruce. 1981. *The Origins of the Korean War. Vol. I. Liberation and the Emergence of Separate Regimes, 1945–1947.* Princeton: Princeton UP.

D

Dahn, Daniela. 1994. *Wir bleiben hier oder wem gehört der Osten? Vom Kampf um Häuser und Wohnungen in den neuen Bundesländern.* Reinbek: Rowohlt.

Dannenberg, Julia von. 2008. *The Foundations of Ostpolitik. The Making of the Moscow Treaty between West-Germany and the USSR.* Oxford: Oxford UP.

Dashichev, Vjatcheslav. 1994. „On the Road to German Reunification: The View from Moscow." In: Gorodetsky, Gabriel. Hg. *Soviet Foreign Policy 1917–1992. A Retrospective.* London: Frank Cass, S. 170–179.

Dashichev, Vjatcheslav. (Daschitschew, Wjatscheslaw) 1994a. „Aus den Anfängen der Revision der sowjetischen Deutschlandpolitik. Ein Dokument zur Deutschen Frage aus dem Jahre 1987." In: *APuZ*, B 19/1994, S. 36–46.

Davenport, Kelsey. 2018. „The Six-Party Talks at a Glance." Arms Control Association, *Fact Sheets & Briefs*. https://www.Armscontrol.org/factsheets/6partytalks. Eingesehen am 24.01.2021.

Davidson, James W. 1903. *The Island of Formosa. Past and Present.* London: Macmillan.

Davies, Norman. 2006. *Im Herzen Europas – Geschichte Polens.* 4. Auflage. München: C. H. Beck.

Davy, Richard. 1990. „Großbritannien und die deutsche Frage." *Europa-Archiv*, 45 (1990), S. 139–144.

Debriefing 1997. *Debriefing Report on Hwang Jang-Yop. Hwang's Comment on Some Aspects of North Korea.* (Eine fotokopierte Zusammenfassung von Aussagen Hwangs zur DVRK, die er vermutlich im Mai 1997 in Seoul machte.)

DeDominicis, Benedict E. 2013. „Lessons from Eastern Europe Transitions for Reunification on the Korean Peninsula." *Review of Business & Finance Studies*, 4 (July 2013) 2, S. 49–62.

DeLisle, Jaques. 2021. „Taiwan's Quest for International Space in the Tsai Era: Adapting Old Strategies to New Circumstances." Teufel Dreyer, June/DeLisle, Jacques. Hg. *Taiwan in the Era of Tsai Ing-wen. Changes and Challenges.* Abingdon, New York: Routledge. S. 239–283.

DeLisle, Jaques. 2019. „The Taiwan Relations Act at 40: A Troubled but Durable Legal Framework for U. S. Policy." *Asia Policy*, 14 (2019) 4, S. 35–42.

DeLisle, Jaques. 2003. „Law's Spectral Answers to the Cross-Strait Sovereignty Question." *Orbis* 46 (2002) 3, S. 733–752.

Deng, Xiaoping. 1984. *Selected Works of Deng Xiaoping (1975–1982).* Peking: Foreign Language Press.

Dent, Christopher M. 2001. „Being pulled into China's Orbit? Navigating Taiwan's Foreign Economic Policy." *I & S*, 37 (2001) 5, S. 1–34.

Deutsch, Karl W. 1984. „Space and Freedom. Conditions for the Temporary Separation of Incompatible Groups." *International Political Science Review*, 5 (1984) 2, S. 125–138.

Deutsch, Karl W. 1979. *Tides Among Nations.* New York: The Free Press.

Deutsch, Karl W. 1973. „Zum Verständnis von Krisen und politischen Revolutionen." In: Jänicke, Martin. Hg. *Herrschaft und Krise. Beiträge zur politikwissenschaftlichen Krisenforschung.* Opladen: Westdeutscher Verlag, S. 90–100.

Deutsch, Karl W. /Senghaas, Dieter. 1973a. „The steps to war: A survey of system levels, decision stages, and research results." In: McGowan, Patrick J. Hg.: *Sage International Yearbook of Foreign Policy Studies*, Vol. 1. Beverly Hills: Sage Publications, S. 275–329.

Deutsch, Karl W. 1970. *Politische Kybernetik – Modelle und Perspektiven.* Freiburg/Br.: Rombach, 2. Auflage.

Deutsch, Karl W. 1966. *The Nerves of Government. Models of Political Communication and Control.* New York: The Free Press.

DE. Deutsche Einheit. 1998. Bundesministerium des Innern unter Mitwirkung des Bundesarchivs. Hg. *Dokumente zur Deutschlandpolitik. Deutsche Einheit. Sonderedition aus den Akten des Bundeskanzleramtes 1989/90.* München: R. Oldenbourg.

Deutsche Welle 2018. *Taiwan blickt auf die deutschen Stasi-Akten,* 22. Mai 2018, https://www.dw.com/de/taiwan-blickt-auf-die-deutschen-stasi-akten/a-43876595. Eingesehen am 17.03.2020.

Deutsche Welle 1999. https://www.dw.com/de/ein-china-zwei-staaten/a-17180562. Eingesehen am 22.10.2018.

Dickson, Bruce. 2016. *The Dictator's Dilemma. The Chinese Communist Party's Strategy for Survival.* Oxford: Oxford UP.

Dickson, Bruce. 2006. „The Future of the Chinese Communist Party. Strategies of Survival and Prospects for Change." In: Chung, Jae Ho. Hg. *Charting China's Future. Political, Social, and international Dimensions.* Lanham: Rowman & Littlefield, S. 21–56.

Die Politik. 2017. Ministerium für Vereinigung. Hg. *Die Politik von Moon Jae-In für die koreanische Halbinsel. Die koreanische Halbinsel in Frieden und Prosperität.* Seoul: Ministerium für Vereinigung.

Die Volksrepublik China. 1980. *Die Volksrepublik China 1949–1977. Eine kommentierte Chronik.* Zusammengestellt von Hafemann, Jürgen/Jordan, Bernd/Mielke, Rainar. Bearbeitet von Felber, Roland/Kaufmann, Bernd. Berlin (Ost): Dietz.

Diefenbach, Thilo. 2019. „Einleitung." In: Chen, Chiung-ming. 2019. *Gedanken in Weiß. Gedichte aus Taiwan. Aus dem taiwanischen Chinesisch von Thilo Diefenbach.* München: iudicium, S. 11–23.

Diemer, Gebhard/Kuhrt, Eberhard. 1991. *Kurze Chronik der Deutschen Frage. Mit den drei Verträgen zur Einigung Deutschlands.* München: Olzog, 3. Auflage.

Dieter, Heribert. 2019. *Chinas Verschuldung und seine Außenwirtschaftsbeziehungen. Peking exportiert ein gefährliches Modell.* Berlin: SWP-Studie 2019/18.

Dingemann, Rüdiger. 2014. *Mitten in Deutschland. Entdeckungen an der ehemaligen Grenze.* Hamburg: National Geographic.

Dittmar, Claudia. 2010. *Feindliches Fernsehen. Das DDR-Fernsehen und seine Strategien im Umgang mit dem westdeutschen Fernsehen.* Bielefeld: Transcript Verlag.

Dittmer, Lowell. 2005. „Taiwan's Aim-Inhibited Quest for Identity and the China Factor." *Journal of Asian and African Studies,* 4 (April 2005) 1–2, S. 5–12.

Djilas, Milovan. 1960. *Gespräche mit Stalin.* Frankfurt/M.: S. Fischer.

Documents 1960. *Documents of the Eight Session of the Second Supreme People's Assembly of the D. P. R. K.* Pjöngjang: Foreign Language Publishing House.

Doerry, Martin. 2015. „18. März 1990: Der Kampf des Kanzlers. Bei den ersten demokratischen Wahlen für die Volkskammer entscheiden sich die Wähler gegen eine Reform der DDR und für die Freiheit." In: Weinzierl, Alfred/Wiegrefe, Klaus. Hg. 2015. *Acht Tage, die die Welt veränderten. Die Revolution in Deutschland 1989/90.* München: DVA, S. 265–284.

Domes, Alfred. Hg. 1968. *Entspannung, Sicherheit, Frieden.* Köln: Verlag Wissenschaft und Politik.

Domes, Jürgen. 1992. „The reunification of Germany and its meaning for the Republic of China." *Issues & Studies,* 28 (1992) 2, S. 11–27.

Donaldson, John A. Hg. 2017. *Assessing the Balance of Power in Central-Local Relations in China.* London, New York: Routledge.

Dong, Yong-Sueng. 2004. „Update and Perspectives on North Korea's Economy." *The Stockholm Journal of East Asian Affairs,* vol. 14.

Drun, Jessica. 2017. „An Interview with Stephen M. Goldstein. Asia's Orphan: Taiwan's Strategic Culture in Context." https://www.nbr.org/downloads/pdfs/PSA/SA-goldstein_interview_05032017. Eingesehen am 04.05.2017.

Dufourcq, Bertrand. 2000. 2+4 ou la négotiation atypique. In: *Études internationales*, 31 (2000) 2, S. 467–484.
Dugge, Marc Oliver. 2003. *Wirkt Sonnenschein? Die Nordkorea-Politik von Kim Dae-jung zwischen Versöhnungsgipfel und Atomprogramm*. Marburg: Tectum.
Dwor-Frecaut, Dominique. 2003. „Korean Unification: One Country, Two Systems?" In: Lister, James M. Hg. *Confrontation and Innovation on the Korean Peninsula*. Washington D. C.: The Korea Economics Institute of America, S. 60–70.

E

Early, Bryan E.: 2009. „Sleeping With Your Friend's Enemies: An Explanation of Sanctions-Busting Trade." *International Studies Quarterly*, 53 (2009) 1, S. 49–71.
Easton, Ian. 2017. *The Chinese Invasion Threat. Taiwan's Defense and American Strategy in Asia*. Arlington: The Project 2049 Institute.
Eberstadt, Nicholas. 1997. „Hastening Korean unification: The Writing on the 38th Parallel". *Foreign Affairs*, 76 (1997) 2, S. 77–92.
Eberstadt, Nicholas. 1998. „North Korea's Unification Policy: 1948–1996." In: Kim, Samuel. Hg. *North Korean Foreign Relations in the Post-Cold War Era*. Oxford: Oxford UP, S. 235–257.
Eberstadt, Nicholas. 1995. „China's Trade with the DPRK, 1990–1994." *Korea and World Affairs*, 19 (1995) 4, S. 665–658.
Eberstadt, Nicholas/Rubin, Marc/Tretjakova, Albina. 1995. „The Collapse of Soviet and Russian Trade with North Korea, 1990–1993. Impact and Implications." *Korean Journal of National Unification*, Vol. 4, S. 87–104.
Eckermann, Johann Peter. 1960. *Gespräche mit Goethe. In den letzten Jahren seines Lebens*. Gütersloh: Bertelsmann Lesering.
Eckert, Rainer. 2011. *SED-Diktatur und Erinnerungsarbeit im vereinigten Deutschland: Auswahlbibliografie zu Widerstand und politischer Repression*. Berlin: Metropol.
Economist 2020. „Outcasts united. Somaliland and Taiwan establish diplomatic ties. A hunt for recognition sometimes makes for strange bedfellows." *The Economist*, 03.10.2020. https://www.economist.com/middle-east-and-africa/2020/10/03/somaliland-and-taiwan-establish-diplomatic-ties. Eingesehen am 16.11.2020.
Economy, Elizabeth C. 2018. *The Third Revolution. Xi Jinping and the New Chinese State*. Oxford: Oxford UP.
Editorial März 2019. Editorial: Seeing ‚consensus' as the fiction it is. *Taipei Times*, 05.03.2019, S. 8.
Edwards, Paul M. 2013. *United Nations Participants in the Korean War. The Contributions of 45 Member Countries*. Jefferson: McFarland.
Efevwerhan, David I. 2012. „Kosovo's Chances of UN Membership: A Prognosis." *Goettingen Journal of International Law*, 4 (2012) 1, S. 93–130.
Eggert, Marion. 2015. „Die lange Geschichte einer gebirgigen Halbinsel am Rand des eurasischen Kontinents." Lee, Eun-Jeung/Mosler, Hannes B. Hg. *Länderbericht Korea*. Bonn: Bundeszentrale für politische Bildung, S. 23–35.
Ehlert, Hans. Hg. 2002. *Armee ohne Zukunft. Das Ende der NVA und die deutsche Einheit. Zeitzeugenberichte und Dokumente*. Berlin: Ch. Links.
Einheit, Die. 2015. Möller, Horst/Pautsch, Ilse Dorothee/Schöllgen, Gregor/Wentker, Hermann/Wirsching, Andreas. Hg. (Bearbeitet von Amos, Heide/Geiger, Tim) 2015. *Die Einheit. Das Auswärtige Amt, das DDR-Außenministerium und der Zwei-plus-Vier-Prozess*. Göttingen: Vandenhoek & Ruprecht.
Einheitsbrief 1970. Brief zur deutschen Einheit anläßlich der Unterzeichnung des Moskauer Vertrages [Vom 12. August 1970]. https://www.documentarchiv.de/brd/1970/brief-zur-deutschen-einheit.html. Eingesehen am 29.05.2020
Einheitsbrief 1972. Brief der Regierung der Bundesrepublik Deutschland zur deutschen Einheit an die Regierung der Deutschen Demokratischen Republik vom 21. Dezember 1972. https://www.cvce.eu/

obj/brief_der_brd_zur_deutschen_Einheit_an_die_ddr_21_dezember_1972-de-5fddd060-3028-45ee-ac38-77c219e304ed.html. Eingesehen am 29.05.2020.

Elvin, Mark. 1973. *The Pattern of the Chinese Past: A Social and Economic Interpretation.* Stanford: Stanford UP.

Emerson, Rupert. 1974. *From Empire to Nation: The Rise of Self-Assertion of Asian and African People.* Cambridge, MA.: Harvard UP. (Reprint 2014)

Engelmann, Roger/Erker, Paul. 1993. *Annäherung und Abgrenzung. Aspekte deutsch-deutscher Beziehungen 1956–1969.* München: R. Oldenbourg.

Erhard, Volker. 2003. *Adenauers deutschlandpolitische Geheimkonzepte während der zweiten Berlin-Krise, 1958–1962. Eine Studie aus den Akten der westlichen Diplomatie.* Hamburg: Dr. Kovac.

Ernst, Andreas. 2017. „War die Unabhängigkeit von Kosovo ein Sünden- oder ein Sonderfall? In Serbien wird die rückhaltlose Unterstützung für den spanischen Zusammenhalt kritisiert. Warum soll für Katalonien gelten, was für Kosovo nicht galt." *Neue Zürcher Zeitung,* 24.10.2017. https://www.nzz.ch/international/suenden-oder-sonderfall-ld.1323138. Eingesehen am 27.03.2019.

Ersözer, Fadil. 2019. *The Green Line Regulation and its Potential for Cooperation in Cyprus.* PRIO Cyprus Centre Report 2. Nicosia: PRIO Cyprus Centre.

Ertekün, Necati Mülnir. 1984. *The Cyprus Dispute and the Birth of the Turkish Republic of Northern Cyprus.* Oxford: K. Rusten & Brother.

Eskildsen, Robert. 2005. „Taiwan: A Periphery in Search of a Narrative." *The Journal of Asian Studies,* 64 (May 2005) 2, S. 281–294.

Esteban, Mario. 2007. „Democratization of the People's Republic of China and Military Conflict in the Taiwan Strait." *China aktuell,* Heft 6 aus 2007, S. 5–31.

Esthus, Raymond A. 1967. *Theodore Roosevelt and Japan.* Seattle: University of Washington Press.

Eto, Shinkichi. 1964. „An Outline of Formosan History." In: Mancall, Mark, Hg. *Formosa Today.* New York: Praeger, pp. 43–58.

Evans, Richard. 1993. *Deng Xiaoping and the Making of Modern China.* New York: Viking Books.

Executive Yuan 2018. „Executive Yuan Responds to Mainland China ‚Incentives' Policy." 16.03.2018. MAC Announces Report on the Implementation Results of the "Eight Strategies for a Stronger Taiwan: Responses to Mainland China's 31 Taiwan-Related Measures. https://www.mac.gov.tw/en/News_Content.aspx?n=2BA0753CBE348412&sms=E828F60C4AFBAF90&s=3821B9275E98087A. Eingesehen am 25.03.2024.

F

Fairbank, John King. 1983. *The United States and China.* 4. Auflage. Cambridge, MA: Harvard UP.

Falin, Valentin. 1993. *Politische Erinnerungen.* München: Droemer-Knaur.

Faustmann, Hubert. 2017. „Alles Erdoğan oder was. Nach 43 Jahren könnte Zypern wiedervereinigt werden – wenn es der türkische Präsident erlaubt." https://www.ipg-journal.de/kommentar/artikel/alles-erdogan-oder-was-1817. Eingesehen am 08.02.2017.

Faustmann, Hubert. 2009. „Die Verhandlungen zur Wiedervereinigung Zyperns: 1974–2008." *APuZ,* 12/2009, 16.03.2009, S. 9–13.

Faux, Jeff. 2018. „Why are US Troops still in South Korea, anyway? Our garrison is no longer needed to defend the South – and it poses a continuing threat to the North." *The Nation,* 06.03.2018. https://www.thenation.com/article/archive/why-are-us-troops-in-south-korea-anyway. Eingesehen am 26.03.2024.

Feffer, John. 2014. „Why North Korea 2013 is not East Germany 1989." *Issue Brief,* 2014-01. Seoul: The Asan Institute for Policy Studies.

Fenby, Jonathan. 2003. *Generalissimo. Chiang Kai-shek and the China He Lost.* London: Simon & Schuster.

Ferguson, Niall. 2009. *Colossus. The Rise and Fall of the American Empire.* New York: Penguin.

Ferguson, R. James/Dellios, Rosita. 2017. *The Politics and Philosophy of Chinese Power. The Timeless and the Timely.* Lanham: Lexington Books.

FES 1999. Friedrich-Ebert-Stiftung. Hg. 1999. *Die Ost- und Deutschlandpolitik. Vom Wandel durch Annäherung zu einer europäischen Friedensordnung*. Berlin.

FES 1999a. Friedrich-Ebert-Stiftung, Berliner Büro. Hg. 1999. *Vom Wandel durch Annäherung zu einer europäischen Friedensordnung*. Berlin.

Fischer, Frank. 2003. Einleitung. „Die Entspannung unzerstörbar machen." Internationale Beziehungen und deutsche Frage 1974–1982. Brandt, Willy. *Berliner Ausgabe. Band 9. Die Entspannung unzerstörbar machen. Internationale Beziehungen und deutsche Frage 1974–1982*. Bonn: J. H. W. Dietz Nachf., S. 15–77.

Flake, L. Gordon. 2005. „Policy Forum 05-47A: Same Bed, Different Nightmares: Diverging U. S. and South Korean Views of North Korea", NAPSNet Policy Forum, June 07, 2005. https://www.nautilus.org/napsnet/napsnet-policy-forum/same-bed-different-nightmares-diverging-u-s-and-south-korean-views-of-north-korea. Eingesehen am 04.08.2020.

Flassbeck, Heiner/Horn, Gustav A. 1996. *German Unification – an Example for Korea?* Aldershot: Dartmouth Publishing Company.

Flatten, Maak. 2021. *Scharnierzeit der Entspannungspolitik. Willy Brandt als Außenminister der Großen Koalition (1966–1969)*. Bonn: J. H. W. Dietz Nachf.

Fleischauer, Stefan. 2008. *Der Traum von der eigenen Nation. Geschichte und Gegenwart der Unabhängigkeitsbewegung Taiwans*. Wiesbaden: VS Verlag.

Flemming, Theodor. 2013. *Gustav W. Heinemann. Ein deutscher Citoyen. Biographie*. Essen: Klartext.

Fochler-Hauke, Gustav. 1967. *Die geteilten Länder. Krisenherde der Weltpolitik*. München: Rütten und Loening.

Fochler-Hauke, Gustav. 1941. *Die Mandschurei. Eine Geographisch-Geopolitische Landeskunde*. Heidelberg: Vonwinckel.

Focus Taiwan 2019. *Taiwan, Germany sign deal on promoting transitional justice*. https://www.focustaiwan.tw/politics/201912130020, 13.12.2019. Eingesehen am 25.03.2020.

Foot, Rosemary. 1990. *A Substitute for Victory. The Politics of Peacemaking of the Korean Armistice Talks*. Ithaca: Cornell UP.

Ford, Christopher A. 2015. *The Mind of Empire: China's History and Modern Foreign Relations*. Lexington: UP of Kentucky.

Förster, Peter. 1995. „Die deutsche Frage im Bewußtsein der Bevölkerung in beiden Teilen Deutschlands. Das Zusammengehörigkeitsgefühl der Deutschen. Einstellungen junger Menschen in der DDR." In: Deutscher Bundestag. 12. Wahlperiode. Hg. 1995 ff. *Materialien der Enquête-Kommission „Aufarbeitung von Geschichte und Folgen der SED-Diktatur in Deutschland."* Baden-Baden: Nomos, Bd. V, 2, S. 1212–1380.

Förster, Peter/Roski, Günter. 1990. *DDR zwischen Wende und Wahl. Meinungsforscher analysieren den Umbruch*. Berlin: LinksDruck Verlag.

Forsyth, Ian. 2018. „Analyzing China's 31 Measures for Taiwan." *China & US Focus*, 24.04.2018. https://www.Chinafocus.com/society-culture/analyzing-chinas-31-measures-for-taiwan. Eingesehen am 20.05.2020.

Foster-Carter, Aidan. 1992. *Korea's Coming Unification: Another East Asian Superpower?* Economist Intelligence Unit, Special Report no. M 212, April 1992. London: Business International Limited.

Foyle, Douglas C. „Public Opinion and Foreign Policy: Elite Beliefs as a Mediating Variable." *International Studies Quarterly*, 41 (March 1997) 1, S. 141–169.

Frank, Rüdiger. 2018. „Economic Sanctions against North Korea: The Wrong Way to Achieve the Wrong Goal?" *Asian Policy*, 13 (July 2018) 3, S. 5–12.

Frank, Rüdiger. 2017. *Nordkorea. Innenansichten eines totalen Staates*. München: Pantheon, 3. Auflage.

Frank, Rüdiger. 2016. „The Unification Cases of Germany and Korea: A Dangerous Comparison. Part One." *38 North*, 03.11.2016. https://www.38north.org/2016/11/rfrank110316. Eingesehen am 27.12.2017. Teil Zwei ist vom 08.12.2016, https://www.38north.org/2016/12/rfrank120816. Eingesehen am 27.12.2017.

Frank, Rüdiger. 2014. „Unification and Capacity Building: The German Experience and its Declining Relevance for Korea." In: Moon, Chung-In/Swenson-Wright, John. Hg. *Crisis of Peace and New Leadership in Korea: Lessons from Kim Dae-jung's Legacies.* Seoul: Yonsei UP, S. 129–161.
Frank, Rüdiger. 2013. „The Political Economy of Unification: North Korea and Implications of the German Experience." In: Choe, Sang-Hun/Shin, Gi-Wook/Straub, David. Hg. *Troubled Transition: North Korea's Politics, Economy, and External Relations.* Stanford: Stanford University, Shorenstein Center, S. 229–254.
Frank, Rüdiger. 2006. „The political economy of sanctions against North Korea." *AP*, 30 (2006) 3, S. 5–36.
Frank, Rüdiger. 2005. „Economic Reforms in North Korea (1998–2004): Systemic Restrictions, Quantitative Analysis, Ideological Background." *Journal of the Asia Pacific Economy*, 10 (2005) 3, S. 278–311.
Friedman, Thomas L.: „Buy Time, Not Guns". *New York Times*, 27.07.1999.
Friedrich, Carl J. 1963. „Nation Building?" In: Deutsch, Karl W./Foltz, William J. Hg. *Nation Building.* New York: Atherton Press. S. 27–32.
Fritze, Lothar. 1999. „,Ostalgie' – Das Phänomen der rückwirkenden Verklärung der DDR-Wirklichkeit und seine Ursachen." In: Deutscher Bundestag. 13. Wahlperiode. Hg. 1999. *Materialien der Enquête-Kommission „Überwindung und Folgen der SED-Diktatur im Prozeß der deutschen Einheit".* Band V. Baden-Baden: Nomos, S. 479–510.
Fu, Zhengyuan. 1996. „China's Perception of the Taiwan Issue." *UCLA Journal of International Law and Foreign Affairs*, 1 (Fall/Winter 1996–97) 2, S. 321–350.
Fung, Daniel R. 1998. „Hongkong: China's Guide to the 21th Century: The Sherpa Paradigm." In: Becker, Bert/Eilenberger, Guido/Rüland, Jürgen/Draguhn, Werner. Hg. *Hongkong und China auf dem Weg in das Pazifische Jahrhundert.* Hamburg: Institut für Asienkunde, S. 23–37.
Fürst, Rudolf/Pleschowá, Gabriela. 2010. „Czech and Slovak Relations with China: Contenders for China's Favour." *Europe-Asia Studies*, 62 (October 2010) 8, S. 1363–1381.

G

Gaddis, John Lewis. 2008. *Der Kalte Krieg. Eine neue Geschichte.* München: Pantheon/Random House.
Galkin, Aleksandr/Tschernjajew, Anatolij. 2011. Hg. *Michail Gorbatschow und die deutsche Frage: Sowjetische Dokumente 1986–1991.* München: R. Oldenbourg.
Galtung, Johan. 1972. „Divided Nations as a Process: One State, Two States, and In-between. The Case of Korea." *Journal of Peace Research.* 9 (1972) 4, S. 345–360.
Gan, Junxian/Mao, Yan. 2016. „China's New Silk Road: Where does it lead?" *AP*, 40 (2016) 1, S. 105–130.
Garn, Markus. 1996. „Stationen im „Zwei-plus-Vier"-Prozeß. Eine Chronologie." In: Bruck, Elke/Wagner, Peter M. Hg. 1996. *Wege zum „2+4"-Vertrag. Die äußeren Aspekte der deutschen Einheit.* München: Centrum für angewandte Politikforschung. Schriftenreihe der Forschungsgruppe Deutschland. Band 6, S. 182–206.
Garret, Banning/Glaser, Bonnie. 1997. „China's Pragmatic Posture toward the Korean Peninsula." *The Korean Journal of Defense Analysis*, 10 (Winter 1997) 2, S. 63–91.
Garton Ash, Timothy. 1999. *Zeit der Freiheit. Aus den Zentren von Mitteleuropa.* München: Hanser.
Garton Ash, Timothy. 1995. *Im Namen Europas. Deutschland und der geteilte Kontinent.* Frankfurt/M.: Fischer.
Garton Ash, Timothy. 1994. „Rückblick auf die Entspannung." *APuZ*, B 14/1994, S. 3–10.
Gartzke, Erik/Li, Quan. 2003. „Measure for Measure: Concept Operationalization and the Trade Interdependence-Conflict Debate." *Journal of Peace Research*, 40 (2003) 5, S. 553–572.
Gartzke, Erik. 1998. „Kant we all just get along? Opportunity, willingness, and the origins of the democratic peace." *American Journal of Political Science*, 42 (January 1998) 1, S. 1–27.
Garver, John W. 1997. *Face Off. China, the United States, and Taiwan's Democratization.* Seattle: University of Washington Press.
Garver, John W. 1994. „China, German Reunification and the Five Principles of Peaceful Coexistence." *JEAA*, 8 (Winter/Spring 1994) 1, S. 135–172.
Gehler, Michael. 2015. *Modellfall für Deutschland? Die Österreichlösung mit Staatsvertrag und Neutralität 1945–1955.* Innsbruck: StudienVerlag.

Geisel, Christof. 2005. *Auf der Suche nach einem dritten Weg. Das politische Selbstverständnis der DDR-Opposition in den achtziger Jahren*. Berlin: Ch. Links.
Geiss, Immanuel. 1996. *The Question of German Unification, 1806–1996*. London: Routledge.
Genscher, Hans-Dietrich. 1995. *Erinnerungen*. Berlin: Siedler Verlag.
Genser, Jared. 2006. „Stop Pyongyang's Autogenocide." *FEER*, 169/9, November 2006, S. 15 ff.
Geppert, Dominik. 2009. „Großbritannien und die Neue Ostpolitik der Bundesrepublik." *Vierteljahreshefte für Zeitgeschichte*, 57 (2009) 3, S. 385–412.
Geppert, Dominik/Wengst, Udo. Hg. 2005. *Neutralität – Chance oder Chimäre? Konzepte des Dritten Weges für Deutschland und die Welt 1945–1990*. München: R. Oldenbourg.
Gescher, Christa. 1997. *„Taiwanbewußtsein" versus „Chinabewußtsein". Der taiwanesische Schriftsteller Wu Cho-liu (1900–1979) im Spiegel der Literaturkritik*. Dortmund: Projekt Verlag.
Gey, Peter. *Die Wirtschaftsbeziehungen zwischen der Bundesrepublik Deutschland und der Deutschen Demokratischen Republik 1949–1989*. Büro der Friedrich-Ebert-Stiftung, Seoul, https://www.korea.fes.de/publications/12?cHash=106a09455196485c5db9abff3dec09f/2003. Eingesehen am 26.03.2024.
Giessmann, Hans J. 1999. „Korea and the Myth of Cloning the German Unification Model." *Korea and World Affairs*, XXIII (1999) 2, S. 225–240.
Gilbert, Rodney. 1929. *The unequal treaties. China and the foreigner*. London: John Murray.
Gilley, Bruce. 2010. „Not so Dire Straits: How the Finlandization of Taiwan Benefits U. S. Security." *Foreign Affairs*, Januar/Februar 2010, S. 44–56, 58–60.
Gillin, Donald. 1967. *Warlord: Yen Hsi-shan in Shansi Province, 1911–1949*. Princeton: Princeton UP.
Gills, Barry K./Gills, Dong-Sook S. 1999. „South Korea and Globalization: The Rise to Globalism?" *AP*, 23 (1999) 4, S. 199–228.
Giraudoux, Jean. 1970. *Meisterdramen*. Frankfurt/M., Wien: Büchergilde Gutenberg.
Gissendanner, Scott. 1996. „Transfer or Transformation? What the German Social Science Literature has to say about German Unification and its Systemic Effects." *German Politics*, 5 (1996) 3, S. 460–484.
Glaab, Manuela. 1999. *Deutschlandpolitik in der öffentlichen Meinung*. Opladen: Leske + Budrich.
Glaab, Manuela. 1999a. „Deutschlandpolitik der Bundesrepublik Deutschland." Weidenfeld, Werner/Korte, Karl-Rudolf. Hg. 1999. *Handbuch zur deutschen Einheit 1949–1989–1999*. Bonn: Bundeszentrale für politische Bildung, S. 239–251.
Glaeßner, Gert-Joachim. 1990. „Don't trust the Germans. Anmerkungen zum Deutschlandbild in der britischen Presse." *DA*, 22 (1990) 9, S. 1027–1034.
Gloe, Markus. 2005. *Planung für die deutsche Einheit. Der Forschungsbeirat für Fragen der Wiedervereinigung 1952 bis 1975*. Wiesbaden: VS Verlag.
Godehardt, Nadine. 2020. *Wie China die Weltpolitik formt. Die Logik von Pekings Außenpolitik unter Xi Jinping*. Berlin: SWP, SWP-Studie 2020/19.
Goertz, Gary/Diehl, Paul F. 1995. „The Initiation and Termination of Enduring Rivalries: The Impact of Political Shocks." *American Journal of Political Science*, 39 (February 1995) 1, S. 30–52.
Goethe, Johann Wolfgang von. 1988. *Sämtliche Werke, Briefe, Tagebücher und Gespräche*. („Frankfurter Ausgabe"), Abteilung I, Band 2. Frankfurt/M. 1988: Deutscher Klassiker Verlag, Suhrkamp/Insel.
Goethe, Johann Wolfgang von. 1957. „Zur Farbenlehre. Historischer Teil", In: *Goethe, Die Schriften zur Naturwissenschaft. Erste Abteilung: Texte, Band 6*, Weimar: Böhlau Nachfolger.
Goetze, Clemens von. 1990. „Die Rechte der Alliierten auf Mitwirkung bei der deutschen Einigung." *Neue Juristische Wochenschrift*, 43 (1990) 35, S. 2161–2168.
Göktepe, Cihat. 2005. „The Cyprus Crisis of 1967 and its Effects on Turkey's Foreign Relations." *Middle Eastern Studies*, 41 (May 2005) 3, S. 431–444.
Goldsmith, Benjamin E. 2007. „A Liberal Peace in Asia?" *Journal of Peace Research*, 44 (January 2007) 1, S. 5–27.
Goldstein, Steven M./Schriver, Randall. 2001. „An Uncertain Relationship: The United States, Taiwan and the Taiwan Relations Act." *CQ*, March 2001, Nr. 165, S. 147–172.

Goncharov, Sergei N./Lewis, John W./Xue, Litai. 1993. *Uncertain Partners – Stalin, Mao and the Korean War*. Stanford: Stanford UP.

Gorbatschow, Michail S. 2014. „Gorbatschow: Nato-Erweiterung war 1990 kein Thema." FAZ vom 08. November 2014. https://www.Faz.net/aktuell/politik/gorbatschow-zu-nato-osterweiterung-wiedervereinigung-13256219.html. Eingesehen am 24.10.2023.

Gorbatschow, Michail S. 1995. *Erinnerungen*. Berlin: Siedler.

Gorbatschow, Michail S. 1989. „Rede von Michail Gorbatschow vor dem Europarat in Strasbourg." Text in Europa-Archiv, 44, 1989, S. D587-D595.

Gotto, Klaus. 1975. *Konrad Adenauer: Seine Deutschland- und Außenpolitik 1954–1963*. München: Deutscher Taschenbuch Verlag.

Gottwald, Jörn-Carsten. 2002. *Regionalpolitik in der chinesischen Provinz Hainan*. Hamburg: Institut für Asienkunde.

Government-General. 1912. The Government-General of Taiwan. Hg. *The Statistical Summary of Taiwan*. Tokyo: The Japan Times Press.

Government Information Office, Republic of China. Hg. 1999. *The Legacy of the Taiwan Relations Act. A Compendium of Autoritative 20th Anniversary Assessments*. Taipei: Government Information Office.

Grabowsky, Volker. 1987. *Zwei-Nationen-Lehre oder Wiedervereinigung. Die Einstellung der Partei der Arbeit Koreas und der Sozialistischen Einheitspartei Deutschlands zur nationalen Frage ihrer Länder seit dem Zweiten Weltkrieg. Ein Vergleich*. Bochum: Brockmeyer.

Graml, Hermann. 1981. „Die Legende von der verpaßten Gelegenheit. Zur sowjetischen Notenkampagne des Jahres 1952." *Vierteljahreshefte für Zeitgeschichte*, 29 (1981) 3, S. 307–341.

Grass, Günter. 1990. *Deutscher Lastenausgleich. Wider das dumpfe Einheitsgebot*. Frankfurt/M.: Luchterhand.

Grass, Günter. 1990a. Kurze Rede eines vaterlandslosen Gesellen. In: Blohm, Frank/Herzberg, Wolfgang. Hg. *„Nichts wird mehr so sein, wie es war." Zur Zukunft der beiden deutschen Republiken*. Frankfurt/M.: Luchterhand, S. 226–231.

Grass, Günter. 1990b. *Unterwegs von Deutschland nach Deutschland: Tagebuch 1990*. Göttingen: Steidl.

Green, Christopher K./Denney, Steven. 2017. „Pockets of efficiency: an institutional approach to economic reform and development in North Korea." In: Cathcart, Adam/Winstanley-Chesters, Robert/Green, Christopher K. Hg. 2017. *Change and Continuity in North Korea*. London, New York: Routledge. S. 95–108.

Gregory, Macris. 2012. „A Focus on Costs, not Benefits, dampens Korean's Desire for Reunification." *Joint Force Quarterly*, Nr. 67, October 2012, S. 49–52.

Grewe, Wilhelm G. 1960. *Deutsche Außenpolitik der Nachkriegszeit*. Stuttgart: DVA.

Gries, Peter Hays. 2004. *China's New Nationalism: Pride, Politics, and Diplomacy*. Berkeley: University of California Press.

Grinker, Roy Richard. 1998. *Korea and Its Future: Unification and the Unfinished War*. London: Macmillan.

Grix, Jonathan/Cooke, Paul. Hg. 2002. *East German distinctiveness in a unified Germany*. Birmingham: Birmingham UP.

Groitl, Gerlinde/Viola, Lora Anne. 2021. „Die strategische Rivalität mit China." In: Overhaus, Marco. Hg. *State of the Union. Langfristige Trends in der US-amerikanischen Innen- und Außenpolitik und ihre Konsequenzen für Europa*. Berlin: SWP, SWP-Studie 6, Juni 2021, S. 32–35.

Gros, Jürgen. 1999. „Wirtschaft." In: Weidenfeld, Werner/Korte, Karl-Rudolf. Hg. *Handbuch zur deutschen Einheit 1949–1989–1999*. Bonn: Bundeszentrale für politische Bildung, S. 847–862.

Grözinger, Nina. 2016. *Dialog und Dissens. Das SPD-SED-Papier von 1987. Die sozialdemokratische Deutschlandpolitik in den 1980er Jahren am Beispiel des SPD-SED Dialogpapiers*. Saarbrücken: Akademikerverlag.

Grundlagenvertrag 1972. Vertrag über die Grundlagen der Beziehungen zwischen der Bundesrepublik Deutschland und der Deutschen Demokratischen Republik. [„Grundlagenvertrag"] vom 21. Dezember 1972. Bonn: Bulletin des Presse- und Informationsamtes der Bundesregierung vom 8. November

1972, Nr. 155, S. 1842 ff. Siehe auch: https://www.documentarchiv.de/brd/grundvertr.html. Eingesehen am 29.05.2020.

Gruner, Wolf D. 1996. *Die deutsche Frage in Europa 1800–1990*. München: Piper.

Gruner, Wolf D. 1985. *Die deutsche Frage. Ein Problem der europäischen Geschichte seit 1800*. München: C. H. Beck.

Gu, Klement. 2010. „Die wechselvollen Beziehungen zwischen Peking und Taipei in der Gegenwart und Zukunft." In: Sieg, Martin/Timmermann, Heiner. Hg.: *Internationale Dilemmata und europäische Visionen. Festschrift zum 80. Geburtstag von Helmut Wagner*. Münster: Lit, S. 413–424.

Guardian, Oktober 2020. „Cyprus asks UN to step in as beach in North is opened after 46 years. Security council called on to review Turkey's decision to open Varosha seafront." *The Guardian*, 09.10.2020. https://www.theguardian.com/world/2020/oct/09/terrible-day-anger-as-pictures-show-varosha-beach-in-cyprus-opening-after-46-years. Eingesehen am 10.10.2020.

Guérin-Sendelbach, Valérie. 2003. „Das wiedervereinigte Deutschland. Die französische Perspektive." In: Elvert, Jürgen/Krüger, Friederike: *Deutschland 1949–1989. Von der Zweistaatlichkeit zur Einheit*. Stuttgart: Franz Steiner, S. 216–231.

Guidelines 1991. *Guidelines for National Unification*. Mainland Affairs Council, Hg. Taipei: Executive Yuan.

Gunning, Jeroen. 2007. „A Case for Critical Terrorism Studies?" *Government and Opposition*, 42 (Summer 2007) 3, S. 363–393.

Guo, Suijian/Stradiotto, Gary A. 2007. „The Nature and Direction of Economic Reform in North Korea." *Political Studies*, 55 (2007) 4, S. 754–778.

H

Ha, Yong-Chool. 2007. „The June 15 Summit and the Koreanization of Korean Problems." In: Rhyu, Sangyoung. Hg. *The June 15 South-North Joint Declaration and Prospects for Peace on the Korean Peninsula*. Seoul: Yonsei UP, S. 255–259.

Ha, Yong-Chool. 1990. „South-North Dialogue: The Lessons from the 1970's." In: Kang, Myoung-Kyu/Wagner, Helmut. Hg. *Korea und Germany. Lessons in Division*. Seoul: Seoul National UP, S. 610–619.

Haase-Hindenberg, Gerhard. 2008. *Der Mann, der die Mauer öffnete. Warum Oberstleutnant Harald Jäger den Befehl verweigerte und damit Weltgeschichte schrieb*. München: Heyne.

Habermas, Jürgen. 1993. *Vergangenheit als Zukunft? Das alte Deutschland im neuen Europa? – Ein Gespräch mit Michael Haller*. München: Piper.

Habermas, Jürgen. 1990. *Die nachholende Revolution – Kleine politische Schriften*. Frankfurt/M.: Suhrkamp.

Hacker. Jens. 1988. „Die Problematik der Wiedervereinigung Koreas aus der Sicht beider Staaten." APuZ B 36–37 vom 2.9.1988, S. 17–32.

Haftendorn, Helga. 2001. *Deutsche Außenpolitik zwischen Selbstbeschränkung und Selbstbehauptung*. Stuttgart: DVA.

Haggard, Stephan/Noland, Marcus. 2017. *Hard Target: Sanctions, Inducements, and the Case of North Korea*. Stanford: Stanford UP.

Haggard, Stephan/Noland, Marcus. 2017. 2007: *Famine in North Korea: Markets, Aid, and Reform*. New York: Columbia UP.

Hahn, André. 1998. *Der Runde Tisch. Das Volk und die Macht. Politische Kultur im letzten Jahr der DDR*. Berlin: Verlag am Park.

Hajnicz, Artur. 1995. *Polens Wende und Deutschlands Vereinigung. Die Öffnung zur Normalität 1989–1992*. Paderborn: Ferdinand Schöningh.

Halberstam, David. 2007. *The Coldest Winter. America and the War in Korea*. New York: Hyperion Books.

Han, Un-suk. 2015. „Tokil Tongile Daehan Hangukesŏŭi Insik." (Die Rezeption der deutschen Wiedervereinigung in Korea.) *Naeilŭl Yŏnŭn Yŏksa*, Vol. 58, Spring 2015, S. 333–355.

Han, Un-suk/Kondo, Takahiro/Yang, Biao/Pingel, Falk, Hg. 2012. *History Education and Reconciliation. Comparative Perspectives on East Asia*. Frankfurt/M.: Peter Lang.

Han, Un-suk. 2000. *Rezeption der deutschen Vereinigung in Süd-Korea*. Manuskript für einen Vortrag an der Viadrina Universität in Frankfurt/Oder.

Hao, Zhidong. 2010. *Whither Taiwan and Mainland China. National Identity, the State, and Intellectuals*. Hongkong: Hongkong UP.

Harari, Yuval Noah. 2015. *Sapiens. A Brief History of Mankind*. New York: HarperCollins.

Harbaum, Lutz-Philipp. 2008. *Pariser Dilemmata im Prozess der deutschen Wiedervereinigung*. Bonn: Bouvier.

Harding, Harry. 1993. „The Concept of ‚Greater China': Themes, Variations and Reservations." *CQ*, Vol. 136, December 1993, S. 660–686.

Harrison, Henrietta. 2017. „The Qianlong Emperor's Letter to George III and the Early-Twentieth-Century Origins of Ideas about Traditional China's Foreign Relations." *The American Historical Review*, 122 (June 2017) 3: 680–701.

Harrison, Selig S. 2002. *Korean Endgame: A Strategy for Reunification and U. S. Disengagement*. Princeton: Princeton UP.

Harrison, Selig S. 1997. „Promoting a Soft Landing in Korea." *Foreign Policy*, Nr. 106, S. 57–75.

Harrison, Selig S. 1972. „Kim Seeks Summit, Korean Troop Cut." *Washington Post*, 26.6.1972. https://www.markpberry.files.wordpress.com/2017/02/harrison-interview-with-kis-1972.pdf. Eingesehen am 02.02.2010.

Harteisen, Ulrich/Neumeyer, Silke/Schlagbauer, Susanne/Bizer, Kilian/Hensel, Stephan/Krüger, Lukas. 2010. *Grünes Band – Modellregion für Nachhaltigkeit: Abschlussbericht des Forschungsvorhabens*. Göttingen: Universitätsverlag.

Hassig, Ralph/Oh, Kongdan. 2009. *The Hidden People of North Korea: Everyday Life in the Hermit Kingdom*. Lanham: Rowman and Littlefield.

Hauptmann, Jerzy. 1968. „Frieden durch Teilung? Einführende Bemerkungen." In: Domes, Alfred. Hg. *Entspannung, Sicherheit, Frieden*. Köln: Verlag Wissenschaft und Politik, S. 107–120.

Hayes, Peter. 1988. „American Nuclear Hegemony in Korea." *Journal of Peace Research*, 25 (1988) 4, S. 351–364.

Hellmann, Manfred W. 2011. „Politischer Wechsel – Sprachliche Umbrüche. Zum Verhältnis von Zeitgeschichte und Sprachgeschichte." In: Bock, Bettina/Fix, Ulla/Pappert, Steffen. Hg. 2011. *Politischer Wechsel – sprachliche Umbrüche*. Berlin: Frank & Timme, S. 51–74.

Hellmann, Manfred W. 1997. „Das „kommunistische Kürzel BRD". Zur Geschichte des Umgangs mit den Bezeichnungen für die beiden deutschen Staaten." In: Barz, Irmhild/Schröder, Marianne. Hg. *Nominationsforschung im Deutschen*. Frankfurt/M.: Peter Lang.

Henderson, Gregory/Lebow, Richard Ned/Stoessinger, John G. Hg. 1974. *Divided Nations in a Divided World*. New York: David McKay Co.

Henderson, Gregory. 1968. *Korea: The Politics of the Vortex*. Cambridge, MA: Harvard UP.

Henke, Klaus-Dietmar. Hg. 2009. *Revolution und Vereinigung 1989/90. Als in Deutschland die Phantasie die Realität überholte*. München: Deutscher Taschenbuch Verlag.

Hérait, Alice. 2019. „Kommt doch rüber. China umgarnt Taiwans Jugend und attakiert die Regierung in Taipei." https://www.Monde-diplomatique.de/artikel/!5599709. Eingesehen am 23.02.2020.

Herbert, Willi/Wildenmann, Rudolf. 1991. „Deutsche Identität. Die subjektive Verfassung der Deutschen vor der Vereinigung." In: Wildenmann, Rudolf. Hg. *Nation und Demokratie. Politisch-strukturelle Gestaltungsprobleme im neuen Deutschland*. Baden-Baden: Nomos, S. 71–98.

Herrmann-Pillath, Carsten. 1995. „Kulturelle Aspekte wirtschaftlicher Grundlagen des künftigen Weltmachtstatus einer chinesischen Nation." In: Draguhn, Werner/Schucher, Günter. Hg. *Das neue Selbstbewußtsein in Asien: eine Herausforderung*, Hamburg: Institut für Asienkunde, S. 104–159.

Herschensohn, Bruce, Hg. 2002, *Across the Taiwan Strait, Democracy: The Bridge between Mainland China and Taiwan*, Lanham: Lexington Books.

Herspring, Dale R. 1998: *Requiem for an Army. The Demise of the East German Military*. Lanham: Rowman & Littlefield.

Hertig, Maya. 2001. *Die Auflösung der Tschechoslowakei. Analyse einer friedlichen Staatsteilung.* Basel: Helbing & Lichtenhahn.

Hertle, Hans-Hermann. 1999. *Der Fall der Mauer. Die unbeabsichtigte Selbstauflösung des SED-Staates.* 2. Auflage. Opladen: Westdeutscher Verlag.

Hertle, Hans-Hermann. 1995. „Kontrollen eingestellt – nicht mehr in der Lage – Punkt." Wie die Mauer am Grenzübergang Bornholmer Straße fiel. Gespräch mit Harald Jäger, ehemaliger stellvertretender Leiter der Paßkontrolle am Grenzübergang Bornholmer Straße. *DA*, 28 (1995) 11, S. 1127–1134.

Hesse, Kurt R. 1988. *Westmedien in der DDR. Nutzung, Image und Auswirkungen bundesrepublikanischen Hörfunks und Fernsehens.* Köln: Verlag Wissenschaft und Politik.

Heuser, Robert. 1979. „Die chinesische Verfassungsrevision vom 5. März 1978 als Hinwendung zu einem sozialistischen Rechtssystem in China." *Zeitschrift für ausländisches öffentliches Recht und Völkerrecht*, Bd. 39, Nr. 2, S. 301–340.

Heuss, Theodor. 2012. *Theodor Heuss. Stuttgarter Ausgabe. Briefe 1949–1954.* Stiftung Bundespräsident-Theodor-Heuss-Haus, Hg. Berlin, Boston: de Gruyter.

Heydemann, Günther. 2013. „Politik des Dialogs. Das SED-SPD Papier von 1987." In: Apelt, Andreas H./Grünbaum, Robert/Schöne, Jens. Hg. *2 x Deutschland. Innerdeutsche Beziehungen 1972–1990.* Halle: Mitteldeutscher Verlag, S. 176–183.

Heydemann, Günther. 2009. „Zwischen Widerstand und Obstruktion. Großbritanniens Rolle und Politik unter Margaret Thatcher während der Wiedervereinigung Deutschlands 1989/90." *DA*, 42 (2009) 1, p. 31–43.

Heylen, Ann. 2011. „Legacies of memory and belonging in Taiwanese history." Schubert, Gunter/Damm, Jens. Hg. *Taiwanese Identity in the Twenty-first Century. Domestic, regional and global perspectives.* London, New York: Routledge, S. 17–34.

Hickel, Rudolf. 1990. „Die Währungsunion: sozial-ökonomisch schädlicher Einstieg in die Sanierung der DDR-Wirtschaft." *Gewerkschaftliche Monatshefte*, 41 (1990) 3, S. 141–151.

Hilger, Andreas. Hg. 2011. *Diplomatie für die deutsche Einheit. Dokumente des Auswärtigen Amtes zu den deutsch-sowjetischen Beziehungen 1989/90.* München: R. Oldenbourg.

Hilpert, Hanns Günther. 2022. „Handels- und Technologiepartner Taiwan." Hilpert, Hanns Günther/Sakaki, Alexandra/Wacker, Gudrun. Hg. *Vom Umgang mit Taiwan.* SWP-Studie 4, April 2022, Berlin: SWP, S. 19–29.

Hilpert, Hanns Günther/Stanzel, Angela. 2021. „Eine alternative ‚ein China'-Politik." In: Maihold, Günther/Mair, Stefan/Müller, Melanie/Vorrath, Judith/Wagner, Christian. Hg. *Deutsche Außenpolitik im Wandel. Unstete Bedingungen, neue Impulse.* Berlin: SWP, SWP-Studie 15, S. 49–52.

Hinz, Manfred. Hg. 1973. *Räte-China. Dokumente der chinesischen Revolution (1927–31).* Frankfurt/M., Berlin: Ullstein.

Hirano, Kenichiro. Ohne Jahr. *Interactions among Three Cultures in East Asian International Politics during the Late Nineteenth Century: Collating Five Different Texts of Huang Zun-xian's „Chao xian Ce-lue" (Korean Strategy).* https://www.web.archive.org/201504021005500/http://dspace.wul.waseda.ac.jp/dspace/bitstream/2065/789/1/20031113_hirano_eng.pdf. Eingesehen 26.03.2024.

Hirschauer, Stefan. 1999. „Die Praxis der Fremdheit und die Minimierung der Anwesenheit. Eine Fahrstuhlfahrt." *Soziale Welt*, 50 (1999) 3, S. 221–246.

History. 2015. *History of Revolutionary Activities of Chairman Kim Jong Il.* Pjöngjang: Foreign Languages Publishing House.

Hixson, Walter L. 2008. *The Myth of American Diplomacy: National Identity and U. S. Foreign Policy.* New Haven: Yale UP.

Ho, Samuel P. S. 1978. *Economic Development of Taiwan, 1860–1970.* New Haven: Yale UP.

Hochscherf, Tobias/Laucht, Christoph/Plowman, Andrew. Hg. 2013. *Divided but not disconnected. German Experience of the Cold War.* New York, Oxford: Berghahn.

Hoddie, Matthew/Hartzell, Caroline. 2005. „Signals of Reconciliation: Institution-Building and the Resolution of Civil Wars." *International Studies Review*, 7 (March 2005) 1, S. 21–40.
Hoff, Henning. 2003. *Großbritannien und die DDR 1955–1973. Diplomatie auf Umwegen*. München: R. Oldenbourg.
Hoffmann, Aaron. 2002. „A conceptualization of trust in international relations." *European Journal of International Relations*, 8 (2002) 3, S. 375–401.
Hoffmann, Theodor. 1993. *Das letzte Kommando. Ein Minister erinnert sich*. Berlin, Bonn, Herford: Mittler.
Hofmann, Birgit. 2015. *Der „Prager Frühling" und der Westen. Frankreich und die Bundesrepublik in der internationalen Krise um die Tschechoslowakei 1968*. Göttingen: Wallstein.
Holmes, James R./Yoshihara, Toshi. 2008. *Chinese Naval Strategy in the 21st Century. The turn to Mahan*. London, New York: Routledge.
Holst, Johan Jørgen. 1983. „Confidence-building measures, a conceptual framework." *Survival*, 25 (1983) 1, S. 2–15.
Holst, Johan Jørgen/Melander, Karen A. 1977. „European security and confidence-building measures." *Survival*, 19 (1977) 4, S. 146–154.
Holsti, Ole. 1967. „Cognitive Dynamics and Images of the Enemy: Dulles and Russia." In Finlay, David/Holsti, Ole/Fagen, Richard. Hg.: *Enemies in Politics*. Chicago: Rand McNally, S. 42–52.
Holtmann, Everhard. Hg. 1991. *Politik-Lexikon*. München/Wien: R. Oldenbourg.
Honecker, Erich. 1982. *Reden und Aufsätze*. Band 7. Berlin (Ost): Dietz.
Hong, Zhaohui/Sun, Yi. 2004. „Peace, Reunification, Democracy and Cross-Strait Relations." *MSCAS*, Nr. 2, 2004.
Hood, Steven J. 1997. *The Kuomintang and the Democratization of Taiwan*. Boulder: Westview.
Horn, Gyula. 1991. *Freiheit, die ich meine. Erinnerungen des ungarischen Außenministers, der den Eisernen Vorhang öffnete*. Hamburg: Hoffmann und Campe.
Horowitz, Shale/Ye, Min. 2008. „Keeping Instability at Bay: China's Post-Deng Leaders and the Korean Crisis." *Korea Observer*, 39 (Winter 2008) 4, S. 603–629.
Horster, Maximilian. 2004. „The Trade in Political Prisoners between the Two German States, 1962–89." *Journal of Contemporary History*, 39/2004, S. 403–424.
Horton, Chris. 2019. „Taiwan's Status Is A Geopolitical Absurdity." *The Atlantic*, 08.07.2019. theatlantic.com/international/archive/2019/07/taiwans-status-geopolitical-absurdity/593371. Eingesehen am 27.04.2022.
Howe, Christopher. 1996. „The Taiwan Economy: The Transition to Maturity and the Political Economy of its Changing International Status." *CQ*, Nr. 148, December 1996, S. 1171–1195.
Hsiau, A-Chin. 2000. *Contemporary Taiwanese Cultural Nationalism*. London: Routledge.
Hsieh, Chun-lin. 2019. „Xi Jinping Speech: Majority do not accept Xi's ‚consensus'." https://www.Taipeitimes.com/News/taiwan/archives/2019/01/04/2003707320. Eingesehen am 04.01.2019.
Hu, Shaohua. 2018. *Foreign Policies toward Taiwan*. Abingdon, New York: Routledge.
Hua, Yufan/Zhai, Zhihai. 1990. „China's Decision to Enter the Korean War: History Revisited." *CQ*, March 1990, Nr. 121, S. 94–115.
Huang, Hsin-po/Wu, Su-wei/Hetherington, William. 2021. „Lawmakers urge removal of ROC map in legislature." *Taipei Times*, 18.01.2021, S. 2.
Huang, Kun-huei. 1991. *The Key Points and Contents of the Guidelines for National Unification*. Taipei: Mainland Affairs Council.
Huang, Kwei-Bo. 2011. „In Pursuit of gradual Stabilization and Peace Dividends: Cross-Taiwan Strait Relations and their Influence on The Asia Pacific." *MSCAS*, No. 3, 2011.
Huang, Zheping. 2017. „A Friendly Reminder. China's official news style guide really wants you to know that Taiwan and Hong Kong are Part of China." https://www.qz.com/1035320/chinese-state-news-agency-xinhuas-official-style-guide-taiwan-and-hong-kong-are-part-of-china. Eingesehen am 26.09.2021.

Hufbauer, Gary C./Schott, Jeffrey J./Elliot, Kimberley Ann/Oegg, Barbara. 2007. *Economic Sanctions Reconsidered.* Washington D. C.: Peter G. Peterson Institute for International Economics.

Hufbauer, Gary C./Schott, Jeffrey J./Elliott, Kimberley Ann. 1990. *Economic Sanctions Reconsidered. History and Current Policy.* Washington D. C.: Institute for International Economics.

Hughes, Christopher W. 2009. „‚Super-Sizing' the DPRK Threat: Japan's Evolving Military Posture and North Korea." *AS*, XLIX (2009) 2, S. 291–311.

Hughes, Christopher W. 1997. *Taiwan and Chinese Nationalism: National Identity and Status in International Society*, London, New York: Routledge.

Hundert 2011. „Hundert Milliarden Mark für die deutsche Einheit." Meldung des Spiegels vom 01.10.2011. https://www.spiegel.de/politik/deutschland/erhards-angebot-an-die-udssr-hundert-milliarden-mark-fuer-die-deutsche-einheit-a-789418.html. Eingesehen am 26.03.2024.

Hur, Mi-yeon. 2019. *The Six-Party Talks on North Korea.* Singapore: Springer.

Hüther, Michael. 2014. *Die junge Nation. Deutschlands neue Rolle in Europa.* Hamburg: Murmann.

Hüttmann, Jens. 2008. „So sah die DDR im Jahr 2000 einmal aus. *Mutmaßungen über die Zukunft der SED-Diktatur in der Bundesrepublik vor 1989.*" In: Muhle, Susanne/Richter, Hedwig/Schütterle, Juliane. Hg. *Die DDR im Blick. Ein zeithistorisches Lesebuch.* Berlin: Metropol, S. 221–228.

Hwang, Byong-moo. 1991. „The Evolution of RK-PRC Relations: Retrospects and Prospects." *JEAA*, 5 (Winter/Spring 1991) 1, S. 24–48.

Hwang, In Kwan. 1990. *The United States and Neutral Reunited Korea.* Lanham: University Press of America.

Hwang, In Kwan. 1987. *One Korea Via Permanent Neutrality: Peaceful Management of Korean Unification.* Cambridge, MA: Schenkmann.

Hwang, In Kwan. 1985. „A Translation and Critical Review of Yu Kil-Chun's On Neutrality." *Korean Studies*, 9 (1985) 1, S. 1–13.

I

Im, Hyun-Baek/Lee, Eun-Jeung, Hg. 2010. *Kann die koreanische Halbinsel wie Deutschland wiedervereinigt werden? 20 Jahre nach dem Mauerfall – Lehren für die koreanische Halbinsel.* Seoul: Songjung. (Text auf Koreanisch)

Imhof, Arthur Erwin. 1970. *Grundzüge der Nordischen Geschichte.* Darmstadt: Wissenschaftliche Buchgesellschaft.

„Inaugural Speech 2004. President Chen's Inaugural Speech." Der Text der Rede vom 20. Mai 2004 wurde vom Government Information Office, Taipei, zur Verfügung gestellt.

Institut für Forschungen über Festlandchina. Hg. 1981. *Der richtige Weg für China – Die drei Grundprinzipien des Volkes.* Taipei: Mainland China Monthly Company.

Inter Action Council 1993. The Lessons of the German Unification Process for Korea. https://www.interactioncouncil.org/publications/lessons-german-unification-process-korea. Eingesehen am 26.03.2024.

IPUS Flüchtlinge 2022. *Gedanken der nordkoreanischen Bevölkerung zur Wiedervereinigung nach 10 Jahren Kim Jong-un-Herrschaft.* Seoul: Seoul National University, Institute for Peace and Unification Studies. (Text auf Koreanisch.)

IPUS WV 2022. *Umfragen zur Wiedervereinigung.* Seoul: Seoul National University, Institute for Peace and Unification Studies. (Text auf Koreanisch.)

Ipsen, Knut. 1995. „Die Selbstdarstellung der DDR vor internationalen Menschenrechtsorganisationen." Deutscher Bundestag. Hg. *Materialien der Enquête-Kommission Aufarbeitung von Geschichte und Folgen der SED-Diktatur in Deutschland*, Bd. 4, Baden-Baden: Nomos, S. 547–584.

Iverson, Shephard. 2013. *One Korea. A Proposal for Peace.* Jefferson, London: McFarland.

Izumikawa, Yasuhiro. 2006. „South Korea's *Nordpolitik* and the Efficacy of Asymmetric Positive Sanctions." *Korea Observer*, 37 (2006) 4, S. 605–641.

J

Jackson, Michael Gordon. 2005. „Beyond Brinkmanship: Eisenhower, Nuclear War Fighting, and Korea, 1953-1968." *Presidential Studies Quarterly*, 35 (March 2005) 1, S. 52-75.

Jacob, Jahin T. 2010. „The Implication of Direct Flights: Beijing in Taiwanese Politics." In: Sharma, Anita/Chakrabarti, Sreemati, Hg. *Taiwan Today*. London: Anthem Press, S. 22-41.

Jacobs, J. Bruce/Kang, Peter. Hg. 2017. *Changing Taiwanese Identities*. New York: Routledge.

Jacobs, J. Bruce. 2007. „Lee Teng-hui and the Idea of ‚Taiwan'." *CQ*, 190 (June 2007), S. 375-393.

Jacobs, J. Bruce. 1998. „President Clinton's Visit to China and the Future of Cross-Strait Relations." In: Institute for National Development. Hg. *In Search of Peaceful Coexistence between Taiwan and China: Strategies and Approaches*. Taipei: Institute for National Development, S. 109-115.

Jacques, Martin. 2009. *When China rules the World. The Rise of the Middle Kingdom and the Ende of the Western World*. London, New York: Penguin.

Jain, Cai. 2017. „Maintaining the status quo or promoting the Reunification of the Korean Peninsula? A Chinese perspective." In: Kwak, Tae-Hwan/Joo, Seung-Ho. 2017. Hg. *One Korea. Visions of Korean unification*. London, New York: Routledge, S. 114-128.

Jain, J. P. 1963. „The Legal Status of Formosa: A Study of British, Chinese and Indian Views." *American Journal of International Law*, 57 (January 1963) 1, S. 25-45.

Jakisch, Klaus-Rainer. 2004. *Eisern gegen die Einheit. Margaret Thatcher und die deutsche Wiedervereinigung*. Frankfurt/M.: Societäts-Verlag.

Jänicke, Martin. 1964. *Der Dritte Weg. Die antistalinistische Opposition gegen Ulbricht seit 1953*. Köln: Neuer Deutscher Verlag.

Jankowski, Martin. 2008. „Sieg ohne Helden – eine vergessene deutsche Revolution. Der Volksaufstand vom 9. Oktober 1989." *DA*, 41 (2008) 5, S. 820-825.

Jansen, Hans-Heinrich. 1994. „Karl Georg Pfleiderers Gegenentwürfe zur Deutschlandpolitik Adenauers." *Historisch-Politische Mitteilungen*, 4 (1994) 1, S. 35-71.

Jansen, Silke. 1989. „Zwei deutsche Staaten – zwei deutsche Nationen? Meinungsbilder zur deutschen Frage im Zeitablauf." *DA*, 22 (1989) 10, S. 1132-1143.

Janßen, Karl-Heinz. 1976. „Die Einheit der Nation: etwas Vergehendes?" *Die Zeit*, 6. Februar 1976.

Jarausch, Konrad. 1999. „Implosion oder Selbstbefreiung?" In: Jarusch, Konrad/Sabrow, Martin. Hg. 1999. *Weg in den Untergang. Der innere Zerfall der DDR*. Göttingen: Vandenhoek & Ruprecht, S. 28-34.

Jeffries, Ian. 2006. *North Korea. A Guide to Economic and Political Development*. New York, Abingdon: Routledge.

Jelzin, Boris. 1994. *Auf des Messers Schneide. Tagebuch des Präsidenten*. Berlin: Siedler.

Jeong, Se-Hyun. 1992. „Legal Status and Political Meaning of the Basic Agreement between the South and the North." *Korea and World Affairs*, 16 (1992) 1, S. 5-21.

Jervis, Robert. 1976. *Perception and Misperception in International Politics*. Princeton: Princeton UP.

Jiang, Zemin. 1995. „Continue to Promote the Reunification of the Motherland." https://www.Mfa.gov.cn/ce/cens//eng/zt/twwt/t36736.htm. Eingesehen am 11.05.2022. (Auch in *SWB*, FE/2215 vom 31.1.1995, S. G/1-4.)

Jin, Dal Yong/Yoon, Kyong/Min, Wonjung. 2021. *Transnational Hallyu. The Globalization of Korean Digital and Popular Culture*. London, New York: Rowman & Littlefield.

Jin, Guantao. 1988. „Bones of the buried Dragon." In: Barmé, Geremie/Minford, John. Hg. *Seeds of Fire: Voices of Chinese Conscience*. New York: Hill & Wang, S. 131-134.

Jing, Bo-Jiun. 2016. „Taiwan and Southeast Asia: Opportunities and Constraints of Continued Engagement." *MSCAS*, No. 2, 2016.

Johnston, Alastair Iain. 2003. „Is China a Status Quo Power?" *International Security*, 27 (Spring 2003) 4, S. 5-56.

Johnston, Ray E. 1982. „Alternative Frameworks for Assessing the International Status of Multi-System Nations: Germany, Korea, China/Taiwan." *The Journal of East Asian Studies*, II (1982) 1, S. 90-124.

Joint Statement 1972. Joint Statement Following Discussions with Leaders of the People's Republic of China. Shanghai, February 27, 1972. https://www.history.state.gov/historicaldocuments/frus1969-76v17/ch4?start=31. Eingesehen am 27.03.2024.
Jones, Christopher. 2009. „Gorbachevs Militärdoktrin und das Ende des Warschauer Paktes." In: Diedrich, Torsten/Heinemann, Winfried/Ostermann, Christian F. Hg. *Der Warschauer Pakt. Von der Gründung bis zum Zusammenbruch 1955 bis 1991.* Berlin: Ch. Links, S. 245–272.
Jones, Peter. 2015. *Track Two Diplomacy in Theory and Practice.* Stanford: Stanford UP.
Jonsson, Gabriel. 2006. *Towards Korean Reconciliation. Socio Cultural Exchanges and Cooperation.* Aldershot: Ashgate.
Jun, Byung Wook/Yoon, Sung Man. 2016. „Factors Affecting the Attitudes of South Koreans toward Unification and their Willingness to Pay the Unification Tax." *Korea Observer*, 47 (2016) 3, S. 675–698.
Jüngerkes, Sven. 2012. *Diplomaten der Wirtschaft. Die Geschichte des Ost-Ausschusses der Deutschen Wirtschaft.* Osnabrück: fibre.
Justice prevails. 1967. „Justice Prevails at the U. N." In: *Taiwan Today* vom 01.01.1967. https://www.taiwantoday.tw/print.php?unit=4&post=6717. Eingesehen am 16.12.2019.

K

Kahl, Jürgen. 2020. „Why Taiwan matters. Selbstbestimmung contra Einheit – ein Konflikt mit Fernwirkung." *FES Internationale Neuerscheinungen.* https://www.library.fes.de/pdf-files/iez/16029.pdf. S. 1–5. Eingesehen am 27.03.2024.
Kahl, Jürgen. 2017. „Taiwan unter Präsidentin Tsai Ing-wen – Aufbruch oder Sackgasse?" *FES Internationale Neuerscheinungen.* https://www.library.fes.de/pdf-files/iez/13631-20170831.pdf. Eingesehen am 27.03.2024.
Kaiser, Karl. 1991. *Deutschlands Vereinigung: Die internationalen Aspekte.* Bergisch-Gladbach: Bastei Lübbe.
Kalinowski, Thomas. 2019. *Why International Cooperation Is Failing.* Oxford: Oxford UP.
Kalinowski, Thomas. 2005. *Der Internationale Währungsfonds in Südkorea. Strukturanpassung und Reformen seit der Asienkrise.* Hamburg: Institut für Asienkunde.
Kallgren, Joyce K. 1990. Hg. *Building a nation-state: China after fourty years*, Berkeley: University of California Press.
Kallgren, Joyce K. 1984. „China in 1983. The Turmoil of Modernization." *AS*, 24 (Januar 1983) 1, S. 60–80.
Kamp, Matthias. 2022. „In China entbrennt ein neuer Streit um das richtige Verhältnis zum Ausland." *Neue Zürcher Zeitung*, 25.09.2022. https://www.nzz.ch/international/china-diskussion-um-verhaeltnis-zum-ausland-nationale-sicherheit-ld.1702272?mkteid=smsh&ktcval. Eingesehen am 26.09.2022.
Kan, Shirley A. 2011. *China/Taiwan: Evolution of the ‚One China' Policy – Key Statements from Washington, Peking, and Taipei.* Washington D. C.: Congressional Research Service, Report RL 30341, 24.07.2011.
Kan, Shirley A. 2011a. *Taiwan: Major U. S. Arms Sales since the 1990s.* Washington D. C.: Congressional Research Service, Report RL 30975, 15.09.2011.
Kang, Yeoun-sun. 1998. „Mt. Kumgang cruise on November 18: Hyundai Group strikes landmark business deal with N. Korea." *Korea Herald*, 02.11.1998, S. 1.
Kang, Youwei. 2020. *Die große Gemeinschaft. Eine Anleitung zum Weltfrieden.* Herausgegeben und bearbeitet von Thomas Heberer. Esslingen: Drachenhaus Verlag.
Kant, Immanuel. 1964. „Über den Gemeinspruch: Das mag in der Theorie richtig sein, taugt aber nicht für die Praxis." Kant, Immanuel: *Werke, Band XI*, Frankfurt/M.: Suhrkamp, Insel, S. 127–172.
Kant, Immanuel. 1795. *Zum ewigen Frieden. Ein philosophischer Entwurf.* Königsberg: Friedrich Nicolovius.
Kant, Immanuel. 1781. *Critic der reinen Vernunft.* Riga: Hartknoch.
Kao, Charng/Wang, Wen-Thuen. 2006. „Economic Interaction between Taiwan and Mainland China and its Influence on both Economies." In: Hua, Shiping. Hg. 2006. *Reflections on the Triangular Relations of Peking-Taipei-Washington since 1995.* New York: Palgrave Macmillan, S. 152–174.
Kapp, Robert A. 1973. *Szechwan and the Chinese Republic: Provincial Militarism and Central Power, 1911–1938.* New Haven: Yale UP.

Karner, Stefan/Kramer, Mark/Ruggenthaler, Peter/Wilke, Manfred, et al. 2015. Hg. *Der Kreml und die deutsche Wiedervereinigung. Interne sowjetische Analysen. Dokumente*. Berlin: Metropol.
Karner, Stefan/Kramer, Mark/Ruggenthaler, Peter/Wilke, Manfred, et al. Hg. 2014. *Der Kreml und die „Wende" 1989. Interne Analysen der sowjetischen Führung zum Fall der kommunistischen Regime. Dokumente*. Innsbruck: StudienVerlag.
Kasian, Tejapira. 2009. „The Misbehaving Jyks: the evolving regime of Thainess and Sino-Thai challenges." *Asian Ethnicity*, 10 (2009) 3, S. 263–283.
Kastrup, Dieter. 2015. „Wir hatten eine große Portion Glück." *Der Spiegel*, 2015/40, S. 46–49.
Kastrup, Dieter. 1997. „Von der Entspannung zur Vereinigung – Hindernisse auf einem mühevollen Weg." In: Kinkel, Klaus. Hg.: *In der Verantwortung – Hans Dietrich Genscher zum Siebzigsten*. Berlin: Siedler, S. 431–440.
Kau, Michael Y. M. 1999. „Clinton's „Three No's" Policy: A Critical Assessment." *The Brown Journal of World Affairs*. 6 (Summer/Fall 1999), S. 15–22.
Kaufmann, Bernd. 1980. *Die außenpolitische Strategie und Taktik der Volksrepublik China gegenüber den Vereinigten Staaten von Amerika in der Periode des großmachtpolitischen Kurses der chinesischen Führung (1957/58 bis 1972/73)*. Berlin (Ost): Staatsverlag der DDR.
Keating, Jerome F. 2014. *The Mapping of Taiwan. Desired Economies, Coveted Geographies; New Perspectives on Cartography, Competing Monopolies, and the Destiny of Taiwan: (a Story within Many Stories)*. Taipei: SMC Publishing.
Keng, Shu/Schubert, Gunter. 2010. „Agents of Taiwan-China Unification? The Political Role of Taiwanese Business People in the Process of Cross-Strait Integration." *AS*, 50 (March-April 2010) 2, S. 287–310.
Kennan, George F. 1958. „Disengagement Revisited." *Foreign Affairs*, vol. 37, October 1958, S. 187–210.
Kennedy, John F. 1963. Rede an der Freien Universität Berlin am 26. Juni 1963. https://www.fu-berlin.de/sites/kennedy/index.html. Eingesehen am 27.03.2024.
Ker-Lindsay, James. 2019. *The Cyprus Problem in an Era of Uncertainty: Establishing a Culture of Engagement*. Report 5, Nicosia: PRIO Cyprus Centre.
Kerr, George H. 1992. *Formosa Betrayed*. Upland: Taiwan Publishing Co. 2. Auflage.
Keßler, Heinz/Streletz, Fritz. 2011, *Ohne die Mauer hätte es Krieg gegeben*. Berlin: edition ost im Verlag das Neue Berlin.
Kettenmacher, Lothar. 1989. *Krieg zur Friedenssicherung. Die Deutschlandplanung der britischen Regierung während des Zweiten Weltkrieges*. Göttingen: Vandenhoek & Ruprecht.
Keussler, Klaus-M. von/Schulenburg, Peter. 2011. *Fluchthelfer. Die Gruppe um Wolfgang Fuchs*. Berlin: Berlin Story Verlag.
Kiessler, Richard/Elbe, Frank. 2020. *Ein runder Tisch mit scharfen Ecken. Der diplomatische Weg zur deutschen Einheit*. 2. Auflage. Baden-Baden: Nomos.
Kihl, Young-whan/Kim, Hong Nak. Hg. 2006. *North Korea, the Politics of Regime Survival*. Armonk: M. E. Sharpe.
Kil, Jeong-Woo. 1994. „The Kim Young-sam Government's Unification Policy: Phase Two- A Sketch of the New Policies toward the North." *Korea and World Affairs*, 18 (Fall 1994) 3, S. 473–485.
Kilian, Werner. 2001. *Die Hallstein-Doktrin. Der diplomatische Krieg zwischen der BRD und der DDR 1955–1973, aus den Akten der beiden deutschen Außenministerien*. Berlin: Duncker & Humblot.
Kim, Bomi. 2016. „North Korea's Siege Mentality. A Sociopolitical Analysis of the Kim Jong-un Regime's Foreign Policy." *AS*, 40 (2016) 2, S. 223–244.
Kim, Bum Suk. 2005. „The Political Economy of Cross-Strait Relations: Economic Opportunities and Political Constraints." *Korea Observer*, 36 (2005) 4, S. 741–760.
Kim, Chol U. 2002. *Songun Politics of Kim Jong Il*. Pjöngjang: Foreign Languages Publishing House.
Kim, Choong Nam. 2008. „Military-first, Economy-first or Mixture of Both: Which One is Pyongyang's Primary Survival Strategy?" *Korea and World Affairs*, 32 (2008) 2, S. 180–212.
Kim, Choong Nam. 2000. „Changing Northeast Asia and Korea-US Relations." *JEAA*, XIV (2000) 1, S. 1–36.

Kim, Chull Baum. 1994. „An Inquiry into the Origins of the Korean War. – A Critique of the Revisionists' View." *East Asian Review*, VI (Summer 1994) 2, S. 3–22.

Kim, Chung-Kyun. 2000. *Strategies for Investing in North Korea*. Seoul: Hyundai Research Institute.

Kim, Chung-Kyun. 1976. „The Study of the legal Status and Unification of divided States." *Korea Observer*, 7 (1976) 1, pp. 3–42.

Kim, Dae-jung. 2019. *Conscience in Action. The Autobiography of Kim Dae-jung*. Singapore: Palgrave Macmillan, Springer Nature.

Kim, Dae-jung. 2008. Bemerkungen Kim Dae-jungs auf einer Konferenz in Seoul am 16. Dezember 2008. https://www.kdjpeace.com/home/bbs/board.php?bo_table=b02_08_03. Eingesehen am 02.02.2018.

Kim, Dae-jung. 2007. Keynote Speech: „Towards New Progress for Peace on the Korean Peninsula." In: Rhyu, Sang-young. Hg. *The June 15 South-North Joint Declaration and Prospects for Peace on the Korean Peninsula*. Seoul: Yonsei UP, S. 41–46.

Kim, Dae-jung. 2006. „Inter-Korean Relations and the ‚Iron Silk Road.' Special Speech at the UN-ESCAP Asia-Pacific Business Forum on Transport and Logistics 2006." (November 2006.) In: Kim Dae-jung Peace Center. Hg. *Road to Peace on the Korean Peninsula. Lectures and Press Interviews of Kim Dae-jung*, Seoul 2006, S. 64–69.

Kim, Dae-jung. 2006a. New Year's Special Interview. Former President Kim Dae-jung of the Republic of Korea. *Monthly JoongAng*, January 2006. Nachdruck veröffentlicht von der Kim Dae-jung Presidential Library and Museum, Seoul 2006.

Kim, Dae-jung. 2004. *The 21st Century and the Korean People. Selected Speeches of Kim Dae-jung, 1989–2004*. Seoul: Hakgojae.

Kim, Dae-jung. 2000. *Lehren aus der deutschen Wiedervereinigung und Fragen auf der koreanischen Halbinsel*. Freie Universität Berlin, Hg. Präsidium, Abteilung Außenangelegenheiten.

Kim, Dae-jung. 1997. *Kim Dae-jung's „Three-Stage" Approach to Korean Reunification. Focusing on the South-North Confederal Stage*. Los Angeles: University of Southern California.

Kim, Dae-jung. 1994. *Korea and Asia. A Collection of Essays, Speeches, and Discussions*. Seoul: The Kim Dae-jung Peace Foundation Press.

Kim, Dae-jung. 1993. „Korean Reunification. A Rejoinder." *Security Dialogue*, 24 (1993) 4: 409–414.

Kim, Dae-jung. 1993a. *Korean Reunification: Lectures during the Research Period in Cambridge*. Seoul: Kim Dae-jung Peace Foundation Press.

Kim, Dong Lyoul. 2012. *Grundlagen der strafrechtlichen Aufarbeitung von DDR-Unrecht und Möglichkeiten ihrer Übertragung auf die Bewältigung nordkoreanischen Systemunrechts*. Frankfurt/Main: Peter Lang.

Kim, Dong Yub. 2020. „Bringing about Peace on the Korean Peninsula. Two Years after the September Pyongyang Joint Declaration." *Issues and Analysis*, No. 95, 22.09.2020. Seoul: Institute for Far Eastern Studies, Kyungnam University.

Kim, Geonwoo. 2007. *Um die koreanische Wiedervereinigung. Die Sonnenscheinpolitik Kim Dae-jungs im Vergleich mit der Ostpolitik Willy Brandts*. Dissertation der Philosophischen Fakultät der Universität Freiburg im Breisgau. https://www.freidok.uni-freiburg.de/fedora/objects/freidok:4208/datastreams/FILE1/content. Eingesehen 18.06.2019.

Kim, Hak-kyo. 1986. „South Korea's Unification Policies: A Reassessment." In: *AP*, 10 (1986) 1, S. 3–19.

Kim, Hak-joon. 1996. „Russian Foreign Ministry Documents on the Origin of the Korean War." In: *Korea and World Affairs*, XX (Summer 1996) 2, S. 248–271.

Kim, Hak-joon. 1977. *The Unification Policy of South and North Korea: A Comparative Study*. Seoul: Seoul National UP.

Kim, Hee Jin/Yoo, Ho Yeol/Chung, Yun Kyung. 2015. „Social Distance towards the North Korean Refugees in South Korean Society." *Korea Observer*, 46 (2015) 2, S. 295–320.

Kim, Hyung-Chan. 1988. „From Deterrence to Détente and Beyond: Private Thoughts on Korean Unification." *Asian Profile*, 16 (Februar 1988) 1, S. 35–42.

Kim, Il-sung. 1993. *Ten-Point Programme of the Great Unity of the Whole Nation for Reunification of the Country*. Pyongyang: Foreign Languages Publishing House.

Kim, Il-sung. 1980. *Report to the Sixth Congress of the Worker's Party of Korea on the Work of the Central Committee*. Pyongyang: Foreign Languages Publishing House, S. 59–81.

Kim, Jeong-Hyun/Ro, Kwang-Hae. 1992. „The Advent of a New World Order and its Impact on Regional Rivalries: The Case of the Korean Peninsula." *JEAA*, VI (Summer/Fall 1992) 2, S. 217–245.

Kim, Jeong-yong. 2002. *South Korea's Sunshine Policy, 1998–2002: Domestic Imperatives and Private Interests*. Ph. D. thesis der University of Warwick. https://www.wrap.warwick.ac.uk/78614. Eingesehen am 17.06.2018.

Kim, Ji-hyung. 2012. „The Development of the Discussions on Unification during the early Post-Cold War Era: Competition and Coexistence between Government and Nongovernment Sector." *International Journal of Korean History*, 17 (2012) 1, S. 171–203.

Kim, Jih-Un/Jang, Dong-Jin. 2007. „Aliens among brothers? The Status and Perception of North Korean Refugees in South Korea." *AP*, 31 (2007) 2, S. 5–22.

Kim, Joongho. 2009. „The Obama Administration's Foreign Policy toward North Korea: Redefining Identity and Threat." *Korea and World Affairs*, 33 (Spring 2009) 1.

Kim, Kap-sik. 2008. „Suryong's Direct Rule and the Political Regime in North Korea under Kim Jong-Il." *AP*, 32 (2008) 3, S. 87–109.

Kim, Keun-Sik. 2002. „Inter-Korean Relations and the Future of the Sunshine Policy." *JEAA*, XVI (Spring/Summer 2002) 1, S. 98–119.

Kim, Samuel S. 2006. „Inter-Korean Relations in Northeast Asian Geopolitics." In: Armstrong, Charles K./Rozman, Gilbert/Kim, Samuel S./Kotkin, Stephen, Hg.: *Korea at the Center. Dynamics of Regionalism in Northeast Asia*. Armonk: M. E. Sharpe, S. 167–182.

Kim, Samuel S. 2006a. „China's Conflict-Management Approach to the Nuclear-Standoff on the Korean Peninsula." *AP*, 30 (2006) 1, S. 5–38.

Kim, Samuel S. 2006b. „The Mirage of a United Korea." *FEER*. 169/9, November 2006, S. 9–14.

Kim, Samuel S. 2004. „China and the Future of the Korean Peninsula." In: Akaha, Tsuneo. Hg. *The Future of North Korea*. London, New York: Routledge, S. 104–128.

Kim, Samuel S. 2004a. „Introduction: Managing the Korean Conflict." In: Kim, Samuel S. Hg. *Inter-Korean Relations: Problems and Prospects*. New York: Palgrave Macmillan, S. 1–20.

Kim, Samuel S. 2001. „North Korea in 2000. Surviving through High Hopes of Summit Diplomacy." *AS*, 41 (2001) 1, S. 12–29.

Kim, Samuel S. 1999. „East Asia and Globalization: Challenges and Responses." *AP*, 23 (1999) 4, S. 5–44.

Kim, Samuel S. 1991. *China In and Out of the New World Order*. Princeton: Princeton Center of International Studies, World Order Studies Program, Occasional Paper, No. 21.

Kim, Se Jin. 1976. *Korean Unification: Source Materials with an Introduction*. Volume I. Seoul: Research Center for Peace and Unification.

Kim, Seung-young. 2005. „Managing the Korean Buffer: Great Power Competition over Korea, from the Late 19th Century until Today." *The Stockholm Journal of East Asian Studies*, Vol. 15, 2005, S. 1–17.

Kim, Seung-young. 2001. „American Elite's Strategic Thinking Towards Korea: From Kennan to Brzezinski." *Diplomacy and Statecraft*, 12/1, March 2001, S. 185–212.

Kim, Sung-Chull. 2014. „Normalization and Japan's Korea Policy, 1972–75." In Teo, Victor/Lee, Guen. Hg. *The Koreas between China and Japan*. Newcastle upon Tyne: Cambridge Scholars Publishing, S. 42–62.

Kim, Sung-Chull. 2006: *North Korea under Kim Jong-il: From Consolidation to Systemic Dissonance*. Albany: State UP of New York.

Kim, Sung-han. 2008. „Searching for a Northeast Asian Peace and Security Mechanism." *AP*, 32 (2008) 4, S. 127–156.

Kim, Sung-han. 1998. „The Role of the ARF and the Korean Peninsula." *JEAA*, XII (1998) 2, S. 506–528.

Kim, Woosang. 1993. „South Korea's Diplomatic Normalization with China and its Impact on old Ties between South Korea and Taiwan." *JEAA*, 7 (Summer/Fall 1993) 2, S. 371–403.

Kim, Yongho. 2000. „Neorealism, Neoliberalism, Constructivism & Peace on the Korean Peninsula." *AP*, 24 (2000) 2, S. 199–217.

Kim, Youngjun. 2017. *Origins of the North Korean Garrison State: The People's Army and the Korean War 1945–53.* London, New York: Routledge.

Kim, Youngkyoo/Blank, Stephen. 2014. „Putin and Korea's ‚Silk Road Express.' Russia's Game on the Korean Peninsula." *Korea Observer*, 45 (Winter 2014) 4, S. 599–626.

Kim, Youngwon Alexander/Kim, Carolyn Campbell. 1973. „The divided Nations in the International System." *World Politics*, 25 (1973) 4, pp. 479–507.

Kim, Young-Soo. 1974. „Korea: Die staatsrechtliche Problematik eines geteilten Staates im Vergleich zur Bundesrepublik Deutschland." *Verfassung und Recht in Übersee*, 7 (1974) 4, S. 427–441.

Kimball, Jeffrey. 2006. „The Nixon Doctrine: A Saga of Misunderstanding." *Presidential Studies Quarterly*, 36 (March 2006) 1, S. 59–74.

Kimminich, Otto. 1991. „Die abschließende Regelung mit Polen." *Zeitschrift für Politik*, 4/1991, S. 361–391.

Kindermann, Gottfried-Karl. 2007. „Divided Nations: A Challenge to Statecraft and People's Power." In: Rhyu, Sang-young, Hg.: *The June 15 South-North Joint Declaration and Prospects for Peace on the Korean Peninsula.* Seoul: Yonsei UP, S. 119–122.

Kindermann, Gottfried-Karl. 2005. *Der Aufstieg Koreas in der Weltpolitik – Von der Landesöffnung bis zur Gegenwart.* München: Olzog.

Kindermann, Gottfried-Karl. 2001. *Der Aufstieg Ostasiens in der Weltpolitik 1840 bis 2000.* Stuttgart, München: DVA.

Kindermann, Gottfried-Karl. 1977. *Pekings chinesische Gegenspieler. Theorie und Praxis nationalchinesischen Widerstandes auf Taiwan.* Düsseldorf: Droste.

Kipke, Rüdiger/Vodička, Karel. Hg. 1993. *Abschied von der Tschechoslowakei. Ursachen und Folgen der tschechisch-slowakischen Trennung.* Köln: Verlag Wissenschaft und Politik.

Kiss, László J. 1999. „Die Reformpolitik Gorbatschows und der Umbruch in Ostmitteleuropa 1989/90 aus ungarischer Sicht." In: Deutscher Bundestag. 13. Wahlperiode. Hg. 1999. *Materialien der Enquête-Kommission „Überwindung und Folgen der SED-Diktatur im Prozeß der deutschen Einheit."* Bd. VIII, 2. Baden-Baden: Nomos, S. 1398–1435.

Kissinger, Henry A. 1979. *Memoiren. 1968–1973.* München: Bertelsmann.

Kittel, Manfred. 2007. Franz-Josef Strauß und der Milliardenkredit an die DDR 1983, *DA*, 40 (2007) 4, S. 647–656.

Klaus, Georg/Buhr, Manfred. 1975. Hg. *Philosophisches Wörterbuch.* Leipzig: VEB Bibliographisches Institut.

Klein, Eckhart. 1990. *Das Selbstbestimmungsrecht der Völker und die deutsche Frage.* Berlin: Gebr. Mann.

Klein, Jean. 2007. „Relevance of the European Model for Regulating Security Problems in Northeast Asia." *Korea Observer*, 38 (Spring 2007) 1, S. 101–126.

Klein, Thoralf. 2013. „Die Hunnenrede (1900)." In: Zimmerer, Jürgen. Hg. *Kein Platz an der Sonne. Erinnerungsorte der deutschen Kolonialgeschichte.* Frankfurt/M.: Campus, S. 164–176.

Kleis, Pia/Westphal, Susann. 2006. „China und die koreanische Halbinsel. Kurzbibliografie." In: Köllner, Patrick. Hg. *Korea 2006. Politik, Wirtschaft, Gesellschaft.* Hamburg: Institut für Asienkunde, S. 163–175.

Kleßmann, Christoph. 1999. „Doppelte Staatsgründung." In: Weidenfeld, Werner/Korte, Karl-Rudolf. Hg. *Handbuch zur deutschen Einheit 1949–1989–1999.* Bonn: Bundeszentrale für politische Bildung, S. 299–305.

Klinger, Fred. 1998. „The Price of Unity: Economic and Social Consequences of German Unification." In: Pfennig, Werner. Hg.: *United we stand – Divided we are. Comparative views on Germany and Korea in the 1990s.* Hamburg: Abera, S. 111–138.

Klintworth, Gary. 2000. „Taiwan's International Identity: 400 Years in the Melting Pot." *JEAA*, 10 (Summer/Fall 2000) 2, S. 375–394.

Klinworth, Gary. 1998. „China: Status Quo Power or Regional Threat." *JEAA*, XII/2, Summer/Fall 1998, S. 364–383.
Kls.law. 2018. https://www.kls.law.columbia.edu/content/panmunjom-declaration. Eingesehen am 26.03.2024.
Knüppel, Michael. 1999. *Rauf R. Denktaş und seine Rolle im Zypernkonflikt*. Göttingen: Pontus.
Ko, Seong-joon. 2013. *Rethinking the Need for Unification*. Seoul: Ministry of Unification. Institute for Unification Education.
Ko, Sung Ho/Chung, Kiseon/Oh, Yoo-seok. 2004. „North Korean Defectors: Their Life and Wellbeing after Defection." *AP*, 28 (2004) 2, S. 65–99.
Ko, Wen-je. 2019. „Familie, Partner und Freunde, das ist die beste Strategie für Taiwan." Ein Artikel in *BBC News online* vom 21.3.2019. https://www.bbc.com/zhongwen/trad/world-47647843. Eingesehen am 03.02.2020.
Koh, B. C. 1986. „North Korea's Unification Policy. An Assessment." *AP*, 10 (Spring-Summer 1986) 1, S. 20–38.
Koh, B. C. 1980. „Inter-Korean Relations: Seoul's Perspective." *AS*, 20 (November 1980) 11, S. 1108–1122.
Koh, Il-Dong. 1994. „The Future of the Two Korean States: the Economy is the Key." *Internationale Politik und Gesellschaft*, 4/1994, S. 343–350.
Koh, Yu-Hwan. 2004. „Koreas in Transition to Post-Cold War Mentality." *Korea and World Affairs*, 28 (2004) 2, S. 131–141.
Kohl, Helmut. 2007. *Erinnerungen. 1990–1994*. München: Droemer.
Kohl, Helmut. 2005. *Erinnerungen. 1982–1990*. München: Droemer.
König, Ewald. 2019. *Die DDR und der Rest der Welt. Außenbeziehungen zur Wendezeit. Notizen eines Wiener Korrespondenten*. Halle (Saale): Mitteldeutscher Verlag.
König, Ewald. 2014. *Menschen, Mauer, Mythen. Deutsch-deutsche Notizen eines Wiener Korrespondenten*. Halle (Saale): Mitteldeutscher Verlag.
König, Ewald. 2014a. *Kohls Einheit unter Drei. Weitere deutsch-deutsche Notizen eines Wiener Korrespondenten*. Halle (Saale): Mitteldeutscher Verlag.
Korea Times 2018. https://www.koreatimes.co.kr/www/nation/2024/03/103_255848.html. Eingesehen am 27.03.2024.
Kostiner, Joseph. 1996. *Yemen: The Tortuous Quest for Unity 1990–1994*. London: The Royal Institute of International Affairs.
Kostiner, Joseph. 1990. „Yemen." *Middle East Contemporary Survey*. Band. XIV, S. 703–731, besonders ab S. 709.
Kotschemassow, Wjatscheslaw. 1994. *Meine letzte Mission. Fakten, Erinnerungen, Überlegungen*. Berlin: Dietz.
Kracht, Tiemo. 1991. „German Unification Policies since 1949: Implications for China." *Issues & Studies*, 27 (December 1991) 12, S. 29–59.
Krastev, Ivan/Holmes, Stephen. 2019. *The Light that failed. A Reckoning*. London: Penguin.
Krastev, Ivan/Holmes, Stephen. 2019a. „How liberalism became ‚the god that failed' in Eastern Europe." *The Guardian*, 24. Oktober 2019.
Krepon, Michael. Hg. 1997. *Chinese Perspectives on Confidence-building Measures*. Report No. 23, Mai 1997. Washington D. C.: The Henry L. Stimson Center. https://www.stimson.org/sites/default/files/file-attachments/report23_1.pdf. Eingesehen am 21.06.2017.
Kristof, Erich. 1991. „Die Bedeutung der KSZE für den deutschen Einigungsprozeß." In: *DA*, 24 (1991) 1, S. 11–14.
Krzeminski, Adam. 1988. „Eine Konföderation in der Mitte Europas?" *Merkur*, Heft 478, Dezember 1988, S. 1076–1081.
Ku, Samuel C. Y. 1998. „Taiwan's Diplomatic Maneuvers in the Asia-Pacific: A Perspective of Complex Interdependence." *I & S*, 34 (June 1998) 6, S. 80–97.

Kuhrt, Eberhard. 1991. „Die Deutsche Frage – ein Rückblick in Stichworten." In: Diemer, Gebhard/Kuhrt, Eberhard. 1991. *Kurze Chronik der Deutschen Frage*. 3. Auflage. München: Olzog. S. 1–10.

Kun, Béla. Hg. bzw. Einleitung. 1934. *Fundamental Laws of the Chinese Soviet Republic*. New York: International Publishers.

Kundnani, Hans. 2014. *The Paradox of German Power*. London: C. Hurst.

Kunovich, Robert M. 2009. „The Source and Consequences of National Identification." *American Sociological Review*, 74 (2009) 4, S. 573–593.

Kupchan, Charles A. 2012. *How Enemies Become Friends. The Sources of Stable Peace*. Princeton: Princeton UP.

Kurucz, Gyla. Hg. 2000. *Das Tor zur deutschen Einheit. Grenzdurchbruch Sopron 19. August 1989*. Berlin: Quintessenz-Verlag.

Kurz, Friedrich. 1991. „Ungarn 1989." In: Grosser, Dieter/Bierling, Stephan/Kurz, Friedrich. *Die sieben Mythen der Wiedervereinigung. Fakten und Analysen zu einem Prozeß ohne Alternative*. München: Ehrenwirth, S. 123–164.

Küsters, Hanns Jürgen. 2012. „Der Bonn/Berlin-Beschluß vom 20. Juni 1991 und seine Folgen." *Historisch-Politische Mitteilungen: Archiv für christlich-demokratische Politik*, 19 (2012) 1, S. 1–24.

Kwai, Isabella. 2020. „Erdogan's Visit to Northern Cyprus Stokes Decades-Long Dispute." *New York Times*, 15.11.2020. https://www.nytimes.com/2020/11/15/world/europe/cyprus-turkey-erdogan.html. Eingesehen am 16.11.2020.

Kwak, Tae-Hwan. 2017. „One Korea unification vision through neutralization." In: Kwak, Tae-Hwan/Joo, Seung-Ho. Hg. *One Korea. Visions of Korean unification.* London, New York: Routledge, S. 10–30.

Kwak, Tae-Hwan. 1992. „Korean Reunification: Problems and Prospects." *JEAA*, VI (Summer-Fall 1992) 2, S. 332–363.

Kwizinskij, Julij A. 1993. *Vor dem Sturm. Erinnerungen eines Diplomaten*. Berlin: Siedler.

Kwon, Goohoon. 2009. „A United Korea? Reassessing North Korea Risks." *Goldman Sachs Global Economics Paper*, No. 188. New York: Goldman Sachs.

Kwon, Sooncheol. 2016. „A Critical Evaluation on the Cultural Nationalism of the two Koreas." *JEAA*, 30 (2016) 2, pp. 133–161.

L

Lai, Tse-Han/Myers, Ramon/Hwei, Wou. 1991. *A Tragic Beginning. The Taiwan Uprising of February 28, 1947*. Stanford: Stanford UP.

Lam, Tao-chin. 2006. „The Federalist Possibility." In: Chung, Jae Ho. Hg. *Charting China's Future. Political, Social, and international Dimensions.* Lanham: Rowman & Littlefield, S. 81–106.

Lamley, Harry J. 1968. „The 1985 Taiwan Republic. A Significant Episode in Modern Chinese History." *The Journal of Asian Studies*, XXVII (August 1968) 4, S. 739–762.

Langguth, Gerd. Hg. 1990. *Berlin: Vom Brennpunkt der Teilung zur Brücke der Einheit*. Bonn: Bundeszentrale für politische Bildung.

Lankov, Andrei. 2017. „Kims tödliche Berechnung. Warum Nordkoreas Diktator Kim Jong-un kein Verrückter ist." *Internationale Politik und Gesellschaft* vom 6. Juni 2017. https://www.ipg-journal.de/regionen/asien/artikel/kims-toedliche-berechnung-2069. Eingesehen am 27.03.2024.

Lankov, Andrei. 2017a. „Is Bjungjin Policy Failing? Kim Jong-un's Unannounced Reform and its Chances of Success." *The Korean Journal of Defense Analysis*, 29 (2017) 1, S. 125–145.

Lankov, Andrei. 2013. *The Real North Korea: Life and Politics in the Failed Stalinist Utopia*. Oxford: Oxford UP.

Lankov, Andrei. 2009. „Changing North Korea: An Information Campaign Can Beat the Regime." *Foreign Affairs*, 88 (2009) 6, S. 95–105.

Lankov, Andrei. 2008. „What will become of North Koreans after Unification?" *The Korea Times*, 31. Oktober 2008.

Lankov, Andrei. 2006. „Bitter Taste of Paradise: North Korean Refugees in South Korea", *JEAA*, 6 (2006) 1, S. 105–137.

Lapinski, John Joseph. 1990. „A Short History Of Diplomatic Relations Between The United States And The Republic of Lithuania." *Lithuanian Quarterly Journal of Arts and Sciences*, 36 (Fall 1990) 3. https://www.Lituanus.org/1990_3_01.htm. Eingesehen am 09.07.2022.
Lary, Diana. 1974. *Region and Nation: The Kwangsi Clique in Chinese Politics, 1925–1937.* Cambridge: Cambridge UP.
Lasater, Martin L. 2000. *The Taiwan Conundrum in U. S. China Policy.* Boulder: Westview Press.
Lauterer, Joseph. 1910. *China. Das Reich der Mitte einst und jetzt.* Leipzig: Otto Spamer.
Lawrence, Susan. 2020. „President Reagan's Six Assurances to Taiwan." *Congressional Research Service* vom 8. Oktober 2020. https://www.fas.org/sgp/crs/row/IF11665.pdf. Eingesehen am 11.01.2021.
Layne, Christopher. 1994. „Kant or Cant? The Myth of the Democratic Peace." *International Security*, 19 (Fall 1994) 2, S. 5–49.
Lätt, Jeanne/Öztürk, Asiye. 2007. „Zypern und die türkisch-europäischen Beziehungen." APuZ vom 15.10.2007. https://www.bpb.de/shop/zeitschriften/apuz/30167/zypern-und-die-tuerkisch-europaeischen-beziehungen. Eingesehen am 29.07.2022.
Lederach, John Paul. 1995. „Conflict Transformation in Protracted Internal Conflicts: The Case for a Comprehensive Framework." In: Rupesinghe, Kumar. Hg. *Conflict Transformation.* Basingstoke: Palgrave Macmillan, S. 201–222.
Lee, Ahlam. 2016. *North Korean Defectors in a new and competitive Society: Issues and Challenges in Resettlement, Adjustment, and the Learning Process.* London: Lexington Books.
Lee, Bernice. 1999. *The Security Implications of the New Taiwan.* Adelphi Paper 331, Vol. 39.
Lee, Chong-Sik. 1989. „Political Change, Revolution, and the Dialogue in the Two Koreas." *AS*, 29 (November 1989) 11, S. 1033–1042.
Lee, Dong-Ki. 2010. *Option oder Illusion? Die Idee einer nationalen Konföderation im geteilten Deutschland 1949–1990.* Berlin: Ch. Links.
Lee, Eun-jeung. 2015. *Deutsche Einheit aus der Sicht Südkoreas.* Vortragsmanuskript für ein Symposium in Seoul im Januar 2015.
Lee, Eun-jeung. 2005. *Korea im demokratischen Aufschwung. Politische Kultur und Kulturdiskurse.* Leipzig: Leipziger Universitätsverlag.
Lee, Eun-jeung. 2003. *„Anti-Europa". Die Geschichte der Rezeption des Konfuzianismus und der konfuzianischen Gesellschaft seit der frühen Aufklärung.* Münster: Lit.
Lee, Goo. 2004. „A Semblance of Cooperation between the Two Koreas: Why does it Occur?" *Korea and World Affairs*, 28 (2004) 2, S. 142–162.
Lee, Hong-yung. 1992. „South Korea in 1991: Unprecedented Opportunity, Increasing Challenge." *AS*, 32 (January 1992) 1, S. 66–73.
Lee, In-Ho. 2005. „The present Conditions and Prospectives for multilateral Security Cooperation in Northeast Asia." *East Asian Review*, 17 (Winter 2005) 4, S. 29–54.
Lee, James M. 2001. „History of Korea's MDL & Reduction of Tension along the DMZ and Western Sea through Confidence Building Measure between North and South." In: Kim, Chae-Han, Hg. *The Korean DMZ – Reverting beyond Division.* Seoul: SOWHA, S. 79–125.
Lee, John. 2016. „Once again, North Korea is the Hermit Kingdom." *NK News.* 08.06.2016. https://www.nknews.org/2016/07/once-again-north-korea-is-the-hermit-kingdom. Eingesehen am 08.04.2017.
Lee, Jong-seok. 2000. „Dismantling the Sole Remaining Cold War Structure and the Engagement Policy." *East Asian Review*, 12 (Spring 2000) 1, S. 81–100.
Lee, Jongsoo James. 2007. *The Partition of Korea after World War II. A Global History.* New York: Palgrave Macmillan.
Lee, Joon-Koo. 1995. „Reflections on Korean Unification Cost Studies." In: Kang, Myoung-Kyu/Wagner, Helmut, Hg. *Germany and Korea. Lessons in Unification.* Seoul: Seoul National UP, S. 96–121.
Lee, Kang Ro. 1990. „Bureaucratic-Mobilizational Regime: The Yushin System in South Korea, 1972–1979." *AP*, 14 (1990) 2, S. 195–230.

Lee, Kyu-Young. 2005. „Die Sonnenscheinpolitik und die koreanische Wiedervereinigung." In: Timmermann, Heiner. Hg. *Die DDR in Europa. Zwischen Isolation und Öffnung.* Münster: Lit, S. 208–226.

Lee, Ming. 1995. „The Unification Policies of the Two Koreas: Evolution and Prospect." In: Wu, Jaushieh Joseph. Hg. 1995. *Divided Nations. The Experience of Germany, Korea, and China.* Taipei: Institute of International Relations, National Chengchi University, S. 103–120.

Lee, Min Young. 2012. „Unveiling North Korea's Crisis Provocations: A Garrison State Hypothesis Revisited." *JEAA*, 26 (Fall-Winter 2012) 2, S. 103–136.

Lee, Namhee. 2013. „Tausend keimende Träume erstickt. Die Teilung Koreas, der Kalte Krieg und die Nationalismen zweier Koreas." In: Hilger, Andreas/Wrochem, Oliver von. Hg. 2013. *Die geteilten Nationen. Nationale Verluste und Identitäten im 20. Jahrhundert.* München: R. Oldenbourg, S. 71–82.

Lee, Sanghee. 2010. Thoughts on an „Initiative Strategy" for the Comprehensive Management of North Korea. Brookings Institution. https://www.brookings.edu/research/thoughts-on-an-initiative-strategy-for-the-comprehensive-management-of-north-korea. Eingesehen am 19.03.2017.

Lee, Sang-woo. 1993. „Das Vereinigungs-Szenario: 2000 die Wirtschaftsunion, 2010 Politische Union und die Errichtung einer Vereinigten Republik im Jahre 2020." In: *Das Zeitalter der Vereinigung beginnt im Jahr 2000.* Seoul: Dong-A Ilbo, S. 55. (Text in Koreanisch.)

Lee, Seokwoo. 2002. *Territorial Disputes among Japan, China and Taiwan concerning the Sengaku Islands.* Durham: University of Durham.

Lee, Tahirih V. 2000. „The Future of Federalism in China." In: Turner, Karen G./Feinerman, James V./Guy, Kent R. Hg. *The Limits of the Rule of Law in China.* Seattle: University of Washington Press, S. 271–303.

Lee, Tahirih V. 2000a. „Federalism with Chinese Characteristics? Taiwan and the ,One Country, Two Systems' Formula." In: *Harvard Studies on Taiwan.* Papers of the Taiwan Workshop, Volume 3, Cambridge, MA: Fairbank Center for East Asian Research, S. 101–125.

Lee, Teng-hui. 1999. *The Road to Democracy. Taiwan's Pursuit of Identity.* Tokyo: PHP Institute.

Lee, Teng-hui. 1996. *Peace through democratic Reforms.* Taipei: Wen Ying Tang Press.

Lee, Wei-Chin. 1999. „One Talk, Two Tables: A Study of the 1998 Koo-Wang Meeting across the Taiwan Strait." In: *Journal of Chinese Political Science*, 5 (1999) 2, S. 1–34.

Lee, Won-Myoung. 1989. *Zur Frage der Nation und der Wiedervereinigung im geteilten Korea. Ein koreanischer Weg oder die Anwendung der Deutschland-Formel als Modus Vivendi.* Seoul: Research Center for Peace and Unification of Korea.

Lee, Yur-bok. 1988. *West goes East. Paul Georg von Möllendorff and Great Power Imperialism in Late Yi Korea.* Honolulu: University of Hawaii Press.

Lehmann, Ines. Hg. 2010. *Außenpolitik der DDR 1989/1990. Eine dokumentierte Rekonstruktion.* Baden-Baden: Nomos.

Lemke, Michael. 2001. *Einheit oder Sozialismus? Die Deutschlandpolitik der SED 1949–1961.* Köln: Böhlau.

Leng, Tse-Kang. 1998. „A Political Analysis of Taiwan's Economic Dependence on Mainland China." *Issues & Studies*, 38 (August 1998) 8, S. 132–154.

Leonhard, Wolfgang. 1963. *Die Revolution entläßt ihre Kinder*, 5. Auflage. Berlin: Ullstein.

Leutner, Mechthild. 1986. „Deutsche Vorstellungen über China und Chinesen und über die Rolle der Deutschen in China, 1890–1945." In: Kuo, Heng-yü. Hg. *Von der Kolonialpolitik zur Kooperation. Studien zur Geschichte der deutsch-chinesischen Beziehungen.* München: Minerva, S. 401–442.

Levenson, Joseph. 1967. *Liang Ch'i-ch'ao and the Mind of Modern China.* Berkeley: University of California Press.

Levin, Norman D./Han, Young-Sup. 2002. *Sunshine in Korea. The South Korean Debate over Policies toward North Korea.* Santa Monica, CA: RAND Corporation, MR-1555-CAPP.

Levin, Norman D. 1997–1998. „What if North Korea Survives?" In: *Survival*, 39 (Winter 1997–98) 4, S. 156–174.

Levitsky, Steven/Ziblatt, Daniel. 2018. *How Democracies Die.* New York: Penguin Random House.

Li, Hai-wen. 1994. „How and Why Did China Decide to Enter the Korean War?" *Korea and World Politics*, XVIII (Spring 1994) 1, S. 83–98.

Li, Peng. 1990. „Work Report to the Third Session of the Seventh NPC." Hier zitiert aus Garver 1994, S. 167.

Li, Wen. 1996. *Fünfzig Jahre kreuz und quer. Autobiographie von Lu Xiulian*. Taipei: Shihbao Wenhua Shuban Ceye, 2. Auflage. (Text auf Chinesisch).

Li, Yitan. 2014. „Constructing Peace in the Taiwan Strait: a constructivist analysis of the changing dynamics of identities and nationalism." *Journal of Contemporary China*, 23 (2014) Issue 85, S. 119–142.

Lieven, Dominic. 2002. *Empire: The Russian Empire and its Rivals*. New Haven, CT: Yale UP.

Lilley, James. 2004. *China Hands. Nine Decades of Adventure, Espionage, and Diplomacy in Asia*. New York: Public Affairs.

Lim, Dong-won. 2012. *Peacemaker. Twenty Years of Inter-Korean-Relations and the North Korean Nuclear Issue*. Stanford: Walter H. Shorenstein Asia-Pacific Research Center, Stanford University.

Lim, Jae-Cheon/Kwon, Eun-Dak. 2006. „Crossing the river that divides the Korean Peninsula: An evaluation of the Sunshine Policy." *International Relations of the Asia Pacific*, 6 (2006) 2, S. 129–156.

Lim, Tai Wei/Chan, Henry/Tseng, Katherine/Lim, Wen Xin. 2016. *China's One Belt One Road Initiative*. London: Imperial College Press.

Lin, Cheng-yi/Lin, Wen-cheng. 2005. „Democracy, Divided National Identity, and Taiwan's National Security." *Taiwan Journal of Democracy*, 1 (2005) 2, S. 69–87.

Lin, Chia-lung. 2011. „The Political Formation of Taiwanese Nationalism." Schubert, Gunter/Damm, Jens. Hg. *Taiwanese Identity in the Twenty-first Century. Domestic, regional and global perspectives*. London, New York: Routledge, S. 219–242.

Lin, Chia-nan. 2021. „Poll says 72.5 % of Taiwanese willing to fight against forced unification." *Taipei Times*, 30.12.2021, S. 1.

Lin, Chong-pin. 1993. „Peking and Taipei: Dialectics in Post-Tiananmen Interactions." *CQ*, No. 136. Dezember 1993, S. 770–804.

Lin, Gang. 2019. *Taiwan's Party Politics and Cross-Strait Relations in Evolution (2008–2018)*. Singapore: PalgraveMacmillan, Springer.

Lin, Hsiao-ting. 2016. *Accidental State: Chiang Kai-shek, the United States, and the Making of Taiwan*. Cambridge, MA: Harvard UP.

Lin, Hsiao-ting. 2014. „One Summit, Different Dreams. The Cairo Summit offered China a chance to present itself as an equal on the world stage. For Chiang Kai-shek it would lead to a bitter disappointment." *Hoover Digest* 2014, Nr. 4, S. 184–201.

Lin, Hsiao-ting. 2013. „Taiwan's Tragedy. New Light on how American diplomats struggled to steer Taiwan away from crisis in 1947." *Hoover Digest*, 2013, Nr. 2, S. 170–183.

Lin, Hsiao-ting. 2012. „Taiwan's Secret Ally." *Hoover Digest*, 2012, Nr. 2. https://www.hoover.org/research/taiwans-secret-ally. Eingesehen am 15.03.2019.

Lin, Jih-wen. 2000. „Two-Level Games between Rival Regimes: Domestic Politics and the Remaking of Cross-Strait Relations." In: *Issues & Studies*, 36 (2000) 6, S. 1–26.

Lin, Syaru Shirley. 2016. *Taiwan's China Dilemma: Contested identities and multiple interests in Taiwan's Cross-Strait Economic Policy*. Stanford: Stanford UP.

Lin, Tsui-yi/Hetherington, William. 2019. „Peking notified Tseng ahead of 1995 missile test." *Taipei Times*, 4. April 2019, S. 3.

Lin, Yuh-jiun Nancy. 1996. „A Review of Cross-Strait Trade Development." *Issues & Studies*, 32 (April 1996) 4, S. 46–59.

Lindgren, Raymond. 2015. *Norway-Sweden: Union, Disunion, and Scandinavian Integration*. Princeton: Princeton UP. Ursprünglich 1959 erschienen mit dem Titel: *Norway-Sweden: Union-Disunion-Reunion*.

Lindner, Bernd. 1998. *Die demokratische Revolution in der DDR 1989/90*. Bonn: Bundeszentrale für politische Bildung.

Lindner, Gabriele. 1994. *Die Eigenart der Implosion. Lange Genese bis zur Modrow-Regierung und Rundem Tisch in der DDR*. Berlin: Kolog-Verlag.

Link, Werner. 2001. „Die Entstehung des Moskauer Vertrages im Lichte neuer Archivalien." *Vierteljahreshefte für Zeitgeschichte*, 48 (2001), S. 295–315.

Littell, Jonathan. 2022. „Kompromisse wären eine Katastrophe." *Der Spiegel*, 2022/26, vom 25.06.2022, S. 86 f.

Liu, Adam Y./Li, Xiaojun. 2023. „Assessing Public Support for (Non-)Peaceful Unification with Taiwan: Evidence from a Nationalwide Survey in China." *Journal of Contenporary China*, May 2023, S. 1–13.

Liu, Hong. 1993. „The Sino-South Korean Normalization: A Triangular Explanation." *AS*, 33 (November 1993) 11, S. 1083–1094.

Lieven, Dominic. 2002. *Empire: The Russian Empire and its Rivals*. New Haven, CT: Yale UP.

Lohschelder, Sarah. 2017. „Why North Korean Foreign Policy Is Rational: An Application of Rationality Theories." *Yonsei Journal of International Studies*, June 2017, S. 56–83. https://www.Com/wp-content/uploads/2017/06/17SS_YJIS_North-Korean-Foreign-Policy.pdf. Eingesehen am 09.08.2017.

London Declaration 1990. The London Declaration on a transformed North Atlantic Alliance (6 July 1990). https://www.cvce.eu/obj/the_london_declaration_on_a_transformed_north_atlantic_alliance_6_july_1990-en-9c5fa86b-12a0-4f59-ad90-e69503ef6036.html. Eingesehen am 21.01.2010.

Long, Simon. 1991. *Taiwan: China's last Frontier*. London: Palgrave Macmillan.

Lopez-Reyes, Ramon. 2001. „Bridge State: A New Form of Neutralism for the Post-Cold War Era." *Peace Research*, 33 (2001) 1, S. 49–57.

Loth, Wilfried. 2005. „Die Deutschlandplanung der Sieger." In: *APuZ*, B 18–19, S. 27–33.

Luard, Evan. 1971. „China and the United Nations." In: *International Affairs*, 47 (October 1971) 4, S. 729–744.

Ludwig, Klemens. 2009. *Vielvölkerstaat China: die nationalen Minderheiten im Reich der Mitte*. München: C. H. Beck.

Ludwig, Michael. 1991. *Polen und die deutsche Frage. Mit einer Dokumentation zum deutsch-polnischen Vertrag vom 17. Juni 1991*. Bonn: Forschungsinstitut der Deutschen Gesellschaft für Auswärtige Politik.

Luft, Christa. 2003. „Ökonomische Herausforderungen der Wiedervereinigung. Die Situation in der DDR 1989/90." Elvert, Jürgen/Krüger, Friederike. Hg. *Deutschland 1949–1989. Von der Zweistaatlichkeit zur Einheit*. Stuttgart: Franz Steiner, S. 148–167.

Lukin, Alexander. 2018. „Russian Strategic Thinking Regarding North Korea." In: Rozman, Gilbert/Radchenko, Sergey. Hg. *International Relations and Asian's Northern Tier: Sino-Russia Relations, North Korea, and Mongolia*. Singapore: Palgrave Macmillan, S. 267–282.

Lukin, Alexander. 2003. „Russian Policy towards the Korean Peninsula." *The Korean Journal of International Studies*, 30 (Spring/Summer 2003) 1, pp. 75–97.

Lukin, Artyom. 2019. „Russia's Game on the Korean Peninsula: Accepting China's Rise to Regional Hegemony?" In: Choo, Jaewoo/Kim, Youngjun/Lukin, Artyom/Wishnick, Elizabeth. *The China-Russia Entente and the Korean Peninsula*. NBR Special report, No. 78, March 2019, S. 21–29. https://www.nbr.org/wp-content/uploads/pdfs/publications/sr78_china_russia_entente_march2019.pdf. Eingesehen am 31.03.2019.

Lüpke, Bernd-Geseko von. 1988. *Die Taiwan-Politik der Volksrepublik China seit 1980*. Hamburg: Institut für Asienkunde.

Luo, Qi. 1999. „Relations between Mainland China and Taiwan: Coexistence of Economic Cooperation and Political Rivalry." *JEAA*, XIII (Fall/Winter 1999) 2, S. 484–513.

M

Ma, Alexandra. 2017. „Why UN sanctions on North Korea aren't working, according to experts." https://https://www.businessinsider.com/north.korea-why-un-sanctions-not-working-2017-9. Eingesehen am 27.03.2024.

Maass, Harald. 2004. „Nordkoreas großer Bruder – Chinas Interessen auf der koreanischen Halbinsel." In: Köllner, Patrick, Hg. *Korea 2004. Politik, Wirtschaft, Gesellschaft*. Hamburg: Institut für Asienkunde, S. 243–261.

Maass, Harald. 2002. *Chinas Beziehungen zu Nordkorea in der Ära Deng Xiaoping (1978–1997): Von sozialistischer Bündnispolitik zu nationalstaatlicher Interessenpolitik*. Hamburg: Diplomatica Verlag. (Auch Dissertation der Freien Universität Berlin.)

MacArthur, Douglas. 1964. *Reminiscences*. New York: McGraw-Hill.

Magid, Alvin. 2000. „Contemplating Survivalist North Korea." *AP*, 24 (2000) 1, S. 103–131.

Mahbubani, Kishore. 2005. „Understanding China." *Foreign Affairs*, 84, Nr. 5, September-October 2005, S. 49–60.

Mahnke, Hans Heinrich. Hg. 1987. *Dokumente zur Berlin-Frage 1967–1986*. München: R. Oldenbourg.

Maizière, Lothar de. 2010. *Ich will, dass meine Kinder nicht mehr lügen müssen. Meine Geschichte der deutschen Einheit*. Freiburg/Br.: Herder.

Maizière, Lothar de. 1998. „Some critical Reflections on German Unity." In: Pfennig, Werner. Hg.: *United we stand, divided we are. Comparative Views on Germany and Korea in the 1990's*. Hamburg: Abera, S. 37–54.

Maizière, Lothar de. 1990. https://www.bundesregierung.de/breg-de/themen/deutsche-einheit/6-juli-1990-438424. Eingesehen am 27.03.2024.

Malici, Akan. 2009. *When Leaders Learn and When They Don't: Mikhail Gorbachev and Kim Il Sung at the End of the Cold War*. Albany: State University of New York Press.

Mampel, Siegfried. 1997. *Die sozialistische Verfassung der Deutschen Demokratischen Republik: Kommentar; mit einem Nachtrag über die Rechtsentwicklung bis zur Wende im Herbst 1989 und das Ende der sozialistischen Verfassung*. 3. Auflage, Goldbach: Keip.

Maneva Rice, Natalie/Rice, Dean/Hall, Howard L. 2015. „Ukraine At The Fulcrum: A Nuclear House Of Cards." *International Journal of Nuclear Security*, 1 (2015) 1, S. 1–19.

Mann, James. 2008. *The China Fantasy: Why Capitalism Will Not Bring Democracy to China*. New York: Penguin Books.

Mann, James. 2000. *About Face. A History of America's Curious Relationship with China, from Nixon to Clinton*. New York: Vintage Books, Random House.

Mansourov, Alexander. 2002. „A neutral Democratic People's Republic of Korea? Historical background, rationale, and prospects." In: Akaha, Tsuneo, Hg. *The Future of North Korea*. London: Routledge, S. 49–63.

Manthorpe, Jonathan. 2008. *Forbidden Nation: A History of Taiwan*. New York: Palgrave Macmillan.

Mao Tse-tung. 1969. *Ausgewählte Werke*, Band IV. Peking: Verlag für fremdsprachige Literatur, S. 437–452.

Maretzki, Hans. 2005. „Kimilsungismus unter zwei Führern." In: Köllner, Patrick. Hg. *Korea 2005. Politik, Wirtschaft, Gesellschaft*. Hamburg: Institut für Asienkunde, S. 245–282.

Maretzki, Hans. 2002. „Das Dilemma der zwei Korea." In: Köllner, Patrick. Hg. *Korea 2002. Politik, Wirtschaft, Gesellschaft*. Hamburg: Institut für Asienkunde, S. 242–262.

Maretzki, Hans. 1998. „An East German Contemplation on Problems of Reunification in Korea." In: Pfennig, Werner. Hg. *United We Stand – Divided We Are. Comparative Views on Germany and Korea in the 1990s*. Hamburg: Abera, S. 317–338.

Marsh, Robert M. 2009. „How Similar Are the Values of the People of China and Taiwan?" *Comparative Sociology*, 8 (2009) 1, S. 39–75.

Martin, Bradley. 2006. *Under the Loving Care of the Fatherly Leader. North Korea and the Kim Dynasty*. New York: St. Martin's Press; besonders S. 409.

Martin, Helmut. Hg. 1974. *Mao intern. Unveröffentlichte Schriften, Reden und Gespräche Mao Tse-tungs 1949–1971*. München: Hanser.

Marx, Thomas Christoph. 2000. „Das „Zwei-plus-Vier-Memorandum" des US-Department of State vom 30. Januar 1990 und sein Kontext." *Zeitschrift für Geschichtswissenschaft*, 48 (2000), S. 50–60.

Maull, Hanns W. 2018. „Sanktionen: Entwicklung, Bedeutung, Ergebnisse." In: Hilpert, Hanns Günther/Meier, Oliver. Hg. *Facetten des Nordkorea-Konflikts. Akteure, Problemlagen und Europas Interessen.* Berlin: SWP-Studie 2018/18, S. 63–68.

McCormack, Gavan. 1982. „The Reunification of Korea: Problems and Prospects." *Pacific Affairs*, 55 (Spring 1982) 2, S. 5–31.

McDougal, Myres S./Goodman, Richard M. 1966. „Chinese Participation in the United Nations: The Legal Imperative of a Negotiated Solution." In: *The American Journal of International Law*, 60 (1966) 4, S. 671–727.

McGrane, George A./Cook, Harold F./MacDougall, Alan M. Hg. 1973. *Korea's tragic hours. The closing Years of the Yi Dynasty.* Seoul: Taewon.

McMillen, Donald H./DeGolyer, Michael E. Hg. 1993. *One Culture, Many Systems. Politics in the Reunification of China.* Hongkong: The Chinese UP.

McNeal, Robin. 2012. „Constructing Myth in Modern China." *The Journal of Asian Studies*, 71 (August 2012) 3, S. 679–704.

Mearsheimer, John J. 2005. „Better to be Godzilla than Bambi." In: „Debate with Zbigniew Brzezinski. Clash of the Titans." *Foreign Policy*, 146 (January/February 2005) S. 47–49.

Mearsheimer, John J. 2001. *The Tragedy of Great Power Politics.* New York: W. W. Norton.

Mearsheimer, John J. 1990. „Back to the Future." *International Security*, 15 (1990) 1, S. 5–56.

Meckel, Markus. 2020. „2+4. Ihr könnt mitmachen, aber nichts ändern." *DA* vom 11.09.2020. https://www.bpb.de/315302. Eingesehen am 17.09.2020.

Meckel, Markus. 1997. „Der Zwei-plus-Vier-Vertrag und das Ende der Spaltung Europas." In: Kinkel, Klaus, Hg. 1997. *In der Verantwortung – Hans-Dietrich Genscher zum Siebzigsten.* Berlin: Siedler, S. 460–473.

Meinecke, Friedrich. 1969. *Weltbürgertum und Nationalstaat.* Herausgegeben und eingeleitet von Hans Herzfeld. München: R. Oldenbourg. (Ursprünglich erschienen 1908.)

Meisner, Heinrich Otto. Hg. 1926. *Kaiser Friedrich III: Das Kriegstagebuch von 1870/71.* Berlin, Leipzig: K. F. Koehler.

Meitzel, Matthias. Redaktion. 1991. *Von der Revolution in der DDR zur deutschen Einheit. Auswahlbibliographie: 1989/1990.* Bonn: Deutscher Bundestag, Verwaltung, Hauptabteilung Wissenschaftlicher Dienst.

Memorandum 1975. Memorandum 75 of Conversation, Peking 21.10.1975, S. 313. Foreign Relations of the United States 1969–1976, Vol. XVIII, China, 1973–76. Document 124. https://www.History.state.gov/historicaldocuments/frus1969-76v18/d.124. Eingesehen am 02.04.2021.

Menon, Shivshankar. 2022, „Nobody Wants the Current World Order. How All the Major Powers – Even the United States – Became Revisionists?" *Foreign Affairs*, August 3, 2022. https://www.foreignaffairs.com/world/nobody-wants-current-world-order. Eingesehen am 18.06.2023.

Menon, Shivshankar. 2016. „What China's Rise Means for the World." https://www.Thewire.in/external-affairs/what-chinas-rise-means-for-the-world. Eingesehen am 23.02.2020.

Merikallio, Katri. 2006. *Making Peace. Ahtisaari and Aceh.* Juva: WS Bookwell Oy.

Mertens, Lothar. Hg. 2001. *Machtokkupation und Systemimplosion. Anfang und Ende der DDR – Zehn Jahre danach.* Berlin: Duncker & Humblot.

Mertes, Michael. 2001. „Die Entstehung des Zehn-Punkte-Programms vom 28. November 1989." In: Timmermann, Heiner. Hg. *Die DDR in Deutschland. Ein Rückblick auf 50 Jahre.* Berlin: Duncker & Humblot, S. 17–35.

Metzler, John J. 2014. *Divided Dynamism. The Diplomacy of Separated Nations. Germany, Korea and China.* Lanham: UP of America.

Metzler, John J. 1992. „Observer Status Reviewed. A Formula for the RoC to Rejoin the United Nations." *Issues & Studies*, 28 (May 1992), S. 78–87.

Meulemann, Heiner. Hg. 1998. *Werte und nationale Identität im vereinten Deutschland. Erklärungsansätze der Umfrageforschung.* Opladen: Leske+Budrich.

Meulemann, Heiner. 1996. *Werte und Wertewandel. Zur Identität einer geteilten und wieder vereinten Nation.* Weinheim: Juventa.

Meyers 1963. *Meyers Taschenlexikon A-Z.* Leipzig: VEB Bibliographisches Institut.

MfS Informationsmaterial 1988. Ministerium für Staatssicherheit. Hg. Informationsmaterial für die Öffentlichkeitsarbeit. 2/1988. (Nur für berechtigte Angehörige des MfS.) Berlin: Ministerium für Staatssicherheit.

Michael, M. 1986. „Zur Entsendung einer deutschen Expeditionstruppe nach China während des Boxeraufstandes." In: Kuo, Heng-yü. Hg. *Von der Kolonialpolitik zur Kooperation. Studien zur Geschichte der deutsch-chinesischen Beziehungen.* München: Minerva, S. 141–161.

Millard, Thomas F. 1928. *China. Where it is today and why.* New York: Harcourt, Brace & Company.

Miller, John. 1993. *Mikhail Gorbachev and the End of the Soviet Power.* London: Macmillan.

Min, Kyung-Hwan. 1995. „Psychological Preparations for the Korean Unification." In: Kang, Myoung-Kyu/Wagner, Helmut. Hg. *Germany and Korea: Lessons in Unification* (Seoul: Seoul National UP, 1995), S. 285–308.

Minahan, James. 2002. *Encyclopedia of the Stateless Nations. Ethnic and National Groups around the World.* 4 Bände. Westport, CT: Greenwood.

Ministerium 2023. Ministerium für Wiedervereinigung. Hg. *Denuklearisierung, Frieden, Wohlstand auf der koreanischen Halbinsel. Vereinigungs- und Nordkoreapolitik der Regierung Yoon Suk Yeol.* Seoul: Ministerium für Wiedervereinigung.

Mittag, Günter. 1991. *Um jeden Preis. Im Spannungsfeld zweier Systeme.* Berlin, Weimar: Aufbau Verlag.

Mitterrand, François. 1996. *De l'Allemangne. De la France.* Paris: Poches.

Mo, Jonggryn. 1994. „German Lessons for Managing the Economic Cost of Korean Reunification." In: Henriksen, Thomas H./Lho, Kyongsoo. Hg. *One Korea? Challenges and Prospects for Reunification.* Stanford: Hoover Institution, S. 48–67.

Modrow, Hans (zusammen mit Schütt, Hans-Dieter). 1999. *Ich wollte ein anderes Deutschland.* München: Econ, List.

Möller, Kai. 2005. *Die Außenpolitik der Volksrepublik China 1949–2004.* Wiesbaden: VS Verlag.

Möller, Kai. 2005a. „Spaltet China Taiwan? Nach der Verabschiedung des ‚Anti-Sezessionsgesetzes.'" *SWP-Aktuell*, April 2005. Berlin: Stiftung Wissenschaft und Politik.

Möllering, Guido. 2006. *Trust: Reason, Routine, Reflexivity.* Oxford: Elsevier, Emerald Group.

Mommsen, Wolfgang J.: „Unwillige Revolutionäre. Die Deutschen und der 9. November: 1848–1918–1923–1938–1989." *Berliner Illustrirte*, 7. November 1999, S. 10.

Momper, Walter. 2016. „Der Mauerfall war überirdisch." https://www.zeit.de/2016/46/walter-momper-buergermeister-wiedervereinigung-berlin. Eingesehen am 10.03.2018.

Monk, Paul. 1996. „China's Power Trip." *FEER*, 21. März 1996, S. 28.

Moon, Chung-In. 2012. *The Sunshine Policy: In Defense of Engagement as a Path to Peace in Korea.* Seoul: Yonsei UP.

Moon, Chung-In. 2011. „Between Principle and Pragmatism: What Went Wrong with the Lee Myung-bak Government's North Korean Policy?" *Journal of International and Area Studies*, 18 (December 2011) 2, S. 1–22.

Moon, Chung-In. 1996. *Arms Control on the Korean Peninsula.* Seoul: Yonsei UP.

Moon, Chung-In. 1995. „Economic Interdependence and the Implications for Security in Northeast Asia." *AP*, 19 (1995) 2, S. 29–52.

Moon, Sun Myung. 2011. *Mein Leben für den Weltfrieden.* Stuttgart: Kando.

Moore, Thomas G. 1999. „China and Globalization." *AP*, 23 (Fall 1999) 4, S. 65–95.

Morgan, Patrick M. 2007. „Theory and Practice of Security Management for a highly dynamic Environment: Challenge and Response in the Northeast Asian System." *Korea Observer*, 38 (2007) 2, S. 313–349.

Morris, Andrew. 2002. „The Taiwan Republic of 1895 and the Failure of the Qing Modernizing Project." In: Corcuff, Stéphane. 2002. Hg. *Memoirs of the Future: National Identity Issues and the Search for a New Taiwan.* Armonk, London: M. E. Sharpe, S. 3–24.

Morse, Hosea Ballou. 1918. *The International Relations of the Chinese Empire. Volume III, The Period of Subjection 1894–1911.* London: Longmanns, Green and Company.

Mosher, Steven W. Hg. 1992. *Korea in the 1990s. Prospects for Unification.* New Brunswick, London: Transaction Publishers.

Mueller, Wolfgang. 2016. „,Die Lage gleitet uns aus den Händen' – Motive und Faktoren in Gorbatschows Entscheidungsprozeß zur Wiedervereinigung." *Zeitschrift des Forschungsverbundes SED-Staat*, Nr. 39, 2016, S. 3–21.

Muhle, Susanne/Richter, Hedwig/Schütterle, Juliane. Hg. 2008. *Die DDR im Blick. Ein zeithistorisches Lesebuch.* Berlin: Metropol.

Mühlen, Patrik von zur. 2000. *Aufbruch und Umbruch. Bürgerbewegungen, kritische Öffentlichkeit und Niedergang der SED-Herrschaft.* Bonn: J. H. W. Dietz Nachf.

Mühlberg, Dietrich. 2001. „Gibt es eine Ostdeutsche Identität nach 1989?" In: Sabrow, Martin. Hg. *Grenzen der Entgrenzung. Zehn Jahre Deutsche Einheit.* Leipzig: Akademische Verlagsanstalt, S. 67–86.

Müller, Josef. 1990. *Die Gesamtdeutsche Volkspartei. Entstehung und Politik unter dem Primat nationaler Wiedervereinigung.* Düsseldorf: Droste.

Müller, Reinhard. 1995. *Der „2+4" Vertrag und das Selbstbestimmungsrecht der Völker.* Frankfurt/M.: Peter Lang.

Münch, Ingo von. Hg. 1974. *Dokumente des geteilten Deutschlands*, Band II, Stuttgart: Kröner.

Münkler, Herfried. 2020. „Kleiner Weltkrieg." *Der Spiegel*, 2020/4, vom 25.01.2020, S. 126–129.

Münkler, Herfried. 2015. *Macht der Mitte. Die neuen Aufgaben Deutschlands in Europa.* Hamburg: edition Körber-Stiftung.

Münkler, Herfried. 2014. „Die Ukraine-Krise und das Kriegsjahr 1939. Über Risiken und Nebenwirkungen der historischen Analogie." *Der Tagesspiegel*, 18.9.2014, S. 23.

Mulisch, Harry. 1998. *Die Entdeckung des Himmels.* Reinbek: Rowohlt.

Munske, Barbara. 1994. *The Two plus Four Negotiations from a German-German Perspective. An Analysis of Perception.* Münster, Hamburg: Lit.

Mushaben, Joyce Marie. 2019. „The Dialectical Identity of East Germans." *German Politics and Society*, 37 (Autumn 2019) 3, S. 55–71.

Myers, Brian Reynolds. 2011. *The cleanest Race: How North Koreans see themselves and why it matters.* New York: Melville House.

Myers, Ramon H. 1994. „Building the First Chinese Democracy: the Crisis and Leadership of President Lee Teng-hui." In: Hu, Jason C. Hg. *Quiet Revolutions on Taiwan, Republic of China.* Taipei: Kwang Hwa Publishing Company, S. 43–72.

N

Nah, Hong-Ju. 2015. „Article 2(a), Peace Treaty with Japan (Sept.8, 1951), San Francisco, and Dokdo Islets (Liancourt Rocks, Take Island)." *Korean Yearbook of International Law*, 2015, Band 2, S. 93–128.

Nakath, Detlef. 2001. „Berlin und Oreanda. Zur Bedeutung des Viermächteabkommens für die Ostpolitik Willy Brandts und die deutsch-deutschen Beziehungen." *DA*, 34 (2001) 5, S. 785–794.

Nakath, Detlef/Stephan, Gerd-Rüdiger. 1996. *Countdown zur deutschen Einheit. Eine dokumentierte Geschichte der deutsch-deutschen Beziehungen 1987–1990.* Berlin: Dietz.

Nam, Man-kwon. 2004. „Prospects of Inter-Korean Military Tension Reduction and the RK Approach." *Korea and World Affairs*, 28 (Fall 2004) 3, S. 249–263.

Narr, Wolf-Dieter. 2004. „,Ich sage nur China, China ...' (Bundeskanzler K. G. Kiesinger 1968 im Bonner Bundestag.)" In: Komitee für Grundrechte und Demokratie. Hg. *Jahrbuch 2003/2004.* Köln: Komitee für Grundrechte und Demokratie e. V., S. 59–66.

Narr, Wolf-Dieter. 1999. „Identität als (globale) Gefahr. Zum Unwesen eines leeren Wesensbegriffs und seinen angestrebten Befindlichkeiten." In: Reese-Schäfer, Walter. Hg. *Identität und Interesse. Der Diskurs der Identitätsforschung.* Opladen: Leske + Budrich, S. 101–128.

Naß, Matthias. 2023. *Kollision. China, die USA und der Kampf um die weltpolitische Herrschaft im Indopazifik.* München: C. H. Beck.

National Referendum 2001. *Somaliland National Referendum, May 31, 2001. Final Report of the Initiative & Referendum Institute's Election Monitoring Team.* Washington D. C.: Citizens Lawmaker Press. https://www.iandrinstitute.org/docs/Final-Somaliland-Report-7-24-01-combined.pdf. Eingesehen am 21.08.2020.

National Security Archive. „Memorandum, Roy to Secretary of State Albright, Subject: Pyongyang at the Summit, June 16, 2000." https://www.nsarchive.gwu.edu/document/18251-national-security-archive-doc-27-memorandum-roy. Eingesehen am 27.03.2024.

Natsios, Andrew S. 2001. *The Great North Korean Famine: Famine, Politics, and Foreign Policy.* Washington D. C.: United States Institute of Peace Press.

Nayak, Meghana V./Malone, Christopher. 2009. „American Orientalism and American Exceptionalism: A Critical Rethinking of US Hegemony." *International Studies Review,* 11 (June 2009) 2, S. 253–276.

Necatigil, Zaim M. 1989. *The Cyprus Question and the Turkish Position in International Law.* Oxford: Oxford UP.

Neller, Katja. 2006. *DDR-Nostalgie: Dimensionen der Orientierungen der Ostdeutschen gegenüber der ehemaligen DDR, ihre Ursachen und politischen Konnotationen.* Wiesbaden: VS Verlag.

Neubert, Ehrhart. 2008. *Unsere Revolution. Die Geschichte der Jahre 1989/90.* München: Piper.

Neugebauer, Gero/Stöss, Richard. 1996. *Die PDS. Geschichte, Organisation, Wähler, Konkurrenten.* Opladen: Leske + Budrich.

Neuss, Beate. 2013. „Die zaghafte Nation – ‚Don't make us Führer.'" In: Gallus, Alexander/Schubert, Thomas/Thieme, Tom. Hg. *Deutsche Kontroversen. Festschrift für Eckhard Jesse.* Baden-Baden: Nomos, S. 499–510.

Niedhart, Gottfried. 2006. „Deeskalation durch Kommunikation. Zur Ostpolitik der Bundesrepublik Deutschland in der Ära Brandt." In: Hauswedell, Corinna, Hg. *Deeskalation von Gewaltkonflikten seit 1945.* Essen: Klartext, S. 99–114.

Nietzsche, Friedrich. 1999. *Werke.* Frankfurt/M.: Zweitausendeins.

Nixon, Richard. 1978. *The Memoirs of Richard Nixon.* New York: Grosset & Dunlap.

Noble, G. Bernard. 1970. *Christian A. Herter.* New York: Cooper Square Publishers.

Noelle-Neumann, Elisabeth. 1991. *Demoskopische Geschichtsstunde. Vom Wartesaal der Geschichte zur deutschen Einheit.* Zürich: Edition Interfrom.

Noerper, Stephen. 1998. „Regime security and military tension in North Korea." In: Moon Chung-In. Hg. *Understanding Regime Dynamics in North Korea. Contending Perspectives and comparative implications.* Seoul: Yonsei UP, S. 167–174.

Noh, Meung-Hoan. 2013. „Les conséquences de la chute du Mur de Berlin et de l'unification de l'Allemagne sur les processus de rapprochement entre les deux Corées." In: Weinachter, Michèle, Hg. *L'est et L'ouest face à la chute du Mur. Questions de perspective.* Cergy-Pontoise: CIRAC, S. 231–245.

Noh, Meung-Hoan. 2009. „West German Ostpolitik and Korean South-North Relations." In: Fink, Carol/Schaefer, Bernd, eds., *Ostpolitik, 1969–1974. European and Global Responses.* Cambridge: Cambridge UP, S. 148–162.

Noland, Marcus/Robinson, Sherman/Wang, Tao. 2001. „Famine in North Korea: Causes and Cures." *Economic Development and Cultural Change,* 49 (2001) 4, S. 741–767.

Noland, Marcus/Robinson, Sherman/Liu, Li-Gang. 1998. „The Costs and Benefits of Korean Unification: Alternative Scenarios." *AS,* 38 (1998) 8, S. 801–814.

North Korea. 2018. „North Korea proposed creating neutral state in 1987: declassified dossier." *Yonhap News,* 30.03.2018. https://www.english.yonhapnews.co.kr/national/2018/03/29/031000000AEN20180329006200315.html. Eingesehen am 30.03.2018.

nsarchive 1990. Vertrauliche Mitteilung der U.S. Embassy Bonn Confidential Cable to Secretary of State on the speech of the German Foreign Minister: Genscher Outlines His Vision of a New European Architecture. https://www.nsarchive..gwu.edu/document/16112-document-01-u-s-embassy-bonn-confidential-cable. Eingesehen am 28.03.2024.

NUB 1990. *A Comparison of Unification Policies of South and North Korea.* Seoul: National Unification Board.

NUB 1989. National Unification Board. 1989. Hg. *To Build a National Community through the Korean Commonwealth: A Blueprint for Korean Unification.* Seoul: National Unification Board.

Nünlist, Christian. 2018. „Krieg der Narrative – Das Jahr 1990 und die NATO-Osterweiterung." *SIRIUS*, Zeitschrift für Strategische Analysen. 2 (Dezember 2018) 4, S. 389–397.

Nye, Joseph S. 2000. *Understanding International Conflicts: An Introduction to Theory and History.* New York: Longman, 3. Auflage.

Nye, Joseph S./Owens, William A. 1996. „America's Information Edge." *Foreign Affairs*, 75 (1996) 2, S. 20–36.

Nye, Joseph S. 1990. „Soft Power." *Foreign Policy*, Nr. 80. S. 153–171.

O

Oberdorfer, Don. 1998. *The Two Koreas: A Contemporary History.* New York: The Free Press.

Oh, Byung Hun. 2003. „North Korean Dilemma." *Korea and World Affairs*, 27 (2003) 3, S. 372–401.

Oh, John Chung Hwan. 1992. „Political Unification and the South-North Korean Non-Aggression Treaty." *Korea Observer*, 23 (Winter 1992) 4, S. 467–499.

Oh, Kongdan/Hassig, Ralph. 2000. *North Korea through the Looking Glass.* Washington, D.C: Brookings Institution Press.

Ohmae, Kenichi. 1990. *The Borderless World: Power and Strategy in the Interlinked Economy.* New York: Harper Business.

Oksenberg, Michel. 1991. „The China Problem." *Foreign Affairs*, 70 (Summer 1991) 3, S. 1–16.

Oldenburg, Fred. 1996. „Deutsche Einheit und Öffnung der NATO." Bericht 52-1996. Köln: Bundesinstitut für ostwissenschaftliche und internationale Studien.

Olsen, Edward A. 1988. *The Impact of the Seoul Olympics on U. S. and Japanese Relations with the two Koreas.* Paper prepared for presentation at the 1988 Annual Meeting of the International Studies Association, St. Louis, Missouri, 1. April 1988.

Opp, Karl-Dieter/Voß, Peter. 1992. *Die volkseigene Revolution.* Stuttgart: Klett, Cotta.

Opp, Karl-Dieter. 1991. „DDR '89. Zu den Ursachen einer spontanen Revolution." *Kölner Zeitschrift für Soziologie und Sozialpsychologie.* 43 (1991) 2, S. 302–321.

Osgood, Charles. 1962. *An Alternative to War or Surrender.* Urbana: University of Illinois Press.

Ou, Wei-chun. 2019. „National title not the issue for Taiwan", *Taipei Times*, 22. Oktober 2019. https://www.Taipeitimes.com/News/editorials/archives/2019/10/22/2003724393/1. Eingesehen am 23.10.2019.

Ouimet, Matthew J. 2003. *The Rise and Fall of the Brezhnev Doctrine in Soviet Foreign Policy.* Chapel Hill: University of North Carolina Press.

Overhaus, Marco/Sakaki, Alexandra. 2021. *Die US-Bündnisse mit Japan und Südkorea. Stärken und Bruchlinien in der sicherheitspolitischen Kooperation.* SWP-Studie 5, Mai 2021, Berlin: SWP.

P

PA AA 1. 1989. PA AA AA, MfAA. 1989. Unterrichtung durch die Botschaft der Bundesrepublik in Warschau über Positionen zur polnischen Deutschlandpolitik vom außenpolitischen Berater des Auswärtigen Ausschusses des Senats Dziewanowski. 29.11.1989. Signatur ZA 140.726 E.

PA AA 2. 1972. Aktenvermerk der Botschaft der DDR in Pjöngjang vom 15.09.1972 über ein Informationsgespräch mit dem Leiter der 1. Abteilung des Außenministeriums der DVRK, Kim Tschä Suk über die Rot-Kreuz-Gespräche mit dem Süden vom 12.09.1972. Signatur C 951/76, S. 3.

PA AA 3. 1973. Bericht der Botschaft der DDR in Pjöngjang über ein Gespräch mit dem dortigen Botschafter der Sowjetunion, Denisow, am 30.08.1973. Signatur C 1080/78, S. 2.

PA AA 4. 1975. Bericht des DDR-Botschafters in Sofia vom 18.06.1975 an Hermann Axen über den Besuch von Kim Il-sung in Bulgarien vom 2. bis 5. Juni 1975. Signatur C 294/78.

PA AA 5. 1972. Bericht der DDR-Botschaft in Pjöngjang vom 09.06.1972 über Informationen durch Ri Man Sok über die inter-koreanischen Rot-Kreuz-Gespräche zwischen dem 21. Februar und dem 5. Juni 1972. Signatur C 951/76.

PA AA 6. 1972. Bericht des MfAA über Bemerkungen des koreanischen Botschafters in Berlin (Ost) am 20. Juli 1972. Signatur C 951/76, S. 2.

PA AA 7. 1989. Gespräch Kastrup mit sowjetischem Botschafter Kwizinskij am 12.12.1989 in Bonn. Signatur ZA 140.727 E.

PA AA 8. 1989. Bericht über das Treffen zwischen Genscher und Gorbatschow. 05.12.1989. Signatur ZA 178.931 E.

PA AA 9. 1989. Zusammenfassung und Übersetzung des Artikels der „Iswestija." Signatur ZA 140. 727 E.

PA AA 10. 1990. Bericht des Botschafters von Richthofen in London vom 26.02.1990. Signatur ZA 178.051 E.

PA AA 11. 1990. Bericht der bundesdeutschen Botschaft in Washington D. C. vom 21.03.1990 zu Überlegungen im Planungsstab des State-Departments. Signatur ZA 198.441 E.

PA AA 12. 1972. Bericht der Botschaft der DDR vom 12.12.1972. Signatur C 951/76, S. 1–3.

PA AA 13. 1972. Aktenvermerk der Botschaft der DDR vom 09.11.1972 über ein Informationsgespräch mit dem stv. Außenminister Ri Man Sok und den Botschaftern Polens, der ČSSR und der DDR am 08.11.1972. Signatur C951/76.

PA AA 14. 1972. Information durch Ri Man Sok am 28.11.1972 in der Botschaft der DDR in Pjöngjang. Signatur C 951/76.

PA AA 15. 1972. Bericht der DDR-Botschaft vom 13.10.1972 an das Außenministerium in Berlin mit der Überschrift „Thesen zur Konzeption der PdAK/KDVR zur Frage der Wiedervereinigung." Signatur C 951/76.

PA AA 16. 1972. Bericht der DDR-Botschaft in Peking vom 17.11.1972. Informationen über den Standpunkt der KDVR zu Fragen der Wiedervereinigung. Signatur C 951/76, S. 1–4.

PA AA 17. 1972. C 951/76. Bericht der DDR-Botschaft in Pjöngjang vom 04.07.1972 über ein Informationsgespräch mit dem stv. Außenminister Kim Rjong Taek am 03. Juli über den Besuch von Lee Hu-rak. Signatur C 951/76.

PA AA. 18. 1972. Bericht des Ersten Stellvertretenden Außenministers der DVRK, Kim Tschä Bong, am 19.10.1972 für Botschaften osteuropäischer Staaten über das erste Treffen des Koordinierungskomitees von Norden und Süden am 12. Oktober 1972 und den kürzlich im Süden verhängten Ausnahmezustand. Signatur C 951/76.

PA AA. 19. Bericht über ein Gespräch in der DDR-Botschaft Pjöngjang mit dem 1. Sekretär der dortigen Botschaft der SU Kurbatow am 15.09.1972. Signatur C 6853.

PA AA 20. 1972. Bericht der Botschaft der DDR in Belgrad über das Gespräch am 10.07.1972 mit dem dortigen Botschafter der SU Stepakow. Signatur C 951/76, S. 1–3.

PA AA 21. 1973. Essen in der Botschaft mit Kim Dong Joo. Signatur C 6853.

PA AA 22. 1990. Gespräch Bundesaußenminister mit Außenminister Schewardnadse beim Abendessen am 04.05.1990. Vermerk Auswärtiges Amt, Unterabteilung 21. Politisches Archiv des AA. Signatur ZA 178.928 E.

PA AA 23. 1990. Gespräch Bundesaußenminister Genscher mit dem sowjetischen Außenminister Schewardnadse am 18. Juni 1990 in Münster. HR: 2924. Politisches Archiv des AA. Signatur ZA 178.928 E.

PA AA 24. „Haltung der US-Administration zur deutschen Frage." Unterrichtung, Auswärtiges Amt, Referat 204 vom 30.10.1989. Politisches Archiv des AA. Signatur ZA 140.730 E.

PA AA 25. 1990. „Grundprinzipien für eine Abschließende Völkerrechtliche Regelung in Deutschland". SU-Entwurf. Signatur ZA 198.462 E.

PA AA 25. 1990. Sowjetischer Entwurf „Grundprinzipien für eine abschließende völkerrechtliche Regelung mit Deutschland." – Anlage zum 2+4-Außenministertreffen am 22.6.1990. Politisches Archiv des AA. Signatur ZA 198.462 E.

PA AA 26. 03.02.1988. „Beziehungen KDVR-USA." Signatur M 95/27593.
PA AA 27. 10.02.1988. „Lage auf der koreanischen Halbinsel." Signatur M 95/27635.
PA AA 28. 25.04.1989. „Verhältnis zwischen KDVR und Südkorea." Signatur M 95/30067.
PA AA 29. 21.09.1989. „Verhältnis KDVR – Südkorea." Signatur M 95/30785, S. 2.
PA AA 30. 28.11.1989. „Besuch Kim Il Sungs in China." Signatur M 95/31153.
PA AA 31. 25.05.1990 „Haltung der KDVR zur deutschen Einigung." Signatur M 95/32086.
PA AA 32. 13.12.1989. „Beziehungen DDR – KDVR." Signatur M 95/31252.
PA AA 33. 24.08.1990. „Aktuelle Situation auf der koreanischen Halbinsel." Signatur M 95/27635.
PA AA 34. 24.05.1988. Streng vertrauliche Information. „Besuch des Außenministers der KDVR in Polen." Signatur M 95/28199.
PA AA 35. 22.09.1988. Streng vertrauliche Information. „Reaktion der KDVR auf die Vereinbarung Ungarn-Südkorea." Signatur M 95/28802.
PA AA 36. Kontakte der DDR zur Republik Korea. Signatur MAV-Pjöngjang/6122-14.
PA AA 37. 18.03.1988. Gesprächsvermerke. Signatur M 34/501-03.
PA AA 38. 10.02.1989. Gesprächsvermerke. Vermerk Gespräch st. Außenminister Harry Ott mit Botschafter Park Jong Chan am 10.02.1989. Signatur M 34/2650-90.
PA AA 39. 22.09.1988. Gesprächsvermerke. Vermerk über Gespräch mit Botschafter Pak Jong Chan. Signatur M34/501-03.
PA AA 40. 30.01.1989. Gespächsvermerke. Vermerk über Gespräch von Abteilungsleiter Siegfried Karl, MfAA mit Botschaftsrat Song Tschhunggym am 30.01.1989. Signatur M 34/2650-90.
Paik, Nak-chung. 1993. „South Korea: Unification and the Democratic Challenge." *New Left Review*, Nr. 197, January/February1993, S. 67–84.
Palley, Claire. 2005. *An International Relations Debacle: The UN Secretary-General's Mission of Good Offices in Cyprus: 1999–2004*. Oxford: Hart.
Pan, Chengxin. 2012. „Normative convergence and cross-Strait divergence: Westphalian sovereignty as an ideational source of the Taiwan conflict." Blanchard, Jean-Marc F./Hickey, Dennis V. Hg. *New Thinking about the Taiwan Issue: Theoretical insights into its origins, dynamics, and prospects*. Abingdon, New York: Routledge, S. 45–64.
Pape, Robert A. 1997. „Why Economic Sanctions do not work." *International Security*, 22 (Fall 1997) 2, S. 90–136.
Park, Eung-Kyuk/Rowan, Bernard. 2008. „Federalist Path to Korean Unification: Global and Local Prerequisites." *Korea Observer*, 39 (2008) 3, S. 453–485.
Park, Han S. 2008. „Military-First Politics (Songun): Understanding Kim Jong-il's North Korea." *On Korea (Academic Paper Series)*, Vol. 1, Washington, D. C.: Korea Economic Institute.
Park, Han S. 2005. *North Korea: The Politics of Unconventional Wisdom*. New York: Lynne Rienner.
Park, Hun-Bong. 2010. „China's Position on Korea's Unification and US Forces in Korea." *JEAA*, 24 (Spring 2010) 1, S. 117–154.
Park, Mun Su. 1994. „Stalin's Foreign Policy and the Korean War: History Revisited." *Korea Observer*, XXV (Autum 1994) 3, S. 341–381.
Park, Myung-Kyu. 2015. „Die Wiedervereinigung Koreas in den Einstellungen der Generationen." Lee, Eun-Jeung/Mosler, Hannes B. Hg. *Länderbericht Korea*. Bonn: Bundeszentrale für politische Bildung, S. 652–664.
Park, Myung-Lim. 2010. „Die nordostasiatische Gemeinschaft und Frieden auf der koreanischen Halbinsel: Auf der Suche nach einem wechselseitigen Tugendkreislauf." In: Im, Hyun-Baek/Lee, Eun-Jeung, Hg. 2010. *Kann die koreanische Halbinsel wie Deutschland wiedervereinigt werden? 20 Jahre nach dem Mauerfall – Lehren für die koreanische Halbinsel*. Seoul: Songjung, S. 402–427. (Text auf Koreanisch)
Park, Myung-Lim. 2007. „A Catastrophic Denouement, or A Grand Compromise?: A Design for Sustainable Peace on the Korean Peninsula." In: Rhyu, Sang-young. Hg. *The June 15 South-North Joint Declaration and Prospects for Peace on the Korean Peninsula*. Seoul: Yonsei UP, S. 263–279.

Park, Tae Gyun. 2012. *An Ally and Empire: Two Myths of South Korea – United States Relations, 1945–1980.* Seongnam: The Academy of Korean Studies Press.

Park, Young-Ho. 1993. „North-South Dialogue in Korea: Ways toward Cooperation?" *Korea and World Affairs*, 17 (Fall 1993) 3, S. 459–477.

Park, Young-Ho. 2014. „South and North Korea's Views on the Unification of the Korean Peninsula and Inter-Korean Relations." (Konferenzvortrag) https://www.brookings.edu/wp-content-uploads/2014/04/Park-Young-Ho-paper.pdf. Eingesehen am 18.07.2020.

Paul, Michael. 2016. *Eine „Große Sandmauer" im Südchinesischen Meer? Politische, seerechtliche und militärische Aspekte des Inselstreits.* Berlin: SWP-Studie 9/2016.

Peking Review 1991. „Association founded for Taiwan Contacts." *Bejing Review*, Nr. 52, December 30, 1991 – January 5, 1992, S. 5.

Peng, Ming-min. 1971. „Political Offences in Taiwan: Laws and Problems." *CQ*, Nr. 47 (July-September 1971), S. 471–493.

Peng, Ming-min. 2005. *A Taste of Freedom. Memoirs of a Formosan Independence Leader.* Upland: Taiwan Publishing Co.

Pfennig, Alexander. 2019. *Transitional Justice in Taiwan and Germany.* https://www.taiwanfellowship.ncl.edu.tw/files/scholar_publish/1801-qzlsleboswxduz.pdf. Eingesehen am 21.12.2021.

Pfennig, Werner/Vu Tien, Dung/Pfennig, Alexander. 2017. „The Costs of German Division. A Research Report." *German Politics and Society*, Issue 124, Vol. 35 (Autumn 2017) 3, S. 55–68.

Pfennig, Werner. 2015. *Bibliografie zum Deutschen Einigungsprozess. Bibliography on the Process of German Unification.* Berlin: Metropol.

Pfennig, Werner. 2012: *Definitionen. Moderne Politikwissenschaft.* Schwalbach/Ts.: Wochenschau Verlag.

Pfennig, Werner. 2010. „Division-Normalization-Reunification. Aspects of a Complicated Process." In: Sieg, Martin/Timmermann, Heiner. Hg.: *Internationale Dilemmata und europäische Visionen. Festschrift zum 80. Geburtstag von Helmut Wagner.* Münster: Lit, S. 372–402.

Pfennig, Werner. 2010. „The Significance of Division, Unification, and Normalization." In: Im, Hyun-Baek/Lee, Eun-Jeung, Hg.: *Kann die koreanische Halbinsel wie Deutschland wiedervereinigt werden? 20 Jahre nach dem Mauerfall – Lehren für die koreanische Halbinsel.* Seoul: Songjung, S. 290–334, 475–483. (Text auf Koreanisch).

Pfennig, Werner. 2009. „Division-Unification: The Importance of Normalization." *Peace Studies*, 17 (2009) 2, S. 1–40. (Text auf Koreanisch.)

Pfennig, Werner. 2007. „Economic Cooperation and Peace: Some Summarizing Observations with Emphasis on Northeast Asia." In: Rhyu, Sang-young, Hg.: *The June 15 South-North Joint Declaration and Prospects for Peace on the Korean Peninsula.* Seoul: Yonsei UP, S. 173–195.

Pfennig, Werner. 2006. „Regionalismus in der Volksrepublik China." In: Koch-Baumgarten, Sigrid/Rütters, Peter. Hg. 2006. *Pluralismus und Demokratie.* Frankfurt/M.: Bund Verlag, S. 283–306.

Pfennig, Werner. 2005. „Was heißt oder was könnte es heißen, wenn die Volksrepublik China zum modernen Nationalstaat wird (würde)?" In: Komitee für Grundrechte und Demokratie, Hg. *Nationalstaat ohne Alternative?* Jahrbuch 2004/2005, Köln 2005, S. 203–220.

Pfennig, Werner. 2002. „Gegen alle Widerstände. Anmerkungen zur Persönlichkeit und Politik von Kim Dae-jung." In: Koschyk, Hartmut. Hg.: *Begegnungen mit Kim Dae-jung. Korea auf dem Weg zu Frieden, Versöhnung und Einheit.* München: Olzog, S. 49–65.

Pfennig, Werner. 2001. „Korea and Beyond: National Unification has International Implications." *The Brown Journal of World Affairs*, 8 (2001) 1, S. 115–127.

Pfennig, Werner. 1998. Hg. *United we stand, divided we are. Comparative Views on Germany and Korea in the 1990's.* Hamburg: Abera.

Pfennig, Werner. 1990. „Divided Korea, Divided Germany: Reflections on Similarities, Differences and Proposals for Future Action." In: Kang, Myoung-Kyu/Wagner, Helmut. Hg. 1990. *Korea and Germany. Lessons in Division.* Seoul: Seoul National UP, S. 641–678.

Pfennig, Werner. 1980. *Chinas außenpolitischer Sprung nach vorn. Die Außen- und Sicherheitspolitik der Volksrepublik China vom Ende der Kulturrevolution bis zum Vorabend der Chinareise Nixons (1969–1971)*. Paderborn: Ferdinand Schöningh.

Piazolo, Marc. 1997. „Could South Korea Afford German-Style Reunification?" In: *The Economics of Korean Unification*. Vol. 2, Seoul: Hyundai Research Institute, S. 48–63.

Plassa, Rebecca. 2010. 30.03.2010. „Die äußeren und inneren Faktoren der deutschen Wiedervereinigung." https://www.bpb.de/geschichte/deutsche-einheit/lange-wege-der-deutschen-einheit/47054/aeussere-und-innere-faktoren. Eingesehen am 03.03.2018.

Plato, Alexander von. 2003. *Die Vereinigung Deutschlands – ein weltpolitisches Machtspiel*. Bonn: Bundeszentrale für politische Bildung.

Plaza, Galo. 1965. *Report Of The United Nations Mediator On Cyprus To The Secretary-General, 26 March 1965*. https://www.digitallibrary.un.org/record/573661?v=pdf. Eingesehen am 28.03.2024.

Pletsch, Carl. 1979. „‚The Socialist Nation' of the German Democratic Republic or the Asymmetry in Nation and Ideology between the two Germanies." *Comparative Studies in Society and History*, 21 (1979) 3, S. 323–345.

Polemik 1970. *Die Polemik über die Generallinie der internationalen kommunistischen Bewegung*. Berlin: Oberbaumverlag. Hier: Zwei völlig entgegengesetzte Arten der Politik der Friedlichen Koexistenz. Sechster Kommentar zum Offenen Brief des ZK der KPdSU (12. Dezember 1963). S. 287–335.

Pollack, Jonathan D. 2011. *No Exit: North Korea, Nuclear Weapons, and International Security*. New York: Routledge.

Pollack, Jonathan D. 2001. „Korean Unification: Illusion or Aspiration?" *The Brown Journal of World Affairs*, 8 (2001) 1, S. 77–90.

Popper, Karl R. 1973. *Die offene Gesellschaft und ihre Feinde, Band II: Falsche Propheten. Hegel, Marx und die Folgen*. Bern-München: Franke.

Popper, Karl R. 1973a. *Die offene Gesellschaft und ihre Feinde, Band I. Der Zauber Platons*. Bern-München: Franke.

Posth, Michael. 1973. „Das Prinzip der ‚friedlichen Koexistenz' und das Konzept der europäischen Zusammenarbeit. Mittel zur Realisierung des ‚sozialistischen Weltsystems'." In: Posth, Michael. Hg. *Konvergenz – Koexistenz der Zusammenarbeit in Europa*. Bonn: Eichholz.

Pötzl, Norbert F. 2014. *Mission Freiheit – Wolfgang Vogel. Anwalt der deutsch-deutschen Geschichte*. München: Heyne.

Potthoff, Heinrich. 1997. *Bonn und Ost-Berlin 1969–1982. Dialog auf höchster Ebene und vertrauliche Kanäle. Darstellung und Dokumente*. Bonn: J. H. W. Dietz Nachf.

Powell, Ralph L. 1965. „Great Powers and Atomic Weapons are ‚Paper Tigers'." *CQ*, Vol. 23, (Juli-September 1965), S. 55–63.

Presse- und Informationsamt der Bundesregierung. Hg. 1990. *Vertrag über die abschließende Regelung in Bezug auf Deutschland. Die Verhandlungen über die äußeren Aspekte der Herstellung der deutschen Einheit*. Bonn, S. 48–50.

Priewe, Jan/Hickel, Rudolf. 1991. *Der Preis der Einheit. Bilanz und Perspektiven der deutschen Vereinigung*. Frankfurt/M.: Fischer.

Proposal 1990. Proposals of Pyongyang (By North Korea's Premier Yon Hyung-Muk) during the Second Round of Inter-Korean Prime Minister's Conference, Pyongyang, October 17, 1990. *Korea and World Affairs*, 14 (Winter 1990) 4, S. 802–807.

Przybylski, Peter. 1991. *Tatort Politbüro. Die Akte Honecker*. Berlin: Rowohlt.

Putnam, Robert. 1988. „Diplomacy and domestic politics: the logic of two-level games." In: *International Organization*, 42 (1988) 3, S. 427–460.

Pye, Lucian W. 1999. „After the Collapse of Communism: The Challenge of Chinese Nationalism and Pragmatism." In: Sandschneider, Eberhard. Hg. *The Study of Modern China*. London: Hurst, S. 31–51.

Pye, Lucian W. 1993. „How China's Nationalism was Shanghaied." In: *The Australian Journal of Chinese Affairs*, Issue 29, January 1993, S. 107–133.

Pye, Lucian W. 1990. China: „Erratic State, Frustrated Society." *Foreign Affairs*, Fall 1990, S. 56–74.

Pye, Lucian W. 1985. *Asian Power and Politics. The Cultural Dimensions of Authority*. Cambridge, MA: Belknap Press, Harvard UP.

Pye, Lucian W. 1971. *Warlord Politics: Conflict and Coalition in the Modernization of Republican China*. New York: Praeger.

Pyle, Kenneth B. 2007. *Japan Rising: The Resurgence of Japanese Power and Purpose*. New York: Public Affairs/ Perseus Books.

Q

Qian, Qichen. 2007. „Making Concerted Efforts to Realize Peace and Prosperity in the Korean Peninsula." In: Rhyu, Sang-young. Hg. *The June 15 South-North Joint Declaration and Prospects for Peace on the Korean Peninsula*. Seoul: Yonsei University Press, S. 55–57.

Qian, Qichen. 2005. *Ten Episodes in China's Diplomacy*. New York: Harper Collins.

R

Rahman, Chris. 2001. „Defending Taiwan, And Why It Matters." Naval War College Review, 54 (Autum 2001) 4, S. 69–94.

Rakowski, Mieczyslaw. 1995. *Es begann in Polen. Der Anfang vom Ende des Ostblocks*. Hamburg: Hoffmann und Campe.

Rees, David. 1964. *Korea: The Limited War*. New York: McGraw-Hill.

Reese, David. 1998. „The Prospects for North Korea's Survival." *Adelphi Paper* 323, London: International Institute for Strategic Studies.

Rehberg, Karl-Siegbert. 2006. „Ost / West." In: Lessenich, Stephan/Nullmeier, Frank, Hg.: *Deutschland – eine gespaltene Gesellschaft*. Frankfurt/M.: Campus, S. 209–233.

Rehlinger, Ludwig A. 1991. *Freikauf. Die Geschäfte der DDR mit politisch Verfolgten 1963–1989*. Berlin: Ullstein.

Reißig, Rolf. 2002. *Dialog durch die Mauer. Die umstrittene Annäherung von SPD und SED. Mit einem Nachwort von Erhard Eppler*. Frankfurt/M.: Campus.

Relations 1994. *Relations across the Taiwan Strait*. Mainland Affairs Council, Hg. Taipei: Executive Yuan.

Renan, Ernest. 1981. Qu'est-ce qu'une nation? Was ist eine Nation? Rede am 11. März 1982 in der Sorbonne. Deutsche Übersetzung in Gall, Lothar/Koch, Rainer. Hg. *Der europäische Liberalismus im 19. Jahrhundert. Texte zu seiner Entwicklung. Band 3*. Frankfurt/M.: Ullstein, S. 132–152.

Report 1972. Report of the UN Commission for the Unification and Rehabilitation of Korea. General Assembly. Official Records: Twenty-Seventh Session. Supplement No. 27 (A/8727), New York: United Nations. https://www.undocs.org/pdf?symbol=en/A/8727 (SUPP). Eingesehen am 02.02.2020.

Resnick, Evan N. 2017. „Trump's Ill-fated China-North Korea Gambit." *RSIS Commentary* No. 064/2017. https://www.rsis.edu.sg/wp-content/uploads/2017/04/CO17064.pdf? Eingesehen am 07.04.2017.

Rhee, Kang-Suk. 1993. „Korea's Unification: The Applicability of the German Experience." *AS*, Vol. XXXIII (1993) 4, S. 360–375.

Rhee, Sang-Woo. 1986. Hg. *Korean Unification. Source Materials with an Introduction*. Vol. III. Seoul: Research Center for Peace and Unification of Korea.

Rhyu, Sang-young. 2007. „Integrating North Korea into the East Asian Market: North-South Korean Economic Cooperation in the Kaesŏng Special Economic Zone." In: Rhyu, Sang-young. Hg.: *The June 15 South-North Joint Declaration and Prospects for Peace on the Korean Peninsula*. Seoul: Yonsei UP, S. 139–164.

Rice, Condoleezza. 2000. „Campaign 2000: Promoting the National Interest." *Foreign Affairs*, 79 (January/February 2000) 1, S. 45–62.

Rice, Edward E. 1974. *Mao's Way*. Berkeley, Los Angeles: University of California Press.

Richter, Heinz A. 2016. *Der griechisch-türkische Krieg 1919–1922*. Mainz und Ruhpolding: Rutzen bzw. Wiesbaden: Harrassowitz.
Richter, Michael. 2011. *Die Friedliche Revolution. Aufbruch zur Demokratie in Sachsen 1989/90*. Band 1, 2. Auflage. Göttingen. Vandenhoek & Ruprecht.
Richthofen, Ferdinand von. 1889. *Schantung und seine Ausgangspforte Kiautschou*. Berlin: Dietrich Reimer.
Riedel, Heide. 1977. *Hörfunk und Fernsehen in der DDR. Funktion, Struktur und Programm des Rundfunks in der DDR*. Köln: Literarischer Verlag Braun.
Riemer, Andrea K. 2003. „Eine geteilte Insel mit ungewisser Perspektive. Zypern: Spielball unterschiedlicher Interessen." *Das Parlament*, 53 (23. Juni 2003) 26, S. 3.
Rigger, Shelly. 2019. „The Taiwan Relations Act: Past, Present, Future." *Asia Policy*, 14 (2019) 4, S. 11–17.
Rigger, Shelly. 2011. „Strawberry Jam: National Identity, Cross-Strait Relations, and Taiwan's Youth." In: Clark, Cal. Hg. *The Changing Dynamics of the Relations among China, Taiwan, and the United States*. Newcastle: Cambridge Scholars Publisher, S. 78–95.
Rigger, Shelly. 1999. „Competing Conceptions of Taiwan's Identity. The irresolvable Conflict in Cross-Strait Relations." In: Zhao, Suisheng. Hg. 1999. *Across the Taiwan Strait. Mainland China, Taiwan, and the 1995–1996 Crisis*. New York/London: Routledge, S. 229–242.
Rittberger-Klas, Karoline. 2006. *Kirchenpartnerschaften im geteilten Deutschland. Am Beispiel der Landeskirchen Württemberg und Thüringen*. Göttingen: Vandenhoek & Ruprecht.
Ritter, Gerhard A. 2013. *Hans-Dietrich Genscher, das Auswärtige Amt und die deutsche Vereinigung*. München: C. H. Beck.
Ritter, Gerhard A. 2007. *Der Preis der deutschen Einheit und die Krise des Sozialstaats*. München: C. H. Beck.
Roehrig, Terence. 2009. „Creating Conditions for Peace in Korea: Promoting Incremental Change in North Korea." *Korea Observer*, 40 (Spring 2009) 1, S. 201–232.
Roehring, Terence. 2008. „Korean Dispute over the Northern Limit Line: Security, Economics, or International Law?" *OPRS*, Nr. 3 aus 2008.
Rödder, Andreas. 2009. *Deutschland einig Vaterland. Die Geschichte der Wiedervereinigung*. München: C. H. Beck.
Roesler, Jörg. 2000. *Der Anschluß von Staaten in der modernen Geschichte. Eine Untersuchung aus aktuellem Anlass*. Frankfurt/M.: Lang.
Roh, Moo-hyun. 2003. *Der Präsident der Republik Korea spricht über seine Vision. Frieden und Prosperität in Nordostasien*. Berlin: Presse- und Kulturabteilung, Botschaft der Republik Korea.
Rolland, Nadège. Hg. 2019. *Securing the Belt and Road Initiative. China's Evolving Military Engagement along the Silk Roads*. NBR Special Report. Seattle, Washington D. C.: The National Bureau of Asian Research. https://www.nbr.org/publication/securing-the-belt-and-road-initiative. Eingesehen am 04.09.2019.
Rolland, Nadège. 2017. *China's Eurasian Century? Political and Strategic Implications of the Belt and Road Initiative*. Seattle, Washington D. C.: The National Bureau of Asian Research.
Rosenau, James. 1969. Hg. *Linkage Politics: Essays on the Convergence of National und International Systems*. New York: The Free Press.
Ross, Robert S. 2013. „US Grand Strategy, the Rise of China, and US National Security Strategy for East Asia." *Strategic Studies Quarterly*, Summer 2013, S. 20–40.
Ross, Robert S. 2002. „Taiwan Balances Ties with China and the USA." *Jane's Intelligence Review*, 14 (February 2002) 2, S. 40–42.
Ross, Robert S. 1999. „Engagement in U. S.-China policy." In: Johnston, Alastair Ian/Ross, Robert S. Hg. *Engaging China. The Management of an Emerging Power*. London, New York: Routledge, S. 167–206.
Roth, Christopher F. 2015. *Let's Split. A Complete Guide to Separatist Movements and Aspirant Nations, from Abkhasia to Zansibar*. Sacramento: Liwin Books.
Roth, Margit. 1981. *Zwei Staaten in Deutschland. Die sozialliberale Deutschlandpolitik und ihre Auswirkungen 1969–1978*. Opladen: Westdeutscher Verlag.
Rother, Bernd. 2000. „Gilt das gesprochene Wort?" *DA*, 33 (2000) 1, S. 90–93.

Roundtable 2009. „Roundtable: The Limits of Bridge-Building." *International Relations*, 23 (March 2009) 1, S. 115–140.
Roy, Denny. 2003. *Taiwan, a political history*. Ithaca: Cornell UP.
Rubinstein, Murray A. Hg. 1999. *Taiwan. A New History*. Armonk: M. E. Sharpe.
Rudolf, Peter. 2019. *Der amerikanisch-chinesische Weltkonflikt*. Berlin: SWP-Studie 2019/23.
Rudolph, Jörg-Meinhard. 1986. *Die Kommunistische Partei Chinas und Taiwan (1921–1981)*. München: Minerva.
Rudolph, Karsten. 2004. *Wirtschaftsdiplomatie im Kalten Krieg: Die Ostpolitik der westdeutschen Großindustrie 1945–1991*. Frankfurt/M.: Campus.
Ruggenthaler, Peter. 2007. *Stalins großer Bluff. Die Geschichte der Stalin-Note in Dokumenten der sowjetischen Führung*. München: R. Oldenbourg.
Rumsfeld, Donald H. 2002. „Transforming the Military." *Foreign Affairs*, 81 (May-June 2002) 3. https://www.foreignaffairs.com/articles/2002-05-01/transforming-military. Eingesehen am 06.02.2018.
Russell, Bertrand. 1993. *The Problem of China*. Nottingham: Russell Press.

S

Sabrow, Martin. 2013. „Der Pyrrhussieg. Erich Honeckers Besuch in der Bundesrepublik 1987." In: Apelt, Andreas H./Grünbaum, Robert/Schöne, Jens. Hg. *2 x Deutschland. Innerdeutsche Beziehungen 1972–1990*. Halle: Mitteldeutscher Verlag, S. 201–237.
Samuels, Richard J. 2007. *Securing Japan: Tokyo's Grand Strategy and the Future of East Asia*. Ithaca: Cornell UP.
San Min Chu I by Sun Yat-sen. The Three Principles of the People. With two supplementary Chapters by Chiang Kai-shek. Taipei: China Publishing Company, ohne Jahr.
Sander, Matthias. 2022. „China will von Firmen aus Taiwan Hilfe zur Wiedervereinigung. Wer Geschäfte mit dem Festland machen will, soll sich klar von der Regierung Taiwans distanzieren. Selbst ein Peking-freundlicher Konzern muss eine Geldstrafe in Millionenhöhe zahlen." *Neue Zürcher Zeitung*, Online 03.01.2022. https://www.nzz.ch/technologie/china-will-von-firmen-aus-Taiwan-beitrag-zur-wiederver-einigung-ld.1662600?mkcid=nled&mkcval=105&kid=nl.105_2022-1-3&ga=1&trco. Eingesehen am 03.01.2022.
Sanford, Dan C. 1993. „RK's Nordpolitik: Revisited." *JEAA*, VII (Winter/Spring 1993) 1, S. 1–31.
Sanford, Dan C. 1990. *South Korea and the Socialist Countries: The Politics of Trade*. Houdmills, London: Palgrave Macmillan.
Sarotte, Mary Elise. 2023. *Nicht einen Schritt weiter nach Osten. Amerika, Russland und die wahre Geschichte der NATO-Osterweiterung*. München: C. H. Beck.
Sarotte, Mary Elise. 2010. „Not One Inch Eastward? Bush, Baker, Kohl, Genscher, Gorbachev, and the Origin of Russian Resentment toward NATO Enlargement in February 1990." *Diplomatic History* 34 (2010) 1, S. 119–140.
Sarotte, Mary Elise. 2001. *Dealing with the Devil: East Germany, Detente, and Ostpolitik, 1969–1973*. Chapel Hill: University of North Carolina Press.
Sauer, Heiner/Plumeyer, Hans O. 1993. *Der Salzgitter-Report. Die zentrale Erfassungsstelle berichtet über Verbrechen im SED-Staat*. Frankfurt/M., Berlin: Ullstein.
Scalapino, Robert A. 2001. „China and the Korean unification. A neighbor's concerns." In: Eberstadt, Nicolas/Ellings, Richard J. Hg. *Korea's future and the great powers*. Seattle: University of Washington Press, S. 107–124.
Scalapino, Robert A. 1999. „China – Between Tradition and Modernity." In: Sandschneider, Eberhard. Hg. *The Study of Modern China*. London: Hurst, S. 1–15.
Scanlon, Charles. 2004. „Koreas to open new transport link." BBC News, https://www.news.bbc.co.uk/go/pr/fr./-/2/hi/asia-pacific/3778747.stm. Eingesehen am 06.06.2004.
Schabert, Tilo. 2002. *Wie Weltgeschichte gemacht wird. Frankreich und die deutsche Einheit*. Stuttgart: Klett-Cotta.

Schaefer, Bernd. 2010. *Overconfidence Shattered: North Korean Unification Policy, 1971–1976.* North Korea International Documentation Project, Working Paper 2, Washington D. C.: Woodrow Wilson International Center for Scholars. https://www.wilsoncenter.org/publication/overconfidence-shattered-north-korean-unification-policy-1971-1975. Eingesehen am 28.03.2024.

Schalck-Golodkowski, Alexander. 2001. *Deutsch-deutsche Erinnerungen.* Reinbek: Rowohlt.

Schanghai Communiqué. 1972. https://history.state.gov./historicaldocuments/frus1969-76v17/d203. Eingesehen am 25.03.2019. Auch im *Congressional Quarterly*: China – U. S. Policy since 1945. Washington D. C. 1980, S. 323 f. Deutsch in *Europa Archiv*, Folge 6/1972, S. D 136–139.

Scharf, Wilfried. 1984. „Objektivität und Parteilichkeit in den Fernsehnachrichten der Bundesrepublik und der DDR." In: Oehler, Klaus. Hg. *Zeichen und Realität.* Tübingen: Stauffenburg.

Scharping, Thomas. 1976. *Mao Chronik. Daten zu Leben und Werk.* München: Hanser.

Schäuble, Wolfgang. 1991. *Der Vertrag: Wie ich über die deutsche Einheit verhandelte.* Stuttgart: Knaur.

Scheuch, Erwin K. 1991. *Wie deutsch sind die Deutschen? Eine Nation wandelt ihr Gesicht.* Bergisch-Gladbach: Bastei Lübbe.

Schewardnadse, Eduard. 1991. *Die Zukunft gehört der Freiheit.* Reinbek: Rowohlt.

Schewardnadse, Eduard. 1991a. „Mir blieb keine andere Wahl." *Der Spiegel*, 1991/23 vom 3.6.1991, S. 141–160.

Schlarp, Karl-Heinz. 1976. „Alternative zur deutschen Außenpolitik 1952–1955. Karl Georg Pfleiderer und die Deutsche Frage." In: Benz, Wolfgang/Graml, Hermann. Hg. 1976. *Aspekte deutscher Außenpolitik im 20. Jahrhundert. Aufsätze Hans Rothfels zum Gedächtnis.* Stuttgart: DVA, S. 211–248.

Schloms, Michael. 2004. *North Korea and the Timeless Dilemma of Aid. A Study of Humanitarian Action in Famines.* Münster: Lit.

Schlosser, Horst Dieter. 1991. „Deutsche Teilung, deutsche Einheit und die Sprache der Deutschen." In: *APuZ*, B 17/1991, S. 13–21.

Schmid, Carlo. 1979. *Erinnerungen.* Bern, München, Wien: Scherz.

Schmid, Carlo. 1972. Rede vor dem Deutschen Bundestag am 25. Februar 1972. *Texte zur Deutschlandpolitik* 09.02.1972 – 23.05.1972. Bonn: Bundesministerium für gesamtdeutsche Fragen – innerdeutsche Beziehungen. Hg. Zitat auf S. 373.

Schmid, Carlo. 1964. *Politik und Geist.* Stuttgart: Klett.

Schmid, Günther. 1979. *Entscheidung in Bonn: Die Entstehung der Ost- und Deutschlandpolitik 1969/70.* Köln: Verlag Wissenschaft und Politik.

Schmid, Karin. 1980. *Die deutsche Frage im Staats- und Völkerrecht.* Baden-Baden: Nomos.

Schmidt, Dirk. 1996. *Die Entwicklung der Beziehungen zwischen der Volksrepublik China und der Republik China auf T'aiwan von 1987–1993.* Frankfurt/M.: Peter Lang.

Schmidt, Helmut. 1993. „Lessons of the German Reunification for Korea." *Security Dialogue*, XXIV (1993) 4, S. 397–408.

Schmidt, Siegmar. 2003. „Theoretische Überlegungen zum Konzept ‚Politische Stabilität'." In: Faath, Sigrid, Hg.: *Stabilitätsprobleme zentraler Staaten: Ägypten, Algerien, Saudi-Arabien, Iran, Pakistan und die regionalen Auswirkungen.* Hamburg: Deutsches Orient-Institut, S. 9–39.

Schmidt, Wolfgang. 2014. „Willy Brandts Ost- und Deutschlandpolitik." In: Rother, Bernd. Hg. *Willy Brandts Außenpolitik.* Wiesbaden: Springer VS, S. 161–258.

Schmidt, Wolfgang. 2003. „Die Wurzeln der Entspannung. Der konzeptionelle Ursprung der Ost- und Deutschlandpolitik Willy Brandts in den fünfziger Jahren." *Vierteljahreshefte für Zeitgeschichte*, 51 (2003) 4, S. 521–564.

Schmidt-Schweizer, Andreas. 1997. „Die Öffnung der ungarischen Westgrenze für die DDR-Bürger im Sommer 1989. Vorgeschichte, Hintergründe und Schlussfolgerungen." In: *Südosteuropa Mitteilungen*, 37/1997, S. 33–53.

Schmitt, Carl. 1991. *Die geistesgeschichtliche Lage des heutigen Parlamentarismus.* Berlin: Duncker & Humblot. (Nachdruck der Ausgabe von 1923, 1924.)

Schneider, Thomas. 2004. *Taiwan-China: Eine konfliktbeladene Nachbarschaft: Die wirtschaftspolitischen Konsequenzen für Taiwan*. Dissertation der Universität Erlangen-Nürnberg.

Schoch, Bruno. 2004. „Die Völker Zyperns haben die Entscheidung in der Hand. Hoffen auf die politische Vernunft beider Seiten, damit die unselige Politisierung der brutal geteilten Insel endlich ein glückliches Ende hat." *Das Parlament*, 24. April 2004, S. 12.

Schoenborn, Benedikt. 2008. „Bargaining with the Bear: Chancellor Erhard's bid to buy German Reunification, 1963–64." In: *Cold War History*, 8 (2008) 1, S. 23–53.

Scholl-Latour, Peter. 1966. *Im Sog des Generals*. Stuttgart: DVA.

Schollwer, Wolfgang. 1962. Verklammerung und Wiedervereinigung. – Denkschrift zur deutschen Frage. freiheit.org/sites/default/files/2019-10/1962schollwer-papier_0.pdf. Eingesehen am 25.10.2020.

Schopenhauer, Arthur. 1988. *Arthur Schopenhauers Werke in Fünf Bänden*. Nach den Ausgaben letzter Hand herausgegeben von Ludger Lütkehaus. Band IV. Zürich: Haffmans Verlag.

Schöllgen, Gregor. 2001. *Willy Brandt – Die Biographie*. Berlin, München: Propyläen.

Schönbohm, Jörg. 1995. „Die Bundeswehr im deutschen Einigungsprozeß 1989/90." In: *Vom Kalten Krieg zur deutschen Einheit: Analysen und Zeitzeugenberichte zur deutschen Militärgeschichte 1945 bis 1995* / im Auftrag des Militärgeschichtlichen Forschungsamtes, herausgegeben von Thoß, Bruno unter Mitarbeit von Schmidt, Wolfgang. München: R. Oldenbourg, S. 409–418.

Schönbohm, Jörg. 1992. *Zwei Armeen und ein Vaterland*. Berlin: Siedler.

Schraeder, Peter J. 2006. „From Irredentism to Secession: The Decline of Pan-Somali Nationalism." In: Barrington, Lowell W. Hg. 2006. *After Independence. Making and Protecting the Nation in Postcolonial and Postcommunist States*. Ann Arbor: University of Michigan Press, S. 107–140.

Schrameier, W. 1915. *Kiautschou seine Entwicklung und Bedeutung. Ein Rückblick*. Berlin: Karl Curtius.

Schroeder, Klaus. 2006. *Die veränderte Republik – Deutschland nach der Wiedervereinigung*. München: Ernst Vögel.

Schröder, Gerhard. 1971. „Dr. Gerhard Schröder: Ohne befriedigende Regelung für West-Berlin keine Ratifizierung des deutsch-sowjetischen Vertrages." In: *Texte zur Deutschlandpolitik, Band 6*, Bonn: Bundesministerium für innerdeutsche Beziehungen, S. 378–381.

Schröder, Hans-Jürgen. 1990. Hg. *Die deutsche Frage als internationales Problem*. Stuttgart: Franz Steiner.

Schröder, Richard. 2007. „Über Deutschland." *Berliner Debatte Initial*, 18 (2007) 1, S. 61–72.

Schubert, Gunter. 2006. „Riskante Nationenbildung in Taiwan." In: *Internationale Politik und Gesellschaft*, Heft 2 aus 2006, S. 85–101.

Schubert, Gunter. 2005. „Closing the Gap. An Alternative Reading of National Identity and Cross-Strait Relations in Taiwan's Party Politics." In: Schucher, Günter/Schüller, Margot, Hg. *Perspectives on Cross-Strait Relations: Views from Europe*. Hamburg: Institut für Asienkunde, S. 55–72.

Schubert, Gunter. 2004. „One China" or „One China, one Taiwan"? The KMT and DPP's Mainland Policy Approaches between Unification and Sovereignty. *China aktuell*, Februar 2004, S. 168–175.

Schubert, Gunter. 2001. *Nationalismus in China. Der liberale Gegenentwurf zum anti-westlichen Etatismus*. Project Discussion Paper No. 18/2001. Institut für Ostasienwissenschaften. Gerhard-Mercator-Universität-Duisburg. https://www.Uni-due.de/imperia/md/content/in-east/about/publications/orange_18-2001_schubert.pdf. Eingesehen am 05.04.2021.

Schubert, Gunter. 1994. *Taiwan – die chinesische Alternative. Demokratisierung in einem ostasiatischen Schwellenland*. Hamburg: Institut für Asienkunde.

Schubert, Gunter. 1991. „Neues Konzept zur Wiedervereinigung? Jüngste Veränderungen in der taiwanesischen Chinapolitik." *Asien*, Nr. 41, Oktober 1991, S. 42–56.

Schürer, Gerhard et al. 1989. *Analyse der ökonomischen Lage der DDR mit Schlußfolgerungen. Vorlage für das Politbüro des Zentralkommittees der SED, 30.10.1989*. SAPMO-BA, DY 3/JIV 2/2A/3252. https://www.chronik-der-mauer.de/material/178898/sed-politbuerovorlage-analyse-der-oekonomischen-lage-der-ddr-mit-schlussfolgerungen-30-oktober-1989. Abgedruckt auch in *DA*, 10 aus 1992, S. 1112–1120.

Schütte, Hans-Wilm. 2008. „Entspannung an der Taiwanstraße: ein Land, zwei Regionen." *China aktuell*, No. 4, 2008, S. 183–209.
Schwan, Heribert/Jens, Tilman. 2014. *Vermächtnis. Die Kohl-Protokolle*. München: Heyne.
Schwarz, Karl-Peter. 2002. „So gut wie nie zuvor. Tschechen und Slowaken zehn Jahre nach der Trennung." *Frankfurter Allgemeine Zeitung*, 31.12.2002, S. 3.
Schweiger, Christian. 2019. „Deutschland einig Vaterland? East-West Cleavages in Germany Thirty Years After Reunification." *German Politics and Society*, 37 (Autumn 2019) 3, S. 18–31.
Schweisfurth, Theodor. 1977. „Die KSZE und die deutsche Frage." *DA*, 10 (1977) 8, S. 936–954.
Schweitzer, Albert. 2007. *Kulturphilosophie. Verfall und Wiederaufbau der Kultur. Kultur und Ethik*. München: C. H. Beck.
Schwiesau, Hermann. 2015. „Zur Politik der sozialistischen Nachbarländer der DDR in den Jahren 1989 und 1990." In: Seifert, Arne C. Hg. *DDR-Diplomaten und die deutsche Einheit – 25 Jahre Verband für Internationale Politik und Völkerrecht*, Heft 52, Blaue Reihe – Schriften zur internationalen Politik, Verband für Internationale Politik und Völkerrecht. S. 1–7.
Security Law. 2020. „The Law of the People's Republic of China on Safeguarding National Security in the Hong Kong Special Administrative Region." https://www.elegislation.gov.hk/hk/A305. Eingesehen am 28.03.2024.
Seib, Gerald F. 2009. „North Korea's missile tests Obama's relationship with China." *The Wall Street Journal*, 07.04.2009, S. 10.
Seidel, Karl. 2002. *Berlin-Bonner Balance. 20 Jahre deutsch-deutsche Beziehungen. Erinnerungen und Erkenntnisse eines Beteiligten*. Berlin: Edition Ost im Verlag Das neue Berlin.
Seliger, Bernhard J./Jeong, Bok-Gyo. 2008. „Human Rights Violations in North Korea, Rapprochement and Effective Détente: The Salzgitter Lessons." *Korea Observer*, 39 (2008) 1, S. 85–119.
Senghaas, Dieter. 1998. „Interkulturelle Philosophie in der Welt von heute." In: Greven, Michael. Hg.: *Demokratie – eine Kultur des Westens?* Opladen: Leske + Budrich. S. 137–147.
Senoo, Tetsuji. 2011. *Ein Irrweg zur deutschen Einheit? Egon Bahrs Konzeptionen, die Ostpolitik und die KSZE 1963–1975*. Franfurt/M.: Peter Lang.
Senoo, Tetsuji. 2008. *Die Bedeutung der Konferenz für Sicherheit und Zusammenarbeit in Europa für die Ostpolitik Willy Brandts unter besonderer Berücksichtigung der gesamteuropäischen Konzeptionen Egon Bahrs und der Koordination des Vorgehens mit den westlichen Partnern 1969–1975*. Bonn: Dissertation der Philosophischen Fakultät der Rheinischen Friedrich-Wilhelms-Universität Bonn.
Seo, Byung-Chul. 1998. „Korea's Image of Germany and the Perception of German Unification." In: Pfennig, Werner. Hg. 1998. *United We Stand. Divided We Are. Comparative Views on Germany and Korea in the 1990s*. Hamburg: Abera, S. 29–36.
Shackleton, Allan J. 1998. *Formosa Calling. An Eyewitness Account of Conditions in Taiwan during the February 28th 1947 Incident*. Upland: Taiwan Publishing Company.
Shambaugh, David. 2003. „China and the Korean Peninsula. Playing for the Long Term." *The Washington Quarterly*, 26 (Spring 2003) 2, S. 43–56.
Shen, Shiau-Chi. 2022. „Identity in formation and transformation: dynamics of national identity change after Taiwan's democratization." In: Chow, Peter C. Y. Hg. 2022. *A Century of Development in Taiwan: From Colony to Modern State*. Cheltenham: Edward Elgar. S. 73–93.
Shen, Shiau-Chi. 2013. *Democracy and Nation Formation: National Identity Change and Dual Identity in Taiwan, 1991–2011*. New York: Dissertation, Graduate School of Arts and Sciences, Columbia University.
Sheng, Lijun. 2002. *China and Taiwan. Cross-Strait Relations under Chen Shui-bian*. Singapore: Institute of Southeast Asian Studies.
Shi, Hsin-chuan. 2006. „Su Chi admits the ‚1992 consensus' was made up." *Taipei Times*, 22.02.2006, S. 3.
Shih, Chieh-yu. 2003. *Navigating Sovereignty. World Politics lost in China*. New York: Palgrave Macmillan.
Shimonoseki. Treaty of Shimonoseki. Taiwanbasic.com/treaties/Shimonoseki.htm. Eingesehen am 10.09.2022.

Shin, Gi-Wook/Burke, Kristin C. 2008. „North Korea and Identity Politics in South Korea." *Brown Journal of World Affairs*, 15 (2008) 1, S. 287–303.
Shin, Gi-Wook. 2006. *Ethnic Nationalism in Korea: Genealogy, Politics, and Legacy*. Stanford: Stanford UP.
Shin, Hyun-Ki. 1999. *Korea auf dem Weg zur friedlichen Wiedervereinigung und die vier Großmächte. Eine Analyse der Möglichkeiten zur Vereinigung im Spannungsfeld von Konfrontationspolitik und Dialogbereitschaft*. München: Herbert Utz.
Shin, Myungsoon. 1995. „The Relations Between the Two Korean States: 1948–1994." In: Wu, Jaushieh Joseph. Hg. 1995. *Divided Nations. The Experience of Germany, Korea, and China*. Taipei: Institute of International Relations, National Chengchi University, S. 82–102.
Shin, Yong-ho. 1993. *Die Übertragbarkeit der deutschen Wiedervereinigungsmodelle auf das geteilte Korea*. Frankfurt/M.: Peter Lang.
Shuja, Sharif M. 2003. „Korean Unification." *Contemporary Review*, Band 283, Nr. 1651, S. 65–75.
Siegler, Heinrich von. 1964. *Wiedervereinigung und Sicherheit. (Eine dokumentarische Diskussionsgrundlage)*, Bonn, Wien, Zürich: Siegler & Co.
Siegler, Heinrich von. Hg. 1961. *Dokumentation zur Deutschlandfrage. Von der Atlantik Charta 1941 bis zur Berlin-Sperre 1961. Hauptband I. Chronik der Ereignisse von der Atlantik Charta 1941 bis zur Aufkündigung des Viermächtestatus Berlins durch die UdSSR im November 1958*. Zweite ergänzte und erweiterte Auflage in drei Bänden. Bonn, Wien, Zürich: Siegler & Co.
Sigal, Leon V. 1998. *Disarming Strangers: Nuclear Diplomacy with North Korea*. Princeton: Princeton UP.
Simma, Bruno. 1985. „Legal Aspects of Intra-(East-West) German Relations." In: *Chinese Yearbook of International Law and Affairs*, Vol. 4 (1984), S. 148–163.
Simms, Brendan. 2014. *Kampf um Vorherrschaft.: Eine deutsche Geschichte Europas 1453 bis heute*. München: DVA.
Simms, Brendan. 2014a. „Deutschlands Rolle in Europa. Die ‚deutsche Frage' meldet sich mit Wucht zurück." *WirtschaftsWoche*, 16.09.2014. http://www.wiwo.de/politik/europa/deutschlands-rolle.in-europa-die-deutsche-frage-meldet-sich-mit-wucht-zurueck/10694430.html. Eingesehen am 14.01.2016.
Sims, Calvin. 2000. „Life in South hard for North Koreans." *New York Times*, 24.04.2000, Section A, S. 10.
Sloterdijk, Peter. 2006. „Ein Team von Hermaphroditen." *Der Spiegel*, 2006/ 23 vom 03.06.2006, S. 70–73.
Smith, Hazel. 2000. „Bad, mad, sad or rational actor? Why the ‚Securitization' Paradigm Makes for Poor Policy Analysis of North Korea." *International Affairs*, 76 (2000) 3, S. 593–617.
Sneider, Daniel. 2012. „State under Stress: Prospects for Transformation in North Korea: the Ultimate Solution to the Security Crisis on the Korean Peninsula." In: Min, Wonjung. Hg. *Corea. Un Acercamiento Multidisciplinario*. Santiago de Chile: Poteficia Universidat Católica de Chile, Facultad de Historia, Geografia y Cience Politica, S. 53–74.
Snow, Edgar. 1973. *Red Star over China. First Revised and Enlarged Edition*. New York: Grove Press/Random House.
Snow, Edgar. 1970. *Roter Stern über China*. Frankfurt/M.: März.
Snow, Edgar. 1937. *Red Star over China*. London: Victor Gollancz.
Snyder, Scott A./Byung, See-Won. 2020. „US-China Rivalry Divides the Two Koreas." *Comparative Connections*, 22 (September 2020) 2, S. 95–104.
Snyder, Scott A. 2018. *South Korea at the Crossroads. Autonomy and Alliance in an Era of Rival Powers*. New York: Columbia UP.
Snyder, Scott A. 1999. *Negotiating on the Edge: North Korean Negotiating Behavior*. Washington DC: United States Institute of Peace Press.
Solga, Heike. 1995. „Der Elitenimport nach Ostdeutschland: Transformationstypen und Veränderungen in der Elitenrekrutierung." In: Diewald, Martin/Mayer, Karl-Ulrich. Hg. *Zwischenbilanz der Wiedervereinigung. Strukturwandel und Mobilität im Transformationsprozeß*. Opladen: Leske + Budrich, S. 89–109.

Son, Daekwon. 2017. „Xi Jinping Thought vs. Deng Xiaoping Theory. Xi's ‚new era' will see some of Deng's famous maxims altered, if not discarded." *The Diplomat*, 25.10.2017. https://www.thediplomat.com/2017/10/xi-jinping-thougth-vs-deng-xiaoping-theory. Eingesehen am 16.08.2020.

Son, Dae Yeol. 2003. *The Role of China in Korean Unification*. MA Thesis, Naval Postgraduate School, Monterey, California. https://www.Core.ac.uk/download/pdf/36694643.pdf. Eingesehen am 31.03.2020.

Song, Namsun. 2010. „The Twin Nationalisms and Koreans in Japan." *East Asian Review*, Vol. 13, 2010, S. 115–136.

Sösemann, Bernd. 1976. „Die sogenannte Hunnenrede Wilhelms II. Textkritische und interpretatorische Bemerkungen zur Ansprache des Kaisers am 27. Juli 1990 in Bremerhaven." *Historische Zeitschrift*, 222, 1976, Heft 2, S. 342–358.

Sözen, Ahmet/Özersay, Kudret. 2007. „The Annan Plan: State Succession or Continuity." *Middle Eastern Studies*, 43 (January 2007) 1, S. 125–141.

Spakowski, Nicola. 2000. „Neo-Conservatism and Nationalism in the People's Republic of China in the 1990s." *asien afrika lateinamerika*, vol. 28, 2000, S. 485–503.

Spanier, John W. 1965. *The Truman-MacArthur Controversy and the Korean War*. New York: W. W. Norton & Company.

Spero, Joshua B. 2009. „Great Power Security Dilemmas for Pivotal Middle Power Bridging." *Contemporary Security Policy*, 30 (April 2009) 1, S. 147–171.

Spero, Joshua B. 2004. *Bridging the European Divide. Middle Power Politics and Regional Security Dilemmas*. Lanham: Rowman & Littlefield.

Spiegel, Der. 2019/28. „Wir waren doch keine schießwütige Riege." Heft 28 vom 06.07.2019, S. 36–40.

Spiegel, Der. 2018/4. „Einer von uns." Spiegel-Gespräch Nationalismus, Wut und Populismus – der bulgarische Politologe Ivan Krastev erklärt die Spaltung Europas am Beispiel Deutschlands. Heft 4 vom 20.01.2018, S. 112–118.

Spiegel, Der. 2015/36. „Der Diplomat Michael Steiner schildert im SPIEGEL-Gespräch seine wilden Jahre mit Kanzler Gerhard Schröder." Heft 36 vom 29.08.2015, S. 38–41.

Spiegel, Der. 2009/21. „Die DDR ist mausetot." Spiegelgespräch mit Matthias Platzeck. Heft 21 vom 18.05.2009. https://www.spiegel.de/politik/die-ddr-ist-mausetot-a-060eee49-0002-0001-0000-0000654114. Eingesehen am 03.11.2023.

Spiegel, Der. 1990/36. „Die Rechnung kommt später." Heft 36 vom 03.09.1990, S. 135.

Spielhagen, Edith. 1991. „Öffentlich-rechtlicher Rundfunk in den neuen Bundesländern." In Mahle, Walter A. Hg. *Medien Im Vereinten Deutschland. Nationale und internationale Perspektiven*. München: Ölschläger, S. 47–51.

Spittmann, Ilse. 1989. „Auf dem Drahtseil." *DA*, 22 (1989) 7, S. 721–723.

Spohr, Kristina. 2012. „Precluded or Precedent-Setting? The ‚NATO Enlargement Question' in the Triangular Bonn-Washington-Moscow Diplomacy 1990–1991." *Journal of Cold War Studies* 14 (2012) 4, S. 4–54.

Staadt, Jochen. 2019. „Die DDR zuletzt. Impressionen des Machtzerfalls im SED-Staat." *Zeitschrift des Forschungsverbunds SED-Staat*. 44/2019, S. 25–45.

Staadt, Jochen. Hg. 1995. *Auf höchster Stufe. Gespräche mit Erich Honecker*. Berlin: Transit.

Stahn, Carsten. 2001. „Die Volksrepublik China und Taiwan: Zwei Staaten, eine Nation?" *Der Staat*, 40 (2001) 1, S. 73–95.

Statement 1982. Statement on United States Arms Sales to Taiwan. August 17, 1982. *Public Papers of the President of the United States, Ronald Reagan*, 1982, Vol. II, Washington, D. C.: U. S. Government Printing Office, 1983, S. 1054.

Stefanidis, Ioannis D. 1999. *Isle of Discord: Nationalism, Imperialism, and the Making of the Cyprus Problem*. London: Hurst.

Steininger, Rolf. 1985. *Eine Chance zur Wiedervereinigung? Die Stalin-Note vom 10. März 1952. Eine Darstellung und Dokumentation auf der Grundlage unveröffentlichter britischer und amerikanischer Akten*. Bonn: Verlag Neue Gesellschaft.

Stent, Angela. 1981. *From Embargo to Ostpolitik. The Political Economy of West German-Soviet Relations 1955 – 1980*. Cambridge: Cambridge UP.

Stephan, Gerd-Rüdiger. 1994. Hg. „*Vorwärts immer, rückwärts nimmer!*" *Interne Dokumente zum Zerfall von SED und DDR 1988/89*. Berlin: Dietz.

Stockhausen, George. 1901. Hg. *Das Deutsche Jahrhundert*. Zwei Bände. Berlin: Verlag F. Schneider & Co, H. Klinsmann.

Stöver, Bernd. 2017. *Der Kalte Krieg. Geschichte eines radikalen Zeitalters 1947–1991*. München: C. H. Beck.

Stöver, Bernd. 2013. *Geschichte des Koreakriegs: Schlachtfeld der Supermächte und ungelöster Konflikt*. München: C. H. Beck.

Stöver, Bernd. 2010. „Entwicklung und Überwindung des Kalten Krieges von der Teilung bis zur deutschen Einheit." Im, Hyun-Baek/Lee, Eun-Jeung, Hg. 2010. *Kann die koreanische Halbinsel wie Deutschland wiedervereinigt werden? 20 Jahre nach dem Mauerfall – Lehren für die koreanische Halbinsel*. Seoul: Songjung, S. 52–85. (Text auf Koreanisch, zitiert wurde aus dem deutschen Manuskript.)

Streissguth, Tom. 1998. *Cyprus. Divided Island*. Minneapolis: Lerner.

Streit 1987. „Der Streit der Ideologien und die Gemeinsame Sicherheit." Grundwertekommission der SPD, Akademie für Gesellschaftswissenschaften beim ZK der SED. *Politik Informationsdienst der SPD*, Nr. 3, 3. August 1987, S. 54–60. https://www.library.fes.de/library/netzquelle/ddr/politik/pdf/verfemte_4.pdf. Eingesehen am 09.03.2020.

Stuhler, Ed. 2012. *Der Kreml-Flieger und die Folgen eines Abenteuers*. Berlin: Ch. Links.

Sturm, Daniel Friedrich. 2008. „Mailand statt Magdeburg. Viele Westdeutsche zeigten wenig Interesse an der DDR. Von einer staatlichen Einheit mochte die Politik nicht einmal mehr träumen." In: Muhle, Susanne/Richter, Hedwig/Schütterle, Juliane. Hg. 2008. *Die DDR im Blick. Ein zeithistorisches Lesebuch*. Berlin: Metropol, S. 229–237.

Stüwe, Klaus/Hermannseder, Eveline. Hg. 2011. *Die Wiedervereinigung geteilter Nationen. Erfahrungen aus Deutschland und Perspektiven für Korea*. Münster, Berlin: Lit.

Suganuma, Unryu. 2000. *Sovereign Rights and Territorial Space in Sino-Japanese Relations. Irredentism and the Diaoyu/Sengaku Islands*. Honolulu: University of Haiwa'i Press.

Suh, Bo-hyuk. 2008. „Regional Security Order under Change: The Strategic Relationships of South Korea, North Korea and the U. S. in the Post-Cold War Era." *East Asian Review*. 20 (Winter 2008) 4, S. 39–59.

Suh, Dae-Sook. 1968. „Frieden durch Teilung: das Beispiel Korea." In: Domes, Alfred. Hg. *Entspannung, Sicherheit, Frieden*. Köln: Verlag Wissenschaft und Politik, S. 121–129.

Suh, Jae-Jean. 2009. *The Lee Myung-bak Government's North Korea Policy. A Study on its Historical and Theoretical Foundation*. Seoul: KINU.

Sullivan, Jonathan/Lowe, Will. 2010. „Chen Shui-bian: On Independence." *CQ*, Nr. 203, September 2010, S. 619–638.

Sun, Lena H. 1991. „Thinking the Unthinkable in China: What if the Provinces Became Independent?" *International Herald Tribune*, 10.10.1991.

Sung, Kuo-cheng. 1995. „Jiang Zemin's Eight-Point Speech and Cross-Strait Relations in the Post-Deng Era." *Issues & Studies*, 31 (July 1995) 7, S. 1–17.

Süß, Walter. 1991. „Bilanz einer Gratwanderung – Die kurze Amtszeit des Hans Modrow." *DA*, 24 (Juni 1991) 6, S. 596–608.

Swanson, G. A. (Gale Alden) 1998. „The Introduction of South Korea Currency in a Korean Unification Process." In: Rhee, Young-Pil. Hg. *Complexity of Korean Unification Process: Systems Approach*. Seoul: Seoul National UP, S. 141–159.

Swanström, Niklas/Ledberg, Sofia/Forss, Alec. 2010. *Conflict Prevention and Management in Northeast Asia: The Korean Peninsula and Taiwan Strait in Comparison*. Newcastle: Cambridge Scholars Publishing.

T

Tag, Myoung-sik. 1995. *Die Politik der USA gegenüber Korea 1942–1953. Unter besonderer Berücksichtigung der Teilung Koreas und der Rolle der UNO*. Köln: Hundt Druck.

Tagesspiegel 2011. „Der Übergang in eine neue Ära." SPD-Politiker Egon Bahr und der US-Diplomat John Kornblum über das Vier-Mächte-Abkommen von 1971 und seine Bedeutung für Berlin, Deutschland und die Welt. *Der Tagesspiegel* vom 02.09.2011.

Taipei Times 2016. https://www.Taipeitimes.com/News/front/archives/2016/05/28/2003647291. Eingesehen am 06.06.2016.

Talmon, Stefan. 2006. *Kollektive Nichtanerkennung illegaler Staaten. Grundlagen und Rechtsfragen einer international koordinierten Sanktion, dargestellt am Beispiel der Türkischen Republik Nord-Zypern*. Tübingen: Mohr Siebeck.

Tan, Er-Win. 2009. „North Korea's Rocket and Nuclear Tests, 2009: A threatening Pyongyang or an afraid Pyongyang?" *Korea Observer*, 40 (2009) 3, S. 551–585.

Tang, Shiping. 1999. „A Neutral Reunified Korea: A ChineseView." *JEAA*, 13 (Fall-Winter 1999) 2, S. 464–483.

Teltschik, Horst. 1991. *329 Tage: Innenansichten der Einigung*. Berlin: Siedler.

Terrill, Ross. 1981. *Mao. Eine Biographie*. Hamburg: Hoffmann und Campe.

Teufel Dreyer, June. 2003. „Taiwan's evolving Identity." *Asia Program Special Report*, Nr. 114, August 2003, Woodrow Wilson International Center for Scholars, pp. 4–10.

Thanei, Christoph. 2007. „Tschechien-Slowakei: Die Scheidung, die zum Vorbild wurde." In: *Die Presse*, 27.12.2007. diepresse.com/350747/tschechien-slowakei-die-scheidung-die-zum-vorbild-wurde. Eingesehen am 02.08.2022.

Thatcher, Margaret. 1993. *The Downing Street Years*. London: HarperCollins.

Thatcher, Margaret. 1993. *Downing Street No. 10. Die Erinnerungen*. Düsseldorf: Econ.

Thaysen, Uwe. Hg. 2000. *Der Zentrale Runde Tisch der DDR. Wortprotokoll und Dokumente*. Fünf Bände. Wiesbaden: VS Verlag.

Thum, Cornelius. 1999. *Die Kontinuitätsfrage im völkerrechtlichen Rahmen der Einigung Deutschlands*. Frankfurt/M.: Lang.

Tiefenbacher, Josef. 1948. *Das verlorene Juwel. Laotses Verkündigung. Ausdeutung und Nachdichtung von Sprüchen aus dem Tao Te King des chinesischen Weisen und Mystikers Laotse*. Stuttgart: Schuler.

Tien, Hung-mao. 1989. *The Great Transition: Political and Social Change in the Republic of China*. Stanford: Hoover Institution Press.

Ting, Hoon. 2019. „The end of the ‚1992 consensus'." *Taipei Times*, 12.02.2019, S. 8.

Ting, Wai. 2003. „Situational Dynamics of Korean Peninsula and the Chinese Security Environment." *The Korean Journal of International Studies*, 30 (Spring/Summer 2003) 1, pp. 99–120.

Tisdall, Simon. 2010. „Wikileaks Cables reveal China ready to abandon North Korea." In: *The Guardian*, 29.11.2010.

Tkacik, John J. 2022. „On Taiwan: Taiwan, Ukraine and a 75th Anniversary." *Taipei Times*, 07.03.2022, S. 8.

Tkacik, John J. 2018. „When the US had a ‚two China' policy." *Taipei Times*, 17.04.2018.

Tocqueville, Alexis de. 1952. Œuvres complètes / cette éd. a été enterprise sous la dir. de J. P. Mayer et sous le contrôle de la Comm. Nat. pour la Publ. des Œuvres d'Alexis de Tocqueville. – Éd. définitive, Paris: Gallimard, *L'Ancien Régime et la Révolution*. 1.1 éd.

Tomlinson, John. 2011. *Globalization and Culture*. Cambridge: Polity Press.

Tow, William. 2001. *Asia-Pacific Strategic Relations: Seeking Convergent Security*. Cambridge: Cambridge UP.

TRA 1979. Taiwan Relations Act. https://www.ait.org.tw/taiwan-relations-act-public-law-96-8-22-u-s-c3301-et-seq. Eingesehen am 28.03.2024.

Trampe, Andreas. 2014. „25 Jahre Friedliche Revolution in der DDR. Die Selbstbefreiung der Ostdeutschen von der Diktatur." Wissenschaftlicher Dienst, Deutscher Bundestag. https://www.bundestag.de/resource/blob/339462/709d0b89c217a908e244c12a09e40eff/Friedliche-Revolution-deta.pdf. Eingesehen am 08.04.2020.

Trampedach, Tim. 1992. *China auf dem Weg zur Wiedervereinigung? Die Politik der Guomindang auf Taiwan gegenüber der Volksrepublik China seit 1987*. Hamburg: Institut für Asienkunde.

Tränkmann, Beate. 1998. „Verfassungsreform auf Taiwan in den neunziger Jahren." *Asien*, April 1998, S. 53–74.

Treaty 1960. United Kingdom of Great Britain and Northen Ireland, Greece and Turkey and Cyprus. Treaty of Guarantee, Signed at Nicosia, on 16 August 1960. https://www.Peacemaker.un.org/sites/peacemaker.un.org/files/CY%20GR%20TR_600816_Treaty%20of%20Guarantee.pdf. Eingesehen am 08.10.2020.

Troche, Alexander. 1996. *Ulbricht und die Dritte Welt. Ost-Berlins „Kampf" gegen die Bonner „Alleinvertretungsanmaßung"*. Erlangen: Palm & Enke.

Tsai, Chang-Yen. 2007. „National Identity, Ethnic Identity, and Party Identity in Taiwan." In: *MSCAS*, Nr. 1, 2007.

Tsai Ing-wen. 2019. Reaktion auf die Rede von Xi Jinping vom 2. Januar 2019. https://www.english.president.gov.tw/News/5621. Eingesehen am 28.03.2024.

Tsai, Shi-shan Henry. 2005. *Lee Teng-hui and Taiwan's Quest for Identity*. New York: Palgrave Palmcmillan.

Tsai, Wen-Hui. 1998. „Convergence and the Future of Reunification between Mainland China and Taiwan: A developmental View." *OPRS*, Nr. 4, 1998.

Tsai, Wen-Hui. 1997. „A Giant Step Forward: The 1996 Presidential Election of the Republic of China on Taiwan." In: *American Asian Review*, XV (Spring 1997) 1, S. 15–38.

Tschernjajew, Anatolij. 1994. Gorbachev and the Reunification of Germany. Personal Recollections. In: Gorodetsky, Gabriel. Hg. *Soviet Foreign Policy 1917–1992. A Retrospective*. London: Frank Cass, S. 158–169.

Tsou, Tang. 1963. *America's Failure in China, 1941–50*. Chicago: University of Chicago Press.

Tsurumi, E. Patricia. 1977. *Japanese Colonial Education in Taiwan, 1895–1945*. Cambridge, MA: Harvard UP.

Tu, Weiming. 1996. „Cultural Identity and the Politics of Recognition in Contemporary Taiwan." *CQ*, Nr. 148, December 1996, S. 1115–1140.

Tucker, Nancy Bernkopf. 2009. *Strait Talk: United States-Taiwan Relations and the Crisis with China*. Cambridge, MA: Harvard UP.

Tucker, Nancy Bernkopf. 1983. *Patterns in the Dust: Chinese-American relations and the recognition controversy 1949–50*. New York: Columbia UP.

Tyler, Patrick. 2000. *A Great Wall. Six Presidents and China. An investigative History*. New York: Public Affairs, Perseus Books Group.

Tzermias, Pavlos. 1998. *Geschichte der Republik Zypern. Mit Berücksichtigung der historischen Entwicklung der Insel während der Jahrtausende*. Tübingen: Franke.

Tziarras, Zeonas/Mitchell, Gabriel. 2015. „Full of Gas. Full of Problems: The Eastern Mediterranean's Hydrocarbon Showdown." https://www.Unic.ac.cy/da/wp-content/uploads/sites/11/2018/12/Z.-Tziarras-G.-Mitchell-Full-of-Gas-Full-of-Problems.pdf. Eingesehen am 23.02.2020.

U

Ulbricht, Walter. 1969. „Entwurf eines Vertrages über die Herstellung völkerrechtlicher Beziehungen zwischen der Deutschen Demokratischen Republik und der Bundesrepublik Deutschland." *Neues Deutschland*, 18./19. Dezember 1969, S. 4.

Uncyprustalks 2014. https://www.uncyprustalks.org/11-february-2014-joint-declaration-on-cyprus. Eingesehen am 14.08.2020.

Understanding 2012. *Understanding North Korea*. Institute of Unification Education. Ministry of Unification. Hg. Seoul: Institute of Unification Education.

V

Vantage Point 2015. „Gov't seeks legislation on unification." *Vantage Point*. Developments in North Korea. 38 (2015) 10, S. 56.

Varnavas, Andrekos/Faustmann, Hubert. 2009. Hg. *Reunifying Cyprus: The Annan Plan and Beyond*. London: I. B. Tauris.

Vehres, Gerd. 2010. „Als Botschafter in Budapest." In: Bock, Siegfried/Muth, Ingrid/Schwiesau, Hermann. 2010. Hg. *Die DDR-Außenpolitik, ein Überblick. Daten, Fakten, Personen*. (III) Berlin: Lit, S. 56–60.

Veigel, Burkhart. 2011. *Wege durch die Mauer. Fluchthilfe und Stasi zwischen Ost und West.* Berlin: Edition Berliner Unterwelten.
Vermerk 1990. Bericht über Treffen der Außenminister im Rahmen „2+4" am 22. Juni 1990 in Berlin (Ost). PA AA, Signatur ZA 198.457 E. (Hier benutzt eine Kopie aus dem Vorlass Meckel, ABstA.)
Vertrag 1990. Vertrag über die abschließende Regelung in Bezug auf Deutschland vom 12. September 1990. *Europa-Archiv*, 19/1990, S. D 509–514.
Vodička, Karel. 2014. *Die Prager Botschaftsflüchtlinge 1989. Geschichte und Dokumente.* Mit einem Prolog von Hans-Dietrich Genscher. Göttingen: Vandenhoek & Ruprecht unipress.
Vogel, Hans-Jochen/Eppler, Erhard/Thierse, Wolfgang. 2014. *Was zusammengehört. Die SPD und die deutsche Einheit 1989/90.* Freiburg/Br.: Herder.
Vogel, Lars/Gerstenhauer, Daniel. 2010. „Politische Eliten in der DDR und im wiedervereinigten Deutschland." Studie erstellt für das Tongilbu-Projekt 2010, 20 Jahre Deutsche Wiedervereinigung, *Band 10 Elitenwandel*, Berlin: Freie Universität, Institut für Koreastudien, S. 41–100.
Vogtmeier, Andreas. 1996. *Egon Bahr und die deutsche Frage. Zur Entwicklung der sozialdemokratischen Ost- und Deutschlandpolitik vom Kriegsende bis zur Vereinigung.* Bonn: J. H. W. Dietz Nachf.
Vrabec, Iris. 2006. *Der taiwanesische Intellektuelle Zhang Shenqie (1904–1965). Sein Leben sowie sein literarisches und philosophisches Werk.* Bochum: Dissertation der Ruhr-Universität Bochum.
Vranken Hickey, Dennis van. 1991. „Will Inter-China Trade Change Taiwan or the Mainland?" *Orbis*, 35 (Fall 1991) 4, S. 517–531.

W

Wachman, Alan M. 1994. *Taiwan: National Identity and Democratization.* Armonk: M. E. Sharpe.
Wacker, Gudrun. 2022. „Außenpolitik Taiwans: Ständiger Drahtseilakt." In: Hilpert, Hanns Günther/Sakaki, Alexandra/Wacker, Gudrun. Hg. *Vom Umgang mit Taiwan.* SWP-Studie 4, April 2022, Berlin: SWP, S. 11–18.
Wada, Haruki. 2014. *The Korean War: An International History.* Lanham: Rowman & Littlefield.
Wagenlehner, Günther. 1991. „Gorbatschow und die Auflösung der ‚sozialistischen Gemeinschaft.'" *Osteuropa*, 41 (Mai 1991) 5, S. 448–461.
Wagner, Helmut. 2013. „Die „deutsche Frage" im europäischen Kontext." In: Gallus, Alexander/Schubert, Thomas/Thieme, Tom. Hg.: *Deutsche Kontroversen. Festschrift für Eckhard Jesse.* Baden-Baden: Nomos, S. 87–97.
Wagner, Helmut. 2012. *Vom Störenfried zum Bürgen. Die „deutsche Frage" im europäischen Kontext. Ein politikwissenschaftliches Essay.* Asendorf: MUT Verlag.
Wagner, Norbert B. 2015. *Reine Rechtslehre. Staaten, Fictitious States und das Deutschland-Paradoxon. Band 1.* Berlin, Münster: Lit.
Wakabayashi, Masahiro. 1995. „Two Nationalisms Concerning Taiwan: A Historical Retrospect and Prospects." In: Wu, Jaushieh Joseph. Hg. 1995. *Divided Nations. The Experience of Germany, Korea, and China.* Taipei: Institute of International Relations, National Chengchi University, S. 170–192.
Waldron, Arthur. 2016. „China's Taiwan Dilemma." *Orbis*, 60 (2016) 4, S. 609–631.
Waldron, Arthur. 1990. „Warlordism versus Federalism: The Revival of an old Debate." *CQ*, no. 121, March 1990, S. 116–128.
Walter, Barbara F. 2002. *Committing to Peace – The Successful Settlement of Civil Wars.* Princeton: Princeton UP.
Walter, Barbara F. Dieselbe 1997. „The Critical Barrier to Civil War Settlement." *International Organization*, 51 (1997) 3, S. 335–364.
Walters, Vernon A. 1994. *Die Vereinigung war voraussehbar. Hinter den Kulissen eines entscheidenden Jahres. Die Aufzeichnungen des amerikanischen Botschafters.* Berlin: Siedler.
Wampler, Robert A. 2007. „U. S. Government Archival Resources for Research on U. S.-Korean Relations during the Kim Dae-jung Era: An Overview." In: Rhyu, Sang-young, ed.: *Democratic Movements and Korean Society. Historical Documents and Korean Studies.* Seoul: Yonsei UP, S. 11–26.

Wang, Fei-ling. 1999. „Joining the major powers for the status quo: China's views and policy on Korean unification." *Pacific Affairs*, 72 (Summer 1999) 2, S. 167–185.
Wang, Gungwu. 1977. „The Chinese." In: Wilson, Dick. Hg. *Mao Tse-Tung in the Scales of History*. Cambridge: Cambridge UP, S. 272–299.
Watson, Peter. 2010. *Der deutsche Genius. Eine Geistes- und Kulturgeschichte von Bach bis Benedikt XVI.* München: C. Bertelsmann.
Wees, Gerrit van der. 2019. „How President Xi Jinping is Misreading Taiwan." *The Diplomat*, 3. Januar 2019. https://thediplomat.com/2019/01/how-president-xi-jinping-is-misreading-taiwan/. Eingesehen am 04.01.2019.
Wei, Chi-hung/Lai, Christina J. 2017. „Identities, Rationality and Taiwan's China Policy: The Dynamics of Cross-Strait Exchanges." *Asian Studies Review*, 41 (2017) 1, S. 136–154.
Wei, Yung. 1997. „From „Multi-Systems Nations" To „Linkage Communities": A New Conceptual Scheme for the Integration of Divided Nations." *Issues & Studies*, 33 (Oktober 1997) 10, S. 1–19.
Weidenfeld, Werner/Wagner, Peter M./Bruck, Elke. 1998. *Außenpolitik für die deutsche Einheit. Die Entscheidungsjahre 1989/90*. Stuttgart: DVA.
Weidenfeld, Werner/Glaab, Manuela. 1995. „Die deutsche Frage im Bewußtsein der Bevölkerung in beiden Teilen Deutschlands. Das Zusammengehörigkeitsgefühl der Deutschen – Konstanten und Wandlungen. Einstellungen der westdeutschen Bevölkerung 1945/49–1990." In: Deutscher Bundestag. 12. Wahlperiode. Hg. 1995 ff. *Materialien der Enquête Kommission „Überwindung und Folgen der SED-Diktatur in Deutschland."* Baden-Baden: Nomos, Band V, 3, S. 2798–2962.
Weidenfeld, Werner/Korte, Karl-Rudolf. 1999. „Nation und Nationalbewußtsein." In dies. Hg. *Handbuch zur deutschen Einheit 1949–1989–1999*. Bonn: Bundeszentrale für politische Bildung, S. 572–578.
Weinberger, Casper. 1990. *Fighting for Peace: Seven Critical Years in the Pentagon*. New York: Warner Books.
Weinzierl, Alfred/Wiegrefe, Klaus. Hg. 2015. *Acht Tage, die die Welt veränderten. Die Revolution in Deutschland 1989/90*. München: DVA.
Weizsäcker, Carl-Friedrich von. 1974. *Die Einheit der Natur*. München: Deutscher Taschenbuch Verlag.
Weng, Byron S. J. 2002. „,One Country, Two Systems' from a Taiwan Perspective." *Orbis*, 46/Fall 2002, pp. 713–731.
Wentker, Hermann. 2007. *Außenpolitik in engen Grenzen. Die DDR im internationalen System 1949–1989*. München: R. Oldenbourg.
Werning, Rainer. 2013. „Fatale Fehleinschätzung." *junge Welt*, 12.04.2013, S. 10 f.
Westle, Bettina. 1997. „Einstellungen zur Nation und den Mitbürgern." In: Gabriel, Oscar W. Hg. *Politische Orientierungen und Verhaltensweisen im vereinigten Deutschland*. Opladen: Leske + Budrich, S. 61–80.
Wetzlaugk, Udo. 1985. *Berlin und die deutsche Frage*. Köln: Verlag Wissenschaft und Politik.
White III, Lynn T. 2007. „America at the Taiwan Strait: five scenarios." *AP*, 31 (2007) 3, S. 5–40.
White III, Lynn T. „Globalization and Taiwan." *AP*, 23 (1999) 4, S. 97–141.
White, Nathan. 1978. „The Necessity for a German Solution to the Korean Problem." *Korea and World Affairs*, 2 (1978) 3, S. 349–368.
White Paper 2022. „The Taiwan Question and China's Reunification in the New Era." https://www.us.china-embassy.gov.cn/eng/zgyw/202208/t20220810_10740168.htm. Eingesehen am 04.04.2024.
White Paper 1999. Ministry of Unification. Hg. *Unification White Paper*. Seoul: Ministry of Unification.
White Paper 1994. „Relations across the Taiwan Strait." July 5, 1994. Taipei: Mainland Affairs Council. Special supplement in *SWB*, FE/2047 vom 14.07.1994, S. S1/1-S1/11.
White Paper 1993. *The Taiwan Question and the Reunification of China*, 31. August 1993. https://www.china-embassy.org/zt/twwt/White%20Papers/t36704.htm. Eingesehen am 16.04.2018.
Whiting, Allen S. 2001. „China's Use of Force, 1950–96, and Taiwan." *International Security*, 26 (Fall 2001) 2, S. 103–131.
Whiting, Allen S. 1995. „Chinese Nationalism and Foreign Policy after Deng." *CQ*, June 1995, pp. 295–316.
Whiting, Allen S. 1960. *China Crosses the Yalu: The Decision to Enter the Korean War*. London: Macmillan.

Whitney, Craig A. 1993. *Advocatus Diaboli. Wolfgang Vogel – Anwalt zwischen Ost und West*. Berlin: Siedler.

Whittome, Günter. 1991. *Taiwan 1947. Der Aufstand gegen die Kuomintang*. Hamburg: Institut für Asienkunde.

Wieck, Hans-Georg. 2010. „Der deutsch-deutsche Vereinigungsprozess aus internationaler Sicht. Vom Alptraum der deutschen Einheit vor 1989 zur Einheit Deutschlands als Fundament der Einheit Europas nach 1989." In: Mayer, Tilman. Hg. *20 Jahre Deutsche Einheit. Erfolge, Ambivalenzen, Probleme*. Berlin: Duncker & Humblot, S. 155–162.

Wieland, Severin. 2015. „Der Mann der geheimen Kanäle." https://www.Spiegel.de/politik/deutschland/egon-bahr-der-mann-der-geheimen-kanaele-a-1049078.html. Eingesehen am 16.02.2021.

Wiesenthal, Helmut. 1995. „East Germany as a Unique Case of Transformation: Main Characteristics and Emergent Misconceptions." *German Politics*, 4 (1995) 3, S. 49–74.

Wilhelm, Richard. 1923. *Kung-Futse. Gespräche (Lun Yü) aus dem Chinesischen verdeutscht und erläutert von Richard Wilhelm*. Jena: Eugen Diederichs.

Wilke, Kay-Michael. 1976. *Bundesrepublik Deutschland und Deutsche Demokratische Republik. Grundlagen und ausgewählte Probleme des gegenseitigen Verhältnisses der beiden deutschen Staaten*. Berlin: Dunker & Humblot.

Will, Gerhard/Wischermann, Jörg. 2018. „Politische Mythen in Vietnam und ihre Lehren für andere Regionen." Dies. Hg. *Vietnam. Mythen und Wirklichkeiten*. Bonn: Bundeszentrale für politische Bildung, S. 259–276.

Wilson 2003. *The Evolution of a Taiwanese National Identity*. Asia Program Special Report, August 2003. Washington D. C.: Woodrow Wilson Center. https://www.wilsoncenter.org/event/the-evolution-taiwanese-national-identity. Eingesehen am: 03.04.2024.

Wingfield-Hayes, Rupert. 2013. „The North Korean spy who blew up a plane." https://www.bbc.com/news/world-asia-22244337. Eingesehen am 18.12.2017.

Winkler, Heinrich August. 2023. „Der Fortschritt als Fessel. An ihrem Anfang stehen tiefe Systemkrisen: Was die deutschen Revolutionen von 1848, 1918 und 1989 miteinander verbindet." *Frankfurter Allgemeine Zeitung*, 13.12.2023, S. 12.

Winkler, Heinrich August. 2014. *Geschichte des Westens. Vom Kalten Krieg zum Mauerfall*. München: C. H. Beck.

Winter, Friedrich, Hrsg. 1999. *Die Moderatoren der Runden Tische. Evangelische Kirche und Politik 1989–90*. Leipzig: Evangelische-Verlagsanstalt.

Wirsching, Andreas. 2006. *Abschied vom Provisorium. Geschichte der Bundesrepublik Deutschland 1982–1990*. München: DVA.

Wirsching, Andreas. 2005. „Der Weg zur deutschen Einheit. Die ‚deutsche Frage' als roter Faden in der Politik Hans-Dietrich Genschers." In: Brauckhoff, Kerstin/Schwaetzer, Irmgard. Hg. *Hans-Dietrich Genschers Außenpolitik*. Wiesbaden: Springer, S. 245–261.

Wischermann, Jörg. 2011. „Wie stabil ist Vietnams Autokratie?" *ASIEN*, 120 (Juli 2011), S. 82–90.

Wissenschaftliche Dienste. 2020. Wissenschaftliche Dienste. Deutscher Bundestag. „Das chinesische Sicherheitsgesetz für die Sonderverwaltungszone Hongkong in der rechtlichen Diskussion." https://www.WD-2-049-20-pdf.pdf. Eingesehen am 04.04.2024.

WN. 2009. *Westfälische Nachrichten* vom 13. Mai 2009. „Revolution mit 70.000 Kerzen: Montagsdemos in Leipzig." https://www.wn.de/archiv/revolution-mit-70-000-kerzen-montagsdemos-in-leipzig-2385060. Eingesehen am 04.04.2024.

Wolf, Charles Jr. 2006. „Korean Unification: How it might come about, and at what Costs?" *Defense and Peace Economics*, 17 (2006) 6, S. 681–690.

Wolf, Charles Jr./Akramov, Kamil. 2005. *North Korean Paradoxes: Circumstances, Costs and Consequences of Korean Unification*. Santa Monica, CA: RAND Corporation, MG 333.

Wolf, Markus. 1997. *Spionagechef im geheimen Krieg. Erinnerungen*. München: List.

Wolff, Frank. 2019. *Die Mauergesellschaft. Kalter Krieg, Menschenrechte und die deutsch-deutsche Migration 1961–1989*. Berlin: Suhrkamp.

Wolff, Lester L./Holstine, Jon D./Lewis, David J. Hg. 1999. *A Legislative History of the Taiwan Relations Act*. New York: Pacific Community College, Touro College. Drei Bände, Text des Gesetzes in Band 3 ab S. 348.

Wolff, Lester L./Simon, David L. Hg. 1982. *Legislative History of the Taiwan Relations Act. An Analytic Compilation with Documents on Subsequent Developments*. Jamaica, NY: American Association for Chinese Studies.

Womack, Brantly. 1994. „Warlordism and Military Regionalism in China." In: Yang, Richard H. et al. Hg. *Chinese Regionalism: The Security Dimension*. Boulder: Westview Press, S. 21–41.

Wong, Timothy Ka-ying. 2000. „Changing Taiwan's Foreign Policy: From one China to two States." *AP*, 24 (2000) 1, S. 5–46.

Wong, Timothy Ka-ying. 1997. „The Impact of State Development in Taiwan on Cross-Strait Relations." *AP*, 21 (1997) 1, S. 171–212.

Woodhead, H. G. W. 1938. Hg. *The China Yearbook 1938*. Shanghai: The North-China Daily News & Herald, Ltd.

Wölbern, Jan Philipp. 2014. *Der Häftlingsfreikauf aus der DDR, 1962/63–1989. Zwischen Menschenhandel und humanitären Aktionen*. Göttingen: Vandenhoek & Ruprecht.

Wöller, Roland. 2004. *Der Forschungsbeirat für Fragen der Wiedervereinigung 1952–1975. Zur politischen und wissenschaftlichen Diskussion der wirtschaftlichen Wiedervereinigung*. Düsseldorf: Droste.

Work, Clint. 2017. „The Long History of South Korea's OPCON Debate." *The Diplomat*. 01.11.2017. https://www.thediplomat.com/2017/11/the-long-history-of-south-koreas-opcon-debate. Eingesehen am 31.10.2021.

Wrobel, Ralph M. 2014. „South Korea's Reunification Think Tanks: The Development of a Marketplace for Ideas." *Asien*, 131 (April 2014), S. 5- 24.

Wu, Hsin-hsing. 1995. „The Dynamics of Cross-Strait Political Interaction: Compromise and Confrontation." *Issues & Studies*, 31 (June 1995) 6, S. 65–97.

Wu, Hsin-hsing. 1995a. „The Political Economy of ROC-PRC Relations." *Issues & Studies*, 31 (January 1995) 1, S. 51–62.

Wu, Jieh-min. 2016. „The China Factor in Taiwan: Impact and Response." Schubert, Gunter, Hg. *Handbook of Modern Taiwan Politics and Society*. London: Routledge, S. 425–445.

Wu, Jaushieh Joseph 1995. *Taiwan's Democratization: Forces behind the New Momentum*. Hongkong, New York: Oxford UP.

Wu, Linjun. 2000. „East Asia and the Principle of Non-Intervention: Policies and Practices." *MSCAS*, Nr. 5, 2000.

Wu, Rwei-Ren. 2018. „Caught between Empires: Democracy and Nation-State-Formation in Taiwan." In: Schäfer, Anita/Meerkamp, Frank/Zillessen, Sophie-Caroline, Hg. 2018. *Taiwan in Bewegung*. Berlin: Deutsch-Chinesische Gesellschaft e. V. – Freunde Taiwans, S. 143–154.

Wu, Rwei-Ren. 2016. „The Lilliputian Dreams: Preliminary Observations of Nationalism in Okinawa, Taiwan and Hong Kong." *Nations and Nationalism*, 22 (October 2016) 4, S. 686–705.

Wu, Rwei-Ren. 2011. „Toward a Pragmatic Nationalism: Democratization and Taiwan's Passive Revolution." In: Schubert, Gunter/Damm, Jens. Hg. *Taiwanese Identity in the Twenty-first Century. Domestic, regional and global perspectives*. London, New York: Routledge, S. 196–218.

Wu, Yu-Shan. 2011. „Strategic Triangle, Change of Guard, and Ma's new Course." In: Clark, Cal. Hg. 2011. *The Changing Dynamics of the Relations among China, Taiwan, and the United States*. Newcastle: Cambridge Scholars Publishing, S. 30–61.

Wu, Yu-Shan. 2011a. „The evolution of the KMT's stance on the One China principle: national identity in flux." In: Schubert, Gunter/Damm, Jens. Hg. *Taiwanese Identity in the Twenty-first Century. Domestic, regional and global perspectives*. London, New York: Routledge, S. 51–71.

Wu, Yu-Shan. „Mainland China's Economic Policy toward Taiwan: Economic Needs or Unification Scheme?" *Issues & Studies*, 30 (September 1994) 9, S. 29–49.

X

Xi Jinping. 2017. „Secure a Decisive Victory in Building a Moderately Prosperous Society in All Respects and Strive for the Great Success of Socialism with Chinese Characteristics for a New Era." Report to the 19th National Congress of the Communist Party of China. 18.10.2017. https://www.neac.gov.cn/seac/c103372/202201/1156519.shtml. Eingesehen am 10.09.2021.

Xia, Liping. 2005. „The Six-Party Talks and China's Role." *The Stockholm Journal of East Asian Studies*, Vol. 15, S. 49–59.

Xin, Qiang. 2003. *Konfrontation und Kooperation. Zur Normalisierung der Beziehungen zwischen beiden Seiten der Taiwanstraße (1979–2000)*. Baden-Baden: Nomos.

Xinhua 2019. „Xi says ‚China must be, will be reunified' as key anniversary marked." https://www.xinhuanet.com/english/2019-01/2/c_137714898.htm. Eingesehen am 04.04.2024.

Xinhuanet 2019. „Chinese mainland roles out measures to further boast economic, cultural ties with Taiwan." 04.11.2019. https://www.xinhuanet.com/english/2019-11/04/c_138527295.htm. Eingesehen am 04.04.2024

Y

Yang, Chang-Seok. 2016. „Why German Unification is not a model for Korean Unification." *38 North*, 25.05.2016. https://www.38north.org/2016/05/cyang052516. Eingesehen am 27.12.2017.

Yang, Hyun-Mo. 1994. *Deutsche Einheit und die Wiedervereinigung Koreas: Eine vergleichende Studie über die Einigungspolitik geteilter Länder*. Dissertation, Bonn: Universität Bonn.

Yang, Sung-Chul. 1992. „United Germany for Divided Korea: Learning from Euphoria and Dysphoria." *Korea and World Affairs*, XVI (Fall 1992) 3, S. 436–462.

Yang, Ying-Feng. 1997. *Der Alleinvertretungsanspruch der geteilten Länder. Deutschland, Korea und China im politischen Vergleich*. Frankfurt/M.: Lang.

Ye, Jianying. 1981. „Chairman Ye Jianying's Elaboration on Policy concerning Return of Taiwan to Motherland and Peaceful Reunification." *Peking Review*, 05.10.1981, S. 10. (Siehe auch https://www.china.org.cn/english/7945.htm. Eingesehen am 12.04.2021.)

Yee, Herbert S. 1982. „Peking-Taipei-Reunification: Prospects and Problems." *Asia Pacific Community*, 15 (1982) pp. 44–58.

Yen, Chen-shen. 1995. „Socioeconomic Exchanges and Officious Talks Between the Two Chinas: Implications for Inter-Korean Relations." *Issues & Studies*, 31 (April 1995) 4, S. 98–112.

Yeo, Jun-suk. 2018. „Cold War document reveals NK's proposal of neutral state on peninsula." *The Korea Herald*, 30.03.2018. https://www.koreaherald.com/view.php?ud=20180330000803. Eingesehen am 03.04.2018.

Yeon, Ha-Cheong. 1994. „Les répercussions économiques de l'unification allemande et leurs conséquences pour la Corée." *Politique Étrangère*, 59 (1994), S. 483–495.

Yi, Tae-jin. 2009. „Revisiting Ahn Jung-geun's Treatise on Peace in East Asia: Critical Encounters with Kant's Perpetual Peace." *Journal of Northeast Asian History*, 6 (2009) 2, S. 5–30.

Yi, Xiaoxiong. 2002. „Ten Years of China-South Korea Relations and Peking's View on Korean Reunification." *JEAA*, XVI (Fall/Winter 2002) 2, S. 315–351.

Yi, Xiaoxiong. 2000. „A Neutralized Korea? The North-South Rapprochement and China's Korea Policy." *The Korea Journal of Defense Analysis*, XII (Winter 2000) 2, S. 99–109.

Yi, Xiaoxiong. 1995. „China's Korea Policy: From ‚One Korea' to ‚Two Koreas'." *Asian Affairs*, 22 (Summer 1995) 2, S. 119–140.

Yim, Yong-Soon. 1978. *Two Koreas' Unification Policy and Strategy*. OPRS, Nr. 9 aus 1978.

Yonhap 2018. „Over 20pct of N. K. defectors have thought about returning to North: survey." https://www.en.yna.co.kr/view/AEN20180131010000315. Eingesehen am 04.04.2024.

Yonhap 2018a. „In the late 1980s, North Korea proposed creating a neutral state on the Korean Peninsula that could serve as a buffer zone in the region, declassified diplomatic documents showed." *Yonhapnews* 30.03.2018.
Yoo, Jang-Hee. 1995. „South-North Economic Relations in the Korean Peninsula: A contemporary Hypothesis." *Korea and World Affairs*, 19 (Fall 1995) 3, S. 446–458.
Yoon, Mi-Ryang. 2006. „Current Debates on the Durability of the North Korean Regime." *East Asian Review*, 18 (Spring 2006) 1, S. 3–33.
Yoon, Suk Yeol. 2022. „Address by President Yoon Suk Yeol on Korea's 77th Liberation Day. August 15, 2022." Seoul: Office of the President. https://www.overseas.mofa.go.kr/no-en/brd/m_7023/view.do?seq=761267. Eingesehen am 04.04.2024.
Yoshihara, Toshi/Holmes, James. 2005. „China, a united Korea, and geopolitics." *Issues & Studies*, 41 (June 2005) 2, S. 119–169.
Young, Namkoong. 2001. „Similarities and Dissimilarities: The Inter-Korea Summit and Unification Formulae." *East Asian Review*, 13 (2001) 3, S. 59–80.
Yu, Fu-Lai Tony/Kwan, Diana Sze Man. 2008. „Social construction of national identity: Taiwanese versus Chinese consciousness." *Social Identities*, 14 (2008) 1, S. 33–52.
Yu, George T./Longenecker, David L. 1994, „The Peking-Taipei Struggle for International Recognition. From the Niger Affair to the U. N." *AS*, 34 (May 1994) 5, S. 475–488.
Yu, Shi-Eun/Eom, Jin-Sup/Jeon, Woo-Taek. 2012. „The Factors affecting the Development of National Identity as South Korean in North Korean Refugees living in South Korea." *Psychatry Investigation*, 9 (2012) 3, S. 209–216. https://www.ncbi.nlm.nih.gov/pmc/articles/PMC3440468. Eingesehen am 29.10.2017.
Yu, Woo-ik. 2022. *Die dritte Reflexion – Lehren der deutschen Wiedervereinigung für Korea*. Berlin: Lit.

Z

Zand, Bernhard. 2019. „Acht Kilo Plutonium." *Der Spiegel*, Nr. 9, 23.02.2019, S. 91.
Zarusky, Jürgen. Hg. 2002. *Die Stalin-Note vom 10. März 1952. Neue Quellen und Analysen*. München: R. Oldenbourg.
Zelikow, Philip D./Rice, Condoleezza. 1997. *Sternstunde der Diplomatie. Die deutsche Einheit und das Ende der Spaltung Europas*. Berlin: Ullstein, Propyläen.
Zetter, Roger 1994. „The Greek-Cypriot Refugees: Perceptions of Return under Conditions of Protracted Exile." *The International Migration Review*, 28 (Summer 1994) 2, S. 307–322.
Zhang, Dezhen. 1989. „Zusammenfassung zur deutschen Vereinigung." *Volkszeitung*, (Peking) 14.12.1989, hier benutzt die Übersetzung in *Foreign Broadcast Information Service, Daily Report, China (FBIS-CHI)* vom 19.12.1989, S. 13–15.
Zhang, Weiwei. 2016. *The China Horizon. Glory and Dream of a Civilizational State*. London: World Century.
Zhang, Weiwei. 2004. „China Will Change in Its Own Way." *International Herald Tribune*, 21. Mai 2004.
Zhang, Xiaoming. 2015. *Deng Xiaoping's Long War. The Military Conflict between China and Vietnam*. Chapel Hill: University of North Carolina Press.
Zhao, Quansheng. 2006. „Moving toward a Co-Management Approach: China's Policy toward North Korea and Taiwan." *AP*, 30 (Spring 2006) 1, S. 39–78.
Zhao, Quansheng. 2005. Peking's Policy towards two Hot Spots: Korea and Taiwan. *The Stockholm Journal of East Asian Studies*, Vol. 15, 2005, pp. 19–47.
Zhao, Quansheng/Sutter, Robert. Hg. 1991. Politics of Divided Nations: China, Korea, Germany, and Vietnam. Unification, Conflict Resolution and Political Development. In: *OPRS*, Nr. 5/1991.
Zhao, Suisheng. 2014. *Construction of Chinese Nationalism in the Early 21th Century: Domestic Sources and International Implications*. New York: Routledge.
Zhao, Suisheng. 2010. „Conflict Prevention across the Taiwan Strait and the Making of China's Anti-Secession Law." In: Swanström, Niklas/Ledberg, Sofia/Forss, Alec. Hg. 2010. *Conflict Prevention and*

Management in Northeast Asia: The Korean Peninsula and Taiwan Strait in Comparision. Newcastle upon Tyne: Cambridge Scholars Publishing, S. 153–164.

Zhao, Suisheng. 2005. „Conflict Prevention across the Taiwan Strait and the Making of China's Anti-Secession Law." *AP*, 30 (2005) 1, S. 79–94.

Zhao, Suisheng. 2000. „Chinese Nationalism and its International Orientations." *Political Science Quarterly*, 115 (2000) 1, p. 1–33.

Zhao, Suisheng. 1999–2000. „Military Coercion and Peaceful Offence: Peking's Strategy of National Reunification with Taiwan." *Pacific Affairs*, 72 (1999–2000) 4, S. 495–512.

Zhao, Suisheng. 1999. „Making Sense of the 1995–96 Crisis in the Taiwan Strait." In: Zhao, Suisheng. Hg. *Across the Taiwan Strait: Mainland China, Taiwan and the 1995–1996 Crisis*. New York: Routledge, S. 1–20.

Zhebin, Alexander. 1995. „Russia and Korean Unification." *AP*, 19 (Fall-Winter 1995) 2, S. 175–190.

Zheng, Yiyong/Gao, Yin. 2015. „Road Map to a Korean Peninsula Peace Regime: A Chinese Perspective." *AP*, 39 (2015) 1, pp. 153–169.

Zheng, Yongnian. 1999. *Discovering Chinese Nationalism in China: Modernization, Identity, and International Relations*. Cambridge: Cambridge UP.

Zhong, Zhi-cheng. 2018. „The Forgotten Creation Myths of Taiwan." https://www.insight.ipcf.org.tw/en-US/article/28. Eingesehen am 04.04.2024.

Zhou, Enlai 1973. „Chou En-lai. Report to the Tenth National Congress of the Communist Party of China." In: *The Tenth National Congress of the Communist Party of China. (Documents)*. Peking: Foreign Language Press, S. 3–37.

Zieger, Gottfried. 1988. *Die Haltung der SED und DDR zur Einheit Deutschlands 1949–1987*. Köln: Verlag Wissenschaft und Politik.

Ziemer, Klaus. 2009. „Zwischen Misstrauen und Hoffnung: Polen und die deutsche Vereinigung." In: Henke, Klaus-Dietmar. Hg.: *Revolution und Vereinigung 1989/90. Als in Deutschland die Realität die Phantasie überholte*. München: Deutscher Taschenbuch Verlag, S. 509–524.

Zubok, Vladislav. 2007. *A Failed Empire. The Soviet Union from Stalin to Gorbachev*. Chapel Hill: University of North Carolina Press.

Zündorf, Benno. 1979. *Die Ostverträge. Die Verträge mit Moskau, Warschau und Prag, das Berlin-Abkommen und die Verträge mit der DDR*. München: C. H. Beck.

Zürn, Michael. 1997. „Assessing State Preferences and Explaining Institutional Choice: The Case of Intra-German Trade." *International Studies Quarterly*, 41 (June 1997) 2, S. 295–320.

Zwahr, Hartmut. 1993. *Ende der Selbstzerstörung. Leipzig und die Revolution in der DDR*. Göttingen: Vandenhoek & Ruprecht, 2. Auflage.

Personen- und Sachregister

Acheson, Dean 84, 330 f.
Adenauer, Konrad 36, 85, 236–239, 428, 469
Ahn, Choong Kun (An Chung-gun) 80, 553
Albright, Madeleine 74, 91, 114–116, 174, 380, 415, 475
Alleinvertretungsanspruch. Hallstein-Doktrin 1, 3, 7, 24 f., 86, 92, 105, 142, 146, 157–162, 165–177, 181, 185, 188, 190, 199, 212, 214, 226, 229, 236, 239, 242, 249, 278, 303, 313, 332, 354, 357, 372, 398, 483, 502, 532
Annan, Kofi. Annan-Plan 143, 235, 394–398, 461, 556 f., 563, 566
– Dessen Relevanz für Korea 400 f., 566
Bahr, Egon 20, 50–53, 60, 62, 127 f., 157, 159 f., 201, 215, 218, 223, 240, 241–246 (Acht-Stufen-Konzept), 247, 249, 251–254, 270, 305, 409, 412, 423, 428, 463, 472, 537, 548, 558
Baker, James A. 14, 21, 41, 46, 109, 265, 269, 404, 465–467, 487, 561
Bender, Peter 51, 219 f., 249, 254
Berlin 30, 32, 34–36, 38, 40, 44, 46, 50, 55, 60 f., 148 f., 154, 177, 201, 204, 212 f., 219, 224, 229 f., 232, 235–239, 242, 246 f., 249, 251, 270 f., 277, 356, 416, 485, 487–489, 491–495, 506, 513, 531, 533, 535, 537, 561
– Berlin-Abkommen 18, 20, 47–53, 251 f., 257, 263, 390
Bismarck, Otto von XI, 14, 56
Bleiker, Roland 121, 134, 201, 216, 439– 441, 443, 496, 526, 557
Brandt, Peter 185, 250, 409, 427
Brandt, Willy XI, 3, 14, 20, 31, 50 f., 64, 96, 143, 150, 159, 167, 170, 177, 213 f., 241, 245, 247, 249–251, 253, 271, 276, 355, 401, 405, 413, 426, 428 f., 452, 469, 569
Breschnew, Leonid I. Breschnew-Doktrin. 51, 112, 149, 224 f., 248, 250 f., 405, 463 f.
Briefe zur deutschen Einheit 18–20, 252, 254, 266, 271, 409, 558
Bush, George H. W. (Bush sen.) XI, 9, 21, 46, 60, 124, 264, 276, 278, 404 f., 465 f., 469 f., 494, 537, 560–562
Bush, George W. 182, 275, 413, 508
Carter, Jimmy 74, 124, 149, 280 f., 320, 360, 405, 475
Chen, Shui-bian 96 f., 193, 297–299, 303 f., 310, 314, 326, 328, 406, 459

Chiang, Kai-shek 18, 31, 67, 81–86, 88 f., 91, 99, 104, 149, 165 f., 169 f., 178, 199, 202, 215 f., 274, 276–278, 282 f., 289, 291, 296, 324 f., 328, 401, 406, 501
China-Frage 72 f., 76 f., 103, 106, 275
Chruschtschow, Nikita S. 9, 34, 112, 240, 274 f.
Chun, Doo-hwan 200, 343, 354, 406, 477
Churchill, Winston 30, 84, 88, 272
Clinton, Bill 70, 94 f., 125, 151, 196, 240, 296, 375, 380, 457
Cumings, Bruce 22, 118, 133, 186, 337, 344, 549, 557
Dachtheorie 166, 212 f., 317, 555 f., 565
Deng, Xiaoping 93, 122, 149, 152, 163, 195, 280–283, 285 f., 292, 295, 306–309, 322, 401, 406, 458, 476, 545
Denuklearisierung 124, 127 f., 137, 361 f., 364, 381, 384 f., 388, 390, 480, 567
Deutsch, Karl W. XVI, 4, 11, 28, 135, 381, 401, 422, 435, 541, 548
Dritter Weg (Neutralität) 3, 21, 44, 233, 237 f., 259, 261, 267, 353, 452, 468–471, 477– 481, 523, 555
Ein-China-Prinzip, Ein-China-Politik 7, 10, 25, 75, 92, 96 f., 101 f., 104, 107, 153, 158, 160–163, 166–169, 176, 179, 206, 221, 272–276, 279–282, 284, 287, 289, 291, 293, 296, 298–304, 309 f., 313, 315–317, 324 f., 358, 403, 413–415, 433, 437 f., 458, 502, 507, 529, 568
Ein Land, zwei Systeme 24, 67, 71, 93, 98, 102, 198, 228, 230, 276, 282–290, 293, 301 f., 304, 306, 309, 312–316, 318, 321, 325, 327 f., 338, 415, 419, 437, 472, 507, 523, 563
– Relevanz für Korea 341, 371, 418 f.
Elite 81–83, 93, 107, 112, 116, 131, 163, 186, 215, 328, 369, 379, 410 f., 436, 497 f., 502, 504, 515, 527, 540 f., 551 f., 566
Entstehungsmythen (Taiwan, Korea) 27, 65, 77, 109
Erdoğan, Recep Tayyip 27, 399 f.
Erim, Nihad 140, 142
Ethik der Differenz 134, 216
Fairbank, John K. 3, 7, 65, 85, 425, 458
Falin, Valentin M. 34, 37, 39, 41, 52 f., 60, 64, 155, 253 f., 465, 481, 563
Feindbild 130, 132, 150 f., 182, 188, 219, 445, 476, 522, 559
Frank, Rüdiger 22, 122, 128

Friedensvertrag 58, 79, 84, 104 f., 108, 125, 236, 239, 242 f., 261, 263 f., 270 f., 295, 325, 337 f., 340, 360, 372–374, 408, 479 f., 547, 553, 555
Friedrich III. 56
Galtung, Johan XVI, 231 f.
Gemeinschaftsgefühl, Zusammengehörigkeitsgefühl XI–XIV, 3, 5, 17, 47, 64, 77, 147, 157, 179, 181, 190, 204, 213 f., 241, 249, 254, 317, 379, 418, 422–429, 442, 444, 449–451, 483, 509, 540, 546, 561, 564, 569
Genscher, Hans-Dietrich 37, 159, 256, 264 f., 268–270, 404, 465–468, 470, 489, 491, 493–495, 561
Geschichtsverständnis 27, 74, 81, 338, 443, 546
Gewaltverzicht 20, 94, 107, 172, 176, 180, 190, 194–197, 216, 228, 250, 252, 280 f., 284 f. 294 f., 341, 364, 371, 478 f., 547, 558
Giraudoux, Jean 402
Godehardt, Nadine 76
Goethe, Johann Wolfgang von XII, 23, 127, 426, 548, 562
Gorbatschow, Michail S. XI, 9, 21 f., 35 f., 39–42, 45 f., 58, 60, 112, 152 f., 155, 187, 211, 223 f., 253 f., 256, 258, 339 f., 358, 375, 391, 404 f., 421 f., 424, 453, 463–468, 481, 488 f., 492 f., 515, 536, 542, 554, 557, 560–563
Gromyko, Andrej A. 52, 236, 251
Grundlagenvertrag, Grundlagenabkommen 16, 46, 53, 62, 159 f., 171–173, 177 f., 183, 185, 190, 195, 197, 232, 245, 252 f., 257, 266, 271, 277, 308, 339, 353, 356, 358 f., 363, 370, 372, 374, 386, 390, 408, 421 f., 433, 509, 537, 545
Heinemann, Gustav 178, 230, 234, 237
Heuss, Theodor 178, 234
Honecker, Erich 41, 44, 60, 62, 149, 205, 211, 218 f., 223–225, 233, 245, 250, 253 f., 269, 307, 341, 405, 427, 429, 487, 493, 495, 508, 545
Hongkong 25, 48 f., 67 f., 71 f., 93 f., 98, 102, 153 f., 162, 167, 179, 193, 199, 201, 203 f., 207 f., 214, 221, 282–286, 288 f., 292, 296, 298, 302 f., 307, 309 f., 312, 314, 316, 325, 327, 377, 383, 408, 415, 433–435, 501, 507, 528 f., 564
Horn, Gyula 488– 492, 494, 561
Hu, Jintao 287, 299 f., 406
Identität 17 f., 28, 64 f., 72, 83, 86 f., 99 f., 103, 110, 119, 134, 187, 196 f., 199, 213, 216, 221, 223, 262, 292, 297, 328, 426 f., 430, 433–441, 443 f., 449 f., 483, 500, 512 f., 540, 546
Itō, Hirobumi 80, 553

Jelzin, Boris N. 149, 506
Jiang, Zemin 95, 102, 107, 196, 202, 282, 293–295, 304, 307 f., 316, 406, 434, 476
Junktim, Verknüpfungen 18 f., 36, 50 f., 96, 122, 205, 209, 236, 243, 250 f., 271, 280, 342, 380, 475, 529, 554, 564
Kairoer Erklärung (1943) 29, 79, 83 f., 88 f., 104, 455
Kant, Immanuel 6 f., 220, 288, 515, 543, 548
Kennan, George F. 57
Kennedy, John F. 239, 247
Kim, Dae-jung XI, XVI, 6, 16, 18, 23, 27, 74, 98, 109–112, 114, 123, 126, 151, 173 f., 187, 203, 205, 210, 228, 231, 258 f., 344, 352–354, 359, 369–373, 375–382, 400, 404, 406 f., 413, 425 f., 439, 452, 473, 475 f., 497 f., 503, 526, 538, 550, 557, 559, 561
Kim, Il-sung 12, 18, 85, 113, 115, 118, 122–125, 136, 148 f., 152, 154, 173, 230, 246, 331, 333 f., 336–339, 341–352, 354, 356–359, 365, 371 f., 381 f., 388 f., 400, 406, 426, 442, 475, 508
Kim, Jong-il 98, 109, 114, 116 f., 121–123, 126 f., 130, 132, 134, 154, 174, 209, 338, 361, 373, 375–377, 380, 385, 404, 406, 475 f., 547
Kim, Jong-un 115 f., 121–123, 129, 131, 134, 136 f., 149, 180, 275, 356, 364, 384, 390, 406
Kim, Samuel S. 76, 120, 137, 379, 416, 442, 569
Kim, Yong-nam 136, 150 f.
Kim, Young-sam 124, 208, 359 f., 365, 371, 406, 538
Kindermann, Gottfried-Karl 27, 74, 200, 278, 330
Kissinger, Henry A. 52, 74, 92, 120, 163, 202, 277–280, 346, 402
Kohl, Helmut XI, 9 f., 20–22, 38–42, 45–47, 58 f., 63, 65, 155, 201, 210, 253, 255 f., 258, 261 f., 264–266, 269, 404 f., 412, 466 f., 470, 485–487, 489–490, 492–494, 536 f., 545, 560 f.
König, Ewald 13, 38, 154
Konsens von 1992 10, 94, 97, 102, 301–306, 309, 315 f., 328
Krenz, Egon 16, 36, 46, 60, 211, 226, 256, 405, 552, 557
Kwizinskij, Julij A. 37, 224, 465
Lankov, Andrei 116, 220, 418, 527
Lee, Eun-jeung XV, 25
Lee, Teng-hui 94–97, 166 f., 178, 203, 207, 214, 284 f., 294–297, 302–304, 316, 320–323, 328, 406, 433 f., 531, 564
Li, Hongzhang 79, 89
Li, Kexin 10
Lilley, James 92, 154, 202, 281

Lim, Dong-won 134, 476, 537
Ma, Ying-jeou 18, 98, 197, 303 f., 316, 320, 326, 328, 406, 456, 458
MacArthur, Douglas 82, 84, 311, 331, 549
Maizière, Lothar de XII, 36, 45–47, 159, 211, 226, 232, 243, 260 f., 404, 462, 465, 470, 489, 509
Makarios III. 141, 407
Mann, Thomas 56
Mao, Zedong 18, 67 f., 83, 90, 106, 120, 163–166, 189, 202, 272, 274, 278, 282, 291, 401, 406, 430 f., 458
Maretzki, Hans 114, 118 f., 186 f., 218, 289, 378, 385, 388, 514
Mearsheimer, John 64, 70
Meckel, Markus 260 f., 263, 268, 270, 404, 470, 472
Mitterrand, François 58, 264, 481
Modrow, Hans 21, 35, 41 f., 44–46, 211, 225 f., 255–259, 262, 264, 269, 470, 486, 493, 509, 511, 533, 540, 552, 561
Momper, Walter 41, 61 f.
Montevideo, Konvention von (1933) 105
Moon, Jae-in 126, 136 f., 180, 214, 275, 352, 362–264, 366, 387, 390, 406, 418, 526
Moon, Sun Myung 230, 411, 442, 450 f.
Narr, Wolf-Dieter 72, 435
Nationalismus 28, 74, 423, 425 f., 440, 512 f., 518, 554
– China 66, 69, 71, 74–76, 115, 223, 403, 415, 425, 429 f., 458, 528, 544
– Taiwan 435, 438, 483
– Korea, 111, 115, 119, 134, 355, 439, 444, 554
Németh, Miklós 488–490, 494, 561
Nietzsche, Friedrich 2, 65
Nixon, Richard, M. 50, 92, 100, 120, 162 f., 168, 189, 278 f., 281, 307, 337, 345–347, 370, 405
Nordkorea (Eigenheiten des Regimes) 7, 61, 113–124, 128, 130–134, 148, 172, 187–190, 218, 220–222, 347, 383, 386, 388, 420, 439, 472, 515, 526 f., 535, 538, 540 f.
Nordpolitik 229, 344, 355–359, 407
Normalisierungsdilemma, Sicherheitsdilemma 217 f., 220–223, 227, 440
Operations Plan 5030 125
Ostpolitik XIII, 1, 8, 16, 18, 20, 25 f., 35 f., 50, 52, 61, 129, 143, 159, 166, 171, 180, 185, 192, 205, 209, 214, 218, 237, 240 f., 245–247, 249–251, 253 f., 257, 271, 276 f., 284, 295, 308, 313, 355 f., 378, 380, 404 f., 407, 412–414, 418, 421 f., 483, 492, 508 f., 546 f., 557, 559 f., 563–565

Park, Chung-hee 18, 120, 134, 136, 149, 172, 215 f., 343–346, 350–354, 370, 406, 439, 477
Park, Geun-hye 44, 134, 362, 366, 404, 406, 534
Philosophie des Beklagens (Wonhan Sasang) 110–112, 430, 518
Plato, Alexander von 20, 60, 155
Plaza-Bericht 145 f.
Polen 3, 20, 28 f., 34 f., 38 f., 51, 54 f., 60, 91, 111, 238 f., 245, 250, 261, 265 f., 271, 401, 420, 430, 464, 468, 470–472, 485, 492, 495 f., 504, 509, 518, 531, 541, 547, 561
Portugalow, Nikolai S. 19–21, 155, 255, 401, 465, 563
Potsdamer Abkommen (1945) 34, 36, 58, 208, 243, 255, 261, 263
Potsdamer Deklaration (1945) 84, 104
Qian, Qichen 152, 196, 416, 457, 528
Ramos-Horta, José 69
Reagan, Ronald 92, 149, 154, 281, 283, 339, 341, 405, 492
Relevanz, positive, negative 4, 9, 12, 24, 28, 53, 88, 101, 126, 135, 144, 177, 183, 202, 232 f., 251, 259, 269, 390, 400–402, 408, 411, 443, 454, 471, 477, 481 f., 518, 520–523, 530, 554, 563, 565 f.
Rice, Condoleezza 70, 156, 456
Roh, Moo-hyun 214, 352, 355, 360, 370, 378, 380, 385, 406 f., 526, 538, 568
Roh, Tae-woo 63, 93, 152–154, 229, 341, 355 f., 358 f., 367, 371, 406 f.
Rusk, Dean 29, 169
Saarland 233 f., 238, 243, 260
Sanktionen 33, 48, 93, 118, 122 f., 127–130, 132, 180 f., 183, 199, 206, 221 f., 326, 364, 377, 381, 391, 417 f., 420, 479, 512, 514, 518, 526, 549
Schabowski, Günter 9, 154–156, 560, 563
Schanghai Communiqué (1972) 95, 163, 167–169, 197, 279, 347, 432
Schäffer, Fritz 230, 237 f.
Schäuble, Wolfgang 265
Schewardnadse, Eduard A. 37, 39–41, 58, 154, 262, 267–270, 404, 422, 465 f., 468, 470, 481 f., 493, 554, 561
Schiller, Friedrich von 62, 223, 424, 539
Schmid, Carlo 28, 212, 235, 422, 424, 427, 440
Schmitt, Carl 119
Schopenhauer, Arthur 117, 424, 501
Schutzmacht, Patron XIII, 16, 18, 52, 54, 59, 80, 83, 108, 113, 120, 127, 139 f., 147–149, 158, 175, 199,

211, 219, 225, 233, 334, 346, 397, 407, 468, 507, 524, 530, 538, 552, 558, 560, 563
Selbstbestimmung, Selbstbestimmungsrecht 1–3, 5, 14, 39 f., 87, 90, 101, 146, 213, 229, 238, 243 f., 247, 252, 254, 267, 319, 371, 384, 409, 428, 430–432, 452–455, 457 f., 460 f., 464, 466, 468, 471, 473, 494, 505, 545, 565
Selbstverständnis 64 f., 103, 108, 171, 273, 276, 306, 429, 433, 436, 479
Shimonoseki, Vertrag von (1895) 79 f., 88 f., 104, 325
Snow, Edgar 90 f., 165
Sonnenscheinpolitik 98, 135, 172, 194, 208 f., 214, 230, 355, 359, 366, 369 f., 375, 377–383, 476, 508 f., 511
– Kritik an ihr 209, 378 f., 380, 382, 407
Stalin, Josif W. 30 f., 40, 112, 117–119, 165, 175, 235 (Stalin-Note), 239, 336, 463, 560
Sun, Yat-sen 66, 90, 273, 429
Taiwan (Bedeutung, Wertschätzung) 67, 87, 292, 311, 329, 516
– Taiwan-Frage 68–71, 76, 101–108, 166, 195, 223, 275, 281, 287, 295, 303, 307, 311, 319, 415, 436, 525, 567
Taiwanisierung 87, 93, 96, 179, 197, 221, 284 f., 292, 296, 312, 316, 320, 329, 399, 423, 438, 450, 483, 509, 513, 563, 568
Taiwan Relations Act (TRA) 59, 318–321, 326, 563
Teltschik, Horst 19, 21, 155, 401, 466
Terror, Terroranschläge 69, 130, 135, 154, 174, 182, 333, 343, 380, 512, 526, 551
– „Weißer Terror" auf Taiwan 82, 435, 501
Thatcher, Margaret 55 f., 58, 260, 264
Thukydides 120 f., 548
Tocqueville, Alexis de 226
Tsai, Ying-wen 98, 103, 179, 193, 304–307, 309 f., 313, 315 f., 320 f., 328., 406, 437

Truman, Harry S. 84 f., 104, 283, 549
Trump, Donald 123, 126, 137, 311, 384, 390, 402, 478, 525 f., 549
Ulbricht, Walter 60, 158, 160, 178, 215, 234, 245 f., 250, 307
Ukraine 40, 126, 127 (Budapester Memorandum), 161, 175, 192, 215, 275, 326, 454, 459 f., 479, 507, 515
Unabhängigkeit 6, 15, 28 f., 33, 64, 71, 79–81, 89–91, 94 f., 97, 99 f., 106, 112, 116, 121, 140 f., 145, 160, 165, 168–171, 176, 193, 196, 203, 216, 230, 273–275, 282, 286–288, 293–299, 301, 304, 309, 313 f., 316–318, 320 f., 324, 326–328, 331, 334, 337, 371, 393, 396, 402, 407, 413, 423 f., 431–433, 436, 438 f., 450, 452–457, 460 f., 464, 477, 480, 518, 524 f., 544–547, 554 f., 558 f., 564
Vietnam 6, 24, 31 f., 116, 122, 163, 170, 277, 333, 345, 347, 541, 551
Wahlen 37, 42, 45, 48, 50, 67, 93–95, 98 f., 179, 196, 198, 221, 228, 235 f., 238, 246, 268 f., 325, 334–337, 339, 341, 352 f., 355, 368, 392, 404, 410 f., 453, 455, 485, 496, 508, 520, 547, 562
Weizsäcker, Carl-Friedrich von XI, 403
Wilhelm II. 73, 115, 272, 450
Wolf, Markus 34, 52, 112, 237
Xi, Jinping 10, 25, 76, 98, 102, 149, 286, 301, 304–307, 309, 327, 406, 458, 525, 528
Ye, Jianying 185 f., 289–292, 322
Zehn-Punkte-Programm von Helmut Kohl (November 1989) 20 f., 46, 155, 254–257, 493, 545
Zehn-Punkte-Programm von Kim Il-sung (April 1993) 341 f.
Zhou, Enlai 91, 120, 149, 162 f., 202, 278–280, 282, 308, 346, 545
Zwei-plus-Vier-Vertrag (2+4-Vertrag) 3, 51 f., 241, 254, 263, 265 f., 268 f., 273 f., 374, 408

www.ingramcontent.com/pod-product-compliance
Lightning Source LLC
Chambersburg PA
CBHW050736110426
42814CB00006B/283